Marno Verbeek

Moderne Ökonometrie

W0085228

Marno Verbeek

Moderne Ökonometrie

Aus dem Englischen von Silvia Kinkel

WILEY-VCH

WILEY-VCH Verlag GmbH & Co. KGaA

1. Auflage 2015

**Bibliografische Information
der Deutschen Nationalbibliothek**
Die Deutsche Nationalbibliothek verzeichnet diese Publikation in der Deutschen Nationalbibliografie; detaillierte bibliografische Daten sind im Internet über http://dnb.d-nb.de abrufbar.

© 2015 Wiley-VCH Verlag & Co. KGaA, Boschstr. 12, 69469 Weinheim, Germany

Projektmanagement boos for books, Evelyn Boos-Körner, Schondorf am Ammersee

Satz SPi, Chennai
Druck und Bindung Media Print, Paderborn
Umschlaggestaltung Christian Kalkert Buchkunst & Illustration, Birken-Honigsessen
Umschlagfoto waterdrops on leaf © Thomas Vogel/ iStock

Print ISBN 978-3-527-50766-5

Inhalt

■ KAPITEL 5 Endogene Regressoren, Instrumentalvariablen und GMM 159

■ KAPITEL 6 Maximum-Likelihood-Schätzung und Spezifikationstests 203

■ KAPITEL 7 Modelle mit beschränkt abhängigen Variablen 231

■ KAPITEL 8 Univariate Zeitreihenmodelle 307

Vorwort

Kaiser Joseph II: »Es ist eine Qualitätsarbeit! Die nur einfach zu viele Noten enthält. Nehm er ein paar heraus und die Sache ist perfekt.«

Wolfgang Amadeus Mozart: »Und welche Noten haben Euer Majestät im Sinn?«

Aus dem Film Amadeus, 1984 (Regie: Milos Forman)

Das Gebiet der Ökonometrie hat sich während der letzten drei Jahrzehnte rasend schnell entwickelt, während der Einsatz neuester ökonometrischer Techniken zunehmend die übliche Praxis bei der empirischen Arbeit in vielen Bereichen der Ökonomie geworden ist. Zu den typischen Themen zählen Einheitswurzel- und Kointegrationsmethoden, GMM-Schätzer, Heteroskedastie- und Autokorrelationsresistente (HAC-)Standardfehler, Modellieren von autoaggressiver bedingter Heteroskedastizität, Modelle, die auf Paneldaten basieren, Modelle mit beschränkt abhängigen Variablen, endogene Regressoren sowie Stichprobenselektion. Gleichzeitig wurde die Software für Ökonometrie immer benutzerfreundlicher und fortschrittlicher. Als Folge sind Anwender in der Lage, ziemlich fortschrittliche Techniken anzuwenden, ohne dass sie ein grundlegendes Verständnis von der zugrunde liegenden Theorie besitzen und von daher potenzielle Nachteile oder Gefahren nicht erkennen. Auf der anderen Seite legen viele in die Ökonometrie einführende Fachbücher unangemessen großes Gewicht auf das Standardmodell der linearen Regression mit den eindeutigsten Voraussetzungen. Es erübrigt sich, zu sagen, dass diese Annahmen in der Praxis kaum genügen (und auch nicht wirklich gebraucht werden). Die tiefergehenden Fachbücher zur Ökonometrie sind wiederum häufig zu technisch oder zu detailliert für den durchschnittlichen Ökonomen, um die wesentlichen Ideen zu verstehen und die benötigte Information herauszuholen. Diese Lücke versucht das vorliegende Buch zu füllen.

Das Ziel dieses Buches besteht darin, den Leser mit einer großen Bandbreite von Themen der modernen Ökonometrie vertraut zu machen, wobei das Gewicht auf dem liegt, was wichtig ist für das Verstehen und Durchführen empirischer Arbeiten. Das bedeutet, dass dieser Text ein Wegweiser zu (und weniger ein Überblick über) alternativen Techniken ist. Als Folge konzentriert er sich nicht auf die Formeln hinter jeder Technik (obschon die notwendigen geliefert werden) oder formale Beweise, sondern auf die Ziele hinter den Herangehensweisen und deren praktische Relevanz. Dieses Buch deckt eine große Bandbreite von Themen ab, die in der Regel nicht in Fachbüchern dieses Niveaus zu finden sind. Besonderes Augenmerk gilt der Kointegration, der generalisierten Momentenmethode, Modellen mit beschränkt abhängigen Variablen sowie Paneldatenmodellen. Deshalb bespricht dieses Buch Entwicklungen bei der Zeitreihenanalyse, Querschnittsmethoden sowie das Modellieren von Paneldaten. Begleitend werden ein paar Dutzend umfassende empirische Beispiele und Abbildungen geliefert, entnommen aus Bereichen wie Arbeitsökonomie, Finanzen, internationale Wirtschaft, Konsumentenverhalten, Umweltökonomie und Makroökonomie. Zusätzlich sind viele Übungen empirischer Natur und erfordern die Verwendung von Ist-Daten.

In dieser vierten Auflage habe ich versucht, den Text noch genauer abzustimmen und auf den neuesten Stand zu bringen. Es wurden Erörterungen und Material ergänzt. Damit der Text nicht zu lang wird, habe ich die Anzahl der Verweise auf andere Quellen bezüglich zusätzlicher Details, Erörterungen, Herleitungen und jüngster Entwicklungen beträchtlich erhöht. Die Grundstruktur und Aufbereitung des Materials haben sich nicht verändert, sodass sich die Leser der ersten drei Auflagen sofort zurechtfinden. Eine Reihe empirischer Abbildungen wurde ausgetauscht oder aktualisiert. Kapitel 2 enthält ein neues Unterkapitel über fehlende Daten, Ausreißer und Leverage-Punkte mit einer intuitiven Diskussion potenzieller Probleme und Lösungen. Kapitel 3 enthält zusätzliches Material zu Prognosebewertungen im Kontext einer empirischen Abbildung zur Prognose von Aktienerträgen. Kapitel 4 wurde durch das Streichen von veraltetem Material gekürzt. Die Literatur zu Schätzungen von Behandlungseffekten hat sich im letzten Jahrzehnt stark weiterentwickelt, das wird in einem erweiterten und aktualisierten Unterkapitel von Kapitel 7 betrachtet. Die beiden Kapitel über Zeitreihen, Kapitel 8 und 9, beinhalten eine Reihe aktualisierter Abbildungen. Kapitel 10 wurde erweitert um zusätzliches Material über das Fama-MacBeth-Verfahren, zum Problem, zu viele Instrumente beim Schätzen dynamischer Paneldatenmodelle zu haben, sowie zu Einheitswurzeltests für Paneldaten und Kointegration. Etliche Kapitel enthalten neue Übungen und jedes Kapitel bietet nun am Schluss eine Kurzzusammenfassung.

Insgesamt wird größeres Augenmerk auf Eigenschaften von Schätzern und Tests bei kleinen Stichproben gelegt, mit zusätzlichen Verweisen auf – zum Beispiel – die Monte-Carlo-Studie (Monte-Carlo-Simulation), die darauf eingeht. Wie bisher sind sämtliche Datensätze in englischer Sprache über die Website zum Buch erhältlich.

Der Text gründet sich auf Manuskripte zu Seminaren in Angewandter Ökonometrie in den Master-of-Science-Programmen in Ökonometrie an der K. U. Leuven und der Universität Tilburg. Es wurde für eine bestimmte Gruppe von Ökonomen und Wirtschaftsstudenten geschrieben, die sich mit den aktuellen Herangehensweisen und Techniken in der Ökonometrie, die wichtig für das Umsetzen, Verstehen und Bewerten empirischen Arbeitens sind, vertraut machen möchten. Es ist sehr geeignet für Seminare in angewandter Ökonometrie in einem Master- oder Aufbaustudium. An einigen Hochschulen ist dieses Buch auch geeignet für ein oder mehrere Seminare im Grundstudium, vorausgesetzt, die Studenten verfügen über eine ausreichende Grundlage in Statistik. Einige der hinteren Kapitel können in fortgeschritteneren Seminaren über bestimmte Themen, zum Beispiel Paneldaten, beschränkt abhängige Variablenmodelle oder Zeitreihenanalyse, genutzt werden. Darüber hinaus kann dieses Buch als Leitfaden für Manager, Wirtschaftsforscher und Praktiker dienen, die ihr unzureichendes oder veraltetes Wissen über Ökonometrie aktualisieren wollen. Im gesamten Buch ist die Verwendung von Matrixalgebra begrenzt.

Großen Dank schulde ich Arie Kapteyn, Bertrand Melenberg, Theo Nijman und Arthur van Soest, die alle zu meinem Verständnis der Ökonometrie beigetragen und meine Denkweise zu vielen Problemen geprägt haben. Die Tatsache, dass einige ihrer Ideen in diesem Text verstofflicht wurden, ist eine Ehrung ihrer Anstrengungen. Außerdem schulde ich mehreren Generationen von Studenten Dank, die mir geholfen haben, den Text in seine vorliegende Form zu bringen. Ich bin auch einer großen Zahl von Menschen dankbar, die Teile des Manuskripts gelesen und mich mit Kommentaren und Vorschlägen auf Basis der ersten drei Ausgaben unterstützt haben. Insbesondere möchte ich Niklas Ahlgren, Sascha Becker, Peter Boswijk, Bart Capéau, Geert Dhaene, Tom Doan, Peter de Goeij, Joop Huij, Ben Jacobsen, Jan Kiviet, Wim

Koevoets, Erik Kole, Marco Lyrio, Konstantijn Maes, Wessel Marquering, Bertrand Melenberg, Paulo Nunes, Anatoly Peresetsky, Francesco Ravazzolo, Regina Riphahn, Max van de Sande Bakhuyzen, Erik Schokkaert, Peter Sephton, Arthur van Soest, Ben Tims, Frederic Vermeulen, Patrick Verwijmeren, Guglielmo Weber, Olivier Wolthoorn, Kuo-chun Yeh und vielen ungenannten Kritikern danken. Natürlich trage ich allein die Verantwortung für etwaig vorhandene Fehler. Besonderer Dank geht an Jef Flechet für seine Hilfe bei vielen der empirischen Abbildungen und seinen konstruktiven Kommentaren zu vielen vorhergehenden Versionen. Abschließend möchte ich meiner Frau Marcella und unseren drei Kindern, Timo, Thalia und Tamara, für ihre Geduld und ihr Verständnis, all die vielen Male, als ich in Gedanken bei diesem Buch war, wenn ich hätte bei ihnen sein sollen, danken.

KAPITEL 1

Einleitung

1.1 Über Ökonometrie

Wirtschaftswissenschaftler interessieren sich häufig für die Beziehungen zwischen unterschiedlichen messbaren Größen, zum Beispiel zwischen Gehalt und Ausbildungsgrad. Die wichtigste Aufgabe der Ökonometrie besteht darin, diese Beziehungen auf der Grundlage verfügbarer Daten und durch Verwendung statistischer Methoden in Zahlen auszudrücken und die resultierenden Ergebnisse auf geeignete Weise zu deuten, zu nutzen oder zu verwerten. Demzufolge ist Ökonometrie das Zusammenspiel von Wirtschaftstheorie, erhobenen Daten sowie statistischen Methoden. Das Zusammenspiel dieser drei macht die Ökonometrie so interessant, herausfordernd und – vielleicht auch – schwierig. Wie es vor einigen Jahren ein Seminarreferent ausdrückte: »Ohne Daten ist Ökonometrie wesentlich einfacher.«

Die traditionelle Ökonometrie konzentriert sich auf gesamtwirtschaftliche Zusammenhänge. Makroökonomische Modelle mit einigen bis zu mehreren hundert Gleichungen wurden für Politikfolgenabschätzung und Prognosen spezifiziert, geschätzt und genutzt. In diesem Bereich führten die jüngsten Entwicklungen in der Theorie, allen voran das Konzept der Kointegration, zu einer wachsenden Beachtung der Modellierung makroökonomischer Beziehungen und ihrer Dynamik, obwohl sie sich in der Regel auf bestimmte Aspekte der Wirtschaft konzentrieren. Seit den 1970er-Jahren werden ökonometrische Methoden verstärkt in mikroökonomischen Modellen zur Beschreibung des Verhaltens von Individuen, Haushalten oder Unternehmen angewendet – angeregt durch die Entwicklung angemessener ökonometrischer Modelle und Schätzer, die durch die Verfügbarkeit umfangreicher Datensätze in Erhebungen und die wachsenden Berechnungsmöglichkeiten Probleme wie einzelne abhängige Variablen und Stichprobenauswahl berücksichtigen.

In allerjüngster Zeit erfordert und fördert die empirische Analyse der Finanzmärkte viele theoretische Entwicklungen innerhalb der Ökonometrie. Derzeit spielt die Ökonometrie nahezu ohne Ausnahme eine wichtige Rolle in der empirischen Arbeit auf allen Gebieten der Ökonomie und in vielen Fällen ist es nicht länger ausreichend, ein paar Regressionen durchzuführen und die Ergebnisse zu interpretieren. Infolgedessen sind Fachbücher, die in die Ökonometrie einführen, für fortgeschrittene Anwender in der Regel unzureichend. Auf der anderen Seite sind die anspruchsvolleren Ökonometriefachbücher oft zu technisch oder detailliert, als dass der durchschnittliche Wirtschaftswissenschaftler die wesentlichen Ideen verstehen und die benötigte Information herausziehen kann. Es gibt also Bedarf an einem verständlichen Fachbuch, das die jüngsten und fortschrittlichsten Entwicklungen behandelt.

Die Beziehungen, an denen Wirtschaftswissenschaftler interessiert sind, werden formal in mathematischen Ausdrücken spezifiziert, die wiederum zu ökonometrischen oder statistischen Modellen führen. In solchen Modellen gibt es Raum für Abweichungen von den eindeutigen theoretischen Verhältnissen, die zum Beispiel auf Messfehlern, unvorhersehbarem Verhalten, Optimierungsfehlern oder unerwarteten Ereignissen beruhen. Ökonometrische Modelle können anhand einer Reihe von Kategorien klassifiziert werden.

Eine erste Modellklasse beschreibt die Beziehungen zwischen Gegenwart und Vergangenheit. Inwiefern ist zum Beispiel ein kurzfristiger Zinssatz abhängig von seiner eigenen Entwicklung? Diese Art von Modell, in der Regel als Zeitreihenmodell bezeichnet, verzichtet für gewöhnlich auf jegliche ökonomische Theorie und ist vor allem konzipiert, um Prognosen über zukünftige Werte sowie die entsprechenden Unsicherheiten oder Schwankungen abzugeben.

Eine zweite Modellart betrachtet Beziehungen zwischen wirtschaftlichen Größen über einen bestimmten Zeitraum hinweg. Diese Beziehungen liefern uns Informationen, inwiefern (aggregierte) ökonomische Größen im Laufe der Zeit in Beziehung zu anderen Größen schwanken. Was passiert zum Beispiel mit dem langfristigen Zinssatz, wenn die Zentralbank den kurzfristigen Zinssatz anpasst? Diese Modelle bieten oft Einblick in die ablaufenden wirtschaftlichen Prozesse.

Drittens gibt es Modelle, die Beziehungen zwischen verschiedenen Variablen beschreiben, die zu einem bestimmten Zeitpunkt für verschiedene Einheiten (zum Beispiel Haushalte oder Unternehmen) gemessen werden. Diese Art der Beziehung ist meistens dafür gedacht, zu erklären, warum diese Einheiten unterschiedlich sind oder sich unterschiedlich verhalten. So kann zum Beispiel untersucht werden, inwiefern Unterschiede beim Sparvermögen von Haushalten Unterschieden beim Haushaltseinkommen zugeschrieben werden können. Unter bestimmten Bedingungen können diese Querschnittsanalysen für die Betrachtung von »Was wäre, wenn …?«-Fragen genutzt werden. Wie viel würde zum Beispiel ein gegebener oder ein durchschnittlicher Haushalt sparen, wenn das Einkommen um 1 Prozent ansteigen würde?

Und schließlich können Beziehungen zwischen verschiedenen Variablen betrachtet werden, die über einen längeren Zeitraum (mindestens zwei Monate) für verschiedene Einheiten gemessen wurden. Diese Beziehungen beschreiben gleichzeitig Unterschiede zwischen verschiedenen Individuen (warum spart Person 1 mehr als Person 2?) und Unterschiede im Verhalten eines bestimmten Individuums im Laufe der Zeit (warum spart Person 1 im Jahr 1992 mehr als im Jahr 1990?). Diese Art von Modell erfordert in der Regel Paneldaten, wiederholte Beobachtungen derselben Einheiten. Es ist bestens geeignet für die Analyse politischer Veränderungen auf individueller Ebene, vorausgesetzt, es kann davon ausgegangen werden, dass die Struktur des Modells bis in die (nahe) Zukunft konstant bleibt.

Die Aufgabe der Ökonometrie besteht darin, diese Beziehungen zu spezifizieren und zu quantifizieren. Das heißt, Ökonometriker arbeiten ein statistisches Modell aus, in der Regel basierend auf wirtschaftlicher Theorie, stellen es den Daten gegenüber und versuchen, eine Spezifikation zu entwickeln, die den erforderlichen Zielen gerecht wird. Die unbekannten Elemente in dieser Spezifikation, die Parameter, werden anhand einer Stichprobe zur Verfügung stehender Daten *geschätzt*. Eine andere Aufgabe der Ökonometriker besteht darin, zu beurteilen, inwiefern das entstehende Modell »geeignet« ist. Das heißt zu überprüfen, ob die auf Grundlage der Motivation der Schätzer (und ihrer Eigenschaften) gemachten Annahmen korrekt sind und ob das Modell für den beabsichtigten Zweck genutzt werden kann. Kann es zum Beispiel für die Prognose und Analyse politischer Veränderungen eingesetzt werden? Die Wirtschaftstheorie setzt häufig voraus, dass für das zu bewertende Modell bestimmte Einschränkungen gelten. So geht die Effizienzmarkthypothese davon aus, dass sich Aktienmarktrenditen nicht aus ihrer eigenen Vergangenheit vorhersagen lassen. Ein wichtiges Ziel der Ökonometrie besteht in der Formulierung solcher Hypothesen hinsichtlich der Parameter in dem Modell sowie im Testen ihrer Validität.

Es gibt eine Vielzahl ökonometrischer Techniken und ihre Validität hängt oft entscheidend von der Validität der zugrunde liegenden Annahmen ab. Dieses Buch möchte den Leser durch den Dschungel von Schätzungen und Testverfahren führen, indem es nicht die Schönheit aller möglichen Bäume beschreibt, sondern diesen Dschungel auf einem strukturierten Weg durchquert, unnötige Seitenpfade meidet, die Gemeinsamkeiten der vorgefundenen unterschiedlichen Spezies hervorhebt und auf gefährliche Tücken hinweist. Der daraus resultierende Spaziergang ist hoffentlich angenehm und bewahrt den Leser davor, sich im Dschungel der Ökonometrie zu verirren.

1.2   Der Aufbau dieses Buches

Der erste Teil dieses Buches besteht aus den Kapiteln 2, 3 und 4. Wie die meisten Fachbücher beginnt es mit dem linearen Regressionsmodell und der OLS-Schätzmethode. Kapitel 2 liefert die Grundlagen dieser wichtigen Schätzmethode, wobei besonderes Gewicht auf die Validität unter leicht schwachen Bedingungen gelegt wird. Kapitel 3 konzentriert sich auf die Interpretation der Modelle und den Vergleich alternativer Spezifikationen. Kapitel 4 betrachtet zwei bestimmte Abweichungen von den Standardannahmen des linearen Modells: Autokorrelation und Heteroskedastizität der Fehlerterme. Es wird beschrieben, wie auf diese Phänomene hin überprüft werden kann, inwiefern sie die Validität der OLS-Schätzer beeinflussen, und wie das korrigiert werden kann. Dies beinhaltet eine kritische Untersuchung der Modellspezifikation, die Verwendung angepasster Standardfehler für die OLS-Schätzer sowie die Verwendung alternativer (GLS-)Schätzer. Diese drei Kapitel sind wesentlich für den verbleibenden Teil des Buches und sollten in jedem Seminar der Ausgangspunkt sein.

In Kapitel 5 wird eine weitere Abweichung von der Standardannahme des linearen Modells besprochen, die jedoch fatal für den OLS-Schätzwert ist. Sobald der Fehlerterm in diesem Modell mit einer oder mehr erklärenden Variablen korreliert, sind alle guten Eigenschaften der OLS-Schätzer nicht mehr wirksam und wir müssen zwangsläufig alternative Schätzungen verwenden. Dieses Kapitel bespricht Instrumentenvariablen (IV-)Schätzungen sowie die generalisierte Momentenmethode (GMM). Dieses Kapitel wird – zumindest dessen ersten Abschnitte – als wesentlicher Bestandteil jedes ökonometrischen Seminars empfohlen.

Kapitel 6 ist hauptsächlich theoretisch und erläutert die Maximum-Likelihood-Schätzung. Weil die maximale Likelihood in empirischen Arbeiten häufig wegen ihrer Abhängigkeit von Verteilungsannahmen kritisiert wird, bespreche ich sie nicht in den Eingangskapiteln, in denen es um Alternativen geht, die entweder stabiler als die Maximum-Likelihood oder (asymptotisch) gleichwertig sind. In Kapitel 6 liegt die besondere Betonung auf dem Testen von Fehlspezifikationen mittels der Lagrange-Multiplikator-Methode. Obwohl viele empirische Studien dazu neigen, die Verteilungsannahmen als gegeben anzunehmen, ist deren Validität entscheidend für die Konsistenz der eingesetzten Schätzwerte und sollte deshalb überprüft werden. Diese Tests lassen sich häufig relativ leicht durchführen, obwohl die meiste Software sie (noch) nicht routinemäßig anbietet. Kapitel 6 ist entscheidend für das Verständnis von Kapitel 7 über beschränkt abhängige Variablenmodelle und einige kürzere Abschnitte in den Kapiteln 8 bis 10.

Der letzte Teil dieses Buches umfasst vier Kapitel. Kapitel 7 stellt Modelle vor, die in der Regel (aber nicht ausschließlich) in der Mikroökonomie verwendet werden, in denen die Variable diskret (zum Beispiel null oder eins), teilweise diskret (zum Beispiel null oder positiv) oder stetig ist. Dieser Teil setzt sich zudem mit der Sample-Selection-Problematik sowie der Schätzung des Treatment-Effekts auseinander; er geht dabei über die übliche Behandlung dieses Themas in Fachbüchern hinaus.

Kapitel 8 und 9 behandeln die Modellierung von Zeitreihen einschließlich Einheitswurzel- und Kointegrationsmethoden sowie Fehlerkorrekturmodelle. Diese Kapitel können direkt im Anschluss an Kapitel 4 oder 5 gelesen werden, mit Ausnahme weniger Abschnitte, die sich auf die Maximum-Likelihood-Schätzung beziehen. Die Entwicklungen während der vergangenen 25 Jahre in der Theorie auf diesem Gebiet sind erheblich und viele der in jüngster Zeit erschienenen Fachbücher scheinen sich hauptsächlich darauf zu konzentrieren. In Kapitel 8 geht es um univariate Zeitreihenmodelle. In diesem Fall werden Modelle entwickelt, die eine ökonomische Variable anhand ihrer eigenen Vergangenheit erklären. Dazu gehören Arima-Modelle sowie GARCH-Modelle für die bedingte Varianz einer Zeitreihe. Multivariate Zeitreihenmodelle, die gleichzeitig mehrere Variablen berücksichtigen, werden in Kapitel 9 besprochen. Dazu gehören Vektorautoregressive Modelle (VAR), Kointegrationsmethoden sowie Fehlerkorrekturmodelle.

Abschließend behandelt Kapitel 10 Paneldatenmodelle. Paneldaten stehen uns zur Verfügung, wenn wiederholte Beobachtungen derselben Einheit (zum Beispiel Haushalte, Unternehmen oder Länder) vorliegen. Während des letzten Jahrzehnts wurde die Verwendung von Paneldaten in vielen Bereichen der Ökonomie wichtig. Mikroökonomische Panels von Haushalten oder Unternehmen sind leicht verfügbar und in Anbetracht der gesteigerten Rechenkapazität einfacher zu handhaben als in der Vergangenheit. Außerdem ist es zunehmend üblich geworden, Zeitreihen unterschiedlicher Länder zusammenzufassen. Einer der Gründe dafür liegt möglicherweise in der Überzeugung von Wissenschaftlern, dass Querschnittsvergleiche von Ländern interessante Informationen liefern, zusätzlich zu dem historischen Vergleich eines Landes mit seiner eigenen Vergangenheit. Dieses Kapitel beschäftigt sich außerdem mit den jüngsten Entwicklungen zu Einheitswurzeln und Kointegration in einer Paneldatenkonfiguration. Darüber hinaus beschäftigt sich ein Abschnitt gezielt mit wiederholten Querschnitten und Pseudo-Paneldaten.

Am Ende des Buches findet der Leser zwei kürzere Anhänge, in denen mathematische und statistische Ergebnisse behandelt werden, die an verschiedenen Stellen im Buch verwendet werden. Dazu gehört eine Darstellung relevanter Matrixalgebra und der Verteilungstheorie (Distributionstheorie). Insbesondere die Eigenschaften der (bivariaten) Normalverteilung, einschließlich bedingter Erwartungswerte, Varianzen sowie das Abschneiden werden besprochen.

Nach meiner Erfahrung ist das Material in diesem Buch zu umfangreich, um in einem einzigen Seminar besprochen zu werden. Auf der Grundlage der einzelnen Kapitel könnten verschiedene Seminare angesetzt werden. Ein typisches Aufbaustudium in angewandter Ökonometrie würde zum Beispiel die Kapitel 2, 3, 4 und Teile von Kapitel 5 behandeln und dann mit ausgewählten Abschnitten aus den Kapiteln 8 und 9 fortfahren, falls es um Zeitreihenanalyse geht, oder mit Abschnitt 6.1 und Kapitel 7 fortfahren, falls es um Querschnittsmodelle geht. Für fortgeschrittene Bachelor- oder Masterstudenten kann auch ein Seminar angeboten werden, das sich mit den Kapiteln über Zeitreihen (Kapitel 8 und 9), den Kapiteln über Mikroökonometrie (Kapitel 6 und 7) oder Paneldaten (Kapitel 10 mit ausgewählten Passagen aus den Kapiteln 6 und 7) beschäftigt.

In Anbetracht des Schwerpunkts und Umfangs dieses Buches musste ich viele Entscheidungen treffen, welches Material ich präsentiere und welches nicht. Grundsätzlich folgte ich der Regel, den Leser nicht mit Details zu langweilen, die ich für unwesentlich oder nicht von empirischer Relevanz hielt. Das Hauptziel bestand darin, einen allgemeinen und umfassenden Überblick der verschiedenen Methoden und Vorgehensweisen zu bieten, wobei das Augenmerk auf dem lag, was relevant für das Verstehen und Umsetzen empirischer Vorgehensweisen ist. Einige Themen werden nur kurz erwähnt und nicht umfassend besprochen. Um das auszugleichen, habe ich versucht, an geeigneten Stellen auf andere, weitergehende Fachbücher zu verweisen, die diese Themen abdecken.

1.3   Abbildungen und Übungen

In den meisten Kapiteln gibt es in den einzelnen Unterkapiteln eine Vielzahl von empirischen Darstellungen. Es ist zwar möglich, diese Abbildungen grundsätzlich zu überspringen, ohne dass das Verständnis leidet, allerdings liefern sie wichtige Aspekte im Hinblick auf die Implementierung der im vorhergehenden Text besprochenen Methodik. Zusätzlich habe ich versucht, Abbildungen zu liefern, die an sich ökonomisch interessant sind, indem sie Daten beinhalten, die typisch sind für aktuelle empirische Arbeiten und eine große Bandbreite unterschiedlicher Bereiche abdecken. Das bedeutet, dass die meisten Datensätze in kürzlich veröffentlichten empirischen Arbeiten verwendet wurden und sowohl in Bezug auf die Anzahl an Beobachtungen wie auch die Anzahl an Variablen ziemlich umfangreich sind. Angesichts der heute verfügbaren Rechnermöglichkeiten ist es für gewöhnlich kein Problem, derart große Datensätze zu verarbeiten.

Das Erlernen der Ökonometrie beschränkt sich nicht auf das Studieren eines Fachbuches. Praktische Erfahrung ist entscheidend für das Verständnis der verschiedenen Methoden ihrer Implementierung. Deshalb ermutige ich die Leser eindringlich, sich die Hände schmutzig zu machen und eine Reihe von Modellen mittels geeigneter oder auch weniger geeigneter Methoden zu bewerten sowie verschiedene Spezifikationstests durchzuführen. Da die moderne Software immer benutzerfreundlicher wird, ist die Berechnung selbst komplizierter Schätzer und Teststatistiken häufig überraschend einfach, manchmal sogar gefährlich einfach. Das heißt, dass Programme sogar mit falschen Daten, dem falschen Modell und der falschen Methodik zu Ergebnissen kommen, die scheinbar richtig sind. Um den Praktiker vor solchen Situationen zu bewahren, ist zumindest ein bisschen Erfahrung notwendig. Und dabei spielt dieses Buch eine wichtige Rolle.

Um den Leser anzuregen, mit Ist-Daten zu arbeiten und einige Modelle zu bewerten, findet er fast alle in diesem Buch verwendeten Datensätze auf der Website www.wileyeurope.com/college /verbeek. Die Leser sind angehalten, die in diesem Text dokumentierten Modelle neu zu bewerten und zu überprüfen, ob ihre Ergebnisse dieselben sind, sowie mit alternativen Spezifikationen oder Methoden zu experimentieren. Einige der Übungen nutzen dieselben oder zusätzliche Datensätze und liefern eine Reihe spezifischer Probleme, die beleuchtet werden müssen. Es sollte betont werden, dass für Schätzmethoden, die eine numerische Optimierung erfordern, alternative Programme, Algorithmen oder Umgebungen möglicherweise zu leicht abweichenden Ergebnissen führen. Allerdings sollten Sie Ergebnisse erzielen, die nahe bei den genannten liegen.

Ich empfehle nicht den Kauf eines bestimmten Softwarepakets. Für das lineare Regressionsmodell ist jedes Softwarepaket ausreichend. Für die anspruchsvolleren Techniken hat jedes Paket seine Vor- und Nachteile. In der Regel muss man abwägen zwischen Benutzerfreundlichkeit und Flexibilität. Menügeführte Programme erlauben oft nicht, etwas anderes zu berechnen als das vom Menü Vorgegebene. Wenn das Menü ausreichend umfangreich ist, stellt das vielleicht kein Problem dar. Befehlsgesteuerte Pakete erfordern mehr Vorgaben vom Benutzer, sind dafür aber meistens sehr flexibel. Für die Abbildungen in diesem Buch habe ich Eviews 7, RATS 8.0 und Stata 11.2 verwendet. Es stehen etliche alternative ökonometrische Programme zur Verfügung, einschließlich MicroFit, PcGive, TSP und SHAZAM; für komplexe oder maßgeschneiderte Methoden verwenden Ökonometriker GAUSS, Matlab, Ox, S-Plus und viele andere Programme sowie spezialisierte Software für spezifische Methodiken oder Modelltypen. Fachzeitschriften wie das *Journal of Applied Econometrics* und das *Journal of Economic Surveys* veröffentlichen regelmäßig Softwarebesprechungen.

Die am Ende jedes Kapitels enthaltenen Übungen bestehen aus einer Reihe von Fragen, die in erster Linie dazu gedacht sind, zu überprüfen, ob der Leser die wichtigsten Gedanken verstanden hat. Deshalb gehen sie in der Regel nicht in technische Details oder fragen nach Herleitungen oder Beweisen. Darüber hinaus sind etliche Übungen empirischer Natur und erfordern vom Leser die Nutzung von Ist-Daten, die auf der Website zu diesem Buch erhältlich sind.

KAPITEL 2

Eine Einführung in die lineare Regression

Zwei Eckpfeiler der Ökonometrie sind das sogenannte **lineare Regressionsmodell** und die **OLS-Schätzmethode**. Im ersten Teil dieses Buches besprechen wir das lineare Regressionsmodell mit seinen Annahmen, wie es geschätzt und wie es für das Erstellen von Prognosen und das Überprüfen ökonomischer Hypothesen genutzt werden kann.

Im Unterschied zu vielen anderen Fachbüchern beginne ich nicht mit den Standardannahmen, die dem statistischen Modell der linearen Regression zugrunde liegen, häufig zusammengefasst unter dem Oberbegriff Gauß-Markov-Annahmen. Meiner Meinung nach wird der Bedeutung der Annahmen, die dem linearen Regressionsmodell zugrunde liegen, am besten Rechnung getragen, indem die wichtigste Technik der Ökonometrie, die Methode der kleinsten Quadrate, als algebraische statt als statistische Funktion betrachtet wird. Dies ist das Thema von Kapitel 2.1. In Kapitel 2.2 wird das lineare Regressionsmodell eingeführt, während Kapitel 2.3 die Eigenschaften des OLS-Schätzers in diesem Modell unter den sogenannten Gauß-Markov-Annahmen vorstellt. Kapitel 2.4 erläutert Maßeinheiten der Anpassungsgüte für das lineare Modell und in Kapitel 2.5

wird das Testen von Hypothesen besprochen. In Kapitel 2.6 gehen wir über zu Fällen, bei denen die Gauß-Markov-Annahmen nicht unbedingt ausreichend und die Eigenschaften kleiner Stichproben des OLS-Schätzers nicht bekannt sind. In solchen Fällen wird üblicherweise das einschränkende Verhalten des OLS-Schätzers, wenn – hypothetisch – die Stichprobengröße unendlich groß wird, genutzt, um sich den Eigenschaften der kleinen Stichprobe anzunähern. Ein empirisches Beispiel zu einem Preismodell für Kapitalgüter (CAPM) wird in Kapitel 2.7 beleuchtet. Kapitel 2.8 und 2.9 beschäftigen sich mit Datenproblemen, die mit Multikollinearität, Ausreißern und fehlenden Beobachtungen zusammenhängen, während sich Kapitel 2.10 auf Prognosen unter Verwendung des linearen Regressionsmodells konzentriert. Es wird durchgehend ein empirisches Beispiel zu Individuallöhnen verwendet, um die Hauptprobleme zu veranschaulichen.

In Kapitel 3 wird tiefer darauf eingegangen, wie die Koeffizienten in einem linearen Modell zu interpretieren sind, wie einige der Annahmen des Modells überprüft werden können und wie alternative Modelle verglichen werden können.

2.1   Die Methode der kleinsten Quadrate als algebraische Funktion

2.1.1   Die Methode der kleinsten Quadrate (OLS)

Angenommen, wir haben eine Stichprobe mit N Beobachtungen zum Lohn und ein paar Hintergrundmerkmale. Unser Hauptinteresse gilt der Frage, wie die Löhne *in dieser Stichprobe* in Beziehung zu anderen Beobachtungen stehen. Lassen Sie uns Löhne als y bezeichnen und die anderen $K-1$ Merkmale als $x_2, \ldots, x_K$. Es wird gleich deutlich werden, warum diese Nummerierung der Variablen zweckmäßig ist. Jetzt könnten wir fragen: Welche Linearkombination von $x_2, \ldots, x_K$ und einer Konstanten ergibt eine gute Approximation an y? Um diese Frage zu beantworten, betrachten Sie bitte zuerst eine beliebige Linearkombination, einschließlich einer Konstanten, die beschrieben werden kann als

$$\tilde{\beta}_1 + \tilde{\beta}_2 x_2 + \cdots + \tilde{\beta}_K x_K, \tag{2.1}$$

wobei $\tilde{\beta}_1, \ldots, \tilde{\beta}_K$ zu wählende Konstanten sind. Lassen Sie uns die Beobachtungen so nach i sortieren, dass $i = 1, \ldots, N$. Jetzt ist die Differenz zwischen einem beobachteten Wert y_i und seiner linearen Approximation

$$y_i - [\tilde{\beta}_1 + \tilde{\beta}_2 x_{i2} + \cdots + \tilde{\beta}_K x_{iK}]. \tag{2.2}$$

Um die Herleitungen zu vereinfachen, sollten wir ein paar Kurzbezeichnungen einführen. Anhang A liefert zusätzliche Details für Leser, die mit der Verwendung von Vektorenbezeichnungen nicht vertraut sind. Zuerst sammeln wir die x-Werte für Person i in einem Vektor x_i, der die Konstante enthält.

Das lautet folgendermaßen

$$x_i = (1 \; x_{i2} \; x_{i3} \ldots x_{iK})'.$$

Das Sammeln der $\tilde{\beta}$-Koeffizienten (2.2) in einem K-dimensionalen Vektor $\tilde{\beta} = (\tilde{\beta}_1 \ldots \tilde{\beta}_K)'$ können wir kurz schreiben als

$$y_i - x_i' \tilde{\beta}. \tag{2.3}$$

Natürlich würden wir gern solche Werte für $\tilde{\beta}_1, \ldots, \tilde{\beta}_K$ aussuchen, dass diese Unterschiede klein sind. Obwohl unterschiedliche Maße verwendet werden können, um zu definieren, was wir unter »klein« verstehen, ist die üblichste Herangehensweise, $\tilde{\beta}$ auszusuchen, derart, dass die Summe der quadrierten Differenzen (SSD) so klein wie möglich ist. In diesem Fall bestimmen wir $\tilde{\beta}$, um die folgende Zielfunktion zu minimieren:

$$S(\tilde{\beta}) \equiv \sum_{i=1}^{N} (y_i - x_i' \tilde{\beta})^2. \tag{2.4}$$

Also minimieren wir die Summe der quadrierten Approximationsfehler. Diese Herangehensweise wird als die **Methode der kleinsten Quadrate** oder **OLS-Methode** bezeichnet. Quadrate zu nehmen gewährleistet, dass sich positive und negative Abweichungen bei der Summierung nicht aufheben.

Um das Minimierungsproblem zu lösen, betrachten wir die Bedingungen erster Ordnung, die wir durch das Differenzieren von $S(\tilde{\beta})$ in Bezug auf den Vektor β erhalten. (Anhang A erläutert einige Regeln, um einen skalaren Ausdruck wie (2.4) in Bezug auf einen Vektor zu differenzieren. Das ergibt das folgende System von K-Bedingungen:

$$-2 \sum_{i=1}^{N} x_i(y_i - x_i'\tilde{\beta}) = 0 \tag{2.5}$$

oder

$$\left(\sum_{i=1}^{N} x_i x_i' \right) \tilde{\beta} = \sum_{i=1}^{N} x_i y_i. \tag{2.6}$$

Diese Gleichungen werden manchmal als **Normalgleichungen** bezeichnet. Da das System über K Unbekannte verfügt, kann eine eindeutige Lösung für $\tilde{\beta}$ erhalten werden, vorausgesetzt, dass die symmetrische Matrix $\sum_{i=1}^{N} x_i x_i'$, die Summen der Quadrate und Querschnittsprodukte der Regressoren x_i enthält, umkehrbar ist. Vorerst gehen wir einfach davon aus, dass dies der Fall ist. Die Lösung des Minimierungsproblems, die wir als b bezeichnen, ist dann gegeben durch

$$b = \left(\sum_{i=1}^{N} x_i x_i' \right)^{-1} \sum_{i=1}^{N} x_i y_i. \tag{2.7}$$

Beim Überprüfen der Bedingungen zweiter Ordnung wird bestätigt, dass b tatsächlich mit einem Minimum von (2.4) korrespondiert.

Daraus folgt die Linearkombination von x_i

$$\hat{y}_i = x_i'b,$$

welches die **beste lineare Approximation** von y aus $x_2, \dots, x_K$ und einer Konstanten darstellt. Der Ausdruck »beste« bezieht sich auf die Tatsache, dass die Summe quadrierter Differenzen zwischen den beobachteten Werten y_i und vorhergesagten Werten $\hat{y}_i$ für die Lösung b mit den kleinsten Quadraten minimal ist.

Beim Ableiten der linearen Approximation haben wir keine ökonomische oder statistische Theorie verwendet. Es ist lediglich eine algebraische Funktion, für die es unerheblich ist, wie die Daten erzeugt wurden. Das bedeutet, dass wir bei einer gegebenen Gruppe von Variablen stets die beste lineare Approximation einer Variablen durch Verwendung der anderen Variablen bestimmen können. Die einzige Annahme, die wir dabei vornehmen müssen (und die unmittelbar durch die Daten überprüft wird), ist, dass $K \times K$-Matrix $\sum_{i=1}^{N} x_i x_i'$ umkehrbar ist. Das sagt aus, dass keines der x_{ik}s eine *exakte* Linearkombination der anderen und von daher redundant ist. Dies wird in der Regel als die **Annahme der Nicht-Multikollinearität** bezeichnet. Es sollte betont werden, dass die lineare Approximation ein Ergebnis *innerhalb der Stichprobe* ist (das heißt, sie liefert grundsätzlich keine Informationen über Beobachtungen [Individuen] außerhalb der Stichprobe) und es generell keine direkte Interpretation der Koeffizienten gibt.

Trotz dieser Einschränkungen sind algebraische Ergebnisse auf Basis der Methode der kleinsten Quadrate sehr nützlich. Wenn wir ein **Residuum** e_i definieren, wie die Differenz zwischen dem beobachteten und dem approximierten Wert $e_i = y_i - \hat{y}_i = y_i - x_i'b$, können wir das beobachtete y_i zerlegen in

$$y_i = \hat{y}_i + e_i = x_i'b + e_i. \tag{2.8}$$

Das ermöglicht uns, den minimalen Wert für die Zielfunktion wie folgt zu schreiben:

$$S(b) = \sum_{i=1}^{N} e_i^2,$$ (2.9)

Das wird als die **Summe der quadrierten Residuen** bezeichnet. Es kann gezeigt werden, dass der approximierte Wert $x_i'b$ und das Residual e_i konstruktionsbedingt bestimmte Eigenschaften erfüllen. Wenn wir zum Beispiel (2.5) umschreiben und die OLS-Lösung b ersetzen, so erhalten wir

$$\sum_{i=1}^{N} x_i(y_i - x_i'b) = \sum_{i=1}^{N} x_i e_i = 0.$$ (2.10)

Das bedeutet, der Vektor $e = (e_1, \ldots, e_N)'$ ist orthogonal[1] für jeden Vektor von Beobachtungen auf einer x-Variablen. Wenn zum Beispiel x_i eine Konstante enthält, lässt das darauf schließen, dass $\sum_{i=1}^{N} e_i = 0$. Das bedeutet, das durchschnittliche Residual ist null. Dieses Ergebnis ist intuitiv einleuchtend. Wenn das durchschnittliche Residual nicht null wäre, würde das bedeuten, dass wir die Approximation durch das Addieren oder Subtrahieren derselben Konstanten für jede Beobachtung verbessern könnten, sprich, durch das Verändern von b_1. Daraus folgt für die durchschnittliche Beobachtung konsequenterweise, dass

$$\bar{y} = \bar{x}'b,$$ (2.11)

wobei $\bar{y} = (1/N) \sum_{i=1}^{N} y_i$ und $\bar{x} = (1/N) \sum_{i=1}^{N} x_i$, ein K-dimensionaler Vektor der Stichprobenmittelwerte. Das zeigt, dass es für die durchschnittliche Beobachtung keinen Approximationsfehler gibt. Ähnliche Interpretationen gelten für andere x-Variablen: Wenn die Ableitung der Summe der quadrierten Approximationsfehler unter Beachtung von $\tilde{\beta}_k$ positiv ist, das heißt, falls $\sum_{i=1}^{N} x_{ik} e_i > 0$, können wir die objektive Funktion durch die Verkleinerung von $\tilde{\beta}_k$ verbessern.

2.1.2　Einfache lineare Regression

In dem Fall von $K = 2$ haben wir lediglich einen Regressor und eine Konstante. In diesem Fall können die Beobachtungen[2] (y_i, x_i) in einem zweidimensionalen Graphen mit x-Werten auf der Horizontalachse und y-Werten auf der Vertikalachse gezeichnet werden. Dies wird in Abbildung 2.1 für einen hypothetischen Datensatz vorgenommen. Die beste lineare Approximation von y aus x und einer Konstanten wird erhalten durch das Minimieren der Summe der quadrierten Residuen, welche – in diesem zweidimensionalen Fall – den vertikalen Entfernungen zwischen einer Beobachtung und dem angenommenen Wert entsprechen. Alle angenommenen Werte befinden sich auf einer geraden Linie, der **Regressionslinie**.

Weil eine 2×2-Matrix analytisch umgekehrt werden kann, können wir die Lösungen für b_1 und b_2 in diesem speziellen Fall aus den allgemeinen Ausdrücken für b ableiten. Entsprechend können wir die Residualsumme der Quadrate im Hinblick auf die Unbekannten minimieren. Dementsprechend haben wir

$$S(\tilde{\beta}_1, \tilde{\beta}_2) = \sum_{i=1}^{N} (y_i - \tilde{\beta}_1 - \tilde{\beta}_2 x_i)^2.$$ (2.12)

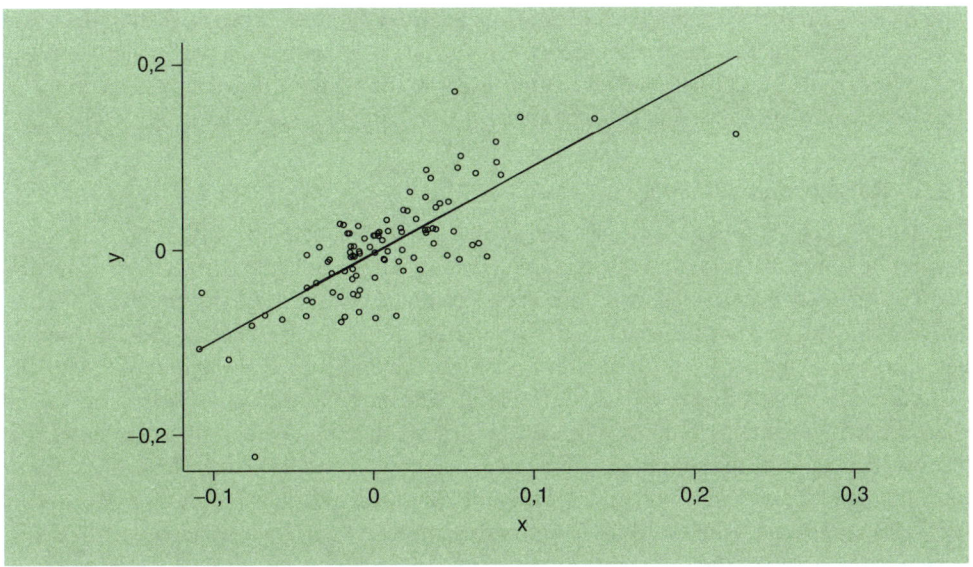

Abbildung 2.1 Einfache lineare Regression: Vorhergesagte Linie und Beobachtungspunkte

Die Grundelemente in dieser Ableitung der OLS-Lösungen sind die Bedingungen erster Ordnung

$$\frac{\partial S(\tilde{\beta}_1, \tilde{\beta}_2)}{\partial \tilde{\beta}_1} = -2 \sum_{i=1}^{N} (y_i - \tilde{\beta}_1 - \tilde{\beta}_2 x_i) = 0, \tag{2.13}$$

$$\frac{\partial S(\tilde{\beta}_1, \tilde{\beta}_2)}{\partial \tilde{\beta}_2} = -2 \sum_{i=1}^{N} x_i(y_i - \tilde{\beta}_1 - \tilde{\beta}_2 x_i) = 0. \tag{2.14}$$

Aus (2.13) können wir schreiben

$$b_1 = \frac{1}{N} \sum_{i=1}^{N} y_i - b_2 \frac{1}{N} \sum_{i=1}^{N} x_i = \bar{y} - b_2 \bar{x}, \tag{2.15}$$

wobei b_2 gelöst wird durch das Kombinieren von (2.14) und (2.15). Zuerst schreibe aus (2.14)

$$\sum_{i=1}^{N} x_i y_i - b_1 \sum_{i=1}^{N} x_i - \left(\sum_{i=1}^{N} x_i^2 \right) b_2 = 0$$

und ersetze dann (2.15), um

$$\sum_{i=1}^{N} x_i y_i - N \bar{x} \bar{y} - \left(\sum_{i=1}^{N} x_i^2 - N \bar{x}^2 \right) b_2 = 0$$

zu erhalten, sodass wir den Steigungskoeffizienten b_2 lösen können als

$$b_2 = \frac{\sum_{i=1}^{N} (x_i - \bar{x})(y_i - \bar{y})}{\sum_{i=1}^{N} (x_i - \bar{x})^2}. \tag{2.16}$$

Durch das Dividieren von sowohl Nenner als auch Zähler durch $N-1$ zeigt sich, dass die OLS-Lösung b_2 das Verhältnis der Stichprobenkovarianz zwischen x und y und der Stichprobenvarianz von x darstellt. Aus (2.15) wird der Achsenabschnitt so bestimmt, dass der durchschnittliche Approximationsfehler (Residual) gleich null ist.

2.1.3 Beispiel: Individuallöhne

Ein Beispiel, das an verschiedenen Stellen in diesem Kapitel genutzt wird, basiert auf einer Stichprobe zu Löhnen mit Hintergrundmerkmalen wie Geschlecht, Alter, Rasse und Schuljahren. Wir verwenden eine Unterstichprobe des US National Longitudinal Survey (NLS), die sich auf 1987 bezieht, und wir haben eine Stichprobe 3294 junger arbeitender Individuen, von denen 1569 weiblich sind[3]. Der durchschnittliche Stundenlohn in dieser Stichprobe entspricht 6,31 US-Dollar für Männer und 5,15 US-Dollar für Frauen. Nehmen wir einmal an, wir versuchen, die Löhne zu approximieren durch eine Linearkombination einer Konstanten und einer $0-1$-Variablen, die anzeigt, ob das Individuum männlich ist oder nicht. Das heißt, $x_i = 1$, wenn Individuum i männlich ist, andernfalls null. Eine solche Variable, die nur die Werte null oder eins annehmen kann, wird als **Dummyvariable** bezeichnet. Verwenden wir die OLS-Herangehensweise, so ist das Ergebnis

$$\hat{y}_i = 5,15 + 1,17 x_i.$$

Das bedeutet, dass für Frauen unsere beste Approximation bei 5,15 US-Dollar liegt und für Männer bei 5,15 US-Dollar + 1,17 US-Dollar = 6,31 US-Dollar. Es ist kein Zufall, dass diese Zahlen exakt den Stichprobenmittelwerten in den beiden Unterstichproben entsprechen. Aus den obigen Ergebnissen lässt sich leicht verifizieren, dass

$$b_1 = \bar{y}_f$$

$$b_2 = \bar{y}_m - \bar{y}_f,$$

wobei $\bar{y}_m = \sum_i x_i y_i / \sum_i x_i$ der Stichprobendurchschnitt der Löhne für Männer und $\bar{y}_f = \sum_i (1 - x_i) y_i / \sum_i (1 - x_i)$ der Durchschnitt der Löhne für Frauen ist.

2.1.4 Matrizendarstellung

Weil Ökonometriker häufig Matrizenausdrücke in Form von Kurzbezeichnungen verwenden, ist eine gewisse Vertrautheit mit dieser »Matrizensprache« für das Lesen ökonometrischer Literatur notwendig. In diesem Text werden wir Ergebnisse regelmäßig durch Verwendung von Matrizenausdrücken umformulieren und gelegentlich, wenn die Alternative extrem unhandlich ist, unsere Aufmerksamkeit auf Matrizenausdrücke beschränken. Beim Verwenden von Matrizen ist das Ableiten der Lösung der kleinsten Quadrate schneller, es erfordert jedoch ein bestimmtes Wissen über die Matrixdifferentialrechnung. Wir führen die folgende Schreibweise ein:

$$X = \begin{pmatrix} 1 & x_{12} & \cdots & x_{1K} \\ \vdots & \vdots & & \vdots \\ 1 & x_{N2} & \cdots & x_{NK} \end{pmatrix} = \begin{pmatrix} x'_1 \\ \vdots \\ x'_N \end{pmatrix}, y = \begin{pmatrix} y_1 \\ \vdots \\ y_N \end{pmatrix}.$$

In der $N \times K$-Matrix X bezieht sich die $i$te Zeile auf Beobachtung i und die $k$te Spalte auf die $k$te erklärende Variable (Regressor). Das zu minimierende Kriterium, wie in (2.4) gegeben, kann umgeschrieben werden in eine Matrizenbezeichnung unter Nutzung der Tatsache, dass das innere Produkt eines gegebenen Vektors a mit sich selbst ($a'a$) die Summe seiner quadrierten Elemente ist (siehe Anhang A). Das heißt,

$$S(\tilde{\beta}) = (y - X\tilde{\beta})'(y - X\tilde{\beta}) = y'y - 2y'X\tilde{\beta} + \tilde{\beta}'X'X\tilde{\beta}, \tag{2.17}$$

woraus die Lösung der kleinsten Quadrate durch das Differenzieren[4] im Hinblick auf $\tilde{\beta}$ und das Setzen des Ergebnisses auf null folgt:

$$\frac{\partial S(\tilde{\beta})}{\partial \tilde{\beta}} = -2(X'y - X'X\tilde{\beta}) = 0. \tag{2.18}$$

Das Lösen von (2.18) ergibt die OLS-Lösung

$$b = (X'X)^{-1}X'y, \tag{2.19}$$

welche exakt der entspricht, die wir in (2.7) abgeleitet haben, die jetzt jedoch als Matrizenbezeichnung formuliert ist. Beachten Sie, dass wir wieder annehmen müssen, dass $X'X = \sum_{i=1}^{N} x_i x_i'$ umkehrbar ist, das heißt, dass es keine exakte (oder perfekte) Multikollinearität gibt.

Wie zuvor können wir y zerlegen in

$$y = Xb + e, \tag{2.20}$$

wo e ein N-dimensionaler Vektor der Residuen ist. Die Bedingungen erster Ordnung implizieren, dass $X'(y - Xb) = 0$ ist oder

$$X'e = 0, \tag{2.21}$$

was bedeutet, dass jede Spalte der Matrix X orthogonal zum Vektor der Residuen ist. Mit (2.19) können wir (2.20) auch schreiben als

$$y = Xb + e = X(X'X)^{-1}X'y + e = \hat{y} + e \tag{2.22}$$

sodass sich der vorhergesagte Wert für y ergibt durch

$$\hat{y} = Xb = X(X'X)^{-1}X'y = P_X y. \tag{2.23}$$

In der linearen Algebra ist die Matrix $P_X \equiv X(X'X)^{-1}X'$ bekannt als eine Projektionsmatrix (siehe Anhang A). Sie projiziert den Vektor y auf die Spalten von X (der Spaltenplatz von X). Das ist einfach nur die geometrische Übersetzung des Findens der besten linearen Approximation von y aus den Spalten (Regressoren) in X. Die Matrix P_X wird auch als die Hutmatrix bezeichnet, weil sie y in $\hat{y}$ (»y-Hut«) verwandelt. Der Residualvektor der Projektion $e = y - Xb = (I - P_X)y = M_X y$ ist die orthogonale Ergänzung. Er ist eine Projektion von y über den Raum orthogonal zu demjenigen, der von den Spalten von X umspannt wird. Diese Interpretation ist manchmal nützlich. So sollte zum Beispiel das zweimalige Projizieren auf denselben Raum das Ergebnis nicht beeinflussen, sodass es dabei bleibt, dass $P_X P_X = P_X$ und $M_X M_X = M_X$. Noch wichtiger ist, dass es dabei bleibt, dass $M_X P_X = 0$ als der Spaltenplatz von X und seine orthogonale Ergänzung nichts gemeinsam haben (außer dem Nullvektor). Dies ist eine alternative Möglichkeit, das Ergebnis so zu interpretieren, dass sowohl $\hat{y}$ und e wie auch X und e orthogonal sind. Der interessierte Leser sei für eine ausgezeichnete Erörterung der Geometrie von kleinsten Quadraten auf Davidson und MacKinnon (2004, Kapitel 2) verwiesen.

2.2   Das lineare Regressionsmodell

Für gewöhnlich wollen Ökonomen mehr als nur die beste lineare Approximation einer Variablen angesichts einer gegebenen Gruppe von anderen finden. Sie wollen ökonomische Zusammenhänge sichtbar machen, die über die zur Verfügung stehende Stichprobe hinaus aussagekräftig sind. Sie wollen Schlussfolgerungen darüber ziehen, was passiert, wenn sich eine der Variablen verändert. Das heißt: Sie wollen Aussagen über Dinge treffen, die (noch) nicht beobachtet sind. In diesem Fall wollen wir die Beziehung, die mehr darstellt als nur einen historischen Zufall, sie sollte eine grundlegende Beziehung widerspiegeln. Um das zu tun, muss angenommen werden, dass es eine allgemeine Beziehung gibt, die für alle möglichen Beobachtungen aus einer klar definierten Grundgesamtheit (zum Beispiel alle US-Haushalte oder alle Unternehmen innerhalb einer bestimmten Branche) gültig ist. Indem wir uns auf lineare Beziehungen konzentrieren, spezifizieren wir ein **statistisches Modell** als

$$y_i = \beta_1 + \beta_2 x_{i2} + \cdots + \beta_K x_{iK} + \varepsilon_i \tag{2.24}$$

oder

$$y_i = x_i' \beta + \varepsilon_i, \tag{2.25}$$

wobei y_i und x_i beobachtbare Variablen sind und ε_i nicht beobachtet und als **Fehlerterm** oder Störterm bezeichnet wird. Die Elemente in β sind unbekannte Parameter der Grundgesamtheit. Die Gleichheit in (2.25) soll für jede mögliche Beobachtung gelten, obwohl wir nur eine **Stichprobe** von N Beobachtungen betrachten. Wir sollten diese Stichprobe als eine Realisierung aller potenziellen Stichproben der Größe N ansehen, die aus derselben Grundgesamtheit gezogen werden könnten. Auf diese Weise können wir y_i und ε_i (und oft x_i) als **Zufallsvariable** ansehen. Jede Beobachtung korrespondiert mit einer Realisierung dieser Zufallsvariablen. Wieder können wir die Matrizenbezeichnung verwenden und alle Beobachtungen zusammenfassen, um zu schreiben

$$y = X\beta + \varepsilon, \tag{2.26}$$

wobei y und ε N-dimensionale Vektoren sind und X, wie zuvor, die Dimension $N \times K$ aufweist. Beachten Sie den Unterschied zwischen dieser Gleichung und (2.20).

Im Gegensatz zu (2.8) und (2.20) sind die Gleichungen (2.25) und (2.26) Beziehungen der Grundgesamtheit, während β ein Vektor unbekannter Parameter ist, die die Grundgesamtheit charakterisieren. Die **Stichprobennahme** beschreibt, wie die Stichprobe aus der Grundgesamtheit gewonnen wird, und bestimmt dadurch die Zufälligkeit der Stichprobe. Auf den ersten Blick sind die x_i-Variablen fix und nicht stochastisch, was bedeutet, dass jede neue Stichprobe dieselbe X-Matrix haben wird. In diesem Fall sprechen wir von x_i als **deterministisch**. Eine neue Stichprobe bringt lediglich neue Werte für ε_i oder – gleichwertig – für y_i. Der einzig relevante Fall, bei dem die x_is wirklich deterministisch sind, besteht in einer Laborumgebung, in der ein Forscher die Bedingungen für ein gegebenes Experiment (zum Beispiel Temperatur, Luftdruck) festlegen kann. In der Ökonomie müssen wir in der Regel mit nicht experimentellen Daten arbeiten. Dennoch ist es zweckmäßig und in bestimmten Fällen in einem ökonomischen Kontext angemessen, so zu tun, als wären die x_i-Variablen deterministisch. In diesem Fall müssen wir einige Annahmen über die Stichprobenverteilung von ε_i treffen. Eine zweckdienliche Annahme korrespondiert mit der Ziehung einer **Zufallsstichprobe**, bei der jeder Fehler ε_i eine zufällige Ziehung aus der Verteilung der Grundgesamtheit darstellt, unabhängig von anderen Fehlertermen. Wir werden uns diesem Problem weiter unten zuwenden.

Auf den zweiten Blick impliziert eine neue Stichprobe neue Werte sowohl für x_i wie auch für ε_i, sodass jedes Mal ein neuer Satz von Beobachtungen für (y_i, x_i) gezogen wird. In diesem Fall bedeutet die Stichprobenziehung, dass jeder Satz von (y_i, x_i) eine zufällige Ziehung aus der Verteilung der Grundgesamtheit darstellt. In diesem Kontext wird es sich als wichtig erweisen, Annahmen über die gemeinsame Verteilung von x_i und ε_i zu treffen, insbesondere im Hinblick auf das Ausmaß, in dem die Verteilung von ε_i von X abhängig sein darf. Die Vorstellung von einer (zufälligen) Stichprobe lässt sich am einfachsten in einem Querschnittskontext nachvollziehen, bei dem die Aufmerksamkeit auf einer großen und fixen Grundgesamtheit liegt, zum Beispiel alle UK-Haushalte im Januar 2010 oder alle an einem bestimmten Datum an der New Yorker Börse gelisteten Aktien. In einem Zeitreihenkontext beziehen sich unterschiedliche Beobachtungen auf unterschiedliche Zeitphasen und es macht keinen Sinn, anzunehmen, wir hätten eine Zufallsstichprobe von Zeitphasen. Stattdessen sollten wir die Auffassung vertreten, dass unsere Stichprobe nur eine Realisierung dessen ist, was in einer gegebenen Zeitspanne passieren kann, und sich die Zufälligkeit auf unterschiedliche Staaten dieser Welt bezieht. In so einem Fall werden wir einige Annahmen über die Art und Weise treffen müssen, wie die Daten generiert werden (statt der Art und Weise, wie die Stichprobendaten genommen werden).

Es ist wichtig, zu erkennen, dass das *statistische* Modell in (2.25) ohne zusätzliche Restriktionen eine Tautologie ist: Für jeden Wert von β kann stets eine Gruppe von ε_is definiert werden, sodass (2.25) für jede Beobachtung genau gleich gilt. Deshalb müssen wir einige Annahmen machen, um dem Modell einen Sinn zu geben. Eine häufige Annahme besteht darin, dass der Erwartungswert von ε_i angesichts der erklärenden Variablen in x_i null ist, das heißt $E\{\varepsilon_i|x_i\} = 0$. Für gewöhnlich wird von dieser Annahme gesprochen als »die x-Variablen sind **exogen**«. Unter dieser Annahme gilt

$$E\{y_i|x_i\} = x_i'\beta, \tag{2.27}$$

sodass die Regressionslinie $x_i'\beta$ den bedingten Erwartungswert von y_i beschreibt, in Anbetracht der Werte für x_i. Die Koeffizienten β_k messen, wie der Erwartungswert von y_i beeinflusst wird, wenn sich der Wert von x_{ik} verändert und die anderen Elemente in x_i konstant bleiben (die **Ceteris-paribus-Annahme**). Die ökonomische Theorie legt jedoch oft nahe, dass das Modell in (2.25) eine kausale Beziehung beschreibt, bei dem die β-Koeffizienten die durch eine Ceterisparibus-Veränderung in x_{ik} verursachten Veränderungen in y_i messen. In solchen Fällen wird ε_i ökonomisch (und nicht nur statistisch) interpretiert. Festzulegen, dass es nicht mit x_i korreliert, was wir mit der Bedingung $E\{\varepsilon_i|x_i\} = 0$ tun, mag nicht gerechtfertigt sein. Weil bei vielen Anwendungen argumentiert werden kann, dass Unbeobachtbares im Fehlerterm mit dem Beobachtbaren in x_i in Verbindung steht, sollten wir vorsichtig sein, unsere Regressionskoeffizienten als Maß für kausale Effekte zu deuten. In Kapitel 5 werden wir auf dieses Thema zurückkommen (endogene Regressoren).

Da unsere β-Koeffizienten jetzt eine Bedeutung haben, können wir versuchen, die Stichprobe (y_i, x_i), $i = 1, \ldots, N$, zu nutzen, um etwas über sie auszusagen. Die Regel, die besagt, wie eine gegebene Stichprobe in einen approximativen Wert für β übertragen wird, bezeichnet man als **Schätzer**. Das Ergebnis für eine gegebene Stichprobe ist der **Schätzwert**. Der *Schätzer* ist ein Vektor von Zufallsvariablen, weil sich die Stichprobe verändern kann. Der *Schätzwert* ist ein

Vektor von Zahlen. Der in der Ökonometrie am meisten verwendete Schätzer ist der der **kleinsten Quadrate (OLS**-Schätzer). Dabei handelt es sich um die Regel der (gewöhnlichen) kleinsten Quadrate, wie in Kapitel 2.1 beschrieben, angewandt auf die zur Verfügung stehende Stichprobe. Der OLS-Schätzer für β ergibt sich also durch

$$b = \left(\sum_{i=1}^{N} x_i x_i' \right)^{-1} \sum_{i=1}^{N} x_i y_i. \tag{2.28}$$

Weil wir von einem zugrunde liegenden »richtigen« Modell ausgegangen sind, kombiniert mit einem Stichprobensystem, ist b nun ein Vektor von Zufallsvariablen. Unser Interesse gilt dem wahren unbekannten Vektorparameter β, und b wird als eine Approximation betrachtet. Obwohl eine gegebene Stichprobe nur einen einzigen Schätzwert hervorbringt, bemessen wir dessen Qualität anhand der Eigenschaften des zugrunde liegenden Schätzers. Der Schätzer b hat eine Stichprobenverteilung, weil sein Wert abhängig ist von der Stichprobe, die (zufällig) der Grundgesamtheit entnommen wurde.

Es ist äußerst wichtig, den Unterschied zwischen dem Schätzer b und den Koeffizienten β der wahren Grundgesamtheit zu verstehen. Ersteres ist ein Vektor von Zufallsvariablen, dessen Ergebnis von der verwendeten Stichprobe abhängt (und, im allgemeineren Fall, von der verwendeten Schätzmethode). Das zweite ist eine Gruppe fixer, unbekannter Zahlen, die das Grundgesamtheitsmodell (2.25) charakterisieren. Auch hier ist die Unterscheidung zwischen den Fehlertermen ε_i und den Residuen e_i sehr wichtig. Fehlerterme sind unbeobachtet und Verteilungsannahmen über sie sind notwendig, um die Stichprobeneigenschaften der Schätzer für β zu erlangen. Das werden wir im nächsten Kapitel sehen. Die Residuen erhält man nach der Schätzung. Deren Werte sind abhängig von dem geschätzten Wert für β und deshalb abhängig von der Stichprobe und der Schätzmethode. Die Eigenschaften der Fehlerterme ε_i und der Residuen e_i sind nicht dieselben und gelegentlich sogar sehr unterschiedlich. So ist zum Beispiel (2.10) normalerweise nicht erfüllt, wenn die Residuen durch die Fehlerterme ersetzt werden. Empirische Arbeiten sind in ihrer Terminologie häufig sehr nachlässig und bezeichnen Fehlerterme als »Residuen« oder verwenden beide Begriffe synonym. In diesem Text werden wir präziser sein und den Begriff »Fehlerterm« oder gelegentlich »Störterm« für ε_i und »Residuen« für e_i verwenden.

2.3   Eigenschaften des OLS-Schätzers bei kleinen Stichproben

2.3.1   Die Gauß-Markov-Annahmen

Ob der OLS-Schätzer b eine gute Approximation an den unbekannten Vektorparameter β liefert oder nicht, hängt entscheidend von den Annahmen ab, die über die Verteilung von ε_i und dessen Beziehung zu x_i getroffen werden. Ein Standardfall, in dem der OLS-Schätzer gute Eigenschaften aufweist, ist gekennzeichnet durch die Gauß-Markov-Bedingungen. Später, in den Kapiteln 2.6, 4 und 5.1 werden wir schwächere Bedingungen betrachten, unter denen OLS immer noch einige attraktive Eigenschaften hat. Für den Moment ist es wichtig, zu erkennen, dass die Gauß-Markov-Bedingungen nicht alle strikt nötig sind, um die Verwendung des OLS-Schätzers zu rechtfertigen. Sie stellen lediglich einen einfachen Fall dar, in dem die Eigenschaften von b für eine kleine Stichprobe leicht abgeleitet werden können.

Für das lineare Regressionsmodell in (2.25), gegeben durch

$$y_i = x_i'\beta + \varepsilon_i,$$

sind die **Gauß-Markov-Bedingungen**

$$E\{\varepsilon_i\} = 0, \quad i = 1, \dots, N \tag{A1}$$

$$\{\varepsilon_1, \dots, \varepsilon_N\} \text{ und } \{x_1, \dots, x_N\} \text{ sind unabhängig} \tag{A2}$$

$$V\{\varepsilon_i\} = \sigma^2, \quad i = 1, \dots, N \tag{A3}$$

$$\text{cov}\{\varepsilon_i, \varepsilon_j\} = 0, \quad i, j = 1, \dots, N \text{ für } i \neq j. \tag{A4}$$

Annahme (A1) besagt, dass der Erwartungswert des Fehlerterms null beträgt, was bedeutet, dass die Regressionslinie *im Durchschnitt* korrekt sein sollte. Annahme (A3) besagt, dass alle Fehlerterme dieselbe Varianz haben, was als **Homoskedastizität** bezeichnet wird, während Annahme (A4) eine Nullkorrelation zwischen verschiedenen Fehlertermen festlegt. Das schließt jede Form von **Autokorrelation** aus. Zusammengenommen implizieren (A1), (A3) und (A4), dass die Fehlerterme unkorrelierte Ziehungen aus einer Verteilung mit Erwartungswert null und konstanter Varianz σ^2 sind. Durch Verwendung der Matrizenbezeichnung von oben ist es möglich, diese drei Bedingungen wie folgt umzuschreiben:

$$E\{\varepsilon\} = 0 \text{ und } V\{\varepsilon\} = \sigma^2 I_N, \tag{2.29}$$

wobei I_N die $N \times N$-Identitätsmatrix ist. Das besagt, dass die Kovarianzmatrix des Vektors der Fehlerterme ε eine Diagonalmatrix mit σ^2 auf der Diagonalen ist. Annahme (A2) impliziert, dass X und ε unabhängig sind. Vereinfacht ausgedrückt: Das Kennen von X sagt uns nichts über die Verteilung der Fehlerterme in ε. Das ist eine ziemlich starke Annahme. Sie impliziert, dass

$$E\{\varepsilon|X\} = E\{\varepsilon\} = 0 \tag{2.30}$$

und

$$V\{\varepsilon|X\} = V\{\varepsilon\} = \sigma^2 I_N. \tag{2.31}$$

Das heißt, dass die Matrix der Regressorwerte X keine Informationen über die Erwartungswerte der Fehlerterme oder von deren (Ko-)Varianzen liefert. Die zwei Bedingungen (2.30) und (2.31) kombinieren die nötigen Elemente aus den Gauß-Markov-Annahmen, die gebraucht werden, damit die weiter unten folgenden Resultate gelten. Indem wir X zur Voraussetzung machen, können wir so tun, als wäre X nicht stochastisch. Der Grund dafür ist, dass die Ergebnisse in der Matrix X als gegeben angesehen werden können, ohne die Eigenschaften von ε zu beeinflussen, das heißt, alle Eigenschaften können unter dieser Festlegung von X abgeleitet werden. Der Einfachheit halber werden wir diese Herangehensweise in diesem Kapitel und in Kapitel 2.5 aufgreifen. Gemäß der Gauß-Markov-Annahmen (A1) und (A2) kann das lineare Modell als bedingter Erwartungswert von y_i bei gegebenem x_i, mit anderen Worten $E\{y_i|x_i\} = x_i'\beta$, gedeutet werden. Dies ist eine direkte Schlussfolgerung aus (2.30).

2.3.2 Eigenschaften des OLS-Schätzers

Unter den Annahmen (A1)–(A4) hat der OLS-Schätzer b für β mehrere wünschenswerte Eigenschaften. Vor allem ist er **unverzerrt**. Das bedeutet, dass wir bei wiederholten Stichproben erwarten können, dass der OLS-Schätzer im Schnitt dem wahren Wert β entspricht. Das formulieren wir als $E\{b\} = \beta$. Sich den Beweis anzusehen ist aufschlussreich:

$$E\{b\} = E\{(X'X)^{-1}X'y\} = E\{\beta + (X'X)^{-1}X'\varepsilon\}$$
$$= \beta + E\{(X'X)^{-1}X'\varepsilon\} = \beta.$$

Der letzte Schritt ist hier wesentlich und folgt aus

$$E\{(X'X)^{-1}X'\varepsilon\} = E\{(X'X)^{-1}X'\}E\{\varepsilon\} = 0,$$

weil gemäß Annahme (A2) X und ε unabhängig sind, und, aus (A1), $E\{\varepsilon\} = 0$. Beachten Sie, dass wir bei diesem Beweis die Annahmen (A3) und (A4) nicht verwendet haben. Das zeigt, dass der OLS-Schätzer unverzerrt ist, solange die Fehlerterme einen Mittelwert von null haben und von allen erklärenden Variablen unabhängig sind, selbst wenn Heteroskedastizität und Autokorrelation vorhanden sind. In Kapitel 4 werden wir auf das Problem zurückkommen. Wenn ein Schätzer unverzerrt ist, bedeutet das, dass die Wahrscheinlichkeitsverteilung einen Erwartungswert aufweist, der gleich dem wahren unbekannten Parameter ist, den er schätzt.

Zusätzlich zu dem Wissen, dass wir im Schnitt richtig liegen, möchten wir vielleicht Aussagen darüber machen, wie (un-)wahrscheinlich es ist, in einer gegebenen Stichprobe weit verstreut zu liegen. Das bedeutet, wir möchten gern die Verteilung von b kennen. Zunächst ergibt sich die Varianz von b (abhängig von X) durch

$$V\{b|X\} = \sigma^2(X'X)^{-1} = \sigma^2\left(\sum_{i=1}^{N} x_i x_i'\right)^{-1}, \tag{2.32}$$

was wir der Einfachheit halber mit $V\{b\}$ bezeichnen. Die $K \times K$-Matrix $V\{b\}$ ist eine Varianz-Kovarianz-Matrix, welche als Elemente die Varianzen von $b_1, b_2, ..., b_K$ auf der Diagonale und deren Kovarianzen außerhalb der Diagonale enthält. Der Beweis ist relativ leicht und ergibt sich wie folgt:

$$V\{b\} = E\{(b-\beta)(b-\beta)'\} = E\{(X'X)^{-1}X'\varepsilon\varepsilon'X(X'X)^{-1}\}$$

$$= (X'X)^{-1}X'(\sigma^2 I_N)X(X'X)^{-1} = \sigma^2(X'X)^{-1}.$$

Ohne die Verwendung der Matrizenbezeichnung funktioniert der Beweis wie folgt:

$$V\{b\} = V\left\{\left(\sum_i x_i x_i'\right)^{-1}\sum_i x_i \varepsilon_i\right\} = \left(\sum_i x_i x_i'\right)^{-1} V\left\{\sum_i x_i \varepsilon_i\right\}\left(\sum_i x_i x_i'\right)^{-1}$$

$$= \left(\sum_i x_i x_i'\right)^{-1} \sigma^2\left(\sum_i x_i x_i'\right)\left(\sum_i x_i x_i'\right)^{-1} = \sigma^2\left(\sum_i x_i x_i'\right)^{-1}. \tag{2.33}$$

Das erfordert die Annahmen (A1)–(A4).

Das letzte Ergebnis wird im **Gauß-Markov-Theorem** erfasst, welches besagt, dass unter den Annahmen (A1)–(A4) der OLS-Schätzer b der **beste lineare unverzerrte Schätzer** (best linear unbiased estimator) für β ist. Abgekürzt sagen wir, dass b BLUE für β ist. Um dieses Ergebnis zu bewerten, sollten wir die Klasse der linearen unverzerrten Schätzer betrachten. Ein linearer Schätzer ist eine lineare Funktion der Elemente in y und kann geschrieben werden als $\tilde{b} = Ay$, wo A eine $K \times N$-Matrix ist. Der Schätzer ist unverzerrt, wenn $E\{Ay\} = \beta$. (Beachten Sie, dass der OLS-Schätzer erhalten wird für $A = (X'X)^{-1}X'$.) Dann besagt das Theorem, dass der Unterschied zwischen den Kovarianzmatrizen von $\tilde{b} = Ay$ und der OLS-Schätzer stets positiv semidefinit ist. Was bedeutet das? Angenommen, wir interessieren uns für eine lineare Kombination von β-Koeffizienten, gegeben durch $d'\beta$, wo d ein K-dimensionaler Vektor ist. Dann impliziert das Gauß-Markov-Ergebnis, dass die Varianz des OLS-Schätzers $d'b$ für $d'\beta$ nicht größer ist als die Varianz jedes anderen linearen unverzerrten Schätzers $d'\tilde{b}$, sprich

$$V\{d'\,\tilde{b}\} \geq V\{d'\,b\} \text{ für jeden Vektor } d.$$

Als Sonderfall gilt dies für das $k$te Element und wir haben

$$V\{\tilde{b}_k\} \geq V\{b_k\}.$$

Folglich ist unter den Gauß-Markov-Annahmen der OLS-Schätzer der genaueste (lineare) unverzerrte Schätzer für β. Weitere Einzelheiten zum Gauß-Markov-Ergebnis finden Sie in Greene (2012, Kapitel 4.3).

Um die Varianz von b zu schätzen, müssen wir die unbekannte Fehlervarianz σ^2 durch einen Schätzwert ersetzen. Ein offensichtlicher Kandidat ist die Stichprobenvarianz der **Residuen** $e_i = y_i - x_i'b$, das heißt

$$\tilde{s}^2 = \frac{1}{N-1} \sum_{i=1}^{N} e_i^2 \tag{2.34}$$

(denken Sie daran, dass der Durchschnitt der Residuen null ist). Weil sich e_i jedoch von ε_i unterscheidet, kann gezeigt werden, dass dieser Schätzer für σ^2 unverzerrt ist. Ein unverzerrter Schätzer ergibt sich durch

$$s^2 = \frac{1}{N-K} \sum_{i=1}^{N} e_i^2. \tag{2.35}$$

Dieser Schätzer beinhaltet eine Korrektur der Freiheitsgrade, da er durch die Anzahl der Beobachtungen minus der Anzahl der Regressoren (einschließlich des Achsenabschnitts) teilt. Ein unmittelbares Argument dafür ist, dass die K-Parameter so gewählt wurden, dass sie die Summe der quadrierten Residuen minimieren und so die Stichprobenvarianz der Residuen minimieren. Infolgedessen ist zu erwarten, dass $\tilde{s}^2$ die Varianz des Fehlerterms σ^2 unterschätzt. Der Schätzer s^2 mit einer Korrektur der Freiheitsgrade ist unter den Annahmen (A1)–(A4) unverzerrt; siehe Greene (2012, Kapitel 4.3.) als Beleg. Die Varianz von b kann folglich geschätzt werden durch

$$\hat{V}\{b\} = s^2(X'X)^{-1} = s^2 \left(\sum_{i=1}^{N} x_i x_i' \right)^{-1}. \tag{2.36}$$

Die geschätzte Varianz eines Elements b_k ergibt sich durch $s^2 c_{kk}$ wobei c_{kk} das (k, k)-Element in $(\Sigma_i x_i x_i')^{-1}$ ist. Die Quadratwurzel dieser geschätzten Varianz wird für gewöhnlich als der **Standardfehler** von b_k bezeichnet. Wir sollten ihn als $\mathrm{se}(b_k)$ bezeichnen. Es ist die *geschätzte* Standardabweichung von b_k und ein Maß für die Genauigkeit des Schätzers. Gemäß der Annahmen (A1)–(A4) gilt, dass $\mathrm{se}(b_k) = s\sqrt{c_{kk}}$. Wenn die Fehlerterme nicht homoskedastisch sind oder keine Autokorrelation zeigen, muss der Standardfehler des OLS-Schätzers b_k auf andere Weise berechnet werden (siehe Kapitel 4).

Im Allgemeinen erlaubt der Ausdruck für die geschätzte Kovarianzmatrix in (2.36) keine Ableitung von analytischen Ausdrücken für den Standardfehler eines einzelnen Elements b_k. Lassen Sie uns zur Veranschaulichung dennoch das Regressionsmodell mit zwei erklärenden Variablen betrachten:

$$y_i = \beta_1 + \beta_2 x_{i2} + \beta_3 x_{i3} + \varepsilon_i.$$

In diesem Fall ist es möglich, abzuleiten, dass sich die Varianz des OLS-Schätzers b_2 für β_2 ergibt aus

$$V\{b_2\} = \frac{\sigma^2}{1 - r_{23}^2} \left[\sum_{i=1}^{N} (x_{i2} - \bar{x}_2)^2 \right]^{-1},$$

wobei r_{23} der Stichproben-Korrelationskoeffizient zwischen x_{i2} und x_{i3} ist und $\bar{x}_2$ der Stichprobendurchschnitt von x_{i2} ist. Das können wir umschreiben zu

$$V\{b_2\} = \frac{\sigma^2}{1 - r_{23}^2} \frac{1}{N} \left[\frac{1}{N} \sum_{i=1}^{N} (x_{i2} - \bar{x}_2)^2 \right]^{-1}. \tag{2.37}$$

Das zeigt, dass die Varianz von b_2 kleiner ist, wenn die Stichprobenvarianz von x_{i2} (dem Term in eckigen Klammern) größer ist. Das heißt, je mehr Streuung durch die erklärende Variable gezeigt wird, desto leichter ist es, ihren Einfluss exakt zu schätzen. Darüber hinaus wird in der Regel die Varianz des OLS-Schätzers durch mehr Beobachtungen reduziert. Die Varianz von b_2 ist jedoch überdimensioniert, wenn die Korrelation zwischen x_{i2} und x_{i3} hoch ist (entweder positiv oder negativ). In dem extremen Fall, wenn $r_{23} = 1$ oder -1 gilt, sind x_{i2} und x_{i3} perfekt korreliert und die oben dargestellte Varianz wird unendlich groß. Das ist der Fall von perfekter Kollinearität und der OSL-Schätzer in (2.7) kann nicht berechnet werden (siehe Kapitel 2.8 weiter unten).

Die Annahmen (A1)–(A4) besagen, dass die Fehlerterme ε_i gegenseitig nicht korreliert sind und unabhängig von X sind, einen Null-Mittelwert und eine konstante Varianz haben, aber nicht die Form der Verteilung spezifizieren. Für eine genaue statistische Inferenz aus einer gegebenen Stichprobe von N Beobachtungen müssen explizite Verteilungsannahmen getroffen werden.[5] Die häufigste Annahme besteht darin, dass die Fehler gemeinsam normalverteilt sind.[6] In diesem Fall ist die Unkorreliertheit von (A4) gleich der Unabhängigkeit aller Fehlerterme. Die exakte Annahme lautet:

$$\varepsilon \sim \mathcal{N}(0, \sigma^2 I_N) \tag{A5}$$

und besagt, dass der Vektor der Fehlerterme ε eine N-variate Normalverteilung mit Mittelwertvektor Null und Kovarianzmatrix $\sigma^2 I_N$ hat. Annahme (A5) ersetzt deshalb (A1), (A3) und (A4).

Eine Alternative, um (A5) auszudrücken, ist

$$\varepsilon_i \sim NID(0, \sigma^2), \tag{A5'}$$

was in Kürze besagt, dass die Fehlerterme ε_i unabhängige Ziehungen aus einer Normalverteilung sind mit Mittelwert null und Varianz σ^2. Obwohl die Fehlerterme unbeobachtet sind, bedeutet das nicht, dass wir nach Belieben Annahmen treffen können. Wenn wir zum Beispiel annehmen, dass die Fehlerterme einer Normalverteilung folgen, bedeutet das, dass y_i (für einen gegebenen Wert von x) ebenfalls einer Normalverteilung folgt. Zweifelsohne können wir uns viele Variablen vorstellen, deren Verteilung (abhängig von einer gegebenen Gruppe x_i-Variablen) nicht normal ist, in welchem Fall die Annahme eines normalverteilten Fehlerterms unangemessen ist. Glücklicherweise sind nicht alle Annahmen gleich entscheidend für die Validität der danach folgenden Ergebnisse und darüber hinaus kann die Mehrheit der Annahmen empirisch überprüft werden; siehe Kapitel 3, 4 und 6 weiter unten.

Um die Dinge zu vereinfachen, lassen Sie uns die X-Matrix als fix und deterministisch betrachten oder, alternativ, bedingt zu den Ergebnissen X arbeiten. Dann gilt das folgende Fazit. Unter den Annahmen (A2) und (A5) ist der OLS-Schätzer normalverteilt mit einem Mittelwert-Vektor β und der Kovarianzmatrix $\sigma^2(X'X)^{-1}$, sprich

$$b \sim \mathcal{N}(\beta, \sigma^2(X'X)^{-1}). \tag{2.38}$$

Der Beweis dazu folgt direkt aus dem Ergebnis, dass b eine lineare Kombination aller ε_i ist und hier weggelassen wird. Das Ergebnis in (2.38) impliziert, dass jedes Element in b normalverteilt ist, zum Beispiel

$$b_k \sim \mathcal{N}(\beta_k, \sigma^2 c_{kk}), \tag{2.39}$$

wobei, wie zuvor, c_{kk} das (k, k)-Element in $(X'X)^{-1}$ ist. Diese Ergebnisse liefern die Grundlage für statistische Tests, die auf dem OLS-Schätzer b basieren.

2.3.3 Beispiel: Individuallöhne (Fortsetzung)

Lassen Sie uns zurückkehren zu unserem Lohnbeispiel. Wir können ein (ziemlich einfaches) statistisches Modell formulieren als

$$Lohn_i = \beta_1 + \beta_2 m\ddot{a}nnlich_i + \varepsilon_i,$$

wobei Lohn den Stundenlohn von Individuum i und $m\ddot{a}nnlich_i = 1$ bezeichnet, wenn i männlich ist, andernfalls mit 0. Davon ausgehend, dass $E\{\varepsilon_i\} = 0$ und $E\{\varepsilon_i|m\ddot{a}nnlich_i\} = 0$, liefert β_1 die Interpretation des erwarteten Stundenlohns für Frauen, während $E\{Lohn_i|m\ddot{a}nnlich_i = 1\} = \beta_1 + \beta_2$ den erwarteten Stundenlohn für Männer darstellt. Demnach ist β_2 die erwartete Lohndifferenz zwischen beliebigen Männern und Frauen. Diese Parameter sind unbekannte Mengen der Grundgesamtheit, die wir vielleicht schätzen wollen. Angenommen, wir haben eine Zufallsstichprobe, was impliziert, dass verschiedene Beobachtungen unabhängig sind. Also gehen wir davon aus, dass ε_i von den Regressoren unabhängig ist, vor allem, dass die Varianz von ε_i nicht vom Geschlecht abhängt ($m\ddot{a}nnlich_i$). Dann ist der OLS-Schätzer für β unverzerrt und seine Kovarianzmatrix ergibt sich durch (2.32). Die Schätzwertergebnisse zeigt Tabelle 2.1. Zusätzlich zu den OLS-Schätzwerten, übereinstimmend mit den zuvor präsentierten, wissen wir auch etwas

Abhängige Variable: *Lohn*		
Variable	Schätzwert	Standardfehler
Konstante	5,1469	0,0812
Männlich	1,1661	0,1122

Tabelle 2.1   OLS-Ergebnisse Lohngleichung
$s = 3,2174$ $R^2 = 0,0317$ $F = 107,93$

über die Genauigkeit der Schätzwerte, was sich in den berichteten Standardfehlern widerspiegelt. Jetzt können wir sagen, dass unser Schätzwert der erwarteten Stundenlohndifferenz β_2 zwischen Männern und Frauen 1,17 US-Dollar beträgt, mit einem Standardfehler von 0,11 US-Dollar. Kombiniert mit der Normalverteilung erlaubt uns das, Aussagen über β_2 zu treffen. Wir können zum Beispiel die Hypothese testen, dass $\beta_2 = 0$. Sollte diese Hypothese wahr sein, so wäre die Differenz zwischen Männern und Frauen in unserem Beispiel nur zufällig nicht null. Kapitel 2.5 zeigt, wie Hypothesen bezüglich β überprüft werden können.

2.4   Anpassungsgüte

Nachdem wir ein bestimmtes lineares Modell geschätzt haben, stellt sich automatisch folgende Frage: Wie gut passt die geschätzte Regressionslinie zu den Beobachtungen? Ein gängiges Maß für die Anpassungsgüte ist die Proportion der (Stichproben-)Varianz von y, die durch das Modell erklärt wird. Diese Variable wird R^2 (R-Quadrat) genannt und ist definiert durch

$$R^2 = \frac{\hat{V}\{\hat{y}_i\}}{\hat{V}\{y_i\}} = \frac{1/(N-1)\sum_{i=1}^{N}(\hat{y}_i - \bar{y})^2}{1/(N-1)\sum_{i=1}^{N}(y_i - \bar{y})^2}, \tag{2.40}$$

wobei $\hat{y}_i = x_i'b$ und $\bar{y} = (1/N)\sum_i y_i$ den Stichprobenmittelwert von y_i bezeichnet. Beachten Sie, dass $\bar{y}$ auch dem Stichprobenmittelwert $\hat{y}_i$ entspricht, gemäß (2.11).

Aus diesen Bedingungen erster Ordnung (vergleiche (2.10)) folgt unmittelbar, dass

$$\sum_{i=1}^{N} e_i x_{ik} = 0, \quad k = 1, \dots, K.$$

Folglich können wir schreiben $y_i = \hat{y}_i + e_i$, wobei $\sum_i e_i \hat{y}_i = 0$. Im relevantesten Fall, bei dem das Modell einen Achsenabschnittsterm enthält, gilt

$$\hat{V}\{y_i\} = \hat{V}\{\hat{y}_i\} + \hat{V}\{e_i\} \tag{2.41}$$

mit $\hat{V}\{e_i\} = \tilde{s}^2$. Wenn wir das nutzen, kann R^2 umgeschrieben werden als

$$R^2 = 1 - \frac{\hat{V}\{e_i\}}{\hat{V}\{y_i\}} = 1 - \frac{1/(N-1)\sum_{i=1}^{N} e_i^2}{1/(N-1)\sum_{i=1}^{N}(y_i - \bar{y})^2}. \tag{2.42}$$

Gleichung (2.41) zeigt, wie die Stichprobenvarianz von y_i in die Summe der Stichprobenvarianzen zweier orthogonaler Komponenten zerlegt werden kann: den Prädiktor $\hat{y}_i$ und das

Residuum e_i. Das R^2 zeigt folglich an, welche Proportion der Stichprobenvariation in y_i durch das Modell erklärt wird.

Falls das betrachtete Modell einen Achsenabschnittsterm enthält, sind die beiden Ausdrücke für R^2 in (2.40) und (2.42) gleichwertig. Darüber hinaus kann in diesem Fall gezeigt werden, dass $0 \leq R^2 \leq 1$. Nur wenn $e_i = 0$, gilt, dass $R^2 = 1$, während das R^2 gleich null ist, wenn das Modell nichts zusätzlich zum Stichprobenmittelwert von y_i erklärt. Folglich ist das R^2 eines Modells mit nur einem Achsenabschnittsterm konstruktionsbedingt null. In diesem Sinne zeigt das R^2 an, wie viel besser das Modell die Daten beschreibt als ein einfaches Modell mit nur einer Konstanten.

Anhand der Ergebnisse aus Tabelle 2.1 können wir sehen, dass das R^2 der sehr einfachen Lohngleichung nur 0,0317 beträgt. Das bedeutet, dass nur annähernd 3,2% der Variation bei Löhnen dem Geschlechtsunterschied zugeschrieben werden können. Offenbar beeinflussen abgesehen vom Geschlecht etliche andere beobachtbare und unbeobachtbare Faktoren den Lohn eines Individuums. Das besagt nicht automatisch, dass das in Tabelle 2.1 geschätzte Modell unkorrekt oder unbrauchbar ist: Es zeigt lediglich die relative (Un-)Bedeutsamkeit des Geschlechts für die Erklärung von Variationen des Individuallohns an.

In den Ausnahmefällen, in denen das Modell *keinen* Achsenabschnittsterm enthält, sind die beiden Ausdrücke für R^2 nicht gleichwertig. Der Grund dafür ist, dass (2.41) nicht eingehalten wird, weil $\sum_{i=1}^{N} e_i$ nicht länger gleich null ist. In dieser Situation ist es möglich, dass das in (2.42) berechnete R^2 negativ wird. Ein alternatives Maß, das routinemäßig von einigen Softwarepaketen berechnet wird, wenn es keinen Achsenabschnittsterm gibt, ist das unzentrierte R^2, das definiert wird als

$$\text{unzentriertes } R^2 = \frac{\sum_{i=1}^{N} \hat{y}_i^2}{\sum_{i=1}^{N} y_i^2} = 1 - \frac{\sum_{i=1}^{N} e_i^2}{\sum_{i=1}^{N} y_i^2}. \tag{2.43}$$

Im Allgemeinen ist das unzentrierte R^2 höher als das Standard-R^2.

Weil R^2 auch die erklärte Variation in y_i misst, ist es auch empfindlich, was die Definition dieser Variablen betrifft. So ist zum Beispiel das Erklären von Löhnen anders als das Erklären des logarithmierten Lohns und die R^2s werden unterschiedlich sein. Auf ähnliche Weise werden Modelle, die Konsum, Konsumveränderungen oder Konsumsteigerung erklären, bei den Termen ihrer R^2s nicht unmittelbar vergleichbar sein. Natürlich sind manche Variationsquellen schwerer zu erklären als andere. So ist zum Beispiel die Variation bei aggregiertem Konsum für ein gegebenes Land für gewöhnlich leichter zu erklären als die Querschnittsvariation des Verbrauchs über einzelne Haushalte. Folglich gibt es keinen absoluten Maßstab, um zu sagen, dass ein R^2 »hoch« oder »niedrig« ist. Ein Wert von 0,2 mag in bestimmten Anwendungen hoch und in anderen dagegen niedrig sein und sogar ein Wert von 0,95 kann in einem bestimmten Kontext niedrig sein.

Manchmal wird R^2 interpretiert als ein Maß für die Qualität des *statistischen* Modells, während es tatsächlich nichts anderes als die Qualität der linearen Approximation misst. Da die OLS-Herangehensweise entwickelt wurde, um die beste lineare Approximation zu liefern, ungeachtet des »wahren« Modells und der Validität seiner Annahmen, liefert das Schätzen eines linearen Modells durch OLS stets das bestmögliche R^2. Jede andere Schätzmethode, und wir werden im Folgenden noch einige kennenlernen, führt zu niedrigeren R^2-Werten, selbst wenn der zugehörige Schätzer möglicherweise sehr viel bessere statistische Eigenschaften unter den Annahmen des Modells hat. Schlimmer noch: Wird das Modell nicht mit OLS geschätzt, so sind die beiden Definitionen (2.40) und (2.42) nicht gleichwertig und es ist nicht offensichtlich, wie ein R^2 definiert werden sollte. Für die spätere Verwendung werden wir eine alternative Definition von R^2 vorstellen, welche für OLS gleichwertig zu (2.40) und (2.42) ist und für jeden anderen Schätzer garantiert zwischen null und eins liegt. Sie ergibt sich aus

$$R^2 = \mathrm{corr}^2\{y_i, \hat{y}_i\} = \frac{\left(\sum_{i=1}^{N}(y_i - \bar{y})(\hat{y}_i - \bar{y})\right)^2}{\left(\sum_{i=1}^{N}(y_i - \bar{y})^2\right)\left(\sum_{i=1}^{N}(\hat{y}_i - \bar{y})^2\right)}, \tag{2.44}$$

welches den quadrierten (Stichproben-)Korrelationskoeffizienten zwischen den tatsächlichen und den angepassten Werten bezeichnet. Durch die Anwendung von (2.41) wird rasch verifiziert, dass, was den OLS-Schätzer betrifft, (2.44) gleichwertig mit (2.40) ist. Auf diese Weise beschrieben, kann das R^2 als Messmöglichkeit interpretiert werden, wie gut sich die Streuung in $\hat{y}$ im Verhältnis zur Streuung in y_i verhält. Trotz dieser alternativen Definition spiegelt R^2 die Qualität der linearen Approximation und nicht unbedingt die des statistischen Modells, für das wir uns interessieren. Demzufolge ist R^2 in der Regel nicht der wichtigste Aspekt unserer Schätzergebnisse.

Ein weiterer Nachteil von R^2 besteht darin, dass es nie abnimmt, wenn die Zahl der Regressoren zunimmt, nicht einmal, wenn die zusätzlichen Variablen nicht wirklich erklärende Kraft besitzen. Ein üblicher Weg, um das zu lösen, besteht darin, die Varianzschätzungen in (2.42) um die Freiheitsgrade zu korrigieren. Das führt zu dem sogenannten **angepassten** R^2 oder $\bar{R}^2$, definiert als

$$\bar{R}^2 = 1 - \frac{1/(N-K)\sum_{i=1}^{N} e_i^2}{1/(N-1)\sum_{i=1}^{N}(y_i - \bar{y})^2}. \tag{2.45}$$

Das Maß der Anpassungsgüte hat einige Einschränkungen durch die Einbeziehung zusätzlicher erklärender Variablen ins Modell und nimmt von daher nicht automatisch zu, wenn die Regressoren dem Modell hinzugefügt werden (siehe Kapitel 3). In der Tat kann es fallen, wenn eine Variable zum Regressorenset hinzugefügt wird. Beachten Sie, dass in extremen Fällen das $\bar{R}^2$ negativ werden kann. Beachten Sie außerdem, dass das angepasste R^2 grundsätzlich kleiner als R^2 ist, es sei denn, $K = 1$ und das Modell enthält nur einen Achsenabschnitt.

2.5 Hypothesenüberprüfung

Unter den Gauß-Markov-Annahmen (A1)–(A4) und bei Normalität der Fehlerterme (A5) sehen wir, dass der OLS-Schätzer b eine normale Verteilung mit dem Mittelwert β sowie die Kovarianzmatrix $\sigma^2(X'X)^{-1}$ aufweist. Dieses Ergebnis können wir nutzen, um Tests für die Hypothesen im Hinblick auf die unbekannten Parameter β der Grundgesamtheit zu entwickeln. Ausgehend von (2.39) folgt, dass die Variable

$$z = \frac{b_k - \beta_k}{\sigma\sqrt{c_{kk}}} \tag{2.46}$$

eine Standardnormalverteilung (das heißt eine normale Verteilung mit dem Mittelwert 0 und Varianz 1) aufweist. Wenn wir das unbekannte σ durch seinen Schätzwert s ersetzen, ist das nicht länger völlig korrekt. Es kann gezeigt werden,[7] dass der unverzerrte, in (2.35) definierte, Schätzer s^2 von b unabhängig ist und eine Chi-Quadrat-Verteilung mit $N - K$ Freiheitsgraden aufweist. Insbesondere[8]

$$(N - K)s^2/\sigma^2 \sim \chi^2_{N-K.} \tag{2.47}$$

Demzufolge ist die Zufallsvariable

$$t_k = \frac{b_k - \beta_k}{s\sqrt{c_{kk}}} \tag{2.48}$$

das Verhältnis einer Standardnormalvariablen zur Quadratwurzel einer unabhängigen Chi-Quadrat-Variablen und folgt von daher der studentschen t-Verteilung mit $N - K$ Freiheitsgraden. Die t-Verteilung liegt nahe an der Standardnormalverteilung, abgesehen davon, dass sie breitere Ausläufer aufweist, insbesondere wenn die Anzahl der Freiheitsgrade $N - K$ klein ist. Je größer $N - K$, desto ähnlicher wird die t-Verteilung der Standardnormalverteilung und bei ausreichend großem $N - K$ sind die beiden Verteilungen identisch.

2.5.1   Ein einfacher *t*-Test

Das obige Ergebnis kann genutzt werden, um Teststatistiken und Konfidenzintervalle zu erstellen. Die grundsätzliche Idee beim Hypothesenüberprüfen ist wie folgt: Ausgehend von einer gegebenen Hypothese, der **Nullhypothese**, wird eine **Teststatistik** berechnet, die eine bekannte Verteilung *unter der Annahme* besitzt, *dass die Nullhypothese zutrifft*. Als Nächstes wird entschieden, ob es unwahrscheinlich ist, dass der berechnete Wert aus dieser Verteilung stammt, was darauf hinweist, dass die Nullhypothese wahrscheinlich nicht gilt. Lassen Sie uns das an einem Beispiel veranschaulichen. Angenommen, wir haben eine Nullhypothese, die die Werte von β_k, spezifiziert, wie etwa $H_0 : \beta_k = \beta_k^0$, wo β_k^0 ein spezifischer, vom Wissenschaftler ausgewählter Wert ist. Falls diese Hypothese zutrifft, wissen wir, dass die Statistik

$$t_k = \frac{b_k - \beta_k^0}{\text{se}(b_k)} \tag{2.49}$$

eine t-Verteilung mit $N - K$ Freiheitsgraden hat. Falls die Nullhypothese nicht zutrifft, gilt die Alternativhypothese $H_1 : \beta_k \neq \beta_k^0$. Die Größe in (2.49) ist eine **Teststatistik** und wird berechnet aus dem Schätzwert b_k, seinem Standardfehler $\text{se}(b_k)$ und dem hypothetisierten Wert β_k^0 unter der Nullhypothese. Falls die Teststatistik einen Wert feststellt, der nur sehr unwahrscheinlich in die Nullverteilung passt, lehnen wir die Nullhypothese ab. In diesem Fall bedeutet das sehr große absolute Werte für t_k. Genaugenommen wird die Nullhypothese verworfen, wenn die Wahrscheinlichkeit, einen Wert von $|t_k|$ zu beobachten, der größer oder kleiner ist als das gegebene **Signifikanzniveau** α, häufig 5%. Davon ausgehend können wir die **kritischen Werte** $t_{N-K;\alpha/2}$ definieren, indem wir Folgendes verwenden:

$$P\{|t_k| > t_{N-K;\alpha/2}\} = \alpha.$$

Da $N - K$ nicht zu klein ist, sind diese kritischen Werte nur wenig größer als jene der Standardnormalverteilung, bei der der zweiseitige kritische Wert für $\alpha = 0,05$ 1,96 beträgt. Infolgedessen wird die Nullhypothese auf dem 5%-Niveau verworfen, wenn

$$|t_k| > 1,96.$$

Der obige Test wird als **zweiseitiger Test** bezeichnet, weil die Alternativhypothese Werte von β_k auf beiden Seiten von β_k^0 gestattet. Gelegentlich ist die Alternativhypothese einseitig. Hier ein Beispiel: Der erwartete Lohn für einen Mann ist höher als der für eine Frau. Formal definieren wir die Nullhypothese als $H_0 : \beta_k \leq \beta_k^0$ mit der Alternative $H_1 : \beta_k > \beta_k^0$. Als Nächstes betrachten wir die Verteilung der Teststatistik t_k am Rand der Nullhypothese (das heißt unter $\beta_k = \beta_k^0$ wie zuvor) und wir lehnen die Nullhypothese ab, wenn t_k zu groß ist (denken Sie daran, dass große Werte für b_k zu großen Werten für t_k führen). Große negative Werte für t_k sind kompatibel mit der Nullhypothese und führen nicht zu ihrer Ablehnung. Folglich wird der kritische Wert für diesen **einseitigen Test** bestimmt durch

$$P\{t_k > t_{N-K;\alpha}\} = \alpha.$$

Wieder nutzen wir die Approximation der Standardnormalverteilung und lehnen die Nullhypothese auf dem 5%-Niveau ab, wenn

$$t_k > 1{,}64.$$

Regressionspakete liefern in der Regel folgenden t-Wert:

$$t_k = \frac{b_k}{\text{se}(b_k)},$$

der manchmal als t-Wert bezeichnet wird und der der Punktschätzwert dividiert durch seinen Standardfehler ist. Der t-Wert ist die t-Statistik, die man berechnen würde, um die Nullhypothese zu überprüfen, dass $\beta_k = 0$, eine Hypothese, die auch von ökonomischem Interesse sein kann. Wird sie verworfen, besagt das, dass »b_k signifikant von null abweicht« oder dass die entsprechende Variable »x_{ik} einen statistisch signifikanten Einfluss auf y_i hat«. Oft sagen wir einfach, dass (die Auswirkung von) »x_{ik} statistisch signifikant ist«. Wenn eine erklärende Variable statistisch signifikant ist, impliziert das nicht zwangsläufig, dass ihre Auswirkung ökonomisch bedeutsam ist. Manchmal, insbesondere bei großen Datensätzen, kann ein Koeffizient sehr genau geschätzt werden und wir lehnen die Hypothese ab, dass er gleich null ist, während das ökonomische Ausmaß seiner Auswirkung sehr klein ist. Von daher ist es eine gute Übung, dem Ausmaß der geschätzten Koeffizienten ebenso Aufmerksamkeit zu schenken wie deren statistischer Signifikanz.

Ein **Konfidenzintervall** kann definiert werden als das Intervall aller Werte für β_k^0, für die die Nullhypothese, dass $\beta_k = \beta_k^0$, bei den t-Tests nicht verworfen wurde. Grob gesagt liefert ein Konfidenzintervall bei gegebenem Schätzwert b_k und seinem entsprechenden Standardfehler eine Bandbreite von Werten, die wahrscheinlich den wahren Wert β_k enthält. Das wird abgeleitet aus der Tatsache, dass die folgenden Ungleichungen mit der Wahrscheinlichkeit $1 - \alpha$ gelten:

$$-t_{N-K;\alpha/2} < \frac{b_k - \beta_k}{\text{se}(b_k)} < t_{N-K;\alpha/2}, \tag{2.50}$$

oder

$$b_k - t_{N-K;\alpha/2}\,\text{se}(b_k) < \beta_k < b_k + t_{N-K;\alpha/2}\,\text{se}(b_k). \tag{2.51}$$

Dementsprechend ergibt sich, wenn wir die Approximation der Standardnormalverteilung anwenden, ein 95%iges Konfidenzintervall (mit Vorgabe $\alpha = 0,05$) für β_k durch das Intervall

$$[b_k - 1,96\text{se}(b_k), b_k + 1,96\text{se}(b_k)]. \tag{2.52}$$

Bei wiederholten Stichproben werden 95% dieser Intervalle den wahren Wert β_k enthalten, welcher eine fixe, aber unbekannte Zahl ist (und von daher nicht stochastisch).

2.5.2 Beispiel: Individuallöhne (Fortsetzung)

Mit den Ergebnissen aus Tabelle 2.1 können wir t-Werte berechnen und einfache Tests durchführen. Wenn wir zum Beispiel überprüfen wollen, ob $\beta_2 = 0$, dann erstellen wir die t-Statistik als den Schätzwert dividiert durch seinen Standardfehler, um $t = 10,38$ zu erhalten. In Anbetracht der großen Zahl von Beobachtungen ist die angemessene t-Verteilung praktisch identisch mit der Standardnormalverteilung, also ist der 5%-zweiseitig-kritische Wert 1,96. Das bedeutet, wir verwerfen die Nullhypothese, dass $\beta_2 = 0$ ist, klar. Das heißt, wir lehnen ab, dass der erwartete Lohnunterschied zwischen Männern und Frauen in der Grundgesamtheit null beträgt. Wir können auch ein Konfidenzintervall berechnen, das die Grenzen $1,17 \pm 1,96 \times 0,11$ hat. Das bedeutet, dass wir mit 95%iger Sicherheit sagen können, dass der erwartete Unterschied beim Stundenlohn zwischen Männern und Frauen innerhalb der gesamten Grundgesamtheit zwischen 0,95 US-Dollar und 1,39 US-Dollar liegt.

2.5.3 Überprüfen einer linearen Restriktion

Der oben besprochene Test beinhaltet die Restriktion auf einen einzelnen Koeffizienten. Häufig enthalten Hypothesen von ökonomischem Interesse eine lineare Restriktion für mehr als einen Koeffizienten, wie zum Beispiel[9] $\beta_2 + \beta_3 + \cdots + \beta_K = 1$. Im Allgemeinen können wir eine solche lineare Hypothese wie folgt formulieren:

$$H_0 : \ r_1\beta_1 + \cdots + r_K\beta_K = r'\beta = q, \tag{2.53}$$

für einige Skalarwerte q und einen K-dimensionalen Vektor r. Wir können die Hypothese in (2.53) überprüfen, indem wir das Ergebnis nutzen, dass $r'b$ das BLUE für $r'\beta$ mit der Varianz $V\{r'b\} = r'V\{b\}r$ ist. Das Ersetzen von σ^2 in der Kovarianzmatrix $V\{b\}$ durch seine Schätzung s^2 produziert die geschätzte Kovarianzmatrix, bezeichnet als $\hat{V}\{b\}$. Folglich ist der Standardfehler der Linearkombination $r'b$ is $\text{se}(r'b) = \sqrt{r'\hat{V}\{b\}r}$. Da b K-variat normalverteilt ist, ist $r'b$ ebenfalls normalverteilt (siehe Anhang B), also haben wir

$$\frac{r'b - r'\beta}{\text{se}(r'b)} \sim t_{N-K}, \tag{2.54}$$

was eine direkte Verallgemeinerung von (2.48)[10] darstellt. Daraus folgt die Teststatistik für H_0:

$$t = \frac{r'b - q}{\text{se}(r'b)}, \tag{2.55}$$

die unter der Nullhypothese eine t_{N-K}-Verteilung aufweist. Auf dem 5%-Niveau führen absolute Werte von t größer als 1,96 (die Approximation der Normalverteilung) zur Ablehnung der Nullhypothese. Das repräsentiert die allgemeinste Version des **t-Tests**.

Die Berechnung des Standardfehlers se($r'b$) erfordert die geschätzte Kovarianzmatrix von Vektor b. Leider bieten einige Regressionspakete keine einfachen Möglichkeiten an, den Standardfehler oder die t-Test-Statistik unmittelbar zu erhalten. In solchen Fällen besteht ein praktischer Weg, um dieselbe Statistik zu erhalten, in der Reparametrisierung des Originalmodells, derart, dass die lineare Restriktion in H_0 mit einer Restriktion der üblichen Form korrespondiert, etwa $\beta_k^* = 0$. Betrachten Sie zum Beispiel

$$y_i = \beta_1 + \beta_2 x_{i2} + \beta_3 x_{i3} + \varepsilon_i$$

und nehmen Sie an, die für uns interessante Restriktion sei $\beta_2 = \beta_3$. Dann können wir das Modell umschreiben als[11]

$$y_i = \beta_1 + (\beta_2 - \beta_3)x_{i2} + \beta_3(x_{i3} + x_{i2}) + \varepsilon_i$$

oder

$$y_i = \beta_1 + \beta_2^* x_{i2} + \beta_3(x_{i3} + x_{i2}) + \varepsilon_i.$$

Aus der Definition, dass OLS die Quadratsumme der Residuen minimiert, folgt, dass es invariant für lineare Reparametrisierungen ist. Infolgedessen wird der OLS-Schätzer für β_3 in beiden Formulierungen des Modells identisch sein und den Schätzer für β_2^* erhalten wir aus $b_2 - b_3$. Der Vorteil der Reparametrisierung besteht darin, dass die Nullhypothese als Null-Restriktion auf einen der Regressionskoeffizienten geschrieben werden kann, zum Beispiel $H_0 : \beta_2^* = 0$. Demzufolge kann unter Verwendung des Standard-t-Werts für β_2^* im reparametrisierten Modell wie folgt getestet werden:

$$t = \frac{b_2^*}{\mathrm{se}(b_2^*)} = \frac{b_2 - b_3}{\mathrm{se}(b_2 - b_3)},$$

wobei b_2^* der OLS-Schätzer für β_2^*.

2.5.4 Test der gemeinsamen Signifikanz von Regressionskoeffizienten

Ein Standardtest, der in der Regel automatisch vom Regressionspaket angeboten wird, ist ein Test für die gemeinsame Hypothese, dass alle Koeffizienten, außer dem Achsenabschnitt β_1, gleich null sind. Wir sollten dieses Verfahren ein wenig allgemeiner betrachten, indem wir die Nullhypothese testen, dass J der K-Koeffizienten gleich null sind ($J < K$). Ohne an Allgemeingültigkeit einzubüßen, gehen wir davon aus, dass dies die letzten J-Koeffizienten in dem Modell sind:

$$H_0 : \beta_{K-J+1} = \cdots = \beta_K = 0. \tag{2.56}$$

Die alternative Hypothese in diesem Fall besteht darin, dass H_0 nicht wahr ist, das heißt, dass mindestens einer dieser J-Koeffizienten nicht gleich null ist.

Das einfachste Testverfahren besteht in diesem Fall darin, die Quadratsumme der Residuen des vollständigen Modells mit der Quadratsumme der Residuen des beschränkten Modells (welches das Modell ist, bei dem die letzten J-Regressoren weggelassen wurden) zu vergleichen. Bezeichnen Sie die Quadratsumme der Residuen des kompletten Modells mit S_1 und die des beschränkten Modells mit S_0. Wenn die Nullhypothese korrekt wäre, könnten wir davon ausgehen, dass die Quadratsumme mit den auferlegten Restriktionen nur wenig größer ist als die im nicht beschränkten Fall. Durch Verwendung des folgenden Ergebnisses, das wir ohne Beweisführung einbringen, können wir eine Teststatistik erhalten. Unter der Nullhypothese und den Annahmen (A1)–(A5) gilt, dass

$$\frac{S_0 - S_1}{\sigma^2} \sim \chi_J^2. \tag{2.57}$$

Aus früheren Ergebnissen wissen wir, dass $(N - K)s^2/\sigma^2 = S_1/\sigma^2 \sim \chi_{N-K}^2$. Darüber hinaus kann unter der Nullhypothese gezeigt werden, dass $S_0 - S_1$ und s^2 unabhängig sind. Also können wir die folgende Teststatistik definieren:

$$F = \frac{(S_0 - S_1)/J}{S_1/(N - K)}. \tag{2.58}$$

Unter der Nullhypothese hat F eine F-Verteilung mit J und $N - K$ Freiheitsgraden, bezeichnet als F_{N-K}^J. Wenn wir die Definition des R^2 verwenden (2.42), können wir diese F-Statistik auch wie folgt schreiben:

$$F = \frac{(R_1^2 - R_0^2)/J}{(1 - R_1^2)/(N - K)}, \tag{2.59}$$

wo R_1^2 und R_0^2 die üblichen Maße der Anpassungsgüte für die unbeschränkten wie auch die beschränkten Modelle sind. Das zeigt, dass der Test so gedeutet werden kann, dass er überprüft, ob die Zunahme in R^2 vom beschränkten zum allgemeineren Modell signifikant ist.

Natürlich können in diesem Fall nur sehr große Werte für die Teststatistik eine Ablehnung der Nullhypothese bedeuten. Trotz der zweiseitigen Alternativhypothese sind die kritischen Werte $F_{N-K;\alpha}^J$ für diesen Test einseitig und durch die folgende Gleichung definiert:

$$P\{F > F_{N-K;\alpha}^J\} = \alpha,$$

wo α das Signifikanzniveau des Tests ist. Wenn zum Beispiel $N - K = 60$ und $J = 3$, beträgt der kritische Wert auf dem 5%-Niveau 2,76. Den sich ergebenden Test bezeichnen wir als **F-Test**.

Bei den meisten Anwendungen werden die Schätzer für verschiedene Elemente im Parametervektor korreliert, was bedeutet, dass sich die Aussagekraft der erklärenden Variablen überschneidet. Demzufolge könnte der marginale Beitrag jeder erklärenden Variable, wenn sie zuletzt hinzugefügt wird, sehr klein ausfallen. Daher ist es absolut möglich, dass die t-Tests für jeden Koeffizienten der Variable nicht signifikant sind, während der F-Test für viele dieser Koeffizienten hoch signifikant ist. Das heißt, es ist möglich, dass die Nullhypothese $\beta_1 = 0$ als solche nicht unwahrscheinlich ist, dass die Nullhypothese $\beta_2 = 0$ nicht unwahrscheinlich ist, aber dass die gemeinsame Nullhypothese $\beta_1 = \beta_2 = 0$ sehr unwahrscheinlich zutrifft. Demzufolge können t-Tests im Allgemeinen bei jeder Restriktion für sich möglicherweise nicht zur Ablehnung führen, während der gemeinsame F-Test es tut. Die Umkehrung trifft ebenfalls zu: Es ist möglich, dass individuelle t-Tests die Nullhypothese verwerfen, während es der gemeinsame Test nicht tut. Das noch folgende Kapitel über Multikollinearität wird diesen Punkt veranschaulichen.

Ein besonderer Fall dieses F-Tests wird manchmal irreführend als Modelltest bezeichnet,[12] bei dem die Signifikanz aller Regressoren getestet wird, sprich man testet $H_0 : \beta_2 = \beta_3 = \cdots = \beta_K = 0$, was bedeutet, dass alle partiellen Steigungskoeffizienten gleich null sind. Die angemessene Teststatistik lautet in diesem Fall:

$$F = \frac{(S_0 - S_1)/(K-1)}{S_1/(N-K)}, \tag{2.60}$$

wo S_i die Quadratsumme der Residuen des Modells ist, das heißt $S_1 = \sum_i e_i^2$, und S_0 ist die Quadratsumme der Residuen des beschränkten Modells mit nur einem Achsenabschnittsterm, das heißt $S_0 = \sum_i (y_i - \bar{y})^2$.[13] Weil das beschränkte Modell durch die Konstruktion ein $R^2 = 0$ enthält, kann die Teststatistik auch wie folgt geschrieben werden:

$$F = \frac{R^2/(K-1)}{(1-R^2)/(N-K)}. \tag{2.61}$$

Die F-Statistik wird routinemäßig von den meisten Regressionspaketen angeboten. Beachten Sie, dass es eine einfache Funktion des R^2 des Modells ist. Wenn der auf F basierende Test die Nullhypothese nicht ablehnt, können wir daraus schließen, dass das Modell nicht gut funktioniert: Ein »Modell« mit nur einem Achsenabschnittsterm könnte statistisch gesehen nicht schlechter funktionieren. Die Umkehrung trifft jedoch ganz sicher nicht zu: Wenn der Test die Nullhypothese ablehnt, können wir daraus nicht schließen, dass das Modell gut, perfekt, zuverlässig oder das beste ist. Ein Alternativmodell könnte sehr viel besser funktionieren. Kapitel 3 wird diesem Punkt größere Aufmerksamkeit schenken.

2.5.5 Beispiel: Individuallöhne (Fortsetzung)

Die Tatsache, dass wir oben die Schlussfolgerung gezogen haben, dass ein signifikanter Unterschied zwischen den erwarteten Stundenlöhnen für Männer und Frauen besteht, verweist nicht zwangsläufig auf Diskriminierung. Es ist möglich, dass arbeitende Männer und Frauen sich bezüglich ihrer Eigenschaften, zum Beispiel der absolvierten Schuljahre, unterscheiden. Um das zu untersuchen, können wir das Regressionsmodell um zusätzliche erklärende Variablen erweitern, zum Beispiel *Schule*$_i$, was die Anzahl der Schuljahre bezeichnet, und *Erf*$_i$, was die Jahre der Berufserfahrung bezeichnet. Jetzt wird das Modell interpretiert, um den bedingt erwarteten Lohn eines Individuums in Anbetracht seines oder ihres Geschlechts, der Schuljahre und Jahre der Berufserfahrung zu erklären, und dies kann wie folgt geschrieben werden:

$$Lohn_i = \beta_1 + \beta_2 \text{männlich}_i + \beta_3 Schule_i + \beta_4 Erf_i + \varepsilon_i.$$

Der Koeffizient β_2 für männlich misst nun den Unterschied des erwarteten Lohns zwischen Männern und Frauen mit derselben Anzahl an Schul- und Berufsjahren. Auf ähnliche Weise liefert der Koeffizient β_3 für *Schule* den zu erwartenden Lohnunterschied zwischen zwei Individuen mit derselben Berufserfahrung und demselben Geschlecht, bei dem einer ein Jahr länger zur Schule gegangen ist. Im Allgemeinen können die Koeffizienten in einem multiplen Regressionsmodell nur unter der **Ceteris-paribus-Bedingung** gedeutet werden, die besagt, dass die anderen in diesem Modell beinhalteten Variablen konstant sind.

Schätzungen mittels OLS ergeben die in Tabelle 2.2 genannten Ergebnisse. Der Koeffizient für *männlich* legt nun nahe, dass der zu erwartende Lohnunterschied bei 1,34 US-Dollar statt wie

Abhängige Variable: *Lohn*			
Variable	Schätzwert	Standardfehler	*t*-Wert
Konstante	−3,3800	0,4650	−17,2692
Männlich	1,3444	0,1077	12,4853
Schule	0,6388	0,0328	19,4780
Erfahrung	0,1248	0,0238	5,2530

Tabelle 2.2 OLS-Ergebnisse Lohngleichung
$s = 3{,}0462$ $R^2 = 0{,}1326$ $\bar{R}^2 = 0{,}1318$ $F = 167{,}63$

zuvor 1,17 US-Dollar liegt, wenn wir beliebige Männer und Frauen mit der gleichen Anzahl an Schul- und Berufsjahren vergleichen. Mit einem Standardfehler von 0,11 US-Dollar ist dieser Unterschied immer noch statistisch hoch signifikant. Die Nullhypothese, dass die Schuldauer keine Auswirkung auf den Lohn einer Person habe, bei gegebenem Geschlecht und bestimmter Berufserfahrung, kann mit dem oben beschriebenen t-Test überprüft werden, mit einer Teststatistik von 19,48. Die Nullhypothese ist eindeutig abzulehnen. Der geschätzte Lohn steigt mit einem zusätzlichen Schuljahr, bei gleichbleibender Berufserfahrung, um 0,64 US-Dollar. Angesichts dieser Ergebnisse sollte es nicht überraschen, dass die gemeinsame Hypothese, dass alle drei partiellen Steigungskoeffizienten gleich null sind, das heißt, dass die Löhne nicht durch Geschlecht, Schuldauer und Berufserfahrung beeinflusst werden, ebenfalls verworfen werden muss. Die F-Statistik erhält den Wert 167,6 und der entsprechende 5%-kritische Wert liegt bei 2,60.

Abschließend können wir die oben erhaltenen Ergebnisse nutzen, um dieses Modell mit dem einfacheren in Tabelle 2.1 zu vergleichen. R^2 ist von 0,0317 auf 0,1326 gestiegen, was bedeutet, dass das aktuelle Modell in der Lage ist, 13,3% der Lohnvarianten innerhalb der Stichprobe zu erklären. Wir können einen gemeinsamen Test mit der Hypothese durchführen, dass die beiden zusätzlichen Variablen, Schuldauer und Erfahrung, beide Nullkoeffizienten haben, indem wir den oben beschriebenen F-Test durchführen. Die Teststatistik in (2.59) kann aus den in Tabelle 2.1 und 2.2 genannten R^2s wie folgt berechnet werden

$$F = \frac{(0{,}1326 - 0{,}0317)/2}{(1 - 0{,}1326)/(3294 - 4)} = 191{,}35.$$

Mit einem 5%-kritischen Wert von 3,00 wird die Nullhypothese offenkundig verworfen. Also können wir schließen, dass das Modell, welches Geschlecht, Schuldauer und Erfahrung enthält, signifikant besser funktioniert als das Modell, das nur Geschlecht enthält.

2.5.6 Der Normalfall

Die gebräuchlichste lineare Nullhypothese ist eine Kombination aus den beiden vorhergehenden Fällen und beinhaltet eine Reihe von J-linearen Restriktionen zu diesen Koeffizienten. Wir können diese Restriktionen wie folgt formulieren:

$$R\beta = q,$$

wo R eine $J \times K$-Matrix ist, von der wir annehmen, dass sie einen vollen Zeilenrang hat,[14] und q ein J-dimensionaler Vektor ist. Ein Beispiel dafür ist der Satz an Restriktionen

$\beta_2 + \beta_3 + \cdots + \beta_K = 1$ und $\beta_2 = \beta_3$, in diesem Fall gilt: $J = 2$ und

$$R = \begin{pmatrix} 0 & 1 & 1 & \cdots\cdots & 1 \\ 0 & 1 & -1 & 0 & \cdots & 0 \end{pmatrix}, \quad q = \begin{pmatrix} 1 \\ 0 \end{pmatrix}.$$

Im Prinzip ist es möglich, das Modell mit den auferlegten obigen Restriktionen zu schätzen, indem das Testverfahren aus Kapitel 2.5.4 angewendet wird. In diesem Fall kann der F-Test aus (2.59) verwendet werden, wo R_0^2 das R^2 aus dem beschränkten Modell benennt, dem $R\beta = q$ auferlegt ist.

Für die spätere Verwendung ist es lehrreich, eine alternative Formulierung des F-Tests zu besprechen, die keine explizite Schätzung des beschränkten Modells erfordert. Diese alternative Ableitung beginnt mit dem Ergebnis, dass Rb unter den Annahmen (A1)–(A5) eine Normalverteilung aufweist mit einem mittleren Vektor $R\beta$ und einer Kovarianzmatrix $V\{Rb\} = RV\{b\}R'$ (vergleiche 2.38). Demzufolge hat unter der Nullhypothese die quadratische Form

$$(Rb - q)' V\{Rb\}^{-1} (Rb - q) \tag{2.62}$$

eine Chi-Quadrat-Verteilung mit J Freiheitsgraden. Weil die Kovarianzmatrix in (2.62) unbekannt ist, ersetzen wir sie mit einem Schätzwert, indem wir s^2 für σ^2 einsetzen. Die daraus folgende Teststatistik ergibt sich durch

$$\xi = (Rb - q)' \left[R\hat{V}\{b\}R' \right]^{-1} (Rb - q), \tag{2.63}$$

wobei sich $\hat{V}\{b\}$ aus (2.36) ergibt. Bei großen Stichproben hat die Differenz zwischen σ^2 und s^2 nur geringen Einfluss und die Teststatistik in (2.63) hat annähernd eine Chi-Quadrat-Verteilung (unter der Nullhypothese).[15] Der entsprechende Test wird manchmal als die Chi-Quadrat-Version des F-Tests bezeichnet. Tatsächlich zeigt (2.63) die allgemeine Struktur des **Wald-Tests** mit einer Reihe linearer Restriktionen. Wir werden diese Struktur im Folgenden für Fälle nutzen, in denen die Gauß-Markov-Annahmen nicht alle erfüllt sind und das Modell vom linearen Regressionsmodell abweicht.

Um die exakte Stichprobenverteilung unter den Annahmen (A1)–(A5) zu erhalten, können wir (2.47) wieder so verwenden, dass wir eine Teststatistik als Wert zweier unabhängiger Chi-Quadrat-Variablen erhalten (dividiert durch ihre Freiheitsgrade). Das führt zu $F = \xi/J$ oder

$$F = \frac{(Rb - q)'(R(X'X)^{-1}R')^{-1}(Rb - q)}{Js^2}, \tag{2.64}$$

welches, unter H_0, einer F-Verteilung mit J und $N-K$ Freiheitsgraden folgt. Wie zuvor führen große Werte von F zur Ablehnung der Nullhypothese. Es kann gezeigt werden, dass die F-Statistik in (2.64) algebraisch identisch mit den oben genannten in (2.58) und (2.59) ist. Welche man verwendet, ist eine Frage der rechnerischen Erleichterung. Wenn wir eine lineare Restriktion ($J = 1$) testen, kann gezeigt werden, dass (2.64) das Quadrat der entsprechenden t-Statistik ist, wie in (2.55) gegeben, und die beiden Tests sind gleichwertig. Einige Softwarepakete geben eher die F-Version des Tests an, selbst mit einer linearen Restriktion. Der Nachteil davon ist, dass das Vorzeichen der t-Statistik nicht unmittelbar eindeutig ist, was das Überprüfen einseitiger Hypothesen ein bisschen mühsamer gestaltet. Es wird empfohlen (und üblich), in diesen Fällen t-Statistiken zu liefern.

2.5.7   Größe, Teststärke und p-Werte

Wenn eine Hypothese statistisch überprüft wird, können zwei Arten von Fehlern gemacht werden. Der erste besteht darin, dass wir die Nullhypothese verwerfen, obwohl sie zutrifft. Dies bezeichnen wir als **Fehler Typ 1**. **Fehler Typ 2** besteht darin, dass die Nullhypothese nicht verworfen wird, obwohl die Alternativhypothese richtig ist. Die Wahrscheinlichkeit eines Fehlers Typ 1 kontrollieren die Wissenschaftler unmittelbar durch die Wahl des Signifikanzniveaus α. Wird ein Test auf dem 5%-Niveau durchgeführt, beträgt die Wahrscheinlichkeit für das Verwerfen der Nullhypothese, obwohl sie wahr ist, 5%. Diese Wahrscheinlichkeit (Signifikanzniveau) wird oft als die Testgröße bezeichnet. Die Wahrscheinlichkeit eines Fehlers Typ 2 hängt von den wahren Parameterwerten ab. Wenn die Wahrheit stark von der formulierten Nullhypothese abweicht, ist die Wahrscheinlichkeit für einen Fehler dieses Typs relativ gering, während sie deutlich größer ist, wenn die Nullhypothese nahe an der Wahrheit liegt. Die umgekehrte Wahrscheinlichkeit, das heißt die Wahrscheinlichkeit des Verwerfens der Nullhypothese, wenn sie falsch ist, bezeichnen wir als **Teststärke** des Tests. Sie zeigt an, wie stark ein Test darin ist, Abweichungen von der Nullhypothese zu finden (abhängig vom wahren Parameterwert). Im Allgemeinen verringert das Verkleinern einer Testgröße die Teststärke, sodass eine Wechselwirkung zwischen den Fehlern Typ 1 und Typ 2 vorliegt.

Angenommen, wir testen die Hypothese, dass $\beta_2 = 0$, während ihr wahrer Wert tatsächlich 0,1 ist. Es ist nachvollziehbar, dass die Wahrscheinlichkeit, dass wir die Nullhypothese ablehnen, vom Standardfehler unseres OLS-Schätzers b_2 abhängt und von daher, neben anderen Dingen, von der Stichprobengröße. Je größer die Stichprobe, desto kleiner ist der Standardfehler und desto wahrscheinlicher werden wir verwerfen. Das impliziert, dass Fehler Typ 2 bei großen Stichproben zunehmend unwahrscheinlicher werden. Um das auszugleichen, reduzieren Forscher in der Regel die Wahrscheinlichkeit des Fehlers Typ 1 (das heißt des nicht korrekten Verwerfens der Nullhypothese) durch Verringern der Größe von α ihrer Tests. Das erklärt, warum es bei großen Stichproben angemessener ist, eine Größe von 1% oder weniger statt der herkömmlichen 5% zu wählen. Gleichermaßen bevorzugen wir es vielleicht, bei sehr kleinen Stichproben mit einem Signifikanzniveau von 10% zu arbeiten.

Für gewöhnlich wird die gewählte Nullhypothese so lange für wahr gehalten, bis es einen überzeugenden Beweis für das Gegenteil gibt. Das legt nahe, dass wir an der Nullhypothese festhalten, wenn ein Test diese, aus welchen Gründen auch immer, nicht ablehnt. Diese Sichtweise ist nicht völlig angemessen. Eine Reihe von Alternativhypothesen könnte überprüft werden (zum Beispiel $\beta_2 = 0$, $\beta_2 = 0,1$, $\beta_2 = 0,5$), mit dem Ergebnis, dass keine davon verworfen wird. Zu schließen, dass alle drei Nullhypothesen gleichzeitig wahr sind, wäre offenkundig lächerlich. Der einzig zulässige Schluss besteht darin, dass wir weder *zurückweisen können*, dass $\beta_2 = 0$, noch dass es 0,1 oder 0,5 ist. Manchmal weisen ökonometrische Tests keine große Teststärke auf und es sind sehr große Stichproben nötig, um eine gegebene Hypothese zurückzuweisen.

Eine letzte Möglichkeit, die bei statistischen Tests eine Rolle spielt, wird für gewöhnlich als **p-Wert (p für probability)** bezeichnet. Dieser Wahrscheinlichkeitswert benennt das marginale Signifikanzniveau, für welches die Nullhypothese immer noch verworfen werden wird. Es wird definiert als die Wahrscheinlichkeit, unter der Nullhypothese eine Teststatistik zu finden, die (als absoluter Wert) den Wert der Statistik übersteigt, der aus der Stichprobe berechnet wird. Ist der p-Wert dann kleiner als das Signifikanzniveau α, so wird die Nullhypothese verworfen. Viele moderne Softwarepakete liefern diese p-Werte und erlauben es auf diese Weise den Forschern, ihre Schlüsse zu ziehen, ohne die entsprechenden kritischen Werte hinzuziehen oder zu berechnen. Es wird auch die Anfälligkeit der Entscheidung aufgezeigt, die Nullhypothese in Abhängigkeit zur Wahl des Signifikanzniveaus zu verwerfen. So zeigt zum Beispiel ein p-Wert von 0,08, dass die Nullhypothese auf dem 10%-Signifikanzniveau verworfen wird, nicht jedoch auf dem 5%-Niveau.

2.6   Asymptotische Eigenschaften der OLS-Schätzer

In vielen Fällen können die Eigenschaften des OLS-Schätzers bei kleinen Stichproben von den oben besprochenen abweichen. Wenn zum Beispiel die Fehlerterme im linearen Modell ε_i nicht der Normalverteilung folgen, ist es nicht länger der Fall, dass die Stichprobe des OLS-Schätzers b normalverteilt ist. Wird die Annahme (A2) der Gauß-Markov-Bedingungen verletzt, kann nicht länger gezeigt werden, dass b den Erwartungswert β hat. Tatsächlich ist das lineare Regressionsmodell unter den Gauß-Markov-Bedingungen und mit normalverteilten Fehlertermen einer der wenigen Fälle in der Ökonometrie, in denen die exakte Stichprobenverteilung der Parameterschätzer bekannt ist. Sobald wir einige dieser Annahmen lockern oder zu Alternativmodellen wechseln, sind die Eigenschaften unserer Schätzer bei kleinen Stichproben in der Regel unbekannt. In solchen Fällen verwenden wir eine andere Herangehensweise, um die Qualität unserer Schätzer zu bemessen, was auf der asymptotischen Theorie basiert. Die asymptotische Theorie bezieht sich auf die Frage, was hypothetisch gesehen passieren würde, wenn die Stichprobengröße unendlich groß wird. Asymptotisch gesehen haben ökonometrische Schätzer in der Regel gute Eigenschaften, wie Normalität, und wir nutzen die asymptotischen Eigenschaften, um die Eigenschaften in der endlichen Stichprobe, die wir zufällig haben werden, zu approximieren. Dieses Kapitel bietet eine erste Darstellung der asymptotischen Eigenschaften des OLS-Schätzers.

2.6.1   Konsistenz

Lassen Sie uns mit dem linearen Modell unter den Gauß-Markov-Annahmen beginnen. In diesem Fall wissen wir, dass der OLS-Schätzer b die folgenden beiden Momente aufweist:

$$E\{b\} = \beta \tag{2.65}$$

$$V\{b\} = \sigma^2 \left(\sum_{i=1}^{N} x_i x_i' \right)^{-1} = \sigma^2 (X'X)^{-1}. \tag{2.66}$$

Sofern wir nicht annehmen, dass die Fehlerterme normalverteilt sind, ist die Verteilungsform von b unbekannt. Es ist jedoch möglich, etwas über die Verteilung von b zu sagen, zumindest approximativ. Ein erster Ausgangspunkt ist die sogenannte **Tschebyschow-Ungleichung**, die besagt, dass die Wahrscheinlichkeit, mit der eine Zufallsvariable z mehr als eine positive Zahl δ vom Mittelwert abweicht, begrenzt ist durch ihre Varianz dividiert durch δ^2, das heißt

$$P\{|z - E\{z\}| > \delta\} < \frac{V\{z\}}{\delta^2} \text{ für alle } \delta > 0. \tag{2.67}$$

Das impliziert für den OLS-Schätzer, sein k-tes Element erfüllt

$$P\{|b_k - \beta_k| > \delta\} < \frac{V\{b_k\}}{\delta^2} = \frac{\sigma^2 c_{kk}}{\delta^2} \text{ für alle } \delta > 0, \tag{2.68}$$

wobei c_{kk}, wie zuvor, das (k,k) Element in $(X'X)^{-1} = (\sum_{i=1}^{N} x_i x_i')^{-1}$ ist. Bei den meisten Anwendungen ist die obige Ungleichheit nicht sehr nützlich, da die obere Abgrenzung der Wahrscheinlichkeit größer als eins ist. Lassen Sie uns dennoch einen Blick auf die Ungleichheit werfen, während wir δ unverändert halten und im Kopf die Stichprobengröße N unendlich werden lassen. Was passiert dann? Es ist klar, dass $\sum_{i=1}^{N} x_i x_i'$ wächst, wenn die Anzahl der Terme ansteigt, sodass die Varianz von b abnimmt, wenn die Stichprobengröße zunimmt. Wenn wir annehmen, dass[16]

$$\frac{1}{N} \sum_{i=1}^{N} x_i x_i' \text{ gegen eine endliche nichtsinguläre Matrix } \Sigma_{xx} \text{ konvergiert,} \qquad \text{(A6)}$$

wenn die Stichprobengröße N unendlich groß wird, folgt unmittelbar aus der obigen Ungleichung, dass

$$\lim_{N \to \infty} P\{|b_k - \beta_k| > \delta\} = 0 \text{ für alle } \delta > 0. \qquad (2.69)$$

Das besagt, dass, asymptotisch, die Wahrscheinlichkeit, dass der OLS-Schätzer mehr als δ vom wahren Parameter abweicht, gleich null ist. In der Regel bezeichnen wir diese Eigenschaft als »die Wahrscheinlichkeitsgrenze von b ist β« oder »b konvergiert bei der Wahrscheinlichkeit gegen β« oder einfach[17]

$$\text{plim } b = \beta. \qquad (2.70)$$

Beachten Sie, dass b ein Vektor von Zufallsvariablen ist, dessen Verteilung von N abhängt, und β ein Vektor von fixierten (unbekannten) Zahlen. Wenn ein Schätzer für β gegen den wahren Wert konvergiert, sagen wir, dass es sich um einen **konsistenten Schätzer** handelt. Jeder Schätzer, der (2.69) erfüllt, ist ein konsistenter Schätzer für β, selbst wenn er verzerrt ist.

Konsistenz ist eine Eigenschaft für sogenannte große Stichproben und besagt, locker ausgedrückt, wenn wir immer mehr Beobachtungen erhalten, wird die Wahrscheinlichkeit, dass unser Schätzer eine positive Zahl von dem wahren Wert β entfernt ist, immer kleiner. Werte, die b annehmen könnte, die nicht nahe an β liegen, werden zunehmend unwahrscheinlicher. In vielen Fällen kann nicht bewiesen werden, dass ein Schätzer unverzerrt ist, und es ist möglich, dass kein unverzerrter Schätzer existiert (zum Beispiel in nichtlinearen oder dynamischen Modellen). In diesen Fällen besteht die Mindestanforderung für einen Schätzer, damit er nützlich ist, darin, dass er konsistent ist. Im Folgenden werden wir uns deshalb hauptsächlich mit der Konsistenz unserer Schätzer beschäftigen und nicht mit deren (Un-)Verzerrtheit.

Eine sinnvolle Eigenschaft der Wahrscheinlichkeitslimes (plims) ist die folgende. Wenn plim $b = \beta$ und $g(.)$ eine stetige Funktion ist (zumindest im wahren Wert β), dann gilt auch

$$\text{plim } g(b) = g(\beta). \qquad (2.71)$$

Dies garantiert, dass die angewandte Parametrisierung für die Konsistenz irrelevant ist. Wenn zum Beispiel s^2 ein konsistenter Schätzer für σ^2 ist, dann ist s ein konsistenter Schätzer für σ. Beachten Sie, dass dieses Ergebnis nicht für Unverzerrtheit gilt, da $E\{s\}^2 \neq E\{s^2\}$ (siehe Anhang B).

Der OLS-Schätzer ist unter erheblich schwächeren Bedingungen konsistent als die weiter oben angewandten Gauß-Markov-Annahmen. Um das zu sehen, lassen Sie uns den OLS-Schätzer wie folgt schreiben:

$$b = \left(\frac{1}{N} \sum_{i=1}^{N} x_i x_i' \right)^{-1} \frac{1}{N} \sum_{i=1}^{N} x_i y_i = \beta + \left(\frac{1}{N} \sum_{i=1}^{N} x_i x_i' \right)^{-1} \frac{1}{N} \sum_{i=1}^{N} x_i \varepsilon_i. \tag{2.72}$$

Dieser Ausdruck gibt an, dass der OLS-Schätzer b dem Vektor eines wahren Grundgesamtheitskoeffizienten β plus einem Vektor für Schätzfehler, der von den Stichprobendurchschnitten von $x_i x_i'$ und $x_i \varepsilon_i$ abhängt, gleicht. Diese Zerlegung spielt eine entscheidende Rolle beim Festlegen der Eigenschaften des OLS-Schätzers und betont erneut, dass dies Annahmen zu ε_i und dessen Beziehung zu den erklärenden Variablen erfordert. Wenn die Stichprobengröße zunimmt, werden die Stichprobendurchschnitte aus (2.72) aus zunehmend mehr Beobachtungen gebildet. Es scheint sinnvoll, anzunehmen, und kann unter sehr schwachen Bedingungen als wahr gezeigt werden,[18] dass innerhalb der Höchstgrenze diese Stichprobendurchschnitte gegen den korrespondierenden Grundgesamtheitsmittelwert konvergieren. Dann haben wir, unter Annahme (A6),

$$\text{plim}(b - \beta) = \Sigma_{xx}^{-1} E\{x_i \varepsilon_i\}, \tag{2.73}$$

was zeigt, dass der OLS-Schätzer konsistent ist, wenn gilt

$$E\{x_i \varepsilon_i\} = 0. \tag{A7}$$

Diese Bedingung sagt lediglich, dass der Fehlerterm ein Mittelwert von null ist und nicht mit einer der erklärenden Variablen korreliert. Beachten Sie, dass $E\{\varepsilon_i|x_i\} = 0$ (A7) impliziert, während die Umkehrung nicht zwangsläufig wahr ist.[19] Also können wir folgern, dass der OLS-Schätzer b für β konsistent ist unter den Bedingungen (A6) und (A7), welche wesentlich schwächer sind als die für Unverzerrtheit erforderlichen Gauß-Markov-Bedingungen (A1)–(A4). Auf die Relevanz dessen werden wir noch eingehen.

Auf ähnliche Weise ist der Schätzer kleinster Quadrate s^2 für die Fehlervarianz σ^2 konsistent unter den Bedingungen (A6), (A7) und (A3) (und für einige schwache reguläre Bedingungen); intuitiv eingängig ist, dass bei b konvergierend gegen β die Residuen e_i asymptotisch gleich werden zu den Fehlertermen ε_i, sodass die Stichprobenvarianz von e_i gegen die Fehlervarianz σ^2 konvergiert, wie in (A3) definiert.

2.6.2 Asymptotische Normalität

Wenn die Verteilung eines Schätzers bei kleinen Stichproben unbekannt ist, so ist das Beste, was wir tun können, eine Approximation zu finden. In den meisten Fällen wird eine asymptotische Approximation (für N gegen unendlich strebend) verwendet, basierend auf der **asymptotischen Verteilung**. Für die meisten Schätzer der Ökonometrie kann gezeigt werden, dass sie asymptotisch normalverteilt sind (unter schwachen regulären Bedingungen). Bei der asymptotischen Verteilung eines konsistenten Schätzers $\hat{\beta}$ meinen wir die Verteilung von $\sqrt{N}(\hat{\beta} - \beta)$, da N gegen unendlich strebt. Der Grund für den Faktor $\sqrt{N}$ ist, dass $\hat{\beta}$ asymptotisch gleich zu β ist, mit der Wahrscheinlichkeit eins für alle konsistenten Schätzer. Das heißt, $\hat{\beta} - \beta$ hat eine degenerierte Verteilung für $N \to \infty$ mit allen Wahrscheinlichkeitsfunktionen gleich null. Wenn wir mit $\sqrt{N}$ multiplizieren und die asymptotische Verteilung von $\sqrt{N}(\hat{\beta} - \beta)$ betrachten, so ist diese in der Regel eine nicht degenerierte Normalverteilung. In dem Fall wird $\sqrt{N}$ als die **Konvergenzrate** bezeichnet und es wird manchmal gesagt, dass der entsprechende Schätzer Wurzel-N-konsistent sei. In späteren Kapiteln werden wir ein paar Fälle betrachten, bei denen sich die Konvergenzrate von Wurzel N unterscheidet.

Für den OLS-Schätzer kann gezeigt werden, dass wir unter den Gauß-Markov-Bedingungen (A1)–(A4) kombiniert mit (A6) Folgendes haben:

$$\sqrt{N}(b - \beta) \to \mathcal{N}\left(0, \sigma^2 \Sigma_{xx}^{-1}\right), \tag{2.74}$$

wobei $\to$ bedeutet: »ist asymptotisch verteilt als«. Folglich ist der OLS-Schätzer b asymptotisch normalverteilt mit einer Varianz-Kovarianz-Matrix $\sigma^2 \Sigma_{xx}^{-1}$. In der Praxis, wo wir zwangsläufig eine endliche Stichprobe haben, können wir dieses Ergebnis nutzen, um die Verteilung von b zu approximieren durch

$$b \overset{a}{\sim} \mathcal{N}\left(\beta, \sigma^2 \Sigma_{xx}^{-1}/N\right), \tag{2.75}$$

wobei $\overset{a}{\sim}$ bedeutet: »ist approximativ verteilt als«.

Weil die unbekannte Matrix Σ_{xx} konsistent durch den Stichprobenmittelwert $(1/N) \sum_{i=1}^{N} x_i x_i'$ geschätzt werden wird, wird diese approximative Verteilung geschätzt durch

$$b \overset{a}{\sim} \mathcal{N}\left(\beta, s^2 \left(\sum_{i=1}^{N} x_i x_i'\right)^{-1}\right). \tag{2.76}$$

In (2.76) haben wir ein Verteilungsergebnis für den OLS-Schätzer b basierend auf der asymptotischen Theorie, die bei kleinen Stichproben approximativ zuverlässig ist. Die Qualität der Approximation steigt mit dem Anwachsen der Stichprobengröße und bei einer gegebenen Anwendung wird in der Regel erhofft, dass die Stichprobengröße groß genug ist, damit die Approximation halbwegs exakt ist. Weil das Ergebnis in (2.76) exakt dem entspricht, was wir im Fall der Gauß-Markov-Annahmen verwendet haben, kombiniert mit der Annahme normalverteilter Fehlerterme, folgt daraus, dass alle Verteilungsergebnisse für den oben dargestellten OLS-Schätzer – einschließlich jener für t- und F-Statistiken – approximativ zutreffend sind, *auch wenn die Fehler nicht normalverteilt sind.*

Weil, asymptotisch, eine t_{N-K}-verteilte Variable gegen eine Standardnormalverteilung konvergiert, ist es nicht unüblich, die kritischen Werte aus der Standardnormalverteilung (wie 1,96 auf dem 5%-Niveau) für alle Inferenzen zu verwenden, ohne Normalität der Fehler zur Bedingung zu machen. Um also die Hypothese zu überprüfen, dass $\beta_k = \beta_k^0$ für einen gegebenen Wert β_k^0, ist, müssen wir auf der Basis fortfahren, dass (siehe (2.44))

$$t_k = \frac{b_k - \beta_k^0}{\operatorname{se}(b_k)}$$

approximativ eine Standardnormalverteilung (unter der Nullhypothese), unter den Annahmen (A1)–(A4) und (A6), aufweist. Auf ähnliche Weise müssen wir, um die multiplen Restriktionen $R\beta = q$ zu testen, auf der Basis fortfahren, dass (siehe (2.62))

$$\xi = (Rb - q)' \hat{V}\{Rb\}^{-1}(Rb - q)$$

eine approximative Chi-Quadrat-Verteilung mit J Freiheitsgraden aufweist, wo J die Anzahl der getesteten Restriktionen darstellt.

Es ist darüber hinaus möglich, die Annahmen zu lockern, ohne die Gültigkeit der Ergebnisse in (2.74) und (2.76) zu beeinflussen. Insbesondere die Annahme (A2) können wir lockern zu

$$x_i \text{ und } \varepsilon_i \text{ sind unabhängig.} \tag{A8}$$

Diese Bedingung schließt nicht die Abhängigkeit zwischen x_i und ε_j für $i \neq j$ aus, was für Modelle mit gelagten abhängigen Variablen von Interesse ist. Beachten Sie, dass (A8) (A7) impliziert. Weitere Erörterungen der asymptotischen Verteilung des OLS-Schätzers und wie dieser bemessen werden kann, folgen in Kapitel 4 und 5.

2.6.3 Kleine Stichproben und asymptotische Theorie

Das lineare Regressionsmodell unter den Gauß-Markov-Bedingungen ist einer der ganz wenigen Fälle in der Ökonometrie, in dem endliche Stichprobeneigenschaften des Schätzers sowie Teststatistiken bekannt sind. In vielen anderen Umgebungen und Modellen ist es nicht möglich oder extrem schwierig, Eigenschaften eines ökonometrischen Schätzers bei kleinen Stichproben abzuleiten. In solchen Fällen geben sich die meisten Ökonometriker (zwangsweise) mit dem Kennen »approximativer« Eigenschaften zufrieden. Wie oben besprochen, werden solche approximativen Eigenschaften in der Regel aus der asymptotischen Theorie abgeleitet, in der betrachtet wird, was mit einem Schätzer oder einer Teststatistik passiert, wenn die Stichprobengröße (hypothetisch) ins Unendliche wächst. Als Ergebnis wird erwartet, dass approximative Eigenschaften, die auf der approximativen Theorie basieren, halbwegs gut funktionieren, wenn die Stichprobe hinreichend groß ist.

Leider gibt es keine eindeutige Definition für »hinreichend groß«. Unter einfachen Bedingungen kann eine Stichprobengröße von 30 ausreichen, während in komplizierteren oder extremen Fällen eine Stichprobe von 1000 immer noch unzureichend sein kann, damit die asymptotische Approximation einigermaßen exakt ist. Um eine Vorstellung der Eigenschaften bei kleinen Stichproben zu bekommen, werden häufig **Monte-Carlo-Simulationen** durchgeführt. Dabei wird, festgelegt durch den Forscher, eine große Zahl (zum Beispiel 1000) simulierter Stichproben durch einen Datengenerierungsprozess gezogen. Jede (Pseudo-)Zufallsstichprobe wird verwendet, um einen Schätzer und/oder eine Teststatistik zu berechnen, und die Verteilungscharakteristika über die verschiedenen Replikationen werden analysiert.

Betrachten Sie zur Veranschaulichung den Datengenerierungsprozess

$$y_i = \beta_1 + \beta_2 x_i + \varepsilon_i,$$

der dem linearen Regressionsmodell entspricht. Um eine Simulation durchzuführen, müssen wir die Verteilung von x_i auswählen oder einen Satz von Werten für x_i festlegen. Wir müssen die Werte für β_1 und β_2 und die Verteilung von ε_i spezifizieren. Angenommen, wir betrachten Stichproben der Größe N, mit festgelegten Werten $x_i = 1$ für $i = 1, \ldots, N/2$ (männlich, zum Beispiel) und $x_i = 0$ andernfalls (weiblich).[20] Wenn $\varepsilon_i \sim NID(0, 1)$, unabhängig von x_i, gilt, so ist die endogene Variable y_i ebenfalls normalverteilt mit dem Mittelwert $\beta_1 + \beta_2 x_i$ und der Einheitsvarianz. Angesichts dieser Annahmen kann ein Computer leicht eine Stichprobe von N Werten für y_i generieren. Als Nächstes verwenden wir diese Stichprobe, um den OLS-Schätzer

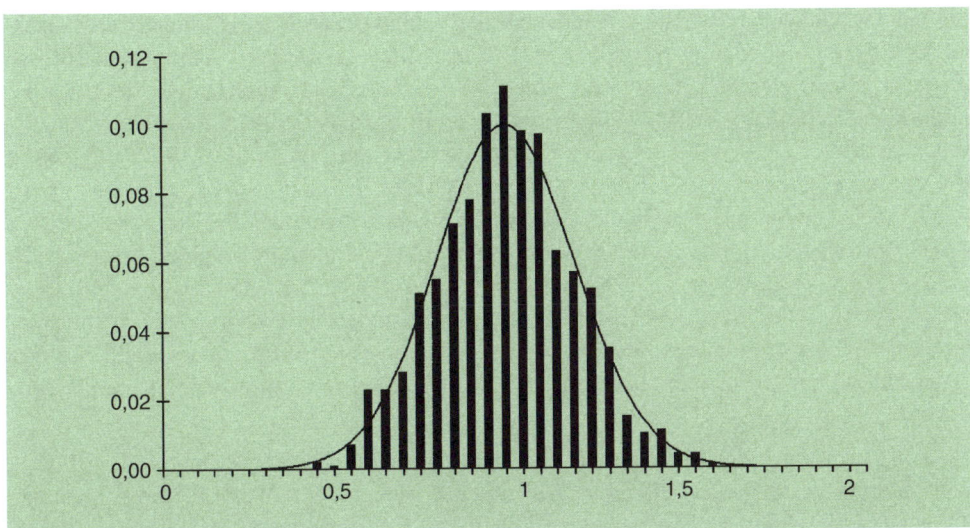

Abbildung 2.2 Histogramm von 1000 OLS-Schätzern mit normaler Dichte (Monte-Carlo-Ergebnisse)

zu berechnen. Dies R mal repliziert mit R neu gezogenen Stichproben produziert R Schätzer für β, $b^{(1)}, \dots, b^{(R)}$ als Beispiel. Unter der Annahme $\beta_1 = 0$ und $\beta_2 = 1$ zeigt Abbildung 2.2 ein Histogramm von $R = 1000$ OLS-Schätzern für β_2, basierend auf 1000 simulierten Stichproben der Größe $N = 100$.

Weil wir wissen, dass der OLS-Schätzer unter diesen Annahmen unverzerrt ist, erwarten wir, dass $b^{(r)}$ im Schnitt nahe am wahren Wert eins liegt. Wegen der Ergebnisse in Kapitel 2.3.2 und weil die R Replikationen unabhängig generiert werden, wissen wir darüber hinaus, dass der Steigungskoeffizient in $b^{(r)}$ wie folgt verteilt ist:

$$b_2^{(r)} \sim NID(\beta_2, c_{22}),$$

wobei $\beta_2 = 1$ und

$$c_{22} = \left[\sum_{i=1}^{N} (x_i - \bar{x})^2 \right]^{-1} = 4/N.$$

Je größer die Zahl der Replikationen, desto mehr wird die Abbildung 2.2 der Normalverteilung ähneln. Um den Vergleich zu erleichtern, wird auch die normale Dichte gezogen.

Eine Monte-Carlo-Simulation ermöglicht es uns, die genaue Stichprobenverteilung eines Schätzers oder einer Teststatistik als Funktion der Art und Weise zu untersuchen, wie die Daten generiert werden. Das ist nützlich in Fällen, in denen eine der Modellannahmen (A2), (A3), (A4) oder (A5) verletzt wird und genaue Verteilungsergebnisse nicht verfügbar sind. Zum Beispiel könnte ein konsistenter Schätzer kleine Stichprobenverzerrungen anzeigen und eine Monte-Carlo-Simulation hilft uns dann, die Fälle zu identifizieren, in denen die kleinen Stichprobenverzerrungen substanziell sind, und andere Fälle, in denen sie ignoriert werden können. Wenn die Verteilung einer Teststatistik auf der Basis einer asymptotischen Theorie approximiert wird, gilt das Signifikanzniveau des Tests (zum Beispiel 5%) ebenfalls approximativ. Das gewählte Niveau wird dann als Nenngröße oder nominelles Signifikanzniveau bezeichnet, während die Wahrscheinlichkeit für Typ-1-Fehler stark davon abweichen kann (häufig größer ist). Eine Monte-Carlo-Simulation ermöglicht es uns, die Differenz zwischen dem nominellen und dem tatsächlichen Signifikanzniveau zu untersuchen. Zusätzlich können wir ein Monte-Carlo-Experiment nutzen, um die Verteilung einer Teststatistik zu analysieren, wenn die Nullhypothese falsch ist. Auf diese Weise können wir die Teststärke untersuchen. Das heißt, wie groß ist die Wahrscheinlichkeit, dass wir die Nullhypothese verwerfen, wenn sie tatsächlich falsch ist? Wir können zum Beispiel die Wahrscheinlichkeit untersuchen, mit der die Nullhypothese, dass $\beta_2 = 0{,}5$ ist, als Funktion des wahren Wertes von β_2 (und der Stichprobengröße N) verworfen wird. Wenn der wahre Wert 0,5 beträgt, liefert uns das die (tatsächliche) Testgröße, während wir für $\beta_2 \neq 0,5$ die Teststärke erhalten. Abschließend können wir eine Simulationsstudie nutzen, um die Eigenschaften eines Schätzers auf der Basis eines Modells zu untersuchen, das vom Datengenerierungsprozess abweicht, zum Beispiel ein Modell, das eine relevante erklärende Variable weglässt.

Obwohl Monte-Carlo-Simulationen nützlich sind, hängen ihre Ergebnisse für gewöhnlich stark von den Entscheidungen betreffend x_i, β, σ^2 und der Stichprobengröße N ab und können von daher nicht zwangsläufig auf verschiedene Situationen hochgerechnet werden. Dennoch liefern sie interessante Informationen über die statistischen Eigenschaften eines Schätzers oder einer Teststatistik unter kontrollierten Umständen. Für das lineare Regressionsmodell funktioniert die asymptotische Approximation glücklicherweise sehr gut. Demzufolge ist es für die meisten Anwendungen ziemlich sicher, zu sagen, dass der OLS-Schätzer approximal normalverteilt ist. Weiterführende Informationen über Monte-Carlo-Experimente finden Sie in Davidson und MacKinnon (1993, Kapitel 21) und Patterson (2000, Kapitel 8.2) bietet eine einfache Darstellung.

2.7 Beispiel: Das Preismodell für Kapitalgüter (CAPM)

Eines der wichtigsten Modelle im Finanzwesen ist das Preismodell für Kapitalgüter (Capital Asset Pricing Model – CAPM). Das CAPM ist ein Gleichgewichtsmodell, das davon ausgeht, dass alle Investoren ihr Portfolio auf der Basis eines Trade-off zwischen der erwarteten Rendite und der Varianz der Rendite auf ihr Portfolio zusammenstellen. Das impliziert, dass jeder Investor ein sogenanntes **effizientes Portfolio nach Markowitz** besitzt, ein Portfolio, das die maximal erwartete Rendite für eine gegebene Varianz (Risikoniveau) erbringt. Wenn alle Investoren dieselben Überzeugungen hinsichtlich erwarteter Rendite und (Ko-)Varianzen individueller Vermögenswerte haben – und bei Fehlen von Transaktionskosten, Steuern und Handelsbeschränkungen jeglicher Art –, haben wir außerdem den Fall, dass die Gesamtheit aller individuellen Portfolios, das **Marktportfolio**, Mean-Variance-optimiert ist. In diesem Fall kann gezeigt werden, dass die erwartete Rendite der individuellen Vermögenswerte linear mit den erwarteten Renditen des Marktportfolios korreliert. Es gilt insbesondere, dass[21]

$$E\{r_{jt} - r_f\} = \beta_j E\{r_{mt} - r_f\}, \tag{2.77}$$

wobei r_{jt} der risikoreiche Ertrag des Vermögenswertes j im Zeitraum t ist, r_{mt} der risikoreiche Ertrag des Marktportfolios ist und r_f den risikolosen Ertrag bezeichnet, von dem wir einfachheitshalber annehmen, dass er zeitinvariant ist. Der Proportionalitätsfaktor β_j ergibt sich durch

$$\beta_j = \frac{\text{cov}\{r_{jt}, r_{mt}\}}{V\{r_{mt}\}} \tag{2.78}$$

und zeigt an, wie stark Fluktuationen bei den Renditen des Vermögenswertes j mit Bewegungen des Marktes insgesamt verknüpft sind. Als solches ist es ein Maß für systematisches Risiko (oder Marktrisiko). Weil es unmöglich ist, systematisches Risiko durch eine Diversifikation eines Portfolios auszuschließen, ohne dass es Auswirkungen auf die erwartete Rendite hat, werden Investoren mit einer Risikoprämie $E\{r_{mt} - r_f\} > 0$ dafür entschädigt, dass sie dieses Risiko eingehen. Dementsprechend sagt uns die Gleichung (2.77), dass die erwartete Rendite auf jeden risikoreichen Vermögenswert höher als der risikofreie Zins, proportional zu seinem »Beta«, ist.

In diesem Kapitel betrachten wir das CAPM und sehen, wie es umgeschrieben werden kann zu einem linearen Regressionsmodell, das es uns ermöglicht, es zu bewerten und zu testen. In Kapitel 2.6.3 verwenden wir das CAPM, um die (betrügerischen) Renditen des Investmentfonds von Bernard Madoff zu analysieren. Eine ausführlichere Erörterung empirischer Probleme im Zusammenhang mit dem CAPM findet sich in Berndt (1991) oder, aus stärker technischer Sicht, in Campbell, Lo und MacKinlay (1997, Kapitel 5) und Gouriéroux und Jasiak (2001, Kapitel 4.2). Weitere Details über das CAPM gibt es in Finanzfachbüchern, zum Beispiel Elton, Gruber, Brown und Goetzmann (2010, Kapitel 13).

2.7.1 Das CAPM als Regressionsmodell

Die Beziehung in (2.77) ist ein *Ex-ante*-Gleichgewicht hinsichtlich unbeobachteter Erwartungen. Ex post beobachten wir lediglich realisierte Renditen der verschiedenen Vermögenswerte über eine Reihe von Zeitphasen. Wenn wir jedoch die übliche Annahme treffen, dass Erwartungen rational sind, sodass sich Erwartungen der Wirtschaftssubjekte mit mathematischen Erwartungen decken, können wir eine Beziehung aus (2.77) ableiten, die tatsächliche Renditen beinhaltet. Um das zu sehen, lassen Sie uns die unerwarteten Renditen des Vermögenswertes j definieren als

$$u_{jt} = r_{jt} - E\{r_{jt}\}$$

und die unerwarteten Renditen des Marktportfolios als

$$u_{mt} = r_{mt} - E\{r_{mt}\}.$$

Dann ist es möglich, (2.77) umzuschreiben zu

$$r_{jt} - r_f = \beta_j(r_{mt} - r_f) + \varepsilon_{jt}, \qquad (2.79)$$

wobei

$$\varepsilon_{jt} = u_{jt} - \beta_j u_{mt}.$$

Gleichung (2.79) ist ein Regressionsmodell ohne Achsenabschnitt, wo ε_{jt} als Fehlerterm behandelt wird. Dieser Fehlerterm ist nichts, was dem Modell einfach hinzugefügt wird, sondern er hat eine Bedeutung als eine Funktion unerwarteter Renditen. Es kann jedoch leicht gezeigt werden, dass er einige geringfügige Anforderungen für einen Regressionsfehlerterm wie in (A7) erfüllt. Zum Beispiel folgt unmittelbar aus den Definitionen von u_{mt} und u_{jt}, dass der Mittelwert null ist, sprich

$$E\{\varepsilon_{jt}\} = E\{u_{jt}\} - \beta_j E\{u_{mt}\} = 0. \qquad (2.80)$$

Darüber hinaus ist es unkorreliert mit dem Regressor $r_{mt} - r_f$. Das folgt aus der Definition von β_j, die geschrieben werden kann als

$$\beta_j = \frac{E\{u_{jt}u_{mt}\}}{V\{u_{mt}\}}$$

(beachten Sie, dass r_f nicht stochastisch ist) mit dem Ergebnis, dass

$$E\{\varepsilon_{jt}(r_{mt} - r_f)\} = E\{(u_{jt} - \beta_j u_{mt})u_{mt}\} = E\{u_{jt}u_{mt}\} - \beta_j E\{u_{mt}^2\} = 0.$$

Aus dem vorhergehenden Kapitel folgt dann, dass OLS einen konsistenten Schätzer für β_j liefert. Wenn wir zusätzlich die Annahme (A8) auferlegen, dass ε_{jt} unabhängig ist von $r_{mt} - r_f$, und die Annahmen (A3) und (A4) festlegen, dass ε_{jt} keine Autokorrelation oder Heteroskedastie aufweist, können wir das asymptotische Ergebnis von (2.74) und das approximative Verteilungsergebnis in (2.76) nutzen. Dies impliziert, dass routinemäßig berechnete OLS-Schätzer, Standardfehler und Tests aufgrund ihrer asymptotischen Approximation geeignet sind.

2.7.2 Schätzen und Testen des CAPM

Das CAPM beschreibt die erwarteten Renditen jedes Vermögenswertes oder Assetportfolios als Funktion der (erwarteten) Rendite des Marktportfolios. In diesem Kapitel betrachten wir die Renditen dreier unterschiedlicher Branchenportfolios, während wir die Rendite des Marktportfolios durch die Rendite eines nach Wert gewichteten Aktienmarktindex approximieren. Renditen für den Zeitraum Januar 1960 bis Oktober 2010 (610 Monate) für die Branchen Lebensmittel, langlebige Konsumgüter sowie Bau wurden vom Center for Research in Security Prices (CRSP) beschafft.[22] Die Branchenportfolios werden einmal jährlich gewichtet und rebalanciert. Da das Marktportfolio theoretisch alle handelbaren Assets beinhalten sollte, können wir annehmen, dass der gewichtete Index CRSP eine gute Approximation darstellt. Der risikofreie Zins wird approximiert durch die Rendite einmonatiger Schatzwechsel. Den Investoren ist bekannt, dass diese Rendite zeitvariabel ist, während sie ihre Entscheidungen treffen. Alle Renditen werden in Prozent je Monat ausgedrückt.

Als Erstes schätzen wir die CAPM-Beziehung (2.79) für diese drei Branchenportfolios. Das heißt, wir regressieren überschüssige Renditen (über den risikofreien Zins hinausgehende Rendite) der Branchenportfolios über überschüssige Renditen auf die Marktindex-Approximation, ohne einen Achsenabschnitt einzubeziehen. Das führt zu den in Tabelle 2.3 dargestellten Ergebnissen. Der geschätzte Beta-Koeffizient zeigt an, wie anfällig die Werte der Branchenportfolios gegenüber allgemeinen Marktbewegungen sind. Diese Anfälligkeit ist für die Lebensmittelbranche relativ niedrig, für die Baubranche jedoch recht hoch: Eine überschüssige Rendite auf den Markt von, sagen wir, 10% entspricht einer erwarteten überschüssigen Rendite der Lebensmittel- und Bauportfolios von 7,6 beziehungsweise 11,7%. Es überrascht nicht, zu sehen, dass Branchen für Bau und langlebige Konsumgüter sensibler auf allgemeine Marktbewegungen reagieren als die Lebensmittelbranche. Angenommen, die erforderlichen Bedingungen für die Verteilungsergebnisse des OLS-Schätzers sind erfüllt, können wir unmittelbar die Hypothese testen (die von wirtschaftlichem Interesse ist), dass für jedes der drei Branchenportfolios $\beta_j = 1$. Das führt zu t-Werten von $-9,40$, $1,71$ beziehungsweise $6,57$, sodass wir die Nullhypothese für die Lebensmittel- und die Baubranche verwerfen. Für die Branche langlebiger Konsumgüter wird die Nullhypothese eines Beta-Koeffizienten eins nicht verworfen.

Abhängige Variable: überschüssige Renditen der Branchenportfolios			
Branche	Lebensmittel	Langlebige Konsumgüter	Bau
Überschüssige Marktrendite	0,758	1,047	1,166
	(0,026)	(0,028)	(0,025)
Unzentriertes R	0,586	0,700	0,777
s	2,884	3,105	2,836

Tabelle 2.3 CAPM-Regressionen (ohne Achsenabschnitt)
Anmerkung: Standardfehler in Klammern.

Da das CAPM impliziert, dass die einzig relevante Variable in der Regression die Überschussrendite des Marktportfolios ist, sollte jede andere Variable (die dem Investor bekannt ist, wenn er seine Entscheidung trifft) einen Nullkoeffizienten haben. Das gilt auch für einen konstanten Term. Um zu überprüfen, ob das der Fall ist, können wir das obige Modell neu schätzen, indem wir einen Achsenabschnittsterm einfügen. Das führt zu den Ergebnissen in Tabelle 2.4. Anhand dieser Ergebnisse können wir die Validität des CAPM testen, indem wir überprüfen, ob die Regressionskonstante null ist. Für die Lebensmittelbranche lautet die dazugehörige t-Statistik 2,78, was impliziert, dass wir die Validität des CAPM auf dem 5%-Niveau verwerfen. Die Punktschätzung von 0,325 besagt, dass das Portfolio der Lebensmittelbranche eine erwartete Rendite hat, die monatlich um 0,325% höher ist, als das CAPM prognostiziert. Beachten Sie, dass die geschätzten Beta-Koeffizienten denen in Tabelle 2.3 sehr ähnlich sind und dass die R^2s nahe an den unzentrierten R^2s liegen.

Die R^2s in diesen Regressionen bieten eine interessante wirtschaftliche Interpretation. Gleichung (2.79) erlaubt uns zu schreiben:

$$V\{r_{jt}\} = \beta_j^2 V\{r_{mt}\} + V\{\varepsilon_{jt}\},$$

was zeigt, dass die Varianz der Rendite einer Aktie (eines Aktienportfolios) aus zwei Teilen besteht: ein Teil, der mit der Varianz des Marktindex zusammenhängt, und ein idiosynkratischer Teil. In wirtschaftlicher Hinsicht bedeutet dass, das Gesamtrisiko ist gleich Marktrisiko plus idiosynkratisches Risiko. Das Marktrisiko wird bestimmt durch β_j und wird belohnt: Aktien

Abhängige Variable: überschüssige Renditen der Branchenportfolios			
Branche	Lebensmittel	Langlebige Konsumgüter	Bau
Konstante	0,325	−0,131	−0,726
	(0,117)	(0,126)	(0,115)
Überschüssige Marktrendite	0,751	1,050	1,168
	(0,026)	(0,028)	(0,025)
R^2	0,583	0,700	0,776
s	2,868	3,104	2,837

Tabelle 2.4 CAPM-Regressionen (mit Achsenabschnitt)
Anmerkung: Standardfehler in Klammern.

mit einem höheren β_j bieten höhere erwartete Renditen wegen (2.77). Idiosynkratisches Risiko wird nicht belohnt, weil es durch Diversifizierung beseitigt werden kann: Wenn wir ein gut diversifiziertes Portfolio zusammenstellen, besteht dieses aus einer großen Zahl von Assets mit unterschiedlichen Charakteristiken, sodass sich der größte Teil des idiosynkratischen Risikos aufhebt und hauptsächlich Marktrisiken eine Rolle spielen. Das R^2 als Anteil erklärter Variation in der Gesamtvariation ist ein Schätzwert der relativen Bedeutung des Marktrisikos für jedes Branchenportfolio. Es wird zum Beispiel geschätzt, dass 58,3% des Risikos (Varianz) des Portfolios der Lebensmittelindustrie zurückzuführen ist auf den Markt als ganzen, während 41,7% idiosynkratisches (branchenspezifisches) Risiko sind. Wegen der größeren R^2s scheinen die Branchen für Bau und langlebige Konsumgüter besser diversifiziert zu sein.

Abschließend betrachten wir eine Abweichung des CAPM, die sich häufig in der empirischen Arbeit findet: das Vorhandensein eines Januareffekts. Es gibt Hinweise, dass, unter sonst gleichen Bedingungen, die Renditen im Januar höher sind als in allen anderen Monaten. Das können wir innerhalb des CAPM-Rahmens überprüfen, indem wir für Januar einen Dummy in das Modell einfügen und überprüfen, ob dies signifikant ist.

Indem wir das tun, erhalten wir die Ergebnisse in Tabelle 2.5. Das Berechnen der t-Statistiken entsprechend dem Januar-Dummy zeigt für zwei der drei Branchenportfolios, dass wir die Abwesenheit des Januareffekts auf dem 5%-Niveau nicht verwerfen. Für die Lebensmittelbranche scheint der Januareffekt jedoch negativ zu sein und auf dem 5%-Niveau statistisch signifikant (mit einem t-Wert von $-2{,}10$). Infolgedessen unterstützen die Ergebnisse nicht das Vorhandensein eines positiven Januareffekts.

2.7.3 Der weltgrößte Hedgefonds

Das CAPM wird für gewöhnlich in akademischen Studien zur Beurteilung der Performance professioneller Geldmanager genutzt. In diesen Fällen wird der Achsenabschnitt des CAPM als Maß der risikoangepassten Performance gedeutet. Ein positiver Achsenabschnitt, in der Regel als »alpha« bezeichnet, spiegelt überlegene Fähigkeiten oder Informationen des Investmentmanagers. Zum Beispiel nutzt Malkiel (1995) das CAPM zur Bewertung der Performance aller Aktienfonds, die zwischen 1971 und 1991 existierten, und fand heraus, dass Aktienfonds im

Abhängige Variable: *überschüssige Renditen der Branchenportfolios*			
Branche	**Lebensmittel**	**Langlebige Konsumgüter**	**Bau**
Konstante	0,397	−0,143	−0,122
	(0,121)	(0,132)	(0,120)
Januar-Dummy	−0,878	0,139	0,604
	(0,419)	(0,455)	(0,415)
Überschüssige Marktrendite	0,753	1,050	1,167
	(0,026)	(0,028)	(0,025)
R^2	0,586	0,700	0,776
s	2,861	3,107	2,835

Tabelle 2.5 CAPM-Regressionen (mit Achsenabschnitt und Januar-Dummy)
Anmerkung: Standardfehler in Klammern.

Schnitt ein negatives Alpha haben (sprich einen negativ geschätzten Achsenabschnitt) und dass der Anteil von Fonds mit signifikant positivem Alpha sehr gering ist. Malkiel schließt daraus, dass Aktienfonds dazu neigen, im Vergleich zum Markt durchschnittlich abzuschneiden, was in Einklang steht mit der Vorstellung, dass Finanzmärkte sehr effizient sind.

Hedgefonds stellen diese Sichtweise in der Regel infrage und bringen vor, dass sie eine Performance bieten können, die besser als der Markt ist (positives Alpha). Leider sind die Performancedaten von Hedgefonds weniger leicht zugänglich als die von Aktienfonds und nur für kürzere Zeiträume. Und sie unterliegen potenziell Manipulationen oder gar Betrügereien. Bollen und Pool (2010) untersuchen, ob das Vorhandensein verdächtiger Muster in Hedgefondsrenditen die Wahrscheinlichkeit für Betrug erhöht. Eine ihrer potenziellen roten Flaggen ist eine niedrige Korrelation von Hedgefondsrenditen mit normalen Anlageklassen.

In diesem Kapitel veranschaulichen wir das, indem wir die von Bernard Madoff erwirtschaftete Rendite betrachten. Als früherer Chairman des Board of Directors der NASDAQ war Madoff an der Wall Street eine geachtete Persönlichkeit. Madoff Investment Securities betrieb effizient einen der weltweit größten Hedgefonds. Viele Jahre hintereinander waren die von Madoff ausgegebenen Renditen unglaublich gut. Allerdings hegte Harry Markopolos, der CFA, der der Securities and Exchange Commission (SEC) Beweise für das Madoff'sche »Ponzi-Schema« vorlegte, bereits 1999 den Verdacht, dass Madoffs Renditen nicht echt waren und dass der weltgrößte Hedgefonds in Wahrheit ein Betrug war. Trotz der vielen Warnhinweise deckte die SEC den großen Betrug nicht auf.[23] Einer von Markopolos' Warnhinweisen bestand darin, dass Madoffs Renditen eine Korrelation von nur 0,06 mit dem S&P 500 aufwiesen, während die unterstellte »Split-Strike Conversion«-Strategie eine Korrelation nahe an 0,50 aufweisen sollte. Wir betrachten die Renditen von Fairfield Sentry LTD, einem der Feeder-Fonds von Madoff Investment Securities. Sogar eine einfache Untersuchung der Renditereihen erbringt verdächtige Ergebnisse. In der Zeit von Dezember 1990 bis Oktober 2008 ($T = 215$) betrug die durchschnittliche monatliche Rendite 0,842% mit einer überraschend niedrigen Standardabweichung von nur 0,709%. Darüber hinaus lag die Zahl der Monate mit einer negativen Rendite bei gerade einmal 16, was weniger als 7,5% dieser Zeitphase entspricht. Im Vergleich dazu produzierte der Aktienmarktindex in derselben Zeit in 39% der Monate eine negative Rendite.

Wir werden nun untersuchen, in welchem Ausmaß das CAPM in der Lage ist, Madoffs Renditen zu erklären, da uns bewusst ist, dass große positive Achsenabschnitte, sprich große Alphas, vom CAPM ausgeschlossen werden und in der Praxis sehr unwahrscheinlich sind. Um das zu tun, regressieren wir die überschüssigen Renditen von Fairfield Sentry auf eine Konstante und die überschüssigen Renditen auf dem Marktportfolio. Die Ergebnisse zeigt Tabelle 2.6.

Tatsächlich hat der Madoff-Fonds eine extrem niedrige Anfälligkeit gegenüber dem Aktienmarkt, mit einem geschätzten Beta-Koeffizienten von lediglich 0,04%. Das wird bestätigt durch

Abhängige Variable: *überschüssige Renditen Fairfield Sentry Ltd.*			
Variable	Schätzwert	Standardfehler	t-Wert
Konstante	0,5050	0,0467	11,049
Überschüssige Marktrendite	0,0409	0,0107	3,813

Tabelle 2.6   CAPM-Regressionen (mit Achsenabschnitt) der Madoffs Renditen
$s = 0,6658$ $R^2 = 0,0639$ $\bar{R}^2 = 0,0595$ $F = 14,54$

ein extrem niedriges R^2 von 6,4%. Der Fonds produziert außerdem einen hohen monatlichen Achsenabschnittsterm von 0,505%, mit einem verdächtig hohen t-Wert von 11,05, was nahelegt, dass er in der Lage ist, den Markt zuverlässig jedes Jahr um mehr als 6% zu übertreffen, eine Zahl, die sehr genau geschätzt ist. Obwohl das CAPM nur wenig von der Schwankung in Madoffs Renditen erklärt, beträgt die geschätzte Standardabweichung des Fehlerterms s, lediglich 0,6658. Offenbar sind sowohl das systematische wie auch das idiosynkratische Risiko bei diesem Fonds niedrig, die Rendite aber trotzdem sehr hoch. Aus vielen Sichtweisen sind die Renditen dieses Fonds zu gut, um wahr zu sein, und tatsächlich waren sie auch nicht echt.

Am 10. Dezember 2008 teilten Madoffs Söhne den Behörden mit, dass ihr Vater ihnen gestanden habe, dass Madoff Investment Securities ein Betrug und eine »große Lüge« sei. Bernard Madoff wurde am darauffolgenden Tag vom FBI verhaftet.

2.8 Multikollinearität

Im Allgemeinen ist nichts Schlimmes daran, korrelierte Variablen in Ihr Modell zu integrieren. Tatsächlich besteht ein wichtiger Grund, die *multiple* lineare Regression anzuwenden, darin, dass erklärende Variablen, die y_i beeinflussen, korreliert sind. Bei der Gleichung zu Individuallöhnen könnten wir zum Beispiel sowohl Alter als auch Berufserfahrung integrieren wollen, obwohl davon auszugehen ist, dass ältere Personen im Schnitt mehr Berufserfahrung haben. Ist die Korrelation zwischen zwei Variablen aber zu hoch, kann das zu Problemen führen. Rein technisch gesehen besteht das Problem darin, dass die Matrix $X'X$ nahe daran ist, nicht invertierbar zu sein. Das kann zu unzuverlässigen Schätzwerten mit hohen Standardfehlern und unerwarteten Vorzeichen oder Größenordnungen führen. Intuitiv ist das Problem also klar. Wenn Alter und Erfahrung stark miteinander korreliert sind, kann es für das Modell schwer sein, den *individuellen* Einfluss dieser beiden Variablen zu erkennen. Aber genau das wollen wir ja. In so einem Fall kann eine große Anzahl von Beobachtungen mit hinreichender Streuung sowohl bei Alter als auch bei Berufserfahrung helfen, vernünftige Antworten zu bekommen. Sollte das nicht der Fall sein und sollten wir lediglich schwache Schätzwerte bekommen (zum Beispiel zeigt der t-Test, dass weder Alter noch Berufserfahrung individuell signifikant sind), können wir nur schlussfolgern, dass die Informationen in dieser Stichprobe unzureichend sind, um die gewünschten Auswirkungen zu identifizieren. In der Lohngleichung versuchen wir, die Auswirkung von Alter bei Konstanthaltung von Berufserfahrung und anderen Variablen zu identifizieren, genauso wie die Auswirkung von Erfahrung bei Konstanthaltung von Alter und anderen Variablen (die Ceteris-paribus-Bedingung). Es ist klar, dass wir im Extremfall, in dem Personen gleich alt sind und die gleiche Anzahl von Jahren Berufserfahrung aufweisen, nicht in der Lage sein werden, diese Auswirkungen zu identifizieren. Wenn Alter und Berufserfahrung stark, aber nicht vollkommen korreliert sind, werden die geschätzten Auswirkungen vermutlich ungenau sein.

Im Allgemeinen wird der Begriff **Multikollinearität** verwendet, um das Problem zu beschreiben, wenn eine approximative lineare Beziehung unter den erklärenden Variablen zu unzuverlässigen Regressionsschätzwerten führt. Die approximative Beziehung ist nicht auf zwei Variablen beschränkt, sondern kann mehrere oder gar alle Regressoren beinhalten. Zum Beispiel kann in der Lohngleichung das Problem verschärft werden, wenn wir zusätzlich zu Alter und Berufserfahrung noch Schuljahre hinzunehmen. Um das Problem zu veranschaulichen, betrachten wir den allgemeinen Ausdruck für die Varianz des OLS-Schätzers eines einzelnen

Koeffizienten β_k in einem multiplen Regressionsrahmen mit einem Achsenabschnitt. Durch Verallgemeinerung von (2.37) kann gezeigt werden, dass

$$V\{b_k\} = \frac{\sigma^2}{1 - R_k^2} \frac{1}{N} \left[\frac{1}{N} \sum_{i=1}^{N} (x_{ik} - \bar{x}_k)^2 \right]^{-1} \quad \text{für } k = 2, \ldots, K, \qquad (2.81)$$

wobei R_k^2 den quadrierten multiplen Korrelationskoeffizienten zwischen x_{ik} und den anderen erklärenden Variablen (sprich: das R^2 vom Regressieren von x_{ik} auf die verbleibenden Regressoren und eine Konstante) bezeichnet. Wenn R_k^2 nahe an eins liegt, kann x_{ik} durch eine lineare Kombination der anderen Regressoren nahe approximiert werden und die Streuung von b_k wird groß sein. Liegt jedoch genügend Streuung in x_{ik}, vor, ist die Stichprobe hinreichend groß und und der Fehlerterm ausreichend klein, muss ein großer Wert von R_k^2 nicht unbedingt ein Problem verursachen.

Der **Varianzinflationsfaktor** (VIF) wird manchmal verwendet, um Multikollinearität aufzuspüren. Dies ergibt sich durch

$$VIF(b_k) = \frac{1}{1 - R_k^2}$$

und zeigt den Faktor an, durch den die Streuung von b_k aufgebläht wird, verglichen mit der hypothetischen Situation, in der es keine Korrelation zwischen x_{ik} und einer der anderen erklärenden Variablen gibt.[24] Wie von Maddala (2001, Kapitel 7) betont, ist dieser Vergleich nicht sehr nützlich und liefert uns keine Orientierung, wie mit dem Problem zu verfahren ist. $1/(1 - R_k^2)$ ist eindeutig nicht der einzige Faktor, der ausschlaggebend ist, ob die Multikollinearität ein Problem darstellt. Während einige Fachbücher als Faustregel vorschlagen, dass ein Varianzinflationsfaktor von 10 oder größer (korrespondierend mit $R_k^2 > 0,9$)) »zu hoch« sei, hängt es von den anderen Elementen in (2.81) ab, ob dies problematisch ist oder nicht; siehe Wooldridge (2009, Kapitel 3.4) für weitergehende Diskussionen. Nichtsdestotrotz kann eine Untersuchung des VIF hilfreich sein, wenn die Schätzergebnisse nicht zufriedenstellend sind und den Verdacht nahelegen, durch Multikollinearität beeinflusst zu sein.

Die Gleichung (2.81) zeigt auch, dass Multikollinearität nur eine Untergruppe der Schätzergebnisse beeinflussen kann, vielleicht jene, die uns weniger interessieren. Nehmen wir zum Beispiel an, wir schätzen ein lineares Regressionsmodell mit drei erklärenden Variablen

$$y_i = \beta_1 + \beta_2 x_{i2} + \beta_3 x_{i3} + \beta_4 x_{i4} + \varepsilon_i,$$

wobei x_{i3} und x_{i4} stark miteinander korreliert sind, unser interessanter Hauptparameter jedoch β_2 ist. So lange x_{i2} sowohl mit x_{i3} und x_{i4} nicht korreliert, hat das Ausmaß an Korrelation zwischen x_{i3} und x_{i4} keinen Einfluss auf den Standardfehler unseres Schätzers für β_2. In diesem Fall gilt $VIF(b_2) = 1$, während $VIF(b_3)$ und $VIF(b_4)$ beinahe beliebig hoch sein können.

Im Extremfall ist eine erklärende Variable die exakte lineare Kombination einer oder mehrerer anderer erklärender Variablen (einschließlich des Achsenabschnitts). Dies wird in der Regel als **exakte Multikollinearität** bezeichnet, in welchem Fall der OLS-Schätzer durch die Bedingungen erster Ordnung des Kleinstquadratproblems in (2.6) nicht eindeutig definiert wird (die Matrix $X'X$ ist nicht umkehrbar). Die Verwendung zu vieler Dummyvariablen (die entweder null oder eins sind) ist eine typische Ursache für exakte Multikollinearität. Betrachten

Sie den Fall, bei dem wir einen Dummy für männlich ($männlich_i$), einen Dummy für weiblich ($weiblich_i$) sowie eine Konstante einfügen möchten. Weil $männlich_i + weiblich_i = 1$ für jede Beobachtung (und 1 als Konstante eingefügt ist), wird die $X'X$-Matrix singulär. Exakte Multikollinearität lässt sich leicht lösen, indem eine der Variablen aus dem Modell weggelassen wird und das Modell entweder mit $männlich_i$ sowie einer Konstanten $weiblich_i$ und einer Konstanten oder sowohl mit $männlich_i$ als auch $weiblich_i$, aber keiner Konstanten geschätzt wird. Letztere Herangehensweise wird nicht empfohlen, da Standardsoftware dazu neigt, Statistiken wie das R^2 und die F-Statistik auf andere Weise zu berechnen, wenn die Konstante unterdrückt wird; sehen Sie sich die Darstellung im nächsten Kapitel an. Ein anderes nützliches Beispiel der exakten Multikollinearität in diesem Kontext ist die Einbeziehung der Variablen Alter, Schuljahre und potenzielle Erfahrung, definiert als das Alter minus Schuljahre minus sechs. Dies führt natürlich zu einer singulären $X'X$-Matrix, wenn eine Konstante in das Modell einbezogen wird (siehe die Darstellung in Abschnitt 5.4).

Um die Auswirkung von Multikollinearität auf den OLS-Schätzer detaillierter zu veranschaulichen, betrachten Sie bitte das folgende Beispiel. Lassen Sie uns das folgende Regressionsmodell schätzen:

$$y_i = \beta_1 + \beta_2 x_{i2} + \beta_3 x_{i3} + \varepsilon_i.$$

Hier sind die erklärenden Variablen so skaliert, dass ihre Stichprobenvarianzen gleich eins sind. Wenn wir die Stichprobenkorrelationskoeffizienten zwischen x_{i2} und x_{i3} durch r_{23} bezeichnen, kann die Kovarianzmatrix des Schätzers für β_2 und β_3 geschrieben werden als

$$\sigma^2 \frac{1}{N} \begin{pmatrix} 1 & r_{23} \\ r_{23} & 1 \end{pmatrix}^{-1} = \frac{\sigma^2/N}{1 - r_{23}^2} \begin{pmatrix} 1 & -r_{23} \\ -r_{23} & 1 \end{pmatrix}.$$

Diese Formel zeigt nicht nur, dass die Streuung sowohl von b_2 als auch von b_3 zunimmt, wenn der absolute Wert des Korrelationskoeffizienten zwischen x_{i2} und x_{i3} zunimmt, sondern auch, dass deren Kovarianz beeinflusst wird durch r_{23}. Wenn x_{i2} und x_{i3} eine (starke) positive Korrelation zeigen, werden die Schätzer b_2 und b_3 (stark) negativ korreliert sein.

Eine weitere Konsequenz der Multikollinearität besteht darin, dass einige lineare Kombinationen der Parameter ziemlich genau geschätzt werden, während andere lineare Kombinationen extrem ungenau sind. Wenn Regressoren positiv korreliert sind, kann für gewöhnlich die Summe der Regressionskoeffizienten ziemlich genau bestimmt werden, die Differenz jedoch nicht. Im obigen Beispiel haben wir für die Streuung von $b_2 + b_3$

$$V\{b_2 + b_3\} = \frac{\sigma^2/N}{1 - r_{23}^2}(2 - 2r_{23}) = 2\frac{\sigma^2/N}{1 + r_{23}},$$

während wir für die Varianz der Streuung Folgendes haben:

$$V\{b_2 - b_3\} = \frac{\sigma^2/N}{1 - r_{23}^2}(2 + 2r_{23}) = 2\frac{\sigma^2/N}{1 - r_{23}}.$$

Wenn r_{23} also nahe an eins liegt, ist die Varianz von $b_2 - b_3$ um ein Vielfaches höher als die Varianz von $b_2 + b_3$. Wenn zum Beispiel $r_{23} = 0,95$, dann beträgt das Verhältnis der beiden

Varianzen 39. Eine wichtige Konsequenz dieses Ergebnisses ist, dass Multikollinearität auf Prognosezwecke, insbesondere die Genauigkeit der Prognose, in der Regel wenig Auswirkungen hat. Dies spiegelt die Tatsache wider, dass der »Gesamteinfluss« aller erklärenden Variablen genau identifiziert ist.

Zusammengefasst lässt sich sagen, dass hohe Korrelation zwischen (linearen Kombinationen von) erklärenden Variablen zu Multikollinearitätsproblemen führen kann. Wenn das passiert, werden ein oder mehr Parameter, an denen wir interessiert sind, unkorrekt geschätzt. Im Wesentlichen bedeutet das, dass unsere Stichprobe nicht genügend Informationen über diese Parameter liefert. Um das Problem zu entschärfen, sind wir deshalb gezwungen, mehr Informationen zu nutzen, zum Beispiel durch das Auferlegen einiger A-priori-Restriktionen für den Vektor von Parametern. Gemeinhin bedeutet das, dass eine oder mehr Variablen aus dem Modell weggelassen werden. Eine andere Lösung, die in der Regel unpraktisch ist, besteht in der Vergrößerung der Stichprobe. Wie im obigen Beispiel veranschaulicht, gehen die Streuungen zurück, wenn die Stichprobengröße zunimmt. Eine ausführliche und kritische Auseinandersetzung mit dem Problem der Multikollinearität und der (Un-)Angemessenheit einiger mechanischer Verfahren, dieses zu lösen, liefert Maddala (2001, Kapitel 7).

2.8.1 Beispiel: Individuallöhne (Fortsetzung)

Lassen Sie uns zurückgehen zu der einfachen Lohngleichung in Kapitel 2.3.3. Wie weiter oben erklärt, würde das Hinzufügen eines weiblichen Dummys zu dem Modell eine exakte Multikollinearität verursachen. Intuitiv ist auch offensichtlich, dass bei lediglich zwei Personengruppen eine Dummyvariable und eine Konstante ausreichen, um diese zu erfassen. Die Entscheidung, ob ein männlicher oder weiblicher Dummy integriert wird, ist beliebig. Die Tatsache, dass sich die beiden Dummyvariablen für jede Beobachtung zu eins addieren lassen, impliziert keine Multikollinearität, wenn das Modell keinen Achsenabschnittsterm enthält. Infolgedessen ist es möglich, beide Dummys zu integrieren und den Achsenabschnittsterm herauszunehmen. Um die Folgen dieser beiden Alternativen zu zeigen, betrachten Sie bitte die Schätzergebnisse in Tabelle 2.7.

Abhängige Variable: Lohn			
Spezifikation	A	B	C
Konstante	5,147	6,313	-
	(0,081)	(0,078)	
Männlich	1,166	-	6,313
	(0,112)	(0,078)	
Weiblich	-	−1,166	5,147
	(0,112)	(0,081)	
R^2, unzentriertes R^2	0,0317	0,0317	0,7640

Tabelle 2.7 Alternative Spezifikationen mit Dummyvariablen
Anmerkung: Standardfehler in Klammern.

Wenn Spezifikation C keinen Achsenabschnittsterm enthält, wird eher das unzentrierte R^2 geliefert als das R^3, was seinen hohen Wert erklärt. Wie zuvor bezeichnet der Koeffizient für den männlichen Dummy in Spezifikation A den erwarteten Lohnunterschied zwischen Männern und Frauen. Auf ähnliche Weise bezeichnet der Koeffizient für den weiblichen Dummy in der zweiten Spezifikation den erwarteten Lohnunterschied zwischen Männern und Frauen. Für Spezifikation C dagegen reflektieren die Koeffizienten für *männlich* und *weiblich* den erwarteten Lohn für Männer beziehungsweise für Frauen. Es ist ziemlich klar, dass alle drei Spezifikationen gleichwertig sind, während sich ihre Parametrisierung ein wenig unterscheidet.

2.9   Fehlende Daten, Ausreißer und einflussreiche Beobachtungen

Bei der Berechnung des OLS-Schätzers b können einige Beobachtungen einen wesentlich größeren Einfluss haben als andere. Wenn eine oder mehrere Beobachtungen extrem einflussreich sind, ist es ratsam, diese zu überprüfen, um sicherzustellen, dass sie nicht durch fehlerhafte Daten (zum Beispiel einen falsch gesetzten Dezimalpunkt) bedingt sind oder in Zusammenhang mit einigen atypischen Fällen (zum Beispiel den CEO von Apple in Ihre Lohnstichprobe mit aufzunehmen) stehen. Allgemeiner ausgedrückt ergibt es Sinn, die Anfälligkeit Ihrer Schätzergebnisse unter Berücksichtigung (scheinbar) kleiner Veränderungen in Ihrer Stichprobe oder Ihrem Stichprobenzeitraum zu überprüfen. In einigen Fällen ist es ratsam, robustere Schätzmethoden als OLS zu verwenden. Ein weiteres Problem, das in vielen Situationen auftaucht, sind fehlende Beobachtungen. So können zum Beispiel für eine Reihe von Personen vielleicht keine Jahre Berufserfahrung beobachtet werden. Die einfachste Lösung besteht darin, Personen mit unvollständigen Informationen wegzulassen und die Lösungsgleichung ausschließlich mit vollständigen Fällen zu schätzen; aber das ist nur ohne Gefahr möglich, wenn die Beobachtungen auf zufällige Weise fehlen. In diesem Kapitel werden wir beide Probleme eingehender besprechen und ein paar praktische Wege vorstellen, damit umzugehen.

2.9.1   Ausreißer und einflussreiche Beobachtungen

Locker ausgedrückt ist ein Ausreißer eine Beobachtung, die deutlich vom Rest der Stichprobe abweicht. Im Kontext einer linearen Regression ist ein Ausreißer eine Beobachtung, die weit entfernt liegt von der (wahren) Regressionslinie. Ausreißer können auf Messfehler in den Daten zurückgehen, sie können aber auch in jeder Verteilung zufällig auftreten, insbesondere wenn diese breite Ausläufer hat. Wenn Ausreißer Messfehlern entsprechen, besteht die bevorzugte Lösung darin, die entsprechende Einheit aus der Stichprobe zu entfernen (oder den Messfehler zu korrigieren, wenn das Problem offensichtlich ist). Wenn Ausreißer korrekte Datenpunkte sind, ist weniger offensichtlich, was zu tun ist. Rufen Sie sich von der Darstellung in Kapitel 2.3.2 in Erinnerung, dass Streuung bei erklärenden Variablen ein Schlüsselfaktor bei der Bestimmung der Genauigkeit des OLS-Schätzers ist, sodass abseits gelegene Beobachtungen sehr wertvoll sein können (und es keine gute Idee ist, sie einfach wegzuwerfen).

Das Problem mit Ausreißern besteht weniger darin, dass sie vom Rest der Stichprobe abweichen, sondern dass die Ergebnisse der Schätzmethoden, wie einfache kleinste Quadrate, sehr anfällig gegenüber einem oder mehreren Ausreißern sein können. In solchen Fällen wird ein Ausreißer eine »einflussreiche Beobachtung«. Es gibt jedoch keine einfache mathematische Definition, was genau ein Ausreißer ist. Dennoch ist es äußerst ratsam, summarische Statistiken aller relevanten Variablen in Ihrer Stichprobe zu berechnen, bevor Sie Schätzungen durchführen. Das bietet auch die Möglichkeit, potenzielle Fehler oder Probleme in Ihren Daten schnell zu identifizieren. Zum Beispiel wenn für einige Einheiten der Stichprobe der Wert mancher Variablen einige Grade der Größenordnungen zu groß ist, um stimmen zu können. Datenelemente, die per Definition nicht negativ sein können, werden manchmal als negativ kodiert.

Außerdem kodieren Statistikbehörden fehlende Werte oft als -99 oder -999.

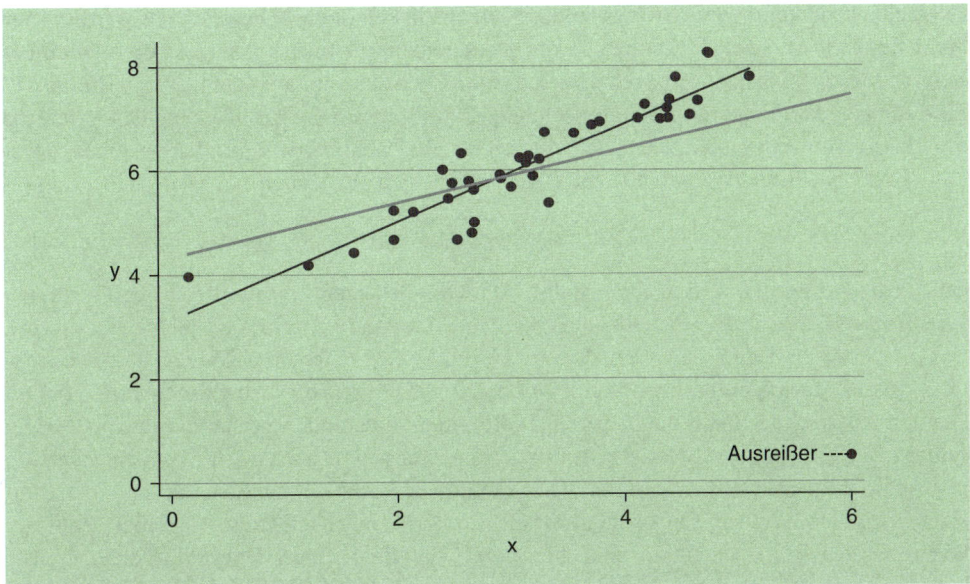

Abbildung 2.3 Die Auswirkung des Schätzens mit und ohne abgelegene Beobachtungen

Um sich den potenziellen Einfluss von Ausreißern zu veranschaulichen, betrachten Sie bitte das Beispiel in Abbildung 2.3. Die zugrunde liegende Stichprobe enthält 40 simulierte Beobachtungen, basierend auf $y_i = \beta_1 + \beta_2 x_i + \varepsilon_i$, wobei $\beta_1 = 3$ und $\beta_2 = 1$ und x_i aus der Normalverteilung mit einem Mittelwert von 3 und Varianz eins gezogen wird. Allerdings haben wir manuell eine Ausreißer-Beobachtung hinzugefügt, die $x = 6$ und $y = 0,5$ entspricht. Die beiden Linien in Abbildung 2.3 bilden die vorhergesagten Regressionslinien mit und ohne Ausreißer ab. Die Integration des Ausreißers drückt die Regressionslinie deutlich nach unten. Mit integriertem Ausreißer beträgt der geschätzte Steigungskoeffizient 0,52 (mit einem Standardfehler von 0,18) und das R^2 beträgt lediglich 0,18. Wird der Ausreißer weggelassen, steigt der geschätzte Steigungskoeffizient auf 0,94 (mit einem Standardfehler von 0,06) und das R^2 steigt auf 0,86. In diesem Fall ist eindeutig, dass eine extreme Beobachtung starken Einfluss auf die Schätzergebnisse hat. In der Realität können wir nicht immer sicher sein, welche Regressionslinie näher an der wahren Beziehung liegt, aber selbst wenn die einflussreiche Beobachtung korrekt ist, ändert sich die Interpretation der Regressionsergebnisse vielleicht, wenn bekannt ist, dass nur wenige Beobachtungen dafür verantwortlich sind.

Ein erstes Mittel, um sich eine Vorstellung von der möglichen Anwesenheit etwaiger Ausreißer in einem Regressionskontext zu verschaffen, bietet die Untersuchung der OLS-Residuen, in der alle Beobachtungen verwendet werden. Das ist allerdings nicht zwangsläufig hilfreich. Denken Sie daran, dass OLS auf dem Minimieren der Quadratsumme von Residuen basiert, wie in (2.4) dargestellt,

$$S(\tilde{\beta}) = \sum_{i=1}^{N}(y_i - x_i'\tilde{\beta})^2, \tag{2.82}$$

was impliziert, dass große Residuen überproportional bestraft werden. Folglich versucht OLS, sehr große Residuen zu vermeiden. Dies wird durch die Tatsache veranschaulicht, dass ein Ausreißer, wie in Abbildung 2.3, die geschätzte Regressionslinie substanziell beeinflussen kann. Von daher ist die bessere Option, das Residuum einer Beobachtung zu untersuchen, wenn die

Modellkoeffizienten nur unter Verwendung der restlichen Stichprobe geschätzt werden. Wir bezeichnen die OLS-Schätzung für die komplette Stichprobe für β wie zuvor durch b und bezeichnen den OLS-Schätzwert nach Weglassen von Beobachtung j aus der Stichprobe durch $b^{(j)}$. Eine einfache Methode, um $b^{(j)}$ zu berechnen, ist das Vergrößern des ursprünglichen Modells mit einer Dummyvariablen, die gleich eins ist, zur Beobachtung von j und andernfalls 0. Das schließt Beobachtung j erfolgreich aus. Daraus ergibt sich das Modell

$$y_i = x_i'\beta + \gamma d_{ij} + \varepsilon_i, \tag{2.83}$$

bei dem $d_{ij} = 1$ wenn $i = j$ und andernfalls 0. Der OLS-Schätzer für β aus dieser Regression entspricht dem OLS-Schätzer im ursprünglichen Modell, wenn Beobachtung j fallengelassen wird. Der geschätzte Wert von γ entspricht dem Residuum $y_j - x_j'b^{(j)}$, wenn das Modell ohne Beobachtung j geschätzt wird, und der routinemäßig berechnete t-Wert von γ wird als Student-verteiltes Residuum bezeichnet. Die Student-verteilten Residuen sind annähernd standardnormalverteilt (unter der Nullhypothese, dass $\gamma = 0$) und können verwendet werden, um zu beurteilen, ob eine Beobachtung ein Ausreißer ist. Statt konventionelle Signifikanzniveaus zu verwenden (und einen kritischen Wert von 1,96), sollten wir die Aufmerksamkeit auf große Ausreißer richten (t-Werte deutlich größer als 2) und versuchen, den Grund dafür zu verstehen. Sind die Ausreißer korrekt dargestellt, können sie durch eine oder mehr zusätzliche erklärende Variablen erklärt werden? Davidson und MacKinnon (1993, Kapitel 1.6) liefern weiterführende Erörterungen und Hintergrund. Eine klassische Literaturquelle ist Belsley, Kuh und Welsh (1980).

2.9.2   Robuste Schätzmethoden

Wie oben erwähnt, kann OLS sehr empfindlich gegenüber der Anwesenheit einer oder mehrerer extremer Beobachtungen sein. Das liegt an der Tatsache, dass es auf der Minimierung der Quadratsumme von Residuen in (2.82) basiert, in der jede Beobachtung gleich gewichtet ist. Es gibt alternative Schätzmethoden, die weniger empfindlich auf Ausreißer reagieren. Eine ziemlich weit verbreitete Vorgehensweise wird als die Methode der **kleinsten absoluten Abweichungen** oder LAD (Least Absolute Deviations) bezeichnet. Seine Zielfunktion ergibt sich aus

$$S_{LAD}(\tilde{\beta}) = \sum_{i=1}^{N} |y_i - x_i'\tilde{\beta}|, \tag{2.84}$$

welches die Quadratterme durch ihre absoluten Werte ersetzt. Es gibt keine (analytisch) geschlossene Lösung zum Minimieren von (2.84) und der LAD-Schätzer für β müsste durch die Verwendung numerischer Optimierung bestimmt werden. Das ist ein spezieller Fall sogenannter Quantil-Regression. Entsprechende Verfahren stehen in neueren Softwarepaketen wie Eviews und Stata ohne Weiteres zur Verfügung. Tatsächlich ist LAD konzipiert, um den bedingten Median (von y_i bei gegebenem x_i) zu schätzen und nicht den bedingten Mittelwert. Und wir wissen, dass Mediane weniger empfindlich als Durchschnittswerte auf Ausreißer reagieren. Die statistischen Eigenschaften des LAD-Schätzers bekommt man nur für große Stichproben (siehe Koenker, 2005, für eine umfassende Behandlung). Unter den Annahmen (A1)–(A4) ist der LAD-Schätzer konsistent für die bedingten Mittelwertparameter β in (2.25) unter schwachen Regelbedingungen.

In der Anwendung entscheiden sich Forscher manchmal für eine pragmatischere Herangehensweise. Zum Beispiel ist es in Studien zur Unternehmensfinanzierung ziemlich üblich geworden, die Daten zu »winsorisieren«, bevor eine Regression durchgeführt wird. Winsorisieren bedeutet, dass die Ausläufer der Verteilung für jede Variable angepasst werden. Eine 99%ige Winsorisierung würde zum Beispiel alle Daten unter dem ersten Perzentil durch das erste Perzentil ersetzen und alle Daten über dem 99. Perzentil mit dem 99. Perzentil. Im Grunde läuft das auf die Aussage hinaus: »Ich glaube nicht, dass die Daten korrekt sind, aber ich weiß, dass die Daten existieren. Statt dieses Datenelement komplett zu ignorieren, ersetze ich es durch etwas ein wenig Vernünftigeres« (Frank und Goyal, 2008). Schätzungen werden mittels Standardmethoden, wie gewöhnliche kleinste Quadrate, vorgenommen und die winsorisierten Werte werden behandelt wie echte Beobachtungen. Beachten Sie, dass Winsorisieren sich vom Weglassen extremer Beobachtungen unterscheidet.

Eine andere Alternative ist die Verwendung **getrimmter kleinster Quadrate**. Das entspricht dem Minimieren der Summe der quadrierten Residuen, jedoch mit dem Weglassen der extremsten (zum Beispiel 5%) Beobachtungen – hinsichtlich deren Residuen. Weil die Werte der Residuen von den geschätzten Koeffizienten abhängen, ist die Zielfunktion nicht länger eine quadratische Funktion von $\tilde{\beta}$ und der Schätzer müsste numerisch bestimmt werden; siehe Rousseeuw und Leroy (2003, Kapitel 3).

2.9.3   Fehlende Beobachtungen

Ein häufig auftretendes Problem bei der empirischen Arbeit, vor allem mit mikroökonomischen Daten, ist das Fehlen von Beobachtungen. Beim Schätzen einer Lohngleichung kann es zum Beispiel sein, dass bei einer Teilmenge der Personen keine Angaben zu den Schuljahren verfügbar sind. Oder bei der Schätzung eines Modells zum Erklären von Unternehmensleistungen kann es sein, dass es für manche Unternehmen keine Beobachtungen zu ihren Aufwendungen für Forschung und Entwicklung gibt. Abrevaya und Donald (2011) berichten, dass fast 40% aller jüngst veröffentlichten Arbeiten in den vier führenden Zeitschriften zu empirischer Ökonomie fehlende Daten aufwiesen. In solchen Fällen muss als erste Anforderung sichergestellt sein, dass die fehlenden Daten ordentlich in dem Datensatz angezeigt wurden. Es ist nicht unüblich, fehlende Daten als große (negative) Zahlen zu kodieren, zum Beispiel −999, oder einfach als null. Es ist offenkundig nicht korrekt, diese »Zahlen« so zu behandeln, als wären es tatsächliche Beobachtungen. Wenn fehlende Daten ordentlich dargestellt werden, berechnet Regressionssoftware automatisch den OLS-Schätzer, indem sie nur die vollständigen Fälle verwendet. Obwohl das – verglichen mit dem hypothetischen Fall, dass keine Beobachtungen fehlen – einen Verlust an Effizienz bedeutet, ist es oft das Beste, was wir tun können.

Fehlende Beobachtungen stellen jedoch ein größeres Problem dar, wenn es sich nicht um zufällig fehlende handelt. In diesem Fall ist die für Schätzungen zur Verfügung stehende Stichprobe möglicherweise keine Zufallsstichprobe der für uns interessanten Grundgesamtheit und der OLS-Schätzer kann einer Verzerrung durch **Stichprobenselektion** unterliegen. Lassen Sie uns r_i als eine Dummyvariable nehmen, die anzeigt, ob die Einheit i in der Schätzstichprobe ist und diese folglich keine fehlenden Daten aufweist. Dann ist die Schlüsselbedingung, um keine Verzerrung beim Schätzen des Regressionsmodells zu haben, das y_i aus x_i erklärt, dass die bedingte Erwartung für y_i bei gegebenem x_i nicht beeinflusst wird durch die Konditionierung auf die Anforderung, dass Einheit i in der Stichprobe ist. Mathematisch gesehen bedeutet das, dass die folgende Gleichung gilt:

$$E\{y_i|x_i, r_i = 1\} = E\{y_i|x_i\}. \tag{2.85}$$

Was wir aus dieser zur Verfügung stehenden Stichprobe schätzen können, ist die linke Seite von (2.85). Wir interessieren uns jedoch für die rechte Seite entsprechend (2.27). Von daher wollen wir, dass die beiden Terme koinzidieren. Die Bedingung in (2.85) wird erfüllt durch die Wahrscheinlichkeitsverteilung von r_i, in Anbetracht von x_i ist unabhängig von y_i. Das bedeutet, dass die Auswahl in der Stichprobe von den erklärenden Variablen x_i abhängen darf, aber nicht von dem Unbeobachtbarem ε_i im Regressionsmodell. Wenn wir zum Beispiel nur Löhne über einem bestimmten Schwellenwert beobachten und uns die Daten ansonsten fehlen, wird der OLS-Schätzer in der Lohngleichung unter Selektionsverzerrung leiden. Wenn andererseits einige Niveaus an Schuljahren in der Stichprobe überrepräsentiert sind, verzerrt das die Ergebnisse nicht, solange die Schuljahre ein Regressor in dem Modell sind. Eine ausführliche Behandlung des Stichprobenauswahlproblems und der Möglichkeiten, damit umzugehen, vertagen wir auf Kapitel 7.5 und 7.6.

Angenommen, wir haben eine Stichprobe mit 1000 Personen und beobachten deren Löhne, Schulzeitdauer, Berufserfahrung und einige andere Hintergrundeigenschaften. Wir betrachten zudem den Wohnort, aber diese Information fehlt bei der Hälfte der Stichprobe. Das bedeutet, dass wir eine Lohngleichung unter Verwendung von 1000 Beobachtungen schätzen können, wenn wir jedoch den Wohnort einbeziehen wollen, reduziert sich die tatsächliche Stichprobe auf 500. In diesem Fall müssen wir abwägen zwischen der Möglichkeit, den Wohnort in das Modell aufzunehmen, und dem Wirksamkeitsgewinn, wenn wir doppelt so viele Beobachtungen verwenden. In solchen Fällen ist es nicht unüblich, für beide Modellspezifikationen Schätzergebnisse anzugeben, unter Verwendung der größtmöglichen Stichprobe. Die Schätzergebnisse für beide Stichproben werden nicht nur unterschiedlich sein, weil sie auf unterschiedlichen Sets von Regressorvariablen basieren, sondern auch, weil sich die für die Schätzungen genutzten Stichproben unterscheiden. Im Idealfall hat der Unterschied in den Schätzstichproben keine systematische Auswirkung. Um das zu überprüfen, ergibt es Sinn, die unterschiedlichen Spezifikationen auch unter Verwendung derselben Datenstichprobe zu schätzen. Diese Stichprobe wird jene Fälle enthalten, die den verschiedenen Unterstichproben gemeinsam sind (in diesem Fall 500 Beobachtungen). Wenn sich die Ergebnisse für dasselbe Modell bei 500 beziehungsweise 1000 Personen signifikant unterscheiden, so legt das nahe, dass Bedingung (2.85) verletzt wird und weitere Überprüfungen des Problems der fehlenden Daten berechtigt sind. Diese Argumente sind sogar noch wichtiger, wenn Daten für mehrere erklärende Variablen für verschiedene Teilmengen der Originalstichprobe fehlen.

Eine pragmatische, aber nicht geeignete Methode, um mit fehlenden Daten zu verfahren, besteht darin, die fehlenden Daten durch eine Zahl, zum Beispiel null oder den Stichprobendurchschnitt, zu ersetzen und das Regressionsmodell mit einem Indikator für den fehlenden Wert gleich eins zu vergrößern, wenn die Originaldaten fehlen oder andernfalls null sind. Auf diese Weise kann wieder die vollständige Stichprobe verwendet werden. Diese Herangehensweise ist zwar einfach und verlockend, aber sie kann zu verzerrten Schätzungen führen, auch wenn die Daten zufallsbedingt fehlen (siehe Jones, 1996).

Imputation bedeutet, dass fehlende Werte durch einen oder mehrere kalkulierte Werte ersetzt werden. Einfache, von Fall zu Fall unterschiedliche Imputationsmodelle werden in der Regel nicht empfohlen. So führt zum Beispiel das Ersetzen fehlender Werte durch den Stichprobendurchschnitt der zur Verfügung stehenden Fälle ganz klar zu einer Verfälschung der Randverteilung der für uns interessanten Variablen sowie seiner Kovarianzen mit anderen Variablen. Hot-Deck-Imputation bedeutet, dass fehlende Werte durch aus der aktuellen Datenmatrix zufällig gezogene ersetzt werden; dies zerstört ebenfalls die Beziehungen mit anderen Variablen. Little und Rubin (2002) liefern eine ausführliche Erörterung des Problems fehlender Daten und entsprechender Lösungen, einschließlich Imputationsmethoden. Cameron und Trivedi (2005, Kapitel 27) bieten weiterführende Erörterungen zu fehlenden Daten und Imputation in einem Regressionskontext. Generell sollte jede statistische Analyse, die auf das Imputieren fehlender Daten folgt, die Approximationsfehler berücksichtigen, die während des Imputationsprozesses gemacht werden. Das heißt, imputierte Daten könen nicht einfach so behandelt werden, als wären sie echte beobachtete Daten (obwohl genau das in der Regel passiert, insbesondere wenn der Anteil imputierter Daten gering ist). Dardanoni, Modicaund Peracchi (2011) liefern eine aufschlussreiche Analyse dieses Problems.

2.10 Prognosen

Die Arbeit eines Ökonometrikers endet nicht, nachdem er die Koeffizientenschätzungen erstellt und die entsprechenden Standardfehler ermittelt hat. Der nächste Schritt ist das Interpretieren der Ergebnisse und das Verwenden des Modells, um die angestrebten Ziele zu erreichen. Eines der Ziele, vor allem bei Zeitreihendaten, ist die Prognose. In diesem Kapitel betrachten wir Prognosen unter Verwendung des Regressionsmodells, das heißt, wir wollen den Wert einer abhängigen Variablen bei einem gegebenen Wert für die erklärenden Variablen x_0 prognostizieren. Vorausgesetzt,von dem Modell kann angenommen werden, dass es für alle potenziellen Beobachtungen gilt, dann gilt auch

$$y_0 = x_0'\beta + \varepsilon_0,$$

wo ε_0 dieselben Eigenschaften erfüllt wie alle anderen Fehlerterme. Das setzt voraus, dass die Modellparameter in der Prognosestichprobe dieselben sind wie in der Schätzungsstichprobe. Bei der offensichtlichen Prognose für y_0 ist $\hat{y}_0 = x_0'b$. Weil $E\{b\} = \beta$, ist leicht zu verifizieren, dass dies ein **unverzerrter Prädikator** ist, das heißt[25] $E\{\hat{y}_0 - y_0\} = 0$. Unter den Annahmen (A1)–(A4) ergibt sich die Varianz des Prädiktors durch

$$V\{\hat{y}_0\} = V\{x_0'b\} = x_0'V\{b\}x_0 = \sigma^2 x_0'(X'X)^{-1}x_0. \tag{2.86}$$

Diese Varianz ist jedoch nur ein Hinweis auf die Streuung im Prädiktor, wenn unterschiedliche Stichproben gezogen werden, will heißen, die Streuung im Prädiktor ist auf die Streuung in b zurückzuführen. Um zu analysieren, wie genau der Prädiktor ist, brauchen wir die Varianz des **Prognosefehler**s, der definiert ist als

$$\hat{y}_0 - y_0 = x_0'b - x_0'\beta - \varepsilon_0 = x_0'(b - \beta) - \varepsilon_0. \tag{2.87}$$

Der Prognosefehler hat die Varianz

$$V\{\hat{y}_0 - y_0\} = \sigma^2 + \sigma^2 x_0'(X'X)^{-1}x_0, \tag{2.88}$$

vorausgesetzt, es kann angenommen werden, dass b und ε_0 nicht korreliert sind. Das ist für gewöhnlich kein Problem, weil ε_0 nicht in der Gleichung von β verwendet wird. Im einfachen

Regressionsmodell (mit einer erklärenden Variable x_i) können wir den obigen Ausdruck umschreiben in (siehe Maddala, 2001, Kapitel 3.7)

$$V\{\hat{y}_0 - y_0\} = \sigma^2 + \sigma^2 \left(\frac{1}{N} + \frac{(x_0 - \bar{x})^2}{\sum_i (x_i - \bar{x})^2} \right).$$

Demzufolge ist die Varianz des Prognosefehlers umso größer, je weiter der Wert von x_0 vom Stichprobenmittelwert $\bar{x}$ entfernt ist. Das ist ein vernünftiges Ergebnis: Wenn wir y für extreme Werte von x prognostizieren wollen, können wir nicht erwarten, dass es sehr genau ist.

Die Genauigkeit der Prognose spiegelt das sogenannte **Prognoseintervall** wider. Ein 95%iges Prognoseintervall für y_0 ergibt sich durch

$$\left[x_0' b - 1{,}96 s \sqrt{1 + x_0'(X'X)^{-1} x_0}, \ x_0' b + 1{,}96 s \sqrt{1 + x_0'(X'X)^{-1} x_0} \right], \qquad (2.89)$$

wo, wie zuvor, 1,96 der kritische Wert der Standardnormalverteilung ist und s in (2.35) definiert wird. Mit einer Wahrscheinlichkeit von 95% enthält das Intervall den wahren beobachteten Wert y_0.

Ökonometrische Prognosen sind auf unterschiedliche Weise nützlich. Erstens können sie verwendet werden, um den erwarteten Wert von y für eine Einheit zu bestimmen, die nicht in der Stichprobe enthalten ist. Wir können zum Beispiel den erwarteten Verkaufspreis eines Hauses angesichts seiner Eigenschaften bestimmen, indem wir ein geschätztes Regressionsmodell verwenden, das auf einer Stichprobe mit Häusern basiert, die bereits verkauft wurden. Kapitel 3.4. liefert ein Beispiel für so ein Modell. Zweitens können wir den Wert von y bei alternativen (möglicherweise noch nicht beobachteten) Werten von x prognostizieren. Wir können zum Beispiel versuchen, zu prognostizieren, wie stark der Zigarettenkonsum zurückgeht, wenn die Tabaksteuer um 50 Cent pro Zigarettenpackung angehoben wird. Drittens können wir einfach versuchen, das zukünftige Ergebnis von y angesichts der derzeitig beobachteten Werte von x zu prognostizieren, indem wir ein Zeitreihenmodell verwenden. Wir können zum Beispiel versuchen, die Aktienmarktrenditen des kommenden Monats zu prognostizieren, indem wir vergangene Renditen und andere Informationsvariablen verwenden. Das wird in Kapitel 3.5 veranschaulicht, wo wir uns auch mit der Vorhersagebewertung beschäftigen werden.

Wir werden an verschiedenen Stellen dieses Buches immer wieder zum Thema Prognose zurückkehren. Weil dynamische Modelle häufig für Prognosezwecke genutzt werden, widmet Kapitel 8 der dynamischen Prognose besondere Aufmerksamkeit.

KURZZUSAMMENFASSUNG

Dieses Kapitel liefert eine knappe Einführung in das lineare Regressionsmodell und die Technik der Schätzung mittels der Methode der kleinsten Quadrate, welche die wichtigsten »Arbeitspferde« in der Ökonometrie darstellen. Die Funktionsweise der Methode der kleinsten Quadrate (OLS) wird ausführlicher besprochen in Davidson und MacKinnon (2004, Kapitel 2) und Greene (2012, Kapitel 3). Unter einem relativ starken Set von Annahmen hat der OLS-Schätzer im linearen Modell viele wünschenswerte Eigenschaften, einschließlich Unverzerrtheit und Effizienz. Asymptotische Eigenschaften, wie Konsistenz, können unter schwächeren Bedingungen abgeleitet werden. Die Annahmen für das lineare Modell werden in den Kapiteln 4 und 5 noch weiter abgeschwächt werden. Unter angemessenen Annahmen können Hypothesen bezüglich der Modellkoeffizienten mittels eines t-Tests überprüft werden, oder, im Fall multipler Restriktionen, mittels eines F-Tests. R^2 misst, wie gut das geschätzte Modell zu den Daten passt, ist jedoch oft nicht das wichtigste Kriterium, um ein Modell zu bewerten. In empirischen Arbeiten haben wir es häufig mit erschwerenden Problemen zu tun, wie Multikollinearität, fehlenden Beobachtungen und Ausreißern. Mit diesen Problemen umzugehen erfordert Erfahrung und gelegentlich auch Pragmatismus. Die Erörterungen in diesem Kapitel sind davon ausgegangen, dass die Modellspezifikationen mehr oder weniger vorgegeben waren. Im nächsten Kapitel werden wir mehr zu Interpretation, Modellauswahl, Spezifikationssuche und Problemen der Fehlspezifikation erfahren.

■ ÜBUNGEN

Übung 2.1 (Regression)

Betrachten Sie folgendes lineare Regressionsmodell:

$$y_i = \beta_1 + \beta_2 x_{i2} + \beta_3 x_{i3} + \varepsilon_i = x_i' \beta + \varepsilon_i.$$

(a) Erklären Sie, wie der OLS-Schätzer für β bestimmt ist, und leiten Sie einen Ausdruck für b ab.

(b) Welche Annahmen werden benötigt, um b zu einem unverzerrten Schätzer für β zu machen?

(c) Erklären Sie, wie ein Konfidenzintervall für β_2 erstellt werden kann. Welche zusätzlichen Annahmen werden benötigt?

(d) Erklären Sie, wie die Hypothese überprüft werden kann, dass $\beta_3 = 1$.

(e) Erklären Sie, wie die Hypothese überprüft werden kann, dass $\beta_2 + \beta_3 = 0$.

(f) Erklären Sie, wie die Hypothese überprüft werden kann, dass $\beta_2 = \beta_3 = 0$.

(g) Welche Annahmen sind nötig, um b zu einem konsistenten Schätzer für β zu machen?

(h) Angenommen, dass $x_{i2} = 2 + 3x_{i3}$. Was passiert, wenn Sie versuchen, obiges Modell zu schätzen?

(i) Angenommen, das Modell wird mit $x_{i2}^* = 2x_{i2} - 2$ eingeschlossen geschätzt, anstatt mit x_{i2}. In welcher Beziehung stehen die Koeffizienten in diesem Modell zum Originalmodell? Und die R^2s?

(j) Angenommen, dass $x_{i2} = x_{i3} + u_i$, wobei u_i und x_{i3} nicht korreliert sind. Angenommen, das Modell wird mit u_i eingeschlossen geschätzt, anstatt mit x_{i2}. In welcher Beziehung stehen die Koeffizienten in diesem Modell zu jenen im Originalmodell? Und die R^2s?

Übung 2.2 (Löhne)

Unter Verwendung einer Stichprobe mit 545 Vollzeitbeschäftigten in den USA interessiert sich eine Wissenschaftlerin für die Frage, ob Frauen im Vergleich zu Männern systematisch unterbezahlt sind. Als Erstes schätzt sie den durchschnittlichen Stundenlohn für Männer und Frauen in dieser Stichprobe, die bei 5,91 US-Dollar beziehungsweise 5,09 US-Dollar liegt.

(a) Liefern uns die Zahlen eine Antwort auf unsere Frage? Warum nicht? Wie könnte man das (zumindest teilweise) korrigieren?

Die Forscherin führt außerdem eine einfache Regression des Individuallohns eines männlichen Dummys durch, entsprechend 1 für männlich und 0 für weiblich. Das liefert uns die in Tabelle 2.8 genannten Ergebnisse.

(b) Wie können Sie den Koeffizientschätzer von 0,82 interpretieren? Wie deuten Sie den geschätzten Achsenabschnitt von 5,09?

(c) Wie interpretieren Sie das R^2 von 0,26?

(d) Erklären Sie die Beziehung zwischen den Koeffizientschätzungen in der Tabelle und den durchschnittlichen Lohnsätzen von Männern und Frauen.

Variable	Schätzwert	Standardfehler	*t*-Wert
Konstante	5,09	0,58	8,78
Männlich	0,82	0,15	5,47

Tabelle 2.8 Stundenlöhne, erklärt durch Geschlecht: OLS-Ergebnisse
$N = 545$ $s = 2,17$ $R^2 = 0,26$.

(e) Ein Student ist unzufrieden mit diesem Modell, da ein weiblicher Dummy weggelassen wurde. Nehmen Sie zu dieser Kritik Stellung.

(f) Überprüfen Sie unter Verwendung obiger Ergebnisse, die Hypothese, dass Männer und Frauen im Schnitt denselben Lohnsatz haben, gegenüber der *einseitigen* Alternative, dass Frauen weniger verdienen. Nennen Sie die erforderlichen Annahmen, damit dieser Test gültig ist.

(g) Erstellen Sie ein 95%iges Konfidenzintervall für das durchschnittliche Lohndifferenzial zwischen Männern und Frauen in dieser Grundgesamtheit.

Anschließend wird das obere »Modell« erweitert, um Unterschiede beim Alter und der Ausbildung mit aufzunehmen, indem wir die Variablen *Alter* (Alter in Jahren) und *Ausbildung* (Ausbildungsniveau von 1 bis 5) aufnehmen. Gleichzeitig wird die endogene Variable angepasst, um der *natürliche Logarithmus* des Stundenlohnsatzes zu sein. Die Ergebnisse sind in Tabelle 2.9 aufgeführt.

Abhängige Variable: *überschüssige Renditen der Branchenportfolios*			
Variable	Schätzwert	Standardfehler	*t*-Wert
Konstante	−1,09	0,38	2,88
Männlich	0,13	0,03	4,47
Alter	0,09	0,02	4,38
Ausbildung	0,18	0,05	3,66

Tabelle 2.9 Logarithmus Stundenlöhne, erklärt durch Geschlecht, Alter, Ausbildungsniveau: OLS-Ergebnisse
$N = 545$ $s = 0,24$ $R^2 = 0,691$ $\bar{R}^2 = 0,682$

(h) Wie interpretieren Sie die Koeffizienten von 0,13 für den männlichen Dummy und 0,09 für das Alter?

(i) Testen Sie die gemeinsame Hypothese, dass Geschlecht, Alter und Ausbildung keine Auswirkungen auf den Lohn einer Person haben.

(j) Ein Student ist unzufrieden mit diesem Modell, da die Auswirkung der Ausbildung ziemlich restriktiv ist. Können Sie diese Kritik erklären? Wie kann das Modell erweitert oder verändert werden, um auf diese Kritik einzugehen? Wie können Sie überprüfen, ob die Erweiterung nützlich ist?

Die Forscherin hat das Modell neu bewertet einschließlich *Alter*^{2} als zusätzlichem Regressor. Der *t*-Wert zu dieser neuen Variable wird −1,14, während $R^2 = 0,699$ und $\bar{R}^2$ auf 0,683 anwächst.

(k) Können Sie einen Grund nennen, warum die Aufnahme von $Alter^2$ nicht angemessen ist?

(l) Würden Sie diese neue Variable beibehalten in Anbetracht der R^{2-} und $\bar{R}^2$-Maße? Würden Sie $Alter^2$ beibehalten in Anbetracht seiner t-Werte? Erklären Sie den offensichtlichen Konflikt bei den Schlussfolgerungen.

Übung 2.3 (Asset Pricing – empirisch)

In der neueren Finanzliteratur wird behauptet, dass Preise für Vermögenswerte im sogenannten Faktorenmodell, in dem überschüssige Renditen linear aus den überschüssigen Renditen aus einer Reihe von »Faktoren-Portfolios« erklärt werden, recht gut beschrieben werden. Wie beim CAPM sollte der Achsenabschnittsterm null betragen ebenso wie der Koeffizient für jede andere in das Modell integrierte Variable, dessen Wert vorher bekannt ist (zum Beispiel ein Januar-Dummy). Der Datensatz ASSETS beinhaltet überschüssige Renditen aus vier Faktoren – Portfolios für Januar 1960 bis Dezember 2010.[26]

rmf: überschüssige Rendite eines wertgewichteten Marktproxy

smb: Rendite eines kleinen Aktienportfolios minus der Rendite eines großen Aktienportfolios (Klein minus Groß)

lmf: Rendite eines Portfolios wertiger Aktien minus der Rendite eines Wachstumsaktien-Portfolios (Hoch minus Niedrig)

umd: Rendite eines hoch priorisierten Renditeportfolios minus der Rendite eines niedrig priorisierten Renditeportfolios (Oben minus Unten).

Sämtliche Daten gelten für die USA. Die drei letzten Variablen bezeichnen alle den Renditeunterschied zweier hypothetischer Aktienportfolios. Diese Portfolios werden monatlich auf Basis der aktuellsten Informationen zu Unternehmensgröße, dem Verhältnis des Buchwerts zum Marktwert des Eigenkapitals beziehungsweise historischer Renditen, neu zusammengestellt. Der *lml*-Faktor basiert auf dem Verhältnis von Buchwert zu Marktwert des Unternehmenskapitals und spiegelt die Differenz zwischen Aktienportfolios mit einem hohen Verhältnis von Buchwert zu Marktwert (wertige Aktien) und einem niedrigen Verhältnis von Buchwert zu Marktwert (Wachstumsaktien). Diese Faktoren sind durch empirisch festgestellte Anomalien des CAPM begründet (zum Beispiel scheinen kleine Unternehmen höhere Renditen als große Unternehmen zu haben, selbst nach der CAPM-Risikokorrektur).

Zusätzlich zu den überschüssigen Renditen dieser vier Faktoren haben wir Beobachtungen zu den Renditen von zehn verschiedenen »Assets«, welche zehn Aktienportfolios sind, verwaltet vom Center for Research in Security Prices (CRSP). Diese Portfolios sind größenbasiert, was bedeutet, dass Portfolio 1 die 10% der kleinsten an der New Yorker Börse gelisteten Unternehmen enthält und Portfolio 10 die 10% der größten gelisteten Unternehmen. Überschüssige Renditen (mehr als der risikofreie Zins) dieser Portfolios werden mit $r1$ bis $r10$ bezeichnet.

Verwenden Sie bei der Beantwortung der folgenden Fragen $r1$, $r10$ sowie die Renditen zweier zusätzlicher von Ihnen gewählter Portfolios.

(a) Regressieren Sie die überschüssige Rendite Ihrer vier Portfolios auf die Überschussrendite des Marktportfolios (Proxy). Beachten Sie dabei, dass dies mit dem CAPM korrespondiert. Fügen Sie in diese Regressionen eine Konstante ein.

(b) Erstellen Sie eine ökonomische Interpretation der geschätzten β-Koeffizienten.

(c) Erstellen Sie eine ökonomische und eine statistische Interpretation der R^2s.

(d) Testen Sie die Hypothese, dass $\beta_j = 1$ für jedes der vier Portfolios. Nennen Sie die Annahmen, die Sie benötigen, damit der Test (asymptotisch) gültig ist.

(e) Überprüfen Sie die Validität des CAPM, indem Sie testen, ob die Konstanten in den vier Regressionen null betragen.

(f) Überprüfen Sie alle vier Regressionen auf einen Januar-Effekt.

(g) Als Nächstes bewerten Sie das Vier-Faktoren-Modell

$$r_{jt} = \alpha_j + \beta_{j1} rmrf_t + \beta_{j2} smb_t + \beta_{j3} hml_t + \beta_{j4} umd_t + \varepsilon_{jt}$$

durch OLS. Vergleichen Sie die Schätzergebnisse mit jenen, die wir aus dem Ein-Faktor-Modell (CAPM) erhalten haben. Achten Sie auf die partiellen Steigungskoeffizienten und die R^2s.

(h) Führen Sie F-Tests für die Hypothese durch, dass die Koeffizienten für die drei neuen Faktoren gemeinsam gleich null sind.

(i) Überprüfen Sie die Validität des Vier-Faktoren-Modells, indem Sie testen, ob die Konstanten in den vier Regressionen gleich null sind. Vergleichen Sie Ihre Schlussfolgerungen mit jenen, die Sie aus dem CAPM gezogen haben.

Übung 2.4 (Regression – richtig oder falsch?)

Lesen Sie die folgenden Aussagen sorgfältig. Sind sie richtig oder falsch? Erklären Sie, warum.

(a) Unter den Gauß-Markov-Bedingungen kann gezeigt werden, dass OLS BLUE ist. Die Phrase »linear« in diesem Akronym bezieht sich auf die Tatsache, dass wir ein lineares Modell schätzen.

(b) Um einen t-Test durchzuführen, sind die Gauß-Markov-Bedingungen absolut erforderlich.

(c) Eine Regression des OLS-Residuums auf die Regressoren, die durch die Konstruktion in das Modell integriert sind, ergibt ein R^2 von null.

(d) Die Hypothese, dass der OLS-Schätzer gleich null ist, kann mit einem t-Test überprüft werden.

(e) Aus der asymptotischen Theorie wissen wir, dass – unter entsprechenden Bedingungen – die Fehlerterme in einem Regressionsmodell approximativ normalverteilt sind, wenn die Stichprobe ausreichend groß ist.

(f) Wenn der absolute t-Wert eines Koeffizienten kleiner ist als 1,96, akzeptieren wir die Nullhypothese, dass der Koeffizient mit 95%iger Wahrscheinlichkeit gleich null ist.

(g) Weil OLS die *beste* lineare Approximation einer Variable y aus einem Regressorenset liefert, bietet OLS auch die *besten* linearen unverzerrten Schätzer für die Koeffizienten dieser Regressoren.

(h) Wenn die Variable in einem Modell auf dem 10%-Niveau signifikant ist, so ist sie auch auf dem 5%-Niveau signifikant.

KAPITEL 3

Interpretieren und Vergleichen von Regressionsmodellen

Im vorhergehenden Kapitel lag unsere Aufmerksamkeit auf dem Schätzen linearer Regressionsmodelle. Insbesondere wurde die Methode der kleinsten Quadrate einschließlich ihrer Eigenschaften unter verschiedenen Annahmensets besprochen. Das ermöglichte uns, den Vektor unbekannter Parameter β zu schätzen und parametrische Restriktionen wie $\beta_k = 0$ zu testen. Im ersten Teil von Kapitel 3 werden wir der Interpretation von Regressionsmodellen und deren Koeffizienten zusätzliche Aufmerksamkeit schenken. In Kapitel 3.2 besprechen wir, wie wir das Regressorenset für unser Modell auswählen können und was passiert, wenn wir dieses Set fehlspezifizieren. Das beinhaltet auch den Vergleich mit alternativen Modellen. Kapitel 3.3 erläutert die Annahme von Linearität und wie diese getestet werden kann. Um die Hauptthemen zu veranschaulichen, schließt Kapitel 3 mit drei empirischen Beispielen. Kapitel 3.4 beschreibt ein Modell zum Erklären von Häuserpreisen, Kapitel 3.5 bespricht lineare Prognosemodelle für Prognosen von Kursgewinnen, während Kapitel 3.6 die Schätzung und Spezifikation einer Lohngleichung betrachtet.

3.1 Das lineare Modell interpretieren

Wie bereits im vorhergehenden Kapitel betont, hat das lineare Modell

$$y_i = x_i'\beta + \varepsilon_i \tag{3.1}$$

nur wenig Bedeutung, solange wir es nicht um zusätzliche Annahmen zu ε_i ergänzen. Es ist üblich, festzulegen, dass ε_i die Erwartung null hat und dass die x_is so genommen werden wie vorgegeben. Eine formale Weise, um das festzulegen, besteht in der Annahme, dass der erwartete Wert von ε_i bei gegebenem X oder ε_i bei gegebenem x_i null ist, das heißt,

$$E\{\varepsilon_i | X\} = 0 \quad \text{oder} \quad E\{\varepsilon_i | x_i\} = 0 \tag{3.2}$$

wobei letztere Bedingung durch die erste impliziert ist. Unter $E\{\varepsilon_i | x_i\} = 0$ können wir das Regressionsmodell als den bedingten erwarteten Wert von y_i beschreibend interpretieren, bei gegebenen Werten für die erklärenden Variablen x_i. Wie hoch ist zum Beispiel der erwartete Lohn für eine *beliebige* Frau von 40 Jahren mit Hochschulausbildung und 14 Jahren Berufserfahrung? Oder wie groß die erwartete Arbeitslosenquote in Anbetracht von vorgegebenem Lohntarif, Inflation und Gesamtleistung der Wirtschaft? Die erste Konsequenz von (3.2) ist die Interpretation der individuellen β-Koeffizienten. Zum Beispiel misst β_k die erwartete Veränderung in y_i, wenn x_{ik} sich um eine Einheit verändert, alle anderen Variablen in x_{ik} jedoch gleich bleiben. Das heißt,

$$\frac{\partial E\{y_i|x_i\}}{\partial x_{ik}} = \beta_k. \tag{3.3}$$

Wir müssen explizit festlegen, dass sich die anderen Variablen in x_i nicht verändern. Das ist die sogenannte **Ceteris-paribus-Annahme** (oder auch Ceteris-paribus-Bedingung). In einem multiplen Regressionsmodell können einzelne Koeffizienten nur unter der Ceteris-paribus-Annahme interpretiert werden. So kann zum Beispiel β_k die Auswirkung des Alters auf den erwarteten Lohn von Frauen messen, wenn Ausbildungsniveau und Dauer der Berufserfahrung konstant gehalten werden. Eine wichtige Konsequenz der Ceteris-paribus-Annahme ist, dass *es unmöglich ist, einen einzelnen Koeffizienten in einem Regressionsmodell zu interpretieren, ohne die anderen Variablen in dem Modell zu kennen.* Wenn das Interesse auf der Beziehung zwischen y_i und x_{ik} liegt, agieren die anderen Variablen in x_i als **Kontrollvariablen**. Wir könnten uns zum Beispiel für die Beziehung zwischen Hauspreisen und der Anzahl der Schlafzimmer interessieren und überwachen die Unterschiede bei Grundstücksgröße und Lage. Abhängig von der für uns interessanten Frage können wir entscheiden, einige Faktoren, aber nicht alle zu kontrollieren (siehe Wooldridge, 2009, Kapitel 6.3 für weitergehende Erörterungen).

Manchmal ist es schwer, diese Ceteris-paribus-Annahmen aufrechtzuerhalten. Im Fall der Lohnfrage ist es zum Beispiel sehr verbreitet, dass eine Veränderung des Alters fast immer mit einer Veränderung der Dauer der Berufserfahrung korrespondiert. Obwohl die β_k-Koeffizienten in diesem Fall immer noch die Auswirkung des Alters messen und dabei die Dauer der Berufserfahrung (und die anderen Variablen) fix halten, kann das wegen der Kollinearität der beiden Variablen möglicherweise aus einer gegebenen Stichprobe nicht sehr gut herausgelesen werden. In einigen Fällen ist es schlichtweg unmöglich, die Ceteris-paribus-Annahme aufrechtzuerhalten, wenn zum Beispiel x_i sowohl Alter als auch Alter im Quadrat enthält. Natürlich ist es überflüssig, zu behaupten, dass ein Koeffizient β_k den Effekt des Alters misst, wenn ein gegebenes Alter im Quadrat konstant ist. In diesem Fall sollten wir zurückkehren zur Ableitung (3.3). Wenn $x_i'\beta$, sagen wir mal, $Alter_i\beta_2 + Alter_i^2\beta_3$ enthält, so können wir ableiten

$$\frac{\partial E\{y_i|x_i\}}{\partial Alter_i} = \beta_2 + 2\,Alter_i\beta_3, \tag{3.4}$$

was interpretiert werden kann als der Marginaleffekt eines sich verändernden Alters, wenn die anderen Variablen in x_i (ausschließlich $Alter_i^2$) konstant gehalten werden. Das zeigt, wie die Marginaleffekte der erklärenden Variablen bei den Beobachtungen variieren dürfen, indem zusätzliche Terme eingefügt werden, die diese Variablen beinhalten (in diesem Fall $Alter_i^2$). Wir können zum Beispiel zulassen, dass die Auswirkung des Alters bei Männern und Frauen unterschiedlich ist, indem wir den Interaktionsterm $Alter_i männlich_i$ in die Regression einfügen, wo *männlich$_i$* ein Dummy für Männer ist. Wenn das Modell *Alter$_i\beta_2$* + *Alter$_i$männlich$_i\beta_3$* beinhaltet, ist demnach die Auswirkung eines sich verändernden Alters

$$\frac{\partial E\{y_i|x_i\}}{\partial Alter_i} = \beta_2 + m\ddot{a}nnlich_i\beta_3, \tag{3.5}$$

was β_2 für Frauen und $\beta_2 + \beta_3$ für Männer ist. Kapitel 3.4 und 3.6 werden die Verwendung solcher Interaktionsterme veranschaulichen.

Die Interpretation von (3.1) als eine bedingte Erwartung impliziert nicht zwangsläufig, dass wir die Parameter in β als Maß des *kausalen* Effekts von x_i auf y_i interpretieren können. Es ist zum Beispiel nicht unwahrscheinlich, dass erwartete Löhne bei verheirateten und unverheirateten Arbeitern variieren, selbst nach Kontrollieren auf viele andere Faktoren. Aber es ist nicht sehr wahrscheinlich, dass verheiratet zu sein die Ursache für höhere Löhne ist. Vielmehr steht der Ehestatus für eine Reihe von (un-)beobachtbaren Charakteristiken, die ebenfalls den Lohn einer Person beeinflussen. Ähnlich ist es, wenn Sie versuchen, regionale Verbrechensraten mit, sagen wir mal, der Anzahl der Polizisten in Beziehung zu setzen. Vermutlich werden Sie auf eine positive Beziehung stoßen. Das liegt daran, dass Gebiete mit einer höheren Verbrechensrate mehr Geld für die Durchsetzung von Gesetzen ausgeben und von daher mehr Gesetzeshüter beschäftigen, und nicht daran, dass die Polizei die *Ursache* für mehr Verbrechen ist. Angrist und Pischke (2009) liefern eine ausgezeichnete Erörterung der Herausforderungen beim Identifizieren kausaler Effekte in der empirischen Arbeit. Wenn wir Koeffizienten kausal interpretieren möchten, sollte die Ceteris-paribus-Annahme alle anderen (beobachtbaren und nicht beobachtbaren) Faktoren enthalten und nicht nur die beobachteten Variablen, die wir in unser Modell aufnehmen möchten. Ob eine solche erweiterte Interpretation der Ceteris-paribus-Annahme sinnvoll – und eine kausale Interpretation angemessen – ist, hängt entscheidend von dem ökonomischen Kontext ab. Leider liefern statistische Tests wenig Orientierungshilfe zu diesem Thema. Entsprechend vorsichtig sollten wir sein, an geschätzten Koeffizienten eine kausale Interpretation festzumachen. In Kapitel 5 werden wir auf dieses Thema zurückkommen.

Ökonomen interessieren sich häufig eher für die **Elastizität** als für marginale Effekte. Die Elastizität misst die *relative* Veränderung der abhängigen Variablen bedingt durch eine *relative* Veränderung in einer der x_i-Variablen. Elastizität wird häufig direkt aus einem Regressionsmodell geschätzt, das den Logarithmus der meisten erklärenden Variablen beinhaltet (mit Ausnahme von Dummyvariablen), das heißt,

$$\log y_i = (\log x_i)'\gamma + v_i, \tag{3.6}$$

wobei $\log x_i$ die Kurzbezeichnung für einen Vektor mit den Elementen $(1, \log x_{i2}, \ldots, \log x_{ik})'$ ist und angenommen wird, dass $E\{v_i|\log x_i\} = 0$. Wir sollten dies als **loglineares Modell** bezeichnen. In diesem Fall

$$\frac{\partial E\{y_i|x_i\}}{\partial x_{ik}} \cdot \frac{x_{ik}}{E\{y_i|x_i\}} \approx \frac{\partial E\{\log y_i|\log x_i\}}{\partial \log x_{ik}} = \gamma_k, \tag{3.7}$$

wobei $\approx$ bedingt ist durch die Tatsache, dass $E\{\log y_i|\log x_i\} = E\{\log y_i|x_i\} \neq \log E\{y_i|x_i\}$. Beachten Sie, dass (3.3) impliziert, dass im linearen Modell

$$\frac{\partial E\{y_i|x_i\}}{\partial x_{ik}} \cdot \frac{x_{ik}}{E\{y_i|x_i\}} = \frac{x_{ik}}{x_i'\beta}\beta_k, \tag{3.8}$$

was zeigt, dass das lineare Modell impliziert, dass Elastizitäten *nicht konstant* sind und mit x_i variieren, während das loglineare Modell *konstante* Elastizitäten auferlegt. Obwohl in vielen Fällen die Wahl der funktionalen Form durch die Zweckmäßigkeit bei der ökonomischen Interpretation vorgeschrieben ist, können andere Überlegungen eine Rolle spielen. So kann zum Beispiel das Erklären von log y_i statt von y_i helfen, Probleme der Heteroskedastizität zu verringern, wie in Kapitel 3.6 veranschaulicht. In Kapitel 3.3 werden wir kurz statistische Tests für eine lineare versus eine loglineare Spezifikation betrachten.

Wenn x_{ik} eine Dummyvariable ist (für eine andere Variable, die nichtpositive Werte annehmen kann), können wir ihren Logarithmus nicht nehmen und fügen die Originalvariable in das Modell ein.

Somit schätzen wir

$$\log y_i = x_i'\beta + \varepsilon_i. \tag{3.9}$$

Natürlich ist es möglich, einige erklärende Variablen als Logarithmen einzufügen und einige als Niveaus. In (3.9) ist die Interpretation eines Koeffizienten β_k die *relative* Veränderung in y_i aufgrund einer *absoluten* Veränderung einer Einheit in x_{ik}. Das wird als **Semi-Elastizität** bezeichnet. Wenn zum Beispiel x_{ik} der Dummy für Männer ist, so sagt uns $\beta_k = 0{,}10$, dass der (Ceteris-paribus-)relative Lohnunterschied zwischen Männern und Frauen 10 % beträgt. Wieder gilt dies nur approximativ (siehe Kapitel 3.6.2). Die Verwendung des *natürlichen* Logarithmus in (3.9) statt des Logarithmus zur Basis 10 ist wesentlich für diese Interpretation.

Die Ungleichheit von $E\{\log y_i | x_i\}$ und $\log E\{y_i | x_i\}$ hat auch Konsequenzen für das Prognoseziel. Angenommen, wir starten von dem Sektormodell (3.6) mit $E\{v_i | \log x_i\} = 0$. Dann können wir den prognostizierten Wert von $\log y_i$ als $(\log x_i)'\gamma$ bestimmen. Wenn wir jedoch y_i statt $\log y_i$ vorhersagen wollen, so ist $\exp\{(\log x_i)'\gamma\}$ kein guter Prädiktor für y_i, weil es mit dem erweiterten Wert von y_i korrespondiert bei gegebenem x_i. Das heißt, $E\{y_i | x_i\} \geq \exp\{E\{\log y_i | x_i\}\} = \exp\{(\log x_i)'\gamma\}$. Diese Ungleichheit wird als Jensen-Ungleichheit bezeichnet. Sie wird wichtig, wenn die Varianz von v_i nicht sehr klein ist. Der Grund dafür ist, dass das Verwenden von Logarithmen eine nichtlineare Transformation ist, während der erwartete Wert einer nichtlinearen Funktion nicht diese nichtlineare Funktion des erwarteten Wertes ist. Der einzige Weg, dieses Problem zu umgehen, besteht darin, Annahmen zur Verteilung zu treffen. Wenn wir zum Beispiel annehmen können, dass v_i in (3.6) normalverteilt ist mit einem Mittelwert von null und einer Varianz σ_v^2, so lässt das darauf schließen, dass die bedingte Verteilung von y_i lognormal ist (siehe Anhang B) mit dem Mittelwert

$$E\{y_i | x_i\} = \exp\left\{E\{\log y_i | x_i\} + \tfrac{1}{2}\sigma_v^2\right\} = \exp\left\{(\log x_i)'\gamma + \tfrac{1}{2}\sigma_v^2\right\}. \tag{3.10}$$

Manchmal wird der zusätzliche semivariante Term auch dann hinzugefügt, wenn von den Fehlertermen nicht angenommen wird, dass sie normalverteilt sind. Häufig wird er einfach weggelassen. Weiterführende Erörterungen zur Prognose von y_i, wenn die abhängige Variable log y_i ist, liefert Wooldridge (2009, Kapitel 6.4). Eine andere Konsequenz von (3.2) wird häufig übersehen. Wenn wir das Set der erklärenden Variablen x_i zum Beispiel zu z_i verändern und ein anderes Regressionsmodell schätzen,

$$y_i = z_i'\gamma + v_i \tag{3.11}$$

mit der Interpretation, dass $E\{y_i|z_i\} = z_i'\gamma$, gibt es keinen Konflikt mit dem vorigen Modell, das besagt $E\{y_i|x_i\} = x_i'\beta$. Weil sich die konditionierenden Variablen unterscheiden, können beide konditionierenden Erwartungen in dem Sinne korrekt sein, dass sie beide in den konditionierenden Variablen linear sind. Wenn wir also das Regressionsmodell so interpretieren, als beschreibe es die konditionierende Erwartung mit der Voraussetzung, dass die Variablen inbegriffen sind, kann es nie einen Konflikt zwischen ihnen geben. Es gibt nur zwei Dinge, für die wir uns möglicherweise interessieren. Zum Beispiel interessieren wir uns vielleicht für den erwarteten Lohn lediglich als Funktion von Geschlecht, aber auch für den erwarteten Lohn als Funktion von Geschlecht, Ausbildung und Erfahrung. Beachten Sie, dass die Koeffizienten für Geschlecht in diesen beiden Modellen wegen der unterschiedlichen Ceteris-paribus-Annahme nicht dieselbe Interpretation haben. Forscher treffen häufig explizit oder implizit die Annahme, dass das Set der konditionierenden Variablen größer ist als das inbegriffene. Manchmal wird nahegelegt, dass das Modell alle relevanten beobachtbaren Variablen enthält (implizierend, dass nicht in dem Modell enthaltene beobachtbare Variablen zwar zum konditionierenden Set gehören, jedoch irrelevant sind). Wenn wir zum Beispiel folgern, dass die beiden obigen Modelle interpretiert werden sollten als

$$E\{y_i|x_i, z_i\} = z_i'\gamma$$

beziehungsweise

$$E\{y_i|x_i, z_i\} = x_i'\beta,$$

dann stehen die beiden Modelle in der Regel in einem Konflikt und höchstens eines von ihnen kann korrekt sein.[1] Nur in solchen Fällen ergibt es Sinn, die beiden Modelle statistisch zu vergleichen und zum Beispiel zu testen, welches Modell korrekt ist und welches nicht. In Kapitel 3.2.3 werden wir auf dieses Thema zurückkommen.

3.2 Das Regressorenset auswählen

3.2.1 Fehlspezifikation des Regressorensets

Nehmen wir (implizit) an, dass das konditionierende Set des Modells mehr Variablen umfasst als die enthaltenen, so kann es sein, dass das Set der erklärenden Variablen »fehlspezifiziert« ist. Das bedeutet, eine oder mehrere der weggelassenen Variablen sind relevant, das heißt, ihre Koeffizienten sind nicht gleich null. Das wirft zwei Fragen auf: Was passiert, wenn eine relevante Variable aus dem Modell ausgeschlossen wird, und was passiert, wenn eine irrelevante Variable im Modell enthalten ist? Um sich das vor Augen zu führen, betrachten wir die folgenden zwei Modelle:

$$y_i = x_i'\beta + z_i'\gamma + \varepsilon_i \qquad (3.12)$$

und

$$y_i = x_i'\beta + v_i, \qquad (3.13)$$

beide interpretiert als die bedingte Erwartung von y_i in Anbetracht von x_i, z_i (und vielleicht einiger zusätzlicher Variablen). Das Modell in (3.13) ist geschachtelt in (3.12) und nimmt implizit an, dass z_i irrelevant ist ($\gamma = 0$). Was passiert, wenn wir Modell (3.13) schätzen, obwohl in Wahrheit Modell (3.12) das korrekte Modell ist? Was passiert also, wenn wir z_i aus dem Regressorenset weglassen?

Der OLS-Schätzer für β, basierend auf (3.13), bezeichnet als b_2, wird gegeben durch

$$b_2 = \left(\sum_{i=1}^{N} x_i x_i' \right)^{-1} \sum_{i=1}^{N} x_i y_i. \tag{3.14}$$

Die Eigenschaften des Schätzers unter Modell (3.12) können bestimmt werden durch das Einsetzen von (3.12) in (3.14), um Folgendes zu erhalten:

$$b_2 = \beta + \left(\sum_{i=1}^{N} x_i x_i' \right)^{-1} \sum_{i=1}^{N} x_i z_i' \gamma + \left(\sum_{i=1}^{N} x_i x_i' \right)^{-1} \sum_{i=1}^{N} x_i \varepsilon_i. \tag{3.15}$$

Abhängig von den für das Modell (3.12) getroffenen Annahmen wird der letzte Term in diesem Ausdruck eine Erwartung oder Wahrscheinlichkeitsgrenze von null haben.[2] Der zweite Term auf der rechten Seite korrespondiert jedoch mit einer Verzerrung (oder asymptotischen Verzerrung) im OLS-Schätzer, weil wir das falsche Modell (3.13) schätzen. Das bezeichnen wir als **Verzerrung aufgrund von ausgelassenen Variablen**. Wie erwartet, gäbe es keine Verzerrung, wenn $\gamma = 0$ (implizierend, dass beide Modelle identisch sind), aber es gibt einen weiteren Fall, in dem der Schätzer für β nicht verzerrt sein wird, und das ist, wenn $\sum_{i=1}^{N} x_i z_i' = 0$ oder, asymptotisch, wenn $E\{x_i, z_i'\} = 0$. Wenn das passiert, sagen wir, x_i und z_i sind **orthogonal**. Das passiert bei ökonomischen Anwendungen nicht sehr häufig. Beachten Sie, dass zum Beispiel das Vorhandensein eines Achsenabschnitts in x_i impliziert, dass $E\{z_i\}$ null sein sollte.

Die Umkehrung ist weniger das Problem. Wenn wir Modell (3.12) schätzen, obwohl in Wahrheit Modell (3.13) angemessen wäre, heißt das, dass wir unnötigerweise die irrelevante Variable z_i integrieren, wir bräuchten aber einfach nur die γ-Koeffizienten zu schätzen, die null betragen. In diesem Fall wäre es jedoch zu bevorzugen, β aus dem beschränkten Modell (3.13) zu schätzen statt aus (3.12), weil letzterer Schätzwert für β für gewöhnlich eine höhere Varianz aufweisen wird und von daher weniger zuverlässig ist. Während die Herleitung dieses Ergebnisses einige mühsame Matrixmanipulationen erfordert, ist intuitiv offensichtlich: Modell (3.13) erlegt mehr Information auf, sodass wir erwarten können, dass der Schätzer, der diese Information verwertet, im Schnitt genauer ist als derjenige, der das nicht tut. Folglich wird das Aufnehmen irrelevanter Variablen in Ihr Modell, auch wenn Sie einen Koeffizienten von null haben, in der Regel die Varianz der Schätzer für die anderen Modellparameter erhöhen. So viele Variablen wie möglich in ein Modell aufzunehmen ist von daher keine gute Strategie. Zu wenig Variablen einzubeziehen birgt dagegen die Gefahr verzerrter Schätzwerte. Das bedeutet, wir benötigen eine Anleitung, wie wir das Regressorenset auswählen sollen.

3.2.2 Regressoren auswählen

Es sollte noch einmal betont werden: Wenn wir das Regressionsmodell so interpretieren, dass es die bedingte Erwartung von y_i angesichts der *integrierten* Variablen x_i beschreibt, entsteht nicht das Problem eines fehlspezifizierten Regressorensets, obwohl ein Problem funktionaler Form auftreten kann (siehe das folgende Kapitel). Das impliziert, dass es statistisch gesehen hier nichts zu testen gibt. Das Set von x_i-Variablen wird auf der Basis dessen ausgesucht, was wir interessant finden, und häufig leitet uns die ökonomische Theorie oder der gesunde Menschenverstand bei unserer Auswahl. Das Modell in einem breiteren Sinn zu interpretieren impliziert, dass es vielleicht relevante Regressoren gibt, die weggelassen wurden, oder irrelevante, die aufgenommen wurden. Um potenziell relevante Variablen zu finden, können wir wieder auf die ökonomische Theorie zurückgreifen. Wenn wir zum Beispiel eine Lohngleichung spezifizieren, könnten wir die Humankapitaltheorie nutzen, welche im Wesentlichen besagt, dass alles, was die Produktivität einer Person beeinflusst, Auswirkungen auf ihren Lohn hat. Zusätzlich können wir Jobeigenschaften (Arbeiter oder Angestellter, Schichtarbeit, privater oder öffentlicher Sektor und so weiter) sowie allgemeine Arbeitsmarktbedingungen (zum Beispiel branchenspezifische Arbeitslosigkeit) verwenden.

Es ist eine bewährte Praxis, das Set *potenziell* relevanter Variablen auf der Basis ökonomischer Argumente statt auf der statistischer auszuwählen. Obwohl manchmal das Gegenteil nahegelegt wird, sind statistische Argumente nie sicher. Das heißt, es gibt immer eine kleine (aber nicht zu ignorierende) Wahrscheinlichkeit, den falschen Schluss zu ziehen. So gibt es zum Beispiel immer die Wahrscheinlichkeit (mit der Testgröße korrespondierend), die Nullhypothese zu verwerfen, dass ein Koeffizient gleich null ist, obwohl die Null tatsächlich zutrifft. Zu solchen Fehlern Typ 1 kommt es sehr schnell, wenn wir eine Folge vieler Tests nutzen, um die Regressoren für unser Modell auszusuchen. Dieser Prozess wird bezeichnet als **Data-Snooping** (»Datenschnüffelei«) oder **Data-Mining** (»Datenschürfen«) (siehe Leamer, 1978; Lovell, 1983; oder Charemza und Deadman, 1999, Kapitel 2) und in der Ökonomie ist es kein Kompliment, wenn jemand Sie beschuldigt, das zu tun. Im Allgemeinen bezieht sich Data-Snooping auf die Tatsache, dass ein gegebenes Datenset mehr als einmal benutzt wird, um eine Modellspezifikation auszuwählen und Hypothesen zu testen. Sie können sich zum Beispiel vorstellen, dass, wenn Sie ein Set von 20 potenziellen Regressoren haben und jeden davon ausprobieren, sehr wahrscheinlich einer als signifikant erachtet wird, auch wenn es keine echte Beziehung zwischen jedem dieser Regressoren und der Variablen gibt, die Sie erklären. Obwohl statistische Softwarepakete manchmal schematische Programme anbieten, um Regressoren auszuwählen, werden diese in der Regel für den ökonomischen Einsatz *nicht empfohlen*. Die Wahrscheinlichkeit, eine nicht korrekte Auswahl zu treffen, ist hoch. Und es ist nicht unwahrscheinlich, dass Ihr Modell ein paar Besonderheiten in den Daten erfasst, die außerhalb der Stichprobe keine echte Bedeutung haben. In der Praxis ist es jedoch schwer, zu verhindern, dass eine gewisse Menge an Data-Snooping in Ihre Arbeit einfließt. Selbst wenn Sie keine eigene Spezifikationssuche durchführen und wissen, welches Modell Sie zum Schätzen nutzen, kann dieses »Wissen« auf Erfolgen und Misserfolgen vergangener Ermittlungen basieren. Nichtsdestotrotz ist es wichtig, sich dieses Problems bewusst zu sein. In den letzten Jahren hat die Möglichkeit der Data-Snooping-Verzerrungen eine wichtige Rolle in empirischen Studien gespielt, die Aktienerträge modellieren. Lo und MacKinlay (1990) analysieren zum Beispiel solche Verzerrungen in Tests von Financial-Asset-Pricing-Modellen, während Sullivan, Timmermann und White (2001) das Ausmaß analysieren, in dem die Anwesenheit von Kalenderauswirkungen auf Aktienerträge, wie der in Kapitel 2.7 besprochene Januar-Effekt, dem Data-Snooping zugeschrieben werden kann.

Um das Problem des Data-Snooping zu veranschaulichen, lassen Sie uns das folgende Beispiel betrachten (Lovell, 1983). Angenommen, ein Investor möchte ein lineares Regressionsmodell für den Aktienertrag des kommenden Monats aus einer Zahl gleich plausibler zur Verfügung stehender erklärender Variablen spezifizieren. Das Modell darf höchstens zwei erklärende Variablen haben. Wie lauten die Implikationen, die besten beiden zur Verfügung stehenden Regressoren zu finden, wenn die Nullhypothese wahr ist, dass Aktienpreise einer Zufallsbewegung folgen und alle erklärenden Variablen in Wahrheit irrelevant sind? Weil statistische Tests stets für Fehler des Typs 1 (die Nullhypothese zu verwerfen, obwohl sie zutrifft) anfällig sind, akkumuliert sich die Wahrscheinlichkeit solcher Fehler rapide, wenn umfangreiche Abfolgen von Tests durchgeführt werden. Wenn das beanspruchte Konfidenzniveau 95% beträgt, steigt die Wahrscheinlichkeit des fälschlichen Verwerfens der Nullhypothese im obigen Beispiel auf annähernd $1 - 0,95^{k/2}$, wobei k die Anzahl der zur Verfügung stehenden Regressoren wiedergibt. Wenn zum Beispiel alle zur Verfügung stehenden Regressoren nicht korrelieren, so beträgt die Wahrscheinlichkeit, t-Werte zu finden, die über 1,96 liegen, wenn die besten zwei von 20 Regressoren ausgewählt werden, 40%, während in Wahrheit alle echten Koeffizienten gleich null sind. Diese Wahrscheinlichkeit steigt auf über 92%, wenn die besten zwei von 100 Kandidaten ausgewählt werden.

Die Gefahr des Data-Mining ist besonderes hoch, wenn die Spezifikationssuche vom Einfachen zum Allgemeinen geht. Bei dieser Vorgehensweise beginnen Sie mit einem einfachen Modell und fügen zusätzliche Variablen oder Lags von Variablen ein, bis die Spezifikation angemessen scheint. Das heißt bis die vom Modell auferlegten Restriktionen nicht länger verworfen werden und Sie mit den Vorzeichen der Koeffizientschätzwerte und deren Signifikanz zufrieden sind. Natürlich kann diese Prozedur unzählige Tests erfordern. Schrittweise Regression, eine automatisierte Version dieses Ansatzes vom Speziellen zum Allgemeinen, ist kein gutes Vorgehen und kann leicht zu unangemessenen Modellspezifikationen führen, insbesondere wenn die zur Verfügung stehenden erklärenden Variablen nicht orthogonal sind; siehe Doornik (2008) für ein aktuelleres Beispiel. Eine Alternative ist **Hendrys Methode** (general-to-specific modelling), verfochten von Professor David Hendry und anderen und auch als **LSE Methodology** bezeichnet[3]. Diese Herangehensweise beginnt mit dem Schätzen eines General Unrestricted Model (GUM), das im Anschluss in Größe und Komplexität durch das Testen von Restriktionen, die auferlegt werden können, verkleinert wird; siehe Charemza und Deadman (1999) für eine ausführliche Besprechung. Die Idee hinter dieser Vorgehensweise ist attraktiv. Davon ausgehend, dass ein ausreichend allgemeines und kompliziertes Modell die Realität beschreiben kann, ist jedes weitere ökonomische Modell, das dieselben Informationen auf einfachere, kompaktere Weise vermittelt, eine Verbesserung. Die Kunst der Modellspezifikation in der LSE-Methode ist, Modelle zu finden, die gültige Restriktionen des GUM darstellen und nicht auf noch sparsamere Modelle reduziert werden können, die ebenfalls gültige Restriktionen sind. Während die LSE-Methode eine große Zahl von (Fehl-)Spezifikationstests beinhaltet, kann argumentiert werden, dass GUM relativ unanfällig gegenüber Data-Mining-Problemen ist. Das grundlegende Argument, formalisiert von White (1990), besagt: Wenn die Stichprobengröße gegen unendlich geht, wird nur die echte Spezifikation sämtliche Spezifikationstests überleben. Das unterstellt, dass die »wahre Spezifikation« ein besonderer Fall des GUM ist, mit dem ein Forscher beginnt. Statt mit einer Spezifikation zu enden, die sehr wahrscheinlich wegen der Akkumulation von Fehlern des Typs 1 und 2 nicht korrekt ist, führt die Herangehensweise vom »Allgemeinen zum Speziellen« auf lange Sicht zur korrekten Spezifikation. Obwohl dieses asymptotische Ergebnis nicht ausreicht, um zu bestätigen, dass der LSE-Ansatz bei Stichprobengrößen, die typisch für die empirische Arbeit sind, gut funktioniert, zeigen Hoover und Perez (1999), dass es in der Praxis sehr gut funktionieren kann in dem Sinne, dass diese Methode meistens die korrekte Spezifikation (oder eine eng dazu in Beziehung stehende) aufdeckt. Eine automatisierte Version des Ansatzes vom Allgemeinen zum Speziellen wurde von Krolzig und Hendry (2001) entwickelt und ist erhältlich in PcGets (Owen, 2003) sowie, mit einigen Verfeinerungen, in Autometrics (Doornik, 2009). Hendry (2009) bespricht die Rolle der Modellselektion in der angewandten Ökonometrie und liefert eine Erläuterung. Die

Verwendung eines automatisierten Modellselektionsverfahrens ist in der empirischen Arbeit nicht weit verbreitet.

In der Praxis beginnen die meisten anwendungsbezogenen Forscher irgendwo »in der Mitte« mit einer Spezifikation, die angemessen und ideal sein könnte. Dann testen sie, (1) ob die von dem Modell auferlegten Restriktionen korrekt sind und (2) ob nicht vom Modell auferlegte Restriktionen auferlegt werden könnten. In die erste Kategorie fallen Fehlspezifikationstests für weggelassene Variablen, aber auch für Autokorrelation und Heteroskedastizität (siehe Kapitel 4). In die zweite Kategorie gehören Tests parametrischer Restriktionen, zum Beispiel dass eine oder mehrere erklärende Variablen Null-Koeffizienten haben.

Obwohl dieses Kapitel nützliche Tests und Verfahren zum Spezifizieren und Schätzen eines ökonometrischen Modells vorstellt, gibt es keine goldene Regel, um für eine gegebene Anwendung eine akzeptable Spezifikation zu finden. Wichtige Gründe dafür sind, dass die Spezifikation nun mal nicht einfach ist, dass nur eine begrenzte Menge zuverlässiger Daten zur Verfügung steht und die Theorie oft sehr abstrakt oder gar kontrovers ist (siehe Hendry und Richard, 1983). Das macht die Spezifikation eines Modells teilweise zu einem fantasievollen Prozess, für den man nur schwer Regeln aufstellen kann. Oder, wie in Kapitel 1 so schön auf den Punkt gebracht: Ökonometrie ist so viel einfacher ohne Daten. Kennedy (2003, Kapitel 5 und 21) liefert eine sehr nützliche Besprechung der Spezifikationssuche in der Praxis, kombiniert mit den »Zehn Geboten der angewandten Ökonometrie«.

Beim Präsentieren unserer Schätzergebnisse ist es keine »Sünde«, wenn unsere Spezifikation nichtsignifikante Variablen enthält. Die Tatsache, dass Ihre Ergebnisse keinen signifikanten Effekt auf y_i irgendeiner Variablen x_{ik} aufweisen, ist für den Leser informativ und es gibt keinen Grund, das zu verbergen, indem Sie x_{ik} weglassen und das Modell neu schätzen. Es ist zudem empfehlenswert, einen Achsenabschnittsterm im Modell zu belassen, auch wenn dieser nicht signifikant zu sein scheint. Natürlich sollten Sie sich davor hüten, zu viele Variablen in Ihr Modell aufzunehmen, die multikollinear sind, sodass am Ende nahezu keine der Variablen für sich signifikant zu sein scheint.

Neben formalen statistischen Tests gibt es noch andere Kriterien, die manchmal verwendet werden, um ein Regressorenset auszuwählen. Allen voran misst das in Kapitel 2.4 besprochene R^2 die Proportion der Stichprobenstreuung in y_i, die durch die Streuung in x_i erklärt wird. Wenn wir das Modell durch die Aufnahme von z_i in das Regressorenset erweitern würden, würde die erklärte Streuung natürlich nie zurückgehen, sodass auch R^2 nicht kleiner werden würde, wenn wir zusätzliche Variablen in das Modell einfügen. Das Verwenden von R^2 als Kriterium würde folglich Modelle mit so vielen erklärenden Variablen wie möglich favorisieren. Das ist sicher nicht optimal, weil zu viele Variablen nicht viel über die Modellkoeffizienten aussagen werden, da sie möglicherweise ziemlich ungenau geschätzt sind. Weil R^2 die Integration vieler Variablen nicht »bestraft«, wäre es besser, ein Maß zu verwenden, das eine Abwägung zwischen Anpassungsgüte und der Anzahl der im Modell eingesetzten Regressoren enthält. Eine Möglichkeit dazu besteht in der Verwendung des angepassten R^2 (oder $\bar{R}^2$), wie im vorhergehenden Kapitel besprochen. Es zu schreiben als

$$\bar{R}^2 = 1 - \frac{1/(N-K)\sum_{i=1}^{N} e_i^2}{1/(N-1)\sum_{i=1}^{N}(y_i - \bar{y})^2}, \tag{3.16}$$

und dabei zu beachten, dass der Nenner in diesem Ausdruck durch das betrachtete Modell unberührt bleibt, zeigt, dass das angepasste R^2 eine Abwägung zwischen Anpassungsgüte, wie durch $\sum_{i=1}^{N} e_i^2$ gemessen, und der Einfachheit oder Sparsamkeit des Modells, gemessen durch die Anzahl der Parameter K, liefert. Es gibt eine Reihe alternativer Kriterien, die solche Abwägungen bieten, die gängigsten sind das **Akaike-Informationskriterium** (engl. Akaike Information Criterion (AIC)), vorgeschlagen von Akaike (1973), gegeben durch

$$AIC = \log \frac{1}{N} \sum_{i=1}^{N} e_i^2 + \frac{2K}{N}, \tag{3.17}$$

und das **Schwarz-Informationskriterium** (engl. Schwarz Bayesian Information Criterion (BIC)), vorgeschlagen von Schwarz (1978), das sich ergibt aus

$$BIC = \log \frac{1}{N} \sum_{i=1}^{N} e_i^2 + \frac{K}{N} \log N. \tag{3.18}$$

Modelle mit einem niedrigeren AIC oder BIC werden in der Regel bevorzugt. Beachten Sie, dass beide Kriterien eine Bestrafung hinzufügen, die mit der Anzahl der Regressoren steigt. Weil die Bestrafung beim BIC größer ist, bevorzugt letzteres Kriterium eher sparsamere Modelle als das AIC. Das BIC kann in der Hinsicht als konstant gezeigt werden, dass es asymptotisch das wahre Modell aussucht, vorausgesetzt, es ist unter den betrachteten. Der Monte-Carlo-Beweis zeigt jedoch, dass AIC bei kleinen Stichproben besser funktioniert. Die Verwendung eines der beiden Kriterien ist für gewöhnlich auf Fälle beschränkt, in denen alternative Modelle nicht verschachtelt sind (siehe Unterkapitel 3.2.3) und die ökonomische Theorie keine Anhaltspunkte für das Selektieren des angemessenen Modells bietet. Eine typische Situation ist das Suchen nach einem sparsamen Modell, welches den dynamischen Prozess einer bestimmten Variablen beschreibt (siehe Kapitel 8); Kapitel 3.4 liefert eine Erläuterung.

Alternativ ist es möglich, zu testen, ob die Zunahme in R^2 statistisch signifikant ist. Das zu testen entspricht exakt dem Testen, ob Koeffizienten für die neu hinzugefügten Variablen z_i alle gleich null sind. Einen Test dafür haben wir im vorigen Kapitel kennengelernt. Rufen Sie sich aus (2.59) in Erinnerung, dass die angemessene F-Statistik geschrieben werden kann als

$$F = \frac{(R_1^2 - R_0^2)/J}{(1 - R_1^2)/(N - K)}, \tag{3.19}$$

wobei R_1^2 und R_0^2 das R^2 im Modell mit beziehungsweise ohne z_i bezeichnen und J die Anzahl der Variablen in z_i ist. Unter der Nullhypothese, dass z_i Null-Koeffizienten hat, besitzt die F-Statistik eine F-Verteilung mit J und $N{-}K$ Freiheitsgraden, vorausgesetzt, wir können die Bedingungen (A1)–(A5) aus Kapitel 2 auferlegen. Der F-Test liefert also eine statistische Antwort auf die Frage, ob die Zunahme in R^2 als Folge des Integrierens von z_i in das Modell signifikant war oder nicht. Es ist auch möglich, F mittels angepasster R^2s umzuschreiben. Das würde zeigen, dass $\bar{R}_1^2 > \bar{R}_0^2$, wenn und nur wenn F einen bestimmten Schwellenwert übersteigt. Im Allgemeinen korrespondieren diese Schwellenwerte nicht mit den 5%- oder 10%-kritischen Werten der F-Verteilung, sondern sind wesentlich kleiner. Es kann insbesondere gezeigt werden, dass $\bar{R}_1^2 > \bar{R}_0^2$, wenn und nur wenn die F-Statistik größer eins ist. Für eine einzelne Variable ($J = 1$) bedeutet das eine Zunahme des angepassten R^2, wenn die zusätzliche Variable einen

t-Wert mit einem absoluten Wert größer eins hat. (Rufen Sie sich in Erinnerung, dass bei einer einzelnen Restriktion $t^2 = F$). Das zeigt, dass die Verwendung des angepassten R^2 als Tool, um Regressoren auszuwählen, zur Inklusion von mehr Variablen führt als Standard-t- oder -F-Tests.

DieHypothese, dass die Koeffizienten γ für z_i null sind, kann mit den im vorhergehenden Kapitel besprochenen t- und F-Tests unmittelbar getestet werden. Verglichen mit dem F von oben kann eine Teststatistik abgeleitet werden, die grundsätzlich angemessener ist. Lassen wir mit $\hat{\gamma}$ den OLS-Schätzer für γ bezeichnen und mit $\hat{V}\{\hat{\gamma}\}$ die geschätzte Kovarianzmatrix für $\hat{\gamma}$. Dann kann gezeigt werden, dass unter der Nullhypothese, dass $\gamma = 0$, die Teststatistik

$$\xi = \hat{\gamma}' \hat{V}\{\hat{\gamma}\}^{-1} \hat{\gamma} \tag{3.20}$$

eine asymptotische χ^2-Verteilung mit J Freiheitsgraden aufweist. Das ist ähnlich dem in Kapitel 2 (vergleiche (2.63)) beschriebenen Wald-Test. Die Form der Kovarianzmatrix von $\hat{\gamma}$ ist abhängig von den Annahmen, die wir zu machen bereit sind. Unter den Gauß-Markov-Annahmen würden wir eine Statistik erhalten, die $\xi = JF$ erfüllt.

Es ist wichtig, daran zu denken, dass die beiden einzelnen Tests kein Äquivalent zu einem gemeinsamen Test sind. Wenn wir zum Beispiel den Ausschluss zweier einzelner Variablen mit den Koeffizienten γ_1 und γ_2 betrachten, verwerfen die einzelnen t-Tests möglicherweise weder $\gamma_1 = 0$ noch $\gamma_2 = 0$, wohingegen der gemeinsame F-Test (oder Wald-Test) die gemeinsame Restriktion $\gamma_1 = \gamma_2 = 0$ verwirft. Die Botschaft hier lautet: Wenn wir *gleichzeitig* zwei Variablen aus einem Modell entfernen wollen, sollten wir eher nach einem gemeinsamen Test statt nach zwei einzelnen suchen. Sobald die erste Variable aus dem Modell entfernt ist, könnte sich die zweite als signifikant erweisen. Das ist von besonderer Bedeutung, wenn zwischen den beiden Variablen Kollinearität besteht.

3.2.3 Vergleich nichtverschachtelter Modelle

Manchmal möchten Ökonometriker zwei verschiedene Modelle, die nicht verschachtelt sind, miteinander vergleichen. In diesem Fall ist keines der beiden Modelle als besonderer Fall im anderen enthalten. Solche Situationen können entstehen, wenn zwei alternative ökonomische Theorien zu verschiedenen Modellen für dasselbe Phänomen führen. Lassen Sie uns die beiden folgenden alternativen Spezifikationen betrachten:

$$\text{Model A: } y_i = x_i'\beta + \varepsilon_i \tag{3.21}$$

und

$$\text{Model B: } y_i = z_i'\gamma + v_i, \tag{3.22}$$

wobei beide so interpretiert werden, dass sie die bedingte Erwartung von y_i bei gegebenen x_i und z_i beschreiben. Die beiden Modelle sind nicht verschachtelt, wenn z_i eine Variable beinhaltet, die es in x_i nicht gibt und umgekehrt. Weil beide Modelle dieselbe endogene Variable erklären, ist es möglich, das $\bar{R}^2$, *AIC* oder *BIC* zu verwenden (siehe vorhergehendes Kapitel). Eine alternative und formalere Idee, die zum Vergleich beider Modelle herangezogen werden kann, ist das **Umfassen** (siehe Mizon, 1984; Mizon und Richard, 1986); wenn Modell A für das korrekte Modell gehalten wird, muss es in der Lage sein, Modell B zu umfassen, das heißt, es muss auch die Ergebnisse von B erklären können. Ist Modell A dazu nicht in der Lage, muss es verworfen werden. Umgekehrt muss B verworfen werden, wenn es Modell A nicht umfassen kann. Deshalb kann es sein, dass beide Modelle verworfen werden, weil keines von beiden korrekt ist. Wird Modell A nicht verworfen, können wir es gegen ein anderes konkurrierendes Modell testen und es so lange beibehalten, wie es nicht verworfen wird.

Das Umfassungsprinzip ist sehr allgemein, und es ist legitim, von einem Modell zu erwarten, dass es seine Konkurrenten umfasst. Sind diese konkurrierenden Modelle mit dem aktuellen Modell verschachtelt, werden sie automatisch von ihm umfasst, weil ein allgemeineres Modell stets in der Lage ist, die Ergebnisse einfacherer Modelle zu erklären (vergleiche (3.15) oben). Sind die Modelle nicht verschachtelt, ist das Umfassen nicht trivial. Leider sind Umfassungstests für allgemeine Modelle ziemlich kompliziert, für das oben genannte Regressionsmodell sind sie jedoch relativ einfach.

Wir sollten uns zwei alternative Tests ansehen. Der erste ist der **Non-nested F-Test** (nichtverschachtelt) oder umfassender F-Test. Indem wir schreiben $x_i' = (x_{1i}', x_{2i}')$, wobei x_{1i} in z_i enthalten ist (x_{2i} jedoch nicht), kann Modell B durch das Konstruieren eines sogenannten künstlichen verschachtelten Modells, wie

$$y_i = z_i'\gamma + x_{2i}'\delta_A + v_i. \tag{3.23}$$

getestet werden. Dieses Modell hat in der Regel keine ökonomische Begründung, reduziert sich jedoch auf Modell B, wenn $\delta_A = 0$. Folglich kann die Validität von Modell B (Modell B umfasst Modell A) durch einen F-Test für die Restriktionen $\delta_A = 0$ getestet werden. Auf ähnliche Weise können wir die Validität von Modell A durch das Testen von $\delta_B = 0$ in

$$y_i = x_i'\beta + z_{2i}'\delta_B + \varepsilon_i, \tag{3.24}$$

prüfen, wobei z_{2i} die Variablen aus z_i enthält, die nicht in x_i enthalten sind. Die hier getesteten Nullhypothesen besagen, dass ein Modell das andere umfasst. Das Ergebnis beider Tests kann sein, dass beide Modelle verworfen werden müssen. Andererseits ist es auch möglich, dass keines der beiden Modelle verworfen wird. Folglich sollte die Tatsache, dass Modell A verworfen wird, nicht als Beleg zum Vorteil von Modell B interpretiert werden. Es zeigt lediglich an, dass etwas in Modell B erfasst ist, das in Modell A nicht adäquat berücksichtigt wird.

Ein sparsamerer Test auf Nichtverschachtelung ist der **J-Test**. Lassen Sie uns wieder mit einem künstlichen verschachtelten Modell beginnen, das die Modelle A und B verschachtelt, gegeben durch

$$y_i = (1 - \delta)x_i'\beta + \delta z_i'\gamma + u_i, \tag{3.25}$$

wobei δ ein Skalarparameter ist und u_i den Fehlerterm bezeichnet. Wenn $\delta = 0$, korrespondiert Gleichung (3.25) mit Modell A, und wenn $\delta = 1$, reduziert sie sich auf Modell B. Leider kann das verschachtelte Modell (3.25) nicht bewertet werden, weil β, γ und δ grundsätzlich nicht getrennt voneinander identifiziert werden können. Eine Lösung dieses Problems (vorgeschlagen von Davidson und MacKinnon, 1981) besteht im Ersetzen des unbekannten Parameters γ durch $\hat{\gamma}$, die OLS-Schätzer aus Modell B, und die Hypothese zu testen, dass $\delta = 0$ in

$$y_i = x_i'\beta^* + \delta z_i'\hat{\gamma} + u_i = x_i'\beta^* + \delta\hat{y}_{iB} + u_i, \tag{3.26}$$

wobei $\hat{y}_{iB}$ der prognostizierte Wert aus Modell B ist und $\beta^* = (1 - \delta)\beta$. Der J-Test zur Gültigkeit von Modell A verwendet die t-Statistik für $\delta = 0$ in dieser letzten Regression. Rechnerisch bedeutet das einfach nur, dass der angepasste Wert aus dem konkurrierenden Modell zu unserem Testmodell hinzugefügt wurde und wir durch Verwendung eines Standard-t-Tests überprüfen, ob ihr Koeffizient gleich null ist. Verglichen mit dem non-nested F-Test beinhaltet der J-Test nur eine Restriktion. Das bedeutet, dass der J-Test attraktiver sein kann (mehr Teststärke besitzt), wenn die Anzahl der zusätzlichen Regressoren im non-nested F-Test groß ist. Wenn der non-nested F-Test nur einen zusätzlichen Regressor beinhaltet, ist er gleichwertig mit dem J-Test. Weitere Details zum nichtverschachtelten Testen finden Sie in Davidson und MacKinnon (2004, Kapitel 10.8) und den dortigen Literaturhinweisen.

Ein anderer relevanter Fall mit zwei alternativen Modellen, die nicht verschachtelt sind, ist die Wahl zwischen einer linearen und einer loglinearen funktionalen Form. Weil sich die abhängige Variable unterscheidet (y_i beziehungsweise $\log y_i$), ist ein Vergleich auf der Basis der Maße der Anpassungsgüte, einschließlich AIC und BIC, nicht geeignet. Eine Möglichkeit, um die Eignung des linearen und des loglinearen Modells zu testen, beinhaltet das Verschachteln beider in einem allgemeineren Modell unter Verwendung der sogenannten Box-Cox-Transformation (siehe Davidson und MacKinnon, 2004, Kapitel 10.8) und das Vergleichen mit dieser allgemeineren Alternative. Alternativ kann eine dem weiter oben beschriebenen umfassenden Ansatz ähnliche Vorgehensweise gewählt werden, indem ein künstliches verschachteltes Modell verwendet wird. Ein sehr einfaches Verfahren ist der PE-Test, vorgeschlagen von MacKinnon, White und Davidson (1983). Zuerst schätzen Sie mittels OLS sowohl das lineare wie auch das loglineare Modell. Benennen Sie die prognostizierten Werte mit $\hat{y}$ beziehungsweise $\log \tilde{y}_i$. Dann kann das lineare Modell gegen seine loglineare Alternative getestet werden, indem Sie die Nullhypothese überprüfen, dass $\delta_{LIN} = 0$ in der Testregression

$$y_i = x_i'\beta + \delta_{LIN}(\log \hat{y}_i - \log \tilde{y}_i) + u_i.$$

Auf ähnliche Weise korrespondiert das loglineare Modell mit der Nullhypothese $\delta_{LOG} = 0$ in

$$\log y_i = (\log x_i)'\gamma + \delta_{LOG}(\hat{y}_i - \exp\{\log \tilde{y}_i\}) + u_i.$$

Beide Teste können einfach auf den Standard-T-Statistiken beruhen, welche unter der Nullhypothese eine approximative Standardnormalverteilung haben. Wird $\delta_{LIN} = 0$ nicht verworfen, so ist das lineare Modell zu bevorzugen. Wird $\delta_{LOG} = 0$ nicht verworfen, so ist das loglineare Modell zu bevorzugen. Werden beide Hypothesen verworfen, scheint keines der beiden Modelle geeignet zu sein und es sollte ein allgemeineres Modell in Betracht gezogen werden, zum Beispiel durch das Generalisieren der funktionalen Form der x_i-Variablen entweder im linearen oder im loglinearen Modell.[4] Eine empirische Darstellung der Verwendung des PE-Tests finden Sie in Kapitel 3.4.

3.3   Fehlspezifikation der funktionalen Form

Obwohl die beim Interpretieren des Modells gemachten Annahmen ziemlich schwach sind, gibt es einen wichtigen Hinweis, wie die Modelle möglicherweise fehlspezifiziert sind, und zwar in ihrer Linearität. Die Interpretation, dass $E\{y_i|x_i\} = x_i'\beta$, bedeutet, dass keine anderen Funktionen von x_i für das Erklären des erwarteten Werts von y_i relevant sind. Das *ist* restriktiv und die Hauptmotivation für lineare Spezifikationen ist deren Zweckmäßigkeit.

3.3.1 Nichtlineare Modelle

Nichtlinearität kann auf zwei verschiedenen Wegen entstehen. Im ersten Fall ist das Modell immer noch linear, was die Parameter angeht, aber nichtlinear bei den erklärenden Variablen. Das bedeutet, dass wir die nichtlinearen Funktionen von x_i als zusätzliche erklärende Variablen einfügen, zum Beispiel können die Variablen $Alter_i^2$ und $Alter_i männlich_i$ in eine Lohngleichung aufgenommen werden. Das sich ergebende Modell ist immer noch linear in Bezug auf die Parameter und kann immer noch durch die kleinsten Quadrate geschätzt werden. Im zweiten Fall ist das Modell nichtlinear, was seine Parameter betrifft, wodurch sich eine Schätzung schwieriger gestaltet. Im Allgemeinen bedeutet das, dass $E\{y_i|x_i\} = g(x_i, \beta)$, wobei $g(.)$ eine Regressionsfunktion ist, die in β nichtlinear ist. Zum Beispiel könnten wir für ein einzelnes x_i

$$g(x_i, \beta) = \beta_1 + \beta_2 x_i^{\beta_3} \tag{3.27}$$

haben oder für ein zweidimensionales x_i

$$g(x_i, \beta) = \beta_1 x_{i1}^{\beta_2} x_{i2}^{\beta_3}, \tag{3.28}$$

welches einer Cobb-Douglas-Produktionsfunktion mit zwei Inputs entspricht. Da die zweite Funktion nach dem Berechnen der Logarithmen (davon ausgehend, dass $\beta_1 > 0$) in Bezug auf die Parameter linear ist, ist es in diesem Fall eine gängige Strategie, eher $\log y_i$ statt y_i zu modellieren. Das funktioniert bei dem ersten Beispiel nicht.

Nichtlineare Modelle können auch durch eine nichtlineare Version der Methode der kleinsten Quadrate geschätzt werden, indem wir die Zielfunktion

$$S(\tilde{\beta}) = \sum_{i=1}^{N} (y_i - g(x_i, \tilde{\beta}))^2 \tag{3.29}$$

minimieren in Bezug auf $\tilde{\beta}$. Das wird als **nichtlineare Kleinste-Quadrate-Schätzung** bezeichnet. Im Unterschied zum linearen Fall ist es allgemein nicht möglich, auf den Wert $\tilde{\beta}$, der $S(\tilde{\beta})$ minimiert, hin aufzulösen, und wir benötigen numerische Verfahren, um den nichtlinearen Kleinste-Quadrate-Schätzer zu erhalten. Eine notwendige Bedingung für die Konsistenz ist, dass es ein *eindeutiges* globales Minimum für $S(\tilde{\beta})$ gibt, was bedeutet, dass das Modell identifiziert ist. Eine ausgezeichnete Erörterung solcher nichtlinearen Modelle bieten Davidson und MacKinnon (1993) und wir werden das hier nicht weiter verfolgen.

Es ist möglich, funktionale Form-Fehlspezifikationen vollständig auszuschließen, indem wir sagen, dass wir uns für die *lineare* Funktion von x_i interessieren, die y_i so gut wie möglich approximiert. Das geht zurück auf die ursprüngliche Interpretation der Kleinste-Quadrate-Methode zur Bestimmung der Linearkombinationen von x Variablen, die eine Variable y so gut wie möglich approximieren. Dasselbe können wir in einer statistischen Umgebung tun, indem wir die Annahme lockern, dass $E\{\varepsilon_i|x_i\} = 0$ zu $E\{\varepsilon_i x_i\} = 0$. Denken Sie daran, dass $E\{\varepsilon_i|x_i\} = 0$ impliziert, dass $E\{\varepsilon_i g(x_i)\} = 0$ für jede Funktion g (vorausgesetzt, dass Erwartungen vorhanden sind), sodass es tatsächlich eine Lockerung der Annahmen ist. In diesem Fall können wir das lineare Regressionsmodell so interpretieren, dass es die beste lineare Approximation von y_i aus x_i beschreibt. In vielen Fällen würden wir die lineare Approximation als eine Schätzung für ihr Grundgesamtheitsäquivalent interpretieren statt nur als Ergebnis innerhalb einer Stichprobe. Beachten Sie, dass die Bedingung $E\{\varepsilon_i x_i\} = 0$ der Bedingung (A7) aus Kapitel 2 entspricht und dass sie notwendig ist für die Konsistenz des OLS-Schätzers.

3.3.2 Testen der funktionalen Form

Eine einfache Möglichkeit, die funktionale Form von

$$E\{y_i|x_i\} = x_i'\beta \tag{3.30}$$

zu prüfen, besteht darin, zu testen, ob zusätzliche nichtlineare Terme in x_i signifikant sind. Das kann durchgeführt werden mit Standard-t-Tests, -F-Tests oder, genereller, Wald-Tests. Es kann aber nur funktionieren, wenn Sie sehr konkret sein können, was die Alternative angeht. Wenn die Anzahl der Variablen in x_i groß ist, so ist auch die Anzahl der möglichen Tests groß.

Ramsey (1969) schlägt einen Test vor, der auf der Idee basiert, dass, unter der Nullhypothese, nichtlineare Funktionen von $\hat{y}_i = x_i'b$ nicht beim Erklären von y_i helfen sollten. Er testet insbesondere, ob die Teststärken von $\hat{y}_i$ Nicht-Null-Koeffizienten in folgender Hilfsregression haben:

$$y_i = x_i'\beta + \alpha_2\hat{y}_i^2 + \alpha_3\hat{y}_i^3 + \cdots + \alpha_Q\hat{y}_i^Q + v_i. \tag{3.31}$$

Eine Hilfsregression, von denen wir später noch einige sehen werden, wird in der Regel benutzt, um einen Test nur statistisch zu berechnen, und ist nicht gedacht, ein aussagekräftiges Modell zu repräsentieren. In diesem Fall können wir einen Standard-F-Test für die $Q-1$-Restriktionen in $H_0\colon \alpha_2 = \cdots = \alpha_Q = 0$, verwenden oder einen allgemeineren Wald-Test (mit einer asymptotischen χ^2-Verteilung mit $Q-1$ Freiheitsgraden). Diese Tests werden in der Regel als **RESET-Tests** (Regression Equation Specification Error Tests) bezeichnet. Häufig wird ein Test nur für $Q = 2$ durchgeführt. Es ist nicht unwahrscheinlich, dass ein RESET-Test die Nullhypothese wegen des Weglassens relevanter Variablen aus dem Modell (in dem zuvor definierten Sinne) verwirft statt lediglich aufgrund einer funktionalen Formfehlspezifikation. Das heißt, die Aufnahme einer zusätzlichen Variablen kann die Nichtlinearitäten, die vom Test angezeigt werden, erfassen.

3.3.3 Auf einen Strukturbruch hin testen

Bisher haben wir angenommen, dass die funktionale Form des Modells für alle Beobachtungen der Stichprobe dieselbe ist. Wie in Kapitel 3.1 gezeigt, liefern interagierende Dummyvariablen mit anderen erklärenden Variablen ein nützliches Tool, um den Marginaleffekten in diesem Modell zu erlauben, innerhalb der Unterstichproben unterschiedlich zu sein. Manchmal ist es interessant, eine alternative Spezifikation zu betrachten, in der alle Koeffizienten über zwei oder drei Unterstichproben unterschiedlich sind. In einem Querschnittskontext können wir an männliche und weibliche oder verheiratete und ledige Arbeitnehmer denken. Bei einer Zeitreihenanwendung werden die Unterstichproben in der Regel durch Zeit definiert. Zum Beispiel können die Koeffizienten in dem Modell vor und nach einer wichtigen Veränderung in der makroökonomischen Politik unterschiedlich sein. In solchen Fällen wird die Veränderung der Regressionskoeffizienten als **struktureller Bruch** bezeichnet.

Lassen Sie uns eine alternative Spezifikation betrachten, die aus zwei Gruppen besteht, angezeigt durch $g_i = 0$ beziehungsweise $g_i = 1$. Eine zweckmäßige Art, die allgemeine Spezifikation auszudrücken, ist gegeben durch

$$y_i = x_i'\beta + g_i x_i'\gamma + \varepsilon_i, \tag{3.32}$$

wobei der K-dimensionale Vektor $g_i x_i$ alle erklärenden Variablen enthält (einschließlich des Achsenabschnitts), die mit der Indikatorvariablen g_i aufeinander wirken. Diese Gleichung besagt, dass der Koeffizientenvektor für Gruppe 0 β ist, wohingegen jener für Gruppe 1 $\beta + y$ lautet. Die Nullhypothese ist $y = 0$, in welchem Fall sich das Modell auf das beschränkte Modell reduziert.

Einen ersten Weg, um $y = 0$ zu testen, erhalten wir durch die Verwendung des F-Tests aus Unterkapitel 2.5.4. Seine Teststatistik ist gegeben durch

$$F = \frac{(S_R - S_{UR})/K}{S_{UR}/(N - 2K)},$$

wobei K die Anzahl der Regressoren im beschränktem Modell (einschließlich des Achsenabschnitts) ist und S_{UR} und S_R die Summe der quadrierten Residuen des unbeschränkten beziehungsweise des beschränkten Modells bezeichnen. Alternativ kann das generell nichtbeschränkte Modell durch die Durchführung einer separaten Regression für jede Unterstichprobe geschätzt werden. Das führt zu identischen Koeffizientenschätzungen wie in (3.32). Infolgedessen kann die unbeschränkte Summe der quadrierten Residuen durch $S_{UR} = S_0 + S_1$ erhalten werden, wobei S_g die Summe der quadrierten Residuen in Unterstichgruppe g bezeichnet; siehe dazu die Darstellung in Kapitel 3.6. Der oben angeführte F-Test wird in der Regel als **Chow-Test** zum Testen möglicher Strukturbrüche bezeichnet (Chow, 1960)[5]. Wenn wir (3.32) verwenden, kann dies leicht angepasst werden, um in der Untergruppe der Koeffizienten nach einem Bruch zu suchen, indem wir nur diese Interaktionen in das allgemeine Modell aufnehmen. Beachten Sie, dass die Freiheitsgrade des Tests entsprechend angepasst werden sollten.

Die Anwendung des Chow-Tests ist nützlich, wenn man von vornherein glaubt, dass die Regressionskoeffizienten innerhalb zweier klar definierter Stichproben unterschiedlich sind. Bei einer Zeitreihenanwendung erfordert das einen bekannten Bruchzeitpunkt, das heißt eine Zeitphase, die anzeigt, wann die Strukturveränderung eintritt. Manchmal gibt es gute ökonomische Gründe, die Bruchzeitpunkte zu identifizieren, zum Beispiel die deutsche Wiedervereinigung im Jahr 1990 oder das Ende des Bretton-Woods-Systems von festen Wechselkursen 1973. Wenn das Datum eines möglichen Bruchs nicht genau bekannt ist, kann der Chow-Test durch das Testen auf alle möglichen Brüche in einem bestimmten Zeitraum angepasst werden. Während die Teststatistik als das Maximum aller F-Statistiken leicht zu erhalten ist, ist sie nicht standardnormalverteilt; siehe Stock und Watson (2007, Kapitel 14.7) für weitere Erörterungen.

3.4 Beispiel: Die Erklärung von Hauspreisen

In diesem Kapitel betrachten wir eine empirische Darstellung der Beziehung zwischen Verkaufspreisen von Häusern und deren Eigenschaften. Die sich ergebende Preisfunktion kann als **Hedonische Preisfunktion** bezeichnet werden, weil sie die Schätzung hedonischer Preise ermöglicht (siehe Rosen, 1974). Ein hedonischer Preis bezieht sich auf den impliziten Preis eines bestimmten Attributs (zum Beispiel die Anzahl der Schlafzimmer), der sich im Verkaufspreis des Hauses niederschlägt. In diesem Kontext wird ein Haus als ein Bündel von Attributen betrachtet. Typische Produkte, bei denen hedonische Preisfunktionen geschätzt werden, sind Computer, Autos und Häuser. Für unseren Zweck besteht die wichtige Schlussfolgerung darin, dass eine hedonische Preisfunktion den erwarteten Preis (oder log Preis) als Funktion einer Reihe von Eigenschaften beschreibt. Berndt (1991, Kapitel 4) bespricht zusätzliche ökonomische und ökonometrische Themen betreffend die Anwendung, Interpretation und Schätzung solcher Preisfunktionen.

Die von uns benutzten Daten[6] entstammen einer Studie von Anglin und Gençay (1996). Sie enthalten die Verkaufspreise von 546 Häusern, die im Juli, August und September 1987 in Windsor, Kanada, verkauft wurden, einschließlich ihrer wichtigen Eigenschaften. Folgende Eigenschaften sind bekannt: die Grundstücksgröße in Quadratmetern, die Anzahl der Schlafzimmer, Bäder und Garagenplätze sowie die Anzahl der Stockwerke. Zusätzlich gibt es Dummyvariablen für das Vorhandensein einer Zufahrt, eines Hobbyraums, eines ausgebauten Kellers und einer zentralen Klimaanlage, für die Lage in einer bevorzugten Wohngegend sowie einen Gasanschluss für die Heißwasserversorgung. Um mit unserer Analyse zu beginnen, schätzen wir als Erstes ein Modell, das den Logarithmus des Verkaufspreises aus dem Logarithmus der Grundstücksgröße, der Anzahl der Schlafzimmer und Bäder und des Vorhandenseins einer Klimaanlage erklärt. Die OLS-Schätzung führt zu den Ergebnissen in Tabelle 3.1. Diese Ergebnisse zeigen ein realistisch hohes R^2 von 0,57 und ziemlich hohe t-Werte für alle Koeffizienten. Der Koeffizient für den Klimaanlagen-Dummy zeigt, dass ein Haus mit dieser Eigenschaft erwartungsgemäß 21% höhere Preise erbringt als ein Haus ohne, wenn beide Häuser dieselbe Anzahl Schlafzimmer und Bäder sowie dieselbe Grundstücksgröße haben. Ein um 10% größeres Grundstück, unter sonst gleichen Bedingungen, erhöht den erwarteten Verkaufspreis um 4%, während ein zusätzliches Schlafzimmer den Preis um fast 8% anhebt. Der erwartete log Verkaufspreis für ein Haus mit vier Schlafzimmern, einem Bad, einer Grundstücksgröße von 465 Quadratmetern und ohne Klimaanlage kann wie folgt berechnet werden:

$$7,094 + 0,400 \log(5000) + 0,078 \times 4 + 0,216 = 11,028,$$

was mit einem erwarteten Preis von $\exp\{11,028 + 0,5 \times 0,2456^2\} = 63\,460$ kanadischen Dollar korrespondiert. Der letzte Term in diesem Ausdruck korrespondiert mit einer Hälfte der geschätzten Fehlervarianz (s_2) und basiert auf der Annahme, dass der Fehlerterm normalverteilt ist (siehe (3.10)). Diesen Term wegzulassen führt zu einem erwarteten Preis von nur 61 575 Dollar. Um den halben Semivarianzterm abzuschätzen, betrachten Sie bitte die angepassten Werte in unserem Modell. Das Exponential dieser angepassten Werte zu nehmen führt zu den vorhergesagten Preisen der Häuser in unserem Beispiel. Der durchschnittliche vorhergesagte Preis beträgt 66 679 Dollar, während der Stichprobendurchschnitt des tatsächlichen Preises bei 68 122 Dollar liegt. Das zeigt, dass wir ohne jegliche Korrekturen den Preis systematisch

Abhängige Variable: log(*Preis*)			
Variable	Schätzwert	Standardfehler	*t*-Wert
Konstante	7,094	0,232	30,636
log(*Grundstücksgröße*)	0,400	0,028	14,397
Schlafzimmer	0,078	0,015	5,017
Bäder	0,216	0,023	9,386
Klimaanlage	0,212	0,024	8,923

Tabelle 3.1 OLS-Ergebnisse hedonischer Preisfunktion
$s = 0,2456$ $R^2 = 0,5674$ $\bar{R}^2 = 0,5642$ $F = 177,41$

zu niedrig prognostizieren würden. Wird der Semivarianzterm hinzugefügt, steigt der durchschnittliche prognostizierte Preis, basierend auf dem Modell, das log Preise erklärt, auf 68 190, was ziemlich nah am tatsächlichen Durchschnitt liegt.

Um die funktionale Form dieser einfachen Spezifikation zu testen, können wir den RESET-Test verwenden. Das bedeutet, dass wir aus unserem Modell Prognosewerte generieren, sie uns zu eigen machen, sie in die Originalgleichung einfügen und ihre Signifikanz testen. Beachten Sie, dass diese letzteren Regressionen nur für Testzwecke durchgeführt wurden und nicht gedacht sind, ein aussagekräftiges Modell hervorzubringen. Das Einschließen der quadrierten angepassten Werte produziert eine F-Statistik von 0,514 ($p = 0,61$); und das Einschließen der quadrierten und hoch 3 angepassten Werte ergibt eine F-Statistik von 0,56 ($p = 0,57$). Keiner der beiden Tests zeigt besondere Fehlspezifikationen unseres Modells an. Dennoch könnten wir daran interessiert sein, zusätzliche Variablen in unser Modell zu integrieren, weil die Preise auch von Eigenschaften wie der Anzahl der Garagenplätze oder dem Standort des Hauses beeinflusst werden. Zu diesem Zweck nehmen wir alle anderen Variablen in unser Modell auf, um die Spezifikation zu erhalten, die in Tabelle 3.2 wiedergegeben ist. Vorausgesetzt, dass R^2 auf 0,68 anwächst und dass sämtliche einzelnen t-Statistiken größer als 2 sind, scheint diese erweiterte Spezifikation beim Erklären der Hauspreise signifikant besser zu performen als die vorherige. Ein gemeinsamer Test auf der Hypothese, dass alle sieben zusätzlichen Variablen einen Koeffizienten von null haben, wird durch den F-Test geliefert, wobei die Teststatistik berechnet wird auf der Basis des entsprechenden R^2s als

$$F = \frac{(0,6865 - 0,5674)/7}{(1 - 0,6865)/(546 - 12)} = 28,99,$$

Abhängige Variable: log(*Preis*)			
Variable	**Schätzwert**	**Standardfehler**	**t-Wert**
Konstante	7,745	0,216	35,801
log(*Grundstücksgröße*)	0,303	0,027	11,356
Schlafzimmer	0,034	0,014	2,410
Bäder	0,166	0,020	8,154
Klimaanlage	0,166	0,021	7,799
Zufahrt	0,110	0,028	3,904
Hobbyraum	0,058	0,026	2,225
Ausgebauter Keller	0,104	0,022	4,817
Gas für heißes Wasser	0,179	0,044	4,079
Garagenplätze	0,048	0,011	4,178
Bevorzugte Wohngegend	0,132	0,023	5,816
Etagen	0,092	0,013	7,268

Tabelle 3.2 OLS-Ergebnisse hedonischer Preisfunktion, erweitertes Modell
$s = 0,2104$ $R^2 = 0,6865$ $\bar{R}^2 = 0,6801$ $F = 106,33$

welches hoch signifikant für eine F-Verteilung mit 7 und 532 Freiheitsgraden ($p = 0,000$) ist. Betrachten wir die Punktschätzwerte, so ist der Ceteris-paribus-Effekt eines um 10% größeren Grundstücks nun auf lediglich 3% geschätzt. Das liegt mit ziemlicher Sicherheit an der Veränderung der Ceteris-paribus-Bedingung, zum Beispiel weil Häuser mit größeren Grundstücken in der Regel häufiger eine Zufahrt haben.[7] Auf ähnliche Weise ist der geschätzte Einfluss der anderen Variablen im Vergleich zu den Schätzwerten in Tabelle 3.1 reduziert. Wie erwartet sind alle Koeffizientenschätzungen positiv und relativ einfach zu interpretieren. Unter sonst gleichen Bedingungen wird ein Haus in einer bevorzugten Wohngegend der Stadt erwartungsgemäß um einen 13% höheren Preis verkauft als ein Haus in einer anderen Lage.

Wie zuvor können wir die funktionale Form der Spezifikation testen, indem wir einen oder mehrere RESET-Tests durchführen. Mit einem t-Wert von 0,06 für das Quadrat der angepassten Werte und einer F-Statistik von 0,04 für die Terme hoch 2 und hoch 3, gibt es wieder keinen Hinweis auf Fehlspezifikation der funktionalen Form. Eine Untersuchung der Ergebnisse der Hilfsregression legt jedoch nahe, dass es an einem Mangel an Teststärke wegen Multikollinearität liegen kann. Stattdessen ist es möglich, spezifischere Alternativen zu betrachten, wenn wir die funktionale Form testen. Zum Beispiel könnten wir die Hypothese aufstellen, dass ein zusätzliches Schlafzimmer einen höheren Preisanstieg bedeutet, wenn sich das Haus in einer bevorzugten Wohngegend befindet. Ist das der Fall, sollte das Modell einen Interaktionsterm zwischen Standortdummy und der Anzahl der Schlafzimmer beinhalten. Wird das Modell um diesen Interaktionsterm erweitert, so produziert der t-Test zu dieser neuen Variablen einen stark nichtsignifikanten Wert von $-0,131$. Insgesamt erscheint das jetzige Modell überraschend gut spezifiziert.

Das Modell ermöglicht uns, den erwarteten log Verkaufspreis eines beliebigen Hauses in Windsor zu berechnen. Falls Ihnen ein zweigeschossiges Haus auf einem 930 Quadratmeter großen Grundstück in einer bevorzugten Wohngegend der Stadt mit vier Schlafzimmern, einem Bad, zwei Garagenplätzen, einer Zufahrt, einem Hobbyraum, Klimaanlage, einem vollständig ausgebauten Kellergeschoss und einem Gasanschluss für Heißwassererzeugung gehört, so beträgt der erwartete log Preis 11,87. Das weist darauf hin, dass der hypothetische Preis Ihres Hauses, wenn es im Sommer 1978 verkauft worden wäre, auf etwas mehr als 146 000 kanadische Dollar geschätzt worden wäre.

Statt log Preise zu modellieren, könnten wir auch die Erklärung von Preisen betrachten. Tabelle 3.3 zeigt die Ergebnisse eines Regressionsmodells, in dem die Preise als lineare Funktion der Grundstücksgröße und aller anderen Variablen erklärt werden. Verglichen mit dem vorigen Modell spiegeln die Ergebnisse jetzt absolute statt relativer Preisunterschiede. Zum Beispiel wird durch das Vorhandensein einer Zufahrt (ceteris paribus) erwartet, dass der Hauspreis um 6688 Dollar steigt, während Tabelle 3.2 eine geschätzte Zunahme von 11% impliziert. Aus einem Vergleich der Ergebnisse in Tabelle 3.2 und 3.3 geht nicht eindeutig hervor, welche der beiden Spezifikationen zu bevorzugen ist. Denken Sie daran, dass das R^2 keine geeigneten Vergleichsmittel hervorbringt. Wie in Kapitel 3.2.3 besprochen, ist es möglich, diese zwei nicht verschachtelten Modelle gegeneinander zu testen. Mit dem PE-Test können wir die beiden Hypothesen testen, dass das lineare Modell geeignet ist und dass das loglineare Modell geeignet ist.

Wenn wir das lineare Modell testen, erhalten wir eine Teststatistik von $-6,196$. In Anbetracht der kritischen Werte einer Standardnormalverteilung besagt das, dass die Spezifikation in Tabelle 3.3 verworfen werden muss. Das impliziert nicht automatisch, dass die Spezifikation in Tabelle 3.2 geeignet ist. Nichtsdestotrotz werden wir beim Testen des loglinearen Modells (wobei nur Preis und Grundstücksgröße in den Logarithmen enthalten sind) eine Teststatistik von −0,569 finden, sodass es nicht verworfen werden kann.

Abhängige Variable: *Preis*			
Variable	**Schätzwert**	**Standardfehler**	**t-Wert**
Konstante	−4038,35	3409,47	−1,184
Grundstücksgröße	3,546	0,350	10,124
Schlafzimmer	1832,00	1047,00	1,750
Bäder	14335,56	1489,92	9,622
Klimaanlage	12632,89	1555,02	8,124
Zufahrt	6687,78	2045,25	3,270
Hobbyraum	4511,28	1899,96	2,374
Ausgebauter Keller	5452,39	1588,02	3,433
Gas für heißes Wasser	12831,41	3217,60	3,988
Garagenplätze	4244,83	840,54	5,050
Bevorzugte Wohngegend	9369,51	1669,09	5,614
Etagen	6556,95	925,29	7,086

Tabelle 3.3 OLS-Ergebnisse hedonischer Preisfunktion, lineares Modell
$s = 15423 \quad R^2 = 0,6731 \quad \bar{R}^2 = 0,6664 \quad F = 99,97$

3.5 Beispiel: Prognose von Aktienindexrenditen

In der wissenschaftlichen Literatur über die Vorhersagbarkeit von Aktienmärkten herrschte bis in die 1970er-Jahre hinein die Sichtweise vor, dass Aktienpreise sehr gut durch eine Zufallsbewegung beschrieben werden und dass kein wirtschaftlich verwertbares vorhersagbares Muster existiert. In diesem Fall soll der Aktienmarkt effizient sein und die Renditen y_i im Zeitraum t werden durch ein einfaches Regressionsmodell,

$$y_t = \beta_1 + \varepsilon_t,$$

beschrieben, wobei ε_t den Mittelwert null hat und im Zeitverlauf nicht korreliert. Benennen wir einen K-dimensionalen Vektor vorhersagender Variablen, die vor Beginn der Zeitphase t bekannt sind, mit x_t (einschließlich einer Konstanten), dann impliziert die Markteffizienz, dass die Steigungskoeffizienten $\beta_2, \dots, \beta_k$ in

$$y_t = x_t'\beta + \varepsilon_t$$

gleich null sind. Mit einer gegebenen Wahl für x_t kann diese Hypothese durch einen Standard-F-Test oder einen Wald-Test leicht getestet werden, unter der Voraussetzung, dass die relevanten Annahmen erfüllt sind. Wie in Unterkapitel 2.6.2 besprochen, ist der F-Test approximativ gültig, wenn x_t und ε_t unabhängig sind (Annahme (A8) und wenn ε_t unabhängige Ziehungen aus einer Verteilung mit dem Mittelwert null und einer konstanten Varianz sind.

Einige neuere Studien legen Beweise vor, dass die Aktienrenditen in einem gewissen Maß vorhersagbar sind, entweder durch ihre eigene Entwicklung oder aus anderen öffentlich zugänglichen Informationen wie Dividendenrendite, Kurs-Gewinn-Verhältnisse, Zinssätze oder einfach aus Kalenderdummys. Jedenfalls nennen viele Studien Regressionsergebnisse, die auf Basis des gesamten Beobachtungszeitraums der Stichprobe geschätzt wurden. Entsprechend werden Prognosemodelle mit dem Vorteil einer Rückschau formuliert und geschätzt. Und die Ergebnisse sind nicht geeignet, um den wirtschaftlichen Wert dieser Prognose für Handelszwecke einzuschätzen. Darüber hinaus können einige Modellspezifikationen das Ergebnis ausgiebiger Spezifikationssuche sein und als solche unter Data-Snooping leiden. Wenn das der Fall ist, könnte das geschätzte Modell zufällige Muster aus der Vergangenheit aufnehmen, die außerhalb der genutzten Stichprobenphase keinerlei Bedeutung haben.

3.5.1 Modellauswahl

In diesem Kapitel betrachten wir Modelle, die versuchen, die Rendite des Index S&P 500 zu prognostizieren, die den risikofreien Zins übersteigt (Schatzwechselrendite). Wir haben ein Grundset an Prognosevariablen (Prädikatorvariablen), ähnlich den in Pesaran und Timmermann (1995) sowie Marquering und Verbeek (2004) verwendeten, erweitert durch eine Dummyvariable, die während der Wintermonate (November bis April) gleich eins ist, basierend auf dem Halloween-Effekt von Bouman und Jacobsen (2002)[8]. Folgende Variablen stehen zur Verfügung:

$exret_t$	monatliche Überschussrendite zum S&P 500
pe_{t-1}	Kurs-Gewinn-Verhältnis, 1 Monat zeitversetzt
dy_{t-1}	Dividendenrendite, 1 Monat zeitversetzt
$infl_{t-2}$	Inflationsrate, 2 Monate zeitversetzt
ip_{t-2}	Veränderung bei der industriellen Produktion, 2 Monate zeitversetzt
$i3_{t-1}, i3_{t-2}$	Zinssatz für 3 Monate, 1 oder 2 Monate zeitversetzt
$i12_{t-1}, i12_{t-2}$	Zinssatz für 12 Monate, 1 oder 2 Monate zeitversetzt
mb_{t-2}	Veränderung bei der Geldbasis, 2 Monate zeitversetzt
cs_{t-1}	Credit Spread (Gewinn auf Moody's Aaa -/- BBa Schuld)
$winter_t$	1, wenn t November ist, …, April, andernfalls 0

Wegen der mit der Veröffentlichung makroökonomischer Indikatoren verbundenen Zeitverzögerung sind diese Variablen in allen Modellen zweifach zeitversetzt. Darüber hinaus integrieren wir die Zinssätze für 3 und für 12 Monate, versetzt um 1 und 2 Monate, sodass sich die Daten »entscheiden« können, ob Zinssatzniveaus, Veränderungen oder Unterschiede bei Laufzeiten relevant sind, um Aktienrenditen vorherzusagen. Wenn das Modell zum Beispiel $\beta_6 i3_{t-1} + \beta_7 i3_{t-2}$ enthält mit $\beta_6 = -\beta_7$, dann spielt nur die Veränderung beim Zinssatz für 3 Monate eine Rolle.

Die verfügbaren Daten decken die Zeitphase von Januar 1966 bis Dezember 2005 ab. Wir werden die ersten 30 Jahre bis Dezember 1995 nutzen, um eine Regressionsgleichung zu spezifizieren und zu schätzen. Die letzten 120 Monate unserer Stichprobenphase werden wir verwenden, um die außerhalb der Stichprobe liegende Prognosestärke jeder Spezifikation zu schätzen. Das heißt, die für die Bewertung der Prognoseleistung des Modells verwendeten Daten decken eine andere Zeitphase ab als jene, die wir zur Spezifikation und Schätzung des Modells verwendet haben. In die erste Spezifikation nehmen wir alle oben aufgeführten Variablen auf. Weil diese Spezifikation nicht auf einem statistischen Test oder einem Modellselektionskriterium basiert, unterliegt das Modell keinem Data-Snooping im strikten Sinne. Allerdings ist die Auswahl der in die Analyse aufgenommenen Variablen eine potenzielle Quelle für eine indirekte Data-Snooping-Verzerrung, weil sie teilweise auf dem basiert, was andere Studien beim Verwenden ähnlicher Daten herausgefunden haben. Obwohl die Einbeziehung von Konjunkturzyklenindikatoren zur Prognose von Aktienerträgen eine logische Grundlage hat, gibt es wenig Theorie oder Richtlinien zur Wahl der Prognosevariablen und deren Zeitverzögerung in x_t. Das macht die Modellspezifikationssuche sehr stark zu einer empirischen Übung. Folglich führen wir, ergänzend zur vollen Spezifikation, auch vier verschiedene Spezifikationssuchen durch. Alle Suchen nehmen das Basisset der erklärenden Variablen als gegeben an und beruhen auf der Wahl einer Spezifikation, die entweder das höchste $\bar{R}^2$, das niedrigste Akaike-Informationskriterium (AIC) oder das niedrigste Schwarz-Informationskriterium (BIC) aufweist. Darüber hinaus wählen wir eine Spezifikation, die auf der Herangehensweise des Allgemeinen zum Speziellen basiert, indem wir schrittweise erklärende Variablen streichen, die einen t-Wert unter 1,96 haben. Die Konstante wird stets beibehalten. Tabelle 3.4 zeigt die Ergebnisse der OLS-Schätzung der fünf Spezifikationen, die sich zufällig alle voneinander unterscheiden.

Über die Schätzergebnisse kann einiges gesagt werden. Erstens ist das konservativste Modellselektionsverfahren das Schwarz-Informationskriterium (BIC). Weil das BIC die höchste Bestrafung für zusätzliche Modellparameter aufweist, neigt es dazu, ein sehr sparsames Modell zu favorisieren. Das angepasste R^2-Kriterium führt zu einem Modell mit vielen erklärenden Variablen. Wie in Kapitel 3.2.2 erwähnt, führt das $\bar{R}^2$-Kriterium zu einer Spezifikation, in der alle absoluten t-Werte größer eins sind. Die schrittweise Vorgehensweise ist konservativer und behält nur erklärende Variablen bei, wenn deren t-Wert größer als 1,96 ist. Vergleichen wir die Ergebnisse des BIC mit anderen Modellen, so beobachten wir eine gewisse Kollinearität zwischen den Zinssätzen für 3 Monate und für 12 Monate, was erklärt, warum die Koeffizientenschätzungen und die statistische Signifikanz für letztere Variablen für die BIC-Spezifikation so unterschiedlich sind. Die R^2s sind für jedes der Modelle ziemlich niedrig und spiegeln die Tatsache wider, dass Aktienrenditen schwer prognostizierbar sind, selbst innerhalb einer vorgegebenen Stichprobe.

Die Tabelle nennt Standardfehler und F-Statistiken, ohne zu berücksichtigen, dass die Modellspezifikationen das Ergebnis einer auf denselben Daten basierenden Spezifikationssuche ist. Genau genommen macht sie das unbrauchbar, weil die Verteilung der Teststatistik von den Ergebnissen der Spezifikationssuche abhängt und deshalb nicht länger eine t- oder F-Verteilung ist. Zum Beispiel überrascht es nicht, dass die Ergebnisse des schrittweisen Vorgehens zu einem Modell führen, in dem alle t-Werte größer als 2 sind, weil das Modell konstruiert wurde, um diese Bedingung zu erfüllen. Auf ähnliche Weise können wir erwarten, dass die F-Statistik ansteigt, sobald »weniger wichtige« erklärende Variablen fallengelassen werden. Die »wahre« Signifikanz der erklärenden Variablen sollte auch den Selektionsprozess berücksichtigen, obwohl das im Allgemeinen nicht trivial ist: siehe zum Beispiel Lovell (1983) und Sullivan, Timmermann und White (2001) für einige Ansätze zu diesem Problem.

Abhängige Variable: Überschussrenditen S&P 500 (Jan. 1966 – Dez. 1995)					
	Voll	max. $\bar{R}$	schrittweise	min. AIC	min. BIC
Konstante	0,021	0,031	−0,013	−0,022	−0,012
	(0,040)	(0,035)	(0,009)	(0,010)	(0,009)
pe_{t-1}	−0,120	−0,158	–	–	–
	(0,129)	(0,107)			
dy_{t-1}	0,127	0,103	0,130	0,166	0,124
	(0,083)	(0,069)	(0,048)	(0,055)	(0,047)
$infl_{t-2}$	−0,163	−0,157	–	−0,107	–
	(0,077)	(0,076)		(0,070)	
ip_{t-2}	−0,060	−0,069	–	–	–
	(0,061)	(0,059)			
$i3_{t-1}$	0,269	0,259	0,274	0,283	–
	(0,125)	(0,123)	(0,121)	(0,122)	
$i3_{t-2}$	−0,223	−0,223	−0,252	−0,232	–
	(0,121)	(0,121)	(0,120)	(0,121)	
$i12_{t-1}$	−0,505	−0,504	−0,528	−0,525	−0,276
	(0,123)	(0,123)	(0,123)	(0,123)	(0,051)
$i12_{t-2}$	0,389	0,398	0,435	0,406	0,206
	(0,128)	(0,127)	(0,124)	(0,126)	(0,053)
mb_{t-2}	−0,044	–	–	–	–
	(0,084)				
cs_{t-1}	0,175	0,158	0,239	0,223	0,225
	(0,109)	(0,104)	(0,085)	(0,085)	(0,084)
$winter_{t}$	0,006	0,006	–	0,006	–
	(0,004)	(0,004)		(0,004)	
s	0,040	0,040	0,040	0,040	0,041
R^2	0,1698	0,1691	0,1505	0,1618	0,1378
$\bar{R}^2$	0,1435	0,1453	0,1360	0,1427	0,1281
AIC	−3,5563	−3,5610	−3,5610	−3,5634	−3,5573
BIC	−3,4267	−3,4423	−3,4855	−3,4662	−3,5034
F	6,4699	7,1042	10,4191	8,470	14,182
p-Wert	0	0	0	0	0

Tabelle 3.4   Prognosegleichung S&P 500 Überschussrenditen

3.5.2 Prognoseevaluation

In unserer aktuellen Anwendung besteht unsere abschließende Aufgabe nicht darin, präzise statistische Angaben zu den Modellparametern zu machen, sondern Prognosen zu generieren. Wir können die geschätzten Koeffizienten für jedes der fünf oben genannten Modelle anwenden, um die Überschussrendite für den S&P 500 über den Zeitraum von Januar 1996 bis Dezember 2005 vorherzusagen. Das tun wir, indem wir der in Kapitel 2.10 beschriebenen Vorgehensweise folgen. Zum Beispiel beträgt bei voller Spezifikation die Prognose für Januar 1996 (unter Verwendung der beobachteten Werte der erklärenden Variablen) 0,886%. Das entsprechende Prognoseintervall ist ziemlich groß und hat die Grenzen $0,886 \pm 1,96 \times 4,089$ oder (−7,128%, 8,900%). Für das auf dem BIC-Kriterium basierende Modell fällt die Prognose für Januar 1996 deutlich anders aus und entspricht −0,263% mit einem Prognoseintervall von (−8,279%, 7,744%). Die Breite dieser Intervalle spiegelt die große Unsicherheit, die Kursgewinnen innewohnt. Dennoch wird ein Investor, der die Punktprognosen als gegebene Tatsache ansieht, möglicherweise auf Grundlage dieser beiden Prognosen andere Handelsentscheidungen treffen.

Es ist im Vorhinein nicht ersichtlich, welches der fünf Modelle die beste Prognose aus dieser Stichprobe hervorbringen wird. Das hängt neben vielen anderen Dingen von der Frage ab, ob sich das »wahre« Regressorenset im Laufe der Zeit verändert und/oder die »wahren« Modellkoeffizienten zeitinvariant sind. Um die Leistung der Prognose auf Basis dieser Stichprobe zu bewerten, berechnen wir für jeden Monat in der Zeitspanne Januar 1996 bis Dezember 2005 die Prognosen und verwenden dabei die beobachteten Regressorenwerte, während wir die Koeffizientenschätzwerte basierend auf der entsprechenden Zeitspanne Januar 1996 bis Dezember 2005 nehmen. Auf diese Weise konstruieren wir 120 einmonatige Prognosen. Es gibt verschiedene Möglichkeiten, die Genauigkeit der Prognosen zu messen. Alle basieren auf einem Vergleich der generierten Prognosen mit der nachträglichen Betrachtung der Realisierungen. Wenn wir die Prognosereihe mit $\hat{y}_{T+h}$ für $h = 1, 2, \ldots, H$, bezeichnen, wobei T die letzte Zeitphase der Stichprobenschätzung und H die Anzahl der Prognosephasen wiedergibt, ist ein erstes Maß der **mittleren absoluten Abweichung** (engl. mean absolute deviation (MAD)) gegeben durch

$$MAD = \frac{1}{H} \sum_{h=1}^{H} |\hat{y}_{T+h} - y_{T+h}|, \tag{3.33}$$

wobei y_{T+h} die beobachteten Werte sind. Dieses Maß ist geeignet, wenn die Kosten einer falschen Prognose proportional zur absoluten Größe des Prognosefehlers sind. Wenn jedoch der *relative* Prognosefehler relevanter ist, können wir den **mittleren absoluten prozentualen Fehler** (engl. mean absolute percentage error (MAPE)) verwenden, gegeben durch

$$MAPE = 100 \frac{1}{H} \sum_{h=1}^{H} \frac{|\hat{y}_{T+h} - y_{T+h}|}{y_{T+h}}. \tag{3.34}$$

Dieses Maß ergibt in unserem aktuellen Beispiel, wo die abhängige Variable bereits ein Prozentsatz (eine Rendite) ist und sowohl positive als auch negative Werte annehmen kann, keinen Sinn.

Eine relativ gängige Herangehensweise basiert auf der »quadratischen Verlustfunktion«, wo größere Prognosefehler, ob positiv oder negativ, stärker bestraft werden. Diese führt zur Wurzel aus dem mittleren quadratischen Fehler (engl. root mean squared error (RMSE)), gegeben durch

$$RMSE = \sqrt{\frac{1}{H} \sum_{h=1}^{H} (\hat{y}_{T+h} - y_{T+h})^2}. \tag{3.35}$$

Sowohl MAD als auch RMSE werden in denselben Einheiten ausgedrückt wie die abhängige Variable. In der Regel werden sie mit den entsprechenden Werten verglichen, basierend auf einem (einfachen) Benchmark-Modell. In der Literatur zu Prognosen von Aktienerträgen ist eine häufig genutzte Benchmark die historische Durchschnittsrendite. Das ermöglicht uns, eine Out-of-Sample-R^2-Statistik zu definieren, welche die Prognoseleistung der Modelle zusammenfasst. Basierend auf (2.42) wird diese bestimmt durch

$$R_{os1}^2 = 1 - \frac{\sum_{h=1}^{H} (\hat{y}_{T+h} - y_{T+h})^2}{\sum_{h=1}^{H} (\bar{y} - y_{T+h})^2}, \tag{3.36}$$

wobei $\bar{y}$ die historische Durchschnittsrendite ist, in diesem Fall geschätzt über die Zeitphase bis zu T. Ein positives Out-of-Sample-R^2 zeigt an, dass die Prognoseregression einen niedrigeren mittleren quadrierten Prognosefehler aufweist als die historische Durchschnittsrendite. Dieses Maß wird bei Campbell und Thompson (2008) sowie Welch und Goyal (2008) verwendet. Alternativ dazu basiert ein Out-of-Sample-R^2 auf dem quadrierten Korrelationskoeffizienten zwischen Prognosen und realisierten Werten. Verwenden wir die Definition aus (2.44), so führt das zu

$$R_{os2}^2 = \text{corr}^2\{\hat{y}_{T+h}, y_{T+h}\}, \tag{3.37}$$

was eine Zahl zwischen 0 und 1 hervorbringt. Diese sagt uns, welcher Prozentsatz der Streuung in y_{T+h} durch die Prognose $\hat{y}_{T+h}$ »erklärt« werden kann, und sie kann den in Tabelle 3.4 genannten In-sample-R^2s vergleichend gegenübergestellt werden. Dieses Maß verwenden Pesaran und Timmermann (1995).

Alle genannten Maße sind in dem Sinne symmetrisch, dass positive und negative Prognosefehler derselben Größe (oder derselben relativen Größe für MAPE) gleich bestraft werden. Natürlich haben positive Prognosefehler ernstere Konsequenzen als negative (oder umgekehrt). Es ist möglich, asymmetrische Maße zu verwenden. Idealerweise sollte der Zweck, warum die Prognose getroffen wird, eine Rolle für das Evaluationskriterium spielen; siehe Granger und Pesaran (2000), die eine enge Verbindung zwischen der Entscheidung und den Problemen der Prognoseevaluation fordern. In unserem Beispiel ergibt es Sinn, eine oder mehr Handelsregeln zu entwickeln, die auf Renditeprognosen basieren, und diese Handelsstrategien unter Verwendung ökonomischer Kriterien zu bewerten. Wenn eine solche Handelsstrategie mit einer Wechselregel einhergeht (dem Ein- und Aussteigen aus dem Aktienmarkt je nach Renditeprognose), so ist ein einfaches Maß für die Prognosegenauigkeit die Trefferquote, definiert als die Proportion korrekter Prognosen für das Vorzeichen von y_{T+h}. In Unterkapitel 7.1.5 werden wir einige alternative Maße besprechen, mit denen die Prognoseleistung für eine Binärvariable gemessen werden kann.

Die Ergebnisse für eine Untergruppe obiger Prognosemaße in unserer aktuellen Anwendung sind in Tabelle 3.5 aufgeführt. Über alle Spezifikationen hinweg ist die Prognoseleistung sehr schwach. Das Out-of-Sample-R_{os2}^2 beträgt 1% oder weniger, während die Trefferquote für

	Voll	Max. $\bar{R}^2$	Schrittweise	Min. AIC	Min. BIC
RSME	4,833%	4,936%	4,842%	4,884%	4,790%
MAD	3,791%	3,899%	3,804%	3,852%	3,748%
R^2_{OS1}	−0,158	−0,208	−0,163	−0,183	−0,138
R^2_{OS2}	0,009	0,010	0,000	0,000	0,000
Trefferquote	50,0%	49,2%	48,3%	46,7%	47,5%

Tabelle 3.5   Out-of-Sample-Prognoseleistung Jan. 1996 – Dez. 2005)

jede der fünf Spezifikationen unter 50% liegt. Die Out-of-Sample-R^2_{os1} sind alle negativ, wenn wir den historischen Durchschnitt bis Dezember 1995 als Benchmark-Prognose nehmen. Diese Ergebnisse legen nahe, dass es eine nur sehr geringe, falls überhaupt, Out-of-Sample-Prognostizierbarkeit der Kursgewinne gibt. Das ist zum Teil darin begründet, dass sich die Zeitspanne 1996 bis 2005 durch die Technologie-Blase, die die erste Hälfte der Out-of-Sample-Zeitspanne charakterisiert, von den vorhergehenden Dekaden unterschied (siehe Campbell und Shiller, 1998). Demzufolge liefern historische Muster wie die durch die Regressionsmodelle in Tabelle 3.4 wiedergegebenen eine geringe Out-of-Sample-Prognosestärke. Wenn die Parameterschätzungen für die Regressionsmodelle häufiger aktualisiert werden, zum Beispiel monatlich, verbessert sich die Out-of-Sample-Prognosestärke ein wenig. Wir überlassen das dem Leser als Übung. Pesaran und Timmermann (1995) lassen es zu, für das Modellselektionskriterium jeden Monat eine andere Spezifikation auszusuchen und dann die Prognoseleistung zu analysieren. Die grundsätzliche Botschaft dieses Kapitels lautet jedoch, dass die in Tabelle 3.4 aufgeführten R^2s anscheinend die Out-of-Sample-Prognostizierbarkeit von Erträgen des S&P 500 überbewerten. Welch und Goyal (2008) betonen, dass die Prognoseregressionen für Aktienrenditen Out-of-Sample oft schwach performen, und stellen fest, dass historische Durchschnittsrenditen nahezu immer bessere Renditeprognosen generieren. Diese Sichtweise wird von Campbell und Thompson (2008) angezweifelt, die der Meinung sind, dass viele Prognoseregressionen die historische Durchschnittsrendite übertrumpfen, sobald den Vorzeichen der Koeffizienten und Renditeprognosen schwache Restriktionen auferlegt werden. Nichtsdestotrotz ist die Stärke der Out-of-Sample-Erklärung gering.

3.6   Beispiel: Löhne erklären

Es ist eine gut bekannte Tatsache, dass die durchschnittlichen Stundenlöhne von Männern in nahezu allen Industriestaaten höher sind als die von Frauen. In diesem Kapitel wollen wir uns dieses Phänomen am Beispiel Belgien ansehen. Vor allem wollen wir herausfinden, ob Faktoren wie Schulbildung und Berufserfahrung den Lohnunterschied erklären können. Für diesen Zweck verwenden wir einen Datensatz, bestehend aus 1472 Individuen, zufällig ausgewählt aus der arbeitenden Grundgesamtheit in Belgien im Jahr 1994. Der Datensatz, entnommen aus dem belgischen Teil des Haushaltspanels der Europäischen Gemeinschaft, enthält 893 Männer und 579 Frauen.[9] Die Analyse basiert auf den folgenden vier Variablen:

Lohn	Stundensatz vor Steuern in Euro
Männlich	1 für männlich, 0 für weiblich
Ausbildung	Ausbildungsniveau, 1 = Hauptschule, 2 = einfache Berufsausbildung, 3 = Mittlere Reife, 4 = Fachausbildung, 5 = Universitätsabschluss
Berufserfahrung	in Jahren

Einige zusammenfassende Statistiken dieser Variablen sind in Tabelle 3.6 aufgeführt. Wir sehen zum Beispiel, dass der durchschnittliche Stundenlohn für Männer 11,56 Euro beträgt, während der für Frauen bei lediglich 10,26 Euro liegt. Das entspricht einem Unterschied von 1,30 Euro oder fast 13%. Da die durchschnittliche Anzahl von Jahren Berufserfahrung in diesem Beispiel bei Frauen jedoch niedriger ist als bei Männern, weist das Ergebnis nicht zwangsläufig auf Diskriminierung von Frauen hin.

	Männlich		Weiblich	
	Mittelwert	**Standardabweichung**	**Mittelwert**	**Standardabweichung**
Lohn	11,56	4,75	10,26	3,81
Ausbildung	3,24	1,26	3,59	1,09
Erfahrung	18,52	10,25	15,20	9,70

Tabelle 3.6   Zusammenfassende Statistik, 1472 Personen

3.6.1   Lineare Modelle

Ein erstes Modell, um die Auswirkung des Geschlechts auf den Stundenlohn zu schätzen und die Unterschiede bei Erfahrung und Ausbildungsniveau zu korrigieren, erhalten wir durch das Regressieren von *Lohn* auf *männlich*, *Berufserfahrung* und *Ausbildung*. Die entsprechenden Ergebnisse sind in Tabelle 3.7 aufgeführt.

Abhängige Variable: *Lohn*			
Variable	**Schätzwert**	**Standardfehler**	**t-Wert**
Konstante	0,214	0,387	0,552
Männlich	1,346	0,193	6,984
Ausbildung	1,986	0,081	24,629
Erfahrung	0,192	0,010	20,064

Tabelle 3.7   OLS-Ergebnisse Spezifikation 1

$s = 3,55$ $R^2 = 0,3656$ $\bar{R}^2 = 0,3643$ $F = 281,98$

Wenn wir dieses Modell so interpretieren, dass es den erwarteten Lohn bei gegebenem Geschlecht, Ausbildungsniveau und gegebener Berufserfahrung beschreibt, so ist der Ceteris-paribus-Effekt des Geschlechts praktisch identisch mit dem durchschnittlichen Lohnunterschied. Offensichtlich verändert das Ausgleichen der Unterschiede bei Ausbildung und Berufserfahrung nicht den erwarteten Lohnunterschied zwischen Männern und Frauen. Beachten Sie, dass der Unterschied statistisch stark signifikant ist mit einem *t*-Wert von 6,984. Wie erwartet ist die Auswirkung der Berufserfahrung, wenn gleichzeitig das Ausbildungsniveau unverändert bleibt, positiv: Ein zusätzliches Jahr an Berufserfahrung erhöht den zu erwartenden Stundenlohn um mehr als 0,19 Euro. Auf ähnliche Weise steigern höhere Ausbildungsniveaus den zu erwartenden Lohn erheblich. Wenn wir zwei Personen mit vergleichbaren Ausbildungsniveaus, demselben Geschlecht und sich entsprechender Berufserfahrung vergleichen, so beträgt der zu erwartende Unterschied beim Stundenlohn etwa 1,99 Euro. Angesichts der hohen t-Werte sind die Auswirkungen von *Ausbildungsniveau* und *Berufserfahrung* beide stark signifikant. Das R^2 des geschätzten Modells beträgt 0,3656, was bedeutet, dass mehr als 36% der Streuung bei Löhnen (linear) den Unterschieden bei Geschlecht, Ausbildungsniveau und Berufserfahrung zugeschrieben werden können.

Es könnte argumentiert werden, dass die Berufserfahrung den Lohn einer Person nichtlinear beeinflusst: Nach vielen Jahren Berufserfahrung kann die Auswirkung eines zusätzlichen Jahres auf den Lohn immer geringer werden. Um das zu modellieren, können wir das Quadrat der Erfahrung in das Modell einfügen, von dem wir annehmen, dass es einen negativen Koeffizienten hat. Die entsprechenden Ergebnisse zeigt Tabelle 3.8. Die zusätzliche Variable *Erfahrung*^{2} hat einen Koeffizienten, der wie erwartet als negativ geschätzt wird. Mit einem t-Wert von $-5{,}487$ können wir die Nullhypothese sicher verwerfen, dass die quadrierte Erfahrung einen Nullkoeffizienten aufweist, und wir können daraus schließen, dass das Hinzufügen von *Erfahrung*^{2} das Modell signifikant verbessert. Beachten Sie, dass das angepasste R^2 von 0,3643 auf 0,3766 gestiegen ist. In Anbetracht des Vorhandenseins von sowohl Berufserfahrung als auch ihres Quadrates in der Spezifikation können wir deren Koeffizienten nicht isoliert interpretieren. Eine Möglichkeit, um die Auswirkung von Erfahrung zu beschreiben, besteht darin, zu sagen, dass die erwartete Lohndifferenz durch eine marginale Zunahme von Berufserfahrung, unter sonst gleichen Bedingungen, gegeben ist durch (differenziert in Relation zu Erfahrung wie in (3.4))

$$0,358 - 0,0044 \times 2 \times \textit{Erfahrung}_i,$$

was zeigt, dass die Auswirkung der Erfahrung mit deren Niveau differiert. Eingangs ist diese 0,36 Euro je Stunde groß, sie verringert sich jedoch auf weniger als 0,10 Euro für eine Person mit 30 Jahren Berufserfahrung. Alternativ können wir einfach den vorhergesagten Lohn für eine Person mit 30 Jahren Berufserfahrung mit dem einer Person, die über 31 Jahre Berufserfahrung verfügt, vergleichen. Den geschätzten Lohnunterschied erhalten wir dann durch

$$0,358 - 0,0044(31^2 - 30^2) = 0,091,$$

was einen leicht niedrigeren Schätzwert hervorbringt. Der Unterschied wird hervorgerufen durch die Tatsache, dass die erste Zahl auf der Auswirkung einer »marginalen« Veränderung bei der Erfahrung beruht (es ist eine Ableitung), während eine Zunahme um ein Jahr nicht wirklich marginal ist.

Bevor wir mit unserer statistischen Analyse fortfahren, ist es wichtig, zu untersuchen, in welchem Umfang die Annahmen hinsichtlich der Fehlerterme in diesem Beispiel erfüllt werden. Rufen Sie sich in Erinnerung, dass wir sowohl Autokorrelation wie auch Heteroskedastizität ausschließen müssen, damit Standardfehler und statistische Tests gültig sind. In Anbetracht dessen, dass wir keine natürliche Ordnung innerhalb der Daten haben und die Individuen zufällig ausgewählt sind, ist Autokorrelation kein Thema, Heteroskedastizität könnte jedoch ein

Problem darstellen. In Kapitel 4 werden wir noch einige formale Tests auf Heteroskedastizität kennenlernen. Eine rasche Möglichkeit, sich Einblick in die Wahrscheinlichkeit des Scheiterns der Heteroskedastizitätsannahme zu verschaffen, besteht jedoch darin, ein Diagramm der Residuen des Modells gegen die prognostizierten Werte anzufertigen. Wenn keine Heteroskedastizität vorliegt, können wir erwarten, dass die Verteilung der Residuen nicht sehr mit verschiedenen Niveaus vorhergesagter Werte variiert. Die Abbildung 3.1 zeigt ein solches Diagramm für das Modell in Tabelle 3.8.

Abhängige Variable: *Lohn*			
Variable	Schätzwert	Standardfehler	*t*-Wert
Konstante	−0,892	0,433	−2,062
Männlich	1,334	0,191	6,988
Ausbildung	1,988	0,080	24,897
Erfahrung	0,358	0,032	11,309
Erfahrung²	−0,0044	0,0008	−5,487

Tabelle 3.8 OLS-Ergebnisse Spezifikation 2
$s = 3{,}51$ $R^2 = 0{,}3783$ $\bar{R}^2 = 0{,}3766$ $F = 223{,}20$

Abbildung 3.1 zeigt deutlich eine gestiegene Streuung der Residuen bei höheren vorhergesagten Werten und wirft von daher ernste Zweifel auf, was die Annahme von Heteroskedastizität betrifft. Das bedeutet, dass die routinemäßig berechneten Standardfehler und ihre entsprechenden *t*-Tests ungeeignet sind.

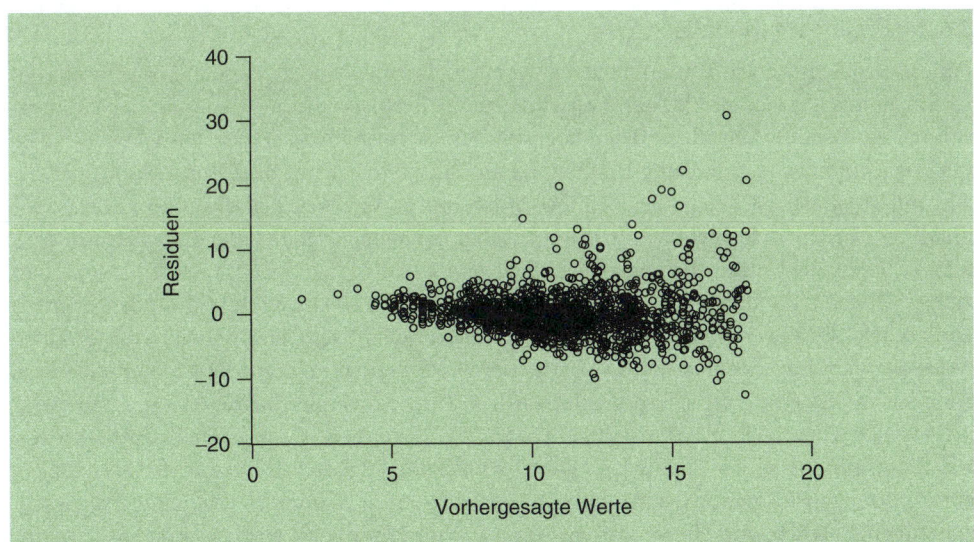

Abbildung 3.1 Residuen versus vorhergesagte Werte, lineares Modell

Eine Möglichkeit, um das Problem der Heteroskedastizität zu verringern oder zu eliminieren, besteht darin, die funktionale Form zu verändern und statt Lohn den Logarithmus Lohn als erklärende Variable zu verwenden. Im Folgenden wird deutlich, warum das dazu beiträgt, das Problem zu lösen. Lassen Sie uns das aktuelle Modell beschreiben mit

$$w_i = g(x_i) + \varepsilon_i, \tag{3.38}$$

wobei $g(x_i)$ eine Funktion von x_i ist, welche den Lohn w_i (zum Beispiel $x'_i \beta$) prognostiziert, und ε_i ein Fehlerterm mit einem Mittelwert von null (abhängig von x_i) ist. Dies ist in dem Sinne ein additives Modell, dass der Fehlerterm dem prognostizierten Wert hinzugefügt wird. Es ist auch möglich, ein multiplikatives Modell mit folgender Form zu betrachten:

$$w_i = g(x_i) \exp\{\eta_i\}, \tag{3.39}$$

wobei η_i ein Fehlerterm mit dem Mittelwert null ist (abhängig von x_i). Es lässt sich leicht überprüfen, dass die beiden Modelle äquivalent sind, wenn $g(x_i)[\exp\{\eta_i\} - 1] = \varepsilon_i$. Wenn η_i homoskedastisch ist, ist klar, dass ε_i heteroskedastisch ist mit einer Streuung, die abhängt von $g(x_i)$. Wenn wir demnach im additiven Modell Heteroskedastizität finden, kann es der Fall sein, dass ein multiplikatives Modell mit einem homoskedastischen Fehlerterm geeignet ist. Das multiplikative Modell kann leicht als additives Modell geschrieben werden, indem wir den (natürlichen) Logarithmus nehmen. Das ergibt

$$\log w_i = \log g(x_i) + \eta_i = f(x_i) + \eta_i. \tag{3.40}$$

In unserem Fall $g(x_i) = x'_i \beta$. Die Schätzung von (3.40) wird einfach, wenn wir annehmen, dass die Funktion f derart gestaltet ist, dass $\log g(x_i)$ eine lineare Funktion der Parameter ist. Das beinhaltet in der Regel die Aufnahme von Logarithmen der x-Variablen (ausschließlich Dummyvariablen), sodass wir ein loglineares Modell erhalten (vergleiche 3.6)).

3.6.2 Loglineare Modelle

Für unsere nächste Spezifikation schätzen wir ein loglineares Modell, das den Logarithmus des Stundenlohns aus Geschlecht, den Logarithmus aus Berufserfahrung, den quadrierten Logarithmus aus Berufserfahrung und den Logarithmus aus Ausbildung erklärt. (Beachten Sie, dass der Logarithmus von Erfahrung im Quadrat absolut kollinear mit dem Logarithmus der Erfahrung ist.) Tabelle 3.9 zeigt die entsprechenden Ergebnisse. Weil sich die endogene Variable unterscheidet, ist das R^2 nicht wirklich vergleichbar mit jenen für die Modelle, die den Stundenlohn erklären, aber tatsächlich ist es fast dasselbe. Die Interpretation der Koeffizientenschätzungen ist ebenfalls anders als vorher. Der Koeffizient von *männlich* misst nun den *relativen* Unterschied des erwarteten Lohns für Männer und Frauen. Der Ceteris-paribus-Unterschied des erwarteten Logarithmus Lohn von Männern und Frauen beträgt 0,118. Wenn eine Frau voraussichtlich den Betrag w^* verdienen wird, so wird ein vergleichbarer Mann voraussichtlich $\exp\{\log w^* + 0,118\} = w^* \exp\{0,118\} = w^* 1,125$ verdienen, was einer Differenz von etwa 12% entspricht. Weil $\exp(a) \approx 1 + a$, wenn a nahe null, ist es in loglinearen Modellen üblich, eine direkte Transformation der geschätzten Koeffizienten zu prozentualen Veränderungen vorzunehmen. Folglich wird ein Koeffizient von 0,118 für Männer als voraussichtlicher Lohnunterschied von etwa 11,8% ausgedrückt.

Bevor wir fortfahren, lassen Sie uns noch einmal das Problem der Heteroskedastizität betrachten. Abbildung 3.2 zeigt die Residuen des loglinearen Modells gegen die prognostizierten Logarithmen Lohn. Obwohl es scheinbar immer noch Spuren von Heteroskedastizität gibt, ist dies

Abhängige Variable: log(*Lohn*)			
Variable	**Schätzwert**	**Standardfehler**	**t-Wert**
Konstante	1,263	0,066	19,033
Männlich	0,118	0,016	7,574
log(*Ausbildung*)	0,442	0,018	24,306
log(*Erfahrung*)	0,110	0,054	2,019
$\log^2$(*Erfahrung*)	0,026	0,011	2,266

Tabelle 3.9 OLS-Ergebnisse Spezifikation 3
$s = 0,286$ $R^2 = 0,3783$ $\bar{R}^2 = 0,3766$ $F = 223,13$ $S = 120,20$

im Diagramm wesentlich weniger stark ausgeprägt als für das additive Modell. Deshalb sollten wir damit fortfahren, mit Spezifikationen zu arbeiten, die Logarithmen von Lohn erklären statt Lohn, und, wo nötig, annehmen, dass die Fehler homoskedastisch sind. Wir sollten insbesondere annehmen, dass Standardfehler und routinemäßig berechnete t- und F-Tests geeignet sind. Kapitel 4 bietet weitergehende Erörterungen zu Tests auf Heteroskedastizität und wie damit umzugehen ist.

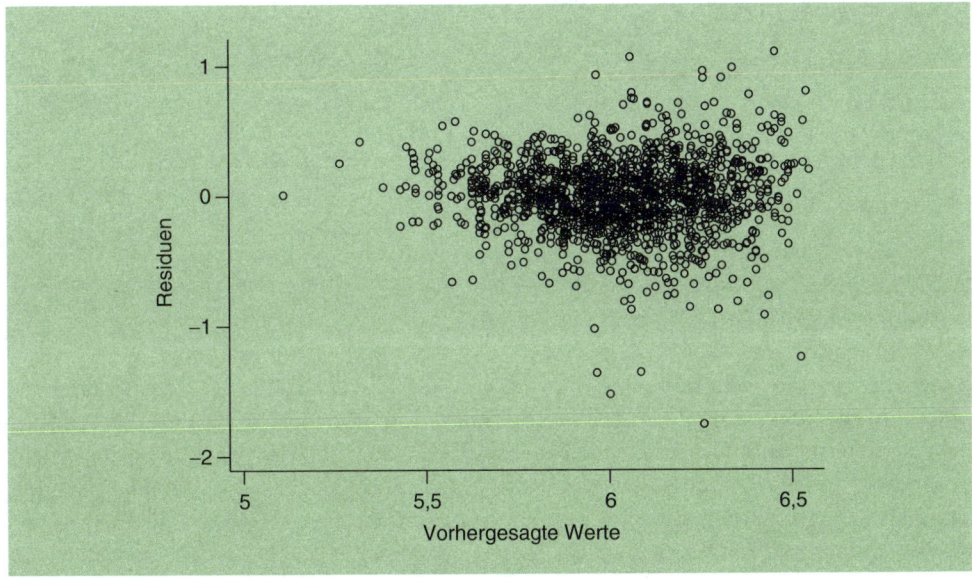

Abbildung 3.2 Residuen versus vorhergesagte Werte, loglineares Modell

Die Koeffizienten für den Logarithmus Erfahrung und sein Quadrat sind schwierig zu interpretieren. Würde $\log^2$(*Erfahrung*) weggelassen, würde der geschätzte Koeffizient für log(*Erfahrung*) lediglich eine erwartete Lohnzunahme von etwa 0,11% für eine Erfahrungszunahme von 1% implizieren. Im aktuellen Fall können wir die Elastizität schätzen als

$$0,110 + 2 \times 0,026 \log(\textit{Erfahrung}).$$

Es überrascht, dass diese Elastizität mit der Erfahrung zunimmt. Das steht jedoch nicht in Widerstreit mit unserer früheren Feststellung, die davon ausgeht, dass die Auswirkung von Erfahrung positiv ist, jedoch mit dem Niveau abnimmt. Die Auswirkungen von $\log(\textit{Erfahrung})$ und $\log^2(\textit{Erfahrung})$ sind, jede für sich, marginal signifikant auf dem 5%-Niveau, jedoch nicht signifikant auf dem 1%-Niveau. (Beachten Sie, dass in Anbetracht der großen Zahl von Beobachtungen eine Größe von 1% als geeigneter betrachtet werden könnte.) Das bedeutet nicht zwangsläufig, dass Erfahrung keine signifikante Auswirkung auf den Lohn hat. Zu diesem Zweck müssen wir einen gemeinsamen Test für die beiden Restriktionen betrachten. Die Teststatistik kann berechnet werden aus den R^2s des obigen Modells und einem beschränkten Modell, das sowohl $\log(\textit{Erfahrung})$ wie auch $\log^2(\textit{Erfahrung})$ ausschließt. Das beschränkte Modell hat ein R^2 von lediglich 0,1798, derart, dass eine F-Statistik berechnet werden kann als

$$F = \frac{(0,3783 - 0,1798)/2}{(1 - 0,3783)/(1472 - 5)} = 234,2, \tag{3.41}$$

was eine bemerkenswert starke Ablehnung anzeigt. Weil die beiden Variablen, die Erfahrung beinhalten, einzeln auf dem 1%-Niveau nichtsignifikant sind, könnten wir überlegen, eine von beiden wegzulassen. Wenn wir $\log^2(\textit{Erfahrung})$ weglassen, erhalten wir die Ergebnisse aus Tabelle 3.10, welche zeigen, dass das resultierende Modell eine leicht schlechtere Passung hat.

Abhängige Variable: log(*Lohn*)			
Variable	**Schätzwert**	**Standardfehler**	**t-Wert**
Konstante	1,145	0,041	27,798
Männlich	0,120	0,016	7,715
log(*Ausbildung*)	0,437	0,018	24,188
log(*Erfahrung*)	0,231	0,011	21,488

Tabelle 3.10   OLS-Ergebnisse Spezifikation 4
$s = 0,287$ $R^2 = 0,3761$ $\bar{R}^2 = 0,3748$ $F = 294,96$ $S = 120,63$

Lassen Sie uns diese reduzierte Spezifikation genauer betrachten. Weil die Auswirkung der Ausbildung darauf beschränkt ist, im Logarithmus des Ausbildungsniveaus linear zu sein, beträgt der Ceteris-paribus-Unterschied beim erwarteten Lohn zwischen zwei Personen mit dem Ausbildungsniveau *Ausbildung1* beziehungsweise *Ausbildung2* 0,437 ((log(*Ausbildung1*) − log(*Ausbildung2*)). Verglichen mit dem niedrigsten Ausbildungsniveau 1 werden die Auswirkungen der Niveaus 2 bis 5 auf 0,30, 0,48, 0,61 beziehungsweise 0,70 geschätzt. Es ist auch möglich, diese vier Auswirkungen unbeschränkt zu schätzen, indem wir vier Dummyvariablen einfügen, die den vier höheren Ausbildungsniveaus entsprechen. Die Ergebnisse davon zeigt Tabelle 3.11. Beachten Sie, dass bei fünf Ausbildungsniveaus die Aufnahme von vier Dummys genügt, um alle Auswirkungen zu erfassen. Würden wir fünf Dummys integrieren, so würden wir Opfer der sogenannten **Dummyvariablenfalle** und Multikollinearität würde entstehen. Welche der fünf Dummyvariablen weggelassen wird, ist egal, das spielt lediglich für die ökonomische Interpretation der anderen Dummykoeffizienten eine Rolle. Die weggelassene Kategorie fungiert als Referenzgruppe und alle Auswirkungen sind relativ zu dieser Gruppe. In diesem Beispiel hat die Referenzkategorie das Ausbildungsniveau eins.

Abhängige Variable: log(*Lohn*)			
Variable	Schätzwert	Standardfehler	*t*-Wert
Konstante	1,272	0,045	28,369
Männlich	0,118	0,015	7,610
Ausbildung = 2	0,144	0,033	4,306
Ausbildung = 3	0,305	0,032	9,521
Ausbildung = 4	0,474	0,033	14,366
Ausbildung = 5	0,639	0,033	19,237
log(*Erfahrung*)	0,230	0,011	21,804

Tabelle 3.11 OLS-Ergebnisse Spezifikation 5
$s = 0,282$ $R^2 = 0,3976$ $\bar{R}^2 = 0,3951$ $F = 161,14$ $S = 116,47$

Wenn wir die Ergebnisse in Tabelle 3.11 betrachten, sehen wir, dass jede der vier Dummyvariablen für sich stark signifikant ist, mit Koeffizienten, die etwas von den auf der Basis des beschränkten Modells geschätzten Auswirkungen abweichen. Tatsächlich ist das vorhergehende Modell mit dem aktuellen verschachtelt und erlegt drei Restriktionen auf. Obwohl es schwierig ist, analytische Ausdrücke für diese drei Restriktionen zu bestimmen, können wir diese leicht testen, indem wir die R^2-Version des F-Tests verwenden. Dies ergibt

$$F = \frac{(0,3976 - 0,3761)/3}{(1 - 0,3976)/(1472 - 7)} = 17,358. \tag{3.42}$$

Da der 1%-kritische Wert für eine F-Verteilung mit 3 und 1465 Freiheitsgraden durch 3,78 gegeben ist, muss die Nullhypothese verworfen werden. Das heißt, Spezifikation 5 mit Ausbildungsdummys ist eine signifikante Verbesserung zu Spezifikation 4 mit dem log Ausbildungsniveau.

3.6.3 Die Auswirkungen des Geschlechts

Bisher haben wir die Auswirkung des Geschlechts als konstant erachtet, ungeachtet der Erfahrung oder des Bildungsniveaus einer Person. Da es zum Beispiel sein kann, dass Männer für eine höhere Ausbildung anders belohnt werden als Frauen, könnte dies restriktiv sein. Es ist möglich, derartige Unterschiede zuzulassen, wenn jede erklärende Variable mit den Geschlechtsdummys interagiert. Eine Möglichkeit, das umzusetzen, besteht darin, die ursprünglichen Regressorenvariablen sowie die Regressoren multipliziert mit *männlich* einzuschließen. Auf diese Weise messen die Koeffizienten für das letztere Variablenset, in welchem Ausmaß die Auswirkung für männlich anders ist.

Das Einschließen der Interaktionen für alle fünf Variablen ergibt die in Tabelle 3.12 aufgeführten Ergebnisse. Dies ist die unbeschränkte Spezifikation, die im Chow-Test verwendet wird, wie in Kapitel 3.3.3 besprochen. Ein genau entsprechendes Set von Ergebnissen würden wir erhalten, wenn wir das Modell separat für die beiden Unterstichproben von männlich und weiblich geschätzt hätten. Der einzige Vorteil des Schätzens über die Unterstichproben ist der Umstand, dass beim Berechnen der Standardfehler angenommen wird, dass die Fehlerterme *innerhalb jeder Unterstichprobe* homoskedastisch sind, während das zusammengefasste Modell in Tabelle 3.12 der gesamten Stichprobe Homoskedastizität auferlegt. Das erklärt, warum sich die geschätzten Standardfehler unterscheiden werden, ein großer Unterschied, der mit Heteroskedastizität einhergeht. Die Koeffizientenschätzungen sind absolut identisch. Dies folgt unmittelbar aus der Definition der OLS-Schätzer: Das Minimieren der Summe quadrierter Residuen mit verschiedenen Koeffizienten für zwei Unterstichproben entspricht exakt dem separaten Minimieren für jede Unterstichprobe.

Abhängige Variable: log(*Lohn*)			
Variable	**Schätzwert**	**Standardfehler**	***t*-Wert**
Konstante	1,216	0,078	15,653
Männlich	0,154	0,095	1,615
Ausbildung = 2	0,224	0,068	3,316
Ausbildung = 3	0,433	0,063	6,851
Ausbildung = 4	0,602	0,063	9,585
Ausbildung = 5	0,755	0,065	11,673
log(*Erfahrung*)	0,207	0,017	12,535
Ausbildung = 2 × *männlich*	−0,097	0,078	−1,242
Ausbildung = 3 × *männlich*	−0,167	0,073	−2,272
Ausbildung = 4 × *männlich*	−0,172	0,074	−2,317
Ausbildung = 5 × *männlich*	−0,146	0,076	−1,935
log(*Erfahrung*) × *männlich*	0,041	0,021	1,891

Tabelle 3.12 OLS-Ergebnisse Spezifikation 6
$s = 0,281$ $R^2 = 0,4032$ $\bar{R}^2 = 0,3988$ $F = 89,69$ $S = 115,37$

Die Ergebnisse in Tabelle 3.12 deuten nicht auf wichtige signifikante Unterschiede zwischen Männern und Frauen bei der Auswirkung von Erfahrung hin. Es gibt jedoch Hinweise darauf, dass die Auswirkung der Ausbildung bei Männern niedriger ist als bei Frauen, da zwei der vier mit männlich interagierenden Ausbildungsdummys auf dem 5%-Niveau signifikant sind, jedoch nicht auf dem 1%-Niveau. Beachten Sie, dass die Koeffizienten für *männlich* nicht länger die Auswirkung des Geschlechts widerspiegeln, da die anderen Variablen ebenfalls eine Funktion des Geschlechts sind. Der geschätzte Lohnunterschied zwischen Männern und Frauen bei zum Beispiel 20 Jahren Berufserfahrung und Ausbildungsniveau 2 kann wie folgt berechnet werden:

$$0,154 + 0,041 \log(20) - 0,097 = 0,180,$$

und entspricht etwas mehr als 18%. Um die gemeinsame Hypothese, dass jeder der fünf Koeffizienten der Variablen, die mit *männlich* interagieren, gleich null sind, statistisch zu testen, können wir leicht einen *F*-Test aus den R^2s der Tabellen 3.12 und 3.11 berechnen. Das entspricht dem Chow-Test auf einen strukturellen Bruch (zwischen zwei Unterstichproben definiert durch Geschlecht). Das führt zu:

$$F = \frac{(0,4032 - 0,3976)/5}{(1 - 0,4032)/(1472 - 12)} = 2,7399,$$

was nicht den 1%-kritischen Wert von 3,01 übersteigt, aber auf dem 5%-Niveau verwirft. Als allgemeineren Spezifikationstest können wir den RESET-Test von Ramsey durchführen. Das Hinzufügen des Quadrats des vorhergesagten Wertes zu der Spezifikation in Tabelle 3.12 bringt eine t-Statistik von 3,989 hervor, welche das Verwerfen sowohl auf dem 5%- wie auch auf dem 1%-Niveau impliziert.

Eine letzte Spezifikation, die wir untersuchen, beinhaltet Interaktionsterme zwischen Erfahrung und Ausbildung, welche es der Auswirkung von Ausbildung ermöglichen, sich über die verschiedenen Ausbildungsniveaus zu unterscheiden, und es den Auswirkungen verschiedener Ausbildungsniveaus gleichzeitig ermöglicht, mit der Erfahrung zu variieren. Um das zu tun, lassen wir log(*Erfahrung*) mit jedem der vier Ausbildungsdummys interagieren. Tabelle 3.13 zeigt die Ergebnisse. Der Koeffizient für log(*Erfahrung*) in Interaktion mit *Ausbildung* = 2 misst, in welchem Umfang sich die Auswirkung der Erfahrung bei Niveau 2 im Vergleich zur Referenzkategorie unterscheidet, sprich Ausbildungsniveau 1.

Abhängige Variable: log(*Lohn*)			
Variable	Schätzwert	Standardfehler	*t*-Wert
Konstante	1,489	0,212	7,022
Männlich	0,116	0,015	7,493
Ausbildung = 2	0,067	0,226	0,297
Ausbildung = 3	0,135	0,219	0,618
Ausbildung = 4	0,205	0,219	0,934
Ausbildung = 5	0,341	0,218	1,565
log(*Erfahrung*)	0,163	0,065	2,494
log(*Erfahrung*) × Ausbildung = 2	0,019	0,070	0,274
log(*Erfahrung*) × Ausbildung = 3	0,050	0,068	0,731
log(*Erfahrung*) × Ausbildung = 4	0,088	0,069	1,277
log(*Erfahrung*) × Ausbildung = 5	0,100	0,068	1,465

Tabelle 3.13 OLS-Ergebnisse Spezifikation 7
$s = 0,281$ $R^2 = 0,4012$ $\bar{R}^2 = 0,3971$ $F = 97,90$ $S = 115,76$

Die Ergebnisse zeigen keine wichtigen Interaktionseffekte zwischen Erfahrung und Ausbildung. Jeder der vier Koeffizienten für sich unterscheidet sich nicht signifikant von null und gemeinsam generiert der F-Test den nichtsignifikanten Wert von 2,196.

Die letzte Spezifikation leidet offenkundig unter Multikollinearität. Nahezu keiner der einzelnen Koeffizienten ist signifikant, während das R^2 bemerkenswert groß ist. Beachten Sie, dass ein gemeinsamer Test, ob alle Koeffizienten, außer dem Achsenabschnitt, gleich null sind, den stark signifikanten Wert von 97,90 hervorbringt. Abschließend führen wir an diesem Modell den RESET-Test durch (mit $Q = 2$), was einen t-Wert von 2,13 hervorbringt, der auf dem 1%-Niveau nicht signifikant ist. Nichtsdestotrotz scheint die Spezifikation 6 in Tabelle 3.12 geeigneter als die aktuelle.

3.6.4 Vorsicht ist geboten

Trotz unserer relativ sorgfältigen statistischen Analyse müssen wir vorsichtig sein, wenn wir die erhaltenen Schätzwerte ökonomisch interpretieren. Das Ausbildungsniveau wird zum Beispiel in großem Ausmaß Unterschiede bei der Art von Jobs festhalten, die die Personen ausüben. Folglich wird sich die Ausbildung, wie durch die Koeffizienten des Modells gemessen, in der Regel durch die Eigenschaften des Jobs einer Person auswirken. Deswegen können die Auswirkungen der Ausbildung nicht so interpretiert werden, dass sie für Personen gelten, *die den gleichen Job haben* und außerdem dasselbe Geschlecht und die gleiche Berufserfahrung. Natürlich ist das eine unmittelbare Konsequenz davon, dass wir den »Jobtyp« nicht in das Modell aufgenommen haben, sodass er nicht von unserer Ceteris-paribus-Bedingung erfasst wird.

Ein anderes Problem besteht darin, dass das Modell nur für die Untergruppe arbeitender Männer und Frauen der Grundgesamtheit geschätzt wird. Es gibt keinen Grund, warum es berechtigt sein sollte, mit den Schätzergebnissen auch Löhne von Nichtberufstätigen zu erklären, die in den Arbeitsmarkt eintreten möchten. Es kann durchaus sein, dass die Entscheidung für den Arbeitsmarkt nicht zufällig ist und von den potenziellen Löhnen abhängt, was zu einer sogenannten Selektionsverzerrung im OLS-Schätzer führt. Um das zu berücksichtigen, ist es möglich, Löhne gemeinsam mit der Entscheidung, in den Arbeitsmarkt einzutreten, zu modellieren. Wir werden Modelle für derartige Probleme in Kapitel 7 besprechen.

Außerdem sollten wir vorsichtig sein, den Koeffizienten für Ausbildung als Maß des **Kausaleffekts** zu interpretieren. Das heißt, wenn das Ausbildungsniveau einer beliebigen Person aus der Stichprobe steigt, korrespondiert die erwartete Auswirkung auf seinen oder ihren Lohn möglicherweise nicht mit dem geschätzten Koeffizienten. Der Grund dafür ist, dass die Ausbildung in der Regel mit unbeobachteten Charakteristiken (Intelligenz, Geschick) korreliert, die ebenfalls den Lohn einer Person bestimmen. In diesem Sinne ist die Auswirkung der Ausbildung wie von OLS geschätzt teilweise durch Unterschiede bei unbeobachteten Charakteristiken von Personen bedingt, die unterschiedliche Ausbildungsniveaus haben. In Kapitel 5 werden wir auf dieses Problem zurückkommen.

KURZZUSAMMENFASSUNG

Das multiple lineare Regressionsmodell ermöglicht es, die Auswirkung einer Variablen auf die abhängige Variable zu untersuchen, während die anderen Faktoren kontrolliert werden. Verzerrung durch weggelassene Variablen entsteht, wenn eine relevante erklärende Variable, die mit den beinhalteten Regressoren korreliert, aus dem Modell ausgeschlossen wird. Die geläufigste Interpretation des linearen Modells erfolgt bezogen auf eine bedingte Erwartung, unter Beachtung, dass dies nicht automatisch impliziert, dass die Modellkoeffizienten Kausaleffekte widerspiegeln. Spezifikationssuchen zählen zu den schwierigen Aufgaben innerhalb der Ökonometrie, wobei ein Kompromiss gefunden werden muss zwischen Erklärungsstärke und Sparsamkeit, unter Berücksichtigung ökonomischer Interpretierbarkeit und Problemen wie Data-Mining und Multikollinearität. Eine Herangehensweise vom Allgemeinen zum

Spezifischen wird gegenüber der Herangehensweise vom Spezifischen zum Allgemeinen sowie mechanischen schrittweisen Verfahren bevorzugt. Spezifikationstests sind dabei hilfreich. In diesem Kapitel haben wir drei empirische Darstellungen betrachtet, die helfen, praktische Probleme bezüglich Interpretation, Modellselektion und Testen hervorzuheben. Neben anderen Dingen haben wir die Wahl zwischen einem linearen und einem loglinearen Modell, Out-of-Sample-Prognoseevaluation, die Verwendung von Interaktionstermen und Unterstichproben-schätzungen sowie die Möglichkeit von Heteroskedastizität besprochen. Berndt (1991) liefert eine ausgezeichnete Darstellung des ökonometrischen Modellierens im Kontext eines Dutzends empirischer Beispiele. Kennedy (2003, Kapitel 21) bietet eine nützliche Diskussion der Zehn Gebote der angewandten Ökonometrie. Das nächste Kapitel wird sich formaler mit Heteroskedastizität und Reihenkorrelation bei Fehlertermen beschäftigen und einen ersten Schritt beim Lockern der Gauß-Markov-Bedingungen gehen.

■ ÜBUNGEN

Übung 3.1 (Spezifikationsfragen)

(a) Erklären Sie, was unter »Data-Mining« zu verstehen ist.

(b) Erklären Sie, warum es ungeeignet ist, zwei Variablen lediglich auf der Basis ihrer t-Werte gleichzeitig aus einem Modell zu entfernen.

(c) Erklären Sie den Nutzen der $\bar{R}^2$, AIC und BIC, um zwei verschachtelte Modelle zu vergleichen.

(d) Betrachten Sie zwei nichtverschachtelte Regressionsmodelle, die dieselbe Variable y_i erklären. Wie können Sie die beiden gegeneinander testen?

(e) Erklären Sie, warum ein funktionaler Formtest wie der RESET-Test nach Ramsey auf das Problem einer weggelassenen Variablen hinweisen kann.

Übung 3.2 (Regression – empirisch)

Im Dataset CLOTHING sind Informationen zu Verkäufen, Größe und anderen Charakteristiken von 400 niederländischen Bekleidungsgeschäften enthalten. Ziel ist, die Verkäufe je Quadratmeter (*sales*) anhand der Charakteristiken eines Geschäfts (Anzahl von Eigentümern, Vollzeit- und Teilzeitarbeitskräften, Zahl der Arbeitsstunden, Geschäftsgröße und so weiter) zu erklären.

(a) Schätzen Sie ein lineares Modell (Modell A), das die *Verkäufe* (*sales*) aus der Gesamtzahl von Arbeitsstunden (*hoursw*), Geschäftsgröße in Quadratmetern (*ssize*) und einer Konstanten erklärt. Interpretieren Sie die Ergebnisse.

(b) Führen Sie den RESET-Test nach Ramsey mit $Q = 2$ durch.

(c) Testen Sie, ob die Anzahl der Eigentümer (*nown*) die Verkäufe in den Geschäften beeinflusst, abhängig von *Arbeitsstunden* (*hoursw*) und *Geschäftsgröße* (*ssize*).

(d) Testen Sie auch, ob die Aufnahme der Anzahl von Teilzeitarbeitskräften (*npart*) das Modell verbessert.

(e) Schätzen Sie ein lineares Modell (Modell B), das die *Verkäufe* aus der Anzahl von Eigentümern, Vollzeitkräften, Teilzeitkräften und Geschäftsgröße erklärt. Interpretieren Sie die Ergebnisse.

(f) Vergleichen Sie Modell A und Modell B auf der Basis von $\bar{R}^2$, AIC und BIC.

(g) Führen Sie einen nichtverschachtelten F-Test von Modell A gegen Modell B durch. Führen Sie einen nichtverschachtelten F-Test von Modell B gegen Modell A durch. Was schließen Sie daraus?

(h) Wiederholen Sie obigen Tests unter Verwendung des J-Tests. Verändert sich Ihre Schlussfolgerung?

(i) Nehmen Sie die Zahl der Vollzeitarbeitskräfte und der Teilzeitarbeitskräfte in Modell A auf, um Modell C zu erhalten. Schätzen Sie das Modell. Interpretieren Sie die Ergebnisse und führen Sie einen RESET - Test durch. Sind Sie zufrieden mit dieser Spezifikation?

Übung 3.2 (Regression – empirisch)

Der Datensatz HOUSING enthält die Daten des in Kapitel 3.4 geschätzten Modells.

(a) Erstellen Sie vier Dummyvariablen betreffend Anzahl von Schlafzimmern, in Form von 2 oder weniger, 3, 4 und 5 oder mehr. Schätzen Sie ein Modell für log Preise, die log Grundstücksgröße, die Anzahl der Bäder, den Dummy für Klimaanlage und drei dieser Dummys beinhalten. Interpretieren Sie die Ergebnisse.

(b) Warum ist das Modell in **a** nichtverschachtelt in der Spezifikation von Tabelle 3.1?

(c) Führen Sie zwei nichtverschachtelte *F*-Tests durch, um diese beiden Spezifikationen gegen eine andere zu testen. Was schließen Sie daraus?

(d) Integrieren Sie alle vier Dummys in das Modell und schätzen Sie neu. Was passiert? Warum?

(e) Angenommen, die Grundstücksgröße wird in Quadratfuß statt in Quadratmetern gemessen. Inwiefern beeinflusst das die Schätzergebnisse in Tabelle 3.2? Achten Sie auf die Koeffizientenschätzungen, die Standardfehler und die R^2s. Inwiefern werden die Ergebnisse in Tabelle 3.3 davon beeinflusst? Hinweis: Die Umrechnung ist $1\,m^2 = 10{,}76\,ft^2$.

Übung 3.4 (Regression – empirisch)

Der Datensatz MALES enthält 545 Beobachtungen zu jungen arbeitenden Männern in den USA mit einigen beruflichen und persönlichen Charakteristiken für das Jahr 1987. Die folgenden Variablen stehen zur Verfügung:

logwage	natürlicher Logarithmus des Stundenlohns (in US-Dollar)
union	Dummyvariable, 1, wenn Gewerkschaftsmitglied
mar	Dummyvariable, 1, wenn verheiratet
school	Schulbildung in Jahren
exper	Berufserfahrung in Jahren
black	Dummyvariable, 1, wenn schwarz
hisp	Dummyvariable, 1, wenn Hispano

Wir wollen log wages aus den anderen zur Verfügung stehenden Variablen erklären, unter Verwendung des folgenden linearen Modells:

$$logwage_i = \beta_1 + \beta_2 school_i + \beta_3 exper_i + \beta_4 union_i$$

$$+\beta_5 mar_i + \beta_6 black_i + \beta_7 hisp_i + \epsilon_i. \tag{3.43}$$

Wir nehmen an, dass alle ϵ_i und alle erklärenden Variablen unabhängig sind und dass die ϵ_i unabhängig verteilt sind mit Erwartung 0 und Streuung σ^2.

(a) Berechnen Sie zusammenfassende Statistiken aller Variablen in dem Modell und liefern Sie eine kurze Interpretation.

(b) Schätzen Sie mittels OLS die Parameter. Nennen und interpretieren Sie die Schätzergebnisse, einschließlich des R^2. Achten Sie auf ökonomische Interpretationen ebenso wie auf statistische Signifikanz.

(c) Testen Sie auf Basis der Ergebnisse von **b** die Nullhypothese, dass die Zugehörigkeit zu einer Gewerkschaft, unter ansonsten gleichen Bedingungen, den erwarteten Lohn einer Person um 5% beeinflusst. Testen Sie zudem die gemeinsame Hypothese, dass Rassenzugehörigkeit den Lohn nicht beeinflusst. Formulieren Sie für jeden Fall die Nullhypothese sowie alternative Hypothesen, präsentieren Sie die Teststatistik und wie Sie diese berechnen.

(d) Betrachten Sie ein allgemeineres Modell als (3.43), das auch exp_i^2 beinhaltet. Vergleichen Sie dieses Modell mit der Spezifikation in (3.43) auf der Basis von (i) R^2, (ii) angepasstem R^2, (iii) dem *AIC* und (iv) einem *t*-Test. Welchen Schluss ziehen Sie und welche Methode bevorzugen Sie? (Hinweis: Ungeachtet Ihrer Schlussfolgerung führen Sie Ihre Analyse mit Spezifikation (3.43) fort.)

(e) Speichern Sie die OLS-Residuen aus Gleichung (3.43). Führen Sie eine Regression durch, bei der Sie versuchen, die Residuen aus den erklärenden Variablen in Gleichung (3.43) zu erklären. Was stellen Sie fest? Interpretieren Sie das.

(f) Wie würden Sie das obige Modell erweitern, um der Möglichkeit nachzugehen, dass schwarze Gewerkschaftsmitglieder mehr von dieser Mitgliedschaft profitieren als nichtschwarze Mitglieder? Schätzen Sie das erweiterte Modell und testen Sie die Hypothese.

(g) Berechnen und berichten Sie die White-Standardfehler für Ihre OLS-Ergebnisse. Vergleichen Sie diese mit den routinemäßig berechneten Standardfehlern. Was schließen Sie daraus? (Hinweis: Dies beinhaltet Material aus Kapitel 4.)

(h) Führen Sie einen Breusch-Pagan-Test auf Heteroskedastizität durch. Angenommen, die Heteroskedastizität steht in Zusammenhang mit *allen* erklärenden Variablen in x_i. Interpretieren Sie das Ergebnis. (Hinweis: Dies beinhaltet Material aus Kapitel 4.)

KAPITEL 4

Heteroskedastizität und Autokorrelation

In vielen empirischen Fällen werden die Gauß-Markov-Bedingungen (A1)–(A4) aus Kapitel 2 nicht alle erfüllt. Wie wir in Kapitel 2.6.1 gesehen haben, ist das in dem Sinne nicht zwangsläufig fatal für den OLS-Schätzer, dass er unter ziemlich schwachen Bedingungen konsistent ist. In diesem Kapitel besprechen wir die Konsequenzen von Heteroskedastizität und Autokorrelation, die implizieren, dass die Fehlerterme im Modell nicht länger unabhängig und identisch verteilt sind. In solchen Fällen kann der OLS-Schätzer immer noch unverzerrt oder konsistent sein, aber seine Kovarianzmatrix unterscheidet sich von der in Kapitel 2 abgeleiteten. Darüber hinaus kann der OLS-Schätzer relativ ineffizient sein und besitzt nicht länger die BLUE-Eigenschaft.

In Kapitel 4.1 besprechen wir die allgemeinen Konsequenzen für den OLS-Schätzer einer Fehlerkovarianzmatrix, die keine Konstante mal die Identitätsmatrix ist, während Kapitel 4.2 in einer allgemeinen Matrixschreibweise einen alternativen Schätzer vorstellt, der in diesem allgemeineren Fall am besten linear unverzerrt ist. Heteroskedastizität wird in den Kapiteln 4.3 bis 4.5 behandelt, während sich die verbleibenden Unterkapitel der Autokorrelation widmen. Beispiele für Heteroskedastizität und ihre Konsequenzen werden in Kapitel 4.3 besprochen, während Kapitel 4.4 eine Reihe alternativer Tests vorstellt. Eine empirische Darstellung, die eine Arbeitskräftenachfragegleichung mit heteroskedastischen Fehlertermen beinhaltet, wird in Kapitel 4.5 vorgestellt.

Die Grundlagen der Autokorrelation werden in den Kapiteln 4.6 und 4.7 behandelt, während in Kapitel 4.8 eine ziemlich einfache Abbildung präsentiert wird. In den Kapiteln 4.9 und 4.10 widmen wir unsere Aufmerksamkeit einigen zusätzlichen Problemen bezüglich der Autokorrelation. Dazu gehört eine Besprechung der Fehlerterme beim gleitenden Durchschnitt und der sogenannten Newey-West-Standardfehler. Und schließlich beinhaltet Kapitel 4.11 eine ausführliche Abbildung einer ungedeckten Zinsparität, die Autokorrelation aufgrund sogenannter überlappender Stichprobenprobleme enthält.

4.1 Auswirkungen auf den OLS-Schätzer

Das für uns interessante Modell ist unverändert und wird gegeben durch

$$y_i = x_i'\beta + \varepsilon_i, \tag{4.1}$$

was geschrieben werden kann als

$$y = X\beta + \varepsilon. \tag{4.2}$$

Die wesentlichen Gauß-Markov-Bedingungen aus (A1)–(A4) können zusammengefasst werden als

$$E\{\varepsilon|X\} = E\{\varepsilon\} = 0 \tag{4.3}$$

$$V\{\varepsilon|X\} = V\{\varepsilon\} = \sigma^2 I, \tag{4.4}$$

was besagt, dass die bedingte Fehlerverteilung in Anbetracht der Matrix erklärender Variablen den Mittelwert null, konstante Varianzen sowie Null-Kovarianzen aufweist. Das bedeutet insbesondere, dass jeder Fehler dieselbe Varianz aufweist und dass zwei unterschiedliche Fehlerterme nicht korreliert sind. Diese Annahmen implizieren, dass $E\{\varepsilon_i|x_i\} = 0$, sodass das Modell der bedingten Erwartung von y_i bei gegebenem x_i entspricht. Darüber hinaus wurde gezeigt, dass der OLS-Schätzer der beste unverzerrte lineare Schätzer für β war.

Sowohl Heteroskedastizität wie auch Autokorrelation implizieren, dass (4.4) nicht länger gilt. Heteroskedastizität entsteht, wenn verschiedene Fehlerterme keine identischen Varianzen aufweisen, sodass die diagonalen Elemente der Kovarianzmatrix nicht dieselben sind. Es ist zum Beispiel möglich, dass verschiedene Gruppen in derselben Stichprobe (zum Beispiel Männer und Frauen) unterschiedliche Varianzen haben. Es kann auch erwartet werden, dass die Streuung nicht erklärter Haushaltsersparnisse mit dem Einkommen steigt, ebenso wie das Niveau der Ersparnisse mit dem Einkommen steigt. Autokorrelation entsteht in der Regel in Fällen, in denen die Daten eine zeitliche Dimension haben. Das bedeutet, dass die Kovarianzmatrix derart nichtdiagonal ist, dass unterschiedliche Fehlerterme korreliert sind. Der Grund kann Beständigkeit im nicht erklärten Teil des Modells sein. Beide Probleme werden wir im Folgenden noch eingehender besprechen, aber für den Moment ist es wichtig, dass beide gegen (4.4) verstoßen. Lassen Sie uns annehmen, dass die Fehlerkovarianzmatrix allgemeiner geschrieben werden kann als

$$V\{\varepsilon|X\} = \sigma^2\Psi, \tag{4.5}$$

wobei Ψ eine positiv definite Matrix ist, von der wir, des Argumentes wegen, manchmal annehmen, dass sie bekannt ist. Aus dem Bisherigen ist natürlich eindeutig, dass sie abhängig sein kann von X. Fälle, in denen Ψ nicht gleich der Identitätsmatrix ist, werden manchmal als »nichtsphärische Fehlerterme« habend bezeichnet.

Wenn wir den Beweis für die Unverzerrtheit des OLS-Schätzers noch einmal überdenken, wird sofort klar, dass nur die Annahme (4.3) verwendet wurde. Da diese Annahme nach wie vor auferlegt ist, wird das Annehmen von (4.5) statt von (4.4) nicht das Ergebnis ändern, dass der OLS-Schätzer b ein unverzerrter Schätzer für β ist. Allerdings gilt der einfache Ausdruck für die Kovarianzmatrix von b nicht länger. Rufen Sie sich in Erinnerung, dass der OLS-Schätzer geschrieben werden kann als $b = (X'X)^{-1}X'y = \beta + (X'X)^{-1}X'\varepsilon$. Abhängig von X ist die Kovarianzmatrix von b deshalb abhängig von der bedingten Kovarianzmatrix ε, gegeben in (4.5). Wir erhalten (für eine gegebene Matrix X)

$$V\{b|X\} = V\{(X'X)^{-1}X'\varepsilon|X\} = (X'X)^{-1}X'V\{\varepsilon|X\}X(X'X)^{-1}$$
$$= \sigma^2(X'X)^{-1}X'\Psi X(X'X)^{-1}, \tag{4.6}$$

was sich nur auf den einfacheren Ausdruck $\sigma^2(X'X)^{-1}$ verkürzt, wenn Ψ die Identitätsmatrix ist. Deshalb werden, obwohl der OLS-Schätzer nach wie vor unverzerrt ist, seine routinemäßig berechnete Varianz und Standardfehler auf dem falschen Ausdruck basieren. Von daher gelten *t*- und *F*-Tests nicht länger und Folgerungen sind irreführend. Außerdem verfällt der Beweis des Gauß-Markov-Ergebnisses, dass der OLS-Schätzer BLUE ist, sodass der OLS-Schätzer zwar unverzerrt, aber nicht länger der beste ist.

Diese Konsequenzen verweisen auf zwei Möglichkeiten, mit den Problemen von Heteroskedastizität und Autokorrelation umzugehen. Die erste impliziert die Ableitung eines Alternativschätzers, der am besten linear unverzerrt ist. Die zweite beinhaltet das Beibehalten des OLS-Schätzers und ein gewisses Anpassen seiner Standardfehler, damit Heteroskedastizität und/oder Autokorrelation zugelassen werden. Tatsächlich gibt es noch eine dritte Möglichkeit, die Probleme zu beheben. Grund ist, dass Sie in vielen Fällen Heteroskedastizität und (insbesondere) Autokorrelation finden, weil das von Ihnen geschätzte Modell auf die eine oder andere Weise fehlspezifiziert ist. Ist das der Fall, so sollte Sie das Entdecken von Heteroskedastizität oder Autokorrelation dazu bringen, das Modell zu überdenken und zu bewerten, in welchem Maße Sie sicher sind, was dessen Spezifikation angeht. Entsprechende Beispiele werden im Folgenden noch besprochen.

Aus pädagogischen Gründen sollten wir im nächsten Kapitel jedoch zuerst die Herleitung eines Alternativschätzers betrachten. Es muss aber betont werden, dass dies in vielen Fällen nicht der selbstverständliche Weg ist.

4.2 Einen Alternativschätzer ableiten

In diesem Kapitel werden wir den besten linearen unverzerrten Schätzer für β unter der Annahme (4.5) ableiten, davon ausgehend, dass Ψ vollständig bekannt ist. Die Idee hinter dieser Ableitung ist, dass wir den besten linearen unverzerrten Schätzer unter den Gauß-Markov-Annahmen (A1)–(A4) kennen, sodass wir das Modell derart transformieren, dass es die Gauß-Markov-Bedingungen wieder erfüllt, will heißen, dass wir Fehlerterme erhalten, die homoskedastisch sind und keine Autokorrelation zeigen. Wir beginnen damit, indem wir

$$\Psi^{-1} = P'P \tag{4.7}$$

für eine quadratische, nichtsinguläre Matrix P schreiben, die nicht zwangsläufig eindeutig ist. Für den Moment ist es nicht wichtig, wie wir eine solche Matrix P finden. Es genügt, dies zur Kenntnis zu nehmen, denn da Ψ positiv bestimmt ist, wird es immer eine Matrix P geben, die (4.7) erfüllt. Unter Verwendung von (4.7) können wir schreiben

$$\Psi = (P'P)^{-1} = P^{-1}(P')^{-1}$$
$$P\Psi P' = PP^{-1}(P')^{-1}P' = I.$$

Infolgedessen gilt für den Fehlertermvektor ε integriert durch die Transformationsmatrix P, dass

$$E\{P\varepsilon|X\} = PE\{\varepsilon|X\} = 0$$
$$V\{P\varepsilon|X\} = PV\{\varepsilon|X\}P' = \sigma^2 P\Psi P' = \sigma^2 I.$$

Anders ausgedrückt erfüllt $P\varepsilon$ die Gauß-Markov-Bedingungen. Infolgedessen können wir das gesamte Modell durch diese P-Matrix transformieren, um

$$Py = PX\beta + P\varepsilon \quad \text{or} \quad y^* = X^*\beta + \varepsilon^* \tag{4.8}$$

zu erhalten, wobei der Fehlertermvektor ε^* die Gauß-Markov-Bedingungen erfüllt. Wir wissen, dass das Anwenden der gewöhnlichsten kleinsten Quadrate in diesem transformierten Modell den besten linearen unverzerrten Schätzer für β hervorbringt.[1] Deshalb ist dies automatisch der beste lineare unverzerrte Schätzer für β im ursprünglichen Modell mit den Annahmen (4.3) und (4.5). Der daraus resultierende Schätzer ist gegeben durch

$$\hat{\beta} = (X^{*\prime}X^*)^{-1}X^{*\prime}y^* = (X'\Psi^{-1}X)^{-1}X'\Psi^{-1}y. \tag{4.9}$$

Dieser Schätzer wird bezeichnet als der **verallgemeinerte Kleinste-Quadrate-Methode-Schätzer** (engl. generalized least squares (GLS) estimator). Es ist leicht zu erkennen, dass sich dieser auf den OLS-Schätzer reduziert, wenn $\Psi = I$. Darüber hinaus ist die Wahl von P irrelevant für den Schätzer: Nur Ψ^{-1} spielt eine Rolle. Wir werden im Folgenden noch verschiedene Beispiele des GLS-Schätzers sehen, die leichter zu interpretieren sind als diese allgemeine Formel. Woran Sie sich bei diesem Ausdruck erinnern müssen, ist, dass alle GLS-Schätzer, die wir noch betrachten werden, Sonderformen von (4.9) sind.

Natürlich können wir den GLS-Schätzer berechnen, wenn die Matrix Ψ bekannt ist. In der Praxis wird das in der Regel nicht der Fall sein und Ψ wird zuerst geschätzt werden müssen. Eine geschätzte Version von Ψ in (4.9) zu verwenden resultiert in einem **FGLS-Schätzer** (engl. feasible generalized least squares estimator), auch **EGLS-Schätzer** (engl. estimated generalized least squares estimator) für β. Das bringt einige zusätzliche Probleme mit sich, die wir im Folgenden näher betrachten werden.

Das transformierte Modell in (4.8) spielt lediglich eine Rolle in unserer Konstruktion einer Alternative zum OLS und ist nicht an sich von ökonomischem Interesse. Dennoch ist die Interpretation eines (F)GLS oder OLS in einem geeigneten transformierten Modell nützlich, weil sie es uns leicht macht, die Eigenschaften des GLS-Schätzers $\hat{\beta}$ abzuleiten, indem wir alle Standard-OLS-Ergebnisse nehmen, nachdem wir die ursprünglichen Variablen durch ihre transformierten Gegenstücke ersetzt haben. So wird zum Beispiel die Kovarianzmatrix von $\hat{\beta}$ (für ein gegebenes X) erhalten durch

$$V\{\hat{\beta}\} = \sigma^2(X^{*\prime}X^*)^{-1} = \sigma^2(X'\Psi^{-1}X)^{-1}, \tag{4.10}$$

wobei σ^2 geschätzt werden kann durch das Teilen der Quadratsumme der Residuen durch die Anzahl der Beobachtungen minus der Anzahl von Regressoren, sprich

$$\hat{\sigma}^2 = \frac{1}{N-K}(y^* - X^*\hat{\beta})'(y^* - X^*\hat{\beta}) = \frac{1}{N-K}(y - X\hat{\beta})'\Psi^{-1}(y - X\hat{\beta}). \tag{4.11}$$

Die Tatsache, dass $\hat{\beta}$ BLUE ist, impliziert, dass es eine geringere Varianz aufweist als der OLS-Schätzer b. Tatsächlich kann gezeigt werden, dass die OLS-Kovarianzmatrix (4.6) in dem Sinne größer ist als die GLS-Kovarianzmatrix (4.10), als die Matrixdifferenz positiv semidefinit ist.

4.3 Heteroskedastizität

4.3.1 Einleitung

Der Fall, bei dem $V\{\varepsilon|X\}$ diagonal, aber nicht gleich σ^2 mal der Identitätsmatrix ist, wird als **Heteroskedastizität** bezeichnet. Das bedeutet, dass die Fehlerterme gegenseitig nicht korreliert sind, während die Varianz von ε_i über die Beobachtungen variieren kann. Diesem Problem begegnet man häufig in Querschnittsmodellen. Betrachten Sie zum Beispiel den Fall, in dem y_i die Ausgaben für Lebensmittel bezeichnet und x_i aus einem konstanten und verfügbaren Einkommen dpi_i besteht. Von einer Engel-Kurve für Lebensmittel erwartet man, dass sie nach oben steigt. Folglich korrespondiert ein durchschnittlich höheres Einkommen mit höheren Ausgaben für Lebensmittel. Zusätzlich könnte man erwarten, dass die Streuung bei Lebensmittelausgaben bei Haushalten mit hohem Einkommen wesentlich größer ist als die Variation bei Haushalten mit niedrigem Einkommen. Ist das der Fall, so steigt die Varianz von ε_i mit dem Einkommen. Abbildung 4.1 zeigt diesen typischen Fall mit hypothetischen Daten. Höhere Werte beim verfügbaren Einkommen korrespondieren mit höheren erwarteten Ausgaben für Lebensmittel, haben aber auch eine größere Varianz. Beobachtungen im rechten Teil des Diagramms sind – im Durchschnitt – weiter von der wahren Regressionslinie entfernt als jene im linken Teil. Das heißt, sie haben größere absolute Werte des Fehlerterms.

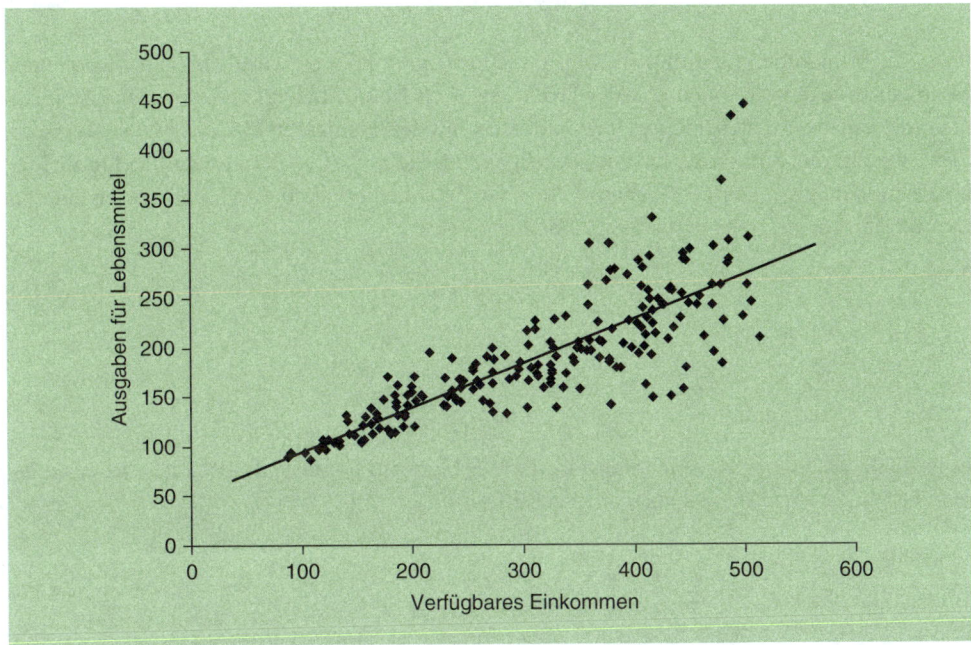

Abbildung 4.1 Eine Engel-Kurve mit Heteroskedastizität

Die Heteroskedastizität in Abbildung 4.1 könnte modelliert werden durch

$$V\{\varepsilon_i|dpi_i\} = \sigma_i^2 = \sigma^2 \exp\{\alpha_2 dpi_i\} = \exp\{\alpha_1 + \alpha_2 dpi_i\} \tag{4.12}$$

für einige α_2 und $\alpha_1 = \log \sigma^2$. Für den Moment werden wir keine weiteren Annahmen über die Form der Heteroskedastizität treffen. Wir nehmen lediglich an, dass

$$V\{\varepsilon_i|X\} = V\{\varepsilon_i|x_i\} = \sigma^2 h_i^2, \tag{4.13}$$

wobei alle h_i^2 bekannt und positiv sind. Wenn wir dies mit der angenommenen Abwesenheit von Autokorrelation kombinieren, können wir die neue Annahme formulieren als

$$V\{\varepsilon|X\} = \sigma^2 Diag\{h_i^2\} = \sigma^2 \Psi, \tag{A9}$$

wobei $Diag\{h_i^2\}$ eine Diagonalmatrix mit den Elementen $h_1^2, \ldots, h_N^2$ ist. Annahme (A9) ersetzt die Annahmen (A3) und (A4) aus Kapitel 2. Wenn die Varianzen unserer Fehlerterme von den erklärenden Variablen abhängen, können wir natürlich nicht länger Unabhängigkeit annehmen wie in (A2). Deshalb ersetzen wir die Annahmen (A1) und (A2) durch eine schwächere, wie zuvor in (2.30) gegeben. Also erlegen wir auf

$$E\{\varepsilon|X\} = 0. \tag{A10}$$

Bedingung (A10) besagt, dass ε ein bedingter Erwartungswert unabhängig von X ist. Dies ist wesentlich stärker als Bedingung (A7), welche lediglich erfordert, dass ε_i und x_i nicht korreliert sind.

Wir interessieren uns für den besten linearen unverzerrten Schätzer für β im Modell

$$y_i = x_i'\beta + \varepsilon_i \text{ für } i = 1, \ldots, N \tag{4.14}$$

unter den Annahmen (A9) und (A10). Zu diesem Zweck können wir die obigen allgemeinen Matrixausdrücke verwenden. An der Struktur von Ψ ist leicht abzulesen, dass eine geeignete Transformationsmatrix P eine Diagonalmatrix mit den Elementen $h_1^{-1}, \ldots, h_N^{-1}$ ist. Typische Elemente im transformierten Datenvektor Py sind deshalb $y_i^* = y_i/h_i$ (und ähnlich für die Elemente in x_i und ε_i). Der GLS-Schätzer für β wird folglich erhalten durch das Bearbeiten von OLS mit folgendem transformierten Modell:

$$y_i^* = x_i^{*\prime}\beta + \varepsilon_i^* \tag{4.15}$$

oder

$$\frac{y_i}{h_i} = \left(\frac{x_i}{h_i}\right)'\beta + \frac{\varepsilon_i}{h_i}. \tag{4.16}$$

Es ist leicht erkennbar, dass der transformierte Fehlerterm homoskedastisch ist. Der resultierende Kleinste-Quadrate-Schätzer wird gegeben durch

$$\hat{\beta} = \left(\sum_{i=1}^{N} h_i^{-2}x_i x_i'\right)^{-1} \sum_{i=1}^{N} h_i^{-2}x_i y_i. \tag{4.17}$$

(Beachten Sie, dass es sich hierbei um einen Sonderfall von (4.9) handelt.) Der GLS-Schätzer wird manchmal auch als **gewichteter Kleinste-Quadrate-Schätzer** bezeichnet, weil es ein Kleinste-Quadrate-Schätzer ist, bei dem jede Beobachtung gewichtet wird durch den (einen Faktor proportional zum) Kehrwert der Fehlervarianz. Er kann direkt abgeleitet werden von der Minimierung der Quadratsumme der Residuen in (2.4), nachdem jedes Element in der Summe durch h_i^2 dividiert wurde. Unter den Annahmen (A9) und (A10) ist der GLS-Schätzer der beste lineare unverzerrte Schätzer für β. Die Verwendung von Gewichtungen impliziert, dass Beobachtungen mit einer höheren Varianz bei der Schätzung ein geringeres Gewicht bekommen. Grob gesprochen bekommen jene Beobachtungen die größten Gewichtungen, welche die genauesten Informationen über die Modellparameter liefern, und die geringsten Gewichtungen jene, die relativ wenig Informationen zu β bieten. Es ist wichtig, zu erkennen, dass in dem transformierten Modell alle Variablen transformiert sind, einschließlich des Achsenabschnittsterms. Das bedeutet, dass das Modell in (4.16) keinen Achsenabschnittsterm enthält. Es sollte auch betont werden, dass die transformierte Regression nur zum Einsatz kommt, um den GLS-Schätzer leicht zu bestimmen, und sie nicht zwangsläufig eine eigene Interpretation hat. Das heißt, *die Parameterschätzungen müssen im Kontext des ursprünglichen nicht transformierten Modells interpretiert werden.*

4.3.2 Schätzereigenschaften und Hypothesenüberprüfung

Weil der GLS-Schätzer schlichtweg ein OLS-Schätzer in einem transformierten Modell ist, das die Gauß-Markov-Eigenschaften erfüllt, können wir die Eigenschaften von $\hat{\beta}$ sofort anhand der Standardeigenschaften des OLS-Schätzers bestimmen, nachdem wir alle Variablen durch ihre transformierten Gegenstücke ersetzt haben. Zum Beispiel ist die Kovarianzmatrix von $\hat{\beta}$ gegeben durch

$$V\{\hat{\beta}\} = \sigma^2 \left(\sum_{i=1}^{N} h_i^{-2} x_i x_i' \right)^{-1}, \tag{4.18}$$

wobei die unbekannte Fehlervarianz σ^2 unverzerrt geschätzt werden kann durch

$$\hat{\sigma}^2 = \frac{1}{N-K} \sum_{i=1}^{N} h_i^{-2} (y_i - x_i'\hat{\beta})^2. \tag{4.19}$$

Falls wir, ergänzend zu den Annahmen (A9) und (A10), eine Normalverteilung der Fehlerterme annehmen wie in (A5), folgt daraus auch, dass $\hat{\beta}$ eine Normalverteilung mit dem Mittelwert β sowie Varianz (4.18) aufweist. Das kann genutzt werden, um Tests für lineare Restriktionen der β-Koeffizienten abzuleiten. Um zum Beispiel die Hypothese $H_0 : \beta_2 = 1$ gegen $H_1 : \beta_2 \neq 1$ zu testen, können wir die t-Statistik verwenden, gegeben durch

$$t_2 = \frac{\hat{\beta}_2 - 1}{se(\hat{\beta}_2)}, \tag{4.20}$$

wobei $se(\hat{\beta}_2)$ den Standardfehler von $\hat{\beta}_2$ bezeichnet, basierend auf (4.18) und (4.19).

Weil wir vorausgesetzt haben, dass alle h_i^2s bekannt sind, hat das Schätzen der Fehlervarianz durch $\hat{\sigma}^2$ die übliche Konsequenz des Veränderns der Normalverteilung in eine t_{N-K}-Verteilung. Wird keine Normalverteilung der Fehler angenommen, so gilt die Normalverteilung nur asymptotisch. Die Nullhypothese würde auf dem 5 %-Niveau verworfen, falls $|t_2|$ größer als der kritische Wert der Standardnormalverteilung ist, der bei 1,96 liegt.

Wie zuvor kann der F-Test verwendet werden, um eine Reihe linearer Restriktionen zu β zu testen, zusammengefasst als $H_0 : R\beta = q$, wobei R die Dimension $J \times K$ besitzt. Wir können zum Beispiel gleichzeitig $\beta_2 + \beta_3 + \beta_4 = 1$ und $\beta_5 = 0$ testen ($J = 2$). Die Alternative ist $H_1 : R\beta \neq q$ (was bedeutet, dass das Gleichheitszeichen für mindestens ein Element nicht gilt). Die Teststatistik basiert auf dem GLS-Schätzer $\hat{\beta}$ und erfordert die (geschätzte) Varianz von $R\hat{\beta}$, welche gegeben ist durch $V\{R\hat{\beta}\} = RV\{\hat{\beta}\}R'$. Sie ist vergleichbar mit (2.63) und wird gegeben durch

$$\xi = (R\hat{\beta} - q)' (R\hat{V}\{\hat{\beta}\}R')^{-1} (R\hat{\beta} - q). \tag{4.21}$$

Unter H_0 hat diese Statistik eine asymptotische χ^2-Verteilung mit J Freiheitsgraden. Dieser Test wird für gewöhnlich als **Wald-Test** bezeichnet (vergleiche Kapitel 2 und 3). Weil $\hat{V}\{\hat{\beta}\}$ aus $V\{\hat{\beta}\}$ durch das Ersetzen von σ^2 mit seinem Schätzer $\hat{\sigma}^2$ gewonnen wird, können wir auch eine Version dieses Tests konstruieren, die eine exakte F-Verteilung (bei Auferlegen von

Normalverteilung der Fehlerterme) wie im Standardfall aufweist (vergleiche Kapitel 2.5.6). Die Teststatistik ist gegeben durch $F = \xi/J$, welche unter der Nullhypothese eine F-Verteilung mit J und $N-K$ Freiheitsgraden aufweist.

4.3.3 Wenn die Varianzen nicht bekannt sind

Es ist offenkundig schwer, sich ein ökonomisches Beispiel vorzustellen, bei dem die Varianzen der Fehlerterme bis hin zu einem Proportionalitätsfaktor bekannt sind. Ein Beispiel ist möglich, wenn die zur Verfügung stehenden Daten ein Querschnitt von Gruppendurchschnitten mit unterschiedlichen Gruppengrößen sind (zum Beispiel Durchschnitte innerhalb von Geburtskohorten). Wenn die Beziehung auf dem individuellen Niveau homoskedastisch ist (und die individuellen Beobachtungen unabhängig sind), dann ist die Varianz des Fehlerterms der Beziehung im Hinblick auf die Gruppendurchschnitte umgekehrt, bezogen auf die Anzahl an Beobachtungen je Gruppe. Das heißt

$$V\{\varepsilon_i | x_i\} = \sigma^2 n_i^{-1}, \tag{4.22}$$

wobei n_i die Anzahl der Individuen in Gruppe i ist. In diesem Fall ist das transformierte Regressionsmodell gegeben durch

$$\sqrt{n_i} y_i = \sqrt{n_i} x_i' \beta + \sqrt{n_i} \varepsilon_i, \tag{4.23}$$

dessen Fehlerterm homoskedastisch ist.[2] Der gewichtete Kleinste-Quadrate-Schätzer verleiht dann den Gruppen mit mehr Beobachtungen höheres Gewicht, was intuitiv Sinn ergibt.

Wenn die h_is in (4.13) unbekannt sind, ist es nicht länger möglich, den GLS-Schätzer zu berechnen. In diesem Fall ist $\hat{\beta}$ nur von theoretischem Interesse. Die offenkundige Lösung scheint darin zu bestehen, die unbekannten h_i^2s durch unverzerrte oder konsistente Schätzwerte zu ersetzen und zu hoffen, dass dadurch nicht die Eigenschaften des (Pseudo-)GLS-Schätzers beeinflusst werden. Das ist nicht so einfach, wie es scheint. Das Hauptproblem besteht darin, dass es N unbekannte h_i^2s und nur N Beobachtungen gibt, um diese zu schätzen. Insbesondere gibt es für jede Beobachtung i nur ein Residuum e_i, um die Varianz von ε_i zu schätzen. Als Konsequenz können wir nicht erwarten, konsistente Schätzer für die h_i^2s zu finden, es sei denn, es werden zusätzliche Annahmen gemacht. Diese Annahmen beziehen sich auf die Form der Heteroskedastizität und spezifizieren für gewöhnlich die N unbekannten Varianzen als eine Funktion beobachteter (exogener) Variablen und eine kleine Zahl unbekannter Parameter. Durch Verwenden konsistenter Schätzer für diese Parameter können wir $\hat{h}_i^2$ bestimmen, was wiederum ein konsistenter Schätzer für h_i^2 ist und nachfolgend den Schätzer berechnet:

$$\hat{\beta}^* = \left(\sum_{i=1}^{N} \hat{h}_i^{-2} x_i x_i' \right)^{-1} \sum_{i=1}^{N} \hat{h}_i^{-2} x_i y_i. \tag{4.24}$$

Dieser Schätzer ist ein **FGLS-Schätzer** oder auch **EGLS-Schätzer**, weil er auf den geschätzten Werten für h_i^2 basiert. Vorausgesetzt, die unbekannten Parameter in h_i^2 sind konsistent geschätzt, dann gilt (unter einigen schwachen Regelbedingungen), dass der EGLS-Schätzer $\hat{\beta}^*$ und der GLS-Schätzer $\hat{\beta}^*$ asymptotisch gleich sind. Das bedeutet lediglich, dass wir asymptotisch die Tatsache ignorieren können, dass die unbekannten Gewichtungen durch konsistente Schätzwerte ersetzt werden. Leider teilt der EGLS-Schätzer nicht die Kleine-Stichproben-Eigenschaften des GLS-Schätzers, sodass wir nicht sagen können, dass $\hat{\beta}^*$ BLUE ist. Tatsächlich wird $\hat{\beta}^*$ für gewöhnlich ein nichtlinearer Schätzer sein, da $\hat{h}_i^2$ eine nichtlineare Funktion von y_is ist. Obwohl wir erwarten können, dass in halbwegs großen Stichproben das Verhalten der EGLS- und GLS-Schätzer ziemlich ähnlich ist, gibt es deshalb keine Garantie, dass der EGLS-Schätzer den OLS-Schätzer bei kleinen Stichproben übertrifft (obwohl er das für gewöhnlich tut).

Was wir schließen können, ist, dass unter den Annahmen (A9) und (A10) zusammen mit einer Annahme über die Form von Heteroskedastizität der praktikable (F)GLS-Schätzer für β konsistent und asymptotisch am besten ist (asymptotisch effizient). Seine Kovarianzmatrix kann geschätzt werden durch

$$\hat{V}\{\hat{\beta}^*\} = \hat{\sigma}^2 \left(\sum_{i=1}^{N} \hat{h}_i^{-2} x_i x_i' \right)^{-1},$$ (4.25)

wobei $\hat{\sigma}^2$ der Standardschätzer für die Fehlervarianz aus der transformierten Regression (basierend auf (4.19)) ist, jedoch $\hat{\beta}$ durch $\hat{\beta}^*$ ersetzt.

Im verbleibenden Teil unserer Besprechung von Heteroskedastizität widmen wir unsere Aufmerksamkeit vier Punkten. Zuerst werden wir sehen, dass wir einfache kleinste Quadrate anwenden und deren Standardfehler bei Heteroskedastizität angleichen können, ohne Annahmen über ihre Form machen zu müssen. Als Zweites werden wir sehen, wie Annahmen zur Form der Heteroskedastizität genutzt werden können, um die unbekannten Parameter in h_i^2 konsistent zu schätzen, mit dem Ziel, den EGLS-Schätzer zu bestimmen. Als Drittes werden wir kurz die allgemeine Rolle der gewichteten Schätzung betrachten. Abschließend besprechen wir in Kapitel 4.4 eine Reihe alternativer Tests zum Aufspüren von Heteroskedastizität.

4.3.4 Heteroskedastizitätskonsistente Standardfehler für OLS

Überprüfen Sie noch einmal das Modell mit heteroskedastischen Fehlern,

$$y_i = x_i'\beta + \varepsilon_i,$$ (4.26)

mit $E\{\varepsilon_i|X\} = 0$ und $V\{\varepsilon_i|X\} = \sigma_i^2$. Wenn wir bei diesem Modell die Kleinste-Quadrate-Methode anwenden, wissen wir aus den vorherigen allgemeinen Ergebnissen, dass dieser Schätzer für β unverzerrt und konsistent ist. Aus (4.6) wird die geeignete Kovarianzmatrix gegeben durch

$$V\{b|X\} = \left(\sum_{i=1}^{N} x_i x_i' \right)^{-1} \left(\sum_{i=1}^{N} \sigma_i^2 x_i x_i' \right) \left(\sum_{i=1}^{N} x_i x_i' \right)^{-1}.$$ (4.27)

Es scheint, dass wir zum Schätzen dieser Kovarianzmatrix auch alle σ_i^2s schätzen müssen, was ohne zusätzliche Annahmen unmöglich ist. In einer wichtigen Veröffentlichung argumentiert White (1980) jedoch, dass nur ein konsistenter Schätzer der $K \times K$-Matrix

$$\Sigma \equiv \frac{1}{N} \sum_{i=1}^{N} \sigma_i^2 x_i x_i'$$ (4.28)

erforderlich ist. Unter sehr allgemeinen Bedingungen kann gezeigt werden, dass

$$S \equiv \frac{1}{N} \sum_{i=1}^{N} e_i^2 x_i x_i',$$ (4.29)

wobei e_i das OLS-Residuum ist, ein konsistenter[3] Schätzer für Σ. Deshalb kann

$$\hat{V}\{b\} = \left(\sum_{i=1}^{N} x_i x_i'\right)^{-1} \left(\sum_{i=1}^{N} e_i^2 x_i x_i'\right) \left(\sum_{i=1}^{N} x_i x_i'\right)^{-1} \qquad (4.30)$$

als ein Schätzwert der wahren Varianz des OLS-Schätzers verwendet werden. Das Ergebnis zeigt, dass wir basierend auf b immer noch angemessene Schlussfolgerungen ziehen können, ohne den Typ der Heteroskedastizität tatsächlich bestimmen zu müssen. Alles, was wir tun müssen, ist, die Standardformel zu ersetzen, um die OLS-Kovarianzmatrix mit derjenigen in (4.30) zu berechnen, welches in den meisten Softwarepaketen eine einfache Option ist. Als Quadratwurzel der diagonalen Elemente in (4.30) berechnete Standardfehler werden für gewöhnlich als **heteroskedastizitätskonsistente Standardfehler** oder einfach als White-Standardfehler bezeichnet.[4] Die Verwendung solch robuster Standardfehler ist in vielen Anwendungsbereichen zur Standardpraxis geworden. Weil die resultierenden Teststatistiken (asymptotisch) geeignet sind, ob die Fehler nun eine konstante Varianz haben oder nicht, wird dies als »heteroskedastizitätsrobuste Schlussfolgerung« bezeichnet. Gelegentlich berichten Untersuchungen sowohl von den üblichen wie auch den heteroskedastizitätskonsistenten Standardfehlern, sodass der Leser beurteilen kann, wie sensitiv die Ergebnisse gegenüber dem Typ der verwendeten Standardfehler sind. Es scheint, dass bei den meisten empirischen Anwendungen die robusten Standardfehler größer sind als ihre homoskedastischen Gegenstücke.

Der Schätzer in (4.30) verwendet quadrierte OLS-Residuen, um σ_i^2 zu schätzen. Weil OLS dazu neigt, die Residuen so klein wie möglich zu machen, verursacht das eine Verzerrung im Kovarianzmatrixschätzer, ähnlich dem in Kapitel 2.3.2 besprochenen Problem. Einige Modifizierungen von (4.29) wurden vorgeschlagen, weil sie bessere Kleine-Stichproben-Eigenschaften haben sollen (siehe Davidson und MacKinnon, 2004, Kapitel 5.5). Eine gängige Modifizierung beinhaltet eine Korrektur der Freiheitsgrade und nutzt

$$S^* = \frac{1}{N-K} \sum_{i=1}^{N} e_i^2 x_i x_i' \qquad (4.31)$$

statt (4.29). Trotz dieser Anpassung stützt sich die Berechnung von heteroskedastizitätskonsistenten Standardfehlern auf asymptotische Eigenschaften und ihre Leistung in relativ kleinen Stichproben ist möglicherweise nicht sehr genau (siehe MacKinnon und White, 1985).

Wenn Sie eine Vorstellung von der Form der Heteroskedastizität haben (zum Beispiel wie h_i von Beobachtbarem und unbekannten Parametern abhängt), können FGLS möglicherweise einen effizienteren Schätzer liefern. Das folgende Kapitel zeigt ein Beispiel.

4.3.5 Multiplikative Heteroskedastizität

Eine häufige Form von in der Praxis angewandter Heteroskedastizität ist die **multiplikative Heteroskedastizität**. Hierbei wird angenommen, dass die Fehlervarianz verbunden ist mit einer Reihe exogener Variablen, gesammelt in einem J-dimensionalen Vektor z_i (keine Konstante beinhaltend). Um Positivität der Fehlervarianz für alle Parameterwerte zu garantieren, wird eine Exponentialfunktion verwendet. Insbesondere wird angenommen, dass

$$V\{\varepsilon_i | x_i\} = \sigma_i^2 = \sigma^2 \exp\{\alpha_1 z_{i1} + \cdots + \alpha_J z_{iJ}\} = \sigma^2 \exp\{z_i' \alpha\}, \qquad (4.32)$$

wobei z_i ein Vektor beobachteter Variablen ist, der eine Funktion von x_i ist (für gewöhnlich eine Untergruppe von x_i-Variablen oder Transformationen davon). In diesem Modell bezieht sich die Fehlervarianz auf eine oder mehrere exogene Variablen, wie im Beispiel der bereits gezeigten Engel-Kurve.

Um den EGLS-Schätzer berechnen zu können, brauchen wir konsistente Schätzer für die unbekannten Parameter in $h_i^2 = \exp\{z_i'\alpha\}$, das heißt für α, die auf den OLS-Residuen basieren können. Um zu sehen, wie, beachten Sie zunächst, dass $\log \sigma_i^2 = \log \sigma^2 + z_i'\alpha$. Man sollte erwarten, dass die OLS-Residuen $e_i = y_i - x_i'b$ etwas über σ_i^2 verraten können. Tatsächlich kann gezeigt werden, dass

$$\log e_i^2 = \log \sigma^2 + z_i'\alpha + v_i, \tag{4.33}$$

wobei $v_i = \log(e_i^2/\sigma_i^2)$ ein Fehlerterm ist, der (asymptotisch) homoskedastisch ist und nicht mit z_i korreliert. Ein Problem besteht darin, dass v_i keine Null-Erwartung hat (nicht einmal asymptotisch). Jedoch wird das lediglich die Schätzung der Konstanten $\log \sigma^2$ beeinflussen, welche irrelevant ist. Infolgedessen können wir den EGLS-Schätzer für β durch folgende Schritte erhalten:

1. Schätzen Sie das Modell mit OLS. Dadurch erhalten wir den Kleinste-Quadrate-Schätzer b.

2. Berechnen Sie $\log e_i^2 = \log(y_i - x_i'b)^2$ aus den Residuen der kleinsten Quadrate.

3. Schätzen Sie (4.33) mit kleinsten Quadraten, das heißt, regressieren Sie $\log e_i^2$ auf z_i und eine Konstante. Das führt zu konsistenten Schätzern $\hat{\alpha}$ für α.

4. Berechnen Sie $\hat{h}_i^2 = \exp\{z_i'\hat{\alpha}\}$ und transformieren Sie alle Beobachtungen, um

$$y_i/\hat{h}_i = (x_i/\hat{h}_i)'\beta + (\varepsilon_i/\hat{h}_i)$$

zu erhalten, und wenden Sie den OLS an dem transformierten Modell an. Vergessen Sie nicht, die Konstante zu transformieren. Das bringt die EGLS-Schätzer $\hat{\beta}^*$ für β hervor.

5. Das Skalar σ^2 kann konsistent geschätzt werden durch

$$\hat{\sigma}^2 = \frac{1}{N-K} \sum_{i=1}^{N} \frac{(y_i - x_i'\hat{\beta}^*)^2}{\hat{h}_i^2}.$$

6. Schließlich wird ein konsistenter Schätzer für die Kovarianzmatrix von $\hat{\beta}^*$ gegeben durch

$$\hat{V}\{\hat{\beta}^*\} = \hat{\sigma}^2 \left(\sum_{i=1}^{N} \frac{x_i x_i'}{\hat{h}_i^2} \right)^{-1}.$$

Dies korrespondiert mit der Kleinste-Quadrate-Kovarianzmatrix in der transformierten Regression, die von Regressionspaketen automatisch berechnet wird.

4.3.6 Gewichtete kleinste Quadrate mit beliebigen Gewichtungen

Gelegentlich gibt es Gründe, einen gewichteten Kleinste-Quadrate-Schätzer (engl. weighted least squares (WLS) estimator) zu verwenden, wobei die Gewichtungen nicht zwangsläufig mit dem Kehrwert der Fehlervarianzen korrespondieren. Betrachten Sie die Situation, in der wir gruppierte oder aggregierte Daten haben und sich die Anzahl der Einheiten je Gruppe unterscheidet. In diesem Fall könnten wir entscheiden, die Beobachtungen durch die Anzahl der Einheiten in jeder Gruppe zu gewichten, als Versuch, die Heteroskedastizität zu korrigieren, selbst wenn wir nicht sicher sind, dass die Fehlervarianz proportional zum Kehrwert der Gruppengröße ist (was sie unter einigen restriktiven Annahmen ist). Lassen Sie uns den verallgemeinerten gewichteten Kleinste-Quadrate-Schätzer bezeichnen als

$$\hat{\beta}_w = \left(\sum_{i=1}^{N} w_i x_i x_i' \right)^{-1} \sum_{i=1}^{N} w_i x_i y_i, \tag{4.34}$$

wobei $w_i > 0$ eine beobachtete gewichtete Variable ist. Wenn die Gewichtungen exogen sind, dann ist der Schätzer in (4.34) unverzerrt und konsistent für β unter denselben Bedingungen wie der OLS-Schätzer b. Sind die Gewichtungen in (4.34) jedoch nicht die optimalen Gewichtungen, korrespondierend mit $1/h_i^2$, wird der WLS-Schätzer nicht BLUE sein. Darüber hinaus werden routinemäßig berechnete Standardfehler (basierend auf (4.10)) nicht korrekt sein. Dennoch kann $\hat{\beta}_w$ effizienter sein als OLS. Seine Kovarianzmatrix ist gegeben durch

$$V\{\hat{\beta}_w\} = \left(\sum_{i=1}^{N} w_i x_i x_i' \right)^{-1} \sum_{i=1}^{N} \sigma_i^2 w_i^2 x_i x_i' \left(\sum_{i=1}^{N} w_i x_i x_i' \right)^{-1}, \tag{4.35}$$

wobei $\sigma_i^2 = V\{\varepsilon_i\}$ wie zuvor. Diese Matrix kann konsistent geschätzt werden durch Verwendung einer Variante der in Kapitel 4.3.4 besprochenen heteroskedastizitätskonsistenten Kovarianzmatrix.

Wenn die Gewichtungen in (4.34) mehr oder weniger eine gleichbleibende Beziehung mit dem Kehrwert der Fehlervarianz aufweisen, bevorzugen wir vielleicht die Verwendung des gewichteten Kleinste-Quadrate-Schätzers, auch wenn der daraus resultierende Schätzer nicht der optimale GLS-Schätzer ist. In diesem Fall wenden wir die gewichtete Vorgehensweise an, um die Effizienz unseres Schätzers für β zu erhöhen, und kombinieren sie mit der Verwendung heteroskedastizitätskonsistenter Standardfehler, um sicherzustellen, dass unsere Schlussfolgerung korrekt ist, auch wenn wir die korrekte Form der Heteroskedastizität nicht kennen. Auf diese Weise sind unsere Ergebnisse effizienter als OLS (korrespondierend mit $w_i = 1$), aber robust gegenüber allgemeinen Formen von Heteroskedastizität. Gewichtete kleinste Quadrate können auch in Fällen geschichteter Stichproben verwendet werden, in denen die Gewichtungen verwendet werden, um die Tatsache zu kompensieren, dass einige Schichten in einer Stichprobe unterrepräsentiert sind (zum Beispiel eine nicht repräsentative ethnische Zusammensetzung), siehe Cameron und Trivedi (2005, Kapitel 24.3) für weitergehende Erörterungen.

4.4 Überprüfen auf Heteroskedastizität

Um zu beurteilen, ob die OLS-Ergebnisse in einem gegebenen Modell wegen ihrer nicht geeigneten Standardfehler aufgrund von Heteroskedastizität irreführend sind, steht eine Reihe alternativer Tests zur Verfügung. Wenn diese Tests nicht die Nullhypothese verwerfen, gibt es keinen Grund, Kleinste-Quadrate-Ergebnisse infrage zu stellen. Gibt es jedoch Ablehnungen, können wir die Verwendung eines EGLS-Schätzers, heteroskedastizitätskonsistenter Standardfehler für den OLS-Schätzer oder die Überarbeitung der Spezifikation unseres Modells erwägen. In diesem Kapitel besprechen wir verschiedene Tests, die konzipiert wurden, um die Nullhypothese von Homoskedastizität gegen eine Vielzahl alternativer Hypothesen von Heteroskedastizität zu testen.

4.4.1 Überprüfen auf multiplikative Heteroskedastizität

Für den ersten Test ist die alternative Hypothese gut spezifiziert und gegeben durch (4.32), sprich

$$\sigma_i^2 = \sigma^2 \exp\{z_i'\alpha\}, \tag{4.36}$$

wobei z_i wie zuvor ein J-dimensionaler Vektor ist. Die Nullhypothese der Homoskedastizität korrespondiert mit $\alpha = 0$, sodass das getestete Problem lautet:

$$H_0 : \alpha = 0 \quad \text{versus} \quad H_1 : \alpha \neq 0.$$

Diese Hypothese kann getestet werden durch Verwendung der Ergebnisse der Kleinste-Quadrate-Regression in (4.33). Es gibt verschiedene (asymptotisch äquivalente) Wege, um diesen Test durchzuführen, aber der einfachste basiert auf dem Standard-F-Test in (4.33) für die Hypothese, dass alle Koeffizienten, außer der Konstanten, gleich null sind. Diese Statistik wird in der Regel automatisch von einem Regressionspaket angeboten. Weil der Fehlerterm in (4.33) nicht exakt die Gauß-Markov-Bedingungen erfüllt, gilt die F-Verteilung (mit J und $N - J - 1$ Freiheitsgraden) nur durch Approximation. Eine andere Approximation basiert auf der asymptotischen χ^2-Verteilung (mit J Freiheitsgraden) der Teststatistik nach Multiplikation mit J (vergleiche Kapitel 2.5.6).

4.4.2 Der Breusch-Pagan-Test

In diesem Test, vorgeschlagen von Breusch und Pagan (1989), ist die alternative Hypothese weniger spezifisch und verallgemeinert (4.32). Sie ist gegeben durch

$$\sigma_i^2 = \sigma^2 h(z_i'\alpha), \tag{4.37}$$

wobei h eine unbekannte, stetig differenzierbare Funktion (die nicht abhängig ist von i) derart ist, dass $h(.) > 0$ und $h(0) = 1$. Als besonderen Fall (falls $h(t) = \exp\{t\}$) erhalten wir (4.36). Ein Test für $H_0 : \alpha = 0$ versus $H_1 : \alpha \neq 0$ kann unabhängig von der Funktion h abgeleitet werden. Die einfachste Variante des Breusch-Pagan-Tests kann berechnet werden als Anzahl der Beobachtungen multipliziert mit dem R^2 einer Hilfsregression, insbesondere dem R^2 einer Regression von e_i^2 (den Quadrat-OLS-Residuen) zu z_i und einer Konstanten. Die resultierende Teststatistik, gegeben durch $\xi = NR^2$, ist asymptotisch χ^2 verteilt mit J Freiheitsgraden. Der Breusch-Pagan-Test ist ein **Lagrange-Multiplikator-Test** für Heteroskedastizität. Die Hauptcharakteristiken des Lagrange-Multiplikator-Tests liegen darin, dass es nicht erforderlich ist, das Modell unter der Alternative zu schätzen, und dass sie oft einfach aus dem R^2 einer Hilfsregression berechnet werden (siehe Kapitel 6).

4.4.3 Der White-Test

Alle bisher genannten Tests auf Heteroskedastizität testen auf Abweichungen von der Nullhypothese von Homoskedastizität in bestimmte Richtungen. Das heißt, es ist notwendig, die Natur der Heteroskedastizität zu bestimmen, auf die gestestet wird. Der White-Test (White, 1980) erfordert keine zusätzliche Struktur zu der alternativen Hypothese und nutzt darüber hinaus die Idee einer heteroskedastizitätskonsistenten Kovarianzmatrix für den OLS-Schätzer. Wie wir gesehen haben, ist die korrekte Kovarianzmatrix des Kleinste-Quadrate-Schätzers gegeben durch (4.27), welcher geschätzt werden kann durch (4.30). Der konventionelle Schätzer ist

$$\hat{V}\{b\} = s^2 \left(\sum_{i=1}^{N} x_i x_i' \right)^{-1}.$$

(4.38)

Wenn keine Heteroskedastizität vorliegt, gibt (4.38) einen konsistenten Schätzer von $V\{b\}$, andernfalls nicht. Auf dieser Beobachtung hat White einen statistischen Test entwickelt. Eine einfache, funktionsfähige Version dieses Tests wird durch die Gewinnung von NR^2 bei der Regression von e_i^2 auf eine Konstante und alle (eindeutigen) ersten Momente, zweiten Momente und Querschnittsprodukte der ursprünglichen Regressoren durchgeführt. Die Teststatistik ist asymptotisch verteilt als Chi-Quadrat mit P Freiheitsgraden, wobei P die Anzahl der Regressoren in der Hilfsregression darstellt, mit Ausnahme des Achsenabschnitts.

Der White-Test ist eine Verallgemeinerung des Breusch-Pagan-Tests, der ebenfalls eine Hilfsregression der quadrierten Residuen enthält, jedoch Terme höherer Ordnung ausschließt. Infolgedessen kann der White-Test mehr allgemeine Formen von Heteroskedastizität aufspüren als der Breusch-Pagan-Test. Tatsächlich ist der White-Test extrem verallgemeinert. Obwohl das eine Tugend darstellt, ist es gleichzeitig möglicherweise ein erheblicher Mangel. Der Test kann Heteroskedastizität aufdecken, er könnte jedoch stattdessen einfach irgendeinen anderen Spezifikationsfehler anzeigen (wie zum Beispiel eine nicht korrekte funktionale Form). Andererseits kann die Teststärke des White-Tests gegenüber bestimmten Alternativen äußerst gering sein, insbesondere wenn die Zahl der Beobachtungen klein ist.

4.4.4   Welcher Test?

In der Praxis ist die Wahl eines geeigneten Tests aufs Heteroskedastizität dadurch bestimmt, wie explizit wir hinsichtlich der Form der Heteroskedastizität sein wollen. Im Allgemeinen ist es so: Je expliziter wir sind, desto stärker ist der Test, das heißt, desto wahrscheinlicher ist es, dass der Test die Nullhypothese korrekt verwerfen wird. Ist die wahre Heteroskedastizität jedoch von anderer Form, zeigt der gewählte Test möglicherweise überhaupt kein Vorhandensein von Heteroskedastizität an. Der allgemeinste Test, der White-Test, hat begrenzte Stärke gegenüber einer großen Zahl von Alternativen, während ein spezifischer Test, wie derjenige zu multipler Heteroskedastizität, zwar mehr Stärke besitzt, aber nur gegenüber einer begrenzten Anzahl von Alternativen. In manchen Fällen können uns eine visuelle Überprüfung der Residuen (zum Beispiel ein Diagramm der OLS-Residuen gegen eine oder mehrere exogene Variablen) oder die ökonomische Theorie bei der Wahl der geeigneten Alternative helfen. Sie können auch auf die Abbildungen in Kapitel 3.6 zurückgreifen.

4.5   Beispiel: Die Nachfrage nach Arbeitskräften erklären

In diesem Kapitel betrachten wir ein einfaches Modell zur Erklärung der Nachfrage nach Arbeitskräften durch belgische Unternehmen. Dazu haben wir ein Querschnittsdatenset von 569 Unternehmen, das Informationen für 1996 zur Gesamtzahl der Mitarbeiter, zu ihrem Durchschnittslohn, zum Kapitalbetrag und zurProduktionsleistung enthält. Die folgenden vier Variablen spielen eine Rolle:[5]

Arbeitskräfte	Gesamtbeschäftigung (Anzahl von Arbeitern)
Kapital	Gesamtanlagevermögen
Lohn	Gesamte Lohnkosten geteilt durch die Anzahl von Arbeitern (in 1000 Euro)
Produktionsmenge	Wertschöpfung (in Millionen Euro)

Um eine Vorstellung zu erhalten, lassen Sie uns mit einer einfachen Produktionsfunktion[6]

$$Q = f(K, L)$$

beginnen, wobei Q die Produktionsleistung bezeichnet, K das Kapital und L den Arbeitseinsatz (labour). Die Gesamtproduktionskosten sind $rK + wL$, wobei r die Kosten des Kapitals bezeichnet und w den Stundenlohn. Nehmen wir r und w sowie die Produktionsleistung Q als gegeben und minimieren wir die Gesamtkosten (im Hinblick auf K und L) gemäß den Ergebnissen der Produktionsfunktion bei den Nachfragefunktionen für Kapital und Arbeit. Allgemein formuliert kann die Funktion der Arbeitskräftenachfrage wie folgt geschrieben werden:

$$L = g(Q, r, w)$$

für eine Funktion g. Weil Beobachtungen zu Kapitalkosten nicht leicht zu bekommen sind und in der Regel keine große Querschnittsstreuung aufweisen, werden wir als Schätzung r durch den Kapitalstock K approximieren. Die Inklusion des Kapitalstocks in eine Arbeitsnachfragegleichung kann auch durch einige weiterentwickelte theoretische Modelle motiviert sein (siehe Layard und Nickell, 1986).

Zuerst sollten wir annehmen, dass die Funktion g in ihren Argumenten linear ist, und einen zusätzlichen Fehlerterm hinzufügen. Das Schätzen des daraus resultierenden linearen Regressionsmodells unter Verwendung der Stichprobe von 569 Unternehmen bringt die in Tabelle 4.1 aufgeführten Ergebnisse hervor. Die Koeffizientenschätzungen haben alle das erwartete Vorzeichen: Höhere Löhne unter sonst gleichen Bedingungen führen zu einer Reduzierung des Arbeitskräfteeinsatzes, während mehr Produktionsleistung mehr Arbeitskräfte erfordert.

Abhängige Variable: _Arbeitskräfte_			
Variable	**Schätzwert**	**Standardfehler**	**_t_-Wert**
Konstante	287,72	19,64	14,648
Lohn	−6,742	0,501	−13,446
Produktionsleistung	15,40	0,356	43,304
Kapital	−4,590	0,269	−17,067

Tabelle 4.1 OLS-Ergebnisse lineares Modell

$s = 156,26 \quad R^2 = 0,9352 \quad \bar{R}^2 = 0,9348 = 0,9348 \quad F = 2716,02$

Bevor wir die entsprechenden Standardfehler und anderen Statistiken interpretieren, ist es nützlich, auf mögliche Heteroskedastizität zu überprüfen. Das können wir tun, indem wir einen Breusch-Pagan-Test unter Verwendung der alternativen Hypothese, dass die Fehlervarianz von den drei erklärenden Variablen abhängt, durchführen. Die Durchführung einer Hilfsregression der quadrierten OLS-Residuen zu *Lohn*, *Produktionsleistung* und *Kapital*, einschließlich einer Konstanten, führt zu den Ergebnissen in Tabelle 4.2. Die hohen t-Werte sowie die relativ hohen R^2s sind auffällig und deuten darauf hin, dass die Fehlervarianz wahrscheinlich nicht konstant ist. Wir können die Breusch-Pagan-Teststatistik berechnen durch das Rechnen von $N = 569$ mal das R^2 der Hilfsregression, welches 331,0 ergibt. Da die asymptotische Verteilung unter der Nullhypothese eine Chi-quadrierte mit drei Freiheitsgraden ist, impliziert dies eine starke Ablehnung von Homoskedastizität.

Abhängige Variable: e_i^2			
Variable	Schätzwert	Standardfehler	t-Wert
Konstante	−22719,51	11838,88	−1,919
Lohn	228,86	302,22	0,757
Produktionsleistung	5362,21	214,35	25,015
Kapital	−3543,51	162,12	−21,858

Tabelle 4.2   Hilfsregression Breusch-Pagan-Test
$s = 94182$ $R^2 = 0,5818$ $\bar{R}^2 = 0,5796$ $F = 262,05$

Es ist tatsächlich ziemlich üblich, in derartigen Situationen, in denen sich die Größe der beobachteten Einheiten wesentlich unterscheidet, Heteroskedastizität vorzufinden. Unsere Stichprobe enthält zum Beispiel Unternehmen mit einem Arbeitnehmer und Unternehmen mit 1000 Arbeitnehmern. Wir können erwarten, dass große Unternehmen größere absolute Werte aller Variablen in dem Modell haben, einschließlich der im Fehlerterm gesammelten nichtbeobachteten. Eine übliche Vorgehensweise, um dieses Problem zu verringern, besteht darin, Logarithmen aller Variablen, statt ihrer Niveaus, zu verwenden (vergleiche Kapitel 3.5). Infolgedessen besteht unser erster Schritt im Umgang mit dem Heteroskedastizitätsproblem im Betrachten des loglinearen Modells. Es kann gezeigt werden, dass wir das loglineare Modell erhalten, wenn die Produktionsfunktion vom Typ Cobb-Douglas ist, sprich $Q = AK^{\alpha}L^{\beta}$.

Die Ergebnisse der OLS-Schätzung für das loglineare Modell sind in Tabelle 4.3 aufgeführt. Rufen Sie sich in Erinnerung, dass die Koeffizienten im loglinearen Modell die Interpretation von Elastizitäten haben. Die Lohnelastizität der Arbeitsnachfrage wird auf $-0,93$ geschätzt, was ziemlich hoch ist. Das bedeutet, dass eine 1%ige Steigerung des Lohns, unter sonst gleichen Bedingungen, zu einer fast 1%igen Reduzierung der Arbeitskräftenachfrage führt. Die Elastizität der Arbeitskräftenachfrage im Hinblick auf das Produktionsergebnis hat einen Schätzwert von approximativ einer Einheit, sodass 1 % mehr Produktionsleistung 1 % mehr Arbeitskräfteeinsatz erfordert.

Wenn der Fehlerterm im loglinearen Modell heteroskedastisch ist, sind die Standardfehler und t-Werte in Tabelle 4.3 nicht geeignet. Wir können auf ähnliche Weise wie zuvor einen Breusch-Pagan-Test durchführen: Die Hilfsregression der quadrierten OLS-Residuen zu den drei erklärenden Variablen (in Logarithmen) führt zu einem R^2 von 0,0136. Die resultierende Teststatistik beträgt 7,74, was sich am Rand der Signifikanz auf dem 5 %-Niveau bewegt. Ein allgemeinerer Test ist der White-Test. Um die Teststatistik zu berechnen, führen wir eine Hilfsregression der quadrierten OLS-Residuen zu allen ursprünglichen Regressoren, ihren Quadraten und deren

Abhängige Variable: log(*Arbeitskräfte*)			
Variable	Schätzwert	Standardfehler	t-Wert
Konstante	6,177	0,246	25,089
Log(*Lohn*)	−0,928	0,071	−12,993
Log(*Produktionsleistung*)	0,990	0,026	37,487
Log(*Kapital*)	−0,004	0,019	−0,197

Tabelle 4.3 OLS-Ergebnisse loglineares Modell
$s = 0,465$ $R^2 = 0,8430$ $\bar{R}^2 = 0,8421$ $F = 1011,02$

Interaktionen durch. Die Ergebnisse sind in Tabelle 4.4 aufgeführt. Mit einem R^2 von 0,1029 nimmt die Teststatistik den Wert von 58,5 an, was stark signifikant ist für eine Chi-quadrierte Variable mit neun Freiheitsgraden. Betrachten wir die t-Werte in dieser Regression, scheint die Varianz des Fehlerterms signifikant in Beziehung zu Produktionsleistung und Kapital zu stehen.

Abhängige Variable: e_i^2			
Variable	Schätzwert	Standardfehler	t-Wert
Konstante	2,545	3,003	0,847
log(*Lohn*)	−1,299	1,753	−0,741
log(*Produktionsleistung*)	−0,904	0,560	−1,614
log(*Kapital*)	1,142	0,376	3,039
$\log^2(Lohn)$	0,193	0,259	0,744
$\log^2(Produktionsleistung)$	0,138	0,036	3,877
$\log^2(Kapital)$	0,090	0,014	6,401
log(*Lohn*)log(*Produktionsleistung*)	0,138	0,163	0,849
log(*Lohn*)log(*Kapital*)	−0,252	0,105	−2,399
log(*Produktionsleistung*)log(*Kapital*)	−0,192	0,037	−5,197

Tabelle 4.4 Hilfsregression White-Test
$s = 0,851$ $R^2 = 0,1029$ $\bar{R}^2 = 0,0884$ $F = 7,12$

Da der White-Test deutlich das Vorhandensein von Heteroskedastizität anzeigt, scheint er geeignet, die heteroskedastizitätskonsistenten Standardfehler für den OLS-Schätzer zu berechnen. Das ist bei den meisten modernen Softwarepaketen eine Standardoption, die Ergebnisse sind in Tabelle 4.5 aufgeführt. Die angepassten Standardfehler sind eindeutig größer als die nicht korrekten in Tabelle 4.3. Beachten Sie, dass die F-Statistik ebenfalls angepasst ist und die heteroskedastizitätskonsistente Kovarianzmatrix verwendet. (Einige Softwarepakete reproduzieren lediglich die F-Statistik aus Tabelle 4.3.) Qualitativ haben sich die Schlussfolgerungen nicht verändert: Lohn und Produktionsleistung sind signifikant für das Erklären von Arbeitskräftenachfrage, Kapital ist es nicht.

Abhängige Variable: log(*Arbeitskräfte*)		Heteroskedastizitätskonsistent	
Variable	Schätzwert	Standardfehler	t-Wert
Konstante	6,177	0,294	21,019
Log(*Lohn*)	−0,928	0,087	−10,706
log(*Produktionsleistung*)	0,990	0,047	21,159
log(*Kapital*)	−0,004	0,038	−0,098

Tabelle 4.5 OLS Ergebnisse loglineares Modell mit White-Standardfehlern
$s = 0,465$ $R^2 = 0,8430$ $\bar{R}^2 = 0,8421$ $F = 544,73$

Wenn wir bereit sind, Annahmen über die Form der Heteroskedastizität zu treffen, ist die Verwendung des effizienteren EGLS-Schätzers eine Option. Lassen Sie uns die multiplizierte Form in (4.32) betrachten, wobei wir $z_i = x_i$ wählen. Folglich hängt die Varianz von ε_i von log(*Lohn*), log(*Produktionsleistung*) und log(*Kapital*) ab. Wir können die Parameter der multiplikativen Heteroskedastizität durch Berechnen des Logarithmus der quadrierten OLS-Residuen schätzen und dann eine Regression von $\log e_i^2$ auf z_i und einer Konstanten durchführen. Das ergibt die Ergebnisse in Tabelle 4.6. Die Variablen log(*Kapital*) und log(*Produktionsleistung*) scheinen wichtig zu sein für das Erklären der Varianz der Fehlerterme. Beachten Sie auch, dass diese Hilfsregression zur Ablehnung der Nullhypothese von Homoskedastizität führt. Um zu überprüfen, ob diese Spezifikation für die Form von Heteroskedastizität nicht zu restriktiv ist, schätzen wir eine Version, bei der die drei quadrierten Terme ebenfalls integriert sind. Ein F-Test zu allen drei Restriktionen, impliziert durch das in Tabelle 4.6 vorgestellte Modell, produziert eine F-Statistik von 1,85 ($\rho = 0{,}137$), sodass die Nullhypothese nicht verworfen wird.

Abhängige Variable: $\log e_i^2$			
Variable	Schätzwert	Standardfehler	t-Wert
Konstante	−3,254	1,185	−2,745
Log(*Lohn*)	−0,061	0,344	−0,178
log(*Produktionsleistung*)	0,267	0,127	2,099
log(*Kapital*)	−0,331	0,090	−3,659

Tabelle 4.6 Hilfsregression multiple Heteroskedastizität
$s = 2,241$ $R^2 = 0,0245$ $\bar{R}^2 = 0,0193$ $F = 4,73$

Rufen Sie sich in Erinnerung, dass die vorherige Regression konsistente Schätzer für die Parameter hervorbringt, welche die multiple Heteroskedastizität beschreiben, mit Ausnahme der Konstanten. Das Exponential der vorhergesagten Werte der Regression kann verwendet werden, um die ursprünglichen Daten zu transformieren. Da die Inkonsistenz der Konstanten sämtliche Variablen gleich proportional beeinflusst, hat es keine Auswirkungen auf die geschätzten Ergebnisse, welche auf den transformierten Daten basieren. Das Transformieren sämtlicher Variablen und Anwenden eines OLS-Verfahrens auf die transformierte Gleichung bringt die in Tabelle 4.7 aufgeführten EGLS-Schätzwerte hervor. Vergleichen wir diese Ergebnisse mit den OLS-Ergebnissen mit heteroskedastiekonsistenten Standardfehlern in Tabelle 4.5, sehen wir, dass die Effizienz wesentlich steigt. Die Standardfehler für die EGLS-Herangehensweise sind wesentlich kleiner. Beachten Sie, dass ein Vergleich mit den Ergebnissen in Tabelle 4.3 nicht geeignet ist, da die Standardfehler in Letzterer nur in Abwesenheit von Heteroskedastizität gelten. Die EGLS-Koeffizientenschätzungen liegen ziemlich nahe an denen von OLS. Ein bemerkenswerter Unterschied besteht darin, dass die Auswirkung des Kapitals nun auf dem 5 %-Niveau signifikant ist, während wir zuvor keinerlei statistischen Hinweis auf diese Wirkung finden konnten. Wir können die Hypothese, dass die Lohnelastizität gleich minus eins ist, durch das Berechnen der t-Statistik $(-0,856 + 1)/0,072 = 2,01$ testen, was eine (geringfügige) Ablehnung auf dem 5 %-Niveau bedeutet.

Abhängige Variable: log(*Arbeitskräfte*)			
Variable	Schätzwert	Standardfehler	t-Wert
Konstante	5,895	0,248	23,806
Log(*Lohn*)	−0,856	0,072	−11,903
log(*Produktionsleistung*)	1,035	0,027	37,890
log(*Kapital*)	−0,057	0,022	−2,636

Tabelle 4.7   EGLS-Ergebnisse loglineares Modell
$s = 2,509$ $R^2 = 0,9903$ $\bar{R}^2 = 0,9902$ $F = 14401,3$

Die Tatsache, dass das R^2 in Tabelle 4.7 größer ist als im OLS-Fall, ist aus zwei Gründen irreführend. Erstens enthält das transformierte Modell keinen Achsenabschnittsterm, sodass das unzentrierte R^2 berechnet wird. Zweitens wird das R^2 für das transformierte Modell mit einer transformierten endogenen Variablen berechnet. Würde man das implizierte R^2 für das ursprüngliche Modell berechnen, wäre es kleiner als das beim Durchführen von OLS erhaltene. Wir wissen aus Kapitel 2, dass die alternativen Definitionen von R^2 nicht dasselbe Ergebnis hervorbringen, wenn das Modell nicht mit OLS geschätzt wird. Wir verwenden die Definition, dass

$$R^2 = \mathrm{corr}^2\{y_i, \hat{y}_i\}, \tag{4.39}$$

wobei $\hat{y}_i = x_i'\hat{\beta}^*$. Das genannte Beispiel produziert ein R^2 von 0,8403, welches nur leicht unter dem OLS-Wert liegt. Weil OLS so definiert ist, dass es die Quadratsumme der Residuen minimiert, maximiert es automatisch das R^2. Infolgedessen wird die Verwendung jedes anderen Schätzers das R^2 nie erhöhen und das R^2 ist kein gutes Kriterium zum Vergleich alternativer Schätzer. (Natürlich gibt es im Leben eines Ökonometrikers wichtigere Dinge als ein hohes R^2.)

4.6   Autokorrelation

Wir werfen nun einen Blick auf einen anderen Fall, bei dem gegen $V\{\varepsilon\} = \sigma^2 I$ verstoßen wird, und zwar wenn die Kovarianzen zwischen verschiedenen Fehlertermen nicht alle gleich null sind. Das relevanteste Beispiel dafür taucht auf, wenn zwei oder mehr konsekutive Fehlerterme korreliert sind. Wir sagen dann, dass der Fehlerterm der **Autokorrelation** oder **seriellen Korrelation** unterliegt. In Anbetracht unserer grundsätzlichen Erörterung von vorhin sind die Konsequenzen von Autokorrelation – solange angenommen werden kann, dass $E\{\varepsilon|X\} = 0$

(Annahme (A10)) – ähnlich denen der Heteroskedastizität: OLS bleibt unverzerrt, wird jedoch ineffizient und seine Standardfehler werden auf falsche Weise geschätzt.

Es gibt viele Fälle, bei denen wir erwarten, dass die Fehlerterme verschiedener Beobachtungen korreliert sind. Am häufigsten ist dies bei den Daten von Zeitreihen der Fall, wo die Fehlerterme einer oder mehrerer aufeinanderfolgender Zeitphasen korreliert sind. Rufen Sie sich in Erinnerung, dass der Fehlerterm alle (unbeobachtbaren) Faktoren erfasst, welche die abhängige Variable beeinflussen, die sich mit dem Modell nicht erklären lassen. Es ist nicht unwahrscheinlich, dass bei diesen Unbeobachtbaren eine gewisse Hartnäckigkeit besteht, die zu einer ernsthaften Reihenkorrelation der Fehlerterme führt. Bei Querschnittsdaten garantieren Zufallsstichproben, dass unterschiedliche Fehlerterme einer Zufallsstichprobe gegenseitig unabhängig sind und Autokorrelation kein Problem wird. Ist eine Stichprobe jedoch auf besondere (nicht zufällige) Weise konstruiert, kann Korrelation zwischen verschiedenen Beobachtungen auftreten. Wenn Ihr Datensatz zum Beispiel wiederholte Beobachtungen zu denselben Individuen enthält, sogenannte Paneldaten, können wir davon ausgehen, dass die verschiedenen Fehlerterme eines Individuums korreliert sind. Diese Situation wird in Kapitel 10 besprochen. Eine verwandte Situation tritt auf, wenn die Daten auf unterschiedlichen Hierarchieebenen gesammelt werden, zum Beispiel Schüler innerhalb einer Schule oder Patienten innerhalb eines Krankenhauses. Diese Art von Korrelation wird für gewöhnlich in sogenannten Multilevel-Modellen behandelt. Ein anderer Fall, bei dem Beobachtungen querschnittsmäßig korreliert sein können, besteht bei räumlichen Daten, bei denen die Beobachtungen verschiedenen Punkten im Raum (zum Beispiel Städten) entsprechen. Räumliche Abhängigkeit entsteht, wenn der Fehlerterm eines Standortes vom Wert der umgebenden Standorte abhängt. Lesage und Pace (2009) liefern eine Einführung in die räumliche Ökonometrie, auf die wir an dieser Stelle nicht weiter eingehen.

In diesem Kapitel konzentrieren wir uns auf Autokorrelation bei den Daten von Zeitreihen. Um das zu betonen, sollten wir der Literatur folgen und die Beobachtungen von $t = 1, 2, \ldots, T$ indizieren statt von $i = 1, 2, \ldots, N$. Der wichtigste Unterschied besteht darin, dass nun die Reihenfolge der Beobachtungen eine Rolle spielt und der Index eine natürliche Ordnung widerspiegelt. Im Allgemeinen greift der Fehlerterm ε_t den Einfluss aller relevanten Variablen auf, die nicht im Modell aufgenommen sind. Hartnäckigkeit der Auswirkungen ausgeschlossener Variablen ist von daher ein häufiger Grund für positive Korrelation. Werden derartige ausgeschlossene Variablen beobachtet und hätten diese in das Modell aufgenommen werden können, können wir die daraus resultierende Autokorrelation als einen Indikator für ein fehlspezifiziertes Modell werten. Das erklärt, warum Tests auf Autokorrelation häufig als Fehlspezifikationstests interpretiert werden. Nicht korrekte funktionale Formen, weggelassene Variablen und eine inadäquate dynamische Spezifikation des Modells können alle zum Entdecken von Autokorrelation führen.

Angenommen, Sie verwenden monatliche Daten, um ein Modell zu schätzen, das die Nachfrage nach Eiscreme erklärt. In der Regel wird der Zustand des Wetters ein wichtiger Faktor sein, verborgen im Fehlerterm ε_t. In diesem Fall werden Sie wahrscheinlich ein Muster von Beobachtungen finden, das demjenigen in Abbildung 4.2 ähnelt. In dieser Grafik haben wir den Eiskonsum gegen die Zeit abgebildet, während die verbundenen Punkte die angepassten Werte eines Regressionsmodells beschreiben, das den Eiscremekonsum aus dem aggregierten Einkommen und dem Preisindex erklärt.[7] Positive und negative Residuen gruppieren sich klar zusammen. In makroökonomischen Analysen können Bewegungen in Wirtschaftskreisläufen

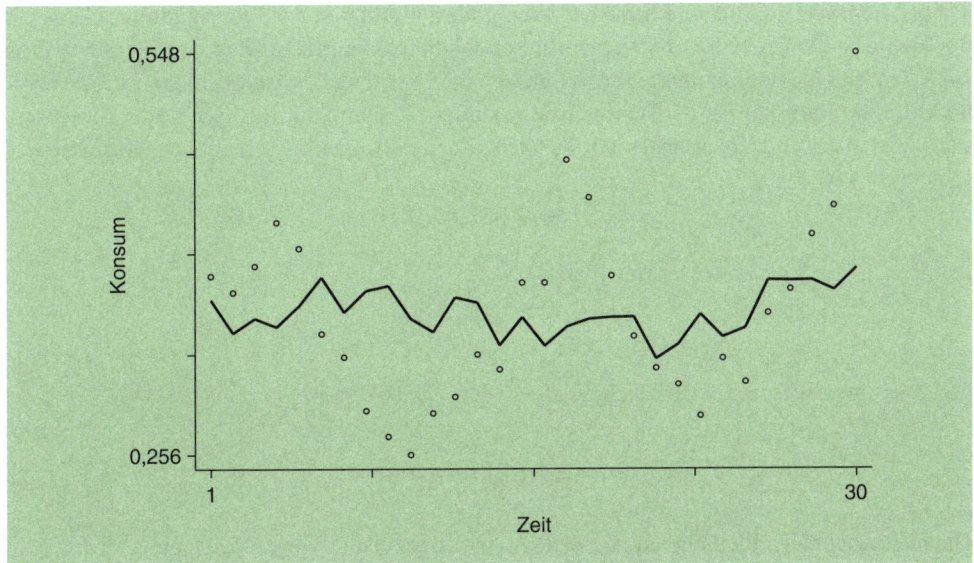

Abbildung 4.2 Tatsächlicher und angepasster Eiscremekonsum, März 1951 – Juli 1953

ähnliche Auswirkungen haben. Bei den meisten ökonomischen Anwendungen ist die Autokorrelation positiv, manchmal ist sie jedoch negativ: Einem positiven Fehler für eine Beobachtung folgt aller Wahrscheinlichkeit nach ein negativer für die nächste und umgekehrt.

4.6.1   Autokorrelation erster Ordnung

Es gibt viele Formen von Autokorrelation und jede führt zu einer anderen Struktur für die Fehlerkovarianzmatrix $V\{\varepsilon\}$. Die häufigste Form ist bekannt als der autoregressive Prozess erster Ordnung, auch $AR(1)$ genannt. In diesem Fall wird von dem Fehlerterm in

$$y_t = x_t'\beta + \varepsilon_t \tag{4.40}$$

angenommen, dass er wie folgt von seinem Vorgänger abhängig ist:

$$\varepsilon_t = \rho\varepsilon_{t-1} + v_t, \tag{4.41}$$

wobei v_t ein Fehlerterm mit Mittelwert null und konstanter Varianz σ_v^2 ist, der keine Reihenkorrelation zeigt. Das legt nahe, dass der Wert des Fehlerterms bei jeder Beobachtung gleich ρ mal seinem Wert in der vorhergehenden Beobachtung plus einer neuen Komponente v_t ist, die über die Zeit unabhängig ist. Darüber hinaus wird die Annahme (A2) aus Kapitel 2 auferlegt, welche impliziert, dass alle erklärenden Variablen unabhängig von allen Fehlertermen sind. Die Parameter ρ und σ_v^2 sind in der Regel unbekannt, und wir möchten sie gern, gemeinsam mit β, schätzen. Beachten Sie, dass die statistischen Eigenschaften von v_t dieselben sind wie jene, die wir für ε_t im Standardfall annehmen. Deshalb also $\rho = 0, \varepsilon_t = v_t$ und die Standard-Gauß-Markov-Bedingungen (A1)–(A4) aus Kapitel 2 sind erfüllt.

Um die Kovarianzmatrix des Fehlertermvektors ε abzuleiten, müssen wir eine Annahme über die Verteilung des ursprünglichen Periodenfehlers ε_I treffen. Zumeist wird angenommen, dass

ε_l den Mittelwert null hat und dieselbe Varianz wie alle anderen ε_ts. Das steht in Einklang mit der Idee, dass der Prozess in der Vergangenheit schon über eine lange Zeitphase läuft und dass $|\rho| < 1$. Wenn die Bedingung $|\rho| < 1$ erfüllt ist, sagen wir, dass der Autoregressionsprozess erster Ordnung **stationär** ist. Bei Stationarität verändern sich im Laufe der Zeit weder Mittelwert noch Varianzen und Kovarianzen von ε_t (siehe Kapitel 8). Wenn wir Stationarität auferlegen, folgt leicht aus

$$E\{\varepsilon_t\} = \rho E\{\varepsilon_{t-1}\} + E\{v_t\},$$

dass $E\{\varepsilon_t\} = 0$. Und weiter leiten wir aus

$$V\{\varepsilon_t\} = V\{\rho \varepsilon_{t-1} + v_t\} = \rho^2 V\{\varepsilon_{t-1}\} + \sigma_v^2$$

her, dass die Varianz von ε_t, bezeichnet als σ_ε^2, gegeben ist durch

$$\sigma_\varepsilon^2 = V\{\varepsilon_t\} = \frac{\sigma_v^2}{1 - \rho^2}. \tag{4.42}$$

Die nichtdiagonalen Elemente in der Varianz-Kovarianzmatrix von ε folgen aus

$$\text{cov}\{\varepsilon_t, \varepsilon_{t-1}\} = E\{\varepsilon_t \varepsilon_{t-1}\} = \rho E\{\varepsilon_{t-1}^2\} + E\{\varepsilon_{t-1} v_t\} = \rho \frac{\sigma_v^2}{1 - \rho^2}. \tag{4.43}$$

Die Kovarianz zwischen zwei Perioden auseinander liegenden Fehlertermen ist

$$E\{\varepsilon_t \varepsilon_{t-2}\} = \rho E\{\varepsilon_{t-1} \varepsilon_{t-2}\} + E\{\varepsilon_{t-2} v_t\} = \rho^2 \frac{\sigma_v^2}{1 - \rho^2} \tag{4.44}$$

und im Allgemeinen haben wir für nichtnegative Werte von s

$$E\{\varepsilon_t \varepsilon_{t-s}\} = \rho^s \frac{\sigma_v^2}{1 - \rho^2}. \tag{4.45}$$

Das zeigt, dass für $0 < |\rho| < 1$ alle Elemente in ε gegenseitig mit abnehmender Kovarianz korreliert sind, wenn der Zeitunterschied größer wird (wenn zum Beispiel s groß wird). Die Kovarianzmatrix von ε ist von daher eine Vollmatrix (eine Matrix ohne Null-Elemente).

Wenn das in (4.40) spezifizierte Modell über jeden Zweifel erhaben ist, ist es möglich, einen GLS-Schätzer für β abzuleiten, der effizienter ist als ein OLS. Unter Verwendung der allgemeinen Darstellung in Kapitel 4.2 kann die benötigte Transformationsmatrix abgeleitet werden. Betrachten wir jedoch unmittelbar (4.40) und (4.41), so wird sofort klar, welche Transformation geeignet ist. Weil $\varepsilon_t = \rho \varepsilon_{t-1} + v_t$ ist, wobei v_t die Gauß-Markov-Bedingungen erfüllt, ist offensichtlich, dass eine Transformation wie $\varepsilon_t - \rho \varepsilon_{t-1}$ homoskedastische, nicht autokorrelierte Fehler generieren wird. Folglich sollten alle Beobachtungen transformiert werden als $y_t - \rho y_{t-1}$ und $x_t - \rho x_{t-1}$. Infolgedessen ist das transformierte Modell gegeben durch

$$y_t - \rho y_{t-1} = (x_t - \rho x_{t-1})' \beta + v_t, \text{ für } t = 2, 3, \dots, T. \tag{4.46}$$

Weil dieses Modell die Gauß-Markov-Bedingungen erfüllt, liefert die Schätzung von (4.46) mit OLS den GLS-Schätzer (angenommen, dass ρ bekannt ist). Diese Aussage ist jedoch nicht gänzlich korrekt, da die Transformation in (4.46) nicht auf die erste Beobachtung angewandt werden kann, (weil y_0 und x_0 nicht beobachtet sind). Die Information in dieser ersten Beobachtung ist verloren und OLS in (4.46) produziert lediglich einen approximativen GLS-Schätzer.[8] Natürlich wird der Verlust einer einzelnen Beobachtung, wenn die Anzahl der Beobachtungen groß ist, in der Regel keinen großen Einfluss auf die Ergebnisse haben.

Die erste Beobachtung kann gerettet werden, indem wir beachten, dass der Fehlerterm für die erste Beobachtung ε_1 nicht mit v_t, s für $t = 2, \ldots, T$ korreliert. Die in (4.42) gegebene Varianz von ε_1 ist jedoch wesentlich größer als die Varianz der transformierten Fehler $(v_2, \ldots, v_T)$, vor allem wenn ρ nahe eins ist. Um in einem transformierten Modell (welches die erste Beobachtung enthält) homoskedastische und nicht autokorrelierte Fehler zu erhalten, sollte die erste Beobachtung transformiert werden, indem sie multipliziert wird mit $\sqrt{1 - \rho^2}$. Das komplette transformierte Modell erhalten wir also durch

$$\sqrt{1 - \rho^2}\, y_1 = \sqrt{1 - \rho^2}\, x_1' \beta + \sqrt{1 - \rho^2}\, \varepsilon_1 \qquad (4.47)$$

und durch (4.46) für die Beobachtungen 2 bis T. Es kann leicht verifiziert werden, dass der transformierte Fehler in (4.47) dieselbe Varianz hat wie v_t. Der auf (4.46) und (4.47) angewandte OLS produziert den GLS-Schätzer $\hat{\beta}$, welcher der beste lineare unverzerrte Schätzer (BLUE) für β ist.

In früheren Arbeiten (Cochrane und Orcutt, 1949) war es üblich, die erste (transformierte) Beobachtung wegzulassen und β aus den verbleibenden $T - 1$-Beobachtungen zu schätzen. Wie erwähnt, ergibt dies nur einen approximativen GLS-Schätzer und dieser wird nicht so effizient sein wie der Schätzer, der alle T-Beobachtungen nutzt. Wenn T jedoch groß ist, ist der Unterschied zwischen beiden Schätzern vernachlässigbar. Schätzer, welche die erste transformierte Beobachtung nicht verwenden, werden häufig als Cochrane-Orcutt-Schätzer bezeichnet. Vergleichbar wird eine Transformation, die die erste Beobachtung nicht enthält, als Cochrane-Orcutt-Transformation bezeichnet. Der Schätzer, der alle transformierten Beobachtungen verwendet, wird manchmal auch Paris-Winsten-Schätzer (1954) genannt.

4.6.2 Unbekanntes ρ

In der Praxis ist es natürlich sehr unwahrscheinlich, dass der Wert von ρ bekannt ist. In dem Fall müssen wir ihn schätzen. Ausgehend von

$$\varepsilon_t = \rho \varepsilon_{t-1} + v_t, \qquad (4.48)$$

wobei v_t die üblichen Annahmen erfüllt, scheint es natürlich, ρ aus der Regression des OLS-Residuums e_t auf e_{t-1} zu schätzen. Der resultierende OLS-Schätzer für ρ ist gegeben durch

$$\hat{\rho} = \left(\sum_{t=2}^{T} e_{t-1}^2 \right)^{-1} \left(\sum_{t=2}^{T} e_t e_{t-1} \right). \qquad (4.49)$$

Dieser Schätzer für ρ ist in der Regel verzerrt, weil (4.48) ein dynamisches Modell ist (das gegen die Annahmen (A2) verstößt) und weil die unbeobachteten Fehlerterme durch Residuen ersetzt sind. Dennoch ist er unter schwachen Regularitätsbedingungen konsistent. Wenn wir $\hat{\rho}$ statt

ρ verwenden, um den praktikablen GLS(EGLS)-Schätzer $\hat{\beta}^*$ zu berechnen, bleibt die BLUE-Eigenschaft nicht länger erhalten. Unter denselben Bedingungen wie zuvor gilt, dass der EGLS-Schätzer $\hat{\beta}^*$ asymptotisch äquivalent zum GLS-Schätzer $\hat{\beta}$ ist. Das heißt, dass wir für große Stichproben die Tatsache ignorieren können, dass ρ geschätzt ist.

Ein verwandtes Schätzverfahren ist das sogenannte iterative Cochrane-Orcutt-Verfahren, welches von vielen Softwarepaketen angewandt wird. Bei diesem Verfahren werden ρ und β rekursiv bis zur Konvergenz geschätzt, das heißt, nachdem wir β mit EGLS (durch $\hat{\beta}^*$) geschätzt haben, werden die Residuen neu berechnet und ρ wird gegen die Residuen aus dem EGLS-Schritt geschätzt. Mit diesem neuen Schätzwert von ρ wird EGLS wieder angewandt und wir erhalten einen neuen Schätzwert für β. Dieses Verfahren geht weiter bis zur Konvergenz, das heißt, bis sich die Schätzwerte für ρ und β nicht mehr verändern. Man könnte erwarten, dass dieses Verfahren die Effizienz des Schätzers für ρ steigert (sprich die Varianz verringert). Es gibt jedoch keine Garantie, dass auch die Effizienz des Schätzers für β gesteigert wird. Wir wissen, dass es asymptotisch keine Rolle spielt, dass wir ρ schätzen und – infolgedessen – auch (asymptotisch) keine Rolle spielt, wie wir beide schätzen, solange konsistent geschätzt wird. Bei kleinen Stichproben performt das iterierte EGLS jedoch besser als die zweistufige Variante.

In vielen Fällen ist das Vorhandensein von Autokorrelation ein Hinweis darauf, dass das Modell fehlspezifiziert wurde und zum Beispiel unter weggelassenen Variablen leidet. In diesen Fällen besteht die naheliegende Vorgehensweise darin, zu versuchen, die Spezifikation des Modells zu verbessern, statt den Schätzer von OLS in EGLS zu verwandeln. In Kapitel 4.10 werden wir detaillierter darauf eingehen.

4.7 Testen auf Autokorrelation erster Ordnung

Wenn $\rho = 0$, dann liegt keine Autokorrelation vor und OLS ist BLUE. Falls $\rho \neq 0$ werden uns auf dem OLS-Schätzer basierende Schlussfolgerungen fehlleiten, weil die Standardfehler auf der falschen Formel basieren. Allgemeiner ausgedrückt wird Autokorrelation häufig als Hinweis auf Fehlspezifikation betrachtet. Entsprechend ist es die übliche Praxis bei Zeitreihendaten, auf Autokorrelation bei den Fehlertermen zu testen. Angenommen, wir wollen die durch $\rho \neq 0$ in (4.41) angezeigte Autokorrelation erster Ordnung testen. Im Folgenden werden wir alternative Tests auf Autokorrelation vorstellen. Die ersten Tests sind relativ einfach und basieren auf asymptotischen Approximationen, während die letzten Tests eine bekannte kleine Stichprobenverteilung aufweisen.

4.7.1 Asymptotische Tests

Die OLS-Residuen aus (4.40) liefern nützliche Informationen zur möglichen Anwesenheit von Reihenkorrelation bei den Fehlertermen der Gleichung. Ein intuitiv ansprechender Ausgangspunkt besteht darin, die Regression des OLS-Residuums e_t über seinen Lag e_{t-1} zu betrachten. Diese Regression kann mit oder ohne Achsenabschnittsterm durchgeführt werden (was zu geringfügig unterschiedlichen Ergebnissen führt). Diese Hilfsregression produziert nicht nur einen Schätzwert für den Autokorrelationskoeffizienten erster Ordnung, $\hat{\rho}$, sondern routinemäßig auch einen Standardfehler für diese Schätzung. In Abwesenheit gelagter abhängiger Variablen in (4.40) ist der entsprechende t-Test asymptotisch gültig. Tatsächlich kann gezeigt werden, dass die daraus resultierende Teststatistik approximativ gleich

$$t \approx \sqrt{T}\hat{\rho}, \tag{4.50}$$

was eine alternative Möglichkeit liefert, die Teststatistik zu berechnen. Infolgedessen verwerfen wir die Nullhypothese, dass keine Autokorrelation gegen eine zweiseitige Alternative vorliegt, wenn $|t| > 1,96$, auf dem 5 %-Signifikanzniveau. Wenn die Alternative von positiver Autokorrelation ausgeht ($\rho > 0$), was häufig a priori erwartet wird, wird die Nullhypothese auf dem 5 %-Niveau verworfen, wenn $t > 1,64$ (vergleiche Kapitel 2.5.1).

Eine andere Alternative basiert auf dem R^2 der Hilfsregression (einschließlich eines Achsenabschnittsterms). Wenn wir das R^2 dieser Regression nehmen und es mit der effektiven Anzahl an Beobachtungen $T - 1$ multiplizieren, erhalten wir eine Teststatistik, die unter der Nullhypothese eine x^2-Verteilung mit einem Freiheitsgrad hat. Ein R^2 nahe null in dieser Regression impliziert klar, dass gelagte Residuen keine aktuellen Residuen erklären. Ein einfacher Weg, $\rho = 0$ zu testen, besteht im Berechnen von $(T - 1)R^2$. Dieser Test ist eine Sonderform des Multipliziertests von Breusch (1978), Godfrey (1978) und Lagrange (siehe Kapitel 6) und kann leicht erweitert werden auf höhere Ordnungen von Autokorrelation (durch Einfügen zusätzlicher Zeitverzögerungen des Residuums und entsprechende Anpassung der Freiheitsgrade).

Wenn das für uns interessante Modell eine gelagte abhängige Variable enthält (oder andere erklärende Variablen, die mit gelagten Fehlertermen korreliert sind), sind die genannten Tests immer noch geeignet, vorausgesetzt, dass die Regressoren x_t in die Hilfsregression aufgenommen sind. Das berücksichtigt die Möglichkeit, dass x_t und v_{t-1} korreliert sind, und gewährleistet, dass die Teststatistiken eine geeignete approximative Verteilung aufweisen. Wenn vermutet wird, dass der Fehlerterm in der für uns interessanten Gleichung heteroskedastisch ist, indem die Varianz von ε_t abhängt von x_t, können die t-Versionen der Autokorrelationstests durch Verwendung der White-Standardfehler (siehe Kapitel 4.3.4) in der Hilfsregression heteroskedastisch konsistent gemacht werden, um die Teststatistiken zu konstruieren.

4.7.2   Der Durbin-Watson-Test

Ein gängiger Test zum Überprüfen von Autokorrelation erster Ordnung ist der Durbin-Watson-Test (Durbin und Watson, 1950), bei dem es eine bekannte kleine Stichprobenverteilung unter einem beschränkten Satz Bedingungen gibt. Zwei wichtige Annahmen, die diesem Test zugrunde liegen, sind, dass wir die x_ts als deterministisch behandeln können und dass x_t einen Achsenabschnittsterm enthält. Die erste Annahme ist wichtig, weil sie erfordert, dass alle Fehlerterme unabhängig sind von *allen* erklärenden Variablen (Annahme (A2)). Noch wichtiger ist, dass dies die Aufnahme von gelagten abhängigen Variablen in das Modell ausschließt.

Die Durbin-Watson-Teststatistik ist gegeben durch

$$dw = \frac{\sum_{t=2}^{T}(e_t - e_{t-1})^2}{\sum_{t=1}^{T} e_t^2}, \tag{4.51}$$

wobei e_t das OLS-Residuum ist (beachten Sie die unterschiedlichen Indizes für die Additionen). Einfaches Algebra zeigt, dass

$$dw \approx 2 - 2\hat{\rho}, \tag{4.52}$$

wobei das Approximationszeichen auf kleine Unterschiede bei den Beobachtungen zurückzuführen ist, über die die Additionen durchgeführt wurden. Infolgedessen zeigt ein Wert von dw nahe 2 an, dass der Autokorrelationskoeffizient erster Ordnung ρ nahe null ist. Ist dw »sehr viel kleiner« als 2, so ist das ein Hinweis auf positive Autokorrelation ($\rho > 0$); ist dw sehr viel größer als 2, dann ist $\rho < 0$. Auch unter $H_0 : \rho = 0$ hängt die Verteilung von dw nicht nur von der Stichprobengröße T und der Anzahl der Variablen K in x ab, sondern auch von den tatsächlichen Werten der x_is. Deshalb können kritische Werte nicht zum generellen Gebrauch tabelliert werden. Glücklicherweise ist es möglich, Ober- und Untergrenzen für kritische Werte von dw zu berechnen, die nur von der Stichprobengröße T und der Anzahl Variablen K in x abhängen. Diese Werte, d_L und d_U, werden tabelliert von Durbin und Watson (1950) sowie Savin und White (1977) und sind teilweise wiedergegeben in Tabelle 4.8. Der wahre kritische Wert d_{crit} liegt zwischen den tabellierten Grenzen, das heißt $d_L < d_{crit} < d_U$. Unter H_0 haben wir deshalb (auf dem 5 %-Niveau)

$$P\{dw < d_L\} \leq P\{dw < d_{crit}\} = 0.05 \leq P\{dw < d_U\}.$$

Anzahl von Beobachtungen	Anzahl von Regressoren (einschl. Achsenabschnitt)							
	$K = 3$		$K = 5$		$K = 7$		$K = 9$	
	d_L	d_U	d_L	d_U	d_L	d_U	d_L	d_U
$T = 25$	1,206	1,550	1,038	1,767	0,868	2,012	0,702	2,280
$T = 50$	1,462	1,628	1,378	1,721	1,291	1,822	1,201	1,930
$T = 75$	1,571	1,680	1,515	1,739	1,458	1,801	1,399	1,867
$T = 100$	1,634	1,715	1,592	1,758	1,550	1,803	1,506	1,850
$T = 200$	1,748	1,789	1,728	1,810	1,707	1,831	1,686	1,852

Tabelle 4.8 Obere und untere Grenzen für 5 %-kritische Werte des Durbin-Watson-Tests (Savin und White, 1977)

Für einen einseitigen Test gegen positive Autokorrelation ($\rho > 0$) gibt es drei Möglichkeiten:

1. dw ist kleiner als d_L. In dem Fall ist es sicher niedriger als der wahre kritische Wert d_{crit}, Sie würden H_0 also verwerfen.

2. dw ist größer als d_U. In dem Fall ist es sicher größer als Wert d_{crit}, Sie würden H_0 also nicht verwerfen.

3. dw liegt zwischen d_L und d_U. In dem Fall kann es größer oder kleiner als der kritische Wert sein. Weil Sie nicht sagen können, was von beidem gilt, sind Sie nicht in der Lage, H_0 anzunehmen oder zu verwerfen. Das wird als sogenannter »Unsicherheitsbereich« bezeichnet.

Je größer die Stichprobe, desto kleiner ist der Unsicherheitsbereich. Für $K = 5$ und $T = 25$ haben wir $d_{L;5\%} = 1,038$ und $d_{U;5\%} = 1,767$; für $T = 100$ sind diese Zahlen 1,592 und 1,758.

Das Vorhandensein eines Unsicherheitsbereiches und die Voraussetzung, dass die Gauß-Markov-Bedingungen erfüllt sind, einschließlich Normalität der Fehlerterme, sind große Nachteile des Durbin-Watson-Tests. Da er aber routinemäßig von den meisten Regressionspaketen angeboten wird, liefert er in der Regel rasch einen Hinweis auf das potenzielle Vorhandensein von Autokorrelation. Werte, die wesentlich unter 2 liegen, sind ein Hinweis auf positive Autokorrelation (da sie $\hat{\rho} > 0$ entsprechen). Beachten Sie, dass die asymptotischen Tests approximativ gelten, auch ohne normalverteilte Fehlerterme, und erweitert werden können, um gelagte abhängige Variablen in x_t zuzulassen.

In dem weniger verbreiteten Fall, wo die alternative Hypothese die Anwesenheit einer negativen Autokorrelation ($\rho < 0$) ist, liegen die wahren kritischen Werte zwischen $4 - d_U$ und $4 - d_L$, sodass keine zusätzlichen Tabellen erforderlich sind.

4.8 Beispiel: Die Nachfrage nach Eiscreme

Die empirische Darstellung basiert auf einem der grundlegenden Artikel über Autokorrelation, und zwar von Hildreth und Lu (1969). Die in dieser Studie verwendeten Daten sind Zeitreihendaten mit 30 vierwöchentlichen Beobachtungen vom 18. März 1951 bis 11. Juli 1953 zu den folgenden Variablen:[9]

Konsum	Pro-Kopf-Konsum an Eiscreme (in Pints)
Einkommen	wöchentliches Durchschnittseinkommen je Familie (in US-Dollar)
Preis	Preis von Eiscreme (je Pint)
Temperatur	Durchschnittliche Temperatur (in Fahrenheit)

Eine grafische Darstellung der Daten liefert Abbildung 4.3, in der wir Zeitreihenmuster für Konsum, Preis und Temperatur (geteilt durch 100) sehen. Die Abbildung legt eindeutig nahe, dass die Temperatur eine wichtige Determinante beim Eiscremekonsum ist, welche unsere Erklärungen unterstützt.

Das zur Erklärung des Eiscremekonsums genutzte Modell ist ein lineares Regressionsmodell mit *Einkommen*, *Preis* und *Temperatur* als erklärenden Variablen. Die Ergebnisse einer ersten OLS-Regression zeigt Tabelle 4.9. Während die Koeffizientenschätzwerte die erwarteten Vorzeichen haben, wird die Durbin-Watson-Statistik berechnet als 1,0212. Bei einem einseitigen Durbin-Watson-Test für H_0: $\rho = 0$, gegen die Alternative einer positiven Autokorrelation, haben wir auf dem 5 %-Niveau ($\alpha = 0,05$) $d_L = 1.21$ ($T = 30$; $K = 4$) und $d_U = 1,65$. Der Wert von 1,02 impliziert deutlich, dass die Nullhypothese verworfen werden sollte gegen die Alternative einer positiven Autokorrelation. Wenn wir die beobachteten Werte von *Konsum* und die vorhergesagten Werte gemäß dem Modell abbilden – wie in Abbildung 4.4 –, sehen wir, dass positive (negative) Werte für den Fehlerterm wahrscheinlich eher von positiven (negativen) Werten gefolgt werden. Offenbar ist die Aufnahme von *Temperatur* in das Modell nicht ausreichend, um jahreszeitliche Schwankungen beim Eiscremekonsum zu erfassen.

Der Autokorrelationskoeffizient erster Ordnung in

$$\varepsilon_t = \rho \varepsilon_{t-1} + v_t$$

kann leicht geschätzt werden durch das Speichern der Residuen aus der vorhergehenden Regression und dem Durchführen einer Kleinste-Quadrate-Regression von e_t auf e_{t-1} (ohne

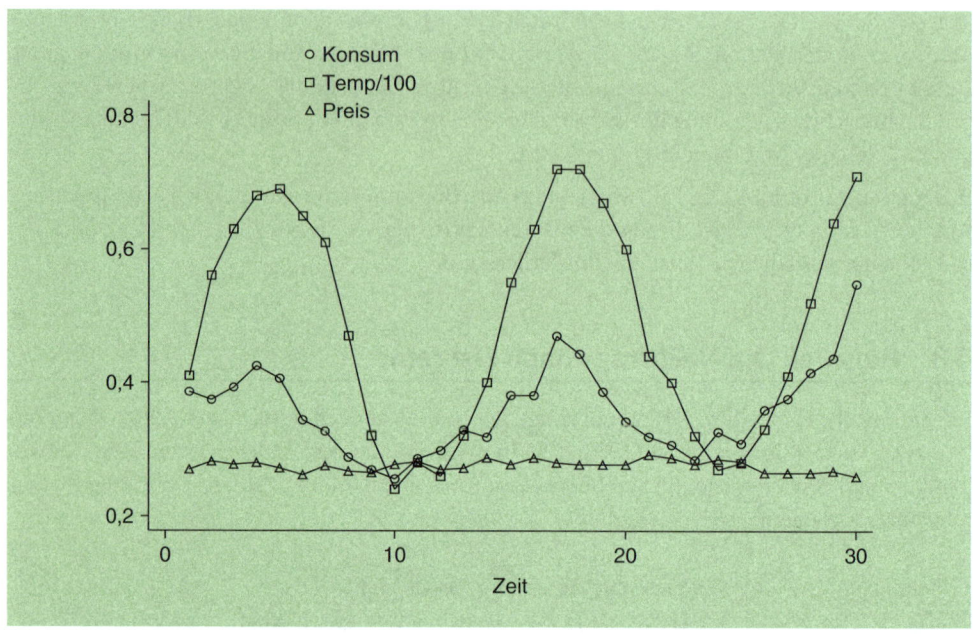

Abbildung 4.3 Eiscremekonsum, Preis und Temperatur/100

Abhängige Variable: *Konsum*			
Variable	**Schätzwert**	**Standardfehler**	**t-Wert**
Konstante	0,197	0,270	0,730
Preis	−1,044	0,834	−1,252
Einkommen	0,00331	0,00117	2,824
Temperatur	0,00345	0,00045	7,762

Tabelle 4.9 OLS-Ergebnisse

$s = 0,0368$ $R^2 = 0,7190$ $\bar{R}^2 = 0,6866$ $F = 22,175$ $dw = 1,0212$

Konstante).[10] Das ergibt den Schätzwert $\hat{\rho} = 0.401$ mit einem R^2 von 0,149. Der asymptotische Test für $H_0 : \rho = 0$ gegen die Autokorrelation erster Ordnung basiert auf $\sqrt{T}\hat{\rho} = 2, 19$. Das ist größer als der 5 %-kritische Wert aus der Standardnormalverteilung von 1,96. Wieder müssen wir also die Nullhypothese verwerfen, dass keine Reihenkorrelation vorliegt. Der Breusch-Godfrey-Test produziert eine Teststatistik von $(T-1)R^2 = 4,32$, was den 5 %-kritischen Wert von 3,84 einer Chi-quadrierten Verteilung mit einem Freiheitsgrad übersteigt.

Diese Ablehnungen implizieren, dass OLS nicht länger der beste lineare unverzerrte Schätzer für β ist und, wichtiger noch, dass die routinemäßig berechneten Standardfehler nicht korrekt sind. Es ist möglich, korrekte und exaktere Aussagen über die Preiselastizität von Eiscreme abzugeben, wenn wir eine effizientere Schätzmethode wählen, wie (den geschätzten) GLS. Die iterative Cochrane-Orcutt-Methode bringt die in Tabelle 4.10 aufgeführten Resultate hervor. Beachten Sie, dass die EGLS-Ergebnisse unsere früheren Ergebnisse bestätigen, welche darauf

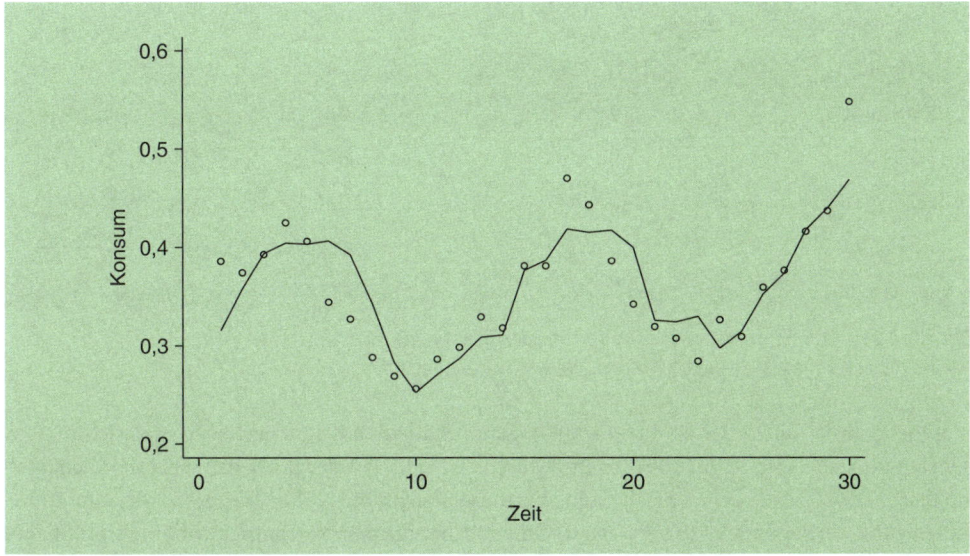

Abbildung 4.4 Tatsächliche und angepasste Werte (verbunden) Eiscremekonsum

Abhängige Variable: *Konsum*			
Variable	Schätzwert	Standardfehler	*t*-Wert
Konstante	0,157	0,300	0,524
Preis	−0,892	0,830	−1,076
Einkommen	0,00320	0,00159	2,005
Temperatur	0,00356	0,00061	5,800
$\hat{\rho}$	0,401	0,2079	1,927

Tabelle 4.10 EGLS(iterative Cochrane-Orcut-)-Ergebnisse
$s = 0,0326^{*}$ $R^2 = 0,7961^{*}$ $\bar{R}^2 = 0,7621^{*}$ $F = 23,419$ $dw = 1,5486^{*}$

hinweisen, dass Einkommen und Temperatur wichtige Determinanten bei der Konsumfunktion sind. Es sollte betont werden, dass die Statistiken in Tabelle 4.10, die durch ein Sternchen angegeben werden, dem transformierten Modell entsprechen und nicht unmittelbar vergleichbar sind mit ihren Äquivalenten in Tabelle 4.9, welche das nichttransformierte Modell widerspiegeln. Das gilt auch für die Durbin-Watson-Statistik, die in Tabelle 4.10 nicht länger geeignet ist.

Wie bereits erwähnt, kann das Feststellen von Autokorrelation ein Indikator dafür sein, dass mit dem Modell etwas nicht stimmt, zum Beispiel die funktionale Form oder die dynamische Spezifikation. Ein möglicher Weg, um das Problem der Autokorrelation auszuschließen, besteht in einer Veränderung der Modellspezifikation. Es scheint naheliegend, das Einfügen einer oder mehrerer gelagter Variablen in das Modell in Betracht zu ziehen. Insbesondere werden wir die gelagte Temperatur $Temperatur_{t-1}$ einfügen. In diesem erweiterten Modell produziert OLS die in Tabelle 4.11 aufgeführten Ergebnisse.

Abhängige Variable: *Konsum*			
Variable	**Schätzwert**	**Standardfehler**	**t-Wert**
Konstante	0,189	0,232	0,816
Preis	−0,838	0,688	−1,218
Einkommen	0,00287	0,00105	2,722
Temperatur	0,00533	0,00067	7,953
Temperatur$_{t-1}$	−0,00220	0,00073	−3,016

Tabelle 4.11   OLS-Ergebnisse der erweiterten Spezifikation

$s = 0,0299$ $R^2 = 0,8285$ $\bar{R}^2 = 0,7999$ $F = 28,979$ $dw = 1,5822$

Verglichen mit Tabelle 4.9 ist die Durbin-Watson-Statistik auf 1,58 gestiegen, was sich in dem Unsicherheitsbereich ($\alpha = 0,05$) gegeben durch (1,14; 1,74) bewegt. Da der Wert ziemlich nahe an der oberen Grenze liegt, entscheiden wir uns vielleicht, die Nullhypothese, dass keine Autokorrelation vorliegt, nicht zu verwerfen. Offenbar hat die gelagte Temperatur eine signifikante negative Auswirkung auf den Eiscremekonsum, während die aktuelle Temperatur eine positive Auswirkung hat. Das kann auf einen Anstieg des Konsums hinweisen, wenn die Temperaturen ansteigen, der nicht vollständig ausgeschöpft wird und die Ausgaben eine Periode später reduziert.[11]

4.9   Alternative Autokorrelationsmuster

4.9.1   Autokorrelation höherer Ordnung

Autoregressive Fehler erster Ordnung sind bei makroökonomischen Zeitreihenmodellen nicht unüblich und in den meisten Fällen eliminiert das Zulassen von Autokorrelation erster Ordnung das Problem. Haben wir jedoch zum Beispiel quartalsweise oder monatliche Daten, kann es sein, dass es einen periodischen (quartalsweisen oder monatlichen) Effekt gibt, der den Fehler während derselben Perioden, jedoch in verschiedenen Jahren korreliert verursacht. Wir könnten zum Beispiel haben (im Fall von Quartalsdaten)

$$\varepsilon_t = \gamma \varepsilon_{t-4} + v_t \tag{4.53}$$

oder, allgemeiner,

$$\varepsilon_t = \gamma_1 \varepsilon_{t-1} + \gamma_2 \varepsilon_{t-2} + \gamma_3 \varepsilon_{t-3} + \gamma_4 \varepsilon_{t-4} + v_t, \tag{4.54}$$

was bekannt ist als Autokorrelation vierter Ordnung. Im Wesentlichen ist dies eine einfache Generalisierung des Prozesses erster Ordnung. Mit dem Breusch-Godfrey-Autokorrelationstest aus Kapitel 4.7.1 ist es möglich, auf höhere Ordnungen von Reihenkorrelation zu testen. Solange die erklärenden Variablen nicht mit allen Fehlertermen korreliert sind, entsprechen die Hilfsregressionen dem OLS, angewandt bei (4.53) oder (4.54), wobei die Fehler ε_i ersetzt werden durch die OLS-Residuen e_i. Die Anwendung von EGLS geht in die gleiche Richtung wie mit den $AR(1)$-Fehlern, wobei die geeigneten Transformationen aus (4.53) und (4.54) hervorgehen.

4.9.2 Fehler beim gleitenden Durchschnitt

Wie besprochen impliziert die autoregressive Spezifikation der Fehler wie in (4.41), (4.53) oder (4.54), dass alle Fehlerterme gemeinsam korreliert sind, auch wenn die Korrelation zwischen Termen, die viele Perioden auseinanderliegen, vernachlässigbar gering sein wird. In einigen Fällen schlägt die (ökonomische) Theorie eine andere Form von Autokorrelation vor, bei der nur bestimmte Fehlerterme korreliert sind, während alle anderen eine Nullkorrelation aufweisen. Das kann durch einen sogenannten **Gleitender-Durchschnitt-Fehlerprozess** modelliert werden. Strukturen des gleitenden Durchschnitts entstehen oft, wenn das Stichprobenintervall (zum Beispiel 1 Monat) kleiner ist als das Intervall, für das die Variablen definiert sind. Betrachten Sie das Problem des Schätzens einer Gleichung, um den Wert eines Finanzinstruments wie eines 90-Tage-Schatzwechsels oder eines 3-Monats-Terminvertrags für Devisen zu erklären. Werden dabei monatliche Daten verwendet, so beeinflusst jede im Monat t auftretende Neuerung den Wert der in den Monaten $t, t+1$ und $t+2$ fällig werdenden Instrumente, jedoch nicht den Wert der später fällig werdenden Instrumente, weil diese noch nicht ausgegeben wurden. Dies weist auf eine Korrelation zwischen den Fehlertermen, die 1 und 2 Monate auseinanderliegen, hin, jedoch auf Nullkorrelation zwischen noch weiter auseinanderliegenden Termen.

Ein anderes Beispiel ist die Erklärung der jährlichen Preisänderung (Inflation), die alle 6 Monate betrachtet wird. Angenommen, wir haben Beobachtungen zur Veränderung bei den Konsumentenpreisen am 1. Januar und 1. Juli verglichen mit dem Niveau ein Jahr zuvor. Ebenfalls angenommen, dass in x enthaltene Hintergrundvariablen (zum Beispiel Geldmenge) halbjährlich beobachtet werden. Wenn das »wahre« Modell gegeben ist durch

$$y_t = x_t'\beta + v_t \text{ für } t = 1, 2, \ldots, T \text{ (halbjährlich)}, \tag{4.55}$$

wobei y_t die halbjährliche Preisveränderung ist und der Fehlerterm v_t die Gauß-Markov-Bedingungen erfüllt, gilt für die Veränderung auf Jahresniveau $y_t^* = y_t + y_{t-1}$, dass

$$y_t^* = (x_t + x_{t-1})'\beta + v_t + v_{t-1} \text{ für } t = 1, 2, \ldots, T \tag{4.56}$$

oder

$$y_t^* = x_t^{*'}\beta + \varepsilon_t \text{ für } t = 1, 2, \ldots, T, \tag{4.57}$$

wobei $\varepsilon_t = v_t + v_{t-1}$ und $x_t^* = x_t + x_{t-1}$. Wenn wir bei v_t eine Streuung von σ_v^2 annehmen, sind die Eigenschaften des Fehlerterms in (4.57) wie folgt:

$$E\{\varepsilon_t\} = E\{v_t\} + E\{v_{t-1}\} = 0$$

$$V\{\varepsilon_t\} = V\{v_t + v_{t-1}\} = 2\sigma_v^2$$

$$\text{cov}\{\varepsilon_t, \varepsilon_{t-1}\} = \text{cov}\{v_t + v_{t-1}, v_{t-1} + v_{t-2}\} = \sigma_v^2$$

$$\text{cov}\{\varepsilon_t, \varepsilon_{t-s}\} = \text{cov}\{v_t + v_{t-1}, v_{t-s} + v_{t-1-s}\} = 0 \text{ für } s = 2, 3, \ldots$$

Somit enthält die Kovarianzmatrix des Fehlerterms eine große Zahl von Nullen. Auf der Diagonale haben wir $2\sigma_v^2$ (die Varianz) und direkt unterhalb und oberhalb der Diagonalen haben wir σ_v^2 (die Autokovarianz erster Ordnung), während alle anderen Kovarianzen gleich null sind.

Wir bezeichnen das als Gleitender-Durchschnitt-Prozess erster Ordnung oder kurz $MA(1)$-Prozess für ε_t. Tatsächlich ist dies eine beschränkte Version, weil der Korrelationskoeffizient zwischen ε_t und ε_{t-1} a priori auf 0,5 festgelegt wurde. Ein allgemeiner MA-Prozess erster Ordnung würde spezifiziert als

$$\varepsilon_t = v_t + \alpha v_{t-1}$$

für einige α mit $|\alpha| < 1$; siehe Kapitel 8 zu Zeitreihenmodellen.

Es ist gemeinhin schwieriger, das EGLS bei Fehlern beim gleitenden Durchschnitt anzuwenden als bei autoregressiven Fehlern. Das liegt daran, dass die Transformation, welche die »Gauß-Markov-Fehler« generiert, kompliziert ist. Einige Softwarepakete bieten spezielle Verfahren an; wenn die geeignete Software jedoch fehlt, kann das Schätzen ziemlich schwierig werden. Eine attraktive Lösung besteht im Anwenden einfacher kleinster Quadrate, während wir die Standardfehler für die Anwesenheit von Autokorrelation (welcher Natur auch immer) in ε_t korrigieren. Darüber werden wir im nächsten Kapitel sprechen. Ein empirisches Beispiel mit Fehlern beim gleitenden Durchschnitt bietet Kapitel 4.11.

4.10 Was ist zu tun, wenn Sie Autokorrelation feststellen?

Wie oben betont, ist in vielen Fällen das Finden von Autokorrelation ein Indikator für ein fehlspezifiziertes Modell. Ist das der Fall, besteht der Weg natürlich *nicht* darin, den *Schätzer* auszutauschen (von OLS zu EGLS), sondern im Verändern Ihres *Modells*. In der Regel führen drei (zusammenhängende) Arten von Fehlspezifikation zur Feststellung von Autokorrelation bei Ihren OLS-Residuen: dynamische Fehlspezifikation, weggelassene Variablen sowie Fehlspezifikation der funktionalen Form.

Wenn wir den Fall ausklammern, dass der Fehlerterm unabhängig von allen erklärenden Variablen ist, gibt es noch einen Grund, warum GLS oder EGLS möglicherweise ungeeignet sind. Es ist insbesondere möglich, dass der GLS-Schätzer nicht konsistent ist, weil das transformierte Modell die minimalen Anforderungen, damit der OLS-Schätzer beständig ist, nicht erfüllt. Kapitel 4.11 liefert ein empirisches Beispiel zu diesem Problem.

4.10.1 Fehlspezifikation

Lassen Sie uns mit der Fehlspezifikation funktionaler Form beginnen. Angenommen, die wahre lineare Beziehung besteht zwischen y_t und $\log x_t$ in Form von

$$y_t = \beta_1 + \beta_2 \log x_t + \varepsilon_t,$$

und zu Illustrationszwecken angenommen, dass x_t mit t zunimmt. Wenn wir dennoch ein lineares Modell schätzen, das y_t aus x_t erklärt, könnten wir eine Situation wie die in Abbildung 4.5 gezeigte vorfinden. In dieser Abbildung, basierend auf simulierten Daten mit $x_t = t$ und $y_t = 0,5$ $\log x_t$ plus einem kleinen Fehler, sind die vorhergesagten Werte des linearen Modells verbunden, während die tatsächlichen Werte es nicht sind. Unübersehbar gruppieren sich Residuen desselben Vorzeichens zusammen. Die diesem Beispiel entsprechende Durbin-Watson-Statistik beträgt lediglich 0,193. In diesem Fall besteht die Lösung nicht darin, das lineare Modell unter Verwendung praktikabler generalisierter kleinster Quadrate neu zu schätzen, sondern die funktionale Form zu verändern und statt x_t $\log x_t$ einzufügen.

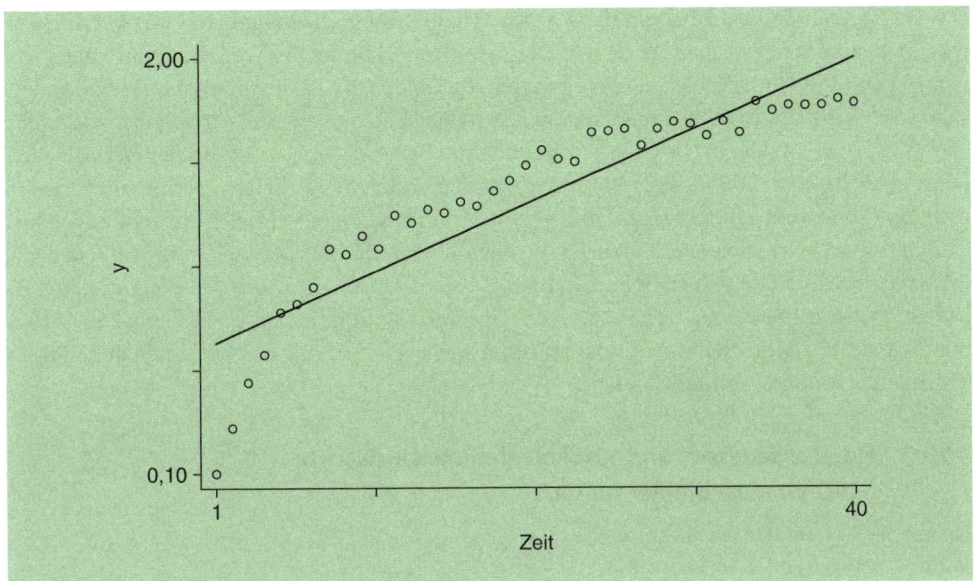

Abbildung 4.5 Tatsächliche und vorhergesagte Werte, wenn das wahre Modell $y_t = 0,5 \log_t + \varepsilon_t$ ist

Wie oben besprochen, kann das Weglassen einer relevanten erklärenden Variablen auch zum Feststellen von Autokorrelation führen. In Kapitel 4.8 haben wir zum Beispiel gesehen, dass das Ausschließen ausreichender Variablen, welche die saisonale Streuung des Eiscremekonsums widerspiegeln, zu solch einem Fall führte. Auf ähnliche Weise kann eine falsche dynamische Spezifikation zu Autokorrelation führen. In solchen Fällen müssen wir entscheiden, ob besagtes Modell statisch oder dynamisch sein soll. Um das zu veranschaulichen, beginnen Sie mit dem (statischen) Modell

$$y_t = x_t'\beta + \varepsilon_t \tag{4.58}$$

mit Autokorrelation erster Ordnung $\varepsilon_t = \rho\varepsilon_{t-1} + v_t$. Wir können obiges Modell so interpretieren, dass es $E\{y_t|x_t\} = x_t'\beta$ beschreibt. Allerdings könnten wir uns auch für Vorhersagen auf Basis der aktuellen x_t-Werte interessieren sowie die gelagten Beobachtungen zu x_{t-1} und y_{t-1}, das heißt $E\{y_t|x_t, x_{t-1}, y_{t-1}\}$. Für obiges Modell erhalten wir

$$E\{y_t|x_t, x_{t-1}, y_{t-1}\} = x_t'\beta + \rho(y_{t-1} - x_{t-1}'\beta) \tag{4.59}$$

und wir können ein dynamisches Modell schreiben als

$$y_t = x_t'\beta + \rho y_{t-1} - \rho x_{t-1}'\beta + v_t, \tag{4.60}$$

dessen Fehlerterm keine Autokorrelation zeigt. Das Modell in (4.60) zeigt, dass die Integration einer gelagten abhängigen Variablen sowie gelagter exogener Variablen zu einer Spezifikation führt, die nicht unter Autokorrelation leidet. Im Gegenteil, wir finden möglicherweise Autokorrelation in (4.58), wenn die dynamische Spezifikation gleich (4.60) ist, jedoch zum Beispiel nur y_{t-1} oder einige Elemente von x_{t-1} beinhaltet. In solchen Fällen löst die Integration der »weggelassenen« Variablen das Problem der Autokorrelation.

Das statistische Modell (4.58) mit der Autokorrelation erster Ordnung liefert uns $E\{y_t|x_t\}$ sowie die dynamische Vorhersage $E\{y_t|x_t, x_{t-1}, y_{t-1}\}$ und könnte im Vergleich zum vollen dynamischen Modell mit verschiedenen gelagten Variablen (mit unbeschränkten Koeffizienten) sparsamer sein. Es ist eine Frage der Wahlmöglichkeit, ob wir uns für $E\{y_t|x_t\}$ oder für $E\{y_t|x_t, x_{t-1}, y_{t-1}\}$ oder für beide interessieren. Zum Beispiel kann es ziemlich einfach sein, den Lohn einer Person anhand ihres Vorjahreslohns zu erklären, das liefert aber möglicherweise nicht die Antworten auf die Fragen, für die wir uns interessieren. Bei vielen Anwendungen löst jedoch das Integrieren einer gelagten abhängigen Variablen in das Modell das Problem der Autokorrelation. Es sollte jedoch betont werden, dass der Durbin-Watson-Test nicht geeignet ist bei einem Modell, in dem eine gelagte abhängige Variable vorhanden ist. In Kapitel 5.2.1 widmen wir sowohl Modellen mit Autokorrelation sowie solchen mit einer gelagten abhängigen Variablen besondere Aufmerksamkeit.

4.10.2 Heteroskedastie- und autokorrelationskonsistente (HAC-)Standardfehler für OLS

Lassen Sie uns unser Ausgangsmodell

$$y_t = x'_t\beta + \varepsilon_t \tag{4.61}$$

betrachten, wobei ε_t der Autokorrelation unterliegt. Wenn dies das für uns interessante Modell ist, weil wir zum Beispiel die bedingte Erwartung von y_t bei einem vorgegebenen gut spezifizierten x_t herausfinden möchten, können wir uns entscheiden, ob wir die GLS-Herangehensweise bevorzugen oder die Methode der einfachen kleinsten Quadrate anwenden, während wir die Standardfehler anpassen. Letztere ist besonders sinnvoll, wenn die Korrelation zwischen ε_t und ε_{t-s} als (praktisch) null nach einem Lag von H angesehen werden kann und/oder gegen die Bedingungen für Beständigkeit des OLS-Schätzers verstoßen wurde.

Wenn $E\{x_t\varepsilon_t\} = 0$ und $E\{\varepsilon_t\varepsilon_{t-s}\} = 0$ für $s = H, H+1, \dots$, dann ist der OLS-Schätzer beständig und seine Kovarianzmatrix kann geschätzt werden durch

$$\hat{V}^*\{b\} = \left(\sum_{t=1}^{T} x_t x'_t\right)^{-1} TS^* \left(\sum_{t=1}^{T} x_t x'_t\right)^{-1}, \tag{4.62}$$

wobei

$$S^* = \frac{1}{T}\sum_{t=1}^{T} e_t^2 x_t x'_t + \frac{1}{T}\sum_{j=1}^{H-1} w_j \sum_{s=j+1}^{T} e_s e_{s-j}(x_s x'_{s-j} + x_{s-j}x'_s). \tag{4.63}$$

Beachten Sie, dass wir die White-Kovarianzmatrix erhalten, wie in Kapitel 4.3.4 besprochen, falls $w_j = 0$, sodass (4.62) (4.30) verallgemeinert. Im Standardfall ist $w_j = 1$, das kann jedoch zu einer geschätzten Kovarianzmatrix in endlichen Stichproben führen, die nicht positiv bestimmt ist. Um das zu verhindern, ist es üblich, die Bartlett-Gewichtungen zu verwenden, wie von Newey und West (1987) vorgeschlagen. Diese Gewichtungen verringern die Linearität mit j als $w_j = 1 - J/H$. Die Verwendung eines solchen Gewichtungssets ist kompatibel mit der Vorstellung, dass sich die Auswirkung der Autokorrelation der Ordnung j mit $|j|$ verringert. Aus (4.62) berechnete Standardfehler werden als **heteroskedastie- und autokorrelationskonsistente (HAC-)Standardfehler** oder einfach **Newey-West-Standardfehler** bezeichnet.

Bei $w_j = 1$ werden sie auch als Hansen-White-Standardfehler bezeichnet. HAC-Standardfehler können auch verwendet werden, wenn die Autokorrelation genau genommen nicht auf H Zeitverzögerungen beschränkt ist, zum Beispiel bei einer autoregressiven Struktur. Theoretisch kann das durch die Verwendung eines asymptotischen Arguments gerechtfertigt werden, dass H mit T zunimmt, wenn T gegen unendlich strebt (aber nicht so schnell wie T). Erfahrungsgemäß funktioniert das bei kleinen Stichproben möglicherweise nicht sonderlich gut. Moderne ökonometrische Softwarepakete liefern alternative Möglichkeiten der Implementierung von HAC-Standardfehlern. Entweder sollte der Forscher die maximale Lag-Dauer H a priori spezifizieren oder das Paket wählt H als Funktion der Stichprobengröße (zum Beispiel $H = T^{1/4}$). In einigen Programmen wird $H + 1$ als die »Bandbreite« bezeichnet.

Die Bartlett-Gewichtungen garantieren, dass der Schätzer S^* in jeder Stichprobe positiv bestimmt ist. Das kann nachvollzogen werden durch einen Blick auf die Kovarianzmatrix einer abgekürzten Summe $\sum_{j=0}^{H-1} x_{t-j}\varepsilon_{t-j}$, die gegeben ist durch

$$
\begin{aligned}
V\left\{ \sum_{j=0}^{H-1} x_{t-j}\varepsilon_{t-j} \right\} = {} & H E\{\varepsilon_t^2 x_t x_t'\} \\
& + (H-1)[E\{\varepsilon_t\varepsilon_{t-1} x_t x_{t-1}'\} + E\{\varepsilon_{t-1}\varepsilon_t x_{t-1} x_t'\}] + \cdots \\
& + [E\{\varepsilon_t\varepsilon_{t-H+1} x_t x_{t-H+1}'\} + E\{\varepsilon_{t-H+1}\varepsilon_t x_{t-H+1} x_t'\}] \\
= {} & H \sum_{j=0}^{H-1} (1 - j/H)[E\{\varepsilon_t\varepsilon_{t-j} x_t x_{t-j}'\} + E\{\varepsilon_{t-j}\varepsilon_t x_{t-j} x_t'\}],
\end{aligned}
$$

die konstruktionsbedingt positiv bestimmt ist. Die Division durch H und das Ersetzen der Erwartungsoperatoren mit Stichprobendurchschnitten sowie ε_t mit e_t produzieren die S^*-Matrix. Weil es bei einer Stichprobe nur einen Stichprobenmittelwert $(1/T)\sum_{t=1}^{T} x_t\varepsilon_t$ gibt, den wir betrachten können, schätzen wir seine Streuung durch Betrachten der Streuung der kurzfristigen Durchschnitte $(1/H)\sum_{j=0}^{H-1} x_{t-j}\varepsilon_{t-j}$ innerhalb der Stichprobe. Dass der Schätzer die OLS-Residuen e_t statt den nicht beobachtbaren ε_t verwendet, hat keine asymptotischen Konsequenzen.

4.11 Beispiel: Risikoprämien auf Devisenmärkten

Ein Händler, der in Übersee Produkte bestellt, die zu einem späteren Zeitpunkt bezahlt werden müssen, kann die erforderlichen Zahlungen auf verschiedene Weise begleichen. Betrachten Sie als Beispiel einen europäischen Händler, der am Ende des laufenden Monats eine bestimmte Menge Kaffee zum Preis von 100.000 US-Dollar kauft, die am Ende des folgenden Monats bezahlt werden muss. Eine erste Strategie, um diese Zahlung zu begleichen, besteht darin, jetzt US-Dollar zu kaufen und diese bis zum Ende des folgenden Monats auf der Bank zu deponieren. Das hat natürlich zur Folge, dass der Händler nicht die europäischen (1-Monats-)Zinsen für diesen Monat bekommt, sondern die US-Zinsen (angenommen, er hinterlegt die US-Dollar auf einem US-Konto). Eine zweite Strategie ist, US-Dollar auf dem sogenannten Terminmarkt zu kaufen. Dort ist ein Preis (Wechselkurs) festgelegt, der in US-Dollar bezahlt werden muss, wenn das Geld Ende des folgenden Monats ausgezahlt wird. Dieser **Terminkurs** wird in der aktuellen Periode vereinbart und muss bei der Auszahlung bezahlt werden (in einem Monat).

Angenommen, der Terminvertrag ist risikolos (wobei das Verzugsrisiko ignoriert wird, das für gewöhnlich sehr gering ist), dann wird der Händler keine der beiden Strategien präferieren. Beide Möglichkeiten sind risikolos und von daher ist zu erwarten, dass sie am Ende des folgenden Monats dieselbe Rendite bringen. Wenn nicht, würden Arbitrage-Möglichkeiten risikolose Profite generieren. Die implizierte Gleichheit des Zinssatzgefälles (europäische und US-Zinsen) und der Unterschied zwischen dem Terminkurs und dem Kassakurs ist als die Bedingung der **gedeckten Zinsparität** bekannt.

Eine dritte Möglichkeit für den Händler, seine Rechnung in US-Dollar zu bezahlen, besteht darin, einfach bis zum Ende des folgenden Monats zu warten und dann US-Dollar zu einem jetzt noch unbekannten Wechselkurs zu kaufen. Wenn wir die übliche Annahme treffen, dass der Händler risikoscheu ist, wird es nur attraktiv sein, das zusätzliche Risiko des Wechselkurses einzugehen, wenn damit zu rechnen ist, dass der zukünftige Kassakurs (ausgedrückt in US-Dollar per Euro) höher ist als der Terminkurs. Ist das der Fall, dann sprechen wir davon, dass der Markt bereit ist, eine **Risikoprämie** zu zahlen. In Abwesenheit einer Risikoprämie (der Terminkurs ist gleich dem erwarteten Kassakurs) impliziert die gedeckte Zinsparität eine **ungedeckte Zinsparität**, welche besagt, dass das Zinssatzgefälle zwischen zwei Ländern gleich der erwarteten relativen Veränderung des Wechselkurses ist. In diesem Kapitel betrachten wir Tests für das Vorhandensein einer Risikoprämie im Devisenterminmarkt, basierend auf Regressionsmodellen.

4.11.1 Bezeichnung

Für einen europäischen Investor ist es möglich, sich gegen das Währungsrisiko abzusichern, indem zum Zeitpunkt t die benötigte Menge US-Dollar gekauft wird zur Lieferung zum Zeitpunkt $t + 1$ gegen einen bekannten Kurs F_t, den Terminwechselkurs. Von daher ist F_t der Kurs zum Zeitpunkt t, gegen den US-Dollar zum Zeitpunkt $t + 1$ gekauft und verkauft werden können (durch einen Terminvertrag). Der risikolose Zinssatz für Europa und die USA ist gegeben durch $R^E_{f,t+1}$ beziehungsweise $R^{US}_{f,t+1}$. Für den europäischen Investor kann die Investition in US-Depots durch Absichern auf dem zukünftigen Devisenmarkt risikolos gemacht werden. Also würde eine risikolose Investition für einen europäischen Investor die Rendite

$$R^{US}_{f,t+1} + \log F_t - \log S_t \tag{4.64}$$

ergeben, wobei S_t der aktuelle Kassa(wechsel)kurs ist. Um risikolose Arbitrage-Möglichkeiten (und unbegrenzte Profite für Investoren) zu vermeiden, sollte diese Rendite der risikolosen Rendite auf europäische Depots gleichen, das heißt, es sollte gelten, dass

$$R^E_{f,t+1} - R^{US}_{f,t+1} = \log F_t - \log S_t. \tag{4.65}$$

Die rechte Seite von (4.65) ist bekannt als (das Negativ der) Terminabschläge, während sich die linke Seite auf das Zinsgefälle bezieht. Bedingung (4.65) ist bekannt als gedeckte Zinsparität und ist eine reine Nicht-Arbitrage-Bedingung, die deshalb in der Praxis nahezu sicher erfüllt ist (wenn die Transaktionskosten vernachlässigbar sind).

Eine alternative Investition entspricht einer Investition in US-Depots ohne Absicherung des Währungsrisikos. Die Rendite auf diese Risikoinvestition ist

$$R^{US}_{f,t+1} + \log S_{t+1} - \log S_t, \tag{4.66}$$

der erwartete Wert dessen gleicht (4.64), wenn

$$E_t\{\log S_{t+1}\} = \log F_t \quad \text{oder} \quad E_t\{s_{t+1}\} = f_t,$$

wobei Kleinbuchstaben den Logarithmus der Großbuchstaben bezeichnen und $E_t\{.\}$ die bedingte Erwartung bei allen zur Verfügung stehenden Informationen zum Zeitpunkt t bezeichnet. Die Gleichung $E_t\{s_{t-1}\} = f_t$ zusammen mit der gedeckten Zinsparität impliziert die Bedingung der ungedeckten Zinsparität, welche besagt, dass das Zinsgefälle zwischen zwei Ländern gleich dem erwarteten Wechselkurs ist, sprich

$$R^E_{f,t+1} - R^{US}_{f,t+1} = E_t\{\log S_{t+1}\} - \log S_t. \tag{4.67}$$

Viele makroökonomische Modelle verwenden die Bedingung der ungedeckten Zinsparität. Eine der Konsequenzen ist, dass ein kleines Land nicht sowohl das Niveau der inländischen Zinssätze wie auch seine Wechselkurse kontrollieren kann. Im Folgenden widmen wir unsere Aufmerksamkeit der Frage, ob die ungedeckte Zinsparität besteht, sprich, ob Risikoprämien auf zukünftige Devisenmärkten existieren.

Der Grund, warum der erwartete zukünftige Kassakurs $E_t\{s_{t+1}\}$ sich möglicherweise vom Terminkurs f_t unterscheidet, ist die Existenz einer Risikoprämie. Es ist möglich, dass der Markt bereit ist, eine Risikoprämie für das Übernehmen des Wechselkursrisikos in (4.66) zu zahlen. In Abwesenheit einer Risikoprämie ist das Absichern gegenüber dem Wechselkursrisiko frei und jeder Investor kann sein Wechselkursrisiko ohne Kosten vollständig ausschließen. Weil das Vorhandensein einer positiven Risikoprämie für einen europäischen Investor impliziert, dass ein US-Investor das Wechselkursrisiko gegen den Euro absichern kann, wofür er einen Abschlag erhält, ist es nicht unüblich, anzunehmen, dass keiner der Investoren eine Risikoprämie zahlt. In diesem Fall wird der ausländische Devisenmarkt oft als (risikoneutral) »effizient« bezeichnet (siehe Taylor, 1995).

Beachten Sie, dass die Risikoprämie als die Differenz zwischen dem erwarteten Logarithmus des zukünftigen Kassakurses und dem Logarithmus des Terminkurses definiert ist. Den Logarithmus wegzulassen hat den wichtigen Einwand zur Folge, dass das Ausdrücken von Wechselkursen in der einen oder anderen Währung nicht länger irrelevant ist. Im logarithmischen Fall ist das irrelevant, weil $E_t\{\log S^{-1}_{t+1}\} - \log F^{-1}_t = -E_t\{\log S_{t+1}\} + \log F_t$.

4.11.2 Tests für Risikoprämien im Einmonatsmarkt

Eine Herangehensweise, um auf die Präsenz von Risikoprämien zu testen, basiert auf einem simplen Regressionsrahmen. In diesem Kapitel werden wir Tests zur Präsenz von Risikoprämien im Einmonatsmarkt unter Verwendung monatlicher Daten testen. Das heißt, die Stichprobenhäufigkeit entspricht exakt der Länge der Vertragslaufzeit. Empirische Ergebnisse zu den US-Dollar/Euro- sowie US-Dollar/Pfund-Sterling-Wechselkursen werden für einen Monat in die Zukunft aufgeführt, unter Verwendung monatlicher Daten von Januar 1979 bis Dezember 2001. Die Vor-Euro-Wechselkurse basieren auf der D-Mark. Die Verwendung monatlicher Daten zum Testen auf Risikoprämien für den Dreimonats-Terminmarkt wird im nächsten Kapitel besprochen.

Die Hypothese, dass keine Risikoprämie vorhanden ist, kann geschrieben werden als

$$H_0 : E_{t-1}\{s_t\} = f_{t-1}. \tag{4.68}$$

Eine einfache Möglichkeit, diese Hypothese zu testen, nutzt das bestens bekannte Ergebnis, dass die Differenz zwischen einer Zufallsvariablen und ihrer bedingten Erwartung in Anbetracht eines bestimmten Informationssets mit keiner Variablen aus diesem Informationsset korreliert, sprich

$$E\{(s_t - E_{t-1}\{s_t\})x_{t-1}\} = 0 \tag{4.69}$$

für jedes x_{t-1}, das zum Zeitpunkt $t-1$ bekannt ist. Daraus können wir das folgende Regressionsmodell schreiben:

$$s_t - f_{t-1} = x'_{t-1}\beta + \varepsilon_t, \tag{4.70}$$

wobei $\varepsilon_t = s_t - E_{t-1}\{s_t\}$. Falls H_0 korrekt ist und falls x_{t-1} zum Zeitpunkt $t-1$ bekannt ist, sollte gelten, dass $\beta = 0$. Infolgedessen kann H_0 leicht getestet werden durch das Testen, ob $\beta = 0$ für eine gegebene Auswahl von x_{t-1}-Variablen. Im Folgenden werden wir als Elemente in x_{t-1} eine Konstante sowie den zukünftigen Abschlag (Disagio) $s_{t-1} - f_{t-2}$ auswählen.

Weil $s_{t-1} - f_{t-2}$ in der Periode $t-1$ beobachtet wird, ist ε_{t-1} ebenfalls ein Element des Informationssets zum Zeitpunkt $t-1$. Deshalb impliziert (4.69) auch, dass unter H_0 die Fehlerterme in (4.70) keine Autokorrelation zeigen. Autokorrelation in ε_t ist von daher ein Indikator für die Präsenz einer Risikoprämie. Beachten Sie, dass die Hypothese nichts über die Varianz von ε_t besagt, was nahelegt, dass das Auferlegen von Homoskedastizität möglicherweise ungeeignet ist und heteroskedastizitätskonsistente Standardfehler genutzt werden können.

Die verwendeten[12] Daten sind aus Datastream entnommen und decken den Zeitraum Januar 1979 bis Dezember 2001 ab. Wir verwenden die US-Dollar/Euro- sowie US-Dollar/Pfund-Sterling-Wechselkurse, welche in Abbildung 4.6 dargestellt sind. Aus dieser Abbildung können

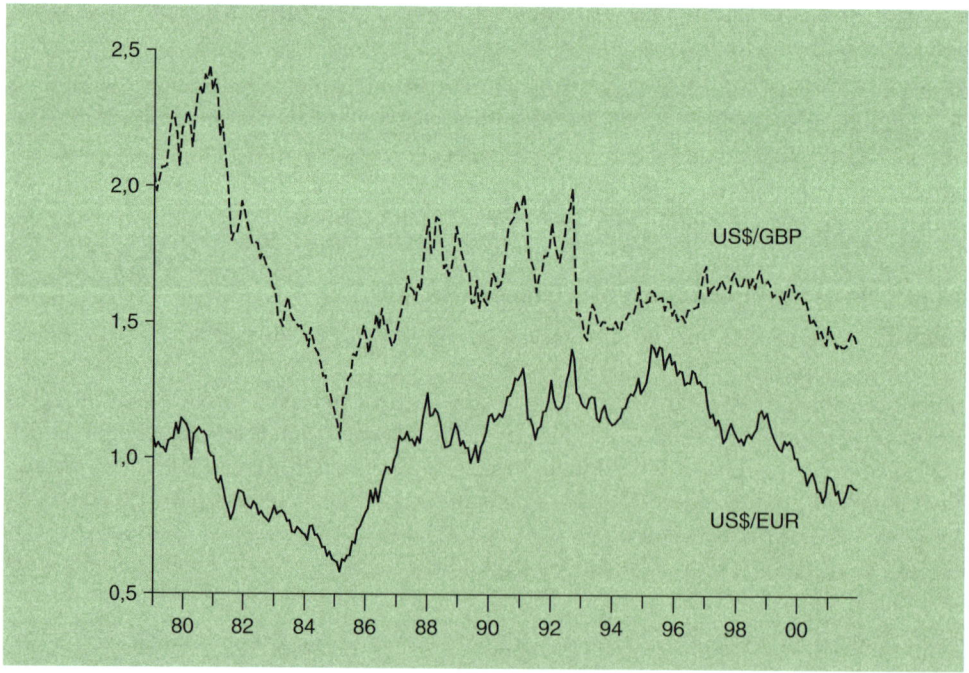

Abbildung 4.6 Wechselkurse US$/EUR und US$/GBP, Januar 1979 – Dezember 2001

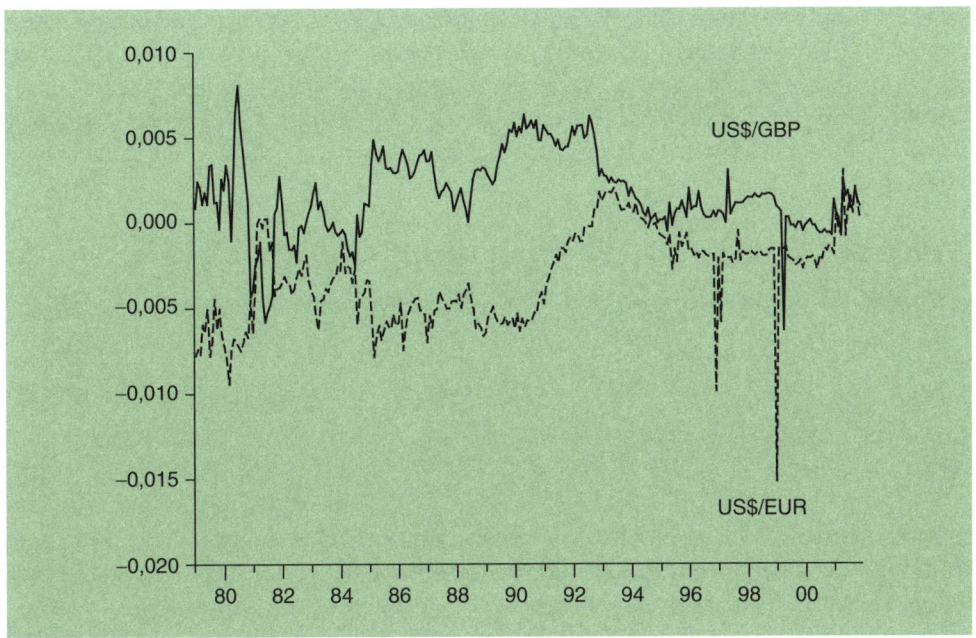

Abbildung 4.7 Zukünftiges Disagio, Wechselkurse US\$/EUR und US\$/GBP Januar 1979 – Dezember 2001

wir die Stärke des US-Dollars im Jahr 1985 sowie in 2000/2001 ablesen. In Abbildung 4.7 ist das monatliche zukünftige Disagio $s_t - f_t$ für beide Wechselkurse abgebildet. In der Regel ist das zukünftige Disagio geringer als 1 % im absoluten Wert. Für den Euro liegt der US-Dollar-Kassakurs in nahezu allen Monaten unter dem Terminkurs, was angesichts des Arguments der gedeckten Zinsparität impliziert, dass der nominelle US-Zinssatz den europäischen übersteigt. Nur von 1993 bis 1994 und Ende 2001 scheint es umgekehrt gewesen zu sein.

Als Nächstes wird die Gleichung (4.70) mit OLS geschätzt, indem wir $x_{t-1} = (1, s_{t-1} - f_{t-1})'$ nehmen. Die Ergebnisse für den US-Dollar/Pfund-Sterling-Kurs sind in Tabelle 4.12 aufgeführt. Weil das zukünftige Disagio die Eigenschaften einer gelagten abhängigen Variablen aufweist ($s_{t-1} - f_{t-1}$ korreliert mit ε_{t-1}), eignet sich der Durbin-Watson-Test nicht. Die einfachste Alternative besteht in der Verwendung des Breusch-Godfrey-Tests, der auf einer Hilfsregression von e_t auf $e_{t-1}, s_{t-1} - f_{t-1}$ und einer Konstanten basiert (siehe oben), und anschließend TR^2 zu nehmen[13]. Wir können auf Autokorrelationen höherer Ordnung testen, indem wir zusätzliche Zeitverzögerungen aufnehmen, wie e_{t-2} und e_{t-3}. Auf diese Weise kann die Nullhypothese, dass keine Autokorrelation vorliegt, gegen die Alternativen einer Autokorrelation erster und (bis hinauf zu) zwölfter Ordnung getestet werden, mit Teststatistiken von 0,22 und 10,26. Mit 5 %-kritischen Werten von 3,84 und 21,0 (für ein χ^2_1 beziehungsweise χ^2_{12}) impliziert das keine Ablehnung der Nullhypothese. Die t-Statistiken in der Regression zeigen an, dass sich der Achsenabschnittsterm signifikant von null unterscheidet, während das zukünftige Disagio einen signifikant positiven Koeffizienten aufweist. Ein gemeinsamer Test auf die beiden Restriktionen $\beta = 0$ führt zu einer F-Statistik von 7,74 ($\rho = 0,0005$), sodass die Nullhypothese, dass keine Risikoprämie vorhanden ist, verworfen wird. Die Zahlen implizieren, dass, wenn der nominelle UK-Zinskurs den US-Zinskurs übersteigt, sodass das zukünftige Disagio $s_{t-1} - f_{t-1}$ über 0,16 % liegt (zum Beispiel in den frühen 1990ern), es vorkommt, dass $E_{t-1}\{s_t\} - f_{t-1}$ positiv ist. Von daher können UK-Investoren ihre Pfund auf dem zukünftigen Markt zu einem Kurs von, sagen wir, 1,75 US-Dollar verkaufen, während der erwartete Kassakurs bei, sagen wir, 1,77 US-Dollar liegt. Britische Importeure, die sich für ihre Bestellungen in den USA gegen das Wechselkursrisiko absichern wollen, müssen eine Risikoprämie zahlen. Andererseits profitieren US-Händler davon; sie können sich gegen das Währungsrisiko absichern und gleichzeitig eine Risikoprämie kassieren (!).[14]

Abhängige Variable: $s_{t-1} - f_{t-1}$			
Variable	Schätzwert	Standardfehler	t-Wert
Konstante	−0,0051	0,0024	−2,162
$s_{t-1} - f_{t-1}$	3,2122	0,8175	3,929

Tabelle 4.12   OLS-Ergebnisse US$/GBP

$s = 0,0315$ $R^2 = 0,0535$ $\bar{R}^2 = 0,0501$ $F = 15,440$

Die verwendeten t-Tests gelten nur asymptotisch, wenn ε_t keine Autokorrelation zeigt, was durch (4.69) garantiert ist, und falls ε_t homoskedastisch ist. Die Breusch-Pagan-Teststatistik auf Heteroskedastizität kann berechnet werden als TR^2 einer Hilfsregression von e_t^2 auf einer Konstanten und $s_{t-1} - f_{t-1}$, was einen Wert von 7,26 hervorbringt und damit eine klare Ablehnung der Nullhypothese impliziert. Die Verwendung von mehr geeigneten heteroskedastizitätskonsistenten Standardfehlern führt nicht zu sich qualitativ unterscheidenden Schlussfolgerungen.

Auf ähnliche Weise können wir auf eine Risikoprämie beim US$/EUR- Terminkurs testen. Die Ergebnisse dieser Regression lauten wie folgt:

$$s_t - f_{t-1} = -0,0023 + 0,485\,(s_{t-1} - f_{t-1}) + e_t; \quad R^2 = 0,0015$$
$$(0,0031)\ \ (0,766)$$

$$BG(1) = 0,12, \quad BG(12) = 14,12.$$

Hier bezeichnet $BG(h)$ die Breusch-Godfrey-Teststatistik für Autokorrelation bis zur h-ten Ordnung. Für den US$/EUR-Kurs findet sich keine Risikoprämie: Beide Regressionskoeffizienten unterscheiden sich nicht signifikant von null und die Hypothese, dass keine Autokorrelation vorliegt, wird nicht verworfen.

4.11.3 Tests für Risikoprämien unter Verwendung überlappender Stichproben

Das vorhergehende Kapitel war begrenzt auf eine Analyse des Einmonats-Terminmarkts für Devisen. Natürlich gibt es Terminmärkte auch mit anderen Fälligkeiten, zum Beispiel drei oder sechs Monate. In diesem Kapitel widmen wir unsere Aufmerksamkeit der Frage, bis zu welchem Ausmaß die im vorigen Kapitel besprochenen Techniken verwendet werden können, um auf die Präsenz einer Risikoprämie im Dreimonats-Terminmarkt zu testen. Die Häufigkeit der Beobachtung liegt immer noch bei einem Monat.

Lassen Sie uns den Logarithmus-Preis eines dreimonatigen Terminvertrags mit f_t^3 bezeichnen. Die Nullhypothese, dass keine Risikoprämie vorliegt, kann dann formuliert werden als

$$H_0 \colon E_{t-3}\{s_t\} = f_{t-3}^3. \tag{4.71}$$

Wenn wir ähnliche Argumente wie zuvor verwenden, kann ein Regressionsmodell ähnlich dem in (4.70) geschrieben werden als

$$s_t - f_{t-3}^3 = x_{t-3}' \beta + \varepsilon_t, \tag{4.72}$$

wobei $\varepsilon_t = s_t - E_{t-3}\{s_t\}$. Falls x_{t-3} zu einem Zeitpunkt $t - 3$ beobachtet wird, sollte der Vektor β in (4.72) unter H_0 gleich null sein. Einfach OLS zu verwenden, um die Parameter in (4.72) mit $x_{t-3} = (1, s_{t-3} - f_{t-3})'$ zu schätzen, ergibt für den US\$/GBP-Kurs die folgenden Ergebnisse:

$$s_t - f_{t-3}^3 = -0,014 + 3,135 \, (s_{t-3} - f_{t-3}^3) + e_t; \quad R^2 = 0,1146$$
$$\phantom{s_t - f_{t-3}^3 = } (0,004) \quad (0,529)$$

$$BG(1) = 119,69, \quad BG(12) = 173,67,$$

und für den US\$/EUR-Kurs:

$$s_t - f_{t-3}^3 = -0,011 + 0,006 \, (s_{t-3} - f_{t-3}^3) + e_t; \quad R^2 = 0,0000$$
$$\phantom{s_t - f_{t-3}^3 = } (0,006) \quad (0,535)$$

$$BG(1) = 130,16, \quad BG(12) = 177,76.$$

Diese Ergebnisse scheinen nahezulegen, dass in beiden Märkten eindeutig eine Risikoprämie vorhanden ist: Die Breusch-Godfrey-Tests auf Autokorrelation indizieren starke Autokorrelation, während die Regressionskoeffizienten für den US\$/GBP-Devisenmarkt hoch signifikant sind. *Diese Schlussfolgerungen sind jedoch nicht korrekt.*

Die Annahme, dass die Fehlerterme keine Autokorrelation zeigen, basiert auf der Beobachtung, dass (4.69) auch für $x_{t-1} = \varepsilon_{t-1}$ gilt, derart, dass ε_{t+1} und ε_t nicht korreliert sind. Dieses Ergebnis gilt jedoch nur, wenn die Häufigkeit der Daten mit der Fälligkeit des Vertrags übereinstimmt. Im vorhandenen Fall haben wir monatliche Daten für dreimonatige Verträge. Das Analogon zu (4.69) ist nun

$$E\{(s_t - E_{t-3}\{s_t\})x_{t-3}\} = 0 \text{ für jedes } x_{t-3} \text{ das zum Zeitpunkt } t - 3 \text{ bekannt ist.} \tag{4.73}$$

Das impliziert somit, dass ε_t und ε_{t-j} $(j = 3, 4, 5, \ldots)$ nicht korreliert sind. Es impliziert jedoch nicht, dass ε_t und ε_{t-1} oder ε_{t-2} nicht korreliert sind. Im Gegenteil, es ist sogar sehr wahrscheinlich, dass diese Fehler stark korreliert sind.

Betrachten Sie einen anschaulichen Fall, bei dem die (log) Wechselkurse durch sogenannte Zufallsbewegungsprozesse[15] generiert werden, zum Beispiel $s_t = s_{t-1} + \eta_t$, wobei die η_t unabhängig und gleich verteilt sind mit Mittelwert null und Varianz σ_η^2 und wo keine Risikoprämie existiert, sprich $f_{t-3}^3 = E_{t-3}\{s_t\}$. Dann kann leicht gezeigt werden, dass

$$\varepsilon_t = s_t - E_{t-3}\{s_t\} = \eta_t + \eta_{t-1} + \eta_{t-2}.$$

Deshalb wird der Fehlerterm ε_t durch ein Gleitender-Durchschnitt-Autokorrelationsmuster der zweiten Ordnung beschrieben. Wenn log Wechselkurse keine Zufallsbewegungen sind, enthält der Fehlerterm ε_t, »Neuigkeiten« aus den Perioden $t, t - 1$ und $t - 2$. Von daher wird ε_t auch im allgemeineren Fall ein gleitender Durchschnitt sein. Dieses Autokorrelationsproblem ist bedingt durch das sogenannte Problem überlappender Stichproben, wobei die Häufigkeit der Beobachtungen (monatlich) höher ist als die Häufigkeit der Daten (vierteljährlich). Wenn wir testen, ob die Autokorrelation über die ersten beiden Zeitverzögerungen hinausgeht, das heißt, ob ε_t mit ε_{t-3} bis zu ε_{t-12} korreliert, können wir das tun, indem wir eine Regression des OLS-Residuums ε_t auf $\varepsilon_{t-3}, \ldots, \varepsilon_{t-12}$ sowie den Regressoren aus (4.72) durchführen. Diese Ergebnisse der Breusch-Godfrey-Teststatistiken von 7,85 beziehungsweise 9,04 sind beide signifikant für eine Chi-Quadrat-Verteilung mit 10 Freiheitsgraden.

Die Tatsache, dass die ersten beiden Autokorrelationen der Fehlerterme in obigen Regressionen nicht null sind, impliziert, dass die Regressionsergebnisse nicht informativ sind, was die Existenz einer Risikoprämie angeht: Standardfehler werden auf nicht korrekte Weise berechnet und darüber hinaus haben die Breusch-Godfrey-Tests auf Autokorrelation möglicherweise zur Ablehnung geführt, weil die ersten beiden Autokorrelationen nicht null sind, was nicht im Widerstreit steht mit der Abwesenheit einer Risikoprämie. Beachten Sie, dass der OLS-Schätzer immer noch konsistent ist, auch mit einem gleitenden Durchschnitts-Fehlerterm.

Eine Möglichkeit, das Problem der Autokorrelation zu »lösen«, besteht darin, einfach zwei Drittel der Informationen wegzulassen, indem wir nur Beobachtungen aus dreimonatigen Intervallen verwenden. Das ist unbefriedigend wegen des Verlusts von Informationen und damit auch des potenziellen Verlusts von Teststärke. Zwei Alternativen drängen sich auf: (i) GLS zu verwenden, um (hoffentlich) das Modell effizienter zu schätzen, und (ii) OLS zu verwenden, während wir korrekte (Newey-West-)Standardfehler berechnen. Leider ist die erste Option hier ungeeignet, weil die transformierten Daten nicht die Bedingungen für Konsistenz erfüllen und GLS inkonsistent sein wird. Das ist durch die Tatsache bedingt, dass der Regressor $s_{t-3} - f_{t-3}^3$ mit gelagten Fehlertermen korreliert.

Deshalb sollten wir uns noch einmal die OLS-Schätzergebnisse ansehen, jedoch die HAC-Standardfehler berechnen. Beachten Sie, dass $H = 3$ ausreicht. Rufen Sie sich in Erinnerung, dass diese Standardfehler auch Heteroskedastizität zulassen. Die Ergebnisse können wie folgt zusammengefasst werden. Für den US\$/GBP-Kurs haben wir

$$s_t - f_{t-3}^3 = -0,014 + 3,135\,(s_{t-3} - f_{t-3}^3) + e_t; \quad R^2 = 0,1146,$$
$$[0,005]\ \ [0,663]$$

und für den US\$/GBPKurs haben wir

$$s_t - f_{t-3}^3 = -0,011 + 0,006\,(s_{t-3} - f_{t-3}^3) + e_t; \quad R^2 = 0,0000,$$
$$[0,008]\ \ [0,523]$$

wobei die Standardfehler innerhalb eckiger Klammern die Newey-West-Standardfehler mit $H = 3$ sind. Qualitativ ändern sich die Schlussfolgerungen nicht: Für den Dreimonats-US\$/GBP- Markt muss die ungedeckte Zinsparität verworfen werden. Weil gedeckte Zinsparität impliziert, dass

$$s_t - f_t = R_{f,t+1}^* - R_{f,t+1},$$

wobei $*$ das Ausland bezeichnet und die Wechselkurse, wie zuvor, in Einheiten der Heimatwährung für eine Einheit der Fremdwährung gemessen werden. Die Ergebnisse implizieren, dass in den Zeiten, in denen der US-Zinssatz in Relation zum britischen Zinssatz hoch ist, die britischen Investoren den US-Händlern eine Risikoprämie zahlen. Für den Europa/US-Markt wurde in den Daten kein Vorhandensein einer Risikoprämie entdeckt.

KURZZUSAMMENFASSUNG

Heteroskedastizität ist eine häufige Verletzung der Gauß-Markov-Bedingungen. Ihre Anwesenheit setzt die routinemäßig berechneten Standardfehler für OLS außer Kraft und impliziert, dass OLS nicht länger der beste lineare unverzerrte Schätzer für das lineare Modell ist. Wenn die Spezifikation für das Modell nicht fraglich ist, besteht ein praktischer Weg, mit Heteroskedastizität umzugehen, darin, heteroskedastizitätsrobuste Standardfehler zu berechnen. Wenn Effizienz ein Thema ist, kann die Verwendung verallgemeinerter kleinster Quadrate in Betracht gezogen werden, obwohl das nur für den Preis des Auferlegens zusätzlicher Annahmen über die Form der Heteroskedastizität geht. Es stehen etliche Tests zur Verfügung, um auf die Anwesenheit von Heteroskedastizität zu testen, einschließlich des Breusch-Pagan-Tests und des White-Tests. Die funktionale Form des Modells zu verändern, zum Beispiel durch Transformieren der abhängigen Variable

in Logarithmen, kann helfen, das Heteroskedastizitätsproblem zu verringern oder zu entfernen. Reihenkorrelation ist ein Problem bei Zeitreihenanwendungen und wird in der Regel als Zeichen von Fehlspezifikation interpretiert. Der Durbin-Watson-Test bietet die Möglichkeit, rasch die Wahrscheinlichkeit einer Reihenkorrelation erster Ordnung einzuschätzen. Es gibt jedoch eine Reihe anderer Tests, die allgemeiner eingesetzt werden können. Wenn die Reihenkorrelation durch die Veränderung der Modellspezifikation nicht entfernt werden kann, so kann damit umgegangen werden, indem die Newey-West-Standardfehler berechnet werden. Eine typische Situation, in der das erforderlich ist, ist das Problem überlappender Stichproben. In Ausnahmefällen kann die Verwendung von GLS in Erwägung gezogen werden. Zeitreihenmodelle werden wir detaillierter in den Kapiteln 8 und 9 besprechen.

◼ ÜBUNGEN

Übung 4.1 (Heteroskedastizität – empirisch)

Der Datensatz AIRQ enthält Beobachtungen für 30 statistische großstädtische Standardbereiche (standard metropolitan statistical areas (SMSAs)) in Kalifornien für 1972 zu den folgenden Variablen:

airq	Indikator für Luftqualität (je niedriger, desto besser)
vala	Wertschöpfung von Unternehmen (in 1000 US$)
rain	Regenmenge (in Inches)
coas	Dummyvariable, 1 für SMSAs an der Küste; 0 für andere
dens	Bevölkerungsdichte (pro Quadratmeile)
medi	durchschnittliches Pro-Kopf-Einkommen (in US$)

(a) Schätzen Sie ein lineares Regressionsmodell, das *airq* aus den anderen Variablen erklärt, unter Verwendung der gewöhnlichen kleinsten Quadrate. Interpretieren Sie die Koeffizientenschätzungen.

(b) Testen Sie die Nullhypothese, dass das Durchschnittseinkommen nicht die Luftqualität beeinflusst. Testen Sie die gemeinsame Hypothese, dass keine der Variablen eine Auswirkung auf die Luftqualität hat.

(c) Führen Sie einen Breusch-Pagan-Test auf Heteroskedastizität bezogen auf alle fünf erklärenden Variablen durch.

(d) Führen Sie einen White-Test auf Heteroskedastizität durch. Beleuchten Sie im Licht der Anzahl von Beobachtungen und den Freiheitsgraden des Tests kritisch, inwieweit der White-Test geeignet ist.

(e) Angenommen, wir haben multiple Heteroskedastizität bezogen auf *coas* und *medi*, schätzen Sie die Koeffizienten mittels Durchführen einer Regression von $\log e_i^2$ auf diese beiden Variablen. Testen Sie die Nullhypothese der Heteroskedastizität auf Basis dieser Hilfsregression.

(f) Berechnen Sie unter Verwendung der Ergebnisse aus **e** einen EGLS-Schätzer für das lineare Modell. Vergleichen Sie Ihre Ergebnisse mit jenen von **a** Führen Sie die Tests aus **b** neu durch.

(g) Betrachten Sie kritisch, inwieweit R^2 in der Regression von **f** geeignet ist.

Übung 4.2 (Autokorrelation – empirisch)

Betrachten Sie die Daten und das Modell aus Kapitel 4.8 (die Nachfrage nach Eiscreme). Erweitern Sie das Modell durch Hinzufügen gelagten Konsums (statt gelagter Temperatur). Führen Sie in diesem erweiterten Modell einen Test auf Autokorrelation erster Ordnung durch.

Übung 4.3 (Autokorrelationstheorie)

(a) Erklären Sie, was unter dem »Unsicherheitsbereich« des Durbin-Watson-Tests zu verstehen ist.

(b) Erklären Sie, warum Autokorrelation als Ergebnis einer nicht korrekten funktionalen Form entstehen kann.

(c) Erklären Sie, warum Autokorrelation wegen einer weggelassenen Variablen entstehen kann.

(d) Erklären Sie, warum das Hinzufügen einer gelagten abhängigen Variablen und gelagten erklärenden Variablen zum Modell das Problem einer Autokorrelation erster Ordnung behebt. Nennen Sie wenigstens zwei Gründe, warum das nicht unbedingt die bevorzugte Lösung ist.

(e) Erklären Sie, was unter einem Problem »überlappender Stichproben« zu verstehen ist.

(f) Geben Sie ein Beispiel, bei dem Autokorrelation erster Ordnung zu einem unbeständigen OLS-Schätzer führt.

(g) Erklären Sie, wann Sie die Newey-West-Standardfehler verwenden würden.

(h) Beschreiben Sie in Schritten, wie Sie den praktikablen OLS-Schätzer für β im Standardmodell mit Autokorrelation (zweiter Ordnung) der Form $\varepsilon_t = \rho_1 \varepsilon_{t-1} + \rho_2 \varepsilon_{t-2} + v_t$ berechnen würden. (Über die ursprünglichen Beobachtung(en) brauchen Sie sich keine Gedanken zu machen.)

Übung 4.4 (Überlappende Stichproben – empirisch)

Das Datenset FORWARD2 enthält ebenfalls Wechselkurse für Pfund Sterling zu Euro für den Zeitraum Januar 1979 bis Dezember 2001. Der Wechselkurs vor Einführung des Euro wurde in D-Mark berechnet.

(a) Erstellen Sie eine Grafik des GBP/EUR-Wechselkurses.

(b) Berechnen Sie das 1-monatige sowie 3-monatige zukünftige Disagio für diesen Markt und erstellen Sie eine Grafik.

(c) Testen Sie auf das Vorhandensein einer Risikoprämie für den 1-monatigen Horizont unter Verwendung von (4.70) einschließlich dem gelagten zukünftigen Disagio als Regressor.

(d) Testen Sie dieses Modell mit dem Breusch-Godfrey-Test auf Autokorrelation. Verwenden Sie für die maximale Zeitverzögerung ein paar unterschiedliche Werte. Warum ist der Durbin-Watson-Test in diesem Fall nicht gültig?

(e) Testen Sie auf das Vorhandensein einer Risikoprämie für den 3-monatigen Horizont unter Verwendung von (4.72) einschließlich dem 3-monatigen zukünftigen Disagio, um 3 Monate verzögert, als Regressor.

(f) Testen Sie dieses Modell mit dem Breusch-Godfrey-Test für bis zu 2 Zeitverzögerungen und für bis zu 12 Zeitverzögerungen auf Autokorrelation.

(g) Testen Sie dieses Modell für 3 bis 12 Zeitverzögerungen auf Autokorrelation

(h) Berechnen Sie HAC-Standardfehler für die 3-monatige Risikoprämienregression.

(i) Interpretieren Sie Ihre Ergebnisse und vergleichen Sie diese mit jenen aus Kapitel 4.11.

KAPITEL 5

Endogene Regressoren, Instrumentalvariablen und GMM

Bisher haben wir angenommen, dass die Fehlerterme im linearen Regressionsmodell nicht gleichzeitig mit den erklärenden Variablen korreliert sind oder dass sie sogar *unabhängig sind* von *allen* erklärenden Variablen.[1] Folglich konnte das lineare Modell dahingehend interpretiert werden, dass es die bedingte Erwartung von y_t, bei einem gegebenen Variablenset x_t, beschreibt. In diesem Kapitel werden wir Fälle besprechen, in denen es unrealistisch oder unmöglich ist, die erklärenden Variablen in einem Modell als gegeben oder exogen zu betrachten. In solchen Fällen kann argumentiert werden, dass einige der erklärenden Variablen mit dem Fehlerterm der Gleichung korreliert sind, sodass der OLS-Schätzer verzerrt und unbeständig ist. Es gibt verschiedene Gründe, warum man argumentieren könnte, dass die Fehlerterme gleichzeitig mit einer oder mehr der erklärenden Variablen korreliert sind, aber die gängige Ansicht ist, dass das lineare Modell nicht länger einer bedingten

Erwartung oder einer besten linearen Approximation gleichkommt.

In Kapitel 5.1 beginnen wir mit einer Rekapitulation der Eigenschaften des OLS-Schätzers im linearen Modell unter verschiedenen Sets von Annahmen. Kapitel 5.2 bespricht Fälle, in denen nicht gezeigt werden kann, dass der OLS-Schätzer unverzerrt oder beständig ist. In solchen Fällen müssen wir uns nach alternativen Schätzern umsehen. Der Instrumentalvariablenschätzer wird in den Kapiteln 5.3 und 5.5 betrachtet, während wir in Kapitel 5.6 diese Klasse der Instrumentalvariablenschätzer erweitern zur verallgemeinerten Momentenmethode (engl. generalized method of moments (GMM)), welche auch das Schätzen nichtlinearer Modelle ermöglicht. Empirische Beispiele betreffend die Erträge von Ausbildung und die Schätzung von intertemporalen Capital-Asset-Pricing-Modellen beinhalten die Kapitel 5.4 beziehungsweise 5.7.

5.1 Übersicht der Eigenschaften des OLS-Schätzers

Lassen Sie uns noch einmal das lineare Modell betrachten:

$$y_t = x'_t \beta + \varepsilon_t \text{ für } t = 1; 2; \dots ; T \tag{5.1}$$

oder in der Matrixschreibweise

$$y = X\beta + \varepsilon. \tag{5.2}$$

In den Kapiteln 2 und 4 haben wir gesehen, dass der OLS-Schätzer b für β unverzerrt ist, wenn angenommen werden kann, dass ε den Mittelwert null hat und der bedingte Erwartungswert unabhängig von X ist, sprich, wenn $E\{\varepsilon|X\} = 0$ (Annahme (A10) aus Kapitel 4). Das besagt, dass das Kennen einer der erklärenden Variablen nichts über den erwarteten Wert irgendeines Fehlerterms aussagt. Unabhängigkeit von X und ε mit $E\{\varepsilon\} = 0$ (Annahmen (A1) und (A2) aus Kapitel 2.3) impliziert, dass $E\{\varepsilon|X\} = 0$ jedoch stärker ist, da es der Varianz von ε nicht gestattet, auch von X abhängig zu sein.

In vielen Fällen ist die Annahme, dass ε im Erwartungswert unabhängig von X ist, zu stark. Um das zu veranschaulichen, lassen Sie uns mit einem anregenden Beispiel beginnen. Die Effizienzmarkthypothese (unter konstanten erwarteten Renditen) impliziert, dass die Erträge zu jedem Vermögenswert anhand öffentlich zugänglicher Informationen nicht vorhersagbar sind. Unter der sogenannten schwachen Form der Effizienzmarkthypothese können Vermögenswertrenditen nicht auf Basis ihrer bisherigen Entwicklung vorhergesagt werden (siehe Fama, 1991). Diese Hypothese kann mittels eines Regressionsmodells statistisch getestet werden, indem wir testen, ob gelagte Renditen aktuelle Renditen erklären. Also impliziert die Nullhypothese einer schwachen Formeffizienz in dem Modell

$$y_t = \beta_1 + \beta_2 y_{t-1} + \beta_3 y_{t-2} + \varepsilon_t, \tag{5.3}$$

wobei y_t die Rendite in Periode t bezeichnet, dass $\beta_2 = \beta_3 = 0$. Weil die erklärenden Variablen gelagte abhängige Variablen (welche eine Funktion gelagter Fehlerterme sind) sind, ist die Annahme $E\{\varepsilon|X\} = 0$ ungeeignet. Dennoch können wir schwächere Annahmen treffen, unter denen der OLS-Schätzer für $\beta = (\beta_1, \beta_2, \beta_3)'$ beständig ist.

Betrachten Sie in der Bezeichnung des allgemeineren Modells (5.1) das folgende Annahmenset:

$$x_t \text{ und } \varepsilon_t \text{ sind unabhängig (für jedes } t) \tag{A8}$$

$$\varepsilon_t \sim IID(0, \sigma^2), \tag{A11}$$

wobei die Bezeichnung in (A11) die Kurzform für die Aussage ist, dass die Fehlerterme ε_t unabhängig und gleich verteilt (engl. independent and identically distributed (i.i.d.)) sind mit einem Mittelwert von null und einer Varianz σ^2. Unter einigen zusätzlichen Regelbedingungen[2] ist der OLS-Schätzer b konsistent für β und asymptotisch normalverteilt mit der Kovarianzmatrix $\sigma^2 \Sigma_{xx}^{-1}$ mit

$$\Sigma_{xx} = \operatorname*{plim}_{T \to \infty} \frac{1}{T} \sum_{t=1}^{T} x_t x_t'.$$

Formal gilt, dass

$$\sqrt{T}(b - \beta) \to \mathcal{N}(0, \sigma^2 \Sigma_{xx}^{-1}), \tag{5.4}$$

was (2.74) aus Kapitel 2 entspricht. In kleinen Stichproben gilt von daher approximativ, dass

$$b \overset{a}{\sim} \mathcal{N}\left(\beta, \sigma^2 \left(\sum_{t=1}^{T} x_t x_t'\right)^{-1}\right). \tag{5.5}$$

Dieses Verteilungsergebnis für den OLS-Schätzer ist dasselbe wie das unter den Gauß-Markov-Bedingungen (A1)–(A4) erhaltene, kombiniert mit Normalverteilung der Fehlerterme in (A5), obschon (5.5) aufgrund des asymptotischen Ergebnisses in (5.4) nur approximativ gilt. Das bedeutet, dass *alle Standardtests im linearen Modell (t-Tests, F-Tests, Wald-Tests) durch Approximation stichhaltig sind, vorausgesetzt, dass die Annahmen (A8) und (A11) erfüllt sind.* Damit die asymptotische Verteilung in (5.4) stichhaltig ist, müssen wir annehmen, dass x_t und ε_t unabhängig sind (für jedes t). Das bedeutet, dass x_s abhängig sein darf von ε_t, solange $s \neq t$ ist. Die Einbindung einer gelagten abhängigen Variablen ist das wichtigste Beispiel für eine solche Situation. Das aktuelle Ergebnis zeigt, dass, solange die Fehlerterme unabhängig und gleichverteilt sind, das Vorhandensein einer gelagten abhängigen Variable in x_t nur die Kleine-Stichproben-Eigenschaften des OLS-Schätzers beeinflusst, aber nicht die asymptotische Verteilung. Unter den Annahmen (A6), (A8) und (A11) ist der OLS-Schätzer konsistent und asymptotisch effizient.

Annahme (A11) schließt Autokorrelation und Heteroskedastizität in ε_t aus. In unserem vorangegangenen Beispiel kann Autokorrelation ausgeschlossen werden, da sie gegen die Markteffizienz verstößt (Renditen sollten nicht vorhersagbar sein). Die Annahme der Heteroskedastizität ist problematischer. Heteroskedastizität kann entstehen, wenn der Fehlerterm eher extreme Werte für bestimmte Werte bei einem oder mehreren Regressoren annehmen wird. In dem Fall hängt die Varianz von ε_t von x_t ab. Auf ähnliche Weise sind Schocks in Finanzzeitreihen für gewöhnlich über die Zeit geclustert, das heißt, auf große Schocks folgen wahrscheinlich große Schocks, egal in welche Richtung. Ein Beispiel dafür ist, dass es schwer ist, nach einem Börsencrash vorherzusagen, ob die Kurse in nächster Zukunft steigen oder fallen werden. Fest steht jedoch, dass mehr Unsicherheit auf dem Markt herrscht als zu anderen Zeiten. In diesem Fall hängt die Varianz von ε_t von historischen Neuerungen $\varepsilon_{t-1}, \varepsilon_{t-2}, \dots$ ab. Solche Fälle werden als bedingte Heteroskedastizität oder manchmal nur schlicht als ARCH oder GARCH bezeichnet, was besondere Spezifikationen sind[3], um dieses Phänomen zu modellieren.

Wird die Annahme (A11) fallen gelassen, kann nicht länger behauptet werden, dass $\sigma^2 \Sigma_{xx}^{-1}$ die geeignete Kovarianzmatrix sei oder dass (5.5) näherungsweise gilt. Generell sind jedoch Konsistenz und asymptotische Normalität von b nicht beeinflusst. Darüber hinaus können asymptotisch gültige Schlüsse gezogen werden, wenn wir die Kovarianzmatrix auf andere Weise schätzen. Lassen Sie uns die Annahmen (A8) und (A11) lockern zu

$$E\{x_t \varepsilon_t\} = 0 \text{ für jedes } t, \tag{A7}$$

wenn ε_t nicht mit der Erwartung null korreliert. $\tag{A12}$

Annahme (A7) erlegt auf, dass x_t nicht mit ε_t korreliert[4], während (A12) Heteroskedastizität beim Fehlerterm zulässt, Autokorrelation jedoch ausschließt. Unter einigen zusätzlichen Regelbedingungen kann gezeigt werden, dass der OLS-Schätzer b konsistent ist für β und asymptotisch normalverteilt, entsprechend

$$\sqrt{T}(b - \beta) \rightarrow \mathcal{N}(0, \Sigma_{xx}^{-1} \Sigma \Sigma_{xx}^{-1}), \tag{5.6}$$

wobei

$$\Sigma \equiv \text{plim} \frac{1}{T} \sum_{t=1}^{T} \varepsilon_t^2 x_t x_t'.$$

In diesem Fall kann die asymptotische Kovarianzmatrix nach der White-Methode geschätzt werden (siehe Kapitel 4.3.4) und

$$\hat{V}\{b\} = \left(\sum_{t=1}^{T} x_t x_t' \right)^{-1} \sum_{t=1}^{T} e_t^2 x_t x_t' \left(\sum_{t=1}^{T} x_t x_t' \right)^{-1}, \tag{5.7}$$

wobei e_t das OLS-Residuum bezeichnet, ist ein konsistenter Schätzer für die wahre Kovarianzmatrix des OLS-Schätzers unter den Annahmen (A6), (A7) und (A12). Deshalb sind alle Standardtests für das lineare Modell asymptotisch stichhaltig in Anwesenheit von Heteroskedastizität unbekannter Form, wenn die Teststatistik korrigiert wurde durch Ersetzen des Standardschätzwertes für die OLS-Kovarianzmatrix mit dem heteroskedastizitätskonsistenten Schätzwert aus (5.7).

Angenommen, man interessiert sich für die Vorhersagbarkeit langfristig ausgerichteter Renditen, zum Beispiel für mehrere Jahre. Im Prinzip können Tests zu langfristiger Vorhersagbarkeit genauso durchgeführt werden wie kurzfristige Vorhersagetests. Allerdings würde dies zum Beispiel für einen Horizont von fünf Jahren bedeuten, dass nur eine begrenzte Anzahl von Fünfjahresrenditen untersucht werden kann, auch wenn die Stichprobenperiode mehrere Jahrzehnte abdeckt. Deshalb versuchen Tests zur Vorhersage langfristiger Renditen in der Regel, die zur Verfügung stehende Information durch überlappende Stichproben effizienter zu nutzen (vergleiche Kapitel 4.11.3); siehe Fama und French (1988) für eine Anwendung. In diesem Fall werden Fünfjahreserträge über alle Perioden fünf aufeinanderfolgender Jahre berechnet. Wenn wir die Effekte zweiter Ordnung ignorieren, so sind die Erträge über fünf Jahre schlichtweg die Summe aus fünf jährlichen Renditen, sodass die Rendite von 1990 bis 1994 sich zum Teil überlappt mit, zum Beispiel, den Renditen aus 1991 bis 1995 und 1992 bis 1996. Wenn wir die Rendite im Jahr t als y_t bezeichnen, so ergibt sich die Fünfjahresrendite über die Jahre t bis $t+4$ durch $Y_t = \sum_{j=0}^{4} y_{t+j}$. Um die Vorhersagbarkeit dieser Fünfjahresrenditen zu testen, nehmen wir an, wir schätzen ein Modell, das Y_t aus seinem Wert in der Periode der fünf vorhergehenden Jahre (Y_{t-5}) erklärt, unter Verwendung von Daten für jedes Jahr, also

$$Y_t = \delta_5 + \theta_5 Y_{t-5} + \varepsilon_t \text{ für } t = 1, \dots, T \text{ Jahre.} \tag{5.8}$$

Alle *T-jährlichen* Beobachtungen in der Stichprobe zu Erträgen aus fünf *Jahren* sind auf eine Konstante regressiert und die Fünfjahreserträge *um 5 Jahre gelagt*. In diesem Modell zeigt der Fehlerterm *Autokorrelation* wegen des Problems überlappender Stichproben. Um diesen Punkt zu erklären, nehmen wir einmal an, dass das folgende Modell für jährliche Renditen gilt:

$$y_t = \delta_1 + \theta_1 y_{t-1} + u_t, \tag{5.9}$$

wobei u_t keine Autokorrelation zeigt. Unter der Nullhypothese, dass $\theta_1 = 0$, kann gezeigt werden, dass $\delta_5 = 5\delta_1$ und $\theta_5 = 0$, während $\varepsilon_t = \sum_{j=0}^{4} u_{t+j}$. Deshalb ist die Kovarianz zwischen ε_t

und ε_{t-j} nicht null, solange $j < 5$. Aus Kapitel 4 wissen wir, dass die Anwesenheit von Autokorrelation routinemäßig berechnete Standardfehler unwirksam macht, einschließlich jener, die auf der heteroskedastizitätskonsistenten Kovarianzmatrix in (5.7) basieren. Wenn wir jedoch immer noch annehmen können, dass die Regressoren nicht gleichzeitig mit den Fehlertermen korreliert sind (Bedingung (A7)) und die Autokorrelation nach H Perioden null beträgt, kann gezeigt werden, dass alle Ergebnisse, die auf den Annahmen (A7) und (A12) basieren, als wahr gelten, wenn die Kovarianzmatrix des OLS-Schätzers durch den Newey-West-Schätzer (1987) geschätzt wird, den wir in Kapitel 4.10.2 vorgestellt haben:

$$\hat{V}^*\{b\} = \left(\sum_{t=1}^{T} x_t x_t' \right)^{-1} T S^* \left(\sum_{t=1}^{T} x_t x_t' \right)^{-1}, \tag{5.10}$$

wobei

$$S^* = \frac{1}{T} \sum_{t=1}^{T} e_t^2 x_t x_t' + \frac{1}{T} \sum_{j=1}^{H-1} w_j \sum_{s=j+1}^{T} e_s e_{s-j} (x_s x_{s-j}' + x_{s-j} x_s') \tag{5.11}$$

mit $w_j = 1 - j/H$. Beachten Sie, dass im obigen Beispiel H gleich 5 ist. Deshalb sind die Standardtests aus dem linearen Modell asymptotisch stichhaltig in Anwesenheit von Heteroskedastizität und Autokorrelation (bis zu einer endlichen Zahl von Verzögerungen), wenn wir die Standardkovarianzmatrixschätzung durch die heteroskedastizitäts- und autokorrelationskonsistente Schätzung aus (5.10) ersetzen.

5.2   Fälle, in denen der OLS-Schätzer nicht gespeichert werden kann

Das vorhergehende Kapitel hat gezeigt, dass wir bis zu Annahme (A7) gehen und $E\{\varepsilon_t x_t\} = 0$ auferlegen können, ohne die Konsistenz des OLS-Schätzers im Wesentlichen zu beeinflussen. Wenn die Autokorrelation im Fehlerterm irgendwie beschränkt ist, ist es immer noch möglich, in diesem Fall geeignete Schlüsse zu ziehen, indem wir die White- oder Newey-White-Schätzwerte für die Kovarianzmatrix verwenden. Die Annahme, dass $E\{\varepsilon_t x_t\} = 0$, besagt, dass Fehlerterme und erklärende Variablen *nicht gleichzeitig korreliert sind*. Manchmal gibt es statistische oder ökonomische Gründe, warum wir diese Bedingung nicht auferlegen wollen. In solchen Fällen können wir nicht länger argumentieren, dass der OLS-Schätzer unverzerrt oder konsistent ist, und wir müssen alternative Schätzer in Betracht ziehen. Einige Beispiele solcher Situationen sind: die Anwesenheit einer gelagten abhängigen Variablen und Autokorrelation im Fehlerterm, **Messfehler** bei den Regressoren sowie **Simultaneität** und **Endogenität** von Regressoren. Lassen Sie uns der Reihe nach Beispiele für diese Situationen betrachten.

5.2.1   Autokorrelation mit einer verzögert abhängigen Variablen

Angenommen, das für uns interessante Modell ist gegeben durch

$$y_t = \beta_1 + \beta_2 x_t + \beta_3 y_{t-1} + \varepsilon_t, \tag{5.12}$$

wobei x_t eine einzelne Variable ist. Rufen Sie sich in Erinnerung, dass, solange wir für alle t annehmen können, dass $E\{x_t \varepsilon_t\} = 0$ und $E\{y_{t-1} \varepsilon_t\} = 0$, der OLS-Schätzer für β konsistent ist (vorausgesetzt, einige Regelbedingungen sind erfüllt). Nehmen wir jedoch an, dass ε_t der Autokorrelation erster Ordnung unterliegt, das heißt

$$\varepsilon_t = \rho \varepsilon_{t-1} + v_t. \tag{5.13}$$

Nun können wir das Modell umschreiben zu

$$y_t = \beta_1 + \beta_2 x_t + \beta_3 y_{t-1} + \rho \varepsilon_{t-1} + v_t. \tag{5.14}$$

Es gilt jedoch auch

$$y_{t-1} = \beta_1 + \beta_2 x_{t-1} + \beta_3 y_{t-2} + \varepsilon_{t-1}, \tag{5.15}$$

woraus unmittelbar folgt, dass der Fehlerterm ε_t mit y_{t-1} korreliert. Wenn also $\rho \neq 0$, dann bringt OLS nicht länger konsistente Schätzer für die Regressionsparameter in (5.12) hervor. Eine mögliche Lösung besteht in der Verwendung von Maximum-Likelihood oder Instrumentalvariablentechniken, auf die wir im Folgenden noch eingehen werden; Stewart und Gill (1998, Kapitel 7.4) bieten weiterführende Erörterungen und Details. Beachten Sie, dass der Durbin-Watson-Test nicht wirksam ist, um die Autokorrelation in Modell (5.12) zu testen, weil gegen die Bedingung verstoßen wird, dass die erklärenden Variablen als deterministische behandelt werden können. Eine Alternative stellt der Breusch-Godfrey-Lagrange-Multiplikator-Test dar (siehe Kapitel 4.7 oder Kapitel 6 für eine allgemeinere Besprechung des Lagrange-Multiplikator-Tests). Diese Teststatistik kann berechnet werden als T mal das R^2 einer Regression des kleinsten Quadratresiduums e_t zu e_{t-1} und aller enthaltenen erklärenden Variablen (einschließlich der relevanten gelagten Werte von y_t). Unter H_0 hat die Teststatistik asymptotisch eine Chi-Quadrat-Verteilung mit einem Freiheitsgrad.

Wir stellen fest, dass das lineare Regressionsmodell in unserem Beispiel nicht der bedingten Erwartung von y_t entspricht bei gegebenem x_t und y_{t-1}. Weil die Kenntnis von y_{t-1} uns etwas über den erwarteten Wert des Fehlerterms ε_t sagt, werden wir den Fall haben, dass $E\{\varepsilon_t|x_t, y_{t-1}\}$ eine Funktion von y_{t-1} ist. Folglich wird der letzte Term in

$$E\{y_t|x_t, y_{t-1}\} = \beta_1 + \beta_2 x_t + \beta_3 y_{t-1} + E\{\varepsilon_t|x_t, y_{t-1}\} \tag{5.16}$$

nicht null sein. Da wir wissen, dass OLS beim Schätzen einer bedingten Erwartung generell konsistent ist, können wir annehmen, dass OLS inkonsistent ist, wann immer das Modell, das wir schätzen, keiner bedingten Erwartung entspricht. Eine gelagte, abhängige Variable, kombiniert mit Autokorrelation des Fehlerterms, ist ein solcher Fall.

5.2.2 Messfehler bei einer erklärenden Variablen

Eine weitere Situation, in der der OLS-Schätzer wahrscheinlich inkonsistent ist, entsteht, wenn eine erklärende Variable einem Messfehler unterliegt. Angenommen, dass eine Variable y_t abhängt von einer Variablen w_t, entsprechend

$$y_t = \beta_1 + \beta_2 w_t + v_t, \tag{5.17}$$

wobei v_t ein Fehlerterm mit Mittelwert null und Varianz σ_v^2 ist. Es ist anzunehmen, dass $E\{v_t|w_t\} = 0$, sodass das Modell den erwarteten Wert von y bei gegebenem w_t beschreibt:

$$E\{y_t|w_t\} = \beta_1 + \beta_2 w_t.$$

Als Beispiel können wir an y_t als Bezeichnung für Haushaltsersparnisse und w_t als Bezeichnung für das zur Verfügung stehende Einkommen denken. Wir sollten annehmen, dass w_t nicht völlig korrekt gemessen werden kann (zum Beispiel wegen falscher Angaben), und bezeichnen den *gemessenen* Wert für w_t mit x_t. Für jede Beobachtung gleicht x_t – konstruktionsbedingt – dem wahren Wert w_t plus dem **Messfehler** u_t, sprich

$$x_t = w_t + u_t. \tag{5.18}$$

Lassen Sie uns das folgende Annahmenset betrachten, das bei bestimmten Anwendungen sinnvoll sein kann. Zuerst wird angenommen, dass der Messfehler u_t den Mittelwert null hat mit der konstanten Varianz σ_u^2. Zweitens nehmen wir an, dass u_t unabhängig ist vom Fehlerterm v_t in dem Modell. Drittens (und am wichtigsten) ist der Messfehler unabhängig vom zugrunde liegenden wahren Wert w_t. Das bedeutet, dass das wahre Niveau des zur Verfügung stehenden Einkommens (in unserem Beispiel) keinerlei Informationen über Größe, Vorzeichen oder Wert des Messfehlers preisgibt. Setzen wir (5.18) an die Stelle von (5.17), erhalten wir

$$y_t = \beta_1 + \beta_2 x_t + \varepsilon_t, \tag{5.19}$$

wobei $\varepsilon_t = v_t - \beta_2 u_t$.

Gleichung (5.19) präsentiert im Hinblick auf die Beobachtbaren y_t und x_t ein lineares Modell mit einem Fehlerterm ε_t. Wenn wir die zu y_t und x_t zur Verfügung stehenden Daten verwenden und vorbehaltlos y_t auf x_t und einer Konstanten regressieren, so ist der OLS-Schätzer b für $\beta = (\beta_1, \beta_2)'$ nicht konsistent, weil x_t und ε_t von u_t abhängen. Das bedeutet, dass gegen $E\{x_t \varepsilon_t\} \neq 0$ sowie eine der notwendigen Bedingungen für Konsistenz von b verstoßen wird. Angenommen, dass $\beta_2 > 0$. Ist der Messfehler bei einer Beobachtung positiv, passieren zwei Dinge: x_t hat eine positive Komponente u_t und ε_t hat eine negative Komponente $-\beta_2 u_t$. Folglich sind x_t und ε_t negativ korreliert, $E\{x_t \varepsilon_t\} = \text{cov}\{x_t, \varepsilon_t\} < 0$, und es folgt, dass der OLS-Schätzer für β inkonsistent ist. Wenn $\beta_2 < 0$, dann sind x_t und ε_t positiv korreliert.

Um die Inkonsistenz des OLS-Schätzers zu veranschaulichen, schreiben wir den Schätzer für β_2 als (vergleiche Kapitel 2.1.2)

$$b_2 = \frac{\sum_{t=1}^{T}(x_t - \bar{x})(y_t - \bar{y})}{\sum_{t=1}^{T}(x_t - \bar{x})^2}, \tag{5.20}$$

wobei $\bar{x}$ den Stichprobenmittelwert von x_t bezeichnet. Durch Ersetzen von (5.19) kann dies geschrieben werden als

$$b_2 = \beta_2 + \frac{(1/T)\sum_{t=1}^{T}(x_t - \bar{x})(\varepsilon_t - \bar{\varepsilon})}{(1/T)\sum_{t=1}^{T}(x_t - \bar{x})^2}. \tag{5.21}$$

Da die Stichprobengröße gegen unendlich zunimmt, konvergieren Stichprobenmomente gegen Grundgesamtheitsmomente. Also

$$\text{plim } b_2 = \beta_2 + \frac{\text{plim } (1/T) \sum_{t=1}^{T} (x_t - \bar{x})(\varepsilon_t - \bar{\varepsilon})}{\text{plim } (1/T) \sum_{t=1}^{T} (x_t - \bar{x})^2} = \beta_2 + \frac{E\{x_t \varepsilon_t\}}{V\{x_t\}}, \tag{5.22}$$

wobei die zweite Gleichung $E\{\varepsilon_t\} = 0$ verwendet. Der letzte Term in dieser Wahrscheinlichkeitsgrenze ist nicht null. Erstens

$$E\{x_t \varepsilon_t\} = E\{(w_t + u_t)(v_t - \beta_2 u_t)\} = -\beta_2 \sigma_u^2,$$

und zweitens

$$V\{x_t\} = V\{w_t + u_t\} = \sigma_w^2 + \sigma_u^2,$$

wobei $\sigma_w^2 = V\{w_t\}$. Folglich

$$\text{plim } b_2 = \beta_2 \left(1 - \frac{\sigma_u^2}{\sigma_w^2 + \sigma_u^2}\right). \tag{5.23}$$

Also ist b_2 nur konsistent, wenn $\sigma_u^2 = 0$, das heißt, wenn dort kein Messfehler vorliegt. Es ist asymptotisch verzerrt gegen null, wenn σ_u^2 positiv ist, mit einer größeren Verzerrung, wenn der Messfehler in Relation zur Varianz in der wahren Variablen w_t groß ist. Das Verhältnis σ_u^2/σ_w^2 kann als Signal-Rausch-Verhältnis bezeichnet werden, weil es die Varianz des Messfehlers (des Rauschens) in Relation zur Varianz des wahren Wertes (des Signals) aufzeigt. Ist das Verhältnis klein, haben wir eine kleine Verzerrung, ist es groß, ist die Verzerrung ebenfalls groß. Im Allgemeinen unterschätzt der OLS-Schätzer den Effekt des wahren zur Verfügung stehenden Einkommens, wenn das berichtete verfügbare Einkommen einem Messfehler unterliegt, der nicht in Bezug zum wahren Niveau gesetzt wird.

Es ist wichtig, zu beachten, dass sich die Inkonsistenz von b_2 auf den Schätzer b_1 für die Konstante $\beta_1 = E\{y_t - \beta_2 x_t\}$ überträgt. Im Einzelnen:

$$\text{plim } (b_1 - \beta_1) = \text{plim } (\bar{y} - b_2 \bar{x} - E\{y_t\} + \beta_2 E\{x_t\})$$

$$= -\text{plim } (b_2 - \beta_2) E\{x_t\}. \tag{5.24}$$

Wenn also $E\{x_t\} > 0$, dann entspricht eine Überschätzung des Steigungsparameters einem unterschätzten Achsenabschnitt. Das ist ein allgemein zutreffendes Ergebnis: *Inkonsistenz eines Elements in* b *überträgt sich für gewöhnlich auf alle anderen Elemente.*

Lassen Sie uns noch einmal betonen, dass das für uns interessante Modell in diesem Fall nicht der bedingten Erwartung von y_t, bei gegebenem x_t, entspricht. Aus (5.19) können wir ableiten, dass

$$E\{y_t|x_t\} = \beta_1 + \beta_2 x_t - \beta_2 E\{u_t|x_t\},$$

wobei der letzte Term nicht null ist wegen (5.18). Wenn wir gemeinsame Normalverteilung von u_t, w_t und x_t annehmen, so folgt, dass (siehe Anhang B)

$$E\{u_t|x_t\} = \frac{\sigma_u^2}{\sigma_w^2 + \sigma_u^2}(x_t - E\{x_t\}).$$

Das Kombinieren der letzten beiden Gleichungen und Verwenden von (5.23) zeigt, dass der OLS-Schätzer, obwohl er für β_2 inkonsistent ist, für die Koeffizienten in der bedingten Erwartung der Ersparnisse y_t, bei gegebenem *berichtetem* zur Verfügung stehendem Einkommen x_t, konsistent ist. Aber das ist nicht das, wofür wir uns interessieren![5]

5.2.3 Endogenität und Verzerrung durch weggelassene Variablen

In Kapitel 3.2 haben wir das Problem der Verzerrung durch weggelassene Variablen besprochen, das entsteht, wenn eine relevante erklärende Variable, die mit den enthaltenen Regressoren korreliert, aus dem Modell weggelassen wird. Das legt implizit nahe, dass das Bedingungsset des Modells größer ist als das Set der Variablen auf der rechten Seite der Gleichung. Verzerrung durch weggelassene Variablen entsteht auch, wenn es *nicht beobachtbare* weggelassene Faktoren in einem Modell gibt, das mit einer oder mehr erklärenden Variablen korreliert. Diese Verzerrung ist besonders problematisch, wenn wir unseren Modellkoeffizienten eine kausale Interpretation mitgeben möchten, denn in dem Fall schließt die Ceteris-paribus-Bedingung alle anderen Faktoren mit ein, die Einfluss auf die Ergebnisvariable y_t haben, sei es beobachtet oder unbeobachtet. Die Anwesenheit einer unbeobachteten Komponente in der Gleichung, die potenziell mit den beobachteten Regressoren korreliert, wird auch als »unbeobachtete Heterogenität« bezeichnet. Das bedeutet, dass sich die aufgrund von Beobachtungen gewonnenen Einheiten in vielen anderen Beziehungen unterscheiden, als es für den Forscher beobachtbar ist. Das Problem ist, dass OLS nicht auf diese Differenzen überprüft und von daher den Differenzen in den beobachtbaren erklärenden Variablen die falschen Wichtigkeiten zuordnen könnte. Angrist und Pischke (2009) liefern einen sehr nützlichen Überblick über die Herausforderungen der kausalen Schlussfolgerungen in der Ökonometrie. Neben anderen Dingen besprechen sie die Rolle der Kontrollvariablen in der Regression, um das Problem der Verzerrung durch weggelassene Variablen zu mindern.

Als Beispiel betrachten Sie bitte einmal folgende Lohngleichung, spezifiziert als

$$y_i = x'_{1i}\beta_1 + x_{2i}\beta_2 + u_i\gamma + v_i, \tag{5.25}$$

wobei y_i den Logarithmus des Lohns einer Person bezeichnet, x_{1i} der Vektor der individuellen Eigenschaften ist, einschließlich eines Achsenabschnittsterms, und x_{2i} die Anzahl der Schuljahre bezeichnet. Darüber hinaus ist u_i eine nicht beobachtbare Variable, welche die Fähigkeiten einer Person widerspiegelt. Personen mit einem höheren Fähigkeitsniveau haben in der Regel höhere Löhne ($\gamma > 0$), verfügen in der Regel aber auch über eine längere Schulbildung. Von daher würden wir erwarten, dass $\text{cov}\{x_{2i}, u_i\} > 0$ ist. Weil u_i nicht beobachtbar ist, schätzt der Ökonometriker einfach

$$y_i = x'_i\beta + \varepsilon_i,$$

wobei $x_i' = (x_{1i}', x_{2i})$, $\beta' = (\beta_1', \beta_2)$ und $\varepsilon_i = u_i\gamma + v_i$. Folgt man den Herleitungen in Kapitel 3.2.1, so kann gezeigt werden, dass der OLS-Schätzer für β Folgendes erfüllt:

$$b = \beta + \left(\sum_{i=1}^{N} x_i x_i'\right)^{-1} \sum_{i=1}^{N} x_i u_i \gamma + \left(\sum_{i=1}^{N} x_i x_i'\right)^{-1} \sum_{i=1}^{N} x_i v_i.$$

Angenommen, $E\{x_i v_i\} = 0$, so erlaubt uns das, zu zeigen, dass die Wahrscheinlichkeitsgrenze von b gegeben ist durch:

$$\text{plim } b = \beta + \Sigma_{xx}^{-1} E\{x_i u_i\}\gamma. \tag{5.26}$$

Wenn $\gamma \neq 0$, erfordert dementsprechend die Konsistenz des OLS-Schätzers für β: $E\{x_i u_i\} = 0$. Das heißt, die unbeobachtete Fähigkeit sollte mit Schulbildung und den anderen erklärenden Variablen in dem Modell nicht korreliert sein.

Angenommen, $E\{x_i u_i\} > 0$, dann erwarten wir, dass OLS die Ergebnisse für die Schulbildung überschätzt. Was schätzt OLS in dem Fall? Es sagt uns, wie stark sich der erwartete Lohn zweier Personen unterscheidet, wenn einer der beiden ein Jahr mehr Schulbildung aufzuweisen hat, während die Werte für x_{1i} identisch sind. Das ist keine Kausalwirkung. Es sagt uns lediglich, dass von Personen mit längerer Schulbildung erwartet wird, dass sie mehr verdienen. Teilweise kann diese Auswirkung jedoch auf der Tatsache beruhen, dass Personen mit unterschiedlich langer Schulbildung auch verschiedene unbeobachtbare Eigenschaften aufweisen (wie Geschicklichkeit, Ehrgeiz, Intelligenz ...). Der Lohnunterschied, der durch die Schulbildung *verursacht* wird (die Auswirkung von x_{2i}, unter Beibehaltung von x_{1i} und fixem u_i), kann tatsächlich geringer sein als von OLS geschätzt.

Im Allgemeinen werden erklärende Variablen in x_i, die mit dem Fehlerterm ε_i der Gleichung korreliert sind, auch als **endogen** bezeichnet. Nicht korrelierte erklärende Variablen werden als **exogen** bezeichnet. In vielen Anwendungen müssen wir uns über die Endogenität der Regressoren Gedanken machen und die OLS-Ergebnisse sind anfällig für eine Verzerrung infolge von Endogenität.

5.2.4　Simultanität und umgekehrte Kausalität

Eine andere Form des Endogenitätsproblems ist die **umgekehrte Kausalität**. Das bezieht sich auf die Möglichkeit, dass nicht nur x_i einen Einfluss auf y_i hat, sondern dass y_i gleichzeitig auch Einfluss auf ein oder mehr Elemente von x_i, zum Beispiel x_{2i}, hat. So zum Beispiel, wenn das Kriminalitätsniveau in einer Stadt von dem für den Polizeidienst aufgewendeten Betrag beeinflusst wird, obwohl die Stadtverantwortlichen bei der Festlegung des betreffenden Budgets ihre Entscheidung zum Teil basierend auf dem erwarteten Niveau der Kriminalitätsrate treffen. Das Schätzen der kausalen Wirkung des Polizeidienstes auf die Kriminalitätsrate unter Verwendung eines Querschnitts von Städten unterliegt deshalb der Verzerrung als Folge von Endogenität.

Eine Situation umgekehrter Kausalität entsteht naturgemäß, wenn y und x_2 gleichzeitig bestimmt sind. In der Makroökonomie gibt es eine Vielzahl von Modellen, die aus einem System von Gleichungen bestehen, die gleichzeitig eine Anzahl endogener Variablen bestimmen. Betrachten Sie zum Beispiel eine Nachfragegleichung sowie eine Angebotsgleichung, beide sind abhängig von den Preisen und eine Gleichgewichtsbedingung besagt, dass Nachfrage und Angebot gleich sein sollten. Das daraus resultierende System bestimmt gleichzeitig Mengen und

Preise und in der Regel kann nicht gesagt werden, dass die Preise die Mengen bestimmen oder die Mengen die Preise.

In diesem Unterkapitel betrachten wir ein einfaches Beispiel eines simultanen Gleichungsmodells. Die für uns interessante Gleichung ist eine keynesianische Konsumfunktion, welche den Pro-Kopf-Konsum y_t eines Landes in Bezug zum Pro-Kopf-Einkommen x_{2t} eines Landes sieht, gegeben durch

$$y_t = \beta_1 + \beta_2 x_{2t} + \varepsilon_t, \tag{5.27}$$

wobei $t = 1, \ldots, T$ (Jahre). Der Koeffizient β_2 wird als die marginale Konsumquote interpretiert und wir erwarten $0 < \beta_2 < 1$. Dies ist eine kausale Interpretation, welche den Einfluss des Einkommens auf den Konsum beschreibt: Wie viel mehr würden Menschen konsumieren, wenn ihr Einkommen um eine Einheit steigen würde? Allerdings ist das aggregierte Einkommen x_2 nicht exogen gegeben, da es bestimmt werden wird durch die Identität

$$x_{2t} = y_t + z_{2t}, \tag{5.28}$$

wobei z_{2t} die Pro-Kopf-Investition bezeichnet.[6] Diese Gleichung ist eine Definitionsgleichung für eine geschlossene Wirtschaft ohne Staat. Sie besagt, dass totaler Konsum plus totale Investition gleich totalem Einkommen sein sollte. Wir nehmen an, dass Investitionen exogen sind, was bedeutet, dass z_{2t} und ε_t nicht korreliert sind, das heißt

$$E\{z_{2t}\varepsilon_t\} = 0. \tag{5.29}$$

Das bedeutet, dass z_{2t} außerhalb des Modells bestimmt wird. Im Gegensatz dazu sind sowohl y_t wie auch x_{2t} endogene Variablen, welche gemeinsam im Modell bestimmt werden. Das Modell in (5.27)–(5.28) ist ein sehr einfaches simultanes Gleichungsmodell **in struktureller Form** oder kurz gesagt: ein Strukturmodell.

Die Tatsache, dass x_{2t} endogen ist, hat Auswirkungen auf die Schätzung der Konsumfunktion (5.27). Weil y_t durch (5.28) x_{2t} beeinflusst, können wir nicht länger behaupten, dass x_{2t} und ε_t nicht korreliert sind. Infolgedessen wird der OLS-Schätzer für β_2 verzerrt und inkonsistent sein. Um darauf näher einzugehen, ist es hilfreich, sich die **reduzierte Form** des Modells anzusehen, in dem die endogenen Variablen y_1 und x_{2t} als Funktion der exogenen Variable z_{2t} sowie unbeobachtbarer Fehlerterme ausgedrückt wird. Lösen wir (5.27)–(5.28) für y_t und x_{2t} auf, so er erhalten wir die Gleichungen der reduzierten Form:

$$x_{2t} = \frac{\beta_1}{1 - \beta_2} + \frac{1}{1 - \beta_2} z_{2t} + \frac{1}{1 - \beta_2} \varepsilon_t, \tag{5.30}$$

$$y_t = \frac{\beta_1}{1 - \beta_2} + \frac{\beta_2}{1 - \beta_2} z_{2t} + \frac{1}{1 - \beta_2} \varepsilon_t. \tag{5.31}$$

Aus der ersten dieser beiden Gleichungen folgt, dass

$$\text{cov}\{x_{2t}, \varepsilon_t\} = \frac{1}{1 - \beta_2} \text{cov}\{z_{2t}, \varepsilon_t\} + \frac{1}{1 - \beta_2} V\{\varepsilon_t\} = \frac{\sigma^2}{1 - \beta_2}.$$

Somit präsentiert Gleichung (5.27) ein lineares Modell, bei dem der Regressor x_{2t} mit dem Fehlerterm ε_t korreliert. Als Folge wird der auf (5.27) angewandte OLS-Schätzer verzerrt und inkonsistent sein. Ähnlich zu der früheren Herleitung gilt

$$\text{plim } b_2 = \beta_2 + \frac{\text{cov}\{x_{2t}, \varepsilon_t\}}{V\{x_{2t}\}},$$

wobei

$$V\{x_{2t}\} = V\left\{\frac{1}{1 - \beta_2} z_{2t} + \frac{1}{1 - \beta_2} \varepsilon_t\right\} = \frac{1}{(1 - \beta_2)^2} \left(V\{z_{2t}\} + \sigma^2\right),$$

sodass wir schließlich feststellen, dass

$$\text{plim } b_2 = \beta_2 + (1 - \beta_2)\frac{\sigma^2}{V\{z_{2t}\} + \sigma^2}. \tag{5.32}$$

Da $0 < \beta_2 < 1$ und $\sigma^2 > 0$, wird der OLS-Schätzer den wahren Wert von β_2 *überschätzen*. Obwohl wir nur die Inkonsistenz des Schätzers für den Steigungskoeffizienten aufgezeigt haben, wird der Achsenabschnittsterm grundsätzlich ebenfalls inkonsequent geschätzt werden (vergleiche (5.24)).

Das einfache Modell in diesem Kapitel zeigt ein verbreitetes Problem bei makro- oder mikroökonomischen Modellen. Wenn wir eine Gleichung betrachten, bei der eine oder mehr der erklärenden Variablen gemeinsam mit der Variablen auf der linken Seite bestimmt werden, so wird der OLS-Schätzer in der Regel inkonsistente Schätzwerte für die Verhaltensparameter in dieser Gleichung liefern. Statistisch gesehen bedeutet das, dass die von uns beschriebene Gleichung nicht der bedingten Erwartung entspricht, sodass die üblichen Annahmen zum Fehlerterm nicht auferlegt werden können.

Im nächsten Kapitel werden wir alternative Vorgehensweisen betrachten, um mittels sogenannter Instrumentalvariablen eine einzelne Gleichung mit endogenen Regressoren zu schätzen. Während wir die Exogenitäts-Annahme in (A7) lockern, werden wir betonen, dass diese Vorgehensweise die Auferlegung alternativer Annahmen erfordert, wie etwa (5.29), was in der Praxis stichhaltig sein kann oder auch nicht. Das bedeutet, dass Instrumentalvariablenschätzer mit Vorsicht zu behandeln sind.

5.3 Der Instrumentalvariablenschätzer

Sind eine oder mehrere erklärende Variablen in einem Regressionsmodell endogen, das heißt korreliert mit dem Fehlerterm, so ist der OLS-Schätzer verzerrt und inkonsistent. In diesen Fällen brauchen wir einen Alternativschätzer. In diesem Kapitel werden wir den Instrumentalvariablenschätzer besprechen, indem wir die Lohngleichung aus Kapitel 5.2.3 als Anregung verwenden.

5.3.1 Schätzung mit einem einzelnen endogenen Regressor und einem einzelnen Instrument

Angenommen, wir erklären den Logarithmus Lohn y_i aus der Zahl der persönlichen Eigenschaften x_{1i} sowie den Schuljahren x_{2i} mittels eines linearen Modells

$$y_i = x'_{1i}\beta_1 + x_{2i}\beta_2 + \varepsilon_i. \tag{5.33}$$

Aus Kapitel 2 wissen wir, dass dieses Modell keine Interpretation beinhaltet. Andernfalls würden wir einfach β_1 und β_2 beliebige Werte zuweisen und einige Annahmen zu ε_i derart treffen, dass die Gleichheit in (5.33) für jede Beobachtung gilt. Die gängigste Interpretation ist bisher, dass (5.33) die bedingte Erwartung oder die beste lineare Approximation von y_i bei gegebenem x_i und x_{2i} beschreibt. Das verlangt von uns, aufzuerlegen, dass

$$E\{\varepsilon_i x_{1i}\} = 0 \tag{5.34}$$

$$E\{\varepsilon_i x_{2i}\} = 0, \tag{5.35}$$

welche die notwendigen Bedingungen für Konsistenz des OLS-Schätzers sind. Sobald wir eine dieser Bedingungen lockern, entspricht das Modell nicht länger der bedingten Erwartung von y_i bei gegebenem x_{1i} und x_{2i}.

In unserer obigen Lohngleichung beinhaltet ε_i alle nicht beobachtbaren Faktoren, die den Lohn einer Person beeinflussen, einschließlich Dingen wie »Geschicklichkeit« oder »Intelligenz«. In der Regel wird behauptet, dass die Schuljahre einer Person ebenfalls von diesen unbeobachtbaren Eigenschaften abhängen. Ist das der Fall, so schätzt OLS *konsistent* den bedingt erwarteten Wert des Lohns einer Person, neben anderen Dingen, in Anbetracht der Schuljahre. Er schätzt jedoch *nicht konsistent* die kausale Auswirkung der Schulbildung. Das heißt, der OLS-Schätzwert für β_2 würde die Differenz des erwarteten Lohns zweier beliebiger Personen mit denselben beobachteten Eigenschaften in x_{1i} widerspiegeln, jedoch mit x_2 beziehungsweise $x_2 + 1$ Schuljahren. Er misst jedoch nicht den erwarteten Lohnunterschied, wenn sich eine beliebige Person (aus exogenen Gründen) entscheidet, ihre Schuljahre von x_2 auf $x_2 + 1$ Jahre zu erhöhen. Der Grund dafür: Wenn wir das Modell als bedingte Erwartung interpretieren, dann wird von den unbeobachtbaren Faktoren, die den Lohn einer Person beeinflussen, nicht angenommen, dass sie für beide Personen konstant sind, während in der Kausalinterpretation die unbeobachtbaren Variablen unverändert bleiben. Anders ausgedrückt: Wenn wir ein Modell als bedingte Erwartung interpretieren, bezieht sich die Ceteris-paribus-Bedingung nur auf die in x_{1i} enthaltenen Variablen, während es für eine Kausalinterpretation auch die unbeobachtbaren Variablen (weggelassene Variablen) in den Fehlerterm aufnimmt.

Ziemlich oft werden Koeffizienten in Regressionsmodellen dahingehend interpretiert, dass sie die Kausaleffekte messen. In solchen Fällen ist es sinnvoll, die Validität der Bedingungen wie (5.34) und (5.35) zu diskutieren. Wenn $E\{\varepsilon_i x_{2i}\} \neq 0$ gilt, sagen wir, dass x_{2i} endogen ist (im Hinblick auf den Kausaleffekt β_2). Für mikroökonomische Lohngleichungen wird oft behauptet, dass viele erklärende Variablen potenziell endogen sind, einschließlich Bildungsniveau, Gewerkschaftszugehörigkeit, Gesundheitszustand, Branche und Familienstand. Um das zu veranschaulichen, ist es (für US-Daten) nicht unüblich, festzustellen, dass erwartete Löhne um etwa 10% höher sind, wenn eine Person verheiratet ist. Natürlich spiegelt das keinen kausalen

Effekt des Verheiratetseins wider, aber die Konsequenz von Differenzen bei unbeobachtbaren Eigenschaften von verheirateten und unverheirateten Personen.

Wenn nicht länger auferlegt ist, dass $E\{\varepsilon_i x_{2i}\} = 0$, dann produziert die OLS-Methode einen verzerrten und inkonsistenten Schätzer für die Parameter in dem Modell. Die Lösung erfordert eine alternative Schätzmethode. Um einen konsistenten Schätzer abzuleiten, müssen wir sicherstellen, dass unser Modell statistisch identifiziert ist. Das bedeutet, dass wir zusätzliche Annahmen auferlegen müssen: Andernfalls ist das Modell nicht identifiziert und jeder Schätzer ist zwangsläufig inkonsistent. Um das zu zeigen, lassen Sie uns zu den Bedingungen (5.34)–(5.35) zurückkehren. Diese Bedingungen sind die sogenannten **Momentbedingungen**, Bedingungen bezogen auf Erwartungen (Momente), die in dem Modell impliziert sind. Diese Bedingungen sollten genügen, um die unbekannten Parameter in dem Modell zu identifizieren. Das heißt, die K-Parameter in β_1 und β_2 sollten derart sein, dass die folgenden K-Gleichheiten gelten:

$$E\{(y_i - x'_{1i}\beta_1 - x_{2i}\beta_2)x_{1i}\} = 0 \tag{5.36}$$

$$E\{(y_i - x'_{1i}\beta_1 - x_{2i}\beta_2)x_{2i}\} = 0. \tag{5.37}$$

Wenn wir das Modell mit OLS schätzen, erlegen wir dem Schätzer diese Bedingungen durch die entsprechenden Stichprobenmomente auf. Das heißt, der OLS-Schätzer $b = (b'_1, b_2)'$ für $\beta = (\beta'_1, \beta_2)'$ wird aufgelöst aus

$$\frac{1}{N}\sum_{i=1}^{N}(y_i - x'_{1i}b_1 - x_{2i}b_2)x_{1i} = 0 \tag{5.38}$$

$$\frac{1}{N}\sum_{i=1}^{N}(y_i - x'_{1i}b_1 - x_{2i}b_2)x_{2i} = 0. \tag{5.39}$$

Tatsächlich sind dies die Bedingungen erster Ordnung für die Minimierung der Kleinste-Quadrate-Kriterien. Die Anzahl der Bedingungen gleicht exakt der Anzahl unbekannter Parameter, sodass b_1 und b_2 eindeutig aus (5.38) und (5.39) aufgelöst werden können. Sobald jedoch gegen (5.35) verstoßen wird, fällt die Bedingung (5.39) heraus und wir können nicht länger nach b_1 und b_2 auflösen. Das bedeutet, dass β_1 und β_2 nicht länger identifiziert sind.

Um β_1 und β_2 im allgemeineren Fall zu identifizieren, benötigen wir mindestens eine zusätzliche Momentbedingung. Solch eine Momentbedingung wird für gewöhnlich abgeleitet aus der Verfügbarkeit eines **Instruments** oder einer **Instrumentalvariablen**. Eine Instrumentalvariable z_{2i} etwa ist eine Variable, von der angenommen werden kann, dass sie mit dem Fehler ε_i des Modells nicht korreliert ist, jedoch korreliert ist mit dem endogenen Regressor x_{2i}.[7] Kann ein solches Instrument gefunden werden, kann Bedingung (5.37) ersetzt werden durch

$$E\{(y_i - x'_{1i}\beta_1 - x_{2i}\beta_2)z_{2i}\} = 0. \tag{5.40}$$

Ein Instrument, das mit dem Fehlerterm der Gleichung nicht korreliert ist und (5.40) erfüllt, wird als exogen bezeichnet. Vorausgesetzt, dass die Momentbedingung (5.40) keine Kombination aus den anderen ist (z_{2i} ist keine lineare Kombination aus x_{1i}s), genügt das, um die K-Parameter β_1 und β_2 zu identifizieren. Die Bedingung in (5.40) wird als **Ausschlussrestriktion** bezeichnet, welche die implizite Annahme widerspiegelt, dass z_{2i} berechtigt aus dem für uns interessanten Modell in (5.33) ausgeschlossen ist.

Der **Instrumentalvariablenschätzer** (IV) $\hat{\beta}_{IV}$ kann dann aufgelöst werden aus

$$\frac{1}{N}\sum_{i=1}^{N}(y_i - x'_{1i}\hat{\beta}_{1,IV} - x_{2i}\hat{\beta}_{2,IV})x_{1i} = 0 \tag{5.41}$$

$$\frac{1}{N}\sum_{i=1}^{N}(y_i - x'_{1i}\hat{\beta}_{1,IV} - x_{2i}\hat{\beta}_{2,IV})z_{2i} = 0. \tag{5.42}$$

Die Lösung kann dann analytisch bestimmt werden und führt zum folgenden Ausdruck für den IV-Schätzer:

$$\hat{\beta}_{IV} = \left(\sum_{i=1}^{N} z_i x'_i\right)^{-1}\sum_{i=1}^{N} z_i y_i, \tag{5.43}$$

wobei $x'_i = (x'_{1i}, x_{2i})$ und $z'_i = (x'_{1i}, z_{2i})$. Wenn $z_{2i} = x_{2i}$, dann reduziert sich dieser Ausdruck natürlich auf den OLS-Schätzer.

Identifikation des Modells und Konsistenz des IV-Schätzers erfordern, dass die Momentbedingungen die für uns interessanten Parameter eindeutig identifizieren. Das erfordert, dass die $K \times K$-Matrix

$$\text{plim}\,\frac{1}{N}\sum_{i=1}^{N} z_i x'_i = \Sigma_{zx} \tag{5.44}$$

endlich und umkehrbar ist. Das erfordert, dass die partielle Korrelation zwischen dem Instrument und der endogenen Variablen nicht null ist. Um genau zu sein, erfordert es den Koeffizienten π_2 in der reduzierten Form der Gleichung

$$x_{2i} = x'_{1i}\pi_1 + z_{2i}\pi_2 + v_i,$$

um sich von null zu unterscheiden, was besagt, dass der endogene Regressor x_{2i} und das Instrument z_{2i} eine Nicht-Null-Korrelation haben, nachdem die Auswirkungen aller anderen exogenen Variablen in dem Modell aufgerechnet wurden. Beachten Sie, dass das auch erfordert, dass z_{2i} keine lineare Kombination aus den Elementen in x_{1i} ist. Wird diese Bedingung erfüllt, bezeichnen wir dieses Instrument als »relevant«. Die Notwendigkeit, dass ein Instrument relevant ist, ist keine triviale Regelbedingung und in vielen Anwendungen ein Grund zur Sorge. Glücklicherweise kann diese Bedingung empirisch getestet werden, nämlich durch einfaches Schätzen der reduzierten Form von OLS und Testen der Nullhypothese, dass $\pi_2 = 0$.

Die asymptotische Kovarianzmatrix von $\hat{\beta}_{IV}$ hängt von den Annahmen ab, die wir über die Verteilung von ε_i treffen. Unter den Annahmen (5.36), (5.40) (gültiges Instrument) und (5.44) (relevantes Instrument) und angenommen, ε_i ist $IID(0, \sigma^2)$, unabhängig von z_i, kann gezeigt werden, dass

$$\sqrt{N}(\hat{\beta}_{IV} - \beta) \to \mathcal{N}(0, \sigma^2(\Sigma_{xz}\Sigma_{zz}^{-1}\Sigma_{zx})^{-1}), \tag{5.45}$$

wobei von der symmetrischen $K \times K$-Matrix

$$\Sigma_{zz} \equiv \text{plim}\,\frac{1}{N}\sum_{i=1}^{N} z_i z'_i$$

angenommen wird, dass sie umkehrbar ist und dass $\Sigma_{zx} = \Sigma'_{xz}$. Nichtsingularität von Σ_{zz} erfordert, dass keine Multikollinearität unter den K-Elementen im Vektor z_i vorliegt. In endlichen Stichproben können wir die Kovarianzmatrix von $\hat{\beta}_{IV}$ schätzen durch

$$\hat{V}\{\hat{\beta}_{IV}\} = \hat{\sigma}^2 \left(\left(\sum_{i=1}^{N} x_i z_i' \right) \left(\sum_{i=1}^{N} z_i z_i' \right)^{-1} \left(\sum_{i=1}^{N} z_i x_i' \right) \right)^{-1}, \tag{5.46}$$

wobei $\hat{\sigma}^2$ ein konsistenter Schätzer für σ^2 ist, basierend auf dem Residuum der Quadratsumme, zum Beispiel

$$\hat{\sigma}^2 = \frac{1}{N - K} \sum_{i=1}^{N} (y_i - x_i' \hat{\beta}_{IV})^2. \tag{5.47}$$

Ähnlich OLS ist es auch möglich, eine heteroskedastizitätskonsistente Kovarianzmatrix für den IV-Schätzer zu berechnen. Entsprechend ist es sehr einfach, die Standardfehler für den IV-Schätzer zu berechnen, die robust gegenüber Heteroskedastizität unbekannter Form sind; siehe Davidson und MacKinnon (2004, Kapitel 8.5).

Für den Praktiker besteht das Problem darin, dass es manchmal alles andere als offensichtlich ist, welche Variablen stichhaltige (exogene und relevante) Instrumente liefern könnten. Roberts und Whited (2011) bieten eine aufschlussreiche Diskussion dieses Problems im Bereich Unternehmensfinanzierung sowie einige Beispiele. In unserem Beispiel brauchen wir eine Variable, die mit den Schuljahren x_{2i} korreliert ist, aber nicht mit den unbeobachteten »Fähigkeitsfaktoren«, die in ε_i enthalten sind. Das erfordert eine Variable, die mit den Kosten für Schulbildung korreliert ist oder der Wahrscheinlichkeit, bestimmte Schulbildungsniveaus zu haben, während sie nicht in Bezug zur Fähigkeit einer Person steht. Mögliche Instrumente beziehen sich auf die Kostenunterschiede aufgrund von Kreditrichtlinien oder anderen Zuschüssen, die unabhängig von den Fähigkeiten oder dem Verdienstpotenzial oder von Unterschieden bei institutionellen Zwängen variieren (siehe Angrist und Pischke, 2009, Kapitel 4); in Kapitel 5.4 werden wir auf dieses Thema zurückkommen. Ein weiteres Problem besteht darin, dass Standardfehler von Instrumentalvariablenschätzern im Vergleich zu jenen des OLS-Schätzers in der Regel ziemlich hoch sind. Der wichtigste Grund dafür ist, dass Instrument und Regressor eine niedrige Korrelation aufweisen; siehe Woldridge (2010, Kapitel 5.2.6) für weiterführende Erörterungen.

Es ist wichtig, zu erkennen, dass die in den Momentbedingungen festgehaltenen Annahmen identifizierend sind. *Das heißt, sie können nicht statistisch getestet werden.* Der einzige Fall, in dem Momentbedingungen teilweise testbar sind, liegt vor, wenn es mehr Bedingungen gibt, als für die Identifikation tatsächlich nötig sind. In diesem Fall können wir die sogenannten überidentifizierenden Restriktionen testen, ohne jedoch in der Lage zu sein, zu spezifizieren, welche der Momentbedingungen diesen Restriktionen entspricht (siehe weiter unten).

Behalten wir das im Hinterkopf, so kann die Endogenität von x_{2i} getestet werden, vorausgesetzt, wir nehmen an, dass das Instrument z_{2i} stichhaltig ist. Hausman (1978) schlägt vor, die OLS- und IV-Schätzer für β zu vergleichen. Angenommen (5.44) und $E\{\varepsilon_i z_i\} = 0$, dann ist der IV-Schätzer konsistent.

Wenn zusätzlich $E\{\varepsilon_i x_{2i}\} = 0$, dann ist der OLS-Schätzer auch konsistent und sollte sich von dem IV-Schätzer nur durch den Stichprobenfehler unterscheiden. Eine rechnerisch ansprechende Version des **Hausman-Tests** auf Endogenität (häufig als Durbin-Wu-Hausman-Test bezeichnet) kann auf eine einfache Hilfsregression gestützt werden. Zuerst schätzen wir eine Regression, die x_{2i} aus x_{1i} und z_{2i} erklärt, und wir sichern die Residuen, zum Beispiel $\hat{v}_i$. Das ist die reduzierte Form der Gleichung. Als Nächstes fügen wir die Residuen dem für uns interessanten Modell hinzu und schätzen

$$y_i = x'_{1i}\beta_1 + x_{2i}\beta_2 + \hat{v}_i\gamma + e_i$$

durch OLS. Das bringt den IV-Schätzer für β_1 und β_2 hervor.[8] Es produziert jedoch auch einen Schätzwert für γ. Wenn $\gamma = 0$, dann ist x_{2i} exogen. Demzufolge können wir die Endogenität von x_{2i} leicht testen, indem wir einen Standard-t-Test für $\gamma = 0$ in der obigen Regression durchführen. Beachten Sie, dass der Endogenitätstest die Annahme erfordert, dass das Instrument exogen ist, und von daher nicht hilft, zu bestimmen, welche identifizierende Momentbedingung, $E\{\varepsilon_i x_{2i}\} = 0$ oder $E\{\varepsilon_i z_{2i}\} = 0$, geeignet ist.

5.3.2   Zurück zum keynesianischen Modell

Für den Praktiker besteht das Problem darin, passende Instrumente zu finden. In den meisten Fällen bedeutet das, in unserem Wissen über ökonomische Theorie zu graben. In einem vollständigen simultanen Gleichungsmodell (das Beziehungen für alle endogenen Variablen spezifiziert) kann dieses Problem gelöst werden, weil jede exogene Variable in dem System, die nicht in der für uns interessanten Gleichung enthalten ist, als Instrument verwendet werden kann. Noch genauer ausgedrückt kann jede exogene Variable, die eine Auswirkung auf den endogenen Regressor hat, als Instrument genutzt werden. Die Information darüber wird aus der reduzierten Form für den endogenen Regressor erhalten. Für das keynesianische Modell bedeutet das, dass die Investitionen z_t ein stichhaltiges Instrument für das Einkommen x_{2t} liefern. Der daraus folgende Instrumentalvariablenschätzer ist dann gegeben durch

$$\hat{\beta}_{IV} = \left[\sum_{t=1}^{T}\begin{pmatrix}1\\z_{2t}\end{pmatrix}\begin{pmatrix}1 & x_{2t}\end{pmatrix}\right]^{-1}\sum_{t=1}^{T}\begin{pmatrix}1\\z_{2t}\end{pmatrix}y_t,$$

die nach $\hat{\beta}_{2,IV}$ aufgelöst werden kann als

$$\hat{\beta}_{2,IV} = \frac{\sum_{t=1}^{T}(z_{2t} - \bar{z}_2)(y_t - \bar{y})}{\sum_{t=1}^{T}(z_{2t} - \bar{z}_2)(x_{2t} - \bar{x}_2)}, \tag{5.48}$$

wobei $\bar{z}_2$, $\bar{y}$ und $\bar{x}_2$ die Stichprobendurchschnitte bezeichnen.

Ein alternativer Weg, um zu sehen, dass der Schätzer (5.48) funktioniert, besteht darin, von (5.27) auszugehen und mit unserem Instrument z_{2t} auf beiden Seiten des Gleichheitszeichens die Kovarianz zu nehmen.

Das ergibt

$$\text{cov}\{y_t, z_{2t}\} = \beta_2\text{cov}\{x_{2t}, z_{2t}\} + \text{cov}\{\varepsilon_t, z_{2t}\}. \tag{5.49}$$

Exogenität des Instruments z_{2t} beinhaltet, dass der letzte Term in dieser Gleichung null ist. Darüber hinaus, wenn das Instrument relevant ist, gilt $\text{cov}\{x_{2t}, z_{2t}\} \neq 0$ und wir können für β_2 auflösen durch

$$\beta_2 = \frac{\text{cov}\{z_{2t}, y_t\}}{\text{cov}\{z_{2t}, x_{2t}\}}. \tag{5.50}$$

Diese Beziehung empfiehlt einen Schätzer für β_2, durch den die Kovarianzen der Grundgesamtheit durch deren Stichprobengegenstücke ersetzt werden. Das ergibt den Instrumentalvariablenschätzer, den wir oben gesehen haben:

$$\hat{\beta}_{2,IV} = \frac{(1/T) \sum_{t=1}^{T} (z_{2t} - \bar{z}_2)(y_t - \bar{y})}{(1/T) \sum_{t=1}^{T} (z_{2t} - \bar{z}_2)(x_{2t} - \bar{x}_2)}. \tag{5.51}$$

Konsistenz folgt unmittelbar aus dem allgemeinen Ergebnis, dass unter schwachen Regelbedingungen Stichprobenmomente gegen Grundgesamtheitsmomente konvergieren.

5.3.3 Zurück zum Messfehlerproblem

Das Modell ist gegeben durch

$$y_t = \beta_1 + \beta_2 x_t + \varepsilon_t,$$

wobei (als eine Interpretation) y_t Ersparnisse bezeichnet und x_t das *beobachtete* zur Verfügung stehende Einkommen, welches gleich dem wahren zur Verfügung stehenden Einkommen plus einem zufälligen Messfehler ist. Das Vorhandensein dieses Messfehlers verursacht eine Korrelation zwischen x_t und ε_t.

In Anbetracht dieses Modells tauchen keine offensichtlichen Instrumente auf. Tatsächlich ist das ein häufiges Problem bei Modellen mit Messfehlern aufgrund ungenauer Aufzeichnung. Die Aufgabe besteht darin, eine beobachtete Variable zu finden, die (1) mit dem Einkommen x_t korreliert ist, aber (2) nicht korreliert ist mit u_t, dem Messfehler des Einkommens (oder mit ε_t). Wenn wir eine solche Variable finden können, können wir die Instrumentalvariablenschätzung durchführen. Hauptsächlich wegen der Schwierigkeit, passende Instrumente zu finden, wird das Problem von Messfehlern in der empirischen Arbeit häufig ignoriert.

5.3.4 Multiple endogene Regressoren

Wird mehr als nur eine erklärende Variable für endogen gehalten, vergrößert sich die Dimension von x_{2t} entsprechend und das Modell lautet

$$y_i = x_{1i}' \beta_1 + x_{2i}' \beta_2 + \varepsilon_i.$$

Um diese Gleichung zu schätzen, brauchen wir ein Instrument für jedes Element in x_{2i}. Das bedeutet, wenn wir fünf endogene Regressoren haben, brauchen wir mindestens fünf verschiedene Instrumente. Bezeichnen wir die Instrumente durch den Vektor z_{2i}, kann der Instrumentalvariablenschätzer wieder geschrieben werden wie in (5.34),

$$\hat{\beta}_{IV} = \left(\sum_{i=1}^{N} z_i x_i' \right)^{-1} \sum_{i=1}^{N} z_i y_i,$$

wobei nun $x_i' = (x_{1i}', x_{2i}')$ und $z_i' = (x_{1i}', z_{2i}')$.

Es ist manchmal zweckmäßig, den gesamten Vektor z_i als den Vektor der Instrumente zu bezeichnen. Wird von einer Variablen in x_i angenommen, dass sie exogen ist, so brauchen wir für sie kein Instrument zu finden. Alternativ und gleichwertig wird diese Variable als ihr eigenes Instrument benutzt. Das bedeutet, dass der Vektor exogener Variablen x_{1i} im K-dimensionalen Vektor der Instrumente z_i enthalten ist. Sind alle Variablen exogen, dann ist $z_i = x_i$ und wir erhalten den OLS-Schätzer, bei dem jede Variable allein instrumentiert ist.

In einem simultanen Gleichungskontext sind die exogenen Variablen von anderer Stelle im System Kandidaten als Instrumentalvariablen. Die sogenannte »Bedingungsreihenfolge zur Identifikation« (siehe Greene, 2012, Kapitel 10.6) besagt im Wesentlichen, dass ausreichend Instrumente in dem System zur Verfügung stehen sollten. Gibt es in dem System zum Beispiel fünf exogene Variablen, die nicht in der für uns interessanten Gleichung enthalten sind, können wir bis zu fünf endogene Regressoren haben. Gibt es nur einen endogenen Regressor, können wir aus fünf verschiedenen Instrumenten wählen. Es ist auch möglich und ratsam, effizienter zu schätzen, indem wir alle zur Verfügung stehenden Instrumente gleichzeitig benutzen. Das wird in Kapitel 5.5 besprochen. Zuerst wollen wir uns jedoch eine empirische Darstellung ansehen, in der es um die Schätzung des Kausaleffekts von Schulbildung auf Einkommen geht.

5.4   Beispiel: Die Bildungsrendite schätzen

Es steht wohl außer Frage, dass Menschen mit längerer Schulbildung im Schnitt höhere Einkommen haben. Weniger klar ist jedoch, ob diese positive Korrelation einen Kausaleffekt der Schulbildung widerspiegelt oder ob Personen mit einer größeren Verdienstkapazität sich für eine längere Schulbildung entschieden haben. Wenn letztere Möglichkeit zutrifft, dann spiegeln die OLS-Schätzwerte für die Bildungsrendite lediglich die Unterschiede bei unbeobachteten Eigenschaften arbeitender Individuen und eine Steigerung der Schulbildung einer Person aufgrund eines exogenen Anstoßes wird keine Auswirkung auf den Verdienst der Person haben. Das Problem des Schätzens des Kausaleffekts der Schulbildung auf den Verdienst hat von daher in der Literatur beträchtliche Aufmerksamkeit auf sich gezogen; siehe Card (1999) für eine Übersicht.

Die meisten Studien basieren auf der Human-Capital-Earnings-Funktion der Humankapitaltheorie, welche besagt, dass

$$w_i = \beta_1 + \beta_2 S_i + \beta_3 E_i + \beta_4 E_i^2 + \varepsilon_i,$$

wobei w_i den Logarithmus des individuellen Einkommens bezeichnet, S_i die Schuljahre und E_i die Jahre an Berufserfahrung. Mangels Informationen über die tatsächliche Erfahrung wird E_i manchmal ersetzt durch »potenzielle Erfahrung«, gemessen als $Alter_i - S_i - 6$, davon ausgehend, dass Menschen im Alter von sechs Jahren mit der Schulbildung beginnen. Diese Spezifikation wird für gewöhnlich mit zusätzlichen erklärenden Variablen angereichert, auf die man überprüfen möchte, wie Region, Geschlecht und Dummys für Rasse. Außerdem wird manchmal argumentiert, dass die Bildungsrenditen über Individuen variieren. Mit diesen Informationen im Hinterkopf lassen Sie uns die Lohngleichung umformulieren zu

$$\begin{aligned} w_i &= z_i'\beta + \gamma_i S_i + u_i \\ &= z_i'\beta + \gamma S_i + \varepsilon_i, \end{aligned}$$ (5.52)

wobei $\varepsilon_i = u_i + (\gamma_i - \gamma)S_i$ und z_i alle beobachtbaren Variablen (außer S_i) beinhaltet, einschließlich der Erfahrungsvariablen und einer Konstanten. Es wird angenommen, dass $E\{\varepsilon_i z_i\} = 0$. Der Koeffizient γ stellt die Interpretation der durchschnittlichen Rendite eines (zusätzlichen) Schuljahres $E\{\gamma_i\} = \gamma$ dar und ist der für uns interessante Parameter. Zusätzlich spezifizieren wir eine reduzierte Form für S_i als

$$S_i = z_i'\pi + v_i, \tag{5.53}$$

wobei $E\{v_i z_i\} = 0$. Diese reduzierte Form ist einfach eine beste lineare Approximation von S_i und hat nicht zwangsläufig eine ökonomische Interpretation. Der OLS-Schätzwert von β und γ in (5.52) ist nur konsistent, wenn $E\{\varepsilon_i S_i\} = E\{\varepsilon_i v_i\} = 0$. Das bedeutet, dass es dort keine unbeobachteten Eigenschaften gibt, die sowohl die Wahl der Schulbildung einer Person beeinflussen wie auch ihre späteren Einkünfte.

Wie in Card (1995) besprochen, gibt es unterschiedliche Gründe, warum die Schulbildung mit ε_i korreliert sein kann. Ein wichtiger Grund ist die Ability Bias (siehe Griliches, 1977). Angenommen, einige Individuen haben unbeobachtete Eigenschaften (Ability), die sie dazu befähigen, höhere Einkommen zu erlangen. Wenn diese Individuen auch überdurchschnittliche Schulbildungsniveaus haben, so impliziert das eine positive Korrelation zwischen ε_i und v_i sowie einen OLS-Schätzer, der *nach oben* verzerrt ist. Ein anderer Grund, warum ε_i und v_i möglicherweise korreliert sind, ist das Vorhandensein eines Messfehlers bei der Messung der Schulbildung. Wie in Kapitel 5.2.2 besprochen, verursacht das eine negative Korrelation zwischen ε_i und v_i und infolgedessen eine *nach unten* gerichtete Verzerrung im OLS-Schätzer für γ. Und schließlich, wenn die individuellen spezifischen Bildungsrenditen (γ_i) für Individuen mit niedrigerem Schulniveau höher sind, wird die unbeobachtete Komponente $(\gamma_i - \gamma)S_i$ negativ mit S_i korrelieren, was wiederum eine *nach unten* gerichtete Verzerrung des OLS-Schätzers verursacht.

In obiger Ausformulierung stehen keine Instrumente für die Schulbildung zur Verfügung, da alle potenziellen Kandidaten in der Lohngleichung enthalten sind. Anders ausgedrückt ist die Anzahl der Momentbedingungen in

$$E\{\varepsilon_i z_i\} = E\{(w_i - z_i'\beta - \gamma S_i)z_i\} = 0$$

um eine zu gering, um β und γ zu identifizieren. Wir können uns jedoch eine Variable in z_i (zum Beispiel z_{2i}) vorstellen, die zwar die Schulbildung, aber nicht den Lohn beeinflusst. Diese Variable kann aus der Lohngleichung ausgeschlossen werden, um die Anzahl der unbekannten Parameter um 1 zu reduzieren und so ein völlig identifiziertes Modell zu bekommen. In diesem Fall ist der Instrumentalvariablenschätzer für[9] β und γ, unter Verwendung von z_{2i} als Instrument, ein konsistenter Schätzer.

Eine andauernde Diskussion in der Arbeitsökonomie ist die Frage, welche Variable legitim als Instrument dienen kann. In der Regel denkt man bei einem Instrument an eine Variable, die die Kosten der Schulbildung beeinflusst (und von daher die Wahl der Schulbildung), aber nicht das Einkommen. Es gibt eine lange Tradition der Nutzung von familiären Hintergrundvariablen, zum Beispiel die Anzahl der Geschwister oder den Bildungsstand der Eltern, als Instrumente. Wie Card (1999) anmerkt, wird das Interesse am familiären Hintergrund durch die Tatsache angetrieben, dass die Wahl der Schulbildung für die Kinder stark mit den Eigenschaften der

Eltern korreliert. In jüngerer Zeit wurden institutionelle Faktoren des Ausbildungssystems als potenzielle Instrumente genutzt. Zum Beispiel verwenden Angrist und Krueger (1991) das Geburtsquartal eines Individuums als Instrument für die Schulbildung. Bei Verwendung eines extrem großen Datensets von Männern, die zwischen 1930 und 1959 geboren sind, stellen sie fest, dass Personen, die zu einem früheren Zeitpunkt im Kalenderjahr geboren sind, etwas weniger Schulbildung aufweisen als die später im Jahr geborenen. Angenommen, dass Geburtsquartal ist unabhängig von unbeobachtbaren Neigungen und Fähigkeitsfaktoren, so kann es als Instrument genutzt werden, um die Bildungsrendite zu schätzen. Card verwendet in seiner neueren Arbeit von 1995 das Vorhandensein eines nahe gelegenen Colleges als Instrument, das berechtigt aus der Lohngleichung ausgeschlossen werden kann. Schüler, die in einer Gegend ohne College aufwachsen, sind mit höheren Kosten für eine Collegeausbildung konfrontiert, wohingegen man erwarten würde, dass höhere Kosten die Schuljahre im Schnitt reduzieren, vor allem bei Familien mit niedrigem Einkommen.

In diesem Kapitel verwenden wir Daten[10] zu 3010 Männern, erhoben vom US National Longitudinal Survey of Young Men, ebenfalls verwendet von Card (1995). In dieser Panelstudie wurde eine Gruppe von Personen über Jahre hinweg befragt, beginnend mit 1966, als die Personen zwischen 14 und 24 Jahre alt waren, und in einer Reihe von Folgejahren. Die von uns verwendeten Arbeitsmarktinformationen betreffen 1976. In diesem Jahr beträgt die durchschnittliche Anzahl der Ausbildungsjahre etwas mehr als 13, maximal 18. Die durchschnittliche Berufserfahrung in diesem Jahr, als die Männer zwischen 24 und 34 Jahre alt waren, beträgt 8,86 Jahre, während der durchschnittliche Original-Stundenlohn bei 5,77 US-Dollar lag.

Tabelle 5.1 zeigt die Ergebnisse einer OLS-Regression des Logarithmus Stundenlohn einer Person auf Schuljahre, Berufserfahrung, Berufserfahrung zum Quadrat sowie drei Dummyvariablen, die anzeigen, ob die Person schwarz ist, in einer Großstadtregion (*smsa*) und im Süden lebt. Der OLS-Schätzer impliziert geschätzte durchschnittliche Bildungsrenditen von etwa 7,4% im Jahr.[11] Die Aufnahme zusätzlicher Variablen, wie Wohnort im Jahr 1966 und Eigenschaften des familiären Hintergrunds, verbesserten das Modell in einigen Fällen signifikant, hatten jedoch kaum Einfluss auf die Koeffizienten der in Tabelle 5.1 aufgeführten Variablen (siehe Card, 1995), sodass wir mit dieser ziemlich einfachen Spezifikation fortfahren sollten.

Abhängige Variable: log(*Lohn*)			
Variable	Schätzwert	Standardfehler	t-Wert
Konstante	4,7337	0,0676	70,022
Schulbildung	0,0740	0,0035	21,113
Berufserfahrung	0,0836	0,0066	12,575
Berufserfahrung^2	−0,0022	0,0003	−7,050
Schwarz	−0,1896	0,0176	−10,758
Smsa	0,1614	0,0156	10,365
Süden	−0,1249	0,0151	−8,259

Tabelle 5.1 Lohngleichung, geschätzt durch OLS

$s = 0,374$ $R^2 = 0,2905$ $\bar{R}^2 = 0,2891$ $F = 204,93$

Wenn die Schulbildung endogen ist, dann sind Erfahrung und ihr Quadrat konstruktionsbedingt ebenfalls endogen, vorausgesetzt, dass Alter eine Wahlvariable ist und von daher unmissverständlich exogen. Das bedeutet, unser lineares Modell kann unter drei endogenen Regressoren leiden, sodass wir (mindestens) drei Instrumente brauchen. Für Erfahrung und ihr Quadrat sind Alter und Alter im Quadrat offensichtliche Kandidaten. Wie bereits besprochen ist die Lösung für Schulbildung nicht so einfach. Card (1995) argumentiert, dass die Anwesenheit eines nahe gelegenen Colleges im Jahr 1966 ein stichhaltiges Instrument abgeben könnte. Eine notwendige (aber nicht hinreichende) Bedingung dafür ist, dass die Collegenähe im Jahr 1966 die Ausbildungsvariable beeinflusst, bedingt durch die anderen exogenen Variablen. Um zu sehen, ob das der Fall ist, schätzen wir eine reduzierte Form, bei der die Schulbildung erklärt wird durch Alter und Alter im Quadrat, die drei Dummyvariablen aus der Lohngleichung und einen Dummy, der anzeigt, ob eine Person 1966 in der Nähe eines Colleges gelebt hat. Die durch OLS erhaltenen Ergebnisse zeigt Tabelle 5.2. Rufen Sie sich in Erinnerung, dass diese reduzierte Form kein ökonomisches oder kausales Modell zur Erklärung der Ausbildungswahl ist. Es ist lediglich eine statistisch reduzierte Form, die der besten linearen Approximation von Schulbildung entspricht.

Abhängige Variable: *Schulbildung*			
Variable	**Schätzwert**	**Standardfehler**	***t*-Wert**
Konstante	−1,8695	4,2984	−0,435
Alter	1,0614	0,3014	3,522
Alter^2	−0,0188	0,0052	−3,386
Schwarz	−1,4684	0,1154	−12,719
Smsa	0,8354	0,1093	7,647
Süden	−0,4597	0,1024	−4,488
In Collegenähe gewohnt	0,3471	0,1070	3,244

Tabelle 5.2 Reduzierte Form für Schulbildung, geschätzt durch OLS
$s = 2,5158$ $R^2 = 0,1185$ $\bar{R}^2 = 0,1168$ $F = 67,29$

Die Tatsache, dass der Dummy »in Collegenähe gewohnt« in dieser reduzierten Form signifikant ist, ist bestätigend. Sie zeigt an, dass Schüler, die, unter sonst gleichen Bedingungen, im Jahr 1966 in der Nähe eines Colleges gewohnt haben, im Schnitt über 0,35 mehr Jahre Schulbildung verfügen. Denken Sie daran, dass ein stichhaltiges Instrument erforderlich ist, um exogen und relevant zu sein. Relevanz erfordert, dass das infrage kommende Instrument mit der Schulbildung korreliert ist, aber nicht mit einer linearen Kombination der anderen Variablen des Modells. Das kann durch Untersuchung der reduzierten Form überprüft werden. Exogenität des Instruments erfordert, dass es mit dem Fehlerterm in der Lohngleichung nicht korreliert ist und nicht getestet werden kann. Auf eine solche Korrelation zu testen wäre nur möglich, wenn wir zuvor einen konsistenten Schätzer für β und γ hätten, wir können jedoch nur einen konsistenten Schätzer finden, wenn wir auferlegen, dass unser Instrument stichhaltig ist. Entsprechend kann die Exogenität von Instrumenten bis zu einem gewissen Ausmaß nur getestet werden, wenn das Modell überidentifiziert ist; siehe Kapitel 5.5. Im vorhandenen Fall müssen wir den ökonomischen Argumenten trauen statt den statistischen, um uns auf das gewählte Instrument zu verlassen.

Wenn wir die Dummys Alter, Alter im Quadrat und collegenaher Wohnort als Instrumente für Erfahrung, Erfahrung im Quadrat und Schulbildung verwenden,[12] erhalten wir die in Tabelle 5.3 aufgeführten Schätzergebnisse. Die geschätzten Bildungsrenditen liegen über 13%, mit einem relativ hohen Standardfehler von etwas mehr als 5%. Weil der Schätzwert wesentlich höher ist als der OLS-Schätzwert, ist er dahingehend ungenau, dass die Differenz durch Stichprobenfehler bedingt sein könnte. Dennoch ist der Wert des IV-Schätzwerts ziemlich robust gegenüber Veränderungen der Spezifikation (zum Beispiel die Aufnahme regionaler Indikatoren oder Variablen zum familiären Hintergrund). Die Tatsache, dass der IV-Schätzer unter derart großen Standardfehlern leidet, ist auf ziemlich niedrige Korrelation zwischen den Instrumenten und den endogenen Regressoren zurückzuführen. Das spiegelt sich im R^2 der reduzierten Form von Schulbildung, das nur 0,1185 beträgt.[13] Obwohl der Instrumentalvariablenschätzer im Allgemeinen weniger genau ist als der OLS-Schätzer (der inkonsistent sein kann), ist der Effizienzverlust besonders groß, wenn die Instrumente mit den endogenen Regressoren nur schwach korreliert sind.

Abhängige Variable: log(*Lohn*)			
Variable	**Schätzwert**	**Standardfehler**	**t-Wert**
Konstante	4,0656	0,6085	6,682
Schulbildung	0,1329	0,0514	2,588
Erfahrung	0,0560	0,0260	2,153
Erfahrung^2	−0,0008	0,0013	−0,594
Schwarz	−0,1031	0,0774	−1,333
Smsa	0,1080	0,0050	2,171
Süden	−0,0982	0,0288	−3,413

Tabelle 5.3 Lohngleichung, geschätzt durch IV
Instrumente: *Alter, Alter*^{2}*, in Collegenähe gelebt*
Verwendet für: *Erfahrung, Erfahrung*^{2} *und Schulbildung*

Tabelle 5.3 zeigt keine Statistik für die Anpassungsgüte. Grund ist, dass es keine eindeutige Definition von R^2 oder korrigiertem R^2 gibt, wenn das Modell nicht mit gewöhnlichen kleinsten Quadraten geschätzt ist. Noch wichtiger: Die Tatsache, dass wir das Modell mittels Instrumentalvariablenmethoden schätzen, zeigt an, dass die Anpassungsgüte nicht das ist, worauf wir aus sind. Unser Ziel bestand darin, einen konsistenten Schätzer für die Kausaleffekte der Schulbildung auf die Einkünfte zu erhalten, und genau das versuchen Instrumentalvariablenmethoden zu tun. Das verdeutlicht erneut, dass das R^2 beim Vergleich alternativer Schätzer keine Rolle spielt.

Wenn die Collegenähe ein stichhaltiges Instrument für die Schulbildung ist, dann darf es keine direkte Auswirkung auf die Einkünfte aufweisen. Wie bei den meisten Instrumenten ist das ein strittiger Punkt (siehe Card, 1995). Es ist zum Beispiel möglich, dass Familien, die viel Wert auf Ausbildung legen, einen Wohnort in der Nähe eines Colleges wählen, während Kinder aus solchen Familien eine höhere »Fähigkeit« haben oder stärker motiviert sind, Erfolg am Arbeitsmarkt zu haben (gemessen an Einkünften). Wie bereits gesagt, gestattet uns die aktuelle, exakt identifizierte Spezifikation leider nicht, die Exogenität der Instrumente zu testen.

Die Tatsache, dass der IV-Schätzwert der Bildungsrendite höher ist als der OLS-Schätzwert, legt nahe, dass OLS den wahren Kausaleffekt der Schulbildung unterschätzt. Das steht im Widerspruch mit dem gängigsten Argument gegen die Exogenität der Schulbildung, nämlich der »Ability Bias«, geht jedoch konform mit jüngeren empirischen Studien zur Bildungsrendite (einschließlich zum Beispiel Angrist und Krueger, 1991). Die nach unten gerichtete Verzerrung von OLS sollte zurückzuführen sein auf Messfehler oder – wie von Carl (1995) argumentiert – die Möglichkeit, dass die wahren Bildungsrenditen über die Individuen variieren, in negativer Abhängigkeit zur Schulbildung. Diese Sichtweise wird von Carneiro und Heckman (2002) infrage gestellt, die behaupten, dass die Literatur über das Schätzen der Bildungsrendite von schlechten Instrumenten heimgesucht ist. Sie zeigen insbesondere, dass einige häufig verwendete Instrumente, wie die Entfernung zum College und die Anzahl von Geschwistern, mit Stellvertretern für angeborene Fähigkeiten korreliert sind. Das führt sehr wahrscheinlich zu einer nach oben gerichteten Verzerrung für den IV-Schätzer.

5.5 Der generalisierte Instrumentalvariablenschätzer

In Kapitel 5.3 haben wir das lineare Modell betrachtet, in dem für jede erklärende Variable genau ein Instrument zur Verfügung steht, welches gleich der Variablen sein kann, wenn wir annehmen, dass sie exogen ist. In diesem Kapitel verallgemeinern wir das, indem wir die Verwendung einer beliebigen Anzahl von Instrumenten zulassen.

5.5.1 Multiple endogene Regressoren mit einer beliebigen Zahl von Instrumenten

Lassen Sie uns, ganz allgemein, das folgende Modell betrachten:

$$y_i = x_i'\beta + \varepsilon_i, \tag{5.54}$$

wobei x_i die Dimension K aufweist. Der OLS-Schätzer basiert auf den K-Momentbedingungen

$$E\{\varepsilon_i x_i\} = E\{(y_i - x_i'\beta)x_i\} = 0.$$

Lassen Sie uns noch allgemeiner annehmen, dass im Vektor z_i R Instrumente zur Verfügung stehen, die sich mit x_i überschneiden können. Die relevanten Momentbedingungen werden dann gegeben durch die folgenden R-Restriktionen:

$$E\{\varepsilon_i z_i\} = E\{(y_i - x_i'\beta)z_i\} = 0. \tag{5.55}$$

Wenn $R = K$, sind wir wieder bei der vorhergehenden Situation und der Instrumentalvariablenschätzer kann aufgelöst werden aus den Stichprobenmomentbedingungen

$$\frac{1}{N}\sum_{i=1}^{N}(y_i - x_i'\hat{\beta}_{IV})z_i = 0$$

und wir erhalten

$$\hat{\beta}_{IV} = \left(\sum_{i=1}^{N} z_i x_i' \right)^{-1} \sum_{i=1}^{N} z_i y_i.$$

Ist das Modell in der Matrixschreibweise

$$y = X\beta + \varepsilon$$

geschrieben und ist die Matrix Z die $N \times R$-Matrix der Werte für die Instrumente, dann kann dieser Instrumentalvariablenschätzer auch geschrieben werden als

$$\hat{\beta}_{IV} = (Z'X)^{-1} Z'y. \tag{5.56}$$

Wenn $R > K$, dann gibt es mehr Instrumente als Regressoren. In diesem Fall ist es nicht möglich, nach einer Schätzung von β aufzulösen, indem (5.55) durch sein Stichprobengegenstück ersetzt wird. Der Grund ist, dass es mehr Gleichungen als Unbekannte geben würde. Statt die Instrumente wegzulassen (und Effizienz zu verlieren), sollte man von daher β derart auswählen, dass die R Stichprobenmomente

$$\frac{1}{N} \sum_{i=1}^{N} (y_i - x_i'\beta) z_i$$

so nah wie möglich an null liegen. Das geschieht durch Minimieren der folgenden quadratischen Form

$$Q_N(\beta) = \left[\frac{1}{N} \sum_{i=1}^{N} (y_i - x_i'\beta) z_i \right]' W_N \left[\frac{1}{N} \sum_{i=1}^{N} (y_i - x_i'\beta) z_i \right], \tag{5.57}$$

wobei W_N eine $R \times R$-positiv definierte symmetrische Matrix ist. Diese Matrix ist eine Gewichtungsmatrix und sagt uns, wie viel Gewichtung wir welchen (linearen Kombinationen von) Stichprobenmomenten zuordnen sollen. Im Allgemeinen kann sie von der Stichprobengröße N abhängen, weil sie selbst ein Schätzwert sein kann. Für die asymptotischen Eigenschaften des sich ergebenden Schätzers für β ist die Wahrscheinlichkeitsgrenze von W_N, bezeichnet $W = \text{plim } W_N$, wichtig. Diese Matrix W sollte positiv definit und symmetrisch sein. Wenn wir der Einfachheit halber die Matrixschreibweise verwenden, so können wir (5.57) umschreiben zu

$$Q_N(\beta) = \left[\frac{1}{N} Z'(y - X\beta) \right]' W_N \left[\frac{1}{N} Z'(y - X\beta) \right]. \tag{5.58}$$

Leiten wir im Hinblick auf β eine Differentialfunktion ab (siehe Anhang A), ergibt das die Bedingungen erster Ordnung

$$-2X'ZW_N Z'y + 2X'ZW_N Z'X\hat{\beta}_{IV} = 0,$$

was wiederum impliziert

$$X'ZW_N Z'y = X'ZW_N Z'X\hat{\beta}_{IV}. \tag{5.59}$$

Das ist ein System mit K Gleichungen und K unbekannten Elementen in $\hat{\beta}_{IV}$, wobei $X'Z$ die Dimension $K \times R$ hat und $Z'y$ ist $R \times 1$. Vorausgesetzt die Matrix $X'Z$ ist von Rang K, dann ist die Lösung zu (5.59)

$$\hat{\beta}_{IV} = (X'ZW_NZ'X)^{-1}X'ZW_NZ'y, \tag{5.60}$$

welche im Allgemeinen von der Gewichtungsmatrix W_N abhängt.

Wenn $R = K$, dann ist die Matrix $X'Z$ quadratisch und (laut Annahme) umkehrbar. Das erlaubt uns, zu schreiben

$$\begin{aligned}\hat{\beta}_{IV} &= (Z'X)^{-1}W_N^{-1}(X'Z)^{-1}X'ZW_NZ'y \\ &= (Z'X)^{-1}Z'y,\end{aligned}$$

was (5.56) entspricht, die Gewichtungsmatrix ist irrelevant. In dieser Situation ist die Anzahl der Momentbedingungen genau gleich der Anzahl der zu schätzenden Parameter. Man könnte sich darunter eine Situation vorstellen, in der β »genau definiert« ist, weil wir gerade genug Informationen (sprich Momentbedingungen) haben, anhand deren wir β schätzen können. Eine unmittelbare Konsequenz davon ist, dass das Minimum von (5.58) null ist, implizierend, dass alle Stichprobenmomente auf null gesetzt werden können durch geeignetes Auswählen von β. Das heißt, $Q_N(\hat{\beta}_{IV})$ ist gleich null. In diesem Fall ist $\hat{\beta}_{IV}$ nicht abhängig von W_N und derselbe Schätzwert wird erhalten, unabhängig von der Wahl der Gewichtungsmatrix.

Wenn $R < K$, dann übersteigt die Anzahl der zu schätzenden Parameter die Anzahl der Momentbedingungen. In diesem Fall ist β »unteridentifiziert« (nicht identifiziert), weil keine ausreichenden Informationen (sprich Momentbedingungen) vorliegen, von denen aus wir β eindeutig schätzen können. Technisch bedeutet das, dass der Kehrwert in (5.60) nicht existiert und eine unendliche Zahl von Lösungen die Bedingungen erster Ordnung in (5.59) erfüllt. Solange wir keine zusätzlichen Momentbedingungen beibringen können, ist das Identifikationsproblem in der Hinsicht fatal, als kein konsistenter Schätzer für β existiert. Jeder Schätzer ist zwangsläufig inkonsistent.

Wenn $R > K$, dann übersteigt die Anzahl der Momentbedingungen die Anzahl der zu schätzenden Parameter. β ist dann »überidentifiziert«, weil es mehr Informationen gibt, als nötig sind, um einen konsistenten Schätzwert von β zu erhalten. In diesem Fall haben wir eine Reihe von Schätzern für β, entsprechend den alternativen Wahlmöglichkeiten für die Gewichtungsmatrix W_N. Solange die Gewichtungsmatrix (asymptotisch) positiv definit ist, sind die resultierenden Schätzer alle konsistent für β. Die Idee hinter dem Konsistenzergebnis ist, dass wir eine quadratische Verlustfunktion in einem Set von Stichprobenmomenten minimieren, das sich asymptotisch den entsprechenden Grundgesamtheitsmomenten annähert, während diese Grundgesamtheitsmomente für die wahren Parameterwerte gleich null sind. Das ist das grundlegende Prinzip hinter der sogenannten Momentenmethode, welche wir im folgenden Kapitel eingehender besprechen werden.

Unterschiedliche Gewichtungsmatrizen W_N führen zu verschiedenen konsistenten Schätzern mit allgemein unterschiedlichen asymptotischen Kovarianzmatrizen. Das ermöglicht uns, eine optimale Gewichtungsmatrix auszusuchen, die zum effizientesten Instrumentalvariablenschätzer führt. Es kann gezeigt werden, dass die optimale Gewichtungsmatrix proportional zum

Kehrwert der Kovarianzmatrix der Stichprobenmomente ist. Spontan bedeutet das, dass Stichprobenmomente mit einer geringen Varianz, welche mithin genaue Informationen über die Parameter in β liefern, in einer Schätzung mehr Gewicht bekommen als die Stichprobenmomente mit einer großen Varianz. Im Wesentlichen entspricht das der Idee des Ansatzes mit gewichteten kleinsten Quadraten, den wir in Kapitel 4 besprochen haben, obschon die Gewichtungen nun unterschiedliche Stichprobenmomente abbilden statt verschiedener Beobachtungen.

Natürlich hängt die Kovarianzmatrix der Stichprobenmomente

$$\frac{1}{N} \sum_{i=1}^{N} \varepsilon_i z_i$$

von den Annahmen ab, die wir zu ε_i und z_i treffen. Wenn wir wie zuvor annehmen, dass ε_i $IID(0, \sigma^2)$ und unabhängig von z_i ist, wird die asymptotische Kovarianzmatrix der Stichprobenmomente gegeben durch

$$\sigma^2 \Sigma_{zz} = \sigma^2 \operatorname{plim} \frac{1}{N} \sum_{i=1}^{N} z_i z_i'.$$

Demzufolge erhalten wir eine optimale Gewichtungsmatrix als

$$W_N^{opt} = \left(\frac{1}{N} \sum_{i=1}^{N} z_i z_i' \right)^{-1} = \left(\frac{1}{N} Z'Z \right)^{-1}$$

und der resultierende IV-Schätzer ist

$$\hat{\beta}_{IV} = (X'Z(Z'Z)^{-1}Z'X)^{-1} X'Z(Z'Z)^{-1}Z'y. \tag{5.61}$$

Dies ist der Ausdruck, den man in den meisten Fachbüchern findet (siehe zum Beispiel Greene, 2012, Kapitel 8.3). Der Schätzer wird manchmal als **generalisierter Instrumentalvariablenschätzer** (GIVE) bezeichnet. Er ist auch bekannt als der zweistufige Kleinste-Quadrate-Schätzer oder 2SLS (siehe weiter unten). Falls ε_i heteroskedastisch ist oder Autokorrelation zeigt, sollte die optimale Gewichtungsmatrix entsprechend angepasst werden. Wie das erfolgt, zeigt die allgemeine Darstellung im folgenden Kapitel.

Die asymptotische Verteilung von $\hat{\beta}_{IV}$ ist gegeben durch

$$\sqrt{N}(\hat{\beta}_{IV} - \beta) \to \mathcal{N}(0, \sigma^2 (\Sigma_{xz} \Sigma_{zz}^{-1} \Sigma_{zx})^{-1}),$$

welche dem Ausdruck in Kapitel 5.3 entspricht. Der einzige Unterschied liegt in den Dimensionen der Matrizen Σ_{xz} und Σ_{zz}. Ein Schätzer für die Kovarianzmatrix ist durch Ersetzen der asymptotischen Grenzen durch ihre Kleine-Stichproben-Gegenstücke leicht zu bekommen. Das ergibt

$$\hat{V}\{\hat{\beta}_{IV}\} = \hat{\sigma}^2 (X'Z(Z'Z)^{-1}Z'X)^{-1}, \tag{5.62}$$

wobei der Schätzer für σ^2 aus den IV-Residuen $\hat{\varepsilon}_i = y_i - x_i'\hat{\beta}_{IV}$ erhalten wird als

$$\hat{\sigma}^2 = \frac{1}{N-K} \sum_{i=1}^{N} \hat{\varepsilon}_i^2.$$

Ausgehend von (5.61) ist es also relativ einfach, die asymptotische Kovarianzmatrix von $\hat{\beta}_{IV}$ herzuleiten in dem Fall, in dem die Fehlerterme nicht homoskedastisch sind. Eine heteroskedastizitätskonsistente Kovarianzmatrix kann auf ähnliche Weise geschätzt werden, wie in Kapitel 4.3.4 besprochen (siehe Davidson und MacKinnon, 2004, Kapitel 8.5).

5.5.2 Zweistufige kleinste Quadrate und wieder das keynesianische Modell

Der Schätzer in (5.61) wird oft im Kontext eines simultanen Gleichungssystems verwendet und dann als **zweistufiger Kleinste-Quadrate-Schätzer** bezeichnet. Im Wesentlichen besagt diese Betrachtung, dass derselbe Schätzer in zwei Schritten erhalten werden kann, die beide mit kleinsten Quadraten geschätzt werden können. Beim ersten Schritt wird die reduzierte Form durch OLS geschätzt (das heißt: eine Regression der endogenen Regressoren über alle Instrumente). Im zweiten Schritt werden die ursprünglichen strukturellen Gleichungen mittels OLS geschätzt, während wir alle endogenen Variablen auf der rechten Seite durch ihre vorhergesagten Werte aus der reduzierten Form ersetzen.

Um das zu veranschaulichen, lassen wir die reduzierte Form der k-ten erklärenden Variablen gegeben sein durch (in Vektorenschreibweise)

$$x_k = Z\pi_k + v_k.$$

In dieser Gleichung produziert OLS die vorhergesagten Werte $\hat{x}_k = Z(Z'Z)^{-1}Z'x_k$. Falls x_k eine Spalte in Z ist, werden wir automatisch $\hat{x}_k = x_k$ haben. Demzufolge kann die Matrix der erklärenden Variablen im zweiten Schritt geschrieben werden als $\hat{X}$, welche die Spalten $\hat{x}_k$, $k = 1, \ldots, K$ hat, wobei

$$\hat{X} = Z(Z'Z)^{-1}Z'X.$$

Der OLS-Schätzer im zweiten Schritt ergibt sich also durch

$$\hat{\beta}_{IV} = (\hat{X}'\hat{X})^{-1}\hat{X}'y, \tag{5.63}$$

was leicht als identisch mit (5.61) gezeigt werden kann. Der Vorteil dieser Herangehensweise besteht darin, dass der Schätzer unter Verwendung von OLS-Standardsoftware berechnet werden kann. Im zweiten Schritt wird OLS auf das ursprüngliche Modell angewandt, bei dem alle endogenen Regressoren durch ihre vorhergesagten Werte auf Basis der Instrumente ersetzt werden.[14] Es muss betont werden, obschon das oft übersehen wird, dass der zweite Schritt nicht automatisch die korrekten Standardfehler liefert (siehe Maddala, 2002, Kapitel 9.6 für Details).

Die Verwendung von $\hat{X}$ erlaubt uns auch, den generalisierten Instrumentalvariablenschätzer in Form der Standardformeln in (5.56) zu schreiben, wenn wir unsere Instrumentenmatrix umdefinieren. Wenn wir die K-Spalten von $\hat{X}$ als Instrumente in der Standardformel verwenden (5.56), erhalten wir

$$\hat{\beta}_{IV} = (\hat{X}'X)^{-1}\hat{X}'y,$$

was identisch ist mit (5.61). Es zeigt, dass man auch $\hat{X}$ als die Matrix der Instrumente interpretieren kann (was manchmal getan wird).

Um zu unserem keynesianischen Modell zurückzukehren, lassen Sie uns nun annehmen, dass die Wirtschaft einen öffentlichen und einen privaten Sektor enthält, mit den Privatinvestitionen z_{2t} und Staatsinvestitionen z_{3t}, von denen bei beiden angenommen wird, dass sie exogen sind. Die Definitionsgleichung liest sich nun

$$x_{2t} = y_t + z_{2t} + z_{3t}.$$

Das impliziert, dass sowohl z_{2t} wie auch z_{3t} nun stichhaltige Instrumente zur Verwendung für Einkommen x_{2t} in der Konsumfunktion sind. Obwohl es möglich ist, einfache IV-Schätzer ähnlich wie (5.51) zu definieren, unter Verwendung von z_{2t} oder z_{3t} als Instrument, verwendet der effizienteste Schätzer beide Instrumente gleichzeitig. Der verallgemeinerte Instrumentalvariablenschätzer ergibt sich von daher durch

$$\hat{\beta}_{IV} = (X'Z(Z'Z)^{-1}Z'X)^{-1}X'Z(Z'Z)^{-1}Z'y,$$

wobei die Zeilen in Z und X gegeben sind durch $z_t' = (1, z_{2t}, z_{3t})$ beziehungsweise $x_t' = (1, x_{2t})$.

5.5.3 Spezifikationstests

Die Ergebnisse zu Konsistenz und asymptotischer Verteilung des generalisierten Instrumentalvariablenschätzers beruhen auf der Annahme, dass das Modell korrekt spezifiziert ist. Da der Schätzer nur auf den Momentbedingungen des Modells basiert, ist es erforderlich, dass die Momentbedingungen korrekt sind. Von daher ist es wichtig, zu testen, ob die Daten mit diesen Momentbedingungen konsistent sind. Im »exakt identifizierten« Fall ist, konstruktionsbedingt, $(1/N) \sum_i \hat{\varepsilon}_i z_i = 0$, unabhängig davon, ob die Bedingungen der Grundgesamtheitsmomente wahr sind. Demzufolge können wir aus den entsprechenden Stichprobenmomenten keinen nützlichen Test ableiten. Anders ausgedrückt sind diese $K = R$-Identifizierungsrestriktionen nicht testbar. Wenn β jedoch überidentifiziert ist, ist klar, dass nur K (lineare Kombinationen) der R Elemente in $(1/N) \sum_i \hat{\varepsilon}_i z_i$ gleich null gesetzt sind. Wenn die Momentbedingungen der Grundgesamtheit wahr sind, würde man erwarten, dass die Elemente im Vektor $(1/N) \sum_i \hat{\varepsilon}_i z_i$ alle ausreichend nahe an null liegen (da sie asymptotisch gegen null konvergieren sollten). Das liefert eine Basis für einen Test zur Modellspezifikation. Es kann gezeigt werden, dass (unter (5.55)) die Statistik (basierend auf dem GIV-Schätzer mit der optimalen Gewichtungsmatrix)[15]

$$\xi = NQ_N(\hat{\beta}_{IV}) = \left(\sum_{i=1}^{N} \hat{\varepsilon}_i z_i \right)' \left(\hat{\sigma}^2 \sum_{i=1}^{N} z_i z_i' \right)^{-1} \left(\sum_{i=1}^{N} \hat{\varepsilon}_i z_i \right) \tag{5.64}$$

eine asymptotische Chi-Quadrat-Verteilung mit $R - K$ Freiheitsgraden aufweist. Beachten Sie, dass die Anzahl der Freiheitsgrade gleich der Anzahl von Momentbedingungen minus der Anzahl zu schätzender Parameter ist. Das ist der Fall, weil nur $R - K$ der Momentbedingungen der Stichprobe $(1/N) \sum_i \hat{\varepsilon}_i z_i$ frei sind wegen der von den Bedingungen erster Ordnung für $\hat{\beta}_{IV}$ in (5.59) auferlegten K Restriktionen. Ein auf (5.46) basierender Test wird in der Regel als **überidentifizierender Restriktionstest** oder Sargan-Test bezeichnet. Eine einfache Möglichkeit, (5.64) zu berechnen, ist, N mal das R^2 einer Hilfsregression der IV-Residuen $\hat{\varepsilon}_i$ auf das vollständige Instrumentenset z_i zu nehmen. Verwirft der Test, so wird die Modellspezifikation in dem Sinne verworfen, als die Stichprobenevidenz mit der gemeinsamen Validität aller R Momentbedingungen inkonsistent ist. Ohne zusätzliche Informationen ist es nicht möglich, zu bestimmen, welche Momente korrekt sind, das heißt welche der Instrumente ungültig sind.[16]

Wenn von einer Teilmenge der Instrumente bekannt ist, dass sie die Momentbedingungen erfüllen, ist es möglich, die Gültigkeit der verbleibenden Instrumente oder Momente zu testen, vorausgesetzt, das Modell ist auf der Grundlage unzweifelhafter Instrumente identifiziert. Angenommen, die $R_1 \geq K$ Momentbedingungen sind unzweifelhaft und wir wollen die Stichhaltigkeit der verbleibenden $R - R_1$ Momentbedingungen überprüfen. Um die Teststatistik zu berechnen, schätzen wir das Modell unter Verwendung aller R Instrumente und berechnen die überidentifizierende Restriktionsteststatistik ξ. Als Nächstes schätzen wir das Modell und verwenden nur die R_1 unzweifelhaften Instrumente. In der Regel führt das zu einem niedrigeren Wert für den überidentifizierenden Restriktionstest, zum Beispiel ξ_1. Die Teststatistik zur Überprüfung der zweifelhaften Momentbedingungen erhalten wir leicht durch $\xi - \xi_1$, was unter der Nullhypothese eine approximative Chi-Quadrat-Verteilung mit $R - R_1$ Freiheitsgraden aufweist (siehe Hayashi, 2000, Kapitel 3.6). In dem besonderen Fall, dass $R_1 = K$, reduziert sich dieser Test zum überidentifizierenden Restriktionstest in (5.64) und die Teststatistik ist unabhängig von der Wahl der R_1 Instrumente, die als unzweifelhaft gelten.

5.5.4 Schwache Instrumente

Ein Problem bei der Instrumentalvariablenschätzung, das neuerdings beträchtliche Aufmerksamkeit erhalten hat, ist das der »schwachen Instrumente«. Das Problem besteht darin, dass die Eigenschaften des IV-Schätzers sehr schwach sein können und der Schätzer stark verzerrt sein kann, wenn die Instrumente nur eine schwache Korrelation mit dem endogenen Regressor beziehungsweise den endogenen Regressoren zeigen. In diesen Fällen liefert die Normalverteilung eine sehr schwache Approximation zur wahren Verteilung des IV-Schätzers, selbst wenn die Stichprobe groß ist. Als Folge ist der Standard-IV-Schätzer verzerrt, seine Standardfehler sind irreführend und die Hypothesentests unzuverlässig. Um das Problem zu veranschaulichen, lassen Sie uns den IV-Schätzer für den Fall eines einzelnen Regressors und einer Konstanten betrachten. Wenn $\tilde{x}_i = x_i - \bar{x}$ die Regressorenwerte in Abweichung vom Stichprobenmittelwert bezeichnet und auf ähnliche Weise für $\tilde{y}_i$ und $\tilde{z}_i$, kann der IV-Schätzer für β_2 geschrieben werden als (vergleiche 5.51))

$$\hat{\beta}_{2,IV} = \frac{(1/N) \sum_{i=1}^{N} \tilde{z}_i \tilde{y}_i}{(1/N) \sum_{i=1}^{N} \tilde{z}_i \tilde{x}_i}.$$

Wenn das Instrument stichhaltig ist (und unter schwachen Regelbedingungen), ist der Schätzer konsistent und konvergiert gegen

$$\beta_2 = \frac{\text{cov}\{z_i, y_i\}}{\text{cov}\{z_i, x_i\}}.$$

Wenn das Instrument jedoch nicht mit dem Regressor korreliert ist, so ist der Nenner dieses Ausdrucks gleich null. In diesem Fall ist der IV-Schätzer inkonsistent und die asymptotische Verteilung von $\hat{\beta}_{2,IV}$ weicht substanziell von der Normalverteilung ab. Das Instrument ist schwach, wenn eine gewisse Korrelation zwischen z_i und x_i vorliegt, aber nicht genug, damit die asymptotische Normalverteilung eine gute Approximation in endlichen (potenziell sehr großen) Stichproben liefert. So zeigen beispielsweise Bound, Jaeger und Baker (1995), dass die Ergebnisse von Angrist und Krueger, die Geburtsquartale als Instrument für Schulbildung in einer Lohngleichung nutzen, zum Teil unter dem Problem der schwachen Instrumente leiden. Selbst bei Stichproben mit mehr als 300 000 (!) Individuen scheint der IV-Schätzer unzuverlässig und irreführend zu sein.

Um herauszufinden, ob Sie schwache Instrumente haben, ist es nützlich, die Regression der reduzierten Form zu untersuchen und die Erklärungsstärke der zusätzlichen Instrumente zu schätzen, die nicht in der für uns interessanten Gleichung enthalten sind. Betrachten Sie das lineare Modell mit einem endogenen Regressor

$$y_i = x'_{1i}\beta_1 + x_{2i}\beta_2 + \varepsilon_i,$$

wobei $E\{x_{1i}\varepsilon_i\} = 0$ und die zusätzlichen Instrumente z_{2i} (für x_{2i}) $E\{z_{2i}\varepsilon_i\} = 0$ erfüllen. Die geeignete reduzierte Form ergibt sich durch

$$x_{2i} = x'_{1i}\pi_1 + z'_{2i}\pi_2 + v_i.$$

Wenn $\pi_2 = 0$, dann sind die Instrumente in z_{2i} irrelevant und der IV-Schätzer ist inkonsistent. Falls π_2 »nahe null« ist, sind die Instrumente schwach. Der Wert der F-Statistik für $\pi_2 = 0$ ist ein Maß für den Informationsinhalt der Instrumente. Staiger und Stock (1997) liefern eine theoretische Analyse der Eigenschaften des IV-Schätzers und ein paar Richtlinien, wie groß die F-Statistik sein sollte, damit der IV-Schätzer gute Eigenschaften aufweist. Als einfache Faustregel schlagen Stock und Watson (2007, Kapitel 12) vor, dass Sie sich keine Sorgen wegen schwacher Instrumente machen müssen, wenn die F-Statistik 10 übersteigt. In jedem Fall ist es eine gute Übung, die F-Statistik der reduzierten Form in empirischen Arbeiten zu berechnen und darzustellen. Sind die Instrumente in z_{2i} in der reduzierten Form nicht signifikant, sollten Sie nicht zu sehr auf die IV-Ergebnisse vertrauen. Falls Sie viele Instrumente zur Verfügung haben, könnte es eine gute Strategie sein, die relevanteste Untergruppe zu verwenden und die »schwachen« wegzulassen. Donald und Newey (2001) schlagen einen Weg vor, unter den vielen stichhaltigen Instrumenten durch Minimieren der (Endliche-Stichproben-)Mittelwert-Quadratfehler des Schätzers auszuwählen. Cameron und Trivedi (2005, Kapitel 6.4.4) erörtern führende alternative Schätzer, die angesichts der schwachen Endliche-Stichproben-Eigenschaften des Standard-IV-Schätzers mit schwachen Instrumenten erneutes Interesse erfahren. Siehe auch Hahn und Hausman (2003) und Stock, Wright und Yogo (2002) für weitere Erörterungen. Hahn, Han und Moon (2011) zeigen, dass der Standard-Hausman-Test aus Kapitel 5.3.1 im Fall schwacher Instrumente ungültig ist, und liefern eine alternative Version, die gültig ist, auch wenn die Instrumente schwach sind.

5.6 Die generalisierte Momentenmethode

Die soeben skizzierten Vorgehensweisen sind Sonderfälle einer von Hansen (1982) vorgeschlagenen Vorgehensweise, die in der Regel als die generalisierte Momentenmethode (GMM) bezeichnet wird. Bei dieser Vorgehensweise werden die Modellparameter unmittelbar aus den

Momentbedingungen geschätzt, die vom Modell auferlegt sind. Diese Bedingungen können in den Parametern linear sein (wie in unserem obigen Beispiel), sind jedoch häufig nichtlinear. Um die Identifikation zu ermöglichen, sollte die Anzahl der Momentbedingungen mindestens so groß sein wie die Zahl der unbekannten Parameter. Dieses Kapitel liefert eine ziemlich intuitive Erörterung der generalisierten Momentenmethode. Wir beginnen mit einem anregenden Beispiel, das zeigt, wie die ökonomische Theorie nichtlineare Momentbedingungen einbeziehen kann. Einen ausführlichen, nicht zu technischen Überblick zur GIVE- und GMM-Methodik bietet Hall (1993), in Hall (2005) gibt es weitere Details.

5.6.1 Beispiel

Das folgende Beispiel beruht auf Hansen und Singleton (1982). Betrachten wir einen einzelnen Agenten, der den erwarteten Nutzen des derzeitigen und zukünftigen Konsums maximiert durch Auflösen von

$$\max E_t \left\{ \sum_{s=0}^{S} \delta^s U(C_{t+s}) \right\}, \tag{5.65}$$

wobei C_{t+s} den Verbrauch in Periode $t + s$ bezeichnet, $U(C_{t+s})$ ist der mit dem Konsumniveau verbundene Nutzen, welcher um den Abschlagsfaktor δ ($0 < \delta \leq 1$) diskontiert ist, und E_t der Erwartungsoperator abhängig von allen zum Zeitpunkt t zur Verfügung stehenden Informationen. Verbunden mit diesem Problem ist ein Set intertemporaler Budgetbeschränkungen von der Form

$$C_{t+s} + q_{t+s} = w_{t+s} + (1 + r_{t+s})q_{t+s-1}, \tag{5.66}$$

wobei q_{t+s} das finanzielle Vermögen am Ende von Periode $t + s$ bezeichnet, r_{t+s} ist die Rendite des finanziellen Vermögens (investiert in ein Vermögensportfolio) und w_{t+s} bezeichnet das Arbeitseinkommen. Die Budgetbeschränkungen besagen also, dass das Arbeitseinkommen plus den Kapitaleinnahmen für den Konsum C_{t+s} ausgegeben werden oder in q_{t+s} gespart werden sollte. Das Maximierungsproblem lässt sich analytisch nur schwer lösen. Dennoch ist es immer noch möglich, die unbekannten Parameter zu schätzen, die durch die Bedingungen erster Ordnung involviert sind. Die Bedingungen erster Ordnung von (5.65) in Abhängigkeit von (5.66) implizieren, dass

$$E_t\{\delta U'(C_{t+1})(1 + r_{t+1})\} = U'(C_t),$$

wobei U' die erste Ableitung von U ist. Die rechte Seite dieser Gleichung bezeichnet den Grenznutzen eines jeden Tag zusätzlich ausgegebenen Dollars, während die linke Seite den erwarteten Grenznutzen des Sparens dieses Dollars bis zur nächsten Periode (sodass er zu $1 + r_{t+1}$ Dollar wird) – und ihn erst dann auszugeben – zeigt. Optimalerweise impliziert das, dass die (erwarteten) Grenznutzen ausgeglichen sind.

Als nächsten Schritt können wir diese Gleichung umschreiben zu

$$E_t \left\{ \frac{\delta U'(C_{t+1})}{U'(C_t)}(1 + r_{t+1}) - 1 \right\} = 0. \tag{5.67}$$

Im Wesentlichen ist dies eine (abhängige) Momentbedingung, die zur Schätzung der unbekannten Parameter genutzt werden kann, wenn wir einige Annahmen über die Nutzenfunktion U treffen. Das können wir tun, indem wir (5.67) in ein Set bedingungsloser Momentbedingungen transformieren. Angenommen, z_t ist in dem Informationsset enthalten. Das bedeutet, dass z_t keine Informationen über den erwarteten Wert von

$$\frac{\delta U'(C_{t+1})}{U'(C_t)}(1 + r_{t+1}) - 1$$

liefert, sodass auch gilt, dass[17]

$$E\left\{ \left(\frac{\delta U'(C_{t+1})}{U'(C_t)}(1 + r_{t+1}) - 1 \right) z_t \right\} = 0. \tag{5.68}$$

Von daher können wir z_i als Vektor der Instrumente interpretieren, stichhaltig durch die Annahme optimalen Verhaltens (rationaler Erwartungen) des Agenten. Lassen Sie uns der Einfachheit halber annehmen, dass Nutzenfunktion die Potenzform hat, sprich

$$U(C) = \frac{C^{1-\gamma}}{1 - \gamma},$$

wobei γ den (konstanten) Koeffizienten relativer Risikoaversion bezeichnet, bei dem höhere Werte von γ einem stärker risikoaversen Agenten entsprechen. Dann können wir (5.68) schreiben als

$$E\left\{ \left(\delta \left(\frac{C_{t+1}}{C_t} \right)^{-\gamma} (1 + r_{t+1}) - 1 \right) z_t \right\} = 0. \tag{5.69}$$

Nun haben wir ein Set von Momentbedingungen, die die unbekannten Parameter δ und γ identifizieren und uns bei gegebenen Beobachtungen zu $C_{t+1}/C_t, r_{t+1}$ und z_t erlauben, diese konsistent zu schätzen. Das erfordert eine Erweiterung der bisherigen Herangehensweise an nichtlineare Funktionen.

5.6.2 Die generalisierte Momentenmethode

Lassen Sie uns ganz allgemein ein Modell betrachten, das durch ein Set von R Momentbedingungen charakterisiert ist als

$$E\{f(w_t, z_t, \theta)\} = 0, \tag{5.70}$$

wobei f eine Vektorfunktion mit R Elementen, θ ein K-dimensionaler Vektor, der sämtliche unbekannten Parameter enthält, w_t ein Vektor der beobachtbaren Variablen, die endogen oder exogen sein können, und z_t ein Vektor der Instrumente ist. In dem Beispiel im vorhergehenden Unterkapitel ist $w_t' = (C_{t+1}/C_t, r_{t+1})$; im linearen Modell in Kapitel 5.5 $w_t' = (y_t, x_t')$.

Um θ zu schätzen, gehen wir vor wie bisher und betrachten das Stichprobenäquivalent von (5.70) gegeben durch

$$g_T(\theta) \equiv \frac{1}{T} \sum_{t=1}^{T} f(w_t, z_t, \theta). \tag{5.71}$$

Wenn die Anzahl der Momentbedingungen R gleich der Anzahl unbekannter Parameter K ist, so wäre es möglich, die R Elemente in (5.71) auf null zu setzen und nach θ aufzulösen, um einen eindeutigen konsistenten Schätzer zu erhalten. Falls F in θ nichtlinear ist, können wir möglicherweise keine analytische Lösung bekommen. Falls die Anzahl der Momentbedingungen geringer ist als die Anzahl der Parameter, so ist der Parametervektor θ nicht identifiziert. Falls die Anzahl der Momentbedingungen höher ist, können wir nicht eindeutig nach dem unbekannten Parameter auflösen, indem wir (5.71) auf null setzen. Stattdessen wählen wir unseren Schätzer für θ derart, dass der Vektor der Stichprobenmomente so nahe wie möglich an null ist, in dem Sinne, dass eine quadratische Form in $g_T(\theta)$ minimiert ist. Das heißt,

$$\min_{\theta} Q_T(\theta) = \min_{\theta} g_T(\theta)' W_T g_T(\theta), \tag{5.72}$$

wobei wie zuvor W_T eine positiv definite Matrix mit plim $W_T = W$ ist. Die Lösung dieses Problems liefert der **generalisierte Momentenmethode-Schätzer** oder GMM-Schätzer $\hat{\theta}$. Obwohl wir im allgemeinen Fall keine analytische Lösung für den GMM-Schätzer erhalten können, kann gezeigt werden, dass er konsistent und unter einigen schwachen Regelbedingungen normalverteilt ist. Das für den generalisierten Instrumentalvariablenschätzer im linearen Modell angeführte heuristische Argument erweitert sich auf diese allgemeinere Situation. Weil Stichprobendurchschnitte gegen Grundgesamtheitsmittelwerte konvergieren, welche für die wahren Parameterwerte null sind, wird ein gewählter Schätzer, der diese Stichprobenmomente so nah wie möglich an null heranbringen soll (wie durch (5.72) definiert), gegen den wahren Wert konvergieren und von daher konsistent sein. In der Praxis erhalten wir den GMM-Schätzer, indem wir das Minimierungsproblem in (5.72) zahlenmäßig lösen. Dafür steht eine Reihe von Algorithmen zur Verfügung; siehe Greene (2012, Anhang E) oder Wooldridge (2010, Kapitel 12.7) für eine allgemeinere Erörterung.

Wie zuvor führen verschiedene Gewichtungsmatrizen W_T zu verschiedenen konsistenten Schätzern mit unterschiedlichen asymptotischen Kovarianzmatrizen. Die optimale Gewichtungsmatrix, die zur kleinsten Kovarianzmatrix für den GMM-Schätzer führt, ist der Kehrwert der Kovarianzmatrix der Stichprobenmomente. Liegt keine Autokorrelation vor, wird diese gegeben durch

$$W^{opt} = (E\{ f(w_t, z_t, \theta) f(w_t, z_t, \theta)' \})^{-1}.$$

Im Allgemeinen ist diese Matrix abhängig vom unbekannten Parametervektor θ, der für ein Problem steht, dem wir im linearen Modell nicht begegnet sind. Die Lösung besteht darin, ein Mehrschrittschätzverfahren durchzuführen. Im ersten Schritt verwenden wir eine suboptimale Wahl von W_T, die nicht von θ abhängt (zum Beispiel die Identitätsmatrix), um einen ersten konsistenten Schätzer, zum Beispiel $\hat{\theta}_{[1]}$, zu erhalten. Dann schätzen wir die optimale Gewichtungsmatrix durchgehend mit[18]

$$W_T^{opt} = \left(\frac{1}{T} \sum_{t=1}^{T} f(w_t, z_t, \hat{\theta}_{[1]}) f(w_t, z_t, \hat{\theta}_{[1]})' \right)^{-1}. \tag{5.73}$$

Im zweiten Schritt erhalten wir den asymptotisch effizienten (optimalen) GMM-Schätzer $\hat{\theta}_{GMM}$. Seine asymptotische Verteilung erhalten wir durch

$$\sqrt{T}(\hat{\theta}_{GMM} - \theta) \to \mathcal{N}(0, V), \tag{5.74}$$

wobei die asymptotische Kovarianzmatrix V gegeben ist durch

$$V = (DW^{opt}D')^{-1}, \tag{5.75}$$

dabei ist D die $K \times R$-Funktionalmatrix

$$D = E\left\{ \frac{\partial f(w_t, z_t, \theta)}{\partial \theta'} \right\}. \tag{5.76}$$

Unmittelbar nachvollziehbar messen die Elemente in D, wie sensibel ein bestimmtes Moment gegenüber geringen Veränderungen in θ ist. Wenn die Sensibilität im Hinblick auf ein gegebenes Element in θ groß ist, so führen kleine Veränderungen bei diesem Element zu relativ großen Veränderungen in der Zielfunktion $Q_T(\theta)$ und das jeweilige Element in θ ist relativ genau geschätzt. Wie üblich kann die Kovarianzmatrix in (5.75) geschätzt werden durch das Ersetzen der Grundgesamtheitsmomente in D und W^{opt} mit deren Stichprobenäquivalenten, bewertet mit $\hat{\theta}_{GMM}$.

Der oben beschriebene GMM-Schätzer ist ein Zwei-Stufen-Schätzer. Alternativ ist es auch möglich, den sogenannten iterativen GMM-Schätzer anzuwenden. Dieser Schätzer hat dieselben asymptotischen Eigenschaften wie der Zwei-Stufen-Schätzer, soll jedoch manchmal bei kleinen Stichproben besser performen. Man erhält ihn durch das Berechnen einer neuen optimalen Gewichtungsmatrix unter Verwendung des Zwei-Stufen-Schätzers, die verwendet wird, um einen nächsten Schätzer $\hat{\theta}_{[3]}$ zu erhalten, der zum Beispiel wiederum in einer Gewichtungsmatrix verwendet wird, um $\hat{\theta}_{[4]}$ zu erhalten. Diese Vorgehensweise wird wiederholt bis zur Konvergenz.

Der große Vorteil der generalisierten Momentenmethode besteht darin, dass sie (1) keine Verteilungsannahmen, wie normalverteilt, braucht, (2) Heteroskedastizität unbekannter Form zulassen kann und (3) Parameter sogar dann schätzen kann, wenn das Modell nicht analytisch aus den Bedingungen erster Ordnung aufgelöst werden kann. Im Unterschied zu den meisten Fällen, die wir bisher besprochen haben, steht die Exogenität der Instrumente in z_t außer Zweifel, wenn das Modell zu einer bedingten Momentrestriktion (wie in (5.67)) führt und z_t im Bedingungsset enthalten ist. Wenn der Agent zum Beispiel zum Zeitpunkt t den erwarteten Nutzen angesichts aller öffentlich zugänglichen Informationen maximiert, dann liefert jede zum Zeitpunkt t (vom Agenten) beobachtete Variable ein exogenes Instrument. Offensichtlich hilft das Instrument nur dann, θ zu schätzen, wenn es relevant ist. In unserem Beispiel ist dafür erforderlich, dass das Instrument Beziehungen zu den Argumenten in der Nutzenfunktion des Agenten (zukünftige Erträge oder Konsumwachstum) besitzt.

Abschließend betrachten wir die Erweiterung des **überidentifizierenden Restriktionstests** für nichtlineare Modelle. Der unmittelbaren Erkenntnis aus dem linearen Modell folgend, würden wir erwarten, dass, wenn die Momentbedingungen der Grundgesamtheit $E\{f(w_t, z_t, \theta)\} = 0$ korrekt sind, $g_T(\hat{\theta}_{GMM}) \approx 0$ gilt. Deshalb liefern die Stichprobenmomente einen geeigneten Test der Modellspezifikation. Vorausgesetzt, dass alle Momentenbedingungen korrekt sind, ist die Teststatistik

$$\xi = Tg_T(\hat{\theta}_{GMM})'W_T^{opt}g_T(\hat{\theta}_{GMM}),$$

wobei $\hat{\theta}_{GMM}$ der optimale GMM-Schätzer ist und W_T^{opt} die optimale Gewichtungsmatrix gegeben in (5.73) (basierend auf einem konsistenten Schätzer für θ) – asymptotisch Chi-Quadrat-verteilt mit $R - K$ Freiheitsgraden. Denken Sie daran, dass es im exakt identifizierten Fall keine Freiheitsgrade gibt und nichts, was getestet werden kann.

In Kapitel 5.7 präsentieren wir eine empirische Darstellung der Verwendung von GMM zum Schätzen intertemporaler Asset-Pricing-Modelle. In Kapitel 10.5 werden wir ein weiteres Beispiel von GMM betrachten, bei dem sie verwendet wird, um ein dynamisches Panelmodell zu schätzen. Zunächst werfen wir jedoch einen Blick auf ein paar simple Fakten.

5.6.3 Einige einfache Beispiele

Als ein sehr einfaches Beispiel nehmen wir an, dass wir uns für die Schätzung des Grundgesamtheitsmittelwertes μ einer Variablen y_t auf der Basis einer Stichprobe von N Beobachtungen ($i = 1, 2, \ldots, N$) interessieren. Die Momentbedingung dieses »Modells« erhalten wir durch

$$E\{y_i - \mu\} = 0$$

mit dem Stichprobenäquivalent

$$\frac{1}{N} \sum_{i=1}^{N} (y_i - \mu).$$

Indem wir das auf null setzen und nach μ auflösen, erhalten wir einen Momentmethodenschätzer

$$\hat{\mu} = \frac{1}{N} \sum_{i=1}^{N} y_i,$$

der einfach der Stichprobendurchschnitt ist.

Betrachten wir das lineare Modell

$$y_i = x_i'\beta + \varepsilon_i$$

mit dem Instrumentenvektor z_i, dann sind die Momentbedingungen

$$E\{\varepsilon_i z_i\} = E\{(y_i - x_i'\beta)z_i\} = 0.$$

Wenn ε_i unabhängig und identisch verteilt ist, dann ist der optimale GMM-Schätzer der in (5.43) oder (5.61) gelieferte Instrumentalvariablenschätzer. Noch allgemeiner ausgedrückt ist die optimale Gewichtungsmatrix gegeben durch

$$W^{opt} = (E\{\varepsilon_i^2 z_i z_i'\})^{-1},$$

welche unbeschränkt geschätzt ist als

$$W_N^{opt} = \left(\frac{1}{N} \sum_{i=1}^{N} \hat{\varepsilon}_i^2 z_i z_i' \right)^{-1},$$

wobei $\hat{\varepsilon}_i$ das auf dem ursprünglichen konsistenten Schätzer basierende Residuum ist. Wenn auferlegt wird, dass ε_i unabhängig und identisch verteilt ist, können wir einfach

$$W_N^{opt} = \left(\frac{1}{N} \sum_{i=1}^{N} z_i z_i' \right)^{-1}$$

verwenden. Die $K \times R$-Funktionalmatrix ergibt sich durch

$$D = E\{x_i z_i'\},$$

welche wir konsistent schätzen können durch

$$D_N = \frac{1}{N} \sum_{i=1}^{N} x_i z_i'.$$

Im Allgemeinen kann die Kovarianzmatrix des *optimalen* GMM- oder GIV-Schätzers $\hat{\beta}$ für β geschätzt werden als

$$\hat{V}\{\hat{\beta}\} = \left(\sum_{i=1}^{N} x_i z_i' \right)^{-1} \sum_{i=1}^{N} \hat{\varepsilon}_i^2 z_i z_i' \left(\sum_{i=1}^{N} z_i x_i' \right)^{-1}. \tag{5.77}$$

Dieser Schätzer verallgemeinert (5.62), so wie die heteroskedastizitätskonsistente Kovarianzmatrix von White den Standard-OLS-Ausdruck verallgemeinert. Folglich lässt die allgemeine GMM-Anordnung automatisch Heteroskedastizität von ε_t zu.

5.6.4 Schwache Identifikation

Leider gibt es erhebliche Anzeichen dafür, dass die asymptotische Verteilung in (5.74) häufig eine schwache Approximation der Stichprobenverteilung des GMM-Schätzers bei Stichproben liefert, die typisch sind für die empirische Arbeit (siehe zum Beispiel Hansen, Heaton und Yaron (1996)). Das Problem schwacher Instrumente, wie in Unterkapitel 5.5.4 besprochen, erstreckt sich auch auf die generalisierte Momentenmethode. Um das Problem zu verstehen, betrachten wir das allgemeine Set von Momentbedingungen in (5.70). Die für uns interessanten Parameter sind identifiziert unter der Annahme, dass

$$E\{ f(w_t, z_t, \theta_0)\} = 0,$$

wobei θ_0 der wahre Wert von θ ist, und dass

$$E\{ f(w_t, z_t, \theta)\} \neq 0$$

für $\theta \neq \theta_0$. Folglich sind die Momentbedingungen nur für die wahren Parameterwerte erfüllt. Letztere Bedingung besagt, dass die Momentbedingungen »relevant« sind, und sie ist notwendig für die Identifikation (und Konsistenz des GMM-Schätzers). Sie verrät uns, dass sie nicht ausreicht, um genügend Momentbedingungen ($R \geq K$) zu haben, aber auch, dass die Momentbedingungen relevante Informationen über die für uns interessanten Parameter liefern sollten. Wenn $E\{f(w_t, z_t, \theta)\}$ für $\theta \neq \theta_0$ fast null ist, kann θ als schwach identifiziert angesehen werden.

Wie bei Stock, Wright und Yogo (2002) erwähnt, ist eine Folge schwacher Identifikation, dass der GMM-Schätzer eine Vielzahl von Pathologien aufweisen kann. Zum Beispiel können der Zwei-Stufen-Schätzer und der iterative GMM-Schätzer zu sehr unterschiedlichen Schätzwerten und Konfidenzintervallen führen. Oder der GMM-Schätzer kann sehr empfindlich auf das Hinzufügen von einem oder mehr Instrumenten oder Veränderungen innerhalb der Stichprobe reagieren. All diese Eigenschaften können auf das Problem einer schwachen Identifikation hinweisen.

Stock und Wright (2000) untersuchen die Verteilungstheorie für GMM-Schätzer, wenn einige oder alle Parameter schwach identifiziert sind, und widmen den Varianten des in Kapitel 5.6.1 besprochenen nichtlinearen Modells besondere Aufmerksamkeit.

5.7 Beispiel: Intertemporale Asset-Pricing-Modelle schätzen

In der Finanzliteratur wird der GMM-Ansatz häufig zum Schätzen und Testen von Asset-Pricing-Modellen genutzt. Ein Asset-Pricing-Modell, zum Beispiel das in Kapitel 2.7 besprochene CAPM, sollte die Streuung der erwarteten Rendite für verschiedene Risikoinvestitionen erklären. Weil manche Investitionen riskanter sind als andere, könnten die Investoren einen Ausgleich in Form einer Risikoprämie für das Eingehen dieses Risikos verlangen. Das führt zur Streuung bei erwarteten Renditen über verschiedene Assets. Eine ausführliche Behandlung von Asset-Pricing-Modellen und deren Verbindung zur generalisierten Momentenmethode liefert Cochrane (2005).

In diesem Kapitel betrachten wir das konsumbasierte Asset-Pricing-Modell. Dieses Modell ist mit Einführung einer Reihe alternativer Investitionsmöglichkeiten für Finanzvermögen abgeleitet von dem in Kapitel 5.6.1 skizzierten Ansatz. Angenommen, es gibt J alternative risikoreiche Assets, in die der Agent investieren kann, mit den Erträgen $r_{j,t+1}, j = 1, \ldots J$, sowie ein risikoloses Asset mit den sicheren Erträgen $r_{f,t+1}$. Angenommen, der Agent wählt sein Asset-Portfolio optimal aus, dann implizieren die Bedingungen erster Ordnung dieses Problems nun

$$E_t\{\delta U'(C_{t+1})(1 + r_{f,t+1})\} = U'(C_t)$$

$$E_t\{\delta U'(C_{t+1})(1 + r_{j,t+1})\} = U'(C_t) \text{ für } j = 1, \ldots, J.$$

Das besagt, dass der erwartete Grenznutzen des Investierens eines zusätzlichen Dollars in Asset J für alle Assets gleich ist und gleich dem Grenznutzen, den zusätzlichen Dollar heute noch auszugeben. Nehmen wir wie zuvor Potenzfunktion des Nutzens an und beschränken die Aufmerksamkeit auf nicht bedingungsfreie Erwartungen,[19] können die Bedingungen erster Ordnung geschrieben werden als

$$E\left\{\delta\left(\frac{C_{t+1}}{C_t}\right)^{-\gamma}(1 + r_{f,t+1})\right\} = 1 \tag{5.78}$$

$$E\left\{\delta\left(\frac{C_{t+1}}{C_t}\right)^{-\gamma}(r_{j,t+1} - r_{f,t+1})\right\} = 0 \text{ für } j = 1, \ldots, J, \tag{5.79}$$

wobei das zweite Set Bedingungen bezogen auf Überschussrendite, das heißt Renditen, die den risikofreien Zinssatz übersteigen, geschrieben ist.

Lassen Sie uns der Einfachheit halber die intertemporale Grenzrate der Substitution definieren mit

$$m_{t+1}(\theta) \equiv \delta \left(\frac{C_{t+1}}{C_t} \right)^{-\gamma},$$

wobei θ alle unbekannten Parameter enthält. Im Finanzbereich wird $m_{t+1}(\theta)$ häufig als der stochastische Abzinsungsfaktor oder Pricing Kernel bezeichnet (siehe Campbell, Lo und MacKinlay, 1997, Kapitel 8, oder Cochrane, 2005). Alternative Asset-Pricing-Modelle werden durch alternative Spezifikationen für den Pricing Kernel $m_{t+1}(\theta)$ beschrieben. Um zu sehen, wie die Wahl von $m_{t+1}(\theta)$ ein Modell liefert, das erwartete Renditen beschreibt, nutzen wir die Tatsache, dass für zwei beliebige Zufallsvariablen $E\{xy\} = cov\{x, y\} + E\{x\}E\{y\}$ ist (siehe Anhang B), woraus folgt, dass

$$cov\{m_{t+1}(\theta), r_{j,t+1} - r_{f,t+1}\} + E\{m_{t+1}(\theta)\}E\{r_{j,t+1} - r_{f,t+1}\} = 0.$$

Das erlaubt uns zu schreiben

$$E\{r_{j,t+1} - r_{f,t+1}\} = -\frac{cov\{m_{t+1}(\theta), r_{j,t+1} - r_{f,t+1}\}}{E\{m_{t+1}(\theta)\}}, \tag{5.80}$$

was besagt, dass die erwartete Überschussrendite für jedes Asset j gleich der Risikoprämie ist, die linear abhängt von der Kovarianz zwischen der überschüssigen Rendite des Assets und dem stochastischen Abzinsungsfaktor. Die Kenntnis von $m_{t+1}(\theta)$ ermöglicht es uns, die Querschnittsstreuung der erwarteten Rendite verschiedener Assets zu beschreiben oder zu erklären. Im konsumbasierten Modell sagt uns das, dass Assets, die eine positive Kovarianz mit der Konsumsteigerung aufweisen (und von daher den zukünftigen Konsum schwankungsanfälliger machen), höhere erwartete Renditen versprechen müssen, um die Investoren zum Halten dieser Assets zu bewegen. Umgekehrt können Assets, die negativ mit der Konsumsteigerung kovariieren, erwartete Renditen anbieten, die unter dem risikofreien Zinssatz liegen.[20]

Die Momentbedingungen in (5.78)–(5.79) können verwendet werden, um die unbekannten Parameter δ und γ zu schätzen. In diesem Kapitel verwenden wir Daten[21], die die monatlichen Renditen über den Zeitraum Februar 1959 bis November 1993 abdecken. Die zugrundeliegenden Assets, die wir betrachten, sind zehn Aktienportfolios, gepflegt vom Center for Research in Security Prices an der Universität von Chicago. Diese Portfolios sind größenbasiert, was bedeutet, dass Portfolio 1 die 10% der kleinsten Unternehmen enthält, die an der New Yorker Börse gelistet sind, während Portfolio 10 die 10% der größten dort gelisteten Unternehmen enthält. Die risikolose Rendite wird approximiert durch die monatliche Rendite auf einen dreimonatigen US-Schatzbrief, der im Laufe der Zeit nicht sehr schwankt. Als Konsum verwenden wir die privaten US-Gesamtausgaben für kurzlebige Verbrauchsgüter und Dienstleistungen. Es wird angenommen, dass das Modell stichhaltig ist für einen repräsentativen Agenten, dessen Konsum diesem Maß von aggregiertem Pro-Kopf-Konsum entspricht. Daten zu größenbasierten Portfolios werden verwendet, weil die meisten Asset-Pricing-Modelle dazu neigen, die Rendite der Aktien kleiner Unternehmen zu unterschätzen. Das ist der sogenannte Kleinunternehmeneffekt (siehe Banz, 1981, oder Campbell, Lo und MacKinlay, 1997, Seite 211).

Mit einem risikolosen Asset und zehn risikoreichen Portfolios liefern (5.78)–(5.79) 11 Momentbedingungen mit nur zwei zu schätzenden Parametern. Diese Parameter können geschätzt werden unter Verwendung der Identitätsmatrix als suboptimale Gewichtungsmatrix, unter Verwendung des effizienten Zwei-Stufen-Schätzers oder des iterativen GMM-Schätzers. Tabelle 5.4 zeigt die Schätzergebnisse auf Basis der monatlichen Rendite von Februar 1959 bis November 1993 unter Verwendung des Ein-Stufen-Schätzers und des iterativen GMM-Schätzers.[22] Die Schätzwerte für γ sind riesig und ziemlich unpräzise. Für das iterative GMM-Verfahren hat beispielsweise ein 95%iges Konfidenzinterval für γ, das auf der approximativen Normalverteilung basiert, die Größe $(-9, 67, 124, 47)$. Die geschätzten Risikoaversionskoeffizienten von 57,4 und 91,4 sind sehr viel höher, als es wirtschaftlich plausibel scheint. Diese Feststellung verdeutlicht das sogenannte Wertpapieraufschlagsrätsel, welches widerspiegelt, dass ein Hochrisikozuschlag auf risikoreiche Assets (Aktienkapital) in diesem Modell nur erklärt werden kann, wenn Agenten extrem risikoavers sind (siehe Campbell, Lo und MacKinlay, 1997, Kapitel 8.2). Wenn wir uns die überidentifizierenden Restriktionstests ansehen, erkennen wir einigermaßen überrascht, dass diese nicht die gemeinsame Gültigkeit der auferlegten Momentbedingungen verwerfen. Das bedeutet, dass das konsumbasierte Asset-Pricing-Modell statistisch nicht durch die Daten verworfen wird. Das ist allein bedingt durch die hohe Ungenauigkeit der Schätzwerte. Leider ist das nur eine statistische Erfüllung und bedeutet sicher nicht, dass das ökonomisch wertvoll ist. Der Effizienzgewinn durch das Nutzen der optimalen Gewichtungsmatrix scheint ziemlich begrenzt, mit Standardfehlern, die nur bis zu 20% kleiner sind als bei der Ein-Schritt-Methode.

	Ein-Schritt-GMM		Iterativer GMM	
	Schätzwert	s.e.	Schätzwert	s.e.
δ	0,6996	(0,1436)	0,8273	(0,1162)
γ	91,4097	(38,1178)	57,3992	(34,2203)
$\xi(df = 9)$	4,401	$(p = 0,88)$	5,685	$(p = 0,77)$

Tabelle 5.4 GMM-Schätzergebnisse konsumbasiertes Asset-Pricing-Modell

Um den ökonomischen Wert unseres Modells zu ermitteln, ist es möglich, die sogenannten Preisfehler (vergleiche Cochrane, 1996) zu berechnen. Die durchschnittliche erwartete Überschussrendite kann unmittelbar entsprechend dem Modell berechnet werden. Dazu müssen wir lediglich die Grundgesamtheitsmomente in (5.80) durch die entsprechenden Stichprobenmomente ersetzen und die geschätzten Werte für δ und γ verwenden. Auf der anderen Seite können die durchschnittlichen Überschussrenditen von Asset j auch direkt aus den Daten berechnet werden. Abbildung 5.1 zeigt die durchschnittlichen Überschussrenditen gegen die vorhergesagten durchschnittlichen Überschussrenditen sowie eine 45-Grad-Linie. Das tun wir nur für den Ein-Schritt-Schätzer, weil, wie von Chochrane (1996) angeführt, dieser Schätzer den Vektor der Preisfehler von 11 Assets minimiert. Punkte auf der 45-Grad-Linie zeigen an, dass der durchschnittliche Preisfehler null beträgt. Punkte über der Linie zeigen, dass die Rendite des entsprechenden Assets durch das Modell zu niedrig vorhergesagt wird. Die Abbildung bestätigt unsere Vermutung, dass die ökonomische Leistung des Modells ein wenig enttäuscht. Das Modell ist eindeutig nicht in der Lage, die Querschnittsstreuung der erwarteten Überschussrenditen vollständig zu erfassen. Die beiden Portfolios mit den kleinsten Unternehmen haben die höchste mittlere Überschussrendite und liegen beide über der 45-Grad-Linie. Das Modell löst offenkundig nicht den Kleinunternehmeneffekt auf, da die Renditen dieser Portfolios unterschätzt werden.

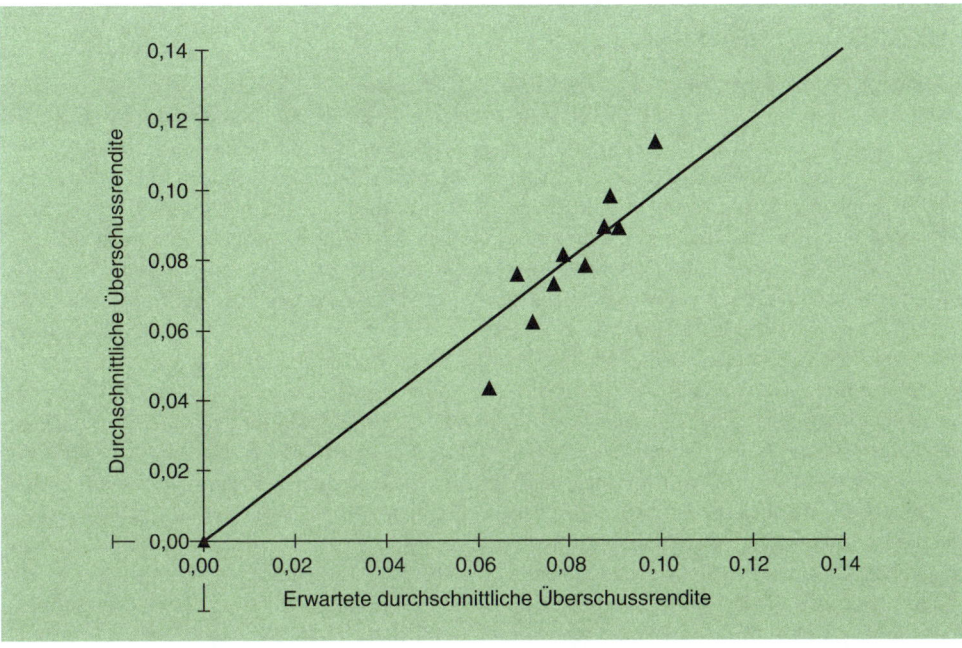

Abbildung 5.1 Aktuelle gegen erwartete durchschnittliche Überschussrendite von größenbasierten Portfolios

Die nicht zufriedenstellende Leistung des konsumbasierten Asset-Pricing-Modells hat zu einer großen Bandbreite von Anpassungen und alternativen Modellen geführt. Cochrane (1996) schlägt zum Beispiel ein investmentbasiertes Asset-Pricing-Modell vor, welches wesentlich besser performt als unser weiter oben besprochenes Modell. Andere Vorgehensweisen nutzen alternative Spezifikationen für Investorenpräferenzen oder integrierte Transaktionskosten in dem Modell. Das konsumbasierte Modell besagt, dass die erwarteten Asset-Renditen durch ihre Kovarianz mit dem Konsumrisiko gesteuert werden. Erfahrungsgemäß gestaltet sich das Problem derart, dass der Anstieg des aggregierten Pro-Kopf-Konsums zu flach ist, um die Risikoprämie zu erklären, sodass unrealistisch hohe Schätzwerte für γ erforderlich sind. Verschiedene Aufsätze haben alternative Maße für das Konsumrisiko erforscht. Zum Beispiel messen Parker und Julliard (2005) das Risiko eines Portfolios durch sein ultimatives Konsumrisiko, definiert als die Kovarianz seiner Rendite und Konsumsteigerung über ein Rendite-Quartal und viele folgende Quartale (»ultimativer Konsum«). Ihr Argument besteht darin, dass die gleichzeitige Kovarianz von Konsum und Wohlstand das wahre Risiko eines Portfolios unterbewertet, wenn der Konsum gelagt auf Veränderungen des Vermögens reagiert. Jagannathan und Wang (2007) argumentieren, dass Investoren ihre Entscheidungen nur in Intervallen überprüfen, die durch die Kultur oder institutionelle Eigenschaften der Wirtschaft bestimmt sind, wenn zum Beispiel Profite und Verluste für die Steuer zusammengestellt werden müssen. Dann verwenden sie die Wachstumsrate der durchschnittlichen Pro-Kopf-Ausgaben vom Ende des Kalenderjahres bis zum nächsten. In jüngerer Zeit verwendet Savov (2011) Siedlungsabfall (»Müll«) als neues Maß für Konsum. Sein Argument besteht darin, dass nahezu alle Formen von Konsum Müll produzieren und dies zum Zeitpunkt des Konsums tun. Von daher sollten die Quoten der Müllerzeugung informativ im Hinblick auf die Konsumraten sein.

KURZZUSAMMENFASSUNG

Ein häufiges Problem bei der linearen Regression besteht darin, dass einer oder mehrere Regressoren endogen sind, was bedeutet, dass sie mit dem Fehlerterm der Gleichung korreliert sind. Dieses Problem entsteht, wenn das Regressionsmodell nicht der bedingten Erwartung entspricht. Wichtige Gründe dafür sind Messfehler, umgekehrte Kausalität sowie Verzerrung durch weggelassene Variablen. Kausalparameter können mittels Instrumentalvariablentechniken geschätzt werden, vorausgesetzt, es ist möglich, stichhaltige Instrumente zu finden. Bei vielen Anwendungen ist das eine Herausforderung und die Wahl der Instrumente wird in der empirischen Arbeit oft kritisiert. Wir haben gesehen, wie die Instrumentalvariablenschätzung im Vergleich zum OLS-Schätzer verschiedene Momentbedingungen nutzt. Sind mehr Momentbedingungen auferlegt, als es unbekannte Parameter gibt,

können wir einen generalisierten Instrumentalvariablenschätzer verwenden, der ein Sonderfall der generalisierten Momentenmethode (GMM) ist. Wir haben die Verwendung von GMM besprochen und sie mit der Schätzung eines intertemporalen Asset-Pricing-Modells veranschaulicht. Bei dynamischen Modellen hat man in der Regel den Vorteil, dass die Wahl der Instrumente weniger zweifelhaft ist: Von gelagten Werten kann angenommen werden, dass sie nicht mit aktuellen Neuerungen in Beziehung stehen. Ein wichtiger Vorteil von GMM besteht darin, dass es die Parameter in einem Modell schätzen kann, ohne das Modell analytisch auflösen zu müssen. Praktisch gesehen werden die IV- und die GMM-Schätzung häufig durch das Problem schwacher Instrumente behindert. Kapitel 10 wird die Verwendung der GMM-Schätzung für dynamische Panelmodelle betrachten.

■ ÜBUNGEN

Übung 5.1 (Instrumentalvariablen)

Betrachten Sie das folgende Modell

$$y_i = \beta_1 + \beta_2 x_{i2} + \beta_3 x_{i3} + \varepsilon_i \text{ für } i = 1, \dots, N, \tag{5.81}$$

wobei (y_i, x_{i2}, x_{i3}) beobachtet sind und endliche Momente aufweisen und ε_i ein unbeobachteter Fehlerterm ist. Angenommen, dieses Modell wird durch gewöhnliche kleinste Quadrate geschätzt. Bezeichnen Sie den OLS-Schätzer mit b.

(a) Welches sind die *wesentlichen* Bedingungen, die nötig sind, damit b nicht verzerrt ist? Welches sind die *wesentlichen* Bedingungen, die für eine Konsistenz von b erforderlich sind? Erklären Sie den Unterschied zwischen Unverzerrtheit und Konsistenz.

(b) Zeigen Sie, wie die Bedingungen für Konsistenz als Momentbedingungen geschrieben werden können (falls Sie das nicht bereits getan haben). Erklären Sie, wie ein Momentmethodenschätzer von diesen Momentbedingungen abgeleitet werden kann. Unterscheidet sich der daraus resultierende Schätzer in irgendeiner Weise vom OLS-Schätzer?

Jetzt nehmen Sie an, dass $\text{cov}\{\varepsilon_i, x_{i3}\} \neq 0$.

(a) Nennen Sie zwei Beispiele für Fälle, in denen eine Nichtnullkorrelation zwischen einem Regressor x_{i3} und dem Fehler ε_i zu erwarten ist.

(b) Ist es in diesem Fall immer noch möglich, geeignete Schlüsse auf Basis des OLS-Schätzers zu ziehen, während wir die Standardfehler angemessen korrigieren?

(c) Erklären Sie, wie eine Instrumentalvariable, zum Beispiel z_i, zu einer neuen Momentbedingung führt und infolgedessen zu einem alternativen Schätzer für β.

(d) Warum führt der alternative Schätzer zu einem niedrigeren R^2 als der OLS-Schätzer? Was sagt das über R^2 als Maß für die Adäquatheit des Modells aus?

(e) Warum können wir nicht $z_i = x_{i2}$ als Instrument für x_{ie} nehmen, auch wenn $E\{x_{i2}\varepsilon_i\} = 0$? Wäre es möglich, x_{i2}^2 als Instrument für x_{i3} zu verwenden?

Übung 5.2 (Bildungsrendite – empirisch)

Betrachten Sie die in Kapitel 5.4 verwendeten Daten, wie sie in SCHOOLING erhältlich sind. Der Zweck der Übung liegt darin, die Rolle der Ausbildung der Eltern als Instrument zu untersuchen, mit dem die Bildungsrendite geschätzt werden kann.

(a) Schätzen Sie eine reduzierte Form der Schulbildung, wie in Tabelle 5.2 aufgeführt, aber nehmen Sie die Ausbildungsniveaus von Mutter und Vater statt den Dummys für einen Wohnort in Collegenähe mit auf. Was zeigen die Ergebnisse über die Möglichkeit, die Ausbildung der Eltern als Instrument zu verwenden?

(b) Schätzen Sie die Bildungsrendite auf Basis derselben Spezifikation wie in Kapitel 5.4 unter Verwendung der Ausbildung von Mutter und Vater als Instrumente (sowie Alter und Alter zum Quadrat als Instrumente für Erfahrung und ihr Quadrat).

(c) Testen Sie die überidentifizierenden Restriktionen.

(d) Schätzen Sie das Modell unter Verwendung des Dummys für einen Wohnort in Collegenähe neu und testen Sie die beiden überidentifizierenden Restriktionen.

(e) Vergleichen und interpretieren Sie die verschiedenen Schätzwerte zur Bildungsrendite in Tabelle 5.3 sowie Teile **b** und **d** dieser Übung.

Übung 5.3 (GMM)

Ein intertemporales Nutzenmaximierungsproblem ergibt die folgenden Bedingungen erster Ordnung

$$E_t \left\{ \delta \left(\frac{C_{t+1}}{C_t} \right)^{-\gamma} (1 + r_{t+1}) \right\} = 1,$$

wobei E_t den von Informationen zum Zeitpunkt t abhängigen Erwartungstreiber bezeichnet. C_t bezeichnet den Konsum in Periode t, r_{t-1} ist die Rendite des Finanzvermögens, δ die Diskontierungsrate und γ ist der Koeffizient der relativen Risikoaversion. Angenommen, wir haben Zeitreihen von Beobachtungen zu Konsumniveaus, Renditen und Instrumentalvariablen z_t.

(a) Zeigen Sie, wie oben genannte Bedingung als Set *bedingungsfreier* Momentbedingungen geschrieben werden kann. Erklären Sie, wie wir aus diesen Momentbedingungen δ und γ konsistent schätzen können.

(b) Was ist die kleinstnötige Anzahl erforderlicher Momentbedingungen? Was gewinnen wir (potenziell) mit noch mehr Momentbedingungen?

(c) Wie können wir die Effizienz des Schätzers für ein gegebenes Set von Momentbedingungen verbessern? In welchem Fall funktioniert das nicht?

(d) Erklären Sie, was wir unter »überidentifizierenden Restriktionen« verstehen. Sind diese gut oder schlecht?

(e) Erklären Sie, wie der überidentifizierende Restriktionstest durchgeführt wird. Welche Nullhypothese wird dabei getestet? Was schließen Sie, wenn der Test die Nullhypothese verwirft?

KAPITEL 6

Maximum-Likelihood-Schätzung und Spezifikationstests

Im vorhergehenden Kapitel haben wir unsere Aufmerksamkeit der generalisierten Momentenmethode gewidmet. Bei der GMM-Vorgehensweise erlegt das Modell Annahmen über eine Reihe von Erwartungen (Momente) auf, die beobachtbare Daten und unbekannte Koeffizienten beinhalten, welche bei der Schätzung verwendet werden. In diesem Kapitel betrachten wir ein Schätzverfahren, das in der Regel stärkere Annahmen trifft, weil es davon ausgeht, dass die gesamte Verteilung und nicht nur eine Anzahl ihrer Momente bekannt ist. Wenn die Verteilung einer Variablen y_i, abhängig von einer Reihe Variablen x_i, bis auf eine kleine Zahl unbekannter Koeffizienten bekannt ist, können wir das verwenden, um diese unbekannten Parameter zu schätzen, indem wir sie auf eine Weise auswählen, dass die resultierende Verteilung so gut wie möglich – auf eine im Folgenden noch klarer zu definierende Weise – den beobachteten Daten entspricht. Das ist, grob gesagt, die Maximum-Likelihood-Methode.

Bei bestimmten Anwendungen und Modellen werden Verteilungsannahmen wie Normalität für gewöhnlich auferlegt, weil Schätzverfahren, die solche Annahmen nicht erfordern, komplex oder gar nicht vorhanden sind. Sind die Verteilungsannahmen korrekt, dann ist der Maximum-Likelihood-Schätzer, unter schwachen Regelbedingungen, konsistent und asymptotisch normalverteilt. Darüber hinaus nutzt er vollständig die Annahmen über die Verteilung, sodass der Schätzer asymptotisch effizient ist. Das heißt, alternative konsistente Schätzer werden eine asymptotische Kovarianzmatrix haben, die mindestens genauso groß (im Hinblick auf die Matrix) ist wie die des Maximum-Likelihood-Schätzers.

Dieses Kapitel beginnt mit einer Einführung in die Maximum-Likelihood-Schätzung. Kapitel 6.1 beschreibt das Verfahren, indem es mit einigen einfachen Beispielen beginnt und mit einigen allgemeinen Ergebnissen und Erörterungen schließt. Weil die Verteilungsannahmen in der Regel entscheidend sind für die Konsistenz und Effizienz des Maximum-Likelihood-Schätzers, ist es wichtig, diese Annahmen testen zu können. Das wird in Kapitel 6.2 besprochen, während sich Kapitel 6.3 auf die Implementierung des Lagrange-Multiplikator-Tests für bestimmte Hypothesen konzentriert, vor allem im Kontext des linearen Regressionsmodells. Kapitel 6.4 untersucht die Verbindung mit der generalisierten Momentenmethode (GMM), um die Quasi-Maximum-Likelihood-

Schätzung einzuführen und die Klasse der Lagrange-Multiplikator-Tests auf die Tests für Momentbedingungen auszuweiten. Die Kenntnis der Punkte in Kapitel 6.1 ist entscheidend für das Verständnis von Kapitel 7 und einigen Unterkapiteln von 8, 9 und 10. Die verbleibenden Unterkapitel in diesem Kapitel decken Themen wie Spezifikationstests ab und sind ein wenig technischer. Sie sind erforderlich für einige Unterkapitel von 7, die übersprungen werden können, ohne dass der Zusammenhang verloren geht. Das Material in Kapitel 6.4 wird in Kapitel 7.3 (Zähldatenmodelle) und Kapitel 8.10 (GARCH-Modelle) verwendet.

6.1 Eine Einführung in die Maximum-Likelihood-Methode

Ausgangspunkt für die Maximum-Likelihood-Schätzung ist die Annahme, dass die (bedingte) Verteilung eines beobachteten Phänomens (die endogene Variable) bekannt ist, außer für eine endliche Zahl unbekannter Parameter. Diese Parameter werden geschätzt, indem wir jene Werte für sie verwenden, die den beobachteten Werten die höchste Wahrscheinlichkeit – maximum likelihood – geben. Von daher liefert die **Maximum-Likelihood-Methode** ein Mittel zum Schätzen eines Parametersets, das eine Verteilung charakterisiert, wenn wir die Form dieser Verteilung kennen oder annehmen, dass wir sie kennen. Zum Beispiel können wir die Verteilung einiger Variablen y_i (bei gegebenem x_i) als normalverteilt charakterisieren mit dem Mittelwert $\beta_1 + \beta_2 x_i$ und der Varianz σ^2. Das würde das einfache lineare Regressionsmodell mit normalverteilten Fehlertermen repräsentieren.

6.1.1 Ein paar Beispiele

Das Prinzip von Maximum-Likelihood lässt sich am einfachsten in einer diskreten Umgebung vorstellen, wo y_i nur eine endliche Anzahl von Ergebnissen hat. Stellen wir uns als Beispiel einen großen Pool gefüllt mit roten und gelben Bällen vor. Wir interessieren uns für den Anteil p der roten Bälle an dieser Menge. Um Informationen über p zu erhalten, nehmen wir eine zufällige Stichprobe von N Bällen (und ignorieren die anderen Bälle völlig). Lassen Sie uns $y_i = 1$ bezeichnen, wenn Ball i rot ist, und $y_i = 0$, falls er es nicht ist. Dann gilt durch Annahme[1], dass $P\{y_i = 1\} = p$. Angenommen, unsere Stichprobe enthält $N_1 = \sum_i y_i$ rote und $N - N_1$ gelbe Bälle. Die Wahrscheinlichkeit, eine solche Stichprobe zu erhalten (bei einer gegebenen Ordnung), ist gegeben durch

$$P\{N_1 \text{ rote Bälle}, N - N_1 \text{ gelbe Bälle}\} = p^{N_1}(1-p)^{N-N_1}. \tag{6.1}$$

Die Formulierung in (6.1), die interpretiert wird als eine Funktion des unbekannten Parameters p, wird als die **Likelihood-Funktion** bezeichnet. Maximum-Likelihood-Schätzung für p bedeutet, dass wir einen Wert für p so wählen, dass (6.1) maximal ist. Das ergibt den Maximum-Likelihood-Schätzer $\hat{p}$. Für Berechnungszwecke ist es oft praktischer, den (natürlichen) Logarithmus von (6.1) zu maximieren, was eine monotone Transformation darstellt. Das ergibt die **Loglikelihood-Funktion**

$$\log L(p) = N_1 \log(p) + (N - N_1)\log(1-p). \tag{6.2}$$

Für eine Stichprobe der Größe 100 mit 44 roten Bällen ($N_1 = 44$) zeigt Abbildung 6.1 die Loglikelihood-Funktion für Werte von p zwischen 0,1 und 0,9. Das Maximieren von (6.2) ergibt

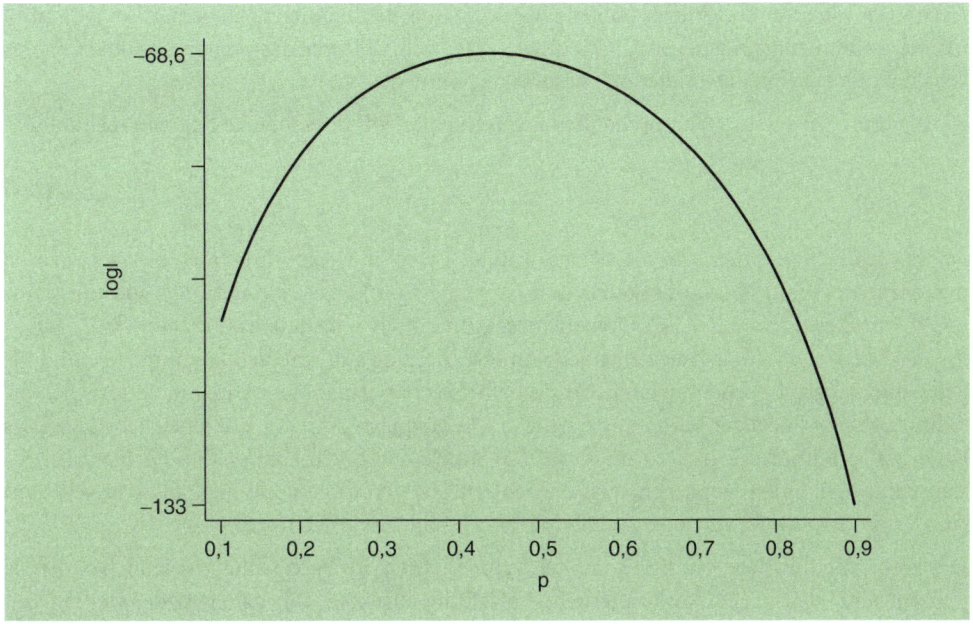

Abbildung 6.1 Stichprobe Loglikelihood-Funktion für $N = 100$ und $N_1 = 44$

die Bedingung erster Ordnung

$$\frac{d \log L(p)}{dp} = \frac{N_1}{p} - \frac{N - N_1}{1 - p} = 0, \tag{6.3}$$

die, aufgelöst nach p, den Maximum-Likelihood-Schätzer (ML-Schätzer) ergibt:

$$\hat{p} = N_1/N. \tag{6.4}$$

Der ML-Schätzer entspricht also dem Stichprobenanteil roter Bälle und ist wahrscheinlich auch die beste Schätzung für p, basierend auf der gezogenen Stichprobe. Im Prinzip müssen wir auch die Bedingungen zweiter Ordnung überprüfen, um sicherzustellen, dass unsere Lösung dem Maximum entspricht, obwohl das bei diesem Beispiel aus Abbildung 6.1 klar ersichtlich ist. Das ergibt

$$\frac{d^2 \log L(p)}{dp^2} = -\frac{N_1}{p^2} - \frac{N - N_1}{(1 - p)^2} < 0 \tag{6.5}$$

und zeigt tatsächlich, dass wir das Maximum gefunden haben.

Die unmittelbare Erkenntnis des Maximum-Likelihood-Prinzips ist also wie folgt: Aus der (angenommenen) Verteilung der Daten (zum Beispiel y_i) bestimmen wir die Likelihood des Beobachtens der Stichprobe, dass wir eine Funktion der unbekannten Parameter beobachten, welche die Verteilung charakterisieren. Als Nächstes wählen wir als unsere Maximum-Likelihood-Schätzwerte jene Werte für die unbekannten Parameter, die uns die höchste Likelihood bieten. Es ist klar, dass diese Vorgehensweise in unserem Beispiel Sinn ergibt. Der Nutzen der Maximum-Likelihood-Methode ist jedoch allgemeiner, da gezeigt werden kann, dass der

Maximum-Likelihood-Schätzer – unter geeigneten Regelbedingungen – allgemein konsistent ist für die wahren zugrundeliegenden Parameter. Der ML-Schätzer hat weitere attraktive Eigenschaften, die wir im Folgenden noch besprechen werden.

Als nächstes Beispiel zur Veranschaulichung betrachten wir das einfache Regressionsmodell

$$y_i = \beta_1 + \beta_2 x_i + \varepsilon_i, \tag{6.6}$$

wobei wir die Annahmen (A1)–(A4) aus Kapitel 2 treffen. Diese Annahmen besagen, dass ε_i den Mittelwert null hat, homoskedastisch ist, keine Autokorrelation aufweist und unabhängig ist von allen $x_i (i = 1, \ldots, N)$. Obwohl diese Annahmen bedeuten, dass $E\{y_i|x_i\} = \beta_1 + \beta_2 x_i$ und $V\{y_i|x_i\} = \sigma^2$, erlegen sie keine bestimmte Verteilung auf. Um die Maximum-Likelihood-Schätzung zu ermöglichen, müssen wir deshalb die oben genannten Annahmen um eine Annahme über die Form der Verteilung ergänzen. Die gängigste Annahme ist jene, die besagt, dass ε_i normalverteilt ist, wie in der Annahme (A5) aus Kapitel 2. Wir können diese Annahmen zusammenfassen, indem wir sagen, dass die Fehlerterme ε_i normal und unabhängig verteilt sind (n.i.d.) mit dem Mittelwert null und der Varianz σ^2 oder $\varepsilon_i \sim NID(0, \sigma^2)$.

Die Wahrscheinlichkeit, ein bestimmtes Ergebnis y für y_i zu beobachten, ist jedoch für jedes y gleich null, weil y_i eine kontinuierliche Verteilung aufweist. Von daher ist der Beitrag von Beobachtung i zur Likelihood-Funktion der Wert der *Dichte*funktion beim beobachteten Punkt y_i. Für die Normalverteilung (siehe Anhang B) ergibt das

$$f(y_i|x_i; \beta, \sigma^2) = \frac{1}{\sqrt{2\pi\sigma^2}} \exp\left\{ -\frac{1}{2} \frac{(y_i - \beta_1 - \beta_2 x_i)^2}{\sigma^2} \right\}, \tag{6.7}$$

wobei $\beta = (\beta_1, \beta_2)'$. Wegen der Unabhängigkeitsannahme ist die gemeinsame Dichte von $y_i, \ldots, y_N$ (bedingt durch $X = (x_1, \ldots, x_N)'$) gegeben durch

$$f(y_1, \ldots, y_N|X; \beta, \sigma^2) = \prod_{i=1}^{N} f(y_i|x_i; \beta, \sigma^2)$$

$$= \left(\frac{1}{\sqrt{2\pi\sigma^2}} \right)^N \prod_{i=1}^{N} \exp\left\{ -\frac{1}{2} \frac{(y_i - \beta_1 - \beta_2 x_i)^2}{\sigma^2} \right\}. \tag{6.8}$$

Die Likelihood-Funktion ist identisch mit der gemeinsamen Dichtefunktion von $y_1, \ldots, y_N$, wird jedoch als Funktion der unbekannten Parameter β, σ^2 betrachtet. Infolgedessen können wir die Likelihood-Funktion schreiben als

$$\log L(\beta, \sigma^2) = -\frac{N}{2} \log(2\pi\sigma^2) - \frac{1}{2} \sum_{i=1}^{N} \frac{(y_i - \beta_1 - \beta_2 x_i)^2}{\sigma^2}. \tag{6.9}$$

Da der erste Term in diesem Ausdruck nicht abhängig ist von β, ist leicht zu erkennen, dass das Maximieren von (6.9) unter Berücksichtigung von β_1 und β_2 dem Minimieren der Quadratsumme der Residuen $S(\beta)$ entspricht, wie in Kapitel 2.1 definiert. Das heißt, die Maximum-Likelihood-Schätzer für β_1 und β_2 sind identisch mit den OLS-Schätzern. Wenn wir diese Schätzer mit $\hat{\beta}_1$ und $\hat{\beta}_2$ bezeichnen und die Residuen als $e_i = y_i - \hat{\beta}_1 - \hat{\beta}_2 x_i$ definieren, können wir fortfahren und (6.9) bezüglich σ^2 maximieren. Wenn wir die ML-Lösungen für β_1 und β_2 ersetzen und im Hinblick auf σ^2 ableiten[2], erhalten wir die Bedingung erster Ordnung

$$-\frac{N}{2}\frac{2\pi}{2\pi\sigma^2} + \frac{1}{2}\sum_{i=1}^{N}\frac{e_i^2}{\sigma^4} = 0. \qquad (6.10)$$

Lösen wir das nach σ^2 auf, so ergibt sich für σ^2 der Maximum-Likelihood-Schätzer als

$$\hat{\sigma}^2 = \frac{1}{N}\sum_{i=1}^{N}e_i^2. \qquad (6.11)$$

Dieser Schätzer ist ein konsistenter Schätzer für σ^2. Er entspricht jedoch nicht dem unverzerrten Schätzer für σ^2, den wir aus dem OLS-Schätzer (siehe Kapitel 2) abgeleitet haben, gegeben durch

$$s^2 = \frac{1}{N-K}\sum_{i=1}^{N}e_i^2,$$

wobei K die Anzahl der Regressoren (einschließlich dem Achsenabschnitt) ist. Der Unterschied liegt in der Korrektur der Freiheitsgrade in s^2. Weil s^2 unverzerrt ist, wird der ML-Schätzer $\hat{\sigma}^2$ in endlichen Stichproben verzerrt sein. Asymptotisch konvergiert $(N-K)/N$ gegen 1 und die Verzerrung (Bias) verschwindet, sodass der ML-Schätzer konsistent ist und die Korrektur der Freiheitsgrade ein Thema kleiner Stichproben ist.

In unserem speziellen Beispiel reproduziert der Maximum-Likelihood-Schätzer für β den OLS-Schätzer und hat infolgedessen die Kleine-Stichproben-Eigenschaften des OLS-Schätzers. Die Tatsache, dass der ML-Schätzer für σ^2 vom unverzerrten Schätzer s^2 abweicht, zeigt, dass dies kein allgemeingültiges Ergebnis ist. Bei kleineren Stichproben hat letzterer Schätzer bessere Eigenschaften als der ML-Schätzer. In vielen relevanten Fällen kann der ML-Schätzer nicht als unverzerrt ausgewiesen werden und seine Kleine-Stichproben-Eigenschaften sind unbekannt. Das bedeutet, dass die Maximum-Likelihood-Vorgehensweise im Allgemeinen nur auf asymptotischer Grundlage verteidigt werden kann, wenn der ML-Schätzer konsistent und asymptotisch effizient ist. Darüber hinaus ist es in der Regel nicht möglich, einen analytisch geschlossenen Ausdruck für den ML-Schätzer abzuleiten, außer bei einer Reihe von Sonderfällen (wie den zuvor betrachteten).

Wenn die Fehlerterme ε_i in diesem Beispiel nicht normalverteilt oder heteroskedastisch sind, ist die Loglikelihood-Funktion aus (6.9) nicht korrekt, will heißen, sie entspricht nicht der wahren Verteilung von y_i, bei gegebenem x_i. In so einem Fall ist der aus dem Maximieren der nicht korrekten Loglikelihood-Funktion (6.9) abgeleitete Schätzer nicht der Maximum-Likelihood-Schätzer im strikten Sinne und es gibt keine Garantie, dass er gute Eigenschaften haben wird. In einigen Sonderfällen kann durch das Maximieren einer nicht korrekten Loglikelihood-Funktion dennoch Konsistenz erreicht werden. In diesen Fällen ist es üblich, den Schätzer als Quasi-ML-Schätzer zu bezeichnen. Unser Beispiel veranschaulicht diesen Punkt, weil der (Quasi-)ML-Schätzer für β dem OLS-Schätzer b gleicht, der unter wesentlich schwächeren Bedingungen konsistent ist. Auch das ist kein allgemeingültiges Ergebnis und nicht geeignet, um sich grundsätzlich auf ein solches Argument zu verlassen, um die Verwendung von Maximum-Likelihood zu verteidigen. Kapitel 6.4 wird noch detaillierter auf dieses Thema eingehen.

6.1.2 Allgemeine Eigenschaften

Um den Maximum-Loglikelihood-Schätzer in einer generelleren Situation zu definieren, nehmen wir einmal an, dass unser Interesse der bedingten Verteilung von y_i bei gegebenem x_i gilt. Die Dichte- oder Wahrscheinlichkeitsfunktion sei gegeben durch $f(y_i|x_i; \theta)$, wobei θ ein K-dimensionaler Vektor unbekannter Parameter ist, und wir nehmen an, dass die Beobachtungen nicht voneinander abhängig sind. In dieser Situation ist die gemeinsame Dichte- oder Wahrscheinlichkeitsfunktion der Stichprobe $y_1, \ldots, y_N$ (abhängig von $X = (x_1, \ldots, x_N)'$) gegeben durch[3]

$$f(y_1, \ldots, y_N|X; \theta) = \prod_{i=1}^{N} f(y_i|x_i; \theta).$$

Die Likelihood-Funktion für die zur Verfügung stehende Stichprobe ergibt sich dann durch

$$L(\theta|y, X) = \prod_{i=1}^{N} L_i(\theta|y_i, x_i) = \prod_{i=1}^{N} f(y_i|x_i; \theta),$$

welche eine Funktion von θ ist. Für verschiedene Zwecke ist es zweckmäßig, den **Likelihood-Beitrag**, bezeichnet mit $L_i(\theta|y_i, x_i)$, zu verwenden, der widerspiegelt, wie viel Beobachtung i zur Likelihood-Funktion beiträgt. Der Maximum-Likelihood-Schätzer $\hat{\theta}$ für θ ist die Lösung zu

$$\max_{\theta} \log L(\theta) = \max_{\theta} \sum_{i=1}^{N} \log L_i(\theta), \tag{6.12}$$

wobei $\log L(\theta)$ die Loglikelihood-Funktion ist und wir der Einfachheit halber die anderen Argumente weglassen. Die Bedingungen erster Ordnung dieses Problems implizieren, dass

$$\left.\frac{\partial \log L(\theta)}{\partial \theta}\right|_{\hat{\theta}} = \sum_{i=1}^{N} \left.\frac{\partial \log L_i(\theta)}{\partial \theta}\right|_{\hat{\theta}} = 0, \tag{6.13}$$

wobei $|_{\hat{\theta}}$ anzeigt, dass der Ausdruck bei $\theta = \hat{\theta}$ bewertet wurde. Wenn die Loglikelihood-Funktion global konkav ist, gibt es ein eindeutiges globales Maximum und der Maximum-Likelihood-Schätzer ist eindeutig bestimmt durch diese Bedingungen erster Ordnung. Nur in Sonderfällen kann der ML-Schätzer analytisch bestimmt werden. Im Allgemeinen ist eine numerische Optimierung erforderlich (siehe Cameron und Trivedi, 2005, Kapitel 10, oder Greene, 2012, Anhang E für weitere Erörterungen). Glücklicherweise stellen neuere Softwarepakete für viele Standardmodelle effiziente Algorithmen zur Verfügung.

Der Einfachheit der Bezeichnung zuliebe sollten wir den Vektor der ersten Ableitungen der Loglikelihood-Funktion, auch bekannt als der Score-Vektor (auch Gradientenvektor), bezeichnen als

$$s(\theta) \equiv \frac{\partial \log L(\theta)}{\partial \theta} = \sum_{i=1}^{N} \frac{\partial \log L_i(\theta)}{\partial \theta} \equiv \sum_{i=1}^{N} s_i(\theta), \tag{6.14}$$

was auch die individuellen Score-Beiträge $s_i(\theta)$ definiert. Die Bedingungen erster Ordnung

$$s(\hat{\theta}) = \sum_{i=1}^{N} s_i(\hat{\theta}) = 0$$

besagen daher, dass die K Stichprobendurchschnitte der Score-Beiträge, bewertet mit dem ML-Schätzwert $\hat{\theta}$, null sein sollten.

Vorausgesetzt, die Likelihood-Funktion ist korrekt spezifiziert, kann unter schwachen Regelbedingungen gezeigt werden, dass:

1. der Maximum-Likelihood-Schätzer **konsistent** ist für θ (plim $\hat{\theta} = \theta$);

2. der Maximum-Likelihood-Schätzer **asymptotisch effizient** ist (das heißt, dass der ML-Schätzer die »geringste« Varianz unter allen konsistent asymptotisch normalverteilten Schätzern aufweist);

3. der Maximum-Likelihood-Schätzer **asymptotisch normalverteilt** ist, entsprechend

$$\sqrt{N}(\hat{\theta} - \theta) \to \mathcal{N}(0, V), \tag{6.15}$$

wobei V die asymptotische Kovarianzmatrix ist.

Die Kovarianzmatrix V ist bestimmt durch die Form der Loglikelihood-Funktion. Um das im Normalfall zu beschreiben, definieren wir die Information in Beobachtung i als

$$I_i(\theta) \equiv -E\left\{ \frac{\partial^2 \log L_i(\theta)}{\partial \theta \, \partial \theta'} \right\}, \tag{6.16}$$

was eine symmetrische $K \times K$-Matrix ist. Grob gesagt, fasst diese Matrix die erwartete Menge an Informationen über θ zusammen, die in Beobachtung i enthalten ist. Die durchschnittliche Informationsmatrix für eine Stichprobe der Größe N ist definiert als

$$\bar{I}_N(\theta) \equiv \frac{1}{N} \sum_{i=1}^{N} I_i(\theta) = -E\left\{ \frac{1}{N} \frac{\partial^2 \log L(\theta)}{\partial \theta \, \partial \theta'} \right\}, \tag{6.17}$$

während die **begrenzende Informationsmatrix** definiert ist als $I(\theta) \equiv \lim_{N \to \infty} \bar{I}_N(\theta)$. In dem speziellen Fall, in dem die Beobachtungen unabhängig und identisch verteilt sind, folgt, dass $I_i(\theta) = \bar{I}_N(\theta) = I(\theta)$. Unter geeigneten Regelbedingungen kann gezeigt werden, dass die asymptotische Kovarianzmatrix des Maximum-Likelihood-Schätzers gleich dem Kehrwert der Informationsmatrix ist, das heißt

$$V = I(\theta)^{-1}. \tag{6.18}$$

Der Term auf der rechten Seite von (6.17) ist der erwartete Wert der Matrix von Ableitungen zweiter Ordnung, skaliert durch die Anzahl von Beobachtungen, und reflektiert die Krümmung der Loglikelihood-Funktion. Natürlich ist, wenn die Loglikelihood-Funktion um ihr Maximum herum stark gekrümmt ist, die zweite Ableitung groß, die Varianz klein und der Maximum-Likelihood-Schätzer relativ genau. Ist die Funktion weniger gekrümmt, wird die Varianz größer sein. In Anbetracht der asymptotischen Effizienz des Maximum-Likelihood-Schätzers liefert der Kehrwert der Informationsmatrix $I(\theta)^{-1}$ eine niedrigere Abgrenzung zu der asymptotischen Kovarianzmatrix für jeden konsistenten asymptotischen normalverteilten Schätzer für θ. Der ML-Schätzer ist asymptotisch effizient, weil er diese Abgrenzung annimmt, die häufig auch als die **Cramér-Rao-Schranke** bezeichnet wird.

In der Praxis kann die Kovarianzmatrix V konsistent geschätzt werden durch Ersetzen des Erwartungsoperators mit einem Stichprobendurchschnitt und Ersetzen der unbekannten Koeffizienten mit Maximum-Likelihood-Schätzwerten. Das heißt,

$$\hat{V}_H = \left(-\frac{1}{N} \sum_{i=1}^{N} \frac{\partial^2 \log L_i(\theta)}{\partial\theta\partial\theta'} \bigg|_{\hat{\theta}} \right)^{-1}, \tag{6.19}$$

wobei wir erst Ableitungen nehmen und im Ergebnis das unbekannte θ durch $\hat{\theta}$ ersetzen. Der Zusatz H wird verwendet, um zu betonen, dass der Schätzer für V auf der Hesse-Matrix beruht, der Matrix der zweiten Ableitungen.

Einen alternativen Ausdruck für die Informationsmatrix können wir aus dem Ergebnis erhalten, dass die Matrix

$$J_i(\theta) \equiv E\{s_i(\theta)s_i(\theta)'\}, \tag{6.20}$$

mit $s_i(\theta)$ definiert in (6.14), identisch ist mit $I_i(\theta)$, vorausgesetzt, die Likelihood-Funktion ist korrekt spezifiziert. In Kapitel 6.4 werden wir zu der Möglichkeit zurückkehren, dass die Likelihood-Funktion fehlspezifiziert ist und dass die Matrizen $I_i(\theta)$ und $J_i(\theta)$ unterschiedlich sind. Für den Moment werden wir $I(\theta)$ verwenden, um die auf einer von beiden basierende Informationsmatrix zu bezeichnen. Das Ergebnis in (6.20) weist darauf hin, dass V auch aus den Ableitungen erster Ordnung der Loglikelihood-Funktion geschätzt werden kann als

$$\hat{V}_G = \left(\frac{1}{N} \sum_{i=1}^{N} s_i(\hat{\theta})s_i(\hat{\theta})' \right)^{-1}, \tag{6.21}$$

wobei der Zusatz G widerspiegelt, dass der Schätzer die äußeren Produkte der Gradienten (erste Ableitungen) anwendet. Dieser Schätzer für V wurde von Berndt, Hall, Hall und Hausman (1974) vorgeschlagen und wird manchmal als BHHH-Schätzer bezeichnet. Es muss unbedingt beachtet werden, dass die Berechnung letzteren Ausdrucks die individuellen Likelihood-Beiträge erfordert. Im Allgemeinen werden die zwei Kovarianzmatrixschätzwerte $\hat{V}_H$ und $\hat{V}_G$ nicht identisch sein. Der erste Schätzer hat in der Regel bei kleinen Stichproben etwas bessere Eigenschaften.

Um das Maximum-Likelihood-Prinzip zu veranschaulichen, betrachtet Kapitel 6.1.3 erneut das einfache Beispiel des mit Bällen gefüllten Pools, während Kapitel 6.1.4 das lineare Regressionsmodell mit normalverteilten Fehlern behandelt. Kapitel 7 stellt weitere interessante Modelle vor, die in der Regel die Maximum-Likelihood-Schätzung benötigen. Der Rest von Kapitel 6 beschäftigt sich mit Themen zu Spezifikation und Fehlspezifikationstests. Das ist zwar nicht unwichtig, aber technischer, und einige Leser möchten diese Abschnitte beim ersten Lesen dieses Buches vielleicht überspringen und direkt mit Kapitel 7 weitermachen. Kapitel 6.4 bespricht auch detaillierter die Beziehung von GMM-Schätzung und Maximum-Likelihood-Schätzung und erklärt die Quasi-Maximum-Likelihood-Schätzung. Das ist relevant für Kapitel 7.3, in dem

Zähldatenmodelle besprochen werden, und für Kapitel 8.10, in dem Modelle für bedingte Heteroskedastizität vorgestellt werden.

6.1.3 Ein Beispiel (Fortsetzung)

Um die generelle Formel im vorhergehenden Kapitel zu veranschaulichen, lassen Sie uns erneut das Beispiel mit dem Pool voller roter und gelber Bälle betrachten. In diesem Modell kann der Loglikelihood-Beitrag der Beobachtung i geschrieben werden als

$$\log L_i(p) = y_i \log p + (1 - y_i) \log(1 - p),$$

mit einer ersten Ableitung

$$\frac{\partial \log L_i(p)}{\partial p} = \frac{y_i}{p} - \frac{1 - y_i}{1 - p}.$$

Beachten Sie, dass der erwartete Wert der ersten Ableitung null beträgt, unter Verwendung von $E\{y_i\} = p$. Die negative zweite Ableitung ist

$$-\frac{\partial^2 \log L_i(p)}{\partial p^2} = \frac{y_i}{p^2} + \frac{1 - y_i}{(1 - p)^2},$$

welche einen erwarteten Wert hat von

$$E\left\{-\frac{\partial^2 \log L_i(p)}{\partial p^2}\right\} = \frac{E\{y_i\}}{p^2} + \frac{1 - E\{y_i\}}{(1 - p)^2} = \frac{1}{p} + \frac{1}{1 - p} = \frac{1}{p(1 - p)}.$$

Daraus folgt, dass die asymptotische Varianz des Maximum-Likelihood-Schätzers $\hat{p}$ gegeben ist durch $V = p(1 - p)$, und wir haben

$$\sqrt{N}(\hat{p} - p) \to \mathcal{N}(0, p(1 - p)).$$

Das Ergebnis kann verwendet werden, um Konfidenzintervalle zu erstellen oder Hypothesen zu testen. Zum Beispiel kann die Hypothese $H_0 : p = p_0$ getestet werden durch Verwendung der Teststatistik

$$\frac{\hat{p} - p_0}{\text{se}(\hat{p})},$$

wobei $\text{se}(\hat{p}) = \sqrt{\hat{p}(1 - \hat{p})/N}$. Unter der Nullhypothese hat die Teststatistik eine asymptotische Standardnormalverteilung. Das ist vergleichbar mit den üblichen t-Tests, die wir im Zusammenhang mit dem linearen Modell besprochen haben. Ein 95%-Konfidenzintervall wird angegeben durch

$$\hat{p} - 1.96 \, \text{se}(\hat{p}), \ \hat{p} + 1.96 \, \text{se}(\hat{p}),$$

sodass wir bei einer Stichprobe mit 100 Bällen, von denen 44 rot sind ($\hat{p} = 0,44$), mit 95% Sicherheit schließen können, dass p zwischen 0,343 und 0,537 liegt. Wenn $N = 1000$ mit 440 roten Bällen, verringert sich das Intervall auf $(0,409, 0,471)$. Bei dieser speziellen Anwendung ist klar, dass die Normalverteilung eine auf der Theorie großer Stichproben basierende Approximation ist und für kleine Stichproben niemals gelten wird. Bei jeder endlichen Stichprobe kann $\hat{p}$ nur eine endliche Zahl verschiedener Ergebnisse im Bereich $[0, 1]$ annehmen. Tatsächlich wissen wir, dass bei diesem Beispiel die Kleine-Stichproben-Verteilung von $N_1 = N\hat{p}$ binomial ist mit den Parametern N und p. Und dieses Ergebnis kann stattdessen verwendet werden.

6.1.4 Das normale lineare Regressionsmodell

In diesem Kapitel betrachten wir das lineare Regressionsmodell mit unabhängig (unabhängig von allen x_i) und identisch normalverteilten Fehlern. Das ist das in Kapitel 2 betrachtete Modell, kombiniert mit den Annahmen (A1)–(A5). Wir schreiben

$$y_i = x_i'\beta + \varepsilon_i, \quad \varepsilon_i \sim NID(0, \sigma^2),$$

was auferlegt, dass (bedingt durch die exogenen Variablen) y_i normalverteilt ist mit einem Mittelwert von $x_i'\beta$ und einer konstanten Varianz von σ^2. Durch Generalisieren von (6.9) kann die Loglikelihood-Funktion für dieses Modell geschrieben werden als

$$\log L(\beta, \sigma^2) = \sum_{i=1}^{N} \log L_i(\beta, \sigma^2) = -\frac{N}{2}\log(2\pi\sigma^2) - \frac{1}{2}\sum_{i=1}^{N}\frac{(y_i - x_i'\beta)^2}{\sigma^2}. \tag{6.22}$$

Die Score-Beiträge sind gegeben durch

$$s_i(\beta, \sigma^2) = \begin{pmatrix} \dfrac{\partial \log L_i(\beta, \sigma^2)}{\partial \beta} \\[2mm] \dfrac{\partial \log L_i(\beta, \sigma^2)}{\partial \sigma^2} \end{pmatrix} = \begin{pmatrix} \dfrac{(y_i - x_i'\beta)}{\sigma^2}x_i \\[2mm] -\dfrac{1}{2\sigma^2} + \dfrac{1}{2}\dfrac{(y_i - x_i'\beta)^2}{\sigma^4} \end{pmatrix},$$

während der Maximum-Likelihood-Schätzwert $\hat{\beta}, \hat{\sigma}^2$ die Bedingungen erster Ordnung

$$\sum_{i=1}^{N}\frac{(y_i - x_i'\hat{\beta})}{\hat{\sigma}^2}x_i = 0$$

und

$$-\frac{N}{2\hat{\sigma}^2} + \frac{1}{2}\sum_{i=1}^{N}\frac{(y_i - x_i'\hat{\beta})^2}{\hat{\sigma}^4} = 0$$

erfüllt. Es kann leicht nachgewiesen werden, dass die Lösungen zu diesen Gleichungen gegeben sind durch

$$\hat{\beta} = \left(\sum_{i=1}^{N}x_i x_i'\right)^{-1}\sum_{i=1}^{N}x_i y_i \quad \text{und} \quad \hat{\sigma}^2 = \frac{1}{N}\sum_{i=1}^{N}(y_i - x_i'\hat{\beta})^2.$$

Der Schätzer für den Vektor der Steigungskoeffizienten ist identisch mit dem hinlänglich bekannten OLS-Schätzer, während sich der Schätzer für die Varianz vom OLS-Wert s^2 unterscheidet, weil er durch N geteilt wird statt durch $N - K$.

Um die asymptotische Kovarianzmatrix des Maximum-Likelihood-Schätzers für β und σ^2 zu erhalten, verwenden wir

$$I_i(\beta, \sigma^2) = E\{s_i(\beta, \sigma^2)s_i(\beta, \sigma^2)'\}.$$

Unter Verwendung der Tatsache, dass für eine Normalverteilung gilt $E\{\varepsilon_i\} = 0, E\{\varepsilon_i^2\} = \sigma^2$, $E\{\varepsilon_i^3\} = 0$ sowie $E\{\varepsilon_i^4\} = 3\sigma^4$ (siehe Anhang B), kann gezeigt werden, dass dieser Ausdruck gleich ist mit

$$I_i(\beta, \sigma^2) = \begin{pmatrix} \dfrac{1}{\sigma^2} x_i x_i' & 0 \\ 0 & \dfrac{1}{2\sigma^4} \end{pmatrix},$$

wenn wir von x_i abhängige Erwartungen nehmen. Verwenden wir das, so ergibt sich die Kovarianzmatrix durch

$$V = I(\beta, \sigma^2)^{-1} = \begin{pmatrix} \sigma^2 \Sigma_{xx}^{-1} & 0 \\ 0 & 2\sigma^4 \end{pmatrix},$$

wobei

$$\Sigma_{xx} = \lim_{N \to \infty} \frac{1}{N} \sum_{i=1}^{N} x_i x_i'.$$

Daraus folgt, dass $\hat{\beta}$ und $\hat{\sigma}^2$ asymptotisch normalverteilt sind entsprechend

$$\sqrt{N}(\hat{\beta} - \beta) \to \mathcal{N}(0, \sigma^2 \Sigma_{xx}^{-1})$$

$$\sqrt{N}(\hat{\sigma}^2 - \sigma^2) \to \mathcal{N}(0, 2\sigma^4).$$

Die Tatsache, dass die Informationsmatrix eine diagonale Blockstruktur hat, bedeutet, dass die ML-Schätzer für β und σ^2 (asymptotisch) unabhängig sind. In endlichen Stichproben ist $\hat{\beta}$ approximativ normalverteilt mit dem Mittelwert β und einer Kovarianzmatrix, die geschätzt werden kann als

$$\hat{\sigma}^2 \left(\sum_{i=1}^{N} x_i x_i' \right)^{-1}.$$

Beachten Sie, dass dies ziemlich stark mit den Ergebnissen übereinstimmt, die uns für den OLS-Schätzer vertraut sind.

6.2 Spezifikationstests

6.2.1 Drei Testprinzipien

Auf Basis des Maximum-Likelihood-Schätzers kann eine große Zahl alternativer Tests erstellt werden. Solche Tests basieren in der Regel auf einem von drei unterschiedlichen Prinzipien: dem Wald-Prinzip, der Likelihood-Ratio oder dem Lagrange-Multiplikator-Test. Obwohl jedes der drei Prinzipien genutzt werden kann, um für eine gegebene Hypothese einen Test zu formulieren, haben alle drei ihre Verdienste und Vorteile. Der Wald-Test wurde mehrfach in den vorhergehenden Kapiteln benutzt und ist in der Regel auf jeden Schätzer anwendbar, der konsistent und asymptotisch normalverteilt ist. Das Likelihood-Ratio(LR)-Prinzip bietet einen einfachen Weg, zwei alternative verschachtelte Modelle zu vergleichen, während es die Lagrange-Multiplikator(LM)-Tests ermöglichen, Restriktionen zu testen, die bei Schätzungen auferlegt sind. Das macht die LM-Vorgehensweise besonders geeignet für Fehlspezifikationstests, bei denen eine gewählte Spezifikation des Modells auf Fehlspezifikation in verschiedene Richtungen (wie Heteroskedastizität, Nichtnormalität oder weggelassene Variablen) getestet wird.

Betrachten wir erneut das grundsätzliche Problem, bei dem wir einen K-dimensionalen Parametervektor θ durch Maximieren der Loglikelihood-Funktion schätzen, das heißt

$$\max_{\theta} \log L(\theta) = \max_{\theta} \sum_{i=1}^{N} \log L_i(\theta).$$

Angenommen, wir interessieren uns für das Testen einer oder mehrerer linearer Restriktionen zum Parametervektor $\theta = (\theta_1, \ldots, \theta_K)'$. Diese Restriktionen können zusammengefasst werden als $H_0 : R\theta = q$ für einen fixen J-dimensionalen Vektor q, wobei R eine $J \times K$-Matrix ist. Es wird angenommen, dass die J Reihen von R linear unabhängig sind, sodass die Restriktionen nicht in Konflikt miteinander stehen oder redundant sind. Die drei Testprinzipien können wie folgt zusammengefasst werden:

1. **Wald-Test**. Schätzen Sie θ durch Maximum-Likelihood und überprüfen Sie, ob die Differenz $R\hat{\theta} - q$ nahe null ist, unter Verwendung ihrer (asymptotischen) Kovarianzmatrix. Dies ist die Idee, die den wohlbekannten t- und F-Tests zugrunde liegt.

2. **Likelihood-Ratio-Test**. Schätzen Sie das Modell zweimal – einmal ohne die auferlegten Restriktionen (ergibt $\hat{\theta}$) und einmal mit der auferlegten Nullhypothese (ergibt den zwangsbedingten Maximum-Likelihood-Schätzer $\tilde{\theta}$, wobei $R\tilde{\theta} = q$) – und überprüfen Sie, ob die Differenz bei den Likelihood-Werten $\log L(\hat{\theta}) - \log L(\tilde{\theta})$ sich signifikant von null unterscheidet. Dies impliziert den Vergleich eines unbeschränkten und eines beschränkten Maximums von $\log L(\theta)$.

3. **Lagrange-Multiplikator-Test**. Schätzen Sie das Modell mit der aus der Nullhypothese auferlegten Restriktion (ergibt $\tilde{\theta}$) und überprüfen Sie, ob die Bedingungen erster Ordnung aus dem allgemeinen Modell signifikant verletzt werden. Das heißt, überprüfen Sie, ob sich $\partial \log L(\theta) / \partial \theta_{|\tilde{\theta}}$ signifikant von null unterscheidet.

Obwohl die drei Tests unterschiedliche Aspekte der Likelihood-Funktion betrachten, sind sie im Allgemeinen asymptotisch äquivalent (das heißt, die Teststatistiken haben dieselbe asymptotische Verteilung, auch wenn gegen die Nullhypothese verstoßen wird) und in ein paar sehr speziellen Fällen liefern sie sogar dieselben zahlenmäßigen Ergebnisse. Bei endlichen Stichproben kann die (tatsächliche) Größe und Stärke des Tests unterschiedlich sein (siehe Übung 6.1). Meistens werden wir jedoch den Test wählen, den wir mit den vorhandenen Resultaten am einfachsten berechnen können. So erfordert zum Beispiel der Wald-Test das Schätzen des Modells ohne die auferlegte Restriktion, während der Lagrange-Multiplikator-Test nur erfordert, dass das Modell unter der Nullhypothese geschätzt wird. Als Folge kann der LM-Test besonders attraktiv wirken, wenn das Lockern der Nullhypothese die Modellschätzung erheblich verkompliziert. Er ist auch attraktiv, wenn die Anzahl unterschiedlicher Hypothesen, die man testen möchte, groß ist, während das Modell nur einmal geschätzt werden muss. Der Likelihood-Ratio-Test erfordert, dass das Modell mit und ohne Restriktionen geschätzt wird, lässt sich aber, wie wir sehen werden, leicht aus den Loglikelihood-Werten berechnen.

Der **Wald-Test** beginnt bei dem Ergebnis, dass

$$\sqrt{N}(\hat{\theta} - \theta) \to \mathcal{N}(0, V), \tag{6.23}$$

aus dem folgt, dass der J-dimensionale Vektor $R\hat{\theta}$ ebenfalls eine asymptotische Normalverteilung aufweist, gegeben durch (siehe Anhang B)

$$\sqrt{N}(R\hat{\theta} - R\theta) \to \mathcal{N}(0, RVR'). \tag{6.24}$$

Unter der Nullhypothese ist $R\theta$ gleich dem bekannten Vektor q, sodass wir eine Teststatistik erstellen können durch Bilden der Quadratformel

$$\xi_W = N(R\hat{\theta} - q)'[R\hat{V}R']^{-1}(R\hat{\theta} - q), \tag{6.25}$$

wobei $\hat{V}$ ein konsistenter Schätzer für V ist (siehe oben). Unter H_0 folgt diese Teststatistik approximativ einer Chi-Quadrat-Verteilung mit J Freiheitsgraden, sodass uns große Werte für ξ_W dazu bringen, die Nullhypothese zu verwerfen.

Der **Likelihood-Ratio-Test** ist noch einfacher zu berechnen, vorausgesetzt, das Modell ist mit und ohne die auferlegten Restriktionen geschätzt. Das bedeutet, dass wir zwei verschiedene Schätzer haben: den unbeschränkten ML-Schätzer $\hat{\theta}$ und den zwangsbedingten ML-Schätzer $\tilde{\theta}$, erhalten durch Maximieren der Loglikelihood-Funktion $\log L(\theta)$, die den Restriktionen $R\theta = q$ unterliegt. Eindeutig führt das Maximieren einer Funktion, die einer Restriktion unterliegt, nicht zu einem größeren Maximum verglichen mit dem Fall ohne Restriktionen. Dadurch folgt, dass $\log L(\hat{\theta}) - \log L(\tilde{\theta}) \geq 0$. Wenn die Differenz gering ist, dann sind die Konsequenzen des Auferlegens der Restriktionen $R\theta = q$ begrenzt, was nahelegt, dass die Restriktionen korrekt sind. Ist die Differenz groß, sind die Restriktionen wahrscheinlich nicht korrekt. Die LR-Teststatistik wird einfach berechnet als

$$\xi_{LR} = 2[\log L(\hat{\theta}) - \log L(\tilde{\theta})],$$

die, unter der Nullhypothese, eine approximative Chi-Quadrat-Verteilung mit J Freiheitsgraden aufweist. Das zeigt, dass wir, wenn wir zwei Spezifikationen eines Modells geschätzt haben, leicht die restriktive Spezifikation durch Vergleichen der Loglikelihood-Werte gegen die allgemeinere testen können. Es muss betont werden, dass die Verwendung dieses Tests nur geeignet ist, wenn die beiden Modelle verschachtelt sind (siehe Kapitel 3). Eine attraktive Eigenschaft des Tests besteht darin, dass er beim Testen nichtlinearer Restriktionen leicht angewendet werden kann und dass das Ergebnis nicht anfällig ist gegenüber der Art und Weise, wie diese formuliert sind. Im Gegensatz dazu kann der Wald-Test nichtlineare Restriktionen berücksichtigen, ist aber sensibel gegenüber der Art und Weise, wie diese formuliert sind. So spielt es zum Beispiel eine Rolle, ob wir $\theta_k = 1$ testen oder $\log \theta_k = 0$. Siehe für weitere Erläuterungen Gregory und Veal (1985), Lafontaine und White (1986) oder Phillips und Park (1988).

6.2.2 Lagrange-Mutiplikator-Test

Einige der im vorigen Kapitel besprochenen Tests, wie der Breusch-Pagan-Test auf Heteroskedastizität, sind **Lagrange-Multiplikator-Tests** (LM-Tests). Um die grundsätzliche Idee eines LM-Tests zu veranschaulichen, nehmen wir einmal an, dass die Nullhypothese einige Elemente im Parametervektor θ beschränkt, damit sie gleich einem Set gegebener Werte sind. Lassen Sie uns, um das zu betonen, $\theta' = (\theta_1', \theta_2')$ schreiben, wobei die Nullhypothese nun besagt, dass $\theta_2 = q$, wobei θ_2 die Dimension J hat. Der Begriff »Lagrange-Multiplikator« geht auf den Umstand zurück, dass er implizit auf dem Wert des Lagrange-Multiplikators im zwangsbedingten Maximierungsproblem basiert. Die Bedingungen erster Ordnung von Lagrange,

$$H(\theta, \lambda) = \left[\sum_{i=1}^{N} \log L_i(\theta) - \lambda'(\theta_2 - q) \right], \tag{6.26}$$

bringen den bedingten ML-Schätzer $\tilde{\theta} = (\tilde{\theta}_1', q')'$ und $\tilde{\lambda}$ hervor. Der Vektor $\tilde{\lambda}$ kann als Vektor von Schattenpreisen der Restriktionen $\theta_2 = q$ interpretiert werden. Sind die Schattenpreise hoch, würden wir die Restriktionen gern ablehnen. Sind die Schattenpreise nahe null, dann sind die Restriktionen relativ »harmlos«. Um eine Teststatistik herzuleiten, würden wir deshalb gern die Verteilung von $\tilde{\lambda}$ betrachten. Aus den Bedingungen erster Ordnung von (6.26) folgt, dass

$$\sum_{i=1}^{N} \left. \frac{\partial \log L_i(\theta)}{\partial \theta_1} \right|_{\tilde{\theta}} = \sum_{i=1}^{N} s_{i1}(\tilde{\theta}) = 0 \tag{6.27}$$

und

$$\tilde{\lambda} = \sum_{i=1}^{N} \left. \frac{\partial \log L_i(\theta)}{\partial \theta_2} \right|_{\tilde{\theta}} = \sum_{i=1}^{N} s_{i2}(\tilde{\theta}), \tag{6.28}$$

wobei der Vektor der Score-Bedingungen $s_i(\theta)$ zerlegt ist in die Subvektoren $s_{i1}(\theta)$ und $s_{i2}(\theta)$, entsprechend θ_1 beziehungsweise θ_2. Das Ergebnis in (6.28) zeigt, dass der Vektor des Lagrange-Multiplikators $\tilde{\lambda}$ gleich dem Vektor der ersten Ableitung im Hinblick auf die beschränkten Parameter θ_2, geschätzt mit dem *zwangsbedingten* Schätzer $\tilde{\theta}$, ist. Infolgedessen hat der Vektor der Schattenpreise der Restriktionen $\theta_2 = q$ ebenfalls die Interpretation, dass er das Ausmaß misst, in dem die Bedingungen erster Ordnung im Hinblick auf θ_2 verletzt werden, wenn wir sie bei den zwangsbedingten Schätzwerten $\tilde{\theta} = (\tilde{\theta}_1', q')'$ schätzen. Da die ersten Ableitungen auch als Scores bezeichnet werden, ist der Lagrange-Multiplikator-Test auch unter dem Namen **Score-Test** bekannt.

Um eine geeignete Teststatistik zu bestimmen, machen wir uns die Tatsache zunutze, dass gezeigt werden kann, dass der Stichprobendurchschnitt $N^{-1}\tilde{\lambda}$ asymptotisch normalverteilt ist mit einer Kovarianzmatrix

$$V_\lambda = I_{22}(\theta) - I_{21}(\theta)I_{11}(\theta)^{-1}I_{12}(\theta), \tag{6.29}$$

wobei $I_{jk}(\theta)$ Blöcke in der Informationsmatrix $I(\theta)$ sind, wie in (6.17) definiert, das heißt

$$I(\theta) = \begin{pmatrix} I_{11}(\theta) & I_{12}(\theta) \\ I_{21}(\theta) & I_{22}(\theta) \end{pmatrix},$$

wobei $I_{22}(\theta)$ die Dimension $J \times J$ aufweist. Rechnerisch können wir uns die Tatsache[4] zunutze machen, dass (6.29) der Kehrwert des unteren rechten $J \times J$-Blocks des Kehrwerts von $I(\theta)$ ist.

$$I(\theta)^{-1} = \begin{pmatrix} I^{11}(\theta) & I^{12}(\theta) \\ I^{21}(\theta) & I^{22}(\theta) \end{pmatrix},$$

das heißt, $V_\lambda = I^{22}(\theta)^{-1}$. Die Lagrange-Multiplikator-Teststatistik kann hergeleitet werden durch

$$\xi_{LM} = N^{-1} \tilde{\lambda}' \hat{I}^{22}(\tilde{\theta}) \tilde{\lambda}, \tag{6.30}$$

was unter der Nullhypothese eine asymptotische Chi-Quadrat-Verteilung mit J Freiheitsgraden aufweist und wobei $\hat{I}(\tilde{\theta})$ einen Schätzwert der Informationsmatrix bezeichnet, basierend auf dem zwangsbedingten Schätzer $\tilde{\theta}$. Nur wenn $I_{12}(\theta) = 0$ und die Informationsmatrix blockdiagonal ist, gilt, dass $I^{22}(\theta) = I(\theta)_{22}^{-1}$. Im Allgemeinen werden die anderen Blöcke der Informationsmatrix benötigt, um die geeignete Kovarianzmatrix von $N^{-1}\tilde{\lambda}$ zu berechnen.

Die Berechnung der LM-Teststatistik ist besonders attraktiv, wenn die Informationsmatrix auf der Basis der ersten Ableitung der Loglikelihood-Funktion geschätzt wird als

$$\hat{I}_G(\tilde{\theta}) = \frac{1}{N} \sum_{i=1}^{N} s_i(\tilde{\theta}) s_i(\tilde{\theta})', \tag{6.31}$$

das heißt, das durchschnittliche äußere Produkt des Vektors der ersten Ableitungen, geschätzt unter dem zwangsbedingten ML, wird auf $\tilde{\theta}$ geschätzt. Unter Verwendung von (6.27) und (6.28) können wir die LM-Teststatistik schreiben als

$$\xi_{LM} = \sum_{i=1}^{N} s_i(\tilde{\theta})' \left(\sum_{i=1}^{N} s_i(\tilde{\theta}) s_i(\tilde{\theta})' \right)^{-1} \sum_{i=1}^{N} s_i(\tilde{\theta}). \tag{6.32}$$

Beachten Sie, dass die ersten $K - J$-Elemente im Vektor der Score-Beiträge $s_i(\tilde{\theta})$ wegen (6.27) zusammengerechnet null ergeben. Dennoch sind diese Elemente generell wichtig für das Berechnen der korrekten Kovarianzmatrix. Nur im Fall von Blockdiagonalität gilt, dass $I_{12}(\theta) = 0$ und der andere Block der Informationsmatrix irrelevant ist. Eine asymptotisch äquivalente Version der LM-Teststatistik im Fall von Blockdiagonalität kann geschrieben werden als

$$\xi_{LM} = \sum_{i=1}^{N} s_{i2}(\tilde{\theta})' \left(\sum_{i=1}^{N} s_{i2}(\tilde{\theta}) s_{i2}(\tilde{\theta})' \right)^{-1} \sum_{i=1}^{N} s_{i2}(\tilde{\theta}). \tag{6.33}$$

Der Ausdruck in (6.32) legt eine einfache Möglichkeit nahe, die Lagrange-Multiplikator-Teststatistik zu berechnen. Lassen Sie uns die $N \times K$-Matrix der ersten Ableitungen als S bezeichnen, sodass

$$S = \begin{pmatrix} s_1(\tilde{\theta})' \\ s_2(\tilde{\theta})' \\ \vdots \\ s_N(\tilde{\theta})' \end{pmatrix}. \tag{6.34}$$

In der Matrix S entspricht jede Zeile einer Beobachtung und jede Spalte der Ableitung im Hinblick auf einen der Parameter. Somit können wir schreiben

$$\sum_{i=1}^{N} s_i(\tilde{\theta}) = S'\iota,$$

wobei $\iota = (1, 1, 1, \dots, 1)'$ der Dimension N. Darüber hinaus

$$\sum_{i=1}^{N} s_i(\tilde{\theta}) s_i(\tilde{\theta})' = S'S.$$

Das erlaubt uns, (6.32) zu schreiben als

$$\xi_{LM} = \iota'S(S'S)^{-1}S'\iota = N\frac{\iota'S(S'S)^{-1}S'\iota}{\iota'\iota}. \tag{6.35}$$

Betrachten Sie nun eine Hilfsregression einer Spalte von Einsen auf die Spalten der Matrix S. Aus dem Standardausdruck für den OLS-Schätzer, $(S'S)^{-1}S'\iota$, erhalten wir die vorhergesagten Werte dieser Regression als $S(S'S)^{-1}S'\iota$. Die erklärte Quadratsumme ergibt sich also aus

$$\iota'S(S'S)^{-1}S'S(S'S)^{-1}S'\iota = \iota'S(S'S)^{-1}S'\iota,$$

während die gesamte (unzentrierte) Quadratsumme dieser Regression $\iota'\iota$ beträgt. Daraus folgt, dass eine Version der Lagrange-Multiplikator-Teststatistik berechnet werden kann durch

$$\xi_{LM} = NR^2, \tag{6.36}$$

wobei R^2 das unzentrierte R^2 (siehe Kapitel 2.4) einer Hilfsregression eines Vektors von Einsen auf die Score-Beiträge (in S) ist.[5] Unter der Nullhypothese ist die Teststatistik asymptotisch X^2-verteilt mit J Freiheitsgraden, wobei J die Anzahl der auf θ auferlegten Restriktionen ist. Beachten Sie, dass die Hilfsregression nicht den Achsenabschnittsterm beinhalten sollte.

Die Formeln in (6.32) oder (6.36) liefern eine Möglichkeit, die Lagrange-Multiplikator-Teststatistik zu berechnen, die häufig als **OPG-Version** (von engl. **outer product gradient**) der LM-Teststatistik bezeichnet wird (siehe Godfrey, 1988, Seite 15). Leider haben Tests, die auf dem OPG-Schätzwert der Kovarianzmatrix basieren, in der Regel die Kleine-Stichproben-Eigenschaften, die sich sehr von den Prognosen der asymptotischen Theorie unterscheiden. Etliche Monte-Carlo-Experimente legen nahe, dass die OPG-basierten Tests dazu neigen, die Nullhypothese zu häufig in Fällen abzulehnen, in denen sie eigentlich zutrifft. Das heißt, die tatsächliche Testgröße könnte sehr viel größer sein als die asymptotische Größe (in der Regel 5%). Das bedeutet, dass wir mit dem Ablehnen der Nullhypothese vorsichtig sein müssen, wenn die Teststatistik den asymptotisch kritischen Wert übersteigt. Siehe Davidson und MacKinnon (1993, Kapitel 13) für zusätzliche Erörterungen. Für das Berechnen der LM-Statistiken stehen alternative Möglichkeiten zur Verfügung, zum Beispiel die Verwendung von (6.30) und der Matrix der zweiten Ableitungen der Loglikelihood-Funktion oder die Berechnung auf der Basis anderer Hilfsregressionen; siehe Davidson und MacKinnon (2001). Einige davon werden wir im nächsten Kapitel besprechen.

Trotz der genannten Vorbehalte sollten wir unsere Diskussion hauptsächlich auf die NR^2-Herangehensweise des LM-Tests konzentrieren, und zwar deshalb, weil das Berechnen sehr bequem ist, da wir dafür nur die ersten Ableitungen benötigen. Für jegliche Hypothesen kann ein Test bei dieser Vorgehensweise leicht erstellt werden, während die Spalten von S auf Basis der Schätzergebnisse oft leicht zu bestimmen sind. Beim Implementieren der OPG-Version des Tests empfiehlt es sich, Ihre Programmierung zu überprüfen, indem Sie zusätzlich eine Regression eines Vektors von Einsen auf die Spalten in S durchführen, die den zwangsbedingten Parametern entsprechen. Das sollte ein R^2 von null hervorbringen.

In Kapitel 6.3 besprechen wir die Implementierung des Lagrange-Multiplikator-Prinzips zum Testen auf weggelassene Variablen, Heteroskedastizität, Autokorrelation und Nichtnormalität, alles im Kontext des linearen Regressionsmodells mit normalverteilten Fehlern. Kapitel 7 wird verschiedene Anwendungen des LM-Tests in unterschiedlichen Modelltypen abdecken. Zuerst wollen wir uns jedoch erneut unser einfaches Beispiel ansehen.

6.2.3 Ein Beispiel (Fortsetzung)

Lassen Sie uns wieder unser einfaches Beispiel mit dem Pool voller roter und gelber Bälle betrachten. Dieses Beispiel ist besonders einfach, weil es nur einen unbekannten Koeffizienten enthält. Angenommen, wir interessieren uns für das Testen der Hypothese $H_0: p = p_0$ für einen gegebenen Wert p_0. Wir haben gesehen, dass der (unbeschränkte) Maximum-Likelihood-Schätzer

$$\hat{p} = \frac{1}{N} \sum_{i=1}^{N} y_i = \frac{N_1}{N}$$

ist, während der zwangsbedingte »Schätzer« einfach $\tilde{p} = p_0$ ist. Der Wald-Test für H_0 in seiner quadrierten Form basiert auf der Teststatistik

$$\xi_W = N(\hat{p} - p_0)[\hat{p}(1 - \hat{p})]^{-1}(\hat{p} - p_0),$$

welche einfach das Quadrat der in Kapitel 6.1.3 vorgestellten Teststatistik ist.

Für den Likelihood-Ratio-Test müssen wir die Maximum-Likelihood-Werte des unbeschränkten Modells mit denen des beschränkten Modells vergleichen, das heißt,

$$\log L(\hat{p}) = N_1 \log(N_1/N) + (N - N_1) \log(1 - N_1/N) \tag{6.37}$$

und

$$\log L(\tilde{p}) = N_1 \log(p_0) + (N - N_1) \log(1 - p_0).$$

Die Teststatistik wird ganz einfach berechnet als

$$\xi_{LR} = 2(\log L(\hat{p}) - \log L(\tilde{p})).$$

Als Letztes betrachten wir den Lagrange-Multiplikator-Test. Mit einem einzelnen Koeffizienten können wir beweisen, dass der Lagrange-Multiplikator $N^{-1}\tilde{\lambda}$ (ausgedrückt als ein

Stichprobendurchschnitt) asymptotisch normalverteilt ist mit einer Varianz $I(p) = [p(1-p)]^{-1}$. Darüber hinaus:

$$\tilde{\lambda} = \sum_{i=1}^{N} \frac{\partial \log L_i(p)}{\partial p}\bigg|_{p_0} = \frac{N_1}{p_0} - \frac{N - N_1}{1 - p_0}.$$

Wir können die LM-Teststatistik also berechnen als

$$\begin{aligned}\xi_{LM} &= N^{-1}\tilde{\lambda}[p_0(1-p_0)]\tilde{\lambda} \\ &= N^{-1}(N_1 - Np_0)[p_0(1-p_0)]^{-1}(N_1 - Np_0) \\ &= N(\hat{p} - p_0)[p_0(1-p_0)]^{-1}(\hat{p} - p_0).\end{aligned}$$

Das zeigt, dass in diesem Fall die LM-Statistik der Wald-Teststatistik sehr ähnlich ist: Der einzige Unterschied besteht darin, dass die Informationsmatrix unter Verwendung des beschränkten Schätzers p_0 geschätzt wird statt durch Verwendung des unbeschränkten Schätzers $\hat{p}$.

Um das zu veranschaulichen, nehmen wir an, dass wir eine Stichprobe mit $N = 100$ Bällen haben, von denen 44% rot sind. Wenn wir die Hypothese testen, dass $p = 0,5$, dann erhalten wir Wald-, LR- und LM-Teststatistiken von 1,46, 1,44 beziehungsweise 1,44. Der 5%-kritische Wert, entnommen aus der asymptotischen Chi-Quadrat-Verteilung mit einem Freiheitsgrad, beträgt 3,84, sodass die Nullhypothese auf dem 5%-Niveau bei keinem der drei Tests verworfen wird.

6.3 Tests beim normalen linearen Regressionsmodell

Lassen Sie uns noch einmal das normale lineare Regressionsmodell betrachten, wie wir es in Kapitel 6.1.4 besprochen haben,

$$y_i = x_i'\beta + \varepsilon_i, \quad \varepsilon_i \sim NID(0, \sigma^2),$$

wobei ε_i unabhängig von x_i ist. Angenommen, wir interessieren uns dafür, ob unsere aktuelle Spezifikation eine Fehlspezifikation ist. Fehlspezifikation könnte das Weglassen relevanter Variablen widerspiegeln, das Vorhandensein von Heteroskedastizität oder Autokorrelation oder Nichtnormalität bei der Verteilung der Fehlerterme. Mittels des Lagrange-Multiplikator-Systems ist es relativ einfach, auf diese Fehlspezifikationen hin zu testen, wobei unser aktuelles Modell als das beschränkte Modell angesehen wird und die ML-Schätzwerte die zwangsbedingten ML-Schätzwerte sind. Dann betrachten wir allgemeinere Modelle, die zum Beispiel Heteroskedastizität zulassen, und prüfen, ob die aktuellen Schätzwerte signifikant gegen die Bedingungen erster Ordnung des allgemeineren Modells verstoßen.

6.3.1 Auf weggelassene Variablen testen

Der erste Spezifikationstest, den wir uns ansehen, ist das Testen auf weggelassene Variablen. In diesem Fall ist das allgemeinere Modell

$$y_i = x_i'\beta + z_i'\gamma + \varepsilon_i,$$

wobei dieselben Annahmen wie zuvor über ε_i getroffen werden und z_i ein J-dimensionaler Vektor der erklärenden Variablen ist, unabhängig von ε_i. Die Nullhypothese besagt, dass $H_0: \gamma = 0$. Beachten Sie, dass unter den oben genannten Annahmen der in Kapitel 2.5.4 besprochene F-Test einen exakten Test für $\gamma = 0$ liefert und es keinen wirklichen Bedarf gibt, uns asymptotische Tests anzusehen. Wir besprechen den Lagrange-Multiplikator-Test für $\gamma = 0$ zu Anschauungszwecken, da er problemlos auf nichtlineare Modelle ausgedehnt werden kann, bei denen der F-Test nicht verfügbar ist (siehe Kapitel 7). Die Bedingungen erster Ordnung für das allgemeinere Modell implizieren, dass die folgenden Ableitungen alle gleich null sind:

$$\sum_{i=1}^{N} \frac{(y_i - x_i'\beta - z_i'\gamma)}{\sigma^2} x_i,$$

$$\sum_{i=1}^{N} \frac{(y_i - x_i'\beta - z_i'\gamma)}{\sigma^2} z_i$$

und

$$-\frac{N}{2\sigma^2} + \frac{1}{2} \sum_{i=1}^{N} \frac{(y_i - x_i'\beta - z_i'\gamma)^2}{\sigma^4}.$$

Schätzen wir diese Ableitungen für die (zwangsbedingten) Maximum-Likelihood-Schätzwerte $\hat{\beta}, \hat{\sigma}^2$ (und $\gamma = 0$), während wir die Residuen als $\hat{\varepsilon}_i = y_i - x_i'\hat{\beta}$ definieren, können wir die Ableitungen schreiben als

$$\sum_{i=1}^{N} \frac{\hat{\varepsilon}_i}{\hat{\sigma}^2} x_i; \quad \sum_{i=1}^{N} \frac{\hat{\varepsilon}_i}{\hat{\sigma}^2} z_i; \quad -\frac{N}{2\hat{\sigma}^2} + \frac{1}{2} \sum_{i=1}^{N} \frac{\hat{\varepsilon}_i^2}{\hat{\sigma}^4},$$

wobei der erste und dritte Ausdruck konstruktionsbedingt null sind.[6] Der Lagrange-Multiplikator-Test sollte deshalb überprüfen, ob sich $\sum_{i=1}^{N} \hat{\varepsilon}_i z_i / \hat{\sigma}^2$ signifikant von null unterscheidet. Die LM-Teststatistik kann berechnet werden als (6.35), wobei S eine typische Reihe

$$[\hat{\varepsilon}_i x_i' \quad \hat{\varepsilon}_i z_i'] \tag{6.38}$$

hat. Wegen der Blockdiagonalität der Informationsmatrix können die Ableitungen bezüglich σ^2 hier weggelassen werden, obwohl es nicht korrekt wäre, sie auch in die Matrix S aufzunehmen. Darüber hinaus werden in S auch irrelevante Proportionalitätsfaktoren gelöscht. Das ist erlaubt, weil solche Konstanten das Ergebnis von (6.35) nicht beeinflussen. Zusammenfassend berechnen wir die LM-Teststatistik durch Regressieren eines Vektors von Einsen auf die (ML- oder OLS-)Residuen, die mit den enthaltenen erklärenden Variablen x_i interagieren, sowie den weggelassenen Variablen z_i und multiplizieren das unzentrierte R^2 mit der Stichprobengröße N. Unter der Nullhypothese hat die daraus resultierende Teststatistik NR^2 eine asymptotische Chi-Quadrat-Verteilung mit J Freiheitsgraden. Eine asymptotisch äquivalente Version der Teststatistik können wir als NR^2 erhalten, wobei R^2 das R^2 der Hilfsregression der ML-(oder OLS-)Residuen auf das komplette Regressorenset, x_i und z_i, darstellt. Wenn z_i als nichtlineare Funktion von x_i gilt, dann kann diese Vorgehensweise direkt genutzt werden, um die funktionale Form des Modells (gegen eine gut definierte Alternative) zu testen.

6.3.2 Auf Heteroskedastizität testen

Nun nehmen wir einmal an, dass die Varianz von ε_i vielleicht nicht konstant, aber eine Funktion einiger Variablen z_i ist, in der Regel eine Teilmenge oder Funktion von x_i. Das ist in Gleichung (4.37) aus Kapitel 4 formalisiert, welche besagt, dass

$$V\{\varepsilon_i\} = \sigma_i^2 = \sigma^2 h(z_i'\alpha), \tag{6.39}$$

wobei h eine unbekannte, kontinuierlich differenzierbare Funktion (die nicht von i abhängt) ist, derart, dass $h(.) > 0, h'(.) \neq 0$ und $h(0) = 1$, und wobei z_i ein J-dimensionaler Vektor erklärender Variablen (ohne eine Konstante) ist. Die Nullhypothese homoskedastischer Fehler entspricht $H_0 : \alpha = 0$ (und wir haben $V\{\varepsilon_i\} = \sigma^2$). Der Loglikelihood-Beitrag für Beobachtung i im allgemeineren Modell ist gegeben durch

$$\log L_i(\beta, \sigma^2, \alpha) = -\frac{1}{2}\log(2\pi) - \frac{1}{2}\log \sigma^2 h(z_i'\alpha) - \frac{1}{2}\frac{(y_i - x_i'\beta)^2}{\sigma^2 h(z_i'\alpha)}. \tag{6.40}$$

Der Score im Hinblick auf α ist gegeben durch

$$\frac{\partial \log L_i(\beta, \sigma^2, \alpha)}{\partial \alpha} = \left[-\frac{1}{2}\frac{1}{h(z_i'\alpha)} + \frac{1}{2}\frac{(y_i - x_i'\beta)^2}{\sigma^2 h(z_i'\alpha)^2} \right] \frac{\partial h(z_i'\alpha)}{\partial \alpha},$$

wobei

$$\frac{\partial h(z_i'\alpha)}{\partial \alpha} = h'(z_i'\alpha)z_i,$$

wobei h' die Ableitung von h ist. Schätzen wir das unter den zwangsbedingten ML-Schätzwerten $\hat{\beta}$ und $\hat{\sigma}^2$, so reduziert es sich zu

$$\left[-\frac{1}{2} + \frac{1}{2}\frac{(y_i - x_i'\hat{\beta})^2}{\hat{\sigma}^2} \right] \kappa z_i = \frac{1}{2\hat{\sigma}^2}\left[(y_i - x_i'\hat{\beta})^2 - \hat{\sigma}^2 \right] \kappa z_i,$$

wobei $\kappa = h'(0) \neq 0$ eine irrelevante Konstante ist. Das erklärt das überraschende Ergebnis, dass der Test nicht von uns verlangt, die Funktion h zu spezifizieren.

Weil die Informationsmatrix im Hinblick auf β und (σ^2, α) blockdiagonal ist, erhalten wir die OPG-Version des Lagrange-Multiplikator-Tests auf Heteroskedastizität durch Berechnen von (6.35), wobei S eine typische Reihe hat:

$$[\hat{\varepsilon}_i^2 - \hat{\sigma}^2 \quad (\hat{\varepsilon}_i^2 - \hat{\sigma}^2)z_i'],$$

wobei irrelevante Proportionalitätsfaktoren erneut herausgenommen werden. In die Hilfsregression nehmen wir folglich die Variablen auf, von denen wir glauben, dass sie die Heteroskedastizität beeinflussen, die mit den Quadratresiduen in Abweichung von der unter der Nullhypothese geschätzten Varianz interagiert. Mit J Variablen in z_i hat die daraus resultierende Teststatistik NR^2 eine asymptotische Chi-Quadrat-Verteilung mit J Freiheitsgraden (unter der Nullhypothese).

Diese Vorgehensweise bietet eine Möglichkeit, den Breusch-Pagan-Test auf Heteroskedastizität entsprechend unserer allgemeinen in (6.35) gegebenen Berechnungsregel zu berechnen. Es gibt alternative Möglichkeiten, (asymptotisch äquivalente) Versionen der Breusch-Pagan-Teststatistik zu berechnen, zum Beispiel indem wir N mal das R^2 einer Hilfsregression von $\hat{\varepsilon}_i^2$ (die quadrierten OLS- oder Maximum-Likelihood-Residuen) zu z_i und einer Konstanten berechnen. Das war Thema in Kapitel 4. Siehe Engle (1984) oder Godfrey (1988, Kapitel 4.5) für zusätzliche Erörterungen.

Wenn die Nullhypothese der Homoskedastizität verworfen wird, besteht eine Möglichkeit darin, ein allgemeineres Modell zu schätzen, das Heteroskedastizität zulässt. Dieses kann auf (6.40) basieren, mit einer speziellen Auswahl für $h(.)$, zum Beispiel der Exponentialfunktion. Da in diesem bestimmten Modell die Heteroskedastizität nicht zu einem inkonsistenten Maximum-Likelihood-Schätzer (OLS) für β führt, ist es auch möglich, heteroskedastizitätskonsistente Standardfehler zu berechnen; siehe Kapitel 4 sowie 6.4.

6.3.3 Auf Autokorrelation testen

In einem Zeitreihenkontext kann der Fehlerterm in einem Regressionsmodell unter Autokorrelation leiden. Betrachten wir das lineare Modell

$$y_t = x_t'\beta + \varepsilon_t \text{ für } t = 1; 2; \dots ; T$$

mit den weiter oben genannten Annahmen. Die alternative Hypothese der Autokorrelation erster Ordnung besagt, dass

$$\varepsilon_t = \rho\varepsilon_{t-1} + v_t,$$

derart, dass die Nullhypothese $H_0 : \rho = 0$ entspricht. Wenn wir das Modell wie folgt umschreiben:

$$y_t = x_t'\beta + \rho\varepsilon_{t-1} + v_t,$$

folgt daraus, dass das Testen auf Autokorrelation ähnlich dem Testen auf eine weggelassene Variable ist, nämlich $\varepsilon_{t-1} = y_{t-1} - x_{t-1}'\beta$. Folglich können wir eine Version des Lagrange-Multiplikator-Tests auf Autokorrelation unter Verwendung von (6.35) berechnen, wobei S eine typische Reihe hat

$$[\hat{\varepsilon}_t x_t' \quad \hat{\varepsilon}_t \hat{\varepsilon}_{t-1}]$$

und die Anzahl von Beobachtungen $T - 1$ ist. Wenn x_t keine gelagte abhängige Variable enthält, ist die Informationsmatrix im Hinblick auf β und (σ^2, ρ) blockdiagonal und die Scores im Hinblick auf β, entsprechend $\hat{\varepsilon}_t x_t'$, können aus S weggelassen werden. Das ergibt die folgende Teststatistik:

$$\xi_{LM} = \sum_{t=2}^{T} \hat{\varepsilon}_t \hat{\varepsilon}_{t-1} \left(\sum_{t=2}^{T} \hat{\varepsilon}_t^2 \hat{\varepsilon}_{t-1}^2 \right)^{-1} \sum_{t=2}^{T} \hat{\varepsilon}_t \hat{\varepsilon}_{t-1}.$$

Weil ε_t und ε_{t-1} unter der Nullhypothese unabhängig sind,[7] gilt, dass $E\{\varepsilon_t^2 \varepsilon_{t-1}^2\} = E\{\varepsilon_t^2\}$ $E\{\varepsilon_{t-1}^2\}$. Das weist darauf hin, dass wir eine asymptotisch äquivalente Teststatistik erhalten durch Ersetzen von $1/(T-1)\sum_t \hat{\varepsilon}_t^2 \hat{\varepsilon}_{t-1}^2$ durch

$$\left(\frac{1}{T-1}\sum_t \hat{\varepsilon}_t^2\right)\left(\frac{1}{T-1}\sum_t \hat{\varepsilon}_{t-1}^2\right).$$

Das ergibt

$$\xi_{LM} = (T-1)\frac{\sum_{t=2}^T \hat{\varepsilon}_t \hat{\varepsilon}_{t-1}\left(\sum_{t=2}^T \hat{\varepsilon}_{t-1}^2\right)^{-1}\sum_{t=2}^T \hat{\varepsilon}_t \hat{\varepsilon}_{t-1}}{\sum_{t=2}^T \hat{\varepsilon}_t^2} = (T-1)R^2,$$

wobei R^2 das R^2 einer Hilfsregression des OLS- oder ML-Residuums $\hat{\varepsilon}_t$ auf dessen gelagtes $\hat{\varepsilon}_{t-1}$ ist. Das entspricht dem Breusch-Godfrey-Test auf Autokorrelation, wie in Kapitel 4 besprochen. Wenn x_t eine gelagte abhängige Variable enthält, dann ist die geeignete Hilfsregression von $\hat{\varepsilon}_t$ auf $\hat{\varepsilon}_{t-1}$ und x_t. Tests auf Autokorrelation p-ter Ordnung erhalten wir durch Erweitern der Reihen von S mit $\hat{\varepsilon}_t \hat{\varepsilon}_{t-2}$ bis zu $\hat{\varepsilon}_t \hat{\varepsilon}_{t-p}$ oder – für letztere Berechnung – durch Hinzufügen von $\hat{\varepsilon}_{t-2}$ bis zu $\hat{\varepsilon}_{t-p}$ in der Hilfsregression, die $\hat{\varepsilon}_t$ erklärt. Engle (1984) und Godfrey (1988, Kapitel 4.4) liefern zusätzliche Erörterungen.

6.4   Tests für Quasi-Maximimum-Likelihood und Momentbedingungen

In der Regel haben wir den Fall, dass Maximum-Likelihood vom Forscher verlangt, volle Verteilungsannahmen zu treffen, während die in den vorhergehenden Kapiteln vorgestellte generalisierte Momentenmethode (GMM) nur Annahmen über die Momente der Verteilung macht. Es ist jedoch möglich, dass die in einer GMM-Vorgehensweise angewandten Moment-bedingungen auch auf Annahmen über die Form der Verteilung beruhen. Das ermöglicht uns, den Maximum-Likelihood-Schätzer als GMM-Schätzer mit Momentbedingungen ent-sprechend den Bedingungen erster Ordnung der Maximum-Likelihood wieder herzuleiten. Das ist eine nützliche Generalisierung, da sie es uns ermöglicht, zu folgern, dass der Maximum-Likelihood-Schätzer in manchen Fällen konsistent ist, auch wenn die Likelihood-Funktion nicht völlig korrekt ist (die Bedingungen erster Ordnung aber schon). Darüber hinaus ermöglicht es uns, die Klasse der Lagrange-Multiplikator-Tests auf (bedingte) Momenttests auszuweiten.

6.4.1   Quasi-Maximum-Likelihood

In diesem Kapitel werden wir sehen, dass der Maximum-Likelihood-Schätzer als GMM-Schätzer interpretiert werden kann, wenn wir beachten, dass die Bedingungen erster Ordnung des Maximum-Likelihood-Problems den Stichprobendurchschnitten entsprechen, die auf theo-retischen Momentbedingungen beruhen. Ausgangspunkt ist, dass für den wahren K-dimensionalen Parametervektor θ, unter der Annahme, dass die Likelihood-Funktion korrekt ist, gilt:

$$E\{s_i(\theta)\} = 0. \tag{6.41}$$

Das zu beweisen ist relativ einfach und aufschlussreich. Wenn wir die Dichtefunktion von y_i, bei gegebenem x_i, $f(y_i|x_i; \theta)$ betrachten, dann gilt konstruktionsbedingt, dass (siehe Anhang B)

$$\int f(y_i|x_i; \theta)\ dy_i = 1,$$

wobei Integration über die Unterstützung von y_i erfolgt. Das im Hinblick auf θ zu differenzieren ergibt

$$\int \frac{\partial f(y_i|x_i; \theta)}{\partial \theta}\ dy_i = 0.$$

Weil

$$\frac{\partial f(y_i|x_i; \theta)}{\partial \theta} = \frac{\partial \log f(y_i|x_i; \theta)}{\partial \theta} f(y_i|x_i; \theta) = s_i(\theta) f(y_i|x_i; \theta),$$

folgt daraus, dass

$$\int s_i(\theta) f(y_i|x_i; \theta)\ dy_i = E\{s_i(\theta)\} = 0,$$

wobei die erste Gleichung aus der Definition des erwarteten Treibers folgt.

Lassen Sie uns annehmen, dass θ durch diese Bedingungen eindeutig definiert ist. Das heißt, es gibt nur einen Vektor θ, der (6.41) erfüllt. Dann ist (6.41) ein Set von stichhaltigen Momentbedingungen und wir können die GMM-Vorgehensweise verwenden, um θ zu schätzen. Weil die Anzahl der Parameter gleich der Anzahl der Momentbedingungen ist, beinhaltet das die Auflösung der Bedingungen erster Ordnung

$$\frac{1}{N} \sum_{i=1}^{N} s_i(\theta) = 0.$$

Natürlich reproduziert das den Maximum-Likelihood-Schätzer $\hat{\theta}$. Es zeigt jedoch, dass der resultierende Schätzer konsistent ist für θ, vorausgesetzt, (6.41) ist korrekt, was schwächer sein kann als die Anforderung, dass die gesamte Verteilung korrekt spezifiziert ist. Im linearen Regressionsmodell mit normalverteilten Fehlern ist leicht erkennbar, dass die Bedingungen erster Ordnung im Hinblick auf β

$$E\{(y_i - x_i'\beta)x_i\} = 0$$

entsprechen, was den durch den OLS-Schätzer auferlegten Momentbedingungen entspricht. Das erklärt, warum der Maximum-Likelihood-Schätzer für β im normalen linearen Regressionsmodell auch dann konsistent ist, wenn die Verteilung von ε_i nicht normal ist.

Wenn der Maximum-Likelihood-Schätzer auf einer falschen Likelihood-Funktion basiert, jedoch auf Basis der Stichhaltigkeit von (6.41) als konsistent gilt, wird der Schätzer manchmal als **Quasi-Maximum-Likelihood-Schätzer** oder Pseudo-Maximum-Likelihood-Schätzer bezeichnet (siehe White, 1982, oder Gouriéroux, Monfort und Trognon, 1984). Die asymptotische Verteilung des Quasi-ML-Schätzers kann sich von der des ML-Schätzers unterscheiden. Vor allem kann das Ergebnis in (6.18) möglicherweise nicht mehr stichhaltig ist. Wenn wir unsere allgemeinen Formeln für den GMM-Schätzer verwenden, ist es möglich, die asymptotische Kovarianzmatrix des Quasi-ML-Schätzers für θ abzuleiten, ausgehend von der Annahme, dass (6.41) korrekt ist. Verwenden wir (5.74)–(5.76), so folgt daraus, dass der Quasi-Maximum-Likelihood-Schätzer $\hat{\theta}$

$$\sqrt{N}(\hat{\theta} - \theta) \to \mathcal{N}(0, V)$$

erfüllt, wobei[8]

$$V = I(\theta)^{-1} J(\theta) I(\theta)^{-1}, \tag{6.42}$$

mit

$$I(\theta) \equiv \lim_{N \to \infty} \frac{1}{N} \sum_{i=1}^{N} I_i(\theta) \quad \text{and} \quad J(\theta) \equiv \lim_{N \to \infty} \frac{1}{N} \sum_{i=1}^{N} J_i(\theta),$$

wobei

$$I_i(\theta) = E\left\{ -\frac{\partial s_i(\theta)}{\partial \theta'} \right\} = E\left\{ -\frac{\partial^2 \log L_i(\theta)}{\partial \theta \, \partial \theta'} \right\},$$

wie definiert in (6.16), und

$$J_i(\theta) = E\{s_i(\theta) s_i(\theta)'\},$$

wie definiert in (6.20). Die Kovarianzmatrix in (6.42) generalisiert jene in (6.18) und ist korrekt, wann immer der Quasi-ML-Schätzer $\hat{\theta}$ konsistent ist. Sein Ausdruck wird gern als die »Sandwich-Formel« bezeichnet. Im Fall des linearen Regressionsmodells würde das Schätzen der Kovarianzmatrix auf Basis von (6.42) die in Kapitel 4.3.4 besprochene heteroskedastizitätskonsistente Kovarianzmatrix hervorbringen. Etliche Softwarepakete beinhalten die Möglichkeit, robuste Standardfehler für den (Quasi-)Maximum-Likelihood-Schätzer, basierend auf der Kovarianzmatrix in (6.42), zu berechnen.

Der von White vorgeschlagene **Informationsmatrix-Test** überprüft die Gleichheit der beiden $K \times K$-Matrizen $I(\theta)$ und $J(\theta)$ durch Vergleichen der Stichprobengegenstücke. Wegen der Symmetrie muss ein Maximum von $K(K + 1)/2$ Elementen verglichen werden, sodass die Anzahl der Freiheitsgrade für den IM-Test potenziell sehr groß ist. Abhängig von der Form der Likelihood-Funktion überprüft der Informationsmatrix-Test gleichzeitig in zahlreiche Richtungen auf Fehlspezifikation (wie funktionale Form, Heteroskedastizität, Schiefe und Kurtosis). Für weitergehende Erörterungen und Berechnungen siehe Davidson und MacKinnon (2004, Kapitel 15.2).

6.4.2 Bedingte Momententests

Die Analyse im vorhergehenden Kapitel gestattet uns, die Klasse der Lagrange-Multiplikator-Tests auf die sogenannten **bedingten Momententests** zu generalisieren, wie von Newey (1985) und Tauchen (1985) vorgeschlagen. Betrachten wir ein Modell, das charakterisiert ist durch (6.41),

$$E\{s_i(\theta)\} = 0,$$

wobei der (Quasi-)ML-Schätzer $\hat{\theta}$ Folgendes erfüllt:

$$\frac{1}{N} \sum_{i=1}^{N} s_i(\hat{\theta}) = 0.$$

Nun betrachten wir eine Hypothese, die charakterisiert ist durch

$$E\{m_i(\theta)\} = 0, \tag{6.43}$$

wobei $m_i(\theta)$ eine J-dimensionale Funktion der Daten und der unbekannten Parameter in θ ist, so wie $s_i(\theta)$. Der Unterschied besteht darin, dass (6.43) nicht in der Schätzung auferlegt ist. Es ist möglich, die Stichhaltigkeit von (6.43) zu testen, indem wir überprüfen, ob ihr Stichproben-gegenstück

$$\frac{1}{N} \sum_{i=1}^{N} m_i(\hat{\theta}) \tag{6.44}$$

nahe null liegt. Das kann ziemlich einfach umgesetzt werden durch Beachten der Ähnlichkeit zwischen (6.44) und den Scores einer generelleren Likelihood-Funktion. Folglich kann die OPG-Version des Tests auf Momentbedingungen für (6.43) berechnet werden, indem wir N mal das unzentrierte R^2 einer Regression eines Vektors von Einsen auf die Spalten einer Matrix S nehmen, wobei S nun die typische Reihe aufweist:

$$[s_i(\hat{\theta})' \quad m_i(\hat{\theta})'].$$

Unter der Nullhypothese, dass (6.43) korrekt ist, hat die daraus resultierende Teststatistik eine asymptotische Chi-Quadrat-Verteilung mit J Freiheitsgraden.

Obige Vorgehensweise zeigt, dass die zusätzlichen getesteten Bedingungen nicht zwangsläufig den Scores einer stärker generellen Likelihood-Funktion entsprechen müssen. Ein besonderer Bereich, in dem diese Vorgehensweise nützlich ist, ist das Testen von Hypothesen auf Normalität.

6.4.3 Auf Normalität testen

Lassen Sie uns wieder das lineare Regressionsmodell betrachten, mit – unter der Nullhypothese – normalverteilten Fehlern. Bei einer kontinuierlich beobachteten Variablen überprüfen Normalitätstests auf Schiefe (drittes Moment) und Überkurtosis (viertes Moment), weil die Normalverteilung impliziert, dass $E\{\varepsilon_i^3\} = 0$ und $E\{\varepsilon_i^4 - 3\sigma^4\} = 0$ (siehe Anhang B). Wenn $E\{\varepsilon_i^3\} \neq 0$, dann ist die Verteilung von ε_i nicht symmetrisch um null. Wenn $E\{\varepsilon_i^4 - 3\sigma^4\} > 0$, dann wird gesagt, dass die Verteilung **Überkurtosis** zeigt. Das bedeutet, dass sie ausgeprägtere Ausläufer aufweist als die Normalverteilung. Davidson und MacKinnon (1993, Seite 63) liefern grafische Darstellungen dieser Situationen.

In Anbetracht der Erörterungen im vorhergehenden Unterkapitel können wir einen Test auf Normalität erhalten, indem wir eine Regression eines Vektors von Einsen auf die Spalten der Matrix S durchführen, die nun die typische Reihe

$$[\hat{\varepsilon}_i x_i' \quad \hat{\varepsilon}_i^2 - \hat{\sigma}^2 \quad \hat{\varepsilon}_i^3 \quad \hat{\varepsilon}_i^4 - 3\hat{\sigma}^4]$$

aufweist, wobei $\hat{\varepsilon}_i$ das Maximum-Likelihood- oder (OLS)-Residuum bezeichnet, und dann N mal das unzentrierte R^2 berechnen. Obwohl Nichtnormalität von ε_i nicht die Konsistenz des OLS-Schätzers oder seiner asymptotischen Normalverteilung entkräftet, ist oben genannter Test manchmal von Interesse. Festzustellen, dass ε_i eine stark schiefe Verteilung aufweist, kann darauf hinweisen, dass es ratsam sein kann, die abhängige Variable vor der Schätzung umzuwandeln (zum Beispiel durch Betrachten der Loglöhne statt der Löhne selbst). In Kapitel 7 werden wir Modellklassen sehen, bei denen Normalverteilung wesentlich entscheidender ist.

Eine gängige Variante des LM-Tests auf Normalität ist der **Jarque-Bera-Test** (Jarque und Bera, 1980). Die Teststatistik wird berechnet durch

$$\xi_{LM} = N \left[\frac{1}{6} \left(\frac{1}{N} \sum_{i=1}^{N} \hat{\varepsilon}_i^3 / \hat{\sigma}^3 \right)^2 + \frac{1}{24} \left(\frac{1}{N} \sum_{i=1}^{N} \hat{\varepsilon}_i^4 / \hat{\sigma}^4 - 3 \right)^2 \right], \tag{6.45}$$

was einen gewichteten Durchschnitt der quadrierten Stichprobenmomente entsprechend der Schiefe beziehungsweise Überkurtosis darstellt. Unter der Nullhypothese ist diese asymptotisch verteilt in Form von Chi-Quadrat mit zwei Freiheitsgraden; siehe Godfrey (1988, Kapitel 4.7) für weitere Details.

KURZZUSAMMENFASSUNG

Nahezu jedes Modell kann mit der Maximum-Likelihood-Methode geschätzt werden, vorausgesetzt, wir sind bereit, volle Verteilungsannahmen zu treffen. Die ML-Vorgehensweise ist in dem Sinne vollständig parametrisch, dass die Verteilung komplett spezifiziert ist, außer für eine endliche Anzahl unbekannter Parameter. Greene (2012, Kapitel 14) liefert eine detaillierte Betrachtung der Theorie der Maximum-Likelihood-Schätzung. In der Praxis spielt die Maximum-Likelihood-Schätzung eine wichtige Rolle bei der Schätzung komplizierterer Modelle, zum Beispiel den in Kapitel 7 besprochenen nichtlinearen Modellen. Es kann gezeigt werden, dass Maximum-Likelihood zu einem konsistenten und asymptotisch effizienten Schätzer führt, der eine asymptotische Normalverteilung aufweist. Obwohl dieser Schätzer attraktive Eigenschaften an den Tag legt, sind diese in der Regel nur stichhaltig unter der Bedingung, dass die Verteilungsannahmen erfüllt sind. Es ist entsprechend wichtig, auf potenzielle Verstöße gegen derlei Annahmen zu achten. Tests dafür können auf dem Wald-, dem Likelihood-Ratio- und dem Lagrange-Multiplikator-Prinzip beruhen. Fehlspezifikationstests stehen zwar ohne Weiteres zur Verfügung, ihre Anwendung ist in der empirischen Arbeit jedoch immer noch ziemlich begrenzt. In manchen Fällen sind die Bedingungen erster Ordnung des Maximum-Likelihood-Problems allgemeiner gültig und wir erhalten Konsistenz der Maximum-Likelihood-Methode unter schwächeren Bedingungen. In solchen Fällen kann es erforderlich sein, die Kovarianzmatrix unter Anwendung der allgemeineren »Sandwich-Formel« zu schätzen. Empirische Darstellungen, die die Maximum-Likelihood-Methode verwenden, sind in Kapitel 7 sowie einigen der folgenden Kapitel aufgeführt.

■ ÜBUNGEN

Übung 6.1

Betrachten wir das folgende lineare Regressionsmodell:

$$y_i = \beta_1 + \beta_2 x_i + \varepsilon_i,$$

wobei $\beta = (\beta_1, \beta_2)'$ ein Vektor unbekannter Parameter und x_i eine eindimensionale beobachtbare Variable ist. Wir haben eine Stichprobe von $i = 1, \ldots, N$ unabhängigen Beobachtungen und nehmen an, dass die Fehlerterme ε_i $NID(0, \sigma^2)$, unabhängig von allen x_i, sind. Die Dichtefunktion von y_i (für ein gegebenes x_i) ist dann gegeben durch

$$f(y_i | \beta, \sigma^2) = \frac{1}{\sqrt{2\pi\sigma^2}} \exp\left\{ -\frac{1}{2} \frac{(y_i - \beta_1 - \beta_2 x_i)^2}{\sigma^2} \right\}.$$

(a) Nennen Sie einen Ausdruck für den Likelihood-Beitrag von Beobachtung i, $\log L_i(\beta, \sigma^2)$. Erklären Sie, warum die Loglikelihood-Funktion der gesamten Stichprobe gegeben ist durch

$$\log L(\beta, \sigma^2) = \sum_{i=1}^{N} \log L_i(\beta, \sigma^2).$$

(b) Bestimmen Sie Ausdrücke für die zwei Elemente in $\partial \log L_i(\beta, \sigma^2)/\partial\beta$ und zeigen Sie, dass beide für die wahren Parameterwerte die Erwartung null aufweisen.

(c) Leiten Sie einen Ausdruck für $\partial \log L_i(\beta, \sigma^2)/\partial\sigma^2$ her und zeigen Sie, dass dieser ebenfalls die Erwartung null für die wahren Parameterwerte aufweist.
Angenommen, x_i ist eine Dummyvariable gleich 1 für männlich und 0 für weiblich, derart, dass $x_i = 1$ für $i = 1, \ldots, N_1$ (die ersten N_1 Beobachtungen) und $x_i = 0$ für $i = N_1 + 1, \ldots, N$.

(d) Leiten Sie die Bedingungen erster Ordnung für Maximum-Likelihood ab. Zeigen Sie, dass die Maximum-Likelihood-Schätzer für β gegeben sind durch

$$\hat{\beta}_1 = \frac{1}{N - N_1} \sum_{i=N_1+1}^{N} y_i, \quad \hat{\beta}_2 = \frac{1}{N_1} \sum_{i=1}^{N_1} y_i - \hat{\beta}_1.$$

Wie lautet die Interpretation dieser beiden Schätzer? Welches ist die Interpretation der wahren Parameterwerte β und β_2?

(e) Zeigen Sie, dass

$$\partial^2 \log L_i(\beta, \sigma^2)/\partial\beta\partial\sigma^2 = \partial^2 \log L_i(\beta, \sigma^2)/\partial\sigma^2\partial\beta,$$

und zeigen Sie, dass dies einen Erwartungswert von null hat. Was sind die Konsequenzen für die asymptotische Kovarianzmatrix der ML-Schätzer $(\hat{\beta}_1, \hat{\beta}_2, \hat{\sigma}^2)$?

(f) Stellen Sie zwei Möglichkeiten vor, die asymptotische Kovarianzmatrix von $(\hat{\beta}_1, \hat{\beta}_2)'$ zu schätzen, und vergleichen Sie die Ergebnisse.

(g) Stellen Sie eine alternative Möglichkeit vor, die asymptotische Kovarianzmatrix von $(\hat{\beta}_1, \hat{\beta}_2)'$ zu schätzen, die Heteroskedastizität von ε_i zulässt.
Angenommen, wir interessieren uns für die Hypothese $H_0: \beta_2 = 0$ mit alternativ $H_1: \beta_2 \neq 0$. Tests können auf der Likelihood-Ratio, dem Lagrange-Multiplikator oder dem Wald-Prinzip basieren.

(h) Erklären Sie diese drei Prinzipien.

(i) Erörtern Sie für jeden der drei Tests, was zur Berechnung benötigt wird.

Obwohl die drei Teststatistiken dieselbe asymptotische Chi-Quadrat-Verteilung aufweisen, kann gezeigt werden (siehe Godfrey, 1988, Kapitel 2.3), dass in obigem Modell für jede endliche Stichprobe gilt, dass

$$\xi_W \geq \xi_{LR} \geq \xi_{LM}.$$

(j) Erklären Sie, was unter der Teststärke zu verstehen ist. Was sagt uns diese Ungleichheit über die Stärke der drei Tests? (Tipp: Ziehen Sie bei Bedarf Kapitel 2 zu Rate.)

(k) Erklären Sie, was unter der (tatsächlichen) Testgröße zu verstehen ist. Was sagt uns die Ungleichheit über die Größe der drei Tests?

(l) Würden Sie bei Kenntnis oben genannter Ungleichheit einen der Tests bevorzugen?

Übung 6.2 (Das Poisson-Regressionsmodell)

y_i soll die Anzahl von Malen bezeichnen, die Person i in einem bestimmten Monat Tabak kauft. Angenommen, eine Zufallsstichprobe von N Individuen ist verfügbar, für die wir die Werte 0, 1, 2, 3,… beobachten. x_i soll eine beobachtete Eigenschaft dieser Personen sein (zum Beispiel Geschlecht). Wenn wir annehmen, dass y_i, für ein gegebenes x_i, eine Poissonverteilung mit Parameter $\lambda_i = \exp\{\beta_1 + \beta_2 x_i\}$ aufweist, dann ist die Wahrscheinlichkeitsfunktion von y_i, abhängig von x_i, gegeben durch

$$P\{y_i = y | x_i\} = \frac{e^{-\lambda_i} \lambda_i^y}{y!}.$$

(a) Schreiben Sie für dieses sogenannte Poisson-Regressionsmodell die Loglikelihood-Funktion auf.

(b) Leiten Sie die Score-Beiträge ab. Nutzen Sie die Tatsache, dass die Poissonverteilung bedeutet, dass $E\{y_i | x_i\} = \lambda_i$, und zeigen Sie, dass die Score-Beiträge die Erwartung null aufweisen.

(c) Leiten Sie einen Ausdruck für die Informationsmatrix $I(\beta_1, \beta_2)$ ab. Nutzen Sie diesen, um die asymptotische Kovarianzmatrix des ML-Schätzers und einen konstanten Schätzer für diese Matrix zu bestimmen.

(d) Beschreiben Sie, wie unter Verwendung des Lagrange-Multiplikator-Prinzips auf eine weggelassene Variable hin getestet werden kann. Welche Hilfsregression wird benötigt?

Mehr Details zum Poisson-Regressionsmodell finden Sie in Kapitel 7.3.

KAPITEL 7

Modelle mit beschränkt abhängigen Variablen

Bei der praktischen Anwendung muss oft mit Phänomenen umgegangen werden, die diskret oder gemischt diskret-kontinuierlich sind. Zum Beispiel könnten wir daran interessiert sein, ob verheiratete Frauen einen bezahlten Job haben (ja oder nein) oder wie viele Stunden sie arbeiten (null oder positiv). Wenn diese Art von Variablen erklärt werden muss, ist ein lineares Regressionsmodell im Allgemeinen ungeeignet. In diesem Kapitel betrachten wir Alternativmodelle, die genutzt werden können, um diskrete und diskret-kontinuierliche Variablen zu modellieren und die Aufmerksamkeit auf die Schätzung und Interpretation von deren Parametern zu richten.

Wenn auch nicht ausschließlich, so sind doch in vielen Fällen die mit dieser Art von Modell analysierten Probleme mikroökonomischer Natur, folglich sind Daten zu Personen, Haushalten oder Unternehmen erforderlich. Um das zu betonen, sollten wir alle Variablen über i indexieren, beginnend von 1 bis zur Stichprobengröße N. Kapitel 7.1 beginnt mit dem vermutlich einfachsten Fall eines begrenzt abhängigen Variablenmodells, nämlich einem binären Wahlmodell. Erweiterungen auf multiple diskrete Ergebnisse werden in Kapitel 7.2 besprochen. Wenn die endogene Variable die Häufigkeit eines bestimmten Ereignisses ist, zum Beispiel die Anzahl von Patenten in einem bestimmten Jahr, dann werden häufig Zähldatenmodelle verwendet. Kapitel 7.3 stellt verschiedene Modelle für Zähldaten

vor und enthält eine empirische Darstellung. Ist die Verteilung der endogenen Variablen kontinuierlich mit einer Wahrscheinlichkeitsfunktion bei einem oder mehreren diskreten Punkten, empfiehlt sich die Verwendung des Tobit-Modells. Das Standard-Tobit-Modell wird in Kapitel 7.4 besprochen, während einige Erweiterungen, einschließlich Modellen mit Stichprobenauswahl, bei der eine nicht zufällige Proportion der Ergebnisse nicht beobachtet ist, in Kapitel 7.5 vorgestellt werden. Weil die Stichprobenauswahl ein Problem darstellt, das oft bei Mikrodaten auftaucht, enthält Kapitel 7.6 zusätzliche Informationen zum Stichprobenauswahlproblem, mit hauptsächlicher Konzentration auf das Identifikationsproblem und unter welchen Annahmen dieses gelöst werden kann. Einen Bereich, der in jüngster Zeit von Interesse geworden ist, stellt das Schätzen von Treatmenteffekten dar, das wir in Kapitel 7.7 besprechen werden. Abschließend geht es in Kapitel 7.8 um Modelle, in denen die abhängige Variable eine Dauer ist, zum Beispiel die Anzahl von Wochen, die eine arbeitslose Person braucht, um einen neuen Job zu finden. Durchgängig werden in diesem Kapitel empirische Darstellungen geliefert. Zusätzliche Erörterungen zu begrenzten abhängigen Variablenmodellen in der Ökonometrie finden sich in zwei Untersuchungen von Amemiya (1981, 1984) und den Monografien von Maddala (1983), Lee (1996), Franses und Paap (2001), Cameron und Trivedi (2005) sowie Wooldridge (2010).

7.1 Binäre Wahlmodelle

7.1.1 Lineare Regression anwenden?

Angenommen, wir möchten erklären, ob eine Familie ein Auto besitzt oder nicht. Lassen wir die einzige erklärende Variable das Familieneinkommen sein. Wir haben Daten zu N Familien ($i = 1, \ldots, N$) mit Beobachtungen zu deren Einkommen x_{i2} und ob sie ein Auto haben oder nicht. Letzteres Element wird durch die binäre Variable y_i beschrieben, definiert als

$$y_i = 1, \text{ wenn Familie } i \text{ ein Auto besitzt,}$$

$$y_i = 0, \text{ wenn Familie } i \text{ kein Auto besitzt.}$$

Angenommen, wir wollen ein Regressionsmodell verwenden, um y_i aus x_{i2} und einem Achsenabschnittsterm ($x_{i1} \equiv 1$) zu erklären. Dieses lineare Modell erhalten wir durch

$$y_i = \beta_1 + \beta_2 x_{i2} + \varepsilon_i = x_i'\beta + \varepsilon_i, \tag{7.1}$$

wobei $x_i = (x_{i1}, x_{i2})'$. Es scheint realistisch zu sein, die Standardannahme zu treffen, dass $E\{\varepsilon_i | x_i\} = 0$, derart, dass $E\{y_i | x_i\} = x_i'\beta$. Das bedeutet, dass

$$E\{y_i | x_i\} = 1.P\{y_i = 1|x_i\} + 0.P\{y_i = 0|x_i\}$$

$$= P\{y_i = 1|x_i\} = x_i'\beta. \tag{7.2}$$

Folglich impliziert das lineare Modell, dass $x_i'\beta$ eine Wahrscheinlichkeit ist und deshalb zwischen 0 und 1 liegen sollte. Das ist nur möglich, wenn die x_i-Werte begrenzt sind und bestimmte Restriktionen zu β erfüllt sind. Für gewöhnlich ist das in der Praxis nur schwer zu erreichen. Zusätzlich zu diesem grundsätzlichen Problem hat der Fehlerterm in (7.1) eine hohe nichtnormale Verteilung und leidet unter Heteroskedastizität. Weil y_i nur zwei mögliche Ergebnisse hat (0 oder 1), hat der Fehlerterm für einen gegebenen Wert von x_i ebenfalls zwei mögliche Ergebnisse. Im Einzelnen kann die Verteilung von ε_i zusammengefasst werden als

$$P\{\varepsilon_i = -x_i'\beta|x_i\} = P\{y_i = 0|x_i\} = 1 - x_i'\beta$$

$$P\{\varepsilon_i = 1 - x_i'\beta|x_i\} = P\{y_i = 1|x_i\} = x_i'\beta. \tag{7.3}$$

Das bedeutet, dass die Varianz des Fehlerterms nicht konstant ist, aber abhängig von den erklärenden Variablen entsprechend $V\{\varepsilon_i | x_i\} = x_i'\beta(1 - x_i'\beta)$. Beachten Sie, dass die Fehlervarianz auch von den Modellparametern β abhängt.

7.1.2 Binäre Wahlmodelle einführen

Um die Probleme mit dem linearen Modell zu überwinden, gibt es eine Klasse von **binären Wahlmodellen** (oder univariaten dichotomen Modellen), konzipiert, um die »Wahl« zwischen zwei diskreten Alternativen modellieren zu können. Diese Modelle beschreiben unmittelbar im Wesentlichen die Wahrscheinlichkeit, dass $y_i = 1$, obwohl sie häufig von einem zugrunde liegenden latenten Variablenmodell abgeleitet sind (siehe weiter unten). Im Allgemeinen haben wir

$$P\{y_i = 1|x_i\} = G(x_i, \beta) \tag{7.4}$$

für eine Funktion $G(.)$. Diese Gleichung besagt, dass die Wahrscheinlichkeit, dass $y_i = 1$, vom Vektor x_i abhängt, der individuelle Eigenschaften enthält. So hängt zum Beispiel die Wahrscheinlichkeit, dass einer Person ein Haus gehört, von ihrem Einkommen, Ausbildungsniveau, Alter und dem Ehestand ab. Oder – auf einem anderen Gebiet – es hängt die Wahrscheinlichkeit, dass ein Insekt eine Dosis Insektengift überlebt, von der Menge x_i der Dosis sowie möglichen anderen Eigenschaften ab. Die Funktion $G(.)$ in (7.4) sollte offenkundig nur Werte in dem Intervall [0, 1] annehmen. Für gewöhnlich wird man die Aufmerksamkeit auf Funktionen der Form $G(x_i, \beta) = F(x_i'\beta)$ beschränken. Da $F(.)$ ebenfalls zwischen 0 und 1 liegen muss, scheint es natürlich, F als eine Verteilungsfunktion zu wählen. Häufig wird die Standardnormalverteilungsfunktion

$$F(w) = \Phi(w) = \int_{-\infty}^{w} \frac{1}{\sqrt{2\pi}} \exp\left\{ -\frac{1}{2}t^2 \right\} dt, \tag{7.5}$$

gewählt, was zum sogenannten **Probit-Modell** führt, und die standardlogistische Verteilungsfunktion, gegeben durch

$$F(w) = L(w) = \frac{e^w}{1 + e^w}, \tag{7.6}$$

die im **Logit-Modell** resultiert. Eine dritte Wahl entspricht einer gleichmäßigen Verteilung über das Intervall [0, 1] mit Verteilungsfunktion

$$\begin{aligned} F(w) &= 0, \ w < 0; \\ F(w) &= w, \ 0 \le w \le 1; \\ F(w) &= 1, \ w > 1. \end{aligned} \tag{7.7}$$

Das ergibt das sogenannte **lineare Wahrscheinlichkeitsmodell**, welches dem Regressionsmodell in (7.1) ähnlich ist, dessen Wahrscheinlichkeiten aber auf 0 oder 1 gesetzt sind, falls $x_i'\beta$ die obere beziehungsweise untere Grenze überschreitet. Tatsächlich sind die ersten beiden Modelle (Probit und Logit) in der angewandten Praxis gängiger. Sowohl eine standardnormale wie auch eine standardlogistische Zufallsvariable haben die Erwartung 0, während Letztere eine Varianz von $\pi^2/3$ statt von 1 aufweist. Diese beiden Verteilungsfunktionen sind einander sehr ähnlich, wenn die folgende Differenz in der Skalierung korrigiert wird; die logistische Verteilung hat leicht ausgeprägtere Ausläufer. Entsprechend bringen das Probit- und das Logit-Modell sehr ähnliche Ergebnisse bei der empirischen Arbeit hervor.

Abgesehen von ihren Vorzeichen sind die Koeffizienten in diesen binären Wahlmodellen nicht leicht unmittelbar zu interpretieren. Eine Möglichkeit, die Parameter zu interpretieren (und den Vergleich verschiedener Modelle zu erleichtern), ist das Betrachten der Marginaleffekte von Veränderungen bei den erklärenden Variablen. Für eine kontinuierliche erklärende Variable, sagen wir, x_{ik}, ist der Marginaleffekt definiert als partielle Ableitung der Wahrscheinlichkeit, dass y_i gleich eins ist. Für die drei oben genannten Modelle erhalten wir

$$\frac{\partial \Phi(x_i'\beta)}{\partial x_{ik}} = \phi(x_i'\beta)\beta_k;$$

$$\frac{\partial L(x_i'\beta)}{\partial x_{ik}} = \frac{e^{x_i'\beta}}{(1 + e^{x_i'\beta})^2}\beta_k;$$

$$\frac{\partial x_i'\beta}{\partial x_{ik}} = \beta_k; (\text{oder } 0),$$

wobei $\phi(.)$ die Dichtefunktion der Standardnormalverteilung bezeichnet. Außer für das letzte Modell hängt die Auswirkung einer Veränderung bei x_{ik} von den Werten von x_i ab. Empirisch betrachtet werden Marginaleffekte in der Regel für die »Durchschnitts-« Beobachtung berechnet und ersetzen x_i in vorhergehenden Ausdrücken durch die Stichprobendurchschnitte. Beachten Sie, dass in allen Fällen das Vorzeichen des Effekts einer Veränderung bei x_{ik} dem Vorzeichen seines Koeffizienten β_k entspricht. Für eine diskrete erklärende Variable, zum Beispiel einen Dummy, kann der Effekt einer Veränderung bestimmt werden durch das Berechnen der implizierten Möglichkeiten für die zwei verschiedenen Ergebnisse, bei Fixieren der Werte aller anderen erklärenden Variablen. Green (2012, Kapitel 17.3) liefert eine Erörterung zum Unterschied zwischen dem durchschnittlichen Marginaleffekt und dem Marginaleffekt beim Durchschnitt und dazu, wie Standardfehler für Marginaleffekte berechnet werden können.

Wenn das für uns interessante Modell Interaktionsterme enthält, entsteht ein raffiniertes Problem. Betrachten Sie zum Beispiel den Fall, bei dem das für uns interessante Modell $\beta_2 x_{i2} + \beta_3 x_{i2} x_{i3}$ enthält. Wenn sowohl β_2 als auch β_3 positiv sind, so scheint das nahezulegen, dass $P\{y_i = 1 | x_i\}$ mit x_{i2} zunimmt und die Marginaleffekte größer werden, wenn x_{i3} größer wird. Diese letzte Schlussfolgerung ist nicht zwangsläufig korrekt. Um das zu erkennen, beachten Sie, dass die Marginaleffekte einer Veränderung in x_{i2} für das Probit-Modell nun gegeben sind durch

$$\frac{\partial \Phi(x_i' \beta)}{\partial x_{i2}} = \phi(x_i' \beta)(\beta_2 + \beta_3 x_{i3}).$$

Weil x_{i3} korreliert ist mit $\phi(x_i' \beta)$, kann es sein, dass der Marginaleffekt abnimmt, wenn x_{i3} größer wird, auch wenn $\beta_3 > 0$. Powers (2005) betont diesen Punkt im Kontext der Literatur zum Managementwechsel. Im Allgemeinen ist das Schätzen des Vorzeichens und der Signifikanz des Interaktionstermkoeffizienten β_3 nicht geeignet, um zu behaupten, dass die Likelihood, dass $y_i = 1$, anfälliger gegenüber x_{i2} ist, wenn x_{i3} entweder größer oder kleiner ist. Stattdessen wird bevorzugt, den (durchschnittlichen) Marginaleffekt, wie oben angegeben, zu berechnen. Ähnliche Argumente gelten für das Logit-Modell (aber nicht für das lineare Wahrscheinlichkeitsmodell).

Für das Logit-Modell ist es möglich, (7.4) umzuschreiben zu

$$\log \frac{p_i}{1 - p_i} = x_i' \beta,$$

wobei $p_i = P\{y_i = 1 | x_i\}$ die Wahrscheinlichkeit ist, das Ergebnis 1 zu beobachten. Die linke Seite dieses Ausdrucks wird als die Log-Odds-Ratio bezeichnet. Eine Odds-Ratio von 3 bedeutet, dass die Odds von $y_i = 1$ das Dreifache der Odds von $y_i = 0$ ist. Der β-Koeffizient kann bei Verwendung dieser Gleichung so interpretiert werden, dass er den Effekt auf die Odds-Ratio beschreibt. Wenn zum Beispiel $\beta_k = 0{,}1$ ist, dann steigert die Zunahme von x_{ik} um eine Einheit die Odds-Ratio um etwa 10% (ceteris paribus). Diese Interpretation entspricht einer Semi-Elastizität, wie in Kapitel 3.1 besprochen. Siehe Cameron und Trivedi (2005, Kapitel 14.3.4) für weitere Details.

7.1.3 Ein zugrunde liegendes latentes Modell

Es ist möglich (aber nicht notwendig), ein binäres Wahlmodell von den zugrunde liegenden Verhaltensannahmen abzuleiten. Das führt zu einer latenten Variablen-Repräsentation des Modells, die üblich ist, auch wenn derlei Verhaltensannahmen nicht getroffen wurden. Lassen Sie uns die Entscheidung einer verheirateten Frau betrachten, einen bezahlten Job auszuüben oder nicht. Die Nutzendifferenz zwischen einem bezahlten Job oder keinem hängt von dem Lohn ab, der verdient werden kann, aber auch von anderen persönlichen Eigenschaften, wie dem Alter und der Ausbildung der Frau, ob es in der Familie kleine Kinder gibt und so weiter. Folglich können wir für jede Person i die Nutzendifferenz zwischen dem Innehaben oder Nicht-Innehaben eines Jobs als eine Funktion beobachteter Eigenschaften, sagen wir x_i, und unbeobachteter Eigenschaften, etwa ε_i, schreiben.[1] Wenn wir von einer linearen additiven Beziehung ausgehen, erhalten wir für die Nutzendifferenz, bezeichnet als y_i^*,

$$y_i^* = x_i'\beta + \varepsilon_i. \tag{7.8}$$

Weil y_i^* unbeobachtet ist, wird es als **latente Variable** bezeichnet. In diesem Kapitel werden latente Variablen durch ein Sternchen angezeigt. Unsere Annahme besteht darin, dass eine Frau sich für einen Job entscheidet, wenn die Nutzendifferenz einen bestimmten Schwellenwert übersteigt, der ohne Einbuße der Allgemeingültigkeit auf null gesetzt werden kann. Infolgedessen beobachten wir $y_i = 1$ (Job), wenn und nur wenn $y_i^* > 0$, und $y_i = 0$ (kein Job). Folglich haben wir

$$P\{y_i = 1\} = P\{y_i^* > 0\} = P\{x_i'\beta + \varepsilon_i > 0\} = P\{-\varepsilon_i \leq x_i'\beta\} = F(x_i'\beta), \tag{7.9}$$

wobei F die Verteilungsfunktion von $-\varepsilon_i$ bezeichnet oder, im üblichen Fall einer symmetrischen Verteilung, die Verteilungsfunktion von ε_i. Infolgedessen erhalten wir ein binäres Wahlmodell, dessen Form abhängt von der für ε_i angenommenen Verteilung. Da das Ausmaß des Nutzens nicht identifiziert ist, ist eine Normalisierung der Verteilung von ε_i erforderlich. Für gewöhnlich bedeutet das, dass ihre Varianz auf einen bestimmten Wert fixiert wird. Wird die *Standard*normalverteilung gewählt, erhalten wir das Probit-Modell; für die logistische erhalten wir das Logit-Modell.

Obwohl binäre Wahlmodelle in der Ökonomie häufig als von einem zugrunde liegenden Nutzenmaximierungsproblem abgeleitet gedeutet werden können, ist das sicher nicht zwingend. Für gewöhnlich wird die latente Variable y_i^* unmittelbar definiert, derart, dass das Probit-Modell vollständig beschrieben wird durch

$$y_i^* = x_i'\beta + \varepsilon_i, \quad \varepsilon_i \sim NID(0,1)$$
$$y_i = 1 \quad \text{wenn } y_i^* > 0 \tag{7.10}$$
$$= 0 \quad \text{wenn } y_i^* \leq 0,$$

wobei die ε_is unabhängig sind von allen x_i. Für das Logit-Modell wird die Normalverteilung ersetzt durch die Standardlogistikverteilung. Zumeist werden die Parameter in binären Wahlmodellen (oder begrenzten abhängigen Variablenmodellen im Allgemeinen) durch die Maximum-Likelihood-Methode geschätzt.

7.1.4 Schätzen

In Anbetracht unserer allgemeinen Betrachtung der Maximum-Likelihood-Schätzung in Kapitel 6 können wir hier die Aufmerksamkeit auf die Form der Likelihood-Funktion beschränken. Tatsächlich ist diese Form sehr einfach, da sie unmittelbar aus den oben genannten Modellen folgt. Im Allgemeinen ist der Likelihood-Beitrag der Beobachtung i mit $y_i = 1$ gegeben durch $P\{y_i = 1|x_i\}$ als eine Funktion des unbekannten Parametervektors β und vergleichbar für $y_i = 0$. Die Likelihood-Funktion für die gesamte Stichprobe ist folglich gegeben durch

$$L(\beta) = \prod_{i=1}^{N} P\{y_i = 1|x_i; \beta\}^{y_i} P\{y_i = 0|x_i; \beta\}^{1-y_i}, \tag{7.11}$$

wobei wir β in die Ausdrücke für die Wahrscheinlichkeiten mitaufnehmen, um zu betonen, dass die Likelihood-Funktion eine Funktion von β ist. Wie gewöhnlich bevorzugen wir es, mit der Loglikelihood-Funktion zu arbeiten. Ersetzen wir $P\{y_i = 1|x_i; \beta\} = F(x_i'\beta)$, dann erhalten wir

$$\log L(\beta) = \sum_{i=1}^{N} y_i \log F(x_i'\beta) + \sum_{i=1}^{N} (1 - y_i) \log(1 - F(x_i'\beta)). \tag{7.12}$$

Das Ersetzen der geeigneten Form für F ergibt einen Ausdruck, der im Hinblick auf β maximiert werden kann. Wie oben gezeigt, hängen die Werte von β und deren Interpretation von der gewählten Verteilungsfunktion ab. Ein empirisches Beispiel in Kapitel 7.1.6 wird das veranschaulichen.

Es ist aufschlussreich, sich die Bedingungen erster Ordnung des Maximum-Likelihood-Problems anzusehen. (7.12) im Hinblick auf β zu differenzieren ergibt

$$\frac{\partial \log L(\beta)}{\partial \beta} = \sum_{i=1}^{N} \left[\frac{y_i - F(x_i'\beta)}{F(x_i'\beta)(1 - F(x_i'\beta))} f(x_i'\beta) \right] x_i = 0, \tag{7.13}$$

wobei $f = F'$ die Ableitung der Verteilungsfunktion ist (somit ist f die Dichtefunktion). Der Term in eckigen Klammern wird oft als **verallgemeinertes Residuum** des Modells bezeichnet und wir werden es wieder antreffen, wenn wir die Spezifikationstests besprechen. Für die positiven Beobachtungen ($y_i = 1$) ist es gleich ($y_i = 1$), und $-f(x_i'\beta)/(1 - F(x_i'\beta))$ für die Nullbeobachtungen ($y_i = 0$). Die Bedingungen erster Ordnung besagen somit, dass jede erklärende Variable orthogonal zum verallgemeinerten Residuum sein sollte (über die gesamte Stichprobe). Das ist vergleichbar mit OLS-Bedingungen erster Ordnung in (2.10), die besagen, dass die Kleinstquadrateresiduen orthogonal zu jeder Variablen in x_i sind.

Für das Logit-Modell können wir (7.13) vereinfachen zu

$$\frac{\partial \log L(\beta)}{\partial \beta} = \sum_{i=1}^{N} \left[y_i - \frac{\exp(x_i'\beta)}{1 + \exp(x_i'\beta)} \right] x_i = 0. \tag{7.14}$$

Die Lösung von (7.14) ist der Maximum-Likelihood-Schätzer $\hat{\beta}$. Von diesem Schätzwert können wir die Wahrscheinlichkeit schätzen, dass $y_i = 1$ für ein gegebenes x_i durch

$$\hat{p}_i = \frac{\exp(x_i'\hat{\beta})}{1 + \exp(x_i'\hat{\beta})}. \tag{7.15}$$

Folglich bedeuten die Bedingungen erster Ordnung für das Logit-Modell, dass

$$\sum_{i=1}^{N} \hat{p}_i x_i = \sum_{i=1}^{N} y_i x_i. \tag{7.16}$$

Wenn x_i also eine Konstante enthält (und es gibt keinen Grund, warum das nicht so sein sollte), dann ist die Summe der geschätzten Wahrscheinlichkeiten gleich $\sum_i y_i$ oder der Anzahl von Beobachtungen in der Stichprobe, für die $y_i = 1$ gilt. Anders ausgedrückt ist die vorhergesagte Häufigkeit gleich der tatsächlichen Häufigkeit. Ähnliches gilt, wenn x_i eine Dummyvariable enthält, etwa 1 für weiblich, 0 für männlich: Dann wird die vorhergesagte Häufigkeit gleich der tatsächlichen Häufigkeit für jede Geschlechtsgruppe sein. Obwohl ein vergleichbares Ergebnis nicht vollständig für das Probit-Modell gilt, gilt es approximativ aufgrund der Ähnlichkeit der Logit- und der Probit-Modelle.

Ein Blick auf die Bedingungen zweiter Ordnung des Maximum-Likelihood-Problems zeigt, dass die Matrix der Ableitungen zweiter Ordnung negativ definit ist (dabei angenommen, dass die xs nicht kollinear sind). Infolgedessen ist die Loglikelihood-Funktion global konkav und Konvergenz für den iterativen Maximum-Likelihood-Algorithmus ist garantiert (und für gewöhnlich sehr schnell).

7.1.5   Anpassungsgüte

Ein Maß für die Anpassungsgüte ist eine zusammenfassende Statistik, welche die Genauigkeit anzeigt, mit der das Modell die beobachteten Daten approximiert, so wie das R^2-Maß beim linearen Regressionsmodell. In dem Fall, dass die abhängige Variable qualitativ ist, kann die Genauigkeit entweder bezüglich der Passung zwischen den berechneten Wahrscheinlichkeiten und beobachteten Reaktionshäufigkeiten beurteilt werden oder im Hinblick auf die Fähigkeit des Modells, beobachtete Reaktionen vorherzusagen. Im Gegensatz zum linearen Regressionsmodell gibt es kein einheitliches Maß für die Anpassungsgüte in binären Wahlmodellen, sondern es existiert eine Vielzahl von Maßen; siehe Cameron und Trivedi (2005, Kapitel 8.7) für eine allgemeine Auseinandersetzung mit alternativen Maßen für die Anpassungsgüte in nichtlinearen Modellen.

Häufig basieren Maße der Anpassungsgüte implizit oder explizit auf Vergleichen mit einem Modell, das nur eine Konstante als erklärende Variable enthält. Lassen Sie uns mit $\log L_1$ den Maximum-Likelihood-Wert des für uns interessanten Modells bezeichnen und $\log L_0$ bezeichnet den maximalen Wert der Loglikelihood-Funktion, wenn alle Parameter, außer dem Achsenabschnitt, auf null gesetzt sind. Zweifellos ist $\log \log L_1 \geq \log L_0$. Je größer die Differenz zwischen den beiden Loglikelihood-Werten, desto mehr vergrößert das erweiterte Modell das sehr restriktive Modell. (Ein formaler Likelihood-Ratio-Test kann tatsächlich auf die Differenz zwischen den zwei Werten gestützt werden.) Ein erstes Maß der Anpassungsgüte ist definiert als (siehe Amemiya, 1981, für eine umfangreiche Liste)

$$pseudo\text{-}R^2 = 1 - \frac{1}{1 + 2(\log L_1 - \log L_0)/N}, \tag{7.17}$$

wobei N die Anzahl von Beobachtungen bezeichnet. Ein alternatives Maß wird von McFadden (1974) vorgeschlagen,

$$McFadden R^2 = 1 - \log L_1 / \log L_0, \tag{7.18}$$

manchmal bezeichnet als der Likelihood-Ratio-Index. Weil die Loglikelihood die Summe der Log-Wahrscheinlichkeiten ist, folgt, dass $\log L_0 \leq \log L_1 < 0$, woraus direkt gezeigt werden kann, dass beide Maße nur Werte im Intervall [0,1] angenommen haben. Wenn alle geschätzten Steigungskoeffizienten gleich null sind, haben wir $\log L_0 = \log L_1$, derart, dass beide R^2s gleich null sind. Wenn das Modell in der Lage wäre, (geschätzte) Wahrscheinlichkeiten hervorzubringen, die exakt den beobachteten Werten entsprechen (das heißt, $\hat{p}_i = y_i$ für alle i), würden alle Wahrscheinlichkeiten in der Loglikelihood gleich eins sein, sodass die Loglikelihood exakt gleich null wäre. Infolgedessen erhalten wir die Obergrenze für die beiden oben genannten Maße bei $\log L_1 = 0$. Die Obergrenze von 1 kann folglich – in der Theorie – nur durch McFaddens Maß erhalten werden; siehe Cameron und Windmeijer (1997) für eine Erörterung der Eigenschaften dieses und alternativer Maße. In der Praxis sind Maße der Anpassungsgüte für gewöhnlich ziemlich weit unter eins.

Um $\log L_0$ zu berechnen, ist es nicht nötig, ein Probit- oder Logit-Modell mit nur einem Achsenabschnittsterm zu schätzen. Gibt es in dem Modell nur eine Konstante, dann ist die Verteilungsfunktion irrelevant für die implizierten Wahrscheinlichkeiten und das Modell besagt im Wesentlichen $P\{y_i = 1\} = p$ für ein unbekanntes p. Es kann problemlos gezeigt werden, dass der ML-Schätzer für p (siehe (6.4))

$$\hat{p} = N_1 / N$$

ist, wobei $N_i = \sum_i y_i$. Das heißt, die geschätzte Wahrscheinlichkeit ist gleich dem Anteil von Einsen in der Stichprobe. Der Maximum-Likelihood-Wert ist von daher gegeben durch (vergleiche (6.37))

$$\log L_0 = \sum_{i=1}^{N} y_i \log(N_1/N) + \sum_{i=1}^{N} (1 - y_i) \log(1 - N_1/N)$$
$$= N_1 \log(N_1/N) + N_0 \log(N_0/N), \tag{7.19}$$

wobei $N_0 = N - N_1$ die Anzahl der Nullen in der Stichprobe bezeichnet. Aus der Stichprobengröße N und den Stichprobenhäufigkeiten N_0 und N_1 kann es direkt berechnet werden. Den Wert von $\log L_1$ sollte Ihr Softwarepaket ermitteln können.

Eine alternative Möglichkeit, die Anpassungsgüte zu bewerten, besteht im Vergleichen korrekter und falscher Vorhersagen. Um zu prognostizieren, ob $y_i = 1$ oder nicht, scheint es naheliegend, einen Blick auf die geschätzte Wahrscheinlichkeit zu werfen, die aus dem Modell folgt und die gegeben ist durch $F(x_i'\hat{\beta})$. Im Allgemeinen wird prognostiziert, dass $y_i = 1$ wenn $F(x_i'\hat{\beta}) > 1/2$. Weil $F(0) = 1/2$ ist für Verteilungen, die um 0 herum symmetrisch sind (wie die Normal- und die logistische Verteilung), entspricht das $x_i'\hat{\beta} > 0$. Folglich sind die implizierten Vorhersagen

$$\hat{y}_i = 1 \;\; \text{if } x_i'\hat{\beta} > 0$$
$$\hat{y}_i = 0 \;\; \text{if } x_i'\hat{\beta} \leq 0. \tag{7.20}$$

Nun ist es möglich, eine Kreuztabelle von Vorhersagen und tatsächlichen Beobachtungen zu erstellen. In Tabelle 7.1 bezeichnet n_{11} die Anzahl korrekter Vorhersagen, wenn das tatsächliche Ergebnis 1 ist, und n_{10} bezeichnet die Anzahl von Malen, die wir eine Null vorhersagen, während der tatsächliche Wert 1 ist. Beachten Sie, dass $N_1 = n_{11} + n_{10}$ und $n_1 = n_{11} + n_{01}$. Verschiedene Maße der Anpassungsgüte können auf der Grundlage dieser Tabelle berechnet

		y_i		
		0	1	Gesamt
y_i	0	n_{00}	n_{01}	N_0
	1	n_{10}	n_{11}	N_1
	Gesamt	n_0	n_1	N

Tabelle 7.1　Kreuztabelle tatsächlicher und prognostizierter Ergebnisse

werden. Insgesamt beträgt der Anteil falscher Vorhersagen

$$wr_1 = \frac{n_{01} + n_{10}}{N},$$

was verglichen werden kann mit dem Anteil falscher Vorhersagen, die auf einem Modell mit nur einem Achsenabschnittsterm basieren. Es ist klar zu erkennen, dass wir für letzteres Modell eine Eins für alle Beobachtungen vorhersagen werden, wenn $\hat{p} = N_1/N > 1/2$, und andernfalls eine Null. Der Anteil falscher Prognosen ergibt sich also durch

$$wr_0 = 1 - \hat{p} \text{ wenn } \hat{p} > 0.5,$$

$$= \hat{p} \text{ wenn } \hat{p} \leq 0.5.$$

Ein Maß der Anpassungsgüte wird schließlich erhalten über

$$R_p^2 = 1 - \frac{wr_1}{wr_0}. \tag{7.21}$$

Weil die Möglichkeit besteht, dass das Modell schlechter vorhersagt als das einfache Modell, können wir $wr_1 > wr_0$ haben. In dem Fall wird R_p^2 negativ. Natürlich ist das kein gutes Zeichen für die Prognosequalität des Modells. Beachten Sie auch, dass $wr_0 \leq 1/2$, das heißt, selbst das einfachste Modell wird mindestens die Hälfte der Beobachtungen korrekt prognostizieren. Wenn in der Stichprobe 90% $y_i = 1$ entsprechen, haben wir sogar $wr_0 = 0{,}1$. Infolgedessen benötigt in diesem Fall jedes binäre Wahlmodell mehr als 90% korrekte Vorhersagen, um das einfache Modell zu schlagen. Deshalb liefert der Gesamtanteil der korrekten Vorhersagen, $1 - wr_1 = (n_{00} + n_{11})/N$, nicht viele Informationen über die Qualität des Modells. Es könnte informativer sein, die Proportionen der korrekten Vorhersagen für die Unterstichproben zu betrachten. Aus Tabelle 7.1 sind die Anteile korrekter Vorhersagen für die beiden Unterstichproben mit $y_i = 0$ und $y_i = 1$ gegeben durch $p_{00} = n_{00}/N_0$ beziehungsweise $p_{11} = n_{11}/N_1$. Deren Summe

$$HM = p_{00} + p_{11}$$

sollte bei einem guten Modell größer 1 sein (Henricksson und Merton, 1981). Der Kuipers-Score (ursprünglich in der meteorologischen Literatur vorgeschlagen) entspricht dem und wird gegeben durch

$$KS = \frac{n_{00}}{N_0} - \frac{n_{10}}{N_1} = \frac{n_{11}}{N_1} - \frac{n_{01}}{N_0},$$

was die Differenz zwischen der Trefferquote (Anteil zutreffender Vorhersagen für ein Ergebnis) minus der Fehlalarmrate (Anteil falscher Vorhersagen für dasselbe Ergebnis) ist. Der Score hat einen Bereich von -1 bis $+1$, wobei 0 für keine Vorhersagestärke steht. Negative Werte würden mit »verkehrten« Vorhersagen assoziiert werden; siehe Granger und Pesaran (2000). Dass $KS = HM - 1$ ist, kann leicht nachgewiesen werden. Im Gegensatz zu den Pseudo-R^2-Maßen, die auf der Loglikelihood-Funktion basieren, beruhen die letzten drei Maße auf der Kreuztabelle von y_i und y_i und können ebenfalls verwendet werden, um aus Stichprobenvorhersagen zu schätzen.

7.1.6 Beispiel: Der Einfluss von Arbeitslosenunterstützung auf die Empfänger

Zur Veranschaulichung betrachten wir eine Stichprobe[2] von 4877 Arbeitern in den USA, die zwischen 1982 und 1991 ihren Job verloren haben (entnommen einer Studie von McCall (1995)). Nicht alle Arbeitslosen, die berechtigt wären, Arbeitslosenunterstützung zu beantragen, tun das auch. Möglicherweise liegt das an den damit verbundenen finanziellen und psychologischen Belastungen. Der Prozentsatz berechtigter, sich tatsächlich um Arbeitslosenunterstützung bewerbender arbeitsloser Arbeiter wird als Ausführungsquote bezeichnet und lag in der zur Verfügung stehenden Stichprobe bei lediglich 68%. Von daher ist es interessant, herauszufinden, aus welchen Gründen Menschen keine Arbeitslosenunterstützung beantragen.

Die Höhe der Arbeitslosenunterstützung (ALU), die eine Person erhalten kann, hängt davon ab, in welchem Staat sie gemeldet ist, von dem Jahr, in dem sie arbeitslos wurde, und seinen oder ihren vorherigen Einkünften. Die Ersatzrate, definiert als die wöchentlichen ALU-Bezüge im Verhältnis zu den vorherigen Wocheneinkünften, liegt zwischen 33% und 54% mit einem Stichprobendurchschnitt von 44% und ist potenziell ein wichtiger Faktor dafür, ob sich ein Arbeitsloser dazu entscheidet, ALU zu beantragen. Natürlich können auch andere Variablen die Ausführungsquote beeinflussen. Aufgrund persönlicher Eigenschaften sind manche Personen eher als andere in der Lage, in kurzer Zeit einen neuen Job zu finden, und beantragen deshalb keine ALU. Indikatoren für derlei persönliche Eigenschaften sind Schulbildung, Alter und, abhängig von der potenziellen (positiven oder negativen) Diskriminierung im Arbeitsmarkt, ethnische Dummys sowie Geschlechtsdummys. Zusätzlich können Präferenzen und Budgetgründe, die sich in der Familiensituation widerspiegeln, wichtig sein. Wegen der bedeutenden Unterschiede der Arbeitslosenrate in verschiedenen Staaten variiert die Wahrscheinlichkeit, einen neuen Job zu finden, bei den verschiedenen Staaten sehr stark. Von daher werden wir die staatliche Arbeitslosenrate in unsere Analyse mitaufnehmen. Die letzte Art von Variablen, die relevant sein könnte, bezieht sich auf die Ursache des Jobverlusts. In die Analyse werden wir deshalb Dummyvariablen für die Gründe aufnehmen: nachlässig gearbeitet, Stelle wurde abgebaut oder Ende einer Saisonarbeit.

Wir schätzen drei unterschiedliche Modelle, deren Ergebnisse in Tabelle 7.2 aufgelistet sind. Das lineare Wahrscheinlichkeitsmodell wird durch gewöhnliche kleinste Quadrate geschätzt, sodass keine Korrekturen im Hinblick auf Heteroskedastizität vorgenommen werden, ebenso wenig wie Versuche, die impliziten Wahrscheinlichkeiten zwischen 0 und 1 zu halten. Das Logit- und das Probit-Modell werden beide durch Maximum-Likelihood geschätzt. Weil die logistische Verteilung eine Varianz von $\pi^2/3$ aufweist, sind die Schätzwerte für β, die wir aus dem Logit-Modell erhalten, um etwa einen Faktor $\pi/\sqrt{3}$ größer als jene aus dem Probit-Modell, unter Anerkennung der geringen Unterschiede in der Verteilungsform. Auf ähnliche Weise unterscheiden sich die Schätzwerte für das lineare Wahrscheinlichkeitsmodell stark im Ausmaß und sind etwa viermal so klein wie jene für das Logit-Modell (abgesehen vom Achsenabschnittsterm).

Variable	LPM		Logit		Probit	
	Schätzwert	s.e.	Schätzwert	s.e.	Schätzwert	s.e.
Konstante	−0,077	(0,122)	−2,800	(0,604)	−1,700	(0,363)
Ersatzrate	0,629	(0,384)	3,068	(1,868)	1,863	(1,127)
Ersatzrate^2	−1,019	(0,481)	−4,891	(2,334)	−2,980	(1,411)
Alter	0,0157	(0,0047)	0,068	(0,024)	0,042	(0,014)
Alter^2/10	−0,0015	(0,0006)	−0,0060	(0,0030)	−0,0038	(0,0018)
Beschäftigungs-dauer	0,0057	(0,0012)	0,0312	(0,0066)	0,0177	(0,0038)
Nachlässiger Arbeiter	0,128	(0,014)	0,625	(0,071)	0,375	(0,042)
Weggefallene Stelle	−0,0065	(0,0248)	−0,0362	(0,1178)	−0,0223	(0,0718)
Saisonarbeit	0,058	(0,036)	0,271	(0,171)	0,161	(0,104)
Haushaltsvor-stand	−0,044	(0,017)	−0,211	(0,081)	−0,125	(0,049)
Verheiratet	0,049	(0,016)	0,242	(0,079)	0,145	(0,048)
Kinder	−0,031	(0,017)	−0,158	(0,086)	−0,097	(0,052)
Kleinkinder	0,043	(0,020)	0,206	(0,097)	0,124	(0,059)
Lebt in einer Großstadtregion (SMSA)	−0,035	(0,014)	−0,170	(0,070)	−0,100	(0,042)
Nicht weiß	0,017	(0,019)	0,074	(0,093)	0,052	(0,056)
Jahre Arbeitslosigkeit	−0,013	0,008	−0,064	0,015	−0,038	0,009
> 12 Jahre Schulbildung	−0,014	(0,016)	−0,065	(0,082)	−0,042	(0,050)
Männlich	−0,036	(0,018)	−0,180	(0,088)	−0,107	(0,053)
Max. Arbeitslosen-unterstützung in diesem Staat	0,0012	(0,0002)	0,0060	(0,0010)	0,0036	(0,0006)
Max. Arbeitslosen-quote in diesem Staat	0,018	(0,003)	0,096	(0,016)	0,057	(0,009)
Loglikelihood			−2873,197		−2874,071	
Pseudo-R^2			0,066		0,066	
McFadden R^2			0,057		0,057	
R_p^2		0,035	0,046		0,045	

Tabelle 7.2   Binäre Wahlmodelle für das Beantragen von Arbeitslosenunterstützung (Arbeiter)

Betrachten wir die Ergebnisse in Tabelle 7.2, so sehen wir, dass die Vorzeichen der Koeffizienten innerhalb der verschiedenen Spezifikationen identisch sind, während die statistische Signifikanz der erklärenden Variablen ebenfalls vergleichbar ist. Das ist keine ungewöhnliche Feststellung. Wenn wir die durchschnittlichen Marginaleffekte der erklärenden Variablen in allen drei Modellen berechnen könnten, so lägen diese in der Regel sehr nah beieinander. So beträgt zum Beispiel der geschätzte Marginaleffekt, geschätzt über die Stichprobendurchschnitte der Regressoren, für *Beschäftigungsdauer* 0,0066 für das Logit-Modell und 0,0062 für das Probit-Modell. Der geschätzte Effekt, verheiratet zu sein, beträgt für die durchschnittliche Person 0,0517 und 0,0515 für die Logit- beziehungsweise Probit-Spezifikationen. Beim linearen Wahrscheinlichkeitsmodell entsprechen die Marginaleffekte den geschätzten Koeffizienten.

Für alle Spezifikationen hat die Ersatzrate einen nicht signifikanten positiven Koeffizienten, dessen Quadrat jedoch signifikant negativ ist. Der Ceteris-paribus-Effekt der Ersatzrate wird von daher von diesem Wert abhängen. Für das Probit-Modell können wir zum Beispiel ableiten, dass der geschätzte Marginaleffekt[3] einer Veränderung bei der Ersatzrate (rr) dem Wert der normalen Dichtefunktion multipliziert mit $1,863 - 2 \times 2,980rr$ gleicht, was für 85% der Beobachtungen in der Stichprobe negativ ist. Das ist nicht eingängig und legt nahe, dass die anderen Variablen für das Erklären der Anwendungsquote wichtiger sein könnten.

Die Dummyvariable, die anzeigt, ob der Job aus Nachlässigkeit verloren wurde, ist bei allen Spezifikationen stark signifikant. Das ist nicht weiter überraschend, da es für diese Arbeiter in der Regel schwierig ist, eine neue Anstellung zu finden. Viele andere Variablen sind statistisch nicht signifikant oder nur marginal signifikant. Das ist besonders ärgerlich, da bei dieser großen Anzahl von Beobachtungen ein Signifikanzniveau von 1% oder weniger geeigneter[4] sein könnte als die traditionellen 5%. Die beiden Variablen, die sich auf den Staat des Wohnsitzes beziehen, sind statistisch signifikant. Je höher die staatliche Arbeitslosenquote und je höher das maximale Arbeitslosengeld, desto wahrscheinlich ist es wiederum, dass die Personen dieses beantragen, was unmittelbar plausibel ist. Der Ceteris-paribus-Effekt des Verheiratetseins wird als positiv geschätzt, während es überraschenderweise eine negative Auswirkung auf die Wahrscheinlichkeit der Ausführungsquote hat, wenn der Betreffende der Haushaltsvorstand ist.

		y_i		
		0	**1**	**Gesamt**
y_i	0	242	1300	1542
	1	171	3164	3335
	Gesamt	413	4464	4877

Tabelle 7.3   Kreuztabelle der tatsächlichen und vorhergesagten Ergebnisse (Logit-Modell)

Die Tatsache, dass die Modelle beim Erklären der Wahrscheinlichkeit, ob jemand ALU beantragt, keine sehr gute Arbeit leisten, spiegelt sich in den Maßen der Anpassungsgüte, die berechnet werden. Für gewöhnlich ist die Anpassungsgüte für diskrete Wahlmodelle sehr niedrig. Bei dieser Anwendung zeigen die alternativen Maße der Anpassungsgüte, dass die spezifizierten Modelle zwischen 3,5% und 6,6% besser performen als ein Modell, das die Wahrscheinlichkeit des Beantragens als konstant spezifiziert. Um das näher auszuführen, lassen Sie uns das R_p^2-Kriterium für das Logit-Modell betrachten. Wenn wir die Vorhersagen $\hat{y}_i$ auf Basis der geschätzten Logit-Wahrscheinlichkeiten generieren durch Vorhersagen von eins, wenn die geschätzte

Wahrscheinlichkeit größer als 0,5 ist, und andernfalls 0, können wir die Kreuztabelle 7.3 erstellen. Die nicht auf der Diagonale liegenden Elemente in dieser Tabelle zeigen die Anzahl von Beobachtungen an, für die die Vorhersage des Modells nicht korrekt ist. Für die Mehrheit der Personen können wir klar vorhersagen, dass sie ALU beantragen werden, während wir für 171 Personen vorhersagen, dass sie keine ALU beantragen werden, obwohl sie es doch tun werden. Das R_p^2-Kriterium kann unmittelbar aus dieser Tabelle berechnet werden:

$$R_p^2 = 1 - \frac{171 + 1300}{1542},$$

wobei 1542 der Anzahl nicht korrekter Vorhersagen aus dem naiven Modell entspricht, wo die Wahrscheinlichkeit der Ausführung konstant ist ($\hat{p} = 3335/4877$). Der Loglikelihood-Wert für letzteres Modell ergibt sich aus

$$\log L_0 = 3335 \log \frac{3335}{4877} + 1542 \log \frac{1542}{4877} = -3043,028,$$

welche uns gestattet, die Pseudo- und McFadden-R^2-Maße zu berechnen. Schließlich stellen wir fest, dass $p_{00} + p_{11}$ für dieses Logit-Modell

$$\text{HM} = \frac{242}{1542} + \frac{3164}{3335} = 1,106$$

ist, während es konstruktionsbedingt für das naive Modell 1 beträgt.

7.1.7 Spezifikationstests zu binären Wahlmodellen

Obwohl Maximum-Likelihood-Schätzer die Eigenschaft haben, konstant zu sein, muss eine wichtige Bedingung erfüllt sein, damit das gilt: Die Likelihood-Funktion muss korrekt spezifiziert sein.[5] Das bedeutet, dass wir über die gesamte Verteilung, die wir unseren Daten auferlegen, sicher sein müssen. Abweichungen werden inkonsistente Schätzer nach sich ziehen und in binären Wahlmodellen entsteht das in der Regel, wenn die Wahrscheinlichkeit, dass $y_i = 0$, als eine Funktion von x_i fehlspezifiziert ist. Für gewöhnlich werden solche Fehlspezifikationen durch das latente Variablenmodell begründet und spiegeln Heteroskedastizität oder Nichtnormalität (im Probit-Fall) von ε_i wider. Zusätzlich möchten wir vielleicht auf weggelassene Variablen testen, ohne das Modell neu schätzen zu müssen. Das gängigste System für solche Tests ist das Lagrange-Multiplikator-(LM-)System, wie in Kapitel 6.2 besprochen.

LM-Tests basieren auf den Bedingungen erster Ordnung aus dem allgemeineren Modell, das die alternative Hypothese spezifiziert und überprüft, ob gegen diese verstoßen wird, wenn wir sie bei den Parameterschätzwerten des aktuellen, beschränkten Modells schätzen. Wenn wir also J auf weggelassene Variablen z_i testen wollen, sollten wir einschätzen, ob sich

$$\sum_{i=1}^{N} \left[\frac{y_i - F(x_i'\hat{\beta})}{F(x_i'\hat{\beta})(1 - F(x_i'\hat{\beta}))} f(x_i'\hat{\beta}) \right] z_i \tag{7.22}$$

signifikant von null unterscheidet. Den Term in eckigen Klammern als das verallgemeinerte Residuum, $\hat{\varepsilon}_i^G$, zu bezeichnen bedeutet, zu überprüfen, ob $\hat{\varepsilon}_i^G$ und z_i korreliert sind. Wie wir in Kapitel 6.2 gesehen haben, ist ein einfacher Weg des Berechnens einer LM-Teststatistik die Regression eines Vektors von Einsen auf die $K + J$ Variablen $\hat{\varepsilon}_i^G x_i'$ und $\hat{\varepsilon}_i^G z_i'$ und das N-malige

Berechnen des unzentrierten R^2 (siehe Kapitel 2.4) dieser Hilfsregression. Unter der Nullhypothese, dass z_i mit Null-Koeffizienten in das Modell eingeht, ist die Teststatistik asymptotisch Chi-Quadrat-verteilt mit J Freiheitsgraden.

Heteroskedastizität von ε_i lässt die Maximum-Likelihood-Schätzer inkonsistent werden, was wir problemlos überprüfen können. Betrachten wir die Alternative, dass die Varianz von ε_i von den exogenen Variablen[6] z_i abhängt, als

$$V\{\varepsilon_i\} = kh(z_i'\alpha) \tag{7.23}$$

für eine Funktion $h > 0$ mit $h(0) = 1$, $k = 1$ oder $\pi \prod^2/3$ (je nachdem, ob wir ein Probit- oder ein Logit-Modell haben) und $h'(0) \neq 0$. Die Loglikelihood-Funktion würde verallgemeinert zu

$$\log L(\beta, \alpha) = \sum_{i=1}^{N} y_i \log F\left(\frac{x_i'\beta}{\sqrt{h(z_i'\alpha)}}\right) + \sum_{i=1}^{N} (1 - y_i) \log \left(1 - F\left(\frac{x_i'\beta}{\sqrt{h(z_i'\alpha)}}\right)\right). \tag{7.24}$$

Die Ableitungen im Hinblick auf α, geschätzt unter der Nullhypothese, dass $\alpha = 0$, sind gegeben durch

$$\sum_{i=1}^{N} \left[\frac{y_i - F(x_i'\hat{\beta})}{F(x_i'\hat{\beta})(1 - F(x_i'\hat{\beta}))} f(x_i'\hat{\beta})\right] (x_i'\hat{\beta}) \kappa z_i, \tag{7.25}$$

wobei κ eine Konstante ist, die von der Form von h abhängt. Folglich ist es einfach, $H_0 : \alpha = 0$ unter Verwendung des LM-Tests zu testen, indem wir N mal das unzentrierte R^2 einer Regression von Einsen auf $\hat{\varepsilon}_i^G x_i'$ und $(\hat{\varepsilon}_i^G \cdot x_i'\hat{\beta}) z_i'$ nehmen. Wieder ist die Teststatistik Chi-Quadrat mit J Freiheitsgraden (der Dimension von z_i). Wegen der Normalisierung (die Varianz ist nicht geschätzt) sollte z_i keine Konstante enthalten. Beachten Sie auch, dass konstruktionsbedingt $\sum_i \hat{\varepsilon}_i^G \cdot x_i'\hat{\beta} = 0$ wegen der Bedingungen erster Ordnung. Obwohl κ in den Ableitungen in (7.25) auftaucht, ist es nur eine Konstante und von daher irrelevant bei der Berechnung der Teststatistik. Folglich hängt der Test auf Heteroskedastizität nicht von der Form der Funktion $h(.)$ ab, sondern nur von den Variablen z_i, die die Varianz beeinflussen (vergleiche Newey, 1985). Das ist dem Breusch-Pagan-Test auf Heteroskedastizität im linearen Regressionsmodell vergleichbar, wie in den Kapiteln 4.4.2 und 6.3.2 besprochen.

Abschließend besprechen wir den Normalitätstest für das Probit-Modell. Für eine kontinuierlich beobachtete Variable können Normalitätstests in der Regel auf Schiefe (drittes Moment) und Exzesswölbung (viertes Moment) testen, das heißt, sie überprüfen, ob $E\{\varepsilon_i^3\} = 0$ und $E\{\varepsilon_i^4 - 3\sigma^4\} = 0$ (vergleiche Pagan und Vella, 1989). Im Fall nicht kontinuierlicher Beobachtungen ist es auf diese Weise möglich, Tests auf Normalität abzuleiten. Alternativ, und häufig gleichwertig, können wir im Lagrange-Multiplikator-System verbleiben und eine alternative Verteilung spezifizieren, die allgemeiner ist als die normale, und testen die durch Letztere implizierten Restriktionen. Eine Parametrisierung von Nichtnormalität erhalten wir durch Festsetzen, dass ε_i folgende Verteilungsfunktion aufweist (vergleiche Bera, Jarque und Lee, 1984, Ruud, 1984, oder Newey, 1985):

$$P\{\varepsilon_i \leq t\} = \Phi(t + \gamma_1 t^2 + \gamma_2 t^3), \tag{7.26}$$

welche die Pearson-Familie der Verteilungen charakterisiert (einige Restriktionen zu γ_1 und γ_2 gelten). Diese Klasse der Verteilungen lässt Schiefe ($\gamma_1 \neq 0$) und Exzesswölbung (ausgeprägte

Ausläufer) ($\gamma_2 \neq 0$) zu und verringert auf die Normalverteilung, wenn $\gamma_1 = \gamma_2 = 0$. Infolgedessen ist ein Test auf Normalität lediglich ein Test auf zwei parametrische Restriktionen. Im Probit-Modell würde die Wahrscheinlichkeit, dass $y_i = 1$, allgemeiner beschrieben durch

$$P\{y_i = 1|x_i\} = \Phi(x_i'\beta + \gamma_1(x_i'\beta)^2 + \gamma_2(x_i'\beta)^3). \tag{7.27}$$

Das zeigt, dass in diesem Fall ein Test auf Normalität einem Test auf weggelassene Variablen $(x_i'\beta)^2$ und $(x_i'\beta)^3$ entspricht. Folglich ist die Teststatistik für die Nullhypothese $\gamma_1 = \gamma_2 = 0$ mittels Durchführung einer Hilfsregression von Einsen auf $\hat{\varepsilon}_i^G x_i'$, $\hat{\varepsilon}_i^G (x_i'\hat{\beta})^2$ und $\hat{\varepsilon}_i^G (x_i'\hat{\beta})^3$ und Berechnen von N mal R^2 leicht zu bekommen. Unter der Nullhypothese ist die Teststatistik Chi-Quadrat-verteilt mit zwei Freiheitsgraden. Die beiden zusätzlichen Terme in der Regression entsprechen der Schiefe beziehungsweise der Wölbung.

7.1.8 Einige Annahmen zu binären Wahlmodellen lockern

Für ein gegebenes Set von x_i-Variablen beschreibt ein binäres Wahlmodell die Wahrscheinlichkeit für $y_i = 1$ als eine Funktion dieser Variablen. Es gibt verschiedene Wege, wie die diesem Modell auferlegten Restriktionen gelockert werden können. Nahezu ohne Ausnahme befinden sich diese Erweiterungen innerhalb der Klasse von Single-Index-Modellen, in denen es eine Funktion von x_i gibt, die alle Wahrscheinlichkeiten bestimmt (wie $x_i'\beta$). Zunächst ist es unkompliziert, die Ergebnisse des vorhergehenden Kapitels zu verwenden und analog zum linearen Regressionsmodell nichtlineare Funktionen von x_i als zusätzliche erklärende Variablen einzufügen. Wenn zum Beispiel Alter in x_i einbezogen ist, können wir auch Alter^2 aufnehmen.

Die meisten Erweiterungen binärer Wahlmodelle sind angeregt durch das latente Variablensystem und beinhalten eine Lockerung der Verteilungsannahmen zum Fehlerterm. Man könnte zum Beispiel zulassen, dass der Fehlerterm ε_i in (7.8) heteroskedastisch ist. Wenn die Form der Heteroskedastizität bekannt ist, etwa $V\{\varepsilon_i\} = \exp\{z_i'\alpha\}$, wobei z_i (Funktionen von) Elemente(n) in x_i enthält und α ein unbekannter Parametervektor ist, besteht die wesentliche Veränderung darin, dass die Wahrscheinlichkeit, dass $y_i = 1$, auch von der Fehlervarianz abhängt, das heißt

$$P\{y_i = 1|x_i\} = F\left(x_i'\beta \big/ \sqrt{\exp\{z_i'\alpha\}}\right).$$

Die Parameter in β und α können gleichzeitig geschätzt werden durch Maximieren der Loglikelihood-Funktion, wie in (7.24) gegeben, mit $h(.)$ als der Exponentialfunktion. Wie im standardhomoskedastischen Fall müssen wir eine Normalisierungsrestriktion auferlegen, welche am einfachsten durch Nichteinfügen eines Achsenabschnittsterms in z_i erfolgt. In diesem Fall entsprechen sich $\alpha = 0$ und $V\{\varepsilon_i\} = 1$. Alternativ können wir einen der β-Koeffizienten gleich null oder -1 setzen, vorzugsweise einen, der einer Variablen entspricht, von der »bekannt« ist, dass sie eine Nichtnull-Auswirkung auf y_i hat, während wir der Varianz von ε_i keine Restriktion auferlegen. Dies ist eine gängige Normalisierungsauflage, wenn ein semiparametrischer Schätzer verwendet wird.

Es ist auch möglich, den Parametervektor β **semiparametrisch** zu schätzen, das heißt, ohne dem Fehler ε_i Verteilungsannahmen aufzuerlegen, außer dass er einen Mittelwert von null hat und unabhängig ist von x_i. Obwohl die Interpretation der β-Koeffizienten ohne eine Verteilungsfunktion F schwer ist, sind deren Vorzeichen und Signifikanz von Bedeutung. Eine gut bekannte Methode wird als der **Maximum-Score-Schätzer** von Manski (Manski, 1975, 1985) bezeichnet. Im Wesentlichen versucht dieser, die Anzahl von auf (7.20) basierenden zutreffenden Vorhersagen zu maximieren. Das ist gleich dem Minimieren der Anzahl nicht korrekter Vorhersagen $\sum_i (y_i - \hat{y}_i)^2$ im Hinblick auf β, wobei $\hat{y}_i$ aus (7.20) definiert ist. Weil diese Zielfunktion im Hinblick auf β nicht differenzierbar ist, beschreibt Manski einen numerischen Algorithmus, um das Maximierungsproblem zu lösen. Ein weiteres Problem besteht darin, dass die Konvergenzrate (um Konvergenz zu erhalten) nicht wie üblich $\sqrt{N}$ ist, sondern eher $(N^{1/3})$. In einem gewissen Maße werden beide Probleme in Horowitz' geglättetem Maximum-Punktschätzer (Horowitz, 1992) gelöst, der auf einer geglätteten Version obiger Zielfunktion basiert. Zusätzliche Details und Erörterungen finden sich in Horowitz (1998), Lee (1996, Kapitel 9.2), Pagan und Ullah (1999, Kapitel 7) und Cameron und Trivedi (2005, Kapitel 14.7).

7.2 Multireaktionsmodelle

Bei vielen Anwendungen kann unter mehr als zwei Alternativen gewählt werden. Wir können zum Beispiel bei der Auswahl zwischen Vollzeitarbeit, Teilzeitarbeit oder keine Arbeit differenzieren oder der Wahlmöglichkeit eines Unternehmens, ob es in Europa, Asien oder den USA investieren soll. Für einige quantitative Variablen können wir nur die Beobachtung machen, dass sie in bestimmten Bereichen liegen. Das kann daran liegen, dass Fragebogenausfüller keine genauen Antworten geben wollen oder dazu nicht in der Lage sind, vielleicht bedingt durch Verständnisschwierigkeiten, was die Frage angeht. Beispiele dafür sind Fragen zum Einkommen, zum Wert des Hauses oder über die Job- oder Einkommenszufriedenheit. Multireaktionsmodelle wurden entwickelt, um die Wahrscheinlichkeit jedes der möglichen Ergebnisse als eine Funktion persönlicher oder alternativer spezifischer Charakteristika zu beschreiben. Ein wichtiges Ziel ist, diese Wahrscheinlichkeiten mit einer begrenzten Anzahl unbekannter Parameter und auf logisch konsistente Weise zu beschreiben. Zum Beispiel sollten die Wahrscheinlichkeiten zwischen 0 und 1 liegen und sich einschließlich aller Alternativen zu 1 addieren.

Es gibt einen wichtigen Unterschied zwischen Ordered-Response-Modellen und Unordered-Response-Modellen. Ein Ordered-Response-Modell ist in der Regel sparsamer, kann jedoch nur angewandt werden, wenn eine logische Ordnung der Alternativen existiert. Der Grund ist die Annahme, dass eine zugrunde liegende latente Variable existiert, welche die Wahl zwischen den Alternativen antreibt. Anders ausgedrückt werden die Ergebnisse gegenüber der Ordnung der Alternativen anfällig sein, folglich sollte diese Ordnung Sinn ergeben. Unordered-Response-Modelle sind nicht empfindlich gegenüber der Art und Weise, wie die Alternativen nummeriert sind. In vielen Fällen können sie auf der Annahme beruhen, dass jede Alternative ein zufälliges Nutzenniveau hat und dass Individuen jene Alternative wählen, welche den meisten Nutzen bringt.

7.2.1 Ordered-Response-Modelle

Lassen Sie uns die Wahl zwischen M Alternativen betrachten, nummeriert von 1 bis M. Wenn in diesen Alternativen eine logische Ordnung vorliegt (zum Beispiel kein Auto, ein Auto, mehr als ein Auto), kann ein sogenanntes **Ordered-Response-Modell** verwendet werden. Dieses Modell basiert ebenfalls auf *einer* zugrunde liegenden latenten Variablen, aber mit einer anderen Übereinstimmung aus der latenten Variablen, y_i^*, zu der beobachteten ($y_i = 1, 2, \ldots, M$). Für gewöhnlich sagt man, dass

$$y_i^* = x_i'\beta + \varepsilon_i \tag{7.28}$$

$$y_i = j \quad \text{wenn } \gamma_{j-1} < y_i^* \leq \gamma_j, \tag{7.29}$$

für unbekannte γ_js mit $\gamma_0 = -\infty$, $\gamma_1 = 0$ und $\gamma_M = \infty$. Infolgedessen ist die Wahrscheinlichkeit, dass Alternative j gewählt wird, die Wahrscheinlichkeit, dass die latente Variable y_i^* zwischen zwei Grenzen γ_{j-1} und γ_j liegt. Angenommen, ε_i ist identisch und unabhängig standardnormalverteilt, führt dies zum **Ordered-Probit-Modell**. Die logistische Verteilung ergibt das **Ordered-Logit-Modell**. Bei $M = 2$ sind wir wieder zurück beim binären Wahlmodell.

Betrachten wir ein Beispiel aus der Literatur über das Arbeitskräfteangebot. Angenommen, verheiratete Frauen beantworten die Frage »Wie viel würden Sie gerne arbeiten?« in drei Kategorien: »nicht«, »Teilzeit« und »Vollzeit«. Laut der neoklassischen Theorie hängt das gewünschte Arbeitskräfteangebot, wie anhand dieser Antworten gemessen, von Präferenzen und einer Budgetbeschränkung ab. Variablen, die mit dem Alter, der Familienzusammensetzung, dem Einkommen des Ehemanns und dem Ausbildungslevel verknüpft sind, könnten von Bedeutung sein. Um die Ergebnisse, $y_i = 1$ (nicht arbeiten), $y_i = 2$ (Teilzeitarbeit) und $y_i = 3$ (Vollzeitarbeit), zu modellieren, stellen wir fest, dass es in diesen Antworten eine logische Ordnung zu geben scheint. Genau gesagt ist die Frage, ob die Annahme, dass es einen einzelnen Index $x_i'\beta$ gibt, vertretbar ist, in dem Sinn, dass höhere Werte für diesen Index im Durchschnitt größeren Werten für y_i entsprechen. Wenn das der Fall ist, können wir ein Ordered-Response-Modell wie folgt schreiben:

$$y_i^* = x_i'\beta + \varepsilon_i \tag{7.30}$$

$$y_i = 1 \quad \text{wenn } y_i^* \leq 0,$$
$$ = 2 \quad \text{wenn } 0 < y_i^* \leq \gamma, \tag{7.31}$$
$$ = 3 \quad \text{wenn } y_i^* > \gamma,$$

wobei wir y_i^* grob als »Bereitschaft, zu arbeiten« oder »gewünschte Stundenarbeitszahl« interpretieren können. Eine der Grenzen ist auf null normalisiert, was die Lage fixiert, aber wir brauchen auch eine Normalisierung auf der Skala von y_i^*. Die natürlichste besteht darin, dass ε_i eine fixe Varianz hat. Im Ordered-Probit-Modell bedeutet das, ε_i ist $NID(0, 1)$. Die implizierten Wahrscheinlichkeiten erhalten wir so:

$$P\{y_i = 1|x_i\} = P\{y_i^* \leq 0|x_i\} = \Phi(-x_i'\beta),$$
$$P\{y_i = 3|x_i\} = P\{y_i^* > \gamma|x_i\} = 1 - \Phi(\gamma - x_i'\beta)$$

und

$$P\{y_i = 2|x_i\} = \Phi(\gamma - x_i'\beta) - \Phi(-x_i'\beta),$$

wobei γ ein unbekannter Parameter ist, der gemeinsam mit β geschätzt wird. Die Schätzung basiert auf der Maximum-Likelihood, wobei oben genannte Wahrscheinlichkeiten in die Likelihood-Funktion einfließen. Die Interpretation der β-Koeffizienten erfolgt im Hinblick auf das zugrunde liegende latente Variablenmodell (zum Beispiel bedeutet ein positives β, dass die entsprechende Variable die Bereitschaft einer Frau zum Arbeiten steigert) oder im Hinblick auf die Effekte der jeweiligen Wahrscheinlichkeiten, wie wir oben für das binäre Wahlmodell gesehen haben. Angenommen, im obigen Modell ist der k-te Koeffizient, β_k, positiv. Das bedeutet, dass die latente Variable y_i^* zunimmt, wenn x_{ik} zunimmt. Entsprechend steigt die Wahrscheinlichkeit, dass $y_i = 3$, während die Wahrscheinlichkeit, dass $y_i = 1$, abnimmt. Die Auswirkung auf die dazwischen liegenden Kategorien ist jedoch unklar: Die Wahrscheinlichkeit, dass $y_i = 2$, kann zu- oder abnehmen.

7.2.2   Über Normalisierung

Um die verschiedenen Normalisierungsbeschränkungen darzustellen, die benötigt werden, lassen Sie uns ein Modell betrachten, bei dem derartige Beschränkungen nicht auferlegt sind. Das ist

$$y_i^* = \beta_1 + x_i'\beta + \varepsilon_i, \quad \varepsilon_i \sim NID(0, \sigma^2),$$

$$y_i = 1 \quad \text{wenn } y_i^* \leq \gamma_1$$

$$ = 2 \quad \text{wenn } \gamma_1 < y_i^* \leq \gamma_2$$

$$ = 3 \quad \text{wenn } y_i^* > \gamma_2,$$

wobei die Konstante dem x_i-Vektor entnommen ist. Da wir lediglich beobachten können, ob y_i 1, 2 oder 3 ist, sind die einzigen Elemente, die die Daten identifizieren können, die Wahrscheinlichkeiten dieser drei Ereignisse bei gegebenen Werten von x_i. Nicht zufällig sind das genau die Wahrscheinlichkeiten, die in die Likelihood-Funktion einfließen. Um sich das vor Augen zu führen, betrachten Sie die Wahrscheinlichkeit, dass $y_i = 1$ (bei gegebenem x_i), gegeben durch

$$P\{y_i = 1|x_i\} = P\{\beta_1 + x_i'\beta + \varepsilon_i \leq \gamma_1|x_i\} = \Phi\left(\frac{\gamma_1 - \beta_1}{\sigma} - x_i'\left(\frac{\beta}{\sigma}\right)\right),$$

was zeigt, dass das Variieren von β, β_1, σ und γ_1 nicht zu unterschiedlichen Wahrscheinlichkeiten führt, solange β/σ und $(\gamma_1 - \beta_1)/\sigma$ dieselben bleiben. Das spiegelt ein Identifikationsproblem wider: Unterschiedliche Kombinationen von Parameterwerten führen zu demselben Likelihood-Wert und es gibt kein eindeutiges Maximum. Um dieses Problem zu umgehen, sind Normalisierungsbeschränkungen auferlegt. Das Standardmodell erlegt auf, dass $\sigma = 1$ und $\gamma_1 = 0$, aber, wie in Kapitel 7.2.3 gezeigt wurde ist es auch möglich, festzulegen, dass $\sigma = 1$ und $\beta_1 = 0$. Die Interpretation dieser Koeffizienten ist abhängig von einer bestimmten Normalisierungsbeschränkung, die Wahrscheinlichkeiten sind demgegenüber jedoch nicht anfällig. Bei einigen Anwendungen entsprechen die Grenzen eher den beobachteten Werten als den unbekannten Parametern und es ist möglich, die Varianz von ε_i zu schätzen. Das wird in Kapitel 7.2.4 dargestellt.

7.2.3   Beispiel: Die Kreditratings von Unternehmen erklären

Standard and Poor's ist eine der führenden Institutionen, die Kreditratings (Bonitätsbeurteilungen) für Unternehmen liefert. Ein Kreditrating spiegelt die Einschätzung der gesamten Kreditwürdigkeit eines Unternehmens und seiner Fähigkeit wider, seinen finanziellen Verpflichtungen nachzukommen. Es spielt eine wichtige Rolle bei der Preisabbildung des Kreditrisikos.

So variieren zum Beispiel die Kosten der Schuldenfinanzierung stark mit dem Kreditrating eines Unternehmens. Das Rating von Standard and Poor's reicht von AAA (höchstes Rating) bis D (niedrigstes Rating). Wir fassen diese Schuldenratings in sieben Kategorien zusammen, indiziert auf einer Skala von 1 (niedrigste) bis 7 (höchste); siehe Ashbaugh-Skaife, Collins und LaFond (2006).

Bei dieser Darstellung betrachten wir eine Stichprobe von 921 US-Unternehmen und versuchen, deren Kredit-Score im Jahr 2005 aus einem Set von Unternehmenscharakteristiken zu erklären. Die erklärenden Variablen, die wir verwenden, basieren auf Altman und Rijken (2004) und beziehen das Betriebsvermögen des Unternehmens, Gewinnrücklagen, Gewinne vor Zinsen und Steuern (engl. earnings before interest and taxes (EBIT)), den Verschuldungsgrad sowie den Logarithmus der Umsätze (als einen Stellvertreter für Unternehmensgröße) mit ein. Die ersten drei Variablen werden durch die Bilanzsumme skaliert. Die Betriebsmittel sind ein Stellvertreter für die kurzfristige Liquidität eines Unternehmens, Gewinnrücklagen sind Stellvertreter für historische Profitabilität, während EBIT für die aktuelle Profitabilität steht. Die Unternehmensgröße ist einbezogen, weil größere Unternehmen einem geringeren Risiko gegenüberstehen und von daher von ihnen ein höheres Kreditrating erwartet wird. Der Book Leverage eines Unternehmens wird definiert als das Verhältnis (des Buchwerts) von Schulden zu Vermögen des Unternehmens. Sämtliche Daten stammen von Compustat.[7]

Zusätzlich zu den Schuldenratings mit sieben Kategorien verwenden wir ein alternatives Klassifizierungsschema, das Kreditratings in zwei Kategorien unterteilt: Investment Grade und Speculative Grade (siehe Ashbaugh-Skaife, Collins und LaFond, 2006). Einen Speculative Grade erhalten wir, wenn der Punktwert des Schuldenratings 3 oder weniger beträgt (entsprechend einem Kreditrating von Standard and Poor's von BB+ oder weniger). Weil es vielen Rentenportfoliomanagern nicht erlaubt ist, in spekulative Anleihen zu investieren, handeln sich Unternehmen mit einem Speculative Rating signifikante Kosten ein. Tabelle 7.4 zeigt einige zusammenfassende Statistiken für unsere Stichprobe. Das durchschnittliche Unternehmen hat einen Leverage von 0,293, der anzeigt, dass das Unternehmen zu 29,3% über Schulden finanziert ist. Von den 921 Unternehmen haben nur 47,2% im Jahr 2005 ein Investment-Grade-Rating. Das Kreditrating differiert von 1 bis 7, mit einem Durchschnitt von 3,499 und einem Mittelwert von 3.

	Durchschnitt	Mittelwert	Minimum	Maximum
Kreditrating	3,499	3	1	7
Investment Grade	0,472	0	0	1
Verschuldungsgrad	0,293	0,264	0,000	0,999
Betriebsvermögen/Bilanzsumme	0,140	0,123	−0,412	0,748
Gewinnrücklagen/Bilanzsumme	0,157	0,180	−0,996	0,980
Gewinne vor Zinsen und Steuern/ Unternehmenskapital	0,094	0,090	−0,384	0,652
Logarithmus Verkäufe	7,996	7,884	1,100	12,701

Tabelle 7.4   Zusammenfassende Statistiken

Wir schätzen zwei diskrete Wahlmodelle: ein Ordered-Modell, welches das Kreditrating des Unternehmens schätzt (von 1 bis 7), und ein binäres Wahlmodell, welches den Investment-Grade-Indikator erklärt. Dem Großteil der Literatur zu diesem Bereich folgend, verwenden wir für beides eine Logit-Spezifikation. Die Ergebnisse zeigt Tabelle 7.5. Beachten Sie, dass beide Modelle konsistent sind mit einer latenten Variablengleichung der Form

$$y_i^* = \beta_1 + x_i'\beta + \varepsilon_i,$$

wobei ε_i eine logistische Distribution aufweist und die beobachtete Variable entweder $y_i = I(y_i^* > 0)$ oder die diskrete Variable $y_i = 1, 2, \ldots, 7$, entsprechend $y_i^* < \gamma_1$ $\gamma_1 \leq y_i^* < \gamma_2, \ldots$ beziehungsweise $y_i^* \geq \gamma_6$, ist. Die Normalisierungsbeschränkung im Ordered-Logit-Modell ist $\beta_1 = 0$.[8] Die Koeffizientenschätzwerte für die fünf erklärenden Variablen sind über die beiden Modelle ziemlich ähnlich, ebenso wie deren statistische Signifikanz. Mit der Ausnahme der Variablen für Betriebskapital haben alle Koeffizientenschätzwerte das erwartete Vorzeichen. Die Ergebnisse zeigen, dass größere Unternehmen signifikant bessere Kreditratings haben als kleine Unternehmen, bei ansonsten gleichen Bedingungen. Höhere Einnahmen vor Zinsen und Steuern sowie höhere Ertragsrücklagen verbessern ebenfalls die Kreditratings. Ein höherer Leverage, was bedeutet, dass das Unternehmen in Relation mehr Schulden hat, verringert das erwartete Kreditrating. Beachten Sie, dass Ordered-Logit mehr detaillierte Informationen über die latente Variable auswertet und wir von daher erwarten können, effizientere Schätzwerte zu erhalten als beim binären Logit-Modell. Das wird bestätigt durch die Standardfehler in Tabelle 7.5.

	Binäres Logit		Ordered-Logit	
	Schätzwert	Standardfehler	Schätzwert	Standardfehler
Konstante	−8,214	0,867	−	−
Book Leverage	−4,427	0,771	−2,752	0,477
EBIT/ta	4,355	1,440	4,731	0,945
Log Verkäufe	1,082	0,096	0,941	0,059
re/ta	4,116	0,489	3,560	0,302
wc/ta	−4,012	0,748	−2,580	0,483
γ_1			−0,369	0,633
γ_2			4,881	0,521
γ_3			7,626	0,551
γ_4			9,885	0,592
γ_5			12,883	0,673
γ_6			14,783	0,784
Loglikelihood	−341,08		−965,31	
McFadden R^2	0,465		0,309	
LR-Test (χ_5^2)	591,8 ($p = 0{,}000$)		862,9 ($p = 0{,}000$)	

Tabelle 7.5 Schätzergebnisse binäre und Ordered-Logit, ML-Schätzer

Weder sind die Likelihood-Funktionen der beiden Modelle direkt vergleichbar (weil sich die abhängigen Variablen unterscheiden) noch die Pseudo-R^2s (für beide Modelle unter Verwendung von (7.18) berechnet). Die Likelihood-Ratio-Tests lehnen klar die Nullhypothese ab, dass alle fünf Steigungskoeffizienten gemeinsam gleich null sind. Um die beiden Modelle zu vergleichen, können wir die implizierte Wahrscheinlichkeit berechnen, mit der ein bestimmtes Unternehmen ein Investment-Grade-Rating (ein Rating von 4 oder mehr) erhält. Für das Ordered-Logit-Modell ergibt sich diese Wahrscheinlichkeit durch

$$P\{y_i^* \geq \gamma_3 | x_i\} = P\{\varepsilon_i \geq \gamma_3 - x_i'\beta | x_i\} = \frac{1}{1 + \exp\{\gamma_3 - x_i'\beta\}},$$

wobei letztere Gleichung aus der logistischen Verteilungsannahme folgt. Für das binäre Logit-Modell beträgt die Wahrscheinlichkeit, ein Investment-Grade-Kreditrating zu erhalten,

$$P\{y_i^* \geq 0 | x_i\} = P\{\varepsilon_i \geq -\beta_1 - x_i'\beta | x_i\} = \frac{1}{1 + \exp\{-\beta_1 - x_i'\beta\}}.$$

Diese beiden Ausdrücke erklären, warum der Schätzwert von γ_3 im Ordered-Modell nahe dem von $-\beta_1$ im binären Modell liegt.

Um eine Vorstellung vom wirtschaftlichen Umfang der durch die Koeffizienten in Tabelle 7.5 beschriebenen Auswirkungen zu bekommen, betrachten wir einmal, was es für das durchschnittliche Unternehmen nach sich zieht, wenn sich der Verschuldungsgrad vom 25. auf das 75. Perzentil der Verteilung verändert, während alle anderen Variablen unverändert auf dem Stichprobendurchschnitt bleiben. Im binären Wahlmodell sinkt die geschätzte Wahrscheinlichkeit, ein Investment-Grade-Rating zu erhalten, von 54,3% auf 31,2%; im Ordered-Logit sinkt die Wahrscheinlichkeit von 51,7% auf 37,0%. Das bedeutet, dass Unternehmen mit einem höheren Leverage mit substanziell höheren Kosten der Schuldenfinanzierung konfrontiert sind.

7.2.4 Beispiel: Bereitschaft, für die Aufrechterhaltung von Naturräumen zu bezahlen

Ein interessantes Problem im Bereich der Finanzwissenschaft besteht darin, wie der Wert eines Gutes zu schätzen ist, das nicht gehandelt wird. Was ist zum Beispiel der Wert eines öffentlichen Gutes wie Wald oder »saubere Luft«? In diesem Kapitel betrachten wir ein Beispiel aus der Literatur zu kontingenter Bewertung. Auf diesem Gebiet werden Umfragen durchgeführt, um die Bereitschaft zu testen, Werte für eine hypothetische Veränderung der Verfügbarkeit eines nicht vom Markt bestimmten Gutes festzulegen, zum Beispiel eines Waldes. Seit den ausführlichen Studien zur Messung des Verlustes an Wohlbefinden für US-Bürger als Ergebnis der Ölpest nach dem Aufgrundlaufen des Öltankers Exxon Valdez im Golf von Alaska (März 1989) spielt die kontingente Bewertungsmethode eine wichtige Rolle beim Messen des Nutzens einer großen Bandbreite von Umweltgütern.[9]

In diesem Kapitel betrachten wir eine Umfrage, die 1997 in Portugal durchgeführt wurde. Die Antworten der Umfrage geben wieder, in welchem Ausmaß Individuen bereit sind, dafür zu bezahlen (engl. Willingness to pay (WTP)), das Vorantreiben der wirtschaftlichen und touristischen Entwicklung im Alentejo-Naturpark im Südwesten Portugals zu vermeiden.[10] Um die WTP einer einzelnen Person festzustellen, wurde nicht direkt gefragt, welche Summe jemand dafür bezahlen würde, den Park zu erhalten. Stattdessen wurde jede Person in der Stichprobe mit einem (potenziell) unterschiedlichen Ursprungsgebot in Höhe B_i^I konfrontiert und gefragt, ob sie bereit wäre, diese Summe zu zahlen. Die Interviewer wandten ein sogenanntes doppelt-begrenztes Verfahren an: Jede Person wurde zu einem Folgegebot befragt, das höher (niedriger) war, wenn das Ursprungsgebot akzeptiert (abgelehnt) wurde. Für jeden Antwortenden haben wir also ein Ursprungsgebot B_i^I und eines der Folgegebote B_i^L oder B_i^U, wobei $B_i^L < B_i^I < B_i^U$. Jede Person in dieser Umfrage wurde mit einem zufälligen Ursprungsgebot konfrontiert und das Folgegebot hing entsprechend dem folgenden Schema (in Euro) davon ab:[11]

	Ursprungsgebot	Erhöhtes Gebot	Gesenktes Gebot
Schema 1	6	12	3
Schema 2	12	24	6
Schema 3	24	48	12
Schema 4	48	120	24

Die Zahlungsbereitschaft einer Person ist unbeobachtet und wird durch die latente Variable B_i^* bezeichnet. Um abzubilden, wie B_i^* mit den persönlichen Eigenschaften x_i variiert, möchten wir vielleicht eine lineare Beziehung

$$B_i^* = x_i'\beta + \varepsilon_i \tag{7.32}$$

spezifizieren, wobei ε_i ein unbeobachteter Fehlerterm ist, unabhängig von x_i. Vier mögliche Ergebnisse können beobachtet werden, indexiert durch $y_i = 1, 2, 3, 4$. Im Einzelnen:

$y_1 = 1$, wenn beide Gebote abgelehnt werden ($B_i^* < B_i^L$)

$y_i = 2$, wenn das erste Gebot abgelehnt und das zweite akzeptiert wird ($B_i^L \leq B_i^* < B_i^I$)

$y_i = 3$, wenn das erste Gebot akzeptiert und das zweite abgelehnt wird ($B_i^I \leq B_i^* < B_i^U$)

$y_i = 4$, wenn beide Gebote akzeptiert werden ($B_i^* \geq B_i^U$)

Wenn wir annehmen, dass $NID(0, \sigma^2)$ ist, dann entspricht obige Situation einem Ordered-Probit-Modell. Im Unterschied zum vorhergehenden Kapitel sind die Grenzen B_i^L, B_i^I und B_i^U beobachtet, sodass keine Normalisierung von σ^2 gebraucht wird und es geschätzt werden kann. Beachten Sie, dass bei dieser Anwendung die latente Variable B_i^* eine klare Interpretation der Zahlungsbereitschaft einer Person aufweist, gemessen in Euro. Unter obiger Annahme ist die Wahrscheinlichkeit, das letzte Ergebnis ($y_i = 4$) zu beobachten, gegeben durch[12]

$$P\{y_i = 4 | x_i\} = P\{x_i'\beta + \varepsilon_i \geq B_i^U | x_i\} = 1 - \Phi\left(\frac{B_i^U - x_i'\beta}{\sigma}\right). \tag{7.33}$$

Auf ähnliche Weise beträgt die Wahrscheinlichkeit des Beobachtens des zweiten Ergebnisses

$$P\{y_i = 2 | x_i\} = P\{B_i^L \leq x_i'\beta + \varepsilon_i < B_i^I | x_i\}$$
$$= \Phi\left(\frac{B_i^I - x_i'\beta}{\sigma}\right) - \Phi\left(\frac{B_i^L - x_i'\beta}{\sigma}\right). \tag{7.34}$$

Die anderen beiden Wahrscheinlichkeiten können auf die gleiche Art abgeleitet werden. Die Wahrscheinlichkeiten gehen unmittelbar in die Loglikelihood-Funktion ein, deren Maximierung konsistente Schätzer für β und σ^2 (unter Standardannahmen) hervorbringt.

Das erste Modell, das wir schätzen, enthält nur einen Achsenabschnitt. Das ist für uns von Interesse, da es dahingehend interpretiert werden kann, dass es die (unbedingte) Verteilung der Zahlungsbereitschaft in der Grundgesamtheit beschreibt. Das zweite Modell bezieht drei erklärende Variablen mit ein, die möglicherweise die WTP der Personen beeinflussen, entsprechend Alter, Geschlecht und Einkommen. Folglich schätzen wir zwei verschiedene Modelle unter Verwendung von Maximum-Likelihood, eines mit nur einem Achsenabschnitt und eines, das die Altersklasse (von 1 bis 6), einen Dummy für weiblich und die Einkommensklasse (die von 1 bis 8 reicht) einbezieht. Die Ergebnisse sind in Tabelle 7.6 aufgeführt. In der Unterstichprobe, die wir verwenden, wurde eine Gesamtheit von $N = 312$ Personen befragt, von denen 123 (39%) beide Gebote ablehnten. 18 antworteten mit nein – ja, 113 mit ja – nein und 58 akzeptierten beide Gebote.

Variable	I: nur Achsenabschnitt		II: mit Eigenschaften	
	Schätzwert	s.e.	Schätzwert	s.e.
Konstante	18,74	(2,77)	30,55	(8,59)
Altersklasse	–		−6,93	(1,64)
Weiblich	–		−5,88	(5,07)
Einkommensklasse	–		4,86	(1,87)
$\hat{\sigma}$	38,61	(2,11)	36,47	(1,89)
Loglikelihood	−409,00		−391,25	
Normalitätstest (χ_2^2)	6,326	($p = 0{,}042$)	2,419	($p = 0{,}298$)

Tabelle 7.6 Ordered-Probit-Modell für Zahlungsbereitschaft (WTP)

Anhand des Modells mit nur einem Achsenabschnitt sehen wir, dass die geschätzte Durchschnitts-WTP beinahe 19 Euro beträgt, mit einer ziemlich großen Standardabweichung von 38,6 Euro. Weil wir angenommen hatten, dass B_i^* normalverteilt ist, lässt das darauf schließen, dass 31% der Grundgesamtheit eine negative Zahlungsbereitschaft aufweisen.[13] Da das nicht sein kann, interpretieren wir die latente Variable neu als »gewünschte WTP« und die tatsächliche WTP als das Maximum von null und dem gewünschten Betrag.[14] In diesem Fall wird die tatsächliche Zahlungsbereitschaft, vorausgesetzt, sie ist positiv, beschrieben durch eine angeschnittene Normalverteilung, deren erwarteter Wert auf 38,69 Euro geschätzt wird.[15] Der Schätzwert für die erwartete WTP für die gesamte Stichprobe ist dann $38{,}69 \times 0{,}69 = 26{,}55$ Euro, weil 31% die Zahlungsbereitschaft null aufweisen. Multiplizieren wir das mit der Gesamtsumme der Haushalte in der Grundgesamtheit (etwa drei Millionen), so ergibt das eine geschätzte Gesamtzahlungsbereitschaft von etwa 80 Millionen Euro.

Das Einbeziehen persönlicher Eigenschaften ist nicht sehr hilfreich beim Eliminieren des Problems negativer Werte für B_i^*. Offenbar gibt es eine relativ große Gruppe, die beide Gebote ablehnte, sodass die auferlegte Normalverteilung eine substanzielle Wahrscheinlichkeitsfunktion im negativen Bereich hervorbringt. Die einbezogenen erklärenden Variablen sind Alter, in sechs Klammern ($< 29, 29 - 39, \ldots, > 69$), ein Dummy für weiblich und Einkommen (in acht Klammern). Mit der Einbeziehung dieser Variablen weist der Achsenabschnittsterm nicht länger dieselbe Interpretation wie zuvor auf. Nun beträgt zum Beispiel die erwartete Zahlungsbereitschaft für einen Mann in der Einkommensklasse 1 (< 375 Euro pro Monat) und im Alter zwischen 20 und 29 $30, 55 - 6, 93 + 4, 86 = 28, 48$ Euro, oder, wenn wir die Zensierung berücksichtigen, 33,01 Euro.

Wir sehen, dass die WTP mit dem Alter signifikant abnimmt und mit Einkommen ansteigt, während es keinen statistischen Hinweis auf eine Auswirkung des Geschlechts gibt.

Wie im binären Probit-Modell ist die Annahme von Normalverteilung hier entscheidend für die Konsistenz des Schätzers sowie die Interpretation der Parameterschätzwerte (bezogen auf erwartete WTP). Ein Test auf Normalität kann innerhalb des in Kapitel 6.2 besprochenen Lagrange-Multiplikator-Ansatzes berechnet werden. Wie zuvor besteht die Alternative darin, dass die geeignete Verteilung innerhalb der Pearson-Verteilungsfamilie liegt und ein Test auf Normalität zwei parametrische Restriktionen überprüft. Leider sind die analytischen Ausdrücke ziemlich kompliziert; sie werden hier nicht vorgestellt (siehe Glewwe, 1997). Unter der Nullhypothese der Normalität hat die Teststatistik eine Chi-Quadrat-Verteilung mit zwei Freiheitsgraden. Die beiden Statistiken in der Tabelle weisen auf eine marginale Ablehnung der Normalität im einfachen Modell mit nur einem Achsenabschnitt hin, führen jedoch nicht zur Ablehnung des Modells mit individuellen Eigenschaften.

7.2.5 Multinomiale Modelle

In verschiedenen Fällen gibt es keine natürliche Ordnung bei den Alternativen und es ist unrealistisch, anzunehmen, dass es eine monotone Beziehung zwischen einer zugrunde liegenden latenten Variablen und den beobachteten Ergebnissen gibt. Betrachten Sie zum Beispiel das Modellieren der Beförderungsart (Bus, Zug, Auto, Fahrrad, zu Fuß). In solchen Fällen muss ein alternativer Ansatz verwendet werden, um den verschiedenen Wahrscheinlichkeiten eine Struktur zu geben. Ein gängiger Ausgangspunkt ist ein zufälliger Nutzenansatz, bei dem der Nutzen jeder Alternative eine lineare Funktion beobachteter Eigenschaften (individuell und/oder alternativ spezifisch) plus einem zusätzlichen Fehlerterm ist. Es wird angenommen, dass Personen die Alternative wählen, die den höchsten Nutzen hat. Mit geeigneten Verteilungsannahmen über diese Fehlerterme führt diese Herangehensweise zu handhabbaren Ausdrücken für die in diesem Modell enthaltenen Wahrscheinlichkeiten.

Um das zu formalisieren, nehmen wir an, dass es eine Wahl zwischen M Alternativen gibt, indexiert $j = 1, 2, \ldots, M$, beachtend, dass die Ordnung willkürlich ist. Als Nächstes nehmen wir an, dass das Nutzenlevel, welches Person i jeder der Alternativen zuweist, gegeben ist durch $U_{ij}, j = 1, 2, \ldots, M$. Dann wird Alternative j durch Individuum i gewählt, wenn diese den höchsten Nutzen liefert, das heißt, wenn $U_{ij} = \max\{U_{i1}, \ldots, U_{iM}\}$. Natürlich werden diese Nutzenlevel nicht beobachtet und wir müssen einige zusätzliche Annahmen treffen, um diese Anordnung operabel zu machen. Lassen Sie uns annehmen, dass $U_{ij} = \mu_{ij} + \varepsilon_{ij}$, wobei μ_{ij} eine nichtstochastische Funktion von beobachtbaren und eine kleine Zahl von unbekannten Parametern ist und ε_{ij} ein unbeobachtbarer Fehlerterm. Daraus folgt, dass

$$P\{y_i = j\} = P\{U_{ij} = \max\{U_{i1}, \ldots, U_{iM}\}\}$$

$$= P\left\{\mu_{ij} + \varepsilon_{ij} > \max_{k=1,\ldots,M, k \neq j}\{\mu_{ik} + \varepsilon_{ik}\}\right\}. \tag{7.35}$$

Um diese Wahrscheinlichkeit zu schätzen, müssen wir etwas über das Maximum einer Zahl von Zufallsvariablen sagen können. Im Allgemeinen ist das kompliziert, aber ein überaus zweckmäßiges Ergebnis geht hervor, wenn wir annehmen, dass alle ε_{ij} voneinander unabhängig sind, mit der sogenannten Log-Weibull-Verteilung (auch bekannt als eine Extremwertverteilung vom Typ I). In diesem Fall ist die Verteilungsfunktion für jedes ε_{ij} gegeben durch

$$F(t) = \exp\{-e^{-t}\}, \tag{7.36}$$

was keine unbekannten Parameter beinhaltet. Unter diesen Annahmen kann gezeigt werden, dass

$$P\{y_i = j\} = \frac{\exp\{\mu_{ij}\}}{\exp\{\mu_{i1}\} + \exp\{\mu_{i2}\} + \cdots + \exp\{\mu_{iM}\}}.$$

Beachten Sie, dass diese Struktur automatisch bedeutet, dass $0 \leq P\{y_i = j\} \leq 1$ und dass $\sum_{j=1}^{M} P\{y_i = j\} = 1$.

Die Verteilung von ε_{ij} legt die Nutzenskala fest (welche nicht definiert ist), jedoch nicht die Lage. Um das zu lösen, ist es üblich, eines der deterministischen Nutzenniveaus auf null zu normalisieren, etwa $\mu_{i1} = 0$. Für gewöhnlich wird von μ_{ij} angenommen, dass es eine lineare Funktion beobachtbarer Variablen ist, die von der Person (i), der Alternative (j) oder beiden abhängen kann. Deshalb schreiben wir $\mu_{ij} = x'_{ij}\beta$. Damit erhalten wir

$$P\{y_i = j\} = \frac{\exp\{x'_{ij}\beta\}}{1 + \exp\{x'_{i2}\beta\} + \cdots + \exp\{x'_{iM}\beta\}} \quad \text{für } j = 1, 2, \ldots, M. \tag{7.37}$$

Das ergibt das sogenannte **konditionelle Logit-Modell**. In diesem Modell ist die Wahrscheinlichkeit, dass eine Person die Alternative j wählt, eine einfache Funktion der erklärenden Variablen aufgrund der zweckmäßigen Annahmen, die über die Verteilung der nicht beobachtbaren in (7.35) gemacht wurden. Typische, in $x'_{ij}\beta$ aufzunehmende Dinge sind alternativ-spezifische Eigenschaften. Wenn wir die Beförderungsart erklären, kann das Variablen wie Zeit und Kosten beinhalten, welche von einer Person zur nächsten variieren können. Ein negativer β-Koeffizient bedeutet dann, dass der Nutzen einer Alternative reduziert ist, wenn die Reisezeit zunimmt. Wenn also die Reisezeit einer der Alternativen reduziert ist (während die anderen Alternativen nicht betroffen sind), wird diese Alternative eine höhere Wahrscheinlichkeit bekommen, ausgewählt zu werden.

Bei einigen Anwendungen können wir die Eigenschaften der Entscheidungsträger, zum Beispiel deren Alter, Geschlecht und Einkommen, möglicherweise beobachten. In diesem Fall ist es angebracht, obiges Modell umzuformulieren und $\mu_{ij} = x'_i\beta_j$ aufzuerlegen, wobei x_i ein K-dimensionaler Vektor ist, der Eigenschaften von Person i enthält (einschließlich einem Achsenabschnittsterm), und β_j einen Vektor der alternativ-spezifischen Koeffizienten bezeichnet. Wenn wir wie zuvor $\mu_{i1} = 0$ auferlegen, führt das zu

$$P\{y_i = j\} = \frac{\exp\{x'_i\beta_j\}}{1 + \exp\{x'_i\beta_2\} + \cdots + \exp\{x'_i\beta_M\}} \quad \text{für } j = 1, 2, \ldots, M, \tag{7.38}$$

mit $_j\beta_1 = 0$. Dieses Modell wird in der Regel als **multinomiales Logit-Modell** bezeichnet. In diesem Fall schätzen wir die $K - 1$ Steigungskoeffizienten plus einem Achsenabschnittsterm für alle bis auf eine der Alternativen. Es ist auch möglich, individualspezifische und alternativspezifische Variablen in dem Modell zu kombinieren, was zum gemischten Logit-Modell führt. Häufig bezeichnen Autoren alle drei Fälle als das multinomiale Logit-Modell. Gibt es nur zwei Alternativen ($M = 2$), so reduzieren sich diese Modelle auf das standardbinäre Logit-Modell.

Das konditionelle Logit- und das multinomale Logit-Modell werden mittels Maximum-Likelihood geschätzt, wobei die Wahrscheinlichkeiten der beobachteten Ergebnisse in die Loglikelihood-Funktion einfließen. Unter Regelbedingungen und angenommen, dass das Modell korrekt spezifiziert wurde, liefert dieses konsistente, effiziente und asymptotisch normalverteilte Schätzer für die β-Koeffizienten. Trotz der Attraktivität der analytischen Ausdrücke aus (7.37) und (7.38) haben diese Modelle einen großen Nachteil, der bedingt ist durch die Annahme, dass alle ε_{ij}s unabhängig sind. Das impliziert, dass (bedingt durch beobachtete Eigenschaften) die Nutzenniveaus jeder der beiden Alternativen unabhängig sind. Das ist besonders störend, wenn sich zwei oder mehr Alternativen sehr ähneln. Ein typisches Beispiel wäre, die Kategorie »mit dem Bus fahren« in »mit dem blauen Bus fahren« und »mit dem roten Bus fahren« zu zerlegen. Natürlich würden wir erwarten, dass ein hoher Nutzen bei einem roten Bus einen hohen Nutzen bei einem blauen Bus beinhaltet. Ein anderer Weg, dieses Problem zu betrachten, besteht darin, zur Kenntnis zu nehmen, dass das Wahrscheinlichkeitsverhältnis zweier Alternativen nicht von der Natur einer der anderen Alternativen abhängt. Angenommen, Alternative I bezeichnet das Fahren mit dem Auto und Alternative 2 bezeichnet das Fahren mit dem (blauen) Bus. Dann ist das Wahrscheinlichkeitsverhältnis (oder auch Quotenverhältnis)gegeben durch

$$\frac{P\{y_i = 2\}}{P\{y_i = 1\}} = \exp\{x'_{i2}\beta\}, \tag{7.39}$$

unabhängig davon, ob die dritte Alternative ein roter Bus oder ein Zug ist. Das ist natürlich nicht wünschenswert. McFadden (1974) bezeichnet diese Eigenschaft des multinomialen Logit-Modells als **Unabhängigkeit von irrelevanten Alternativen** (engl. independence of irrelevant alternatives (IIA)). Hausman und McFadden (1984) schlagen einen Test für die IIA-Beschränkung basierend auf dem Ergebnis vor, dass die Modellparameter durch Anwenden eines multinomialen Logit-Modells für jedes Subset von Alternativen konsistent geschätzt werden können (siehe Franses und Paap, 2001, Kapitel 5.3 für Details). Der Test vergleicht die Schätzwerte aus dem Modell mit allen Alternativen an Schätzwerten mittels Verwendung einer Teilmenge von Alternativen.

Lassen Sie uns ein einfaches Beispiel aus dem Marketing betrachten, das genannte Präferenzen (statt beobachteter Entscheidungen) beinhaltet. Angenommen, eine Anzahl von Antwortenden wurde gebeten, aus einer Gruppe von fünf alternativen Eigenschaftenkombinationen (Fassungsvermögen, Preis, Spezialfilter (ja/nein) und Thermoskanne (ja/nein)) die von ihnen bevorzugte Kaffeemaschine auszuwählen. Normalerweise sind die Kombinationen nicht bei allen Antwortenden gleich. Lassen Sie uns diese Kombinationen als x_{ij} bezeichnen. Um sicherzustellen, dass $\mu_{i1} = 0$, werden die x_{ij} in Abweichungen zu einer Referenzkaffeemaschine gemessen, die ohne Verlust an Allgemeingültigkeit der Alternative 1 entspricht. Die Wahrscheinlichkeit, dass ein Antwortender Alternative j aussucht, wird (mutmaßlich) durch ein multinomiales Logit-Modell beschrieben, mit

$$P\{y_i = j\} = \frac{\exp\{x'_{ij}\beta\}}{1 + \exp\{x'_{i2}\beta\} + \cdots + \exp\{x'_{i5}\beta\}}. \tag{7.40}$$

Ein positiver β-Koeffizient impliziert, dass die Menschen an entsprechenden Eigenschaften einen positiven Nutzen festmachen.

Unter geeigneten Annahmen kann das geschätzte Modell verwendet werden, um die Wahrscheinlichkeit vorherzusagen, dass eine Person eine Alternative wählt, die noch nicht auf dem Markt ist, vorausgesetzt, die Alternative ist eine (neue) Kombination vorhandener Eigenschaften. Um das zu veranschaulichen, nehmen wir an, der aktuelle Markt für Kaffeemaschinen besteht aus zwei Produkten: einer Maschine für 10 Tassen ohne Spezialfilter und Thermoskanne für 25 Euro (z_1) und einer Maschine für 15 Tassen mit Spezialfilter für 35 Euro (z_2), während die Marke X überlegt, ein neues Produkt einzuführen: eine Maschine für 12 Tassen mit Spezialfilter und Thermoskanne für 33 Euro (z_3). Wenn die Antwortenden repräsentativ sind für jene, die Kaffeemaschinen kaufen, dann entspricht der erwartete Marktanteil dieses neuen Produkts der Wahrscheinlichkeit des Bevorzugens der neuen Maschine gegenüber den beiden bereits existierenden und kann geschätzt werden über

$$\frac{\exp\{(z_3 - z_1)'\hat{\beta}\}}{1 + \exp\{(z_2 - z_1)'\hat{\beta}\} + \exp\{(z_3 - z_1)'\hat{\beta}\}},$$

wobei $\hat{\beta}$ der Maximum-Likelihood-Schätzwert für β ist. Tatsächlich wäre es möglich, eine optimale Kombination von Eigenschaften in z_3 auszuwählen, um den geschätzten Marktanteil zu maximieren.[16]

Da es möglich ist, die IIA-Eigenschaft zu lockern, führt das im Allgemeinen zu (konzeptionell und rechnerisch) komplizierteren Modellen (siehe zum Beispiel Amemiya, 1981, oder Maddala, 1983). Jones und Hensher (2007) untersuchen drei fortgeschrittene Logit-Modelle, die möglicherweise die Nachteile des Standardmultinomial-Logit-Modells überwinden, und vergleichen die empirische Leistung dieser Modelle im Kontext der Prognose von Unternehmensübernahmen. In einigen Anwendungen kann die Wahl zwischen M Alternativen in zwei oder mehr aufeinanderfolgende Entscheidungen zerlegt werden. Eine gängige Spezifikation ist das **Nested-Logit-Modell**, welches geeignet ist, wenn die Alternativen in S Gruppen unterteilt werden können, wobei die IIA-Annahme innerhalb jeder Gruppe gilt, aber nicht gruppenübergreifend. Um das zu veranschaulichen, nehmen wir an, die drei relevanten Alternativen beim Beispiel mit den Beförderungsmitteln sind, mit dem Auto, dem Zug oder dem Bus zu fahren. Wir könnten diese Alternativen in private und öffentliche Transportmittel aufteilen. Dann ist die erste Wahl zwischen privaten und öffentlichen Transportmitteln, während die zweite Entscheidung zwischen Bus oder Zug gilt, abhängig von der ersten Entscheidung für ein öffentliches Verkehrsmittel. Es ist möglich, diese beiden Entscheidungen durch zwei (bivariate) Logit-Modelle abzubilden; siehe Franses und Paap (2001, Kapitel 5.1), Cameron und Trivedi (2005, Kapitel 15.6) oder Wooldridge (2010, Kapitel 16.2) für weitere Details.

7.3   Zähldatenmodelle

Bei manchen Anwendungen möchten wir gern erklären, wie oft ein bestimmtes Ereignis stattfindet, zum Beispiel wie oft ein Konsument in einer bestimmten Woche in den Supermarkt geht. Oder die Anzahl von Patenten, die ein Unternehmen in einem bestimmten Jahr erhalten hat. Natürlich kann das Ergebnis für einen beträchtlichen Teil der Gesamtpopulation null betragen. Obwohl die Ergebnisse diskret und geordnet sind, gibt es bei Ordered-Response-Ergebnissen zwei wichtige Unterschiede. Erstens haben die Werte des Ergebnisses eher eine kardinale als nur eine ordinale Bedeutung (4 ist zweimal so viel wie 2, 2 ist zweimal so viel wie 1). Zweitens gibt es (oft) keine obere Begrenzung der Ergebnisse. Folglich unterscheiden sich Zähldatenmodelle stark von Ordered-Response-Modellen.

7.3.1 Das Poissonmodell und Negbinmodelle

Lassen Sie uns die Ergebnisvariable, die die Werte $0, 1, 2, \ldots$ annimmt, mit y_i bezeichnen. Unser Ziel besteht darin, die Verteilung von y_i, oder den erwarteten Wert von y_i, bei einem bestimmten Set von x_i Eigenschaften zu erklären. Lassen Sie uns annehmen, dass der erwartete Wert von y_i bei gegebenem x_i sich ergibt aus

$$E\{y_i|x_i\} = \exp\{x_i'\beta\}, \tag{7.41}$$

wobei β ein Set unbekannter Parameter ist. Weil y_i nicht negativ ist, wählen wir eine funktionale Form, die nichtnegative bedingte Erwartungen hervorbringt. Obige Annahme setzt das erwartete Ergebnis von y_i in Bezug zu den individuellen Eigenschaften von x_i, beschreibt die Verteilung jedoch nicht vollständig. Wenn wir die Wahrscheinlichkeit eines bestimmten Ergebnisses (zum Beispiel $P\{y_i = 1|x_i\}$) bestimmen wollen, sind zusätzliche Annahmen nötig.

Eine gängige Annahme bei Zähldatenmodellen besteht darin, dass die Zählvariable y_i für ein bestimmtes x_i eine **Poissonverteilung** mit Erwartung $\lambda_i \equiv \exp\{x_i'\beta\}$ aufweist. Dies impliziert, dass die Wahrscheinlichkeitsfunktion von y_i, abhängig von x_i, gegeben ist durch

$$P\{y_i = y|x_i\} = \frac{\exp\{-\lambda_i\}\lambda_i^y}{y!} \text{ für } y = 0, 1, 2, \ldots, \tag{7.42}$$

wobei $y!$ eine Kurzbezeichnung für $y \times (y - 1) \times \cdots \times 2 \times 1$ (bezeichnet als y-Fakultät) ist mit $0! = 1$. Das Ersetzen der geeigneten funktionalen Form für λ_i ergibt Ausdrücke für die Wahrscheinlichkeiten, die verwendet werden können, um die Loglikelihood-Funktion für dieses Modell zu erstellen, bezeichnet als **Poisson-Regressionsmodell**. Angenommen, dass Beobachtungen zu verschiedenen Personen voneinander unabhängig sind, dann ist die Schätzung von β mittels Maximum-Likelihood ziemlich einfach: Die Loglikelihood-Funktion ist die Summe der geeigneten Log-Wahrscheinlichkeiten, interpretiert als eine Funktion von β. Wenn die Poissonverteilung korrekt ist, und angenommen, wir haben eine Zufallsstichprobe von y_i und x_i, dann führt das zu einem konsistenten, asymptotisch effizienten und asymptotisch normalverteilten Schätzer für β.

Um obige Wahrscheinlichkeiten zu veranschaulichen, betrachten wir eine Person, die charakterisiert ist durch $\lambda_i = 2$. Für diese Person ist die Wahrscheinlichkeit des Beobachtens von $y_i = 0, 1, 2, 3$ gegeben durch 0,135, 0,271, 0,271 beziehungsweise 0,180 (sodass die Wahrscheinlichkeit des Beobachtens von vier oder mehr Ereignissen 0,143 beträgt). Der erwartete Wert von y_i entspricht dem gewichteten Durchschnitt aller Ergebnisse, gewichtet mit deren jeweiligen Wahrscheinlichkeiten, und ist gleich $\lambda_i = 2$. Die Spezifikation in (7.41) und (7.42) lässt λ_i und die Wahrscheinlichkeiten zu, mit x_i zu variieren. Vor allem die Parameter in β zeigen, wie der erwartete Wert von y_i mit x_i variiert (unter Berücksichtigung der Exponentialfunktion). Für eine Person mit dem erwarteten Wert $\lambda_i = 3$ verändern sich die Wahrscheinlichkeiten für $y_i = 0, 1, 2, 3$ zu 0,050, 0,149, 0,224 beziehungsweise 0,224 (mit der Wahrscheinlichkeit von 0,353 des Beobachtens von vier oder mehr).

Ein wichtiger Nachteil der Poissonverteilung besteht darin, dass sie automatisch impliziert, dass die bedingte Varianz von y_i ebenfalls gleich λ_i ist. Das bedeutet, dass zusätzlich zu (7.41) die Annahme in (7.42) impliziert, dass

$$V\{y_i|x_i\} = \exp\{x_i'\beta\}. \tag{7.43}$$

Diese Bedingung wird als **Equidispersion** bezeichnet und sie verdeutlicht die restriktive Natur der Poissonverteilung. In vielen Anwendungen wird die Gleichheit des bedingten Mittelwerts und Varianz der Verteilung abgelehnt. Eine Vielzahl alternativer Zählverteilungen wurde vorgeschlagen, die (7.34) nicht auferlegen; siehe Cameron und Trivedi (1998) oder Winkelmann (2003) für eine Übersicht. Alternativ ist es möglich, einen konsistenten Schätzer für den bedingten Mittelwert in (7.41) zu erhalten, ohne die bedingte Verteilung zu spezialisieren, wie wir es in (7.42) getan haben. Tatsächlich ist das Poisson-Regressionsmodell in der Lage, das auch zu tun, wenn die Poissonverteilung ungültig ist. Das liegt daran, dass die Bedingungen erster Ordnung des Maximum-Likelihood-Problems allgemeingültiger sind, sodass wir durch Anwenden der Quasi-Maximum-Likelihood-Vorgehensweise einen konsistenten Schätzer für β erhalten können, wie in Kapitel 6.4 besprochen (siehe Wooldridge, 2010, Kapitel 18.2). Das bedeutet, dass wir das übliche Maximum-Likelihood-Problem lösen, jedoch die Art und Weise, in der Standardfehler berechnet werden, anpassen. Verschiedene Softwarepakete bieten Berechnungen solcher »robusten« oder »Sandwich«-Standardfehler.

Um die (Quasi-)Maximum-Likelihood-Vorgehensweise zu veranschaulichen, betrachten wir die Loglikelihood-Funktion des Poisson-Regressionsmodells (unter der Annahme einer zufälligen Stichprobengröße N), gegeben durch

$$\log L(\beta) = \sum_{i=1}^{N}[-\lambda_i + y_i \log \lambda_i - \log y_i!] \tag{7.44}$$

$$= \sum_{i=1}^{N}[-\exp\{x_i'\beta\} + y_i(x_i'\beta) - \log y_i!].$$

Der letzte Term in diesem Ausdruck wird in der Regel weggelassen, weil er nicht von den unbekannten Parametern abhängt. Die Bedingungen erster Ordnung des Maximierens von $\log L(\beta)$ im Hinblick auf β sind gegeben durch

$$\sum_{i=1}^{N}(y_i - \exp\{x_i'\beta\})x_i = \sum_{i=1}^{N} \varepsilon_i x_i = 0, \tag{7.45}$$

wobei die erste Gleichung den Fehlerterm $\varepsilon_i = y_i - \exp\{x_i'\beta\}$ definiert. Weil (7.41) impliziert, dass $E\{\varepsilon_i|x_i\} = 0$, können wir (7.45) als die Momentbedingungen der Stichprobe interpretieren, entsprechend dem Set von Orthogonalitätsbedingungen $E\{\varepsilon_i x_i\} = 0$. Als Ergebnis ist der Schätzer, der (7.44) maximiert, allgemein konsistent unter den Bedingungen (7.41), auch wenn y_i, bei gegebenem x_i, keine Poissonverteilung aufweist. In diesem Fall bezeichnen wir den Schätzer als Quasi-Maximum-Likelihood-Schätzer (Quasi-ML-Schätzer, QMLE).

Unter Verwendung von (7.44) und aus der allgemeinen Diskussion zur Maximum-Likelihood-Schätzung in Kapitel 6.1 können wir die asymptotische Kovarianzmatrix des ML-Schätzers leicht ableiten. Im Fall von i.i.d.(unabhängig und identisch verteilt) ergibt sich dieser aus

$$V_{MLE} = I(\beta)^{-1} = (E\{\exp\{x_i'\beta\}x_i x_i'\})^{-1}. \tag{7.46}$$

Für den Quasi-Maximum-Likelihood-Schätzer $\hat{\beta}_{QMLE}$ folgt jedoch aus den Ergebnissen in Kapitel 6.4, dass die geeignete asymptotische Kovarianzmatrix wie folgt ist:

$$V_{QMLE} = I(\beta)^{-1} J(\beta) I(\beta)^{-1}, \tag{7.47}$$

wobei

$$J(\beta) = E\{[y_i - \exp\{x_i'\beta\}]^2 x_i x_i'\} = E\{\varepsilon_i^2 x_i x_i'\}. \tag{7.48}$$

Diese Kovarianzmatrizen können durch das Ersetzen von Erwartungen durch Stichprobendurchschnitte und unbekannter Parameter mit deren ML-Schätzwerten leicht geschätzt werden. Die Kovarianzmatrix des Quasi-ML-Schätzers ähnelt der für das lineare Regressionsmodell verwendeten White-Matrix. Wenn

$$V\{y_i|x_i\} = E\{\varepsilon_i^2|x_i\} > \exp\{x_i'\beta\},$$

haben wir einen Fall von **Overdispersion**. In so einem Fall folgt aus (7.47) und (7.48), dass die Varianz des Quasi-ML-Schätzers sehr viel größer sein kann als von (7.46) nahegelegt.

Trotz ihrer Robustheit hat die Quasi-ML-Vorgehensweise den Nachteil, dass sie das Berechnen bedingter Wahrscheinlichkeiten, wie in (7.42), nicht zulässt. Alles, was wir auferlegen und schätzen, ist (7.41). Folglich ist es unmöglich, zum Beispiel zu bestimmen, wie groß die Wahrscheinlichkeit ist, dass ein bestimmtes Unternehmen in einem vorgegebenen Jahr null Patente anmeldet, abhängig von ihren Eigenschaften, es sei denn, wir sind bereit, zusätzliche Annahmen zu treffen. Natürlich können wir aus (7.41) die *erwartete Anzahl* von Patenten für obiges Unternehmen bestimmen. Von daher sind alternative allgemeinere Zähldatenmodelle nützlich. Eine Alternative besteht in der Durchführung einer vollständigen Maximum-Likelihood-Analyse des Negbin-I-Modells von Cameron und Trivedi (1986). Negbin I ist ein Sonderfall der negativen Binomialverteilung. Er erlegt auf, dass

$$V\{y_i|x_i\} = (1 + \delta^2)\exp\{x_i'\beta\} \tag{7.49}$$

für einige $\delta^2 > 0$, die geschätzt werden müssen. Infolgedessen lässt das Negbin-I-Modell Overdispersion zu (entsprechend dem Poisson-Regressionsmodell). Leider sind die Negbin-I-ML-Schätzer nur konsistent, wenn (7.49) gilt, und haben von daher nicht die Robustheitseigenschaft des Quasi-ML-Schätzers des Poissonmodells. Wenn (7.49) gilt, dann sind die Negbin-I-Schätzwerte effizienter als die Poisson-Schätzwerte. Eine weitere Verallgemeinerung ist das Negbin-II-Modell, welches für einige $\alpha^2 > 0$ annimmt,

$$V\{y_i|x_i\} = (1 + \alpha^2 \exp\{x_i'\beta\})\exp\{x_i'\beta\}, \tag{7.50}$$

wobei die Menge an Overdispersion mit dem bedingten Mittelwert $E\{y_i|x_i\} = \exp\{x_i'\beta\}$ zunimmt; siehe Cameron und Trivedi (1986) für weitere Details. In vielen Softwarepaketen wird das Negbin-II-Modell als das »negative Binomialmodell« bezeichnet. Das Negbin-I-Modell ist sehr gängig in der Statistikliteratur, weil es einen Sonderfall des »generalisierten linearen Modells« darstellt (siehe Cameron und Trivedi, 1998, Kapitel 2.4.4). Im Unterschied zum Negbin-I-Modell ist der Maximum-Likelihood-Schätzer für das Negbin-II-Modell robust gegenüber Verteilungsfehlspezifikationen. Vorausgesetzt also, dass der bedingte Mittelwert korrekt spezifiziert ist, dann ist der Negbin-II-ML-Schätzer konsistent für β. Die entsprechenden ML-Standardfehler werden jedoch nur korrekt sein, wenn die Verteilung korrekt spezifiziert ist (siehe Cameron und Trivedi, 1998, Kapitel 3.3.4).

In Anbetracht dessen, dass die Maximum-Likelihood-Schätzung negativer Binomialmodelle bei Verwendung von Standardsoftware ziemlich einfach ist, wird ein Test auf Poissonverteilung häufig durchgeführt durch das Testen von $\delta^2 = 0$ oder $\alpha^2 = 0$ mittels eines Wald- oder Likelihood-Ratio-Tests. Ablehnung ist ein Zeichen für Overdispersion. Die alternativen Hypothesen sind einseitig und gegeben durch $\delta^2 > 0$ beziehungsweise $\alpha^2 > 0$. Weil δ^2 und α^2 nicht negativ sein können, sind die Wald- und die LR-Teststatistiken nicht standardnormalverteilt (siehe Cameron und Trivedi, 1998, Kapitel 3.4). In der Praxis betrifft dieses Problem nur die geeigneten kritischen Werte. Statt den 95%-kritischen Wert für die Chi-Quadrat-Verteilung zu verwenden, sollte man das 90%-Perzentil nehmen, um auf 95%-Sicherheit zu testen. Das heißt, die Nullhypothese, dass keine Overdispersion vorliegt, wird mit 95%iger Sicherheit abgelehnt, wenn die Teststatistik 2,71 (statt 3,84) übersteigt.

Alle drei gezeigten Modelle besagen, dass die Varianz von y_i größer ist, wenn der erwartete Wert von y_i größer ist. Das Poissonmodell ist dahingehend sehr restriktiv, dass es auferlegt, dass Varianz und Mittelwert gleich sind. Das Negbin-I-Modell lässt zu, dass die Varianz den Mittelwert übersteigt, erlegt jedoch auf, dass deren Verhältnis für alle Beobachtungen dasselbe (und gleich $1 + \delta^2$) ist. Das Negbin-II-Modell lässt zu, dass die Varianz den Mittelwert übersteigt, deren Verhältnis größer ist für Einheiten, die einen hohen Mittelwert haben. In diesem Fall steigt die Menge an Overdispersion mit dem bedingten Mittelwert.

Die einfachste Möglichkeit, die Koeffizienten in Zähldatenmodellen zu interpretieren, ist mittels der bedingten Erwartung in (7.41). Angenommen, x_{ik} ist eine kontinuierliche erklärende Variable. Der Einfluss auf eine marginale Veränderung in x_{ik} auf den erwarteten Wert von y_i (wobei alle anderen Variablen unverändert bleiben) ist gegeben durch

$$\frac{\partial E\{y_i|x_i\}}{\partial x_{ik}} = \exp\{x_i'\beta\}\beta_k, \tag{7.51}$$

was dasselbe Vorzeichen aufweist wie der Koeffizient β_k. Die exakte Reaktion hängt von den Werten von x_i ab, durch die bedingte Erwartung von y_i. Dieser Ausdruck kann für das »durchschnittliche« Individuum in der Stichprobe geschätzt werden unter Verwendung des Stichprobendurchschnitts von x_i oder für jedes Individuum in der Stichprobe separat. Eine attraktivere Herangehensweise besteht darin, diese Reaktion in Semi-Elastizität umzuwandeln. Das Berechnen von

$$\beta_k = \frac{\partial E\{y_i|x_i\}}{\partial x_{ik}} \frac{1}{E\{y_i|x_i\}} \tag{7.52}$$

liefert die *relative* Veränderung beim bedingten Mittelwert, wenn der k-te Regressor sich um eine Einheit verändert (ceteris paribus). Wenn x_{ik} ein Logarithmus einer erklärenden Variablen ist, etwa $x_{ik} = \log(X_{ik})$, dann misst β_k die Elastizität von y_i im Hinblick auf X_{ik}. Das heißt, es misst die relative Veränderung im erwarteten Wert von y_i, wenn sich X_{ik} um 1% verändert.

Für eine diskrete Variable sind diese Rechenmethoden ungeeignet. Betrachten wir eine binäre Variable x_{ik}, die nur die Werte 0 und 1 annimmt. Dann können wir die bedingten Mittelwerte von y_i angesichts $x_{ik} = 0$ und angesichts $x_{ik} = 1$ vergleichen und die anderen Variablen in x_i unverändert lassen. Es lässt sich leicht verifizieren, dass

$$\frac{E\{y_i|x_{ik} = 1, x_i^*\}}{E\{y_i|x_{ik} = 0, x_i^*\}} = \exp\{\beta_k\}, \tag{7.53}$$

wobei x_i^* den Vektor x_i bezeichnet, mit Ausnahme seines k-ten Elements. Folglich ist der bedingte Mittelwert $\exp\{\beta_k\}$ mal größer, wenn der binäre Indikator gleich eins statt gleich null ist, unabhängig von den Werten der anderen erklärenden Variablen. Für kleine Werte für β_k haben wir $\exp\{\beta_k\} \approx 1 + \beta_k$. Zum Beispiel zeigt ein Wert von $\beta_k = 0,05$ an, dass der erwartete Wert von y_i um etwa 5% ansteigt, wenn sich die Indikatorvariable von 0 auf 1 verändert.

7.3.2   Beispiel: Patente und F&E-Ausgaben

Die Beziehung zwischen Ausgaben für Forschung und Entwicklung bei Unternehmen und den Zahlen von ihnen beantragter und erhaltener Patente hat in der Literatur eine beträchtliche Aufmerksamkeit erlangt; siehe Hausman, Hall und Griliches (1984). Weil die Anzahl von Patenten eine Zählvariable ist, die von null bis viele reicht, werden Zähldatenmodelle bei diesem Problem häufig verwendet. In diesem Kapitel betrachten wir eine Stichprobe von 181 internationalen Produktionsbetrieben, entnommen aus Cincera (1997). Für jedes Unternehmen beobachten wir die jährlichen Ausgaben im Bereich Forschung und Entwicklung (F&E), die Branche, in der das Unternehmen tätig ist, das Land, in dem der Hauptsitz das Unternehmens eingetragen ist, und die Gesamtzahl eingereichter Patente für eine Reihe aufeinanderfolgender Jahre. Wir werden nur die Informationen zu 1991 verwenden.[17]

1991 betrug die durchschnittliche Zahl von Patentanträgen 73,6 mit einem Minimum von 0 und einem Maximum von 925. Etwa 10% der Unternehmen in dieser Stichprobe reichten 0 Patente ein, während der Mittelwert 20 beträgt. Angesichts der großen Spannbreite bei der Anzahl von Patenteinreichungen, mit einer Stichprobenstandardabweichung von 151, ist die unbedingte Zählverteilung overdispersed und weit weg von der Poissonverteilung. Das Einbeziehen konditionierender erklärender Variablen kann die Menge an Overdispersion reduzieren. Allerdings scheint es in Anbetracht der deskriptiven Statistik unwahrscheinlich, dass die Overdispersion dadurch gänzlich entfernt werden kann.

Jedes der von uns betrachteten Modelle besagt, dass die erwartete Anzahl von Patenten y_i gegeben ist durch

$$E\{y_i|x_i\} = \exp\{x_i'\beta\}, \tag{7.54}$$

wobei x_i eine Konstante enthält, den Logarithmus der F&E-Ausgaben sowie Dummys für Branche und Standort. Trotz seiner restriktiven Natur betrachten wir als Erstes das Poisson-Regressionsmodell, welches annimmt, dass y_i, abhängig von x_i, einer Poissonverteilung folgt. Die ML-Schätzergebnisse sind in Tabelle 7.7 aufgeführt. Die Branchendummys verweisen auf Luft- und Raumfahrt, Chemie und Computer (Hard- und Software), Maschinen und technische Geräte sowie Kraftfahrzeuge. Diese Schätzwerte legen nahe, dass die Branchen Luft- und Raumfahrt sowie Kraftfahrzeuge relativ wenige Patente anmelden, wogegen die Branchen Chemie, Computer sowie Maschinen und technische Geräte eine hohe Zahl an Patentanmeldungen

	ML-Schätzer		Quasi-ML-Schätzer
	Schätzwert	Standardfehler	Robust s.e.
Konstante	−0,8737	0,0659	0,7429
Log(FE)	0,8545	0,0084	0,0937
Luft- und Raumfahrt	−1,4218	0,0956	0,3802
Chemie	0,6363	0,0255	0,2254
Computer	0,5953	0,0233	0,3008
Maschinen	0,6890	0,0383	0,4147
Kraftfahrzeuge	−1,5297	0,0419	0,2807
Japan	0,2222	0,0275	0,3528
USA	−0,2995	0,0253	0,2736
Loglikelihood	−4950,789		
Pseudo-R^2	0,675		
LR-Test (χ_8^2)	20587,54 ($p = 0,000$)		
Wald-Test (χ_8^2)			338,9 ($p = 0,000$)

Tabelle 7.7 Schätzergebnisse Poissonmodell, ML-Schätzer und Quasi-ML-Schätzer

aufweisen. Die Referenzkategorie für den Standortdummy ist Europa, obwohl es ein Unternehmen mit Standort »in der restlichen Welt« gibt. Die Schätzwerte zeigen im Hinblick auf die erwartete Anzahl von Anmeldungen klare Unterschiede zwischen Japan, Europa und den USA. Die hohen Signifikanzniveaus sind auffällig und irgendwie verdächtig. Wir sollten jedoch im Hinterkopf behalten, dass die Standardfehler nur stichhaltig sind, wenn die Poissonverteilung korrekt ist, was unwahrscheinlich scheint angesichts der Menge an Overdispersion bei der Zählvariable. Dennoch ist der Schätzer konsistent, solange (7.54) korrekt ist, auch wenn die Poissonverteilung ungültig ist. In dem Fall müssen wir Standardfehler mittels des allgemeineren Ausdrucks für die Kovarianzmatrix (siehe (7.47)) berechnen. Solche Standardfehler des Quasi-ML-Schätzers werden in der dritten Spalte von Tabelle 7.7 aufgeführt und sind substanziell höher als jene in Spalte 2. Infolgedessen ist die statistische Signifikanz beträchtlich reduziert. Wir stellen zum Beispiel nicht länger fest, dass sich die japanischen und die amerikanischen Unternehmen signifikant von den europäischen unterscheiden. Die enorme Differenz zwischen den alternativen Standardfehlern ist ein starker Indikator für Fehlspezifikation des Modells. Das heißt, die Poissonverteilung muss abgelehnt werden (auch wenn wir keinen formalen Fehlspezifikationstest durchgeführt haben). Trotzdem kann der bedingte Mittelwert in (7.54) immer noch korrekt spezifiziert sein.

Das Loglikelihood-Verhältnis und die Wald-Teststatistik in Tabelle 7.7 liefern Tests für die Hypothese, dass alle Koeffizienten in dem Modell außer dem Achsenabschnittsterm gleich null sind. Der Wald-Test basiert auf der robusten Kovarianzmatrix und ist von daher besser geeignet als der Likelihood-Ratio-Test, welcher annimmt, dass die Poissonverteilung korrekt ist. Der Wald-Test lehnt die Hypothese, dass der bedingte Mittelwert konstant und von den erklärenden Variablen unabhängig ist, klar ab. Das in der Tabelle aufgeführte Pseudo-R^2 ist der Likelihood-Ratio-Index (siehe Kapitel 7.1.5), wie er von vielen Softwarepaketen berechnet wird. Wie in allen nichtlinearen Modellen gibt es für Zähldatenmodelle keine allgemeine Definition eines Maßes der Anpassungsgüte. Cameron und Windmeijer (1996) erörtern verschiedene alternative Maße, die in der Regel als geeigneter gelten.

Weil der Koeffizient für den Logarithmus der F&E-Ausgaben die Interpretation einer Elastizität aufweist, impliziert der geschätzte Wert von 0,85, dass die erwartete Anzahl an Patenten um 0,85 % zunimmt, wenn die F&E-Ausgaben (ceteris paribus) um 1 % steigen.[18] Der geschätzte Koeffizient von $-1,42$ für *Luft- und Raumfahrt* zeigt an, dass, ceteris paribus, die durchschnittliche Anzahl von Patenten in der Luft- und Raumfahrtindustrie $100[\exp(-1,4218) - 1] = -75,9\,\%$ unter der der Referenzbranchen (Lebensmittel, Benzin, Metall und andere) liegt. Die Computerbranche weist eine erwartete Anzahl von Patenten auf, die $100[\exp(0,5953) - 1] = 81,3\,\%$ höher ist. Diese Zahlen sind auf dem 95%-Niveau statistisch signifikant, wenn die robusten Standardfehler verwendet werden.

In Tabelle 7.8 zeigen wir die Schätzergebnisse für zwei alternative Spezifikationen: das Negbin-I-Modell und das Negbin-II-Modell. Diese beiden Modelle spezifizieren eine negative Binomialverteilung für die Anzahl von Patenten und unterscheiden sich in der Spezifikation für die bedingte Varianz. Das Negbin-I-Modell impliziert eine konstante Streuung entsprechend (7.49), wohingegen das Negbin-II-Modell zulässt, dass die Streuung entsprechend (7.50) vom bedingten Mittelwert abhängt. Die beiden Modelle reduzieren sich auf das Poisson-Regressionsmodell, wenn $\delta^2 = 0$ beziehungsweise $\alpha^2 = 0$. Die beiden Wald-Tests auf Overdispersion, basierend auf δ^2 und α^2, lehnen die Nullhypothese klar ab. Wieder zeigen die Ergebnisse an, dass das Poissonmodell abgelehnt werden sollte.

Innerhalb des Maximum-Likelihood-Ansatzes wird dem Negbin-II-Modell gegenüber dem Negbin-I-Modell der Vorzug gegeben, weil es bei gleicher Anzahl von Parametern einen

	Negbin I (ML-Schätzer)		Negbin II (ML-Schätzer)	
	Schätzwert	**Standarfehler**	**Schätzwert**	**Standardfehler**
Konstante	0,6899	0,5069	−0,3246	0,4982
Log(F&E)	0,5784	0,0676	0,8315	0,0766
Luft- und Raumfahrt	−0,7865	0,3368	−1,4975	0,3772
Chemie	0,7333	0,1852	0,4886	0,2568
Computer	0,1450	0,2063	−0,1736	0,2988
Maschinen	0,1559	0,2550	0,0593	0,2793
Kraftfahrzeuge	−0,8176	0,2686	−1,5306	0,3739
Japan	0,4005	0,2686	−1,5306	0,3739
USA	0,1588	0,1984	−0,5905	0,2788
δ^2 / α^2	95,2437	14,0069	1,3009	0,1375
Loglikelihood	−848,195		−819,596	
Pseudo-R^2	0,944		0,946	
LR-Test (χ_8^2)	88,55 ($p = 0,000$)		145,75 ($p = 0,000$)	

Tabelle 7.8 Schätzergebnisse Negbin-I- und Negbin-II-Modell, ML-Schätzer

höheren Loglikelihood-Wert aufweist. Beachten Sie, dass die Loglikelihood-Werte wesentlich größer (weniger negativ) als die −4950,789 für das Poissonmodell sind. Interessanterweise unterscheiden sich die geschätzten Koeffizienten für die Negbin-I-Spezifikation deutlich von denen für das Negbin-II-Modell sowie den Poisson-Quasi-ML-Schätzwerten. Zum Beispiel beträgt die geschätzte Elastizität der F&E-Ausgaben für das Negbin-I-Modell lediglich 0,58. Angesichts der Tatsache, dass die Negbin-II-Schätzwerte im Unterschied zu den Negbin-I-Schätzwerten gegenüber Fehlspezifikation der bedingten Varianz robust sind, ist diese Feststellung auch ungünstig für das Negbin-I-Modell. Wenn das Negbin-II-Modell korrekt spezifiziert ist, dann erwarten wir, dass das Schätzen mittels Maximum-Likelihood effizienter ist als der robuste Quasi-ML-Schätzer, der auf der Poisson-Loglikelihood-Funktion beruht. Die Standardfehler in den Tabellen 7.7 und 7.8 sind mit dieser Empfehlung konsistent.

7.4 Tobit-Modelle

In bestimmten Anwendungen ist die abhängige Variable kontinuierlich, ihre Spanne kann jedoch beschränkt sein. Am häufigsten liegt das vor, wenn die abhängige Variable für einen beträchtlichen Teil der Grundgesamtheit null beträgt, für die übrige Grundgesamtheit jedoch positiv ist (mit vielen verschiedenen Ergebnissen). Beispiele sind: Ausgaben für langlebige Konsumgüter, Arbeitszeiten sowie die Höhe der Auslandsinvestitionen eines Unternehmens. Tobit-Modelle eignen sich für diese Art von Variablen besonders. Das ursprüngliche Tobit-Modell wurde vorgeschlagen von James Tobin (Tobin, 1958), der die Ausgaben von Haushalten für langlebige Konsumgüter unter Berücksichtigung von deren Nichtnegativität untersuchte. Erst 1964 bezeichnete Arthur Goldberg dieses Modell als das **Tobit-Modell** wegen seiner Ähnlichkeit mit den Probit-Modellen. Das ursprüngliche Modell wurde auf viele Weisen verallgemeinert. Seit der von Amemiya (1984) durchgeführten Studie bezeichnen Wirtschaftswissenschaftler auch diese verallgemeinerten Modelle als Tobit-Modelle. In diesem und im folgenden Kapitel werden wir das ursprüngliche Tobit-Modell und einige seiner Erweiterungen vorstellen. Mehr Details finden sich bei Maddala (1983), Amemiya (1984) und Wooldridge (2010).

7.4.1 Das Standard-Tobit-Modell

Angenommen, wir wollen darstellen, wie viel die US-Haushalte in einem bestimmten Jahr für Tabak ausgegeben haben. Lassen Sie uns die Ausgaben für Tabak mit y bezeichnen, während z für alle anderen Ausgaben steht (beides in US-Dollar). Das zur Verfügung stehende Gesamteinkommen (oder die Gesamtausgaben) benennen wir mit x. Wir denken an ein einfaches Nutzenmaximierungsproblem, welches das Entscheidungsproblem des Haushalts beschreibt:

$$\max_{y,z} U(y, z) \tag{7.55}$$

$$y + z \leq x \tag{7.56}$$

$$y, z \geq 0. \tag{7.57}$$

Die Lösung zu diesem Problem hängt natürlich von der Form der Nutzenfunktion U ab. Da es unrealistisch ist, anzunehmen, dass einige Haushalte ihr gesamtes Geld für Tabak ausgeben würden, kann die Eckpunktlösung $z = 0$ a priori ausgeschlossen werden. Allerdings wird die Lösung für y entweder null oder positiv sein und wir können eine Eckpunktlösung für einen großen Anteil von Haushalten annehmen. Lassen Sie uns die Lösung von (7.55)–(7.56), ohne die Einschränkung in (7.57), als y^* bezeichnen. Unter geeigneten Annahmen zu U werden diese Lösungen in x linear sein. Als Wirtschaftswissenschaftler beobachten wir nicht alles, was den Nutzen bestimmt, den ein Haushalt dem Tabak zuteilt. Dem tragen wir Rechnung, indem wir unbeobachtete Heterogenität in der Nutzenfunktion zulassen und von daher auch unbeobachtete Heterogenität in der Lösung. Also schreiben wir

$$y^* = \beta_1 + \beta_2 x + \varepsilon, \tag{7.58}$$

wobei ε der unbeobachteten Heterogenität entspricht.[19] Wenn es also keine Beschränkungen zu y gibt und die Konsumenten jeden beliebigen Betrag für Tabak ausgeben können, dann werden sie sich für das Ausgeben von Betrag y^* entscheiden. Die Lösung zu dem ursprünglichen beschränkten Problem wird folglich gegeben durch

$$y = y^* \quad \text{wenn} \quad y^* > 0$$

$$y = 0 \quad \text{wenn} \quad y^* \leq 0. \tag{7.59}$$

Wenn ein Haushalt also eine negative Menge y^* ausgeben möchte, wird er für Tabak nichts ausgeben. Im Wesentlichen erhalten wir so das **Standard-Tobit-Modell**, welches wir wie folgt formalisieren:

$$y_i^* = x_i'\beta + \varepsilon_i, \quad i = 1, 2, \ldots, N,$$

$$y_i = y_i^* \quad \text{wenn} \quad y_i^* > 0 \tag{7.60}$$

$$= 0 \quad \text{wenn} \quad y_i^* \leq 0,$$

wobei von ε_i angenommen wird, dass es $NID(0, \sigma^2)$ und unabhängig von x_i sei. Beachten Sie die Ähnlichkeit dieses Modells mit dem Standard-Probit-Modell in (7.10); der Unterschied liegt im Zuordnen der latenten Variablen zur beobachteten Variablen. (Beachten Sie auch, dass wir hier die Skalierung identifizieren können, sodass wir keine Normalisierungsrestriktion auferlegen müssen.) Das Modell in (7.60) wird auch als **zensiertes Regressionsmodell** bezeichnet. Es handelt sich um ein Standardregressionsmodell, bei dem allen negativen Werten Nullen zugewiesen werden. Das heißt, die Beobachtungen sind (von unten) bei null zensiert. Folglich beschreibt das Modell zwei Dinge. Eines ist die Wahrscheinlichkeit, dass $y_i = 0$ (bei gegebenem x_i), gegeben durch

$$P\{y_i = 0\} = P\{y_i^* \leq 0\} = P\{\varepsilon_i \leq -x_i'\beta\}$$

$$= P\left\{\frac{\varepsilon_i}{\sigma} \leq -\frac{x_i'\beta}{\sigma}\right\} = \Phi\left(-\frac{x_i'\beta}{\sigma}\right) = 1 - \Phi\left(\frac{x_i'\beta}{\sigma}\right). \tag{7.61}$$

Das andere ist die Verteilung von y_i, vorausgesetzt, es ist positiv. Dies ist eine angeschnittene Normalverteilung mit der Erwartung

$$E\{y_i | y_i > 0\} = x_i'\beta + E\{\varepsilon_i | \varepsilon_i > -x_i'\beta\} = x_i'\beta + \sigma \frac{\phi(x_i'\beta/\sigma)}{\Phi(x_i'\beta/\sigma)}. \tag{7.62}$$

Der letzte Term in diesem Ausdruck bezeichnet die bedingte Erwartung einer normalverteilten Variablen mit Mittelwert null, vorausgesetzt, sie ist größer als $-x_i'\beta$ (siehe Anhang B). Diese Erwartung ist offenkundig größer als null. Das Ergebnis in (7.62) zeigt auch, warum es nicht angebracht ist, die Aufmerksamkeit auf die positiven Beobachtungen zu beschränken und aus dieser Unterstichprobe ein lineares Modell zu schätzen: Die bedingte Erwartung von y_i gleicht nicht länger $x_i'\beta$, hängt aber nichtlinear von x_i ab, durch $\phi(.)/\Phi(.)$.

Die Koeffizienten im Tobit-Modell können auf vielfache Weise interpretiert werden, je nachdem, wofür man sich interessiert. Das Tobit-Modell beschreibt zum Beispiel die Wahrscheinlichkeit eines Null-Ergebnisses als

$$P\{y_i = 0\} = 1 - \Phi(x_i'\beta/\sigma).$$

Das bedeutet, dass β/σ auf ähnliche Weise wie β im Probit-Modell interpretiert werden kann, um den Marginaleffekt einer Veränderung in x_{ik} auf die Wahrscheinlichkeit des Beobachtens eines Null-Ergebnisses zu bestimmen (vergleiche Kapitel 7.1.2). Das heißt,

$$\frac{\partial P\{y_i = 0\}}{\partial x_{ik}} = -\phi(x_i'\beta/\sigma)\frac{\beta_k}{\sigma}. \tag{7.63}$$

Darüber hinaus beschreibt das Tobit-Modell, wie in (7.62) gezeigt, den erwarteten Wert von y_i, vorausgesetzt, dieser ist positiv. Das zeigt, dass sich der Marginaleffekt der Veränderung in x_{ik} auf den Wert von y_i, in Anbetracht der Zensur, von β_k unterscheiden wird. Es wird zudem die marginale Veränderung im zweiten Term von (7.62) entsprechend der Zensur enthalten. Aus (7.62) folgt, dass der erwartete Wert von y_i gegeben ist durch[20]

$$E\{y_i\} = x_i'\beta\Phi(x_i'\beta/\sigma) + \sigma\phi(x_i'\beta/\sigma). \tag{7.64}$$

Daraus folgt, dass der Marginaleffekt auf den erwarteten Wert von y_i durch eine Veränderung in x_{ik} gegeben ist durch[21]

$$\frac{\partial E\{y_i\}}{\partial x_{ik}} = \beta_k\Phi(x_i'\beta/\sigma). \tag{7.65}$$

Das sagt uns, dass der Marginaleffekt einer Veränderung in x_{ik} auf das erwartete Ergebnis y_i gegeben ist durch den Modellkoeffizienten multipliziert mit der Wahrscheinlichkeit, ein positives Ergebnis zu haben. Wenn diese Wahrscheinlichkeit für ein bestimmtes Individuum nahe eins liegt, dann ist der Marginaleffekt sehr nahe an β_k, wie im linearen Modell. Abschließend erhalten wir den Marginaleffekt zur latenten Variablen sehr einfach durch

$$\frac{\partial E\{y_i^*\}}{\partial x_{ik}} = \beta_k. \tag{7.66}$$

Solange die latente Variable keine unmittelbare Interpretation aufweist, was in der Regel nicht der Fall ist, scheint es am naheliegendsten, sich für (7.65) zu interessieren.

7.4.2 Schätzung

Die Schätzung des Tobit-Modells erfolgt für gewöhnlich mittels der Maximum-Likelihood-Methode. Der Beitrag einer Beobachtung zur Likelihood-Funktion gleicht entweder der Wahrscheinlichkeitsfunktion (beim beobachteten Punkt $y_i = 0$) oder der bedingten Dichte von y_i, vorausgesetzt, sie ist positiv, mal der Wahrscheinlichkeitsfunktion des Beobachtens von $y_i > 0$. Die Loglikelihood-Funktion kann folglich geschrieben werden als

$$\log L_1(\beta, \sigma^2) = \sum_{i \in I_0} \log P\{y_i = 0\} + \sum_{i \in I_1} [\log f(y_i | y_i > 0) + \log P\{y_i > 0\}]$$

$$= \sum_{i \in I_0} \log P\{y_i = 0\} + \sum_{i \in I_1} \log f(y_i), \tag{7.67}$$

wobei $f(.)$ die generische Bezeichnung für eine Dichtefunktion ist und die letzte Gleichung aus der Definition einer bedingten Dichte folgt.[22] Die Indizessets I_0 und I_1 sind definiert als die Sets jener Indizes, die der Null beziehungsweise den positiven Beobachtungen entsprechen. Das heißt, $I_0 = \{i = 1, \dots, N: y_i = 0\}$. Durch Verwendung der geeigneten Ausdrücke für die Normalverteilung erhalten wir

$$\log L_1(\beta, \sigma^2) = \sum_{i \in I_0} \log \left[1 - \Phi \left(\frac{x_i'\beta}{\sigma} \right) \right]$$

$$+ \sum_{i \in I_1} \log \left[\frac{1}{\sqrt{2\pi\sigma^2}} \exp \left\{ -\frac{1}{2} \frac{(y_i - x_i'\beta)^2}{\sigma^2} \right\} \right]. \tag{7.68}$$

Die Maximierung von (7.68) in Bezug auf β und σ^2 bringt wie immer den Maximum-Likelihood-Schätzer hervor. Angenommen, das Modell ist korrekt spezifiziert, so erhalten wir konsistente und asymptotisch effiziente Schätzer sowohl für β als auch für σ^2 (unter schwachen Regelbedingungen).

Die Parameter in β haben eine doppelte Interpretation: eine als den Einfluss einer Veränderung in x_i auf die Wahrscheinlichkeit einer Nichtnull-Ausgabe und eine als den Einfluss einer Veränderung in x_i auf das Niveau dieser Ausgabe. Beide Effekte haben deshalb automatisch dasselbe Vorzeichen. Obwohl wir obiges Tobit-Modell durch den Nutzenmaximierungsansatz motiviert haben, ist das für gewöhnlich nicht der Ausgangspunkt bei der angewandten Arbeit; y_i^* könnte einfach als »gewünschte Ausgaben« interpretiert werden, mit tatsächlichen Ausgaben, die gleich null sind, wenn die gewünschte Quantität negativ ist.

Bei einigen Anwendungen fehlen Beobachtungen vollständig, wenn $y_i^* \leq 0$. Zum Beispiel kann unsere Stichprobe auf Haushalte mit positiven Ausgaben nur in Bezug auf Tabak beschränkt sein. In diesem Fall können wir immer noch dieselbe zugrunde liegende Struktur annehmen, aber mit einer etwas anderen Beobachtungsregel. Das führt zum sogenannten **angeschnittenen Regressionsmodell**. Formal ist das gegeben durch

$$y_i^* = x_i'\beta + \varepsilon_i, \quad i = 1, 2, \dots, N, \tag{7.69}$$

$$y_i = y_i^* \quad \text{wenn } y_i^* > 0$$

$$(y_i, x_i) \text{ nicht beobachtet, wenn } y_i^* \leq 0,$$

wobei von ε_i wie zuvor angenommen wird, es sei $NID(0, \sigma^2)$ und unabhängig von x_i. In diesem Fall haben wir nicht länger eine **Zufallsstichprobe**. Das müssen wir berücksichtigen, wenn wir Schlussfolgerungen ziehen (zum Beispiel β, σ^2 schätzen). Der Likelihood-Beitrag einer Beobachtung i ist nicht nur die Dichte, geschätzt am beobachteten Punkt y_i, sondern die Dichte bei y_i bedingt durch Aufnahme in die Stichprobe, zum Beispiel bedingt durch $y_i > 0$. Die Loglikelihood-Funktion für das angeschnittene Regressionsmodell ist folglich gegeben durch

$$\log L_2(\beta, \sigma^2) = \sum_{i \in I_1} \log f(y_i | y_i > 0) = \sum_{i \in I_1} [\log f(y_i) - \log P\{y_i > 0\}], \tag{7.70}$$

welches sich, für die Normalverteilung, reduziert auf

$$\log L_2(\beta, \sigma^2) = \sum_{i \in I_1} \left\{ \log \left[\frac{1}{\sqrt{2\pi\sigma^2}} \exp \left\{ -\frac{1}{2} \frac{(y_i - x_i'\beta)^2}{\sigma^2} \right\} \right] - \log \Phi \left(\frac{x_i'\beta}{\sigma} \right) \right\}. \quad (7.71)$$

Obwohl es nicht nötig ist, zu beobachten, welches die Eigenschaften der Personen mit $y_i = 0$ sind, oder zu wissen, wie viele Personen »fehlen«, müssen wir annehmen, dass diese nur unbeobachtet sind, weil ihre Eigenschaft $y_i^* \leq 0$ sind. Das Maximieren von $\log L_2$ im Hinblick auf β und σ^2 ergibt wieder konsistente Schätzer. Wenn Beobachtungen mit $y_i = 0$ tatsächlich fehlen, ist es das Beste, was wir tun können. Aber selbst wenn Beobachtungen mit $y_i = 0$ zur Verfügung stehen, könnte man immer noch $\log L_2$ statt $\log L_1$ maximieren, das heißt, man könnte ein angeschnittenes Regressionsmodell schätzen, obwohl ein Tobit-Modell angebracht wäre. Es ist unmittelbar offensichtlich, dass letztere (Tobit-)Vorgehensweise mehr Informationen verwendet und von daher im Allgemeinen zu effizienteren Schätzern führen wird. Tatsächlich kann gezeigt werden, dass die im Tobit-Modell enthaltene Information die im Regressionsmodell enthaltene mit der des Probit-Modells kombiniert, welches die Null/Nichtnull-Entscheidung beschreibt. Diese Tatsache folgt einfach aus dem Ergebnis, dass die Tobit-Loglikelihood-Funktion die Summe der angeschnittenen Regression und der Probit-Likelihood-Funktionen ist.

7.4.3 Beispiel: Ausgaben für Alkohol und Tabak (Teil 1)

In der Ökonomie werden (Systeme von) Nachfragegleichungen häufig zur Analyse des Effekts von zum Beispiel Einkommen, Steuern oder Preisveränderungen auf die Konsumentennachfrage verwendet. Ein praktisches Problem, das hierbei auftritt, besteht darin, dass Ausgaben für bestimmte Konsumgüter bei null liegen können, insbesondere wenn die Waren nicht in umfassenden Kategorien aggregiert sind. Da das in der Regel bei langlebigen Konsumgütern auftritt, sollten wir uns hier auf eine andere Art von Konsumgut konzentrieren: alkoholische Getränke und Tabak.

Von der Annahme ausgehend, dass ein Konsument seinen Nutzen als Funktion der Quantitäten der konsumierten Güter maximiert, ist es möglich, die Marshall'sche Nachfragefunktion für jedes Gut abzuleiten:

$$q_j = g_j(x, p),$$

wobei q_j die Quantität von Gut j bezeichnet, x für die Gesamtausgaben steht und p ein Vektor der Preise aller relevanten Güter ist. Die Funktion g_j hängt von den Präferenzen der Verbraucher ab. Bei empirischen Anwendungen sollten wir Querschnittsdaten in Betracht ziehen, wo Preise über die Beobachtungen nicht variieren. Von daher kann p in die funktionale Form aufgenommen werden, um Folgendes zu erhalten:

$$q_j = g_j^*(x).$$

Diese Beziehung wird in der Regel als **Engel-Kurve** bezeichnet (siehe zum Beispiel Deaton und Muellbauer, 1980, Kapitel 1). Daraus können wir die Gesamtausgabenelastizität von q_j definieren, die Quantität des Gutes j, die konsumiert wird, als

$$\varepsilon_j = \frac{\partial g_j^*(x)}{\partial x} \frac{x}{q_j}.$$

Die Elastizität misst den relativen Effekt einer Zunahme um 1% bei den Gesamtausgaben und kann verwendet werden, um Güter in Luxusartikel, Notwendigkeiten und minderwertige Waren zu klassifizieren. Ein Gut wird als Luxusartikel bezeichnet, wenn die Quantität mehr als proportional mit den Gesamtausgaben ansteigt ($\varepsilon_j > 1$), wohingegen es eine Notwendigkeit ist, wenn $\varepsilon_j < 1$. Wenn die Quantität des Erwerbs eines Guts abnimmt, während die Gesamtausgaben steigen, so wird dieses Gut als minderwertig bezeichnet, was bedeutet, dass die Elastizität ε_j negativ ist.

Eine zweckmäßige Parametrisierung der Engel-Kurve ist

$$w_j = \alpha_j + \beta_j \log x,$$

wobei $w_j = p_j q_j / x$ den Budgetanteil von Gut j bezeichnet. Es ist eine leichte Übung, abzuleiten, dass die Gesamtausgabenelastizität für diese funktionale Form gegeben ist durch

$$\varepsilon_j = 1 + \beta_j / w_j. \tag{7.72}$$

Rufen Sie sich in Erinnerung, dass Gut j eine Notwendigkeit ist, wenn $\varepsilon_j < 1$ oder $\beta_j < 0$, wohingegen Luxusartikel mit $\beta_j > 0$ übereinstimmen.

Im Folgenden werden wir unser Augenmerk auf zwei bestimmte Konsumgüter richten, alkoholische Getränke und Tabak. Darüber hinaus konzentrieren wir uns explizit auf die Heterogenität bei Haushalten und der Zusatz i wird verwendet, um Beobachtungen zu einzelnen Haushalten zu indexieren. Das nahezu ideale Nachfragesystem von Deaton und Muellbauer (1980, Kapitel 3.4) beinhaltet Engel-Kurven der Form

$$w_{ji} = \alpha_{ji} + \beta_{ji} \log x_i + \varepsilon_{ji},$$

wobei w_{ji} der Budgetanteil für Ware j in Haushalt i ist und x_i die Gesamtausgaben bezeichnet. Die Parameter α_{ji} und β_{ji} können von Haushaltseigenschaften abhängen, wie Familienzusammensetzung, Alter und Ausbildung des Haushaltsvorstands. Die Zufallsterme ε_{ji} decken unbeobachtbare Unterschiede zwischen den Haushalten ab. Weil β_{ji} je nach Haushalt schwankt, lässt die funktionale Form der oben genannten Engel-Kurve zu, dass Güter entweder eine Notwendigkeit oder Luxusartikel sind, je nach Haushaltseigenschaften.

Wenn wir die Ausgaben für Alkohol und Tabak betrachten, erwarten wir, dass die Anzahl der Nullen beträchtlich ist. Ein erster Weg, um diese Nullen zu erklären, besteht darin, dass sie aus Eckpunktlösungen entstehen, wenn die Nichtnegativitätsbeschränkung des Budgetanteils ($w_{ji} \geq 0$) verbindlich wird. Das bedeutet, dass Haushalte es bevorzugen, bei ihrem derzeitigen Einkommen und den aktuellen Preisen weder Alkohol noch Tabak zu kaufen, dass jedoch eine Preissenkung oder eine Einkommenssteigerung das (letztlich) ändern würde. Die Diskussion, ob es sich hierbei um eine realistische Annahme handelt, vertagen wir auf Kapitel 7.5.4. Da die Eckpunktlösung nicht die Bedingungen erster Ordnung für ein internes Optimum des zugrunde liegenden Nutzenmaximierungsproblems erfüllt, gilt die Engel-Kurve nicht für Beobachtungen mit $w_{ji} = 0$. Stattdessen wird angenommen, dass die Engel-Kurve die Lösung für das Nutzenmaximierungsproblem des Haushalts, wenn die Nichtnegativitätsbeschränkung nicht auferlegt ist, so beschreibt, dass eine negative Lösung Nullausgaben für eine bestimmte Ware entspricht. Auf diese Weise können wir das Modell wie folgt anpassen:

$$w_{ji}^* = \alpha_{ji} + \beta_{ji} \log x_i + \varepsilon_{ji},$$

$$w_{ji} = w_{ji}^* \quad \text{wenn } w_{ji}^* > 0$$

$$= 0 \quad \text{andernfalls,}$$

was einem Standard-Tobit-Modell entspricht, wenn angenommen wird, dass $\varepsilon_{ji} \sim NID(0, \sigma^2)$ für ein bestimmtes Gut j. Atkinson, Gomulka und Stern (1990) verwenden einen ähnlichen Ansatz zum Schätzen der Engel-Kurve für Alkohol, gehen jedoch davon aus, dass ε_{ji} eine schiefe Nichtnormalverteilung aufweist.

Um obiges Modell zu schätzen, verwenden wir Daten[23] aus den belgischen Haushaltsbudgeterhebungen 1995–1996, zur Verfügung gestellt vom National Institute of Statistics (NIS). Die Stichprobe enthält 2724 Haushalte, bei denen Ausgaben für ein breites Spektrum an Waren sowie eine Reihe von Hintergrundvariablen beobachtet wurden, die zum Beispiel mit Familienzusammensetzung und Beschäftigungsstatus in Zusammenhang stehen. In dieser Stichprobe haben 62% der Haushalte null Ausgaben für Tabak, während 17% nichts für alkoholische Getränke ausgeben. Die durchschnittlichen Budgetanteile für die entsprechenden Untergruppen mit positiven Ausgaben sind 3,22% und 2,15%.

Im Folgenden werden wir die beiden Engel-Kurven für Alkohol und Tabak separat schätzen. Das bedeutet, dass wir nicht die Möglichkeit berücksichtigen, dass eine verbindliche Nichtnegativitätsbeschränkung zu Tabak auch die Ausgaben für Alkohol beeinflusst und umgekehrt. Wir sollten annehmen, dass α_{ji} eine lineare Funktion des Alters des Haushaltsvorstands,[24] der Anzahl erwachsener Personen in dem Haushalt sowie der Anzahl von Kindern, die jünger als zwei beziehungsweise zwei und älter sind, ist, während β_{ji} als lineare Funktion von Alter und der Anzahl Erwachsener gesehen wird. Das bedeutet, dass das Produkt des Logarithmus Gesamtausgaben mit Alter und Anzahl Erwachsener in den erklärenden Variablen im Tobit-Modell enthalten ist. Tabelle 7.9 enthält die Schätzergebnisse für die Standard-Tobit-Modelle.

Variable	Alkoholische Getränke		Tabak	
	Schätzwert	s.e.	Schätzwert	s.e.
Konstante	−0,1592	(0,0438)	0,5900	(0,0934)
Altersgruppe	0,0135	(0,0109)	−0,1259	(0,0242)
Anzahl Erwachsene	0,0292	(0,0169)	0,0154	(0,0380)
Anzahl Kinder ≥ 2	−0,0026	(0,0006)	0,0043	(0,0013)
Anzahl Kinder < 2	−0,0039	(0,0024)	−0,0100	(0,0055)
Log(x)	0,0127	(0,0032)	−0,0444	(0,0069)
Alter × log(x)	−0,0008	(0,0088)	0,0088	(0,0018)
Anzahl Erwachsene × log(x)	−0,0022	(0,0012)	−0,0006	(0,0028)
$\hat{\sigma}$	0,0244	(0,0004)	0,0480	(0,0012)
Loglikelihood	4755,371		758,701	
Wald-Test	117,86	(p = 0,000)	170,18	(p = 0,000)

Tabelle 7.9 Tobit-Modelle für Budgetanteile Alkohol und Tabak

Bei Tabak gibt es deutliche Anzeichen, dass das Alter ein wichtiger Faktor beim Erklären des Budgetanteils ist, sowohl einzeln wie auch in Kombination mit den Gesamtausgaben. Für alkoholische Getränke sind nur die Anzahl von Kindern und die Gesamtausgaben einzeln signifikant. Wie in der Tabelle aufgeführt, bringen Wald-Tests der Hypothese, dass alle Koeffizienten, außer dem Achsenabschnittsterm, gleich null sind, für beide Waren stark signifikante Werte hervor. Unter der Nullhypothese haben diese Teststatistiken, vergleichbar mit der F-Statistik, die in der Regel für das lineare Modell berechnet wird (siehe Kapitel 2.5.4), eine asymptotische Chi-Quadrat-Verteilung mit sieben Freiheitsgraden.

Wenn wir annehmen, dass ein betrachteter Haushalt über einen ausreichend großen Budgetanteil verfügt, um Veränderungen im zweiten Term von (7.62) zu ignorieren, dann kann die Gesamtausgabenelastizität auf der Basis von (7.72) berechnet werden, da $1 + \beta_{ji}/w_{ji}$. Dies misst die Gesamtelastizität für jene, die Alkohol konsumieren beziehungsweise rauchen. Wenn wir obige Elastizität für die Stichprobendurchschnitte jener Haushalte schätzen, die positive Ausgaben aufweisen, erhalten wir geschätzte Elastizitäten[25] von 1,294 beziehungsweise 0,180. Das weist darauf hin, dass alkoholische Getränke zu Luxusartikeln zählen, während Tabak eine Notwendigkeit ist. Tatsächlich liegt die Gesamtelastizität von Ausgaben für Tabak ziemlich nahe an null.

Bei dieser Anwendung geht das Tobit-Modell davon aus, dass sämtliche Nullausgaben das Ergebnis von Eckpunktlösungen sind und dass eine ausreichend große Veränderung des Einkommens oder der jeweiligen Preise letztlich bei jedem Haushalt zu positiven Ausgaben führen würde. Insbesondere im Hinblick auf Tabak scheint das jedoch nicht angemessen. Viele Menschen rauchen zum Beispiel aus gesundheitlichen oder sozialen Gründen nicht und würden es auch dann nicht tun, selbst wenn Zigaretten kostenlos wären. Wenn das der Fall ist, scheint es angemessener, die Entscheidung, zu rauchen oder nicht zu rauchen, als einen Prozess zu modellieren, der unabhängig davon ist, wie viel dafür ausgegeben wird. Das sogenannte Tobit-II-Modell, eine der Erweiterungen des Standard-Tobit-Modells, die wir im Folgenden noch besprechen werden, könnte für diese Situation geeignet sein. Deshalb werden wir in Kapitel 7.5.4 auf dieses Beispiel zurückkommen.

7.4.4 Spezifikationstests im Tobit-Modell

Ein Verstoß gegen die Verteilungsannahmen zu ε_i wird im Allgemeinen zu inkonsistenten Maximum-Likelihood-Schätzern für β und σ^2 führen. Vor allem Nichtnormalität und Heteroskedastizität sind von Belang. Wir können innerhalb des Lagrange-Multiplikator-Ansatzes auf diese Alternativen hin testen, ebenso wie auf weggelassene Variablen. Als Erstes sollten Sie beachten, dass die Bedingungen erster Ordnung des Loglikelihood $\log L_1$ im Hinblick auf β gegeben sind durch

$$\sum_{i \in I_0} \frac{-\phi(x_i'\hat{\beta}/\hat{\sigma})}{1 - \Phi(x_i'\hat{\beta}/\hat{\sigma})} x_i + \sum_{i \in I_1} \frac{\hat{\varepsilon}_i}{\hat{\sigma}} x_i = \sum_{i=1}^{N} \hat{\varepsilon}_i^G x_i = 0, \tag{7.73}$$

wobei wir das verallgemeinerte Residuum $\hat{\varepsilon}_i^G$ für die positiven Beobachtungen definieren als das skalierte Residuum $\hat{\varepsilon}_i/\hat{\sigma} = (y_i - x_i'\hat{\beta})/\hat{\sigma}$ und für die Nullbeobachtungen als $-\phi(.)/(1 - \Phi(.))$, geschätzt bei $x_i'\hat{\beta}/\hat{\sigma}$. So erhalten wir Bedingungen erster Ordnung, die dieselbe Form aufweisen wie im Probit-Modell oder im linearen Regressionsmodell. Der einzige Unterschied ist die Definition des geeigneten (verallgemeinerten) Residuums.

Weil σ^2 ebenfalls ein geschätzter Parameter ist, benötigen wir auch die Bedingungen erster Ordnung im Hinblick auf σ^2, um die Spezifikationstests abzuleiten. Abgesehen von einem irrelevanten Skalierungsfaktor erhalten wir diese durch

$$\sum_{i \in I_0} \frac{x_i'\hat{\beta}}{\hat{\sigma}} \frac{\phi(x_i'\hat{\beta}/\hat{\sigma})}{1 - \Phi(x_i'\hat{\beta}/\hat{\sigma})} + \sum_{i \in I_1} \left(\frac{\hat{\varepsilon}_i^2}{\hat{\sigma}^2} - 1 \right) = \sum_{i=1}^{N} \hat{\varepsilon}_i^{G(2)} = 0, \tag{7.74}$$

wobei wir $\hat{\varepsilon}_i^{G(2)}$ definieren als generalisiertes Residuum zweiter Ordnung. Die Bedingungen erster Ordnung im Hinblick auf σ^2 besagen, dass der Stichprobendurchschnitt von $\hat{\varepsilon}_i^{G(2)}$ null sein sollte. Es kann gezeigt werden (siehe Gouriéroux, Monfort, Renault und Trognon, 1987), dass das generalisierte Residuum zweiter Ordnung ein Schätzwert für $E\{\varepsilon_i^2/\sigma^2 - 1|y_i, x_i\}$ ist, ebenso wie das generalisierte Residuum (erster Ordnung) $\hat{\varepsilon}_i^G$ ein Schätzwert für $E\{\varepsilon_i/\sigma|y_i, x_i\}$ ist. Obwohl es den Rahmen dieses Buches überschreitet, dieses abzuleiten, ist es dennoch unmittelbar nachvollziehbar: Wenn ε_i nicht aus y_i, x_i, und β bestimmt werden kann, so ersetzen wir die Ausdrücke durch die bedingten erwarteten Werte in Anbetracht von allem, was wir über y_i^* wissen, wie in y_i abgebildet. Das ist einfach die beste Mutmaßung, wie das Residuum sein sollte in Anbetracht dessen, dass wir nur wissen, dass es $\varepsilon_i < -x_i'\beta$ erfüllt.

Aus (7.73) wird unmittelbar deutlich, dass wir auf J weggelassene Variablen z_i testen würden. Da die Bedingungen erster Ordnung implizieren würden, dass

$$\sum_{i=1}^{N} \hat{\varepsilon}_i^G z_i = 0,$$

können wir einfach eine Regression von Einsen auf die $K + 1 + J$ Variablen $\hat{\varepsilon}_i^G x_i'$, $\hat{\varepsilon}_i^{G(2)}$ sowie $\hat{\varepsilon}_i^G z_i'$ durchführen und die Teststatistik als N mal das unzentrierte R^2 berechnen. Die geeignete asymptotische Verteilung unter der Nullhypothese ist eine Chi-Quadrat-Verteilung mit J Freiheitsgraden.

Ein Test auf Heteroskedastizität kann auf der Alternative basieren, dass

$$V\{\varepsilon_i\} = \sigma^2 h(z_i'\alpha), \tag{7.75}$$

wobei $h(.)$ eine unbekannte differenzierbare Funktion mit $h(0) = 1$ und $h(.) > 0$ ist und z_i ein j-dimensionaler Vektor erklärender Variablen ist, ohne einen Achsenabschnittsterm zu beinhalten. Die Nullhypothese entspricht $\alpha = 0$, implizierend, dass $V\{\varepsilon_i\} = \sigma^2$. Die zusätzlichen Scores im Hinblick auf α, geschätzt unter dem aktuellen Set von Parameterschätzwerten $\hat{\beta}, \hat{\sigma}^2$, können leicht erhalten werden durch $\kappa \hat{\varepsilon}_i^{G(2)} z_i'$, wobei κ eine irrelevante, von h abhängige Konstante ist. Infolgedessen können wir die LM-Teststatistik auf Heteroskedastizität leicht erhalten als N mal das unzentrierte R^2 einer Regression von Einsen auf $K + 1 + J$ Variablen $\hat{\varepsilon}_i^G x_i'$, $\hat{\varepsilon}_i^{G(2)}$ und $\hat{\varepsilon}_i^{G(2)} z_i'$. Beachten Sie, dass die Teststatistik auch in diesem Fall nicht von der Form von h abhängt, sondern nur von z_i.

Wird die Homoskedastizität abgelehnt, können wir das Modell mit heteroskedastischen Fehlern schätzen, wenn wir eine funktionale Form für h spezifizieren, zum Beispiel $h(z_i'\alpha) = \exp\{z_i'\alpha\}$. In der Loglikelihood-Funktion ersetzen wir einfach σ^2 durch $\sigma^2 \exp\{z_i'\alpha\}$ und wir schätzen α gemeinsam mit den Parametern β und σ^2. Alternativ ist es möglich, auf Heteroskedastizität zu stoßen, weil etwas anderes in dem Modell nicht stimmt. Es kann zum Beispiel sein, dass die funktionale Form ungeeignet ist und nichtlineare Funktionen von x_i einbezogen werden sollten. Auch die Transformation einer abhängigen Variablen kann das Heteroskedastizitäts-problem beseitigen. Das erklärt zum Beispiel, warum Anwender in vielen Fällen eher ein Modell für log Löhne spezifizieren als für Löhne selbst.

Abschließend besprechen wir einen Test auf Nichtnormalität. Dieser Test kann auf dem Ansatz von Pagan und Vella (1989) basieren und einen Test der folgenden zwei bedingten Momentbe-dingungen beinhalten, die durch Normalität impliziert sind: $E\{\varepsilon_i^3/\sigma^3|x_i\} = 0$ und $E\{\varepsilon_i^4/\sigma^4 - 3|x_i\} = 0$, entsprechend dem Fehlen von Schiefe beziehungsweise überschüssiger Kurtosis (siehe Kapitel 6.4). Lassen Sie uns zuerst die Quantitäten $E\{\varepsilon_i^3/\sigma^3|y_i, x_i\}$ und $E\{\varepsilon_i^4/\sigma^4 - 3|y_i, x_i\}$ betrachten und berücksichtigen, dass das Vornehmen von Erwartungen zu y_i (bei gegebenem x_i) die beiden für uns interessanten Momente hervorbringt. Wenn $y_i > 0$, können wir die Stich-probenäquivalente einfach schätzen als $\hat{\varepsilon}_i^3/\hat{\sigma}^3$ beziehungsweise $\hat{\varepsilon}_i^4/\hat{\sigma}^4 - 3$, wobei $\hat{\varepsilon}_i = y_i - x_i'\hat{\beta}$. Für $y_i = 0$ sind die bedingten Erwartungen komplizierter, sie können jedoch berechnet werden durch Verwenden der folgenden Formeln (Lee und Maddal, 1985):

$$E\left\{\left.\frac{\varepsilon_i^3}{\sigma^3}\right|x_i, y_i = 0\right\} = \left[2 + \left(\frac{x_i'\beta}{\sigma}\right)^2\right]E\left\{\left.\frac{\varepsilon_i}{\sigma}\right|x_i, y_i = 0\right\} \tag{7.76}$$

$$E\left\{\left.\frac{\varepsilon_i^4}{\sigma^4} - 3\right|x_i, y_i = 0\right\} = 3E\left\{\left.\frac{\varepsilon_i^2}{\sigma^2} - 1\right|x_i, y_i = 0\right\} + \left(\frac{x_i'\beta}{\sigma}\right)^3 E\left\{\left.\frac{\varepsilon_i}{\sigma}\right|x_i, y_i = 0\right\}. \tag{7.77}$$

Diese beiden Quantitäten können leicht aus den ML-Schätzwerten $\hat{\beta}$ und $\hat{\sigma}^2$ sowie den gene-ralisierten Residuen $\hat{\varepsilon}_i^G$ und $\hat{\varepsilon}_i^{G(2)}$ geschätzt werden. Lassen Sie uns die sich daraus ergebenden Schätzwerte als $\hat{\varepsilon}_i^{G(3)}$ beziehungsweise $\hat{\varepsilon}_i^{G(4)}$ bezeichnen, derart dass

$$\hat{\varepsilon}_i^{G(3)} = \hat{\varepsilon}_i^3/\hat{\sigma}^3 \qquad \text{wenn } y_i > 0$$

$$= [2 + (x_i'\hat{\beta}/\hat{\sigma})^2]\hat{\varepsilon}_i^G \qquad \text{andernfalls,} \tag{7.78}$$

und

$$\hat{\varepsilon}_i^{G(4)} = \hat{\varepsilon}_i^4/\hat{\sigma}^4 - 3 \qquad \text{wenn } y_i > 0$$

$$= 3\hat{\varepsilon}_i^{G(2)} + (x_i'\hat{\beta}/\hat{\sigma})^3\hat{\varepsilon}_i^G \qquad \text{andernfalls.} \tag{7.79}$$

Laut Gesetz der iterativen Erwartungen impliziert die Nullhypothese der Normalverteilung, dass (asymptotisch) $E\{\hat{\varepsilon}_i^{G(3)}|x_i\} = 0$ und $E\{\hat{\varepsilon}_i^{G(4)}|x_i\} = 0$. Infolgedessen können wir den be-dingten Momenttest auf Nichtnormalität erhalten mittels Durchführen einer Regression eines Vektors von Einsen auf die $K + 3$ Variablen $\hat{\varepsilon}_i^G x_i'$, $\hat{\varepsilon}_i^{G(2)}$, $\hat{\varepsilon}_i^{G(3)}$ und $\hat{\varepsilon}_i^{G(4)}$ und N mal das unzen-trierte R^2 berechnen. Unter der Nullhypothese ist die asymptotische Verteilung der resultieren-den Teststatistik Chi-Quadrat mit zwei Freiheitsgraden.

Obwohl die Ableitung der verschiedenen Teststatistiken kompliziert erscheinen mag, ist ih-re Berechnung relativ einfach. Sie können berechnet werden unter Verwendung einer Hilfs-regression nach einigen unkomplizierten Berechnungen, welche die Maximum-Likelihood-Schätzwerte und die Daten beinhalten. Da die Beständigkeit des ML-Schätzers entscheidend von einer korrekten Spezifikation der Likelihood-Funktion abhängt, sollte das Testen auf Fehl-spezifikation eine Standardroutine in der empirischen Arbeit sein.

7.5   Erweiterungen von Tobit-Modellen

Das Standard-Tobit-Modell erlegt eine Struktur auf, die häufig zu restriktiv ist: Genau dieselben Variablen, die die Wahrscheinlichkeit einer Nicht-null-Beobachtung beeinflussen, bestimmen das Niveau einer positiven Beobachtung und, darüber hinaus, mit demselben Vorzeichen. Das impliziert zum Beispiel, dass jene, bei denen es wahrscheinlicher ist, dass sie einen positiven Betrag ausgeben, im Schnitt auch jene sind, die mehr für langlebige Güter ausgeben. In diesem Kapitel werden wir Modelle besprechen, die diese Restriktion lockern. Wenn wir das konkrete Beispiel der Ausgaben für den Urlaub nehmen, so ist nachvollziehbar, dass es bei Haushalten mit vielen Kindern eher unwahrscheinlich ist, dass sie positive Ausgaben haben, wohingegen im Fall eines Urlaubs von höheren Ausgaben für solche Familien auszugehen ist.

Angenommen, wir wollen Löhne erklären. Löhne werden offensichtlich nur bei Personen beobachtet, die tatsächlich arbeiten, aber aus ökonomischen Gründen interessieren wir uns häufig für (potenzielle) Löhne, die nicht von dieser Auswahl abhängig sind. Ein Beispiel: Eine Veränderung bei einer exogenen Variablen kann den Lohn einer Person derartig verringern, dass sie sich entscheidet, mit dem Arbeiten aufzuhören. Infolgedessen würde ihr Lohn nicht länger beobachtet werden und die Auswirkung auf die erklärende Variable könnte anhand der zur Verfügung stehenden Daten unterschätzt werden. Weil die Stichprobe der Arbeiter möglicherweise keine Zufallsstichprobe der Grundgesamtheit (potenzieller Arbeiter) ist – es ist insbesondere damit zu rechnen, dass Personen mit niedrigeren (potenziellen) Löhnen mit einer höheren Wahrscheinlichkeit erwerbslos sind –, wird dieses Problem häufig als **Stichprobenselektionsproblem** bezeichnet.

7.5.1   Das Tobit-II-Modell

Das traditionelle Modell, um Stichprobenselektionsprobleme zu beschreiben, ist das **Tobit-II-Modell**[26], auch bezeichnet als **Stichprobenselektionsmodell**. In diesem Kontext besteht es aus einer linearen Lohngleichung

$$w_i^* = x_{1i}'\beta_1 + \varepsilon_{1i}, \tag{7.80}$$

wobei x_{1i} den Vektor exogener Eigenschaften (Alter, Bildung, Geschlecht ...) bezeichnet und w_i^* den Lohn einer Person i. Der Lohn w_i^* wird nicht beobachtet für Personen, die nicht arbeiten (was den * erklärt). Um zu beschreiben, ob eine Person erwerbstätig oder nicht erwerbstätig ist, wird eine zweite Gleichung spezifiziert, die vom Typ binäres Wahlmodell ist. Das heißt

$$h_i^* = x_{2i}'\beta_2 + \varepsilon_{2i}, \tag{7.81}$$

wobei wir die folgende Beobachtungsregel haben:

$$w_i = w_i^*, \, h_i = 1 \quad \text{wenn} \quad h_i^* > 0 \tag{7.82}$$

$$w_i \text{ nicht beobachtet}, \, h_i = 0 \quad \text{wenn} \quad h_i^* \leq 0, \tag{7.83}$$

wobei w_i den tatsächlichen Lohn von Person i bezeichnet.[27] Die binäre Variable h_i steht lediglich für erwerbstätig oder nicht erwerbstätig. Das Modell wird durch eine Verteilungsannahme zu den unbeobachteten Fehlern ($\varepsilon_{1i}, \varepsilon_{2i}$) vervollständigt, in der Regel eine bivariate Normalverteilung mit Erwartungen null, Varianzen σ_1^2 beziehungsweise σ_2^2 und einer Kovarianz σ_{12}. Das Modell in (7.81) ist tatsächlich ein Standard-Probit-Modell und beschreibt die Wahlmöglichkeit, erwerbstätig oder nicht erwerbstätig zu sein. Folglich ist eine Normalisierungsbeschränkung erforderlich und, wie zuvor, wird $\sigma_2^2 = 1$ gesetzt. Die Entscheidung zur Erwerbstätigkeit wird beeinflusst durch die Variablen in x_{2i} mit den Koeffizienten β_2. Die Gleichung (7.80) beschreibt (potenzielle) Löhne als Funktion der Variablen in x_{1i} mit den Koeffizienten β_1. Die Vorzeichen und der Umfang der β-Koeffizienten können sich bei beiden Gleichungen unterscheiden. Im Prinzip können die Variablen in x_1 und x_2 unterschiedlich sein, obwohl man in dieser Hinsicht sehr vorsichtig sein muss (siehe unten). Wenn wir auferlegen, dass $x_{1i}'\beta_1 = x_{2i}'\beta_2$ und $\varepsilon_{1i} = \varepsilon_{2i}$, ist leicht zu erkennen, dass wir wieder zurück beim Standard-Tobit-Modell sind (Tobit I).

Der bedingte erwartete Lohn, vorausgesetzt, dass eine Person *arbeitet*, ergibt sich durch

$$E\{w_i | h_i = 1\} = x_{1i}'\beta_1 + E\{\varepsilon_{1i} | h_i = 1\}$$

$$= x_{1i}'\beta_1 + E\{\varepsilon_{1i} | \varepsilon_{2i} > -x_{2i}'\beta_2\}$$

$$= x_{1i}'\beta_1 + \frac{\sigma_{12}}{\sigma_2^2} E\{\varepsilon_{2i} | \varepsilon_{2i} > -x_{2i}'\beta_2\}$$

$$= x_{1i}'\beta_1 + \sigma_{12} \frac{\phi(x_{2i}'\beta_2)}{\Phi(x_{2i}'\beta_2)}, \tag{7.84}$$

wobei die letzte Gleichung $\sigma_2^2 = 1$ verwendet und der Ausdruck für die Erwartung einer angeschnittenen Standardnormalverteilung ähnlich dem in (7.62) verwendeten ist. Die dritte Gleichung nutzt die Tatsache, dass für zwei normalverteilte Zufallsvariablen $E\{\varepsilon_1 | \varepsilon_2\} = (\sigma_{12}/\sigma_2^2)\varepsilon_2$ gilt. Anhang B liefert mehr Details zu diesen Ergebnissen. Beachten Sie, dass wir schreiben können $\sigma_{12} = \rho_{12}\sigma_1$, wobei ρ_{12} der Korrelationskoeffizient zwischen den beiden Fehlern ist. Wieder zeigt uns das die Allgemeingültigkeit dieses Modells im Vergleich zu (7.62). Aus (7.84) folgt unmittelbar, dass der bedingte erwartete Lohn gleich $x_{1i}'\beta_1$ ist, nur wenn $\sigma_{12} = \rho_{12} = 0$. Wenn die Fehlerterme aus den beiden Gleichungen also nicht korreliert sind, kann die Lohngleichung durch gewöhnliche kleinste Quadrate konsistent geschätzt werden. Eine Stichprobenselektionsverzerrung im OLS-Schätzer entsteht, wenn $\sigma_{12} \neq 0$. Der Term $\phi(x_{2i}'\beta_2)/\Phi(x_{2i}'\beta_2)$ ist bekannt als die inverse Mills-Ratio. Weil sie von Heckman (1979) als $\lambda(x_{2i}'\beta_2)$ bezeichnet wurde, wird sie auch als **Heckmans Lambda** bezeichnet.

Der entscheidende Parameter, welcher das Stichprobenselektionsmodell von lediglich einem Regressionsmodell und einem Probit-Modell unterscheidet, ist der Korrelationskoeffizient (oder Kovarianz) zwischen den Fehlertermen der beiden Gleichungen. Wenn die Fehler nicht korreliert sind, würden wir lediglich die Lohngleichung durch den OLS-Schätzer schätzen und die Selektionsgleichung ignorieren (es sei denn, dass wir uns dafür interessieren). Und warum können wir nun eine Korrelation zwischen den beiden Fehlertermen erwarten? Obwohl das Tobit-II-Modell unterschiedlich motiviert sein kann, sollten wir mehr oder weniger Gronau (1974) in seiner Argumentation folgen. Angenommen, das Nutzenmaximierungsproblem des Individuums (in Gronaus Fall: Hausfrauen) kann durch einen **Anspruchslohn** w_i^r (den Wert der Zeit) charakterisiert werden. Eine Frau wird arbeiten, wenn der ihr angebotene Lohn diesen Anspruchslohn tatsächlich übersteigt. Natürlich hängt der Anspruchslohn durch die Nutzenfunktion und die Budgetbeschränkungen von verschiedenen persönlichen Eigenschaften ab, sodass wir schreiben (annehmen)

$$w_i^r = z_i'\gamma + \eta_i,$$

wobei z_i ein Vektor der Charakteristika und η_i unbeobachtet ist. In der Regel wird der Anspruchslohn nicht beobachtet.

Nehmen wir nun an, dass der einer Person angebotene Lohn von deren persönlichen Charakteristika (und einigen Jobcharakteristika) abhängt wie in (7.80). Das heißt

$$w_i^* = x_{1i}'\beta_1 + \varepsilon_{1i}.$$

Liegt dieser Lohn unterhalb von w_i^r, so wird von Individuum i angenommen, dass es nicht arbeitet. Folglich können wir dessen Entscheidung, seine Arbeitskraft anzubieten, schreiben als

$$h_i = 1 \quad \text{wenn } w_i^* - w_i^r > 0$$
$$= 0 \quad \text{wenn } w_i^* - w_i^r \leq 0.$$

Die Ungleichung kann in Form von beobachteten Charakteristika und unbeobachteten Fehlern geschrieben werden als

$$h_i^* \equiv w_i^* - w_i^r = x_{1i}'\beta_1 - z_i'\gamma + (\varepsilon_{1i} - \eta_i) = x_{2i}'\beta_2 + \varepsilon_{2i} \tag{7.85}$$

durch geeignetes Definieren von x_{2i} und ε_{2i}. Infolgedessen führt unser einfaches ökonomisches Modell, bei dem das Arbeitskräfteangebot auf dem Anspruchslohn basiert, zu einem Modell der Tobit-II-Form. Ein paar Dinge aus (7.85) sollten wir hervorheben. Erstens beeinflusst der angebotene Lohn die Entscheidung, zu arbeiten oder nicht zu arbeiten. Das bedeutet, dass der Fehlerterm ε_{2i} die unbeobachtete Heterogenität enthält, welche das Lohnangebot beeinflusst, das heißt ε_{1i} einbezieht. Wenn η_i nicht korreliert ist mit ε_{1i}, so erwarten wir, dass die Korrelation zwischen ε_{2i} und ε_{1i} positiv ist. Folglich können wir aus ökonomischen Argumenten mit einer Stichprobenselektionsverzerrung beim Kleinste-Quadrate-Schätzer rechnen. Zweitens sind die Variablen in x_{1i} alle in x_{2i} enthalten, plus aller Variablen in z_i, die nicht in x_{1i} enthalten sind. Ökonomische Argumente weisen demnach darauf hin, dass wir in x_{2i} zumindest die Variablen einschließen sollten, die in x_{1i} enthalten sind.

Lassen Sie uns das statistische Modell, das Tobit-II-Modell, wiederholen und der Einfachheit halber y durch w ersetzen, um die Allgemeingültigkeit zu betonen:

$$y_i^* = x_{1i}'\beta_1 + \varepsilon_{1i} \tag{7.86}$$

$$h_i^* = x_{2i}'\beta_2 + \varepsilon_{2i} \tag{7.87}$$

$$y_i = y_i^*, \, h_i = 1 \quad \text{wenn } h_i^* > 0 \tag{7.88}$$

$$y_i \text{ nicht beobachtet, } h_i = 0 \quad \text{wenn } h_i^* \leq 0, \tag{7.89}$$

wobei

$$\begin{pmatrix} \varepsilon_{1i} \\ \varepsilon_{2i} \end{pmatrix} \sim NID\left(\begin{pmatrix} 0 \\ 0 \end{pmatrix}, \begin{pmatrix} \sigma_1^2 & \sigma_{12} \\ \sigma_{12} & 1 \end{pmatrix} \right). \tag{7.90}$$

Das Modell verfügt über zwei beobachtete endogene Variablen y_i und h_i. Statistisch beschreibt es die gemeinsame Verteilung von y_i und h_i, bedingt durch die Variablen *sowohl* in x_{1i} *wie auch* in x_{2i}. Das heißt, (7.86) sollte die bedingte Verteilung von y_i^* abhängig von *sowohl* x_{1i} *wie auch* x_{2i} beschreiben. Der einzige Grund, eine bestimmte Variable, die in x_{2i} enthalten ist, nicht in x_{1i} aufzunehmen, besteht darin, dass wir davon überzeugt sind, dass sie in der Lohngleichung einen Nullkoeffizienten hat. Es könnte zum Beispiel Variablen geben, die nur den Anspruchslohn beeinflussen, aber nicht den Lohn selbst. Fälschlicherweise eine Variable aus (7.86) wegzulassen, während wir sie in (7.87) aufnehmen, kann die Schätzergebnisse ernsthaft beeinflussen und zu falschen Schlussfolgerungen hinsichtlich des Vorhandenseins einer Stichprobenselektionsverzerrung führen.

7.5.2 Schätzung

Für Schätzzwecke können wir uns das Modell so vorstellen, dass es aus zwei Teilen besteht. Der erste Teil beschreibt das binäre Entscheidungsproblem. Der Beitrag zur Likelihood-Funktion besteht lediglich in der Wahrscheinlichkeit des Beobachtens von $h_i = 1$ oder $h_1 = 0$. Der zweite Teil beschreibt die Verteilung des Lohns für jene, die tatsächlich arbeiten, sodass der Likelihood-Beitrag $f(y_i|h_i = 1)$ beträgt. Folglich gilt für die Likelihood-Funktion

$$\log L_3(\beta, \sigma_1^2, \sigma_{12}) = \sum_{i \in I_0} \log P\{h_i = 0\}$$

$$+ \sum_{i \in I_1} [\log f(y_i|h_i = 1) + \log P\{h_i = 1\}]. \tag{7.91}$$

Der binäre Entscheidungsteil ist Standard: Der einzige komplizierte Teil ist die bedingte Verteilung von y_i, bei $h_i = 1$. Deshalb ist es üblicher, die gemeinsame Verteilung von y_i und h_i unterschiedlich zu zerlegen durch Verwendung von

$$f(y_i|h_i = 1)P\{h_i = 1\} = P\{h_i = 1|y_i\}f(y_i). \tag{7.92}$$

Der letzte Term auf der rechten Seite ist einfach die normale Dichtefunktion, während der erste Term eine Wahrscheinlichkeit aus der bedingten normalen Dichtefunktion ist, charakterisiert durch (siehe Anhang B)

$$E\{h_i^*|y_i\} = x_{2i}'\beta_2 + \frac{\sigma_{12}}{\sigma_1^2}(y_i - x_{1i}'\beta_1)$$

$$V\{h_i^*|y_i\} = 1 - \sigma_{12}^2/\sigma_1^2,$$

wobei die letzte Gleichung die Varianz von h_i^* abhängig von y_i und vorgegebenen exogenen Variablen bezeichnet. Folglich schreiben wir die Loglikelihood als

$$\log L_3(\beta, \sigma_1^2, \sigma_{12}) = \sum_{i \in I_0} \log P\{h_i = 0\} + \sum_{i \in I_1} [\log f(y_i) + \log P\{h_i = 1|y_i\}] \tag{7.93}$$

mit den folgenden Gleichungen

$$P\{h_i = 0\} = 1 - \Phi(x_{2i}'\beta_2) \tag{7.94}$$

$$P\{h_i = 1|y_i\} = \Phi\left(\frac{x_{2i}'\beta_2 + (\sigma_{12}/\sigma_1^2)(y_i - x_{1i}'\beta_1)}{\sqrt{1 - \sigma_{12}^2/\sigma_1^2}}\right) \tag{7.95}$$

$$f(y_i) = \frac{1}{\sqrt{2\pi\sigma_1^2}} \exp\left\{ -\frac{1}{2}(y_i - x_{1i}'\beta_1)^2/\sigma_1^2 \right\}. \tag{7.96}$$

Die Maximierung von $\log L_3(\beta, \sigma_1^2, \sigma_{12})$ unter Berücksichtigung der unbekannten Parameter führt (unter schwachen Regelbedingungen) zu konsistenten und asymptotisch effizienten Schätzern, die eine asymptotische Normalverteilung aufweisen.

In der empirischen Arbeit wird das Stichprobenselektionsmodell oft in zwei Stufen geschätzt. Das ist rechnerisch einfacher und liefert zudem gute Ausgangswerte für das Maximum-Likelihood-Verfahren. Dieses Zwei-Stufen-Verfahren geht auf Heckman (1979) zurück und basiert auf der folgenden Regression (vergleiche (7.84) oben)

$$y_i = x_{1i}'\beta_1 + \sigma_{12}\lambda_i + \eta_i, \tag{7.97}$$

wobei

$$\lambda_i = \frac{\phi(x_{2i}'\beta_2)}{\Phi(x_{2i}'\beta_2)}.$$

Der Fehlerterm in diesem Modell gleicht $\eta_i = \varepsilon_{1i} - E\{\varepsilon_{1i}|x_i, h_i = 1\}$. In Anbetracht der Annahme, dass die Verteilung von ε_{1i} unabhängig von x_i ist (aber nicht von h_i), korreliert η_i konstruktionsbedingt nicht mit x_{1i} und λ_i. Das bedeutet, dass wir β_1 und σ_{12} mittels Durchführen einer Kleinste-Quadrate-Regression von y_i auf den ursprünglichen Regressor x_{1i} und die zusätzliche Variable λ_i schätzen können. Die Tatsache, dass λ_i unbeobachtet ist, stellt kein echtes Problem dar, weil das einzige unbekannte Element in λ_i β_2 ist, was konsistent geschätzt werden kann durch eine auf das Selektionsmodell angewandte Maximum-Likelihood. Das bedeutet, dass wir in der Regression (7.97) λ_i durch seinen Schätzwert $\hat{\lambda}_i$ ersetzen und OLS dennoch konsistente Schätzer für β_1 und σ_{12} hervorbringt. Im Allgemeinen wird dieser Zwei-Stufen-Schätzer nicht effizient sein, aber er ist rechnerisch einfach und konsistent.

Ein Problem mit dem Zwei-Stufen-Schätzer besteht darin, dass routinemäßig berechnete OLS-Standard-Fehler nicht korrekt sind, es sei denn $\sigma_{12} = 0$. Dieses Problem wird oft ignoriert, weil es immer noch möglich ist, die Nullhypothese des Nichtvorhandenseins von Stichprobenselektionsverzerrung unter Verwendung eines Standard-t-Tests zu $\sigma_{12} = 0$ gültig zu testen. Im Allgemeinen müssen Standardfehler jedoch angepasst werden, weil η_i in (7.97) heteroskedastisch ist und weil β_2 geschätzt ist. Wenn x_{1i} und x_{2i} identisch sind, wird das Modell nur durch die Tatsache definiert, dass λ_i eine nichtlineare Funktion ist. Erfahrungsgemäß wird diese zweistufige Herangehensweise von daher nicht sehr gut funktionieren, wenn sehr wenig Streuung in λ_i vorliegt und λ_i nahe daran ist, in x_{2i} linear zu sein. Dies ist das Thema vieler Monte-Carlo-Studien, zum Beispiel Leung und Yu (1996). Die Aufnahme von Variablen in x_{2i} zusätzlich zu denen in x_{1i} kann wichtig sein für die Identifizierung in der zweiten Stufe, obwohl es häufig keine natürlichen Kandidaten gibt und jegliche Entscheidung leicht kritisiert wird. Und zu guter Letzt sollte eine Sensitivitätsanalyse im Hinblick auf die auferlegten Ausschlussbeschränkungen durchgeführt werden, um sicherzustellen, dass der λ-Term die Auswirkung der weggelassenen Variablen nicht falsch aufnimmt.

Das auf der zweiten Stufe geschätzte Modell beschreibt den bedingten erwarteten Wert y_i bei gegebenem x_i und vorausgesetzt, dass $h_i = 1$, zum Beispiel der erwartete Lohn, vorausgesetzt, eine Person ist erwerbstätig. Diese Information wird nicht unmittelbar geliefert, wenn Sie das Modell mittels Maximum-Likelihood schätzen, obwohl es anhand der Schätzwerte leicht berechnet werden kann. Häufig steht bei gegebenem x_i der erwartete Wert von y_i, nicht abhängig von $h_i = 1$, im Mittelpunkt des Interesses. Und dieser wird geliefert durch $x'_{1i}\beta_1$, welches ebenfalls von der letzten Regression geliefert wird. Das Prognostizieren von Löhnen für eine beliebige Person kann also auf (7.97) basieren, sollte jedoch nicht $\sigma_{12}\lambda(x'_{2i}\beta_2)$ beinhalten. Eine positive Kovarianz σ_{12} zeigt an, dass unbeobachtete Heterogenität vorliegt, die sowohl die Löhne wie auch die Wahrscheinlichkeit der Erwerbstätigkeit positiv beeinflusst. Das heißt, dass Personen, deren Lohn höher ist als erwartet, mit einer höheren Wahrscheinlichkeit erwerbstätig sind (abhängig vom gegebenen Set an x_i-Werten).

Der zweistufige Schätzer des Stichprobenselektionsmodells ist einer der in der empirischen mikroökonomischen Arbeit am häufigsten verwendeten Schätzer. Es scheint eine starke Überzeugung vorzuherrschen, dass die Aufnahme eines λ-Korrekturterms in ein Modell sämtliche Probleme von Selektionsverzerrung beseitigt. Das trifft sicher nicht generell zu und das Stichprobenselektionsmodell sollte mit äußerster Vorsicht verwendet werden. Das Vorhandensein nicht zufälliger Selektion zeigt ein grundlegendes Identifikationsproblem an und infolgedessen wird die Gültigkeit jeder Lösung von der Gültigkeit der gemachten Annahmen abhängen, was nur teilweise getestet werden kann. Kapitel 7.6 wird der Stichprobenselektionsverzerrung und dem impliziten Identifikationsproblem mehr Aufmerksamkeit widmen.

7.5.3 Zusätzliche Erweiterungen

Die Struktur eines Modells mit einer oder mehr latenten Variablen, normalverteilten Fehlern und einer Beobachtungsregel, welche die unbeobachteten endogenen Variablen beobachteten zuordnet, kann in einer Vielzahl von Anwendungen eingesetzt werden. Amemiya (1984) charakterisiert verschiedene Tobit-Modelle durch die Form der Likelihood-Funktion, weil unterschiedliche Strukturen zu Modellen führen können, die statistisch identisch sind. Eine offensichtliche Erweiterung, die im Tobit-III-Modell resultiert, ist diejenige, bei der h_i^* in obigem Arbeitskräftebedarf/Lohn-Gleichungsmodell teilweise beobachtet wird in Form von Arbeitszeit. In dem Fall beobachten wir

$$y_i = y_i^*, \; h_i = h_i^* \quad \text{wenn } h_i^* > 0 \tag{7.98}$$

$$y_i \text{ nicht beobachtet}, \; h_i = 0 \quad \text{wenn } h_i^* \leq 0 \tag{7.99}$$

mit derselben zugrunde liegenden latenten Struktur. Im Wesentlichen besagt das, dass das Selektionsmodell kein Probit-Typ ist, aber ein Standard-Tobit-Typ. Anwendungen, welche Modelle von dieser und noch komplizierterer Struktur nutzen, findet man häufig in der Arbeitsmarkttheorie, wo Löhne für verschiedene Branchen, Gewerkschafts-/Nichtgewerkschaftsmitglieder und so weiter erklärt werden, unter Berücksichtigung, dass die Wahl des Sektors vermutlich nicht exogen ist, sondern auf potenziellen Löhnen in den beiden Sektoren basiert, dass das Arbeitskräfteangebot nicht exogen ist, oder beides. Andere Arten von Selektionsmodellen sind ebenfalls möglich, einschließlich zum Beispiel eines Ordered-Response-Modells. Siehe Vella (1998) für weitere Erörterungen dieses Themas.

7.5.4 Beispiel: Ausgaben für Alkohol und Tabak (Teil 2)

In Kapitel 7.4.3 haben wir die Schätzung von Engel-Kurven für alkoholische Getränke und Tabak betrachtet, unter Berücksichtigung des Problems von Null-Ausgaben. Das Standard-Tobit-Modell geht davon aus, dass diese Null-Ausgaben das Ergebnis von Ecklösungen sind.

Das heißt, die Beschränkungen eines Haushaltsbudgets sowie Präferenzen sind derart gestaltet, dass die optimalen Budgetanteile für Alkohol und Tabak, wie durch die Bedingungen erster Ordnung bestimmt und in Abwesenheit einer nichtnegativen Beschränkung, negativ wären. Als Folge davon beträgt die optimale Allokation für den Haushalt null Ausgaben, was einer Ecklösung entspricht, die nicht durch die üblichen Bedingungen erster Ordnung charakterisiert ist. Es kann bestritten werden, dass dies eine realistische Annahme ist, und dieses Kapitel betrachtet einige Alternativen zum Tobit-I-Modell. Die Alternativen sind ein einfacher OLS für die positiven Beobachtungen, vielleicht kombiniert mit einem binären Wahlmodell, das erklärt, ob Ausgaben positiv sind oder nicht, und ein kombiniertes Tobit-II-Modell, welches Budgetanteile gemeinsam mit der binären Entscheidung, zu konsumieren oder nicht zu konsumieren, modelliert.

Man kann sich offenkundig andere Gründe als die im Tobit-Modell enthaltenen vorstellen, warum Haushalte keinen Alkohol oder Tabak konsumieren. Aus sozialen oder gesundheitlichen Gründen zum Beispiel würden viele Nichtraucher auch dann nicht rauchen, wenn es Zigaretten kostenlos gäbe. Das bedeutet, ob wir Null-Ausgaben beobachten oder nicht, kann sehr unterschiedlich bestimmt sein gegenüber dem Umfang der Ausgaben derjenigen, die die Ware konsumieren. Einige Güter unterliegen möglicherweise Abstinenzregeln.[28] Wenn wir das im Hinterkopf behalten, können wir über alternative Spezifikationen zum Tobit-Modell nachdenken. Eine erste Alternative ist ziemlich einfach und geht davon aus, dass Abstinenz in der Hinsicht zufällig bestimmt ist, dass die Unbeobachtbaren, welche die Budgetanteile bestimmen, unabhängig sind von der Entscheidung, zu konsumieren oder nicht zu konsumieren. Wenn das der Fall ist, können wir einfach eine Engel-Kurve spezifizieren, die auf Personen zutrifft, die nicht auf dieses Gut verzichten, und die Enthaltsamkeitsentscheidung ignorieren. Das würde uns erlauben, die Gesamtausgabenelastizität für Personen zu schätzen, die einen positiven Budgetanteil aufweisen. Es gestattet uns jedoch nicht, positive Effekte zu analysieren, die durch eine Veränderung der Zusammensetzung der Grundgesamtheit mit positiven Werten entstehen. Statistisch bedeutet das, dass wir die Engel-Kurve mittels gewöhnlicher kleinster Quadrate schätzen können, aber nur jene Beobachtungen verwenden, die positive Ausgaben aufweisen. Die entsprechenden Ergebnisse sind in Tabelle 7.10 aufgeführt. Im Vergleich zu den Ergebnissen für das Tobit-Modell, aufgeführt in Tabelle 7.9, überrascht es, dass der Koeffizient für den Logarithmus Gesamtausgaben in der Engel-Kurve für Alkohol negativ ist und sich statistisch nicht signifikant von null unterscheidet. Das Schätzen der Gesamtausgabenelastizitäten, wie in (7.72) definiert, auf Basis der OLS-Schätzergebnisse führt zu Werten von 0,923 und 0,177 für Alkohol beziehungsweise Tabak.

Die auf den OLS-Schätzwerten basierenden Elastizitäten gelten, wenn der Verzicht auf Basis der Beobachtbaren im Modell bestimmt ist, aber nicht auf Basis der Unbeobachtbaren, die im Fehlerterm gesammelt sind. Darüber hinaus sind sie abhängig von der Tatsache, dass der Haushalt positive Ausgaben aufweist. Um uns Einblick zu verschaffen, was Haushalte zum Konsum dieser beiden Güter bewegt, können wir ein binäres Wahlmodell verwenden, wobei die naheliegendste Wahl ein Probit-Modell ist. Wenn alle Null-Ausgaben durch Verzicht statt durch andere Ecklösungen erklärt werden, dann sollte das Probit-Modell Variablen enthalten, die die Präferenzen bestimmen, und keine Variablen, die die Budgetbeschränkungen des Haushalts bestimmen. Grund ist, dass in diesem Fall eine Veränderung der Budgetbeschränkungen einen Haushalt nie dazu bewegen würde, mit dem Konsum von Alkohol oder Tabak zu beginnen. Das würde bedeuten, dass Gesamtausgaben und relative Preise nicht in das Probit-Modell aufgenommen

Variable	Alkoholische Getränke		Tabak	
	Schätzwert	s.e.	Schätzwert	s.e.
Konstante	0,0527	(0,0439)	0,4897	(0,0741)
Altersgruppe	0,0078	(0,0110)	−0,0315	(0,0206)
Anzahl Erwachsene	−0,0131	(0,0163)	−0,0130	(0,0324)
Anzahl Kinder ≥ 2	−0,0020	(0,0006)	0,0013	(0,0011)
Anzahl Kinder < 2	−0,0024	(0,0023)	−0,0034	(0,0045)
Log(x)	−0,0023	(0,0032)	−0,0336	(0,0055)
Alter × log(x)	−0,0004	(0,0008)	0,0022	(0,0015)
Anzahl Erwachsene × log(x)	0,0008	(0,0012)	0,0011	(0,0023)
	$R^2 = 0{,}051$	$s = 0{,}0215$	$R^2 = 0{,}154$	$s = 0{,}0291$
	$N = 2258$		$N = 1036$	

Tabelle 7.10 Modelle für Budgetanteile Alkohol und Tabak, geschätzt mittels OLS unter Verwendung ausschließlich positiver Beobachtungen

werden sollten. Bei Nichtvorhandensein von Preisänderungen bei den Haushalten sind die Gesamtausgaben ein offensichtlicher Kandidat für den Ausschluss aus dem Probit-Modell. Es ist jedoch vorstellbar, dass das Bildungsniveau eine wichtige Determinante für den Verzicht auf Alkohol oder Tabak ist. Leider stehen uns jedoch in dieser Stichprobe keinerlei Informationen zum Bildungsniveau zur Verfügung. Deshalb nehmen wir, trotz unserer Bedenken, die Gesamtausgaben in das Probit-Modell auf, betrachten jedoch Gesamtausgaben als einen Stellvertreter für Ausbildungsniveau, sozialen Status oder andere Variablen, welche die Haushaltspräferenzen beeinflussen. Zusätzlich zu den in der Engel-Kurve enthaltenen Variablen beinhaltet das Modell für Verzicht auch zwei Dummyvariablen für Angestellte und Arbeiter.[29] Es wird angenommen, dass diese beiden Variablen nicht die Budgetanteile für Alkohol und Tabak beeinflussen, sondern nur die Entscheidung, zu konsumieren oder nicht zu konsumieren. Wie jede Ausschlussbeschränkung kann auch diese angefochten werden und wir werden zu diesem Problem zurückkehren, wenn wir ein gemeinsames Modell für Budgetanteile und Verzicht schätzen.

Die Schätzergebnisse für die beiden Probit-Modelle sind in Tabelle 7.11 aufgeführt. Für alkoholische Getränke scheint es so, dass Gesamtausgaben, die Anzahl Erwachsene pro Haushalt sowie Anzahl der Kinder über zwei Jahre statistisch signifikant sind für das Erklären von Verzicht. Für Tabak sind Gesamtausgaben, Anzahl der Kinder über zwei Jahre sowie Beschäftigung als Arbeiter statistisch signifikant für das Erklären von Verzicht. Um uns die Schätzergebnisse zu verdeutlichen, betrachten wir einen Haushalt mit zwei Erwachsenen und zwei Kindern über zwei Jahre, dessen Haushaltsvorstand ein über 35-jähriger Arbeiter ist. Wenn die Gesamtausgaben dieses konstruierten Haushalts gleich dem Gesamt-Stichprobendurchschnitt sind, dann liegt die implizite geschätzte Wahrscheinlichkeit eines positiven Budgetanteils für Alkohol und Tabak bei 86,8% beziehungsweise 51,7%. Eine 10%ige Zunahme bei den Gesamtausgaben verändert diese Wahrscheinlichkeiten nur marginal auf 88,5% und 50,4%.

Angenommen, die Spezifikation der Engel-Kurve und das Verzichtmodell sind korrekt, dann sind die Schätzergebnisse in den Tabellen 7.10 und 7.11 geeignet, vorausgesetzt, der Fehlerterm im Probit-Modell ist unabhängig vom Fehlerterm der Engel-Kurve. Korrelation zwischen

	Alkoholische Getränke		Tabak	
Variable	**Schätzwert**	**s.e.**	**Schätzwert**	**s.e.**
Konstante	−15,882	(2,574)	8,244	(2,211)
Altersgruppe	0,6679	(0,6520)	−2,4830	(0,5596)
Anzahl Erwachsene	2,2554	(1,0250)	0,4852	(0,8717)
Anzahl Kinder ≥ 2	−0,0770	(0,0372)	0,0813	(0,0308)
Anzahl Kinder < 2	−0,1857	(0,1408)	−0,2117	(0,1230)
Log(x)	1,2355	(0,1913)	−0,6321	(0,1632)
Alter × log(x)	−0,0448	(0,0485)	0,1747	(0,0413)
Anzahl Erwachsene × log(x)	−0,1688	(0,0743)	−0,0253	(0,0629)
Arbeiter	−0,0612	(0,0978)	0,2064	(0,0834)
Angestellte	0,0506	(0,0847)	0,0215	(0,0694)
Loglikelihood	−1159,865		−1754,886	
Wald-Test (χ_9^2)	173,18	(p = 0,000)	108,91	(p = 0,000)

Tabelle 7.11   Probit-Modelle für Budgetanteile Alkohol und Tabak

diesen Fehlertermen setzt die OLS-Ergebnisse außer Kraft und würde ein Tobit-II-Modell als geeigneter ausweisen. Anders ausgedrückt ist das geschätzte Zwei-Gleichungen-Modell ein Sonderfall eines Tobit-II-Modells, bei dem die Fehlerterme in den entsprechenden Gleichungen nicht korreliert sind. Es ist möglich, auf Nicht-null-Korrelation zu testen, wenn wir das allgemeinere Modell schätzen. Wie oben besprochen, ist es im Tobit-II-Model sehr wichtig, welche Variablen in welche der beiden Gleichungen aufgenommen werden. Wenn dieselben Variablen in beide Gleichungen aufgenommen werden, ist das Modell nur durch Normalitätsannahme identifiziert, die den Fehlertermen auferlegt wurde.[30] Das gilt in der Regel als nicht wünschenswerte Situation. Der Ausschluss von Variablen aus dem Verzichtmodell löst dieses Problem nicht. Stattdessen ist es wünschenswert, Variablen in das Verzichtmodell aufzunehmen, bei denen wir sicher sind, dass sie die Budgetanteile nicht direkt bestimmen. Das Problem, solche Variablen zu finden, ist ähnlich dem Finden geeigneter Instrumente mit endogenen Regressoren (siehe Kapitel 5) und wir sollten beim Auswählen genauso kritisch und vorsichtig sein; unsere Schätzergebnisse werden entscheidend von unserer Wahl abhängen. Im obigen Verzichtmodell sind die Dummys für Arbeiter oder Angestellter integriert, um diese Funktion zu übernehmen. Wenn wir sicher sind, dass diese Variablen den Budgetanteil nicht unmittelbar beeinflussen, kann das Schätzen des Tobit-II-Modells geeignet sein.

Bei der Verwendung des zweistufigen Schätzverfahrens, wie von Heckman (1979) vorgeschlagen, können wir die beiden Engel-Kurven neu schätzen unter Berücksichtigung des Stichprobenselektionsproblems, das bedingt ist durch eine mögliche Endogenität der Verzichtsentscheidung. Die entsprechenden Ergebnisse sind in Tabelle 7.12 aufgeführt, wobei OLS verwendet wurde, die Standardfehler jedoch angepasst sind, um Heteroskedastizität und den Schätzfehler in λ zu berücksichtigen. Bei alkoholischen Getränken beeinflusst die Integration von $\hat{\lambda}$ die Ergebnisse nicht sonderlich und wir erhalten Schätzwerte, die nahe den in Tabelle 7.10 aufgeführten sind. Die t-Statistik zum Koeffizienten für $\hat{\lambda}$ erlaubt uns nicht, die Nullhypothese

	Alkoholische Getränke		Tabak	
Variable	Schätzwert	s.e.	Schätzwert	s.e.
Konstante	0,0543	(0,0487)	0,4516	(0,0753)
Altersgruppe	0,0077	(0,0110)	−0,0173	(0,0206)
Anzahl Erwachsene	−0,0133	(0,0166)	−0,0174	(0,0318)
Anzahl Kinder ≥ 2	−0,0020	(0,0006)	0,0008	(0,0010)
Anzahl Kinder < 2	−0,0024	(0,0023)	−0,0021	(0,0045)
Log(x)	−0,0024	(0,0035)	−0,0301	(0,0055)
Alter × log(x)	−0,0004	(0,0008)	0,0012	(0,0015)
Anzahl Erwachsene × log(x)	0,0008	(0,0012)	0,0014	(0,0023)
λ	−0,0002	(0,0028)	−0,0090	(0,0026)
$\hat{\sigma}_1$	−0,0215	n.c.	−0,0291	n.c.
Implizit ρ	−0,01	n.c.	−0,31	n.c.
	N = 2258		N = 1036	

Tabelle 7.12 Zweistufige Schätzung der Engel-Kurven für Alkohol und Tabak (Tobit-II-Modell)

»keine Korrelation« zu verwerfen, während die Schätzergebnisse einen geschätzten Korrelationskoeffizienten von nur −0,01 implizieren (berechnet als das Verhältnis des Koeffizienten für $\hat{\lambda}$ und der Standardabweichung des Fehlerterms $\hat{\sigma}_1$). Die Berechnung dieser Korrelationskoeffizienten ist wichtig, weil die zweistufige Vorgehensweise leicht Korrelationen außerhalb des [−1, 1]-Bereichs bedeuten kann, was anzeigt, dass das Tobit-II-Modell möglicherweise ungeeignet ist, oder anzeigt, dass einige Ausschlussrestriktionen ungeeignet sind. Beachten Sie, dass diese Schätzergebnisse implizieren, dass die Gesamtausgaben einen signifikanten Einfluss auf die Wahrscheinlichkeit haben, dass es positive Ausgaben für Alkohol gibt, sie jedoch nicht den Budgetanteil für Alkohol signifikant beeinflussen. Andererseits finden wir für Tabak einen signifikanten Einfluss auf den Stichprobenselektionsterm λ mit einem impliziten geschätzten Korrelationskoeffizienten von −0,31. Qualitativ scheinen sich diese Ergebnisse jedoch nicht sehr von jenen in Tabelle 7.10 zu unterscheiden. Der negative Korrelationskoeffizient zeigt das Vorhandensein nicht beobachtbarer Charakteristika an, die die Entscheidung zu rauchen positiv beeinflussen, jedoch den Budgetanteil für Tabak negativ beeinflussen. Lassen Sie uns abschließend die Gesamtausgabenelastizitäten für Alkohol und Tabak auf Basis der Schätzergebnisse in Tabelle 7.12 berechnen. Bei Verwendung ähnlicher Annahmen wie zuvor erhalten wir geschätzte Elastizitäten von 0,920 beziehungsweise 0,243. Offenbar, und wenig überraschend, ist Tabak ein notwendiges Gut für diejenigen, die rauchen. Tatsächlich sind die Ausgaben für Tabak nahezu unelastisch.

7.6 Verzerrung durch Stichprobenselektion

Wenn die in einer statistischen Analyse verwendete Stichprobe nicht zufällig aus einer größeren Grundgesamtheit gezogen wurde, kann es zu einer Selektionsverzerrung kommen. Wir haben dieses Thema bereits in Kapitel 2.9 gestreift. Bei einer Selektionsverzerrung können die

Standardschätzer und -tests irreführende Schlussfolgerungen nach sich ziehen. Weil es viele Situationen gibt, in denen das der Fall sein kann, und das Tobit-II-Modell nicht zwangsläufig eine adäquate Lösung bietet, müssen wir uns intensiver mit diesem Problem beschäftigen.

Auf der grundsätzlichen Ebene können wir sagen, dass es zu einer Selektionsverzerrung kommt, wenn die Wahrscheinlichkeit, dass eine bestimmte Beobachtung in der Stichprobe enthalten ist, von dem Phänomen abhängt, das wir erklären. Es gibt eine Reihe von Gründen, warum das auftreten kann. Erstens kann es an der Stichprobenbasis liegen. Wenn Sie zum Beispiel Gäste der Uni-Mensa fragen, wie oft sie hier essen, so ist die Wahrscheinlichkeit, dass Sie Personen fragen, die nahezu täglich dort essen, sehr viel höher, als dass Sie Personen befragen, die nur alle zwei Wochen herkommen. Zweitens kann **Nichtbeantwortung** zu einer Stichprobenverzerrung führen, was als Schweigeverzerrung bezeichnet wird. Wenn sich Personen zum Beispiel weigern, Auskünfte über ihr Einkommen zu geben, dann ist ihr Einkommensniveau in der Regel entweder sehr hoch oder sehr niedrig. Drittens kann es an der **Selbstselektion** der ökonomischen Agenten liegen. Das heißt, dass sich Personen aus der Stichprobe nicht zufällig bestimmten Gruppe zuordnen, wie erwerbstätig, Gewerkschaftsmitglied oder im öffentlichen Sektor beschäftigt, sondern aus wirtschaftlichen Gründen. Im Allgemeinen werden diejenigen, die am meisten davon profitieren, am ehesten der entsprechenden Gruppe zugehörig sein.

7.6.1 Die Natur des Selektionsproblems

Angenommen, wir interessieren uns für die bedingte Verteilung einer Variablen y_i bei einem bestimmten Set anderer (exogener) Variablen x_i, also $f(y_i|x_i)$. Für gewöhnlich würden wir das als Funktion einer begrenzten Anzahl von Parametern formulieren und unser Interesse gilt diesen Parametern. Die Auswahl wird angezeigt durch eine Dummyvariable r_i, derart, dass sowohl y_i wie auch x_i beobachtet sind, wenn $r_i = 1$, und entweder y_i ist unbeobachtet, wenn $r_i = 0$, oder y_i wie auch x_i sind unbeobachtet, wenn $r_i = 0$.

Alle Schlussfolgerungen, die die Selektionsregel ignorieren, sind (implizit) abhängig von $r_i = 1$. Unser Interesse gilt jedoch der bedingten Verteilung von y_i bei gegebenem x_i, aber $r_i = 1$ ist nicht gegeben. Wir können von daher sagen, dass die Selektionsregel **ignoriert** werden kann (Rubin, 1976, Little und Rubin, 1987), wenn das Konditionieren auf das Ergebnis des Selektionsprozesses keine Auswirkung hat. Das heißt, wenn

$$f(y_i|x_i, r_i = 1) = f(y_i|x_i). \tag{7.100}$$

Wenn wir uns nur für die bedingte Erwartung von y_i, bei gegebenem x_i, interessieren, können wir das lockern zu

$$E\{y_i|x_i, r_i = 1\} = E\{y_i|x_i\}. \tag{7.101}$$

Äquivalent zu (7.100) ist die Aussage, dass

$$P\{r_i = 1|x_i, y_i\} = P\{r_i = 1|x_i\}, \tag{7.102}$$

was besagt, dass die Wahrscheinlichkeit, in die Stichprobe gewählt zu werden, nicht von y_i abhängig sein sollte, vorausgesetzt, sie darf von den Variablen in x_i abhängig sein. Das zeigt bereits ein paar wichtige Ergebnisse. Erstens tritt keine Selektionsverzerrung auf, wenn die Selektion nur von exogenen Variablen abhängt. Wenn wir also eine Lohngleichung schätzen, die auf der rechten Seite den Familienstand enthält, spielt es keine Rolle, ob verheiratete Personen mit einer größeren Wahrscheinlichkeit in die Stichprobe aufgenommen werden als unverheiratete. Auf einer allgemeineren Ebene folgt daraus: Ob eine Selektionsverzerrung ein Problem darstellt, hängt von der für uns interessanten Verteilung ab.

Wenn die Selektionsregel nicht ignoriert werden kann, sollte sie beim Ziehen von Schlussfolgerungen berücksichtigt werden. Wie von Manski (1989) betont, entsteht in dem Fall ein grundlegendes Problem. Um das zu erkennen, beachten Sie, dass

$$E\{y_i|x_i\} = E\{y_i|x_i, r_i = 1\}P\{r_i = 1|x_i\} + E\{y_i|x_i, r_i = 0\}P\{r_i = 0|x_i\}. \tag{7.103}$$

Wenn x_i ungeachtet von r_i beobachtet wird, ist es möglich, die Wahrscheinlichkeit, dass $r_i = 1$, als Funktion von x_i zu identifizieren (zum Beispiel bei Verwendung eines binären Wahlmodells). Von daher ist es möglich, $P\{r_i = 1|x_i\}$ und $P\{r_i = 0|x_i\}$ zu identifizieren, während $E\{y_i|x_i, r_i = 1\}$ ebenfalls identifiziert ist (aus der gewählten Stichprobe). Da uns die Daten jedoch keine Informationen zu $E\{y_i|x_i, r_i = 0\}$ liefern, ist es *unmöglich*, $E\{y_i|x_i\}$ zu identifizieren, ohne zusätzliche Informationen zu bekommen oder zusätzliche (nicht testbare) Annahmen zu treffen. Wie Manski (1989) hervorhebt, ist das Selektionsproblem für Schlussfolgerungen zu $E\{y_i|x_i\}$ fatal beim Fehlen von Vorinformationen.

Wenn es möglich ist, den Bereich möglicher Werte von $E\{y_i|x_i, r_i = 0\}$ zu beschränken, ist es möglich, die Grenzen für $E\{y_i|x_i\}$ zu bestimmen, die nützlich sein können. Um das zu veranschaulichen, stellen wir uns einmal vor, wir interessieren uns für die unbedingte Verteilung von y_i (es tauchen also keine x_i-Variablen auf) und wir wissen, dass diese Verteilung normalverteilt ist mit unbekanntem Mittelwert μ und Einheitsvarianz. Wenn 10% fehlen, entstehen die extremsten Fälle, wo sich diese 10% alle im rechten oder linken Ausläufer der Verteilung befinden. Bei Verwendung der Eigenschaften einer angeschnittenen Normalverteilung[31] können wir ableiten

$$-1,75 \leq E\{y_i|r_i = 0\} \leq 1,75,$$

sodass

$$0,9E\{y_i|r_i = 1\} - 0,175 \leq E\{y_i\} \leq 0,9E\{y_i|r_i = 1\} + 0,175,$$

wobei $E\{y_i|r_i = 1\}$ in der gewählten Stichprobe durch den Stichprobendurchschnitt geschätzt werden kann. Auf diese Weise können wir eine obere und eine untere Grenze für den unbedingten Mittelwert von y_i schätzen, ohne Annahmen über die Selektionsregel zu treffen. Der Preis, den wir dafür zahlen, ist, dass wir Annahmen treffen müssen über die Form der Verteilung von y_i, die nicht testbar sind. Wenn wir das Interesse anderen Aspekten der Verteilung von y_i, bei gegebenem x_i, zuwenden statt ihrem Mittelwert, sind derartige Annahmen vielleicht unnötig. Wenn wir uns zum Beispiel für den *Median* der Verteilung interessieren, können wir obere und untere Grenzen aus der Wahrscheinlichkeit der Selektion ableiten, ohne irgendwelche Annahmen über die Form der Verteilung zu treffen.[32] Manski (1989, 1994) liefert zusätzliche Details und Erörterungen zu diesem Thema, während Manski (2007) einen grundsätzlichen Ansatz für Schlussfolgerungen in Fällen liefert, in denen die für uns interessanten Parameter nur partiell identifiziert sind.

Eine gängigere Herangehensweise in der angewandten Arbeit ist das Auferlegen einer zusätzlichen Struktur für das Problem, um die für uns interessanten Quantitäten zu identifizieren. Nehmen wir

$$E\{y_i|x_i\} = g_1(x_i) \tag{7.104}$$

und

$$E\{y_i|x_i, r_i = 1\} = g_1(x_i) + g_2(x_i), \tag{7.105}$$

welche, so lange wir keine Annahmen über die Funktionen g_1 und g_2 treffen, nicht restriktiv ist. Annahmen über die Form von g_1 und g_2 sind erforderlich, um g_1 zu identifizieren, weil wir uns genau dafür interessieren. Die gängigste Annahme ist die **Single-Index-Annahme**, die besagt, dass g_2 nur durch einen einzelnen Index, etwa $x_i'\beta_2$, von x_i abhängt. Diese Annahme ist oft motiviert durch ein latentes Variablenmodell:

$$y_i = g_1(x_i) + \varepsilon_{1i} \tag{7.106}$$

$$r_i^* = x_i'\beta_2 + \varepsilon_{2i} \tag{7.107}$$

$$r_i = 1 \quad \text{wenn } r_i^* > 0, \quad 0 \text{ andernfalls,} \tag{7.108}$$

wobei $E\{\varepsilon_{1i}|x_i\} = 0$ und ε_{2i} unabhängig ist von x_i. Dann gilt, dass

$$E\{y_i|x_i, r_i = 1\} = g_1(x_i) + E\{\varepsilon_{1i}|\varepsilon_{2i} > -x_i'\beta_2\} \tag{7.109}$$

wobei der letzte Term nur durch den Single-Index x_i von x_i abhängt. Also können wir schreiben

$$E\{y_i|x_i, r_i = 1\} = g_1(x_i) + g_2^*(x_i'\beta_2) \tag{7.110}$$

für eine Funktion g_2^*. Weil β_2 durch den Selektionsprozess identifiziert werden kann, vorausgesetzt, die Beobachtungen zu x_i sind ungeachtet r_i verfügbar, erhalten wir die Identifikation von g_1 durch die Annahme, dass es nicht von einer oder mehreren Variablen in x_i abhängt (obwohl diese Variablen einen Nicht-null-Koeffizienten in β_2 haben). Das bedeutet, dass g_1 Ausschlussrestriktionen auferlegt sind.

Aus (7.84) ist leicht erkennbar, dass das Tobit-II-Modell einen Sonderfall obigen Systems darstellt, wobei $g_1(x_i) = x_i'\beta_1$ und g_2^* ist gegeben durch $\sigma_{12}\phi(x_i'\beta_2)/\Phi(x_i'\beta_2)$. Die Annahme, dass ε_{1i} und ε_{2i} gemeinsam identisch und unabhängig normalverteilt sind, bringt die funktionale Form von g_2^* hervor. Darüber hinaus ist die Beschränkung, dass g_1 linear ist (während g_2^* es nicht ist), impliziert, dass das Modell auch in Abwesenheit von Ausschlussrestriktionen in $g_1(x_i)$ identifiziert ist. In der Praxis kann die empirische Identifikation jedoch vom Auferlegen von Nullrestriktionen auf β_1 profitieren. Wenn ε_{1i} und ε_{2i} nicht normalverteilt sind, gilt (7.101) dennoch. Und genau das wird bei vielen semiparametrischen Schätzern des Stichprobenselektionsmodells genutzt.

7.6.2 Semiparametrische Schätzung des Stichprobenselektionsmodells

Obwohl es den Rahmen dieses Textes sprengt, semiparametrische Schätzer für begrenzt abhängige Variablenmodelle ausführlich zu besprechen, wollen wir doch ein paar Punkte ansprechen. Obwohl semiparametrische Schätzer die gemeinsame Normalitätsannahme von ε_{1i} und ε_{2i} lockern, erhalten sie im Allgemeinen die Single-Index-Annahme aufrecht. Das heißt, die bedingte Erwartung von ε_{1i}, Selektion in die Stichprobe (und endogene Variablen) vorausgesetzt, hängen nur durch $x_i'\beta_2$ von x_i ab. Das erfordert, dass wir den Selektionsprozess auf recht homogene Weise modellieren können. Wenn aus unterschiedlichen Gründen Beobachtungen fehlen, könnte die Single-Index-Annahme nicht länger geeignet sein. Zum Beispiel arbeiten Individuen möglicherweise deshalb nicht, weil ihr Anspruchslohn zu hoch ist (ein angebotsorientiertes Argument), wie im Standardmodell, aber auch, weil Arbeitgeber nicht daran interessiert sind, diese Leute einzustellen (ein nachfrageorientiertes Argument). Diese beiden Prozesse werden durch ein Single-Index-Modell nicht unbedingt gut beschrieben.

Die andere entscheidende Annahme bei allen semiparametrischen Herangehensweisen besteht darin, dass es mindestens eine Variable gibt, die in die Selektionsgleichung ($x_i'\beta_2$) einfließt, die nicht in die für uns interessante Gleichung $g_1(x_i)$ einfließt. Das bedeutet, dass wir in g_1 eine Ausschlussrestriktion brauchen, um das Modell zu identifizieren. Das ist offensichtlich, da wir nie in der Lage sein würden, g_1 von g_2^* zu trennen, wenn beide vom selben Variablenset abhängig sein und keine funktionalen Formrestriktionen auferlegt sind. Weil eine Konstante in g_1 nicht von einer Konstanten in g_2^* unterschieden werden kann, wird der konstante Term in dem Modell nicht identifiziert, was kein Problem darstellt, wenn wir uns nicht für den Achsenabschnitt interessieren. Wenn der Achsenabschnitt in g_1 für uns interessant ist, kann er aus den Beobachtungen geschätzt werden (Heckman, 1990, Andrews und Schafgans, 1998), von denen bekannt ist, dass sie Werte von g_2^* nahe null aufweisen (Individuen, die hohe Werte für $x_i'\beta_2$ haben).

Die meisten semiparametrischen Schätzer sind Zweistufen-Schätzer, wie der von Heckman (1979). Auf der ersten Stufe wird der Single-Index-Parameter β_2 semiparametrisch geschätzt, das heißt ohne Auferlegen einer bestimmten Verteilung auf ε_{2i}. Davon ausgehend wird ein Schätzwert für den Single-Index konstruiert, sodass im zweiten Schritt die unbekannte Funktion g_2^* gemeinsam mit g_1 geschätzt wird (für gewöhnlich wird g_1 eine funktionale Form, wie Linearität, auferlegt). Ein einfacher Weg, um die unbekannte Funktion $g_2^*(x_i'\beta_2)$ zu approximieren, ist die Verwendung einer Reihenapproximation, zum Beispiel Polynome oder Splines in (Umwandlungen von) $x_i'\beta_2$; siehe Newey (2009). Eine alternative Herangehensweise basiert auf dem Entfernen von $g_2^*(x_i'\beta_2)$ aus dem Modell durch das Betrachten von Unterschieden zwischen Beobachtungen, die Werte von $x_i'\hat\beta_2$ aufweisen, die ähnlich sind.

Alle semiparametrischen Methoden beinhalten einige zusätzliche Regelbedingungen und Annahmen. Eine eingängige Übersicht zu alternativen Schätzmethoden für das Stichprobenselektionsmodell liefert Vella (1998). Pagan und Ullah (1999) bieten weitere Details. Die empirische Implementierung ist für gewöhnlich nicht einfach; siehe Newey, Powell und Walker (1990) oder Martins (2001) für einige Anwendungen.

7.7 Treatmenteffekte schätzen

Ein anderer Bereich, in dem die Stichprobenselektion eine große Rolle spielt, ist das Schätzen von Treatmenteffekten. Ein Treatmenteffekt bezieht sich auf den Einfluss des Erhaltens eines bestimmten Treatments zu einer bestimmten Ergebnisvariable, zum Beispiel der Effekt des Teilnehmens an einem Jobfortbildungsprogramm auf zukünftige Verdienste.[33] Weil dieser Effekt bei den verschiedenen Individuen unterschiedlich sein kann und die Selektion in das Fortbildungsprogramm möglicherweise nicht zufällig ist, hat das Schätzen von Treatmenteffekten in der neueren Literatur viel Aufmerksamkeit erfahren (siehe beispielsweise Angrist, Imbens und Rubin, 1996, Heckman und Vytlacil, 2005, und Imbens und Wooldridge, 2009). Im einfachsten Fall ist der Treatmenteffekt nur der Koeffizient für eine Treatment-Dummyvariable in einem Regressionsmodell. Weil wir uns für den *kausalen* Effekt des Treatments interessieren, müssen wir uns Gedanken über die potenzielle Endogenität des Treatment-Dummys machen. Oder, um genauer zu sein, wir müssen uns Gedanken über die Selektion in das Treatment machen. In diesem Kapitel werden wir das Problem des Schätzens von Treatmenteffekten in einem allgemeineren Kontext betrachten, wobei der Effekt des Treatments sich bei den Individuen unterscheiden kann und möglicherweise die Wahrscheinlichkeit beeinflusst, dass Individuen das Treatment wählen. Eine ausführlichere Diskussion findet sich bei Cameron und Trivedi (2005, Kapitel 25), Lee (2005) und Wooldridge (2010, Kapitel 21).

Lassen Sie uns mit dem Definieren der zwei potenziellen Ergebnisse für ein Individuum als y_{0i} und y_{1i}, die dem Ergebnis ohne beziehungsweise mit Treatment entsprechen, beginnen. Auf dieser Stufe gehen wir davon aus, dass y_{0i} und y_{1i} kontinuierlich verteilt sind (zum Beispiel Verdienst). Der individuelle spezifische Gewinn durch ein Treatment wird gegeben durch $y_{1i} - y_{0i}$, was die Differenz zwischen einem tatsächlichen Ergebnis und einem kontrafaktischen darstellt. Beim Schätzen von Treatmenteffekten treten verschiedene bedeutende Probleme auf. Zum einen ist nur eines der potenziellen Ergebnisse beobachtet, abhängig von der Entscheidung des Individuums, an dem Programm teilzunehmen oder nicht. Vor allem wenn r_i eine binäre Variable ist, die Treatment anzeigt, beobachten wir nur

$$y_i \equiv (1 - r_i)y_{0i} + r_i y_{1i}. \tag{7.111}$$

Zweitens unterscheiden sich die Gewinne durch das Treatment bei den einzelnen Individuen und verschiedene alternative Grundgesamtheitsparameter werden vorgeschlagen, um den Effekt des Treatments für eine bestimmte Gruppe von Individuen zusammenzufassen. Ein Standardparameter ist der **durchschnittliche Treatmenteffekt**,[34] definiert als

$$ATE \equiv E\{y_{1i} - y_{0i}\} \tag{7.112}$$

oder, bedingt durch eine oder mehrere Kovariate, $E\{y_{1i} - y_{0i}|x_i\}$. Der durchschnittliche Treatmenteffekt beschreibt den erwarteten Effekt des Treatments auf eine *beliebige* Person (mit den Charakteristika x_i). Das heißt, er misst den Effekt des zufälligen Zuordnens einer Person aus der Grundgesamtheit zu diesem Programm. Während Heckman (1997) diesen interessierenden Parameter kritisiert, indem er hervorhebt, dass das »zufällige Auswählen eines Millionärs zur Teilnahme an einem Programm für einfache Arbeiter« nicht politikrelevant oder plausibel sei, könnte er interessant sein, wenn die für uns interessante Grundgesamtheit entsprechend definiert ist (einschließlich nur derjenigen, die geeignet sind für das Treatment).

Ebenfalls von Interesse ist der durchschnittliche Treatmenteffekt für die Behandelten[35], definiert als

$$ATET \equiv E\{y_{1i} - y_{0i}|r_i = 1\} \tag{7.113}$$

oder, bedingt durch eine oder mehr Kovariate, $E\{y_{1i} - y_{0i}|x_i, r_i = 1\}$. Folglich ist $ATET$ der Mittelwerteffekt für jene, die tatsächlich an dem Programm teilnehmen. Wie von Imbens und Wooldridge (2009) angeführt, ist in vielen Fällen der $ATET$ der interessantere Estimand als der allgemeine Durchschnittseffekt. Das ökonometrische Problem besteht darin, *ATE* oder *ATET* aus den Beobachtungen zu y_i, r_i und x_i zu identifizieren. Beachten Sie, dass es einfach ist, $E\{y_i|r_i = 1\}= E\{y_{1i}|r_i = 1\}$ und $E\{y_i|r_i = 0\} = E\{y_{0i}|r_i = 0\}$ zu identifizieren, aber im Allgemeinen ist das nicht ausreichend, um entweder *ATE* oder *ATET* zu identifizieren. In der idealen Situation werden die Personen zufällig in das Programm gewählt und es gibt keinen Unterschied zwischen *ATE* und *ATET*. In diesem Fall ist ein offensichtlicher Schätzer für den durchschnittlichen Treatmenteffekt die Differenz der Stichprobendurchschnitte von y_{1i} und y_{0i}.

Das heißt

$$\hat{\Delta}_{ate} = \bar{y}_1 - \bar{y}_0 = \frac{1}{N_1}\sum_{i=1}^{N} r_i y_{1i} - \frac{1}{N_0}\sum_{i=1}^{N}(1 - r_i)y_{0i}, \tag{7.114}$$

wobei $N_1 = \sum_{i=1}^{N} r_i$ und $N_0 = \sum_{i=1}^{N}(1 - r_i)$ und $N_0 + N_1 = N$. Dies ist ein konsistenter Schätzer sowohl für *ATE* wie auch für *ATET*, wenn r_i sowohl von y_{0i} als auch von y_{1i} unabhängig ist. Das heißt, wenn die Allokation in das Programm völlig zufällig ist.

Allerdings ist in empirischen Studien die Annahme, dass die Treatmententscheidung unabhängig vom potenziellen Ergebnis sei, häufig nur schwer aufrechtzuerhalten. Im Allgemeinen würde man erwarten, dass der durchschnittliche Treatmenteffekt bei denjenigen, die sich entschieden haben, an dem Programm teilzunehmen, etwas größer ist als der durchschnittliche Treatmenteffekt für die Grundgesamtheit. Anders ausgedrückt würde man erwarten, dass die Entscheidung, teilzunehmen, partiell bestimmt ist durch die Gewinne aus dem Treatment. Das verlangt nach alternativen Wegen, um die Treatmentparameter zu schätzen. Eine erste Vorgehensweise basiert auf den (Erweiterungen von) Regressionsmodellen.

7.7.1   Regressionsbasierte Schätzer

Um diese Aspekte zu veranschaulichen, lassen Sie uns annehmen, dass sowohl y_{0i} als auch y_{1i} mittels eines linearen Modells in Beziehung zu x_i gebracht werden können, sprich

$$y_{0i} = \alpha_0 + x_i'\beta_0 + \varepsilon_{0i}, \tag{7.115}$$

$$y_{1i} = \alpha_1 + x_i'\beta_1 + \varepsilon_{1i}, \tag{7.116}$$

wobei die Konstante aus x_i entfernt wird und ε_{0i} sowie ε_{1i} mittelwertfreie Fehlerterme sind und $E\{\varepsilon_{ji}|x_i\} = 0$ für $j = 0, 1$ erfüllen. Die Linearitätsannahme ist nicht entscheidend und einige Ausschlussrestriktionen können den kovariaten Vektoren in den beiden Gleichungen auferlegt werden. Damit ist das beobachtete Ergebnis gegeben durch

$$y_i = \alpha_0 + x_i'\beta_0 + \varepsilon_{0i} + r_i \left[(\alpha_1 - \alpha_0) + x_i'(\beta_1 - \beta_0) + (\varepsilon_{1i} - \varepsilon_{0i})\right], \tag{7.117}$$

wobei der Term in eckigen Klammern den Gewinn aus dem Programm bezeichnet. Dies ist ein Beispiel für ein **Switching Regression Model**, wobei die Ergebnisgleichung abhängt von der Ordnung ($r_i = 0$ oder $r_i = 1$). Der individuelle spezifische Gewinn aus dem Programm besteht aus drei Komponenten: einer Konstanten, einer den beobachtbaren Charakteristika zugehörigen Komponente und einer den unbeobachtbaren zugeordneten spezifischen Komponente.[36] Wir können (7.117) umschreiben als

$$y_i = \alpha_0 + x_i'\beta_0 + \delta r_i + r_i x_i'\gamma + \varepsilon_i, \tag{7.118}$$

wobei $\delta \equiv \alpha_1 - \alpha_0$, $\gamma \equiv \beta_1 - \beta_0$ und $\varepsilon_i \equiv (1 - r_i)\varepsilon_{0i} + r_i\varepsilon_{1i}$. In diesem Modell ist der durchschnittliche Treatmenteffekt für Individuen mit Charakteristika x_i gegeben durch

$$ATE(x_i) = \delta + x_i'\gamma, \tag{7.119}$$

wobei der durchschnittliche Treatmenteffekt auf den Behandelten gegeben ist durch

$$ATET(x_i) = \delta + x_i'\gamma + E\{\varepsilon_{1i} - \varepsilon_{0i}|x_i, r_i = 1\}. \tag{7.120}$$

Die beiden Konzepte sind gleich, wenn der letzte Term in diesem Ausdruck null beträgt, was in zwei wichtigen Sonderfällen vorkommt. Der erste Fall tritt auf, wenn es keine unbeobachtbaren Komponenten in dem Gewinn aus dem Treatment gibt und $\varepsilon_{0i} = \varepsilon_{1i}$ gilt. Der zweite Fall tritt auf, wenn die Treatmententscheidung unabhängig ist von den unbeobachtbaren Gewinnen aus dem Treatment. In diesem Fall $E\{\varepsilon_{1i} - \varepsilon_{0i}|x_i, r_i = 1\} = E\{\varepsilon_{1i} - \varepsilon_{0i}|x_i\} = 0$. Das bedeutet, dass Individuen zu dem Zeitpunkt, an dem sie ihre Teilnahmeentscheidung fällen, sich nicht über $\varepsilon_{1i} - \varepsilon_{0i}$ bewusst sind (oder es einfach ignorieren). Beachten Sie, dass, auch wenn der letzte Term in (7.120) null beträgt, in den Fällen, in denen die durchschnittlichen Charakteristika in x_i der behandelten Gruppe sich von jenen in der Grundgesamtheit unterscheiden, der *unbedingte* durchschnittliche Treatmenteffekt für das Behandelte vom durchschnittlichen Treatmenteffekt der Gesamtpopulation abweichen kann. Das passiert zum Beispiel, wenn der Treatmenteffekt vom Alter abhängig ist und die behandelte Gruppe älter ist als die Kontrollgruppe.

Um ATE oder ATET zu schätzen, besteht der erste Schritt im Finden eines konsistenten Schätzers für δ und γ. Das ist relativ einfach, wenn angenommen wird, dass y_{0i}, y_{1i} unabhängig sind von r_i, abhängig von x_i, was als **bedingte Unabhängigkeit** oder **Unconfoundedness** bezeichnet wird. Diese besagt, dass, bedingt durch die Kovariate x_i, die Selektion in das Treatment nicht in Zusammenhang steht mit den potenziellen Ergebnissen. Implizit bedeutet das, dass das Set von Kovariaten x_i ausreichend groß ist und alle Variablen beinhaltet, die das Treatment stören. Diese Annahme impliziert, dass

$$E\{\varepsilon_{0i}|x_i, r_i = 0\} = 0$$

und

$$E\{\varepsilon_{1i}|x_i, r_i = 1\} = 0,$$

sodass die Modelle in (7.115)–(7.116) durch Verwendung des Standard-OLS bei den geeigneten Unterstichproben konsistent geschätzt werden können. In dem Sonderfall, bei dem die Steigungskoeffizienten nicht durch das Treatment beeinflusst werden ($\beta_0 = \beta_1 = \beta$), verringert sich der durchschnittliche Treatmenteffekt auf eine Konstante und kann aus OLS geschätzt werden in

$$y_i = \alpha_0 + x_i'\beta + \delta r_i + \varepsilon_i, \tag{7.121}$$

wobei δ den durchschnittlichen Treatmenteffekt bezeichnet und, wie zuvor, $\varepsilon_i = (1 - r_i)\varepsilon_{0i} + r_i\varepsilon_{1i}$. Der Fehlerterm erfüllt $E\{\varepsilon_i|x_i, r_i\} = 0$ aufgrund der Unconfoundedness-Annahme.

Allgemeiner gesagt: Sobald wir konsistente Schätzwerte für die Koeffizienten haben, können wir die Regressionsmodelle aus (7.115) und (7.116) verwenden, um für jedes Individuum in der Stichprobe die tatsächlichen und die kontrafaktischen Ergebnisse zu prognostizieren und *ATE* zu schätzen über

$$\hat{\Delta}_{ate,reg} = \frac{1}{N} \sum_{i=1}^{N} (\hat{y}_{1i} - \hat{y}_{0i}), \tag{7.122}$$

wobei

$$\hat{y}_{1i} = \bar{y}_1 + (x_i - \bar{x}_1)' b_1$$

wobei b_1 der OLS-Schätzer für β_1 aus (7.116) ist und wir die Definition des OLS-Schätzers für den Achsenabschnitt verwendet haben. Ein ähnlicher Ausdruck kann für $\hat{y}_{0i}$ abgeleitet werden. Analog kann *ATET* geschätzt werden durch Verwenden von

$$\hat{\Delta}_{atet,reg} = \frac{1}{N_1} \sum_{i=1}^{N} r_i (\hat{y}_{1i} - \hat{y}_{0i}). \tag{7.123}$$

Der Schätzer in (7.122) wird als Regressions-Korrektur-Schätzer für *ATE* bezeichnet. Dies kann geschrieben werden als

$$\hat{\Delta}_{ate,reg} = \bar{y}_1 - \bar{y}_0 - (\bar{x}_1 - \bar{x}_0)' \left(\frac{N_0}{N} b_1 + \frac{N_1}{N} b_0 \right). \tag{7.124}$$

Um die Unterschiede in den Kovariaten auszugleichen, wird die einfache Differenz bei Durchschnittsergebnissen in (7.114) ausgeglichen durch die Differenz in durchschnittlichen Kovariaten multipliziert mit dem gewichteten Durchschnitt der Regressionskoeffizienten. Wenn die Durchschnittswerte der Kovariaten innerhalb der Teilstichproben sehr unterschiedlich sind, dann ist die Anpassung an den Stichprobenmittelwert in der Regel groß. Es ist wichtig, zu beachten, dass die Korrektur stark davon abhängt, dass die linearen Regressionsmodelle über den gesamten Bereich der Kovariatenwerte korrekt sind. Wenn die Modelle dazu verwendet werden, Ergebnisse zu prognostizieren, die weit davon entfernt liegen, wo die Regressionsparameter geschätzt wurden, können die Ergebnisse sehr anfällig gegenüber geringen Veränderungen in der Spezifikation reagieren (Imbens und Wooldridge, 2009). Das erklärt, warum sich jüngere empirische Arbeiten zur Schätzung von Treatmenteffekten von der regressionsbasierten Herangehensweise entfernt haben (siehe weiter unten).

Die Unconfoundedness-Annahme erfordert, dass es, abhängig von den beobachteten Kovariaten, keine Unbeobachtbaren gibt, die sowohl die potenziellen Ergebnisse wie auch die Treatmententscheidung beeinflussen. Viele jüngere Studien erlegen diese Annahme auf. Zum Beispiel argumentieren Huber, Lechner und Wunsch (2011), dass sie alle wichtigen Störfaktoren beobachten, wenn sie die Gesundheitseffekte des Übergangs von der Sozialhilfe zum Arbeitsverhältnis sowie der Zuteilung zu einem Welfare-to-Work-Programm untersuchen, was eine bedingt abhängige Annahme rechtfertigt. Nichtsdestotrotz ist die Annahme ziemlich restriktiv und verlangt, dass es keine unbeobachtbaren Komponenten zu y_{0i} und y_{1i} gibt, die ebenfalls die Entscheidung einer Person beeinflussen, an dem Programm teilzunehmen. Das heißt, Individuen können sich auf Basis von x_i (zum Beispiel vorherige Ausbildung oder Geschlecht) entscheiden, an dem Programm teilzunehmen, nicht jedoch auf Basis von Unbeobachtbaren, die entweder y_{0i} oder y_{1i} beeinflussen. Das ist vergleichbar der Bedingung (7.87) im vorigen Kapitel.

Wenn die Unconfoundedness-Annahme nicht gilt, können die Treatmenteffekte konsistent geschätzt werden, vorausgesetzt, man ist bereit, alternative identifizierende Annahmen zu treffen. Um das zu veranschaulichen, lassen Sie uns annehmen, dass die Treatmententscheidung beschrieben werden kann durch eine Probit-Gleichung

$$r_i^* = x_i'\beta_2 + \eta_i,$$ (7.125)

mit $r_i = 1$, wenn $r_i^* > 0$, und 0 andernfalls, wobei von η_i angenommen wird, dass $NID(0, 1)$ ist, unabhängig von x_i. Darüber hinaus nehmen wir an, dass die Fehlerterme in (7.115)–(7.116) ebenfalls normalverteilt sind, mit den Varianzen σ_0^2 und σ_1^2 sowie den Kovarianzen σ_{02} und σ_{12} mit η_i. Dies ist ein Sonderfall, der als »Selektion auf Unbeobachtbares« bezeichnet wird. Jetzt können wir schreiben

$$E\{\varepsilon_{0i}|x_i, r_i = 0\} = \sigma_{02}E\{\eta_i|x_i, \eta_i \leq -x_i'\beta_2\} = \sigma_{02}\lambda_i(x_i'\beta_2)$$

$$E\{\varepsilon_{1i}|x_i, r_i = 1\} = \sigma_{12}E\{\eta_i|x_i, \eta_i > -x_i'\beta_2\} = \sigma_{12}\lambda_i(x_i'\beta_2),$$

wobei

$$\lambda_i(x_i'\beta_2) = E\{\eta_i|x_i, r_i\} = \frac{r_i - \Phi(x_i'\beta_2)}{\Phi(x_i'\beta_2)(1 - \Phi(x_i'\beta_2))}\phi(x_i'\beta_2),$$ (7.126)

was dem generalisierten Residuum des Probit-Modells entspricht (siehe Kapitel 7.1.4). Für $r_i = 1$ entspricht es auch der Definition von Heckmans Lambda aus Kapitel 7.5.2. Im Normalfall, indem σ_{02} oder σ_{12} nicht null sein können, zeigen diese Ergebnisse an, dass die Parameter in (7.115)–(7.116) konsistent geschätzt werden können durch Maximum-Likelihood oder durch Verwendung einer Variante der zweistufigen Vorgehensweise, die wir für das Stichprobenselektionsmodell besprochen haben, einschließlich $\lambda_i(x_i'\hat\beta_2)$ als zusätzliche Variable. Die Identifikation ruht stark auf den Verteilungsannahmen[37] und es ist ratsam, bei (7.115) und (7.116) Ausschlussrestriktionen zu haben. Das heißt, idealerweise finden wir eine Instrumentvariable, welche die Entscheidung beeinflusst, ob an dem Programm teilgenommen werden soll, nicht jedoch die kontrafaktischen Ergebnisse von y_i. Unter diesen Annahmen ist der durchschnittliche Treatmenteffekt bei den Behandelten aus (7.120) gleich

$$ATET(x_i) = \delta + x_i'\gamma + (\sigma_{12} - \sigma_{02})\lambda_i(x_i'\beta_2),$$

wobei der letzte Term den Selektionseffekt bezeichnet. Wenn auferlegt wird, dass $\beta_0 = \beta_1 = \beta$, folgt daraus, dass

$$E\{y_i|x_i, r_i\} = \alpha_0 + x_i'\beta + \delta r_i + E\{\varepsilon_i|x_i, r_i\}$$ (7.127)

$$= \alpha_0 + x_i'\beta + \delta r_i + \sigma_{12}r_i\lambda_i(x_i'\beta_2) + \sigma_{02}(1 - r_i)\lambda_i(x_i'\beta_2),$$

was zeigt, dass wir α_0, β und δ aus einer einfachen Regression konsistent schätzen können, vorausgesetzt, wir nehmen das generalisierte Residuum, *welches mit dem Treatment-Dummy interagiert*, mit auf. Im Normalfall können *ATE* und *ATET* unter Verwendung von (7.122) beziehungsweise (7.123) geschätzt werden, jedoch unter Verwendung der erweiterten Modelle mit $\lambda_i(x_i'\hat\beta_2)$ als zusätzliche Regressoren, um die vorhergesagten Werte zu berechnen.

Wenn angenommen werden kann, dass $\sigma_{02} = \sigma_{12}$ – in diesem Fall sind $ATE(x_1)$ und $ATET(x_1)$ identisch –, stehen einfachere Schätzmethoden zur Verfügung. Zum Beispiel reduziert sich die zweistufige Herangehensweise auf die Standardherangehensweise, wie beschrieben in (7.83), vorausgesetzt, wir erweitern die Definition von λ_i auf die Fälle $r_i = 0$. Dies ist das Dummy Endogenous Variable Model von Heckman (1978b). Alternativ können die Modellparameter auch durch Instrumentalvariablentechniken konsistent geschätzt werden, wie in Kapitel 5 besprochen, vorausgesetzt, es gibt eine gültige Ausschlussbeschränkung in (7.121). Heckman (1997) sowie Vella und Verbeek (1999b), betonen, neben anderen, die Verhaltensannahmen, die implizit in einem Instrumentalvariablenkontext getroffen werden. Wenn Reaktionen auf das Treatment bei den Individuen unterschiedlich ausfallen, ist der Instrumentalvariablenschätzer nur konsistent für ATE, wenn Individuen nicht auf Basis idiosynkratischer Komponenten ihrer Reaktion auf das Programm in das Programm gewählt werden. Ähnliche Argumente können in Fällen vorgebracht werden, in denen das Treatment eine mehrwertige oder kontinuierliche Variable ist, wie Schulbildung; siehe Angrist und Imbens (1995) oder Card (1999) für Beispiele und weitere Erörterungen. Wenn Beobachtungen vor und nach dem Treatment sowohl für die behandelten wie auch die unbehandelten Individuen zur Verfügung stehen, ist es möglich, sogenannte Difference-in-Difference-Methoden anzuwenden, um Treatmenteffekte zu schätzen; siehe Kapitel 10.2.2.

Die Identifikation von ATE und $ATET$ innerhalb des durch die Gleichungen (7.115), (7.116) und (7.125) spezifizierten Modells kann etwas anfällig sein. Zum Beispiel können die Verteilungsannahmen zu den Fehlertermen ungeeignet sein, die Ausschlussrestriktionen in den ersten beiden Gleichungen können falsch sein oder möglicherweise sind die Instrumente in (7.125) schwach.

7.7.2   Alternative Herangehensweisen

In Anbetracht dessen, dass die Ergebnisse der linearen Regression ziemlich anfällig gegenüber geringen Veränderungen in der Spezifikation sein können, insbesondere wenn die Verteilung von einer oder mehr Kovariaten bei den Unterstichproben mit $r_i = 0$ und $r_i = 1$ unterschiedlich ausfällt, hat sich die jüngere Literatur alternativen, komplexeren Vorgehensweisen zum Korrigieren von Differenzen bei Kovariaten zugewandt. Viele der Herangehensweisen verlassen sich auf den **Propensity Score**, definiert als die bedingte Wahrscheinlichkeit der Zuordnung zu einem Treatment in Anbetracht von Vektor x_i (Rosenbaum und Rubin, 1983). Mathematisch schreiben wir

$$p(x_i) = \Pr\{r_i = 1 | x_i\},$$

wobei angenommen wird, dass $0 < p(x_i) < 1$. Das gewährleistet, dass es für jeden Wert von x_i eine positive Wahrscheinlichkeit gibt, Einheiten sowohl im Treatment wie auch in der Kontrollgruppe zu beobachten. Wenn es zum Beispiel keine Chance gibt, in der Treatment-Gruppe ein Individuum zu beobachten, das jünger als 30 ist, werden wir nie in der Lage sein, den durchschnittlichen Treatmenteffekt über die Grundgesamtheit zu schätzen, die Personen beinhaltet, die jünger als 30 sind. Der Propensity Score kann geschätzt werden mittels Verwendung des binären Wahlmodells aus Kapitel 7.1. Es ist jedoch auch möglich, semiparametrische Alternativen zu verwenden.

Wenn wir Unconfoundedness annehmen, können die konsistenten Schätzer für ATE und $ATET$ basierend auf dem Gewichten unter Verwendung des Propensity Scores abgeleitet werden. Um zu sehen, wie das funktioniert, betrachten wir

$$E\left\{\frac{r_i y_i}{p(x_i)}\right\} = E\left\{\frac{r_i y_{1i}}{p(x_i)}\right\} = E\left\{E\left\{\frac{r_i y_{1i}}{p(x_i)}|x_i\right\}\right\} = E\left\{\frac{p(x_i)E\{y_{1i}|x_i\}}{p(x_i)}\right\} = E\{y_{1i}\},$$

welches das unbedingte erwartete Ergebnis unter dem Treatment ist. Die dritte Gleichung gilt aufgrund der Unconfoundedness-Annahme. Auf ähnliche Weise kann gezeigt werden, dass

$$E\left\{\frac{(1-r_i)y_i}{1-p(x_i)}\right\} = E\{y_{0i}\}.$$

Kombiniert legen diese beiden Ausdrücke einen offensichtlichen Schätzer für *ATE* nahe als

$$\hat{\Delta}_{ate,Gewichtung} = \frac{1}{N}\sum_{i=1}^{N}\left(\frac{r_i y_i}{\hat{p}(x_i)} - \frac{(1-r_i)y_i}{1-\hat{p}(x_i)}\right), \qquad (7.128)$$

wobei $\hat{p}(x_i)$ der geschätzte Propensity Score ist. In dem einfachen Fall, in dem $p(x_i)$ nicht von x_i abhängig ist und $\hat{p}(x_i) = N_1/N$, reduziert sich dieser Ausdruck auf (7.114). Obwohl der Schätzer in (7.128) als die Differenz zwischen zwei gewichteten Durchschnitten geschrieben werden kann, ist dies möglicherweise weniger attraktiv, weil sich die Gewichtungen nicht zu eins addieren. Eine gängigere Version ist

$$\hat{\Delta}_{ate,Gewichtung2} = \sum_{i=1}^{N}\left(\hat{w}_i(x_i)y_i - [1-\hat{w}_i(x_i)]y_i\right), \qquad (7.129)$$

wobei die Gewichtungen $\hat{w}_i(x_i)$ gegeben sind durch

$$\hat{w}_i(x_i) = \frac{r_i/\hat{p}(x_i)}{\sum_{j=1}^{N}r_j/\hat{p}(x_j)}.$$

Bei diesem Schätzer, bezeichnet als **inverser Wahrscheinlichkeitsgewichtungs-Schätzer**, sind die Gewichtungen normalisiert, um als Summe eins zu ergeben. Der Schlüsselinput für die Berechnungen dieser Schätzer ist der geschätzte Propensity Score und für seine Spezifikation und Schätzung wurden alternative Herangehensweisen vorgeschlagen. Rosenbaum und Rubin (1983) schlagen vor, dass der Propensity Score durch Verwendung eines flexiblen Logit-Modells geschätzt wird, bei dem Quadrate und Interaktionen von x_i enthalten sind. Hirano, Imbens und Ridder (2003) verbessern die Effizienz des Schätzers durch Verwendung eines flexibleren Logit-Modells, in dem die Anzahl der Funktionen der Kovariaten mit der Stichprobengröße zunimmt. Wenn die geschätzten Propensity Scores sehr nahe an null oder eins sind, ist der gewichtete Schätzer für *ATE* möglicherweise nicht sehr genau (und das wird sich in deren Standardfehlern widerspiegeln).

Die letzte Herangehensweise, die wir betrachten, basiert auf dem **Matching**. Bei dieser Vorgehensweise werden die fehlenden kontrafaktischen Beobachtungen imputiert durch Verwenden der Ergebnisse eines oder mehrerer gleichartiger (engl. matched) Fälle der entgegengesetzten Treatment-Gruppe. Die entsprechenden Schätzwerte können geschrieben werden als

$$\hat{\Delta}_{ate,match} = \frac{1}{N}\sum_{i=1}^{N}(\hat{y}_{1i} - \hat{y}_{0i}), \qquad (7.130)$$

und

$$\hat{\Delta}_{atet,match} = \frac{1}{N_1} \sum_{i=1}^{N} r_i(\hat{y}_{1i} - \hat{y}_{0i}), \tag{7.131}$$

wobei $\hat{y}_{1i} = y_{1i}$, wenn $r_i = 1$ und ein imputierter Wert, falls $r_i = 0$, und gleichermaßen $\hat{y}_{0i} = y_{0i}$, wenn $r_i = 0$ und ein imputierter Wert, falls $r_i = 1$. Es gibt verschiedene Wege, die imputierten Werte zu berechnen. Man könnte zum Beispiel das tatsächliche Ergebnis für ein Individuum imputieren, das die »nahesten« Werte von x_i aufweist, sich jedoch in der entgegengesetzten Treatment-Gruppe befindet (der »naheste Nachbar«). Alternativ kann der (gewichtete) Durchschnitt der m nahesten Nachbarn genutzt werden. Weil das Matching zum vollständigen Kovariatenset ein bisschen mühsam ist, haben Rosenbaum und Rubin (1983) ein auf dem geschätzten Propensity Score basierendes Matching vorgeschlagen. Das erleichtert den Matching-Prozess, weil Individuen mit ungleichen Kovariatwerten trotzdem ähnliche Werte für deren Propensity Scores haben können. Das Propensity Score Matching hat in jüngster Zeit an Popularität gewonnen, siehe zum Beispiel Deheija und Wahba (2002) sowie Abadie und Imbens (2011), welche die große Stichprobenverteilung ableiten. Weitere Details zum Schätzen von Treatmenteffekten finden sich auch bei Cameron und Trivedi (2005, Kapitel 25) oder Wooldridge (2010, Kapitel 21).

7.8 Durationsmodelle

Bei einigen Anwendungen interessieren wir uns für das Erklären der Dauer bestimmter Ereignisse. Zum Beispiel können wir erklären wollen, wie lange es dauert, bis ein Arbeitsloser einen neuen Job findet, wie viel Zeit bis zum erneuten Kauf eines bestimmten Produktes verstreicht, wie lange ein Streik andauert oder wie lange die Beziehung eines Unternehmens mit einer bestimmten Bank währt. Die uns zur Verfügung stehenden Daten enthalten Zeitdauern, das heißt, wir beobachten, wie viel Zeit vergangen ist bis zum Eintreten eines bestimmten Ereignisses (zum Beispiel einen Job zu finden). Für gewöhnlich sind Durationsmodelle in dem Sinne zensiert, dass das für uns interessante Ereignis für einige Individuen zum Zeitpunkt der Datenanalyse noch nicht eingetreten ist. Durationsmodelle haben ihren Ursprung in der Ereigniszeitanalyse (auch Ereignisanalyse oder Survival-Analyse), bei der die Lebensdauer eines bestimmten Subjekts untersucht wird, zum Beispiel die eines Insekts. In der Ökonometrie werden Durationsmodelle häufig bei Arbeitsmarktstudien eingesetzt, wobei die Zeitlänge von Arbeitslosigkeit untersucht wird. In diesem Kapitel werden wir uns kurz mit der Modellierung von Duration beschäftigen. Weitere Details finden sich bei Jenkins (2005), Wooldridge (2010, Kapitel 22) oder, noch ausführlicher, bei Lancaster (1990) oder Cameron und Trivedi (2005, Kapitel 17 – 19).

7.8.1 Hazardraten und Survivalfunktionen

Lassen Sie uns mit T die im Ausgangszustand verbrachte Zeit benennen. Wenn zum Beispiel der Ausgangszustand die Arbeitslosigkeit ist, so könnte T die Anzahl von Wochen bezeichnen, bis eine Person wieder in einem Beschäftigungsverhältnis steht. Es ist am zweckmäßigsten, T als kontinuierliche Variable zu behandeln. Die Verteilung von T ist definiert durch die kumulative Dichtefunktion

$$F(t) = P\{T \le t\}, \tag{7.132}$$

welche die Wahrscheinlichkeit bezeichnet, dass das Ereignis nach der Zeitdauer t auftritt. In der Regel wird angenommen, dass $F(t)$ differenzierbar ist, sodass die Dichtefunktion von T geschrieben werden kann als $f(t) = F'(t)$. Später werden wir zulassen, dass die Verteilung von T abhängig von persönlichen Charakteristika ist. Die **Überlebensfunktion** ist die Wahrscheinlichkeit des Überlebens von t und wird definiert als

$$S(t) \equiv 1 - F(t) = P\{T > t\}.$$

Die bedingte Wahrscheinlichkeit, das Ursprungsstadium innerhalb des Zeitintervalls t bis $t + h$ zu verlassen, unter Voraussetzung des Überlebens bis zum Zeitpunkt t, kann geschrieben werden als

$$P\{t \leq T < t + h | T \geq t\}.$$

Wenn wir diese Wahrscheinlichkeit durch h teilen, erhalten wir die durchschnittliche Wahrscheinlichkeit des Verlassens pro Zeitperioden-Einheit über das Intervall t bis $t + h$. Die Betrachtung immer kürzerer Zeitintervalle führt zur sogenannten **Hazardfunktion**, die formal definiert ist als

$$\lambda(t) = \lim_{h \downarrow 0} \frac{P\{t \leq T < t + h | T \geq t\}}{h}. \tag{7.133}$$

Zu jedem Zeitpunkt t ist die Hazardfunktion die momentane Rate des Verlassens des Ausgangsstadiums pro Zeiteinheit. Die Hazardfunktion kann ausgedrückt werden als eine Funktion der (kumulativen) Dichtefunktion von T auf direkte Weise. Zuerst schreiben wir

$$P\{t \leq T < t + h | T \geq t\} = \frac{P\{t \leq T < t + h\}}{P\{T \geq t\}} = \frac{F(t + h) - F(t)}{1 - F(t)}.$$

Weil

$$\lim_{h \downarrow 0} \frac{F(t + h) - F(t)}{h} = F'(t) = f(t),$$

folgt daraus unmittelbar, dass

$$\lambda(t) = \frac{f(t)}{1 - F(t)} = \frac{f(t)}{S(t)}. \tag{7.134}$$

Die Hazard- und Survivalfunktionen liefern alternative, aber äquivalente Charakterisierungen der Verteilung von T, unter Beachtung, dass die meisten Durationsmodelle darauf basieren, bestimmte Annahmen zu der Hazardfunktion zu treffen.

Es gibt eine Eins-zu-eins-Beziehung zwischen einer Spezifikation für die Hazardfunktion und einer Spezifikation für die kumulative Dichtefunktion von T. Um das zu erkennen, beachten Sie zuerst, dass $\partial \log[1 - F(t)]/\partial t = -F'(t)/[1 - F(t)]$, wobei $F'(t) = f(t)$. Also können wir schreiben

$$\lambda(t) = -\frac{\partial \log[1 - F(t)]}{\partial t}.$$

Nun integrieren wir beide Seiten über das Intervall $[0, s]$. Das ergibt

$$\int_0^s \lambda(t)\, dt = -\log[1 - F(s)] + \log[1 - F(0)]$$

$$= -\log[1 - F(s)],$$

weil $F(0) = 0$. Daraus folgt konsequenterweise, dass

$$F(s) = 1 - \exp\left(-\int_0^s \lambda(t)\, dt\right). \tag{7.135}$$

Das wichtige Ergebnis besteht darin, dass wir, welche funktionale Form für $\lambda(t)$ wir auch wählen, daraus $F(t)$ ableiten können und vice versa. Während die meisten Implementierungen mit einer Spezifikation der Hazardfunktion beginnen, sind die kumulative Dichtefunktion und die Survivalfunktion wichtig für das Konstruieren der Likelihood-Funktion des Modells.

Stellen wir uns den einfachen Fall vor, bei dem wir annehmen, dass die Hazardrate konstant ist, das heißt $\lambda(t) = \lambda$. Das bedeutet, dass die Wahrscheinlichkeit des Verlassens während des nächsten Zeitintervalls nicht von der im Ursprungsstadium verbrachten Zeitdauer abhängt. Ein konstanter Hazard bedeutet

$$F(t) = 1 - \exp(-\lambda t),$$

entsprechend der Exponentialverteilung. In den meisten Fällen arbeiten die Forscher mit einer zweckmäßigen Spezifikation für die Hazardfunktion, zum Beispiel einer, die zu geschlossenen Ausdrücken für die Survivalfunktion $S(t)$ führt. Darüber hinaus darf die Hazardfunktion in der Regel von persönlichen Charakteristika abhängen, etwa x_i. Lassen Sie uns im Allgemeinen die Hazardfunktion eines Individuums i mit den Charakteristika x_i als $\lambda(t, x_i)$ bezeichnen. Für den Moment nehmen wir an, dass diese Charakteristika keinen kalendarischen oder Survival-Schwankungen unterliegen. Eine gängige Modellklasse sind die sogenannten **proportionalen Hazardmodelle**, in denen die Hazardfunktion geschrieben werden kann als das Produkt der **Baseline-Hazardfunktion**, die nicht von x_i abhängt, und einer personenspezifischen nichtnegativen Funktion, welche den Effekt der Charakteristika x_i beschreibt. Das ist

$$\lambda(t, x_i) = \lambda_0(t) \exp\{x_i'\beta\}. \tag{7.136}$$

In diesem Modell ist $\lambda_0(t)$ eine Baseline-Hazardfunktion, welche für (hypothetische) Individuen mit $x_1 = 0$, die als Referenzgruppe dienen, das Risiko beschreibt, das Ursprungsstadium zu verlassen; und $\exp\{x_i'\beta\}$ ist ein Korrekturfaktor, der vom Set der Charakteristika x_i abhängt. Beachten Sie, dass die Korrektur bei allen Dauern t dieselbe ist. Um die Baseline-Hazard zu identifizieren, sollte x_i keinen Achsenabschnittsterm enthalten. Wenn x_{ik} eine kontinuierliche Variable ist, können wir ableiten

$$\frac{\partial \log \lambda(t, x_i)}{\partial x_{ik}} = \beta_k. \tag{7.137}$$

Folglich misst der Koeffizient β_k die proportionale Veränderung in der Hazardrate, die der absoluten Veränderung in x_{ik} zugeordnet werden kann. Beachten Sie, dass dieser Effekt nicht von der Dauer der Zeit t abhängt. Falls $\lambda_0(t)$ nicht konstant ist, zeigt das Modell **Durationsabhängigkeit**. Eine positive Durationsabhängigkeit liegt vor, wenn die Hazardrate mit der Duration zunimmt. In diesem Fall nimmt die Wahrscheinlichkeit, das Ursprungsstadium zu verlassen, (ceteris paribus) zu, je länger sich jemand in dem Ursprungsstadium befindet.

Eine große Bandbreite möglicher funktionaler Formen kann für die Baseline-Hazard $\lambda_0(t)$ gewählt werden. Einige von ihnen erlegen allen Durationen entweder eine positive oder eine negative Durationsabhängigkeit auf, während andere zulassen, dass die Baseline-Hazard für kurze Durationen ansteigt und für längere Durationen abnimmt. Eine relativ einfache Spezifikation ist die **Weibull-Verteilung**, welche besagt, dass[38]

$$\lambda_0(t) = \gamma \alpha t^{\alpha-1},$$

wobei $\alpha > 0$ und $\gamma > 0$ unbekannte Parameter sind. Wenn $\alpha = 1$, erhalten wir die Exponentialverteilung mit $\gamma = \lambda$, wenn $\alpha > 1$, steigt die Hazardrate monoton an, während sie bei $\alpha < 1$ monoton abnimmt. Die **log-logistische Hazardfunktion** ist gegeben durch

$$\lambda_0(t) = \frac{\gamma \alpha t^{\alpha-1}}{1 + \gamma t^{\alpha}},$$

wobei $\alpha > 0$ und $\gamma > 0$ wieder unbekannte Parameter sind. Wenn $\alpha \leq 1$, dann nimmt die Hazardrate monoton bis auf null ab, während t zunimmt. Wenn $\alpha > 1$, dann steigt die Hazardrate bis $t = [(\alpha - 1)/\gamma]^{1-\alpha}$ und nimmt dann ab bis auf null. Mit einer log-logistischen Hazardfunktion kann gezeigt werden, dass die Log-Duration, $\log(T)$, eine logistische Verteilung aufweist. Siehe Frances und Paap (2001, Kapitel 8) oder Green (2012, Kapitel 19.4) für eine grafische Darstellung dieser Hazardfunktionen.

7.8.2 Stichproben und Modellschätzung

Bevor wir uns der Schätzung zuwenden, ist es wichtig, die Art der für die Schätzung verwendeten Daten zu betrachten. Wir nehmen an, dass die für uns interessante Grundgesamtheit aus allen Individuen besteht, die in den Ausgangszustand zwischen Zeitpunkt 0 und Zeitpunkt t_0 (zum Beispiel in einem bestimmten Kalenderjahr) einfließen, wobei t_0 eine bekannte Konstante ist. Bei der Durationsanalyse begegnen wir in der Regel zwei Stichprobensystemen. Mit **Stock Sampling** untersuchen wir eine Zufallsstichprobe derjenigen Individuen, die sich zum Zeitpunkt t_0 im Ausgangszustand befinden. Beim **Flow Sampling** enthält unsere Stichprobe Individuen, die den Ausgangszustand zwischen dem Zeitpunkt 0 und t_0 *annehmen*. In beiden Fällen erfassen wir, wie lange sich jedes Individuum im Ausgangsstadium befindet. Weil wir nach einer gewissen Dauer aufhören, den Individuen in der Stichprobe zu folgen (und mit dem Analysieren unserer Daten beginnen), sind beide Datenarten in der Regel **rechtszensiert**. Das heißt, für jene Individuen, die sich immer noch im Ausgangsstadium befinden, wissen wir nur, dass die Dauer mindestens so lang ist wie die Beobachtungsperiode. Beim Stock Sampling können die Daten auch **linkszensiert** sein, wenn einige oder alle der Ausgangszeiten im Ursprungsstadium nicht beobachtet sind. Darüber hinaus bringt das Stock Sampling ein Stichprobenselektionsproblem mit sich. Wie wir weiter unten sehen werden, können das Zensieren und das Stichprobenselektionsproblem durch angemessenes Anpassen der Likelihood-Funktion gehandhabt werden.

Lassen Sie uns zuallererst die Maximum-Likelihood-Schätzung mit rechtszensierten Flow-Daten betrachten. Angenommen, wir haben eine Zufallsstichprobe mit Individuen, die zwischen den Zeitpunkten 0 und t_0 arbeitslos werden (in das Ausgangsstadium eintreten). Bezeichnen wir mit a_i den Zeitpunkt, zu dem Individuum i arbeitslos wird, und mit t_i^* die vollständige Dauer der Arbeitslosigkeit. Für einige Individuen wird t_i^* nicht beobachtet wegen des Rechtszensierens (die Dauer der Arbeitslosigkeit übersteigt den Beobachtungszeitraum). Wenn c_i die Zensierungszeit für Individuum i bezeichnet, dann beobachten wir

$$t_i = \min\{t_i^*, c_i\}.$$

Das heißt, wie beobachten für einige Individuen die exakte Dauer der Arbeitslosigkeit, während wir für andere nur wissen, dass sie c_i übersteigt. Die Zensierungszeit kann bei den Individuen variieren, weil Zensieren oft zu einem festen Kalenderdatum erfolgt. Wenn wir zum Beispiel eine Stichprobe mit Individuen nehmen, die im Laufe des Jahres 2001 arbeitslos wurden, und die Beobachtung Ende 2002 abschließen, dann kann die zensierte Zeit zwischen 1 und 2 Jahren variieren, abhängig von dem Moment, in dem das Individuum 2001 arbeitslos wurde.

Der Beitrag von Individuum i zur Likelihood-Funktion ist gegeben durch die bedingte Dichte von t_i, wenn die Beobachtungen nicht zensiert sind, oder durch die bedingte Wahrscheinlichkeit, dass $t_i^* > c_i$ (das heißt $t_i = c_i$) ist im Fall des Zensierens, auf alle Fälle aber abhängig von den beobachteten Charakteristika x_i. Wir nehmen an, dass die Verteilung von t_i, gegeben x_i, nicht abhängig ist von Ausgangszeitpunkt a_i. Das bedeutet zum Beispiel, dass Laufzeiten der Arbeitslosigkeit, die im Sommer begonnen haben, dieselbe erwartete Länge aufweisen wie jene, die im Winter begonnen haben. Wenn es saisonale Effekte gibt, können wir diese durch das Aufnehmen von Kalenderdummys in x_i erfassen, entsprechend den verschiedenen Werten von a_i (siehe Wooldridge, 2010, Kapitel 22). Folglich ist der Likelihood-Beitrag von Individuum i gegeben durch

$$f(t_i|x_i; \theta),$$

wenn die Dauer unzensiert ist, wobei θ den Vektor unbekannter Parameter bezeichnet, welche die Dauer charakterisieren. Für rechtszensierte Beobachtungen ist der Likelihood-Beitrag

$$P\{t_i = c_i|x_i; \theta\} = P\{t_i^* > c_i|x_i; \theta\} = 1 - F(c_i|x_i; \theta).$$

Angesichts einer Zufallsstichprobe der Größe N erhalten wir den Maximum-Likelihood-Schätzer durch Maximieren von

$$\log L_1(\theta) = \sum_{i=1}^{N} [d_i \log f(t_i|x_i; \theta) + (1 - d_i) \log[1 - F(c_i|x_i; \theta)]], \tag{7.138}$$

wobei d_i eine Dummyvariable ist, die Zensieren anzeigt ($d_i = 1$, wenn unzensiert, $d_i = 0$, wenn zensiert). Die funktionale Form von f und F hängt von der Spezifikation der Hazardfunktion ab.

Beim Stock Sampling ist die Likelihood-Funktion ein wenig komplizierter wegen des Stichprobenselektionsproblems. Angenommen, die für uns interessante Grundgesamtheit setzt sich aus sämtlichen Individuen zusammen, die im Jahr 2001 arbeitslos wurden, während wir eine

Stichprobe nehmen mit all jenen, die am Ende des Jahres arbeitslos waren. In diesem Fall wird jeder, dessen Arbeitslosigkeit vor Ablauf 2001 endete, nicht in der Stichprobe enthalten sein. Weil diese Zeitdauer zwangsläufig weniger als ein Jahr beträgt, können wir nicht annehmen, dass diese Beobachtung zufällig fehlt. Kiefer (1988) bezeichnet dieses Stichprobenselektionsproblem als »length-biased sampling«. Dieses Stichprobenselektionsproblem ähnelt dem im angeschnittenen Regressionsmodell, das wir in Kapitel 7.4 besprochen haben, und wir können es auf ähnliche Weise korrigieren. Der Likelihood-Beitrag für Individuum i in Abwesenheit von Zensierung verwandelt sich in

$$f(t_i|x_i;\theta, t_i \geq t_0 - a_i) = \frac{f(t_i|x_i;\theta)}{1 - F(t_0 - a_i|x_i;\theta)}.$$

Mit Rechtszensierung ist der Likelihood-Beitrag die bedingte Wahrscheinlichkeit, dass t_i^* c_i übersteigt, gegeben durch

$$P\{t_i^* > c_i|x_i;\theta, t_i \geq t_0 - a_i\} = \frac{1 - F(c_i|x_i;\theta)}{1 - F(t_0 - a_i|x_i;\theta)}.$$

Daraus folgt unmittelbar, dass die Loglikelihood-Funktion mit Stock Sampling geschrieben werden kann als

$$\log L_2(\theta) = \log L_1(\theta) - \sum_{i=1}^{N} \log[1 - F(t_0 - a_i|x_i;\theta)], \tag{7.139}$$

wobei der zusätzliche Term das Stichprobenselektionsproblem berücksichtigt. Im Unterschied zum Fall des Flow Samplings erscheinen sowohl die Ausgangsdaten a_i wie auch die Länge des Stichprobenintervalls t_0 in der Loglikelihood. Die exakte funktionale Form der Loglikelihood-Funktion hängt von den Annahmen ab, die wir über die Verteilung der Durationsvariablen treffen. Wie oben erwähnt, werden diese Annahmen für gewöhnlich angegeben durch das Spezifizieren einer funktionalen Form für die Hazardfunktion.

Wenn die erklärenden Variablen zeitlich variieren, sind die Dinge ein wenig komplizierter, weil es keinen Sinn ergibt, die Verteilung einer Dauer zu studieren, die abhängig ist von den Werten der erklärenden Variablen zu einem einzigen Zeitpunkt. Eine andere Erweiterung ist die Aufnahme unbeobachteter Heterogenität in das Modell, weil die in dem Modell enthaltenen erklärenden Variablen möglicherweise nicht genügen, um sämtliche Heterogenität bei allen Individuen zu erfassen. In den proportionalen Harzardmodellen bedeutet das, dass die Spezifikation für die Hazardrate erweitert wird zu

$$\lambda(t, x_i, v_i) = v_i \lambda_0(t) \exp\{x_i'\beta\}, \tag{7.140}$$

wobei v_i eine unbeobachtbare positive Zufallsvariable mit $E\{v_i\} = 1$ ist. Dieser Ausdruck beschreibt die Hazardrate für Individuum i in Anbetracht seiner Charakteristika in x_i und in Anbetracht seiner unbeobachteten Heterogenität v_i. Weil v_i unbeobachtet ist, ist es aus der Likelihood-Funktion integriert durch Annehmen einer geeigneten parametrischen Verteilung.[39] Siehe Wooldridge (2010, Kapitel 22) für weitere Details zu diesen Erweiterungen.

7.8.3 Beispiel: Dauer von Bankbeziehungen

In diesem Kapitel betrachten wir ein Beispiel aus der Finanzwirtschaft, bei dem es um die Dauer von Beziehungen zwischen Unternehmen und Banken geht. Eine starke Bankbeziehung wird in der Regel als wertvoll für ein Unternehmen betrachtet, weil sie die Kosten für Darlehen senkt und die Verfügbarkeit von Krediten erhöht. Andererseits kann jedoch die Beschaffung privater Informationen durch die Bank während dieser Beziehung unerwünschte Konsequenzen haben. Zum Beispiel könnten Banken in der Lage sein, Monopolrenditen aus dieser Beziehung herauszuholen. Ongena und Smith (2001) untersuchen die Duration von 383 Unternehmen-Banken-Beziehungen und untersuchen das Vorhandensein von positiver oder negativer Durationsabhängigkeit. Darüber hinaus setzen sie Beziehungsdurationen in Beziehung zu unternehmensspezifischen Charakteristika wie Größe und Alter. Die Stichprobe basiert auf jährlichen Daten von Bankbeziehungen norwegischer Unternehmen, die von 1979 bis 1995 an der Börse in Oslo gelistet waren, was dem oben beschriebenen Flow Sampling entspricht. Eine Bankbeziehung endet, sobald ein Unternehmen diese Bank aus seiner Liste primärer Bankbeziehungen streicht oder diese Bank durch eine andere ersetzt. Die durchschnittliche Duration bei dieser Stichprobe beträgt 4,1 Jahre. Die Daten sind rechtszensiert, weil eine Reihe von Durationen 1995 noch nicht beendet waren.

Wir betrachten eine kleine Untergruppe der Ergebnisse von Ongena und Smith (2001), welche dem proportionalen Hazardmodell in (7.136) entsprechen, bei dem die Baseline-Hazardfunktion dem Weibull-Typ entspricht. Als Sonderfall erhalten wir die exponentielle Baseline-Hazard durch das Auferlegen von $\alpha = 1$. Enthalten sind folgende unternehmensspezifische Charakteristika: Logarithmus der Umsätze zum Jahresende, vergangener Zeitraum seit Datum der Unternehmensgründung (Alter bei Beginn), Rentabilität, gemessen durch das Verhältnis des operativen Einkommens zum Buchwert des Kapitals, Tobins Quotient (Tobin's Q), Leverage und ein Dummy für multiple Bankbeziehungen. Tobins Quotient, definiert als das Verhältnis von Marktwert des Unternehmens zu Wiederbeschaffungswert des Vermögens, wird in der Regel als Indikator für die Managementqualität und/oder das Vorhandensein profitabler Investmentmöglichkeiten interpretiert. Leverage ist der Buchwert der Schulden dividiert durch die Summe von Equity-Marktwert und Buchwert der Schulden. Von Unternehmen mit einem hohen Leverage wird erwartet, dass sie stärker von Banken abhängig sind.

Die Ergebnisse der Maximum-Likelihood-Schätzung für die beiden unterschiedlichen Modelle, beide auf rechtszensiert korrigiert, sind in Tabelle 7.13 aufgeführt. Die Ergebnisse ähneln ziemlich dem exponentiellen und Weibull-Baseline-Hazard. Der geschätzte Wert für α beträgt im letzteren Modell 1,351 und ist signifikant größer als eins. Dies zeigt an, dass das Weibull-Modell gegenüber dem exponentiellen zu bevorzugen ist, was durch die Differenz der Likelihood-Werte bestätigt wird. Darüber hinaus impliziert es, dass die Bankbeziehung positive Durationsabhängigkeit aufweist. Das heißt, die Wahrscheinlichkeit des Beendens der Bankbeziehung, ceteris paribus, steigt mit der Länge der Duration. Die Ergebnisse der unternehmensspezifischen Variablen zeigen an, dass profitable Unternehmen ihre Bankbeziehungen früher beenden, was konsistent mit der Vorstellung ist, dass solche Unternehmen weniger abhängig von einer Bankfinanzierung sind. Vor allem Unternehmen mit 10% höheren Umsätzen sind verknüpft mit einer etwa 2% niedrigeren Hazardrate. Darüber hinaus sinkt die Wahrscheinlichkeit des Beendens einer Bankbeziehung mit der Unternehmensgröße und steigt mit dem

Unternehmensleverage und wenn Unternehmen multiple Bankbeziehungen unterhalten. Bei Verwendung von (7.137) zeigt der Koeffizientenschätzwert des Dummys für multiple Beziehungen im Weibull-Modell an, dass die Hazardrate etwa $100[\exp(0,491) - 1] = 63,4\,\%$ größer ist für Unternehmen, die mehr als eine Bankbeziehung haben.

	Exponential (ML-Schätzer)		Weibull (ML-Schätzer)	
	Schätzwert	Standardfehler	Schätzwert	Standardfehler
Konstante	−3,601	0,561	−3.260	0,408
Log (*Verkäufe*)	−0,218	0,053	−0,178	0,038
Alter bei Beginn	−0,00352	0,00259	−0,00344	0,00183
Rentabilität	2,124	0,998	1,752	0,717
Tobin's Q	0,268	0,195	0,238	0,141
Leverage	2,281	0,628	1,933	0,444
Multiple Beziehungen	0,659	0,231	0,491	0,168
α	1	(fixed)	1,351	0,135
Loglikelihood	−259,1469		−253,5265	

Tabelle 7.13   Schätzergebnisse des proportionalen Hazardmodells

Quelle: Entnommen aus Ongena, S. und Smith, D. C. (2001), The Duration of Bank Relationships, *Journal of Financial Economics*, 61. Jg., S. 449 – 475, mit Genehmigung von Elsevier.

KURZZUSAMMENFASSUNG

Dieses Kapitel hat eine große Bandbreite von Modellen abgedeckt, die diskrete oder begrenzte abhängige Variablen erklären. Zusätzlich zu den univariaten nichtlinearen Modellen, wie den Probit- und Logit-Modellen für binäre Ergebnisse, Tobit-Modellen für angeschnittene oder zensierte Ergebnisse, Zähldatenmodellen und Durationsmodellen, widmete sich dieses Kapitel auch Problemen, die mit Stichprobenselektionsverzerrung sowie der Identifikation in solchen Fällen zusammenhängen, sowie dem Schätzen von Treatmenteffekten. Viele der in diesem Kapitel betrachteten Modelle werden mittels Maximum-Likelihood geschätzt, wobei betont werden sollte, dass die Wahrscheinlichkeitsfunktion entscheidend von der angenommenen Struktur des Problems abhängt. Das erfordert häufig ein gewisses Verständnis davon, wie Individuen, Haushalte oder Unternehmen Entscheidungen treffen. Eine ausführliche Auseinandersetzung mit dem Material dieses Kapitels findet sich in Cameron und Trivedi (2005) sowie in Wooldridge (2010). Die Interpretation nichtlinearer Modelle ist nicht so einfach wie die linearer Regressionsmodelle. Die Verwendung von Probit- und Logit-Modellen ist weit verbreitet und in der Regel bringen zwei Modelle keine sehr unterschiedlichen Ergebnisse beim Erklären binärer Variablen hervor. Bei Tobit-Modellen sind die Distributionsannahmen entscheidender. Eine wesentliche Annahme in diesem Kapitel bestand darin, dass Beobachtungen in der Stichprobe voneinander unabhängig sind. Wenn die Daten wiederholte Beobachtungen zu denselben Individuen oder Haushalten enthalten, wird diese Annahme in der Regel verletzt und es werden alternative Spezifikationen erforderlich. Das besprechen wir in Kapitel 10.

■ ÜBUNGEN

Übung 7.1 (Binäre Wahl-Modelle)

Bei einer Stichprobe von 600 verheirateten Frauen interessieren wir uns für das Erklären der Teilnahme am Beschäftigungsmarkt aus endogenen Charakteristika x_i (Alter, Familienzusammensetzung, Ausbildung). Setzen wir $y_i = 1$, wenn Person i einen bezahlten Job hat, andernfalls 0. Angenommen, wir schätzen ein lineares Regressionsmodell

$$y_i = x_i' \beta + \varepsilon_i$$

mittels gewöhnlicher kleinster Quadrate.

(a) Nennen Sie zwei Gründe, warum dies kein wirklich geeignetes Modell ist.
   Als Alternative könnten wir die Teilnahmeentscheidung durch ein Probit-Modell modellieren.

(b) Erklären Sie das Probit-Modell.

(c) Nennen Sie einen Ausdruck für die Loglikelihood-Funktion des Probit-Modells.

(d) Wie würden Sie einen positiven β-Koeffizienten für Ausbildung in dem Probit-Modell interpretieren?

(e) Angenommen, Sie haben eine Person mit $x_i' \beta = 2$. Wie lautet Ihre Prognose für deren Arbeitsmarktstatus y_i? Warum?

(f) In welchem Maße unterscheidet sich ein Logit-Modell von einem Probit-Modell?
   Nehmen wir jetzt einmal an, wir hätten eine Stichprobe mit Frauen, die nicht arbeiten ($y_i = 0$), Teilzeit arbeiten ($y_i = 1$) oder Vollzeit arbeiten ($y_i = 2$).

(g) Ist es in diesem Fall angemessen, ein lineares Modell als $y_i = x_i' \beta + \varepsilon_i$ zu spezifizieren?

(h) Welches alternative Modell können wir stattdessen verwenden, das die in »Teilzeit arbeitend« versus »Vollzeit arbeitend« enthaltene Information verwendet?

(i) Wie würden Sie einen positiven β-Koeffizienten für Ausbildung in letzterem Modell interpretieren?

(j) Wäre es angemessen, die beiden Ergebnisse $y_i = 1$ und $y_i = 2$ zusammenzufassen und ein binäres Wahlmodell zu schätzen? Warum oder warum nicht?

Übung 7.2 (Probit- und Tobit-Modelle)

Um die Nachfrage nach ihrem neuen Investmentfonds zu prognostizieren, interessiert sich eine Bank für die Frage, ob Menschen bereit sind, einen Teil ihrer Ersparnisse in riskante Assets zu investieren. Deshalb wird ein Tobit-Modell der folgenden Form formuliert:

$$y_i^* = \beta_1 + \beta_2 x_{i2} + \beta_3 x_{i3} + \varepsilon_i,$$

wobei x_{i2} das Alter einer Person bezeichnet, x_{i3} das Einkommen, und die Menge der in riskante Assets investierten Ersparnisse gegeben ist durch

$$y_i = y_i^* \quad \text{wenn } y_i^* > 0$$
$$= 0 \quad \text{andernfalls.}$$

Es wird angenommen, dass ε_i $NID(0, \sigma^2)$ ist, unabhängig von allen erklärenden Variablen. Eingangs interessiert sich die Bank nur für die Frage, ob eine Person in riskante Assets investiert, was angezeigt wird durch eine diskrete Variable d_i, welche erfüllt:

$$d_i = 1 \quad \text{wenn } y_i^* > 0$$
$$= 0 \quad \text{andernfalls.}$$

(a) Leiten Sie die Wahrscheinlichkeit ab, dass $d_i = 1$ als eine Funktion von $x_i = (1, x_{i2}, x_{i3})'$, entsprechend dem obigen Modell.

(b) Zeigen Sie, dass das Modell, welches d_i beschreibt, ein Probit-Modell mit den Koeffizienten $\gamma_1 = \beta_1/\sigma, \gamma_2 = \beta_2/\sigma, \gamma_3 = \beta_3/\sigma$ ist.

(c) Schreiben Sie die Loglikelihood-Funktion $\log L(\gamma)$ des Probit-Modells für d_i auf. Was sind, im Allgemeinen, die Eigenschaften für den Maximum-Likelihood-Schätzer $\hat{\gamma}$ für $\gamma = (\gamma_1, \gamma_2, \gamma_3)'$?

(d) Nennen Sie einen allgemeinen Ausdruck für die asymptotische Kovarianzmatrix des ML-Schätzers. Beschreiben Sie, wie er in einer bestimmten Anwendung geschätzt werden kann.

(e) Schreiben Sie die Bedingungen erster Ordnung im Hinblick auf γ_1 auf und verwenden Sie diese, um das generalisierte Residuum des Probit-Modells zu definieren.

(f) Beschreiben Sie, wie das generalisierte Residuum verwendet werden kann, um die Hypothese zu testen, dass das Geschlecht nicht die Wahrscheinlichkeit des Investierens in riskante Assets beeinflusst. (Formulieren Sie zuerst die Hypothese, beschreiben Sie, wie eine Teststatistik berechnet werden kann und welches die geeignete Verteilung oder kritischen Werte ist.) Zu welcher Klasse gehört dieser Test?

(g) Erklären Sie, warum es nicht möglich ist, σ^2 zu identifizieren, mittels ausschließlicher Verwendung der Information zu d_i und x_i (wie in dem Probit-Modell).

(h) Es ist möglich, $\beta = (\beta_1, \beta_2, \beta_3)'$ und σ^2 aus dem Tobit-Modell zu schätzen (unter Verwendung der Information zu y_i). Schreiben Sie die Loglikelihood-Funktion dieses Modells auf.

(i) Angenommen, wir interessieren uns für die Hypothese, dass Alter keinen Einfluss auf die Menge der risikoreichen Ersparnisse hat. Formulieren Sie diese Hypothese. Erklären Sie, wie diese Hypothese unter Verwendung eines Likelihood-Ratio-Tests überprüft werden kann.

(j) Ist es auch möglich, die Hypothese aus *i* auf Basis der Ergebnisse des Probit-Modells zu testen? Warum würden Sie den Test mit den Probit-Ergebnissen bevorzugen?

Übung 7.3 (Tobit-Modelle – empirisch)

Betrachten Sie die in den Kapiteln 7.4.3 und 7.5.4 verwendeten Daten zur Schätzung von Engel-Kurven für alkoholische Getränke und Tabak. Banks, Blundell und Lewbel (1997) schlagen das quadratische als das nahezu ideale System vor, welches quadratische Engel-Kurven der folgenden Form beinhaltet:

$$w_{ji} = \alpha_{ji} + \beta_{ji} \log x_i + \gamma_{ji} \log^2 x_i + \varepsilon_{ji}.$$

Diese Form hat die nette Eigenschaft, dass sie zulässt, dass Waren auf niedrigen Einkommensniveaus als Luxus gelten, während sie bei höherem Einkommen als Notwendigkeit gelten (Gesamtausgaben). Verwenden Sie zur Beantwortung der folgenden Fragen die Daten von TOBACCO.

(a) Schätzen Sie das Standard-Tobit-Modell für Alkohol aus Kapitel 7.4.3 neu. Bezeichnen Sie es als Modell A. Überprüfen Sie, ob Ihre Ergebnisse denen des Textes entsprechen.

(b) Erweitern Sie Modell A durch Einfügen des quadrierten Logarithmus der Gesamtausgaben und schätzen Sie es mittels Maximum-Likelihood.

(c) Testen Sie, ob der quadratische Term relevant ist für die Verwendung eines Wald-Tests und eines Likelihood-Ratio-Tests.

(d) Berechnen Sie das generalisierte Residuum für Modell A. Überprüfen Sie, dass es den Mittelwert null hat.

(e) Berechnen Sie das generalisierte Residuum zweiter Ordnung für Modell A, wie in (7.74) definiert. Überprüfen Sie, dass dieses ebenfalls den Mittelwert null aufweist.

(f) Führen Sie bei Modell A den Lagrange-Multiplikator-Test im Hinblick auf die Hypothese durch, dass der quadratische Term $\log^2 x$ irrelevant ist.

(g) Führen Sie bei Modell A einen LM-Test auf Heteroskedastizität bezogen auf Alter und die Anzahl Erwachsener durch.

(h) Testen Sie Modell A auf Normalität.

Übung 7.4 (Tobit-Modelle)

Eine Topuniversität verlangt von allen Studenten, die sich dort bewerben, die Teilnahme an einer Aufnahmeprüfung. Studenten, die bei diesem Test weniger als 100 Punkte erreichen, werden nicht angenommen. Die Punktzahl von Studenten, die über 100 liegen, wird festgehalten, und die Universität wählt aus dieser Gruppe diejenigen aus, die tatsächlich angenommen werden. Wir haben eine Stichprobe mit 500 potenziellen Studenten, die 2010 ihren Aufnahmetest absolviert haben. Für jeden Studenten beobachten wir das Ergebnis des Tests:

- »abgelehnt«, wenn der Punktwert unter 100 liegt, oder

- den Punktwert, wenn dieser 100 oder mehr beträgt.

Zusätzlich beobachten wir Hintergrundcharakteristika jedes Kandidaten, einschließlich Ausbildung der Eltern, Geschlecht und die Durchschnittsnote an der Highschool.

Der Dekan interessiert sich für den Zusammenhang zwischen diesen Hintergrundcharakteristika und dem Punktwert der Aufnahmeprüfung. Er spezifiziert das folgende Modell:

$$y_i^* = \beta_0 + x_i'\beta_1 + \varepsilon_i, \qquad \varepsilon_i \sim NID(0, \sigma^2),$$

$$y_i = y_i^* \qquad \text{wenn } y_i^* \geq 100$$

$$= \text{,abgelehnt'} \qquad \text{wenn } y_i^* < 100,$$

wobei y_i der beobachtete Punktwert von Student i und x_i der Vektor der Hintergrundcharakteristika ist (mit Ausnahme eines Achsenabschnitts).

(a) Zeigen Sie, dass obiges Modell als Standard-Tobit-Modell (Tobit I) geschrieben werden kann.

(b) Als Erstes führt der Dekan eine Regression von y_i auf x_i und eine Konstante (durch OLS) durch, unter Verwendung der beobachteten Punktwerte von 100 und mehr ($y_i \geq 100$). Zeigen Sie, dass diese Vorgehensweise nicht zu konsistenten oder unverzerrten Schätzern für β_1 führt.

(c) Erklären Sie im Detail, wie der Parametervektor $\beta = (\beta_0, \beta_1')'$ konsistent geschätzt werden kann, nur mit Verwenden der beobachteten Punktwerte.

(d) Erklären Sie, wie Sie dieses Modell unter Verwendung aller Beobachtungen schätzen würden. Warum ist dieser Schätzer gegenüber dem aus **c** zu bevorzugen? (Es sind keine Beweise oder Herleitungen erforderlich.)

(e) Der Dekan erwägt, ein Tobit-II-Modell zu spezifizieren (ein Stichprobenselektionsmodell). Beschreiben Sie dieses Modell. Eignet sich dieses Modell für das oben beschriebene Problem?

KAPITEL 8

Univariate Zeitreihenmodelle

Ein Ziel der Analyse ökonomischer Daten besteht im Prognostizieren oder Vorausberechnen zukünftiger Werte ökonomischer Variablen. Eine mögliche Herangehensweise besteht im Erstellen mehr oder weniger strukturierter ökonometrischer Modelle, im Beschreiben von Beziehungen der für uns interessanten Variablen und anderen ökonomischen Quantitäten, im Schätzen des Modells unter Verwendung einer Datenstichprobe und darin, dieses als Basis für die Vorhersage und für Schlussfolgerungen zu nutzen. Obwohl diese Vorgehensweise den Vorteil besitzt, den Prognosen eine ökonomische Relevanz zu verleihen, ist sie nicht immer sinnvoll. Es kann zum Beispiel adäquat sein, die aktuelle Beziehung zwischen Arbeitslosigkeit und Inflationsrate zu modellieren, aber solange wir die zukünftigen Inflationsraten nicht prognostizieren können, sind wir auch nicht in der Lage, Vorhersagen über die zukünftige Arbeitslosigkeit zu treffen.

In diesem Kapitel schlagen wir einen anderen Weg ein: die Herangehensweise mittels reiner Zeitreihenmodelle. Bei diesem Vorgehen werden die aktuellen Werte einer ökonomischen Variablen in Bezug gesetzt zu Werten aus der Vergangenheit (entweder direkt oder indirekt). Die Betonung liegt ausschließlich auf dem Verwenden von Informationen über Vergangenheitswerte einer Variablen, um ihre Zukunft vorherzusagen. Zusätzlich zum Erstellen von

Vorhersagen können Zeitreihenmodelle auch die Verteilung zukünftiger Werte hervorbringen, abhängig von der Vergangenheit, und können so genutzt werden, um die Likelihood bestimmter Ereignisse zu schätzen.

In diesem Kapitel besprechen wir die Klasse der ARIMA-Modelle (ARIMA ist das Akronym für Autoregressive Integrated Moving Average), die entwickelt wurden, um stationäre und nichtstationäre Zeitreihenprozesse zu modellieren. In den Kapiteln 8.1 und 8.2 analysieren wir die Eigenschaften dieser Modelle und wie sie zusammenhängen. Eine wichtige Frage besteht darin, ob ein Zeitreihenprozess stationär ist, was bedeutet, dass die Verteilung der für uns interessanten Variablen nicht abhängig ist von der Zeit. Nichtstationarität kann verschiedene Ursachen haben, eine wichtige ist jedoch das Vorhandensein sogenannter Einheitswurzeln. Die Kapitel 8.3 und 8.4 beschäftigen sich mit diesem Problem und wie auf diese Art von Nichtstationarität hin getestet werden kann, während ein empirisches Beispiel bezüglich Wechselkursen und Preisen in Kapitel 8.5 vorgestellt wird. In Kapitel 8.6 besprechen wir, wie die Modellparameter geschätzt werden können, während Kapitel 8.7 erklärt, wie ein geeignetes ARIMA-Modell gewählt wird. Kapitel 8.8 beschreibt ein empirisches Beispiel bezüglich des Schätzens der Persistenz der Inflation in den Vereinigten Staaten unter Verwendung eines ARIMA-Modells. Kapitel 8.9 zeigt, wie ein univariates Zeitreihenmodell verwendet werden kann, um zukünftige Werte einer ökonomischen Variablen vorherzusagen. Um die Verwendung solcher Vorhersagen in ökonomischen Kontexten zu veranschaulichen, untersucht Kapitel 8.10 die Erwartungstheorie der Terminstruktur von Zinssätzen. Abschließend präsentiert Kapitel 8.11 autoregressive bedingte Heteroskedastizitätsmodelle, welche die Varianz einer Reihe (von Fehlertermen) aus ihrer Geschichte erklären.

Das Standardwerk zur Schätzung und Identifikation von ARIMA-Modellen ist die Monografie von Box und Jenkins (1976). Zusätzliche Details und eine Diskussion neuerer Themen finden sich in vielen Fachbüchern zur Zeitreihenanalyse. Diebold (1998), Mills und Markellos (2008) sowie Enders (2010) eignen sich für Ökonometriker besonders. Auf einem fortgeschrittenen Niveau liefert Hamilton (1994) eine ausgezeichnete Darstellung.

8.1   Einführung

Im Allgemeinen betrachten wir Zeitreihen von Beobachtungen zu einer Variablen, zum Beispiel Arbeitslosenrate, bezeichnet als $Y_1, \ldots, Y_T$. Diese Beobachtungen werden als Realisierungen von Zufallsvariablen angesehen, die durch einen stochastischen Prozess beschrieben werden können. Es sind die Eigenschaften dieses stochastischen Prozesses, die wir durch ein relativ einfaches Modell zu beschreiben versuchen. Es wird von besonderer Bedeutung sein, wie Beobachtungen entsprechend verschiedenen Zeitperioden miteinander verbunden sind, sodass wir die dynamischen Eigenschaften von Reihen nutzen können, um Vorhersagen über zukünftige Perioden zu treffen.

8.1.1   Einige Beispiele

Eine einfache Möglichkeit, um die Abhängigkeit zwischen konsekutiven Beobachtungen zu modellieren, besagt, dass Y_t linear von seinem vorhergehenden Wert Y_{t-1} abhängt. Das heißt

$$Y_t = \delta + \theta Y_{t-1} + \varepsilon_t, \tag{8.1}$$

wobei ε_t eine seriell nicht korrelierte Innovation mit dem Mittelwert null und einer konstanten Varianz bezeichnet. Der Prozess in (8.1) wird bezeichnet als der **autoregressive Prozess erster Ordnung)** oder $AR(1)$-Prozess. Er besagt, dass die aktuelle Variable Y_t gleich einer Konstanten δ plus θ mal ihrem vorhergehenden Wert plus einer unvorhersagbaren Komponente ε_t ist. Wir haben Prozesse dieser Art bereits gesehen, als wir die Autokorrelation (erster Ordnung) im linearen Regressionsmodell betrachtet haben. Für den Moment sollten wir annehmen, das $|\theta| < 1$. Der Prozess für ε_t ist ein wichtiger Baustein für Zeitreihenmodelle und wird als **Prozess des weißen Rauschens** bezeichnet. In diesem Kapitel wird ε_t stets einen solchen Prozess bezeichnen, der heteroskedastisch ist und keine Autokorrelation aufweist.

Der erwartete Wert von Y_t kann gelöst werden aus

$$E\{Y_t\} = \delta + \theta E\{Y_{t-1}\},$$

was uns – angenommen, dass $E\{Y_t\}$ nicht abhängig ist von t – erlaubt, zu schreiben:

$$\mu \equiv E\{Y_t\} = \frac{\delta}{1 - \theta}. \tag{8.2}$$

Definieren wir $y_t \equiv Y_t - \mu$, so können wir (8.1) schreiben als

$$y_t = \theta y_{t-1} + \varepsilon_t. \tag{8.3}$$

Zeitreihenmodelle in Form von y_t statt als Y_t zu schreiben ist hinsichtlich der Notation oft vorteilhafter und wir werden das in diesem Kapitel häufig tun. Man kann Mittelwerte ungleich null zulassen, indem man dem Modell einen Achsenabschnittsterm hinzufügt. Während Y_t beobachtbar ist, kann y_t nur beobachtet werden, wenn der Mittelwert der Reihe bekannt ist. Beachten Sie, dass $V\{y_t\} = V\{Y_t\}$.

Das Modell in (8.1) ist ein sparsamer Weg des Beschreibens eines Prozesses für die Y_t-Reihe mit bestimmten Eigenschaften. Folglich impliziert das Modell in (8.1) Restriktionen zu den Zeitreiheneigenschaften des Prozesses, der Y_t hervorbringt. Im Allgemeinen ist die gemeinsame Verteilung aller Werte von Y_t charakterisiert durch die sogenannten **Autokovarianzen**, den Kovarianzen zwischen Y_t und ihren Zeitverzögerungen, $Y_{t-k}, k = 1, 2, 3, \dots$ Für das $AR(1)$-Modell können die dynamischen Eigenschaften der Y_t-Serie leicht bestimmt werden durch Verwendung von (8.1) oder (8.3), wenn wir auferlegen, dass Varianzen und Autokovarianzen nicht vom Zeitindex t abhängen. Das ist die sogenannte stationäre Annahme, zu der wir im Folgenden noch zurückkehren werden. Wir schreiben

$$V\{Y_t\} = V\{\theta Y_{t-1} + \varepsilon_t\} = \theta^2 V\{Y_{t-1}\} + V\{\varepsilon_t\}$$

und erlegen $V\{Y_t\} = V\{Y_{t-1}\}$ auf. Dann erhalten wir

$$V\{Y_t\} = \frac{\sigma^2}{1 - \theta^2}. \tag{8.4}$$

Aus dem daraus resultierenden Ausdruck geht hervor, dass wir $V\{Y_t\} = V\{Y_{t-1}\}$ nur auferlegen können, wenn $|\theta| < 1$, wie zuvor angenommen. Darüber hinaus können wir bestimmen, dass

$$\mathrm{cov}\{Y_t, Y_{t-1}\} = E\{y_t y_{t-1}\} = E\{(\theta y_{t-1} + \varepsilon_t)y_{t-1}\} = \theta V\{y_{t-1}\} = \theta \frac{\sigma^2}{1 - \theta^2} \tag{8.5}$$

und, allgemein (für $k = 1, 2, 3, \dots$),

$$\mathrm{cov}\{Y_t, Y_{t-k}\} = \theta^k \frac{\sigma^2}{1 - \theta^2}. \tag{8.6}$$

Solange θ nicht null ist, haben je zwei beliebige Beobachtungen zu Y_t eine Nicht-null-Korrelation, wohingegen diese Abhängigkeit kleiner (und potenziell beliebig nahe null) ist, wenn die Beobachtungen weiter auseinanderliegen. Beachten Sie, dass die Kovarianz zwischen Y_t und Y_{t-k} nur von k abhängig ist, nicht aber von t. Das spiegelt die Stationarität des Prozesses.

Ein weiteres einfaches Zeitreihenmodell ist der **Moving-Average-Prozess erster Ordnung**, auch $MA(1)$-Prozess, gegeben durch

$$Y_t = \mu + \varepsilon_t + \alpha \varepsilon_{t-1}. \tag{8.7}$$

Abgesehen vom Mittelwert μ besagt das, dass Y_1 ein gewichteter Durchschnitt von ε_1 ist und dass ε_0, Y_2 ein gewichteter Durchschnitt von ε_2 und ε_1 ist, und so weiter. Die Werte von Y_t sind definiert in Bezug auf Ziehungen aus dem Prozess des weißen Rauschens ε_t. Die Varianzen und Autokovarianzen im $MA(1)$-Fall sind gegeben durch

$$V\{Y_t\} = E\{(\varepsilon_t + \alpha\varepsilon_{t-1})^2\} = E\{\varepsilon_t^2\} + \alpha^2 E\{\varepsilon_{t-1}^2\} = (1 + \alpha^2)\sigma^2$$

$$\mathrm{cov}\{Y_t, Y_{t-1}\} = E\{(\varepsilon_t + \alpha\varepsilon_{t-1})(\varepsilon_{t-1} + \alpha\varepsilon_{t-2})\} = \alpha E\{\varepsilon_{t-1}^2\} = \alpha\sigma^2$$

$$\mathrm{cov}\{Y_t, Y_{t-2}\} = E\{(\varepsilon_t + \alpha\varepsilon_{t-1})(\varepsilon_{t-2} + \alpha\varepsilon_{t-3})\} = 0$$

oder generell

$$\mathrm{cov}\{Y_t, Y_{t-k}\} = 0 \quad \text{für } k = 2, 3, 4, \ldots$$

Folglich impliziert die einfache Moving-Average-Struktur, dass Beobachtungen, die zwei oder mehr Perioden auseinanderliegen, nicht korreliert sind. Die $AR(1)$- und $MA(1)$-Prozesse beinhalten eindeutig sehr unterschiedliche Kovarianzen für Y_t.

Wie wir im Folgenden sehen werden, können sowohl das autoregressive Modell wie auch das Moving-Average-Modell durch Einfügen zusätzlicher Zeitverzögerungen in (8.1) beziehungsweise (8.7) generalisiert werden. Abgesehen von ein paar Ausnahmen, denen wir uns noch zuwenden werden, gibt es keine wesentlichen Unterschiede zwischen autoregressiven und Moving-Average-Prozessen. Die Wahl ist schlichtweg eine Frage der Sparsamkeit. Wir können zum Beispiel das $AR(1)$-Modell umschreiben zu einem Moving-Average-Prozess unendlicher Ordnung, vorausgesetzt, dass $|\theta| < 1$. Um das zu sehen, ersetzen wir $Y_{t-1} = \delta + \theta Y_{t-2} + \varepsilon_{t-1}$ in (8.1), um

$$Y_t = \mu + \theta^2(Y_{t-2} - \mu) + \varepsilon_t + \theta\varepsilon_{t-1}$$

zu erhalten, was nach wiederholtem Ersetzen mündet in

$$Y_t = \mu + \theta^n(Y_{t-n} - \mu) + \sum_{j=0}^{n-1} \theta^j \varepsilon_{t-j}. \tag{8.8}$$

Wenn wir $n \to \infty$ zulassen, wird der zweite Term der rechten Seite gegen null konvergieren (weil $|\theta| < 1$) und wir erhalten

$$Y_t = \mu + \sum_{j=0}^{\infty} \theta^j \varepsilon_{t-j}. \tag{8.9}$$

Dieser Ausdruck wird als Moving-Average-Darstellung des autoregressiven Prozesses bezeichnet: Der AR-Prozess in (8.1) ist geschrieben als ein Moving-Average-Prozess unendlicher Ordnung. Das können wir tun, vorausgesetzt, dass $|\theta| < 1$. Wie wir im Folgenden sehen werden, ist für manche Zwecke eine Moving-Average-Schreibweise praktischer als eine autoregressive.

In der oben geführten Diskussion nahmen wir an, dass der Prozess für Y_t stationär sei. Bevor wir allgemeine autoregressive und Moving-Average-Prozesse besprechen, widmet sich das nächste Kapitel dem wichtigen Konzept der Stationarität.

8.1.2 Stationarität und die Autokorrelationsfunktion

Ein stochastischer Prozess gilt als **strikt stationär**, wenn seine Eigenschaften nicht durch eine Veränderung der Entstehungszeit beeinflusst werden; anders ausgedrückt, wenn die gemeinsame Wahrscheinlichkeitsverteilung zu jedem Zeitenset nicht durch eine beliebige Verschiebung auf der Zeitachse beeinflusst wird. Das bedeutet, dass die Verteilung von Y_1 dieselbe ist wie die jeder anderen Y_t, und auch, zum Beispiel, dass die Kovarianzen zwischen Y_t und Y_{t-k-1} für jedes k nicht abhängig sind von t. Für gewöhnlich werden wir nur mit den Mittelwerten, Varianzen und Kovarianzen der Reihen beschäftigt sein und es genügt, aufzuerlegen, dass diese Momente, statt die gesamte Verteilung, von der Zeit unabhängig sind. Dies wird als **schwache Stationarität** oder Kovarianzstationarität bezeichnet.

Formal wird ein Prozess $\{Y_t\}$ dann als schwach stationär bezeichnet, wenn für alle t gilt, dass

$$E\{Y_t\} = \mu < \infty \tag{8.10}$$

$$V\{Y_t\} = E\{(Y_t - \mu)^2\} = \gamma_0 < \infty \tag{8.11}$$

$$\text{cov}\{Y_t, Y_{t-k}\} = E\{(Y_t - \mu)(Y_{t-k} - \mu)\} = \gamma_k \text{ für } k = 1, 2, 3, \ldots \tag{8.12}$$

Im Folgenden wird der Begriff »stationär« im Sinne von »schwach stationär« benutzt. Die Bedingungen (8.10) und (8.11) erfordern, dass der Prozess einen konstanten endlichen Mittelwert und Varianz ausweist, während (8.12) besagt, dass die Autokovarianzen von Y_t nur von der zeitlichen Entfernung zwischen zwei Beobachtungen abhängen. Der Mittelwert, die Varianzen und Autokovarianzen sind von daher zeitunabhängig. Unter einer schwachen Stationarität ist die Autokovarianz γ_k der k-ten Ordnung definiert als

$$\gamma_k = \text{cov}\{Y_t, Y_{t-k}\} = \text{cov}\{Y_{t-k}, Y_t\}, \tag{8.13}$$

was, für $k = 0$, die Varianz von Y_t ergibt. Da die Autokovarianzen nicht unabhängig sind von den Einheiten, in denen die Variablen gemessen werden, ist es üblich, zu standardisieren durch Definieren der **Autokorrelationen** ρ_k über

$$\rho_k = \frac{\text{cov}\{Y_t, Y_{t-k}\}}{V\{Y_t\}} = \frac{\gamma_k}{\gamma_0}. \tag{8.14}$$

Beachten Sie, dass $\rho_0 = 1$, während $-1 \leq \rho_k \leq 1$.

Die als Funktion von k betrachteten Autokorrelationen werden als **Autokorrelationsfunktion** (AKF) oder als Korrelogramm der Reihen Y_t bezeichnet. Die AKF spielt eine bedeutende Rolle beim Modellieren der Abhängigkeiten zwischen Beobachtungen, weil sie den Prozess charakterisiert, der die Entwicklung von Y_t über die Zeit beschreibt. Zusätzlich zu p_k wird der Prozess von Y_t beschrieben durch seinen Mittelwert und seine Varianz γ_0. Aus dem AKF können wir das Ausmaß erschließen, bis zu dem ein Wert des Prozesses korreliert ist mit vorhergehenden Werten, und von daher die Länge und Stärke der Erinnerung des Prozesses. Dies zeigt an, wie lange (und wie stark) ein Schock in dem Prozess (ε_t) die Werte von Y_t beeinflusst. Als Beispiel betrachten wir die beiden bereits vorgestellten Prozesse. Für den $AR(1)$-Prozess

$$Y_t = \delta + \theta Y_{t-1} + \varepsilon_t$$

haben wir die Autokorrelationskoeffizienten

$$\rho_k = \theta^k, \tag{8.15}$$

während wir für den $MA(1)$-Prozess

$$Y_t = \mu + \varepsilon_t + \alpha\varepsilon_{t-1}$$

Folgendes haben:

$$\rho_1 = \frac{\alpha}{1 + \alpha^2} \text{ und } \rho_k = 0 \text{ für } k = 2, 3, 4, \ldots \tag{8.16}$$

Ein Schock in einem $MA(1)$-Prozess beeinflusst folglich Y_t nur in zwei Perioden, während ein Schock im $AR(1)$-Prozess sämtliche zukünftigen Beobachtungen mit einer mindernden Wirkung beeinflusst.

Als Beispiel haben wir verschiedene künstliche Zeitreihen entsprechend einem autoregressiven Prozess erster Ordnung generiert sowie einen Moving-Average-Prozess erster Ordnung. Die Daten für die simulierten $AR(1)$-Prozesse mit Parameter θ gleich 0,5 und 0,9 sind in Abbildung 8.1 dargestellt, kombiniert mit deren Autokorrelationsfunktionen. Alle Reihen sind standardisiert, um eine Einheitsvarianz und Mittelwert null zu haben. Wenn wir die AR-Reihen

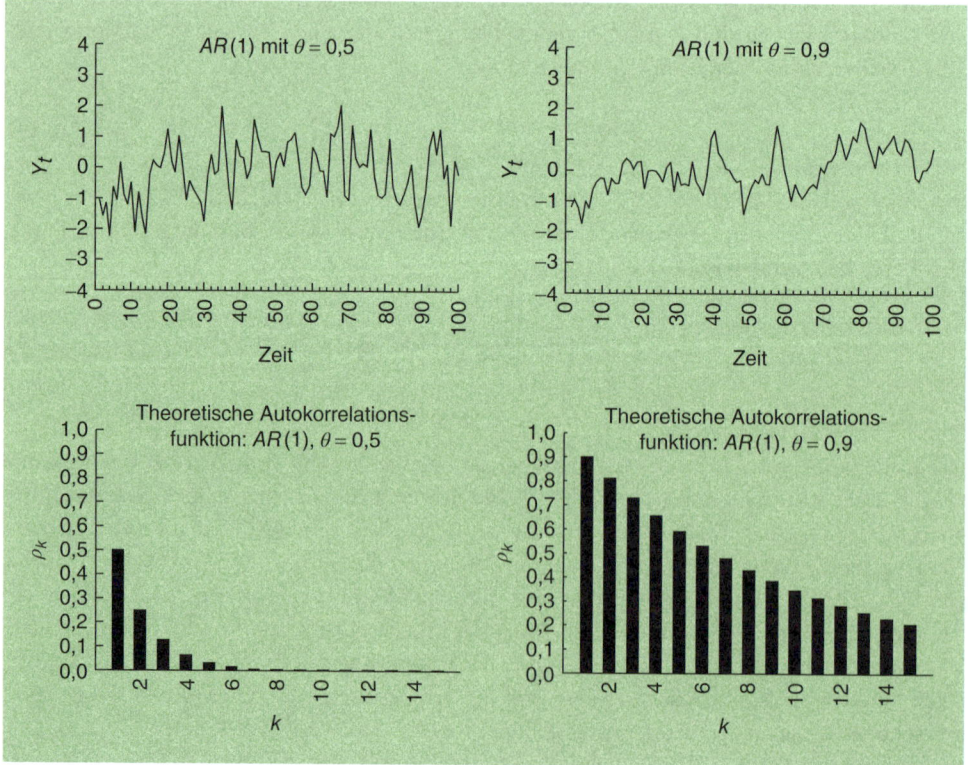

Abbildung 8.1 Autoregressive Prozesse erster Ordnung: Datenreihen und Autokorrelationsfunktionen

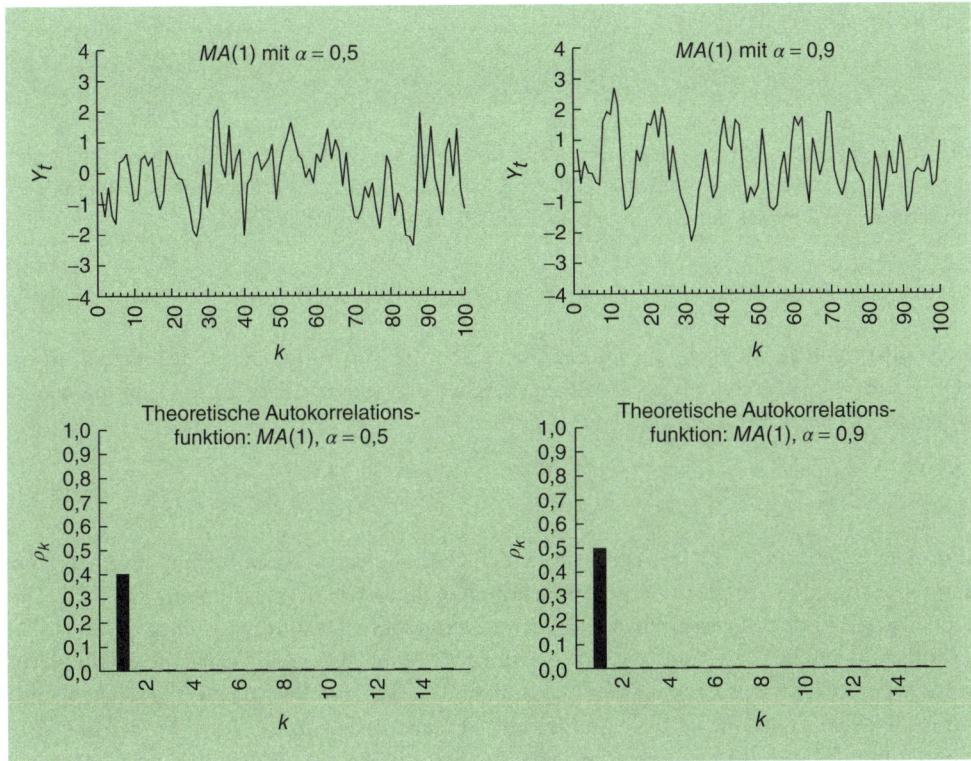

Abbildung 8.2 Moving-Average-Prozesse erster Ordnung: Datenreihen und Autokorrelationsfunktionen

mit $\theta = 0,5$ und $\theta = 0,9$ vergleichen, so scheint es, dass letzterer Prozess geglätteter ist, das heißt einen höheren Grad an Beständigkeit aufweist. Das bedeutet, dass es nach einem Schock für eine Reihe länger dauert, zu ihrem Mittelwert zurückzukehren. Die Autokorrelationsfunktionen zeigen in beiden Fällen ein exponentielles Absinken, obwohl es für den AKF der $\theta = 0,9$-Reihe große Zeitverzögerungen braucht, um nahe null zu kommen. So beträgt zum Beispiel nach 15 Perioden die Auswirkung eines Schocks immer noch $0,9^{15} = 0,21$ der ursprünglichen Auswirkung. Für die $\theta = 0,5$-Reihen beträgt der Effekt bei Zeitverzögerung 15 praktisch null.

Die Daten und die AKF für zwei simulierte Moving-Average-Prozesse mit $\alpha = 0,5$ und $\alpha = 0,9$ sind in Abbildung 8.2 dargestellt. Der Unterschied zwischen beiden ist weniger ausgeprägt als im *AR*-Fall. Für beide Reihen haben Schocks nur eine Auswirkung in zwei konsekutiven Perioden. Das bedeutet, dass in Abwesenheit neuer Schocks die Reihen nach zwei Perioden wieder bei ihrem Mittelwert sind. Die Autokorrelationskoeffizienten erster Ordnung unterscheiden sich nicht sehr und betragen 0,40 beziehungsweise 0,50.

8.2 Allgemeine ARMA-Prozesse

8.2.1 ARMA-Prozesse formulieren

In diesem Kapitel definieren wir allgemeinere autoregressive und Moving-Average-Prozesse. Als Erstes definieren wir einen Moving-Average-Prozess der Ordnung q, in Kurzform einen

$MA(q)$-Prozess durch

$$y_t = \varepsilon_t + \alpha_1 \varepsilon_{t-1} + \cdots + \alpha_q \varepsilon_{t-q}, \tag{8.17}$$

wobei ε_t ein Prozess des weißen Rauschens ist und $y_t = Y_t - \mu$. Das heißt, die erniedrigte Reihe y_t ist eine gewichtete Kombination von $q + 1$ Termen des Prozesses des weißen Rauschens. Ein autoregressiver Prozess der Ordnung p, ein $AR(p)$-Prozess, ergibt sich durch

$$y_t = \theta_1 y_{t-1} + \theta_2 y_{t-2} + \cdots + \theta_p y_{t-p} + \varepsilon_t. \tag{8.18}$$

Es ist offensichtlich möglich, die autoregressive und die Moving-Average-Spezifikation in einem ARMA(p, q)-Modell zu kombinieren, welches aus einem AR-Teil der Ordnung p und einem MA-Teil der Ordnung q besteht:

$$y_t = \theta_1 y_{t-1} + \cdots + \theta_p y_{t-p} + \varepsilon_t + \alpha_1 \varepsilon_{t-1} + \cdots + \alpha_q \varepsilon_{t-q}. \tag{8.19}$$

Wie oben erwähnt, gibt es keinen grundlegenden Unterschied zwischen Moving-Average- und autoregressiven Prozessen. Unter geeigneten Bedingungen (siehe weiter unten) kann ein AR-Modell als MA-Modell geschrieben werden und umgekehrt. Die Ordnung eines davon ist für gewöhnlich ziemlich lang und die Entscheidung für eine MA-, AR- oder eine kombinierte ARMA-Darstellung ist eine Frage der Sparsamkeit. Wie wir zum Beispiel oben gesehen haben, kann ein $AR(1)$-Modell als $MA(\infty)$ geschrieben werden, ein Moving-Average-Modell unendlicher Ordnung. Für bestimmte Zwecke ist die AR-Darstellung des Modells praktisch, während es für andere Zwecke die MA-Darstellung ist. Das wird im Folgenden klar werden.

Häufig ist es praktisch, den mit L (engl. lag operator) bezeichneten **Verzögerungsoperator** zu verwenden. (Einige Autoren verwenden auch B für engl. backshift operator.) Er ist definiert durch

$$L y_t = y_{t-1}. \tag{8.20}$$

Die meiste Zeit kann der Verzögerungsoperator gehandhabt werden, als wäre er eine Konstante. Zum Beispiel

$$L^2 y_t = L(L y_t) = L y_{t-1} = y_{t-2},$$

sodass, allgemeiner ausgedrückt, $L^p y_t = y_{t-p}$ mit $L^0 \equiv 1$. Auch $L^{-1} y_t = y_{t+1}$. Wenn L wie eine Konstante funktioniert, so bleibt die Konstante unbeeinflusst, zum Beispiel $L\mu = \mu$. Das Verwenden dieses Verzögerungsoperators erlaubt uns, ARMA-Modelle kurz und bündig zu formulieren. Für ein $AR(1)$-Modell können wir schreiben

$$y_t = \theta L y_t + \varepsilon_t \tag{8.21}$$

oder

$$(1 - \theta L) y_t = \varepsilon_t. \tag{8.22}$$

Das besagt, dass eine Kombination aus y_t und ihrer Zeitverzögerung, mit Gewichtungen 1 und $-\theta$, gleich einem Prozess des weißen Rauschens ist. Auf ähnliche Weise können wir ein allgemeines $AR(p)$-Modell schreiben als

$$\theta(L)y_t = \varepsilon_t, \tag{8.23}$$

wobei $\theta(L)$ ein Polynom der Ordnung p im Verzögerungsoperator L ist, für gewöhnlich bezeichnet als ein **Lag-Polynom**, gegeben durch

$$\theta(L) = 1 - \theta_1 L - \theta_2 L^2 - \cdots - \theta_p L^p. \tag{8.24}$$

Wir können ein Lag-Polynom als einen Filter interpretieren, der, angewendet auf eine Zeitreihe, eine neue Reihe hervorbringt. Der auf einen $AR(p)$-Prozess y_t angewandte Filter $\theta(L)$ produziert also einen Prozess des weißen Rauschens ε_t. Es ist relativ einfach, Lag-Polynome zu manipulieren. So ist zum Beispiel das Transformieren einer Reihe durch zwei solcher Polynome nacheinander dasselbe wie das einmalige Transfomieren der Reihe mit einem Polynom, das das Produkt der beiden ursprünglichen Polynome ist. Auf diese Weise können wir den Kehrwert eines Filters definieren, der naturgemäß gegeben ist durch den Kehrwert des Polynoms. Folglich ist der Kehrwert von $\theta(L)$, bezeichnet als $\theta^{-1}(L)$, so definiert, dass er $\theta^{-1}(L)\theta(L) = 1$ erfüllt. Wenn $\theta(L)$ ein Polynom endlicher Ordnung in L ist, wird sein Kehrwert einer von unendlicher Ordnung sein. Für den $AR(1)$-Fall stellen wir fest, dass

$$(1 - \theta L)^{-1} = \sum_{j=0}^{\infty} \theta^j L^j, \tag{8.25}$$

vorausgesetzt, dass $|\theta| < 1$. Das ist vergleichbar dem Ergebnis, dass die unendliche Summe $\sum_{j=0}^{\infty} \theta^j$ gleich $(1 - \theta)^{-1}$ ist, wenn $|\theta| < 1$, während es nicht gegen $|\theta| \geq 1$ konvergiert. Im Allgemeinen existiert der Kehrwert eines Polynoms $\theta(L)$, wenn er bestimmte Bedingungen seiner Parameter erfüllt, in welchem Fall wir $\theta(L)$ als **umkehrbar** bezeichnen. Darauf werden wir im folgenden Kapitel näher eingehen. Mit (8.25) können wir das $AR(1)$-Modell schreiben als

$$(1 - \theta L)^{-1}(1 - \theta L)y_t = (1 - \theta L)^{-1}\varepsilon_t$$

oder

$$y_t = \sum_{j=0}^{\infty} \theta^j L^j \varepsilon_t = \sum_{j=0}^{\infty} \theta^j \varepsilon_{t-j}, \tag{8.26}$$

was (8.9) entspricht.

Unter geeigneten Bedingungen ist auch das Gegenteil möglich und wir können ein Moving-Average-Modell in autoregressiver Form schreiben. Bei Verwendung des Verzögerungsoperators können wir den $MA(1)$-Prozess schreiben als

$$y_t = (1 + \alpha L)\varepsilon_t$$

und den allgemeinen $MA(q)$-Prozess als

$$y_t = \alpha(L)\varepsilon_t,$$

wobei

$$\alpha(L) = 1 + \alpha_1 L + \alpha_2 L^2 + \cdots + \alpha_q L^q. \tag{8.27}$$

Beachten Sie, dass wir die Polynome derart definiert haben, dass die MA-Polynome positive Vorzeichen haben, während die AR-Polynome negative Vorzeichen haben. Wenn $\alpha^{-1}(L)$ existiert, können wir nun schreiben

$$\alpha^{-1}(L)y_t = \varepsilon_t, \tag{8.28}$$

was im Allgemeinen ein AR-Modell unendlicher Ordnung ist. Für den $MA(1)$-Fall verwenden wir ähnlich wie bei (8.25)

$$(1 + \alpha L)^{-1} = \sum_{j=0}^{\infty} (-\alpha)^j L^j, \tag{8.29}$$

vorausgesetzt, dass $|\alpha| < 1$. Folglich kann ein $MA(1)$-Modell geschrieben werden als

$$y_t = \alpha \sum_{j=0}^{\infty} (-\alpha)^j y_{t-j-1} + \varepsilon_t. \tag{8.30}$$

Eine notwendige Bedingung für das Existieren der unendlichen AR-Darstellung ($AR(\infty)$) besteht darin, dass das MA-Polynom umkehrbar ist, was im $MA(1)$-Fall erfordert, dass $|\alpha| < 1$. Insbesondere für das Treffen von Vorhersagen, die abhängig sind von einer beobachteten Vergangenheit, sind AR-Darstellungen sehr praktisch (siehe Kapitel 8.8). Die MA-Darstellungen sind oft zweckmäßig, um Varianzen und Kovarianzen zu bestimmen (von Vorhersagefehlern).

Für eine sparsamere Darstellung möchten wir vielleicht mit einem ARMA-Modell arbeiten, das sowohl einen autoregressiven wie auch einen Moving-Average-Teil enthält. Das allgemeine ARMA-Modell kann geschrieben werden als

$$\theta(L)y_t = \alpha(L)\varepsilon_t, \tag{8.31}$$

was, (wenn das AR-Lag-Polynom umkehrbar ist) geschrieben werden kann in einer $MA(\infty)$-Darstellung als

$$y_t = \theta^{-1}(L)\alpha(L)\varepsilon_t \tag{8.32}$$

oder (wenn das Lag-Polynom umkehrbar ist) in unendlicher AR-Form als

$$\alpha^{-1}(L)\theta(L)y_t = \varepsilon_t. \tag{8.33}$$

Sowohl $\theta^{-1}(L)\alpha(L)$ als auch $\alpha^{-1}(L)\theta(L)$ sind Lag-Polynome unendlicher Länge mit Restriktionen zu den Koeffizienten.

8.2.2 Umkehrbarkeit von Lag-Polynomen

Wie wir gesehen haben, ist das Lag-Polynom erster Ordnung $1 - \theta L$ umkehrbar, wenn $|\theta| < 1$. In diesem Kapitel werden wir diese Bedingung zu Lag-Polynomen höherer Ordnung generalisieren. Lassen Sie uns zuerst den Fall eines Polynoms zweiter Ordnung betrachten, gegeben durch $1 - \theta_1 L - \theta_2 L^2$. Grundsätzlich können wir Werte ϕ_1 und ϕ_2 finden, sodass das Polynom geschrieben werden kann als

$$1 - \theta_1 L - \theta_2 L^2 = (1 - \phi_1 L)(1 - \phi_2 L). \tag{8.34}$$

Es lässt sich leicht überprüfen,[1] dass ϕ_1 und ϕ_2 aus $\phi_1 + \phi_2 = \theta_1$ und $-\phi_1\phi_2 = \theta_2$ berechnet werden können. Die Bedingungen für Umkehrbarkeit des Polynoms zweiter Ordnung sind lediglich die Bedingungen, dass beide Polynome erster Ordnung $1 - \phi_1 L$ und $1 - \phi_2 L$ umkehrbar sind. Folglich ist die Anforderung für Umkehrbarkeit, dass $|\phi_1| < 1$ und $|\phi_2| < 1$.

Diese Anforderungen können auch in Termen der sogenannten **charakteristischen Gleichung** formuliert werden:

$$(1 - \phi_1 z)(1 - \phi_2 z) = 0. \tag{8.35}$$

Diese Gleichung hat zwei Lösungen, zum Beispiel z_1 und z_2, bezeichnet als die **charakteristischen Wurzeln**. Die Anforderung $|\phi_i| < 1$ entspricht $|z_i| > 1$. Falls eine Lösung $|z_i| \leq 1$ erfüllt, so ist das entsprechende Polynom nicht umkehrbar. Eine Lösung, die eins gleicht, wird als **Einheitswurzel** bezeichnet.

Das Vorhandensein einer Einheitswurzel im Lag-Polynom $\theta(L)$ kann relativ leicht aufgespürt werden, ohne Auflösen der charakteristischen Gleichung, durch Beachten, dass das Polynom $\theta(z)$ geschätzt bei $z = 1$ null beträgt, wenn $\sum_{j=1}^{p} \theta_j = 1$. Folglich kann das Vorhandensein einer ersten Einheitswurzel überprüft werden durch Kontrollieren, ob die Summe der autoregressiven Koeffizienten (engl. sum of the autoregressive coefficients (SARC)) gleich eins ist. Wenn SARC größer eins ist, ist das Polynom nicht umkehrbar.

Als Beispiel betrachten wir das $AR(2)$-Modell

$$y_t = 1,2y_{t-1} - 0,32y_{t-2} + \varepsilon_t. \tag{8.36}$$

Dies können wir schreiben als

$$(1 - 0,8L)(1 - 0,4L)y_t = \varepsilon_t, \tag{8.37}$$

mit der charakteristischen Gleichung

$$1 - 1,2z + 0,32z^2 = (1 - 0,8z)(1 - 0,4z) = 0. \tag{8.38}$$

Die Lösungen (charakteristische Wurzeln) sind 1/0,8 und 1/0,4, welche beide größer eins sind. Folglich ist das AR-Polynom in (8.36) umkehrbar. Beachten Sie, dass das $AR(1)$-Modell

$$y_t = 1,2y_{t-1} + \varepsilon_t \tag{8.39}$$

einem nicht umkehrbaren Lag-Polynom entspricht.

Die Frage, ob das Lag-Polynom umkehrbar ist oder nicht, ist aus verschiedenen Gründen von Bedeutung. Für Moving-Average-Modelle, oder allgemeiner für Modelle mit einer Moving-Average-Komponente, ist die Umkehrbarkeit des MA-Polynoms wichtig für das Schätzen und die Prognose. Für Modelle mit einem autoregressiven Teil ist das AR-Polynom umkehrbar, wenn und nur wenn der Prozess stationär ist. Kapitel 8.3 beschäftigt sich mit diesem Punkt.

8.2.3 Gemeinsame Wurzeln

Das Zerlegen der Moving-Average- und autoregressiven Polynome in Produkte linearer Funktion in L zeigt auch das Problem **gemeinsamer Wurzeln** oder **einander aufhebender Wurzeln**. Das bedeutet, dass die AR-und MA-Teile des Modells Wurzeln haben, die identisch sind, und dass sich die entsprechenden linearen Funktionen in L aufheben. Um das zu veranschaulichen, lassen wir das wahre Modell einen $ARMA(2, 1)$-Prozess sein, beschrieben durch

$$(1 - \theta_1 L - \theta_2 L^2)y_t = (1 + \alpha L)\varepsilon_t.$$

Dann können wir dieses schreiben als

$$(1 - \phi_1 L)(1 - \phi_2 L)y_t = (1 + \alpha L)\varepsilon_t. \tag{8.40}$$

Nun können wir, wenn $\alpha = -\phi_1$, beide Seiten durch $(1 + \alpha L)$ teilen, um

$$(1 - \phi_2 L)y_t = \varepsilon_t$$

zu erhalten, was exakt dasselbe ist wie (8.40). Im Fall von einer aufhebenden Wurzel kann ein $ARMA(p, q)$-Modell also äquivalent geschrieben werden als ein $ARMA(p - 1, q - 1)$-Modell. Als Beispiel betrachten wir das Modell

$$y_t = y_{t-1} - 0,25y_{t-2} + \varepsilon_t - 0,5\varepsilon_{t-1}, \tag{8.41}$$

welches geschrieben werden kann als

$$(1 - 0,5L)(1 - 0,5L)y_t = (1 - 0,5L)\varepsilon_t.$$

Dieses kann eindeutig reduziert werden auf ein $AR(1)$-Modell als

$$(1 - 0,5L)y_t = \varepsilon_t$$

oder

$$y_t = 0,5y_{t-1} + \varepsilon_t,$$

welches exakt denselben Prozess beschreibt wie (8.41).

Das Problem gemeinsamer Wurzeln zeigt, warum es in der Praxis schwierig sein kann, ein ARMA-Modell mit einem AR-Teil und einem MA-Teil hoher Ordnung zu schätzen. Der Grund ist, dass Identifikation und Schätzung schwierig sind, wenn die Wurzeln der MA- und AR-Polynome nahezu übereinstimmen. In dem Fall wird ein vereinfachtes $ARMA(p - 1, q - 1)$-Modell eine nahezu äquivalente Repräsentation hervorbringen.

In Kapitel 8.6 werden wir uns mit dem Schätzen von ARMA-Modellen beschäftigen. Zuerst widmen wir in Kapitel 8.3 unsere Aufmerksamkeit jedoch Stationarität und Einheitswurzeln und besprechen in Kapitel 8.4 verschiedene Tests für das Vorhandensein von Einheitswurzeln. Ein empirisches Beispiel bezüglich langfristiger Kaufkraftparität folgt in Kapitel 8.5.

8.3 Stationarität und Einheitswurzeln

Stationarität eines stochastischen Prozesses erfordert, dass die Varianzen und Autokovarianzen endlich und von der Zeit unabhängig sind. Es lässt sich leicht überprüfen, dass MA-Prozesse endlicher Ordnung konstruktionsbedingt stationär sind, weil sie einer gewichteten Summe einer festen Anzahl stationärer Weißes-Rauschen-Prozesse entsprechen. Natürlich funktioniert dieses Ergebnis nicht mehr, wenn wir den MA-Koeffizienten gestatten, über die Zeit zu variieren, wie in

$$y_t = \varepsilon_t + g(t)\varepsilon_{t-1}, \tag{8.42}$$

wobei $g(t)$ eine deterministische Funktion von t ist. Nun haben wir

$$E\{y_t^2\} = \sigma^2 + g^2(t)\sigma^2,$$

welche nicht unabhängig von t ist. Folglich ist der Prozess in (8.42) nicht stationär.

Stationarität von autoregressiven oder ARMA-Prozessen ist weniger unerheblich. Betrachten wir zum Beispiel den $AR(1)$-Prozess

$$y_t = \theta y_{t-1} + \varepsilon_t, \tag{8.43}$$

mit $\theta = 1$. Auf beiden Seiten die Varianzen zu nehmen ergibt $V\{y_t\} = V\{y_{t-1}\} + \sigma^2$, was keine Lösung für die Varianz des Prozesses bringt, die übereinstimmt mit Stationarität, es sei denn, $\sigma^2 = 0$, in welchem Fall eine Unendlichkeit von Lösungen existiert. Der Prozess in (8.43) ist ein autoregressiver Prozess erster Ordnung mit einer Einheitswurzel ($\theta = 1$), für gewöhnlich bezeichnet als **Zufallsbewegung**. Die unbedingte Varianz von y_t existiert nicht, das heißt, sie ist unendlich und der Prozess ist nichtstationär. Tatsächlich beschreibt (8.43) für jeden Wert von θ mit $|\theta| \geq 1$ einen nichtstationären Prozess.

Wir können diese Ergebnisse wie folgt formalisieren. Der $AR(1)$-Prozess ist stationär, wenn und nur wenn das Polynom $1 - \theta L$ umkehrbar ist, das heißt, wenn die Wurzel der charakteristischen Gleichung $1 - \theta z = 0$ größer eins ist. Das Ergebnis wird unkompliziert zu beliebigen ARMA-Modellen generalisiert. Das $ARMA(p, q)$-Modell

$$\theta(L)y_t = \alpha(L)\varepsilon_t \tag{8.44}$$

entspricht einem stationären Prozess, wenn und nur wenn die Lösungen $z_1, \ldots, z_p$ größer eins sind (in absoluten Werten), das heißt, wenn das AR-Polynom umkehrbar ist. Zum Beispiel ist der $ARMA(2, 1)$-Prozess, gegeben durch

$$y_t = 1,2y_{t-1} - 0,2y_{t-2} + \varepsilon_t - 0,5\varepsilon_{t-1}, \tag{8.45}$$

nichtstationär, weil $z = 1$ eine Lösung ist für $1 - 1,2z + 0,2z^2 = 0$.

Ein besonders interessanter Sonderfall entsteht, wenn eine Wurzel exakt gleich null ist, während die anderen Wurzeln größer 1 sind. Sollte das der Fall sein, können wir den Prozess für y_t schreiben als

$$\theta^*(L)(1 - L)y_t = \theta^*(L)\Delta y_t = \alpha(L)\varepsilon_t, \tag{8.46}$$

wobei $\theta^*(L)$ ein umkehrbares Polynom in L der Ordnung $p - 1$ ist und $\Delta \equiv 1 - L$ der First-Difference-Operator. Weil die Wurzeln der AR-Polynome die Lösungen zu $\theta^*(z)(1 - z) = 0$ sind, gibt es eine Lösung $z = 1$, oder, anders ausgedrückt, eine einzige Einheitswurzel. Gleichung (8.46) zeigt also, dass Δy_t durch ein stationäres ARMA-Modell beschrieben werden kann, wenn der Prozess für y_t eine Einheitswurzel hat. Folglich können wir die Nichtstationarität ausschließen durch Transformieren der Reihe in erste Differenzen. Das Schreiben des Prozesses in (8.45) als

$$(1 - 0,2L)(1 - L)y_t = (1 - 0,5L)\varepsilon_t$$

zeigt, dass er impliziert, dass Δy_t beschrieben ist durch einen stationären $ARMA(1,1)$-Prozess, gegeben durch

$$\Delta y_t = 0,2\Delta y_{t-1} + \varepsilon_t - 0,5\varepsilon_{t-1}.$$

Eine Reihe, die nach dem Bilden der ersten Differenzen stationär wird, gilt als **integriert der Ordnung eins**, bezeichnet als $I(1)$. Wenn Δy_t durch ein stationäres $ARMA(p,q)$-Modell beschrieben ist, sagen wir, dass y_t durch ein *integriertes* Moving-Average-Modell (ARIMA-Modell) der Ordnung $p, 1, q$ oder kurz als $ARIMA(p, 1, q)$-Modell beschrieben ist.

Bilden der ersten Differenzen kann häufig eine nichtstationäre Reihe in eine stationäre transformieren. Vor allem bei aggregierten ökonomischen Reihen oder deren natürlichen Logarithmen kann das der Fall sein. Beachten Sie, dass, wenn Y_t zum Beispiel der Logarithmus des Volkseinkommens ist, ΔY_t der Einkommenswachstumsrate entspricht, von der nicht unwahrscheinlich ist, dass sie stationär ist. Beachten Sie, dass das AR-Polynom eine *exakte* Einheitswurzel haben muss. Wenn das wahre Modell ein $AR(1)$-Prozess mit $\theta = 1,01$ ist, haben wir $\Delta y_t = 0,01y_{t-1} + \varepsilon_t$, was nicht stationär ist, da es vom nichtstationären Prozess y_t abhängt. Folglich ist ein $AR(1)$-Prozess mit $\theta = 1,01$ nicht integriert der Ordnung eins.

In manchen Fällen genügt Bilden der ersten Differenzen nicht, um Stationarität zu erlangen, und es ist ein weiterer Differenzierungsschritt notwendig. In diesem Fall ist die stationäre Reihe gegeben durch $\Delta(\Delta Y_t) = \Delta Y_t - \Delta Y_{t-1}$, entsprechend der Veränderung in der Wachstumsrate für logarithmische Variablen. Wenn eine Reihe zweimal differenziert werden muss, bevor sie stationär wird, gilt sie als **integriert der Ordnung zwei**, bezeichnet als $I(2)$, und muss zwei Einheitswurzeln haben. Folglich ist eine Reihe $Y_t I(2)$, wenn ΔY_t nichtstationär, aber $\Delta^2 Y_t$ stationär ist. Eine formalere Definition von Integration bieten Engle und Granger (1987), die auch höhere Ordnungen von Integration definieren, die für ökonomische Anwendungen nicht sonderlich relevant sind. Folglich ist eine Zeitreihe integriert der Ordnung null in Stufen stationär, während für eine Zeitreihe integriert der ersten Ordnung die erste Differenz stationär ist. Eine Weißes-Rauschen-Reihe und ein stabiler $AR(1)$-Prozess sind Beispiele für $I(0)$-Reihen, wohingegen ein Prozess der Zufallsbewegung, wie in (8.43) beschrieben, mit $\theta = 1$ ein Beispiel für eine $I(1)$-Reihe ist.

Auf lange Sicht kann es zu überraschend vielen Unterschieden führen, ob eine Reihe eine exakte Einheitswurzel hat oder die Wurzel geringfügig größer ist als eins. Das macht den Unterschied, ob es $I(0)$ oder $I(1)$ ist. Im Allgemeinen können die Hauptunterschiede zwischen Prozessen, die $I(0)$ und $I(1)$ sind, wie folgt zusammengefasst werden. Eine $I(0)$-Reihe fluktuiert um ihren Mittelwert mit einer endlichen Varianz, die nicht von der Zeit abhängt, während eine $I(1)$-Reihe weit umherschweift. In der Regel gilt, dass eine $I(0)$-Reihe zum **Mittelwert zurückkehrt**, da es langfristig eine Tendenz gibt, zum Mittelwert zurückzukehren. Darüber hinaus hat eine $I(0)$-Reihe eine begrenzte Erinnerung ihrer Vergangenheit (implizierend, dass die Effekte einer bestimmten Zufallsinnovation nur transitorisch sind), während ein $I(1)$-Prozess eine unendlich lange Erinnerung hat (implizierend, dass eine Innovation den Prozess permanent beeinflussen wird). Dieser letzte Aspekt wird deutlich aus den Autokorrelationsfunktionen: Für eine $I(0)$-Reihe nehmen die Autokorrelationen rapide ab, während die Zeitverzögerung zunimmt, wohingegen für den $I(1)$-Prozess die geschätzten Autokorrelationskoeffizienten nur sehr langsam auf null zurückgehen (und nahezu linear).

Die letzte Eigenschaft macht das Vorhandensein einer Einheitswurzel zu einer interessanten Frage aus ökonomischer Sicht. In Modellen mit Einheitswurzeln haben Schocks (die auf politischen Interventionen beruhen können) dauerhafte Auswirkungen, die für immer anhalten, während in einem stationären Modell Schocks nur eine temporäre Wirkung haben können. Natürlich ist die langfristige Auswirkung eines Schocks nicht zwangsläufig vom selben Ausmaß wie die kurzfristige. Infolgedessen erschien[2] seit Anfang der 1980er-Jahre zahlreiche Literatur über das Vorhandensein von Einheitswurzeln in vielen makroökonomischen Zeitreihen, mit – abhängig von der jeweils angewandten Technik – manchmal widersprüchlichen Schlussfolgerungen. Die Tatsache, dass die Autokorrelationen einer stationären Reihe abnehmen oder rasch verschwinden, kann beim Bestimmen des Grads der benötigten Differenzierung helfen, um Stationarität zu erreichen (in der Regel als d bezeichnet). Darüber hinaus wurden eine Reihe formaler Einheitswurzeltests in der Literatur vorgestellt, von denen wir einige in Kapitel 8.4 genauer betrachten werden.

Empirische Reihen, bei denen die Wahl zwischen einer Einheitswurzel (Nichtstationarität) und einer »Fast-Einheitswurzel« (Stationarität) besonders uneindeutig ist, sind Zinssatzreihen. Der hohe Grad von Beständigkeit bei Zinssätzen lässt es häufig nicht zu, dass die Einheitswurzelhypothese *statistisch* verworfen wird, obwohl nichtstationäre Zinssätze aus *ökonomischer* Sicht nicht sehr plausibel scheinen. Das empirische Beispiel in Kapitel 8.9 verdeutlicht dieses Problem.

8.4   Testen auf Einheitswurzeln

Um die Testverfahren für eine Einheitswurzel vorzustellen, konzentrieren wir uns auf autoregressive Modelle. Das ist möglicherweise nicht sonderlich restriktiv, da jedes ARMA-Modell immer eine AR-Repräsentation haben wird (vorausgesetzt, das MA-Polynom $\alpha(L)$ ist umkehrbar).

8.4.1   Testen auf Einheitswurzeln in einem autoregressiven Modell erster Ordnung

Lassen Sie uns zuerst den $AR(1)$-Prozess

$$Y_t = \delta + \theta Y_{t-1} + \varepsilon_t \tag{8.47}$$

betrachten, wobei $\theta = 1$ einer Einheitswurzel entspricht. Da die Konstante in einem stationären $AR(1)$-Modell $\delta = (1 - \theta)\mu$ erfüllt, wobei μ der Mittelwert der Reihe ist, impliziert die Nullhypothese einer Einheitswurzel auch, dass der Achsenabschnittsterm null sein sollte. Obwohl es möglich ist, die beiden Restriktionen $\delta = 0$ und $\theta = 1$ gemeinsam zu testen, ist es einfacher (und üblicher), nur zu testen, ob $\theta = 1$. Es scheint naheliegend, den Schätzwert $\hat{\theta}$ für θ aus einem einfachen Kleinste-Quadrate-Verfahren (was ungeachtet des wahren Wertes von θ konsistent ist) und den entsprechenden Standardfehler zu verwenden, um die Nullhypothese zu testen. Wie jedoch in der bahnbrechenden Arbeit von Dickey und Fuller (1979) gezeigt wurde, hat der Standard-t-Wert unter der Nullhypothese, dass $\theta = 1$, keine t-Verteilung, nicht einmal asymptotisch. Der Grund dafür ist, dass die Nichtstationarität des Prozesses Standardergebnisse zur Verteilung des OLS-Schätzers $\hat{\theta}$ (wie in Kapitel 2 besprochen) unwirksam macht. Wenn zum Beispiel $\theta = 1$, dann ist die Varianz von Y_t, bezeichnet als γ_0, nicht definiert (oder, wenn Sie so wollen, unendlich groß). Für jede endliche Stichprobengröße werden wir jedoch einen endlichen Schätzwert der Varianz von Y_t erhalten.

Um die Nullhypothese zu testen, dass $\theta = 1$, ist es möglich, die Standard-t-Statistik zu verwenden, gegeben durch

$$DF = \frac{\hat{\theta} - 1}{\text{se}(\hat{\theta})}, \tag{8.48}$$

wobei $\text{se}(\hat{\theta})$ den üblichen OLS-Standardfehler bezeichnet. Kritische Werte müssen jedoch aus der geeigneten Verteilung entnommen werden, die unter der Nullhypothese der Nichtstationarität nicht standardnormalverteilt ist. Die Verteilung ist insbesondere nach links verzerrt (mit einem langen linken Ausläufer), sodass kritische Werte kleiner sind als jene für (die normale Approximation für) die t-Verteilung. Bei Verwenden eines 5%-Signifikanzniveaus in einem Test mit einem Ausläufer von $H_0 : \theta = 1$ (eine Einheitswurzel) gegen $H_1 : |\theta| < 1$ (Stationarität) beträgt der korrekte kritische Wert in großen Stichproben $-2{,}86$ statt $-1{,}65$ für die normale Approximation. Wenn Sie die Standard-T-Tabellen verwenden, werden Sie also eine Einheitswurzel möglicherweise zu oft verwerfen. Ausgewählte Perzentile der geeigneten Verteilung sind in verschiedenen Arbeiten von Dickey und Fuller aufgeführt. In den Spalten 2 und 3 der Tabelle 8.1 stellen wir 1%ige und 5%ige kritische Werte für eine Reihe verschiedener Stichprobengrößen für diesen Test vor, für gewöhnlich als **Dickey-Fuller-Test** bezeichnet.

	Ohne Trend		Mit Trend	
Stichprobengröße	**1%**	**5%**	**1%**	**5%**
$T = 25$	$-3{,}75$	$-3{,}00$	$-4{,}38$	$-3{,}60$
$T = 50$	$-3{,}58$	$-2{,}93$	$-4{,}15$	$-3{,}50$
$T = 100$	$-3{,}51$	$-2{,}89$	$-4{,}04$	$-3{,}45$
$T = 250$	$-3{,}46$	$-2{,}88$	$-3{,}99$	$-3{,}43$
$T = 500$	$-3{,}44$	$-2{,}87$	$-3{,}98$	$-3{,}42$
$T = \infty$	$-3{,}43$	$-2{,}86$	$-3{,}96$	$-3{,}41$

Tabelle 8.1 1%- und 5%-kritische Werte für Dickey-Fuller-Tests

Quelle: Fuller, W. A. (1976), *Introduction to Statistical Time-Series*, S. 373, John Wiley & Sons, Inc., New York. Nachdruck mit Genehmigung.

Für gewöhnlich wird ein etwas praktischeres Regressionsverfahren verwendet. In diesem Fall wird das Modell umgeschrieben zu

$$\Delta Y_t = \delta + (\theta - 1)Y_{t-1} + \varepsilon_t, \tag{8.49}$$

aus dem die t-Statistik für $\theta - 1 = 0$ identisch ist mit DF oben. Der Grund dafür ist, dass die Kleinste-Quadrate-Methode für lineare Transformationen dieses Modells invariant ist.

Es ist möglich, dass (8.49) mit $\theta = 1$ und einem Nicht-null-Achsenabschnitt $\delta \neq 0$ gilt. Weil in diesem Fall δ nicht gleich $(1 - \theta)\mu$ sein kann, kann (8.49) nicht aus einem reinen $AR(1)$-Modell abgeleitet werden.

Das wird deutlich beim Betrachten des resultierenden Prozesses

$$\Delta Y_t = \delta + \varepsilon_t, \tag{8.50}$$

welcher bekannt ist als **Zufallsbewegung mit Drift**, wobei δ der Drift-Parameter ist. In dem Modell für die Ebenenvariable Y_t entspricht δ einem linearen Zeittrend. Weil (8.50) impliziert, dass $E\{\Delta Y_t\} = \delta$, haben wir den Fall, dass (für einen gegebenen Ausgangswert Y_0) $E\{Y_t\} = Y_0 + \delta t$. Das zeigt, dass die Interpretation des Achsenabschnittsterms in (8.49) stark vom Vorhandensein einer Einheitswurzel abhängt. Im stationären Fall spiegelt δ den Mittelwert ungleich null der Reihe; im Fall der Einheitswurzel spiegelt es einen **deterministischen Trend** in Y_t. Weil in letzterem Fall das Bilden der ersten Differenzen zu einer stationären Zeitreihe führt, wird der Prozess für Y_t als **Differenz-Stationarität** bezeichnet. Im Allgemeinen ist ein Differenz-Stationaritäts-Prozess ein Prozess, der durch Differenzieren stationär gemacht werden kann.

Es ist auch möglich, dass Nichtstationarität durch Vorhandensein eines deterministischen Zeittrends in dem Prozess verursacht wird statt durch das Vorhandensein einer Einheitswurzel. Das passiert, wenn das $AR(1)$-Modell erweitert ist zu

$$Y_t = \delta + \theta Y_{t-1} + \gamma t + \varepsilon_t, \tag{8.51}$$

mit $|\theta| < 1$ und $\gamma \neq 0$. In diesem Fall haben wir einen nichtstationären Prozess wegen des linearen Trends γt. Die Nichtstationarität kann entfernt werden durch das Regressieren von Y_t auf eine Konstante und t und anschließendes Betrachten der Residuen dieser Regression oder durch das einfache Einfügen von t als zusätzlicher Variable in das Modell. In diesem Fall spricht man davon, dass der Prozess für Y_t **trendstationär** ist. Im Unterschied zum Fall der Einheitswurzel sind Schocks bei einem trendstationären Prozess transitorisch und ihre Effekte gehen im Laufe der Zeit unter. Nichtstationäre Prozesse können von daher durch das Vorhandensein eines deterministischen Trends, wie γt, eines stochastischen Trends, impliziert durch das Vorhandensein einer Einheitswurzel, oder von beidem charakterisiert werden.

Es ist möglich, zu testen, ob Y_t einer Zufallsbewegung folgt gegen die Alternative, dass es einem trendstationären Prozess in (8.51) folgt. Das kann getestet werden mittels Durchführen der Regression

$$\Delta Y_t = \delta + (\theta - 1)Y_{t-1} + \gamma t + \varepsilon_t. \tag{8.52}$$

Die Nullhypothese, die man gern testen möchte, besteht darin, dass der Prozess eine Zufallsbewegung statt eines trendstationären Prozesses ist und $H_0 : \delta = \gamma = \theta - 1 = 0$ entspricht. Statt des Testens dieser gemeinsamen Hypothese ist es ziemlich üblich, den t-Wert entsprechend zu $\hat{\theta} - 1$, bezeichnet als DF_τ, zu verwenden. Dabei wird angenommen, dass die anderen Restriktionen in der Nullhypothese erfüllt sind. Obwohl die Nullhypothese immer noch dieselbe ist wie im vorhergehenden Einheitswurzeltest, unterscheidet sich die Testregression und wir haben von daher eine andere Verteilung der Teststatistik. Die kritischen Werte für DF_τ, dargestellt in den letzten beiden Spalten von Tabelle 8.1, sind immer noch kleiner als die für *DF*. Mit einem Achsenabschnitt und einem deterministischen Trend ist die Wahrscheinlichkeit, dass $\hat{\theta} - 1$ positiv ist (vorausgesetzt, der wahre Wert $\theta - 1$ ist gleich null), tatsächlich vernachlässigbar gering. Es sollte jedoch angemerkt werden, dass, wenn die Hypothese der Einheitswurzel, $\theta - 1 = 0$ verworfen wird, wir dann nicht schlussfolgern können, dass der Prozess für Y_t wahrscheinlich stationär ist. Unter der alternativen Hypothese kann γ nicht null sein, sodass der Prozess für Y_t nicht stationär ist (sondern nur trendstationär).

Der Ausdruck Dickey-Fuller-Test, oder einfach DF-Test, wird für jeden der oben beschriebenen Tests verwendet. Der DF-Test kann auf einer Regression mit oder ohne Trend basieren.[3] Wenn eine grafische Untersuchung der Reihen einen klaren positiven oder negativen Trend anzeigt, ist es angebracht, einen Dickey-Fuller-Test mit einem Trend durchzuführen. Das bedeutet, dass die alternative Hypothese dem Prozess erlaubt, einen linear deterministischen Trend zu zeigen. Es ist wichtig, zu betonen, dass die Einheitswurzelhypothese der *Null*hypothese entspricht. Wenn wir das Vorhandensein einer Einheitswurzel nicht verwerfen können, bedeutet das nicht zwangsläufig, dass sie wahr ist. Möglicherweise sind einfach nur die Informationen in den Daten unzureichend, um sie zu verwerfen. Natürlich ist das auch der generelle Unterschied zwischen dem Annehmen und dem Nichtablehnen einer Hypothese. Weil die langfristigen Eigenschaften des Prozesses entscheidend von der Auferlegung einer Einheitswurzel abhängen oder nicht, müssen wir uns dessen bewusst sein. Nicht alle Reihen, für die wir die Einheitswurzelhypothese *nicht verwerfen können*, sind zwangsläufig integriert erster Ordnung.

Um das Problem zu umgehen, dass Einheitswurzeltests häufig eine schwache Teststärke aufweisen, schlagen Kwiatkowski, Phillips, Schmidt und Shin (1992) einen alternativen Test vor, bei dem Stationarität die Nullhypothese und das Vorhandensein einer Einheitswurzel die Alternative ist. Dieser Test wird für gewöhnlich als **KPSS-Test** bezeichnet. Die zugrunde liegende Idee besteht darin, dass eine Zeitreihe zerlegt wird in die Summe eines deterministischen Zeittrends, einer Zufallsbewegung und eines stationären Fehlerterms (in der Regel nicht weißes Rauschen). Die Nullhypothese (der Trendstationarität) spezifiziert, dass die Varianz der Zufallsbewegungskomponente null ist. Tatsächlich ist dieser Test ein Lagrange-Multiplikator-Test (siehe Kapitel 6) und die Berechnung der Teststatistik ist ziemlich einfach. Zuerst führen wir eine Hilfsregression von Y_t auf einen Achsenabschnitt und einen Zeittrend t durch. Als Nächstes speichern wir die OLS-Residuen e_t und berechnen die partiellen Summen $S_t = \sum_{s=1}^{t} e_s$ für alle t. Dann erhalten wir die Teststatistik durch

$$KPSS = T^{-2} \sum_{t=1}^{T} S_t^2 / \hat{\sigma}^2, \qquad (8.53)$$

wobei $\hat{\sigma}^2$ ein Schätzer für die langfristige Varianz $\sigma^2 = \sum_{j=-\infty}^{\infty} E\{\varepsilon_t \varepsilon_{t-j}\}$ ist. Dieser Schätzer ist ein gewichteter Durchschnitt der Stichprobenautokovarianzen und es wurden verschiedene alternative Gewichtungsschemata vorgeschlagen. Die bekanntesten sind die Bartlett-Gewichtungen, verwendet von KPSS (siehe Kapitel 4.10.2), und das quadratische Spectral Kernel (Andrews, 1991). In der Praxis scheint der KPSS-Test ziemlich anfällig dafür, was ausgewählt wurde, um σ^2 zu schätzen. Die asymptotische Verteilung ist nicht standardnormalverteilt und Kwiatkowski, Phillips, Schmidt und Shin (1992) berichten von einem 5%-kritischen Wert von 0,146. Wenn die Nullhypothese eher stationär statt trendstationär ist, sollte der Trendterm aus der Hilfsregression weggelassen werden. Die Teststatistik wird dann auf dieselbe Weise berechnet, der 5%-kritische Wert beträgt jedoch 0,463.

8.4.2 Testen auf Einheitswurzeln in autoregressiven Modellen höherer Ordnung

Ein Test auf eine einzelne Einheitswurzel in AR-Prozessen höherer Ordnung kann durch Erweitern des Dickey-Fuller-Testverfahrens auf einfache Weise durchgeführt werden. Die grundlegende Struktur besteht darin, dass gelagte Differenzen, wie $\Delta Y_{t-1}, \Delta Y_{t-2}, \ldots$, derart in der Regression enthalten sind, dass ihr Fehlerterm dem weißen Rauschen entspricht. Das führt zum sogenannten **Augmented-Dickey-Fuller-Test** (ADF-Test), für den dieselben *asymptotischen* kritischen Werte gelten wie die in Tabelle 8.1 aufgeführten.

Betrachten wir das $AR(2)$-Modell

$$Y_t = \delta + \theta_1 Y_{t-1} + \theta_2 Y_{t-2} + \varepsilon_t \tag{8.54}$$

das in faktorisierter Form geschrieben werden kann als

$$(1 - \phi_1 L)(1 - \phi_2 L)(Y_t - \mu) = \varepsilon_t. \tag{8.55}$$

Die Stationaritätsbedingung erfordert, dass der absolute Wert von ϕ_1 und von ϕ_2 kleiner eins ist, aber wenn $\phi_1 = 1$ und $|\phi_2| < 1$, haben wir eine einzelne Einheitswurzel, $\theta_1 + \theta_2 = 1$ und $\theta_2 = -\phi_2$. Gleichung (8.54) kann genommen werden, um die Einheitswurzelhypothese zu testen, indem wir $\theta_1 + \theta_2 = 1$ überprüfen, bei gegebenem $|\theta_2| < 1$. Das erfolgt auf unproblematische Weise, indem wir (8.54) umschreiben zu

$$\Delta Y_t = \delta + (\theta_1 + \theta_2 - 1)Y_{t-1} - \theta_2 \Delta Y_{t-1} + \varepsilon_t. \tag{8.56}$$

Die Koeffizienten in (8.56) können konsistent geschätzt werden durch gewöhnliche kleinste Quadrate und der Schätzwert des Koeffizienten für Y_{t-1} liefert ein Mittel zum Testen der Nullhypothese $\pi \equiv \theta_1 + \theta_2 - 1 = 0$. Der sich ergebende t-Wert $\hat{\pi}/\text{se}(\hat{\pi})$ hat dieselbe Verteilung wie DF oben. Im Sinne des Dickey-Fuller-Verfahrens könnte man der Testregression einen Zeittrend hinzufügen. Je nachdem, welche Variante genommen wird, muss die sich ergebende Teststatistik mit einem kritischen Wert aus der entsprechenden Zeile von Tabelle 8.1 verglichen werden.

Dieses Verfahren kann problemlos verallgemeinert werden zum Testen einer *einzelnen* Einheitswurzel in einem $AR(p)$-Prozess. Der Trick besteht darin, dass jeder $AR(p)$-Prozess geschrieben werden kann als

$$\Delta Y_t = \delta + \pi Y_{t-1} + c_1 \Delta Y_{t-1} + \cdots + c_{p-1} \Delta Y_{t-p+1} + \varepsilon_t, \tag{8.57}$$

mit $\pi = \theta_1 + \cdots + \theta_p - 1$ und passenden gewählten Konstanten $c_1, \ldots, c_{p-1}$. Da $\pi = 0$ impliziert, dass $\theta(1) = 0$, impliziert es auch, dass $z = 1$ eine Lösung zur charakteristischen Gleichung $\theta(z) = 0$ ist. Folglich entspricht wie zuvor die Hypothese, dass $\pi = 0$, einer Einheitswurzel und wir können diese mittels Verwenden des entsprechenden t-Werts testen. Wenn die $AR(p)$-Annahme korrekt ist und unter der Nullhypothese einer Einheitswurzel, dann sind die asymptotischen Verteilungen der DF- oder DF_τ-Statistiken, berechnet aus (8.57) (einschließlich eines Zeittrends, wo es angemessen ist), dieselben wie zuvor. Die kritischen Werte kleiner Stichproben unterscheiden sich etwas von denen in der Tabelle und werden zum Beispiel von MacKinnon (1991) geliefert.

Wenn also Y_t einem $AR(p)$-Prozess folgt, kann ein Test für eine einzelne Einheitswurzel aus einer Regression von ΔY_t auf Y_{t-1} und $\Delta Y_{t-1}, \ldots, \Delta Y_{t-p+1}$ konstruiert werden durch Testen der Signifikanz der »Ebenen«-Variablen Y_{t-1} (unter Verwendung der einseitigen geeigneten kritischen Werte). Es ist interessant, anzumerken, dass unter der Nullhypothese einer einzelnen Einheitswurzel alle Variablen in (8.57) stationär sind, außer Y_{t-1}. Von daher kann die Gleichheit in (8.57) nur Sinn machen, wenn Y_{t-1} nicht auftritt und $\pi = 0$, was unmittelbar erklärt, warum die Einheitswurzelhypothese $\pi = 0$ entspricht. Die Einbeziehung der zusätzlichen Verzögerungen, im Vergleich zum Standard Dickey-Fuller-Test, erfolgt, um den Fehlerterm in (8.57) asymptotisch zu einem weißen Rauschen zu machen, was erforderlich ist, damit die Verteilungsergebnisse stichhaltig sind. Da p für gewöhnlich nicht bekannt sein wird, ist es ratsam, für p einen ziemlich hohen Wert zu wählen. Werden zu viele Verzögerungen integriert, wird das die Teststärke verringern. Werden jedoch zu wenige Verzögerungen integriert, dann sind die asymptotischen Verteilungen aus der Tabelle schlichtweg nicht stichhaltig (wegen der Autokorrelation der Residuen) und die Tests können zu stark verzerrten Schlussfolgerungen führen. Es ist möglich, die statistische Signifikanz der zusätzlichen Variablen zu nutzen, um die maximale Verzögerungslänge $p + 1$ auszuwählen, wie es in dem rekursiven t-Statistik-Verfahren von Campbell und Perron (1991) erfolgt. Dies entspricht der Vorgehensweise vom Allgemeinen zum Speziellen, bei dem mit einer nachvollziehbar großen Obergrenze von p begonnen und die Ordnung der Regression um eins reduziert wird, bis die letzte enthaltene Verzögerung signifikant ist. Alternativ ist es möglich, Modellselektionskriterien zu verwenden wie die Akaike-und-Schwarz-Informationskriterien (siehe Kapitel 8.7.4), wie von Hall (1994) empfohlen. Ng und Perron (1994) schlagen eine Klasse von modifizierten Informationskriterien zum Zweck des Testens auf Einheitswurzeln vor, wobei der Nachteilsfaktor stichprobenabhängig ist.

Eine Regression der Form (8.57) kann ebenfalls verwendet werden, um in einem allgemeinen (umkehrbaren) ARMA-Modell auf eine Einheitswurzel zu testen. Said und Dickey (1984) argumentieren damit, dass dieselben asymptotischen Verteilungen gelten und die ADF-Tests auch für ein ARMA-Modell mit einer Moving-Average-Komponente stichhaltig sind, wenn man, theoretisch, die Anzahl der Verzögerungen in der Regression mit der Stichprobengröße ansteigen lässt (mit einer klug gewählten Rate). Im Wesentlichen besteht das Argument darin, wie wir zuvor gesehen haben, dass jedes ARMA-Modell (mit umkehrbarem MA-Polynom) als unendlicher autoregressiver Prozess geschrieben werden kann. Das erklärt, warum sich viele beim Testen auf Einheitswurzeln für gewöhnlich keine Sorgen über MA-Komponenten machen.

Phillips und Perron (1988) schlagen eine Alternative zu den Augmented-Dickey-Fuller-Tests vor. Statt den Regressionen zusätzliche Verzögerungen hinzuzufügen, um einen Fehlerterm zu erhalten, der keine Autokorrelation hat, halten sie an den ursprünglichen Dickey-Fuller-Regressionen fest, korrigieren jedoch die DF-Statistiken, um das (potenzielle) Autokorrelationsmuster bei den Fehlern zu berücksichtigen. Diese Anpassungen, basierend auf Korrekturen ähnlich jenen, die zum Berechnen der Newey-West(HAC)-Standardfehler angewandt werden (siehe Kapitel 4), sind ziemlich kompliziert und werden hier nicht besprochen. Die (asymptotischen) kritischen Werte sind wieder dieselben wie jene in Tabelle 8.1. Der Phillips-Perron-Test, manchmal als nichtparametrischer Test auf eine Einheitswurzel bezeichnet, ist wie der Said-Dickey- oder ADF-Test anwendbar auf allgemeine ARMA-Modelle (siehe Hamilton, 1994, S. 506–515 für weitere Details). Monte-Carlo-Studien zeigen keine klare Rangfolge der beiden Tests hinsichtlich ihrer Stärke (Wahrscheinlichkeit, die Nullhypothese zu verwerfen, wenn sie falsch ist) bei endlichen Stichproben.

Wenn der ADF-Test keine Ablehnung der Nullhypothese einer Einheitswurzel zulässt, kann auf das Vorhandensein einer zweiten Einheitswurzel getestet werden durch Schätzen der Regression von $\Delta^2 Y_t$ auf $\Delta Y_{t-1}, \Delta^2 Y_{t-1}, \dots, \Delta^2 Y_{t-p+1}$ und das Vergleichen des t-Wertes des Koeffizienten zu ΔY_{t-1} mit dem geeigneten kritischen Wert aus Tabelle 8.1. Alternativ kann auf das Vorhandensein zweier Einheitswurzeln *gemeinsam* getestet werden durch Schätzen der Regression von $\Delta^2 Y_t$ auf $Y_{t-1}, \Delta Y_{t-1}, \Delta^2 Y_{t-1}, \dots, \Delta^2 Y_{t-p+1}$ und Berechnen der üblichen F-Statistik zum Testen der gemeinsamen Signifikanz von Y_{t-1} und ΔY_{t-1}. Allerdings hat diese Teststatistik unter der Nullhypothese auch wieder eine Verteilung einer doppelten Einheitswurzel, die nicht der üblichen F-Verteilung entspricht. Perzentile dieser Verteilung liefern Hasza und Fuller (1979).

8.4.3 Erweiterungen

Bevor wir uns einem Beispiel zuwenden, soll betont werden, dass ein stochastischer Prozess aus anderen Gründen als dem Vorhandensein von einer oder zwei Einheitswurzeln nichtstationär sein kann. Ein linearer deterministischer Trend ist ein Beispiel, es sind aber auch viele andere Formen von Nichtstationarität möglich. Um das zu veranschaulichen, muss beachtet werden, dass, wenn der Prozess für Y_t nichtstationär ist, dann auch der Prozess für log Y_t nichtstationär ist. Aber höchstens einer dieser Prozesse wird durch eine Einheitswurzel charakterisiert sein. Ohne weiter ins Detail zu gehen, soll erwähnt sein, dass die jüngere Literatur zu Einheitswurzeln auch Diskussionen über stochastische Einheitswurzeln, saisonale Einheitswurzeln, fraktionelle Integration sowie Paneldaten-Einheitswurzeltests beinhaltet. Eine stochastische Einheitswurzel bedeutet, dass ein Prozess charakterisiert ist durch eine Wurzel, die nicht konstant ist, sondern stochastisch und um eins variiert. Ein solcher Prozess kann für einige Perioden stationär sein und für andere leicht explosiv (siehe Granger und Swanson, 1997, oder Gouriéroux und Robert, 2006). Eine saisonale Einheitswurzel entsteht, wenn eine Reihe nach saisonalem Differenzieren stationär wird (Hylleberg, Engle, Granger und Yoo, 1993). Zum Beispiel wenn die monatliche Reihe $Y_t - Y_{t-12}$ stationär ist, während Y_t es nicht ist (Patterson, 2000, Kapitel 7.7 für eine eingängige Erörterung). Fraktionale Integration geht von der Idee aus, dass eine Reihe nach Ordnung d integriert sein kann, wobei d nicht ganzzahlig ist. Wenn $d \geq 0.5$, ist der Prozess nichtstationär und gilt als fraktionär integriert. Indem wir zulassen, dass d jeden Wert zwischen 0 und 1 annimmt, wird die Lücke zwischen stationären und nichtstationären Prozessen geschlossen; siehe Gouriéroux und Jasiak (2001, Kapitel 5). Und schließlich beinhalten Paneldaten-Einheitswurzeltests Tests auf Einheitswurzeln in multiplen Reihen, zum Beispiel BIP in zehn verschiedenen Ländern. Diese Erweiterung werden wir in Kapitel 10 besprechen.

8.4.4 Beispiel: Aktienpreise und Gewinne

In diesem Kapitel betrachten wir jährliche Daten des S&P Composite Stock Price Index sowie S&P Composite Earnings über den Zeitraum 1871 bis 2009 ($T = 139$), beide inflationsbereinigt. Der Aktienpreisindex gibt das Preisniveau am Jahresende wieder, während der Einnahmenindex Unternehmenserträge je Aktie über das gesamte Kalenderjahr aggregiert. Weil die US-Inflationsrate über diesen Zeitraum von fast 140 Jahren substanziell variiert, ist es wichtig, mit dem Konsumentenpreisindex anzupassen, um einen richtigen Eindruck vom realen Anstieg im Aktienmarkt über diese Periode zu erhalten. Weil bei Aktienpreisen und Gewinnen angenommen werden kann, dass sie im Laufe der Zeit exponentiell ansteigen, nehmen wir den natürlichen Logarithmus beider Reihen. Abbildung 8.3 zeigt den Preis und die Verdienstindizes im Laufe der Zeit.

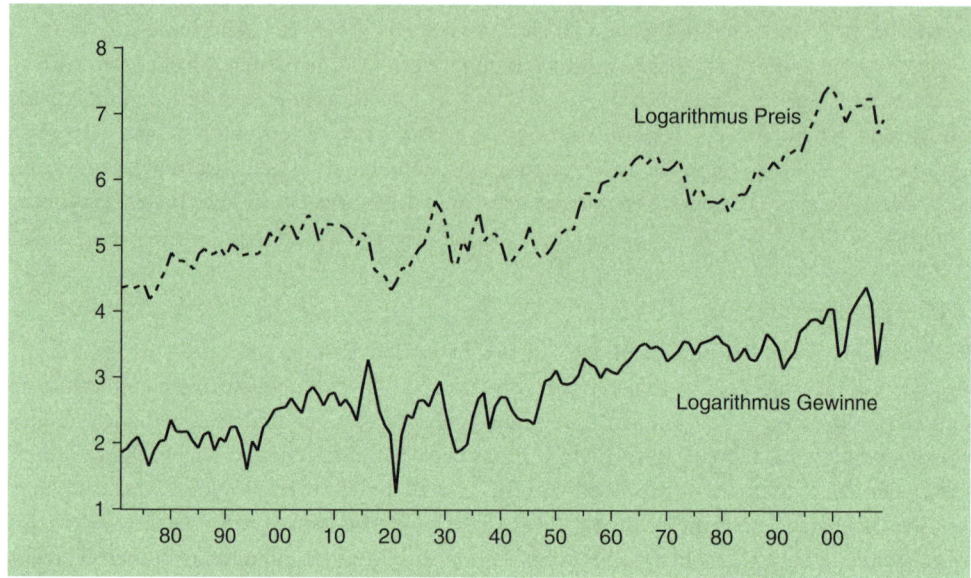

Abbildung 8.3 Logarithmus Aktienpreis und Gewinne, 1871–2009

Während aus der Abbildung klar hervorgeht, dass beide Reihen nicht in dem Sinne stationär sind, dass sie um einen langfristigen Mittelwert fluktuieren, geht aus einer rein visuellen Analyse nicht hervor, ob die Nichtstationarität auf das Vorhandensein eines deterministischen Trends oder einer oder mehrerer Einheitswurzeln zurückzuführen ist. Um auf eine Einheitswurzel zu testen, macht es von daher Sinn, einen linearen Trend sowie eine Konstante in die Gleichung aufzunehmen. Lassen Sie uns zuerst eine Standard-Dickey-Fuller-Regression für die Logpreisreihe betrachten, was

$$\Delta Y_t = \underset{(0,038)}{0,437} + \underset{(0,0074)}{0,00176}\, t - \underset{(0,0376)}{0,0984}\, Y_{t-1} + e_t, \tag{8.58}$$

ergibt und eine *DF*-Teststatistik von −2,621 hervorbringt. Da der geeignete kritische Wert auf dem 5%-Niveau −3,44 beträgt, gestattet uns das nicht, die Nullhypothese einer Einheitswurzel zu verwerfen. Wir müssen jedoch sicher sein, dass die Anzahl der Verzögerungen in der Testregression ausreichend groß ist, um den Fehlerterm zu einem Weißes-Rauschen-Prozess zu machen. Von daher ist es ratsam, auch eine Reihe von Augmented-Dickey-Fuller-Tests durchzuführen, implizierend, dass wir der rechten Seite zusätzliche Verzögerungen von ΔY_t hinzufügen. Wenn wir die Aufmerksamkeit auf die Teststatistiken beschränken, sind die Ergebnisse mit bis zu sechs zusätzlichen Verzögerungen wie folgt:

DF	ADF(1)	ADF(2)	ADF(3)	ADF(4)	ADF(5)	ADF(6)
−2,621	−2,744	−2,273	−2,618	−2,255	−2,154	−2,345

Keiner dieser Tests impliziert die Ablehnung der Nullhypothese einer Einheitswurzel. Ein alternativer Weg, die Reihenkorrelation zu entfernen, besteht in der Verwendung des nichtparametrischen Phillips-Perron-Tests (1998). Das Verwenden einer Verzögerungslänge von 6 für die Newey-West-Korrektur von Reihenkorrelation führt zu einem Wert von $-2{,}663$ für die Teststatistik, was wieder impliziert, dass die Einheitswurzel nicht verworfen wird.

Der KPSS-Test wurde zum Testen der Nullhypothese von Stationarität oder Trendstationarität entwickelt. Um die Teststatistik zu berechnen, müssen wir das Gewichtungsschema auswählen, um die langfristige Varianz (»Kernel«) sowie die Anzahl von Verzögerungen (»Bandbreite«) zu schätzen. Wenn wir an einer Verzögerungslänge von 6 festhalten, bringt der KPSS-Test auf Stationarität einen Wert von 0,223 hervor, wenn Bartlett-Gewichtungen verwendet werden, und von 0,203, wenn das quadratische Spektralkernel benutzt wird. Diese Werte liegen klar über dem 5%-kritischen Wert von 0,146 und lehnen von daher Trendstationarität zugunsten einer Einheitswurzel ab. Das bedeutet, dass Schocks für diese Reihe, wie die schwere Kreditkrise von 2008, dazu neigen, einen dauerhaften und keinen vorübergehenden Effekt auf das Aktienpreisniveau auszuüben. Das heißt, es gibt keinen Beweis, dass die Aktienpreise in den Jahren nach einem Schock wieder zu einem deterministischen langfristigen Trend übergehen.

Wenn wir den Logpreisreihen eine erste Einheitswurzel auferlegen, können wir auf das Vorhandensein einer zweiten Einheitswurzel testen, auch wenn das ökonomisch nicht allzu viel Sinn ergibt. Beachten Sie, dass das erste Differenzieren der Logpreisreihe relative Preisveränderungen oder Renditen hervorbringt. Mittels eines Augmented-Dickey-Fuller-Tests auf eine zweite Einheitswurzel zu testen impliziert Regressionen folgender Form:

$$\Delta^2 Y_t = \delta + \pi \Delta Y_{t-1} + c_1 \Delta^2 Y_{t-1} + \cdots + \varepsilon_t,$$

und die Nullhypothese entspricht $\pi = 0$. Wir haben einen Trendterm aus den Regressionen weggelassen, weil es unwahrscheinlich scheint, dass die Aktienerträge einen deterministischen Trend zeigen. Wenn wir die Aufmerksamkeit auf Tests beschränken, die eine Verzögerungslänge von 6 verwenden, bringt der Augmented-Dickey-Fuller-Test eine Teststatistik von $-4{,}106$ hervor, was durch die Einheitswurzelhypothese klar verworfen wird. Der KPSS-Test auf Stationarität, mit einem Bartlett-Kernel, bringt einen Wert von 0,054 hervor, der viel niedriger ist als der 5%-kritische Wert von 0,463. Beide Tests zeigen deutlich an, dass die Preisreihe der ersten Differenzen wahrscheinlich stationär ist.

Wir können alle Tests für die Loggewinnreihen wiederholen und die Schlussfolgerungen sind ähnlich, obwohl der Beweis ein bisschen zusammengewürfelt ist. So beträgt zum Beispiel die ADF(6)-Teststatistik für die Augmented-Dickey-Fuller-Regression mit einem Achsenabschnitt und Zeittrend $-2{,}778$, was bedeutet, dass die Einheitswurzel nicht verworfen wird. Die KPSS(6)-Teststatistiken für Trendstationarität betragen 0,158 (Bartlett-Kernel) und 0,148 (quadratischer Spektralkernel), was (knappe) Ablehnungen der Trendstationarität auf dem 5%-Niveau bedeutet. Die Phillips-Perron-Teststatistik (mit einer Verzögerungslänge von 6) bringt jedoch eine Teststatistik von $-4{,}908$ hervor, was eine klare Ablehnung der Einheitswurzel bedeuten würde.

Um dieses Kapitel abzuschließen, betrachten wir den Logarithmus des Kurs-Gewinn-Verhältnisses, der schlichtweg die Differenz zwischen dem Logaktienkurs und den Loggewinnreihen darstellt. Die Frage, ob Bewertungsverhältnisse, wie das Kurs-Gewinn-Verhältnis, zum Mittelwert zurückkehren, hat in der Literatur beträchtliche Aufmerksamkeit errungen und besitzt interessante Implikationen für die Vorhersage zukünftiger Aktienkurse. Zum Beispiel argumentieren Campbell und Shiller (1998), dass die Ende der 1990er-Jahre beobachteten hohen Kurs-Gewinn-Verhältnisse einen Rückgang zukünftiger Aktienkurse implizieren, um das Verhältnis wieder in Einklang mit seinem historischen Niveau zu bringen. In Abbildung 8.4 stellen wir als Erstes den Logarithmus Kurs-Gewinn-Verhältnis dar. Anscheinend fluktuiert die Reihe um einen langfristigen Durchschnitt herum, obwohl es manchmal viele Jahre dauert, bis die Reihe zu ihrem Mittelwert zurückkehrt.

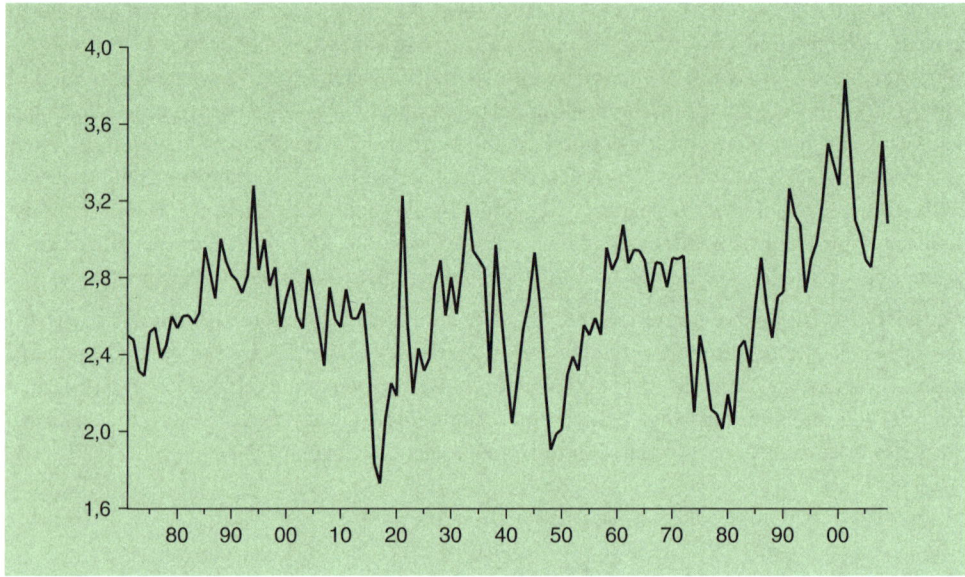

Abbildung 8.4 Logarithmus Kurs-Gewinn-Verhältnis, 1871–2009

Unter Verwendung vorhergehender Tests führt die Standard-Dickey-Fuller-Regression (ausschließlich eines Zeittrends) zu

$$\Delta Y_t = 0,685 - 0,255\ Y_{t-1} + e_t,$$
$$(0,155) \quad (0,058)$$

entsprechend einer Teststatistik von −4,424. Das ist eine klare Ablehnung der Nullhypothese einer Einheitswurzel. Sind jedoch zwei oder mehr Verzögerungen in der Regression enthalten, lehnen die Augmented-Dickey-Fuller-Tests eine Einheitswurzel in der Regel nicht ab. Zum Beispiel beträgt mit einer Verzögerungslänge von 6 die Teststatistik −2,208 und das Integrieren einer Zeitverzögerung macht keinen großen Unterschied. Der KPSS-Test auf Stationarität, unter Verwendung des Bartlett-Kernel und von 6 Verzögerungen, erbringt einen Wert von 0,331 und führt auch nicht zur Ablehnung. Leider ist es nicht ungewöhnlich, dass Einzelheitswurzeltests und Stationaritätstests widersprüchliche Ergebnisse hervorbringen (siehe Kwiatkowski et al., 1992, für einige Beispiele). Die naheliegende Schlussfolgerung besteht in diesem Fall darin, dass die Daten nicht ausreichend informativ sind, um zwischen den beiden Hypothesen zu unterscheiden. Offenbar ist eine eventuell vorhandene Rückkehr zum Mittelwert beim Logarithmus Kurs-Gewinn-Reihen sehr langsam.

8.5   Beispiel: Langfristige Kaufkraftparität (Teil 1)

In diesem Kapitel widmen wir unsere Aufmerksamkeit einem empirischen Beispiel bezüglich der Preise in zwei Ländern und dem Wechselkurs zwischen diesen Ländern. Wenn beide Länder handelbare Güter produzieren und es keine Hindernisse für den internationalen Handel wie Zölle oder Transaktionskosten gibt, dann sollte das Gesetz des einheitlichen Preises gelten, das lautet

$$S_t = P_t/P_t^*, \tag{8.59}$$

wobei S_t der Kassawechselkurs ist (Heimatkurspreis für eine Einheit der Fremdwährung), P_t der (aggregierte) Preis im Heimatland und P_t^* der Preis im Fremdland ist. In Logarithmen können wir schreiben

$$s_t = p_t - p_t^* \tag{8.60}$$

(wobei die tiefer gestellten Buchstaben die natürlichen Logarithmen bezeichnen). Bedingung (8.60), die als **absolute Kaufkraftparität** (KKP) bezeichnet wird, impliziert, dass eine Einheit der Währung in dem einen Land dieselbe Kaufkraft auch in dem anderen Land hat. Nur wenige Ökonomen würden glauben, dass (8.60) zu jedem Zeitpunkt exakt zutrifft, und für gewöhnlich wird die KKP so gesehen, dass sie den Wechselkurs langfristig determiniert. In der empirischen Literatur gibt es eine anhaltende Debatte, ob eine bestimmte Form der KKP gilt (siehe Taylor und Taylor, 2004). Im Folgenden werden wir uns mit der Frage beschäftigen, ob (8.60) langfristig »stichhaltig« ist. Ein erster notwendiger Schritt ist die Analyse der Eigenschaften der in (8.60) enthaltenen Variablen.

Unser empirisches Beispiel betrifft das Vereinigte Königreich und die Eurozone über den Zeitraum von Januar 1988 bis Dezember 2010 ($T = 276$). Wir analysieren die Verbraucherpreisindexreihen (CPI) für beide Währungsgebiete, wobei der Preisindex für den Euro auf einem gewichteten Durchschnitt der teilnehmenden Länder basiert. Weil das Sterling-Euro-Verhältnis erst ab Januar 1999 erhältlich ist, nehmen wir für den ersten Teil der Stichprobenzeit den von der Europäischen Zentralbank verwendeten »synthetischen« Euro. In Abbildung 8.5 stellen wir zunächst den Logarithmus der beiden Preisreihen dar (wobei Januar 1988 für beide Reihen auf 100 gesetzt ist). Diese Abbildung zeigt klar eine Nichtstationarität der beiden Reihen, während es aber der Fall zu sein scheint, dass die beiden Reihen unterschiedliche Wachstumsraten haben, insbesondere in einigen Unterperioden (wie 1988–1992). Wir beginnen mit dem Durchführen einer Reihe von Einheitswurzeltests zu den beiden (Log) Preisreihen. In diesem Fall besteht die Nullhypothese darin, dass die Reihen eine Einheitswurzel aufweisen, während die Alternative ist, dass die Reihen trendstationär sind. Entsprechend lassen wir für beide einen Achsenabschnitt und einen deterministischen Trend in den Testregressionen zu. Für p_t, den Logarithmus des Euro-Verbraucherpreisindexes, erhalten wir die folgenden Ergebnisse, einschließlich einer Konstanten und eines Zeittrends, aber ohne gelagte Differenzen im Modell:

$$\Delta p_t = \underset{(0,0042)}{0,101} + \underset{(0,000014)}{0,000033}\ t - \underset{(0,0075)}{0,0211}\ p_{t-1} + e_t.$$

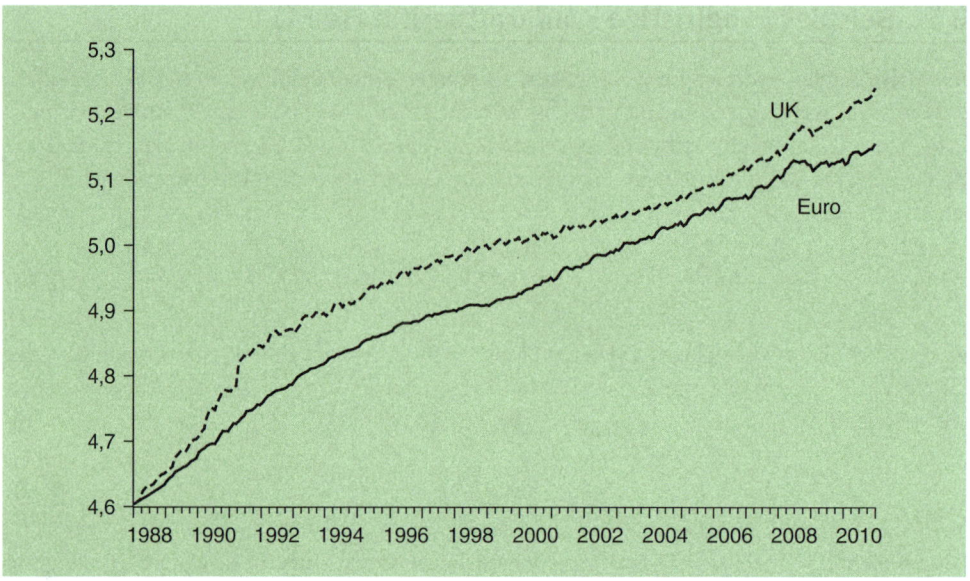

Abbildung 8.5 Logarithmus Verbraucherpreisindex UK und Eurozone, Januar 1988 – Dezember 2010

Der implizierte Schätzwert für den autoregressiven Koeffizienten erster Ordnung θ ist gleich 0,9789 mit einem Standardfehler von 0,0075. Die Dickey-Fuller-Teststatistik beträgt −2,821, während der 5%-kritische Wert bei −3,43 liegt und nahelegt, dass die Nullhypothese einer Einheitswurzel nicht verworfen wird. Wenn wir, zweckwidrig, den Zeittrend aus dem Modell herausnehmen, beträgt die Dickey-Fuller-Teststatistik −3,476 und die Nullhypothese einer Einheitswurzel wird gerade noch auf dem 1%-Niveau abgelehnt. Es ist sehr wahrscheinlich, dass das einfache in der Testregression verwendete $AR(1)$-Modell zu restriktiv ist. Die Augmented-Dickey-Fuller-Tests beinhalten zusätzliche Verzögerungen von Δp_t in dem Modell, um jegliche verbliebene Reihenkorrelation zu erfassen. Obwohl es möglich ist, Signifikanztests oder Modellselektionskriterien zu verwenden, um die optimale Verzögerungslänge zu wählen, werden wir einfach nur eine Reihe von ADF-Teststatistiken für verschiedene Verzögerungslängen berechnen. Das führt zu den Ergebnissen in Tabelle 8.2, bei der die maximale Länge auf 36 fixiert ist. Diese Wahl ergibt Sinn angesichts dessen, dass die monatlichen Preisreihen dazu tendieren, eine saisonale Komponente zu beinhalten. Tatsächlich sind in allen Fällen die 12., 24. und 36. gelagte Differenz statistisch hoch signifikant. Die angemessenen kritischen Werte für die ADF-Teststatistiken sind −3,43 auf dem 5%-Niveau und −3,99 auf dem 1%-Niveau. Die Streuung in den ADF-Teststatistiken ist begrenzt, obwohl die Werte gelegentlich von nicht signifikant zu signifikant wechseln oder umgekehrt. Aus den Testergebnissen schließen wir, dass eine Einheitswurzel im Logarithmus Europreisreihe nicht verworfen wird, insbesondere wenn der Fokus auf den Tests mit einer ausreichend großen Anzahl von Verzögerungen liegt. Die Erkenntnis, dass Preise von einer Einheitswurzel statt von einem deterministischen Trend bestimmt werden, impliziert, dass Preisschocks eine dauerhafte statt einer transitorischen Auswirkung haben.

Für den Logarithmus des Verbraucherpreisindexes im Vereinigten Königreich, p_t^*, stellen wir ein ähnliches Set von Ergebnissen fest, wie die letzte Spalte von Tabelle 8.2 zeigt. Hier hat das

Statistik	Euro (p_t)	UK (p_t^*)
	mit Achsenabschnitt und Trend	
DF	−2,821	−3,587
ADF(1)	−2,810	−3,535
ADF(2)	−2,912	−3,697
ADF(3)	−3,029	−3,706
ADF(4)	−3,241	−3,785
ADF(5)	−3,402	−3,936
ADF(6)	−3,173	−3,316
ADF(7)	−3,368	−3,439
ADF(8)	−3,518	−3,401
ADF(9)	−3,600	−3,763
ADF(10)	−3,704	−3,816
ADF(11)	−3,730	−3,840
ADF(12)	−3,506	−3,678
ADF(24)	−3,098	−4,068
ADF(36)	−3,361	−2,262

Tabelle 8.2   Einheitswurzeltests für Logarithmus Preisindex Eurozone und Vereinigtes Königreich

Einfügen der 36. Verzögerung einen wichtigen Einfluss auf die Teststatistiken. Wieder verwerfen wir nicht die Nullhypothese, dass der Logarithmus Preisreihe eine Einheitswurzel enthält.

Für den Logarithmus des Wechselkurses s_t, gemessen als Euro pro Pfund, ergeben der Dickey-Fuller- und der Augmented-Dickey-Fuller-Test die Ergebnisse in Tabelle 8.3, wobei wir nur die ADF-Tests bis zu Verzögerung 6 aufführen. Die Ergebnisse hier sind ziemlich klar. In keinem der Fälle können wir die Nullhypothese einer Einheitswurzel verwerfen.

Statistik	ohne Trend	mit Trend
DF	−1,268	−1,235
ADF(1)	−1,203	−1,164
ADF(2)	−1,234	−1,199
ADF(3)	−1,318	−1,286
ADF(4)	−1,450	−1,462
ADF(5)	−1,405	−1,366
ADF(6)	−1,294	−1,246

Tabelle 8.3   Einheitswurzeltests für Logarithmus Wechselkurs Euro/Vereinigtes Königreich

Wenn die Kaufkraftparität zwischen der Eurozone und dem Vereinigten Königreich langfristig gilt, kann man davon ausgehen, dass kurzfristige Abweichungen, $s_t - (p_t - p_t^*)$, die dem realen Wechselkurs entsprechen, begrenzt sind und nicht weit schwanken. Anders ausgedrückt ist zu erwarten, dass $s_t - (p_t - p_t^*)$ stationär ist (aber nicht trendstationär). Ein Test auf KKP kann von daher auf der Analyse des Logarithmus echter Wechselkurs $rs_t = s_t - (p_t - p_t^*)$ basieren. Diese Reihen sind dargestellt in Abbildung 8.6, während die Ergebnisse für die Augmented-Dickey-Fuller-Tests für diese Variable in Tabelle 8.4 aufgeführt sind.

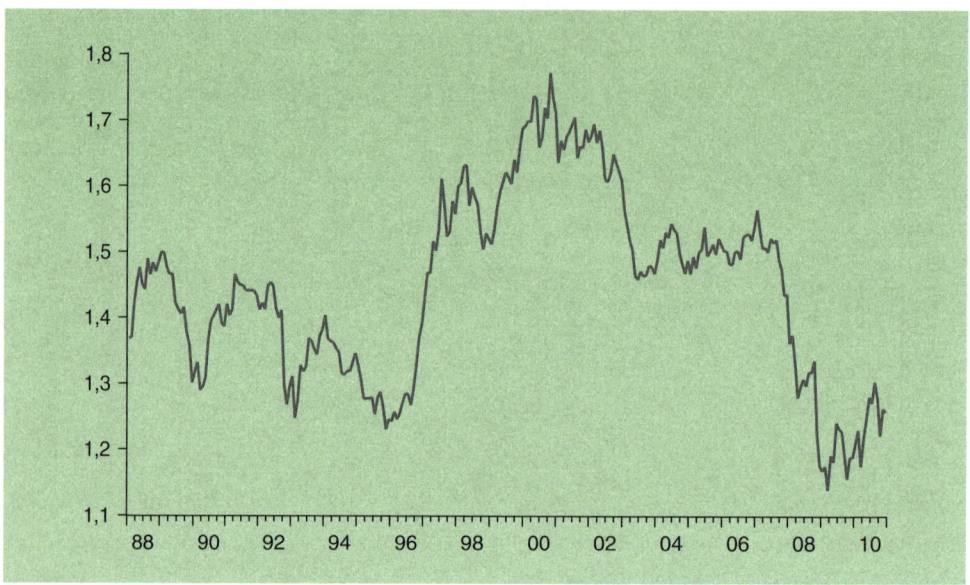

Abbildung 8.6 Logarithmus echter Wechselkurs Eurozone/Vereinigtes Königreich, Januar 1988–Dezember 2010

Statistik	ohne Trend	mit Trend
DF	−1,428	−1,401
ADF(1)	−1,385	−1,354
ADF(2)	−1,364	−1,334
ADF(3)	−1,414	−1,387
ADF(4)	−1,562	−1,538
ADF(5)	−1,488	−1,455
ADF(6)	−1,364	−1,321
ADF(12)	−1,879	−1,847

Tabelle 8.4 Einheitswurzeltests für Logarithmus realer Wechselkurs Eurozone/Vereinigtes Königreich

Die Ergebnisse zeigen, dass die Nullhypothese einer Einheitswurzel in rs_t (entsprechend der Nichtstationarität) nicht verworfen werden kann. Folglich gibt es keinen Beweis, dass KKP in dieser Form gilt. Ein Grund, warum wir nicht in der Lage sind, die Nullhypothese zu verwerfen, besteht schlichtweg darin, dass unsere Stichprobe unzureichende Informationen enthält, das heißt, unsere Stichprobe ist zu kurz und die Standardfehler sind einfach zu hoch, um die Einheitswurzelhypothese zu verwerfen. Dieses Problem findet sich oft in Tests für Kaufkraftparität. Wie von Taylor und Taylor (2004) betont, leiden statistische Tests zum Untersuchen langfristiger Eigenschaften des realen Wechselkurses schnell unter mangelnder Stärke. Das heißt, es kann sehr schwer sein, die Nullhypothese einer Einheitswurzel mit einer relativ kurzen Stichprobe zu verwerfen, wenn sich in Wahrheit der reale Wechselkurs nur langsam und über einen langen Zeitraum zum Mittelwert zurückbewegt. Wenn wir die Null- und die alternative Hypothese umkehren und den KPSS-Test mit einer Verzögerungslänge von 6 durchführen, erhalten wir Werte von 0,545 (quadratischer Spektralkern) und 0,588, was beides knappe Ablehnungen auf dem 5%-Niveau bedeutet.

Basierend auf den Ergebnissen aus der Standard-Dickey-Fuller-Regression (ohne einen Trend) aus Tabelle 8.4 finden wir einen geschätzten Autokorrelationskoeffizienten von $\hat{\theta} = 0,983$. Entsprechend wird eine Proportion von 0,983 eines Schocks beim realen Wechselkurs auch nach einem Monat noch vorhanden sein, während $\hat{\theta}^2 = 0,966$ davon nach zwei Monaten noch vorhanden sind. Die **Halbwertszeit** eines Schocks verrät uns, wie lange es dauern wird, bis die Auswirkungen eines Schocks um 50 Prozent zurückgegangen sind. Sie kann aus $h = \log(0,5)/\log(\theta)$ gelöst werden. Die aktuellen Schätzwerte implizieren eine Halbwertszeit von rund 40 Monaten, was mit den Beobachtungen von Rogoff (1986) übereinstimmt, dass die geschätzten Halbwertszeiten meistens in den Bereich zwischen drei und fünf Jahren fallen. Der Begriff »Kaufkraftparitäten-Puzzle« wird häufig verwendet, um die Schwierigkeit zu bezeichnen, hohe kurzfristige Volatilität realer Wechselkurse mit den sehr langsamen Raten der Rückkehr zum Mittelwert abzugleichen. Im nächsten Kapitel werden wir uns mit dem empirischen Beweis für einige schwächere Formen von KKP beschäftigen.

8.6 Schätzen von ARMA-Modellen

Angenommen, wir wissen, dass die Datenreihe $Y_1, Y_2, \ldots, Y_T$ durch einen ARMA-Prozess der Ordnung p, q generiert wurde. Abhängig von der Spezifikation des Modells und den Verteilungsannahmen, die wir zu machen bereit sind, können wir die unbekannten Parameter durch gewöhnliche oder nichtlineare kleinste Quadrate oder durch Maximum-Likelihood schätzen.

8.6.1 Kleinste Quadrate

Die Vorgehensweise der kleinsten Quadrate wählt die Modellparameter derart, dass die Quadratsumme der Residuen minimal ist. Für Modelle der autoregressiven Form ist das besonders einfach. Betrachten wir das $AR(p)$-Modell

$$Y_t = \delta + \theta_1 Y_{t-1} + \theta_2 Y_{t-2} + \cdots + \theta_p Y_{t-p} + \varepsilon_t, \tag{8.61}$$

wobei ε_t ein Weißes-Rauschen-Fehlerterm ist, der mit nichts korreliert ist, das zeitlich in $t - 1$ oder noch davor liegt. Folglich haben wir

$$E\{Y_{t-j}\varepsilon_t\} = 0 \quad \text{für } j = 1, 2, 3, \ldots, p,$$

Das bedeutet, Fehlerterme und erklärende Variablen sind nicht gleichzeitig korreliert und der auf (8.61) angewandte OLS liefert konsistente Schätzer. Das Schätzen eines autoregressiven

Modells unterscheidet sich also nicht von dem eines linearen Regressionsmodells mit einer gelagten abhängigen Variablen. Natürlich wird die in Kapitel 2 eingeführte Annahme (A2) in einem autoregressiven Modell nicht erfüllt und der OLS-Schätzer zeigt eine kleine Stichprobenverzerrung. Zum Beispiel kann in dem $AR(1)$-Modell gezeigt werden, dass der Schätzer für den autoregressiven Koeffizienten gegen null verzerrt ist. Für Modelle höherer Ordnung ist die Richtung der Verzerrung weniger klar. Methoden der Verzerrungskorrektur, die ihren Weg in die empirische Arbeit gefunden haben, werden von Shaman und Stine (1988) sowie Andrews und Chen (1994) vorgestellt.

Für Moving-Average-Modelle ist das Schätzen etwas komplizierter. Angenommen, wir haben ein $MA(1)$-Modell

$$Y_t = \mu + \varepsilon_t + \alpha \varepsilon_{t-1}.$$

Weil ε_{t-1} nicht beobachtet ist, können wir hier keine Regressionstechniken anwenden. Theoretisch würden sich gewöhnliche kleinste Quadrate minimieren:

$$S(\alpha, \mu) = \sum_{t=2}^{T} (Y_t - \mu - \alpha \varepsilon_{t-1})^2.$$

Eine mögliche Lösung tut sich auf, wenn wir ε_{t-1} in diesem Ausdruck als Funktion beobachteter Y_ts schreiben. Das ist nur möglich, wenn das MA-Polynom *umkehrbar* ist. In diesem Fall können wir verwenden

$$\varepsilon_{t-1} = \sum_{j=0}^{\infty} (-\alpha)^j (Y_{t-j-1} - \mu)$$

(siehe Kapitel 8.2.1) und schreiben

$$S(\alpha, \mu) = \sum_{t=2}^{T} \left(Y_t - \mu - \alpha \sum_{j=0}^{\infty} (-\alpha)^j (Y_{t-j-1} - \mu) \right)^2.$$

In der Praxis ist Y_t für $t = 0, -1, \ldots$ nicht beobachtet, sodass wir die endliche Summe in diesem Ausdruck wegkürzen können, um eine approximative Quadratsumme zu erhalten:

$$\tilde{S}(\alpha, \mu) = \sum_{t=2}^{T} \left(Y_t - \mu - \alpha \sum_{j=0}^{t-2} (-\alpha)^j (Y_{t-j-1} - \mu) \right)^2. \tag{8.62}$$

Dies entspricht dem Gleichsetzen der Vor-Stichprobenwerte von Y_t mit dem unbedingten Mittelwert μ. Wenn nämlich T, asymptotisch, gegen unendlich strebt, dann verschwindet die Differenz zwischen $S(\alpha, \mu)$ und $\tilde{S}(\alpha, \mu)$ und das Minimieren von (8.62) im Hinblick auf α und μ liefert konsistente Schätzer $\hat{\alpha}$ und $\hat{\mu}$. Leider ist (8.62) ein Polynom hoher Ordnung in α und hat von daher sehr viele lokale Minima. Von daher ist das numerische Minimieren von (8.62) kompliziert. Da wir jedoch wissen, dass $-1 < \alpha < 1$, kann eine Rastersuche durchgeführt werden (zum Beispiel $-0{,}99, -0{,}98, -0{,}97, \ldots, 0{,}98, 0{,}99$). Die sich ergebenden nichtlinearen Kleinste-Quadrate-Schätzer für α und μ sind konsistent und asymptotisch normalverteilt.

8.6.2 Maximum-Likelihood

Einen alternativen Schätzer für ARMA-Modelle liefert uns Maximum-Likelihood. Dies erfordert, dass über die Verteilung von ε_t eine Annahme getroffen wird, zumeist Normalität. Obwohl die Normalitätsannahme stark ist, sind die ML-Schätzer sehr oft sogar dann konsistent, wenn ε_t nicht normalverteilt ist. Abhängig vom Ausgangswert kann die Loglikelihood-Funktion geschrieben werden als

$$\log L(\alpha, \theta, \mu, \sigma^2) = -\frac{T-1}{2} \log(2\pi\sigma^2) - \frac{1}{2} \sum_{t=2}^{T} \varepsilon_t^2 / \sigma^2,$$

wobei ε_t eine Funktion der Koeffizienten α, θ und μ und von y_t und deren Geschichte ist. Für ein $AR(1)$-Modell gilt, dass $\varepsilon_t = y_t - \theta y_{t-1}$, wobei $y_t = Y_t - \mu$, und für das $MA(1)$-Modell haben wir

$$\varepsilon_t = y_t - \alpha \sum_{j=0}^{t-2} (-\alpha)^j y_{t-j-1} = \sum_{j=0}^{t-1} (-\alpha)^j y_{t-j}.$$

Die implizierten Loglikelihood-Funktionen sind beide abhängig von einem Ausgangswert. Im $AR(1)$-Fall wird y_1 behandelt als gegeben, während im $MA(1)$-Fall die Ausgangsbedingung $\varepsilon_0 = 0$ lautet. Deshalb werden die sich ergebenden Schätzer als **bedingte Maximum-Likelihood-Schätzer** bezeichnet. Es ist leicht zu erkennen, dass die bedingten ML-Schätzer für α, θ und μ identisch sind mit den Kleinste-Quadrate-Schätzern.

Der *exakte* Maximum-Likelihood-Schätzer kombiniert die bedingte Likelihood mit der Likelihood aus den Eingangsbeobachtungen. Zum Beispiel wird im $AR(1)$-Fall der Loglikelihood der folgende Term hinzugefügt:

$$-\frac{1}{2} \log(2\pi) - \frac{1}{2} \log[\sigma^2 / (1 - \theta^2)] - \frac{1}{2} \frac{y_1^2}{\sigma^2 / (1 - \theta^2)},$$

was aus der Tatsache folgt, dass die marginale Dichte von y_1 normalverteilt ist mit Mittelwert null und Varianz $\sigma^2 / (1 - \theta^2)$. Für einen Moving-Average-Prozess ist die exakte Likelihood-Funktion etwas komplexer. Wenn T groß ist, hat die Art und Weise, wie wir die Ausgangswerte behandeln, eine vernachlässigbare Auswirkung, sodass sowohl der bedingte als auch der exakte Maximum-Likelihood-Schätzer asymptotisch gleich sind in Fällen, in denen die AR- und MA-Polynome umkehrbar sind. Mehr Details gibt es bei Hamilton (1994, Kapitel 5).

Aus obigen Ergebnissen geht hervor, dass das Schätzen von autoregressiven Modellen einfacher ist als das Schätzen von Moving-Average-Modellen. Das Schätzen von ARMA-Modellen, die einen autoregressiven Teil mit einem Moving-Average-Teil kombinieren, folgt dem Vorgehen der ML-Schätzung für den MA-Parameter. Da jedes (umkehrbare) ARMA-Modell durch ein autoregressives Modell unendlicher Ordnung approximiert werden kann, ist es zunehmend üblicher geworden, autoregressive statt MA- oder ARMA-Spezifikationen zu verwenden und eine ausreichende Anzahl von Verzögerungen zuzulassen. Vor allem wenn die Anzahl der Beobachtungen nicht zu klein ist, kann diese Vorgehensweise in der Praxis sehr gut funktionieren. Natürlich wäre eine MA-Repräsentation desselben Prozesses sparsamer. Ein weiterer Vorteil autoregressiver Modelle besteht darin, dass sie leicht zu multivariaten Zeitreihen verallgemeinert werden können, bei dem man ein Set ökonomischer Variablen gemeinsam darstellen will.

Das führt zu den sogenannten **vektorautoregressiven Modellen,** die wir im folgenden Kapitel besprechen werden.

8.7 Ein Modell auswählen

Meistens gibt es keinen ökonomischen Grund, eine bestimmte Spezifikation für ein ARMA-Modell auszuwählen. Folglich werden weitgehend die Daten bestimmen, welches Zeitreihenmodell passend ist. Bevor wir überhaupt ein Modell schätzen, ist es üblich, Autokorrelation und partielle Autokorrelationskoeffizienten direkt aus den Daten zu schätzen, die vielleicht eine Vorstellung davon geben, welches Modell sich eignen könnte. Nachdem ein oder mehr Modelle geschätzt sind, kann deren Qualität beurteilt werden durch das Überprüfen, ob sie mehr oder weniger weißes Rauschen aufweisen, und durch deren Vergleichen mit alternativen Spezifikationen. Diese Vergleiche können auf statistischen Signifikanztests oder auf der Verwendung bestimmter Modellselektionskriterien basieren.

8.7.1 Die Autokorrelationsfunktion

Die Autokorrelationsfunktion (AKF) beschreibt die Korrelation zwischen Y_t und ihrer Verzögerung Y_{t-k} als eine Funktion von k. Rufen Sie sich in Erinnerung, dass der Autokorrelationskoeffizient k-ter Ordnung definiert ist als

$$\rho_k = \frac{\text{cov}\{Y_t, Y_{t-k}\}}{V\{Y_t\}} = \frac{\gamma_k}{\gamma_0},$$

unter Beachtung, dass $\text{cov}\{Y_t, Y_{t-k}\} = E\{y_t y_{t-k}\}$.

Für das $MA(1)$-Modell haben wir gesehen, dass

$$\rho_1 = \frac{\alpha}{1 + \alpha^2}, \quad \rho_2 = 0, \quad \rho_3 = 0, \dots,$$

Das heißt, nur der erste Autokorrelationskoeffizient ist nicht null. Für das $MA(2)$-Modell

$$y_t = \varepsilon_t + \alpha_1 \varepsilon_{t-1} + \alpha_2 \varepsilon_{t-2}$$

haben wir

$$E\{y_t^2\} = (1 + \alpha_1^2 + \alpha_2^2)\sigma^2$$

$$E\{y_t y_{t-1}\} = (\alpha_1 + \alpha_1 \alpha_2)\sigma^2$$

$$E\{y_t y_{t-2}\} = \alpha_2 \sigma^2$$

$$E\{y_t y_{t-k}\} = 0 \text{ für } k = 3, 4, 5, \dots$$

Daraus folgt unmittelbar, dass der AKF nach zwei Verzögerungen null beträgt. Dies ist ein allgemeines Ergebnis für Moving-Average-Modelle: Für ein $MA(q)$-Modell beträgt der AKF nach q Verzögerungen null.

Die *Stichproben*-Autokorrelationsfunktion ergibt die *geschätzten* Autokorrelationskoeffizienten als eine Funktion von k. Der Koeffizient ρ_k kann geschätzt werden durch[4]

$$\hat{\rho}_k = \frac{\dfrac{1}{T-k} \sum_{t=k+1}^{T} (Y_t - \bar{Y})(Y_{t-k} - \bar{Y})}{\dfrac{1}{T} \sum_{t=1}^{T}(Y_t - \bar{Y})^2}, \tag{8.63}$$

wobei $\bar{Y} = (1/T) \sum_{t=1}^{T} Y_t$ den Stichprobendurchschnitt bezeichnet. Das heißt, die Varianz der Grundgesamtheit und die Kovarianz im Verhältnis werden durch Stichprobenschätzwerte ersetzt. Alternativ kann ρ_k geschätzt werden durch das Regressieren von Y_t auf Y_{t-k} und einer Konstanten, was einen leicht anderen Schätzer ergibt, weil die Addition im Zähler und Nenner über dasselbe Set von Beobachtungen erfolgt. Wir können $\hat{\rho}_k$ verwenden, um die Hypothese zu testen, dass $\rho_k = 0$. Um das zu tun, verwenden wir das Ergebnis, dass asymptotisch

$$\sqrt{T}(\hat{\rho}_k - \rho_k) \to \mathcal{N}(0, v_k),$$

wobei

$$v_k = 1 + 2\rho_1^2 + 2\rho_2^2 + \cdots + 2\rho_q^2 \quad \text{wenn } q < k.$$

Um also die Hypothese zu testen, dass das Modell $MA(0)$ das wahre Modell ist gegenüber der Alternative, dass dies $MA(1)$ ist, können wir $\rho_1 = 0$ testen durch Vergleichen der Teststatistik $\sqrt{T}\hat{\rho}_1$ mit den kritischen Werten einer Standardnormalverteilung. Das Testen von $MA(k-1)$ versus $MA(k)$ erfolgt durch das Testen von $\rho_k = 0$ und Vergleichen der Teststatistik

$$\sqrt{T}\frac{\hat{\rho}_k}{\sqrt{1 + 2\hat{\rho}_1^2 + \cdots + 2\hat{\rho}_{k-1}^2}} \tag{8.64}$$

mit kritischen Werten aus der Standardnormalverteilung. In der Regel werden zwei Standardfehlergrenzen für $\hat{\rho}_k$, die auf der geschätzten Varianz $1 + 2\hat{\rho}_1^2 + \cdots + 2\hat{\rho}_{k-1}^2$ basieren, grafisch in der Abbildung der Stichprobenautokorrelationsfunktion (siehe das Beispiel in Kapitel 8.8) dargestellt. Die Ordnung eines Moving-Average-Modells kann auf diese Weise aus einer Inspektion des Stichproben-AKF bestimmt werden. Zumindest wird es uns einen vernünftigen Wert für q liefern, von dem wir ausgehen können, und eine diagnostische Überprüfung, wie im Folgenden besprochen, sollte anzeigen, ob es geeignet ist oder nicht.

Für autoregressive Modelle ist der AKF weniger hilfreich. Für das $AR(1)$-Modell haben wir gesehen, dass die Autokorrelationskoeffizienten nicht an einer endlichen Verzögerungslänge abschneiden. Stattdessen gehen sie exponentiell gegen null entsprechend $\rho_k = \theta^k$. Für autoregressive Modelle höherer Ordnung ist die Autokorrelationsfunktion komplexer. Betrachten wir das allgemeine $AR(2)$-Modell

$$Y_t = \delta + \theta_1 Y_{t-1} + \theta_2 Y_{t-2} + \varepsilon_t.$$

Um die Autokovarianzen abzuleiten, ist es zweckmäßig, die Kovarianz beider Seiten mit Y_{t-k} zu nehmen, um zu erhalten

$$\text{cov}\{Y_t, Y_{t-k}\} = \theta_1 \, \text{cov}\{Y_{t-1}, Y_{t-k}\} + \theta_2 \, \text{cov}\{Y_{t-2}, Y_{t-k}\} + \text{cov}\{\varepsilon_t, Y_{t-k}\}.$$

Für $k = 0, 1, 2$ ergibt das

$$\gamma_0 = \theta_1 \gamma_1 + \theta_2 \gamma_2 + \sigma^2$$

$$\gamma_1 = \theta_1 \gamma_0 + \theta_2 \gamma_1$$

$$\gamma_2 = \theta_1 \gamma_1 + \theta_2 \gamma_0.$$

Dieses Gleichungsset, bekannt als **Yule-Walker-Gleichungen**, kann für die Autokovarianzen γ_0, γ_1 und γ_2 als eine Funktion der Modellparameter θ_1, θ_2 und σ^2 aufgelöst werden. Die Kovarianzen höherer Ordnung können rekursiv bestimmt werden aus

$$\gamma_k = \theta_1 \gamma_{k-1} + \theta_2 \gamma_{k-2} \quad (k = 2, 3, \ldots),$$

was einer Differentialgleichung zweiter Ordnung entspricht. Abhängig von θ_1 und θ_2 können die Muster des AKF sehr unterschiedlich sein. Folglich kann im Allgemeinen nur ein echter Experte einen $AR(2)$-Prozess aus dem AKF-Muster identifizieren, ganz zu schweigen von den Stichproben-AKF-Mustern. Eine alternative, hilfreiche Informationsquelle liefert uns die *partielle* Autokorrelationsfunktion, die wir im nächsten Kapitel näher betrachten werden.

8.7.2 Die partielle Autokorrelationsfunktion

Wir definieren nun den **partiellen Autokorrelationskoeffizienten** der Stichprobe k-ter Ordnung als den Schätzwert für θ_k in einem $AR(k)$-Modell. Diesen bezeichnen wir mit $\hat{\theta}_{kk}$. Das Schätzen

$$Y_t = \delta + \theta_1 Y_{t-1} + \varepsilon_t$$

liefert uns $\hat{\theta}_{11}$, während das Schätzen

$$Y_t = \delta + \theta_1 Y_{t-1} + \theta_2 Y_{t-2} + \varepsilon_t$$

$\hat{\theta}_{22}$ hervorbringt, den geschätzten Koeffizienten für Y_{t-2} in dem $AR(2)$-Modell. Die partielle Autokorrelation $\hat{\theta}_{kk}$ misst die zusätzliche Korrelation zwischen Y_t und Y_{t-k}, nachdem für die intermediären Werte $Y_{t-1}, \ldots, Y_{t-k+1}$ Korrekturen durchgeführt wurden.

Wenn das wahre Modell ein $AR(p)$-Prozess ist, ergibt das Schätzen eines $AR(k)$-Modells mittels OLS offensichtlich konsistente Schätzer für die Modellparameter, wenn $k \geq p$. Somit haben wir

$$\text{plim} \, \hat{\theta}_{kk} = 0 \quad \text{wenn } k > p. \tag{8.65}$$

Darüber hinaus kann gezeigt werden, dass die asymptotische Verteilung standardnormal ist, also

$$\sqrt{T}(\hat{\theta}_{kk} - 0) \to \mathcal{N}(0, 1) \quad \text{wenn } k > p. \tag{8.66}$$

Folglich können die partiellen Autokorrelationskoeffizienten (oder die partielle Autokorrelationsfunktion (PAKF)) genutzt werden, um die Ordnung eines AR-Prozesses zu bestimmen. Das Testen eines $AR(k-1)$-Modells gegen ein $AR(k)$-Modell impliziert das Testen der Nullhypothese, dass $\theta_{kk} = 0$. Unter der Nullhypothese, dass das Modell $AR(k-1)$ ist, beträgt der approximierte Standardfehler von $\hat{\theta}_{kk}$ basierend auf (8.66) $1/\sqrt{T}$, sodass $\theta_{kk} = 0$ verworfen wird, wenn $|\sqrt{T}\hat{\theta}_{kk}| > 1,96$. Auf diese Weise können wir den PAKF betrachten und für jede Verzögerung testen, ob der partielle Autokorrelationskoeffizient null beträgt. Für ein echtes $AR(p)$-Modell werden die partiellen Autokorrelationen nach der p-ten Zeitverzögerung nahe null sein.

Für Moving-Average-Modelle kann gezeigt werden, dass die partielle Autokorrelation keine Trennlinie aufweist, sondern gegen null abnimmt, so wie die Autokorrelationen in einem autoregressiven Modell. Zusammengefasst lässt sich ein $AR(p)$-Prozess wie folgt beschreiben:

1. Ein AKF, der in der Ausdehnung unendlich ist (er nimmt ab)

2. Ein PAKF, der (nahe) null für Verzögerungen größer als p ist

Bei einem $MA(q)$-Prozess haben wir:

1. Einen AKF, der (nahe) null ist für Verzögerungen größer als q

2. Einen PAKF, der in seiner Ausdehnung unendlich ist (er nimmt ab)

Liegt keine der beiden Situationen vor, kann ein ARMA-Modell möglicherweise eine sparsame Repräsentation der Daten liefern.

8.7.3 Diagnoseüberprüfung

Im letzten Schritt unseres Modellerstellungsdurchlaufs sind einige Überprüfungen hinsichtlich der Modelleignung erforderlich. Möglich sind das Durchführen einer **Residuenanalyse** sowie eine **Überanpassung** des spezifizierten Modells. Wird zum Beispiel ein $ARMA(p,q)$-Modell gewählt (auf Basis der Stichprobe AKF und PAKF), können wir auch ein $ARMA(p+1,q)$- und ein $ARMA(p,q+1)$-Modell schätzen und die Signifikanz der zusätzlichen Parameter testen.

Eine Residuenanalyse basiert in der Regel auf der Tatsache, dass die Residuen des geeigneten Modells approximativ ein Weißes-Rauschen-Prozess sein sollten. Das Abbilden der Residuen kann ein hilfreiches Tool sein, um auf Ausreißer zu überprüfen. Darüber hinaus werden für gewöhnlich die geschätzten Residuenautokorrelationen untersucht. Rufen Sie sich in Erinnerung, dass die Autokorrelationen für eine Weißes-Rauschen-Reihe null sind. Deshalb wird die Signifikanz der Residuenautokorrelationen häufig überprüft durch das Vergleichen mit den approximierten Zwei-Standardfehler-Grenzen $\pm 2/\sqrt{T}$. Um die Gesamtakzeptanz der Residuenautokorrelationen zu überprüfen, wird häufig der Portmanteau-Test von Ljung und Box (1978),

$$Q_K = T(T+2) \sum_{k=1}^{K} \frac{1}{T-k} r_k^2, \tag{8.67}$$

durchgeführt. Hierbei sind die r_k die geschätzten Autokorrelationskoeffizienten der Residuen $\hat{\varepsilon}_t$ und K ist eine vom Forscher gewählte Zahl. Werte von Q für unterschiedliche K können mittels einer Residualanalyse berechnet werden. Für einen $ARMA(p,q)$-Prozess (für Y_t) ist das statistische Q_k approximativ Chi-Quadrat-verteilt mit $K - p - q$ Freiheitsgraden (unter der

Nullhypothese, dass das $ARMA\,(p, q)$ korrekt spezifiziert ist). Wird ein Modell auf dieser Stufe abgelehnt, muss der Modellerstellungsdurchgang wiederholt werden. Beachten Sie, dass dieser Test nur Sinn ergibt, wenn $K > p + q$.

8.7.4   Kriterien für die Modellauswahl

Weil die ökonomische Theorie keine Richtlinien für die geeignete Modellauswahl bietet, können einige zusätzliche Kriterien verwendet werden, um unter alternativen Modellen auszuwählen, die aus statistischer Sicht akzeptabel sind. Ein allgemeineres Modell wird stets eine bessere Passung aufweisen (innerhalb der Stichprobe) als eine beschränkte Version davon. All diese Kriterien stellen einen Kompromiss zwischen Anpassungsgüte und der Anzahl der verwendeten Parameter dar, die gebraucht wurden, um die Anpassung herzustellen. Wenn zum Beispiel ein $MA(2)$-Modell dieselbe Passung wie ein $AR(10)$-Modell aufweist, so würden wir das Erstere bevorzugen, weil es sparsamer ist. Wie in Kapitel 3 besprochen, ist das **Akaike-Informationskriterium** (Akaike, 1973) ein bekanntes Kriterium. In unserem aktuellen Kontext ergibt es sich durch

$$AIC = \log \hat{\sigma}^2 + 2\frac{p + q + 1}{T}, \tag{8.68}$$

wobei $\hat{\sigma}^2$ die geschätzte Varianz von ε_t ist. Eine Alternative stellt das **Bayes'sche Informationskriterium** (*BIC*) (auch Schwarz'sches Informationskriterium) dar, vorgeschlagen von Schwarz (1978), das gegeben ist durch

$$BIC = \log \hat{\sigma}^2 + \frac{p + q + 1}{T} \log T. \tag{8.69}$$

Beide Kriterien basieren auf der Likelihood und stellen verschiedene Kompromisse zwischen »Passung«, wie durch den Likelihood-Wert gemessen, und »Sparsamkeit«, wie durch die Anzahl der freien Parameter $p + q + 1$ gemessen (davon ausgehend, dass in dem Modell eine Konstante enthalten ist), dar. Für gewöhnlich wird das Modell mit dem kleinsten *AIC* oder *BIC* bevorzugt, obwohl man sich entscheiden kann, davon abzuweichen, wenn für eine Untergruppe der Modelle die Differenzen bei den Kriterienwerten klein sind.

Obwohl sich die beiden Kriterien bei ihrem Kompromiss hinsichtlich Passung und Sparsamkeit unterscheiden, kann das *BIC* bevorzugt werden, weil es die Eigenschaft besitzt, dass es mit an Sicherheit grenzender Wahrscheinlichkeit das wahre Modell auswählt, wenn $T \to \infty$, vorausgesetzt, das wahre Modell gehört zur Klasse der $ARMA(p, q)$-Modelle für relativ kleine Werte von p und q. In diesem Fall neigt das *AIC*-Kriterium dazu, asymptotisch in überparametrisierten Modellen zu enden (siehe Hannan, 1980). Andererseits wurde dafür argumentiert, dass das *AIC* gut in Fällen performt, in denen sich das wahre Modell nicht in der Klasse der betrachteten Modelle befindet, weil die zusätzlichen Parameter die Fehlspezifikation approximieren können.

8.8   Beispiel: Die Persistenz der Inflation

Inflation ist eine der Schlüsselvariablen in der Geldwirtschaft. Etliche jüngere Studien untersuchen die Persistenz der Inflation in den Vereinigten Staaten (zum Beispiel Fuhrer und Moore,

1995, oder Piveta und Reis, 2007). In diesem Fall meint Persistenz die langfristige Auswirkung eines Schocks auf die Inflation. Wie lange und wie stark beeinflusst ein 1%-Schock auf die heutige Inflation zukünftige Inflationsraten? Und wie lange dauert es, bis die Inflationsrate wieder auf ihr vorhergehendes Niveau zurückgekehrt ist, falls überhaupt jemals? Um das herauszufinden, untersuchen wir die dynamischen Eigenschaften der vierteljährlichen Inflationsrate in den Vereinigten Staaten mittels eines Einheitswurzeltests und ARIMA-Modellen. Bei den uns zur Verfügung stehenden Daten handelt es sich um saisonbereinigte Inflationsraten von 1960 bis 2010 ($T = 204$ Quartale), basierend auf dem Consumer Price Index (CPI), der vom Bureau of Labor Statistics zur Verfügung gestellt wird. Die Inflationsrate ist die auf das Jahr umgerechnete vierteljährliche Veränderung im CPI, berechnet als $Y_t = 400 \log(CPI_t/CPI_{t-1})$. Abbildung 8.7 stellt die sich ergebenden Reihen grafisch dar.

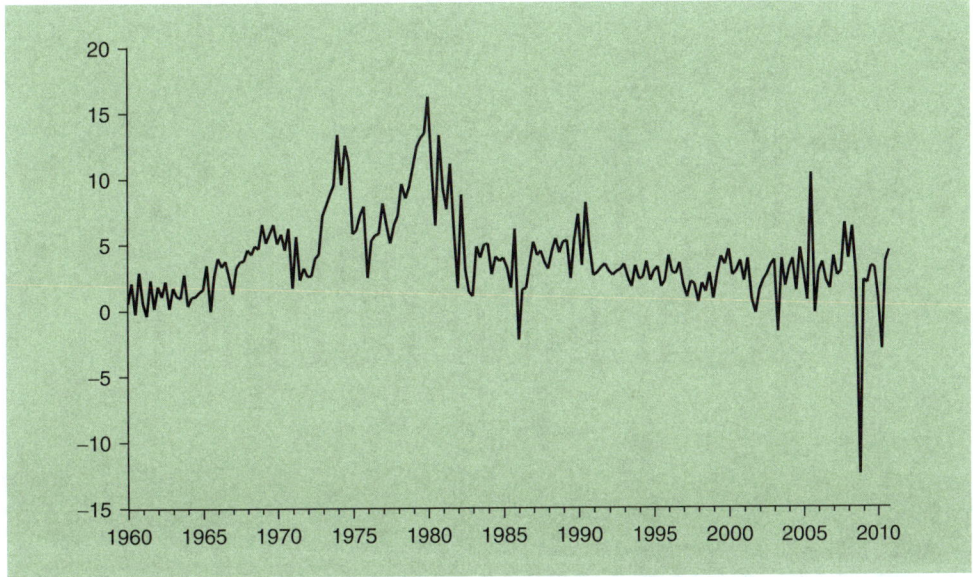

Abbildung 8.7 Vierteljährliche Inflation in den Vereinigten Staaten, 1960–2010

Die Abbildung zeigt, dass in den 1960er-Jahren die Inflation relativ gering war, während sie in den 1970ern stetig anstieg, mit Spitzen um 1974 und 1980 herum. Zu Beginn der 1980er-Jahre intensivierte die US-Notenbank ihre Anstrengungen, die Inflationsraten niedrig zu halten, was zu niedrigeren und stabileren Inflationsraten bis in die 1990er-Jahre führte. Das erste Jahrzehnt des neuen Jahrtausends zeigt eine zunehmende Streuung bei den Inflationsraten, teilweise begründet durch die Rezession und die hohe Streuung bei Rohstoffpreisen, wie jenem von Rohöl, in dieser Periode.

Als ersten Schritt testen wir auf das Vorhandensein einer Einheitswurzel in den vierteljährlichen Inflationsreihen mittels des Augmented-Dickey-Fuller-Tests. Mit einem Achsenabschnitt in der Testregression führt der ADF-Test mit zwei Verzögerungen zu einem Wert von –3,078 für die Teststatistik, was einer knappen Ablehnung auf dem 5%-Niveau entspricht. Mit vier Verzögerungen reduziert sich die Teststatistik auf –2,764, was nur eine knappe Ablehnung auf dem 10%-Niveau bedeutet. Werden mehr Verzögerungen hinzugefügt, wird es zunehmend unwahrscheinlicher, die Nullhypothese einer Einheitswurzel zu verwerfen. Das Verwenden des

KPSS-Tests zum Testen der Nullhypothese auf Stationarität liefert ebenfalls widersprüchliche Schlussfolgerungen, abhängig von der Anzahl der Verzögerungen, die in die Newey-West-Korrektur aufgenommen sind.

Diese Ergebnisse legen nahe, dass Inflation entweder $I(1)$ oder $I(0)$ ist, mit einem hohen Grad an Persistenz. Unser nächster Blick auf die Daten beinhaltet eine Untersuchung der Stichprobenautokorrelations- und partiellen Autokorrelationsfunktionen, welche in Abbildung 8.8 beziehungsweise 8.9 dargestellt sind. Der AKF bestätigt, dass die Inflation hoch persistent ist, wobei sich die ersten sieben Autokorrelationskoeffizienten statistisch signifikant von null unterscheiden. Der PAKF zeigt eine statistische Signifikanz der ersten drei partiellen Autokorrelationskoeffizienten, nach denen der PAKF nahe null ist, mit einer gelegentlichen Spitze in beide Richtungen.

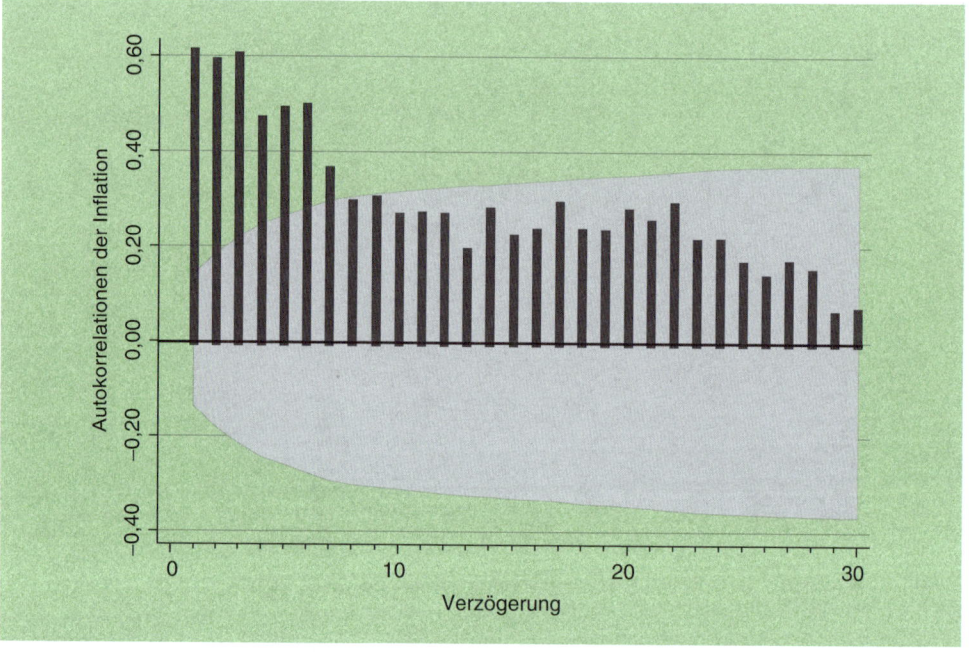

Abbildung 8.8 Stichprobenautokorrelationsfunktion der Inflationsrate

Um unsere Analyse fortzusetzen, werden wir annehmen, dass die Inflation $I(0)$ beträgt, wie es auch bei Fuhrer und Moore (1995) getan wird, und die Persistenz der Inflation analysieren, nachdem wir ein oder mehr ARMA-Modelle geschätzt haben. Basierend auf der Stichprobenautokorrelation und den partiellen Autokorrelationen ist das erste Modell, das wir schätzen, ein autoregressives Modell dritter Ordnung (weil PAKF ab der 4. Verzögerung nicht mehr signifikant ist). Beim Schätzen des $AR(3)$-Modells mittels OLS erhalten wir

$$y_t = \underset{(0,068)}{0,292} \ y_{t-1} + \underset{(0,069)}{0,227} \ y_{t-2} + \underset{(0,069)}{0,300} \ y_{t-3} + \hat{\epsilon}_t;$$

$$AIC = 4,577476; BIC = 4,642537; s = 2,36338.$$

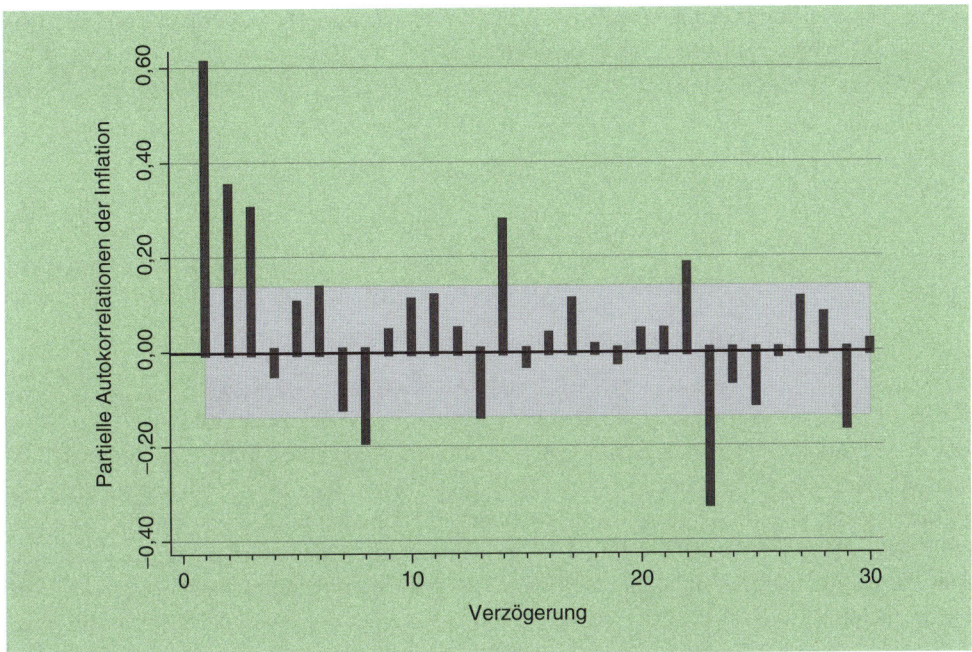

Abbildung 8.9 Partielle Sichprobenautokorrelationsfunktion der Inflationsrate

Der Kürze halber führen wir die geschätzten Achsenabschnitte nicht auf. Die Ljung-Box-Teststatistiken sind $Q_6 = 10,568$ ($p = 0,014$) und $Q_{12} = 16,961$ ($p = 0,049$), was nahelegt, dass die Residuenautokorrelation immer noch vorhanden und marginal signifikant ist. Angenommen, wir entscheiden uns, das Modell durch Hinzufügen zusätzlicher autoregressiver Terme zu erweitern. Das geschätzte $AR(4)$-Modell ergibt sich durch

$$y_t = \;\; 0,305 \;\; y_{t-1} + \;\; 0,328 \;\; y_{t-2} + \;\; 0,313 \;\; y_{t-3} - \;\; 0,043 \;\; y_{t-4} + \hat{\varepsilon}_t;$$
$$(0,071) \qquad\quad (0,071) \qquad\quad (0,072) \qquad\quad (0,072)$$
$$AIC = 4,585499; BIC = 4,666825; s = 2,36720.$$

Die Ljung-Box-Statistiken betragen $Q_6 = 11,143$ ($p = 0,004$) und $Q_{12} = 17,505$ ($p = 0,025$). Das Hinzufügen eines Moving-Average-Terms zum $AR(3)$-Modell führt zu

$$y_t = \;\; 0,104 \;\; y_{t-1} + \;\; 0,303 \;\; y_{t-2} + \;\; 0,365 \;\; y_{t-3} + \;\; 0,207 \;\; \hat{\varepsilon}_{t-1} + \hat{\varepsilon}_t;$$
$$(0,212) \qquad\quad (0,108) \qquad\quad (0,089) \qquad\quad (0,227)$$
$$AIC = 4,584362; BIC = 4,665689; s = 2,36586;$$
$$Q_6 = 10,882 \,(\,p = 0,004), \quad Q_{12} = 17,286 \,(\,p = 0,027).$$

Keine dieser beiden erweiterten Spezifikationen ist dem ursprünglichen $AR(3)$-Modell überlegen. Dennoch zeigt jedes der drei bislang geschätzten Modelle eine gewisse residuale Reihenkorrelation. Eine Inspektion der residualen AKF und PAKF legt nahe, dass das Aufnehmen einer 6. Verzögerung angebracht ist. Deshalb betrachten wir als nächste Spezifikation ein $AR(6)$-Modell. Die Schätzergebnisse lauten wie folgt:

$$y_t = \underset{(0,071)}{0,297} \; y_{t-1} + \underset{(0,074)}{0,218} \; y_{t-2} + \underset{(0,077)}{0,248} \; y_{t-3}$$

$$\underset{(0,077)}{-0,106} \; y_{t-4} + \underset{(0,075)}{0,062} \; y_{t-5} + \underset{(0,072)}{0,132} \; y_{t-6} + \hat{\varepsilon}_t;$$

$$AIC = 4,577884; BIC = 4,691741; s = 2,34702;$$

$$Q_{12} = 13,605 \, (p = 0,034).$$

Die drei zusätzlichen Verzögerungen von y_t in diesem Modell sind individuell nicht signifikant auf dem 5%-Niveau. Der AIC ist etwas besser als für das $AR(3)$-Modell, aber der BIC, welcher eine größere Bestrafung für die zusätzlichen Parameter besitzt, bevorzugt die sparsamere $AR(3)$-Spezifikation. Der Ljung-Box-Test verwirft die Nullhypothese keiner residualen Autokorrelation marginal auf dem 5%-Niveau. Als letzte Spezifikation schätzen wir ein $AR(6)$-Modell, schließen jedoch die dazwischen liegenden Verzögerungen 4 und 5 aus. Das führt zu

$$y_t = \underset{(0,068)}{0,270} \; y_{t-1} + \underset{(0,069)}{0,216} \; y_{t-2} + \underset{(0,075)}{0,242} \; y_{t-3} + \underset{(0,066)}{0,125} \; y_{t-6} + \hat{\varepsilon}_t;$$

$$AIC = 4,569353; BIC = 4,650680; s = 2,34817;$$

$$Q_6 = 5,174 \, (p = 0,075), \quad Q_{12} = 15,106 \, (p = 0,057).$$

Diese Spezifikation erfüllt (knapp) die Ljung-Box-Portmanteau-Tests. Die sechste Verzögerung ist jedoch nur marginal signifikant. Der AIC favorisiert letztere Spezifikation gegenüber dem $AR(3)$-Modell, während der BIC das $AR(3)$ bevorzugt.

Die Ergebnisse unserer Spezifikationssuche sind nicht eindeutig und weder das $AR(3)$- noch das (reduzierte) $AR(6)$-Modell können verteidigt werden. Wir werden nun untersuchen, bis zu welchem Ausmaß diese Modelle unterschiedliche Antworten auf die Frage der Persistenz von Inflation geben. Wir folgen Pivetta und Reis (2007) und unterscheiden drei Skalenmaße für Persistenz. Das erste Maß ist die Summe der Koeffizienten im autoregressiven Prozess (SARC). Die Begründung für dieses Maß entsteht aus der Tatsache, dass die kumulative Wirkung eines Schocks auf die Inflation gemessen wird durch $1/(1 - \sum_{j=1}^{p} \theta_j)$. Beachten Sie, dass wir bereits zuvor gesehen haben, dass $\sum_{j=1}^{p} \theta_j = 1$ einer Einheitswurzel und unendlicher Persistenz entspricht. Das zweite Maß, das wir betrachten, ist die größte Wurzel des autoregressiven Polynoms. Und wieder ist, wenn die größte Wurzel eins beträgt (eine Einheitswurzel), der Prozess unendlich persistent und die Inflation kehrt nach dem Schock nie wieder auf ihr ursprüngliches Niveau zurück. Das letzte Maß ist die Halbwertszeit eines Schocks. Sie misst die Anzahl erforderlicher Perioden, damit sich ein Schock auf eine Inflation zur Hälfte auflöst. Wir schätzen das durch Verwenden von $h = \log(0.5)/\log(\sum_{j=1}^{p} \theta_j)$, was eine simple Transformation der Summe des SARC darstellt. Es wurden auch alternative Schätzer für das Schätzen der Halbwertszeit in autoregressiven Modellen höherer Ordnung vorgeschlagen (siehe zum Beispiel Rossi, 2005).

Für das $AR(3)$-Modell beträgt die Summe der AR-Koeffizienten 0,814, während sie für das reduzierte $AR(6)$-Modell mit 0,845 etwas höher ist. Die geschätzten größten Wurzeln für die beiden Modelle sind 0,90 beziehungsweise 0,94. Und schließlich ist die geschätzte Halbwertszeit für das $AR(3)$-Modell 3,37 und 4,11 Quartale für das $AR(6)$-Modell. Wir schließen daraus, dass die Persistenz der Inflation ziemlich hoch ist, unabhängig davon, welches der beiden Modelle verwendet wird.

8.9 Vorhersagen mit ARMA-Modellen

Ein Hauptziel des Erstellens von Zeitreihenmodellen ist das Vorhersagen zukünftiger Pfade von ökonomischen Variablen. Empirisch performen ARMA-Modelle in dieser Hinsicht für gewöhnlich recht gut und übertreffen leistungsmäßig oft sogar komplizierte Strukturmodelle. Natürlich liefern ARMA-Modelle keine ökonomischen Erkenntnisse zu Vorhersagen und sind nicht in der Lage, in alternativen ökonomischen Szenarien Vorhersagen zu treffen. Wenn keine Unsicherheit hinsichtlich des Modells herrscht und die Modellparameter bekannt sind, ist Vorhersagen relativ einfach und es ist nicht schwer, den optimalen Prädiktor herzuleiten, der schlichtweg die bedingte Erwartung eines zukünftigen Wertes in Anbetracht der zur Verfügung stehenden Informationen ist. Im nächsten Kapitel werden wir den optimalen Prädiktor besprechen und wie er in ARMA-Modellen hergeleitet werden kann. Kapitel 8.8.2 widmet die Aufmerksamkeit der Vorhersagegenauigkeit, wieder in der Situation, in der Modellunsicherheit keine Rolle spielt. Kapitel 8.8.3 konzentriert sich auf unverfälschte Vorhersagen aus der Stichprobe, wobei das Vorhersagemodell nicht a priori gegeben ist und über die Zeit wechseln kann und Modellparameter geschätzt werden müssen.

8.9.1 Der optimale Prädiktor

Angenommen, wir haben den Zeitpunkt T und interessieren uns für das Vorhersagen von Y_{T+h}, dem Wert von Y_t in h Perioden von heute an. Ein Prädiktor für Y_{T+h} wird auf einem **Informationsset** basieren, bezeichnet mit $\mathcal{I}_T$, welches die Information enthält, die zum Zeitpunkt der Vorhersage verfügbar ist und potentiell genutzt wird. Idealerweise enthält er sämtliche Information, die zum Zeitpunkt T beobachtet und bekannt ist. Beim Modellieren von univariaten Zeitreihen gehen wir für gewöhnlich davon aus, dass das Informationsset zu jedem Zeitpunkt t die Werte von Y_t und all ihre Verzögerungen enthält. Folglich haben wir

$$\mathcal{I}_T = \{Y_{-\infty}, \dots, Y_{T-1}, Y_T\}. \tag{8.70}$$

Im Allgemeinen ist der Prädiktor $\hat{Y}_{T+h|T}$ (der Prädiktor für Y_{T+h} wie zum Zeitpunkt T konstruiert) eine Funktion von (Variablen in) dem Informationsset $\mathcal{I}_T$. Unser Kriterium für das Auswählen eines Prädiktors aus den vielen Möglichkeiten ist das Minimieren des erwarteten quadratischen Vorhersagefehlers

$$E\{(Y_{T+h} - \hat{Y}_{T+h|T})^2 | \mathcal{I}_T\}, \tag{8.71}$$

wobei $E\{.|\mathcal{I}_T\}$ die bedingte Erwartung angesichts des Informationssets $\mathcal{I}_T$ bezeichnet. Es ist nicht sehr schwer, zu zeigen, dass der beste Prädiktor für Y_{T+h} in Anbetracht des Informationssets zum Zeitpunkt T die bedingte Erwartung von Y_{T+h} in Anbetracht der Information $\mathcal{I}_T$ ist.

Diesen optimalen Prädikator bezeichnen wir mit

$$Y_{T+h|T} \equiv E\{Y_{T+h}|\mathcal{I}_T\}. \tag{8.72}$$

Weil der optimale Prädiktor eine bedingte Erwartung ist, erfüllt er die üblichen Eigenschaften von Erwartungsoperatoren. Und wichtiger noch: Die bedingte Erwartung einer Summe ist die Summe der bedingten Erwartungen. Darüber hinaus gilt, dass die bedingte Erwartung von Y_{T+h} bei einem gegebenen Informationsset $\mathcal{I}_T'$, wobei $\mathcal{I}_T'$ eine Teilmenge von $\mathcal{I}_T$ ist, bestenfalls so gut ist wie Y_{T+h} basierend auf $\mathcal{I}_T$. In Einklang mit unserer Intuition gilt: Je mehr Information benutzt wird, um den Prädiktor zu bestimmen (je größer $\mathcal{I}_T$ ist), desto besser wird der Prädiktor sein. Zum Beispiel wird $E\{Y_{T+h}|Y_T, Y_{T-1}, Y_{T-2}, \ldots\}$ für gewöhnlich ein besserer Prädiktor sein als $E\{Y_{T+h}|Y_T\}$ oder $E\{Y_{T+h}\}$ (ein leeres Informationsset).

Um die Dinge zu vereinfachen, werden wir im Folgenden annehmen, dass die Parameter im ARMA-Modell für Y_t bekannt sind. In der Praxis würde man einfach die unbekannten Parameter durch deren konsistente Schätzwerte ersetzen. Wie bestimmen wir nun diese bestimmten Erwartungen, wenn Y_t einem ARMA-Prozess folgt? Um die Bezeichnung zu vereinfachen, sollten wir die Vorhersage zu y_{T+h} betrachten, unter Beachtung, dass $Y_{T+h|T} = \mu + y_{T+h|T}$. Als erstes Beispiel betrachten wir einen $AR(1)$-Prozess, bei dem durch Annahme gilt:

$$y_{T+1} = \theta y_T + \varepsilon_{T+1}.$$

Folglich

$$y_{T+1|T} = E\{y_{T+1}|y_T, y_{T-1}, \ldots\} = \theta y_T + E\{\varepsilon_{T+1}|y_T, y_{T-1}, \ldots\} = \theta y_T, \tag{8.73}$$

wobei letztere Gleichung aus der Tatsache folgt, dass der Prozess des weißen Rauschens nicht vorhersagbar ist. Um zwei Perioden im Voraus zu prognostizieren ($h = 2$), schreiben wir

$$y_{T+2} = \theta y_{T+1} + \varepsilon_{T+2},$$

woraus folgt, dass

$$E\{y_{T+2}|y_T, y_{T-1}, \ldots\} = \theta E\{y_{T+1}|y_T, y_{T-1}, \ldots\} = \theta^2 y_T. \tag{8.74}$$

Im Allgemeinen erhalten wir $y_{T+h|T} = \theta^h y_T$. Also enthält der letzte beobachtete Wert y_T alle Informationen, um den Prädiktor für jeden zukünftigen Wert zu bestimmen. Ist h groß, dann konvergiert der Prädiktor von y_{T+h} gegen 0 (die unbedingte Erwartung von y_t). Vorausgesetzt (natürlich), dass $|\theta| < 1$. Mit einem Mittelwert von nicht null erhalten wir den besten Prädiktor für Y_{T+h} unmittelbar, da $\mu + y_{T+h|T} = \mu + \theta^h(Y_T - \mu)$. Beachten Sie, dass sich das von $\theta^h Y_T$ unterscheidet.

Als zweites Beispiel betrachten wir einen $MA(1)$-Prozess, bei dem

$$y_t = \varepsilon_t + \alpha\varepsilon_{t-1}.$$

Dann haben wir

$$E\{y_{T+1}|y_T, y_{T-1}, \ldots\} = \alpha E\{\varepsilon_T|y_T, y_{T-1}, \ldots\} = \alpha\varepsilon_T,$$

wobei wir implizit annehmen, dass ε_T beobachtet ist (in $\mathcal{I}_T$ enthalten). Das ist eine unschuldige Annahme, *vorausgesetzt, der MA-Prozess ist umkehrbar.* In dem Fall können wir schreiben

$$\varepsilon_T = \sum_{j=0}^{\infty} (-\alpha)^j y_{T-j},$$

und den Prädiktor für eine Periode im Voraus bestimmen als

$$y_{T+1|T} = \alpha \sum_{j=0}^{\infty} (-\alpha)^j y_{T-j}. \tag{8.75}$$

Zwei Perioden im Voraus zu prognostizieren, ergibt

$$y_{T+2|T} = E\{\varepsilon_{T+2}|y_T, y_{T-1}, \ldots\} + \alpha E\{\varepsilon_{T+1}|y_T, y_{T-1}, \ldots\} = 0, \tag{8.76}$$

was zeigt, dass das $MA(1)$-Modell für das Prognostizieren von zwei Perioden im Voraus nicht informativ ist: Der beste Prädiktor ist schlichtweg der (unbedingte) erwartete Wert von y_t, normalisiert bei 0. Das folgt auch aus der Autokorrelationsfunktion des Prozesses, weil der AKF nach einer Verzögerung null beträgt. Das heißt, die »Erinnerung« des Prozesses ist nur eine Periode lang.

Für das allgemeine $ARMA(p,q)$-Modell

$$y_t = \theta_1 y_{t-1} + \cdots + \theta_p y_{t-p} + \varepsilon_t + \alpha_1 \varepsilon_{t-1} + \cdots + \alpha_q \varepsilon_{t-q}$$

können wir die folgenden rekursiven Formeln ableiten, um die optimalen Prädiktoren zu bestimmen:

$$y_{T+h|T} = \theta_1 y_{T+h-1|T} + \cdots + \theta_p y_{T+h-p|T} + \varepsilon_{T+h|T} + \alpha_1 \varepsilon_{T+h-1|T}$$
$$+ \cdots + \alpha_q \varepsilon_{T+h-q|T}, \tag{8.77}$$

wobei $\varepsilon_{T+K|T}$ der optimale Prädiktor für ε_{T+K} zum Zeitpunkt T ist, und

$$y_{T+k|T} = y_{T+k} \quad \text{wenn } k \le 0$$

$$\varepsilon_{T+k|T} = 0 \quad \text{wenn } k > 0$$

$$\varepsilon_{T+k|T} = \varepsilon_{T+k} \quad \text{wenn } k \le 0,$$

wobei die letzte Innovation aus der autoregressiven Repräsentation des Modells gelöst werden kann. Dafür haben wir die Tatsache genutzt, dass der Prozess stationär und umkehrbar ist, in welchem Fall das Informationsset $\{y_T, y_{T-1}, \ldots\}$ äquivalent mit $\{\varepsilon_T, \varepsilon_{T-1}, \ldots\}$ ist. Das heißt, wenn alle ε_ts von $-\infty$ bis T bekannt sind, dann sind alle Y_ts von $-\infty$ bis T bekannt und umgekehrt.

Um uns das vor Augen zu führen, betrachten wir ein $ARMA(1)$-Modell, bei dem

$$y_t = \theta y_{t-1} + \varepsilon_t + \alpha \varepsilon_{t-1}$$

derart, dass

$$y_{T+1|T} = \theta y_{T|T} + \varepsilon_{T+1|T} + \alpha \varepsilon_{T|T} = \theta y_T + \alpha \varepsilon_T.$$

Bei Verwenden der Tatsache, dass (Umkehrbarkeit angenommen)

$$y_t - \theta y_{t-1} = (1 + \alpha L)\varepsilon_t,$$

kann dies umgeschrieben werden zu

$$\varepsilon_t = (1 + \alpha L)^{-1}(y_t - \theta y_{t-1}) = \sum_{j=0}^{\infty} (-\alpha)^j L^j (y_t - \theta y_{t-1})$$

und wir können für den Prädiktor eine Periode voraus schreiben

$$y_{T+1|T} = \theta y_T + \alpha \sum_{j=0}^{\infty} (-\alpha)^j (y_{T-j} - \theta y_{T-j-1}). \tag{8.78}$$

Zwei Perioden im Voraus zu prognostizieren, ergibt

$$y_{T+2|T} = \theta y_{T+1|T} + \varepsilon_{T+2|T} + \alpha \varepsilon_{T+1|T} = \theta y_{T+1|T}. \tag{8.79}$$

Beachten Sie, dass das nicht gleich $\theta^2 y_T$ ist.

8.9.2 Vorhersagegenauigkeit

Zusätzlich zur Vorhersage selbst ist es wichtig (manchmal sogar noch wichtiger), zu wissen, wie genau diese Vorhersage ist. Um Vorhersagegenauigkeit zu beurteilen, definieren wir den **Vorhersagefehler** als $Y_{T+h} - Y_{T+h|T} = y_{T+h} - y_{T+h|T}$ und den erwarteten quadratischen Vorhersagefehler als

$$c_h^2 \equiv E\{(y_{T+h} - y_{T+h|T})^2\} = V\{y_{T+h}|\mathcal{I}_T\}, \tag{8.80}$$

wobei letzterer Schritt aus der Tatsache folgt, dass $y_{T+h|T} = E\{y_{T+h}|\mathcal{I}_T\}$. Das Bestimmen von c_h^2 entsprechend der Varianz des h-Perioden-im-Voraus-Vorhersagefehlers ist relativ einfach mit der Moving-Average-Repräsentation.

Um mit dem einfachsten Fall zu beginnen, betrachten wir ein $MA(1)$-Modell. Dann haben wir

$$c_1^2 = V\{y_{T+1}|y_T, y_{T-1}, \ldots\} = V\{\varepsilon_{T+1} + \alpha \varepsilon_T | \varepsilon_T, \varepsilon_{T-1}, \ldots\} = V\{\varepsilon_{T+1}\} = \sigma^2.$$

Alternativ lösen wir explizit nach dem Prädiktor hin auf, das ist $y_{T+1|T} = \alpha \varepsilon_T$, und bestimmen die Varianz von $y_{T+1} - y_{T+1|T} = \varepsilon_{T+1}$, was zum selben Ergebnis führt. Für den Prädiktor zwei Perioden im Voraus haben wir

$$c_2^2 = V\{y_{T+2}|y_T, y_{T-1}, \ldots\} = V\{\varepsilon_{T+2} + \alpha \varepsilon_{T+1} | \varepsilon_T, \varepsilon_{T-1}, \ldots\} = (1 + \alpha^2)\sigma^2.$$

Wie erwartet, nimmt die Genauigkeit der Vorhersage ab, wenn wir weiter in die Zukunft prognostizieren. Sie wird jedoch nicht weiter steigen, wenn sich h über 2 hinaus erhöht hat. Das wird deutlich, wenn wir den erwarteten quadratischen Vorhersagefehler mit dem eines einfachen unbedingten Prädiktors vergleichen:

$$\hat{y}_{T+h|T} = E\{y_{T+h}\} = 0$$

(leeres Informationsset). Für diesen Prädiktor haben wir

$$c_h^2 = E\{(y_{T+h} - 0)^2\} = V\{y_{T+h}\} = (1 + \alpha^2)\sigma^2.$$

Folglich ergibt das eine Obergrenze der Ungenauigkeit der Prädiktoren. Also bringt das $MA(1)$-Modell nur dann mehr effiziente Prädiktoren hervor, wenn wir eine Periode im Voraus prognostizieren. Allgemeiner führen ARMA-Modelle jedoch auch bei weiter nach vorne gerichteten Prädiktoren zu Effizienzsteigerungen.

Angenommen, das allgemeine Modell ist $ARMA(p, q)$, was wir als ein $MA(\infty)$-Modell schreiben können mit α_j zu bestimmenden Koeffizienten:

$$y_t = \sum_{j=0}^{\infty} \alpha_j \varepsilon_{t-j} \quad \text{mit } \alpha_0 \equiv 1.$$

Der h-Perioden-im-Voraus-Prädiktor (im Hinblick auf ε_ts) ist gegeben durch

$$y_{T+h|T} = E\{y_{T+h}|y_T, y_{T-1}, \ldots\} = \sum_{j=0}^{\infty} \alpha_j E\{\varepsilon_{T+h-j}|\varepsilon_T, \varepsilon_{T-1}, \ldots\} = \sum_{j=h}^{\infty} \alpha_j \varepsilon_{T+h-j},$$

derart, dass

$$y_{T+h} - y_{T+h|T} = \sum_{j=0}^{h-1} \alpha_j \varepsilon_{T+h-j}.$$

Folglich haben wir

$$E\{(y_{T+h} - y_{T+h|T})^2\} = \sigma^2 \sum_{j=0}^{h-1} \alpha_j^2. \tag{8.81}$$

Das zeigt, wie die Varianz der Vorhersagefehler problemlos aus den Koeffizienten in der Moving-Average-Repräsentation des Modells bestimmt werden kann. Rufen Sie sich in Erinnerung, dass die autoregressive Repräsentation für die Berechnung des Prädiktors äußerst praktisch war.

Obige Ergebnisse können verwendet werden, um Konfidenzintervalle um die Vorhersagen herum zu erstellen. Zum Beispiel erhalten wir ein 95%-Konfidenzintervall für das Prognostizieren einer Periode im Voraus durch

$$y_{T+1|T} - 1.96c_1, \quad y_{T+1|T} + 1.96c_1,$$

wobei die Normalverteilung auferlegt ist. Für Prognosen h-Perioden im Voraus ist das Intervall

$$y_{T+h|T} - 1.96c_h, \quad y_{T+h|T} + 1.96c_h.$$

Die Vorhersageungenauigkeit spiegelt sich in der Intervallbreite.

Zur Veranschaulichung betrachten wir das $AR(1)$-Modell, bei dem $\alpha_j = \theta^j$. Den erwarteten quadratischen Vorhersagefehler erhalten wir durch

$$c_1^2 = \sigma^2, \quad c_2^2 = \sigma^2(1 + \theta^2), \quad c_3^2 = \sigma^2(1 + \theta^2 + \theta^4)$$

und so weiter. Für h gegen unendlich strebend haben wir $c_\infty^2 = \sigma^2(1 + \theta^2 + \theta^4 + \cdots) = \sigma^2/(1 - \theta^2)$, was die unbedingte Varianz von y_t ist und von daher der erwartete quadratische Vorhersagefehler eines konstanten Prädiktors $\hat{y}_{T+h|T} = E\{y_{T+h}\} = 0$. Folglich nimmt der in einem $AR(1)$-Prozess enthaltene Informationswert über die Zeit langsam ab. Auf lange Sicht gleicht der Prädiktor dem unbedingten Prädiktor und ist der Mittelwert der y_t-Reihe (wie es in allen stationären Zeitreihenmodellen der Fall ist). Beachten Sie, dass für eine Zufallsbewegung mit $\theta = 1$ die Vorhersagefehlervarianz linear mit dem Vorhersagehorizont zunimmt.

8.9.3 Vorhersagen schätzen

Die Ergebnisse des vorigen Kapitels liefern theoretische Richtwerte für die Vorhersagegenauigkeit in Fällen, in denen das für uns interessante Modell bekannt ist und keine Parameterunsicherheit vorliegt. In Kapitel 3.5 haben wir bereits festgestellt, dass für echte Vorhersagen innerhalb der Stichprobe die Dinge weniger optimistisch einzustufen sind. Wenn wir unter Verwendung eines ARMA-Modells eine Reihe von Vorhersagen generieren wollen, die wirklich aus der Stichprobe stammen, sollten wir die Vorhersagen auf einem Modell beruhen lassen, dessen Spezifikation und Schätzung auf Informationen basiert, die zum Zeitpunkt des Erstellens der Vorhersage zur Verfügung standen. In diesen Fällen ist es nicht zwangsläufig so, dass ein Modell, welches die beste Passung innerhalb der Stichprobe liefert oder die niedrigsten Werte für das AIC- oder BIC-Kriterium, auch die beste Vorhersageleistung innerhalb der Stichprobe zeigt. Ein Grund dafür ist, dass die Vorhersagen der Parameterunsicherheit unterliegen. Das Ersetzen der unbekannten Parameter durch die geschätzten Entsprechungen führt eine zusätzliche Unsicherheit ein, die in die Zukunft hinein extrapoliert wird. Bei überparametrisierten Modellen ist das Problem besonders schwerwiegend. In dem Fall kann die geschätzte Spezifikation zufällige Muster in die Schätzstichprobe mit aufnehmen, die keine strukturelle Bedeutung haben. Ein zweiter Grund ist, dass die Vorhersagen der Modellunsicherheit unterliegen. Jegliche beim Prozess der Spezifikationssuche gemachten Fehler können sich in zusätzliche Vorhersageungenauigkeit umwandeln. Ein dritter Grund ist, dass der wahre Prozess, der die Daten generiert, über die Zeit variieren kann, bedingt durch strukturelle Brüche oder auf andere Weise. Dementsprechend muss eine Vorhersagebeziehung, die über eine bestimmte historische Periode gut funktionierte, nicht auch zwangläufig in der Zukunft gut funktionieren.

Lassen Sie uns die Perioden, über die Vorhersagen zur Verfügung stehen, bezeichnen als $T + 1$ bis $T + H$. Lassen wir die Vorhersagen bezeichnet sein durch $\hat{y}_{T+h}$, $h = 1, 2, \ldots, T$, während die tatsächlichen Ergebnisse gegeben sind durch y_{T+h}. Um zu testen, ob die Vorhersagen unverzerrt sind, ist es möglich, ein Regressionsmodell zu verwenden, das die tatsächlichen (innerhalb der Stichprobe befindlichen) Werte zu den Vorhersagen in Beziehung setzt. Angenommen, wir schätzen das folgende Modell

$$y_{T+h} = \beta_1 + \beta_2 \hat{y}_{T+h} + v_{T+h} \text{ für } h = 1, 2, \ldots, H. \tag{8.82}$$

Wenn die Vorhersagen unverzerrt sind, dann sollte $\beta_2 = 1$ und $\beta_1 = 0$ sein. Es ist einfach, dies mittels eines F-Tests (oder zweier t-Tests) zu testen. Das R^2 dieser Regression liefert ein Maß zur Beurteilung der Vorhersagequalität und entspricht dem in Kapitel 3.5 eingeführten R^2_{os2}. Beachten Sie, dass eine verzerrte Vorhersage immer noch hohe R^2 innerhalb der Stichprobe produzieren kann.

In Kapitel 3.5 haben wir eine Reihe von Kriterien besprochen, die zum Schätzen der Vorhersageleistung innerhalb der Stichprobe für jedes Modell oder Verfahren genutzt werden kann. Diese Kriterien basieren auf einem Vergleich der Vorhersagen mit den realisierten Werten. Obwohl das bedeutet, dass diese Maße nur ex post berechnet werden können, vermögen sie auch für zukünftige Vorhersagen informativ zu sein. Beim Benennen der Vorhersagefehler als $e_{T+h} = y_{T+h} - \hat{y}_{T+h}$ sind zwei häufige Kriterien die mittlere absolute Abweichung, gegeben durch

$$MAD = \frac{1}{H} \sum_{h=1}^{H} |e_{T+h}|,$$

und die Wurzel aus dem mittleren Fehlerquadrat, gegeben durch

$$RMSE = \sqrt{\frac{1}{H} \sum_{h=1}^{H} e^2_{T+h}}.$$

Je niedriger diese Maße sind, desto genauer sind die Vorhersagen.

Noch allgemeiner ausgedrückt können wir eine Verlustfunktion (oder Kostenfunktion) definieren, welche den »Verlust« des Erstellens (und dementsprechenden Handelns) einer falschen Vorhersage bedeutet. Lassen Sie uns dieses generell durch $L(e_{T+h}) \geq 0$ bezeichnen, was davon ausgeht, dass der Verlust nicht von y_{T+h} abhängt und nicht von der Zeitperiode selbst. Eine symmetrische quadratische Verlustfunktion entspricht $L(e_{T+h}) = e^2_{T+h}$ und ist in der empirischen Arbeit weit verbreitet. Es ist jedoch auch möglich, asymmetrische Verlustfunktionen zu benutzen, zum Beispiel wenn die Folgen eines positiven Vorhersagefehlers ernster wären als die eines negativen Vorhersagefehlers derselben Größenordnung.

Um zwei oder mehr rivalisierende Vorhersagemodelle zu vergleichen, schlagen Diebold und Mariano (1995) vor, die durchschnittliche Differenz in den Verlustfunktionen der beiden Vorhersagen zu vergleichen. Lassen wir $e_{1,T+h}$ die Vorhersagefehler aus Modell 1 bezeichnen und $e_{2,T+h}$ jene aus Modell 2. Dann basiert der **Diebold-Mariano-Test** auf der Differenz

$$\bar{d} = \frac{1}{H} \sum_{h=1}^{H} \left[L(e_{1,T+h}) - L(e_{2,T+h}) \right].$$

Unter der Nullhypothese einer gleichen Vorhersagegenauigkeit beträgt der erwartete Wert von $\bar{d}$ 0 und Diebold und Mariano (1995) zeigen, dass $\bar{d}/se(\bar{d})$ eine asymptotische Standardnormalverteilung aufweist, wobei $se(\bar{d})$ ein Standardfehler ist, der in der Regel Reihenkorrelation zulässt. Mit dem Test ist es möglich, die Vorhersagegenauigkeit zweier konkurrierender Vorhersagereihen zu vergleichen. Siehe Enders (2010, Kapitel 2.9) für weitere Details.

8.10   Beispiel: Die Erwartungstheorie der Terminstruktur

Sehr oft ist nicht das Erstellen eines Zeitreihenmodells selbst das Ziel, sondern es ist lediglich ein notwendiger Bestandteil einer ökonomischen Analyse. Um uns das vor Augen zu führen, werden wir in diesem Kapitel unsere Aufmerksamkeit der Laufzeitstruktur von Zinssätzen widmen. Die Laufzeitstruktur hat sowohl in der Makroökonomie wie auch in der Finanzliteratur (siehe zum Beispiel Pagan, Hall und Martin, 1996) beträchtliche Aufmerksamkeit errungen und die Erwartungshypothese spielt in vielen dieser Studien eine zentrale Rolle.

Um in das Problem einzuführen, betrachten wir eine abgezinste Anleihe über n Perioden, die ganz einfach den Anspruch darstellt, dass Ihnen in n Perioden von heute an ein Dollar ausgezahlt wird. Der (Markt-)Preis zum Zeitpunkt t (heute) dieser abgezinsten Anleihe wird als p_{nt} bezeichnet. Der implizierte Zinssatz r_{nt} kann dann aufgelöst werden aus

$$p_{nt} = \frac{1}{(1 + r_{nt})^n}.$$

Die **Ertragskurve** beschreibt r_{nt} als eine Funktion ihrer Fälligkeit n und kann von einer Periode t zur anderen variieren. Das beschreibt die Laufzeitstruktur von Zinssätzen. Modelle für die Laufzeitstruktur versuchen gleichzeitig darzustellen, wie die unterschiedlichen Zinssätze zusammenhängen und wie sich die Ertragskurve im Laufe der Zeit bewegt.

Die reine **Erwartungshypothese**, in linearisierter Form, kann geschrieben werden als

$$r_{nt} = \frac{1}{n} \sum_{h=0}^{n-1} E\{r_{1,t+h} | \mathcal{I}_t\}, \tag{8.83}$$

wobei $\mathcal{I}_t$ das Informationsset bezeichnet, das alle zum Zeitpunkt t zur Verfügung stehenden Informationen enthält. Das besagt, dass der langfristige Zinssatz der Durchschnitt der erwarteten kurzfristigen Zinssätze über dasselbe Intervall ist. Die linke Seite davon kann interpretiert werden als ein sicherer Ertrag einer n-Perioden-Investition, während die rechte Seite dem erwarteten Ertrag aus Investitionen in Ein-Perioden-Anleihen über einen n-Perioden-Horizont entspricht. Von daher nehmen wir an, dass erwartete Erträge aus Anleihen unterschiedlicher Fälligkeit gleich sind.

Die **Erwartungshypothese** in allgemeinerer Form lässt eine Risikoprämie zu durch die Annahme, dass sich erwartete[5] Erträge aus verschiedenen Anleihen durch Konstante unterscheiden können, was von der Fälligkeit, aber nicht von der Zeit abhängen kann. Das erweitert (8.83) auf

$$r_{nt} = \frac{1}{n} \sum_{h=0}^{n-1} E\{r_{1,t+h} | \mathcal{I}_t\} + \Phi_n, \tag{8.84}$$

wobei Φ_n eine Risiko- oder Laufzeitprämie bezeichnet, die mit der Fälligkeit n variiert. Statt die Erwartungshypothese in dieser Form zu testen, was das Thema vieler Studien ist (siehe Campbell und Shiller, 1991), werden wir eine einfache Durchführung von (8.84) betrachten. Vorausgesetzt, dass die Laufzeitprämien konstant sind, können wir das Modell durch das Treffen von Annahmen über das relevante Informationsset $\mathcal{I}_t$ und den Zeitreihenprozess des Ein-Perioden-Zinssatzes vervollständigen.

Lassen Sie uns der Einfachheit halber annehmen, dass

$$\mathcal{I}_t = \{r_{1t}, r_{1,t-1}, r_{1,t-2}, \dots.\},$$

derart, dass das relevante Informationsset nur die aktuellen und verzögerten kurzfristigen Zinssätze enthält. Wenn r_{1t} beschrieben werden kann durch einen $AR(1)$-Prozess,

$$r_{1t} - \mu = \theta(r_{1,t-1} - \mu) + \varepsilon_t,$$

mit $0 < \theta \leq 1$, dann ist der optimale s-Perioden-im-Voraus Prädiktor (siehe (8.74)) gegeben durch

$$E\{r_{1,t+h}|\mathcal{I}_t\} = \mu + \theta^h(r_{1t} - \mu).$$

Das in (8.84) einzusetzen führt zu

$$r_{n,t} = \frac{1}{n}\sum_{h=0}^{n-1}[\mu + \theta^h(r_{1t} - \mu)] + \Phi_n$$

$$= \mu + \xi_n(r_{1t} - \mu) + \Phi_n, \tag{8.85}$$

wobei für $0 < \theta < 1$

$$\xi_n = \frac{1}{n}\sum_{h=0}^{n-1}\theta^h = \frac{1}{n}\frac{1-\theta^n}{1-\theta} < \xi_{n-1} < 1, \tag{8.86}$$

während wir bei $\theta = 1$ für jede Fälligkeit n $\xi_n = 1$ haben.

Das ziemlich einfache Modell der Laufzeitstruktur in (8.85) impliziert, dass langfristige Zinssätze linear von kurzfristigen Zinssätzen abhängen und dass Veränderungen kurzfristiger Zinssätze weniger Einfluss auf langfristige Zinssätze als auf kurzfristige haben, da ξ_n mit n abnimmt, wenn $0 < \theta < 1$. Beachten Sie zum Beispiel, dass

$$V\{r_{nt}\} = \xi_n^2 V\{r_{1t}\}, \tag{8.87}$$

was mit $0 < \theta < 1$ impliziert, dass kurzfristige Zinssätze volatiler sind als langfristige. Das Ergebnis in (8.85) bedeutet auch, dass es nur einen Faktor gibt, der Zinssätze jeder Fälligkeit antreibt, und von daher einen Faktor, der die Laufzeitstruktur verschiebt.

Wenn alle Risikoprämien null sind ($\Phi_n = 0$), entsteht eine umgekehrte Ertragskurve (bei der kurzfristige Zinssätze die langfristigen übersteigen), wenn der kurzfristige Zinssatz über seinem Mittelwert μ liegt, was – wenn die Verteilung von ε_t symmetrisch um null herum ist (beispielsweise normal) – in 50% der Fälle auftritt. Der Grund ist, dass, wenn der kurzfristige Zinssatz unter seinem Durchschnitt liegt, erwartet wird, dass er wieder ansteigt bis zu seinem Durchschnitt, was die langfristigen Zinssätze steigert. In der Praxis sehen wir umgekehrte Ertragskurven in weniger als 50% der Perioden. Als Beispiel haben wir für die Vereinigten Staaten[6] die 1-Monats- und 5-Jahres-Anleihen von Januar 1970 bis Februar 1991 in Abbildung 8.10 ($T = 254$) dargestellt. Für gewöhnlich übersteigt der langfristige Zinssatz den kurzfristigen, es gibt jedoch ein paar umgekehrte Perioden, in denen das nicht der Fall ist, zum Beispiel von Juni 1973 bis März 1974.

Die Zeitreiheneigenschaften der kurzfristigen Zinssätze sind sehr wichtig für die Querschnittsbeziehungen zwischen den Zinssätzen zu verschiedenen Fälligkeiten. Wenn der kurzfristige

Zinssatz einem $AR(1)$-Prozess folgt, erhalten wir den recht einfachen Ausdruck in (8.85), für den wir feststellen können, dass die Werte für ξ_n sehr anfällig sind für den exakten Wert von θ, insbesondere für lange Laufzeiten, wenn θ nahe eins ist. Für allgemeinere Zeitreihenprozesse erhalten wir ähnliche Ausdrücke, aber die Ergebnisse werden nicht nur den aktuellen kurzfristigen Zinssatz r_{1t} enthalten. Weil zum Beispiel der optimale Prädiktor für ein $AR(2)$-Modell von den beiden letzten Beobachtungen abhängt, würde ein $AR(2)$-Prozess für den kurzfristigen Zinssatz einen Ausdruck ähnlich dem von (8.85) ergeben, der r_{1t} und $r_{1,t-1}$ beinhaltet.

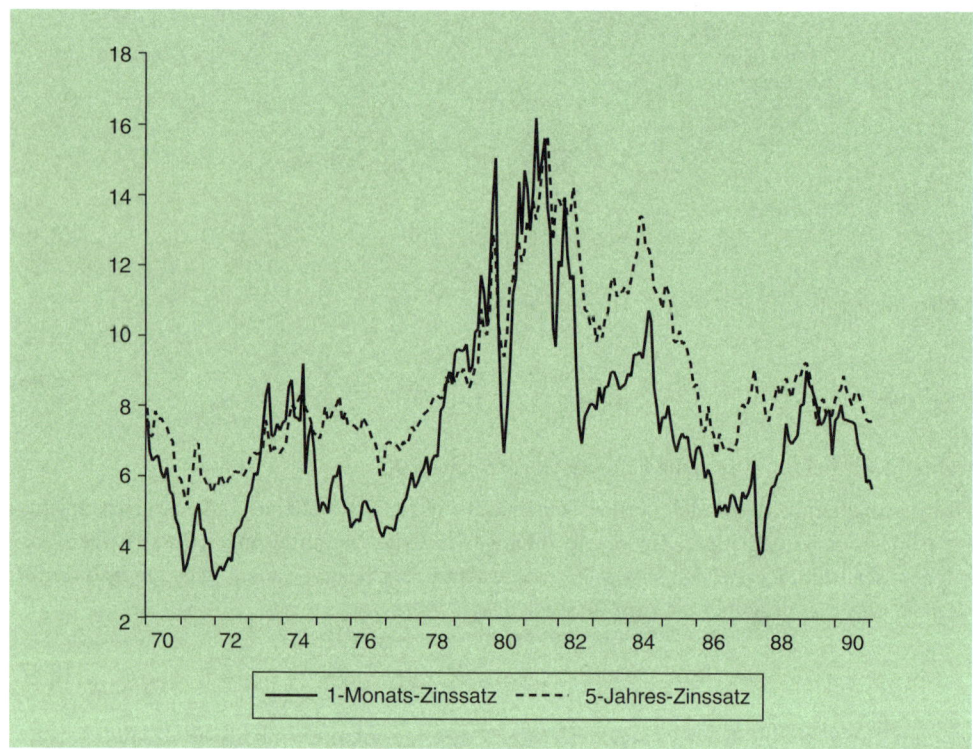

Abbildung 8.10 1-Monats- und 5-Jahres-Zinssätze (in Prozent), 1970:1 – 1991:2

Ein strittiges Thema ist das der Stationarität. In vielen Fällen kann das Vorhandensein einer Einheitswurzel in einem kurzfristigen Zinssatz *statistisch* nicht verworfen werden, was aber nicht unbedingt bedeutet, dass wir die Einheitswurzelhypothese akzeptieren müssen. *Ökonomisch* scheint es schwierig, die Nichtstationarität von Zinssätzen zu verteidigen, obwohl bekannt ist, dass deren Persistenz stark ausgeprägt ist. Das heißt, selbst mit Stationarität braucht die Reihe sehr lange, um zum Mittelwert zurückzukehren. Verschiedene Autoren beurteilen diese Frage unterschiedlich und Sie werden zur Laufzeitstruktur von Zinssätzen empirische Studien finden, die entweder das eine oder das andere stützen. Lassen Sie uns zunächst ein $AR(1)$-Modell für den 1-monatigen Zinssatz schätzen. Das Schätzen mittels OLS ergibt (Standardfehler in Klammern)

$$r_{1t} = 0,350 + 0,951\, r_{1,t-1} + e_t, \hat{\sigma} = 0,820. \qquad (8.88)$$
$$(0,152)\ (0,020)$$

Der implizierte Schätzwert für μ beträgt $0{,}350/(1 - 0{,}951)$, was etwa 7,2% entspricht, während der Stichprobendurchschnitt bei 7,3% liegt. Aus dieser Regression können wir die Dickey-Fuller-Teststatistik als $(0{,}951 - 1)/0{,}020 = -2{,}49$ bestimmen, was bedeutet, dass wir die Nullhypothese einer Einheitswurzel auf dem 5%-Niveau nicht ablehnen können.[7] Weil das $AR(1)$-Modell vielleicht zu restriktiv ist, haben wir auch eine Reihe Augmented-Dickey-Fuller-Tests mit einer, drei und sechs zusätzlichen Verzögerungen durchgeführt. Daraus ergaben sich die Teststatistiken $-2{,}63, -2{,}29$ beziehungsweise $-1{,}88$. Nur der erste Test impliziert eine Ablehnung auf dem 10%-Niveau. Von daher stellen wir fest, dass eine Einheitswurzel bei kurzfristigen Zinssätzen statistisch nicht verworfen werden kann. Dennoch werden wir es im Folgenden auferlegen.

Der kurzfristige Zinssatz wird ziemlich gut beschrieben durch den autoregressiven Prozess erster Ordnung in (8.88). Zum Beispiel führt das Schätzen der $AR(2)$- oder $ARMA(1, 1)$-Spezifikationen zu keiner signifikanten Verbesserung. Die geschätzte Autokorrelationsfunktion der Residuen des $AR(1)$-Modells ist in Abbildung 8.11 dargestellt. Der erste signifikante residuale Autokorrelationskoeffizient taucht bei Verzögerung 8 auf, was nur einen schwachen Beweis gegen die Hypothese liefert, dass der Fehlerterm in (8.88) ein Prozess des weißen Rauschens ist. Darüber hinaus lehnt keiner der Ljung-Box-Tests ab.

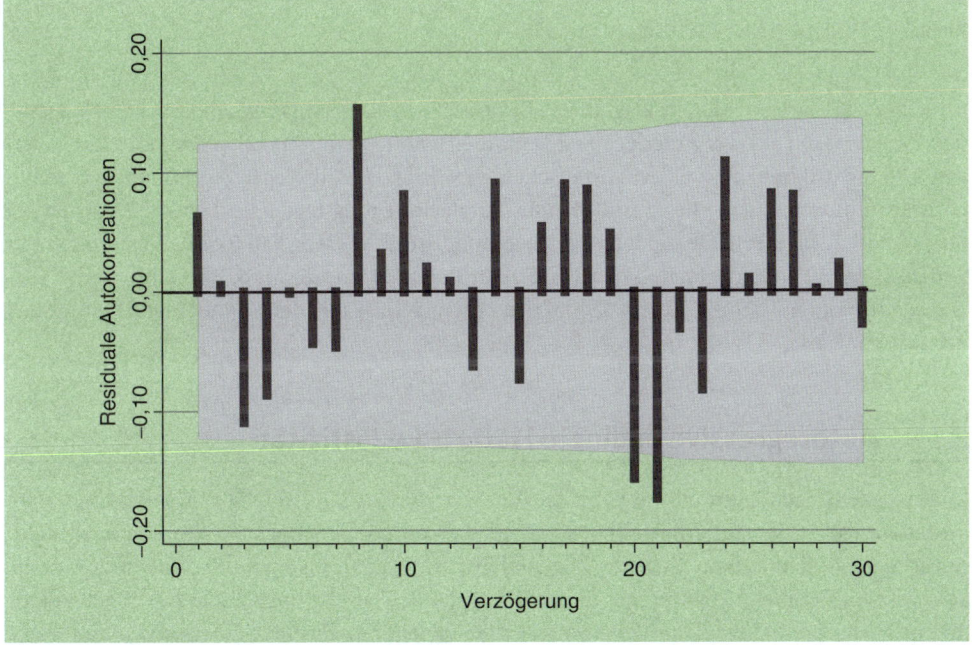

Abbildung 8.11 Residuale Autokorrelationsfunktion, AR(1)-Modell, 1970:1–1991:2.

Eine Möglichkeit des Testens der Erwartungshypothese besteht darin, einen langfristigen Zinssatz auf einen kurzfristigen zu regressieren, also

$$r_{nt} = \beta_1 + \beta_2 r_{1t} + u_t. \tag{8.89}$$

Wenn (8.85) als buchstäblich wahr gilt, sollte der Fehlerterm in dieser Regression vernachlässigbar gering sein (das heißt, dass R^2 ziemlich nahe an eins sein sollte), und der wahre Wert von β_2 sollte gleich ξ_n sein. Die Ergebnisse dieser Regressionen für Fälligkeiten $n = 3$, 12 und 60 sind in Tabelle 8.5 aufgeführt. In Anbetracht der hohen Anfälligkeit von ξ_n im Hinblick auf θ, was sich nicht signifikant von eins unterscheidet, scheinen die geschätzten Werte für ξ_n a priori nicht im Widerstreit mit dem Zeitreihenmodell für den kurzfristigen Zinssatz zu stehen. Es muss jedoch erwähnt werden, dass das R^2 der Regression mit der 5-Jahres-Anleihenrendite ziemlich niedrig ist. Das impliziert, dass andere Faktoren die langfristigen Erträge zusätzlich zu den kurzfristigen Zinssätzen beeinflussen. Eine Erklärung besteht in der zeitlichen Variation in der Risikoprämie Φ_n. Alternativ kann das Vorhandensein von Messfehlern in den Zinssätzen deren Querschnittskorrelationen reduzieren.

	Vierteljährlich $n = 3$	Jährlich $n = 12$	5 Jahre $n = 60$
Wert von ξ_n mit $\theta = 0,95$	0,951	0,766	0,318
Wert von ξ_n mit $\theta = 1$	1	1	1
OLS-Schätzwert für ξ_n	1,009	0,947	0,739
(Standardfehler)	(0,009)	(0,017)	(0,028)
R^2 der Regression	0,982	0,929	0,735

Tabelle 8.5   Die Laufzeitstruktur von Zinssätzen

Auf einer allgemeineren Ebene zeigt dieses Beispiel die störungsanfällige Abhängigkeit langfristiger Vorhersagen auf das Auferlegen einer Einheitswurzel. Während sich der geschätzte Wert von 0,95 nicht signifikant von eins unterscheidet, würde das Auferlegen der Einheitswurzelhypothese implizieren, dass die Zinssätze einer Zufallsbewegung folgen und dass die Vorhersage für *jede* zukünftige Periode die letzte Beobachtung ist, in diesem Fall 5,68%. Verwenden wir $\theta = 0,95$, dann ist die optimale Vorhersage zehn Perioden im Voraus 6,3%, während die Vorhersage für einen 5-Jahres-Horizont praktisch identisch ist mit dem unbedingten Mittelwert der Reihen, 7,2%.

8.11   Autoregressive bedingte Heteroskedastizität

In Finanzzeitreihen kann oft etwas beobachtet werden, das sich **Volatility Clustering** nennt. In diesem Fall folgen auf große Schocks (Residuen) oft große Schocks in die eine oder andere Richtung und auf kleine Schocks folgen kleine Schocks in die eine oder andere Richtung. So sind zum Beispiel Aktienmärkte in der Regel charakterisiert durch Perioden hoher Volatilität und »entspannterer« Perioden von niedriger Volatilität. Das trifft insbesondere auf hohe Frequenzen zu, zum Beispiel mit täglichen oder wöchentlichen Erträgen, jedoch weniger deutlich bei niedrigen Frequenzen. Eine Möglichkeit, solche Muster zu modellieren, besteht darin, zuzulassen, dass die Varianz ε_t von ihrer eigenen Vergangenheit abhängt.

8.11.1   ARCH- und GARCH-Modelle

Die grundlegende Arbeit zu diesem Bereich stammt von Engle (1982), der das Konzept der **autoregressiven bedingten Heteroskedastizität** (engl. autoregressive conditional heteroskedasticity (**ARCH**)) vorschlägt. Es besagt, dass die Varianz des Fehlerterms zum Zeitpunkt t

abhängt vom Quadrat der Fehlerterme früherer Perioden. Die einfachste Form davon ist

$$\sigma_t^2 \equiv E\{\varepsilon_t^2 | \mathcal{I}_{t-1}\} = \varpi + \alpha \varepsilon_{t-1}^2, \tag{8.90}$$

wobei $\mathcal{I}_{t-1}$ das Informationsset bezeichnet, das in der Regel ε_{t-1} mit seiner gesamten Vorgeschichte beinhaltet. Diese Spezifikation nennt sich **ARCH(1)**-Prozess. Um sicherzustellen, dass $\sigma_t^2 \geq 0$ ungeachtet von ε_{t-1}^2 gilt, müssen wir $\varpi \geq 0$ und $\alpha \geq 0$ auferlegen. Das ARCH(1)-Modell besagt: Wenn in Periode $t-1$ ein großer Schock erfolgt, ist es wahrscheinlicher, dass ε_t ebenfalls einen großen (absoluten) Wert hat. Das heißt, wenn ε_{t-1}^2 groß ist, dann ist die Varianz der nächsten Innovation ε_t ebenfalls groß.

Die Spezifikation in (8.90) impliziert nicht, dass der Prozess für ε_t nichtstationär ist. Es besagt lediglich, dass die quadrierten Werte ε_t^2 und ε_{t-1}^2 korreliert sind. Die *unbedingte* Varianz von ε_t ist gegeben durch

$$\sigma^2 = E\{\varepsilon_t^2\} = \varpi + \alpha E\{\varepsilon_{t-1}^2\}$$

und hat eine stationäre Lösung

$$\sigma^2 = \frac{\varpi}{1-\alpha}, \tag{8.91}$$

vorausgesetzt, dass $0 \leq \alpha < 1$. Beachten Sie, dass die unbedingte Varianz nicht von t abhängt.

Das ARCH(1)-Modell kann auf einfache Weise erweitert werden zu einem **ARCH(p)** -Prozess, denn wir schreiben können als

$$\sigma_t^2 = \varpi + \alpha_1 \varepsilon_{t-1}^2 + \alpha_2 \varepsilon_{t-2}^2 + \cdots + \alpha_p \varepsilon_{t-p}^2 = \varpi + \alpha(L)\varepsilon_{t-1}^2, \tag{8.92}$$

wobei $\alpha(L)$ ein Verzögerungspolynom der Ordnung $p-1$ ist. Um sicherzustellen, dass die bedingte Varianz nicht negativ ist, müssen ϖ und die Koeffizienten in $\alpha(L)$ nicht negativ sein. Um sicherzustellen, dass der Prozess stationär ist, ist zudem erforderlich, dass $\alpha(L) < 1$. Die Auswirkung eines j Perioden zurückliegenden Schocks auf die aktuelle Volatilität wird bestimmt durch den Koeffizienten α_j. In einem ARCH(p)-Modell haben alte Schocks, die mehr als p Perioden zurückliegen, keine Auswirkung auf die aktuelle Volatilität.

Das Vorhandensein von ARCH-Fehlern in einem regressiven oder autoregressiven Modell setzt die OLS-Schätzung nicht außer Kraft. Es impliziert jedoch, dass es effizientere (nichtlineare) Schätzer als OLS gibt. Wichtiger noch ist, dass es interessant sein könnte, zukünftige Varianzen zu prognostizieren, zum Beispiel, weil sie dem Risiko einer Investition entsprechen. Folglich ist es relevant, auf das Vorhandensein von ARCH-Effekten hin zu testen, und, wenn nötig, das dies zulassende Modell zu schätzen. Auf autoregressive Heteroskedastizität der p-ten Ordnung zu testen kann entsprechend dem in Kapitel 4 besprochenen Breusch-Pagan-Test auf Heterioskedastizität erfolgen. Es genügt, eine Hilfsregression des Quadrats der OLS-Residuen e_t^2 auf verzögerte Quadrate $e_{t-1}^2, \dots, e_{t-p}^2$ und einer Konstanten durchzuführen und T mal das R^2 zu berechnen. Unter der Nullhypothese der Homoskedastizität ($\alpha_1 = \cdots = \alpha_p = 0$) folgt die sich ergebende Teststatistik asymptotisch einer Chi-Quadrat-Verteilung mit p Freiheitsgraden. Anders ausgedrückt ist das Testen der Homoskedastizität gegen die Alternative, dass die Fehler einem ARCH(p)-Prozess folgen, ziemlich einfach.

In empirischen Anwendungen ist das Verwenden des ARCH-Modells aus (8.92) ziemlich unüblich und das grundlegende Modell wurde auf viele verschiedene Arten generalisiert. Eine
weithin verwendete Variante, vorgeschlagen von Bollerslev (1986), ist das generalisierte ARCH-
oder **GARCH**-Modell. In seiner generellen Form kann ein GARCH(p, q)-Modell geschrieben
werden als

$$\sigma_t^2 = \varpi + \sum_{j=1}^{p} \alpha_j \varepsilon_{t-j}^2 + \sum_{j=1}^{q} \beta_j \sigma_{t-j}^2 \tag{8.93}$$

oder

$$\sigma_t^2 = \varpi + \alpha(L)\varepsilon_{t-1}^2 + \beta(L)\sigma_{t-1}^2, \tag{8.94}$$

wobei $\alpha(L)$ und $\beta(L)$ Verzögerungspolynome sind. In der Praxis funktioniert eine GARCH(1,1)-
Spezifikation häufig sehr gut. Sie kann geschrieben werden als

$$\sigma_t^2 = \varpi + \alpha\varepsilon_{t-1}^2 + \beta\sigma_{t-1}^2, \tag{8.95}$$

wobei nur drei unbekannte Parameter zu schätzen sind. Nichtnegativität von σ_t^2 erfordert, dass
ϖ, α und β nicht negativ sind. Wenn wir die Überraschung in den quadrierten Innovationen
als $v_t \equiv \varepsilon_t^2 - \sigma_t^2$ definieren, dann kann der GARCH(1, 1)-Prozess umgeschrieben werden als

$$\varepsilon_t^2 = \varpi + (\alpha + \beta)\varepsilon_{t-1}^2 + v_t - \beta v_{t-1},$$

was zeigt, dass die quadrierten Fehler einem $ARMA(1, 1)$-Prozess folgen. Obwohl der Fehler
v_t über die Zeit nicht korreliert ist (weil es ein Überraschungsterm ist), zeigt er Heteroske-
dastizität. Die Wurzel des autoregressiven Teils ist $\alpha + \beta$, sodass Stationarität erfordert, dass
$\alpha + \beta < 1$. Werte von $\alpha + \beta$ nahe eins implizieren, dass die Persistenz der Volatilität hoch ist.
Wenn $\alpha + \beta = 1$, dann erhalten wir das **integrierte** GARCH- oder **IGARCH**-Modell (siehe
Engle und Bollerslev, 1986), in dem Volatilitätsschocks eine permanente Auswirkung haben.
Beachten Sie,[8] dass unter der Stationarität, $E\{\varepsilon_{t-1}^2\} = E\{\sigma_{t-1}^2\} = \sigma^2$, die unbedingte Varianz
von ε_t geschrieben werden kann als

$$\sigma^2 = \varpi + \alpha\sigma^2 + \beta\sigma^2$$

oder

$$\sigma^2 = \frac{\varpi}{1 - \alpha - \beta}. \tag{8.96}$$

Wir können rekursiv Lags in (8.95) in sich selbst einsetzen, um

$$\sigma_t^2 = \varpi(1 + \beta + \beta^2 + \cdots) + \alpha(\varepsilon_{t-1}^2 + \beta\varepsilon_{t-2}^2 + \beta^2\varepsilon_{t-3}^2 + \cdots)$$

$$= \frac{\varpi}{1 - \beta} + \alpha \sum_{j=1}^{\infty} \beta^{j-1}\varepsilon_{t-j}^2 \tag{8.97}$$

zu erhalten, was zeigt, dass die GARCH(1,1)-Spezifikation äquivalent ist zu einem ARCH-
Modell unendlicher Ordnung mit geometrisch abnehmenden Koeffizienten. Das impliziert,

dass die Auswirkung eines Schocks auf die aktuelle Volatilität mit der Zeit zurückgeht. Folglich kann eine GARCH-Spezifikation eine sparsame Alternative zu einem ARCH-Prozess höherer Ordnung liefern. Gleichung (8.97) kann auch geschrieben werden als

$$\sigma_t^2 - \sigma^2 = \alpha \sum_{j=1}^{\infty} \beta^{j-1} (\varepsilon_{t-j}^2 - \sigma^2), \tag{8.98}$$

was für das Prognostizieren praktisch ist.

Vorausgesetzt, dass das GARCH(p, q)-Modell einem $ARMA(p, q)$-Modell für ε_t^2 entspricht, kann die in Kapitel 8.1 besprochene Box-Jenkins-Vorgehensweise des Analysierens von Autokorrelationen und partiellen Autokorrelationen auf die Quadrate der OLS-Residuen angewandt werden. Auf diese Weise ist es möglich, Vorstellungen von der Stärke der GARCH-Effekte und der geeigneten Anzahl von Verzögerungen zu bekommen (siehe Bollerslev, 1988).

Im Laufe der Jahre wurde eine Fülle von Varianten und Generalisierungen von ARCH- und GARCH-Modellen entwickelt, was zu »einer verwirrenden Buchstabensuppe von Akronymen und Abkürzungen führte« (Bollerslev, 2010). Übersichten finden sich unter anderem bei Bollerslev, Chou und Kroner (2002) sowie Bera und Higgins (1993), Bollerslev, Engle und Nelson (1994), Li, Ling und McAleer (2002) sowie Andersen, Bollerslev, Christoffersen und Diebold (2006). Multivariate Erweiterungen werden ausführlich behandelt in Bauwens, Laurent und Rombouts (2006). Eine wichtige Einschränkung obiger ARCH- und GARCH- Modelle ist deren Symmetrie: Nur die absoluten Werte der Innovationen spielen eine Rolle, nicht aber deren Vorzeichen. Das heißt, ein großer negativer Schock hat dieselbe Auswirkung auf zukünftige Volatilität wie ein großer positiver Schock der gleichen Größenordnung. Eine interessante Erweiterung geht in Richtung asymmetrischer Volatilitätsmodelle, in denen gute Nachrichten und schlechte Nachrichten eine unterschiedliche Auswirkung auf die zukünftige Volatilität haben. Beachten Sie, dass die Unterscheidung zwischen guten und schlechten Nachrichten sensibler ist für Aktienmärkte als für Wechselkurse, wobei Agenten in der Regel auf beiden Seiten des Markts sind. Das heißt, gute Nachrichten für den einen Agenten können schlechte Nachrichten für den anderen sein.

Ein asymmetrisches Modell sollte die Möglichkeit zulassen, dass ein unerwarteter Rückgang der Preise (»schlechte Nachrichten«) eine größere Auswirkung auf zukünftige Volatilität hat als ein unerwarteter Anstieg der Preise (»gute Nachrichten«) der gleichen Größenordnung. Zwei gängige asymmetrische Spezifikationen sind das **Threshold-GARCH**-Modell (dt. Schwelle) oder GJR-Modell, vorgeschlagen von Glosten, Jagannathan und Runkle (1993), und das **exponentielle GARCH**- oder EGARCH-Modell, vorgeschlagen von Nelson (1991). Das GJR-Modell ist eine einfache Erweiterung des Standard-GARCH(1,1)-Modells, welches die bedingte Varianz spezifiziert als

$$\sigma_t^2 = \varpi + \alpha \varepsilon_{t-1}^2 + \beta \sigma_{t-1}^2 + \gamma I_{t-1} \varepsilon_{t-1}^2, \tag{8.99}$$

wobei $I_{t-1} = 1$, wenn $\varepsilon_{t-1} > 0$, und andernfalls null. Wenn $\gamma < 0$, haben negative Schocks eine größere Auswirkung auf die zukünftige Volatilität als positive Schocks der gleichen Größenordnung. Das EGARCH-Modell von Nelson (1991) ist gegeben durch

$$\log \sigma_t^2 = \varpi + \beta \log \sigma_{t-1}^2 + \gamma \frac{\varepsilon_{t-1}}{\sigma_{t-1}} + \alpha \frac{|\varepsilon_{t-1}|}{\sigma_{t-1}}, \tag{8.100}$$

wobei α, β und γ konstante Parameter sind. Weil das Level $\varepsilon_{t-1}/\sigma_{t-1}$ einbezogen ist, ist das EGARCH-Modell so lange asymmetrisch, wie $\gamma \neq 0$. Und wenn $\gamma < 0$, dann generieren in diesem Modell positive Schocks auch weniger Volatilität als negative Schocks (»schlechte Neuigkeiten«). Sowohl das GJR-Modell wie auch das EGARCH-Modell können erweitert werden durch das Einfügen zusätzlicher Verzögerungen. Beachten Sie, dass wir (8.100) umschreiben können als

$$\log \sigma_t^2 = \varpi + \beta \log \sigma_{t-1}^2 + (\gamma + \alpha)\frac{\varepsilon_{t-1}}{\sigma_{t-1}} \quad \text{wenn } \varepsilon_{t-1} > 0$$

$$= \varpi + \beta \log \sigma_{t-1}^2 + (\gamma - \alpha)\frac{\varepsilon_{t-1}}{\sigma_{t-1}} \quad \text{wenn } \varepsilon_{t-1} < 0.$$

Die Logarithmustransformation garantiert, dass Varianzen nie negativ werden. In der Regel würde man erwarten, dass $\gamma + \alpha > 0$, während $\gamma < 0$.

Engle und Ng (1993) charakterisieren eine Bandbreite alternativer Modelle für bedingte Volatilität durch eine sogenannte **News-Impact-Curve**, welche den Einfluss (impact) des letzten Renditeschocks (news) auf die aktuelle Volatilität beschreibt (alle Informationen zum Zeitpunkt $t - 2$ oder älter werden konstant und alle gelagten bedingten Varianzen werden bei der unbedingten Varianz σ^2 gehalten).

Verglichen mit GARCH(1,1) haben die EGARCH- und GJR-Modelle asymmetrische News-Impact-Curves (mit einer längeren Auswirkung von negativen Schocks, wenn $\gamma < 0$). Weil die Auswirkung eines Schocks auf σ_t^2 in dem EGARCH-Modell exponentiell und nicht quadratisch ist, hat seine News-Impact-Curve in der Regel größere Steigungen (siehe Engle und Ng, 1993).

Die Finanztheorie sagt uns, dass bestimmte Risikoquellen vom Markt bewertet werden. Das heißt, Assets mit einem höheren »Risiko« können als Kompensation höhere durchschnittliche Renditen erbringen. Wenn σ_t^2 ein geeignetes Risikomaß ist, kann die bedingte Varianz in die bedingte Mittelwertfunktion von y_t eingehen. Eine Variante des **ARCH-in-Mean**- oder **ARCH-M**-Modells von Engle, Lilien und Robins (1987) spezifiziert, dass

$$y_t = x_t'\theta + \delta\sigma_t^2 + \varepsilon_t,$$

wobei ε_t beschrieben ist durch einen ARCH(p)-Prozess (mit bedingter Varianz σ_t^2). Campbell, Lo und MacKinlay (1997, Kapitel 12.2) liefern zusätzliche Erörterungen zu den Verbindungen zwischen ARCH-M-Modellen und Asset-Pricing-Modellen, wie das in Kapitel 2.7 besprochene CAPM.

8.11.2 Schätzen und Vorhersagen

Die Modelle in (8.92), (8.93), (8.99) und (8.100) sind partielle Modelle, welche die bedingte Volatilität einer Reihe beschreiben. Bevor sie geschätzt werden können, müssen wir auch den bedingten Mittelwert spezifizieren. Lassen Sie uns generell ein lineares Modell für den bedingten Mittelwert definieren als

$$y_t = x_t'\theta + \varepsilon_t,$$

wobei x_t gelagte Werte von y_t enthalten kann (wie in einem autoregressiven Modell) und/oder exogene Variablen (zum Beispiel Saisondummys).[9] Als besonderer Fall ist x_t nur eine Konstante. Darüber hinaus soll die bedingte Varianz von ε_t durch einen ARCH(p)-Prozess beschrieben werden. Wenn wir Annahmen über die (bedingte) Verteilung von ε_t treffen, können wir das Modell mittels Maximum-Likelihood schätzen. Um zu sehen, wie, lassen wir

$$\varepsilon_t = \sigma_t v_t \quad \text{mit} \quad v_t \sim NID(0,1).$$

Das impliziert, dass, *abhängig* von der Information in $\mathcal{I}_{t-1}$, die Innovation ε_t normalverteilt ist mit Mittelwert null und der Varianz σ_t^2. Es impliziert jedoch nicht, dass die *unbedingte* Verteilung von ε_t normalverteilt ist, weil σ_t zu einer Zufallsvariablen wird, wenn wir $\mathcal{I}_{t-1}$ nicht zur Bedingung machen. In der Regel hat die unbedingte Verteilung stärker ausgeprägte Ausläufer als die normale. Davon ausgehend können wir die bedingte Verteilung von y_t wie folgt schreiben:

$$f(y_t|x_t, \mathcal{I}_{t-1}) = \frac{1}{\sqrt{2\pi\sigma_t^2}} \exp\left\{-\frac{1}{2}(\varepsilon_t^2/\sigma_t^2)\right\}$$

wobei $\sigma_t^2 = \varpi + \alpha_1 \varepsilon_{t-1}^2 + \cdots + \alpha_p \varepsilon_{t-p}^2$ und $\varepsilon_t = y_t - x_t'\theta$. Davon ausgehend kann die Loglikelihood-Funktion bestimmt werden als die Summe über alle t des Logarithmus obigen Ausdrucks und die entsprechenden Ausdrücke für σ_t^2 und ε_t ersetzen. Das Ergebnis kann auf die übliche Weise maximiert werden im Hinblick auf $\theta, \alpha_1, \ldots, \alpha_p$ und ϖ. Das Auferlegen der Stationaritätsbedingung ($\sum_{j=1}^p \alpha_j < 1$) und der Nichtnegativitätsbedingung ($\alpha_j \geq 0$ für alle j) kann in der Praxis schwierig sein, sodass große Werte für p nicht empfehlenswert sind.

Wenn v_t keine Standardnormalverteilung hat, kann obiges Maximum-Likelihood-Verfahren konsistente Schätzer für die Modellparameter liefern, auch wenn die Likelihood-Funktion nicht korrekt spezifiziert ist. Grund dafür ist, dass unter einigen ziemlich schwachen Annahmen die Bedingungen erster Ordnung des Maximum-Likelihood-Verfahrens auch dann gelten, wenn v_t nicht normalverteilt ist. Das wird als **Quasi-Maximum-Likelihood-Schätzung** bezeichnet (siehe Kapitel 6.4). Für die Berechnung der Standardfehler (siehe Hamilton, 1994, S. 663, für Details) müssen jedoch ein paar Korrekturen vorgenommen werden. Es ist auch möglich, ein GARCH-Modell zu schätzen, indem Maximum-Likelihood alternative Verteilungsannahmen für v_t trifft. Gängige Auswahlmöglichkeiten sind eine standardisierte t-Verteilung mit s Freiheitsgraden ($s > 2$) sowie die generalisierte Fehlerverteilung (GED) mit Ausläuferparameter $\kappa > 0$. Die Parameter s und κ können als unbekannte Parameter behandelt und gemeinsam mit den anderen Parametern im Modell geschätzt werden. Oder sie können a priori fixiert werden (was weniger üblich ist). Beide Verteilungen lassen stärker ausgeprägte Ausläufer als die Normalverteilung zu. Für $\kappa = 2$ das GED eine Normalverteilung, für $\kappa < 2$ hat es einen ausgeprägten Ausläufer und für $v \rightarrow \infty$ nähert sich die t-Verteilung einer Normalverteilung; siehe Mills und Markellos (2009, Kapitel 5.5.5) für weitere Details.

Eine rechnerisch einfachere Vorgehensweise ist die Verwendung praktikabler GLS (siehe Kapitel 4). In diesem Fall wird θ zuerst konsistent durch OLS geschätzt Als Zweites wird eine Regression des Quadrats der OLS-Residuen e_t^2 auf $e_{t-1}^2, \ldots, e_{t-p}^2$ und einer Konstanten durchgeführt. Das ist dieselbe Regression, die wir für den bereits beschriebenen Heteroskedastizitätstest verwendet haben. Die angepassten Werte aus dieser Regression sind Schätzwerte für σ_t^2 und können genutzt werden, um das Modell zu transformieren und einen gewichteten Kleinste-Quadrate-Schätzer (EGLS) für θ zu berechnen. Diese Vorgehensweise funktioniert nur, wenn die angepassten Werte für σ_t^2 alle strikt positiv sind. Darüber hinaus liefert sie keine asymptotisch effizienten Schätzer für die ARCH-Parameter.

Auf Finanzmärkten werden GARCH-Modelle häufig zum Vorhersagen der Volatilität von Renditen verwendet, was eine wichtige Information für Investitionen, Bestimmen von Optionspreisen, Risikomanagement sowie Finanzmarktregulierungen ist (siehe Poon und Granger, 2003, für eine Übersicht). Die bedingte Varianz aus einem ARCH(p)-Modell vorherzusagen ist einfach. Um das zu sehen, schreiben wir das Modell »in Abweichungen vom Mittelwert« um als

$$\sigma_t^2 - \sigma^2 = \alpha_1(\varepsilon_{t-1}^2 - \sigma^2) + \cdots + \alpha_p(\varepsilon_{t-p}^2 - \alpha^2)$$

mit $\sigma^2 = \varpi/(1 - \alpha_1 \cdots - \alpha_p)$. Der Einfachheit von Benennungen halber nehmen wir an, dass die Modellparameter bekannt sind. Dann folgt die Vorhersage eine Periode im Voraus als

$$\sigma_{t+1|t}^2 \equiv E\{\varepsilon_{t+1}^2 | \mathcal{I}_t\} = \sigma^2 + \alpha_1(\varepsilon_t^2 - \sigma^2) + \cdots + \alpha_p(\varepsilon_{t-p+1}^2 - \sigma^2).$$

Das entspricht dem Vorhersagen aus einem $AR(p)$-Modell für y_t, wie in Kapitel 8.8 besprochen. Das Vorhersagen der bedingten Volatilität mehr als eine Periode im Voraus kann unter Verwendung der rekursiven Formel erfolgen:

$$\sigma_{t+h|t}^2 \equiv E\{c_{t+h}^2 | \mathcal{I}_t\} = \sigma^2 + \alpha_1(\sigma_{t+h-1|t}^2 - \sigma^2) + \cdots + \alpha_p(\sigma_{t+h-p|t}^2 - \sigma^2),$$

wobei $\sigma_{t+j|t}^2 = \varepsilon_{t+j}^2$, wenn $j \leq 0$. Die h-Perioden-im-Voraus-Vorhersage nähert sich der unbedingten Varianz σ^2 an, wenn h groß wird (angenommen, dass $\alpha_1 + \cdots + \alpha_p < 1$).

Für ein GARCH-Modell können Vorhersage und Schätzung auf dieselbe Weise erfolgen, wenn wir (8.97), (8.98) oder eine Generalisierung höherer Ordnung verwenden. Zum Beispiel ist die Vorhersage eine Periode im Voraus für ein GARCH(1, 1)-Modell gegeben durch

$$\sigma_{t+1|t}^2 = \sigma^2 + \alpha(\varepsilon_t^2 - \sigma^2) + \beta(\sigma_t^2 - \sigma^2),$$

wobei $\sigma_t^2 = \sigma^2 + \alpha \sum_{j=1}^{\infty} \beta^{j-1}(\varepsilon_{t-j}^2 - \sigma^2)$. Die h-Perioden-im-Voraus-Vorhersage kann geschrieben werden als

$$\sigma_{t+h|t}^2 = \sigma^2 + (\alpha + \beta)[\sigma_{t+h-1|t}^2 - \sigma^2]$$
$$= \sigma^2 + (\alpha + \beta)^{h-1}[\alpha(\varepsilon_t^2 - \sigma^2) + \beta(\sigma_t^2 - \sigma^2)],$$

was zeigt, dass sich die Volatilitätsvorhersagen der unbedingten Varianz mit dem Maß $\alpha + \beta$ annähern. Für EGARCH-Modelle kann die Schätzung auch mittels Maximum-Likelihood erfolgen, obwohl für multiperiodische Vorhersagen keine einfachen Ausdrücke analytisch geschlossener Form zur Verfügung stehen. Empirisch ist die Likelihood-Funktion für ein EGARCH-Modell schwieriger zu maximieren und gelegentlich tauchen Probleme von Nichtkonvergenz auf. Zivot (2009) diskutiert die empirische Analyse univariater GARCH-Modelle für Finanzzeitreihen und schenkt praktischen Problemen besondere Aufmerksamkeit.

8.11.3 Beispiel: Volatilität beim Tageswechselkurs

Um einige der oben besprochenen Volatilitätsmodelle zu veranschaulichen, betrachten wir eine Reihe von täglichen Wechselkursen zwischen US-Dollar und Euro vom 4. Januar 1999 bis zum 28. Februar 2011. Wenn wir die Tage ausklammern, für die keine Preise genannt sind (Neujahrstag und so weiter), dann führt das zu insgesamt $T = 3109$ Beobachtungen.[10] Als ersten Schritt nehmen wir den natürlichen Logarithmus des Wechselkurses, was den Vorteil hat, dass die Ergebnisse unempfindlich dafür sind, ob wir mit Dollar je Euro oder mit Euro je Dollar rechnen. Das Anwenden des Standardsets von Tests auf diese Reihen liefert einen starken Beweis für das Vorhandensein einer Einheitswurzel. Tatsächlich ist der Logarithmus Wechselkurse sehr gut beschrieben durch eine Zufallsbewegung (siehe zum Beispiel Meese und Rogoff, 1983), also betrachten wir ein Modell, bei dem y_t die tägliche Veränderung beim Logarithmus Wechselkurs ist und der bedingte Mittelwert von y_t als konstant angenommen wird. Die Zeitreihe der Veränderungen im Logarithmus Wechselkurs (in USD/EUR), multipliziert mit 100, ist in Abbildung 8.12 dargestellt. Die Abbildung zeigt deutlich das Vorhandensein von Perioden mit niedriger Volatilität (zum Beispiel 2006/07) und Perioden mit hoher Volatilität (zum Beispiel 2008/09).

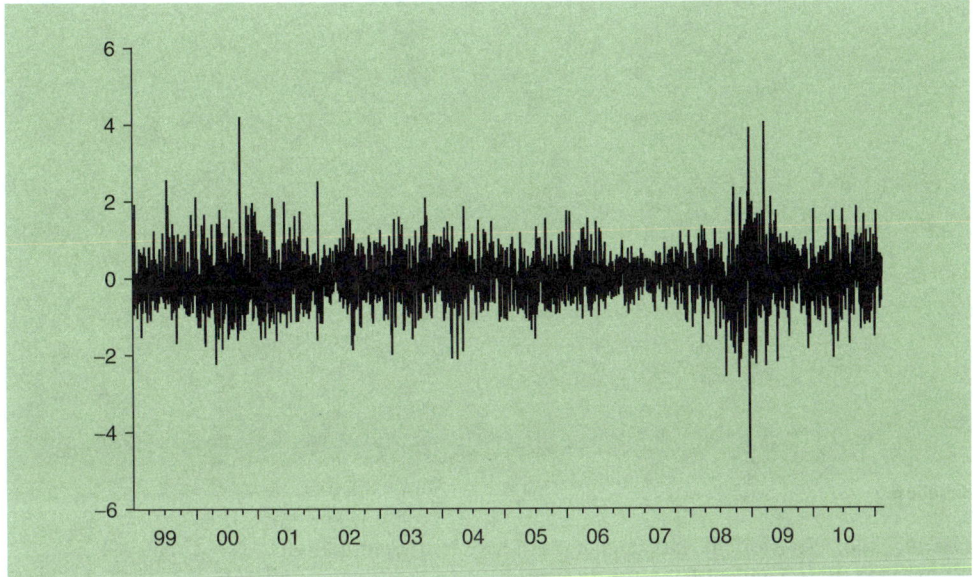

Abbildung 8.12 Tägliche Veränderung im Logarithmus Wechselkurse US$/EUR, 4. Januar 1999 – 18. Februar 2011

Die beschreibende Statistik legt offen, dass die durchschnittliche tägliche Veränderung nahe null ist, verrät uns jedoch auch, dass die unbedingte Verteilung von y_t charakterisiert ist durch ausgeprägte Ausläufer, was sich in einer stark signifikanten Jarque-Bera-Teststatistik spiegelt. Die OLS-Residuen e_t, erhalten aus dem Regressieren von y_t auf eine Konstante, entsprechen natürlich y_t minus seinem Stichprobendurchschnitt. Auf der Basis dieser Residuen können wir Tests für ARCH-Auswirkungen durchführen, indem wir e_t^2 auf eine Konstante und p auf ihre Verzögerungen regressieren. Ein Test auf Homoskedastizität gegen ARCH(1)-Fehler bringt eine Teststatistik (berechnet als T mal das R^2 der Hilfsregression) von 136,3 hervor, was stark signifikant ist für eine Chi-Quadrat-Verteilung mit einem Freiheitsgrad. Auf ähnliche Weise können wir gegen ARCH(6)-Fehler testen, was eine Teststatistik von 208,2 hervorbringt. Ganz klar wird die bedingte Homoskedastizität abgelehnt.

	ARCH(6)	GARCH(1,1)	GARCH(1,1)		EGARCH(1,1)
	normal	normal	t-verteilt		normal
Konstante	0,2359	0,0016	0,0018		−0,0622
	(0,0122)	(0,0007)	(0,0009)		(0,0076)
ε^2_{t-1}	0,0739	0,0309	0,0310	$\lvert\varepsilon_{t-1}\rvert/\sigma_{t-1}$	0,0745
	(0,0158)	(0,0040)	(0,0055)		(0,0090)
ε^2_{t-2}	0,0258	–	–		
	(0,0171)				
ε^2_{t-3}	0,0857	–	–		
	(0,0173)				
ε^2_{t-4}	0,1143	–	–		
	(0,0194)				
ε^2_{t-5}	0,0965	–	–		
	(0,0207)				
ε^2_{t-6}	0,0786	–	–		
	(0,0182)				
σ^2_{t-1}	–	0,9658	0,9650	$\log(\sigma^2_{t-1})$	0,9950
		(0,0044)	(0,0062)		(0,00173)
			$\hat{s} = 11,02$	$\varepsilon_{t-1}/\sigma_{t-1}$	−0,0078
			(1,77)		(0,0048)
Log L	−3044,86	−2977,88	−2952,04		−2974,81

Tabelle 8.6 GARCH-Schätzwerte für Veränderungen im Logarithmus Wechselkurs

Die folgenden vier Modelle sind geschätzt: ein ARCH(6)-, ein GARCH(1,1)-, ein EGARCH(1,1)- und ein GARCH(1,1)-Modell mit t-verteilten Fehlern. Die ersten drei Modelle sind unter der Annahme geschätzt, dass die bedingte Verteilung der Fehler normal ist. Die auf Maximum-Likelihood basierenden Schätzergebnisse sind in Tabelle 8.6 aufgelistet. Für die ARCH(6)-Spezifikation haben die meisten Verzögerungen einen signifikanten und positiven Einfluss. (Beachten Sie, dass bei der Schätzung Nichtnegativität aufgelegt ist.) Das sparsamere GARCH (1,1)-Modell zeigt ebenfalls an, dass Auswirkungen gelagter Schocks nur sehr langsam völlig verschwinden. Der geschätzte Wert von $\alpha + \beta$ beträgt 0,9967, sodass der geschätzte Prozess nahe daran ist, nichtstationär zu sein. Dies ist eine typische Erkenntnis bei empirischen Anwendungen und man könnte überlegen, eine Einheitswurzel ($\alpha + \beta = 1$) aufzuerlegen und mit einem IGARCH-Modell zu arbeiten. Wenn eine t-Verteilung auferlegt wird, ist der geschätzte Wert von $\alpha + \beta$ nur wenig kleiner. Für das EGARCH-Modell finden wir nur sehr schwache Anzeichen von Asymmetrie, da der γ-Koeffizient einen t-Wert von lediglich −1,64 aufweist. Wie oben erwähnt, ist das kein ungewöhnliches Ergebnis für Wechselkurse. Der große Koeffizient für $\log \sigma^2_{t-1}$ spiegelt auch die hohe Persistenz bei der Wechselkursvolatilität. Vergleicht man die beiden Versionen des GARCH(1,1)-Modells, so scheint es, dass das Modell, welches eine t-Verteilung annimmt, besser performt. Der geschätzte Freiheitsgrade-Paramter liegt wenig über 11, was auf stärker ausgeprägte Ausläufer hindeutet als bei der Normalverteilung. Darüber hinaus ist der Likelihood-Wert von GARCH(1,1) mit einer t-Verteilung weit über dem von GARCH(1,1) mit Normalverteilung. Wenn die Fehlerterme tatsächlich eine t-Verteilung aufweisen, dann sind die Standardfehler für GARCH(1,1), die Normalverteilung annehmen, falsch, und angesichts der Ergebnisse in Tabelle 8.6 vermutlich zu optimistisch.

8.12 Was ist mit multivariaten Modellen?

Dieses Kapitel hat sich auf mehr oder weniger rein statistische Vorgehensweisen beim Anpassen eines adäquaten Zeitreihenmodells (aus der Klasse der ARMA-Modelle) an beobachtete Zeitreihen konzentriert. Das ist das, was wir als univariates Zeitreihenmodellieren bezeichnen. Im echten Leben ist nicht zu übersehen, dass viele ökonomische Variablen voneinander abhängen. Das bedeutet jedoch nicht, dass eine reine Zeitreihenanalyse falsch ist. Das Erstellen struktureller Modelle, in denen die Variablen miteinander verknüpft sind (häufig auf ökonomischer Theorie basierend), ist ein anderer Bereich. Er bietet Einblick in die Wechselbeziehungen von Variablen und *wie* eine bestimmte Politik (Schock) die Wirtschaft beeinflusst (und nicht nur, was deren letztendliche Auswirkung ist). Natürlich erfordern diese Vorteile eine »korrekte« Repräsentation der zugrunde liegenden Wirtschaft. Bei der Zeitreihenvorgehensweise ist man mehr mit dem Vorhersagen zukünftiger Werte beschäftigt, einschließlich zukünftiger Unsicherheiten (Varianzen). Zu diesem Zweck wird (bei der univariaten Zeitreihenanalyse) nur die Historie der betrachteten Variablen berücksichtigt. Wie bereits gesagt, übertrifft aus der Prognoseperspektive die reine Zeitreihenvorgehensweise häufig einen stärker strukturellen Ansatz.

Um diese Beziehungen zu veranschaulichen, nehmen wir an, dass das folgende Regressionsmodell die Beziehung zwischen zwei (erniedrigten) Variablen y_t und x_t beschreibt:

$$y_t = \beta x_t + \varepsilon_t,$$

wobei ε_t ein Weißes-Rauschen-Fehlerterm ist. Wenn x_t durch ein ARMA-Modell beschrieben werden kann, dann ist y_t die Summe eines ARMA-Prozesses und eines Weißes-Rauschen-Prozesses und wird von daher ebenfalls einem ARMA-Prozess folgen. Wenn zum Beispiel x_t beschrieben werden kann durch ein Moving-Average-Modell erster Ordnung

$$x_t = u_t + \alpha u_{t-1},$$

wobei u_t ein Weißes-Rauschen-Fehlerterm unabhängig von ε_t ist, dann können wir schreiben

$$y_t = \beta u_t + \alpha \beta u_{t-1} + \varepsilon_t.$$

Daraus können wir leicht ableiten, dass die Autokovarianzen von y_t $V\{y_t\} = \sigma_\varepsilon^2 + \beta^2 (1 + \alpha^2)\sigma_u^2$, $\mathrm{cov}\{y_t, y_{t-1}\} = \beta^2 \alpha \sigma_u^2$ und $\mathrm{cov}\{y_t, y_{t-k}\} = 0$ für $k = 2, 3, \ldots$ sind. Also folgt y_t einem Moving-Average-Prozess erster Ordnung mit Parametern, die aus obigen Kovarianzen aufgelöst werden können. Von daher bedeutet die Tatsache, dass zwei Variablen in Beziehung stehen, nicht, dass die Vorgehensweise einer reinen Zeitreihe hinfällig ist.

Im nächsten Kapitel werden wir die Vorgehensweise univariater Zeitreihen erweitern auf eine multivariate Situation. Das ermöglicht uns, gleichzeitig die Zeitreiheneigenschaften verschiedener Reihen zu betrachten, gemeinsam mit deren kurz- und langfristigen Abhängigkeiten.

KURZZUSAMMENFASSUNG

Univariate Zeitreihenmodelle zielen darauf ab, die Dynamiken eines einzelnen Zeitreihenprozesses zu erfassen. Die Länge und Stärke der Persistenz einer Reihe über die Zeit werden zusammengefasst durch die Autokorrelationsfunktion und partielle Autokorrelationsfunktion. Einheitswurzelprozesse sind nichtstationär und verfügen über eine unendliche Persistenz, das heißt, Schocks haben eine dauerhafte Auswirkung auf das Niveau der Reihen. Das Vorhandensein einer Einheitswurzel kann empirisch getestet werden durch parametrisch erweiterte Dickey-Fuller-Tests oder Alternativen wie den Phillips-Peron-Test. Die Klasse autoregressiver Moving-Average-Modelle ist in der Lage, die Dynamiken jeder stationären Zeitreihe zu beschreiben. Autoregressive Modelle können durch gewöhnliche kleinste Quadrate geschätzt werden, während Moving Average mittels nichtlinearer kleinster Quadrate geschätzt werden kann.

Beide können auch durch Maximum-Likelihood geschätzt werden, unter Annahme normalverteilter Innovationen. Univariate Zeitreihenmodelle liefern einen praktischen Weg, Vorhersagen eine oder mehr Perioden im Voraus zu generieren. Wenn eine Reihe charakterisiert ist durch zeitlich variierende bedingte Volatilität, können ARCH-Modelle und deren zahlreiche Erweiterungen verwendet werden. Dieses Kapitel bietet nur eine kurze Einführung in die Zeitreihenanalyse, es stehen jedoch viele spezialisierte Fachbücher zur Verfügung (zum Beispiel Enders, 2010, oder, auf fortgeschrittenem Niveau, Hamilton, 1994). Ein wichtiges Thema, das wir nicht besprochen haben, ist das potenzielle Vorhandensein struktureller Brüche. Es gibt auch eine Vielzahl nichtlinearer Zeitreihenmodelle, die häufig unten den Namen ausgefallener Akronyme laufen; Franses und van Dijk (2000) liefern einen guten Einstieg.

■ ÜBUNGEN

Übung 8.1 (ARMA-Modelle und Einheitswurzeln)

Ein Forscher nutzt eine Stichprobe von 200 vierteljährlichen Beobachtungen für Y_t, der Anzahl (in 1000) von arbeitslosen Personen, um das Zeitreihenmodell des Verhaltens der Reihe zu modellieren und Vorhersagen zu generieren. Als Erstes berechnet er die Stichprobenautokorrelationsfunktion, mit den folgenden Ergebnissen:

k	1	2	3	4	5	6	7	8	9	10
$\hat{\rho}_k$	0,83	0,71	0,60	0,45	0,44	0,35	0,29	0,20	0,11	−0,01

(a) Was verstehen wir unter Stichprobenautokorrelationsfunktion? Liefert obiges Muster Anhaltspunkte, dass eine autoregressive oder eine Moving-Average-Repräsentation besser geeignet ist? Warum?

Als Nächstes wird die partielle Stichprobenautokorrelationsfunktion bestimmt. Sie ist gegeben durch:

k	1	2	3	4	5	6	7	8	9	10
$\hat{\theta}_{kk}$	0,83	0,16	−0,09	0,05	0,04	−0,05	0,01	0,10	−0,03	−0,01

(b) Was verstehen wir unter partieller Stichprobenautokorrelationsfunktion? Warum ist die erste partielle Autokorrelationsfunktion gleich dem ersten Autokorrelationskoeffizienten (0,83)?

(c) Liefert obiges Muster Hinweise, ob sich eine autoregressive oder eine Moving-Average-Repräsentation besser eignet? Warum?
Der Forscher entscheidet sich, als ersten Versuch ein autoregressives Modell erster Ordnung zu schätzen, gegeben durch

$$Y_t = \delta + \theta Y_{t-1} + \varepsilon_t. \tag{8.101}$$

Der geschätzte Wert für θ_1 ist 0,83 mit einem Standardfehler von 0,07.

(d) Welche Schätzmethode eignet sich für das Schätzen des $AR(1)$-Modells? Erklären Sie, warum dieses konsistent ist.

(e) Der Forscher möchte auf eine Einheitswurzel testen. Was versteht man unter einer »Einheitswurzel«? Was sind die Implikationen des Vorhandenseins einer Einheitswurzel? Warum ist das für uns von Interesse? (Nennen Sie statistische oder ökonomische Gründe.)

(f) Formulieren Sie die Hypothese einer Einheitswurzel und führen Sie einen Einheitswurzeltest basierend auf obiger Regression durch.

(g) Testen Sie die Nullhypothese, dass $\theta = 0,90$.
Als Nächstes erweitert der Forscher das Modell zu einem $AR(2)$, mit den folgenden Ergebnissen (Standardfehler in Klammern):

$$Y_t = \begin{array}{cc} 50,0 & + \ 0,74\,Y_{t-1} \ + \ 0,16\,Y_{t-2} + \hat{\varepsilon}_t. \\ (5,67) & (0,07) \qquad\quad (0,07) \end{array} \tag{8.102}$$

(h) Würden Sie das $AR(2)$-Modell gegenüber dem $AR(1)$-Modell bevorzugen? Wie können Sie überprüfen, ob ein $ARMA(2,1)$-Modell besser geeignet ist?

(i) Was verraten uns obige Ergebnisse über die Validität des Einheitswurzeltests von **f**?

(j) Wie können Sie in dem $AR(2)$-Modell auf eine Einheitswurzel testen?

(k) Berechnen Sie aus obigen Schätzwerten einen Schätzwert für die durchschnittliche Anzahl Arbeitsloser $E\{Y_t\}$.

(l) Angenommen, die letzten beiden vierteljährlichen Arbeitslosenniveaus für 1996-III und 1996-IV waren 550 beziehungsweise 600. Berechnen Sie Prognosen für 1997-I und 1997-II.

(m) Können Sie irgendetwas Sinnvolles über die prognostizierten Werte für das Quartal 2023-I sagen? (Und deren Genauigkeit?)

Übung 8.2 (Tagesgewinne modellieren – empirisch)

In den Dateien SP500 stehen die Tagesgewinne zum S&P 500 Index von Januar 1981 bis April 1991 ($T = 2783$) zur Verfügung. Renditen werden berechnet als erste Differenzen des Logarithmus des S&P 500 US-Aktienkursindizes.

(a) Stellen Sie die Reihen grafisch dar und bestimmen Sie die Stichprobenautokorrelation sowie die partielle Autokorrelationsfunktion.

(b) Schätzen Sie ein $AR(1)$-Modell bis hin zum $AR(7)$-Modell und testen Sie die individuelle sowie die gemeinsame Signifikanz der AR-Koeffizienten. Warum wäre ein Signifikanzniveau von 1% oder weniger besser geeignet als das übliche 5%-Niveau?

(c) Führen Sie Ljung-Box-Tests zur Residuenautokorrelation in diesen sieben Modellen für $K = 6$ (wenn geeignet), 12 und 18 durch.

(d) Vergleichen Sie AIC- und BIC-Werte. Verwenden Sie diese gemeinsam mit den Ergebnissen der statistischen Tests, um eine bevorzugte Spezifikation auszuwählen.
Verwenden Sie für die nächsten Fragen Ihre bevorzugte Spezifikation.

(e) Speichern Sie die Residuen Ihres Modells und testen Sie gegen autoregressive Heteroskedastizität p-ter Ordnung (wählen Sie verschiedene alternative Werte für p).

(f) Schätzen Sie Ihr Modell neu unter Zulassen von ARCH(p)-Fehlern (wobei p auf der Basis obiger Tests gewählt wird). Vergleichen Sie die Schätzwerte mit jenen der Testregressionen.

(g) Schätzen Sie Ihr Model neu unter Zulassen von GARCH(1,1)-Fehlern. Gibt es Anzeichen für Nichtstationarität?

(h) Schätzen Sie Ihr Modell neu unter Zulassen von EGARCH-Fehlern. (Überprüfen Sie unbedingt, dass das Programm konvergiert hat.) Gibt es Beweise für Asymmetrie?

Übung 8.3 (Vierteljährliche Einkommen modellieren – empirisch)

In den Dateien INCOME sind Informationen zum vierteljährlich zur Verfügung stehenden Einkommen im Vereinigten Königreich für die Quartale 1971:I bis 1985:II erhältlich, gemessen in Millionen Pfund und aktuellen Preisen ($T = 58$).

(a) Erstellen Sie ein Diagramm des natürlichen Logarithmus des vierteljährlichen Einkommens. Schätzen Sie eine Standard-Dickey-Fuller-Regression, mit einem Achsenabschnittsterm, für den Logarithmus Einkommen und berechnen Sie die Dickey-Fuller-Statistik für eine Einheitswurzel. Was schließen Sie daraus? Wiederholen Sie den Test und integrieren Sie dabei einen linearen Zeittrend.

(b) Führen Sie Augmented-Dickey-Fuller-Tests mit einer bis hin zu sechs Verzögerungen durch, mit und ohne einen linearen Trend zu integrieren. Was schließen Sie über das Vorhandensein einer Einheitswurzel im Logarithmus Einkommen?

(c) Transformieren Sie die Reihen in First-Differences und erstellen Sie einen Grafen. Führen Sie Augmented-Dickey-Fuller-Tests für die Veränderung im Logarithmus Einkommen mit einer bis hin zu sechs Verzögerungen durch. Was schließen Sie? Begründen Sie, warum Sie einen Zeittrend aufgenommen oder warum Sie das nicht getan haben.

(d) Bestimmen Sie die Stichproben-AKF und -PAKF für die Veränderung im Logarithmus Einkommen. Legen diese Grafen offenkundig ein bestimmtes Modell nahe?

(e) Schätzen Sie ein $AR(4)$- und ein $MA(4)$-Modell für die Veränderung im Logarithmus Einkommen.

(f) Testen Sie auf Reihenkorrelation in den Residuen dieser beiden Modelle. Können Sie die Nullhypothese von Weißes-Rauschen-Fehlern verwerfen?

(g) Finden Sie ein sparsames Modell, das den Prozess adäquat beschreibt, der Veränderungen im Logarithmus Einkommen hervorbringt. Begründen Sie Ihre Schritte.

(h) Verwenden Sie das Modell, um das vierteljährlich zur Verfügung stehende Einkommen in 1985:III vorherzusagen.

Übung 8.4 (Kaufkraftparität – empirisch)

In den Dateien PPP2 finden Sie auch Zeitreihen für den Wechselkurs zwischen US-Dollar und Pfund Sterling sowie aggregierte Preisreihen für beide Länder. Die Stichprobenperiode ist Januar 1988 – Dezember 2010 ($T = 276$).

(a) Zeigen Sie einen Grafen des Logarithmus Preisindex für die Vereinigten Staaten. Testen Sie auf Vorhandensein einer Einheitswurzel in dieser Reihe unter Verwendung von Augmented-Dickey-Fuller-Tests. Warum ergibt es Sinn, einen Achsenabschnitt und deterministischen Zeittrend in die Testregressionen aufzunehmen?

(b) Testen Sie auf Vorhandensein einer Einheitswurzel mittels des Phillips-Perron-Tests unter Verwendung des Bartlett-Kernel (entsprechend Newey und West, 1987). Untersuchen Sie die Anfälligkeit des Tests für verschiedene Alternativen der Bandbreite (Anzahl von Verzögerungen).

(c) Testen Sie die Nullhypothese der Trendstationarität gegen die Alternative einer Einheitswurzel unter Verwendung des KPSS-Tests. Untersuchen Sie die Anfälligkeit des Tests für verschiedene

Alternativen von Bandbreite und Kernel. Zu welchem Schluss kommen Sie insgesamt im Hinblick auf (Trend-)Stationarität des Logarithmus US-Preisreihen?

(d) Erstellen Sie den Logarithmus realer Wechselkurs zwischen den USA und UK und stellen Sie dessen Entwicklung über die Zeit grafisch dar. Was bedeutet langfristige Kaufkraftparität für die Zeitreiheneigenschaften dieser Reihen?

(e) Testen Sie, unter Verwendung verschiedener Tests, ob der Logarithmus realer Wechselkurs stationär ist. Erklären Sie, warum Sie einen Achsenabschnittsterm in die Testregressionen aufnehmen würden oder nicht. Und einen deterministischen Zeittrend?

Übung 8.5 (Modellieren von ARMA – empirisch)

In Kapitel 2.7.3 haben wir die gefälschten Renditen von Bernard Madoffs Investmentfonds betrachtet. Eine weitere, von Bollen und Pool (2010) vorgeschlagene, rote Flagge für möglichen Hedgefondsbetrug ist das Vorhandensein von Reihenkorrelation bei den Renditen. In dieser Übung sollen Sie die Renditen von Fairfield Sentry Ltd (erhältlich in den Dateien MADOFF) analysieren sowie dafür ein ARMA-Modell spezifizieren und schätzen. Verwenden Sie Modellselektionskriterien und Spezifikationstests, um eine geeignete ARMA-Spezifikation zu finden. Zum Vergleich können Sie vielleicht auch ein ARMA-Modell für die Aktienmarktindexrendite finden.

KAPITEL 9

Multivariate Zeitreihenmodelle

Im vorigen Kapitel haben wir Modelle für den stochastischen Prozess einer einzelnen ökonomischen Zeitreihe betrachtet. Ein Grund, warum es interessanter sein könnte, gleichzeitig verschiedene Reihen zu betrachten, besteht darin, dass es die Vorhersagen verbessern könnte. Was zum Beispiel die Geschichte einer zweiten Variablen X_t aussagt, kann helfen, zukünftige Werte von Y_t zu prognostizieren. Es ist auch möglich, dass bestimmte Werte von X_t verbunden sind mit bestimmten Bewegungen in Zusammenhang mit der Y_t-Variablen. Zum Beispiel können Ölpreisschocks beim Erklären des Benzinverbrauchs hilfreich sein. In Ergänzung zur Vorhersagefrage erlaubt uns das auch, »Was wäre, wenn?«-Fragen zu betrachten. Wie ist zum Beispiel die Entwicklung des zukünftigen Benzinverbrauchs, wenn die Ölpreise in den nächsten Jahren um 10 % steigen?

In diesem Kapitel betrachten wir multivariate Zeitreihenmodelle. In Kapitel 9.1 geht es um das Erklären einer Variablen mittels ihrer eigenen Vergangenheit einschließlich aktueller oder verzögerter Werte einer zweiten Variablen. Auf diese Weise können die dynamischen Auswirkungen einer Veränderung in X_t auf Y_t modelliert und geschätzt werden. Um die Standardschätzung oder Testverfahren bei einem dynamischen Zeitreihenmodell anzuwenden, ist es in der Regel erforderlich, dass die verschiedenen Variablen stationär sind, da die Mehrheit der ökonomischen

Theorie auf der Annahme von Stationarität fußt. Zum Beispiel kann das Regressieren einer nichtstationären Variablen Y_t auf eine nichtstationäre Variable X_t zur sogenannten **Scheinregression** führen, bei der Schätzer und Teststatistiken irreführend sind. Die Verwendung nichtstationärer Variablen muss nicht zwangsläufig ungültige Schätzer hervorbringen. Zu einer wichtigen Ausnahme kommt es, wenn zwei oder mehr $I(1)$-Variablen **kointegriert** sind, das heißt, wenn eine bestimmte lineare Kombination dieser *nichtstationären* Variablen existiert, die *stationär* ist. In solchen Fällen liegt eine langfristige Beziehung zwischen diesen Variablen vor. Die ökonomische Theorie legt häufig das Vorhandensein solcher langfristigen oder Gleichgewichtsbeziehungen nahe, zum Beispiel die Kaufkraftparität oder die Geldmengentheorie. Das Vorhandensein einer langfristigen Beziehung hat auch seine Implikationen für das kurzfristige Verhalten der $I(1)$-Variablen, weil es einen Mechanismus geben muss, der die Variablen zu ihrer langfristigen Gleichgewichtsbeziehung treibt. Dieser Mechanismus wird durch einen **Fehlerkorrekturmechanismus** modelliert, in dem der »Gleichgewichtsfehler« ebenfalls die kurzfristigen Dynamiken der Reihen steuert. Kapitel 9.2 stellt das Konzept der Kointegration vor, wenn nur zwei Variablen einbezogen sind, und setzt es in Beziehung zu Fehlerkorrekturmodellen. In Kapitel 9.3 wird ein empirisches Beispiel zur

Kaufkraftparität vorgestellt, das als einer langfristigen kointegrierenden Beziehung entsprechend charakterisiert werden kann.

Ein anderer Ausgangspunkt der multivariaten Zeitreihenanalyse ist die multivariate Generalisierung des ARMA-Prozesses aus Kapitel 8. Das ist das Thema von Kapitel 9.4, wobei besonderes Gewicht auf **vektorautoregressive Modelle** (VAR-Modelle) gelegt wird. Das Vorhandensein kointegrierender Beziehungen zwischen den Variablen im VAR-Modell hat wichtige Implikationen auf die Art und Weise, wie es geschätzt und repräsentiert werden kann. Kapitel 9.5 erörtert, wie Hypothesen bezüglich der Anzahl kointegrierender Beziehungen getestet werden können und wie ein die Daten repräsentierendes Fehlerkorrekturmodell geschätzt werden kann. Kapitel 9.6 schließt mit einem empirischen Beispiel bezüglich Geldbedarf und Inflation.

Es gibt eine große Zahl neuerer Fachbücher zur Zeitreihenanalyse, welche Kointegration, Vektorautoregressionen und Fehlerkorrekturmodelle besprechen. Für Ökonomomen besonders interessant sind Harris (1995), Patterson (2000), Mills und Markellos (2008) und Enders (2010). Mehr technische Details liefern zum Beispiel Banerjee, Dolado, Galbraith und Hendry (1993), Hamilton (1994), Johansen (1995), Maddala und Kim (1998), Boswijk (1999), Gouriéroux und Jasiak (2001), Lütkepohl (2005) und Juselius (2006). Die meisten dieser Texte besprechen auch Themen, welche dieses Kapitel nicht abdeckt, einschließlich struktureller VAR-Modelle, Saisonabhängigkeit und struktureller Brüche.

9.1 Dynamische Modelle mit stationären Variablen

Das isolierte Betrachten einer ökonomischen Zeitreihe und Anwenden von Techniken aus den vorhergehenden Kapiteln, um diese zu modellieren, kann in vielen Fällen gute Vorhersagen liefern. Es gestattet uns jedoch nicht, zu bestimmen, welches die Auswirkungen zum Beispiel von einer Veränderung in einer politischen Variablen sind. Um das zu tun, ist es möglich, zusätzliche Variablen in das Modell aufzunehmen. Lassen Sie uns zwei (stationäre) Variablen[1] Y_t und X_t betrachten und annehmen, dass Folgendes gilt:

$$Y_t = \delta + \theta Y_{t-1} + \phi_0 X_t + \phi_1 X_{t-1} + \varepsilon_t. \tag{9.1}$$

Zur Veranschaulichung stellen wir uns Y_t als Unternehmensumsätze und X_t als Werbung vor, beides im Monat t. Wenn wir annehmen, dass ε_t ein Weißes-Rauschen-Prozess ist, unabhängig von $X_t, X_{t-1}, \ldots$ und $Y_{t-1}, Y_{t-2}, \ldots$, dann wird obige Beziehung manchmal auch als **autoregressives Distributed-Lag-Modell** (ADL-Modell) bezeichnet. Um es konsistent zu schätzen, können wir einfach gewöhnliche kleinste Quadrate verwenden.

Das interessante Element in (9.1) ist, dass es die dynamischen Effekte einer Veränderung in X_t auf aktuelle und zukünftige Werte von Y_t beschreibt. Wenn wir partielle Ableitungen durchführen, können wir herleiten, dass die unmittelbare Reaktion gegeben ist durch

$$\partial Y_t / \partial X_t = \phi_0. \tag{9.2}$$

Dies wird manchmal als der **Wirkungsmultiplikator** bezeichnet. Eine Zunahme in X um eine Einheit hat einen unmittelbaren Einfluss auf Y von ϕ_0 Einheiten. Die Auswirkung nach einer Periode ist

$$\partial Y_{t+1} / \partial X_t = \theta \partial Y_t / \partial X_t + \phi_1 = \theta \phi_0 + \phi_1, \tag{9.3}$$

und nach zwei Perioden

$$\partial Y_{t+2}/\partial X_t = \theta \partial Y_{t+1}/\partial X_t = \theta(\theta\phi_0 + \phi_1) \tag{9.4}$$

und so weiter. Das zeigt, dass die Wirkung nach der ersten Periode nachlässt, wenn $|\theta| < 1$. Das Auferlegen dieser sogenannten Stabilitätsbedingung ermöglicht uns, den langfristigen Effekt einer Einheitsveränderung in X_t zu bestimmen. Er ist gegeben durch den **langfristigen Multiplikator** (oder Ausgleichsmultiplikator).

$$\phi_0 + (\theta\phi_0 + \phi_1) + \theta(\theta\phi_0 + \phi_1) + \cdots$$
$$= \phi_0 + (1 + \theta + \theta^2 + \cdots)(\theta\phi_0 + \phi_1) = \frac{\phi_0 + \phi_1}{1 - \theta}. \tag{9.5}$$

Das besagt: Wenn Werbung X_t um eine Einheit ansteigt, dann ist die erwartete kumulative Zunahme der Umsätze gegeben durch $(\phi_0 + \phi_1)/(1 - \theta)$. Wenn die Zunahme in X_t dauerhaft ist, umfasst der langfristige Multiplikator auch die Interpretation der erwarteten langfristigen Zunahme in Y_t. Aus (9.1) kann die langfristige Gleichgewichtsbeziehung zwischen Y und X gesehen werden als (auferlegend $E\{Y_t\} = E\{Y_{t-1}\}$)

$$E\{Y_t\} = \delta + \theta E\{Y_t\} + \phi_0 E\{X_t\} + \phi_1 E\{X_t\} \tag{9.6}$$

oder

$$E\{Y_t\} = \frac{\delta}{1 - \theta} + \frac{\phi_0 + \phi_1}{1 - \theta} E\{X_t\}, \tag{9.7}$$

was eine alternative Ableitung des langfristigen Multiplikators zeigt. Wir sollten (9.7) kurz und prägnant als $E\{Y_t\} = \alpha + \beta E\{X_t\}$ schreiben, mit offensichtlichen Definitionen von α und β.

Es gibt eine Alternative, das autoregressive Distributed-Lag-Modell in (9.1) zu formulieren. Das Substrahieren von Y_{t-1} auf beiden Seiten von (9.1) und ein wenig Umschreiben ergibt

$$\Delta Y_t = \delta - (1 - \theta)Y_{t-1} + \phi_0 \Delta X_t + (\phi_0 + \phi_1)X_{t-1} + \varepsilon_t$$

oder

$$\Delta Y_t = \phi_0 \Delta X_t - (1 - \theta)[Y_{t-1} - \alpha - \beta X_{t-1}] + \varepsilon_t. \tag{9.8}$$

Diese Formulierung ist ein Beispiel für ein **Fehlerkorrekturmodell**. Es besagt, dass die Veränderung in Y_t bedingt ist durch die aktuelle Veränderung in X_t plus einem Fehlerkorrekturterm. Wenn Y_{t-1} über dem Ausgleichswert liegt, der X_{t-1} entspricht, also der »Gleichgewichtsfehler« in eckigen Klammern positiv ist, dann wird eine zusätzliche negative Korrektur in Y_t generiert. Die Geschwindigkeit der Korrektur ist bestimmt durch $1 - \theta$, welches der Korrekturparameter ist. Das Annehmen von Stabilität gewährleistet, dass $1 - \theta > 0$.

Es ist auch möglich, das Fehlerkorrekturmodell konsistent durch kleinste Quadrate zu schätzen. Weil die Quadratsumme der Residuen, die minimiert ist mit (9.8), dieselbe ist wie die von (9.1), sind die sich ergebenden Schätzwerte zahlenmäßig identisch.[2] Die Residuen sind ebenfalls identisch, aber die R^2s werden sich unterscheiden, weil die abhängigen Variablen in (9.1) und (9.8) unterschiedlich sind.

Sowohl das autoregressive Distributed-Lag-Modell in (9.1) wie auch das Fehlerkorrekturmodell in (9.8) nehmen an, dass die Werte von X_t als gegeben behandelt werden können, das heißt als nicht korreliert mit den Fehlertermen der Gleichungen. Das besagt im Wesentlichen, dass (9.1) geeignet ist zur Beschreibung des erwarteten Wertes von Y_t in Anbetracht seiner eigenen Geschichte und abhängig von aktuellen und verzögerten Werten von X_t. Wenn X_t gleichzeitig bestimmt wird mit Y_t und $E\{X_t \varepsilon_t\} \neq 0$, dann ist OLS entweder in (9.1) oder (9.8) inkonsistent. Die typische Lösung in diesem Kontext besteht darin, sowohl für Y_t als auch für X_t ein bivariates Modell zu betrachten (siehe Unterkapitel 9.5).

Sonderfälle des Modells in (9.1) können aus alternativen Modellen abgeleitet werden, welche eine ökonomische Interpretation haben. Lassen Sie uns zum Beispiel das optimale oder gewünschte Niveau von Y_t mit Y_t^* bezeichnen und annehmen, dass

$$Y_t^* = \alpha + \beta X_t + \eta_t \tag{9.9}$$

für unbekannte Koeffizienten α and β und wobei η_t ein von $X_t, X_{t-1}, \ldots$ unabhängiger Fehlerterm ist. Der tatsächliche Wert von Y_t unterscheidet sich von Y_t^*, weil die Korrektur auf sein optimales Niveau entsprechend X_t nicht unmittelbar ist. Angenommen, die Korrektur ist nur teilweise in dem Sinne, dass

$$Y_t - Y_{t-1} = (1 - \theta)(Y_t^* - Y_{t-1}), \tag{9.10}$$

wobei $0 < \theta < 1$. Durch Ersetzen von (9.9) erhalten wir

$$\begin{aligned} Y_t &= Y_{t-1} + (1 - \theta)\alpha + (1 - \theta)\beta X_t - (1 - \theta)Y_{t-1} + (1 - \theta)\eta_t \\ &= \delta + \theta Y_{t-1} + \phi_0 X_t + \varepsilon_t, \end{aligned} \tag{9.11}$$

wobei $\delta = (1 - \theta)\alpha, \phi_0 = (1 - \theta)\beta$ und $\varepsilon_t = (1 - \theta)\eta_t$. Dies ist ein Sonderfall von (9.1), da es X_{t-1} nicht enthält. Das durch (9.9) und (9.10) gegebene Modell wird als **partiell angepasstes Modell** bezeichnet.

Das autoregressive Distributed-Lag-Modell in (9.1) kann leicht generalisiert werden. Wenn wir die Aufmerksamkeit auf lediglich zwei Variablen beschränken, können wir eine allgemeine Form schreiben:

$$\theta(L)Y_t = \delta + \phi(L)X_t + \varepsilon_t, \tag{9.12}$$

wobei

$$\theta(L) = 1 - \theta_1 L - \cdots - \theta_p L^p$$

$$\phi(L) = \phi_0 + \phi_1 L + \cdots + \phi_q L^q$$

zwei Verzögerungspolynome sind. Beachten Sie, dass die Konstante in $\phi(L)$ nicht darauf beschränkt ist, gleich eins zu sein. Angenommen, $\theta(L)$ ist umkehrbar (siehe Kapitel 8.2.2), dann können wir schreiben

$$Y_t = \theta^{-1}(1)\delta + \theta^{-1}(L)\phi(L)X_t + \theta^{-1}(L)\varepsilon_t. \tag{9.13}$$

Die Koeffizienten im Verzögerungspolynom $\theta^{-1}(L)\phi(L)$ beschreiben die dynamischen Effekte von X_t auf aktuelle und zukünftige Werte von Y_t. Die langfristige Auswirkung von X_t erhalten wir durch

$$\theta^{-1}(1)\phi(1) = \frac{\phi_0 + \phi_1 + \cdots + \phi_q}{1 - \theta_1 - \cdots - \theta_p}, \tag{9.14}$$

was obiges Ergebnis verallgemeinert. Rufen Sie sich aus Kapitel 8.2.2 in Erinnerung, dass Umkehrbarkeit von $\theta(L)$ erfordert, dass $\theta_1 + \theta_2 + \cdots + \theta_p < 1$, was garantiert, dass der Nenner in (9.14) nicht null ist. Ein Sonderfall entsteht, wenn $\theta(L) = 1$, sodass das Modell in (9.13) keine Verzögerungen von Y_t enthält. Dies wird als Distributed-Lag-Modell bezeichnet.

Solange angenommen werden kann, dass der Fehlerterm in ε_t ein Weißes-Rauschen-Prozess ist, oder – allgemeiner – stationär und unabhängig von $X_t, X_{t-1}, \ldots$ und $Y_{t-1}, Y_{t-2}, \ldots$ ist, können die Distributed-Lag-Modelle mittels gewöhnlicher kleinster Quadrate konsistent geschätzt werden. Es können jedoch Probleme auftauchen, wenn neben Y_t und X_t auch das implizierte ε_t nicht stationär ist. Darum geht es im nächsten Kapitel.

9.2 Modelle mit nichtstationären Variablen

9.2.1 Scheinregressionen

Die Annahme, dass die Y_t- und X_t-Variablen stationär sind, ist entscheidend für die Eigenschaften der Standardschätzung und Testverfahren. Um zum Beispiel die Konsistenz des OLS-Schätzers zu zeigen, verwenden wir in der Regel das Ergebnis, dass sich die Stichproben(ko)varianzen den (Ko-)Varianzen der Grundgesamtheit annähern, wenn die Stichprobengröße zunimmt. Sind die Reihen jedoch nicht stationär, dann sind letztere (Ko-)Varianzen unklar, weil die Reihen nicht um den konstanten Mittelwert fluktuieren.

Zur Veranschaulichung betrachten wir zwei Variablen, Y_t und X_t, generiert durch zwei unabhängige Zufallsbewegungen

$$Y_t = Y_{t-1} + \varepsilon_{1t}, \qquad \varepsilon_{1t} \sim IID(0, \sigma_1^2) \tag{9.15}$$

$$X_t = X_{t-1} + \varepsilon_{2t}, \qquad \varepsilon_{2t} \sim IID(0, \sigma_2^2), \tag{9.16}$$

wobei ε_{1t} und ε_{2t} nicht voneinander abhängig sind. Bei diesem Datengenerierungsprozess gibt es nichts, das zu einer Beziehung zwischen Y_t und X_t führt. Ein Forscher, der mit diesen Prozessen nicht vertraut ist, würde womöglich ein Regressionsmodell schätzen wollen, das Y_t aus X_t und einer Konstanten erklärt,[3]

$$Y_t = \alpha + \beta X_t + \varepsilon_t. \tag{9.17}$$

Die Ergebnisse aus dieser Regression werden wahrscheinlich durch eine ziemlich hohe R^2-Statistik, hohe autokorrelierte Residuen und einen signifikanten Wert für β charakterisiert. Dieses Phänomen ist das bestens bekannte Problem der **Scheinregression** (engl. spurious regression) (siehe Granger und Newbold, 1974). In diesem Fall sind zwei unabhängige, nichtstationäre Reihen nur scheinbar miteinander verbunden, bedingt durch die Tatsache, dass beide einen Trend aufweisen. Wie von Granger und Newbold angemerkt, können in diesen Situationen, die charakterisiert sind durch ein hohes R^2 und eine niedrige Durbin-Watson(dw)-Statistik, die üblichen t- und F-Tests zu den Regressionsparametern sehr irreführend sein. Der Grund dafür ist, dass die Verteilungen der konventionellen Teststatistiken sich stark von jenen unterscheiden, die unter der Annahme der Stationarität hergeleitet wurden. Insbesondere konvergiert, wie von Phillips (1986) gezeigt, der OLS-Schätzer mit seiner Wahrscheinlichkeit nicht so, wie die Stichprobengröße zunimmt. Die t- und F-Teststatistiken weisen keine klar definierten asymptotischen Verteilungen auf und die dw-Statistik konvergiert gegen null. Der Grund besteht darin, dass mit Y_t und X_t als $I(1)$-Variablen der Fehlerterm ε_t auch eine nichtstationäre $I(1)$-Variable ist.

Um die Ergebnisse der Scheinregression zu veranschaulichen, generieren wir zwei Reihen mit 200 Beobachtungen[4] entsprechend (9.15) und (9.16) mit normalverteilten Fehlertermen, beginnend mit $Y_0 = X_0 = 0$ und $\sigma_1^2 = \sigma_2^2 = 1$ vorgebend. Die Ergebnisse einer Standard-OLS-Regression von Y_t auf X_t und einer Konstanten sind in Tabelle 9.1 aufgeführt. Obwohl sich die Parameterschätzwerte in dieser Tabelle von einer Simulation zur nächsten völlig unterscheiden, zeigen die t-Werte, R^2s und die dw-Statistik ein sehr typisches Muster: Unter Verwendung der üblichen Signifikanzlevel sind sowohl der konstante Term wie auch X_t stark signifikant, das R^2 scheint mit 31 % vernünftig, während die Durbin-Watson-Statistik extrem niedrig ist. (Denken Sie an Kapitel 4, wo Werte nahe 2 der Nullhypothese keiner Autokorrelation entsprechen.) *Schätzergebnisse wie diese sollten nicht ernst genommen werden.* Weil sowohl Y_t wie auch X_t einen stochastischen Trend enthalten, neigt der OLS-Schätzer dazu, eine signifikante Korrelation zwischen den beiden Reihen zu finden, selbst wenn diese überhaupt nichts miteinander zu tun haben. Statistisch besteht das Problem darin, dass ε_t nicht stationär ist.

Abhängige Variable: Y			
Variable	**Schätzwert**	**Standardfehler**	**t-Wert**
Konstante	3,9097	0,2462	15,881
X	− 0,4435	0,0473	− 9,370

Tabelle 9.1 Scheinregression: OLS mit zwei unabhängigen Zufallsbewegungen

$s = 3,2698$ $R^2 = 0,3072$ $\bar{R}^2 = 0,3037$ $F = 87,7987$ $dw = 0,1331$

Wenn verzögerte Werte sowohl von abhängigen wie auch von unabhängigen Variablen in der Regression enthalten sind, wie in (9.1), treten keine Scheinregressionsprobleme auf, weil Parameterwerte existieren (und zwar $\theta = 1$ und $\phi_0 = \phi_1 = 0$) derart, dass der Fehlerterm ε_t $I(0)$ ist, auch wenn Y_t und/oder X_t $I(1)$ sind. In diesem Fall ist der OLS-Schätzer konsistent für alle Parameter. Einbeziehen verzögerter Werte in die Regression genügt von daher, um viele der mit der Scheinregression verbundenen Probleme zu lösen (siehe Hamilton, 1994, S. 562).

9.2.2 Kointegration

Eine wichtige Ausnahme bei den Ergebnissen des vorigen Kapitels entsteht, wenn den beiden nichtstationären Reihen derselbe stochastische Trend gemein ist. Betrachten wir beide Reihen Y_t und X_t, integriert entsprechend erster Ordnung, und nehmen wir an, dass zwischen ihnen eine lineare Beziehung existiert. Das spiegelt sich in der These, dass derartige Werte β existieren, dass $Y_t - \beta Y_t I(0)$ ist, obwohl Y_t und X_t beide $I(1)$ sind. In so einem Fall gilt, dass Y_t und X_t **kointegriert** sind und dass sie einen **gemeinsamen Trend** aufweisen. Obwohl die relevante asymptotische Theorie nichtstandard ist, kann gezeigt werden, dass man β aus der OLS-Regression von Y_t auf X_t konsistent schätzen kann, wie in (9.17). Tatsächlich gilt der OLS-Schätzer b in diesem Fall als **superkonsistent** für β, weil er sich in wesentlich rascherem Tempo β annähert als bei konventioneller Asymptotik. Im Standardfall ist $\sqrt{T}(b - \beta)$ asymptotisch normalverteilt und wir sagen, dass b $\sqrt{T}$-konsistent für β ist. Im Kointegrationsfall ist $\sqrt{T}(b - \beta)$ degeneriert, was bedeutet, dass b sich β in derart schnellem Tempo angleicht, dass die Differenz $b - \beta$, multipliziert mit einem zunehmenden $\sqrt{T}$-Faktor, sich immer noch null annähert. Stattdessen ist die geeignete asymptotische Verteilung die von $T(b - \beta)$. Folglich finden den konventionelle Inferenzverfahren keine Anwendung.

Die Intuition hinter dem Superkonsistenzergebnis ist ziemlich einfach. Angenommen, das geschätzte Regressionsmodell ist

$$Y_t = a + bX_t + e_t. \tag{9.18}$$

Für den wahren Wert von β, $Y_t - \beta X_t$ ist $I(0)$. Natürlich wird das OLS-Residuum e_t für $b \neq \beta$ nichtstationär sein und von daher in jeder begrenzten Stichprobe eine sehr große Varianz aufweisen. Für $b = \beta$ wird die geschätzte Varianz von e_t jedoch sehr viel kleiner sein. Da einfache kleinste Quadrate a und b wählt, um die Stichprobenvarianz von e_t zu schätzen, ist es extrem gut darin, einen Schätzwert nahe β zu finden.

Wenn Y_t und X_t beide $I(1)$ sind und ein solches β existiert, dass $Z_t = Y_t - \beta X_t I(0)$ ist, dann sind Y_t und X_t kointegriert und β wird als der kointegrierende Parameter bezeichnet oder, allgemeiner, $(1, -\beta)'$ als **kointegrierender Vektor**. Wenn das eintritt, wirkt eine besondere Beschränkung auf die langfristigen Komponenten von Y_t und X_t ein. Da sowohl Y_t wie auch X_t $I(1)$ sind, werden sie dominiert durch »langwellige« Komponenten, aber Z_t, als $I(0)$, wird es nicht sein: Y_t und βX_t müssen deshalb langfristige Komponenten haben, die sich praktisch aufheben, um Z_t hervorzubringen.

Diese Vorstellung ist verwandt mit dem Konzept des **langfristigen Gleichgewichts**. Angenommen, solch ein Gleichgewicht wird definiert durch die Beziehung

$$Y_t = \alpha + \beta X_t. \tag{9.19}$$

Dann ist $z_t = Z_t - \alpha$ der »Gleichgewichtsfehler«, welcher das Ausmaß misst, in dem der Wert von Y_t von seinem »Gleichgewichtswert« $\alpha + \beta X_t$ abweicht. Wenn z_t $I(0)$ ist, dann ist der Gleichgewichtsfehler stationär und fluktuiert um null. Folglich wird das System im Durchschnitt im Gleichgewicht sein. Wenn Y_t und X_t jedoch nicht kointegriert sind und z_t folglich $I(1)$ ist, kann der Gleichgewichtsfehler weiter umherwandern und Null-Durchgänge wären ziemlich selten. Unter diesen Umständen macht es keinen Sinn, $Y_t = \alpha + \beta X_t$ als langfristiges Gleichgewicht zu bezeichnen. Folglich kann das Vorhandensein eines kointegrierenden Vektors interpretiert werden als das Vorhandensein einer langfristigen Gleichgewichtsbeziehung.

Aus unserer Erörterung wird deutlich, dass es wichtig ist, Fälle zu unterscheiden, bei denen es eine kointegrierende Beziehung zwischen Y_t und X_t und Scheinregressionen gibt. Angenommen, wir wissen durch frühere Ergebnisse, dass Y_t und X_t mit erster Ordnung integriert sind, und angenommen, wir schätzen die »kointegrierende Regression«

$$Y_t = \alpha + \beta X_t + \varepsilon_t. \tag{9.20}$$

Wenn Y_t und X_t kointegriert sind, dann ist der Fehlerterm in (9.20) $I(0)$. Wenn nicht, wird ε_t $I(1)$ sein. Von daher kann man auf das Vorhandensein einer kointegrierenden Beziehung testen, indem in den OLS-Residuen e_t aus (9.20) auf eine Einheitswurzel getestet wird. Es scheint so, als könne das mittels Dickey-Fuller-Tests aus dem vorigen Kapitel erfolgen. Zum Beispiel können wir die Regression

$$\Delta e_t = \gamma_0 + \gamma_1 e_{t-1} + u_t \tag{9.21}$$

durchführen und testen, ob $\gamma_1 = 0$ (eine Einheitswurzel). Beim Testen auf Einheitswurzeln in OLS-Residuen gibt es jedoch eher eine zusätzliche Komplikation als bei beobachteten Zeitreihen. Weil der OLS-Schätzer die Residuen in der kointegrierenden Regression (9.20) »auswählt«, damit die Varianz so klein wie möglich ist, auch wenn die Variablen nicht kointegriert sind, wird der OLS-Schätzer die Residuen so stationär wie möglich »aussehen« lassen, selbst wenn die Variablen nicht kointegriert sind. Wenn wir also Standard-DF- oder ADF-Tests verwenden, könnten wir die Nullhypothese der Nichtstationarität möglicherweise zu häufig verwerfen. Als Folge sind die geeigneten kritischen Werte negativer als jene für die Standard-Dickey-Fuller-Tests; sie sind in Tabelle 9.2 aufgeführt. Wenn e_t durch einen autoregressiven Prozess erster Ordnung nicht angemessen beschrieben ist, sollte man zu (9.21) verzögerte Werte von Δe_t hinzufügen, was zu den erweiterten Dickey-Fuller-Tests (ADF-Tests) führt mit denselben asymptotisch kritischen Werten. Dieser Test kann erweitert werden, um auf Kointegration zwischen drei oder mehr Variablen zu testen. Ist mehr als eine einzelne X_t-Variable in der kointegrierenden Regression enthalten, dann verschieben sich die kritischen Werte weiter nach links. Das spiegelt sich in den zusätzlichen Reihen in Tabelle 9.2. Eine alternative Vorgehensweise, um Reihenkorrelation in den Regressionsresiduen in Betracht zu ziehen, verwendet Standardfehler basierend auf der Newey-West-Methode und führt zum Phillips-Ouliaris-Test (Phillips und Ouliaris,1990) auf Kointegration. Im Wesentlichen handelt es sich dabei um den Phillips-Perron-Test, jedoch angewandt auf die Regressionsresiduen.

Anzahl der Variablen	Signifikanzniveau		
(inkl. Y_t)	1 %	5 %	10 %
2	− 3,90	− 3,34	− 3,04
3	− 4,29	− 3,74	− 3,45
4	− 4,64	− 4,10	− 3,81
5	− 4,96	− 4,42	− 4,13

Tabelle 9.2 Asymptotische kritische Werte residuumbasierter Einheitswurzeltests auf nicht vorhandene Kointegration (mit konstantem Term)
Quelle: Davidson, R. und MacKinnon, J. G. (1993), *Estimation and Inference in Econometrics*, Oxford University Press, Oxford. Abdruck mit Genehmigung der Oxford University Press.

Ein alternativer Test auf Kointegration basiert auf der üblichen Durbin-Watson-Statistik aus (9.20). Beachten Sie, dass die Anwesenheit einer Einheitswurzel in ε_t asymptotisch einem Nullwert für die *dw*-Statistik entspricht. Von daher ist, unter der Nullhypothese einer Einheitswurzel, der geeignete Test, ob *dw* signifikant größer ist als null. Leider hängen die kritischen Werte für diesen Test, gemeinhin als **kointegrierender Regressions-Durbin-Watson-Test** oder

CRDW-Test bezeichnet (siehe Sargan und Bhargava, 1983), vom Prozess ab, der die Daten generiert. Dennoch legt der Wert der Durbin-Watson-Statistik häufig das Vorhandensein oder die Abwesenheit einer kointegrierenden Beziehung nahe. Wenn die Daten durch eine Zufallsbewegung generiert werden, so sind für eine Reihe verschiedener Stichprobengrößen die 5%-kritischen Werte in Tabelle 9.3 aufgeführt. Beachten Sie: Wenn T gegen unendlich strebt und Y_t und X_t nicht kointegriert sind, dann nähert sich die dw-Statistik null an (aller Wahrscheinlichkeit nach).

Anzahl von Variablen	Anzahl von Beobachtungen		
(inkl. Y_t)	50	100	200
2	0,72	0,38	0,20
3	0,89	0,48	0,25
4	1,05	0,58	0,30
5	1,19	0,68	0,35

Tabelle 9.3   5%-kritische Werte in CRDW-Tests auf nicht vorhandene Kointegration

Quelle: Banerjee, A., Dolado, J., Galbraith, J. W. und Hendry, D. F. (1993), *Co-Integration, Error Correction, and the Econometric Analysis of Non-Stationary Data*, Oxford University Press, Oxford. Abdruck mit Genehmigung der Oxford University Press.

Die hier besprochenen Kointegrationstests testen auf das Vorhandensein einer Einheitswurzel in Regressionsresiduen. Das impliziert, dass die Nullhypothese einer Einheitswurzel *keiner* Kointegration entspricht. Wenn wir also das Vorhandensein einer Einheitswurzel in den OLS-Residuen nicht verwerfen können, bedeutet das, wir können *nicht* verwerfen, dass Y_t und X_t *nicht* kointegriert sind. Manchmal kann es jedoch geeigneter sein, die Nullhypothese zu testen, dass zwei oder mehr Variablen kointegriert sind, gegen die Alternative, dass sie es nicht sind. Verschiedene Autoren haben Tests für die Nullhypothese der Kointegration vorgeschlagen; siehe Maddala und Kim (1998, Kapitel 4.5) für eine Übersicht.

Wenn Y_t und X_t kointegriert sind, dann produziert der auf (9.20) angewandte OLS einen superkonsistenten Schätzer des kointegrierenden Vektors, selbst wenn kurzfristige Dynamiken fälschlicherweise weggelassen wurden. Grund dafür ist, dass die Nichtstationarität asymptotisch alle Formen von Fehlspezifikation im stationären Teil von (9.20) dominiert. Folglich stellen unvollständige kurzfristige Dynamiken, Autokorrelation in ε_t, weggelassene (stationäre) Variablen und Endogenität von X_t allesamt Probleme im stationären Teil der Regression dar, die bei der Betrachtung der asymptotischen Verteilung des superkonsistenten Schätzers b vernachlässigt werden können (das heißt von niedrigerer Ordnung sind). Im Allgemeinen weist der OLS-Schätzer für den kointegrierenden Parameter jedoch eine nichtnormale Verteilung auf und auf deren t-Statistik basierende Schlussfolgerungen neigen dazu, irreführend zu sein.

Ein weiteres Problem mit dem OLS-Schätzer besteht darin, dass, trotz der superkonsistenten Eigenschaft, Monte-Carlo-Studien zeigen, dass bei kleinen Stichproben die Verzerrung in der geschätzten kointegrierenden Beziehung substanziell sein kann (siehe Banerjee, Dolado, Galbraith und Hendry, 1993, Kapitel 7.4). In der Regel sind diese Verzerrungen klein, wenn das R^2 der kointegrierenden Regression nahe eins ist. In der Literatur wurde eine große Anzahl alternativer Schätzer vorgeschlagen (siehe Hargreaves, 1994, für eine Übersicht). Eine einfache Alternative ist der sogenannte dynamische OLS-Schätzer, vorgeschlagen von Stock und Watson (1993), der auf dem Erweitern der kointegrierenden Regression durch Hinzufügen von Leads (Wirkungsvorwegnahmen) und Lags (Verzögerungen) in ΔX_t basiert. Unter geeigneten Bedingungen hat der resultierende Schätzer für β eine approximative Normalverteilung und die Standard-t-Statistiken (basierend auf den HAC-Standardfehlern) gelten. Eine kompliziertere Alternative ist der sogenannte vollständig modifizierte OLS-Schätzer, vorgeschlagen von Phillips und Hansen (1990); siehe Patterson (2000, Kapitel 9) für Erörterungen.

Asymptotisch können die Rollen von Y_t und X_t getauscht werden und wir schätzen

$$X_t = \alpha^* + \beta^* Y_t + u_t^*, \tag{9.22}$$

um superkonsistente Schätzwerte von $\alpha^* = -\alpha/\beta$ und $\beta^* = 1/\beta$ zu bekommen. Es ist wichtig, zu beachten, dass dies nicht auftreten würde, wenn Y_t und X_t stationär wären, in welchem Fall die Unterscheidung zwischen endogenen und exogenen Variablen entscheidend ist. Wenn zum Beispiel (Y_t, X_t) i.i.d. bivariat normalverteilt ist mit Erwartungen null, Varianzen σ_y^2, σ_x^2 und Kovarianzen σ_{xy}, dann ist die bedingte Erwartung von Y_t bei gegebenem X_t gleich $\sigma_{xy}/\sigma_x^2 X_t = \beta X_t$ und die bedingte Erwartung von X_t bei gegebenem Y_t ist $\sigma_{xy}/\sigma_y^2 Y_t = \beta^* Y_t$ (siehe Anhang B). Beachten Sie, dass $\beta* \neq 1/\beta$, es sei denn, Y_t und X_t sind perfekt korreliert ($\sigma_{xy} = \sigma_x \sigma_y$). Da perfekte Korrelation auch bedeutet, dass die R^2s gleich eins sind, legt das außerdem nahe, dass das aus der Kointegrationsregression erhaltene R^2 ziemlich hoch sein sollte (da es sich eins annähert, wenn die Stichprobengröße zunimmt).

Obwohl das Vorhandensein einer langfristigen Beziehung zwischen zwei Variablen von Interesse ist, könnte es noch relevanter sein, die kurzfristigen Eigenschaften der beiden Reihen zu untersuchen. Das kann unter Verwendung des Ergebnisses erfolgen, dass das Vorhandensein einer kointegrierenden Beziehung impliziert, dass es ein Fehlerkorrekturmodell gibt, welches die kurzfristigen Dynamiken konsistent mit der langfristigen Beziehung beschreibt.

9.2.3   Kointegration und Fehlerkorrekturmechanismen

Das Granger-Repräsentationstheorem (Granger, 1983; Engle und Granger, 1987) besagt: Wenn ein Set von Variablen kointegriert ist, dann existiert eine gültige **Fehlerkorrekturrepräsentation** dieser Daten. Wenn also Y_t und X_t beide $I(1)$ sind und einen kointegrierenden Vektor $(1, -\beta)'$ haben, dann existiert eine Fehlerkorrekturrepräsentation mit $Z_t = Y_t - \beta X_t$ in der Form

$$\theta(L)\Delta Y_t = \delta + \phi(L)\Delta X_{t-1} - \gamma Z_{t-1} + \alpha(L)\varepsilon_t, \tag{9.23}$$

wobei ε_t weißes Rauschen[5] ist und wo $\theta(L)$, $\phi(L)$ und $\alpha(L)$ Polynome im verzögerten Operator L (mit $\theta_0 \equiv 1$) sind. Lassen Sie uns einen Sonderfall von (9.23) betrachten,

$$\Delta Y_t = \delta + \phi_1 \Delta X_{t-1} - \gamma(Y_{t-1} - \beta X_{t-1}) + \varepsilon_t, \tag{9.24}$$

bei dem der Fehlerterm keinen Moving-Average-Teil hat und die systematische Dynamik so einfach wie möglich gehalten wird. Intuitiv ist klar, warum das Granger-Repräsentationstheorem gelten dürfte. Wenn Y_t und X_t beide $I(1)$ sind, jedoch eine langfristige Beziehung haben, muss es eine Kraft geben, welche die Gleichgewichtsfehler zurück zu null zieht. Das Fehlerkorrekturmodell tut genau das: Es beschreibt, wie Y_t und X_t sich kurzfristig verhalten in Konsistenz mit einer langfristigen kointegrierenden Beziehung. Wenn der kointegrierende Parameter β bekannt ist, dann sind alle Terme in (9.24) $I(0)$ und es entstehen keine Schlussfolgerungsprobleme: Wir können das mittels OLS auf die übliche Weise schätzen.

Wenn $\Delta Y_t = \Delta X_{t-1} = 0$, dann erhalten wir den Zustand eines »veränderungslosen« Dauergleichgewichts (engl. steady state equilibrium)

$$Y_t - \beta X_t = \frac{\delta}{\gamma}, \tag{9.25}$$

was (9.19) entspricht, wenn $\alpha = \delta/\gamma$. In diesem Fall kann das Fehlerkorrekturmodell geschrieben werden als

$$\Delta Y_t = \phi_1 \Delta X_{t-1} - \gamma(Y_{t-1} - \alpha - \beta X_{t-1}) + \varepsilon_t, \tag{9.26}$$

wobei die Konstante nur in der langfristigen Beziehung vorhanden ist. Wenn das Fehlerkorrekturmodell (9.24) jedoch eine Konstante enthält, die gleich $\delta = \alpha\gamma + \lambda$ ist mit $\lambda \neq 0$, impliziert das deterministische Trends sowohl in Y_t wie auch in X_t und das langfristige Equilibrium entspricht einem Steady-State-Wachstumspfad mit $\Delta Y_t = \Delta X_{t-1} = \lambda/(1 - \phi_1)$. Rufen Sie sich aus Kapitel 8 in Erinnerung, dass ein Achsenabschnitt ungleich null in einem univariaten ARMA-Modell mit einer Einheitswurzel auch impliziert, dass die Reihe einen deterministischen Trend aufweist.

In einigen Fällen ergibt es Sinn, anzunehmen, dass der kointegrierende Vektor a priori bekannt ist (zum Beispiel wenn das einzige sinnvolle Equilibrium $Y_t = X_t$ ist). In dem Fall können Schlussfolgerungen in (9.23) und (9.24) auf die übliche Weise gezogen werden. Wenn β unbekannt ist, kann der kointegrierende Vektor (super)konsistent geschätzt werden aus der kointegrierenden Regression (9.20). Bei Standard-$\sqrt{T}$-Asymptotik kann also die Tatsache ignoriert werden, dass β geschätzt ist, und die konventionelle Theorie für die Schätzung von Parametern in (9.23) kann angewandt werden.

Beachten Sie, dass die exakte Verzögerungsstruktur in (9.23) nicht durch das Theorem spezifiziert ist, vermutlich müssen wir also in dieser Richtung ein wenig Spezifikationsanalyse betreiben. Darüber hinaus ist die Theorie symmetrisch in ihrer Behandlung von Y_t und X_t, sodass auch eine Fehlerkorrekturrepräsentation mit ΔX_t als Variable auf der linken Seite existieren sollte. Weil sich mindestens eine der Variablen an die Abweichungen vom langfristigen Equilibrium anpassen muss, muss mindestens einer der angepassten Parameter γ in den beiden Fehlerkorrekturgleichungen ungleich null sein. Wenn sich X_t nicht an den Equilibriumfehler anpasst (einen Null-Anpassungsparameter aufweist), ist es für β schwach exogen (wie von Engle, Hendry und Richard, 1983, definiert). Das bedeutet, dass wir ΔX_t in die rechte Seite von (9.24) aufnehmen können, ohne den Fehlerkorrekturterm $-\gamma(Y_{t-1} - \beta X_{t-1})$ zu beeinflussen. Das heißt, wir können im Fehlerkorrekturmodell für Y_t auf X_t bedingen (siehe Kapitel 9.5).

Das Repräsentationstheorem gilt auch im umgekehrten Fall, das heißt, wenn Y_t und X_t beide $I(1)$ sind und eine Fehlerkorrekturrepräsentation haben, dann sind sie zwangsläufig kointegriert. Es ist wichtig, zu erkennen, dass das Konzept der Kointegration nur auf (nichtstationäre) integrierte Zeitreihen angewandt werden kann. Wenn Y_t und X_t $I(0)$ sind, kann der generierende Prozess stets in Fehlerkorrekturform geschrieben werden (siehe Kapitel 9.1).

9.3 Beispiel: Langfristige Kaufkraftparität (Teil 2)

Im vorigen Kapitel haben wir das Thema der Kaufkraftparität (KKP) vorgestellt, die den Wechselkurs zwischen zwei Währungen benötigt, um das Verhältnis der Preisniveaus der beiden Länder gleichzusetzen. In Logarithmen kann die absolute KKP geschrieben werden als

$$s_t = p_t - p_t^*, \tag{9.27}$$

wobei s_t der Logarithmus des Kassa-Wechselkurses ist, p_t der Logarithmus der Inlandspreise und p_t^* der Logarithmus der ausländischen Preise ist. Nur wenige Verfechter der KKP sind für ein striktes Festhalten an der KKP. Für gewöhnlich wird die KKP eher so gesehen, dass sie den Wechselkurs auf langfristige Sicht bestimmt, während eine Vielzahl anderer Faktoren, wie zum Beispiel Handelsbeschränkungen, Produktivität und Präferenzveränderungen, den Wechselkurs im Hinblick auf Bedingungen des Ungleichgewichts beeinflussen können (siehe Taylor und Taylor, 2004). Demzufolge wird (9.27) als ein Equilibrium oder eine kointegrierende Beziehung gesehen.

Unter Verwendung monatlicher Beobachtungen für die Eurozone und das Vereinigte Königreich von Januar 1988 bis Dezember 2010, wie zuvor, suchen wir also nach einer kointegrierenden Beziehung zwischen p_t, p_t^* und s_t. In Kapitel 8.5 kamen wir bereits zu dem Schluss, dass Nichtstationarität des echten Wechselkurses $rs_t \equiv s_t - p_t + p_t^*$ nicht verworfen werden kann. Das bedeutet, dass $(1, -1, 1)'$ als kointegrierender Vektor verworfen wird. In diesem Kapitel testen wir, ob eine weitere kointegrierende Beziehung existiert, und verwenden eingangs nur zwei Variablen: s_t, den Logarithmus Wechselkurs, und $ratio_t \equiv p_t - p_t^*$, den Logarithmus des Preisverhältnisses. Intuitiv würde eine solche Beziehung implizieren, dass ein Wechsel bei den relativen Preisen einer weniger als (oder mehr als) proportionalen Veränderung im Wechselkurs entspricht, während Symmetrie auferlegt wird. Die entsprechende kointegrierende Regression lautet

$$s_t = \alpha + \beta ratio_t + \varepsilon_t, \tag{9.28}$$

wobei $\beta = 1$ (9.27) entspricht. Beachten Sie, dass p_t und p_t^* nicht auf Preisen, sondern auf Preisindizes basieren. Von daher könnte man erwarten, dass sich die Konstante in (9.28) von null unterscheidet. Folglich können wir nur auf relativen KKP statt auf absoluten KKP testen.

Die Hinweise in Kapitel 8.5 legen nahe, dass s_t $I(1)$ war. Für den Logarithmus Preisverhältnis, $ratio_t$, sind die Ergebnisse des (erweiterten) Dickey-Fuller-Tests in Tabelle 9.4 aufgeführt. Auf Basis dieser Ergebnisse lehnen wir die Nullhypothese einer Einheitswurzel in $ratio_t$ nicht ab, obwohl die ADF(24)-Statistik, ohne Trend, marginal signifikant ist.

Wir sind nun bereit, die kointegrierende Regression zu schätzen und auf Kointegration zwischen s_t und $p_t - p_t^*$ zu testen. Als Erstes schätzen wir (9.28) mittels gewöhnlicher kleinster Quadrate. Das ergibt die Ergebnisse in Tabelle 9.5. Der Test auf Vorhandensein einer kointegrierenden Beziehung ist ein Test auf Stationarität der Residuen in dieser Regression. Beachten Sie, dass das R^2 dieser Regression sehr niedrig ist, was inkonsistent damit ist, eine kointegrierende Regression zu sein. Wir können in den Residuen mittels des CRDW-Tests formal auf eine Einheitswurzel testen, basierend auf der Durbin-Watson-Statistik. Offenkundig ist der Wert von 0,03989 nicht signifikant auf irgendeinem vernünftigen Signifikanzniveau und folglich können wir die Nullhypothese einer Einheitswurzel in den Residuen nicht verwerfen. Statt des

Statistik	ohne Trend	mit Trend
DF	− 2,487	− 2,564
ADF(1)	− 2,533	− 2,622
ADF(2)	− 2,518	− 2,639
ADF(3)	− 2,137	− 2,288
ADF(4)	− 2,070	− 2,229
ADF(5)	− 2,037	− 2,213
ADF(6)	− 2,103	− 2,227
ADF(12)	− 2,989	− 3,041
ADF(24)	− 3,131	− 3,424
ADF(36)	− 2,027	− 1,975

Tabelle 9.4 Einheitswurzeltests für Logarithmus Preisverhältnis Eurozone versus UK

Abhängige Variable: s_t (Logarithmus Wechselkurs)			
Variable	Schätzwert	Standardfehler	t-Wert
Konstante	1,4651	0,0247	59,23
$ratio_t = p_t - p_t^*$	1,3037	0,3851	3,385

Tabelle 9.5 OLS-Ergebnisse

$s = 0,1432$ $R^2 = 0,0401$ $\bar{R}^2 = 0,0366$ $F = 11,459$ $dw = 0,03989$ $T = 276$

DF	− 1,485		
ADF(1)	− 1,451	ADF(4)	− 1,584
ADF(2)	− 1,412	ADF(5)	− 1,514
ADF(3)	− 1,446	ADF(6)	− 1,395

Tabelle 9.6 ADF-Tests (Kointegrationstests) von Residuen

CRDW-Tests können wir auch den erweiterten Dickey-Fuller-Test anwenden, die Ergebnisse sind in Tabelle 9.6 aufgeführt. Der geeignete 5 %-kritische Wert ist − 3,34 (siehe Tabelle 9.2). Wieder kann die Nullhypothese einer Einheitswurzel nicht verworfen werden und folglich gibt es keinen Beweis in den Daten, dass der Kassa-Wechselkurs und das Preisverhältnis kointegriert sind. Diese Schlussfolgerung entspricht unter anderem der von Corbae und Ouliaris (1988), die schließen, dass es keine langfristige Tendenz für Wechselkurse und relative Preise gibt, sich in einem Gleichgewichtspfad einzurichten.

Eine potenzielle Erklärung für diese Ablehnung besteht darin, dass die auferlegte Restriktion, nämlich dass p_t und p_t^* in (9.28) eingehen, mit Koeffizient β beziehungsweise $-\beta$, ungültig ist, zum Beispiel aufgrund von Transportkosten oder Messfehlern. Wir können (9.28) mit uneingeschränkten Koeffizienten schätzen, sodass wir auf das Vorhandensein einer allgemeineren kointegrierenden Beziehung zwischen den drei Variablen s_t, p_t und p_t^* testen können. Wenn wir jedoch mehr als zweidimensionale Systeme betrachten, könnte die Anzahl der kointegrierenden Beziehungen mehr als eins sein. Zum Beispiel könnte es zwei verschiedene kointegrierende Beziehungen zwischen drei $I(1)$-Variablen geben, was die Analyse schwieriger gestaltet als im zweidimensionalen Fall. Kapitel 9.5 wird sich diesem allgemeineren Fall widmen.

Wenn nur ein kointegrierender Vektor existiert, können wir die kointegrierende Beziehung wie zuvor schätzen, indem wir eine Variable auf die anderen regressieren. Das erfordert jedoch, dass der kointegrierende Vektor die Variable auf der linken Seite dieser Regression einbezieht, weil ihr Koeffizient implizit zu minus eins normalisiert ist. In unserem Beispiel regressieren wir s_t auf p_t und p_t^*, um die Ergebnisse in Tabelle 9.7 zu erhalten. Die ADF-Tests zu den Residuen bringen die Ergebnisse in Tabelle 9.8 hervor, wobei der geeignete 5 %-kritische Wert $-3{,}74$ beträgt (siehe Tabelle 9.2). Wieder müssen wir den Schluss ziehen, dass wir die Nullhypothese, dass es keine kointegrierende Beziehung zwischen dem Logarithmus Wechselkurs und dem Logarithmus Preisindizes von UK und Eurozone gibt, nicht verwerfen können. Es scheint nicht der Fall zu sein, dass eine (schwache) Form von Kaufkraftparität für diese beiden Währungsregionen gilt. Natürlich könnte es sein, dass unsere Stichprobenperiode nicht lang genug ist, um ausreichend Beweise für eine kointegrierende Beziehung zu finden. Das scheint mit dem übereinzustimmen, was sich auch in der Literatur findet. Bei längeren Stichproben, bis zu einem Jahrhundert oder länger, liegt der Beweis mehr in Richtung einer langfristigen Tendenz zu KKP (siehe Froot und Rogoff, 1995, oder Taylor und Taylor, 2004).

Abhängige Variable: s_t (Logarithmus Wechselkurs)			
Variable	Schätzwert	Standardfehler	t-Wert
Konstante	1,416	0,285	4,964
p_t	1,316	0,392	3,357
p_t^*	$-1{,}306$	0,386	$-3{,}383$

Tabelle 9.7 OLS-Ergebnisse
$s = 0{,}1434$ $R^2 = 0{,}0402$ $\bar{R}^2 = 0{,}0332$ $F = 5{,}7243$ $dw = 0{,}0399$ $T = 276$

DF	$-1{,}475$		
ADF(1)	$-1{,}440$	ADF(4)	$-1{,}579$
ADF(2)	$-1{,}404$	ADF(5)	$-1{,}508$
ADF(3)	$-1{,}439$	ADF(6)	$-1{,}388$

Tabelle 9.8 ADF-Tests (Kointegrationstests) von Residuen

9.4 Vektorautoregressive Modelle

Die autoregressiven Moving-Average-Modelle des vorigen Kapitels können problemlos zum multivariaten Fall erweitert werden, in dem der stochastische Prozess, der die Zeitreihe eines *Vektors* von Variablen generiert, modelliert wird. Die gängigste Vorgehensweise besteht in der Betrachtung eines **vektorautoregressiven Modells** (**VAR-Modell**). Ein VAR-Modell beschreibt die dynamische Entwicklung einer Reihe von Variablen aus ihrer gemeinsamen Geschichte. Wenn wir zwei Variablen betrachten, etwa Y_t und X_t, dann besteht das VAR-Modell aus zwei Gleichungen. Ein VAR-Modell erster Ordnung würde gegeben durch

$$Y_t = \delta_1 + \theta_{11} Y_{t-1} + \theta_{12} X_{t-1} + \varepsilon_{1t} \tag{9.29}$$

$$X_t = \delta_2 + \theta_{21} Y_{t-1} + \theta_{22} X_{t-1} + \varepsilon_{2t}, \tag{9.30}$$

wobei ε_{1t} und ε_{2t} zwei Weißes-Rauschen-Prozesse sind (unabhängig von der Geschichte von Y und X), die korreliert sein können. Wenn zum Beispiel $\theta_{12} \neq 0$, so bedeutet das, dass die Geschichte von X helfen kann, Y zu erklären. Das System (9.29)–(9.30) kann geschrieben werden als

$$\begin{pmatrix} Y_t \\ X_t \end{pmatrix} = \begin{pmatrix} \delta_1 \\ \delta_2 \end{pmatrix} + \begin{pmatrix} \theta_{11} & \theta_{12} \\ \theta_{21} & \theta_{22} \end{pmatrix} \begin{pmatrix} Y_{t-1} \\ X_{t-1} \end{pmatrix} + \begin{pmatrix} \varepsilon_{1t} \\ \varepsilon_{2t} \end{pmatrix} \tag{9.31}$$

oder, mit geeigneten Definitionen, als[6]

$$\vec{Y}_t = \delta + \Theta_1 \vec{Y}_{t-1} + \vec{\varepsilon}_t, \tag{9.32}$$

wobei $\vec{Y}_t = (Y_t, X_t)'$ und $\vec{\varepsilon}_t = (\varepsilon_{1t}, \varepsilon_{2t})'$. Das erweitert das autoregressive Modell erster Ordnung aus Kapitel 8 zum mehrdimensionalen Fall. Im Allgemeinen ist ein VAR(p)-Modell für einen k-dimensionalen Vektor $\vec{Y}_t$ gegeben durch

$$\vec{Y}_t = \delta + \Theta_1 \vec{Y}_{t-1} + \cdots + \Theta_p \vec{Y}_{t-p} + \vec{\varepsilon}_t, \tag{9.33}$$

wobei jedes Θ_j eine $k{\times}k$-Matrix ist und jedes $\vec{\varepsilon}_t$ ein k-dimensionaler Vektor von Weißes-Rauschen-Termen mit Kovarianzmatrix Σ. Wie in dem univariaten Fall können wir den Verzögerungsoperator verwenden, um ein Matrix-Verzögerungspolynom zu definieren,

$$\Theta(L) = I_k - \Theta_1 L - \cdots - \Theta_p L^p,$$

wobei I_k die k-dimensionale Identitätsmatrix ist, sodass wir das VAR-Modell schreiben können als

$$\Theta(L)\vec{Y}_t = \delta + \vec{\varepsilon}_t.$$

Das Matrix-Verzögerungspolynom ist eine $k \times k$-Matrix, bei der jedes Element einem Polynom der p-ten Ordnung in L entspricht. Erweiterungen zu vektoriellen ARMA-Modellen (VARMA-Modellen) können wir durch Premultiplizieren von $\vec{\varepsilon}_t$ mit einem (Matrix-)Verzögerungspolynom erhalten.

Das VAR-Modell impliziert univariate ARMA-Modelle für jede seiner Komponenten. Zu den Vorteilen des gleichzeitigen Betrachtens der Komponenten gehört auch, dass das Modell sparsamer sein kann und weniger Verzögerungen enthält und dass eine exaktere Vorhersage möglich ist, weil das Informationsset so erweitert ist, dass es auch die Geschichte der anderen Variablen enthält. Aus einer anderen Perspektive plädiert Sims (1980) für die Verwendung von VAR-Modellen statt struktureller simultaner Gleichungsmodelle, weil die Unterscheidung zwischen exogenen und endogenen Variablen nicht a priori vorgenommen werden muss und »willkürliche« Beschränkungen, um die Identifikation zu gewährleisten, nicht erforderlich sind (weitere Ausführungen siehe zum Beispiel Canova, 1995). Wie eine reduzierte Form ist ein VAR-Modell stets identifiziert. Zum Zweck struktureller Schlussfolgerungen und Politikanalysen greift die standardreduzierte Form des VAR-Modells in (9.33) möglicherweise jedoch nicht sehr gut, weil sie nicht immer zulässt, zwischen Korrelation und Ursächlichkeit zu unterscheiden (Stock und Watson, 2001). Um dem abzuhelfen, können strukturelle VAR-Modelle durch Auferlegen mutmaßlich zuverlässiger Restriktionen entwickelt werden, die ökonomische Theorie oder institutionelles Wissen beinhalten (siehe Enders, 2010, Kapitel 5 für weitergehende Erörterungen).

Der erwartete Wert von $\vec{Y}_t$ in (9.33) kann bestimmt werden, wenn wir Stationarität auferlegen. Das ergibt

$$E\{\vec{Y}_t\} = \delta + \Theta_1 E\{\vec{Y}_t\} + \cdots + \Theta_p E\{\vec{Y}_t\}$$

oder

$$\mu - E\{\vec{Y}_t\} = (I - \Theta_1 - \cdots - \Theta_p)^{-1} \delta = \Theta(1)^{-1} \delta,$$

was zeigt, dass Stationarität erfordert, dass die $k \times k$-Matrix $\Theta(1)$ umkehrbar ist.[7] Für den Moment nehmen wir einfach an, dass das der Fall ist. Wie zuvor können wir den Mittelwert abziehen und $\vec{y}_t = \vec{Y}_t - \mu$ betrachten, für das wir haben

$$\vec{y}_t = \Theta_1 \vec{y}_{t-1} + \cdots + \Theta_p \vec{y}_{t-p} + \vec{\varepsilon}_t. \tag{9.34}$$

Wir können das VAR-Modell auf eine einfache Weise für Vorhersagen nutzen. Für Vorhersagen vom Ende der Stichprobenperiode (Periode T) beinhaltet das relevante Informationsset nun die Vektoren $\vec{y}_T, \vec{y}_{T-1}, \ldots$ und wir erhalten für die optimale Eine-Periode-im-Voraus-Vorhersage:

$$\vec{y}_{T+1|T} = E\{\vec{y}_{T+1} | \vec{y}_T, \vec{y}_{T-1}, \ldots\} = \Theta_1 \vec{y}_T + \cdots + \Theta_p \vec{y}_{T-p+1}. \tag{9.35}$$

Die Fehlervarianz der Vorhersage eine Periode im Voraus ist einfach $V\{\vec{y}_{T+1} | \vec{y}_T, \vec{y}_{T-1}, \ldots\} = \Sigma$. Vorhersagen für mehr als einen Monat im Voraus erhalten wir rekursiv. Zum Beispiel

$$\begin{aligned}
\vec{y}_{T+2|T} &= \Theta_1 \vec{y}_{T+1|T} + \cdots + \Theta_p \vec{y}_{T-p+2} \\
&= \Theta_1 (\Theta_1 \vec{y}_T + \cdots + \Theta_p \vec{y}_{T-p+1}) + \cdots + \Theta_p \vec{y}_{T-p+2}.
\end{aligned} \tag{9.36}$$

Um ein vektorautoregressives Modell zu schätzen, können wir einfach Gleichung für Gleichung gewöhnliche kleinste Quadrate verwenden,[8] was konsistent ist, weil angenommen wird, dass die Weißes-Rauschen-Terme unabhängig sind von der Geschichte von $\vec{y}_t$. Von den Residuen jeder der k-Gleichungen $e_{1t}, \ldots, e_{kt}$, können wir das (i, j)-Element in Σ schätzen als:[9]

$$\hat{\sigma}_{ij} = \frac{1}{T-p} \sum_{t=p+1}^{T} e_{it} e_{jt}, \tag{9.37}$$

sodass

$$\hat{\Sigma} = \frac{1}{T-p} \sum_{t=p+1}^{T} \vec{e}_t \vec{e}_t',\tag{9.38}$$

wobei $\vec{e}_t = (e_{1t}, \dots, e_{kt})'$.

In einer empirischen Anwendung die Verzögerungslänge p zu bestimmen ist nicht immer einfach und univariate Autokorrelation oder partielle Autokorrelationsfunktionen werden nicht helfen; siehe Canova (1995) für Erörterungen. Eine vernünftige Strategie besteht im Schätzen eines VAR-Modells für verschiedene Werte von p und darauf folgender Auswahl auf der Basis der Akaike- oder Schwarz-Informationskriterien, wie in den Kapiteln 3 und 8 besprochen, oder auf der Basis statistischer Signifikanz; siehe Lütkepohl (2005, Kapitel 4) für alternative Vorgehensweisen.

Der **Granger-Kausalitätstest** (Granger, 1969) untersucht, ob verzögerte Werte einer Variablen im VAR-Modell helfen können, eine andere Variable vorherzusagen. Eine Zeitreihe Y_{1t} verursacht laut Granger Y_{2t}, wenn Vergangenheitswerte von Y_{1t} helfen, Y_{2t} über die allein in den Vergangenheitswerten von Y_{2t} enthaltenen Informationen hinaus vorherzusagen. Anders ausgedrückt, verursacht Y_{1t} laut Granger Y_{2t}, wenn verzögerte Werte von Y_{1t} statistisch signifikant sind in der Gleichung, die Y_{2t} erklärt. Die Granger-Kausalität impliziert keine Kausalität im üblicheren Sinne des Terms, wie zum Beispiel in Kapitel 5 verwendet. Die Nullhypothese, dass Y_{1t} nicht Y_{2t} »Granger-verursacht«, impliziert, dass in der Gleichung für Y_{2t} alle Koeffizienten für die verzögerten Werte von Y_{1t} null sind, und kann unter Verwendung der Ergebnisse der OLS-Schätzwerte mittels eines F-Tests oder eines Likelihood-Ratio-Tests getestet werden. Verursacht eine Variable im VAR-Modell keine der anderen Variablen gemäß Granger, so kann sie aus dem VAR-Modell weggelassen werden. Beachten Sie, dass möglich ist, dass Y_{1t} Granger-gemäß Y_{2t} verursacht, während Y_{2t} Granger-gemäß Y_{1t} verursacht. Oft sind die Ergebnisse der Granger-Kausalitätstests informativer als die potenziell große Anzahl der Koeffizientenschätzungen aus den k^2-Verzögerungspolynomen in $\Theta(L)$.

Wenn $\Theta(I)$ umkehrbar ist, bedeutet das, dass wir das vektorautoregressive Modell als Vektor-Moving-Average-Modell (VMA-Modell) schreiben können durch Premultiplizieren mit $\Theta(L)^{-1}$. Das ist ähnlich dem Herleiten der Moving-Average-Repräsentation eines univariaten autoregressiven Modells.

Das ergibt

$$\vec{Y}_t = \Theta(1)^{-1}\delta + \Theta(L)^{-1}\vec{\varepsilon}_t = \mu + \Theta(L)^{-1}\vec{\varepsilon}_t,\tag{9.39}$$

was jedes Element in $\vec{Y}_t$ als gewichtete Summe aller aktuellen und vergangenen Schocks in dem System beschreibt. Schreiben wir $\Theta(L)^{-1} = I_k + A_1 L + A_2 L^2 + \cdots$, dann haben wir

$$\vec{Y}_t = \mu + \vec{\varepsilon}_t + A_1 \vec{\varepsilon}_{t-1} + A_2 \vec{\varepsilon}_{t-2} + \cdots\tag{9.40}$$

Wenn der Weißes-Rauschen-Vektor $\vec{\varepsilon}_t$ um einen Vektor d zunimmt, ist die Auswirkung auf $\vec{Y}_{t+s}$ $(s > 0)$ gegeben durch $A_s d$. Folglich hat die Matrix

$$A_s = \frac{\partial \vec{Y}_{t+s}}{\partial \vec{\varepsilon}_t'}\tag{9.41}$$

die Interpretation, dass ihre (i, j)-Elemente die Auswirkung einer Zunahme um eine Einheit in ε_{jt} auf $Y_{i,t+s}$ messen. Verändert sich nur das erste Element ε_{1t} auf $\vec{\varepsilon}_t$, so sind die Auswirkungen gegeben durch die erste Spalte von A_s. Die dynamischen Auswirkungen auf die j-te Variable einer solchen Zunahme um eine Einheit sind gegeben durch die Elemente in der ersten Spalte und j-ten Reihen von $I_k, A_1, A_2, \dots$. Eine Abbildung dieser Elemente als eine Funktion von s wird als **Impuls-Antwort-Funktion** bezeichnet. Sie misst die Reaktion von $Y_{j,t+s}$ auf einen Impuls in Y_{1t} und hält alle auf t und davor datierten Variablen konstant. Obwohl es schwierig sein kann, Ausdrücke für die Elemente in $\Theta(L)^{-1}$ abzuleiten, können die Impuls-Reaktionen durch Simulationsmethoden ziemlich einfach bestimmt werden (siehe Hamilton, 1994). Canova (2007, Kapitel 4.4) liefert weitere Details.

Ist $\Theta(1)$ nicht umkehrbar, so kann es nicht sein, dass alle Variablen in $\vec{Y}_t$ stationäre $I(0)$-Reihen sind. Es muss zumindest ein stochastischer Trend vorhanden sein. Im extremen Fall, bei dem wir k unabhängige stochastische Trends haben, sind alle k-Variablen der ersten Ordnung nach integriert, während keine kointegrierenden Beziehungen existieren. In diesem Fall ist $\Theta(1)$ gleich einer Nullmatrix. Die dazwischenliegenden Fälle sind interessanter: Der Rang von Matrix $\Theta(1)$ gleicht der Anzahl linearer Kombinationen von Variablen in $\vec{Y}_t$, die $I(0)$ sind. Das heißt, er bestimmt die Anzahl kointegrierender Vektoren. Das ist das Thema des folgenden Kapitels.

9.5 Kointegration: Der multivariate Fall

Sind mehr als zwei Variablen involviert, gestaltet sich die Kointegrationsanalyse etwas komplexer, weil der kointegrierende Vektor sich zu einem **kointegrierenden Raum** verallgemeinert, dessen Dimension nicht a priori bekannt ist. Das heißt, wenn wir ein Set von k $I(1)$-Variablen haben, können bis zu $k - 1$ unabhängige lineare Beziehungen existieren, die $I(0)$ sind, während jede lineare Kombination dieser Beziehungen – konstruktionsbedingt – ebenfalls $I(0)$ ist. Das impliziert, dass individuelle kointegrierende Vektoren nicht länger statistisch identifiziert sind; nur der durch diese Vektoren aufgespannte Raum ist es. Idealerweise können in dem kointegrierenden Bereich Vektoren gefunden werden, die eine ökonomische Interpretation aufweisen und interpretiert werden können als ein langfristiges Gleichgewicht repräsentierend.

9.5.1 Kointegration in einem VAR-Modell

Wenn die für uns interessanten Variablen in einem k-dimensionalen Vektor $\vec{Y}_t$ gesammelt sind, von dessen Elementen angenommen wird, dass sie $I(1)$ sind, kann es unterschiedliche Vektoren β geben, so dass $Z_t = \beta' \vec{Y}_t$ $I(0)$ ist. Das heißt, es kann mehr als einen kointegrierenden Vektor β geben. Für etliche Gleichgewichtsbeziehungen ist natürlich auch möglich, das langfristige Verhalten der k-Variablen zu steuern. Im Allgemeinen kann es $r \le k-1$ linear unabhängige kointegrierende Vektoren geben,[10] welche in der $k \times r$-**kointegrierenden Matrix**[11] β gesammelt sind. Konstruktionsbedingt ist der Rang der Matrix[12] β gleich r, was als **kointegrierender Rang** von $\vec{Y}_t$ bezeichnet wird. Das bedeutet, dass jedes Element im r-dimensionalen Vektor $\vec{Z}_t = \beta' \vec{Y}_t I(0)$ ist, während jedes Element im k-dimensionalen Vektor $\vec{Y}_t$ $I(1)$ ist.

Das Granger-Repräsentations-Theorem (Engle und Granger, 1987) erweitert direkt zu diesem allgemeineren Fall und behauptet, dass eine gültige Fehlerkorrekturrepräsentation der Daten existiert, wenn $\vec{Y}_t$ kointegriert ist. Obwohl es verschiedene Wege gibt, eine solche Repräsentation herzuleiten und zu beschreiben, werden wir hier vom vektorautoregressiven Modell für $\vec{Y}_t$ ausgehen, eingeführt im vorigen Kapitel:

$$\vec{Y}_t = \delta + \Theta_1 \vec{Y}_{t-1} + \cdots + \Theta_p \vec{Y}_{t-p} + \vec{\varepsilon}_t \tag{9.42}$$

oder

$$\Theta(L)\vec{Y}_t = \delta + \vec{\varepsilon}_t. \tag{9.43}$$

Für den Fall mit $p = 3$ können wir das schreiben als

$$\Delta \vec{Y}_t = \delta + (\Theta_1 + \Theta_2 - I_k)\vec{Y}_{t-1} - \Theta_2 \Delta \vec{Y}_{t-1} + \Theta_3 \vec{Y}_{t-3} + \vec{\varepsilon}_t$$

$$= \delta + (\Theta_1 + \Theta_2 + \Theta_3 - I_k)\vec{Y}_{t-1} - \Theta_2 \Delta \vec{Y}_{t-1} - \Theta_3(\Delta \vec{Y}_{t-1} + \Delta \vec{Y}_{t-2}) + \vec{\varepsilon}_t$$

oder

$$\Delta \vec{Y}_t = \delta + \Gamma_1 \Delta \vec{Y}_{t-1} + \Gamma_2 \Delta \vec{Y}_{t-2} + (\Theta_1 + \Theta_2 + \Theta_3 - I_k)\vec{Y}_{t-1} + \vec{\varepsilon}_t,$$

wobei $\Gamma_1 = -\Theta_2 - \Theta_3$ und $\Gamma_2 = -\Theta_3$. Auf ähnliche Weise können wir für allgemeine Werte von p schreiben[13]

$$\Delta \vec{Y}_t = \delta + \Gamma_1 \Delta \vec{Y}_{t-1} + \cdots + \Gamma_{p-1} \Delta \vec{Y}_{t-p+1} + \Pi \vec{Y}_{t-1} + \vec{\varepsilon}_t, \tag{9.44}$$

wobei die »langfristige Matrix«

$$\Pi \equiv -\Theta(1) = -(I_k - \Theta_1 - \cdots - \Theta_p) \tag{9.45}$$

die langfristigen dynamischen Eigenschaften von $\vec{Y}_t$ bestimmt.[14] Diese Gleichung ist eine direkte Verallgemeinerung der im erweiterten Dickey-Fuller-Test verwendeten Regressionen. Weil $\Delta \vec{Y}_t$ und $\vec{\varepsilon}_t$ (laut Annahme) stationär sind, muss $\Pi \vec{Y}_{t-1}$ in (9.44) ebenfalls stationär sein. Das kann drei verschiedene Situationen widerspiegeln. Erstens, wenn alle Elemente in $\vec{Y}_t$ integriert sind entsprechend Ordnung eins und keine kointegrierende Beziehung existiert, muss $\Pi = 0$ sein und (9.44) präsentiert ein (stationäres) VAR-Modell für $\Delta \vec{Y}_t$. Zweitens, wenn alle Elemente in $\vec{Y}_t$ stationäre $I(0)$-Variablen sind, muss die Matrix $\Pi = -\Theta$ einen vollen Rang haben und umkehrbar sein, sodass wir eine Moving-Average-Repräsentation $\vec{Y}_t = \Theta^{-1}(L)(\delta + \vec{\varepsilon}_t)$ schreiben können. Drittens, wenn Π von Rang r ($0 < r < k$) ist, dann sind die Elemente in $\Pi \vec{Y}_{t-1}$ lineare Kombinationen, die stationär sind. Sind die Variablen in $\vec{Y}_t$ $I(1)$, dann müssen diese linearen Kombinationen kointegrierenden Vektoren entsprechen. Der letzte Fall ist der interessanteste. Wenn Π einen reduzierten Rang von $r \leq k - 1$ aufweist, so bedeutet das, dass es r unabhängige lineare Kombinationen der k-Elemente in $\vec{Y}_t$ gibt, die stationär sind. Das heißt: Es gibt r kointegrierende Beziehungen. Beachten Sie, dass das Vorhandensein von k kointegrierenden Beziehungen unmöglich ist: Wenn k unabhängige lineare Kombinationen stationäre Reihen hervorbringen, müssen alle k-Variablen selbst stationär sein.

Wenn Π einen verminderten Rang hat, kann es geschrieben werden als das Produkt einer $k \times r$-Matrix γ und einer $r \times k$-Matrix β', die beide den Rang r haben.[15] Das heißt, $\Pi = \gamma \beta'$. Das zu ersetzen bringt das Modell in Fehlerkorrekturform hervor:

$$\Delta \vec{Y}_t = \delta + \Gamma_1 \Delta \vec{Y}_{t-1} + \cdots + \Gamma_{p-1} \Delta \vec{Y}_{t-p+1} + \gamma \beta' \vec{Y}_{t-1} + \vec{\varepsilon}_t. \tag{9.46}$$

Die linearen Kombinationen $\beta' \vec{Y}_{t-1}$ präsentieren die r kointegrierenden Beziehungen. Die Koeffizienten in γ messen, wie die Elemente in $\Delta \vec{Y}_t$ an die r »Gleichgewichtsfehler« $\vec{Z}_{t-1} = \beta' \vec{Y}_{t-1}$ angepasst werden. Folglich ist (9.46) eine Generalisierung von (9.24) und wird bezeichnet als ein **Vektorfehlerkorrekturmodell (VECM)**.

Wenn wir Erwartungen im Fehlerkorrekturmodell nehmen, können wir ableiten

$$(I - \Gamma_1 - \cdots - \Gamma_{p-1}) E\{\Delta \vec{Y}_t\} = \delta + \gamma E\{\vec{Z}_{t-1}\}. \tag{9.47}$$

Es gibt in keiner dieser Variablen einen deterministischen Trend, wenn $E\{\Delta \vec{Y}_t\} = 0$. Unter der Annahme, dass die Matrix $(I - \Gamma_1 - \cdots - \Gamma_{p-1})$ nicht singulär ist, erfordert das, $\delta + \gamma E\{\vec{Z}_{t-1}\}$ $= 0$ (vergleiche Kapitel 9.2.3), wo $E\{\vec{Z}_{t-1}\}$ dem Vektor der Achsenabschnitte in den kointegrierenden Beziehungen entspricht. Wenn wir diese Restriktion auferlegen, erscheinen Achsenabschnitte nur in den kointegrierenden Beziehungen und wir können das Fehlerkorrekturmodell umschreiben, um $\vec{z}_t = \vec{Z}_{t-1} - E\{\vec{Z}_{t-1}\}$ aufzunehmen, und haben keine Achsenabschnitte, das heißt

$$\Delta \vec{Y}_t = \Gamma_1 \Delta \vec{Y}_{t-1} + \cdots + \Gamma_{p-1} \Delta \vec{Y}_{t-p+1} + \gamma(-\alpha + \beta' \vec{Y}_{t-1}) + \vec{\varepsilon}_t,$$

wobei α ein r-dimensionaler Vektor von Konstanten ist, der $E\{\beta' \vec{Y}_{t-1}\} = E\{\vec{Z}_{t-1}\} = \alpha$ erfüllt. Als Ergebnis haben alle Terme in diesem Ausdruck den Mittelwert null und es gibt keine deterministischen Trends. In dieser Situation (»beschränkte Achsenabschnitte«) beinhaltet jedes der langfristigen Gleichgewichte, impliziert durch die kointegrierenden Beziehungen, einen Achsenabschnitt.

Wenn wir dem Vektorfehlerkorrekturmodell eine übliche Konstante hinzufügen, erhalten wir

$$\Delta \vec{Y}_t = \lambda + \Gamma_1 \Delta \vec{Y}_{t-1} + \cdots + \Gamma_{p-1} \Delta \vec{Y}_{t-p+1} + \gamma(-\alpha + \beta' \vec{Y}_{t-1}) + \vec{\varepsilon}_t,$$

wobei λ ein k-dimensionaler Vektor mit identischen Elementen λ_1 ist. Nun entspricht das langfristige Gleichgewicht einem beständigen Wachstumspfad mit Wachstumsraten für alle Variablen gegeben durch

$$E\{\Delta \vec{Y}_t\} = (I - \Gamma_1 - \cdots - \Gamma_{p-1})^{-1} \lambda.$$

Von den deterministischen Trends in jedem Y_{jt} wird angenommen, dass sie sich langfristig aufheben, sodass kein deterministischer Trend im Fehlerkorrekturterm enthalten ist. Wir können so weit gehen, dass wir für $k - r$ einzelne deterministische Trends zulassen, die sich in den kointegrierenden Beziehungen aufheben, in welchem Fall wir wieder bei Spezifikation (9.46) wären, ohne Beschränkungen zu δ. In diesem Fall (»unbeschränkte Achsenabschnitte«) deckt δ r Achsenabschnittsterme in den langfristigen Beziehungen ab und $k - r$ verschiedene deterministische Trends in den Variablen in $\vec{Y}_t$. Das impliziert, dass die langfristigen Gleichgewichte Achsenabschnittsterme beinhalten, während die zugrunde liegenden Variablen deterministische Trends zeigen (zusätzlich zu einer Einheitswurzel). Gibt es mehr als $k - r$ einzelne deterministische Trends, können sie sich in $\beta' \vec{Y}_{t-1}$ nicht aufheben und wir sollten einen deterministischen Trend in die kointegrierenden Gleichungen aufnehmen. Es hängt vom Kontext ab, ob ein Zeittrend in einer langfristigen Gleichgewichtsbeziehung Sinn ergibt. Siehe Juselius (2006, Kapitel 6) für weiterführende Erörterungen und einige Alternativen. Es ist sehr unüblich, im Sequenzielle-Differenzen-Teil des Modells (sowie in den kointegrierenden Beziehungen) Zeittrends zu haben, da dies einen quadratischen Zeittrend in allen Daten implizieren würde.

9.5.2 Beispiel: Kointegration in einem bivariaten VAR-Modell

Als Beispiel betrachten wir den Fall, in dem $k = 2$. In diesem Fall kann die Anzahl der kointegrierenden Vektoren null oder eins sein ($r = 0,1$). Lassen Sie uns ein (nichtstationäres) VAR-Modell erster Ordnung für $\vec{Y}_t = (Y_t, X_t)'$ betrachten. Das heißt

$$\begin{pmatrix} Y_t \\ X_t \end{pmatrix} = \begin{pmatrix} \theta_{11} & \theta_{12} \\ \theta_{21} & \theta_{22} \end{pmatrix} \begin{pmatrix} Y_{t-1} \\ X_{t-1} \end{pmatrix} + \begin{pmatrix} \varepsilon_{1t} \\ \varepsilon_{2t} \end{pmatrix},$$

wobei wir der Einfachheit halber keine Achsenabschnittsterme aufnehmen. Die Matrix Π ist gegeben durch

$$\Pi = -\Theta(1) = \begin{pmatrix} \theta_{11} - 1 & \theta_{12} \\ \theta_{21} & \theta_{22} - 1 \end{pmatrix}.$$

Diese Matrix ist eine Nullmatrix, wenn $\theta_{11} = \theta_{22} = 1$ und $\theta_{12} = \theta_{21} = 0$. Das entspricht dem Fall, bei dem Y_t und X_t zwei Zufallsbewegungen sind. Die Matrix Π hat einen reduzierten Rang, wenn

$$(\theta_{11} - 1)(\theta_{22} - 1) - \theta_{21}\theta_{12} = 0. \tag{9.48}$$

Wenn das der Fall ist, ist

$$\beta' = \begin{pmatrix} \theta_{11} - 1 & \theta_{12} \end{pmatrix}$$

ein kointegrierender Vektor (wobei wir eine willkürliche Normalisierung wählen) und wir können schreiben

$$\Pi = \gamma\beta' = \begin{pmatrix} 1 \\ \theta_{21}/(\theta_{11} - 1) \end{pmatrix} \begin{pmatrix} \theta_{11} - 1 & \theta_{12} \end{pmatrix}.$$

Wenn wir das verwenden, können wir das Modell in Fehlerkorrekturform schreiben. Zuerst schreiben wir

$$\begin{pmatrix} Y_t \\ X_t \end{pmatrix} = \begin{pmatrix} Y_{t-1} \\ X_{t-1} \end{pmatrix} + \begin{pmatrix} \theta_{11} - 1 & \theta_{12} \\ \theta_{21} & \theta_{22} - 1 \end{pmatrix} \begin{pmatrix} Y_{t-1} \\ X_{t-1} \end{pmatrix} + \begin{pmatrix} \varepsilon_{1t} \\ \varepsilon_{2t} \end{pmatrix}.$$

Als Nächstes können wir das umschreiben zu

$$\begin{pmatrix} \Delta Y_t \\ \Delta X_t \end{pmatrix} = \begin{pmatrix} 1 \\ \theta_{21}/(\theta_{11} - 1) \end{pmatrix} ((\theta_{11} - 1)Y_{t-1} + \theta_{12}X_{t-1}) + \begin{pmatrix} \varepsilon_{1t} \\ \varepsilon_{2t} \end{pmatrix}. \tag{9.49}$$

Die resultierende Fehlerkorrekturform ist von daher ziemlich einfach, da sie jegliche Dynamiken ausschließt. Beachten Sie, dass sich sowohl Y_t als auch X_t an den Gleichgewichtsfehler anpassen, weil $\theta_{21} = 0$ ausgeschlossen ist. (Beachten Sie auch, dass $\theta_{21} = 0$ $\theta_{11} = \theta_{22} = 1$ und keine Kointegration implizieren würde.)

Die Tatsache, dass die lineare Kombination $Z_t = (\theta_{11} - 1)Y_t + \theta_{12}X_t$ $I(0)$ ist, folgt ebenfalls aus diesem Ergebnis. Beachten Sie, dass wir schreiben können

$$\Delta Z_t = \begin{pmatrix} \theta_{11} - 1 & \theta_{12} \end{pmatrix} \begin{pmatrix} 1 \\ \theta_{21}/\left(\theta_{11} - 1\right) \end{pmatrix} Z_{t-1} + \begin{pmatrix} \theta_{11} - 1 & \theta_{12} \end{pmatrix} \begin{pmatrix} \varepsilon_{1t} \\ \varepsilon_{2t} \end{pmatrix}$$

oder unter Verwendung von (9.48)

$$Z_t = Z_{t-1} + (\theta_{11} - 1 + \theta_{22} - 1)Z_{t-1} + v_t = (\theta_{11} + \theta_{22} - 1)Z_{t-1} + v_t,$$

wobei $v_t = (\theta_{11} - 1)\varepsilon_{1t} + \theta_{12}\varepsilon_{2t}$ ein Weißes-Rauschen-Term ist. Folglich wird Z_t beschrieben durch einen stationären $AR(1)$-Prozess, es sei denn, $\theta_{11} = 1$ und $\theta_{22} = 1$, was ausgeschlossen ist.

9.5.3 Testen auf Kointegration

Wenn bekannt ist, dass es höchstens einen kointegrierenden Vektor gibt, besteht eine einfache Vorgehensweise des Testens auf Vorhandensein von Kointegration in der in Kapitel 9.2.2 beschriebenen Engle-Granger-Vorgehensweise. Sie erfordert das Durchführen einer Regression von Y_{1t} (dem ersten Element von $\vec{Y}_t$) auf die anderen $k - 1$-Variablen $Y_{2t}, \ldots, Y_{kt}$ und Testen auf eine Einheitswurzel in den Residuen. Dies kann erfolgen mittels Anwenden der ADF-Tests auf die OLS-Residuen, unter Verwendung der kritischen Werte aus Tabelle 9.2. Wenn die Einheitswurzelhypothese verworfen wird, dann wird die Hypothese keiner Kointegration ebenfalls verworfen. In diesem Fall ergibt die statische Regression konsistente Schätzwerte des kointegrierenden Vektors, während in einem zweiten Schritt das Fehlerkorrekturmodell unter Verwendung des geschätzten kointegrierenden Vektors aus dem ersten Schritt geschätzt werden kann.

Bei dieser Engle-Granger-Vorgehensweise gibt es einige Probleme. Zum einen sind die Testergebnisse empfindlich gegenüber der Variablen auf der linken Seite der Regression, das heißt gegenüber der auf den kointegrierenden Vektor angewandten Normalisierung. Zweitens: Sollte der kointegrierende Vektor nicht Y_{1t}, sondern nur $Y_{2t}, \ldots, Y_{kt}$ beinhalten, dann ist der Test ungeeignet und der kointegrierende Vektor wird nicht konsistent geschätzt mittels einer Regression von Y_{1t} auf $Y_{2t}, \ldots, Y_{kt}$. Drittens neigt der residuenbasierte Test dazu, schwach zu sein, da er nicht alle zur Verfügung stehenden Informationen über die dynamischen Interaktionen der Variablen verwendet. Viertens kann es sein, dass mehr als eine kointegrierende Beziehung zwischen den Variablen $Y_{1t}, \ldots, Y_{kt}$ existiert. Wenn zum Beispiel zwei unterschiedliche kointegrierende Beziehungen vorhanden sind, dann schätzt OLS in der Regel eine lineare Kombination der beiden. Da die Nullhypothese für die Kointegrationstests darin besteht, dass *keine* Kointegration vorliegt, sind die Tests glücklicherweise trotzdem zweckdienlich.

Eine alternative Vorgehensweise, die nicht diese Nachteile aufweist, wurde von Johansen (1988) vorgeschlagen, der ein Maximum-Likelihood-Schätzverfahren entwickelte, das auch das Testen auf die Anzahl kointegrierender Beziehungen zulässt. Die Details des Johansen-Verfahrens sind sehr komplex und wir werden uns nur auf wenige Aspekte konzentrieren. Weitere Details finden sich in Johansen und Juselius (1990) und Johansen (1991) oder in Fachbüchern wie Banerjee, Dolado, Galbraith und Hendry, (1993, Kapitel 8), Hamilton (1994, Kapitel 20), Johansen (1995, Kapitel 11), Lütkepohl (2005, Kapitel 8) und Juselius (2006).

Ausgangspunkt des Johansen-Verfahrens ist die VAR-Repräsentation von $\vec{Y}_t$, gegeben in (9.44) und hier wiedergegeben:

$$\Delta \vec{Y}_t = \delta + \Gamma_1 \Delta \vec{Y}_{t-1} + \cdots + \Gamma_{p-1} \Delta \vec{Y}_{t-p+1} + \Pi \vec{Y}_{t-1} + \vec{\varepsilon}_t, \qquad (9.50)$$

wobei $\vec{\varepsilon}_t$ $NID(0, \Sigma)$ ist. Beachten Sie, dass die Verwendung von Maximum-Likelihood von uns verlangt, eine bestimmte Verteilung für die Weißes-Rauschen-Terme aufzuerlegen. Angenommen, $\vec{Y}_t$ ist ein Vektor von $I(1)$-Variablen, während r lineare Kombinationen von $\vec{Y}_t$ stationär sind, so können wir schreiben

$$\Pi = \gamma \beta', \qquad (9.51)$$

wobei, wie zuvor, γ und β von der Dimension $k \times r$ sind. Wieder bezeichnet β die Matrix kointegrierender Vektoren, während γ die Matrix der Gewichtungen charakterisiert, mit der jeder kointegrierende Vektor in jede der $\Delta \vec{Y}_t$ Gleichungen eintritt. Die Vorgehensweise von Johansen basiert auf der Schätzung des Systems (9.50) durch Maximum-Likelihood, bei Auferlegen der Beschränkung in (9.51) für einen bestimmten Wert von r.

Der erste Schritt in der Vorgehensweise von Johansen beinhaltet das Testen von Hypothesen zum Rang der langfristigen Matrix Π oder – äquivalent – der Anzahl von Spalten in β. Für ein bestimmtes r kann gezeigt werden (siehe zum Beispiel Hamilton, 1994, Kapitel 20.2), dass der ML-Schätzwert für β der Matrix gleicht, welche die r Eigenvektoren entsprechend den r größten (geschätzten) Eigenwerten einer $k \times k$-Matrix enthält, die ziemlich einfach geschätzt werden kann mittels eines OLS-Pakets. Lassen Sie uns die (theoretischen) Eigenwerte dieser Matrix in abnehmender Ordnung als $\lambda_1 \geq \lambda_2 \geq \cdots \geq \lambda_k$ bezeichnen. Wenn es r kointegrierende Beziehungen gibt (und Π Rang r hat), muss $\log(1 - \lambda_j) = 0$ für die kleinsten $k - r$ Eigenwerte sein, das heißt, für $j = r + 1, r + 2, \ldots, k$. Wir können die (geschätzten) Eigenwerte, etwa $\hat{\lambda}_1 > \hat{\lambda}_2 > \cdots > \hat{\lambda}_k$, verwenden, um Hypothesen zum Rang von Π zu testen. Zum Beispiel kann die Hypothese $H_0 : r \leq r_0$ gegen die Alternative $H_1 : r_0 < r \leq k$ getestet werden mittels Verwenden der Statistik

$$\lambda_{trace}(r_0) = -T \sum_{j=r_0+1}^{k} \log(1 - \hat{\lambda}_j). \qquad (9.52)$$

Dieser Test ist der sogenannte **Trace-** oder **Spur-Test**. Er prüft, ob sich die kleinsten $k - r_0$ Eigenwerte signifikant von null unterscheiden. Darüber hinaus können wir $H_0 : r \leq r_0$ gegen die restriktivere Alternative $H_1 : r = r_0 + 1$ testen unter Verwendung von

$$\lambda_{\max}(r_0) = -T \log(1 - \hat{\lambda}_{r_0+1}). \qquad (9.53)$$

Dieser alternative Test wird als **Maximum-Eigenwert-Test** bezeichnet, da er auf dem geschätzten $(r_0 + 1)$ten größten Eigenwert basiert.

Die beiden hier beschriebenen Tests sind tatsächlich Likelihood-Ratio-Tests (siehe Kapitel 6), haben jedoch nicht die üblichen Chi-Quadrat-Verteilungen. Stattdessen sind die geeigneten Verteilungen multivariate Erweiterungen der Dickey-Fuller-Verteilungen. Wie bei den Einheitswurzeltests hängen die Perzentile der Verteilungen davon ab, ob eine Konstante und ein Zeittrend integriert sind. Tabelle 9.9 nennt kritische Werte für zwei Fälle. Fall 1 geht davon aus,

| | λ_{Trace}-Statistik | | $\lambda_{Maximum}$-Statistik | |
| | $H_0: r \leq r_0$ vs $H_1: r > r_0$ | | $H_0: r \leq r_0$ vs $H_1: r = r_0 + 1$ | |
$k - r_0$	5 %	10 %	5 %	10 %
Fall 1: beschränkte Achsenabschnitte im VAR-Modell (nur in kointegrierenden Beziehungen)				
1	9,16	7,53	9,16	7,53
2	20,18	17,88	15,87	13,81
3	34,87	31,93	22,04	19,86
4	53,48	49,95	28,27	25,80
5	75,98	71,81	34,40	31,73
Fall 2: unbeschränkte Achsenabschnitte im VAR-Modell				
1	8,07	6,50	8,07	6,50
2	17,86	15,75	14,88	12,98
3	31,54	28,78	21,12	19,02
4	48,88	45,70	27,42	24,99
5	70,49	66,23	33,64	31,02

Tabelle 9.9 Kritische Werte in Johansens LR-Tests auf Kointegration (Pesaran, Shin und Smith, 2000)

dass es keine deterministischen Trends gibt, und bezieht r Achsenabschnitte in die kointegrierenden Beziehungen ein. Fall 2 basiert auf der Inklusion von k unbeschränkten Achsenabschnitten im VAR-Modell, was $k - r$ einzelne deterministische Trends und r Achsenabschnitte in den Kointegrationsvektoren impliziert. Die kritischen Werte sind abhängig von $k - r_0$, der Anzahl nichtstationärer Komponenten unter der Nullhypothese. Beachten Sie, wenn $k - r_0 = 1$, dann sind die beiden Teststatistiken identisch und haben von daher dieselbe Verteilung.

Viele Studien zeigen, dass sich die Kleine-Stichproben-Eigenschaften der Teststatistiken in (9.52) und (9.53) substanziell von den asymptotischen Eigenschaften unterscheiden. Als Folge sind die Tests dahingehend verzerrt, dass sie zu häufig Kointegration finden, wenn asymptotische kritische Werte verwendet werden (siehe Cheung und Lai, 1993). Eine Korrektur kleiner Stichproben, wie sie nun häufig verwendet wird, wurde von Ahn und Reinsel (1990) sowie Reimers (1992) vorgeschlagen. Sie impliziert, dass die Teststatistiken mit dem Faktor $(T - pk)/T$ multipliziert werden, wobei p die Anzahl der Verzögerungen im VAR-Modell bezeichnet. Ein exakterer Korrekturfaktor wird hergeleitet in Johansen (2002).

Die Ergebnisse des Trace-Tests oder des Maximum-Eigenwert-Tests sollten verwendet werden, um über den kointegrierenden Rang r im VAR-Modell zu entscheiden. Bei einem bestimmten Wert von r werden die Modellparameter dann durch Maximum-Likelihood geschätzt und die reduzierte Rangbeschränkung in (9.51) auferlegt. In der Praxis ist die Wahl von r häufig eine schwierige Entscheidung. Zusätzlich zur Verzögerungslänge p hängen die Testergebnisse von den deterministischen Komponenten ab, die im VAR-Modell eingeschlossen sind. Darüber hinaus sind sie in kleinen Stichproben oft wichtig, obwohl die kurzfristigen Dynamiken in (9.50) asymptotisch irrelevant sind. Beachten Sie auch, dass die Nullhypothese einer Einheitswurzel vom ökonomischen Standpunkt aus nicht immer vernünftig ist. Und schließlich sind alle Ergebnisse nur stichhaltig unter der Annahme konstanter Modellparameter, welche die Möglichkeit struktureller Brüche oder anderer Quellen von Parameter-Nichtkonstanz ausschließen. Juselius (2006, Kapitel 8) liefert weitere Erörterungen zu diesen Themen. Für die empirische Arbeit empfiehlt sich, so viele zusätzliche Informationen wie möglich zu verwenden, um über den kointegrierenden Rang zu entscheiden, zum Beispiel durch Erstellen eines Grafen der (angenommenen) kointegrierenden Beziehungen und Berücksichtigen der ökonomischen Interpretierbarkeit der Ergebnisse.

Es ist wichtig, zu erkennen, dass die Parameter γ und β nicht in dem Sinne eindeutig definiert sind, dass verschiedene Kombinationen von γ und β dieselbe Matrix $\Pi = \gamma\beta'$ hervorbringen können. Das liegt daran, dass $\gamma\beta' = \gamma PP^{-1}\beta'$ ist für jede umkehrbare $r \times r$-Matrix P. Anders ausgedrückt: Was die Daten bestimmen können, ist der von den Spalten von β abgedeckte Bereich, der Kointegrationsbereich und der von γ abgedeckte Bereich. Folglich müssen die kointegrierenden Vektoren in β auf irgendeine Weise normalisiert werden, um eindeutige kointegrierende Beziehungen zu erhalten. Häufig wird gehofft, dass diese Beziehungen sogenannte »strukturelle« kointegrierende Beziehungen sind, die eine vernünftige ökonomische Interpretation aufweisen. Im Allgemeinen ist es statistisch vielleicht nicht möglich, diese strukturellen kointegrierenden Beziehungen aus der geschätzten β-Matrix zu identifizieren; siehe Davidson (2000, Kapitel 16.6) für eine Erörterung.

9.5.4 Beispiel: Langfristige Kaufkraftparität (Teil 3)

In diesem Kapitel beschäftigen wir uns erneut mit dem Beispiel der langfristigen Kaufkraftparität. Wir werden mittels des im vorigen Kapitel beschriebenen Johansen-Verfahrens das Vorhandensein von einer oder mehr kointegrierenden Beziehungen zwischen den drei Variablen s_t, p_t und p_t^* analysieren. Der erste Schritt bei diesem Verfahren ist das Bestimmen von p, der maximalen Ordnung von Verzögerungen in der in (9.42) gegebenen autoregressiven Repräsentation. Es scheint so, dass im Allgemeinen zu wenige Verzögerungen im Modell zu schnell zur Ablehnung der Nullhypothese führen, wohingegen zu viele Verzögerungen die Teststärke herabsetzen. Das weist darauf hin, dass es eine optimale Verzögerungslänge geben muss. Zusätzlich zu p müssen wir entscheiden, ob wir in (9.42) einen Zeittrend einfügen oder nicht. In Anbetracht dessen, dass die beiden logPreisreihen eindeutig einen Trend aufweisen, ergibt es Sinn, einen oder mehr deterministische Trends in das Modell einzufügen. Andererseits scheint das Aufnehmen eines deterministischen Trends in die kointegrierende Beziehung selbst aus ökonomischer Sicht nicht sinnvoll. Von daher nehmen wir drei unbeschränkte Achsenabschnitte in das VAR-Modell auf. Bei Vorhandensein einer kointegrierenden Beziehung würde das einem Achsenabschnitt im kointegrierenden Vektor und zwei separaten deterministischen Trends im VAR-Modell entsprechen. Ist keine Kointegration vorhanden, entsprechen die Achsenabschnitte drei deterministischen Trends. Lassen Sie uns mit dem Betrachten des Falls mit $p = 3$ beginnen. (Beachten Sie, dass das zwei Verzögerungen in der Sequenzielle-Differenzen-Gleichung (9.50) impliziert.) Der erste Schritt im Johansen-Verfahren führt zu den Ergebnissen in Tabelle 9.10. Diese Ergebnisse präsentieren die geschätzten Eigenwerte $\hat{\lambda}_1, \ldots, \hat{\lambda}_k$ ($k = 3$) in absteigender Ordnung. Rufen Sie sich in Erinnerung, dass Eigenwerte ungleich null einem kointegrierenden Vektor entsprechen. Eine Reihe von Teststatistiken, basierend auf diesen geschätzten Eigenwerten, gibt es ebenfalls. Diese Ergebnisse zeigen, dass

1. die Nullhypothese von keiner Kointegration ($r = 0$) auf dem 5 %-Niveau verworfen werden muss, wenn sie gegen die Hypothese eines kointegrierenden Vektors ($r = 1$) getestet wird, weil 26,780 den kritischen Wert von 21,132 übersteigt;

2. die Nullhypothese von keinem oder einem kointegrierenden Vektor ($R \leq 1$) nicht verworfen werden kann gegen die Alternative von zwei kointegrierenden Beziehungen ($r = 2$);

3. die Nullhypothese von zwei oder weniger kointegrierenden Vektoren marginal abgelehnt wird gegen die Alternative von $r = 3$. Denken Sie daran, dass $r = 3$ der Stationarität jeder der drei Reihen entspricht.

Nullhypothese	Alternative	λ_{trace}-Statistik	5 %-kritischer Wert
$H_0 : r = 0$	$H_1 : r = 1$	26,780	21,132
$H_0 : r \leq 1$	$H_1 : r = 2$	6,756	14,265
$H_0 : r \leq 2$	$H_1 : r = 3$	4,183	3,841

Tabelle 9.10 Maximum-Eigenwert-Tests auf Kointegration
Verzögerungslänge: $p = 3$ unbeschränkte Achsenabschnitte integriert $T - 273$
Geschätzte Eigenwerte: 0,0934, 0,0244, 0,0152

In Anbetracht unserer Erfahrung mit den univariaten Tests in 8.5 sind wir uns dessen bewusst, dass die Testergebnisse gegenüber der Anzahl einbezogener Verzögerungen anfällig sein können. Noch wichtiger ist, dass eine 12. Verzögerung häufig wichtig erscheint, wenn wir mit monatlichen Preisreihen zu tun haben. Von daher wiederholen wir das Johansen-Testverfahren, wählen nun jedoch $p = 13$. Aus den Ergebnissen in Tabelle 9.11 geht klar hervor, dass die Hinweise zugunsten eines oder zweier kointegrierender Vektoren schwach sind. Der erste Test, der die Nullhypothese von keiner Kointegration ($r = 0$) versus die Alternative einer kointegrierenden Beziehung ($r = 1$) untersucht, führt nicht zur Ablehnung der Nullhypothese. Angenommen, wir führen unsere Analyse trotz unserer Bedenken fort, während wir entscheiden, dass die Anzahl der kointegrierenden Vektoren gleich eins ist ($r = 1$). Der nächste Teil der Ergebnisse besteht aus dem geschätzten kointegrierenden Vektor β, aufgeführt in Tabelle 9.12. Der normalisierte kointegrierende Vektor ist in der dritten Spalte gegeben und entspricht

$$s_t = -5.899 + 14.204 p_t - 14.931 p_t^*, \tag{9.54}$$

was keiner ökonomisch interpretierbaren langfristigen Beziehung zu entsprechen scheint.

Nullhypothese	Alternative	λ_{max}-Statistik	5 %-kritischer Wert
$H_0 : r = 0$	$H_1 : r = 1$	16,637	21,132
$H_0 : r \leq 1$	$H_1 : r = 2$	4,946	14,265
$H_0 : r \leq 2$	$H_1 : r = 3$	3,342	3,841

Tabelle 9.11 Maximum-Eigenwert-Tests auf Kointegration
Verzögerungslänge: $p = 13$ unbeschränkte Achsenabschnitte integriert $T = 263$
Geschätzte Eigenwerte: 0,0613, 0,0186, 0,0126

Da die Schlussfolgerung, dass es eine kointegrierende Beziehung zwischen unseren drei Variablen gibt, sehr wahrscheinlich falsch ist, verfolgen wir dieses Beispiel nicht weiter. Um mittels

Geschätzter kointegrierender Vektor		
Variable		**normalisiert**
s_t	4,215	1,000
p_t	− 59,874	− 14,204
p_t^*	62,937	14,931
Basierend auf VAR mit $p = 13$		

Tabelle 9.12   Johansen-Schätzergebnisse

des Johansen-Verfahrens angemessen auf langfristige Kaufkraftparität zu testen, benötigen wir vermutlich längere Zeitreihen. Alternativ verwenden manche Autoren verschiedene Sets von Ländern gleichzeitig und wenden Paneldatenkointegrationstechniken an (siehe Kapitel 10). Ein weiteres Problem kann im exakten Messen der Preisindizes, vergleichbar über die beiden Länder, liegen.

9.6   Beispiel: Geldnachfrage und Inflation

Einer der Vorteile der Kointegration in multivariaten Zeitreihenmodellen besteht darin, dass sie helfen kann, Vorhersagen zu verbessern. Der Grund dafür ist, dass Vorhersagen aus einem kointegrierten System Kraft des Vorhandenseins von einer oder mehr langfristigen Beziehungen verknüpft sind. In der Regel realisiert sich dieser Vorteil beim Vorhersagen über mittlere oder lange Horizonte (vergleiche Engle und Yoo, 1987). Hoffman und Rasche (1996) sowie Lin und Tsay (1996) untersuchen empirisch die Vorhersageleistung in einem kointegrierten System. In diesem Kapitel betrachten wir, basierend auf der Studie von Hoffman und Rasche, ein empirisches Beispiel bezüglich eines fünfdimensionalen Vektorenprozesses. Die empirische Arbeit basiert auf vierteljährlichen Daten für die Vereinigten Staaten von 1954:1 bis 1994:4 ($T = 164$) für folgende Variablen:[16]

m_t	Logarithmus der realen M1-Geldbilanzen
$infl_t$	vierteljährliche Inflationsrate (in % pro Jahr)
cpr_t	Zins für Geldmarktpapiere
y_t	Logarithmus wahres Bruttoinlandsprodukt (BIP, in Milliarden US-Dollar)
tbr_t	Rendite für Schatzanweisungen

Der Zins für Geldmarktpapiere und die Rendite für Schatzanweisungen werden als riskante beziehungsweise als risikofreie Erträge in einem vierteljährlichen Horizont betrachtet. Die Reihen für M1 und BIP sind saisonal angepasst. Obwohl man über das Vorhandensein einer Einheitswurzel in einigen dieser Reihen streiten kann, folgen wir Hoffman und Rasche (1996) und nehmen an, dass diese fünf Variablen durch einen $I(1)$-Prozess gut beschrieben sind.

A priori könnte man von drei möglichen kointegrierenden Beziehungen ausgehen, die das langfristige Verhalten dieser Variablen steuern. Zuerst können wir eine Gleichung für *Geldnachfrage* wie folgt spezifizieren:

$$m_t = \alpha_1 + \beta_{14} y_t + \beta_{15} tbr_t + \varepsilon_{1t},$$

wobei β_{14} die Einkommenselastizität und β_{15} die Zinssatzelastizität bezeichnen. Man kann erwarten, dass β_{14} nahe eins liegt, entsprechend einer unitarischen Einkommenselastizität, und dass $\beta_{15} < 0$. Zweitens können wir, wenn die *wahren* Zinssätze stationär sind, erwarten, dass

$$infl_t = \alpha_2 + \beta_{25} tbr_t + \varepsilon_{2t},$$

entsprechend einer kointegrierenden Beziehung mit $\beta_{25} = 1$. Dies wird als Fisher-Beziehung bezeichnet, bei der wir die tatsächliche Inflation als Stellvertreter für erwartete Inflation verwenden.[17] Drittens können wir davon ausgehen, dass die Risikoprämie, gemessen durch die Differenz zwischen dem Zins für Geldmarktpapiere und der Rendite für Schatzanweisungen, stationär ist, sodass eine dritte kointegrierende Beziehung gegeben ist durch

$$cpr_t = \alpha_3 + \beta_{35} tbr_t + \varepsilon_{3t}$$

mit $\beta_{35} = 1$.

Bevor wir zum Vektorprozess dieser fünf Variablen übergehen, lassen Sie uns die OLS-Schätzwerte dieser drei Regressionen betrachten. Sie sind aufgeführt in Tabelle 9.13. Um den Vergleich mit späteren Ergebnissen zu vereinfachen, betont die Anordnung, dass die Variablen auf der linken Seite mit einem Koeffizienten von -1 im kointegrierenden Vektor inbegriffen sind (wenn dieser existiert). Beachten Sie, dass die OLS-Standardfehler ungeeignet sind, wenn die Variablen in der Regression integriert sind. Außer bei der Risikoprämiengleichung sind die R^2s nicht nahe eins, was ein informelles Erfordernis für eine kointegrierende Regression darstellt. Die Durbin-Watson-Statistiken sind klein, und wenn die kritischen Werte aus Tabelle 9.3 geeignet sind, würden wir die Nullhypothese keiner Integration auf dem 5 %-Niveau für die

	Geldbedar	Fisher-Gleichung	Risikoprämie
m_t	-1	0	0
$infl_t$	0	-1	0
cpr_t	0	0	-1
y_t	0,423	0	0
	(0,016)		
tbr_t	$-0,031$	0,558	1,038
	(0,002)	(0,053)	(0,010)
R^2	0,815	0,409	0,984
dw	0,199	0,784	0,705
ADF(6)	$-3,164$	$-1,888$	$-3,975$

Tabelle 9.13 Univariate kointegrierende Regressionen mittels OLS (Standardfehler in Klammern). Achsenabschnittsschätzungen sind nicht aufgeführt

letzten beiden Gleichungen verwerfen, aber nicht für die Geldnachfragegleichung. Denken Sie daran, dass die kritischen Werte in Tabelle 9.3 auf der Annahme basieren, dass alle Reihen Zufallsbewegungen sind, was für die Zinssätze korrekt sein kann, für Geldmenge und BIP aber möglicherweise nicht. Alternativ können wir in den Residuen dieser Regressionen mittels Dickey-Fuller-Tests auf eine Einheitswurzel testen. Die Ergebnisse sind nicht sonderlich anfällig gegenüber der Anzahl beinhalteter Verzögerungen und die Teststatistiken für sechs Verzögerungen sind in Tabelle 9.13 aufgeführt. Der 5 %-asymptotische kritische Wert aus Tabelle 9.2 ist gegeben mit – 3,77 für die Regression, die drei Variablen enthält, und – 3,37 für die Regression mit zwei Variablen. Nur für die Risikoprämiengleichung können wir also die Nullhypothese keiner Kointegration ablehnen.

Der empirische Beweis für das Vorhandensein der nahegelegten kointegrierenden Beziehungen zwischen den fünf Variablen ist uneinheitlich. Nur für die Risikoprämiengleichung finden wir ein R^2 nahe eins, eine ausreichend hohe Durbin-Watson-Statistik und eine signifikante Ablehnung des ADF-Tests auf eine Einheitswurzel in den Residuen. Für die beiden anderen Regressionen gibt es wenig Grund, die Nullhypothese keiner Kointegration zu verwerfen. Dies wird möglicherweise durch den Mangel an Teststärke bei den von uns verwendeten Tests verursacht und es kann sein, dass eine multivariate Vektoranalyse stärkere Beweise für das Vorhandensein kointegrierender Beziehungen zwischen diesen fünf Variablen hervorbringt. Einige zusätzliche Informationen erhalten wir, wenn wir die Residuen aus diesen drei Regressionen grafisch darstellen. Wenn die Regressionen der Kointegration entsprechen, können diese Residuen als langfristige Gleichgewichtsfehler interpretiert werden und sollten stationär sein und um null fluktuieren. Für die drei Regressionen sind die Residuen jeweils in den Abbildungen 9.1, 9.2 und 9.3 dargestellt. Obwohl eine visuelle Inspektion dieser Grafen nicht eindeutig ausfällt, können die Residuen für die Geldnachfrage- und die Risikoprämienregression auf Basis dieser Grafen

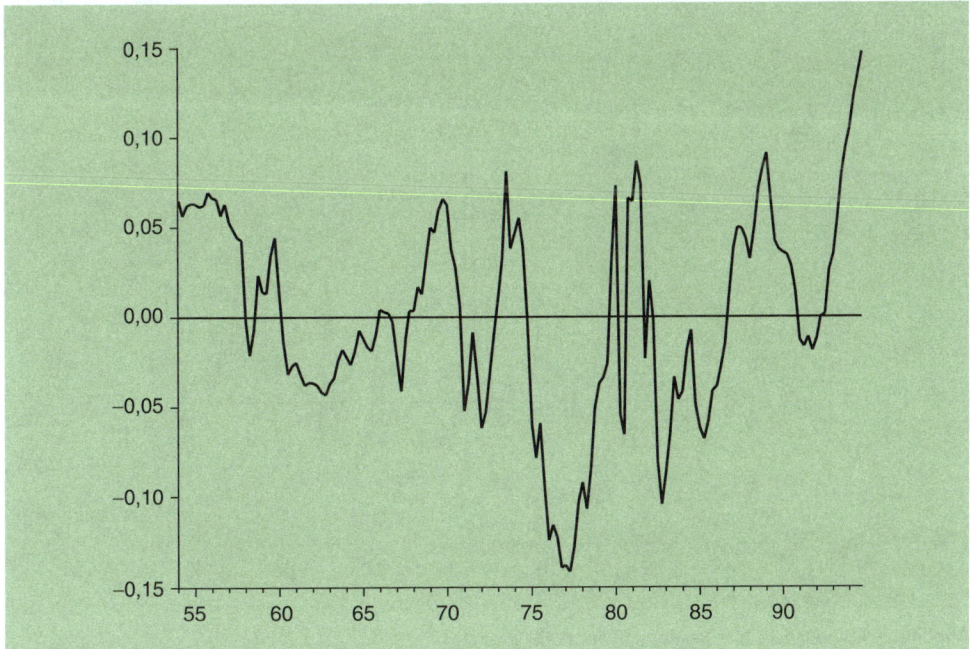

Abbildung 9.1 Residuen der Regression der Geldnachfrage

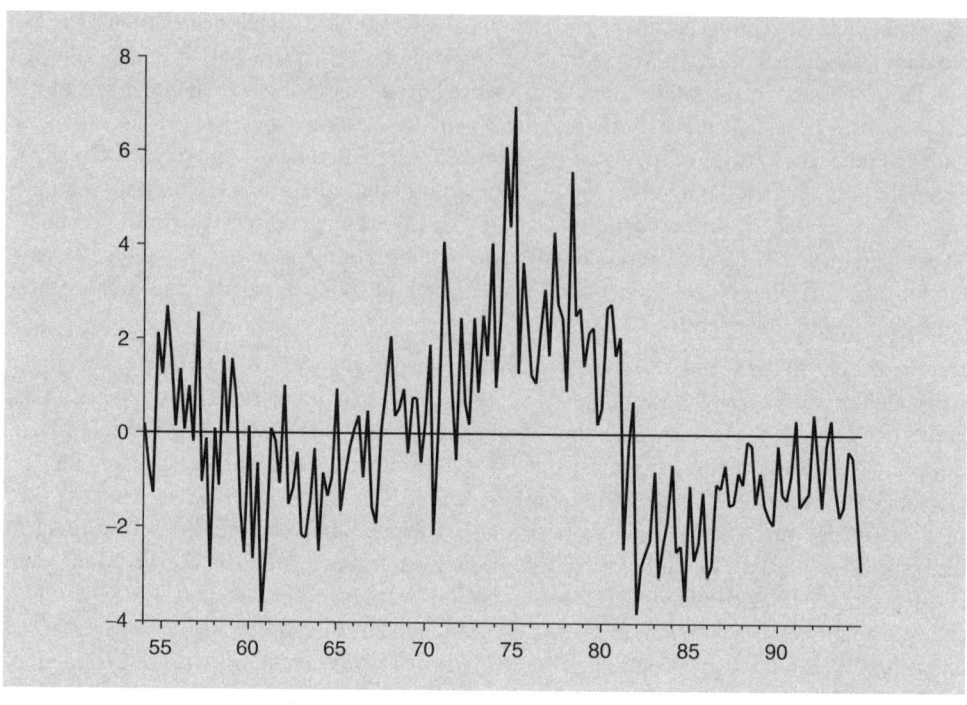

Abbildung 9.2 Residuen der Fisher-Regression

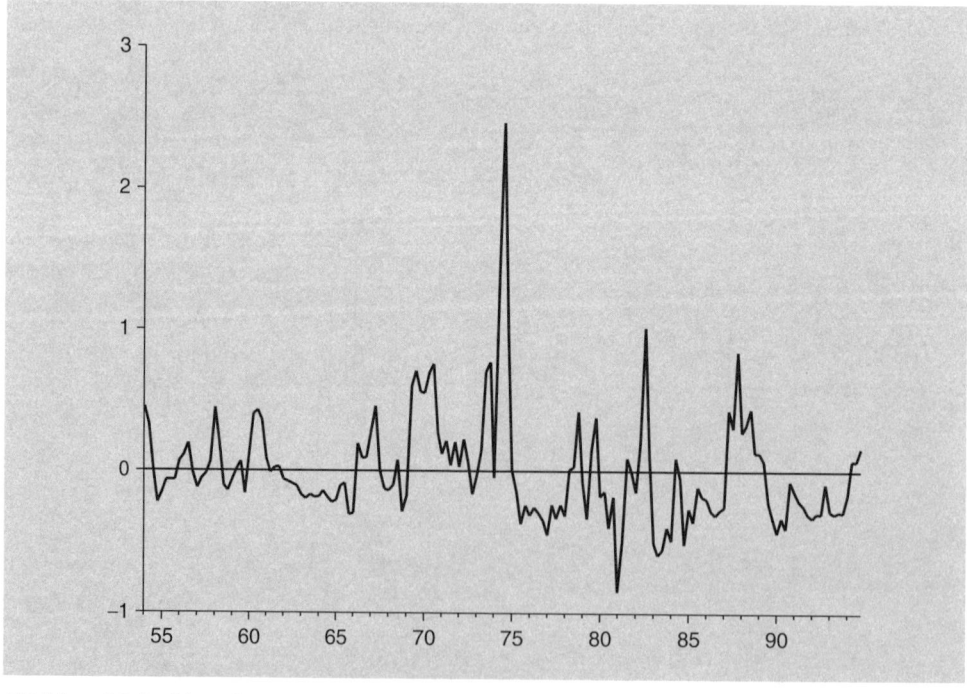

Abbildung 9.3 Residuen der Regression der Risikoprämie

als stationär angesehen werden. Für die Fisher-Gleichung liefert das aktuelle Beispiel weniger Beweise einer Rückkehr zum Mittelwert.

Der erste Schritt beim Johansen-Verfahren beinhaltet das Testen auf den kointegrierenden Rang r. Um diese Tests zu berechnen, müssen wir die maximale Verzögerungslänge p im vektorautoregressiven Modell auswählen. Ein zu klein gewähltes p wird die Tests außer Kraft setzen, ein zu groß gewähltes p kann zu einem Verlust an Teststärke führen. In Tabelle 9.14 sind die Ergebnisse der kointegrierenden Rangtests für $p = 5$ und $p = 6$ aufgeführt. Die Ergebnisse zeigen, dass es eine gewisse Anfälligkeit im Hinblick auf die Wahl der maximalen Verzögerungslänge in den Vektorautoregressionen gibt, obwohl sich die Schlussfolgerung qualitativ nur marginal ändert. Auf dem 5 %-Niveau verwerfen alle Tests die Nullhypothese von keiner oder einer kointegrierenden Beziehung. Die Tests verwerfen nicht die Nullhypothese, dass $r \leq 2$, mit einer marginalen Ausnahme bei der Trace-Statistik, wenn $p = 6$. Wie zuvor müssen wir aus diesen Ergebnissen den kointegrierenden Rang r auswählen. Die offensichtliche Wahl fällt auf $r = 2$, obwohl man auch $r = 3$ in Betracht ziehen könnte (siehe Hoffman und Rasche, 1996).

		Teststatistik		
Nullhypothese	Alternative	$p = 5$	$p = 6$	5 %-kritischer Wert
		λ_{trace}-Statistik		
$H_0 : r = 0$	$H_1 : r \geq 1$	104,263	120,861	76,97
$H_0 : r \leq 1$	$H_1 : r \geq 2$	59,406	71,347	54,07
$H_0 : r \leq 2$	$H_1 : r \geq 3$	29,171	36,660	34,19
$H_0 : r \leq 3$	$H_1 : r \geq 4$	11,925	14,659	20,26
$H_0 : r \leq 4$	$H_1 : r = 5$	3,602	2,761	9,16
		λ_{max}-Statistik		
$H_0 : r = 0$	$H_1 : r = 1$	44,857	49,513	34,81
$H_0 : r \leq 1$	$H_1 : r = 2$	30,235	34,687	28,59
$H_0 : r \leq 2$	$H_1 : r = 3$	17,246	22,001	22,30
$H_0 : r \leq 3$	$H_1 : r = 4$	8,324	11,898	15,89
$H_0 : r \leq 4$	$H_1 : r = 5$	3,602	2,761	9,16

Tabelle 9.14 Trace und Maximum-Eigenwert-Tests auf Kointegration
Beschränkte Achsenabschnitte enthalten $T = 159$ (158)

Wenn wir den Rang darauf beschränken, dass die langfristige Matrix gleich zwei ist, können wir die kointegrierenden Vektoren und das Fehlerkorrekturmodell mittels Maximum- Likelihood entsprechend dem Johansen-Verfahren schätzen. Denken Sie daran, dass statistisch die kointegrierenden Vektoren nicht einzeln definiert sind, sondern lediglich der von diesen Vektoren umfasste Bereich. Um individuelle, kointegrierende Beziehungen zu identifizieren, müssen wir deshalb die kointegrierenden Vektoren irgendwie normalisieren. Wenn $r = 2$, müssen wir jedem kointegrierenden Vektor zwei Normalisierungsbeschränkungen auferlegen. Beachten Sie, dass in den kointegrierenden Regressionen in Tabelle 9.13 bereits a priori eine Reihe Beschränkungen auferlegt sind, einschließlich einer -1 für die Variablen auf der rechten Seite und Nullrestriktionen für einige Koeffizienten der anderen Variablen. Im aktuellen Fall müssen wir zwei Restriktionen auferlegen. Und angenommen, Geldnachfrage- und Risikoprämien-Beziehungen sind die wahrscheinlichsten Kandidaten, sollten wir auferlegen, dass m_t und cpr_t die Koeffizienten von $-1{,}0$ beziehungsweise $0, -1$ aufweisen. Ökonomisch erwarten wir, dass $infl_t$ in keinen der integrierenden Vektoren eingeht. Mit diesen beiden Restriktionen werden die kointegrierenden Vektoren mittels Maximum-Likelihood geschätzt, gemeinsam mit den Koeffizienten im Vektorfehlerkorrekturmodell. Die Ergebnisse für die kointegrierenden Vektoren finden sich in Tabelle 9.15.

	Geldbedarf	Risikoprämie
m_t	-1	0
$infl_t$	$-0{,}023$	0,037
	(0,006)	(0,028)
cpr_t	0	-1
y_t	0,424	$-0{,}122$
	(0,037)	(0,174)
tbr_t	$-0{,}028$	1,018
	(0,005)	(0,023)

Tabelle 9.15 ML-Schätzwerte für kointegrierende Vektoren (nach Normalisierung) basierend auf VAR mit p = 6 (Standardfehler in Klammern) Achsenabschnittsterme sind nicht aufgeführt
Loglikelihood-Wert: 773,0678

Der kointegrierende Vektor für die Risikoprämiengleichung entspricht weitgehend unseren A-priori-Erwartungen und die Koeffizienten für inf_t, y_t und tbr_t sind nicht signifikant verschieden von null, null beziehungsweise eins. Für den Vektor, der der Geldnachfragegleichung entspricht, scheint $infl_t$ signifikant in die Gleichung einzugehen. Denken Sie daran, dass m_t der *wahren* Geldnachfrage entspricht, die normalerweise nicht von der Inflationsrate abhängig sein sollte. Der Koeffizientenschätzwert von $-0{,}023$ impliziert, dass, ceteris paribus, die *nominale* Geldnachfrage ($m_t + infl_t$) weniger als proportional mit der Inflationsrate ansteigt.

Es ist möglich, unsere a priori kointegrierenden Vektoren mittels Likelihood-Ratio-Tests zu testen. Diese Tests erfordern, dass das Modell neu geschätzt wird, unter Auferlegen zusätzlicher Restriktionen auf die kointegrierenden Vektoren. Auf diese Weise können wir die folgenden Hypothesen testen:[18]

$$H_0^a : \beta_{12} = 0, \quad \beta_{14} = 1;$$

$$H_0^b : \beta_{22} = \beta_{24} = 0, \quad \beta_{25} = 1; \text{ und}$$

$$H_0^c : \beta_{12} = \beta_{22} = \beta_{24} = 0, \quad \beta_{14} = \beta_{25} = 1,$$

wobei β_{12} den Koeffizienten für $infl_t$ in der Geldnachfragegleichung bezeichnet, und β_{22} und β_{24} sind die Koeffizienten für Inflation und BIP in der Risikoprämiengleichung. Die Loglikelihood-Werte für das vollständige Modell, geschätzt unter Auferlegen von H_0^a, H_0^b beziehungsweise H_0^c, sind 766,9174; 763,7389; 770,3043. Die Likelihood-Ratio-Teststatistiken, definiert als zweimal die Differenz in Loglikelihood-Werten, für die drei Nullhypothesen sind folglich gegeben durch 12,301; 18,658 und 5,527. Die asymptotische Verteilung unter der Nullhypothese der Teststatistiken ist die übliche Chi-Quadrat-Verteilung mit Freiheitsgraden gegeben durch die Anzahl der getesteten Restriktionen (siehe Kapitel 6). Die durch die Risikoprämiengleichung auferlegten Restriktionen, wie in H_0^b wiedergegeben, werden durch den Likelihood-Ratio-Test nicht verworfen. Andererseits werden die durch die Geldnachfragegleichung in H_0^a auferlegten Restriktionen eindeutig verworfen und infolgedessen wird auch das gemeinsame Set von Restriktionen in H_0^c verworfen.

Als letzten Schritt betrachten wir das Vektorfehlerkorrekturmodell für dieses System. Dies entspricht einem VAR-Modell der Ordnung $p-1 = 5$ für die sequenziellen Differenzen-Reihen, mit Einbeziehung von zwei Fehlerkorrekturtermen in jede Gleichung, eine für jeden kointegrierenden Vektor. Beachten Sie, dass die Anzahl der geschätzten Parameter in diesem Vektorfehlerkorrekturmodell deutlich über 100 liegt, folglich sollten wir uns auf einen begrenzten Teil der Ergebnisse beschränken. Die zwei Fehlerkorrekturterme sind gegeben durch

$$ecm1_t = -m_t - 0,023infl_t + 0,424y_t - 0,028tbr_t + 3,376;$$

$$ecm2_t = -cpr_t + 0,037infl_t - 0,122y_t + 1,018tbr_t + 1,456.$$

Die korrigierten Koeffizienten in der 5×2-Matrix γ mit ihren dazugehörigen Standardfehlern sind in Tabelle 9.16 aufgeführt. Die langfristige Geldnachfragegleichung trägt signifikant zu den kurzfristigen Bewegungen von Geldnachfrage, Inflation und dem Zins des Geldpapiermarktes bei. Das kurzfristige Verhalten von Geldnachfrage, Inflation und dem Zins des Geldpapiermarktes scheint signifikant durch die langfristige Risikoprämienbeziehung beeinflusst zu sein. Es gibt keinen statistischen Beweis, dass die Rendite der Schatzanweisungen sich an irgendwelche Abweichungen von langfristigen Gleichgewichten anpasst, sodass sie als schwach exogen behandelt werden kann.

	Fehlerkorrekturterm	
Gleichung	$ecm1_{t-1}$	$ecm2_{t-1}$
Δm_t	0,022*	0,009*
	(0,011)	(0,003)
$\Delta infl_t$	1,672	−1,216*
	(2,367)	(0,557)
Δcpr_t	−2,591*	0,732*
	(1,199)	(0,282)
Δy_t	0,066*	−0,001
	(0,014)	(0,003)
Δtbr_t	−1,577	0,340
	(0,0182)	(0,255)

Tabelle 9.16 Geschätzte Matrix korrigierter Koeffizienten (Standardfehler in Klammern)
* Zeigt eine Signifikanz auf dem 5 %-Niveau an.

KURZZUSAMMENFASSUNG

Dynamische Modelle mit stationären Variablen können auf verschiedene Weise parametrisiert werden, zum Beispiel entsprechend einem Fehlerkorrekturmechanismus oder einem partiellen Anpassungsmodell. Tatsächlich entstehen solche Modelle als Restriktionen eines allgemeineren vektorautoregressiven Modells (VAR-Modell), wobei das gesamte Set von Variablen aus deren Vergangenheit erklärt wird. Wenn die Variablen aufgrund des Vorhandenseins einer Einheitswurzel nicht stationär sind, ist Vorsicht geboten. Zum Beispiel muss man darauf achten, Scheinbeziehungen zu verhindern, welche entstehen, wenn zwei oder mehr unabhängige nichtstationäre Reihen scheinbar verbunden sind, bedingt durch die Tatsache, dass beide einen Trend aufweisen. Eine niedrige Durbin-Watson-Statistik ist ein wichtiger Warnhinweis. Während sequenzielle Differenzen stationäre Reihen hervorbringen können, ignoriert das Modellieren der

Sequenzielle-Differenzen-Reihen möglicherweise wichtige Informationen, die in den Levels der Reihen enthalten sind. Das passiert, wenn die Reihen kointegriert sind. Das heißt, wenn eine lineare Beziehung zwischen zwei oder mehr stationären Variablen existiert, die stationär ist. Das bedeutet, dass die Reihen einen oder mehr gemeinsame Trends aufweisen. In diesen Fällen kann ein vektorautoregressives Modell der Level-Variablen umgeschrieben werden zum Fehlerkorrekturmodell für die Sequenzielle-Differenzen-Reihe. Die Fehlerkorrekturterme decken die Abweichungen von den langfristigen Gleichgewichtszuständen ab. Das Johansen-Verfahren ist die gebräuchlichste Vorgehensweise beim Testen auf die Anzahl der kointegrierenden Beziehungen und zum Schätzen des Vektorfehlerkorrekturmodells. Juselius (2006) bietet eine ausgezeichnete Auseinandersetzung mit dieser Vorgehensweise.

■ ÜBUNGEN

Übung 9.1 (Kointegrationstheorie)

(a) Angenommen, die beiden Reihen y_t und x_t sind $I(1)$ und sowohl $y_t - \beta_1 x_t$ als auch $y_t - \beta_2 x_t$ sind $I(0)$. Zeigen Sie, dass das bedeutet, dass $\beta_1 = \beta_2$, das heißt, es kann nur einen eindeutigen kointegrierenden Parameter geben.

(b) Erklären Sie intuitiv, warum die Durbin-Watson-Statistik in einer Regression der $I(1)$-Variablen y_t auf x_t informativ ist bezüglich der Frage von Kointegration zwischen y_t und x_t.

(c) Erklären Sie, was unter »Superkonsistenz« zu verstehen ist.

(d) Betrachten Sie die drei $I(1)$-Variablen y_t, x_t und z_t. Angenommen, y_t und x_t sind kointegriert und x_t und z_t sind kointegriert. Bedeutet das, dass y_t und z_t ebenfalls kointegriert sind? Warum (nicht)?

Übung 9.2 (Kointegration)

Betrachten Sie die folgende ziemlich einfache Beziehung zwischen aggregierten Ersparnissen S_t und aggregiertem Einkommen Y_t.

$$S_t = \alpha + \beta Y_t + \varepsilon_t \text{ für } t = 1, \ldots, T. \tag{9.55}$$

Für ein Land wurde die Beziehung mittels OLS über die Jahre 1956–2005 ($T = 50$) geschätzt. Die Ergebnisse finden Sie in Tabelle 9.17.

Variable	Koeffizient	Standardfehler	t-Wert
Konstante	38,90	4,570	8,51
Einkommen	0,098	0,009	10,77

Tabelle 9.17 Aggregierte Ersparnisse erklärt aus aggregiertem Einkommen: OLS-Ergebnisse
$T = 50 \quad s = 22,57 \quad R^2 = 0,93 \quad dw = 0,70$

Nehmen wir für den Moment an, dass die Reihen S_t und Y_t *stationär* seien. (Tipp: Wenn nötig, ziehen Sie Kapitel 4 für die ersten Fragen zu Rate.)

(a) Wie würden Sie den Koeffizientenschätzwert von 0,098 für die Einkommensvariable interpretieren?

(b) Erklären Sie, warum die Ergebnisse darauf hinweisen, dass ein Problem positiver Autokorrelation vorliegen könnte. Können Sie Gründe nennen warum in ökonomischen Modellen positive Autokorrelation wahrscheinlicher ist als negative Autokorrelation?

(c) Welches sind die Auswirkungen von Autokorrelation auf die Eigenschaften des OLS-Schätzers? Denken Sie an Nichtverzerrtheit, Konsistenz und BLUE-Eigenschaften.

(d) Beschreiben Sie zwei verschiedene Vorgehensweisen, um mit dem Autokorrelationsproblem im obigen Fall umzugehen. Welche würden Sie bevorzugen?
Von nun an nehmen wir an, dass S_t und Y_t nichtstationäre I(1)-Reihen seien.

(e) Gibt es Hinweise, dass die Beziehung zwischen den beiden »scheinbar« ist?

(f) Erklären Sie, was wir unter »Scheinregressionen« verstehen.

(g) Gibt es Hinweise auf eine kointegrierende Beziehung zwischen S_t und Y_t?

(h) Erklären Sie, was wir unter einer »kointegrierenden Beziehung« verstehen.

(i) Beschreiben Sie zwei verschiedene Tests, die zum Testen der Nullhypothese verwendet werden können, dass S_t und Y_t nicht kointegriert sind.

(j) Wie interpretieren Sie den Koeffizientenschätzwert von 0,098 unter der Hypothese, dass S_t und Y_t kointegriert sind?

(k) Gibt es Gründe, im Fehlerterm auf Autokorrelation zu korrigieren, wenn wir eine kointegrierende Regression schätzen?

(l) Erklären Sie intuitiv, warum der Schätzer für einen kointegrierenden Parameter superkonsistent ist.

(m) Angenommen, S_t und Y_t sind kointegriert. Beschreiben Sie, was wir unter einem Fehlerkorrekturmechanismus verstehen. Nennen Sie ein Beispiel. Was lernen wir daraus?

(n) Wie können wir ein Fehlerkorrekturmodell konsistent schätzen?

Übung 9.3 (Kointegration – empirisch)

In der Datei INCOME finden wir vierteljährliche Daten zu nominellem Verbrauch und Einkommen in UK für 1971:1 bis 1985:2 ($T = 58$). Ein Teil dieser Daten wurde in Übung 8.3 verwendet.

(a) Testen Sie in den Konsumreihen auf eine Einheitswurzel unter Verwendung verschiedener erweiterter Dickey-Fuller-Tests.

(b) Führen Sie mittels OLS eine Regression durch, welche den Konsum aus dem Einkommen erklärt. Testen Sie auf Kointegration unter Verwendung zweier verschiedener Tests.

(c) Führen Sie eine Regression mittels OLS durch, welche das Einkommen aus dem Konsum erklärt. Testen Sie auf Kointegration.

(d) Vergleichen Sie die Schätzergebnisse und R^2s aus den letzten beiden Regressionen.

(e) Bestimmen Sie den Fehlerkorrekturterm aus einer der beiden Regressionen und schätzen Sie ein Fehlerkorrekturmodell für die Veränderung beim Konsum. Testen Sie, ob der Anpassungskoeffizient null ist.

(f) Wiederholen Sie die letzte Frage für die Veränderung beim Einkommen. Was schließen Sie?

Übung 9.4 (Kointegration – empirisch)

Betrachten Sie noch einmal die Daten in PPP2, die auch in Übung 8.4 verwendet wurden, zum Wechselkurs von US-Dollar und Pfund Sterling und die Preisindizes für diese beiden Länder.

(a) Testen Sie mittels einer Reihe von Einheitswurzeltests, ob der Logarithmus des CPI-Werts stationär ist.

(b) Testen Sie mittels der Engle-Granger-Methode auf Kointegration zwischen dem Logarithmus Wechselkurs und dem Logarithmus des CPI-Werts (analog Kapitel 9.3). Seien Sie vorsichtig bei der Wahl der Anzahl an Verzögerungen.

(c) Kehren Sie die Rolle der beiden Variablen in der vorigen Frage um und wiederholen Sie die Analyse. Interpretieren und vergleichen Sie.

(d) Testen Sie mittels der Engle-Granger-Methode auf Kointegration zwischen dem Logarithmus Wechselkurs und dem Logarithmus der beiden Preisindizes.

(e) Verwenden Sie das Johansen-Verfahren, um auf die Anzahl der kointegrierenden Beziehungen zwischen den drei Variablen zu testen. Begründen Sie die Aufnahme von (beschränkten oder unbeschränkten) Achsenabschnitten.

(f) Was ist Ihre Schlussfolgerung über die Validität langfristiger Kaufkraftparität zwischen dem Vereinigten Königreich und den USA? Abhängig von Ihren Ergebnissen zu **d** und **e** möchten Sie vielleicht zusätzliche Spezifikationen schätzen oder testen.

KAPITEL 10

Auf Paneldaten basierende Modelle

Ein Paneldatensatz enthält wiederholte Beobachtungen zu denselben Einheiten (Personen, Haushalte, Unternehmen), die über eine Reihe von Perioden gesammelt wurden. Obwohl Paneldaten in der Regel auf mikroökonomischer Ebene gesammelt werden, ist es zunehmend üblich geworden, einzelne Zeitreihen mehrerer Länder oder Branchen zusammenzufassen und gleichzeitig zu analysieren. Die Verfügbarkeit wiederholter Beobachtungen zu denselben Einheiten ermöglicht es den Ökonomen, kompliziertere und realistischere Modelle zu spezifizieren und zu schätzen, als dies in einem einzelnen Querschnitt oder einer einzelnen Zeitreihe machbar wäre. Die Nachteile sind eher praktischer Natur: Weil wir wiederholt dieselben Einheiten beobachten, ist es nicht länger angebracht, anzunehmen, dass verschiedene Beobachtungen unabhängig sind. Das kann die Analyse verkomplizieren, vor allem bei nichtlinearen und dynamischen Modellen. Darüber hinaus leiden Paneldatensätze häufig unter fehlenden Beobachtungen. Selbst wenn diese Beobachtungen nach dem Zufallsprinzip fehlen (siehe weiter unten), muss die Standardanalyse angepasst werden.

Dieses Kapitel bietet eine Einführung in die Analyse von Paneldaten. In Kapitel 10.1 wird ein einfaches Paneldatenmodell vorgestellt, und einige Vorteile im Vergleich zu Querschnitts- oder Zeitreihendaten werden im Kontext dieses Modells besprochen. Kapitel 10.2 konzentriert sich auf das statische lineare Modell und bespricht Schätzungen unter Fixed-Effects- und Random-Effects-Annahmen, einschließlich Instrumentalvariablenschätzern und des Fama-McBeth-Verfahrens. Auch der Heteroskedastizität und Reihenkorrelation in den Fehlertermen wird Aufmerksamkeit gewidmet. Ein empirisches Beispiel bezüglich der Schätzung einer Lohngleichung findet sich in Kapitel 10.3. Das Einbeziehen einer gelagten abhängigen Variablen in das lineare Modell verkompliziert die konsistente Schätzung und Instrumentalvariablenverfahren oder GMM bieten interessante Alternativen, wie in Kapitel 10.4 besprochen werden wird. Kapitel 10.5 bietet ein empirisches Beispiel zum Schätzen eines partiell angepassten Modells zur Kapitalstruktur eines Unternehmens. Paneldatenansätze werden zunehmend in makroökonomischen Kontexten verwendet, um dynamische Eigenschaften ökonomischer Variablen zu untersuchen. Kapitel 10.6 bespricht die neuere Literatur zu Einheitswurzel- und Kointegrationstests bei heterogenen Panels. Bei mikroökonomischen Anwendungen beinhaltet das für uns interessante Modell häufig beschränkt abhängige Variablen und Paneldatenerweiterungen von Logit-, Probit- und Tobit-Modellen werden in Kapitel 10.7 besprochen. Die mit unvollständigen Paneldaten und Selektionsverzerrung zusammenhängenden Probleme werden in Kapitel 10.8 besprochen, während Kapitel 10.9 mit einer

Besprechung von Pseudopaneldaten und wiederholten Querschnitten den Abschluss bildet. Ausführliche Erörterungen zu den Ökonometrien von Paneldaten findet sich in Hsiao (2003), Arellano (2003), Cameron und Trivedi (2005), Baltagi (2008) und Wooldridge (2010).

10.1 Einführung in die Paneldatenmodellierung

Ein wichtiger Vorteil von Paneldaten im Vergleich zu Zeitreihen oder Querschnittsdatensätzen besteht darin, dass sie die Identifikation bestimmter Parameter oder Fragen zulassen, ohne dass restriktive Annahmen nötig sind. Zum Beispiel ermöglichen Paneldaten, *Veränderungen* auf einer *individuellen* Ebene zu untersuchen. Betrachten wir eine Situation, in der der durchschnittliche Konsumlevel von einem Jahr auf das nächste um 2% zunimmt. Paneldaten können identifizieren, ob diese Zunahme zum Beispiel das Ergebnis eines Anstiegs um 2% für alle Individuen oder eine Zunahme von 4% für etwa eine Hälfte der Individuen und keinerlei Veränderung bei der anderen Hälfte (oder jede andere Kombination) ist. Das heißt, Paneldaten sind nicht nur geeignet, zu modellieren oder zu erklären, warum sich individuelle Einheiten unterschiedlich verhalten, sondern auch, um zu modellieren, warum sich eine gegebene Einheit zu verschiedenen Zeitperioden unterschiedlich verhält (zum Beispiel wegen einer anderen Vergangenheit).

Wir werden im Folgenden alle Variablen mit einem i für das Individuum[1] ($i = 1, \ldots, N$) und einem t für die Zeitperiode ($t = 1, \ldots, T$) indexieren. Das standardlineare Regressionsmodell kann wie folgt geschrieben werden:

$$y_{it} = \beta_0 + x'_{it}\beta + \varepsilon_{it}, \tag{10.1}$$

wobei x_{it} ein K-dimensionaler Vektor erklärender Variablen ist, der – aus Gründen, die im Folgenden deutlich werden – keinen Achsenabschnittsterm enthält.[2] Das Modell erlegt auf, dass der Achsenabschnitt β_0 und die Steigungskoeffizienten in β identisch sind für alle Individuen und Zeitperioden. Der Fehlerterm in (10.1) variiert bei Individuen sowie zeitlich und deckt alle unbeobachteten Faktoren ab, die y_{it} beeinflussen. Um dieses Modell mittels OLS zu schätzen, sind die üblichen Bedingungen erforderlich, um Unverzerrtheit, Konsistenz oder Effizienz zu erreichen; siehe Kapitel 2, 4 und 5. Wenn zum Beispiel $E\{\varepsilon_{it}\} = 0$ und $E\{x_{it}\varepsilon_{it}\} = 0$, dann ist der OLS-Schätzer für β_0 und β unter schwachen Regelbedingungen konsistent. In Anbetracht dessen, dass wir jedoch wiederholt dieselben Individuen beobachten, ist es in der Regel unrealistisch, anzunehmen, dass die Fehlerterme aus verschiedenen Perioden nicht korreliert sind. Zum Beispiel wird der Lohn einer Person durch unbeobachtbare Charakteristika beeinflusst, die über die Zeit wenig variieren. Demzufolge neigen routinemäßig berechnete Standardfehler für OLS, basierend auf der Annahme von i.i.d. verteilten Fehlertermen, dazu, in Paneldatenanwendungen irreführend zu sein. Darüber hinaus ist OLS in Relation zu einem Schätzer, der die Korrelation über die Zeit in ε_{it} nutzt, ineffizient.

Ein sehr häufig verwendetes Paneldatenmodell geht davon aus, dass

$$\varepsilon_{it} = \alpha_i + u_{it}, \tag{10.2}$$

wobei angenommen wird, dass u_{it} homoskedastisch und nicht über die Zeit korreliert ist. Die Komponente α_i ist zeitinvariant und homoskedastisch unter den Individuen. Das durch

(10.1)–(10.2) spezifizierte Modell wird als ein (einseitiges) **Fehlerkomponenten- oder Random-Effects-Modell** bezeichnet, auf das wir im Folgenden noch näher eingehen werden. Schätzung durch (realisierbare) generalisierte kleinste Quadrate wendet die auferlegte Fehlerstruktur an (welche impliziert, dass die Reihenkorrelation in ε_{it} vollständig α_i zugeschrieben werden kann), was in der Regel zu einem effizienteren Schätzer für β_0 und β führt als gewöhnliche kleinste Quadrate.

Die Annahme, dass $E\{x_{it}\varepsilon_{it}\} = 0$, besagt, dass die beobachtbaren Regressoren in x_{it} nicht korreliert sind mit den unbeobachtbaren Charakteristika in α_i und u_{it}. Das bedeutet, dass die erklärenden Variablen exogen sind. In vielen Anwendungen wird diese Annahme als restriktiv angesehen und es gibt Gründe, zu glauben, dass $E\{x_{it}\alpha_i\} \neq 0$. Das heißt, die unbeobachtete Heterogenität in α_i ist korreliert mit einer oder mehreren der erklärenden Variablen. Zum Beispiel beeinflusst in einer Lohngleichung die unbeobachtete Fähigkeit einer Person sehr wahrscheinlich den Lohn (y_{it}), ebenso wie ihr Ausbildungslevel (enthalten in x_{it}). In einer Investitionsgleichung auf Unternehmensebene können unbeobachtete Firmencharakteristika die Investitionsentscheidungen ebenso beeinflussen (y_{it}) wie Charakteristika in x_{it} (zum Beispiel Kapitalkosten). In einem Querschnittskontext ist die standardmäßige Vorgehensweise, um mit dem Problem umzugehen, die Verwendung von Instrumentalvariablen (siehe Kapitel 5). Mit Paneldaten ist es möglich, die besondere Natur der Daten zu nutzen, bedingt durch die Verfügbarkeit wiederholter Beobachtungen zu denselben Individuen.

In einem **Fixed-Effects-Modell** wird das Problem durch Einbeziehen individualspezifischer Achsenabschnittsterme in das Modell angegangen. In diesem Fall schreiben wir das Modell wie folgt:

$$y_{it} = \alpha_i + x_{it}'\beta + u_{it}, \tag{10.3}$$

wobei $\alpha_i(i = 1, \dots, N)$ fixe unbekannte Konstante sind, die zusammen mit β geschätzt werden und wobei von u_{it} in der Regel angenommen wird, dass es bei Individuen und über die Zeit i.i.d. ist. Der Gesamt-Achsenabschnittsterm β_0 wird weggelassen, da er durch den individuellen Achsenabschnitt α_i subsumiert wird. Es ist üblich, α_i als Fixed (individuelle) Effects zu bezeichnen. Die Fixed Effects α_i decken alle (un)beobachtbaren zeitinvarianten Unterschiede bei den Individuen ab. Bei dieser Vorgehensweise erlegt die konsistente Schätzung nicht auf, dass α_i und x_{it} nicht korreliert sind.

Die Möglichkeit, die α_is als fixe Parameter zu behandeln, hat zwar große Vorteile, aber auch einige Nachteile. Die meisten Paneldatenmodelle werden entweder unter der Fixed-Effects- oder unter der Random-Effects-Annahme geschätzt, worauf wir in 10.2 genauer eingehen werden. Zuerst werden wir uns jedoch in den nächsten beiden Unterkapiteln die potenziellen Vorteile von Paneldaten detaillierter ansehen.

10.1.1 Effizienz von Parameterschätzern

Weil Paneldatensätze in der Regel größer sind als Querschnittsdaten- oder Zeitreihensätze und erklärende Variablen über zwei Dimensionen variieren (Individuen und Zeit) statt über eine, sind auf Paneldaten basierende Schätzer häufig genauer als solche auf Basis anderer Quellen. Sogar bei identischen Stichprobengrößen bringt die Verwendung eines Paneldatensatzes häufig effizientere Schätzer hervor als eine Reihe unabhängiger Querschnitte (wo in jeder Periode unterschiedliche Einheiten als Stichprobe entnommen werden). Um das zu veranschaulichen, betrachten wir den folgenden Sonderfall eines Random-Effects-Modells in (10.1)–(10.2), bei dem wir nur Zeitdummys integrieren, also

$$y_{it} = \mu_t + \alpha_i + u_{it}, \tag{10.4}$$

wobei jedes μ_t ein unbekannter Parameter entsprechend dem Mittelwert der Grundgesamtheit in der Periode t ist. Angenommen, wir interessieren uns nicht für den Mittelwert μ_t einer bestimmten Periode, sondern für die Veränderungen von μ_t von einer Periode zur nächsten. Im Allgemeinen ist die Varianz des effizienten Schätzers für $\mu_t - \mu_s (s \neq t)$, $\hat{\mu}_t - \hat{\mu}_s$ gegeben durch

$$V\{\hat{\mu}_t - \hat{\mu}_s\} = V\{\hat{\mu}_t\} + V\{\hat{\mu}_s\} - 2\operatorname{cov}\{\hat{\mu}_t, \hat{\mu}_s\}$$

mit $\hat{\mu}_t = 1/N \sum_{i=1}^{N} y_{it}$ ($t = 1, \ldots, T$). Wird ein Paneldatensatz verwendet, ist die Kovarianz zwischen $\hat{\mu}_t$ und $\hat{\mu}_s$ in der Regel positiv. Zum Beispiel ist es unter der Random-Effects-Annahme von Gleichung (10.2) gleich σ_α^2/N. Werden jedoch zwei unabhängige Querschnittsdatensätze verwendet, so enthalten verschiedene Perioden unterschiedliche Individuen, sodass $\hat{\mu}_t$ und $\hat{\mu}_s$ eine Kovarianz von null haben werden. Anders ausgedrückt: Interessiert man sich für die Veränderungen von einer Periode zur nächsten, dann bringt ein Panel effizientere Schätzer hervor als eine Reihe von Querschnitten.

Beachten Sie jedoch, dass das Gegenteil ebenso zutrifft in dem Sinne, dass wiederholte Querschnitte informativer sind als ein Panel, wenn unser Interesse einer Summe oder einem Durchschnitt von μ_t über mehrere Perioden gilt. Auf einer intuitiveren Ebene können Paneldaten bessere Informationen liefern, weil *dieselben* Individuen wiederholt beobachtet werden. Andererseits führt das Vorhandensein derselben Individuen statt verschiedener zu einer geringeren Streuung in den erklärenden Variablen und von daher relativ ineffizienten Schätzern. Eine umfassende Analyse bezüglich der Entscheidung zwischen einem reinen Panel, einem reinen Querschnitt und einer Kombination dieser beiden Datenquellen bieten Nijman und Verbeek (1990). Deren Ergebnisse zeigen, dass, wenn exogene Variablen im Modell enthalten sind und wir uns für Parameter interessieren, die die Effekte dieser Variablen messen, ein Paneldatensatz in der Regel effizientere Schätzer hervorbringen wird als eine Reihe von Querschnitten mit derselben Anzahl von Beobachtungen.

10.1.2 Identifikation von Parametern

Ein zweiter Vorteil der Verfügbarkeit von Paneldaten besteht darin, dass sie Identifikationsprobleme reduzieren. Obwohl dieser Vorteil unter verschiedenen Stichwörtern auftreten kann, beinhaltet er in vielen Fällen Identifikation in Anwesenheit endogener Regressoren oder von Messfehlern, Robustheit gegenüber weggelassenen Variablen und die Identifikation individueller Dynamiken.

Lassen Sie uns mit einer Veranschaulichung von Letzterem beginnen. Es gibt zwei alternative Erklärungen für das häufig beobachtete Phänomen, dass Individuen, die in der Vergangenheit eine bestimmte Erfahrung gemacht haben, diese in Zukunft wieder machen werden. Die erste Erklärung besteht in der Tatsache, dass ein Individuum, welches eine Erfahrung gemacht hat, seine Präferenzen, Beschränkungen und so weiter derart ändert, dass die Wahrscheinlichkeit steigt, diese Erfahrung in der Zukunft noch einmal zu machen. Die zweite Erklärung besagt, dass

Individuen sich in unbeobachteten Charakteristika unterscheiden, welche die Wahrscheinlichkeit beeinflussen, diese Erfahrung zu machen (jedoch unbeeinflusst sind vom Machen dieser Erfahrung). Heckman (1978a) bezeichnet die erste Erklärung als »echte Zustandsabhängigkeit« und letztere als »scheinbare Zustandsabhängigkeit«. Ein bekanntes Beispiel ist das »Ereignis«, arbeitslos zu sein. Die Verfügbarkeit von Paneldaten mindert das Problem des Unterscheidens zwischen echter und scheinbarer Zustandsabhängigkeit, weil individuelle Geschichten beobachtet und in das Modell aufgenommen werden können.

Verzerrung durch weggelassene Variablen tritt auf, wenn eine Variable, die mit den einbezogenen Variablen korreliert, aus dem Modell ausgeschlossen wird. Ein klassisches Beispiel ist die Schätzung von Produktionsfunktionen (Mundlak, 1961). In vielen Fällen, insbesondere bei kleinen Firmen, ist es wünschenswert, die Managementqualität als Input in die Produktionsfunktion aufzunehmen. Im Allgemeinen ist die Managementqualität jedoch unbeobachtbar. Angenommen, eine Produktionsfunktion des Cobb-Douglas-Typs ist gegeben durch

$$y_{it} = \beta_0 + x'_{it}\beta + m_i\beta_{K+1} + u_{it}, \tag{10.5}$$

wobei y_{it} den Logarithmus Produktionsmenge bezeichnet, x_{it} der K-dimensionale Vektor des Logarithmus Input ist, beide für das Unternehmen i zum Zeitpunkt t, und m_i bezeichnet die Managementqualität für Firma i (von der angenommen wird, dass sie über die Zeit konstant ist). Von der unbeobachteten Variable m_i wird angenommen, dass sie negativ korreliert ist mit den anderen Inputs in x_{it}, da ein qualitativ hochwertiges Management vermutlich zu einer effizienteren Nutzung von Inputs führt. Folglich führt das Streichen von m_i aus (10.5) zu verzerrten Schätzwerten der anderen Parameter im Modell, es sei denn, $\beta_{K+1} = 0$. Wenn Paneldaten verfügbar sind, kann dieses Problem durch Einführen eines firmenspezifischen Effekts $\alpha_i = \beta_0 + m_i\beta_{K+1}$ und Betrachten desselben als festgelegten unbekannten Parameter gelöst werden. Beachten Sie, dass es ohne zusätzliche Information unmöglich ist, β_{K+1} zu identifizieren; eine Restriktion, welche β_{K+1} identifiziert, ist das Auferlegen konstanter Skalenerträge.[3]

Auf ähnliche Weise kann ein fixer Zeiteffekt in das Modell aufgenommen werden, um die Effekte aller (beobachteten und unbeobachteten) Variablen zu erfassen, die über die individuellen Einheiten nicht variieren. Das veranschaulicht die These, dass Paneldaten die Auswirkungen von Verzerrung durch weggelassene Variablen verringern können, oder – anders ausgedrückt – dass Schätzer aus Paneldatensätzen robuster gegenüber einer unvollständigen Modellspezifikation sind.

Und schließlich werden Paneldaten in vielen Fällen »interne« Instrumente für Regressoren liefern, die endogen sind oder Messfehlern unterliegen. Folglich können Transformationen der ursprünglichen Variablen häufig als nicht korreliert mit den Fehlertermen des Modells angesehen werden und korreliert mit den erklärenden Variablen selbst, sodass keine externen Instrumente nötig sind. Wenn zum Beispiel x_{it} korreliert ist mit α_i, kann gefolgert werden, dass $x_{it} - \bar{x}_i$, wobei $\bar{x}_i$ der zeitliche Durchschnitt für Individuum i ist, der nicht mit α_i korreliert ist und ein stichhaltiges Instrument für x_{it} liefert. Noch allgemeiner ausgedrückt, eliminiert das Schätzen des Modells unter der Annahme fixer Effekte α_i aus dem Fehlerterm und eliminiert folglich alle damit verbundenen Endogenitätsprobleme. Das werden wir im nächsten Kapitel veranschaulichen. Eine ausführliche Diskussion der Vorteile und Grenzen von Paneldaten liefert Hsiao (1985).

10.2 Das statische lineare Modell

In diesem Kapitel besprechen wir das statische lineare Modell in einer Paneldatenumgebung. Wir beginnen mit dem Fixed-Effects-Modell und widmen unsere Aufmerksamkeit dem Within-Schätzer und dem Erste-Differenzen-Schätzer. Als Nächstes präsentieren wir das Random-Effects-Modell. Anschließend besprechen wir die Wahl zwischen Fixed Effects und Random Effects sowie alternative Schätzverfahren, die als an beliebiger Stelle zwischen Fixed-Effects- und Random-Effekts-Behandlung angesiedelt betrachtet werden können. Dieses Kapitel wird sich außerdem der Anpassungsgüte sowie Heteroskedastizität und Autokorrelation und der Schätzung einer robusten Kovarianzmatrix widmen. Abschließend werden wir das Fama-MacBeth-Verfahren besprechen, das für Finanzanwendungen sehr populär geworden ist.

10.2.1 Das Fixed-Effects-Modell

Das Fixed-Effects-Modell ist einfach ein lineares Regressionsmodell, bei dem die Achsenabschnittsterme über die individuellen Einheiten i variieren, das heißt

$$y_{it} = \alpha_i + x'_{it}\beta + u_{it} \text{ mit } u_{it} \sim IID(0, \sigma_u^2), \tag{10.6}$$

wobei für gewöhnlich angenommen wird, dass alle x_{it} unabhängig sind von allen u_{it}. Das können wir in dem üblichen Regressionssystemansatz schreiben, indem wir eine Dummyvariable für jede Einheit i in das Modell aufnehmen. Also

$$y_{it} = \sum_{j=1}^{N} \alpha_j d_{ij} + x'_{it}\beta + u_{it}, \tag{10.7}$$

wobei $d_{ij} = 1$, wenn $i = j$ und andernfalls 0 ist. Wir haben also einen Satz von N Dummyvariablen in dem Modell. Die Parameter $\alpha_1, \ldots, \alpha_N$ und β können in (10.7) mittels gewöhnlicher kleinster Quadrate geschätzt werden. Der implizite Schätzer für β wird als Least-Squares-Dummyvariable-Schätzer oder LSDV-Schätzer bezeichnet. Es kann jedoch zahlenmäßig unattraktiv sein, ein Regressionsmodell mit so vielen Regressoren zu haben. Glücklicherweise können wir den Schätzer für β auf einfachere Weise berechnen. Es kann gezeigt werden, dass wir exakt denselben Schätzer für β erhalten, wenn die Regression in Abweichung vom individuellen Mittelwert durchgeführt wird. Im Wesentlichen impliziert das, dass wir durch Transformieren der Daten zuerst die individuellen Effekte α_i eliminieren. Um das zu sehen, beachten Sie bitte zuerst, dass

$$\bar{y}_i = \alpha_i + \bar{x}'_i\beta + \bar{u}_i, \tag{10.8}$$

wobei $\bar{y}_i = T^{-1} \sum_t y_{it}$ und $\bar{x}_i$ und $\bar{u}_i$ auf ähnliche Weise definiert sind. Folglich können wir schreiben

$$y_{it} - \bar{y}_i = (x_{it} - \bar{x}_i)'\beta + (u_{it} - \bar{u}_i). \tag{10.9}$$

Dies ist ein Regressionsmodell in Abweichung vom individuellen Mittelwert und enthält keine individuellen Auswirkungen α_i. Die Transformation, die Beobachtungen in den Abweichungen vom individuellen Mittelwert hervorbringt, wie in (10.9), wird als **Within-Transformation** bezeichnet. Der aus diesem Modell erhaltene OLS-Schätzer für β wird häufig als **Within-Schätzer** oder **Fixed-Effects-Schätzer** bezeichnet und er entspricht exakt dem zuvor beschriebenen LSDV-Schätzer. Er ist gegeben durch

$$\hat{\beta}_{FE} = \left(\sum_{i=1}^{N} \sum_{t=1}^{T} (x_{it} - \bar{x}_i)(x_{it} - \bar{x}_i)' \right)^{-1} \sum_{i=1}^{N} \sum_{t=1}^{T} (x_{it} - \bar{x}_i)(y_{it} - \bar{y}_i). \tag{10.10}$$

Wenn angenommen wird, dass alle x_{it} unabhängig von allen u_{it} sind (vergleiche Annahme (A2) aus Kapitel 2), kann gezeigt werden, dass der Fixed-Effects-Schätzer für β nicht verzerrt ist. Wenn zusätzlich Normalverteilung von u_{it} auferlegt wird, hat $\hat{\beta}_{FE}$ ebenfalls eine Normalverteilung. Für Konsistenz[4] ist erforderlich, dass

$$E\{(x_{it} - \bar{x}_i)u_{it}\} = 0 \tag{10.11}$$

(vergleiche Annahme (A7) in den Kapiteln 2 und 5). Dafür genügt, dass x_{it} nicht mit u_{it} korreliert ist und dass $\bar{x}_i$ nicht mit dem Fehlerterm korreliert ist. Diese Bedingungen sind wiederum impliziert durch

$$E\{x_{it}u_{is}\} = 0 \quad \text{für alle } s, t, \tag{10.12}$$

In diesem Fall bezeichnen wir x_{it} als **strikt exogen**. Eine strikt exogene Variable darf nicht von aktuellen, zukünftigen oder vergangenen Werten des Fehlerterms abhängen. Bei einigen Anwendungen kann das restriktiv sein. Natürlich schließt es die Aufnahme gelagter abhängiger Variablen in x_{it} aus, aber jede x_{it}-Variable, die von der Historie von y_{it} abhängt, würde auch gegen die Bedingung verstoßen. Wenn wir zum Beispiel das Arbeitskräfteangebot eines Individuums erklären, möchten wir vielleicht die Jahre Berufserfahrung in das Modell integrieren, wobei die Erfahrung ganz klar von der beruflichen Vorgeschichte einer Person abhängt.

Bei erklärenden Variablen, die unabhängig sind von allen Fehlern, werden die N Achsenabschnitte unverzerrt geschätzt als

$$\hat{\alpha}_i = \bar{y}_i - \bar{x}_i' \hat{\beta}_{FE} \text{ für } i = 1, \dots, N.$$

Unter der Annahme (10.11) sind diese Schätzer konsistent für die Fixed Effects α_i, vorausgesetzt, T strebt gegen unendlich. Der Grund, warum $\hat{\alpha}_i$ für ein fixes T inkonsistent ist, liegt auf der Hand: Wenn T fix ist, nähern sich die individuellen Durchschnitte $\bar{y}_i$ und $\bar{x}_i$ an nichts an, wenn die Anzahl der Individuen zunimmt.

Die Kovarianzmatrix für den Fixed-Effects-Schätzer $\hat{\beta}_{FE}$, angenommen, u_{it} ist i.i.d. bei Individuen und Zeit mit der Varianz σ_u^2, ist gegeben durch

$$V\{\hat{\beta}_{FE}\} = \sigma_u^2 \left(\sum_{i=1}^{N} \sum_{t=1}^{T} (x_{it} - \bar{x}_i)(x_{it} - \bar{x}_i)' \right)^{-1}. \tag{10.13}$$

Wenn T nicht groß ist, wird das Verwenden des Standard-OLS-Schätzwertes für die Kovarianzmatrix, basierend auf der Within-Regression in (10.9), die wahre Varianz unterschätzen. Der Grund dafür ist, dass in dieser transformierten Regression die Fehler-Kovarianzmatrix einmalig ist (da die T transformierten Fehler jedes Individuums sich zu null aufaddieren) und die

Varianz von $u_{it} - \bar{u}_i$ gleich $(T-1)/T\sigma_u^2$ statt σ_u^2 ist. Einen konsistenten Schätzer für σ_u^2 erhalten wir aus der Quadratsumme der Residuen aus dem Within-Schätzer, geteilt durch $N(T-1)$. Mittels Definieren von

$$\hat{u}_{it} = y_{it} - \hat{\alpha}_i - x'_{it}\hat{\beta}_{FE} = y_{it} - \bar{y}_i - (x_{it} - \bar{x}_i)'\hat{\beta}_{FE}$$

schätzen wir σ_u^2 als

$$\hat{\sigma}_u^2 = \frac{1}{N(T-1)} \sum_{i=1}^{N} \sum_{t=1}^{T} \hat{u}_{it}^2. \tag{10.14}$$

Es ist möglich, die übliche Freiheitsgradekorrektur anzuwenden, in welchem Fall K vom Nenner subtrahiert wird. Beachten Sie, dass das Verwenden der Standard-OLS-Kovarianzmatrix in Modell (10.7) mit N individuellen Dummys verlässlich ist, weil die Freiheitsgradekorrektur N zusätzliche unbekannte Parameter entsprechend den individuellen Achsenabschnittstermen enthält. Unter schwachen Regelbedingungen ist der Fixed-Effects-Schätzer asymptotisch normalverteilt, sodass die üblichen Inferenzverfahren verwendet werden können (wie t- und Wald-Tests).

Im Wesentlichen konzentriert sich das Fixed-Effects-Modell auf Unterschiede »innerhalb« der Individuen. Das heißt, es erklärt, in welchem Ausmaß sich y_{it} von $\bar{y}_i$ unterscheidet, und erklärt nicht, warum sich $\bar{y}_i$ von $\bar{y}_j$ unterscheidet. Die parametrischen Annahmen zu β andererseits erlegen auf, dass eine Veränderung in x denselben (Ceteris-paribus-)Effekt hat, ob es sich um eine Veränderung von einer Periode zur nächsten oder von einem Individuum zu einem anderen handelt. Wenn wir jedoch die Ergebnisse aus einer Fixed-Effects-Regression interpretieren, kann es wichtig sein, zu erkennen, dass die Parameter nur durch die Within-Dimension der Daten identifiziert sind.

10.2.2 Der Erste-Differenzen-Schätzer

Eine alternative Methode, die individuellen Effekte von α_i zu eliminieren, besteht in der Erste-Differenzen-Gleichung (10.6). Das führt zu

$$y_{it} - y_{i,t-1} = (x_{it} - x_{i,t-1})'\beta + (u_{it} - u_{i,t-1})$$

oder

$$\Delta y_{it} = \Delta x'_{it}\beta + \Delta u_{it}, \tag{10.15}$$

wobei $\Delta y_{it} = y_{it} - y_{i,t-1}$. Das Anwenden von OLS auf diese Gleichung bringt den **Erste-Differenzen-Schätzer**

$$\hat{\beta}_{FD} = \left(\sum_{i=1}^{N} \sum_{t=2}^{T} \Delta x_{it}\Delta x'_{it} \right)^{-1} \sum_{i=1}^{N} \sum_{t=2}^{T} \Delta x_{it}\Delta y_{it} \tag{10.16}$$

hervor. Konsistenz dieses Schätzers erfordert, dass

$$E\{\Delta x_{it}\Delta u_{it}\} = 0$$

oder

$$E\{(x_{it} - x_{i,t-1})(u_{it} - u_{i,t-1})\} = 0. \tag{10.17}$$

Diese Bedingung ist schwächer als die strikte Exogenitätsbedingung in (10.12). Sie würde zum Beispiel Korrelation zwischen x_{it} und $u_{i,t-2}$ zulassen. Um die Standardfehler für $\hat{\beta}_{FD}$ zu berechnen, sollte berücksichtigt werden, dass Δu_{it} Reihenkorrelation aufweist. Obwohl die Bedingungen für Konsistenz des Erste-Differenzen-Schätzers leicht schwächer sind als die für den Within-Schätzer, ist er im Allgemeinen etwas weniger effizient. Für $T = 2$ sind beide Schätzer identisch (siehe Übung 10.1). Wenn beide Schätzer sehr unterschiedliche Ergebnisse liefern, zeigt das irgendeine Art von Fehlspezifikation an, die zum Verstoß gegen Annahme (10.12) führt. Zum Beispiel zeigen Laporte und Windmeijer (2005), dass der Erste-Differenzen-Schätzer und der Within-Schätzer zu völlig unterschiedlichen Schätzungen von Treatmenteffekten führen, wenn diese zeitlich variieren und das Treatment ein Status ist, der sich nur gelegentlich verändert.

Ein einfacher und manchmal attraktiver Schätzer ist der **Differenz-von-Differenzen-Schätzer**. Weil dies eine intuitiv attraktive Vorgehensweise ist, hilft es auch, die Vorzüge der Paneldaten zu verstehen. Angenommen, wir interessieren uns für das Schätzen der Auswirkung einer bestimmten »Behandlung« auf eine bestimmte Ergebnisvariable (siehe Kapitel 7.7). Obwohl die Terminologie ursprünglich aus dem medizinischen Bereich kommt, kann sich »Behandlung« auch auf soziale oder ökonomische Interventionen beziehen, zum Beispiel Anmelden zu einer beruflichen Fortbildung, Erhalten einer Übergangszahlung aus einem Sozialprogramm oder Mitglied in einer Gewerkschaft zu sein. Eine typische Ergebnisvariable ist »Gewinne«. Lassen wir die für uns interessante binäre Regression folgende sein:

$$r_{it} = 1, \text{wenn Individuum/in Periode } t \text{ eine Behandlung erhält;}$$

$$= 0 \text{ andernfalls.}$$

Lassen Sie uns ein Fixed-Effects-Modell für y_{it} annehmen als

$$y_{it} = \delta r_{it} + \mu_t + \alpha_i + u_{it},$$

wobei μ_t ein zeitspezifischer Fixed Effect ist. Der Einfachheit halber ist der einzige Regressor r_{it} (zusätzlich zu den zeitlichen und individuellen Fixed Effects). Im Allgemeinen kann der Einfluss einer Behandlung aus einem Vergleich von Personen gefolgert werden, die eine Behandlung erhalten haben, und jenen, die keine erhalten haben, und durch den Vergleich von Personen vor und nach der Behandlung. Paneldaten kombinieren beides.

Die individuellen Effekte können durch eine Erste-Differenzen-Transformation geschätzt werden.

Das heißt

$$\Delta y_{it} = \delta \Delta r_{it} + \Delta \mu_t + \Delta u_{it}. \tag{10.18}$$

Angenommen, dass $E\{\Delta r_{it} \Delta u_{it}\} = 0$. Dann kann der Treatmenteffekt δ durch OLS von Δy_{it} auf Δr_{it} und einen Satz Zeitdummys konsistent geschätzt werden. Weil die individuellen Effekte

α_i eliminiert sind, erlaubt dieses Vorgehen eine Korrelation zwischen α_i und dem Treatment-Indikator. Das ist wichtig, weil man bei vielen Anwendungen aussagen kann, dass Individuen mit bestimmten (unbeobachteten) Charakteristika wahrscheinlicher eine Behandlung erfahren (oder an einem Programm teilnehmen). Diese Vorgehensweise ähnelt offenkundig der des Fixed-Effects-Schätzers, mit dem einzigen Unterschied, dass eher die Erste-Differenzen-Transformation angewandt wird als die Within-Transformation.

Lassen Sie uns eine Situation betrachten, in der es nur zwei Zeitperioden gibt und die Individuen in Periode 2 ein Treatment erfahren. Folglich ist $r_{i1} = 0$ für alle i, während $r_{i2} = 1$ für eine Untergruppe der Individuen gilt. OLS in (10.18) entspricht einer Regression von $y_{i2} - y_{i1}$ auf den Treatment-Dummy und einer Konstanten (entsprechend dem Zeiteffekt). Der sich ergebende Schätzwert für δ entspricht dem Stichprobendurchschnitt von $y_{i2} - y_{i1}$ für die einem Treatment Unterzogenen minus dem Durchschnitt für die nicht einem Treatment Unterzogenen. Definieren wir $\Delta \bar{y}_{i2}^{treated}$ als den Durchschnitt für die einem Treatment Unterzogenen ($r_{i2} = 1$) und $\Delta \bar{y}_{i2}^{nontreated}$ als den Durchschnitt für die keinem Treatment Unterzogenen ($r_{i2} = 0$). Dann ist der OLS-Schätzwert einfach

$$\hat{\delta} = \Delta \bar{y}_{i2}^{treated} - \Delta \bar{y}_{i2}^{nontreated}.$$

Dieser Schätzer wird als **Differenz-von-Differenzen-Schätzer** bezeichnet, weil der zeitliche Unterschied für die einem Treatment unterzogenen und keinem Treatment unterzogenen Gruppen geschätzt und dann die Differenz zwischen beiden genommen wird. Das Bilden der ersten Differenzen berücksichtigt die unbeobachtbaren Fixed Effects und kontrolliert auf unbeobachtbare (zeitinvariante) Differenzen zwischen Individuen (zum Beispiel Gesundheitszustand, Fähigkeiten, Intelligenz). Die zweite Differenz vergleicht behandelte mit unbehandelten Individuen. Die Formulierung des Modells in (10.18) macht klar, dass wir annehmen müssen, dass die Zeiteffekte μ_t bei den behandelten wie auch bei den unbehandelten Individuen vorkommen.

In der Ökonomie wird die gerade beschriebene Methode häufig verwendet, wenn die Daten einem natürlichen Experiment entstammen. Ein natürliches Experiment tritt auf, wenn ein exogenes Ereignis (häufig eine Veränderung in der Politik oder eines Gesetzesparagrafen) die Umgebung verändert, in der Individuen, Familien oder Unternehmen agieren. Bei einem natürlichen Experiment gibt es immer eine Kontrollgruppe, die von der politischen Veränderung nicht beeinflusst wird, und eine Treatment-Gruppe, von der angenommen wird, dass sie durch die politische Veränderung beeinflusst wird. Im Gegensatz zu einem echten Experiment, wo Treatment und Kontrollgruppen zufällig gewählt werden können, gehen in einem natürlichen Experiment diese beiden Gruppen aus einer bestimmten politischen Veränderung hervor. Um auf systematische Unterschiede zwischen Kontroll- und Treatment-Gruppe zu testen, benötigen wir zwei Datenperioden, eine vor und eine nach dem Treatment. Folglich besteht die Stichprobe aus vier (Unter-)Gruppen: der Kontrollgruppe vor und nach dem Treatment und der Treatment-Gruppe vor und nach dem Treatment. Durchschnitte innerhalb dieser vier Unterstichproben sind die Bausteine des Differenz-von-Differenzen-Schätzers; siehe Cameron und Trivedi (2005, Kapitel 22) für weitere Erörterungen.

10.2.3 Das Random-Effects-Modell

Bei der Regressionsanalyse wird gemeinhin angenommen, dass alle Faktoren, die die abhängige Variable beeinflussen, jedoch nicht als Regressoren aufgenommen wurden, durch einen

Zufallsfehlerterm angemessen zusammengefasst werden können. In unserem Fall führt das zu der Annahme, dass die α_i Zufallsfaktoren sind, unabhängig und identisch über die Individuen verteilt. Folglich schreiben wir das Random-Effects-Modell als

$$y_{it} = \beta_0 + x_{it}'\beta + \alpha_i + u_{it}, \quad u_{it} \sim IID(0, \sigma_u^2); \quad \alpha_i \sim IID(0, \sigma_\alpha^2), \tag{10.19}$$

wobei $\alpha_i + u_{it}$ als Fehlerterm behandelt wird, der aus zwei Komponenten besteht: einer individualspezifischen Komponente, die nicht über die Zeit variiert, und einer Restkomponente, von der angenommen wird, dass sie über die Zeit nicht korreliert ist.[5] Das heißt, sämtliche Korrelation der Fehlerterme über die Zeit wird den individuellen Effekten α_i zugeschrieben. Es wird angenommen, dass α_i und u_{it} voneinander unabhängig und unabhängig von x_{js} sind (für alle j und s). Das impliziert, dass der OLS-Schätzer für β_0 und β aus (10.19) nicht verzerrt und konsistent ist. Die Fehlerkomponentenstruktur impliziert, dass der zusammengesetzte Fehlerterm $\alpha_i + u_{it}$ eine besondere Form von Autokorrelation zeigt (es sei denn, $\sigma_\alpha^2 = 0$). Folglich sind routinemäßig berechnete Standardfehler für den OLS-Schätzer nicht korrekt und wir erhalten, durch Ausnutzen der Struktur der Fehlerkovarianzmatrix, einen effizienteren (GLS-)Schätzer.

Um den GLS-Schätzer herzuleiten,[6] beachten Sie bitte zuerst, dass für Individuum i alle Fehlerterme durch $\alpha_i \iota_T + u_i$ gesammelt werden können, wobei $\iota_T = (1, 1, \ldots, 1)'$ der Dimension T und $u_i = (u_{i1}, \ldots, u_{iT})'$. Die Kovarianzmatrix dieses Vektors ist (siehe Hsiao, Kapitel 3.3)

$$V\{\alpha_i \iota_T + u_i\} = \Omega = \sigma_\alpha^2 \iota_T \iota_T' + \sigma_u^2 I_T,$$

wobei I_T die T-dimensionale Identitätsmatrix ist und $\iota_T \iota_T'$ eine Matrix voller Einsen bezeichnet. Das kann verwendet werden, um den generalisierten Kleinste-Quadrate-Schätzer (GLS-Schätzer) für die Parameter in (10.19) herzuleiten. Für jedes Individuum können wir die Daten transformieren durch vorheriges Multiplizieren der Vektoren $y_i = (y_{i1}, \ldots, y_{iT})'$ und so weiter mit Ω^{-1}, was gegeben ist durch

$$\Omega^{-1} = \sigma_u^{-2} \left[I_T - \frac{\sigma_\alpha^2}{\sigma_u^2 + T\sigma_\alpha^2} \iota_T \iota_T' \right],$$

was auch geschrieben werden kann als

$$\Omega^{-1} = \sigma_u^{-2} \left[\left(I_T - \frac{1}{T} \iota_T \iota_T' \right) + \psi \frac{1}{T} \iota_T \iota_T' \right],$$

wobei

$$\psi = \frac{\sigma_u^2}{\sigma_u^2 + T\sigma_\alpha^2}.$$

Beachten Sie, dass $I_T - (1/T)\iota_T \iota_T'$ die Daten in Abweichung von individuellen Mittelwerten transformiert und $(1/T)\iota_T \iota_T'$ individuelle Mittelwerte annimmt, der GLS-Schätzer für β kann geschrieben werden als

$$\hat{\beta}_{GLS} = \left(\sum_{i=1}^{N} \sum_{t=1}^{T} (x_{it} - \bar{x}_i)(x_{it} - \bar{x}_i)' + \psi T \sum_{i=1}^{N} (\bar{x}_i - \bar{x})(\bar{x}_i - \bar{x})' \right)^{-1}$$

$$\times \left(\sum_{i=1}^{N} \sum_{t=1}^{T} (x_{it} - \bar{x}_i)(y_{it} - \bar{y}_i) + \psi T \sum_{i=1}^{N} (\bar{x}_i - \bar{x})(\bar{y}_i - \bar{y}) \right), \tag{10.20}$$

wobei $\bar{x} = (1/NT) \sum_{i,t} x_{it}$ den Gesamtdurchschnitt von x_{it} bezeichnet. Es ist unschwer zu erkennen, dass für $\psi = 0$ der Fixed-Effects-Schätzer vorkommt. Weil $\psi \to 0$, wenn $T \to \infty$, dann folgt, dass die Fixed- und Random-Effects-Schätzer für große T äquivalent sind. Wenn $\psi = 1$, ist der GLS-Schätzer nur der OLS-Schätzer (und Ω ist diagonal). Aus der allgemeinen Formel für den GLS-Schätzer kann abgeleitet werden, dass

$$\hat{\beta}_{GLS} = W\hat{\beta}_B + (I_K - W)\hat{\beta}_{FE},$$

wobei

$$\hat{\beta}_B = \left(\sum_{i=1}^{N} (\bar{x}_i - \bar{x})(\bar{x}_i - \bar{x})' \right)^{-1} \sum_{i=1}^{N} (\bar{x}_i - \bar{x})(\bar{y}_i - \bar{y})$$

der sogenannte **Between-Schätzer** für β ist. Es ist der OLS-Schätzer in dem Modell für individuelle Mittelwerte

$$\bar{y}_i = \beta_0 + \bar{x}_i'\beta + \alpha_i + \bar{u}_i, \quad i = 1, \dots, N. \tag{10.21}$$

Die Matrix W ist eine Gewichtungsmatrix und proportional zum Kehrwert der Kovarianzmatrix von $\hat{\beta}_B$ (siehe Hsiao, 2003, Kapitel 3.4, für Details). Das heißt, der GLS-Schätzer ist ein matrixgewichteter Durchschnitt des Between-Schätzers und des Within-Schätzers, wobei die Gewichtung von den relativen Varianzen der beiden Schätzer abhängt. (Je exakter einer wird, desto höher ist dessen Gewichtung.)

Der Between-Schätzer verwirft effizient die Zeitreiheninformation in dem Dataset. Der GLS-Schätzer ist unter den aktuellen Annahmen die optimale Kombination des Within-Schätzers mit dem Between-Schätzer und von daher effizienter als einer dieser beiden Schätzer. Der OLS-Schätzer (mit $\psi = 1$) ist auch eine lineare Kombination der beiden Schätzer, jedoch keine effiziente. Folglich wird wie üblich der GLS effizienter sein als der OLS. Wenn die erklärenden Variablen unabhängig sind von allen u_{it} und allen α_i, dann ist der GLS-Schätzer unverzerrt. Er ist ein konsistenter Schätzer für N oder T oder beide und strebt gegen unendlich, wenn – zusätzlich zu (10.11) – gilt, dass $E\{\bar{x}_i u_{it}\} = 0$ und, noch wichtiger, dass

$$E\{\bar{x}_i \alpha_i\} = 0. \tag{10.22}$$

Beachten Sie, dass diese Bedingungen auch erforderlich sind, damit der Betweeen-Schätzer konsistent ist.

Eine einfache Art, den GLS-Schätzer zu berechnen, erhalten wir durch Beachten, dass er als der OLS-Schätzer in einem transformierten Modell bestimmt werden kann (vergleiche Kapitel 4), gegeben durch

$$(y_{it} - \vartheta\bar{y}_i) = \beta_0(1 - \vartheta) + (x_{it} - \vartheta\bar{x}_i)'\beta + v_{it}, \tag{10.23}$$

wobei $\vartheta = 1 - \psi^{1/2}$. Der Fehlerterm in dieser transformierten Regression ist über Individuen und Zeit i.i.d. Beachten Sie wieder, dass $\psi = 0$ dem Within-Schätzer ($\vartheta = 1$) entspricht. Im Allgemeinen wird ein fixer Anteil ϑ der individuellen Mittelwerte von den Daten abgezogen, um dieses transformierte Modell zu erhalten ($0 \leq \vartheta \leq 1$).

Natürlich sind die Varianzkomponenten σ_α^2 und σ_u^2 in der Praxis unbekannt. In diesem Fall können wir den praktikablen GLS-Schätzer (EGLS) verwenden, wobei die unbekannten Varianzen in einem ersten Schritt konsistent geschätzt werden. Den Schätzer für σ_u^2 können wir einfach aus den Within-Residuen erhalten, wie gegeben in (10.14). Für die Between-Regression der Fehlervarianz ist $\sigma_\alpha^2 + (1/T)\sigma_u^2$, was wir konsistent schätzen durch

$$\hat{\sigma}_B^2 = \frac{1}{N} \sum_{i=1}^{N} (\bar{y}_i - \hat{\beta}_{0B} - \bar{x}_i'\hat{\beta}_B)^2, \tag{10.24}$$

wobei $\hat{\beta}_{0B}$ der Between-Schätzer für β_0 ist. Daraus folgt ein konsistenter Schätzer für σ_α^2 als

$$\hat{\sigma}_\alpha^2 = \hat{\sigma}_B^2 - \frac{1}{T}\hat{\sigma}_u^2. \tag{10.25}$$

Wieder ist es möglich, diesen Schätzer durch Anwenden einer Freiheitsgradekorrektur anzupassen, implizierend, dass die Anzahl von Regressoren $K + 1$ im Nenner von (10.24) abgezogen wird (siehe Hsiao, 2003, Kapitel 3.3). Der sich ergebende EGLS-Schätzer wird **Random-Effects-Schätzer** für β (und β_0) genannt, im Folgenden bezeichnet als $\hat{\beta}_{RE}$. Er ist auch bekannt als der Balestra-Nerlove-Schätzer.

Unter schwachen Regelbedingungen ist der Random-Effects-Schätzer asymptotisch normalverteilt. Seine Kovarianzmatrix ist gegeben durch

$$V\{\hat{\beta}_{RE}\} = \sigma_u^2 \left(\sum_{i=1}^{N} \sum_{t=1}^{T} (x_{it} - \bar{x}_i)(x_{it} - \bar{x}_i)' + \psi T \sum_{i=1}^{N} (\bar{x}_i - \bar{x})(\bar{x}_i - \bar{x})' \right)^{-1}, \tag{10.26}$$

was zeigt, dass der Random-Effects-Schätzer effizienter ist als der Fixed-Effects-Schätzer, solange $\psi > 0$. Der Gewinn an Effizienz ist bedingt durch die Verwendung der Between-Variation in den Daten $(\bar{x}_i - \bar{x})$. Die Kovarianzmatrix in (10.26) ist routinemäßig berechnet durch die OLS-Ausdrücke im transformierten Modell (10.23).

Zusammengefasst haben wir eine Auswahl von Schätzern für den Parametervektor β gesehen. Die beiden grundlegenden Schätzer sind:

1. Der **Between-Schätzer** nutzt die Zwischendimension der Daten (Unterschiede zwischen Individuen) und wird bestimmt als der OLS-Schätzer in einer Regression von individuellen Durchschnitten von y auf individuelle Durchschnitte von x (und einer Konstanten). Konsistenz für $N \to \infty$ erfordert, dass $E\{\bar{x}_i\alpha_i\} = 0$ und $E\{\bar{x}_i\bar{u}_i\} = 0$. In der Regel bedeutet das, dass die erklärenden Variablen strikt exogen und nicht korreliert mit dem individualspezifischen Effekt α_i sind.

2. Der **Fixed-Effects-** oder **Within-Schätzer** nutzt die innere Dimension der Daten (Unterschiede innerhalb von Individuen) und wird bestimmt als der OLS-Schätzer in einer Regression in Abweichungen von individuellen Mittelwerten. Er ist konsistent für β für $T \to \infty$ oder $N \to \infty$, vorausgesetzt, dass $E\{(x_{it} - \bar{x}_i)u_{it}\} = 0$. Auch das erfordert, dass die x-Variablen strikt exogen sind, aber es erlegt den Beziehungen zwischen α_i und x_{it} keine Restriktionen auf.

Zwei Schätzer, die die Dimensionen »Within« und »Between« der Daten kombinieren, sind:

3. Der **OLS-Schätzer** nutzt beide Dimensionen (Within und Between), aber nicht effizient. Wird bestimmt als OLS im ursprünglichen Modell in (10.19). Konsistenz für $T \to \infty$ oder $N \to \infty$ erfordert, dass $E\{x_{it}(u_{it} + \alpha_i)\} = 0$. Das erfordert, dass die erklärenden Variablen nicht korreliert sind mit α_i, erlegt jedoch nicht auf, dass sie strikt exogen sind. Es genügt, dass x_{it} und u_{it} nicht gleichzeitig korreliert sind.

4. Der **Random-Effects- oder EGLS-Schätzer** kombiniert die Informationen der Dimensionen Between und Within auf effiziente Weise. Er ist konsistent für $T \to \infty$ oder $N \to \infty$ unter den kombinierten Bedingungen von 1 und 2. Er kann bestimmt werden als gewichteter Durchschnitt des Between- und Within-Schätzers oder als der OLS-Schätzer in einer Regression, wobei die Variablen transformiert sind als $y_{it} - \hat{\vartheta}\bar{y}_i$, wobei $\hat{\vartheta}$ ein Schätzwert für $\vartheta = 1 - \psi^{1/2}$ mit $\psi = \sigma_u^2/(\sigma_u^2 + T\sigma_\alpha^2)$ ist.

Darüber hinaus haben wir auch betrachtet:

5. Den **Erste-Differenzen-Schätzer (FD)**, er wird bestimmt als OLS nach dem ersten Differenzieren der für uns interessanten Gleichung. Der Schätzer ist eine Alternative zum Fixed-Effects-Schätzer, basierend auf der Within-Transformation, und nutzt nur die Zeitvariation in den Daten. Konsistenz erfordert, dass $E\{(x_{it} - x_{i,t-1})(u_{it} - u_{i,t-1})\} = 0$. Wenn u_{it} i.i.d. ist, dann ist der Erste-Differenzen-Schätzer weniger effizient als der Within-Schätzer; für $T = 2$ sind sie identisch.

10.2.4 Fixed Effects oder Random Effects?

Die Entscheidung zwischen einer Fixed-Effects- und einer Random-Effects-Vorgehensweise ist nicht leicht und bei vielen Anwendungen, vor allem wenn T klein ist, scheinen die Unterschiede in den Schätzwerten für β substanziell zu sein. Die gängigste Sichtweise besteht darin, dass sich die Diskussion nicht um die »wahre Natur« der Effekte α_i drehen sollte. Die geeignete Interpretation besteht darin, dass die Fixed-Effects-Vorgehensweise von den Werten für α_i abhängig ist. Das heißt, sie betrachtet im Wesentlichen die Verteilung von y_{it} bei gegebenen α_i, wobei die α_is geschätzt werden können. Das ergibt unmittelbar Sinn, wenn die Individuen in der Stichprobe »einmalig« sind und nicht als Zufallsziehung aus einer zugrunde liegenden Grundgesamtheit betrachtet werden können. Diese Interpretation ist wahrscheinlich am meisten geeignet, wenn i Länder, (große) Unternehmen oder Branchen bezeichnet und Vorhersagen, die wir machen wollen, für ein bestimmtes Land, eine bestimmte Firma oder eine bestimmte Branche gelten sollen. Schlussfolgerungen beziehen sich daher auf die Effekte in der Stichprobe.

Im Gegensatz dazu ist die Random-Effects-Vorgehensweise nicht abhängig von den individuellen α_is, sondern »integriert sie daraus«. In diesem Fall interessieren wir uns für gewöhnlich nicht für den bestimmten Wert des α_i einer Person, wir konzentrieren uns nur auf beliebige Individuen, die bestimmte Charakteristika haben. Die Random-Effects-Vorgehensweise ermöglicht es, Schlussfolgerungen im Hinblick auf die Charakteristika der Grundgesamtheit zu ziehen. Eine Möglichkeit, diese zu formulieren, besteht im Feststellen, dass das Random-Effects-Modell besagt, dass

$$E\{y_{it}|x_{it}\} = \beta_0 + x_{it}'\beta,$$

während das Fixed-Effects-Modells schätzt

$$E\{y_{it}|x_{it}, \alpha_i\} = x_{it}'\beta + \alpha_i.$$

Beachten Sie, dass die β-Koeffizienten in diesen beiden bedingten Erwartungen nur dann dieselben sind, wenn $E\{\alpha_i|x_{it}\}$ nicht von x_{it} abhängig ist. Entsprechend besteht ein erster Grund, warum man den Fixed-Effects-Schätzer bevorzugen könnte, darin, dass ein gewisses Interesse an α_i besteht, was Sinn ergibt, wenn die Anzahl der Einheiten relativ klein und von spezifischer Natur ist. Das heißt, Identifikation der individuellen Einheiten ist wichtig.

Aber auch wenn wir uns für die größere Grundgesamtheit der individuellen Einheiten interessieren und ein Random-Effects-Vorgehen geeignet scheint, wird der Fixed-Effects-Schätzer möglicherweise bevorzugt. Der Grund dafür ist, dass es der Fall sein kann, dass α_i und x_{it} korreliert sind, in welchem Fall die Random-Effects-Vorgehensweise, die Korrelation ignorierend, zu inkonsistenten Schätzern führt. Wir haben zuvor ein Beispiel dafür gesehen, wo α_i Managementqualität beinhaltete und die Meinung vertreten wurde, dass diese mit den anderen Inputs, die im Produktionsprozess enthalten sind, korreliert sei. Das Problem der Korrelation zwischen den individuellen Effekten α_i und den erklärenden Variablen in x_{it} kann gehandhabt werden durch Nutzung der Fixed-Effects-Vorgehensweise, die im Wesentlichen die α_i aus dem Modell ausschließt und folglich auch sämtliche Probleme, die diese verursachen könnten.

Hausman (1978) hat einen Test vorgeschlagen für die Nullhypothese, dass x_{it} und α_i nicht korreliert sind. Die grundsätzliche Idee eines **Hausman-Tests** besteht darin, dass zwei Schätzwerte verglichen werden: einer, der sowohl unter der Null- als auch unter der alternativen Hypothese konsistent ist, und einer, der nur unter der Nullhypothese konsistent (und in der Regel effizient) ist. Ein signifikanter Unterschied zwischen den beiden Schätzern zeigt an, dass die Nullhypothese wahrscheinlich nicht gilt. Im vorliegenden Fall nehmen wir an, dass $E\{u_{it}x_{is}\} = 0$ für alle s, t, sodass der Fixed-Effects-Schätzer $\hat{\beta}_{FE}$ für β konsistent ist, ungeachtet der Frage, ob x_{it} und α_i nicht korreliert sind, während der Random-Effects-Schätzer $\hat{\beta}_{RE}$ nur konsistent und effizient ist, wenn x_{it} und α_i nicht korreliert sind. Lassen Sie uns den Differenzvektor $\hat{\beta}_{FE} - \hat{\beta}_{RE}$ betrachten. Um die Signifikanz dieser Differenz zu bewerten, brauchen wir ihre Kovarianzmatrix. Im Allgemeinen wäre es dazu erforderlich, die Kovarianz zwischen $\hat{\beta}_{FE}$ und $\hat{\beta}_{RE}$ zu schätzen, aber weil letzterer Schätzer unter der Nullhypothese effizient ist, kann gezeigt werden, dass (unter der Nullhypothese)

$$V\{\hat{\beta}_{FE} - \hat{\beta}_{RE}\} = V\{\hat{\beta}_{FE}\} - V\{\hat{\beta}_{RE}\}. \tag{10.27}$$

Folglich können wir die Hausman-Teststatistik berechnen:

$$\xi_H = (\hat{\beta}_{FE} - \hat{\beta}_{RE})'[\hat{V}\{\hat{\beta}_{FE}\} - \hat{V}\{\hat{\beta}_{RE}\}]^{-1}(\hat{\beta}_{FE} - \hat{\beta}_{RE}), \tag{10.28}$$

wobei die $\hat{V}$s Schätzwerte der wahren Kovarianzmatrix bezeichnen. Unter der Nullhypothese, die implizit besagt, dass $\text{plim}(\hat{\beta}_{FE} - \hat{\beta}_{RE}) = 0$, hat die Statistik ξ_H eine asymptotische Chi-Quadrat-Verteilung mit K Freiheitsgraden, wobei K die Anzahl von Elementen in β ist.

Folglich testet der Hausman-Test, ob sich die Fixed-Effects- und Random-Effects-Schätzer signifikant voneinander unterscheiden. Rechnerisch ist das relativ einfach, weil (10.27) von der Kovarianzmatrix erfüllt wird. Ein wichtiger Grund, warum die beiden Schätzer unterschiedlich sein können, ist das Vorhandensein von Korrelation zwischen x_{it} und α_i, obwohl auch andere Arten von Fehlspezifikation zur Ablehnung führen können (im Folgenden werden wir ein Beispiel dafür sehen). Ein praktisches Problem beim Berechnen von (10.28) besteht darin, dass die Kovarianzmatrix in eckigen Klammern bei endlichen Stichproben möglicherweise nicht positiv definit ist, sodass der Kehrwert nicht berechnet werden kann. Als Alternative ist es möglich, auf eine Untergruppe der Elemente in β zu testen.

Obwohl der Hausman-Test gemeinhin als Werkzeug genutzt wird, um eine Entscheidung zwischen Random-Effects- und Fixed-Effects-Schätzern zu treffen, sollte er mit Vorsicht gebraucht werden. Ablehnung sollte nicht automatisch als Beweis dafür interpretiert werden, dass das Fixed-Effects-Modell geeignet ist. Umgekehrt sollte nicht zwangsläufig das Random-Effects-Modell bevorzugt werden, wenn der Hausman-Test nicht ablehnt. Ein Problem besteht darin, dass der Hausman-Test zu schwach sein kann, was zu ernsten Pretest-Verzerrungen führen kann (siehe Guggenberger, 2010). Alternative Schätzer, welche eine Brücke zwischen Random-Effects- und Fixed-Effects-Schätzern schlagen, sind ebenfalls möglich; siehe Kapitel 10.2.6.

10.2.5 Anpassungsgüte

Die Berechnung von Anpassungsgütemaßen in Paneldatenanwendungen ist ein bisschen ungewöhnlich. Ein Grund ist die Tatsache, dass man unterschiedliches Gewicht auf das Erklären der Within- und Between-Streuung der Daten legen kann. Ein anderer Grund ist, dass die üblichen R^2- oder angepassten R^2-Kriterien nur geeignet sind, wenn das Modell mittels OLS geschätzt wird.

Unser Ausgangspunkt hier ist die Definition des R^2 bezüglich des quadrierten Korrelationskoeffizienten zwischen tatsächlichen und erwarteten Werten, wie in Kapitel 2.4 beschrieben. Diese Definition hat den Vorteil, dass sie Werte innerhalb des $[0, 1]$-Intervalls hervorbringt, ungeachtet des Schätzers, der verwendet wird, um die erwarteten Werte zu generieren. Rufen Sie sich in Erinnerung, dass dies der Standarddefinition des R^2 entspricht (bezüglich von Quadratsummen), wenn das Modell mittels OLS geschätzt wird (vorausgesetzt, dass ein Achsenabschnitt enthalten ist). Im aktuellen Kontext kann die vollständige Streuung von y_{it} geschrieben werden als die Summe der Within-Streuung und der Between-Streuung, also

$$\frac{1}{NT} \sum_{i,t} (y_{it} - \bar{y})^2 = \frac{1}{NT} \sum_{i,t} (y_{it} - \bar{y}_i)^2 + \frac{1}{N} \sum_i (\bar{y}_i - \bar{y})^2,$$

wobei $\bar{y}$ den Durchschnitt der gesamten Stichprobe bezeichnet. Nun können wir alternative Versionen für ein R^2-Maß definieren, abhängig von der Dimension der Daten, für die wir uns interessieren.

Der Fixed-Effects-Schätzer wird zum Beispiel gewählt, um die Within-Streuung so gut wie möglich zu erklären, und maximiert folglich das »Within-R^2« gegeben durch

$$R^2_{within}(\hat{\beta}_{FE}) = \text{corr}^2\{\hat{y}^{FE}_{it} - \hat{y}^{FE}_i, y_{it} - \bar{y}_i\}, \tag{10.29}$$

wobei $\hat{y}^{FE}_{it} - \hat{y}^{FE}_i = (x_{it} - \bar{x}_i)'\hat{\beta}_{FE}$ und corr^2 den quadrierten Korrelationskoeffizienten bezeichnet. Der Between-Schätzer, der im Hinblick auf den individuellen Mittelwert ein OLS-Schätzer ist, maximiert das »Between R^2«, das wir definieren als

$$R^2_{between}(\hat{\beta}_B) = \text{corr}^2\{\hat{y}^B_i, \bar{y}_i\}, \tag{10.30}$$

wobei $\hat{y}^B_i = \bar{x}'_i\hat{\beta}_B$. Der OLS-Schätzer maximiert die Gesamt-Anpassungsgüte und folglich das Gesamt-R^2, das definiert ist als

$$R^2_{gesamt}(\hat{\beta}) = \text{corr}^2\{\hat{y}_{it}, y_{it}\} \tag{10.31}$$

für $\hat{y}_{it} = x_{it}'b$. Es ist möglich, Within-, Between- und Gesamt-R^2s für einen beliebigen Schätzer $\hat{\beta}$ für β zu definieren, indem $\hat{y}_{it} = x_{it}'\hat{\beta}$, $\hat{y}_i = (1/T)\sum_t \hat{y}_{it}$ und $\hat{y} = (1/(NT))\sum_{i,t} \hat{y}_{it}$ als angepasste Werte verwendet werden, wobei die Achsenabschnittsterme weggelassen werden (und irrelevant sind).[7] Für den Fixed-Effects-Schätzer ignoriert das die durch die $\hat{\alpha}_i$s erfasste Streuung. Wenn wir die durch die N geschätzten Achsenabschnitte $\hat{\alpha}_i$ erklärte Streuung berücksichtigen, passt das Fixed-Effects-Modell perfekt zur Between-Streuung. Dies ist jedoch ein bisschen unbefriedigend, da schwer behauptet werden kann, dass die Fixed-Effects $\hat{\alpha}_i$ die Streuung zwischen Individuen *erklären* würden, sie erfassen sie lediglich. Anders ausgedrückt: Wenn wir uns selbst fragen: Warum konsumiert Individuum i im Durchschnitt mehr als ein anderes Individuum, dann ist die durch $\hat{\alpha}_i$ gelieferte Antwort simpel: Weil es Individuum i ist. In Anbetracht dieses Arguments und weil die $\hat{\alpha}_i$s häufig nicht berechnet werden, scheint es angemessen, diesen Teil des Modells zu ignorieren.

Nehmen wir die Definition im Hinblick auf die quadrierten Korrelationskoeffizienten, dann können die drei oben genannten Maße für jeden der von uns betrachteten Schätzer berechnet werden. Wenn wir den Random-Effects-Schätzer nehmen, der (asymptotisch) der effizienteste Schätzer ist, wenn die Annahmen des Random-Effects-Modells gelten, sind die Within-, Between- und Gesamt-R^2e zwangsläufig kleiner als beim Fixed-Effects-, Between- beziehungsweise OLS-Schätzer. Das betont wiederum, dass Maße der Anpassungsgüte nicht geeignet sind, um zwischen alternativen Schätzern zu entscheiden. Sie liefern jedoch mögliche Kriterien für das Entscheiden zwischen alternativen (potenziell nicht verschachtelten) Spezifikationen des Modells.

10.2.6 Alternative Instrumentalvariablenschätzer

Der Fixed-Effects-Schätzer eliminiert alles aus dem Modell, das zeitinvariant ist. Möglicherweise zahlt man damit einen hohen Preis dafür, dass für die x-Variablen zugelassen wird, mit der individualspezifischen Heterogenität α_i korreliert zu sein. Zum Beispiel könnten wir interessiert sein am Effekt zeitinvarianter Variablen (wie Geschlecht) auf das Gehalt einer Person. Genaugenommen ist es nicht nötig, die Aufmerksamkeit ausschließlich auf die Fixed- und Random-Effects-Annahmen zu beschränken, da es möglich ist, Instrumentalvariablenschätzer abzuleiten, die betrachtet werden können als zwischen einer Fixed- und einer Random-Effects-Vorgehensweise liegend.

Um das zu sehen, wollen wir als Erstes festhalten, dass wir den Fixed-Effects-Schätzer schreiben können als

$$\hat{\beta}_{FE} = \left(\sum_{i=1}^{N}\sum_{t=1}^{T}(x_{it} - \bar{x}_i)(x_{it} - \bar{x}_i)'\right)^{-1} \sum_{i=1}^{N}\sum_{t=1}^{T}(x_{it} - \bar{x}_i)(y_{it} - \bar{y}_i)$$

$$= \left(\sum_{i=1}^{N}\sum_{t=1}^{T}(x_{it} - \bar{x}_i)x_{it}'\right)^{-1} \sum_{i=1}^{N}\sum_{t=1}^{T}(x_{it} - \bar{x}_i)y_{it}. \tag{10.32}$$

Den Schätzer so zu schreiben zeigt, dass er die Interpretation eines Instrumentalvariablenschätzers[8] für β in dem Modell

$$y_{it} = \beta_0 + x_{it}'\beta + \alpha_i + u_{it}$$

besitzt, wobei jede erklärende Variable instrumentalisiert ist durch ihren Wert in Abweichung vom individualspezifischen Mittelwert. Das heißt, x_{it} ist instrumentalisiert durch $x_{it} - \bar{x}_i$. Beachten Sie, dass konstruktionsbedingt $E\{(x_{it} - \bar{x}_i)\alpha_i\} = 0$ (wenn wir Erwartungen zu i und t treffen), sodass der IV-Schätzer konsistent ist, vorausgesetzt $E\{(x_{it} - \bar{x}_i)u_{it}\} = 0$, was durch die strikte Exogenität von x_{it} impliziert ist. Wenn von einem bestimmten Element in x_{it} bekannt ist, dass es nicht mit α_i korreliert ist, dann braucht es natürlich nicht instrumentalisiert zu werden, das heißt, diese Variable kann als ihr eigenes Instrument verwendet werden. Diese Vorgehensweise kann uns möglicherweise auch gestatten, die Auswirkung zeitinvarianter Variablen zu schätzen.

Um die allgemeine Vorgehensweise zu beschreiben, lassen Sie uns ein lineares Modell mit vier Gruppen erklärender Variablen betrachten (Hausman und Taylor, 1981):

$$y_{it} = \beta_0 + x'_{1,it}\beta_1 + x'_{2,it}\beta_2 + w'_{1i}\gamma_1 + w'_{2i}\gamma_2 + \alpha_i + u_{it}, \tag{10.33}$$

wobei die x-Variablen zeitlich variieren und die w-Variablen zeitinvariant sind. Von den Variablen mit Index 1 wird angenommen, weder mit α_i noch mit irgendwelchen u_{is} korreliert zu sein. Unter diesen Annahmen würde der Fixed-Effects-Schätzer konsistent sein für β_1 und β_2, jedoch nicht die Koeffizienten für die zeitinvarianten Variablen identifizieren. Darüber hinaus ist er ineffizient, weil $x_{1,it}$ unnötig instrumentalisiert ist. Hausman und Taylor (1981) schlagen vor, dass (10.33) mittels Instrumentalvariablen geschätzt wird unter Verwendung der folgenden Variablen als Instrumente: $x_{1,it}$, w_{1i} und $x_{2,it} - \bar{x}_{2i}, \bar{x}_{1i}$. Das heißt, die exogenen Variablen dienen als ihre eigenen Instrumente, $x_{2,it}$ ist instrumentalisiert durch seine Abweichung vom individuellen Mittelwert (wie in der Fixed-Effects-Vorgehensweise) und w_{2i} ist instrumentalisiert durch den individuellen Durchschnitt von $x_{1,it}$. Die Identifikation erfordert offenkundig, dass die Anzahl der Variablen in $x_{1,it}$ mindestens so groß ist wie die in w_{2i}. Der resultierende Schätzer, der **Hausman-Taylor-Schätzer**, gestattet uns, die Auswirkung zeitinvarianter Variablen zu schätzen, auch wenn die zeitvariierenden Regressoren mit α_i korreliert sind. Der Trick hierbei besteht in der Verwendung der Zeitdurchschnitte jener zeitlich variierenden Regressoren, die nicht korreliert mit α_i sind, als Instrumente für die zeitinvarianten Regressoren. Das erfordert natürlich, dass ausreichend zeitlich variierende Variablen, die nicht mit α_i korrelieren, enthalten sind. Selbstverständlich ist es eine unkomplizierte Erweiterung, das Verfahren um zusätzliche Instrumente zu ergänzen, die nicht auf Variablen basieren, die im Modell enthalten sind. Dazu ist man im Querschnittsfall genötigt, wo keine Transformationen zur Verfügung stehen, von denen angenommen werden kann, dass sie stichhaltige Instrumente hervorbringen. Der große Vorteil der Hausman-Taylor-Vorgehensweise besteht darin, dass keine externen Instrumente benötigt werden. Mit ausreichend Annahmen können Instrumente innerhalb des Modells hergeleitet werden. Trotz dieses gewichtigen Vorteils spielt der Hausman-Taylor-Schätzer in der empirischen Arbeit nur eine untergeordnete Rolle. Eine bemerkenswerte Ausnahme ist Chowdhury und Nickell (1985).

Hausman und Taylor zeigen auch, dass das Instrumentenset äquivalent ist zum Verwenden von $x_{1,it} - \bar{x}_{1i}, x_{2,it} - \bar{x}_{2i}$ und $x_{1,it}, w_{1i}$. Das folgt unmittelbar aus der Tatsache, dass das Verwenden verschiedener linearer Kombinationen der ursprünglichen Instrumente nicht den Schätzer beeinflusst. Hausman und Taylor zeigen auch, wie die nichtdiagonale Kovarianzmatrix des Fehlerterms in (10.33) verwendet werden kann, um die Effizienz des Schätzers zu steigern. Heutzutage würde das in der Regel in einem GMM-Vorgehen umgesetzt, wie wir im folgenden Kapitel sehen werden (siehe Arellano und Bover, 1995).

Zwei spätere Arbeiten versuchen, die Effizienz des Hausman-Taylor-Instrumentalvariablen-schätzers zu verbessern, indem sie ein größeres Instrumentenset vorschlagen. Amemiya und MaCurdy (1986) schlagen die Verwendung der *zeitinvarianten* Instrumente $x_{1,i1} - \bar{x}_{1i}$ bis zu $x_{1,iT} - \bar{x}_{1i}$ vor. Das erfordert, dass $E\{(x_{1,it} - \bar{x}_{1i})\alpha_i\} = 0$ für *jedes* t gilt. Diese Annahme macht Sinn, wenn die Korrelation zwischen α_i und $x_{1,it}$ bedingt ist durch eine zeitinvariante Komponente in $x_{1,it}$ derart, dass $E\{x_{1,it}\alpha_i\}$ für ein gegebenes t nicht abhängig ist von t. Breusch, Mizon und Schmidt (1989) fassen diese Literatur gut zusammen und schlagen als zusätzliche Instrumente die Verwendung der zeitinvarianten Variablen $x_{2,i1} - \bar{x}_{2i}$ bis zu $x_{2,iT} - \bar{x}_{2i}$ vor.

10.2.7 Robuste Inferenzen

Sowohl die Random-Effects- wie auch die Fixed-Effects-Modelle nehmen an, dass die Anwesenheit von α_i sämtliche Korrelation zwischen den Unbeobachtbaren in verschiedenen Zeitperioden abdeckt. Das heißt, von u_{it} wird angenommen, dass es über die Individuen und die Zeit nicht korreliert ist. Vorausgesetzt, dass die x_{it}-Variablen strikt exogen sind, führt das Vorhandensein von Autokorrelation in u_{it} nicht zu Inkonsistenz der Standardschätzer. Es setzt jedoch die Standardfehler und die resultierenden Tests außer Kraft, so wie wir es in Kapitel 4 gesehen haben. Darüber hinaus bedeutet es, dass die Schätzer nicht länger effizient sind. Wenn zum Beispiel die echte Kovarianzmatrix Ω eine Fehlerkomponentenstruktur aufweist, dann entspricht der Random-Effects-Schätzer nicht länger dem praktikablen GLS-Schätzer für β. Wie wir wissen, hat das Vorhandensein von Heteroskedastizität in u_{it} oder – im Random-Effects-Modell – in α_i ähnliche Konsequenzen.

Eine Möglichkeit, irreführende Rückschlüsse zu vermeiden, ohne dass alternative Annahmen auf die Struktur der Kovarianzmatrix Ω auferlegt werden müssen, besteht in der Verwendung von OLS-, Random-Effects- oder Fixed-Effects-Schätzern für β, bei gleichzeitigem Anpassen von deren Standardfehlern für allgemeine Formen von Heteroskedastizität und Autokorrelation. Betrachten Sie das Modell[9]

$$y_{it} = x'_{it}\beta + \varepsilon_{it} \qquad (10.34)$$

ohne die Annahme, dass ε_{it} eine Fehlerkomponentenstruktur aufweist. Konsistenz des (zusammengefassten) OLS-Schätzers

$$b = \left(\sum_{i=1}^{N} \sum_{t=1}^{T} x_{it}x'_{it} \right)^{-1} \sum_{i=1}^{N} \sum_{t=1}^{T} x_{it}y_{it} \qquad (10.35)$$

für β erfordert, dass

$$E\{x_{it}\varepsilon_{it}\} = 0. \qquad (10.36)$$

Angenommen, Fehlerterme verschiedener Individuen sind nicht korreliert ($E\{\varepsilon_{it}\varepsilon_{js}\} = 0$ für alle $i \neq j$), dann kann die OLS-Kovarianzmatrix geschätzt werden durch eine Variante des Newey-West-Schätzers aus Kapitel 4, gegeben durch

$$\hat{V}\{b\} = \left(\sum_{i=1}^{N} \sum_{t=1}^{T} x_{it}x'_{it} \right)^{-1} \sum_{i=1}^{N} \sum_{t=1}^{T} \sum_{s=1}^{T} e_{it}e_{is}x_{it}x'_{is} \left(\sum_{i=1}^{N} \sum_{t=1}^{T} x_{it}x'_{it} \right)^{-1}, \qquad (10.37)$$

wobei e_{it} das OLS-Residuum bezeichnet. Wie von Petersen (2009) vorgebracht, ist die Verwendung von Bartlett-Gewichtungen, wie es in dem Fall einer einzelnen Zeitreihe in Kapitel 4.10.2 erfolgt ist, im Paneldatenfall unnötig und führt zu verzerrten Standardfehlern (für endliche T). Der Schätzer in (10.37) lässt allgemeinere Formen von Heteroskedastizität zu sowie auch beliebige Autokorrelation (innerhalb eines bestimmten Individuums). Entsprechend wird (10.37) als ein **panelrobuster** Schätzwert für die Kovarianzmatrix des zusammengefassten OLS-Schätzers bezeichnet. Diese ist auch bekannt unter der Bezeichnung **clusterrobuste Kovarianzmatrix** (wobei der Identifikator i, der die Individuen indexiert, die Clustervariable ist). Auf ähnliche Weise ist es mittels Verwendung des transformierten Modells in (10.23) auch möglich, einen robusten Schätzer für die Kovarianzmatrix des Random-Effects-Schätzers $\hat{\beta}_{RE}$ zu erstellen; siehe Wooldridge (2010, Kapitel 7.5.1) für eine allgemeine Erörterung. Obwohl der Random-Effects-Schätzer nicht der geeignete EGLS-Schätzer unter diesen allgemeineren Bedingungen ist, ist er immer noch konsistent und asymptotisch normalverteilt; und für uns interessentierende Abweichungen von den vollständigen Random-Effects-Annahmen ist der Random-Effects-Schätzer wahrscheinlich effizienter als der zusammengefasste OLS (Wooldridge, 2003).

Wird das Modell mittels eines Fixed-Effects-Schätzers geschätzt, dann erhalten wir auf ähnliche Weise eine robuste Kovarianzmatrix durch Ersetzen der Regressoren x_{it} in (10.37) mit deren Within-transformierten Gegenstücken, $\tilde{x}_{it} = x_{it} - \bar{x}_i$, und den OLS Residuen mit den Residuen aus der Within-Regression (Arellano, 1987). Das heißt,

$$\hat{V}\{\hat{\beta}_{FE}\} = \left(\sum_{i=1}^{N} \sum_{t=1}^{T} \tilde{x}_{it}\tilde{x}'_{it} \right)^{-1} \sum_{i=1}^{N} \sum_{t=1}^{T} \sum_{s=1}^{T} \hat{u}_{it}\hat{u}_{is}\tilde{x}_{it}\tilde{x}'_{is} \left(\sum_{i=1}^{N} \sum_{t=1}^{T} \tilde{x}_{it}\tilde{x}'_{it} \right)^{-1}, \qquad (10.38)$$

wobei $\hat{u}_{it} = y_{it} - \hat{\alpha}_i - x'_{it}\hat{\beta}_{FE}$ das Within-Residuum bezeichnet. Für den Erste-Differenzen-Schätzer kommen die Erste-Differenzen-Variablen zum Einsatz (und die Addition geht von $t, s = 2$ bis T). Wenn das Nichtvorhandensein von Reihenkorrelation auferlegt ist, können die Cross-Terme in (10.38) weggelassen werden und ein heteroskedastizitätsrobuster Kovarianzmatrixschätzer ist gegeben durch

$$\hat{V}\{\hat{\beta}_{FE}\} = \left(\sum_{i=1}^{N} \sum_{t=1}^{T} \tilde{x}_{it}\tilde{x}'_{it} \right)^{-1} \sum_{i=1}^{N} \sum_{t=1}^{T} \hat{u}_{it}^2 \tilde{x}_{it}\tilde{x}'_{is} \left(\sum_{i=1}^{N} \sum_{t=1}^{T} \tilde{x}_{it}\tilde{x}'_{it} \right)^{-1}. \qquad (10.39)$$

Trotz der Tatsache, dass dieser Schätzer in der empirischen Arbeit häufig verwendet wird, zeigen Stock und Watson (2008), dass er für $N \to \infty$ und fest vorgegebenes $T > 2$ inkonsistent ist, und schlagen eine Bias-Anpassung vor. Die Verzerrung (Bias) wird verursacht durch die Tatsache, dass die individualspezifischen Mittelwerte für das fixe T nicht konsistent geschätzt werden können. Bertrand, Duflo und Mullainathan (2004) liefern eine kritische Diskussion zur Berechnung von Standardfehlern für den Differenz-von Differenzen-Schätzer und folgern, neben anderen Dingen, dass die panelrobuste Vorgehensweise für moderate N vernünftig arbeitet. Auf ähnliche Weise befürwortet Petersen (2009) die Verwendung panelrobuster Standardfehler geclustert nach Unternehmen für ausreichend große N. Wenn N andererseits klein ist und $T \to \infty$, so kann Konsistenz erreicht werden durch Verwendung der Bartlett-Gewichtungen in (10.37) wie in Kapitel 4.10.2 besprochen; siehe Arellano (2003, Kapitel 2.3) für weitere Details.

Ist man bereit, spezifische Annahmen zur Form der Heteroskedastizität oder Autokorrelation zu treffen, ist es möglich, die Effizienz von OLS-, Random-Effects- oder Fixed-Effects-Schätzern zu verbessern durch das Nutzen der Struktur der Fehlerkovarianzmatrix mittels einer praktikablen GLS- oder Maximum-Likelihood-Vorgehensweise. Ein Überblick über eine Reihe solcher Schätzer, die in der Regel rechnerisch unattraktiv sind, wird geliefert in Baltagi (2008, Kapitel 5). Kmenta (1986) schlägt einen relativ einfachen praktikablen GLS-Schätzer vor, der Autokorrelation erster Ordnung in ε_{it} kombiniert mit individualspezifischer Heteroskedastizität zulässt, jedoch keine zeitinvariante Komponente in ε_{it} erlaubt (siehe Baltagi, 2008, Kapitel 10.4). Kiefer (1980) schlägt einen GLS-Schätzer für das Fixed-Effects-Modell vor, der beliebige Kovarianzen zwischen u_{it} und u_{is} zulässt; siehe Arellano (2003, Kapitel 2.3) oder Hsiao (2003, Kapitel 3.8) für weitere Details. Wooldridge (2010, Kapitel 10.4.3) beschreibt einen praktikablen GLS-Schätzer, bei dem die Kovarianzmatrix Ω aus den zusammengefassten OLS- Residuen unbeschränkt geschätzt wird. Konsistenz dieses Schätzers erfordert im Wesentlichen dieselben Bedingungen, die vom Random-Effects-Schätzer verlangt werden, erlegen jedoch nicht die Fehlerkomponentenstruktur auf. Wenn N in Relation zu T ausreichend groß ist, kann dieser praktikable GLS-Schätzer eine attraktive Alternative zur Random-Effekts-Vorgehensweise bieten.

10.2.8   Testen auf Heteroskedastizität und Autokorrelation

Die meisten der Tests, die bezüglich Heteroskedastizität oder Autokorrelation im Random-Effects-Modell verwendet werden können, sind rechnerisch mühsam. Für das Fixed-Effects-Modell, das im Wesentlichen mittels OLS geschätzt wird, sind die Dinge dazu vergleichsweise weniger komplex. Da der Fixed-Effects-Schätzer auch dann angewendet werden kann, wenn wir die Random-Effects-Annahme treffen, dass α_i i.i.d. und unabhängig von den erklärenden Variablen ist, können die Tests für das Fixed-Effects-Modell glücklicherweise auch im Random-Effects-Fall verwendet werden.

Ein ziemlich einfacher Test auf Autokorrelation im Fixed-Effects-Modell basiert auf dem Durbin-Watson-Test, den wir in Kapitel 4 besprochen haben. Die alternative Hypothese besteht darin, dass

$$u_{it} = \rho u_{i,t-1} + v_{it}, \tag{10.40}$$

wobei v_{it} bei Individuen und Zeit i.i.d. ist. Das lässt Autokorrelation über die Zeit zu, mit der Einschränkung, dass jedes Individuum denselben Autokorrelationskoeffizienten p hat. Die getestete Nullhypothese ist H_0: $\rho = 0$ gegen die einseitige Alternative $\rho < 0$ oder $\rho > 0$. Bezeichnen wir mit $\hat{u}_{it}$ die *Residuen aus der Within-Regression* (10.9) oder – gleichwertig – aus (10.7). Dann schlagen Bhargava, Franzini und Narendranathan (1983) die folgende Verallgemeinerung der Durbin-Watson-Statistik vor:

$$dw_p = \frac{\sum_{i=1}^{N} \sum_{t=2}^{T} (\hat{u}_{it} - \hat{u}_{i,t-1})^2}{\sum_{i=1}^{N} \sum_{t=1}^{T} \hat{u}_{it}^2}. \tag{10.41}$$

Durch Verwenden ähnlicher Herleitungen wie Durbin und Watson sind die Autoren in der Lage, die Ober- und Untergrenzen zu den wahren kritischen Werten abzuleiten, die nur von N, T und K abhängig sind. Im Gegensatz zum echten Zeitreihenfall ist der nicht eindeutige Bereich für den Paneldaten-Durbin-Watson-Test sehr klein, vor allem wenn die Anzahl der Individuen in dem Panel groß ist. In Tabelle 10.1 zeigen wir einige ausgewählte Ober- und Untergrenzen für die wahren 5%-kritischen Werte, die verwendet werden können, um gegen die Alternative positiver Autokorrelation zu testen. Die Zahlen in der Tabelle bestätigen, dass die nicht eindeutigen Bereiche klein sind, und zeigen zudem, dass die Streuung bei K, N oder T begrenzt

		N = 100		N = 500		N = 1000	
		d_L	d_U	d_L	d_U	d_L	d_U
T = 6	K = 3	1,859	1,880	1,939	1,943	1,957	1,959
	K = 9	1,839	1,902	1,935	1,947	1,954	1,961
T = 10	K = 3	1,891	1,904	1,952	1,954	1,967	1,968
	K = 9	1,878	1,916	1,949	1,957	1,965	1,970

Tabelle 10.1   5%-Ober- und Untergrenzen Panel-Durbin-Watson-Test

Quelle: Bhargava, A., Franzini, L. und Narendranathan, W. (1983), Serial Correlation and the Fixed Effects Model. *The Review of Economic Studies,* 49. Jg., S. 533–549. Abdruck mit Genehmigung von Blackwell Publishing.

ist. In einem Modell mit drei erklärenden Variablen, geschätzt über sechs Zeitperioden, lehnen wir H_0: $\rho = 0$ auf dem 5%-Niveau ab, wenn dw_p kleiner ist als 1,859 für $N = 100$ und 1,957 für $N = 1000$, beides gegen die einseitige Alternative von $\rho > 0$. Für Panels mit sehr großen N schlagen Bhargava, Franzini und Narendranathan (1983) vor, einfach zu testen, ob die berechnete Statistik dw_p weniger als zwei beträgt, wenn gegen positive Autokorrelation getestet wird. Weil der Fixed-Effects-Schätzer auch im Random-Effects-Modell konsistent ist, ist es auch möglich, den Paneldaten-Durbin-Watson-Test in dem letzteren Modell zu verwenden.

Um in u_{it} auf Heteroskedastizität zu testen, können wir wieder die Fixed-Effects-Residuen $\hat{u}_{it}$ verwenden. Die Hilfsregression des Tests regressiert die Quadrate innerhalb der Residuen $\hat{u}_{it}^2$ auf eine Konstante und die J-Variablen z_{it}, von denen wir vermuten, dass sie Heteroskedastizität beeinflussen könnten. Dies ist eine Variante des Breusch-Pagan-Tests[10] auf Heteroskedastizität, wie in Kapitel 4 besprochen. Seine alternative Hypothese lautet:

$$V\{u_{it}\} = \sigma^2 h(z_{it}' \alpha),$$

wobei h eine unbekannte kontinuierlich differenzierbare Funktion mit $h(0) = 1$ ist, sodass die getestete Nullhypothese gegeben ist durch H_0: $\alpha = 0$. Unter der Nullhypothese wird die Teststatistik, berechnet als $N(T - 1)$ mal das R^2 der Hilfsregression, eine asymptotische Chi-Quadrat-Verteilung mit J Freiheitsgraden aufweisen. Ein Alternativtest kann aus den Residuen der Between-Regression berechnet werden und basiert auf N mal dem R^2 einer Hilfsregression der Between-Residuen auf $\bar{z}_i$ oder, allgemeiner, auf $z_{i1}, \ldots, z_{iT}$. Unter der Nullhypothese homoskedastischer Fehler hat die Teststatistik eine asymptotische Chi-Quadrat-Verteilung mit Freiheitsgraden gleich der Anzahl enthaltener Variablen in der Hilfsregression (ausschließlich des Achsenabschnitts). Die alternative Hypothese des letzteren Tests ist weniger gut definiert.

10.2.9   Das Fama-MacBeth-Verfahren

In der empirischen Finanzliteratur ist eine alternative Vorgehensweise zum Umgang mit großen Paneldatensets sehr verbreitet, in der Regel bezeichnet als Fama-MacBeth-Regression (Fama und MacBeth,1973). Die einflussreiche Arbeit von Fama und French (1992) verwendet diese Methodik, um zu zeigen, dass das Capital Asset Pricing Model beim Erklären der Querschnittsfunktion erwarteter Kursgewinne keine gute Arbeit leistet. Die abhängige Variable in solchen Regressionen ist häufig die Rendite eines Assets i in Periode t und die erklärenden Variablen sind (möglicherweise zeitvariierende) Merkmale der Aktien (beobachtet vor dem Beginn von

Periode t). Lassen Sie uns das entsprechende Modell bezeichnen als

$$y_{it} = \alpha_t + x'_{it}\beta_t + \varepsilon_{it} \text{ für } t = 1, 2, \dots, T, \tag{10.42}$$

wobei α_t, β_t unbekannte Koeffizienten sind, möglicherweise verschieden innerhalb der Perioden. In der Regel ist das Panel in dem Sinn unausgeglichen, dass die Anzahl der Aktien je Periode, N_t, über die Zeit variiert. Weil sich die Varianzen der Gewinnraten unterscheiden und Kapitalrenditen dazu neigen, miteinander korreliert zu sein, sogar nach der Kontrolle auf einen gemeinsamen Zeiteffekt, kann in der Regel erwartet werden, dass ε_{it} bei den Assets heteroskedastisch ist und querschnittlich korreliert ist. Packen wir alle Fehlerterme für Periode t in den Vektor ε_t, so können wir das wie folgt schreiben:

$$V\{\varepsilon_t\} = \Omega_t,$$

wobei Ω_t eine $N_t \times N_t$ positiv definite (nicht diagonale) Kovarianzmatrix ist. Als Ergebnis davon ist die Schätzung von α_t und β_t durch gewöhnliche kleinste Quadrate unter Verwendung aller Beobachtungen aus Periode t ineffizient und potenziell inkonsistent für $N_t \to \infty$. Die Inkonsistenz entsteht, wenn die Querschnittskorrelation in ε_{it} bedingt ist durch einen oder mehr gemeinsame Faktoren, die nicht »durchschnittlich betragen«, wenn der OLS-Schätzer berechnet wird. Zusätzlich wird die Schätzung eines sinnvollen Standardfehlers für den OLS-Schätzer durch die Tatsache behindert, dass die Kovarianzmatrix des Fehlerterms nicht mit einem einzelnen Querschnitt geschätzt werden kann.

Die von Fama und MacBeth (1973) vorgeschlagene Lösung ist bemerkenswert einfach und geeignet, wenn angenommen werden kann, dass die für uns interessanten Parameter zeitinvariant sind ($\beta_t = \beta$) und darüber hinaus die Fehlerterme nicht reihenkorreliert sind. Das Modell in (10.41) ist mittels OLS für jede Periode t geschätzt. Das führt zu Zeitreihen von Schätzwerten $\hat{\alpha}_t$ und $\hat{\beta}_t$, $t = 1, 2, \dots, T$. Anschließend werden Hypothesen getestet unter Verwendung der Zeitreihendurchschnitte der Querschnittsschätzwerte, bezeichnet als $\bar{\alpha}$ und $\bar{\beta}$. Für $T \to \infty$ liefern diese Durchschnitte konsistente Schätzer für die Parameter der Grundgesamtheit α und β. Die Standardfehler für $\bar{\beta}$ werden einfach aus den Stichprobenstandardabweichungen der $\hat{\beta}_t$ berechnet und als unabhängige Ziehungen aus einer gemeinsamen Verteilung behandelt. Entsprechend kann die Hypothese, dass einer der Koeffizienten, etwa β_2, null ist, getestet werden mittels Verwendung der t-Teststatistik

$$t = \frac{\bar{\beta}_2}{\text{se}(\bar{\beta}_2)},$$

die unter der Nullhypothese approximativ standardnormalverteilt ist, wobei $\text{se}(\bar{\beta}_2)$ die Quadratwurzel der Stichprobenvarianz von $\hat{\beta}_{2t}$ ist, geteilt durch die Anzahl der Zeitperioden T. Das heißt,

$$\text{se}(\bar{\beta}_2) = \sqrt{\frac{1}{T^2} \sum_{t=1}^{T} (\hat{\beta}_{2t} - \bar{\beta}_2)^2}.$$

Der auf diese Weise berechnete Standardfehler lässt beliebige Querschnittskorrelation und Heteroskedastizität in ε_{it} zu. Das Ergebnis mag überraschend sein, da es keines der Verteilungsergebnisse der Schätzer verwendet, die beim Berechnen von $\bar{\beta}$ genutzt werden. Auf den zweiten

Blick ist es jedoch ein intuitiv ansprechendes Verfahren. Wir folgern einfach die Stichprobenvarianz von $\bar{\beta}_2$ daraus, wie die Schätzwerte $\hat{\beta}_{2t}$ über verschiedene Unterstichproben variieren (eine für jedes t). Die asymptotischen Eigenschaften des Fama-MacBeth-Verfahrens wurden zuerst in Shanken (1992) dokumentiert, fast 20 Jahre nach ihrer ersten Verwendung. Eine wichtige Einschränkung besteht darin, dass es den Fehlertermen in (10.41) nicht gestattet ist, Reihenkorrelation zu zeigen. Petersen (2009) demonstriert, dass die Fama-MacBeth-Standardfehler bei Vorhandensein eines starken Effekts in ε_{it} oder anderer Formen von Reihenkorrelation verzerrt sind. Dieser Aspekt wird oft übersehen, sogar in veröffentlichten Aufsätzen (siehe Wu, 2004, oder Choe, Kho und Stulz, 2005, für einige neuere Beispiele). Anpassungen, die Reihenkorrelation zulassen, scheinen nicht sehr gut zu performen; siehe Petersen (2009) für eine ausführliche Besprechung und den Monte-Carlo-Beweis.

Bei Nichtvorhandensein von Reihenkorrelation berechnet das Fama-MacBeth-Verfahren implizit eine korrekte heteroskedastizitätskonsistente Kovarianzmatrix und resultiert von daher in geeigneten t-Tests. Anders als ein zusammengefasster OLS-Schätzer, teilt die Fama-MacBeth-Vorgehensweise jeder Periode in dieser Stichprobe dasselbe Gewicht zu, ungeachtet der Anzahl von Beobachtungen in jeder Periode. Es gibt auch Varianten, bei denen die Regressionen der ersten Stufe auf gewichteten kleinsten Quadraten oder verallgemeinerten kleinsten Quadraten basieren. Bei Asset-Pricing-Tests sind einige der erklärenden Variablen in (10.41) häufig Risikofaktoren ausgesetzt, die zuerst geschätzt werden müssen. Das führt zu einigen zusätzlichen Fehler-in-Variablen-Problemen, auf die wir hier nicht näher eingehen werden; siehe Cochrane (2005, Kapitel 12). Die Kleine-Stichproben-Eigenschaften des Fama-MacBeth-Verfahrens und einiger alternativer Vorgehensweisen (Maximum-Likelihood, GMM) werden in Shanken und Zhou (2007) besprochen.

10.3   Beispiel: Löhne erklären

In diesem Kapitel werden wir eine Reihe der genannten Schätzer anwenden, wenn wir eine Lohngleichung schätzen. Die Daten[11] stammen aus der in den USA durchgeführten Studie Youth Sample of the National Longitudinal Survey und enthalten eine Stichprobe von 545 Vollzeit arbeitenden Männern, die bis 1980 die Schule beendet haben und dann über den Zeitraum von 1980 bis 1987 beobachtet wurden. Die Männer in dieser Stichprobe waren jung. 1980 befanden sie sich in einem Alter zwischen 17 und 23 und sie waren erst kurz vor dieser Erhebung in den Arbeitsmarkt eingetreten, mit einer durchschnittlichen Berufserfahrung von drei Jahren zu Beginn der Stichprobenperiode. Die von uns gewählten Daten und Spezifikationen ähneln denen in Vella und Verbeek (1998). Die Logarithmen der Löhne werden aus Jahren des Schulbesuchs, Berufserfahrung und deren Quadraten, Dummyvariablen für die Mitgliedschaft in einer Gewerkschaft, Beschäftigung im öffentlichen Dienst, Familienstand und zwei ethnischen Dummys erklärt.

Die Schätzergebnisse[12] für den Between-Schätzer, basierend auf individuellen Durchschnitten, und den Within-Schätzer, basierend auf Abweichungen von individuellen Mittelwerten, sind in den ersten beiden Spalten von Tabelle 10.2 aufgeführt. Zuerst sollte festgehalten werden, dass die Fixed-Effects- oder Within-Schätzer sämtliche zeitinvarianten Variablen aus dem Modell eliminieren. In diesem Fall bedeutet das, dass die Auswirkungen von Schulbildung und ethnischem Hintergrund herausgelöscht werden. Die Unterschiede zwischen den beiden Sets von Schätzwerten scheinen substanziell zu sein und wir werden im Folgenden noch darauf zurückkommen. In der nächsten Spalte stehen die auf das Random-Effects-Modell angewandten OLS-Resultate, wobei die Standardfehler angepasst sind auf Heteroskedastizität und beliebige Formen serieller Korrelation, die auf der clusterrobusten Kovarianzmatrix in (10.37) basiert. Die letzte Spalte enthält den Random-Effects-EGLS-Schätzer. Wie in Kapitel 10.2.3 besprochen, können die Varianzen der Fehlerkomponenten α_i und u_{it} aus den Within- und Between-Residuen geschätzt werden. Im Einzelnen haben wir $\hat{\sigma}_B^2 = 0,1209$ und $\hat{\sigma}_u^2 = 0,1234$. Daraus können wir σ_α^2 konsistent schätzen durch $\hat{\sigma}_\alpha^2 = 0,1209 - 0,1234/8 = 0,1055$. Folglich wird der Faktor ψ geschätzt als

$$\hat{\psi} = \frac{0,1234}{0,1234 + 8 \times 0,1055} = 0,1276,$$

was zu $\hat{\vartheta} = 1 - \hat{\psi}^{1/2} = 0,6428$ führt. Das bedeutet, dass der EGLS-Schätzer aus der transformierten Regression gewonnen werden kann, wobei 0,64 mal der individuelle Mittelwert von den ursprünglichen Daten abgezogen wird. Denken Sie daran, dass OLS $\vartheta = 0$ auferlegt, während der Fixed-Effects-Schätzer $\vartheta = 1$ verwendet. Beachten Sie, dass sowohl die OLS- wie auch die Random-Effects-Schätzwerte zwischen den Between- und Fixed-Effects-Schätzwerten liegen.

Wenn die Annahmen des Random-Effects-Modells erfüllt sind, dann sind alle vier Schätzer in Tabelle 10.2 konsistent, wovon der Random-Effects-Schätzer der effizienteste ist. Wenn allerdings die Individualeffekte α_i mit einer oder mehr erklärenden Variablen korreliert sind, ist der Fixed-Effects-Schätzer als einziger konsistent. Diese Hypothese kann überprüft werden durch den Vergleich von Between- und Within-Schätzern oder Within- und Random-Effects-Schätzern, was zu äquivalenten Tests führt. Der am einfachsten durchzuführende Test ist der in Kapitel 10.2.4 besprochene Hausman-Test, basierend auf letzterem Vergleich. Die Teststatistik nimmt einen Wert von 31,75 an und spiegelt die Differenzen in den Koeffizienten zu Erfahrung, Erfahrung im Quadrat sowie Gewerkschafts-, Ehestands- und Öffentlicher-Dienst-Dummys. Unter der Nullhypothese folgt die Statistik einer Chi-Quadrat-Verteilung mit fünf Freiheitsgraden, sodass wir die Nullhypothese auf jedem vertretbaren Signifikanzniveau ablehnen müssen.

Familienstand ist eine Variable, die wahrscheinlich mit der unbeobachteten Heterogenität in α_i korreliert. In der Regel würde man nicht erwarten, dass der Ehestand eine starke *kausale* Wirkung auf den Lohn einer Person ausübt, sodass der Ehestands-Dummy in der Regel andere (unbeobachtbare) Unterschiede zwischen verheirateten und ledigen Berufstätigen erfasst. Das bestätigen die Ergebnisse in der Tabelle. Wenn wir die individuellen Auswirkungen aus dem Modell eliminieren und den Fixed-Effects-Schätzer betrachten, reduziert sich die Auswirkung des Verheiratetseins auf 4,5%, während sie zum Beispiel für den Between-Schätzer fast 15% beträgt. Beachten Sie, dass die Auswirkung des Verheiratetseins in der Fixed-Effects-Vorgehensweise nur durch Personen identifiziert wird, die den Familienstand während der Stichprobenperiode wechseln. Ähnliche Aussagen können für die Auswirkungen der Mitgliedschaft in einer Gewerkschaft getroffen werden. Denken Sie jedoch daran, dass alle Schätzer annehmen, dass die erklärenden Variablen nicht korreliert sind mit dem idiosynkratischen Fehlerterm u_{it}. Gäbe es solche Korrelationen, dann wäre sogar der Fixed-Effects-Schätzer inkonsistent. Vella und Verbeek (1998) konzentrieren sich auf den Einfluss der endogenen Gewerkschaftszugehörigkeit auf die Löhne dieser Gruppe von Arbeitern und ziehen alternative kompliziertere Schätzer in Betracht.

Abhängige Variable: log(*Lohn*)				
Variable	Between	Fixed Effects	OLS	Random Effects
Konstante	0,490	–	−0,034	−0,104
	(0,221)		(0,120)	(0,111)
Schulbildung	0,095	–	0,099	0,101
	(0,011)		(0,009)	(0,009)
Berufserfahrung	−0,050	0,116	0,089	0,112
	(0,050)	(0,008)	(0,012)	(0,008)
Berufserfahrung^2	0,0051	−0,0043	−0,0028	−0,0041
	(0,0032)	(0,0006)	(0,0009)	(0,0006)
Gewerkschaftsmitglied	0,274	0,081	0,180	0,106
	(0,047)	(0,019)	(0,028)	(0,018)
Ehestand	0,145	0,045	0,108	0,063
	(0,041)	(0,018)	(0,026)	(0,017)
Schwarz	−0,139	–	−0,144	−0,144
	(0,049)		(0,050)	(0,048)
Hispano	0,005	–	0,016	0,020
	(0,043)		(0,039)	(0,043)
öffentlicher Dienst	−0,056	0,035	0,004	0,030
	(0,109)	(0,039)	(0,050)	(0,036)
Within-R^2	0,0470	0,1782	0,1679	0,1776
Between-R^2	0,2196	0,0006	0,2027	0,1835
Gesamt-R^2	0,1371	0,0642	0,1866	0,1808

Tabelle 10.2 Schätzergebnisse Lohngleichung, Männer 1980–1987 (Standardfehler in Klammern)

Die Maße der Anpassungsgüte bestätigen, dass der Fixed-Effects-Schätzer zum größten Within-R^2 führt und von daher die Within-Streuung so gut wie möglich erklärt. Der OLS-Schätzer maximiert das übliche (Gesamt-)R^2, während der Random-Effects-Schätzer in allen Dimensionen zu vernünftigen R^2s führt. Denken Sie daran, dass die OLS-Standardfehler in Tabelle 10.2 angepasst sind für Heteroskedastizität und beliebige Formen von Reihenkorrelation in den Fehlertermen. Routinemäßig berechnete Standardfehler gehen davon aus, dass i.i.d. Fehlerterme ungeeignet und – in dieser Anwendung – manchmal weniger als zur Hälfte korrekt sind.

10.4 Dynamische lineare Modelle

Zu den wichtigen Vorteilen von Paneldaten gehört auch die Fähigkeit, individuelle Dynamiken zu modellieren. Viele ökonomische Modelle schlagen vor, dass aktuelles Verhalten abhängig ist von früherem Verhalten (Beständigkeit. Gewohnheitsbildung, partielle Anpassung und so weiter), sodass wir in vielen Fällen ein dynamisches Modell auf individueller Ebene schätzen möchten. Die Möglichkeit dazu bieten nur Paneldaten.

10.4.1 Ein autoregressives Paneldatenmodell

Betrachten wir das lineare dynamische Modell mit exogenen Variablen und einer gelagten abhängigen Variablen, das heißt

$$y_{it} = x'_{it}\beta + \gamma y_{i,t-1} + \alpha_i + u_{it},$$

wo angenommen wird, dass u_{it} $IID(0, \sigma_u^2)$ ist. Im statischen Modell haben wir Argumente für Konsistenz (Robustheit) und Effizienz für die Entscheidung zwischen einem Fixed- oder Random-Effects-Treatment für die α_i gesehen. In einem dynamischen Modell ist die Situation grundlegend anders, weil $y_{i,t-1}$ von α_i abhängig sein werden, ungeachtet der Art, wie wir α_i behandeln. Um die Probleme zu veranschaulichen, die dadurch verursacht werden, betrachten wir zuerst den Fall, in dem keine exogenen Variablen enthalten sind und das Modell wie folgt lautet:

$$y_{it} = \gamma y_{i,t-1} + \alpha_i + u_{it} \text{ mit } |\gamma| < 1. \tag{10.43}$$

Angenommen, wir haben Beobachtungen zu y_{it} für die Perioden $t = 0, 1, \ldots, T$. Weil $y_{i,t-1}$ und α_i positiv korreliert sind, ist das Anwenden von OLS auf (10.42) inkonsistent. Der wahre autoregressive Koeffizient (im typischen Fall, in dem $\gamma > 0$) wird überschätzt. Auf ähnliche Weise ist die Random-Effects-Vorgehensweise inkonsistent.

Der Fixed-Effects-Schätzer für γ ist gegeben durch

$$\hat{\gamma}_{FE} = \frac{\sum_{i=1}^N \sum_{t=1}^T (y_{it} - \bar{y}_i)(y_{i,t-1} - \bar{y}_{i,-1})}{\sum_{i=1}^N \sum_{t=1}^T (y_{i,t-1} - \bar{y}_{i,-1})^2}, \tag{10.44}$$

wobei $\bar{y}_i = (1/T) \sum_{t=1}^T y_{it}$ und $\bar{y}_{i,-1} = (1/T) \sum_{t=1}^T y_{i,t-1}$. Um die Eigenschaften von $\hat{\gamma}_{FE}$ zu analysieren, können wir (10.42) in (10.43) einsetzen und erhalten

$$\hat{\gamma}_{FE} = \gamma + \frac{1/(NT) \sum_{i=1}^N \sum_{t=1}^T (u_{it} - \bar{u}_i)(y_{i,t-1} - \bar{y}_{i,-1})}{1/(NT) \sum_{i=1}^N \sum_{t=1}^T (y_{i,t-1} - \bar{y}_{i,-1})^2}. \tag{10.45}$$

Dieser Schätzer ist jedoch für $N \to \infty$ und fixem T verzerrt und inkonsistent, da der letzte Term auf der rechten Seite von (10.44) nicht die Erwartung null hat und sich nicht null annähert, wenn N gegen unendlich strebt. Es kann insbesondere gezeigt werden, dass (siehe Nickell, 1981; oder Hsiao, 2003, Kapitel 4.2)

$$\plim_{N \to \infty} \frac{1}{NT} \sum_{i=1}^N \sum_{t=1}^T (u_{it} - \bar{u}_i)(y_{i,t-1} - \bar{y}_{i,-1}) = -\frac{\sigma_u^2}{T^2} \cdot \frac{(T-1) - T\gamma + \gamma^T}{(1-\gamma)^2} \neq 0. \tag{10.46}$$

Folglich haben wir für das fixe T einen inkonsistenten Schätzer. Beachten Sie, dass diese Inkonsistenz nicht verursacht wird durch etwas, das wir über die α_is angenommen haben, da diese bei der Schätzung eliminiert sind. Das Problem besteht darin, dass die Within-transformierte gelagte abhängige Variable korreliert ist mit dem Within-transformierten Fehler. Wenn $T \to \infty$, dann nähert sich (10.45) null an, sodass der Fixed-Effects-Schätzer konsistent ist für γ, wenn sowohl $T \to \infty$ als auch $N \to \infty$.

Man könnte meinen, dass die asymptotische Verzerrung für fixes T ziemlich klein ist und von daher kein echtes Problem darstellt. Das ist sicher nicht der Fall, da für ein endliches T die Verzerrung wohl kaum ignoriert werden kann. Wenn zum Beispiel der wahre Wert von γ gleich 0,5 ist, so kann leicht berechnet werden, dass (für $N \to \infty$)

$$\text{plim } \hat{\gamma}_{FE} = -0,25 \quad \text{wenn } T = 2$$

$$\text{plim } \hat{\gamma}_{FE} = -0,04 \quad \text{wenn } T = 3$$

$$\text{plim } \hat{\gamma}_{FE} = 0,33 \quad \text{wenn } T = 10,$$

also ist die Verzerrung auch für moderate Werte von T wesentlich. Glücklicherweise lassen sich diese Verzerrungen relativ einfach vermeiden.

Um das Inkonsistenzproblem zu lösen, starten wir zuallererst mit einer anderen Transformation, um die individuellen Effekte α_i zu eliminieren, vor allem nehmen wir First Differences. Das ergibt

$$y_{it} - y_{i,t-1} = \gamma(y_{i,t-1} - y_{i,t-2}) + (u_{it} - u_{i,t-1}), \quad t = 2, \dots, T. \tag{10.47}$$

Wenn wir das mittels OLS schätzen, erhalten wir keinen konsistenten Schätzer für γ, weil $y_{i,t-1}$ und $u_{i,t-1}$ per Definition korreliert sind, auch wenn $T \to \infty$. Bei vielen Anwendungen scheint dieser Erste-Differenzen-Schätzer gravierend verzerrt zu sein. Diese transformierte Spezifikation legt jedoch eine Instrumentalvariablenvorgehensweise nahe. Zum Beispiel wenn $y_{i,t-2}$ korreliert ist mit $y_{i,t-1} - y_{i,t-2}$, aber nicht mit $u_{i,t-1}$, es sei denn, u_{it} zeigt Autokorrelation (was wir per Annahme ausgeschlossen haben). Das legt einen Instrumentalvariablenschätzer[13] für γ nahe als

$$\hat{\gamma}_{IV} = \frac{\sum_{i=1}^{N} \sum_{t=2}^{T} y_{i,t-2}(y_{it} - y_{i,t-1})}{\sum_{i=1}^{N} \sum_{t=2}^{T} y_{i,t-2}(y_{i,t-1} - y_{i,t-2})}. \tag{10.48}$$

Eine notwendige Bedingung für die Konsistenz dieses Schätzers ist, dass

$$\text{plim } \frac{1}{N(T-1)} \sum_{i=1}^{N} \sum_{t=2}^{T} (u_{it} - u_{i,t-1})y_{i,t-2} = 0 \tag{10.49}$$

für T oder N oder beide gegen unendlich strebend. Der Schätzer in (10.47) ist einer der von Anderson und Hsiao (1981) vorgeschlagenen. Sie haben außerdem eine Alternative vorgeschlagen, bei der $y_{i,t-2} - y_{i,t-3}$ als ein Instrument verwendet wird. Das ergibt

$$\hat{\gamma}_{IV}^{(2)} = \frac{\sum_{i=1}^{N} \sum_{t=3}^{T} (y_{i,t-2} - y_{i,t-3})(y_{it} - y_{i,t-1})}{\sum_{i=1}^{N} \sum_{t=3}^{T} (y_{i,t-2} - y_{i,t-3})(y_{i,t-1} - y_{i,t-2})}, \tag{10.50}$$

was konsistent ist (unter Regelbedingungen), wenn

$$\text{plim } \frac{1}{N(T-2)} \sum_{i=1}^{N} \sum_{t=3}^{T} (u_{it} - u_{i,t-1})(y_{i,t-2} - y_{i,t-3}) = 0. \tag{10.51}$$

Beachten Sie, dass der zweite Instrumentalvariablenschätzer eine zusätzliche Verzögerung benötigt, um das Instrument zu erstellen, sodass die effektive Zahl der in der Schätzung verwendeten Beobachtungen reduziert ist (eine Stichprobenperiode geht »verloren«).

Konsistenz beider Anderson-Hsiao-Schätzer wird erreicht unter der Annahme, dass u_{it} keine Autokorrelation aufweist. Arellano (1989) hat jedoch gezeigt, dass der Schätzer, der das Erste-Differenzen-Instrument nutzt, wenn dem Modell exogene Variablen hinzugefügt werden, unter großen Varianzen über einen großen Bereich von Werten für γ leidet. Zusätzlich zeigt der Monte-Carlo-Beweis durch Arellano und Bover (1995), dass die Level-Versionen des Anderson-Hsiao-Schätzers große Verzerrungen und große Standardfehler aufweisen können, insbesondere wenn γ nahe eins ist. Es wurden alternative Schätzer entwickelt, die auf die Anderson-Hsiao-Vorgehensweise aufbauen. Diese Vorgehensweisen, in einem Momentenmethodenansatz formuliert, vereinigen die obigen Schätzer und eliminieren die Nachteile reduzierter Stichprobengrößen. Der erste Schritt besteht darin, festzustellen, dass

$$\text{plim} \frac{1}{N(T-1)} \sum_{i=1}^{N} \sum_{t=2}^{T} (u_{it} - u_{i,t-1}) y_{i,t-2} = E\{(u_{it} - u_{i,t-1}) y_{i,t-2}\} = 0 \tag{10.52}$$

eine Momentenbedingung ist (vergleiche Kapitel 5). Auf ähnliche Weise ist

$$\text{plim} \frac{1}{N(T-2)} \sum_{i=1}^{N} \sum_{t=3}^{T} (u_{it} - u_{i,t-1})(y_{i,t-2} - y_{i,t-3})$$
$$= E\{(u_{it} - u_{i,t-1})(y_{i,t-2} - y_{i,t-3})\} = 0 \tag{10.53}$$

eine Momentenbedingung. Beide IV-Schätzer erlegen folglich der Schätzung eine Momentenbedingung auf. Es ist durchaus bekannt, dass das Auferlegen von mehr Momentenbedingungen die Effizienz der Schätzer steigert (natürlich vorausgesetzt, die zusätzlichen Bedingungen sind stichhaltig). Arellano und Bond (1991) schlagen vor, die Liste der Instrumente durch Nutzen zusätzlicher Momentenbedingungen zu erweitern und deren Anzahl mit t variieren zu lassen. Um das zu tun, halten sie T fix. Ist zum Beispiel $T = 4$, dann haben wir

$$E\{(u_{i2} - u_{i1}) y_{i0}\} = 0$$

als die Momentenbedingung für $t = 2$. Für $t = 3$ haben wir

$$E\{(u_{i3} - u_{i2}) y_{i1}\} = 0,$$

aber es gilt auch, dass

$$E\{(u_{i3} - u_{i2}) y_{i0}\} = 0.$$

Für die Periode $t = 4$ haben wir drei Momentenbedingungen und drei stichhaltige Instrumente:

$$E\{(u_{i4} - u_{i3}) y_{i0}\} = 0$$
$$E\{(u_{i4} - u_{i3}) y_{i1}\} = 0$$
$$E\{(u_{i4} - u_{i3}) y_{i2}\} = 0.$$

All diese Momentenbedingungen können in einem GMM-System verwendet werden. Um den GMM-Schätzer einzuführen, definieren wir für die allgemeine Stichprobengröße T

$$\Delta\varepsilon_i = \begin{pmatrix} u_{i2} - u_{i1} \\ \ldots \\ u_{i,T} - u_{i,T-1} \end{pmatrix} \tag{10.54}$$

als den Vektor transformierter Fehlerterme und

$$Z_i = \begin{pmatrix} [y_{i0}] & 0 & \ldots & & 0 \\ 0 & [y_{i0}, y_{i1}] & & & 0 \\ \vdots & & \ddots & & 0 \\ 0 & \cdots & 0 & [y_{i0}, \ldots, y_{i,T-2}] \end{pmatrix} \tag{10.55}$$

als die Matrix der Instrumente. Jede Zeile in der Matrix Z_i enthält die Instrumente, die für eine bestimmte Periode stichhaltig sind. Folglich kann das Set aller Momentenbedingungen präzise geschrieben werden als

$$E\{Z_i' \Delta u_i\} = 0. \tag{10.56}$$

Beachten Sie, dass dies $1 + 2 + 3 + \ldots + T - 1$ Bedingungen sind. Um den GMM-Schätzer herzuleiten, schreiben wir dies als

$$E\{Z_i'(\Delta y_i - \gamma \Delta y_{i,-1})\} = 0. \tag{10.57}$$

Weil die Anzahl der Momentenbedingungen in der Regel die Anzahl der unbekannten Parameter übersteigt, schätzen wir γ durch Minimieren eines quadratischen Ausdrucks in Bezug auf die entsprechenden Stichprobenmomente (vergleiche Kapitel 5), das heißt,

$$\min_{\gamma} \left[\frac{1}{N} \sum_{i=1}^{N} Z_i'(\Delta y_i - \gamma \Delta y_{i,-1}) \right]' W_N \left[\frac{1}{N} \sum_{i=1}^{N} Z_i'(\Delta y_i - \gamma \Delta y_{i,-1}) \right], \tag{10.58}$$

wobei W_N eine symmetrisch, positiv definite, gewichtete Matrix ist.[14] Differenzieren wir das im Hinblick auf γ und lösen nach γ auf, so ergibt sich

$$\hat{\gamma}_{GMM} = \left(\left(\sum_{i=1}^{N} \Delta y_{i,-1}' Z_i \right) W_N \left(\sum_{i=1}^{N} Z_i' \Delta y_{i,-1} \right) \right)^{-1}$$

$$\times \left(\sum_{i=1}^{N} \Delta y_{i,-1}' Z_i \right) W_N \left(\sum_{i=1}^{N} Z_i' \Delta y_i \right). \tag{10.59}$$

Die Eigenschaften dieses Schätzers, bezeichnet als **Erste-Differenzen-Schätzer**, hängen ab von der Wahl für W_N, obwohl er konsistent ist, solange W_N positiv definit ist, zum Beispiel für $W_N = I$, die Identitätsmatrix.

Die **optimale Gewichtungsmatrix** ist diejenige, die den effizientesten Schätzer hervorbringt, sprich, die kleinste asymptotische Kovarianzmatrix für $\hat{\gamma}_{GMM}$ ergibt. Aus der allgemeinen Theorie zu GMM in Kapitel 5 wissen wir, dass die optimale Gewichtungsmatrix (asymptotisch) proportional ist zum Kehrwert der Kovarianzmatrix der Stichprobenmomente. In diesem Fall bedeutet das, dass die optimale Gewichtungsmatrix Folgendes erfüllen sollte:

$$\operatorname*{plim}_{N\to\infty} W_N = V\{Z_i'\Delta u_i\}^{-1} = E\{Z_i'\Delta u_i \Delta u_i' Z_i\}^{-1}. \tag{10.60}$$

Im Standardfall, in dem der Kovarianzmatrix von u_i keine Restriktionen auferlegt sind, kann dies mittels eines konsistenten First-Step-Schätzers von u_i und Ersetzen des Erwartungsoperators durch einen Stichprobendurchschnitt geschätzt werden. Das ergibt

$$\hat{W}_N^{opt} = \left(\frac{1}{N}\sum_{i=1}^{N} Z_i'\Delta \hat{u}_i \Delta \hat{u}_i' Z_i\right)^{-1}, \tag{10.61}$$

wobei $\Delta \hat{u}_i$ ein Residuenvektor aus einem konsistenten First-Step-Schätzer ist, der zum Beispiel $W_N = 1$ verwendet.

Die allgemeine GMM-Vorgehensweise erlegt nicht auf, dass u_{it} bei Individuen und Zeit i.i.d. ist, und die optimale Gewichtungsmatrix wird von daher ohne Auferlegen dieser Restriktionen geschätzt. Beachten Sie jedoch, dass die Abwesenheit von Autokorrelation nötig ist, um die Validität der Momentenbedingungen zu garantieren. Statt die optimale Gewichtungsmatrix unbeschränkt zu schätzen, ist es auch möglich (und bei kleinen Stichproben potenziell ratsam), das Nichtvorhandensein von Autokorelation in u_{it} aufzuerlegen, kombiniert mit einer homoskedastischen Annahme. Beachten Sie, dass unter diesen Restriktionen

$$E\{\Delta u_i \Delta u_i'\} = \sigma_u^2 G = \sigma_u^2 \begin{pmatrix} 2 & -1 & 0 & \cdots \\ -1 & 2 & \ddots & 0 \\ 0 & \ddots & \ddots & -1 \\ \vdots & 0 & -1 & 2 \end{pmatrix}, \tag{10.62}$$

die optimale Gewichtungsmatrix bestimmt werden kann als

$$W_N^{opt} = \left(\frac{1}{N}\sum_{i=1}^{N} Z_i' G Z_i\right)^{-1}. \tag{10.63}$$

Beachten Sie, dass diese Matrix keine unbekannten Parameter enthält, sodass der optimale GMM-Schätzer in einem Schritt berechnet werden kann, wenn von den ursprünglichen Fehlern u_{it} angenommen wird, dass sie homoskedastisch sind und keine Autokorrelation zeigen.

Unter schwachen Regelbedingungen ist der Erste-Differenzen-GMM-Schätzer für γ asymptotisch normalverteilt für $N \to \infty$ und fixes T mit seiner Kovarianzmatrix gegeben durch

$$\underset{N \to \infty}{\text{plim}} \left(\left(\frac{1}{N} \sum_{i=1}^{N} \Delta y'_{i,-1} Z_i \right) \left(\frac{1}{N} \sum_{i=1}^{N} Z'_i \Delta u_i \Delta u'_i Z_i \right)^{-1} \left(\frac{1}{N} \sum_{i=1}^{N} Z'_i \Delta y_{i,-1} \right) \right)^{-1}. \tag{10.64}$$

Das folgt aus dem allgemeineren Ausdruck in Kapitel 5.6. Mit i.i.d. Fehlern reduziert sich der mittlere Term auf

$$\sigma_u^2 W_N^{opt} = \sigma_u^2 \left(\frac{1}{N} \sum_{i=1}^{N} Z'_i G Z_i \right)^{-1}.$$

Alvarez und Arrelano (2003) zeigen, dass im Allgemeinen der Erste-Differenzen-GMM-Schätzer auch dann konsistent ist, wenn sowohl N als auch T gegen unendlich streben, trotz der Tatsache, dass die Anzahl von Momentenbedingungen mit der Stichprobengröße gegen unendlich strebt. Für große T wird der Erste-Differenzen-GMM-Schätzer jedoch nahe dem Fixed-Effects-Schätzer sein, der eine attraktivere Alternative darstellt.

Trotz seines theoretischen Anspruches leidet die empirische Implementierung des Erste-Differenzen-GMM-Schätzers häufig unter schwachen Kleine-Stichproben-Eigenschaften, was vor allem der großen Anzahl potenziell schwacher Instrumente zuzuschreiben ist. In Kapitel 10.4.3 besprechen wir dieses Problem detaillierter, einschließlich einiger Möglichkeiten, das Problem der Instrumentenproliferation zu beherrschen.

10.4.2 Dynamische Modelle mit exogenen Variablen

Enthält das Modell auch exogene Variablen, dann haben wir

$$y_{it} = x'_{it} \beta + \gamma y_{i,t-1} + \alpha_i + u_{it}, \tag{10.65}$$

was auch durch den generalisierten Instrumentalvariablenschätzer oder die GMM-Vorgehensweise geschätzt werden kann. Abhängig von den zu x_{it} getroffenen Annahmen können unterschiedliche Sets zusätzlicher Instrumente erstellt werden. Wenn die x_{it} *strikt exogen* sind in dem Sinne, dass sie mit keinem der u_{is}-Fehlerterme korreliert sind, haben wir auch

$$E\{x_{is} \Delta u_{it}\} = 0 \quad \text{für jedes } s, t, \tag{10.66}$$

sodass $x_{i1}, \dots, x_{iT}$ der Instrumentenliste für die Erste-Differenzen-Gleichung in jeder Periode hinzugefügt werden kann. Das würde die Anzahl der Zeilen in Z_i ziemlich groß werden lassen. Stattdessen können wir nahezu dasselbe Informationsniveau erreichen, wenn die Erste-Differenzen-x_{it}s als ihre eigenen Instrumente verwendet werden.[15] In diesem Fall erlegen wir die Momentenbedingungen auf:

$$E\{\Delta x_{it} \Delta u_{it}\} = 0 \quad \text{für jedes } t \tag{10.67}$$

und die Instrumentenmatrix kann geschrieben werden als

$$
Z_i = \begin{pmatrix}
[y_{i0}, \Delta x'_{i2}] & 0 & \cdots & & 0 \\
0 & [y_{i0}, y_{i1}, \Delta x'_{i3}] & & & 0 \\
\vdots & & \ddots & & 0 \\
0 & & \cdots & 0 & [y_{i0}, \ldots, y_{i,T-2}, \Delta x'_{iT}]
\end{pmatrix}.
$$

Wenn die x_{it}-Variablen nicht strikt exogen, aber **vorbestimmt** sind – in diesem Fall sind aktuelle und gelagte x_{it}s nicht korreliert mit aktuellen Fehlertermen –, haben wir für $s \geq t$ nur $E\{x_{it}u_{is}\} = 0$. In diesem Fall sind nur $x_{i,t-1}, \ldots, x_{i1}$ stichhaltige Instrumente für die Erste-Differenzen-Gleichung in Periode t. Folglich sind die Momentenbedingungen, die auferlegt werden können:

$$
E\{x_{i,t-j}\Delta u_{it}\} = 0 \quad \text{für } j = 1, \ldots, t - 1 \text{ (für jedes } t). \tag{10.68}
$$

In der Praxis kann eher eine Kombination aus strikt exogenen und vorgegebenen x-Variablen auftreten statt eines dieser beiden Extremfälle. Die Matrix Z_i sollte dann entsprechend angepasst werden. Baltagi (2008, Kapitel 8) liefert zusätzliche Erörterungen und Beispiele.

Arellano und Bover (1995) liefern einen Ansatz, um obige Vorgehensweise mit den Instrumentalvariablenschätzern von Hausman und Taylor (1981) und anderen in Kapitel 10.2.6 besprochenen zu integrieren. Vor allem stellen sie dar, wie eine Information in Niveaus ebenfalls bei der Schätzung eingesetzt werden kann. Das heißt, zusätzlich zu den oben dargestellten Momentenbedingungen ist es auch möglich, das Vorhandensein gültiger Instrumente für die Niveaugleichungen (10.43) oder (10.65) oder deren Durchschnitte über die Zeit zu nutzen (die Between-Regression).

Das ist von besonderer Bedeutung, wenn die individuellen Reihen stark persistent sind und γ nahe eins ist. In diesem Fall kann der Erste-Differenzen-GMM-Schätzer unter schweren Endliche-Stichproben-Verzerrungen leiden, weil die Instrumente schwach sind (siehe im Folgenden); siehe auch Blundell und Bond (1998), Blundell, Bond, und Windmeijer (2000) und Arellano (2003, Kapitel 6.6). Unter bestimmten Annahmen können angemessen verzögerte Differenzen von y_{it} verwendet werden, um die Gleichung in Levels auszuführen, zusätzlich zu den Instrumenten für die Erste-Differenzen-Gleichung. Zum Beispiel kann $E\{\Delta y_{i,t-1}\alpha_i\} = 0$, $\Delta y_{i,t-1}$ verwendet werden, um $\Delta y_{i,t-1}$ in (10.43) zu verwenden, und

$$
E\{(y_{it} - \gamma y_{i,t-1})(y_{i,t-1} - y_{i,t-2})\} = 0
$$

ist eine gültige Momentenbedingung, die (bei Abwesenheit von Reihenkorrelation in u_{it}) hinzugefügt werden kann. Schätzer, die Momentenbedingungen verwenden, die sowohl auf Levels wie auch auf ersten Differenzen basieren, werden in der Regel als **System-GMM-Schätzer** bezeichnet. Die Validität der zusätzlichen Instrumente hängt von der Annahme ab, dass Veränderungen in y_{it} nicht korreliert sind mit den Fixed Effects. Das bedeutet, dass sich die Individuen in einer Art stabilem Zustand befinden in dem Sinne, dass Abweichungen von langfristigen Werten, abhängig von exogenen Variablen, nicht systematisch verbunden sind mit α_i. Wenn γ

nahe eins ist, kann diese Annahme leider am wenigsten wahrscheinlich erfüllt werden in Anbetracht dessen, dass es vieler Perioden für Abweichungen vom stabilen Zustand bedarf, um abzuklingen. Wie von Roodman (2009) betont, bietet GMM in Situationen, in denen es die größten Hoffnungen weckt, die geringste Hilfe.

10.4.3 Zu viele Instrumente

In den Kapiteln 5.5.4 und 5.6.4 haben wir über die Probleme schwacher Instrumente und schwacher Identifikation in einem GMM-Kontext gesprochen Wenn Instrumente schwach sind, liefern sie nur wenige Informationen über die für uns interessanten Parameter, was zu schwachen Kleine-Stichproben-Eigenschaften des GMM-Schätzers führt. Ein anderes, aber damit in Verbindung stehendes Problem entsteht, wenn die Anzahl der Instrumente (Momentenbedingungen) in Relation zur Stichprobengröße sehr groß ist. Das Schätzen dynamischer Paneldatenmodelle ist eine Situation, die schnell unter dem Vorhandensein zu vieler Instrumente leiden kann. Beachten Sie zum Beispiel, dass für sowohl für den Erste-Differenzen-GMM-Schätzer als auch den System-GMM-Schätzer die Anzahl der Instrumente quadratisch mit T ansteigt. Die Folge ist, dass der GMM-Schätzer nur sehr schwache Kleine- Stichproben-Eigenschaften aufweist und traditionelle Fehlspezifikationstests, wie der Test auf überidentifizierende Spezifikationen, dazu neigen, irreführend zu sein. Das kann vor allem beim Zwei-Stufen-Schätzer der Fall sein, welcher sich auf die Schätzung einer potenziell hochdimensionalen optimalen Gewichtungsmatrix stützt.

Roodman (2009) bespricht die beiden Hauptsymptome der Proliferation von Instrumenten. Das erste, welches für Instrumentalvariablenschätzer im Allgemeinen gilt, besteht darin, dass zahlreiche Instrumente die endogenen Variablen überanpassen können. In endlichen Stichproben haben Instrumente wegen der Stichprobenvariabilität nie exakt eine Nullkorrelation mit den endogenen Komponenten der Instrumentalvariablen. Das Vorhandensein vieler Instrumente führt deshalb zu einer Kleine-Stichproben-Verzerrung in Richtung des OLS. Um das zu veranschaulichen, betrachten wir die extremen Fälle, in denen die Anzahl an Instrumenten gleich der Anzahl von Beobachtungen ist. In diesem Fall bringen die Erste-Stufen-Regressionen (Regressionen der reduzierten Form, siehe Kapitel 5.5.4) ein R^2 von 1 hervor und der Instrumentalvariablenschätzer reduziert sich zu OLS. Entsprechend empfiehlt es sich, die Anzahl der Instrumente zu reduzieren, auch wenn diese theoretisch alle gültig und relevant sind, um die Kleine-Stichproben-Verzerrungen im GMM-Schätzer zu reduzieren (siehe zum Beispiel Windmeijer, 2005).

Das zweite Problem ist spezifisch für den Zwei-Stufen-Schätzer, der eine optimale Gewichtungsmatrix verwendet, die geschätzt werden muss. Die Anzahl von Elementen in dieser Matrix ist quadratisch in der Anzahl von Instrumenten und von daher extrem groß, wenn die Anzahl der Instrumente groß ist.[16] Als Folge neigen die Schätzwerte für die optimale Gewichtungsmatrix dazu, sehr ungenau zu sein, wenn es viele Instrumente gibt (siehe Roodman, 2009, für weitere Details). Das hat zwei Konsequenzen. Erstens neigen die Standardfehler für Zwei-Stufen-Schätzer zu gravierenden Verzerrungen nach unten. Zweitens ist der in Kapitel 5.6.2 besprochene Restriktionstest dahingehend viel zu optimistisch, dass er die Nullhypothese in viel zu wenigen Fällen verwirft. Zum Beispiel zeigt Bowsher (2002), dass der überidentifizierende Restriktionstest für Erste-Differenzen-GMM, der das gesamte Instrumentenset in (10.55) verwendet, nahezu nie verwirft, wenn T zu groß wird für einen bestimmten Wert von N, sowohl unter der Nullhypothese als auch vielen relevanten Alternativen. Wenn die Anzahl der

Instrumente groß ist, kann der überidentifizierende Restriktionstest deshalb beim Anzeigen von Fehlspezifikation oder falscher Instrumentalisierung versagen. Windmeijer (2005) leitet eine Korrektur ab, um den Schätzer für die GMM-Kovarianzmatrix zu verbessern.

Eine generelle Schlussfolgerung aus dieser Erörterung besteht darin, dass es ratsam ist, die Instrumenteanzahl bei der Schätzung von dynamischen Paneldatenmodellen zu reduzieren. Eine offensichtliche Methode, um das umzusetzen, besteht darin, nur bestimmte Verzögerungen statt aller verfügbaren Verzögerungen der Instrumente zu nutzen. Auf diese Weise kann die Anzahl der Spalten in (10.55) wesentlich reduziert werden. Eine alternative Vorgehensweise wird von Roodman (2009) vorgeschlagen. Sie besteht darin, die Instrumente mittels Addition zu kleineren Sets zusammenzufassen. Das hat den potenziellen Vorteil, mehr Informationen zu behalten, da keine Instrumente wegfallen. Statt aufzuerlegen

$$E\{(u_{it} - u_{i,t-1})y_{i,t-s}\} = 0 \text{ für } t = 2, 3, \ldots, T; \, s = 2, 3, \ldots,$$

erlegen wir auf

$$E\{(u_{it} - u_{i,t-1})y_{i,t-s}\} = 0 \text{ für } s = 2, 3, \ldots$$

Die neuen Momentenbedingungen verkörpern dieselbe Überzeugung über Orthogonalität von $u_{it} - u_{i,t-1}$ und $y_{i,t-s}$, aber wir trennen die Stichprobenmomente nicht für jede Zeitperiode. Dann fällt die Matrix der Instrumente zusammen zu

$$Z_i^* = \begin{pmatrix} y_{i0} & 0 & 0 & \cdots & 0 \\ y_{i0} & y_{i1} & 0 & \cdots & 0 \\ y_{i0} & y_{i1} & y_{i2} & \cdots & 0 \\ \vdots & \vdots & \vdots & \ddots & \vdots \\ y_{i0} & y_{i1} & \cdots & y_{i,T-3} & y_{i,T-2} \end{pmatrix}. \tag{10.69}$$

Diese Methoden des Reduzierens der Anzahl von Instrumenten liefern einige relevante Robustheitsüberprüfungen für die Koeffizientenschätzwerte, Standardfehler und Fehlspezifikationstests. Roodman (2009) zeigt einen Monte-Carlo-Beweis, der darstellt, dass das Reduzieren und/oder Zusammenfallen der Instrumente dabei hilft, die Verzerrung bei den Erste-Differenzen- und System-GMM-Schätzern zu reduzieren und die Fähigkeit des überidentifizierenden Restriktionstests zum Aufspüren von Fehlspezifikation zu erhöhen. Im Allgemeinen empfiehlt er, dass »Ergebnisse aggressiv auf Anfälligkeit gegenüber Reduktionen der Anzahl von Instrumenten getestet werden sollten«.

In Kapitel 10.5 fahren wir fort mit einem empirischen Beispiel der Schätzung eines dynamischen Paneldatenmodells für die Kapitalstruktur eines Unternehmens, unter Verwendung eines Maximums von 15 Jahren an Daten. Kapitel 10.6 konzentriert sich auf die jüngste Literatur zu Paneldatenreihen, einschließlich Tests auf Einheitswurzeln und Kointegration. Diese Literatur geht in der Regel davon aus, dass die Anzahl die Zeitperioden ausreichend groß ist, derart, dass die Kleine-Stichproben-Verzerrung im Within-Schätzer für das dynamische Paneldaten-modell erst in zweiter Linie von Bedeutung ist. Leser, die sich mehr für mikroökonomische Anwendungen interessieren, können mit Kapitel 10.7 fortfahren, in dem Paneldatenmodelle mit beschränkt abhängigen Variablen besprochen werden.

10.5   Beispiel: Die Kapitalstruktur erklären

Die Kapitalstruktur eines Unternehmens verrät uns, wie das Unternehmen seine Tätigkeiten finanziert, wobei die wichtigsten Quellen Schulden und Eigenkapital sind. In ihrer bahnbre-chenden Arbeit zeigen Modigliani und Miller (1958), dass in einer reibungsfreien Welt mit effizienten Kapitalmärkten die Kapitalstruktur eines Unternehmens irrelevant ist für dessen Wert. In der Realität können jedoch Marktunzulänglichkeiten wie Steuern und Insolvenzkosten den Unternehmenswert von der Kapitalstruktur abhängig sein lassen und es kann argumentiert werden, dass Unternehmen eine optimale Zielschuldenquote auf Basis einer Abwägung zwi-schen den Kosten und Vorteilen von Schulden treffen. Beispielsweise würden Unternehmen zwischen den Vorteilen einer Schuldenfinanzierung[17] und den Kosten für finanzielle Notla-gen im Fall einer zu hohen Verschuldung abwägen. In diesem Kapitel folgen wir Flannery und Rangan (2006) und untersuchen die erklärende Kraft der Trade-Off-Theorie unter Berück-sichtigung, dass Unternehmen nur partiell in Richtung ihrer Zielschuldenstruktur anpassen können. Das führt zu einem dynamischen Paneldatenmodell für die Schuldenquote des Unter-nehmens.

Die Schuldenquote eines Unternehmens misst deren Anteil an der Kapitalausstattung eines Un-ternehmens, die über Schulden finanziert ist, und kann definiert werden als

$$MDR_{it} = \frac{D_{it}}{D_{it} + S_{it}P_{it}},$$

wobei D_{it} der Buchwert der zinstragenden Verbindlichkeiten eines Unternehmens ist, S_{it} die Anzahl im Umlauf befindlicher Stammaktien und P_{it} den Preis pro Aktie bezeichnet, alle zum Zeitpunkt t. Wenn ein Unternehmen über einen relativ großen Schuldenanteil finanziert ist, gilt es als stark fremdfinanziert. Die optimale oder Zielschuldenstruktur eines Unternehmens zum Zeitpunkt t sollte von Unternehmenseigenschaften abhängen, die zum Zeitpunkt $t - 1$ be-kannt sind und verbunden sind mit den Kosten und Nutzen des Operierens mit verschiedenen Verschuldungsgraden. Entsprechend wird von der Zielschuldenstruktur angenommen, dass sie Folgendes erfüllt:

$$MDR_{it}^* = x_{i,t-1}'\beta + \eta_{it},$$

wobei η_{it} ein Mittelwert-null-Fehlerterm ist, der unbeobachtete Heterogenität nachweist.

Anpassungskosten können Unternehmen davon abhalten, ihre Zielschuldenstruktur zu jedem Zeitpunkt auszuwählen. Um das auszugleichen, spezifizieren wir ein Zielanpassungsmodell als

$$MDR_{it} - MDR_{i,t-1} = (1 - \gamma)(MDR_{it}^* - MDR_{i,t-1}),$$

wobei $0 \leq \gamma \leq 1$ (vergleiche (9.10)). Der Koeffizient γ misst die Anpassungsgeschwindigkeit und gilt als identisch bei den Unternehmen. Wenn $\gamma = 0$, dann passen sich Unternehmen unverzüglich und vollständig an ihre Zielschuldenstruktur an. Kombinieren wir die vorhergehenden beiden Gleichungen, so können wir schreiben

$$MDR_{it} = \gamma MDR_{i,t-1} + x'_{i,t-1}\beta(1 - \gamma) + \varepsilon_{it},$$

wobei $\varepsilon_{it} = (1 - \gamma)\eta_{it}$. Weil es wahrscheinlich ist, dass zeitinvariante unbeobachtete unternehmensspezifische Heterogenität eine Rolle spielt, wird unsere abschließende Spezifikation geschrieben als

$$MDR_{it} = \gamma MDR_{i,t-1} + x'_{i,t-1}\beta^* + \alpha_i + u_{it}, \tag{10.70}$$

was einem standarddynamischen Paneldatenmodell, wie im vorhergehenden Kapitel besprochen, entspricht.

Die Daten, die wir verwenden, und die Wahl erklärender Variablen ähneln jenen bei Flannery und Rangan (2006). Unsere Stichprobe von Unternehmen ist den Compustat Industrial Annual Tapes entnommen und deckt die Jahre 1987 bis 2001 ab ($T = 15$), wobei wir Finanzunternehmen und regulierte Versorgungsunternehmen ausschließen, da deren Finanzentscheidungen möglicherweise spezielle Faktoren widerspiegeln. Unsere endgültige Stichprobe enthält eine zufällige Unterstichprobe des größeren Panels, das $N = 3777$ Unternehmen abdeckt und 19 573 Unternehmensjahresbeobachtungen.[18] Das Panel ist unausgeglichen, mit einer durchschnittlichen Beobachtung der Unternehmen über 5,2 Jahre. Um die Zielschuldenstruktur zu modellieren, werden die folgenden Variablen verwendet:

ebit_ta	Gewinne vor Zinsen und Steuern, geteilt durch Gesamtaktiva
mb	Verhältnis des Marktwerts zum Buchwert der Aktiva
dep_ta	Abschreibungskosten als ein Anteil der fixen Aktiva
log(ta)	Logarithmus der Gesamtaktiva
fa_ta	Anteil der Anlagegüter
rd_ta	Ausgaben für Forschung und Entwicklung, geteilt durch Gesamtaktiva (ta) (0, falls nicht vorhanden)
rd_dum	Dummy, der anzeigt, ob rd_ta fehlt
indmedian	Branchenmedian Schuldenverhältnis
rated	Dummy, der anzeigt, ob das Unternehmen ein öffentliches Schuldenrating hat

Weil Informationen zu den F&E-Ausgaben für einen erheblichen Teil der Unternehmensjahre fehlen, folgen wir der pragmatischen Lösung von Flannery und Rangan (2006) und fügen dem Modell eine Dummyvariable, die gleich eins ist, hinzu, wenn die F&E-Information fehlt.[19] Zuerst schätzen wir das dynamische Modell in (10.70) mit drei Schätzern, von denen wir wissen, dass sie für $N \rightarrow \infty$ inkonsistent sind und für T fix: OLS, der Within-Schätzer aus Kapitel 10.2.1 und der Erste-Differenzen-Schätzer aus Kapitel 10.2.2. Die Ergebnisse sind in Tabelle 10.3 aufgeführt, wo alle Standardfehler auf panelrobuste Weise berechnet sind.[20] Das heißt, Standardfehler sind alle angepasst auf Heteroskedastizität und beliebige Formen von Reihenkorrelation innerhalb der Unternehmen (siehe Kapitel 10.2.7). Entsprechend Kapitel 10.4.1 erwarten wir, dass der OLS-Schätzer für γ den wahren Koeffizienten der gelagten abhängigen Variable überschätzt, während der Within-Schätzer (Fixed-Effects-Schätzer) diesen unterschätzt (siehe auch Bond, 2002). Vom Erste-Differenzen-Schätzer erwarten wir, dass er die wahre Auswirkung der gelagten Variablen wesentlich unterschätzt, vor allem wenn γ groß ist. Das kann aus (10.46) verstanden werden, beachtend, dass der Erste-Differenzen-Schätzer und der Within-Schätzer identisch sind für $T = 2$. Diese Erwartungen finden sich bestätigt in Tabelle 10.3.

Variable	OLS	Within	Erste Differenzen
MDR_{t-1}	0,884	0,535	−0,110
	(0,005)	(0,012)	(0,012)
ebit_ta	−0,032	−0,050	−0,046
	(0,007)	(0,011)	(0,010)
mb	0,0016	0,0023	0,0028
	(0,0007)	(0,0010)	(0,0011)
dep_ta	−0,261	−0,124	0,184
	(0,035)	(0,071)	(0,079)
log(ta)	−0,0007	0,038	0,073
	(0,0006)	(0,003)	(0,005)
fa_ta	0,020	0,059	0,101
	(0,006)	(0,017)	(0,018)
rd_dum	0,007	0,0001	−0,017
	(0,002)	(0,0081)	(0,009)
rd_ta	−0,120	−0,066	−0,052
	(0,013)	(0,026)	(0,029)
indmedian	0,032	0,167	0,179
	(0,010)	(0,022)	(0,026)
rated	0,007	0,021	0,011
	(0,003)	(0,006)	(0,007)
Within-R^2		0,340	
Between-R^2		0,641	
Gesamt-R^2	0,741	0,563	0,033

Tabelle 10.3 OLS-, Within- und OLS-FD-Schätzergebnisse dynamischer Modelle (panelrobuste Standardfehler in Klammern)

Die Unterschiede zwischen den OLS-, Within- und Erste-Differenzen-Ergebnissen sind erheblich. Der OLS-Koeffizient zu gelagtem *MDR* von 0,883 impliziert, dass Unternehmen nur

11,7% der Kluft zwischen aktueller und Zielschuldenstruktur innerhalb eines Jahres schließen. Diese langsame Anpassung ist konsistent mit der Hypothese, dass andere Überlegungen die Kosten der Abweichung vom optimalen Verschuldungsgrad überwiegen. Jedoch schätzt die Fixed-Effects-Vorgehensweise die Anpassung als sehr viel schneller ein, mit einer geschätzten Anpassungsgeschwindigkeit von 46,5%. Der Erste-Differenzen-Schätzer von $-0,110$ ist einfach lächerlich und hier hauptsächlich aufgeführt, um zu zeigen, dass ungeeignete Schätztechniken extrem widersprüchliche und wirtschaftlich sinnlose Ergebnisse hervorbringen können.

In Anbetracht dessen, dass die OLS- und Within-Schätzwerte vermutlich in die entgegengesetzte Richtung verzerrt sind, würden wir erwarten, dass die wahre Anpassungsgeschwindigkeit zwischen 0,535 und 0,884 liegt (den Stichprobenfehler ignorierend). Ein weiterer bemerkenswerter Unterschied zwischen den Spalten in Tabelle 10.3 ist der geschätzte Einfluss der Unternehmensgröße. Der OLS-Schätzwert ist statistisch nicht signifikant, während der Within- und der Erste-Differenzen-Schätzwert beide einen stark signifikanten positiven Koeffizienten ($t = 12, 39$ beziehungsweise $t = 4, 89$) hervorbringen. Letztere Ergebnisse scheinen mehr Sinn zu ergeben, weil große Unternehmen eher mit hohen Verschuldungsgraden arbeiten, weil sie zum Beispiel besseren Zugang zum Markt für öffentliche Anleihen haben. Der Branchen-Medianwert ist aufgenommen, um auf Branchencharakteristika hin zu kontrollieren, die nicht durch die anderen erklärenden Variablen erfasst werden, und es wird erwartet, dass er einen positiven Koeffizienten aufweist. Die Größenordnung des Koeffizienten für *indmedian* ist für die Within- und Erste-Differenzen-Ergebnisse größer als für OLS, ebenso wie deren statistische Signifikanz. Die Variable *rated* ist potenziell endogen, da das Kreditrating eines Unternehmens von seiner Kapitalstruktur abhängen kann. Wir folgen Flannery und Rangan (2006) und nehmen einfach *rated* als zusätzliche erklärende Variable auf, darauf achtend, dass deren Aufnahme oder deren Ausschluss wenig Auswirkung auf die anderen Koeffizientenschätzwerte hat. Beachten Sie, dass für die meisten Koeffizienten die OLS-robusten Standardfehler kleiner sind als die von Within und ersten Differenzen. Das macht Sinn, da letztere beide Vorgehensweisen Fixed Effects zulassen und nur die Koeffizienten aus der Within-Streuung in den Daten identifizieren. Zum Beispiel zeigt *rd_dum* sehr wenig zeitliche Streuung, weshalb seine Auswirkung mit der Fixed-Effects-Vorgehensweise nicht exakt geschätzt wird.

Wie bereits erwähnt, sind alle Schätzer in Tabelle 10.3 inkonsistent. Der Erste-Differenzen-Schätzer ist, obwohl er Korrelation zwischen α_i und den erklärenden Variablen zulässt, gravierend verzerrt, weil die First-Differenced-gelagte abhängige Variable stark negativ mit dem First-Differenced-Fehlerterm korreliert ist. Die OLS-Ergebnisse sind inkonsistent wegen der Korrelation zwischen der gelagten Schuldenquote und α_i. Beide Verzerrungen verschwinden nicht für $T \to \infty$. Die Within-Schätzwerte lassen auch Fixed Effects zu und von daher Korrelation zwischen den Unbeobachtbaren in α_i und den erklärenden Variablen, sie leiden jedoch unter einer Kleines-T-Verzerrung. Trotzdem scheinen letztere Ergebnisse mehr Sinn zu ergeben als die von OLS, was nahelegt, dass es wichtig ist, auf unternehmensspezifische Fixed Effects bei der Zielschuldenquote zu achten.

Um aktuelle dynamische Paneldatenmodelle konsistent für $N \to \infty$ und fixes T zu schätzen, sind die Anderson-Hsiao-Instrumentalvariablenschätzer und die Arellano-Bond-GMM-Schätzer potenzielle Kandidaten. Tabelle 10.4 zeigt die Schätzergebnisse der unterschiedlichen Vorgehensweisen. Alle in dieser Tabelle aufgeführten Schätzer basieren auf dem Anwenden von Instrumenten für First-Differenced-Gleichung. In der ersten Spalte finden sich die Ergebnisse für den Anderson-Hsiao-Schätzer, wenn $\Delta MDR_{i,t-2}$ als Instrument für $\Delta MDR_{i,t-1}$

verwendet wird, während in der zweiten Spalte die Ergebnisse aufgeführt sind, wenn das Level $MDR_{i,t-2}$ verwendet wird, um $\Delta MDR_{i,t-1}$ zu instrumentieren. Die Unterschiede zwischen beiden Spalten sind auffallend. Der Schätzer, der das First-Differenced-Instrument verwendet, leidet unter sehr hohen Standardfehlern und extrem unrealistischen Parameterschätzwerten. Zum Beispiel ist der geschätzte Wert für γ in der Größenordnung 8,56 mit einem (panelrobusten) Standardfehler von 11,4. Der Schätzer, der das Level-Instrument verwendet, scheint ein wenig realistischere Ergebnisse zu produzieren, obwohl der geschätzte Koeffizient zur gelagten abhängigen Variablen größer eins ist. Eine potenzielle Erklärung der schwachen Leistung des Erste-Differenzen-Anderson-Hsiao-Schätzers ist das Problem eines schwachen Instruments.[21] Wir können das leicht überprüfen, indem wir die zugrunde liegenden Gleichungen reduzierter Form untersuchen (vergleiche Kapitel 5.5.4). In einer Regression, die $\Delta MDR_{i,t-1}$ aus den First-Differenced-Variablen $\Delta x_{i,t-1}$ erklärt sowie das vorgeschlagene Instrument $\Delta MDR_{i,t-2}$, beträgt der panelrobuste t-Wert letzterer Variable nur $-1,02$. Das legt nahe, dass das Instrument $\Delta MDR_{i,t-2}$ im Wesentlichen irrelevant ist und wir die entsprechenden Ergebnisse nicht allzu ernst nehmen sollten. Für die reduzierte Form, die das Instrument $MDR_{i,t-2}$ enthält, beträgt der entsprechende t-Wert $-5,38$. Obwohl das anzeigt, dass die Anderson-Hsiao-Ergebnisse, die das Level-Instrument verwenden, nicht unter dem Problem schwacher Instrumente leiden, bringen sie für die gelagte abhängige Variable einen wirtschaftlich wenig interessierenden Schätzwert von 1,125 hervor. Eine potenzielle Erklärung dieses Ergebnisses besteht darin, dass aufgrund des Vorhandenseins von Reihenkorrelation in u_{it} gegen die Exogenität des Instruments $MDR_{i,t-2}$ verstoßen wird.

Eine alternative Vorgehensweise ist die Verwendung des Arellano-Bond-Schätzers (1991), bei dem weitere Verzögerungen des MDR als Instrumente für gelagtes MDR (in der First-Differenced-Gleichung) verwendet werden. Die entsprechenden Ergebnisse finden sich ebenfalls in Tabelle 10.4, wobei wir annehmen, dass die erklärenden Variablen strikt exogen sind. Die One-Step-Schätzwerte basieren auf der optimalen Gewichtungsmatrix unter der Annahme von Homoskedastizität, die in (10.63) gegeben ist, während die Two-Step-Schätzwerte die allgemeinere Gewichtungsmatrix aus (10.61) verwenden. Obwohl verschiedene Studien gezeigt haben, dass die Two-Step-Standardfehler (optimale GMM-Standardfehler) in kleinen Stichproben nach unten verzerrt sind und das Verwenden des One-Step-Schätzwertes empfehlen, scheinen sie in der aktuellen Anwendung größer zu sein als die der One Steps. Die One-Step-GMM-Ergebnisse entsprechen einer Anpassungsgeschwindigkeit von 52,8%, während die Two-Step-Schätzwerte eine jährliche Anpassung von 61,8% implizieren. Die Standardfehler der GMM-Schätzwerte sind insgesamt relativ hoch und eine beträchtliche Anzahl erklärender Variablen sind einzeln betrachtet statistisch unbedeutend. Darüber hinaus leiden die GMM-Ergebnisse unter zwei zusätzlichen Problemen. Erstens produziert der Sargan-Test auf überidentifizierende Restriktionen, der auf One-Step-Schätzungen basiert, eine hoch signifikante Teststatistik von 972,41. Beachten Sie jedoch, dass dieser Test nur unter Homoskedastizität stichhaltig ist. Der Two-Step-Schätzwert produziert einen niedrigeren Wert für den Test auf überidentifizierende Restriktionen, der aber immer noch hoch signifikant ist. Zweitens wird die Hypothese, dass in u_{it} keine Reihenkorrelation vorliegt, was erforderlich ist, damit die Instrumente gültig sind, für beide GMM-Schätzer stark abgelehnt.

Zusammengefasst ist keiner der genannten Schätzwerte für das dynamische Modell zum Erklären des Verschuldungsgrads von Unternehmen wirklich überzeugend. Die (inkonsistenten) OLS- und Within-Ergebnisse aus Tabelle 10.3 legen nahe, dass sich der wahre γ-Koeffizient im Bereich zwischen 0,535 und 0,884 bewegen sollte (obwohl das in beiden Schätzwerten den

Variable	Anderson-Hsiao-IV		Arellano-Bond-GMM	
	robust s.e.	robust s.e.	One-Step	Two-Step
MDR_{t-1}	8,555	1,125	0,472	0,382
	(11,418)	(0,219)	(0,037)	(0,044)
$ebit\_ta$	1,481	0,163	0,050	0,036
	(2,037)	(0,042)	(0,011)	(0,014)
mb	0,296	0,040	0,021	0,015
	(0,385)	(0,007)	(0,002)	(0,002)
dep_ta	−2,439	−0,151	−0,038	0,065
	(3,489)	(0,139)	(0,077)	(0,091)
$\log(ta)$	−0,669	−0,032	0,025	0,030
	(0,981)	(0,019)	(0,005)	(0,006)
fa_ta	−1,337	−0,124	−0,005	0,015
	(1,906)	(0,051)	(0,019)	(0,022)
rd_dum	−0,023	−0,021	−0,018	−0,018
	(0,096)	(0,015)	(0,009)	(0,010)
rd_ta	1,068	0,099	0,019	0,001
	(1,560)	(0,052)	(0,033)	(0,031)
$indmedian$	−4,118	−0,463	0,101	0,092
	(5,681)	(0,121)	(0,034)	(0,034)
$rated$	−0,338	−0,042	−0,009	−0,007
	(0,464)	(0,013)	(0,082)	(0,007)
Überidentifizierender Restriktionstest (df = 104)			972,41 ($p = 0,000$)	436,39 ($p = 0,0000$)
Test auf Autokorrelation zweiter Ordnung in Δu_{it}			−3,287 ($p = 0,0010$)	−3,560 ($p = 0,0003$)
Instrumente:	ΔMDR_{t-2}	MDR_{t-2}	$MDR_{t-2}, MDR_{t-3}, \dots$ (für jedes t)	

Tabelle 10.4   IV- und GMM-Schätzergebnisse dynamisches Modell

Schätzfehler ignoriert). Die GMM-Schätzergebnisse produzieren γ-Schätzwerte von weniger als 0,5, während die überidentifizierenden Restriktionstests sowohl die One-Step- wie auch die Two-Step-Ergebnisse verwerfen und die Koeffizientenschätzwerte für etliche andere Variablen wirtschaftlich uninteressant sind.

Es sollte an dieser Stelle darauf hingewiesen werden, dass, wenn der wahre Koeffizient der gelagten abhängigen Variablen nahe eins ist, gelagte Levels, wie im Arellano-Bond-Verfahren verwendet, schwache Instrumente für erste Differenzen sind. Arellano und Bover (1995) und Blundell und Bond (1998) entwickeln alternative Schätzer, die auf dem Hinzufügen der ursprünglichen Gleichung in Levels zu dem System beruhen und passende gelagte erste Differenzen als Instrumente verwenden. Diese ersten Differenzen sollten dann offenkundig orthogonal zu α_i sein.

10.6 Panelzeitreihen

Die neuere Literatur zeigt eine zunehmende Integration von Techniken und Ideen aus der Zeitreihenanalyse, wie Einheitswurzeln und Kointegration, in die Bereiche der Paneldatenmodellierung. Der Grund für diese Entwicklung besteht darin, dass Forscher zunehmend erkennen, dass Querschnittsinformationen eine nützliche zusätzliche Quelle von Informationen darstellen, die genutzt werden sollten. Um die Auswirkung einer bestimmten politischen Maßnahme zu analysieren, zum Beispiel das Einführen einer Straßen- oder Umweltsteuer, kann es ergiebiger sein, mit anderen Ländern zu vergleichen, statt zu versuchen, Informationen zu diesen Auswirkungen aus der eigenen Historie des Landes zu extrahieren. Das Zusammenfassen von Daten aus verschiedenen Ländern kann auch helfen, das Problem zu überwinden, dass die Stichproben von Zeitreihen ziemlich klein sind, sodass Tests bezüglich langfristiger Eigenschaften nicht sehr stark sind.

Eine große Anzahl jüngerer Artikel diskutiert Probleme, die mit Einheitswurzeln, Scheinregressionen und Kointegration in Paneldaten zusammenhängen. Ein Großteil der Literatur konzentriert sich auf den Fall, bei dem die Zahl der Zeitperioden T ziemlich groß ist, während die Anzahl von Querschnittseinheiten N klein oder bescheiden ist. Als Folge davon ist es ziemlich wichtig, mit potenzieller Nichtstationarität der Datenreihen umzugehen, während das Vorhandensein einer Einheitswurzel oder Kointegration von spezifischem ökonomischen Interesse sein kann. Zum Beispiel liegt eine Vielzahl von Anwendungen bezüglich der Kaufkraftparität vor mit Konzentration auf (nicht)stationäre reale Wechselkurse für ein Set von Ländern oder bezüglich des Testens auf Kointegration zwischen nominellen Wechselkursen und Preisen (vergleiche Kapitel 8.5 und 9.3 sowie 9.5.4).

In diesem Kapitel betrachten wir die Analyse von Panelzeitreihen. Der Einfachheit halber werden wir im Folgenden die Querschnittseinheiten als Länder bezeichnen, obwohl es auch Unternehmen, Branchen oder Regionen sein könnten. Wir nehmen an, dass T groß genug ist, um für jedes Land ein sinnvolles eigenes Zeitreihenmodell schätzen zu können. Deshalb ist es naheliegend, an die Möglichkeit zu denken, dass Modellparameter innerhalb der einzelnen Länder unterschiedlich sind, was gemeinhin als »heterogene Panels« bezeichnet wird. Das Zusammenfassen der Daten durch Annehmen (partieller) Homogenität bei den Ländern ist potenziell effizient und vermeidet das Problem großer Zahlen ungenauer länderspezifischer Koeffizientenschätzwerte. Wie wir mit diesem Problem verfahren, kann viel ausmachen, insbesondere bei dynamischen Modellen. Baltagi und Griffin (1997) vergleichen zum Beispiel die Leistung einer großen Zahl homogener und heterogener Parameterschätzer in einem dynamischen Modell für Benzinnachfrage in 18 OECD-Ländern und stoßen bei den Ergebnissen auf überraschende Varianz. Robertson und Symons (1992) sowie Pesaran und Smith (1995) betonen die Bedeutung von Parameterheterogenität in dynamischen Paneldatenmodellen und analysieren die potenziell starke Verzerrung, die aus dem unsachgemäßen Umgang damit entstehen kann; siehe auch Canova (2007, Kapitel 8). Derartige Verzerrungen sind vor allem in einer nichtstationären Welt irreführend, da die Beziehungen der individuellen Reihen völlig zerstört sein können.

Solange wir jede Zeitreihe für sich betrachten und die Reihen ausreichend lang sind, spricht nicht viel gegen das Anwenden der Zeitreihentechniken aus den Kapiteln 8 und 9. Wenn wir jedoch verschiedene Reihen zusammenfassen, müssen wir auf die Möglichkeit achten, dass deren Prozesse nicht alle dieselben Charakteristika aufweisen oder von denselben Parametern beschrieben werden. Es ist zum Beispiel denkbar, dass y_{it} stationär ist für Land 1, aber integriert nach Ordnung eins für Land 2. Selbst wenn alle Variablen in jedem Land nach Ordnung eins integriert sind, kann Heterogenität in Kointegrationseigenschaften zu Problemen führen. Wenn zum Beispiel für jedes Land i die Variablen y_{it} und x_{it} kointegriert sind mit Parameter β_i, so gilt, dass $y_{it} - \beta_i x_{it}$ für jedes i $I(0)$ beträgt, aber im Allgemeinen existiert kein gemeinsamer kointegrierender Parameter β, der $y_{it} - \beta x_{it}$ für alle i stationär macht. Auf ähnliche Weise gibt es keine Garantie, dass die Querschnittsdurchschnitte $\bar{y}_t = \frac{1}{N} \sum_i y_{it}$ und $\bar{x}_t$ kointegriert sind, selbst wenn alle zugrunde liegenden individuellen Reihen kointegriert sind.

Ein anderes wichtiges Thema ist die Querschnittsabhängigkeit. Wenn wir Zeitreihen verschiedener Länder zusammenfassen, müssen wir wissen, dass diese Länder wahrscheinlich durch gemeinsame Faktoren beeinflusst sind, wie zum Beispiel globale Zyklen. Wenn die Querschnittsabhängigkeit nicht vernachlässigbar ist, so muss angemessen damit verfahren werden, um zu gewährleisten, dass sich ein gravierender Gewinn durch das Zusammenfassen der Daten aus verschiedenen Ländern ergibt.

In Kapitel 10.6.1 besprechen wir das Problem der Querschnittsheterogenität und veranschaulichen einige der Verzerrungen, die entstehen können, wenn das Zusammenfassen der Daten und Annehmen homogener Koeffizienten unangemessen ist. Die nachfolgenden zwei Kapitel widmen sich Paneleinheitswurzeltests. Diese Tests sind auf das Testen der gemeinsamen Nullhypothese einer Einheitswurzel für jedes Land ausgerichtet. Kapitel 10.6.3 stellt die jüngste Generation von Paneleinheitswurzeltests vor, die Querschnittsabhängigkeit zulassen. Abschließend widmet Kapitel 10.6.4 der Panelkointegration Aufmerksamkeit.

10.6.1 Heterogenität

Ein üblicher Ausgangspunkt bei Paneldatenreihen besteht darin, den Modellkoeffizienten zu erlauben, sich in den Einheiten der Stichprobe zu unterscheiden. Für das statische Modell bedeutet das:

$$y_{it} = \alpha_i + x'_{it}\beta_i + u_{it} \text{ für } i = 1, \dots, N, \tag{10.71}$$

wobei in der Regel angenommen wird, dass $u_{it} \sim IID(0, \sigma^2_{u,i})$ ist. Das erlaubt auch der Fehlervarianz, sich von i zu unterscheiden. Mit ausreichend großem T ergibt es Sinn, (10.71) für jedes Land i separat zu schätzen. Die Frage, ob die Daten zusammengeführt werden sollen oder nicht, hängt davon ab, ob Homogenität der Steigungskoeffizienten auferlegt werden kann. Tests auf die gemeinsame Hypothese, dass $\beta_i = \beta, i = 1, \dots, N$, werden in der Regel als Tests auf **Zusammenführbarkeit von Daten** bezeichnet (siehe Baltagi, 2008, Kapitel 4.1). Wenn $\beta_i = \beta$ und $\sigma^2_{u,i} = \sigma^2_u$ für alle i, dann reduziert sich das Modell auf das Standard-Fixed- oder Random-Effects-Modell, abhängig von den Annahmen, die man bereit ist, zu α_i vorzunehmen, und angenommen, dass die Fehlerterme u_{it} innerhalb der Einheiten unabhängig sind.

Im **Zufallskoeffizientenmodell** wird angenommen, dass zusätzlich zu den Achsenabschnittstermen α_i die Steigungskoeffizienten β_i ebenfalls zufällig innerhalb der Länder variieren, unabhängig von den Regressoren; siehe Hsiao und Pesaran (2008) für eine Übersicht. Das besagt, dass $\beta_i = \beta + \eta_i$, wobei η_i ein Vektor mit Mittelwert null i.i.d. Zufallsvariablen, unabhängig von $x_{i1}, \ldots, x_{iT}$. Es gibt eine Vielzahl von Schätzern für $\beta = E\{\beta_i\}$, dem durchschnittlichen Effekt von x_{it}. Der einfachste besteht darin, (10.71) mittels OLS für jedes Land zu schätzen und dann den Durchschnitt zu nehmen. Dies wird bezeichnet als der **Mean-Group-Schätzer** (Pesaran und Smith, 1995). Swamy (1970) schlägt einen praktikablen GLS-Schätzer vor, der einen gewichteten Durchschnitt der individuellen OLS-Schätzwerte hervorbringt, wobei die Gewichtungen umgekehrt proportional zu ihren Kovarianzmatrizen ausfallen (siehe Hsiao und Pesaran, 2008). Für ausreichend große T sind die Mean-Group- und die Swamy-Schätzer identisch. Ein alternativer Schätzer für β ist der Fixed-Effects-Schätzer nach dem Zusammenführen der Daten. Unter (10.71) entspricht das

$$y_{it} = \alpha_i + x'_{it}\beta + [x'_{it}(\beta_i - \beta) + u_{it}] \text{ für } i = 1, \ldots, N. \tag{10.72}$$

Wenn die Regressoren in (10.71) strikt exogen sind und die Koeffizienten unabhängig von den Regressoren variieren, liefern all diese Schätzer konsistente Schätzwerte für β. Allerdings lässt sich dieses angenehme Ergebnis nicht auf dynamische Modelle übertragen und es können starke Verzerrungen auftreten, wenn unpassenderweise Homogenität auferlegt wird (Pesaran und Smith, 1995).

Um die schwache Leistung von zusammengeführten Schätzern in dynamischen Modellen mit Heterogenität zu veranschaulichen, betrachten wir das dynamische Modell aus Kapitel 10.4:

$$y_{it} = \alpha_i + x'_{it}\beta + \gamma y_{i,t-1} + u_{it}. \tag{10.73}$$

Obwohl wir gesehen haben, dass der Fixed-Effcts-Schätzer für fixes T verzerrt ist, ist er konsistent für $T \to \infty$, sodass wir, wenn T ausreichend groß ist, die Kleine-Stichproben-Verzerrung ignorieren können. Lassen Sie uns dennoch annehmen, dass das wahre Modell heterogene Parameter beinhaltet und gegeben ist durch

$$y_{it} = \alpha_i + x'_{it}\beta_i + \gamma_i y_{i,t-1} + u_{it} \text{ für } i = 1, \ldots, N. \tag{10.74}$$

Unter Standardannahmen kann dieses Modell für ein gegebenes Land i unter Verwendung kleinster Quadrate (für $T \to \infty$) konsistent geschätzt werden. Aber selbst wenn die Steigungskoeffizienten willkürlich bei den Ländern variieren, kann der Fixed-Effects-Schätzer für $\beta = E\{\beta_i\}$ und $\gamma = E\{\gamma_i\}$ basierend auf (10.73) stark verzerrt sein, sogar für große T. Der Grund dafür ist, dass unter Heterogenität der Fehlerterm in (10.73) $x'_{it}(\beta_i - \beta)$ und $(\gamma_i - \gamma)y_{i,t-1}$ enthält. Selbst wenn $\gamma_i = \gamma$, so wird der erste Term Reihenkorrelation in den Fehlerterm der Gleichung einbringen, was in Kombination mit der gelagten abhängigen Variablen zu Inkonsistenz führt (siehe Kapitel 5.2.1 und 10.4). Wie schwerwiegend das Problem ist, hängt von den dynamischen Eigenschaften von x_{it} ab. Robertson und Symons (1992) zeigen, dass in dem extremen Fall von Regressoren, die Zufallsbewegungen sind, der Parameterschätzwert zu einer angepassten gelagten abhängigen Variablen eine Wahrscheinlichkeitsgrenze von eins hat und der Regressor eine Wahrscheinlichkeitsgrenze von null aufweist, ungeachtet der wahren Werte von β und γ. Diese Verzerrung wird gemeinhin als **Heterogenitätsverzerrung** bezeichnet. Robertson und Symons (1992) zeigen, dass die in Kapitel 10.4 betrachteten Anderson-Hsiao-Schätzer für (10.73) im Fall von Parameterheterogenität auch keine bessere Arbeit leisten. Glücklicherweise tun das jedoch die Durchschnittsschätzer oder der Swamy-Schätzer für ausreichend große N und T.[22]

10.6.2 Erste-Generation-Paneleinheitswurzeltests

Zur Einführung in Paneleinheitswurzeltests betrachten wir das autoregressive Modell

$$y_{it} = \alpha_i + \gamma_i y_{i,t-1} + u_{it}, \tag{10.75}$$

das wir umschreiben können zu

$$\Delta y_{it} = \alpha_i + \pi_i y_{i,t-1} + u_{it}, \tag{10.76}$$

wobei $\pi_i = \gamma_i - 1$. Die Nullhypothese, dass alle Reihen eine Einheitswurzel haben, entspricht $H_0 : \pi_i = 0$ für alle i. Es werden zwei alternative Hypothesen betrachtet. Die erste erlegt Homogenität auf und besagt, dass alle Reihen stationär sind mit demselben Mean-Reversion-Parameter, das heißt $H_{1a} : \pi_i = \pi < 0$ für jedes Land i. Die zweite Hypothese lässt zu, dass der Mean-Reversion-Parameter sich potenziell bei den Ländern unterscheidet, und besagt, dass $H_{1b} : \pi_i < 0$ für mindestens ein Land i.[23] Die erste Generation von Paneleinheitswurzeltests erlegt Querschnittsunabhängigkeit auf. Der Hauptgrund dafür ist, dass es die Abweichungen von der asymptotischen Verteilung beträchtlich vereinfacht.

Levin und Lin (1992)[24] sowie Harris und Tzavalis (1999) basieren ihre Tests auf den OLS-Schätzer für π, erlegen Homogenität auf und treffen die Annahme, dass u_{it} i.i.d. bei Ländern und Zeit ist. Abhängig von den enthaltenen deterministischen Regressoren, kann der OLS-Schätzer verzerrt oder sogar asymptotisch sein. Sind Fixed Effects enthalten, dann entspricht der Schätzer dem Fixed-Effects-Schätzer für π basierend auf (10.76), was verzerrt ist für fixes T (siehe Kapitel 10.4). Mit geeigneten Korrektur- und Standardisierungsfaktoren kann eine Teststatistik abgeleitet werden, die für $N \to \infty$ und fixes T asymptotisch normalverteilt ist (Harris und Tzavalis, 1999) oder sowohl für N als auch für $T \to \infty$ (Levin und Lin), siehe Baltagi (2008, Kapitel 12.2). Ähnlich wie bei den Augmented-Dickey-Fuller-Tests kann die Teststatistik modifiziert werden, um Reihenkorrelation in u_{it} durch Einfügen gelagter Werte von Δy_{it} in (10.76) zuzulassen. Wie in den in Kapitel 8 besprochenen Zeitreihenfällen hängen die Eigenschaften der Teststatistik (und deren Berechnung) entscheidend von den deterministischen Regressoren ab, die in die Testgleichung integriert sind. Zum Beispiel haben wir in (10.76) einen Dummy für jedes Land aufgenommen, entsprechend dem Fixed Effect. Alternative Tests sind erhältlich in Fällen, in denen die Gleichung einen gemeinsamen Achsenabschnitt enthält, oder in Fällen, in denen ein deterministischer Trend oder zeitliche Fixed Effects zu den Land-Fixed-Effects hinzugefügt werden.

Obige Tests sind restriktiv, weil sie annehmen, dass π_i bei allen Ländern identisch ist, auch unter der alternativen Hypothese. Die heterogene alternative Hypothese H_{1b} wird von Im, Pesaran und Shin (2003) verwendet.[25] Deren Test basiert auf der Durchschnittsberechnung der Augmented-Dickey-Fuller-Teststatistik (ADF-Teststatistik) (siehe Kapitel 8.4) über die Querschnittseinheiten, während verschiedene Ordnungen von Reihenkorrelation zugelassen werden. Sie schlagen auch einen Test vor, der auf der N-Lagrange-Multiplikator-Statistik für $\pi_i = 0$, basiert, gemittelt über alle Länder. Die zugrunde liegende Idee bei diesen Tests ist ziemlich einfach: Hat man N unabhängige Teststatistiken, so wird deren Durchschnitt für $N \to \infty$ asymptotisch normalverteilt sein. Folglich basieren die Tests auf dem Vergleich angemessen skalierter Querschnitts-Durchschnittsteststatistiken mit kritischen Werten aus einer Standardnormalverteilung.

Eine alternative Vorgehensweise, um Informationen aus individuellen Einheitswurzeltests zu kombinieren, wird von Maddala und Wu (1999) und Choi (2001) angewandt, die Paneldateneinheitswurzeltests vorschlagen, die auf der Kombination der p-Werte der N-Querschnittstests basieren. Lassen Sie uns den p-Wert des (Augmented-)Dickey-Fuller-Tests für Einheit i mit p_i bezeichnen. Unter der Nullhypothese wird p_i eine gleichmäßige Verteilung über das Intervall $[0,1]$ aufweisen, kleine Werte entsprechend der Ablehnung. Die kombinierte Teststatistik ist gegeben durch

$$P = -2 \sum_{i=1}^{N} \log p_i. \tag{10.77}$$

Für fixes N wird diese Teststatistik eine Chi-Quadrat-Verteilung mit $2N$ Freiheitsgraden haben, während $T \to \infty$, sodass große Werte von P uns dazu bringen, die Nullhypothese abzulehnen. Obwohl dieser Test (manchmal auch als Fisher-Test bezeichnet) attraktiv ist, weil er die Verwendung verschiedener ADF-Tests und unterschiedlicher Zeitreihenlängen per Einheit zulässt, hat er den Nachteil, dass er individuelle p-Werte erfordert, die mit Monte-Carlo-Simulationen abgeleitet werden müssen.

Während letztere Tests attraktiv und leicht zu verwenden scheinen, ist eine Warnung angebracht. Bevor die individuellen ADF-Tests, die den Vorgehensweisen von Maddala und Wu (1999) sowie Im, Pesaran und Shin (2003) zugrunde liegen, angewendet werden können, muss die Anzahl der Verzögerungen bestimmt und entschieden werden, ob ein Trend aufzunehmen ist. Wie das erfolgen sollte, liegt nicht auf der Hand. Für eine einzelne Zeitreihe besteht eine gängige Vorgehensweise darin, für eine Reihe alternativer Verzögerungswerte einen ADF-Test durchzuführen. Zum Beispiel haben wir in Tabelle 8.2 15 verschiedene (Augmented-)Dickey-Fuller-Teststatistiken für den Logarithmus Preisindex aufgeführt. Wollten wir die ADF-Tests für N verschiedene Länder kombinieren, auf welche Weise auch immer, so ergibt sich eine Vielzahl möglicher Kombinationen. Smith und Fuertes (2010) warnen vor Pretestverzerrungen in diesem Kontext.

Für alle Tests besteht die Nullhypothese darin, dass die Zeitreihen *aller* einzelnen Länder eine Einheitswurzel haben. Das bedeutet, dass die Nullhypothese verworfen werden kann (bei ausreichend großen Stichproben), wenn einer der N-Koeffizienten π_i kleiner null ist. Das Verwerfen der Nullhypothese zeigt folglich nicht an, dass alle Reihen stationär sind. Wie Smith und Fuertes (2010) anmerken: Wenn die uns interessierende Hypothese darin besteht, dass alle Reihen stationär sind (zum Beispiel reale Wechselkurse unter Kaufkraftparität), wäre es geeigneter, Tests anzuwenden, bei denen Stationarität die Nullhypothese ist statt die Alternative. Hadri (2000) schlägt eine Panelerweiterung des KPSS-Tests vor, besprochen in Kapitel 8.4, bei dem die Nullhypothese für alle Reihen stationär und die Alternative für alle Reihe nichtstationär ist. Hadri und Larsson (2005) erweitern das durch Betrachten des Falls für fest gewähltes T. Allerdings kann ein Stationaritätstest auch dann ablehnen, wenn nur eine Reihe nichtstationär ist, was möglicherweise auch nicht interessant ist. Wegen dieser Probleme sprechen sich Maddala, Wu und Liu (2000) dafür aus, dass bei Kaufkraftparität Paneldateneinheitswurzeltests die falsche Antwort auf die geringe Kraft der Einheitswurzeltests in einzelnen Zeitreihen sind.

Asymptotische Eigenschaften von Schätzern und Tests hängen entscheidend von der Art ab, wie N, die Anzahl der Querschnittseinheiten, und T, die Anzahl der Zeitreihen, zu Unendlichkeit neigen (siehe Phillips und Moon, 1999). Einige Tests gehen davon aus, dass entweder T

oder N fix ist, und nehmen an, dass die anderen Dimensionen gegen unendlich streben. Viele Tests beruhen auf einer sequenziellen Grenze, wobei zuerst T – für ein fixes N – gegen unendlich strebt und daraufhin N gegen unendlich strebt. Alternativ nehmen manche Tests an, dass sowohl N als auch T auf einem spezifischen Weg gegen unendlich streben (zum Beispiel T/N wird festgelegt). Während der Typ der angewandten Asymptotik ein theoretisches Problem zu sein scheint, denken Sie bitte daran, dass wir die asymptotische Theorie zur Approximation der Eigenschaften von Schätzern und Tests in den endlichen Stichproben, die wir nun einmal haben, anwenden. Obwohl es schwierig ist, zu diesem Thema allgemeine Aussagen zu treffen, sind einige asymptotische Approximierungen schlichtweg besser als andere. Deshalb enthalten viele Arbeiten zu diesem Thema eine Monte-Carlo-Studie, um das Verhalten der vorgeschlagenen Tests bei endlichen Stichproben unter kontrollierten Umgebungen zu analysieren. Eine häufige Erkenntnis zu vielen der oben genannten Tests besteht darin, dass sie dazu neigen, überdimensioniert zu sein. Das heißt, wenn die Nullhypothese wahr ist, neigen die Tests dazu, häufiger abzulehnen, als deren nominale Größe (etwa 5%) es nahelegt. Darüber hinaus performen manche Tests nicht sehr gut, wenn die Fehlerterme querschnittskorreliert sind oder bei Vorhandensein von länderübergreifender Integration. Wenn zum Beispiel die realen Wechselkurse $I(1)$ und über die Länder hinweg kointegriert sind, wird die Nullhypothese tendenziell zu oft abgelehnt (siehe Banerjee, Marcellino und Osbat, 2005, für ein Beispiel). Hlouskova und Wagner (2006) führen eine groß angelegte Simulationsstudie durch, um die Leistung vieler alternativer Paneleinheitswurzeln erster Generation und Stationaritätstests durchzuführen. Eine der vielen Schlussfolgerungen besteht darin, dass die Panelstationaritätstests von Hadri (2000) sowie Hadri und Larsson (2005) sehr schwach performen.

10.6.3 Zweite-Generation-Paneleinheitswurzeltests

Das Auferlegen von Querschnittsunabhängigkeit ist ziemlich restriktiv und in vielen Anwendungen neigen die Zeitreihendaten verschiedener Länder dazu, gleichzeitig korreliert zu sein. Wie von O'Connell (1998) in einer Panelstudie zur Kaufkraftparität betont, kann das Zulassen von Querschnittsabhängigkeit die Schlussfolgerungen bezüglich des Vorhandenseins von Einheitswurzeln empfindlich beeinflussen. Baltagi, Bresson und Pirotte (2007) stellten ebenfalls fest, dass das Ignorieren von räumlicher Abhängigkeit die Größe der Paneleinheitswurzeltests ernsthaft verzerren kann. Weil individuelle Beobachtungen in einem Panel in der Regel keine natürliche Ordnung haben, ist das Modellieren von Querschnittsabhängigkeit nicht offensichtlich. Die Literatur über das Modellieren von Querschnittsabhängigkeit in Paneldaten entwickelt sich sehr schnell und ich werde an dieser Stelle nur eine kurze Erörterung liefern.

Um das Problem zu veranschaulichen, lassen Sie uns einen Fall betrachten, in dem Querschnittsabhängigkeit durch den gemeinsamen Faktor in den Fehlertermen bedingt ist (Pesaran, 2007):

$$y_{it} = (1 - \gamma_i)\mu_i + \gamma_i y_{i,t-1} + u_{it}, \tag{10.78}$$

$$u_{it} = \delta_i f_t + \xi_{it}, \tag{10.79}$$

wobei f_t ein seriell nicht korrelierter unbeobachteter gemeinsamer Faktor ist. Die Koeffizienten δ_i werden als Faktorladung bezeichnet. Wenn $\delta_i = \delta$, dann ist $\delta_i f_t$ ein konventioneller Zeiteffekt, der durch Subtrahieren der Querschnittsmittelwerte aus den Daten oder durch Integrieren von

Zeitdummys entfernt werden kann. In der Regel wird angenommen, dass δ_i zufällige Ziehungen aus einer gegebenen Distribution sind.

Pesaran (2007) argumentiert, dass der gemeinsame Faktor f_t vertreten werden kann durch den Querschnittsmittelwert von y_{it} und seiner Verzögerungen, wenn N groß genug ist. Er schlägt vor, die **querschnittsweise erweiterten** (engl. cross-sectionally augmented) Dickey-Fuller-Regressionen (CADF-Regressionen) anzuwenden, gegeben durch

$$\Delta y_{it} = \alpha_i + \pi_i y_{i,t-1} + c_{1i} \bar{y}_t + c_{2i} \Delta \bar{y}_t + u_{it}, \tag{10.80}$$

wobei $\bar{y}_t = N^{-1} \sum_i y_{it}$ und c_{1i}, c_{2i} Nuisance-Parameter (Störparameter) sind. Um die Einheitswurzelhypothese ($\pi_i = 0$ für alle i) zu testen, kann der Durchschnitt der N individuellen CADF-t-Statistiken zu π_i genutzt werden (nach passender Normalisierung). Man kann auch in Betracht ziehen, die p-Werte der individuellen Tests zu kombinieren. Reihenkorrelation kann durch Erweiterung von (10.80) mit zusätzlichen Lags von Δy_{it} und $\Delta \bar{y}_t$ erfasst werden.

Moon und Perron (2004) betrachten das Modell in (10.78), gehen jedoch davon aus, dass die Fehlerterme J gemeinsame Faktoren haben, das heißt

$$u_{it} = f_t' \delta_i + \xi_{it},$$

wobei f_t ein $(J \times 1)$-Vektor stationärer gemeinsamer Faktoren und δ_i der entsprechende Vektor von Faktorladungen ist. Die Nullhypothese wird getestet mittels (Nichtstandard-)t-Statistiken, basierend auf dem zusammengeführten OLS-Schätzer, nach einem Orthogonalisierungsverfahren, um die gemeinsamen Faktoren asymptotisch zu eliminieren.

Bai und Ng (2004) betrachten eine allgemeinere Anordnung und lassen die Möglichkeit von Einheitswurzeln (und Kointegration) bei den gemeinsamen Faktoren zu. Ist zum Beispiel f_t nichtstationär und nach erster Ordnung integriert, so impliziert seine Anwesenheit in den Individualreihen y_{it} langfristige Abhängigkeit. Bei dieser Vorgehensweise kann y_{it} nichtstationär sein wegen seiner idiosynkratischen Komponente ($\gamma_i = 1$) oder wegen eines oder mehrerer gemeinsamer (nichtstationärer) Faktoren. Wie in Kapitel 9 ist die Anzahl nichtstationärer gemeinsamer Faktoren umgekehrt bezogen auf die Anzahl der (querschnitts-)kointegrierenden Beziehungen zwischen $y_{1t}, \ldots, y_{Nt}$. Bai und Ng (2004) wenden ein wesentliches Komponentenverfahren für die First-Differenced-Version des Modells an und schätzen die Faktorenladungen und die First Differences der gemeinsamen Faktoren. Dann werden auf die Faktoren und die individuellen »de-faktorierten« Reihen Einheitswurzeltests angewandt.

Gegenbach, Palm und Urbain (2010) erörtern eine Reihe praktischer Probleme bei der Berechnung verschiedener Paneleinheitswurzeltests zweiter Generation, kombiniert mit einer Monte-Carlo-Studie, welche deren Kleine-Stichproben-Eigenschaften untersucht. Weitere Details zu den hier besprochenen Tests finden sich zum Beispiel bei Baltagi (2008, Kapitel 12), Breitung und Pesaran (2008), Banerjee und Wagner (2009) sowie Smith und Fuertes (2010).

10.6.4 Panelkointegrationstests

Um in einem dynamischen Paneldatensetting auf Kointegration zu testen, steht eine Vielzahl alternativer Tests zur Verfügung und die Forschung auf diesem Gebiet macht rasante Fortschritte. Eine beträchtliche Anzahl dieser Tests basiert auf dem Testen auf einer Einheitswurzel in den

Residuen einer panelkointegrierenden Regression. Die mit diesen Paneleinheitswurzeltests verbundenen Nachteile und Komplexitäten sind auch im Fall der Kointegration relevant. Etliche zusätzliche Probleme sind beim Testen auf Kointegration von potenzieller Bedeutung: Heterogenität in den Parametern der kointegrierenden Beziehungen, Heterogenität in der Anzahl der kointegrierenden Beziehungen über die Länder sowie die Möglichkeit der Kointegration zwischen Reihen aus verschiedenen Ländern. Und nicht zuletzt das Problem des Schätzens der kointegrierenden Vektoren, für die verschiedene alternative Schätzer mit unterschiedlichen Kleine- und Große-Stichproben-Eigenschaften (abhängig vom Typ der gewählten Asymptotik) zur Verfügung stehen.

Wenn die gewählte Beziehung unbekannt ist, was fast immer der Fall ist, dann beginnen die meisten Kointegrationstests mit dem Schätzen der kointegrierenden Regression. Konzentrieren wir uns auf den bivariaten Fall und schreiben wir die Panelregression als

$$y_{it} = \alpha_i + \beta_i x_{it} + u_{it}, \tag{10.81}$$

wobei sowohl y_{it} als auch x_{it} nach Ordnung eins integriert sind. Kointegration bedeutet, dass u_{it} für jedes i stationär ist. Homogene Kointegration erfordert zusätzlich, dass $\beta_i = \beta$. Ist der kointegrierende Parameter heterogen und Homogenität ist auferlegt, dann wird geschätzt

$$y_{it} = \alpha_i + \beta x_{it} + [(\beta_i - \beta)x_{it} + u_{it}] \tag{10.82}$$

und der zusammengesetzte Fehlerterm wird im Allgemeinen nach Ordnung eins integriert, auch wenn u_{it} stationär ist. Das Problem der Scheinregression ist jedoch in dieser Situation möglicherweise weniger relevant. Das liegt daran, dass ein zusammengeführter Schätzer auch den Durchschnitt über i bildet, sodass die Störung in der Gleichung abgemildert wird. In vielen Umgebungen, wenn $N \to \infty$, ist der Fixed-Effects-Schätzer für β tatsächlich für den langfristigen Durchschnittsbeziehungsparameter konsistent ebenso wie asymptotisch normalverteilt trotz des Fehlens von Kointegration (siehe Phillips und Moon, 1999). Die Bedeutung dieser langfristigen Beziehung, bei Fehlen von Kointegration, ist offen für einige Interpretation (siehe Hsiao, 2003, Kapitel 10.2 für weitere Erörterungen). Bei heterogener Kointegration kann sich der aus der zusammengeführten Regression geschätzte langfristige Durchschnitt wesentlich vom Durchschnitt der Kointegrationsparameter, gemittelt über Länder, unterscheiden (siehe Pesaran und Smith, 1995). Gibt es also kointegrierende Regressionen, dann ist es demzufolge wesentlich besser, die individuellen kointegrierenden Regressionen zu schätzen, statt einen zusammengeführten Schätzer zu verwenden. Das erfordert offenkundig, dass $T \to \infty$.

Um auf Kointegration zu testen, können die Paneldateneinheitswurzeltests aus den vorhergehenden Kapiteln auf die Residuen aus diesen Regressionen angewandt werden, vorausgesetzt, dass die kritischen Werte entsprechend angepasst sind (siehe Pedroni, 1999, oder Kao, 1999). Denken Sie daran, dass viele Tests von Querschnittsunabhängigkeit ausgehen. Einige Tests nehmen Homogenität der kointegrierenden Parameter an und verwenden einen zusammengeführten OLS oder dynamischen OLS-Schätzer (siehe Kapitel 9.2.2). Pedroni (2004) schlägt zwei verschiedene Teststatistiken für Modelle mit heterogener Kointegration vor. Wagner und Hlouskova (2010) vergleichen die Leistung der alternativen Panelkointegrationstests in einer großflächigen Simulationsstudie und schließen, neben anderen Dingen, dass die Tests von Pedroni (2004) relativ gut performen.

Bei mehr als zwei Variablen kann es zu einer zusätzlichen Komplikation kommen, weil mehr als eine kointegrierende Beziehung für eines oder mehrere der Länder existieren kann. Darüber hinaus, selbst mit einem kointegrierenden Vektor pro Land, werden die Ergebnisse anfällig sein gegenüber der gewählten Normalisierungsbeschränkung (Variable auf der linken Seite). Und schließlich kann das Vorhandensein von Länder-Between-Kointegration die Ergebnisse von Länder-Within-Kointegrationstests gravierend verfälschen (siehe Banerjee, Marcellino und Osbat, 2005). Etliche Nachteile der Einzelgleichung-Methoden für Panelkointegration können vermieden werden durch Anwenden einer systematischen Vorgehensweise, ähnlich der Erörterung der kointegrierten VAR-Modelle in Kapitel 9.5; siehe Binder, Hsiao und Pesaran (2005) oder Breitung (2005) für einige Vorgehensweisen. Um Querschnittsabhängigkeit zu berücksichtigen, ist das Auferlegen einer gemeinsamen Faktorstruktur potenziell hilfreich. In diesem Fall sind die Fehlerterme infolge von einem oder mehr unbeobachteten gemeinsamen Faktoren querschnittskorreliert; siehe Westerlund (2007) für ein Beispiel.

Die Literatur auf diesem Gebiet entwickelt sich schnell. Zusätzliche Erörterungen zu Panelkointegrationstests finden sich bei Banerjee (1999), Baltagi (2008, Kapitel 12.5), Breitung und Pesaran (2008), Banerjee und Wagner (2009) oder Smith und Fuertes (2010).

10.7   Modelle mit beschränkt abhängigen Variablen

Paneldaten finden relativ häufig Anwendung bei mikroökonomischen Problemen, wo die uns interessierenden Modelle Nichtlinearitäten beinhalten. Diskrete oder begrenzt abhängige Variablen sind ein wichtiges Phänomen in diesem Bereich (siehe Kapitel 7) und deren Kombination mit Paneldaten verkompliziert für gewöhnlich die Schätzung. Der Grund dafür ist, dass bei Paneldaten für gewöhnlich nicht argumentiert werden kann, dass unterschiedliche Beobachtungen zur selben Einheit unabhängig sind. Korrelationen zwischen verschiedenen Fehlertermen verkomplizieren in der Regel die Likelihood-Funktionen solcher Modelle und machen folglich deren Schätzung komplizierter. In diesem Abschnitt besprechen wir die Schätzung von Paneldaten-Logit-, -Probit- und -Tobit-Modellen. Weitere Details zu Paneldatenmodellen mit begrenzten abhängigen Variablen finden sich bei Maddala (1987), Hsiao (2003, Kapitel 7–8) oder Wooldridge (2010, Kapitel 15–19).

10.7.1   Binäre Choice-Modelle

Wie im Querschnittsfall wird das binäre Choice-Modell für gewöhnlich in Bezug auf ein zugrunde liegendes latentes Modell formuliert. In der Regel schreiben wir[26]

$$y_{it}^* = x_{it}'\beta + \alpha_i + u_{it}, \tag{10.83}$$

wobei wir $y_{it} = 1$ beobachten, wenn $y_{it}^* > 0$, und andernfalls $y_{it} = 0$. So kann y_{it} zum Beispiel anzeigen, ob Person i in der Periode t arbeitet oder nicht. Lassen Sie uns annehmen, dass der idiosynkratische Fehlerterm u_{it} eine symmetrische Verteilung mit Verteilungsfunktion $F(.)$ i.i.d. bei Individuen und Zeit aufweist und unabhängig von allen x_is ist. Selbst in diesem Fall verkompliziert das Vorhandensein von α_i die Schätzung, sowohl wenn wir diese als fixe Parameter als auch wenn wir sie als Zufallsfehler-Terme behandeln.

Wenn wir α_i als fixen unbekannten Parameter behandeln, nehmen wir im Wesentlichen N Dummyvariablen in das Modell auf. Die Loglikelihoodfunktion ist folglich gegeben durch (vergleiche (7.12))

$$\log L(\beta, \alpha_1, \dots, \alpha_N) = \sum_{i,t} y_{it} \log F(\alpha_i + x'_{it}\beta)$$

$$+ \sum_{i,t} (1 - y_{it}) \log[1 - F(\alpha_i + x'_{it}\beta)]. \tag{10.84}$$

Dies im Hinblick auf β und α_i $(i = 1, \dots, N)$ zu maximieren führt zu konsistenten Schätzern, *vorausgesetzt, die Anzahl der Zeitperioden T strebt gegen unendlich.* Für fixes T und $N \to \infty$ sind die Schätzer inkonsistent. Der Grund ist, dass bei fixem T die Anzahl von Parametern mit der Stichprobengröße N wächst und wir das haben, was als »Incidental-Parameter- Problem« bezeichnet wird. Natürlich können wir α_i nur dann konsistent schätzen, wenn die Anzahl der Beobachtungen für Individuum i wächst, was erfordert, dass T gegen unendlich strebt. Im Allgemeinen überträgt sich die Inkonsistenz von $\hat{\alpha}_i$ für fixes T auf den Schätzer für β.

Das Incidental-Parameter-Problem, bei dem die Zahl der Parameter mit der Zahl der Beobachtungen zunimmt, tritt in jedem Fixed-Effects-Model auf, einschließlich dem linearen Modell; siehe Lancaster (2000) für eine Darstellung. Für den linearen Fall war es jedoch auch möglich, alle α_is zu eliminieren, sodass β konsistent geschätzt werden könnte, auch wenn alle α_i-Parameter es nicht werden können. Bei den meisten nichtlinearen Modellen jedoch führt die Inkonsistenz von $\hat{\alpha}_i$ auch zu Inkonsistenz der anderen Parameterschätzer. Beachten Sie auch, dass aus praktischer Sicht das Schätzen von mehr als N Parametern nicht sehr attraktiv sein könnte, wenn N sehr groß ist.

Obwohl es möglich ist, das *latente* Modell derart zu transformieren, dass die individuellen Effekte α_i eliminiert sind, hilft das in diesem Kontext nicht, weil es keine Zuordnung aus, zum Beispiel, $y^*_{it} - y^*_{i,t-1}$ zu Beobachtbaren wie $y_{it} - y_{i,t-1}$ gibt. Eine alternative Strategie ist die Verwendung von **bedingter Maximum-Likelihood** (siehe Andersen, 1970, oder Chamberlain, 1980). In diesem Fall betrachten wir die Likelihood-Funktion abhängig von einem Set von Statistiken t_i, das ausreichend ist für α_i. Das bedeutet, dass, abhängig von t_i, der Likelihood-Beitrag eines Individuums nicht länger abhängig ist von α_t, aber immer noch abhängig ist von den anderen Parametern β. In dem binären Choice-Modell der Paneldaten hängt das Vorhandensein einer ausreichenden Statistik von der funktionalen Form von F ab, das heißt, es hängt ab von der Verteilung, die wir u_{it} auferlegen.

Lassen Sie uns auf dem generellen Niveau die gemeinsame Dichte oder Wahrscheinlichkeitsfunktion von $y_{i1}, \dots, y_{iT}$ als $f(y_{i1}, \dots, y_{iT}|\alpha_i, \beta)$ schreiben, was abhängt von den Parametern β und α. Existiert eine ausreichende Statistik t_i, so bedeutet das, dass es eine beobachtbare Variable t_i gibt, derart, dass $f(y_{i1}, \dots, y_{iT}|t_i, \alpha_i, \beta) = f(y_{i1}, \dots, y_{iT}|t_i, \beta)$, und folglich nicht von α_i abhängt. Somit können wir die **bedingte Likelihood-Funktion**, basierend auf $f(y_{i1}, \dots, y_{iT}|t_i, \beta)$, maximieren, um einen konsistenten Schätzer für β zu erhalten. Darüber hinaus können wir die Verteilungsergebnisse aus Kapitel 6 verwenden, wenn wir die Loglikelihood durch die bedingte Loglikelihood-Funktion ersetzen. Für das *lineare* Modell mit normalverteilten Fehlern ist für α_i eine ausreichende Statistik $\bar{y}_i$. Das heißt, die bedingte Verteilung von y_{it} bei gegebenem $\bar{y}_i$ hängt nicht von α_i ab und es kann gezeigt werden, dass das Maximieren der bedingten Likelihood-Funktion den Fixed-Effects-Schätzer für β hervorbringt. Leider lässt sich dieses Ergebnis nicht automatisch auf nichtlineare Modelle übertragen. Für das Probit-Modell wurde zum Beispiel gezeigt, dass es keine ausreichende Statistik für α_i gibt. Das bedeutet, dass wir ein Fixed-Effects-Probit-Modell nicht konsistent für fixes T schätzen können.

10.7.2 Das Fixed-Effects-Logit-Modell

Für das Fixed-Effects-Logit-Modell gestaltet sich die Situation anders. In diesem Modell ist $t_i = \bar{y}_i$ eine ausreichende Statistik für α_i und eine konsistente Schätzung ist möglich mittels bedingter Maximum-Likelihood. Es sollte angemerkt werden, dass die bedingte Verteilung von $y_{i1}, \dots, y_{iT}$ ausgeartet ist, wenn $t_i = 0$ oder $t_i = 1$. Folglich tragen solche Individuen nicht zur bedingten Likelihood bei und sollten bei der Schätzung herausgenommen werden. Anders ausgedrückt, deren Verhalten würde vollständig erfasst durch deren individuellen Effekt α_i. Das bedeutet, dass nur Individuen, die ihren Status mindestens einmal verändern, für das Schätzen von β relevant sind. Um das Fixed-Effects-Logit-Modell zu veranschaulichen, betrachten wir den Fall, in dem $T = 2$.

Durch Bedingen von $t_i = 1/2$ beschränken wir die Stichprobe auf die Beobachtungen, bei denen sich y_{it} verändert, und die beiden möglichen Ergebnisse sind $(0, 1)$ und $(1, 0)$. Die bedingte Wahrscheinlichkeit des ersten Ergebnisses ist

$$P\{(0, 1)|t_i = 1/2, \alpha_i, \beta\} = \frac{P\{(0, 1)|\alpha_i, \beta\}}{P\{(0, 1)|\alpha_i, \beta\} + P\{(1, 0)|\alpha_i, \beta\}}.$$

Unter Verwendung von

$$P\{(0, 1)|\alpha_i, \beta\} = P\{y_{i1} = 0|\alpha_i, \beta\}P\{y_{i2} = 1|\alpha_i, \beta\}$$

mit[27]

$$P\{y_{i2} = 1|\alpha_i, \beta\} = \frac{\exp\{\alpha_i + x'_{i2}\beta\}}{1 + \exp\{\alpha_i + x'_{i2}\beta\}}$$

folgt, dass die bedingte Wahrscheinlichkeit gegeben ist durch

$$P\{(0, 1)|t_i = 1/2, \alpha_i, \beta\} = \frac{\exp\{(x_{i2} - x_{i1})'\beta\}}{1 + \exp\{(x_{i2} - x_{i1})'\beta\}},$$

was gewiss nicht von α_i abhängt. Ähnlich ist:

$$P\{(1, 0)|t_i = 1/2, \alpha_i, \beta\} = \frac{1}{1 + \exp\{(x_{i2} - x_{i1})'\beta\}}.$$

Diese Ergebnisse zeigen, dass die bedingte Verteilung von (y_{i1}, y_{i2}) bei gegebenen t_i und α_i unabhängig ist von den individuell spezifischen Effekten. Entsprechend können wir das Fixed-Effects-Logit-Modell für $T = 2$ schätzen mittels eines Standard-Logit mit $x_{i2} - x_{i1}$ als erklärende Variablen und die Veränderung in y_{it} als das endogene Ereignis (1 für eine positive Veränderung, 0 für eine negative). In dem Sinne hat das Bedingen von $t_i = 1/2$ denselben Effekt wie erstes Differenzieren (oder Within-Transformation) der Daten in einem linearen Paneldaten-modell. Beachten Sie, dass es in einem Fixed-Effects-binären-Choice-Modell noch deutlicher ist als im linearen Fall, dass das Modell nur identifiziert ist durch die »Within-Dimension« der Daten: Individuen, die ihren Status nicht verändern, werden bei der Schätzung schlichtweg herausgenommen, da sie keine Informationen zu β liefern. Im Fall von größerem T ist es ein bisschen mühsamer, alle nötigen bedingten Wahrscheinlichkeiten herzuleiten, aber im Prinzip ist es eine einfache Erweiterung des obigen Falls (siehe Chamberlain, 1980, oder Maddala, 1987). Chamberlain (1980) bespricht auch, wie die bedingte Maximum-Likelihood-Vorgehensweise erweitert werden kann auf das multinomiale Logit-Modell. In jüngerer Zeit haben Ferrer-i-Carbonell und Frijters (2004) einen bedingten Schätzer für das Ordered Fixed-Effect-Logit-Modell entwickelt und verwenden diesen zur Schätzung der Determinanten von Zufriedenheit (verschlüsselt in einer Reihe von Kategorien, zum Beispiel 0, 1, 2 ..., 10).

Wenn angenommen werden kann, dass die α_i unabhängig sind von den erklärenden Variablen in x_{it}, scheint ein Random-Effects-Treatment geeigneter. Das wird am leichtesten erreicht im Kontext eines Probit-Modells.

10.7.3 Das Random-Effects-Probit-Modell

Lassen Sie uns mit einer latenten Variablenspezifikation beginnen:

$$y_{it}^* = x_{it}'\beta + \varepsilon_{it}, \tag{10.85}$$

mit

$$
\begin{aligned}
y_{it} &= 1 \quad \text{wenn } y_{it}^* > 0 \\
y_{it} &= 0 \quad \text{wenn } y_{it}^* \leq 0,
\end{aligned}
\tag{10.86}
$$

wobei ε_{it} ein Fehlerterm mit Mittelwert null und Einheitsvarianz ist, unabhängig von $(x_{i1}, \ldots, x_{iT})$. Um β mittels Maximum-Likelihood zu schätzen, werden wir das durch eine Annahme über die gemeinsame Verteilung von $\varepsilon_{i1}, \ldots, \varepsilon_{iT}$ ergänzen müssen. Der Likelihood-Beitrag von Individuum i ist die (gemeinsame) Wahrscheinlichkeit des Beobachtens der T-Ergebnisse $y_{i1}, \ldots, y_{iT}$. Diese gemeinsame Wahrscheinlichkeit ist bestimmt durch die gemeinsame Verteilung der latenten Variablen $y_{i1}^*, \ldots, y_{iT}^*$ durch die gemeinsame Verteilung der latenten Variablen, durch Integrieren über die geeigneten Intervalle. Im Allgemeinen wird das also T Integrale implizieren, welche bei einer Schätzung in der Regel numerisch berechnet werden müssen. Wenn $T = 4$ oder größer, so ist die Maximum-Likelihood-Schätzung nicht ausführbar. Es ist möglich, diesen »Fluch der Dimensionalität« zu umgehen durch Verwenden simulationsbasierter Schätzer, wie zum Beispiel bei Keane (1993), Weeks (1995), Hajivassiliou und McFadden (1998) und in jüngerer Zeit bei Liesenfeld und Richard (2010) besprochen. Diese Erörterungen sprengen den Rahmen dieses Textes.

Wenn natürlich angenommen werden kann, dass alle ε_{it} unabhängig sind, dann haben wir $f(y_{i1}, \ldots, y_{iT}|x_{i1}, \ldots, x_{iT}, \beta) = \prod_t f(y_{it}|x_{it}, \beta)$, was nur T eindimensionale Integrale beinhaltet (wie im Querschnittsfall). Wenn wir eine Fehlerkomponentenannahme treffen und davon ausgehen, dass $\varepsilon_{it} = \alpha_i + u_{it}$, wobei u_{it} bei Zeit (und Individuen) unabhängig ist, können wir die gemeinsame Wahrscheinlichkeit schreiben als

$$
\begin{aligned}
f(y_{i1}, \ldots, y_{iT}|x_{i1}, \ldots, x_{iT}, \beta) &= \int_{-\infty}^{\infty} f(y_{i1}, \ldots, y_{iT}|x_{i1}, \ldots, x_{iT}, \alpha_i, \beta) f(\alpha_i) d\alpha_i \\
&= \int_{-\infty}^{\infty} \left[\prod_t f(y_{it}|x_{it}, \alpha_i, \beta) \right] f(\alpha_i) d\alpha_i,
\end{aligned}
\tag{10.87}
$$

was numerische Integration über eine Dimension erfordert. Das ist eine machbare Spezifikation, die es den Fehlertermen gestattet, über verschiedene Perioden korreliert zu sein, wenn auch auf restriktive Weise. Der entscheidende Schritt in (10.87) besteht darin, dass, abhängig von α_i, die Fehler aus verschiedenen Perioden unabhängig sind.

Im Prinzip können beliebige Annahmen über die Verteilungen von α_i und u_{it} getroffen werden. Man könnte zum Beispiel annehmen, dass u_{it} eine i.i.d. logistische Verteilung aufweist, während α_i eine Normalverteilung zeigt[28], oder dass beide Komponenten eine logistische Verteilung haben. Allerdings kann das zu einer Verteilung für $\alpha_i + u_{it}$ führen, die nicht standardnormalverteilt ist. Zum Beispiel hat die Summe von zwei logistisch verteilten Variablen im Allgemeinen nicht eine logistische Verteilung. Das bedeutet, dass individuelle Wahrscheinlichkeiten wie $f(y_{it}|x_{it}, \beta)$ schwer zu berechnen sind und keinem Querschnitts-Probit- oder -Logit-Modell entsprechen. Folglich ist es üblicher, von der gemeinsamen Verteilung von $\varepsilon_{i1}, \ldots, \varepsilon_{iT}$ auszugehen. Die multivariate logistische Verteilung hat den Nachteil, dass alle Korrelationen beschränkt sind, 1/2 zu sein (siehe Maddala, 1987), sodass sie in der Praxis nicht sonderlich interessant ist. Folglich besteht die gängigste Vorgehensweise darin, von einer multivariaten Normalverteilung auszugehen, welche zum **Random-Effects-Probit-Modell** führt.

Lassen Sie uns annehmen, dass die gemeinsame Verteilung von $\varepsilon_{i1}, \ldots, \varepsilon_{iT}$ normal ist mit null Mittelwerten und Varianzen gleich 1 und $\text{cov}\{\varepsilon_{it}, \varepsilon_{is}\} = \sigma_\alpha^2, s \neq t$. Das entspricht den Annahmen, dass $\alpha_i \ NID(0, \sigma_\alpha^2)$ ist und $u_{it} \ NID(0, 1 - \sigma_\alpha^2)$ ist. Denken Sie daran, dass wir im Querschnittsfall eine Normalisierung zu den Varianzen der Fehler benötigen. Die hier gewählte Normalisierung impliziert, dass die Fehlervarianz in einer bestimmten Periode eins ist, derart, dass die geschätzten β-Koeffizienten direkt vergleichbar sind mit Schätzwerten, die wir aus dem Schätzen des Modells aus einer Welle des Panels unter Verwendung von Querschnitts-Probit-Maximum-Likelihood erhalten haben. Für das Random-Effects-Probit-Modell sind die Ausdrücke in der Likelihood-Funktion gegeben durch

$$f(y_{it}|x_{it}, \alpha_i, \beta) = \Phi\left(\frac{x_{it}'\beta + \alpha_i}{\sqrt{1 - \sigma_\alpha^2}}\right) \qquad \text{wenn } y_{it} = 1$$

$$= 1 - \Phi\left(\frac{x_{it}'\beta + \alpha_i}{\sqrt{1 - \sigma_\alpha^2}}\right) \qquad \text{wenn } y_{it} = 0, \qquad (10.88)$$

wobei Φ die kumulative Dichtefunktion der Standardnormalverteilung bezeichnet. Die Dichte von α_i ist gegeben durch

$$f(\alpha_i) = \frac{1}{\sqrt{2\pi\sigma_\alpha^2}} \exp\left\{-\frac{1}{2}\frac{\alpha_i^2}{\sigma_\alpha^2}\right\}. \qquad (10.89)$$

Das Integral in (10.87) muss numerisch berechnet werden, was unter Verwendung des von Butler und Moffitt (1982) beschriebenen Algorithmus erfolgen kann. Verschiedene Softwarepakete haben Standardroutinen für das Schätzen des Random-Effects-Probit-Modells.

Es kann gezeigt werden (Robinson, 1982), dass das Ignorieren der Korrelationen über Perioden und Schätzen der β Koeffizienten mittels Standard-Probit-Maximum-Likelihood der zusammengeführten Daten zwar konsistent, jedoch ineffizient ist. Darüber hinaus sind routinemäßig berechnete Standardfehler nicht korrekt. Nichtsdestotrotz können diese Werte als Ausgangsschätzwerte in einem iterativen Maximum-Likelihood-Verfahren basierend auf (10.87) verwendet werden.

10.7.4 Tobit-Modelle

Das Random-Effects-Tobit-Modell ähnelt stark dem Random-Effects-Probit-Modell, der einzige Unterschied besteht in der Beobachtungsregel. Folglich können wir uns hier kurz fassen. Lassen Sie uns beginnen mit

$$y_{it}^* = x_{it}'\beta + \alpha_i + u_{it}, \tag{10.90}$$

während

$$\begin{aligned} y_{it} &= y_{it}^* &\text{wenn } y_{it}^* > 0 \\ y_{it} &= 0 &\text{wenn } y_{it}^* \le 0. \end{aligned} \tag{10.91}$$

Wir treffen die übliche Random-Effects-Annahme, dass α_i und u_{it} i.i.d, normalverteilt sind, unabhängig von $x_{i1}, \ldots, x_{iT}$, mit null Mittelwerten und Varianzen σ_α^2 beziehungsweise σ_u^2. Durch Verwenden von f als generische Bezeichnung für eine Dichte- oder Wahrscheinlichkeitsfunktion kann die Likelihood-Funktion geschrieben werden wie in (10.87):

$$f(y_{i1}, \ldots, y_{iT} | x_{i1}, \ldots, x_{iT}, \beta) = \int_{-\infty}^{\infty} \prod_t f(y_{it} | x_{it}, \alpha_i, \beta) f(\alpha_i) d\alpha_i,$$

wobei $f(\alpha_i)$ gegeben ist durch (10.89) und $f(y_{it} | x_{it}, \alpha_i, \beta)$ gegeben ist durch

$$f(y_{it}|x_{it}, \alpha_i, \beta) = \frac{1}{\sqrt{2\pi\sigma_u^2}} \exp\left\{ -\frac{1}{2} \frac{(y_{it} - x_{it}'\beta - \alpha_i)^2}{\sigma_u^2} \right\} \qquad \text{wenn } y_{it} > 0$$

$$= 1 - \Phi\left(\frac{x_{it}'\beta + \alpha_i}{\sigma_u} \right) \qquad\qquad \text{wenn } y_{it} = 0. \tag{10.92}$$

Beachten Sie, dass die beiden letzten Ausdrücke den Likelihood-Beiträgen im Querschnittsfall, wie in Kapitel 7 besprochen, ähneln. Der einzige Unterschied besteht in der Aufnahme von α_i in den bedingten Mittelwert.

Auf vollständig ähnliche Weise können andere Formen des Zensierens in Erwägung gezogen werden, um zum Beispiel das Random-Effects-Ordered-Probit-Modell zu erhalten. In allen Fällen muss die Integration über α_i numerisch erfolgen.

10.7.5 Dynamiken und das Problem von Ausgangsbedingungen

Die Möglichkeit des Aufnehmens einer gelagten abhängigen Variablen in zuvor genannte Modelle ist von ökonomischem Interesse. Nehmen wir zum Beispiel an, wir erklären, ob ein Individuum in einer Reihe aufeinanderfolgender Monate arbeitslos ist oder nicht. In der Regel ist es für Individuen, die bereits länger arbeitslos waren, weniger wahrscheinlich, diesen Zustand zu verändern. Wie in der Einführung zu diesem Kapitel besprochen, gibt es dafür zwei Erklärungen: Ein Individuum, das schon länger arbeitslos ist, könnte demotiviert sein, was die Jobsuche angeht, oder es könnte (aus welchen Gründen auch immer) für einen Arbeitgeber weniger interessant sein. Dies bezeichnet man als **Zustandsabhängigkeit**: Je länger man sich in einem bestimmten Zustand befindet, desto weniger wahrscheinlich ist es, diesen zu verlassen. Alternativ kann es sein, dass **unbeobachtete Heterogenität** derart vorliegt, dass es für Individuen mit bestimmten unbeobachteten Charakteristika weniger wahrscheinlich ist, dass sie aus der Arbeitslosigkeit ausscheiden. Die Tatsache, dass wir eine scheinbare Zustandsabhängigkeit bei den Daten beobachten, liegt schlichtweg an den Selektionsmechanismen: Langfristig Arbeitslose haben bestimmte unbeobachtbare (zeitinvariante) Charakteristika, die es für sie unwahrscheinlicher machen, einen Job zu finden. In den besprochenen binären Choice-Modellen erfassen die individuellen Effekte α_i die unbeobachtete Heterogenität. Wenn wir eine gelagte abhängige Variable aufnehmen, können wir zwischen den beiden obigen Erklärungen unterscheiden.

Lassen Sie uns das Random-Effects-Probit-Modell betrachten, obwohl ähnliche Resultate für den Random-Effects-Tobit-Fall gelten. Angenommen, die latente Variablenspezifikation wird verändert zu

$$y_{it}^* = x_{it}'\beta + \gamma y_{i,t-1} + \alpha_i + u_{it}, \tag{10.93}$$

mit $y_{it} = 1$, wenn $y_{it}^* > 0$ und andernfalls 0. In diesem Modell zeigt $\gamma > 0$ positive Zustandsabhängigkeit: Die Ceteris-paribus-Wahrscheinlichkeit, dass $y_{it} = 1$ ist größer, wenn $y_{i,t-1}$ ebenfalls eins ist. Lassen Sie uns die Maximum-Likelihood-Schätzung für dieses dynamische Random-Effects-Probit-Modell betrachten und dieselben Verteilungsannahmen treffen wie zuvor. Allgemein ausgedrückt ist der Likelihood-Betrag von Individuum i gegeben durch[29]

$$f(y_{i1}, \dots, y_{iT}|x_{i1}, \dots, x_{iT}, \beta)$$

$$= \int_{-\infty}^{\infty} f(y_{i1}, \dots, y_{iT}|x_{i1}, \dots, x_{iT}, \alpha_i, \beta)f(\alpha_i)d\alpha_i$$

$$= \int_{-\infty}^{\infty} \left[\prod_{t=2}^{T} f(y_{it}|y_{i,t-1}, x_{it}, \alpha_i, \beta)\right] f(y_{i1}|x_{i1}, \alpha_i, \beta)f(\alpha_i)d\alpha_i, \tag{10.94}$$

wobei

$$f(y_{it}|y_{i,t-1}, x_{it}, \alpha_i, \beta) = \Phi\left(\frac{x_{it}'\beta + \gamma y_{i,t-1} + \alpha_i}{\sqrt{1 - \sigma_\alpha^2}}\right) \qquad \text{wenn } y_{it} = 1$$

$$= 1 - \Phi\left(\frac{x_{it}'\beta + \gamma y_{i,t-1} + \alpha_i}{\sqrt{1 - \sigma_\alpha^2}}\right) \qquad \text{wenn } y_{it} = 0.$$

Das ist vollständig analog zum statischen Fall und $y_{i,t-1}$ ist einfach als zusätzliche erklärende Variable aufgenommen. Der Term $f(y_{i1}|x_{i1}, \alpha_i, \beta)$ in der Likelihood-Funktion kann jedoch Probleme verursachen. Er ergibt die Wahrscheinlichkeit des Beobachtens von $y_{it} = 1$ oder 0, ohne den vorhergehenden Zustand zu kennen, aber abhängig vom unbeobachteten Heterogenitätsterm α_i.

Ist der Ausgangswert in dem Sinne heterogen, dass seine Verteilung nicht von α_i abhängt, so können wir den Term $f(y_{i1}|x_{i1}, \alpha_i, \beta) = f(y_{i1}|x_{i1}, \beta)$ außerhalb des Integrals stellen. In diesem Fall können wir einfach die Likelihood-Funktion abhängig von y_{i1} betrachten und den Term $f(y_{i1}|x_{i1}, \beta)$ in der Schätzung ignorieren. Die einzige Konsequenz könnte der Verlust von Effizienz sein, wenn $f(y_{i1}|x_{i1}, \beta)$ Informationen über β liefert. Diese Vorgehensweise wäre geeignet, wenn das Ausgangsstadium zwangsläufig für alle Individuen dasselbe wäre oder wenn es den Individuen zufällig zugeteilt wäre. Ein Beispiel für die erste Situation geben Nijman und Verbeek (1992), die Nonresponse im Hinblick auf Konsum modellieren. In deren Anwendung bezieht sich die Ausgangsperiode auf den Monat vor dem Panel und es wurde keine Nonresponse zwangsläufig beobachtet.

Es kann jedoch bei vielen Anwendungen schwierig sein, zu argumentieren, dass der Ausgangswert y_{i1} exogen ist und nicht von der unbeobachteten Heterogenität einer Person abhängt. In dem Fall würden wir einen Ausdruck $f(y_{i1}|x_{i1}, \alpha_i, \beta)$ benötigen und das ist problematisch. Wenn der Prozess, den wir schätzen, bereits seit etlichen Perioden vor der aktuellen Stichprobenperiode ablief, dann ist $f(y_{i1}|x_{i1}, \alpha_i, \beta)$ eine komplizierte Funktion, die abhängt von der unbeobachteten Vergangenheit einer Person i. Das bedeutet, dass es in der Regel unmöglich ist, einen Ausdruck für die marginale Wahrscheinlichkeit $f(y_{i1}|x_{i1}, \alpha_i, \beta)$ abzuleiten, der konsistent ist mit dem übrigen Modell. Heckman (1981) schlägt eine approximative Lösung zu diesem **Ausgangsbedingungen-Problem** vor, die in der Praxis erstaunlich gut zu funktionieren scheint. Sie erfordert eine Approximierung für die marginale Wahrscheinlichkeit des Ausgangsstadiums mittels einer Probit-Funktion, unter Verwendung von so viel Vor-Stichprobeninformation wie möglich ohne Auferlegen von Restriktionen zwischen ihren Koeffizienten und den strukturellen β- und γ-Parametern. Hyslop (1999) wendet diese Vorgehensweise an, um ein dynamisches Modell der Erwerbsbeteiligung von Frauen zu schätzen; Vella und Verbeek (1999a) liefern eine Darstellung im Kontext eines dynamischen Random-Effects-Tobit-Modells. Der Einfluss der Ausgangsbedingungen nimmt ab, wenn die Zahl der Stichprobenperioden T ansteigt, sodass man sich entscheiden könnte, das Problem zu ignorieren, wenn T groß genug ist; siehe Hsiao (2003, Kapitel 7.5.2) für weitere Erörterungen.

10.7.6 Semiparametrische Alternativen

Die besprochenen binären Choice- und zensierten Regressionsmodelle leiden unter zwei wichtigen Nachteilen. Erstens muss die Verteilung von u_{it} abhängig von x_{it} (und α_i) spezifiziert werden und zweitens gibt es außer dem Fixed-Effects-Logit-Modell keine einfache Möglichkeit, das Modell so zu schätzen, dass α_i als fixe unbekannte Parameter behandelt werden. Verschiedene semiparametrische Vorgehensweisen wurden für diese Modelle vorgeschlagen, die keine starken Verteilungsannahmen zu u_{it} erfordern und auf irgendeine Art zulassen, dass α_i vor der Schätzung eliminiert wird.

Im binären Choice-Modell ist es möglich, semiparametrische Schätzer für β zu erhalten, die bis zu einem Skalierungsfaktor konsistent sind, ob α_i als fix oder random behandelt wird oder nicht. Manski (1987) schlägt zum Beispiel einen Maximum-Score-Schätzer vor (vergleiche

Kapitel 7.1.8), während Lee (1999) einen $\sqrt{N}$-konsistenten Schätzer für das statische binäre Choice-Modell liefert; siehe Hsiao (2003, Kapitel 7.4) für weitere Erörterungen. Honoré und Kyriazidou (2000) schlagen einen semiparametrischen Schätzer für diskrete Choice-Modelle mit einer gelagten abhängigen Variablen vor.

Ein Tobit-Modell ebenso wie ein angeschnittenes Regressionsmodell mit Fixed Effects können konsistent geschätzt werden mittels der generalisierten Momentenmethode, welche die von Honoré (1992) oder Honoré (1993) für das dynamische Modell gelieferten Momentbedingungen verwendet. Der wesentliche Trick dieser Schätzer besteht darin, dass eine Erste-Differenzen-Transformation für geeignete Untergruppen der Beobachtungen nicht länger die zufälligen Parameter α_i beinhaltet; siehe Hsiao (2003, Kapitel 8.4 und 8.6) für weitere Erörterungen

10.8   Unvollständige Panels und Selektionsbias

Aus verschiedenen Gründen sind empirische Paneldatensets häufig unvollständig. Zum Beispiel verweigern die befragten Personen nach ein paar Panelwellen möglicherweise die Zusammenarbeit, Haushalte sind nicht mehr aufzufinden oder haben sich aufgelöst, Unternehmen haben ihren Betrieb eingestellt, sind mit einer anderen Firma verschmolzen oder Investmentfonds wurden geschlossen. Andererseits können Unternehmen zu einem späteren Zeitpunkt hinzugekommen sein, Auffrischungsstichproben wurden gezogen, um den Schwund auszugleichen, oder das Panel könnte als rotierendes Panel zusammengestellt worden sein. In einem rotierenden Panel wird in jeder Periode eine fixe Proportion der Einheiten ersetzt. Eine Folge all dieser Ereignisse ist, dass das sich ergebende Paneldatenset nicht länger rechtwinkelig ist. Wenn die Gesamtzahl aller Individuen gleich N ist und die Anzahl der Zeitperioden T ist, dann ist die Gesamtzahl der Beobachtungen wesentlich kleiner als NT.

Eine erste Konsequenz des Arbeitens mit einem unvollständigen Panel ist eine rechnerische. Die meisten Ausdrücke für die oben genannten Schätzer sind nicht länger geeignet, wenn Beobachtungen fehlen. Eine einfache »Lösung« besteht darin, jedes Individuum aus dem Panel zu entfernen, das unvollständige Informationen aufweist, und nur mit vollständig beobachteten Einheiten zu arbeiten. Bei dieser Vorgehensweise verwendet die Schätzung nur **balancierte Subpanels**. Das ist rechnerisch attraktiv, aber potenziell stark ineffizient: Eine wesentliche Menge an Informationen kann »weggeworfen sein«. Dieser Effizienzverlust kann verhindert werden durch Nutzen aller Beobachtungen einschließlich jener zu Individuen, die nicht in allen T Perioden beobachtet wurden. Auf diese Weise verwendet man ein **unbalanciertes Panel**. Im Prinzip ist das einfach, aber rechnerisch erfordert es einige Anpassungen der Formeln aus den vorhergehenden Kapiteln. Wir werden einige dieser Anpassungen in Kapitel 10.8.1 besprechen. Glücklicherweise lässt ein Großteil der Software, die mit Paneldaten arbeiten kann, auch unbalancierte Daten zu.

Eine weitere potenzielle und noch ernstere Konsequenz des Verwendens unvollständiger Paneldaten ist die Gefahr von **Selektionsverzerrung**. Wenn Individuen aus einem endogenen Grund unvollständig beobachtet sind, kann die Verwendung eines balancierten Subpanels oder eines unbalancierten Panels verzerrte Schätzer und irreführende Tests nach sich ziehen. Um das näher auszuführen, nehmen wir an, dass das uns interessierende Modell gegeben ist durch

$$y_{it} = x'_{it}\beta + \alpha_i + u_{it}. \tag{10.95}$$

Darüber hinaus definieren wir die Indikatorvariable r_{it} (»Response«) als $r_{it} = 1$, wenn (x_{it}, y_{it}) beobachtet ist und andernfalls 0. Die Beobachtungen zu (x_{it}, y_{it}) sind **zufällig fehlend**, wenn r_{it} unabhängig ist von α_i und u_{it}. Das bedeutet, dass das Konditionieren auf das Ergebnis des Selektionsprozesses nicht die bedingte Verteilung von y_{it} bei gegebenem x_{it} beeinflusst. Wenn wir uns auf das balancierte Subpanel konzentrieren wollen, so ist die Konditionierung auf $r_{i1} = \cdots = r_{iT} = 1$ und wir fordern, dass r_{it} unabhängig ist von α_i und $u_{i1}, \dots, u_{iT}$. In diesen Fällen sind die üblichen Konsistenzeigenschaften des Schätzers nicht beeinflusst, wenn wir die Aufmerksamkeit auf die verfügbaren oder vollständigen Beobachtungen beschränken. Wenn die Auswahl von den Fehlertermen der Gleichungen abhängt, können der OLS-, der Random-Effects- und der Fixed-Effects-Schätzer unter Selektionsverzerrung leiden (vergleiche Kapitel 7). Kapitel 10.8.2 liefert zusätzliche Details zu diesem Thema, einschließlich einiger einfacher Tests. In Fällen mit Selektionsverzerrung müssen alternative Schätzer verwendet werden, die in der Regel rechnerisch unattraktiv sind. Das wird in Kapitel 10.8.3 besprochen. Weitere Details und Erörterungen zu unvollständigen Panels und Selektionsverzerrung finden sich in Verbeek und Nijman (1992a, 1996) sowie Baltagi und Song (2006).

10.8.1 Schätzen mit zufällig fehlenden Daten

Die Ausdrücke für Fixed- und Random-Effects-Schätzer können leicht auf den unbalancierten Fall erweitert werden. Wie zuvor kann der Fixed-Effects-Schätzer bestimmt werden als OLS-Schätzer im linearen Modell, wo jedes Individuum seinen eigenen Achsenabschnittsterm hat. Alternativ können die resultierenden Schätzer für β direkt erhalten werden durch Anwenden von OLS auf das Within-transformierte Modell, wo nun alle Variablen *über die verfügbaren Beobachtungen* vom Mittelwert abweichen. Individuen, die nur einmal beobachtet werden, liefern keine Information zu β und sollten bei der Schätzung weggelassen werden. Durch Definieren der »verfügbaren Mittelwerte« als[30]

$$\bar{y}_i = \frac{\sum_{t=1}^{T} r_{it} y_{it}}{\sum_{t=1}^{T} r_{it}}; \quad \bar{x}_i = \frac{\sum_{t=1}^{T} r_{it} x_{it}}{\sum_{t=1}^{T} r_{it}}$$

kann der Fixed-Effects-Schätzer kurz geschrieben werden als

$$\hat{\beta}_{FE} = \left(\sum_{i=1}^{N} \sum_{t=1}^{T} r_{it}(x_{it} - \bar{x}_i)(x_{it} - \bar{x}_i)' \right)^{-1} \sum_{i=1}^{N} \sum_{t=1}^{T} r_{it}(x_{it} - \bar{x}_i)(y_{it} - \bar{y}_i). \tag{10.96}$$

Das heißt, alle Summen beziehen sich einfach nur auf die verfügbaren Beobachtungen.

Auf ähnliche Weise kann der Random-Effects-Schätzer verallgemeinert werden. Den Random-Effects-Schätzer für den unbalancierten Fall können wir erhalten aus

$$\hat{\beta}_{GLS} = \left(\sum_{i=1}^{N} \sum_{t=1}^{T} r_{it}(x_{it} - \bar{x}_i)(x_{it} - \bar{x}_i)' + \sum_{i=1}^{N} \psi_i T_i (\bar{x}_i - \bar{x})(\bar{x}_i - \bar{x})' \right)^{-1}$$

$$\times \left(\sum_{i=1}^{N} \sum_{t=1}^{T} r_{it}(x_{it} - \bar{x}_i)(y_{it} - \bar{y}_i) + \sum_{i=1}^{N} \psi_i T_i (\bar{x}_i - \bar{x})(\bar{y}_i - \bar{y}) \right), \tag{10.97}$$

wobei $T_i = \sum_{t=1}^{T} r_{it}$ die Anzahl von Perioden bezeichnet, in denen Individuum i beobachtet ist und

$$\psi_i = \frac{\sigma_u^2}{\sigma_u^2 + T_i \sigma_\alpha^2}.$$

Alternativ erhalten wir dies durch Anwenden von OLS auf das folgende transformierte Modell:

$$(y_{it} - \vartheta_i \bar{y}_i) = \beta_0 (1 - \vartheta_i) + (x_{it} - \vartheta_i \bar{x}_i)' \beta + v_{it}, \tag{10.98}$$

wobei $\vartheta_i = 1 - \psi_i^{1/2}$. Beachten Sie, dass die hier angewandte Transformation individualspezifisch ist, da sie von der Zahl der Beobachtungen zu Individuum i abhängt.

Im Wesentlichen sind die allgemeineren Formeln für die Fixed-Effects- und Random-Effects-Schätzer durch die Tatsache charakterisiert, dass alle Summationen und Mittelwerte sich nur auf die verfügbaren Informationen beziehen und dass $T_i T$ ersetzt. Vollständig analoge Anpassungen gelten für die Ausdrücke der Kovarianzmatrizen der beiden in (10.13) und (10.26) gegebenen Schätzer. Konsistente Schätzer für die unbekannten Varianzen σ_α^2 und σ_u^2 sind gegeben durch

$$\hat{\sigma}_u^2 = \frac{1}{\sum_{i=1}^{N} T_i - N} \sum_{i=1}^{N} \sum_{t=1}^{T} r_{it} \left(y_{it} - \bar{y}_i - (x_{it} - \bar{x}_i)' \hat{\beta}_{FE} \right)^2 \tag{10.99}$$

beziehungsweise

$$\hat{\sigma}_\alpha^2 = \frac{1}{N} \sum_{i=1}^{N} \left[(\bar{y}_i - \hat{\beta}_{0B} - \bar{x}_i' \hat{\beta}_B)^2 - \frac{1}{T_i} \hat{\sigma}_u^2 \right], \tag{10.100}$$

wobei $\hat{\beta}_B$ der Between-Schätzer für β ist und $\hat{\beta}_{0B}$ der Betweeen-Schätzer für den Achsenabschnitt (beide berechnet als OLS-Schätzer in (10.21), wo die Mittelwerte nun »verfügbare Mittelwerte« widerspiegeln). Weil die Effizienz der Schätzer für σ_α^2 und σ_u^2 asymptotisch keinen Einfluss auf die Effizienz des Random-Effects-Schätzers hat, ist es möglich, rechnerisch einfachere Schätzer für σ_α^2 und σ_u^2 zu verwenden, die konsistent sind. Man könnte zum Beispiel die Standardschätzer verwenden, die ausschließlich aus den Residuen berechnet wurden, die aus der Schätzung mit balanciertem Subpanel erhalten werden, und dann (10.97) oder (10.98) verwenden, um den Random-Effects-Schätzer zu berechnen.

10.8.2 Selektionsverzerrung und einige einfache Tests

Zusätzlich zu den üblichen Konsistenzbedingungen der Random-Effects- und Fixed-Effects-Schätzer, basierend auf balancierten Subpanels oder auf unbalancierten Panels, wurde weiter oben angenommen, dass die Response-Indikatorvariable r_{it} unabhängig sei von allen Unbeobachtbaren in dem Modell. Diese Annahme könnte unrealistisch sein. Zum Beispiel könnte das Erklären der Performance von Hedgefonds unter der Tatsache leiden, dass Fonds mit einer schlechten Performance weniger wahrscheinlich überleben (Baquero, ter Horst und Verbeek, 2005), die Analyse der Auswirkung eines Experiments in Zusammenhang mit der Einkommenspolitik könnte unter Verzerrungen leiden, wenn die Teilnehmer, die weniger von dem Experiment profitieren, mit einer höheren Wahrscheinlichkeit aus dem Panel herausfallen (Hausman und Wise, 1979), oder das Schätzen des Einflusses der Arbeitslosenrate auf Löhne könnte durch die Möglichkeit gestört werden, dass Personen mit relativ hohem Einkommen im Fall von wachsender Arbeitslosigkeit wahrscheinlicher aus dem Arbeitsmarkt ausscheiden (Keane, Moffitt und Runkle, 1988).

Wenn r_{it} abhängt von α_i oder u_{it}, kann eine **Selektionsverzerrung** in den Standardschätzern auftreten (siehe Kapitel 7). Das bedeutet, dass die Verteilung von y bei gegebenem x und abhängig von der Selektion (in die Stichprobe) sich unterscheidet von der Verteilung von y bei gegebenem x (was das ist, woran wir interessiert sind). Für die Konsistenz des Fixed-Effects-Schätzers ist nun notwendig, dass

$$E\{(x_{it} - \bar{x}_i)u_{it}|r_{i1}, \ldots, r_{iT}\} = 0. \tag{10.101}$$

Das bedeutet, der Fixed-Effects-Schätzer ist inkonsistent, wenn uns der Fakt, ob ein Individuum in der Stichprobe ist oder nicht, etwas aussagt über den erwarteten Wert des Fehlerterms, der mit x_{it} zusammenhängt. Natürlich ist, wenn (10.11) gilt und r_{it} unabhängig ist von allen α_i und allen u_{is} (für gegebenes x_{is}), obige Bedingung erfüllt. Beachten Sie, dass die Stichprobenselektion von α_i abhängen kann, ohne die Konsistenz des Fixed-Effects-Schätzers für β zu beeinflussen. Tatsächlich kann u_{it} sogar von r_{it} abhängen, solange deren Beziehung zeitinvariant ist (siehe Verbeek und Nijman, 1992a, 1996 für zusätzliche Details).

Zusätzlich zu (10.101) sind die Bedingungen für Konsistenz des Random-Effects-Schätzers nun gegeben durch $E\{\bar{x}_i u_{it}|r_{i1}, \ldots, r_{iT}\} = 0$ und

$$E\{\bar{x}_i \alpha_i|r_{i1}, \ldots, r_{iT}\} = 0. \tag{10.102}$$

Das gestattet dem erwarteten Wert einer der beiden Fehlerkomponenten nicht, von den Selektionsindikatoren abzuhängen. Wenn Individuen mit bestimmten Werten für ihre unbeobachtete Heterogenität α_i weniger wahrscheinlich in einer Welle des Panels beobachtet werden, wird das in der Regel den Random-Effects-Schätzer verzerren. Auf ähnliche Weise ist der Random-Effects-Schätzer in der Regel inkonsistent, wenn Individuen mit bestimmten Schocks u_{it} wahrscheinlicher herausfallen. Beachten Sie, dass der Fixed-Effects-Schätzer, weil er zulässt, dass die Selektion auf zeitinvariante Weise von α_i und u_{it} abhängt, robuster gegenüber Selektionsverzerrung ist als der Random-Effects-Schätzer. Eine weitere wichtige Beobachtung, gemacht von Verbeek und Nijman (1992a), besteht darin, dass Schätzer aus dem unbalancierten Panel nicht zwangsläufig weniger unter der Selektionsverzerrung leiden als jene aus dem balancierten Subpanel. Im Allgemeinen müssen die Selektionsverzerrungen in den Schätzern aus den balancierten und unbalancierten Stichproben nicht identisch sein und deren relativer Umfang ist nicht a priori bekannt.

Verbeek und Nijman (1992a) schlagen eine Reihe einfacher Tests für Selektionsverzerrung basierend auf obigen Beobachtungen vor. Erstens, da die Konsistenzbedingungen besagen, dass die Fehlerterme – in dem einen oder anderen Sinne – nicht von den Selektionsindikatoren abhängen sollten, kann man dies testen, indem man einfach eine Funktion von $r_{i1}, \ldots, r_{iT}$ in das Modell aufnimmt und seine Signifikanz überprüft. Natürlich besagt die Nullhypothese, dass es uns keine Informationen über seine Unbeobachtbaren in dem Modell geben sollte, ob ein Individuum in einer der Perioden 1 bis T beobachtet wurde. Das Hinzufügen von r_{it} zu dem Modell in (10.95) führt offensichtlich zu Multikollinearität, da $r_{it} = 1$ für alle Beobachtungen in der Stichprobe. Stattdessen könnte man Funktionen von $r_{i1}, \ldots, r_{iT}$, wie $r_{i,t-1}, c_i = \Pi_{t=1}^{T} r_{it}$

oder $T_i = \sum_{t=1}^{T} r_{it}$, hinzufügen, die anzeigen, ob Einheit i in der vorhergehenden Periode beobachtet wurde, ob sie über alle Perioden beobachtet wurde, und die Gesamtzahl der Perioden, in denen Einheit i jeweils beobachtet wurden. Beachten Sie, dass in dem balancierten Subpanel alle Variablen für alle Individuen identisch und von daher in dem Achsenabschnittsterm integriert sind. Verbeek und Nijman (1992a) schlagen vor, dass die Aufnahme von c_i und T_i ein vernünftiges Verfahren zum Überprüfen des Vorhandenseins von Selektionsverzerrung liefern kann. Beachten Sie, dass dies erfordert, dass das Modell unter der Random-Effects-Annahme geschätzt wird, da die Within-Transformation sowohl c_i wie auch T_i eliminieren würde. Wenn die Tests nicht ablehnen, gibt es natürlich keinen Grund, die Nullhypothese zu akzeptieren, dass keine Selektionsverzerrung vorliegt, weil die Teststärke zu schwach sein könnte.

Eine andere Gruppe von Tests basiert auf der Idee, dass die vier verschiedenen Schätzer, Random Effects und Fixed Effects, die entweder das balancierte Subpanel oder das unbalancierte Panel verwenden, für gewöhnlich alle unterschiedlich unter Selektionsverzerrung leiden. Ein Vergleich dieser Schätzer kann deshalb ein Indiz für die Likelihood von Selektionsverzerrung sein. Obwohl jedes Paar Schätzer verglichen werden kann (siehe Verbeek und Nijman, 1992a, oder Baltagi, 2008, Kapitel 11.4), ist bekannt, dass Fixed-Effects- und Random-Effects-Schätzer aus anderen Gründen als Selektionsverzerrung unterschiedlich sein können (siehe Kapitel 10.2.4). Von daher ist es nur natürlich, entweder die Fixed-Effects- oder die Random-Effects-Schätzer unter Verwendung des balancierten Subpanels mit seinem Gegenstück zu vergleichen, das das unbalancierte Panel verwendet. Wenn unterschiedliche Stichproben, ausgewählt auf der Basis von $r_{i1}, \ldots, r_{iT}$, zu signifikant unterschiedlichen Schätzern führen, muss es so sein, dass uns der Selektionsprozess etwas über die Unbeobachtbaren in dem Modell sagt. Das heißt, er zeigt das Vorhandensein von Selektionsverzerrung an. Da die in dem unbalancierten Panel verwendeten Schätzer innerhalb einer bestimmten Schätzerklasse effizient sind, können wir wieder das Ergebnis von Hausman verwenden und eine Teststatistik ableiten, die auf dem Random-Effects-Schätzer basiert, als (vergleiche (10.28))

$$\xi_{RE} = (\hat{\beta}_{RE}^B - \hat{\beta}_{RE}^U)'[\hat{V}\{\hat{\beta}_{RE}^B\} - \hat{V}\{\hat{\beta}_{RE}^U\}]^{-1}(\hat{\beta}_{RE}^B - \hat{\beta}_{RE}^U), \tag{10.103}$$

wobei die $\hat{V}$ die Schätzwerte der Kovarianzmatrizen bezeichnen und die Exponenten B und U die balancierte beziehungsweise die unbalancierte Stichprobe. Auf ähnliche Weise kann ein Test abgeleitet werden, der auf den beiden Fixed-Effects-Schätzern basiert. Unter der Nullhypothese folgt die Teststatistik einer Chi-Quadrat-Verteilung mit K Freiheitsgraden. Beachten Sie, dass die implizite Nullhypothese für den Test darin besteht, dass $\text{plim}(\hat{\beta}_{RE}^B - \hat{\beta}_{RE}^U) = 0$. Wenn das annähernd zutrifft und die beiden Schätzer ähnlich unter Selektionsverzerrung leiden, hat der Test keine Stärke.[31] Wieder ist es möglich, mit einer Untergruppe der Elemente in β zu testen.

10.8.3 Schätzen mit nicht zufällig fehlenden Daten

Wie beim Querschnittsfall (siehe Kapitel 7.6) zieht die Selektionsverzerrung ein Identifikationsproblem nach sich. Als Folge davon ist es nicht möglich, konsistente Schätzer für die Modellparameter bei Vorhandensein von Selektionsverzerrung zu erhalten, es sei denn, es werden zusätzliche Annahmen auferlegt. Lassen Sie uns zur Veranschaulichung annehmen, dass der Selektionsindikator r_{it} durch das Random-Effects-Probit-Modell erklärt werden kann, also

$$r_{it}^* = z_{it}'\gamma + \xi_i + \eta_{it}, \tag{10.104}$$

wobei $r_{it} = 1$, wenn $r_{it}^* > 0$ und andernfalls 0 und z_{it} ein (gut begründeter) Vektor exogener Variablen ist, die x_{it} beinhalten. Das uns interessierende Modell ergibt sich aus

$$y_{it} = x_{it}'\beta + \alpha_i + u_{it}. \tag{10.105}$$

Lassen Sie uns annehmen, dass die Fehlerkomponenten in den beiden Gleichungen eine gemeinsame Normalverteilung haben. Dies ist eine Generalisierung des Querschnittsstichprobenselektionsmodells, das wir in Kapitel 7.6.1 betrachtet haben. Die Auswirkung der Stichprobenselektion in (10.105) spiegelt sich in den erwarteten Werten der Unbeobachtbaren, abhängig von den exogenen Variablen und den Selektionsindikatoren, also

$$E\{\alpha_i | z_{i1}, \dots, z_{iT}, r_{i1}, \dots, r_{iT}\} \tag{10.106}$$

und

$$E\{u_{it} | z_{i1}, \dots, z_{iT}, r_{i1}, \dots, r_{iT}\}. \tag{10.107}$$

Es kann gezeigt werden (Verbeek und Nijman, 1992a), dass (10.107) zeitinvariant ist, wenn $\text{cov}\{u_{it}, \eta_{it}\} = 0$ oder wenn $z_{it}'\gamma$ zeitinvariant ist. Das ist erforderlich für die Konsistenz des Fixed-Effects-Schätzers. Darüber hinaus ist (10.106) null, wenn $\text{cov}\{\alpha_i, \xi_i\} = 0$, wohingegen (10.107) null ist, wenn $\text{cov}\{u_{it}, \eta_{it}\} = 0$, sodass der Random-Effects-Schätzer konsistent ist, wenn die Unbeobachtbaren in der Primärgleichung und die Selektionsgleichung nicht korreliert sind.

Im allgemeineren Fall ist das Schätzen relativ kompliziert. Hausman und Wise (1979) betrachten einen Fall, in dem das Panel zwei Perioden aufweist und der Schwund nur in der zweiten Periode auftaucht. Im allgemeineren Fall erfordert das Verwenden von Maximum-Likelihood zur gleichzeitigen Schätzung der beiden Gleichungen numerische Integration über zwei Dimensionen (um die beiden individuellen Effekte herauszuintegrieren). Nijman und Verbeek (1992) sowie Vella und Verbeek (1999a) stellen alternative Schätzer vor, basierend auf der Two-Step-Schätzmethode für das Querschnittsstichprobenselektionsmodell. Im Wesentlichen besteht die Idee darin, dass die Terme in (10.106) und (10.107), abgesehen von einer Konstanten, aus dem Probit-Modell in (10.104) bestimmt werden können, sodass die Schätzwerte dieser Terme in die Primärgleichung aufgenommen werden können. Wooldridge (1995) stellt einige alternative Schätzer vor, die auf anderen Annahmen basieren. Mitali Das (2004) erweitert diese Vorgehensweisen, um flexible funktionale Formen in beiden, (10.104) und (10.105), sowie unbekannte Verteilungen für die unbeobachteten Komponenten abzudecken. Dustmann und Rochina-Barrachina (2007) wenden verschiedene alternative Schätzer für die Schätzung einer Lohngleichung für Frauen an und zeigen, dass die Schätzergebnisse beträchtlich anfällig gegenüber einem bestimmten Schätzer sind, der verwendet wurde. Semykina und Wooldridge (2010) schlagen zwei Schätzverfahren vor, die die Selektionsverzerrung korrigieren, wenn einige Elemente in x_{it} mit u_{it} korreliert sind (endogene Regressoren).

Identifikation von (10.105) mit Schwund oder Selektionsverzerrung, die die oben besprochenen Vorgehensweisen verwenden, hängt entscheidend von der Verfügbarkeit einer oder mehrerer Instrumente in (10.104) ab. Das heißt, die Variablen in z_{it}, die nicht in (10.105) enthalten sind, sollten orthogonal zu den Unbeobachtbaren in α_i und (noch wichtiger) u_{it} sein. In diesem Fall ist das Auftauchen von Selektionsverzerrung begründet durch die Korrelationen zwischen den

Unbeobachtbaren in beiden Gleichungen, ein Fall, der manchmal als »Selektion über unbeobachtbare Faktoren« bezeichnet wird. Eine alternative Vorgehensweise, um nicht zufälligen Schwund in Paneldaten zu handhaben, erfordert, dass z_{it} in (10.104) derart ausgewählt werden kann, dass die Unbeobachtbaren ξ_i und η_{it} nicht mit den Unbeobachtbaren in (10.105) verbunden sind, wohingegen z_{it} von α_i und u_{it} abhängen kann. Das besagt, dass ein (potenziell) großes Set von Beobachtbaren gefunden werden kann, das auf eine Art relevant für den Selektionsprozess ist, dass abhängig von jenen Variablen die Selektion nicht länger von den Unbeobachtbaren in (10.105) abhängt. Dieser Fall wird als »Selektion über beobachtbare Faktoren« bezeichnet und von Fitzgerald, Gottschalk und Moffitt (1998) zum Einschätzen der Schwundverzerrung in der Panel Study of Income Dynamics (PSID) angewandt. In deren Fall enthält z_{it} alle verfügbaren Lags von y_{it}. Konsistente Schätzung von (10.105) wird durch Hinzufügungen von Gewichtungen zu jeder Beobachtung in dem Panel erreicht, wobei die Gewichtungen von der Selektionswahrscheinlichkeit abhängen (Propensity Score). Weil die beiden Vorgehensweisen unterschiedliche Identifikationsbedingungen auferlegen, können sie nicht gegeneinander getestet werden. Hirano, Imbens, Ridder und Rubin (2001) zeigen, wie die Verfügbarkeit von Auffrischungsstichproben (neue Einheiten, die nach dem Zufallsprinzip aus der ursprünglichen Grundgesamtheit gewonnen werden) verwendet werden kann, um zwischen Selektion über unbeobachtbare und Selektion über beobachtbare Faktoren zu unterscheiden.

10.9 Pseudopanels und wiederholte Querschnitte

In vielen Ländern herrscht ein Mangel an echten Paneldaten, bei denen spezifische Individuen oder Unternehmen über die Zeit verfolgt wurden. Es stehen aber möglicherweise wiederholte Querschnittserhebungen zur Verfügung, bei denen zu aufeinanderfolgenden Zeitpunkten Zufallsstichproben aus der Grundgesamtheit entnommen wurden. Wichtige Beispiel dafür sind der Current Population Survey in den USA und der Family Expenditure Survey in Großbritannien. Während viele Arten von Modellen auf der Basis einer Reihe von unabhängigen Querschnitten auf standardmäßige Art geschätzt werden können, können mehrere Modelle, die anscheinend die Verfügbarkeit von Paneldaten erfordern, auch mit wiederholten Querschnitten unter geeigneten Bedingungen identifiziert werden. Am wichtigsten ist, dass dies Modelle mit individuellen Dynamiken und Modelle mit fixen individualspezifischen Effekten betrifft.

Die Hauptbegrenzung wiederholter Querschnittsdaten ist offenkundig, nämlich dass dieselben Individuen nicht über die Zeit verfolgt werden, sodass individuelle Historien nicht zur Aufnahme in das Modell, zum Erstellen von Instrumenten oder zum Transformieren des Modells zu ersten Differenzen oder Abweichungen von individuellen Mittelwerten zur Verfügung stehen. Sie alle werden häufig bei echten Paneldaten verwendet. Andererseits leiden wiederholte Querschnitte weniger unter typischen Paneldatenproblemen wie Schwund und Nonresponse und sie sind sehr häufig wesentlich größer, sowohl bei der Anzahl von Individuen oder Haushalten als auch bei der Zeitperiode, die sie umspannen.

10.9.1 Das Fixed-Effects-Modell

Betrachten wir das lineare Modell mit individuellen Effekten, gegeben durch

$$y_{it} = x_{it}'\beta + \alpha_i + u_{it} \text{ für } t = 1, \dots, T. \tag{10.108}$$

Im Gegensatz zu den vorhergehenden Abschnitten ist das verfügbare Dataset eine Reihe von unabhängigen Querschnitten, derart, dass Beobachtungen zu N verschiedenen Individuen in jeder Periode zur Verfügung stehen.[32] Der Einfachheit halber werden wir annehmen, dass $E\{x_{it}u_{it}\} = 0$ für jedes t. Wenn die individuellen Effekte α_i nicht korreliert sind mit den erklärenden Variablen in x_{it}, dann kann das Modell in (10.108) problemlos konsistent geschätzt werden aus wiederholten Querschnitten durch Zusammenfassen aller Beobachtungen und Durchführen einfacher kleiner Quadrate, die $\alpha_i + u_{it}$ als zusammengesetzten Fehlerterm betrachten, und unter Aufnahme eines gesamten Achsenabschnittsterms. In vielen Anwendungen sind die individuellen Effekte jedoch wahrscheinlich korreliert mit einigen oder allen erklärenden Variablen und OLS ist inkonsistent. Stehen echte Paneldaten zur Verfügung, so kann das gelöst werden durch Anwenden der Within- oder Erste-Differenzen-Transformation, um α_i zu eliminieren. Eine solche Vorgehensweise kann natürlich nicht verwendet werden, wenn keine wiederholten Beobachtungen zu denselben Individuen zur Verfügung stehen.

Deaton (1985) schlägt die Verwendung von Kohorten vor, um konsistente Schätzer für β in (10.108) zu erhalten, wenn wiederholte Querschnitte verfügbar sind, auch wenn α_i mit einer oder mehreren der erklärenden Variablen korreliert ist. Lassen Sie uns C Kohorten definieren, welche Gruppen von Individuen sind, die gemeinsame Charakteristika teilen. Diese Gruppen sind derart definiert, dass jedes Individuum ein Mitglied von exakt einer Kohorte ist, welche für alle Perioden dieselbe ist. Eine bestimmte Kohorte kann zum Beispiel aus allen Männern bestehen, die in der Periode zwischen 1950 und 1954 geboren wurden. Es ist wichtig, zu erkennen, dass die Variablen, zu denen die Kohorten definiert sind, für alle Individuen in der Stichprobe beobachtet werden sollten. Das schließt zeitlich variierende Variablen (zum Beispiel Gewinne) aus, weil diese Variablen für die Individuen in der Stichprobe zu verschiedenen Zeitpunkten beobachtet sind. Die grundlegende Studie von Browning, Deaton und Irish (1985) wendet Kohorten von Haushalten an, die definiert sind auf der Basis von Fünfjahresgruppen, dahingehend unterteilt, ob der Haushaltsvorstand ein Arbeiter oder ein Angestellter ist.

Wenn wir alle Beobachtungen auf Kohortenlevel aggregieren, kann das sich ergebende Modell geschrieben werden als

$$\bar{y}_{ct} = \bar{x}_{ct}'\beta + \bar{\alpha}_{ct} + \bar{u}_{ct} \text{ für } c = 1, \dots, C; \quad t = 1, \dots, T, \tag{10.109}$$

wobei $\bar{y}_{ct}$ der durchschnittliche Wert aller beobachteten y_{it}s in Kohorte c in Periode t ist und ähnlich für die anderen Variablen in dem Modell. Das resultierende Dataset ist ein **Pseudopanel** oder synthetisches Panel mit wiederholten Beobachtungen zu T Perioden und C Kohorten. Das Hauptproblem beim Schätzen von β aus (10.109) besteht darin, dass $\bar{\alpha}_{ct}$ von t abhängt, unbeobachtet ist und wahrscheinlich mit $\bar{x}_{ct}$ korreliert ist (wenn α_i mit x_{it} korreliert ist). Von daher führt das Behandeln von $\bar{\alpha}_{ct}$ als Teil des zufälligen Fehlerterms wahrscheinlich zu inkonsistenten Schätzern. Alternativ kann man $\bar{\alpha}_{ct}$ als fixen unbekannten Parameter behandeln und annehmen, dass die Streuung über die Zeit ignoriert werden kann ($\bar{\alpha}_{ct} = \alpha_c$). Wenn Kohortendurchschnitte auf einer großen Zahl individueller Beobachtungen basieren, scheint diese Annahme vernünftig. Und ein natürlicher Schätzer für β ist der Within-Schätzer für das Pseudopanel, gegeben durch

$$\hat{\beta}_W = \left(\sum_{c=1}^{C} \sum_{t=1}^{T} (\bar{x}_{ct} - \bar{x}_c)(\bar{x}_{ct} - \bar{x}_c)' \right)^{-1} \sum_{c=1}^{C} \sum_{t=1}^{T} (\bar{x}_{ct} - \bar{x}_c)(\bar{y}_{ct} - \bar{y}_c), \tag{10.110}$$

wobei $\bar{x}_c = T^{-1} \sum_{t=1}^{T} \bar{x}_{ct}$ der Zeitdurchschnitt des beobachteten Kohortenmittelwerts für Kohorte c ist. Die Eigenschaften dieses Schätzers hängen unter anderem von der Art der Asymptotik ab, die man anzuwenden bereit ist. Zusätzlich zu den beiden Dimensionen in echten Paneldaten (N und T) gibt es zwei weitere Dimensionen: die Anzahl der Kohorten C und die Anzahl der Beobachtungen pro Kohorte n_c. Eine geeignete Wahl ist, $N \to \infty$ gehen zu lassen mit fixem C, sodass $n_c \to \infty$. Dann ist der auf dem Pseudopanel basierende Fixed-Effects-Schätzer $\hat{\beta}_W$ konsistent für β, vorausgesetzt, dass

$$\plim_{n_c \to \infty} \frac{1}{CT} \sum_{c=1}^{C} \sum_{t=1}^{T} (\bar{x}_{ct} - \bar{x}_c)(\bar{x}_{ct} - \bar{x}_c)' \tag{10.111}$$

endlich und umkehrbar ist und dass

$$\plim_{n_c \to \infty} \frac{1}{CT} \sum_{c=1}^{C} \sum_{t=1}^{T} (\bar{x}_{ct} - \bar{x}_c)\bar{\alpha}_{ct} = 0. \tag{10.112}$$

Obwohl die erste dieser beiden Bedingungen der Standardregelbedingung ähnelt (vergleiche Annahme (A6) in Kapitel 2.6), ist sie in diesem Kontext weniger harmlos. Sie besagt, dass die Kohortendurchschnitte echte zeitliche Streuung zeigen, auch bei sehr großen Kohorten. Ob diese Bedingung erfüllt wird oder nicht, hängt von der Art und Weise ab, wie die Kohorten konstruiert sind, ein Punkt, auf den wir später noch eingehen werden.

Weil $\bar{\alpha}_{ct} \to \alpha_c$, wenn die Zahl der Beobachtungen pro Kohorte gegen unendlich strebt, wird (10.112) automatisch erfüllt. Folglich ist es eine geeignete Wahl, $n_c \to \infty$ gehen zu lassen, um zu einem konsistenten Schätzer für β zu gelangen; siehe Moffitt (1993) und Ridder und Moffitt (2007). Wie von Verbeek und Nijman (1992b) und Devereux (2007) jedoch angemerkt, kann die Kleine-Stichproben-Verzerrung im Within-Schätzer zum Pseudopanel auch dann noch wesentlich sein, wenn die Kohorten groß sind. Deaton (1985) betrachtet alternative Fehler-in-Variablen-Schätzer für β, die nicht von $n_c \to \infty$ abhängen, sondern stattdessen $N \to \infty$ und $C \to \infty$ bei fixem n_c auferlegen.

10.9.2 Eine Instrumentalvariableninterpretation

Um die Rolle der Art und Weise, wie die Kohorten konstruiert sind, wertzuschätzen, ist es nützlich, obigen Schätzer zu einem Instrumentalvariablenschätzer umzuformulieren, basierend auf einer einfachen Erweiterung der Gleichung (10.108). Die von Moffitt (1993) befürwortete Idee besteht darin, dass das Bilden von Gruppen als Instrumentalvariablenverfahren betrachtet werden kann. Zuerst zerlegen wir jeden individuellen Effekt α_i in einen Kohorteneffekt α_c und die Abweichung des Individuums i von diesem Effekt. Wir lassen $z_{ci} = 1$ sein ($c = 1, \ldots, C$), wenn Individuum i ein Mitglied der Kohorte c ist, und andernfalls 0. Dann können wir schreiben

$$\alpha_i = \sum_{c=1}^{C} \alpha_c z_{ci} + v_i, \tag{10.113}$$

was interpretiert werden kann als eine orthogonale Projektion. Durch Definieren $\alpha = (\alpha_1, \ldots, \alpha_C)'$ und $z_i = (z_{1i}, \ldots, z_{Ci})'$ und Einsetzen von (10.113) in (10.108) erhalten wir

$$y_{it} = x_{it}'\beta + z_i'\alpha + v_i + u_{it}. \tag{10.114}$$

Wenn α_i und x_{it} korreliert sind, können wir erwarten, dass v_i und x_{it} ebenfalls korreliert sind. Folglich würde das Schätzen von (10.114) durch gewöhnliche kleinste Quadrate nicht zu konsistenten Schätzern führen. Nun nehmen wir an, dass Instrumente für x_{it} gefunden werden können, die nicht korreliert sind mit $v_i + x_{it}$. In diesem Fall würde ein Instrumentalvariablenschätzer in der Regel einen konsistenten Schätzer für β und α_c hervorbringen. Eine natürliche Wahl besteht in der Entscheidung für Kohortendummys in z_i, interagiert mit Zeit, als Instrumente, in welchem Fall wir lineare Prädikatoren aus den K reduzierten Formen ableiten können:

$$x_{k,it} = z_i'\delta_{kt} + w_{k,it} \text{ für } k = 1, \ldots, K; t = 1, \ldots, T, \tag{10.115}$$

wobei δ_{kt} ein Vektor unbekannter Parameter ist. Der lineare Prädiktor für x_{it} gleicht konstruktionsbedingt $\bar{x}_{ct}$, dem Vektor der Durchschnitte innerhalb Kohorte c in Periode t. Der resultierende Instrumentalvariablenschätzer für β ist dann gegeben durch

$$\hat{\beta}_{IV1} = \left(\sum_{i=1}^{N} \sum_{t=1}^{T} (\bar{x}_{ct} - \bar{x}_c) x_{it}' \right)^{-1} \sum_{i=1}^{N} \sum_{t=1}^{T} (\bar{x}_{ct} - \bar{x}_c) y_{it}, \tag{10.116}$$

was identisch ist mit dem Standard-Within-Schätzer, basierend auf dem Pseudopanel der Kohortendurchschnitte, gegeben in (10.110).

Die Instrumentalvariableninterpretation ist nützlich, weil sie veranschaulicht, dass alternative Schätzer konstruiert werden können, die andere Sets von Instrumenten verwenden. Zum Beispiel kann z_i (gleichmäßige) Funktionen des Geburtsjahres enthalten statt ein Set von Dummyvariablen. Weiterhin kann das Instrumentenset in (10.115) erweitert werden, um zusätzliche Variablen aufzunehmen. Noch wichtiger ist jedoch, dass die Instrumentalvariablenvorgehensweise betont, dass das Gruppieren von Daten in Kohorten ein Gruppieren von Variablen erfordert, das die typischen Anforderungen für Instrumentenexogenität und Relevanz erfüllen sollte.

In der Praxis sollten Kohorten auf der Basis von Variablen definiert werden, die nicht über die Zeit variieren und für alle Individuen in der Stichprobe beobachtet werden. Das ist eine ernste Einschränkung. Mögliche wählbare Optionen beinhalten Variablen wie Alter (Geburtsdatum), Geschlecht, ethnische Abstammung oder Region.[33] Die Identifikation von Parametern in dem Modell erfordert, dass die reduzierten Formen in (10.115) ausreichend Streuung über die Zeit generieren. Diese Anforderung erlegt den Kohorten, die die Variablen identifizieren, eine schwere Bürde auf. Es erfordert insbesondere, dass Gruppen definiert werden, deren erklärende Variablen sich über die Zeit alle unterschiedlich verändert haben. Angenommen, als extremes Beispiel, dass Kohorten auf der Basis einer Variablen definiert sind, die unabhängig ist von den Variablen im Modell. Das heißt, Kohorten sind durch zufälliges Gruppieren von Individuen konstruiert. In dem Fall würde der wahre Grundgesamtheits-Kohorten-Mittelwert x_{ct} identisch sein für jede Kohorte c (und gleich dem übergreifenden Grundgesamtheitsmittelwert). Das lässt zum Identifizieren der uns interessierenden Parameter nur die Zeitstreuung in x_{ct} übrig.

10.9.3 Dynamische Modelle

Eine wichtige Situation, in der die Verfügbarkeit von Paneldaten für die Identifikation und Schätzung des uns interessierenden Modells wesentlich zu sein scheint, ist der Fall, in dem eine gelagte abhängige Variable in das Modell eingeht. Lassen Sie uns eine einfache Erweiterung von (10.108) betrachten, gegeben durch

$$y_{it} = \gamma y_{i,t-1} + x'_{it}\beta + \alpha_i + u_{it}, \quad t = 1, \dots, T, \tag{10.117}$$

wobei der K-dimensionale Vektor x_{it} zeitinvariante und zeitlich variierende Variablen beinhalten kann. Sind echte Paneldaten verfügbar, dann können die Parameter γ und β konsistent geschätzt werden (für fixes T und $N \to \infty$) unter Verwendung des Instrumentalvariablenschätzers und GMM-Schätzers (besprochen in Kapitel 10.4). Diese Schätzer basieren auf First-Differencing (10.117) und verwenden dann gelagte Werte von $y_{i,t-1}$ als Instrumente.

Im aktuellen Kontext bezeichnet $y_{i,t-1}$ den Wert von y zum Zeitpunkt $t-1$ für ein Individuum, das nur beobachtet ist in Querschnittssektion t. Eine Beobachtung für $y_{i,t-1}$ ist somit nicht verfügbar. Also besteht der erste Schritt darin, einen Schätzwert zu konstruieren mittels Verwenden von Informationen zu den y-Werten anderer Individuen, die beobachtet wurden zum Zeitpunkt $t-1$. Eine gängige Vorgehensweise besteht in der Verwendung des Durchschnittswertes von $y_{i,t-1}$ von Individuen in derselben Kohorte, etwa $\bar{y}_{c,t-1}$. Wenn wir diese vorhergesagten Werte in das ursprüngliche Modell einfügen, erhalten wir

$$y_{it} = \gamma \bar{y}_{c,t-1} + x'_{it}\beta + \xi_{i,t} \text{ für } t = 1, \dots, T, \tag{10.118}$$

wobei

$$\xi_{it} = \alpha_i + u_{it} + \gamma(y_{i,t-1} - \bar{y}_{c,t-1}). \tag{10.119}$$

Der unbeobachtete Vorhersagefehler $y_{i,t-1} - \bar{y}_{c,t-1}$ ist Teil des Fehlerterms und wahrscheinlich ebenfalls korreliert mit x_{it}. Als Folge davon ist die OLS-Schätzung von (10.118) in der Regel inkonsistent (siehe Verbeek und Vella, 2005, für weitere Erörterungen und Ausnahmen). Um das Problem zu überwinden, können wir eine Instrumentalvariablenvorgehensweise anwenden. Beachten Sie, dass wir nun Instrumente für x_{it} benötigen, auch wenn diese Variablen im ursprünglichen Modell exogen sind. Wie zuvor besteht eine natürliche Wahl darin, die Kohortendummys, die mit Zeit interagieren, als Instrumente für x_{it} zu verwenden. Diese Instrumente sind konstruktionsbedingt nicht korreliert mit $y_{i,t-1} - \bar{y}_{c,t-1}$.

Wenn die Instrumente z_i ein Set von Kohortendummys sind, ist die Schätzung von (10.118) durch Instrumentalvariablen identisch mit dem Anwenden von OLS beim ursprünglichen Modell, bei dem alle Variablen durch deren (zeitspezifische) Kohortenstichprobendurchschnitte ersetzt sind. Das können wir schreiben als

$$\bar{y}_{ct} = \gamma \bar{y}_{c,t-1} + \bar{x}'_{ct}\beta + \bar{\xi}_{ct} \text{ für } c = 1, \dots, C; \quad t = 1, \dots, T, \tag{10.120}$$

wobei alle Variablen Periode-für-Periode-Durchschnitte innerhalb jeder Kohorte bezeichnen. Damit diese Vorgehensweise geeignet ist, müssen $\bar{y}_{c,t-1}$ und $\bar{x}_{ct}$ nicht kollinear sein, was erfordert, dass die Instrumente die Streuung in $y_{i,t-1}$ unabhängig von der Streuung in x_{it} abdecken. Es ist möglich, Kohorten-Fixed-Effects auf im Wesentlichen dieselbe Weise aufzunehmen wie im statischen linearen Modell durch Aufnehmen der Kohortendummys in die uns interessierende Gleichung, mit zeitinvarianten Koeffizienten. Das erlegt (10.113) auf und führt zu

$$\bar{y}_{ct} = \gamma \bar{y}_{c,t-1} + \bar{x}'_{ct}\beta + \alpha_c + \bar{u}_{c,t}, \tag{10.121}$$

wobei α_c einen kohortenspezifischen Fixed Effect bezeichnet. Das Anwenden von OLS auf (10.121) entspricht dem Standard-Within-Schätzer für γ und β, basierend auf dem Behandeln der Kohorten-Level-Daten als ein Panel, das unter den gegebenen Annahmen (und einigen Regelbedingungen) konsistent ist, wenn $n_c \to \infty$ und C fix ist. Das übliche Problem beim Schätzen dynamischer Paneldatenmodelle mit kurzem T (siehe Kapitel 10.4) entsteht nicht, weil der Fehlerterm, welcher ein Within-Kohorten-Durchschnitt individueller Fehlerterme ist, die nicht mit z_i korreliert sind, asymptotisch null ist.[34] Es muss jedoch geschaut werden, ob passende Instrumente gefunden werden können, die obige Bedingungen erfüllen, weil die Rangbedingung für Identifikation verlangt, dass die zeitinvarianten Instrumente zeitlich variierende Beziehungen mit den exogenen Variablen und der gelagt abhängigen Variable haben, wohingegen sie keine zeitlich variierende Beziehung mit dem Fehlerterm der Gleichung haben sollten. Obwohl das unwahrscheinlich scheint, ist es nicht unmöglich. Wenn z_i nicht korreliert ist mit u_{it}, so genügt es in der Regel, dass die Mittelwerte der exogenen Variablen, abhängig von z_i, zeitlich variieren; siehe Verbeek und Vella (2005) für weitere Details.

McKenzie (2004) betrachtet das lineare dynamische Modell mit kohortenspezifischen Koeffizienten in Gleichung (10.117). Obwohl diese Erweiterung in der Regel nur Sinn macht bei einer ziemlich kleinen Anzahl klar definierter Kohorten, ergibt sie sich selbstredend aus der vorhandenen Literatur über dynamisch heterogene Panels. So betonen zum Beispiel Robertson und Symons (1992) sowie Pesaran und Smith (1995) die Bedeutung von Parameterheterogenität in dynamischen Paneldatenmodellen und untersuchen die potenziell starken Verzerrungen, die entstehen können, wenn man auf unangemessene Weise damit verfährt. In vielen praktischen Anwendungen ist es eine interessante Frage, nachzuforschen, ob systematische Unterschiede zum Beispiel zwischen Alterskohorten vorliegen. Das Abschwächen von Spezifikation (10.117) durch das Vorhandensein kohortenspezifischer Koeffizienten erschwert offenkundig das Identifizieren der Bedingungen. Verbeek (2008) liefert zusätzliche Erörterungen und Literaturhinweise zu Pseudopaneldaten.

KURZZUSAMMENFASSUNG

Wenn wiederholte Beobachtungen zu denselben Einheiten verfügbar sind, erfordert die Panelnatur der Daten in ökonometrischen Standardmodellen Anpassungen. Das statische lineare Modell wird in der Regel unter der Annahme von Random oder Fixed Effects geschätzt. Ersteres lässt zeitinvariante Heterogenität beim Fehlerterm zu, während Letzteres es gestattet, dass die Heterogenität mit den erklärenden Variablen in dem Modell korreliert. Das führt zu robusteren Schätzern. Ein Hausman-Test wird abgeleitet aus der Differenz zwischen beiden Schätzern. Ein entscheidender Vorteil von Paneldaten besteht darin, dass dynamische Modelle auf dem individuellen Level geschätzt werden können. Wenn die Zeitdimension des Panels beschränkt ist, sind Standardschätzer in dynamischen Modellen inkonsistent. Stattdessen greift man in der Regel eher zu einer Vorgehensweise mit Instrumental-

variablen oder GMM (siehe Arellano, 2003). In Modellen, die diskrete und beschränkt abhängigen Variablen erklären, erschwert die Panelnatur der Daten die Schätzung. In Abhängigkeit von den gemachten Verteilungsannahmen basiert die Fixed- oder Random-Effects-Schätzung möglicherweise auf einer (bedingten) Maximum-Likelihood-Herangehensweise. In Makropanels ist die Zeitdimension relativ groß, während die Anzahl der Querschnittseinheiten beschränkt ist. In diesen Fällen kann es von Interesse sein, auf Einheitswurzeln oder Kointegration zu testen, und es steht eine große Bandbreite von Tests zur Verfügung, welche die in Kapitel 8 und 9 besprochenen Zeitreihentests erweitern. Hsiao (2003), Baltagi (2008) und Wooldridge (2010) sind auf Paneldatenökonometrie spezialisierte Fachbücher.

■ÜBUNGEN

Übung 10.1 (Lineares Modell)

Betrachten Sie folgendes einfache Paneldatenmodell

$$y_{it} = x_{it}\beta + \alpha_i^* + u_{it} \text{ für } i = 1, \ldots, N; \quad t = 1, \ldots, T, \tag{10.122}$$

wobei β eindimensional ist und angenommen wird, dass

$$\alpha_i^* = \bar{x}_i \lambda + \alpha_i, \quad \text{mit} \quad \alpha_i \sim NID(0, \sigma_\alpha^2), \quad u_{it} \sim NID(0, \sigma_u^2).$$

Die beiden Fehlerkomponenten α_i und u_{it} sind voneinander und von allen x_{it}s unabhängig. Der Parameter β in (10.122) kann durch den Fixed-Effects-Schätzer (oder Within-Schätzer) geschätzt werden, gegeben durch

$$\hat{\beta}_{FE} = \frac{\sum_{i=1}^{N} \sum_{t=1}^{T} (x_{it} - \bar{x}_i)(y_{it} - \bar{y}_i)}{\sum_{i=1}^{N} \sum_{t=1}^{T} (x_{it} - \bar{x}_i)^2}.$$

Als Alternative kann die Korrelation zwischen dem Fehlerterm $\alpha_i^* + u_{it}$ und x_{it} mittels einer Instrumentalvariablenvorgehensweise gehandhabt werden.

(a) Nennen Sie einen Ausdruck für den IV-Schätzer $\hat{\beta}_{IV}$ für β in (10.122) unter Verwendung von $x_{it} - \bar{x}_i$ als Instrument für x_{it}. Zeigen Sie, dass $\hat{\beta}_{IV}$ und $\hat{\beta}_{FE}$ identisch sind.
Ein anderer Weg, die individuellen Effekte α_i^* aus dem Modell zu eliminieren, besteht darin, erste Differenzen zu nehmen. Das führt zu

$$y_{it} - y_{i,t-1} = (x_{it} - x_{i,t-1})\beta + (u_{it} - u_{i,t-1}) \text{ für } i = 1, \ldots, N; \quad t = 2, \ldots, T. \tag{10.123}$$

(b) Bezeichnen Sie den auf (10.123) basierenden OLS-Schätzer mit $\hat{\beta}_{FD}$. Zeigen Sie, dass $\hat{\beta}_{FD}$ identisch ist mit $\hat{\beta}_{IV}$ und $\hat{\beta}_{FE}$, wenn $T = 2$. Diese Identität gilt nicht länger, wenn $T > 2$. Welchen der beiden Schätzer würden Sie in dem Fall bevorzugen? Erklären Sie, warum. (Hinweis: Für weitere Erörterungen siehe Verbeek, 1995.)

(c) Betrachten Sie den Between-Schätzer $\hat{\beta}_B$ für β in (10.122). Nennen Sie einen Ausdruck für $\hat{\beta}_B$ und zeigen Sie, dass er für $\beta + \lambda$ nicht verzerrt ist.

(d) Und schließlich nehmen wir an, wir ersetzen den Ausdruck für α_i^* durch (10.122), was ergibt:

$$y_{it} = x_{it}\beta + \bar{x}_i \lambda + \alpha_i + u_{it} \text{ für } i = 1, \ldots, N; \quad t = 1, \ldots, T. \tag{10.124}$$

Der Vektor $(\beta, \lambda)'$ kann mittels GLS (Random Effects) geschätzt werden, basierend auf (10.124). Es kann gezeigt werden, dass der implizite Schätzer für β identisch ist mit $\hat{\beta}_{FE}$. Bedeutet das, dass es keine echte Unterscheidung zwischen der Fixed-Effects- und der Random-Effects-Vorgehensweise gibt? (Hinweis: Für zusätzliche Erörterungen siehe Hsiao, 2003, Kapitel 3.4.2a.)

Übung 10.2 (Hausman-Taylor-Modell)

Betrachten Sie folgendes lineare Paneldatenmodell

$$y_{it} = x_{1,it}'\beta_1 + x_{2,it}'\beta_2 + w_{1,i}'\gamma_1 + w_{2,i}'\gamma_2 + \alpha_i + u_{it}, \tag{10.125}$$

wobei $w_{k,i}$ zeitinvariante und $x_{k,it}$ zeitlich variierende erklärende Variablen sind. Die Variablen mit Index 1 ($x_{1,it}$ und $w_{1,i}$) sind strikt endogen in dem Sinne, dass $E\{x_{1,it}\alpha_i\} = 0, E\{x_{1,is}u_{it}\} = 0$ für alle

$s, t, E\{w_{1,i}\alpha_i\} = 0$ und $E\{w_{1,i}u_{it}\} = 0$. Es wird auch angenommen, dass $E\{w_{2,i}u_{it}\} = 0$ und dass die üblichen Regelbedingungen (für Konsistenz und asymptotische Normalverteilung) erfüllt werden.

(a) Unter welchen zusätzlichen Annahmen würde OLS, angewandt auf (10.125), einen konsistenten Schätzer für $\beta = (\beta_1, \beta_2)'$ und $\gamma = (\gamma_1, \gamma_2)'$ liefern?

(b) Betrachten Sie den Fixed-Effects-(Within-)Schätzer. Unter welcher/n zusätzlichen Annahme(n) würde er einen konsistenten Schätzer für β liefern?

(c) Betrachten Sie den OLS-Schätzer für β basierend auf einer Regression in Erste-Differenzen. Unter welcher/n zusätzlichen Annahme(n) wird das einen konsistenten Schätzer für β liefern?

(d) Erörtern Sie einen oder mehrere alternative konsistente Schätzer für β und γ, wenn angenommen werden kann, dass $E\{x_{2,is}u_{it}\} = 0$ (für alle s, t) und $E\{w_{2,i}u_{it}\} = 0$. Was sind in diesem Fall die Restriktionen für die Zahl von Variablen in jeder der Kategorien?

(e) Erörtern Sie die Schätzung von β, wenn $x_{2,it}$ *gleich* $y_{i,t-1}$ ist.

(f) Erörtern Sie die Schätzung von β, wenn $x_{2,it}$ $y_{i,t-1}$ *beinhaltet*.

(g) Wäre es möglich, sowohl β als auch γ konsistent zu schätzen, wenn $x_{2,it}$ $y_{i,t-1}$ beinhaltet? Wenn ja, wie? Wenn nicht, warum nicht? (Treffen Sie, falls nötig, zusätzliche Annahmen).

Übung 10.3 (Lineares Modell – empirisch)

Diese Übung verwendet Daten junger Frauen aus dem National Longitudinal Survey (Youth Sample) für die Periode 1980 bis 1987, erhältlich über die Website zum Buch. Diese Daten werden auch in Vella und Verbeek (1990a) verwendet. Wir konzentrieren uns auf die Untergruppe von 12 039 Beobachtungen, die positive Arbeitsstunden in einer bestimmten Periode angeben.

(a) Erstellen Sie summarische Statistiken der Datensets und erstellen Sie ein Histogramm von T. Wie viele Individuen haben Sie in dem Panel? Wie viele davon arbeiten kontinuierlich über die gesamte Periode 1980 bis 1987?

(b) Schätzen Sie eine einfache Lohngleichung unter Verwendung eines zusammengefassten OLS mit geclusterten (panelrobusten) Standardfehlern. Erklären Sie den Logarithmus Lohn einer Person aus Familienstand, schwarz, hispano, Schulbildung, Berufserfahrung und Berufserfahrung zum Quadrat, Landesregion und Gewerkschaftsmitgliedschaft. Schätzen Sie eine weitere Spezifikation, die Zeitdummys enthält. Vergleichen Sie die Ergebnisse. Testen Sie, ob die Zeitdummys gemeinsam signifikant sind. Warum ergibt die Aufnahme von Zeitdummys ökonomisch gesehen Sinn?

(c) Verwenden Sie die Fixed-Effects- und Random-Effects-Schätzer zum Schätzen derselben Gleichung. Interpretieren und vergleichen Sie die Ergebnisse. (Vielleicht möchten Sie die Ergebnisse auch mit jenen für Männer in Tabelle 10.2 vergleichen.)

(d) Führen Sie einen Hausman-Test durch und interpretieren Sie das Ergebnis. Was genau ist die Nullhypothese, die Sie getestet haben?

(e) Interpretieren Sie auf Basis der Random-Effects-Ergebnisse die Schätzwerte für σ_u^2 und σ_α^2 und verwenden Sie diese, um den Transformationsfaktor ϑ in (10.23) zu schätzen. Wie wichtig ist der individuelle Effekt in dieser Gleichung?

(f) Schätzen Sie die Lohngleichung neu unter Verwendung des Random-Effects-Schätzers, einschließlich Alter und Alter zum Quadrat statt Berufserfahrung und Berufserfahrung zum Quadrat. Vergleichen Sie die Ergebnisse. Was passiert mit dem Koeffizienten für Schulbildung? Warum?

(g) Lassen Sie uns auf das Random-Effects-Modell einschließlich Berufserfahrung und Berufserfahrung zum Quadrat konzentrieren. Schätzen Sie dieses Modell neu, einschließlich T_i, und interpretieren Sie die Ergebnisse. Bewerten Sie den t-Test zur eingeschlossenen Variablen. Was testet er? Überraschen Sie die Ergebnisse? Warum funktioniert dieser Test nicht mit dem Fixed-Effects-Modell? Wiederholen Sie die Schätzung, aber nehmen Sie einen Dummy für $T_i = 8$ auf. Interpretieren Sie dies.

(h) Schätzen Sie das zugrunde liegende Modell (mit Berufserfahrung und Berufserfahrung zum Quadrat) aus **c** neu. Verwenden Sie dazu den Random-Effects-Schätzer, das unbalancierte Panel und das balancierte Subpanel (charakterisiert durch $T_i = 8$). Vergleichen Sie die Ergebnisse. Scheint es, dass der Verlust an Effizienz wesentlich ist? Was ist mit den Koeffizientenschätzwerten?

(i) Führen Sie einen Hausman-Test zur Differenz zwischen den beiden Schätzwerten in **h** durch und interpretieren Sie die Ergebnisse.

(j) Wiederholen Sie den vorhergehenden Test unter Verwendung des Fixed-Effects-Schätzers. Interpretieren und vergleichen Sie mit **i**. Wenn Sie auf Probleme beim Berechnen der Hausman-Teststatistik stoßen, versuchen Sie, panelrobuste Kovarianzmatrizen zu verwenden.

Übung 10.4 (Dynamische und binäre Choice-Modelle)

Betrachten Sie die folgende dynamische Lohngleichung

$$w_{it} = x_{it}'\beta + \gamma w_{i,t-1} + \alpha_i + u_{it}, \tag{10.126}$$

wobei w_{it} den Logarithmus Stundenlohn einer Person bezeichnet und x_{it} ein Vektor für persönliche und Jobcharakteristika ist (Alter, Schulbildung, Geschlecht, Branche und so weiter).

(a) Erklären Sie mit Worten, warum der auf (10.126) angewandte OLS inkonsistent ist.

(b) Erklären Sie auch, warum der auf (10.126) angewandte Fixed-Effects-Schätzer inkonsistent ist für $N \to \infty$ und fixes T, aber konsistent ist für $N \to \infty$ und $T \to \infty$. (Nehmen Sie an, dass u_{it} i.i.d. ist.)

(c) Erklären Sie, warum die Ergebnisse aus **a** und **b** auch implizieren, dass der Random-Effects-(GLS-) Schätzer in (10.126) für fixes T inkonsistent ist.

(d) Beschreiben Sie einen einfachen konsistenten (für $N \to \infty$) Schätzer für β, γ, unter der Annahme, dass α_i und u_{it} i.i.d. und unabhängig von allen x_{it}s sind.

(e) Beschreiben Sie einen effizienteren Schätzer für β, γ unter denselben Annahmen.
Nehmen Sie zusätzlich zu der Lohngleichung an, dass es ein binäres Choice-Modell gibt, das erklärt, ob ein Individuum berufstätig ist oder nicht. Lassen Sie $r_{it} = 1$ sein, wenn Individuum i in Periode t arbeitet und andernfalls null. Dann kann das Modell wie folgt beschrieben werden:

$$r_{it}^* = z_{it}'\delta + \xi_i + \eta_{it}$$
$$r_{it} = 1 \quad \text{wenn } r_{it}^* > 0 \tag{10.127}$$
$$= 0 \quad \text{andernfalls,}$$

wobei z_{it} ein Vektor der persönlichen Charakteristika ist. Angenommen, $\xi_i \sim NID(0, \sigma_\xi^2)$ und $\eta_{it} \sim NID(0, 1 - \sigma_\xi^2)$ sind voneinander und von allen z_{it}s unabhängig. Das Modell in (10.127) kann durch Maximum-Likelihood geschätzt werden.

(f) Nennen Sie einen Ausdruck für die Wahrscheinlichkeit, dass $r_{it} = 1$, in Anbetracht von z_{it} und ξ_i.

(g) Verwenden Sie den Ausdruck aus **f**, um einen berechenbaren, nachvollziehbaren Ausdruck für den Likelihood-Beitrag von Individuum i zu erhalten.

(h) Erklären Sie, warum es nicht möglich ist, die ξ_is als fixe unbekannte Parameter zu behandeln, und schätzen Sie δ konsistent (für fixes T) aus dem Fixed-Effects-Probit-Modell.

Von nun an nehmen wir an, dass die geeignete Lohngleichung statisch ist und gegeben durch (10.126) mit $\gamma = 0$.

(i) Welches sind die Konsequenzen für den Random-Effects-Schätzer in (10.126), wenn η_{it} und u_{it} korreliert sind? Warum?

(j) Welches sind die Konsequenzen für den Fixed-Effects-Schätzer in (10.126), wenn ξ_i und α_i korreliert sind (wohingegen η_{it} und u_{it} es nicht sind)? Warum?

Übung 10.5 (Binäre Choice-Modelle – empirisch)

Diese Übung verwendet Daten über junge Frauen aus dem National Longitudinal Survey (Youth Sample) für 1980 bis 1987, die auch in Übung 10.3 verwendet wurden. Unser Ziel ist es, den Status der Gewerkschaftsmitgliedschaft berufstätiger Frauen zu modellieren.

(a) Erstellen Sie eine summarische Statistik für den Status der Gewerkschaftszugehörigkeit. Wie viele Beobachtungen beziehen sich auf Gewerkschaftszugehörigkeit? Wie viele Frauen gehören für alle Perioden in dem Panel Gewerkschaften an? Wie viele Frauen gehörten nie einer Gewerkschaft an?

(b) Schätzen Sie ein zusammengefasstes Probit-Modell (ignorieren Sie die Panelnatur der Daten), das den Status der Gewerkschaftszugehörigkeit über Alter, Schulbildung, hispano, schwarz, öffentlicher Dienst, Familienstand und einen Dummy für das Leben im Nordosten erklärt. Interpretieren Sie die Ergebnisse. Ist diese Schätzung konsistent? Was ist mit den Standardfehlern?

(c) Schätzen Sie das zusammengefasste Probit neu unter Verwendung panelrobuster Standardfehler. Vergleichen Sie die Ergebnisse mit **b** und interpretieren Sie.

(d) Schätzen Sie ein zusammengefasstes Logit-Modell, das den Staus der Gewerkschaftszugehörigkeit aus denselben erklärenden Variablen erklärt, ebenfalls mit panelrobusten Standardfehlern. Vergleichen Sie die geschätzten Koeffizienten und deren Signifikanz mit den in **c** erhaltenen. Warum sind die Logit-Koeffizienten einheitlich größer als die Probit-Koeffizienten?

(e) Schätzen Sie ein Random-Effects-Probit-Modell basierend auf der vorhergehenden Spezifikation. Können Sie erklären, warum es so viel Zeit braucht, die Maximum-Likelihood-Schätzwerte für dieses Modell zu bestimmen. Interpretieren Sie die Schätzergebnisse. Nennen Sie auch, welche Normalisierungsbeschränkung auf σ_α^2 und σ_u^2 auferlegt wurde. Verwenden Sie das, um die Koeffizientenschätzwerte aus dem Random-Effects-Probit-Modell mit jenen aus dem zusammengefassten Probit-Modell zu vergleichen.

(f) Führen Sie einen Likelihood-Ratio-Test durch auf die Beschränkung, dass $\sigma_\alpha^2 = 0$. Interpretieren Sie.

(g) Erweitern Sie das vorhergehende Modell mit einer gelagten abhängigen Variablen (gelagter Gewerkschaftsstatus). Vergleichen Sie die Schätzergebnisse mit jenen aus **e**. Vergleichen Sie auch den geschätzten Wert von σ_α^2. Erklären Sie dies. Unter welchen Bedingungen ist es angemessen, eine gelagte abhängige Variable in ein Random-Effects-binäres-Choice-Modell einzufügen? Beunruhigt Sie die Tatsache, dass der geschätzte autoregressive Koeffizient größer als eins ist?

(h) Schätzen Sie ein statisches Fixed-Effects-Modell. Interpretieren Sie die Ergebnisse. Wie viele Individuen werden verwendet, um das Modell zu schätzen?

Vektoren und Matrizen

Gelegentlich haben wir uns in diesem Text Ergebnisse aus der linearen Algebra zunutze gemacht. Dieser Anhang ist gedacht, um verwendete Ansätze zu wiederholen. Weitere Details finden sich in Fachbüchern zu linearer Algebra oder zum Beispiel in Davidson und MacKinnon (1993, Anhang A), Davidson (2000, Anhang A) oder Greene (2012, Anhang A). Einige der komplexeren Themen haben wir an wenigen Stellen im Text aufgegriffen. Zum Beispiel spielen Eigenwerte und der Rang einer Matrix in Kapitel 9 eine Rolle, wohingegen Differenzierungsregeln nur in Kapitel 2 und 5 gebraucht werden.

A.1 Terminologie

In diesem Buch ist ein **Vektor** stets eine *Spalte* mit Zahlen, bezeichnet durch

$$a = \begin{pmatrix} a_1 \\ a_2 \\ \vdots \\ a_n \end{pmatrix}.$$

Die **Transponierte** eines Vektors, bezeichnet durch $a' = (a_1, a_2, \ldots, a_n)$, ist eine Zeile mit Zahlen; siewird manchmal auch als Zeilenvektor bezeichnet. Eine **Matrix** ist eine rechteckige Anordnung von Zahlen. Eine Matrix mit der Dimension $n \times k$ kann geschrieben werden als

$$A = \begin{pmatrix} a_{11} & a_{12} & \cdots & a_{1k} \\ a_{21} & a_{22} & & \\ & & \ddots & \\ a_{n1} & a_{n2} & \cdots & a_{nk} \end{pmatrix}.$$

Der erste Index des Elements a_{ij} bezieht sich auf die j-te Zeile und der zweite Index auf die j-te Spalte. Durch Bezeichnung des Vektors in der j-ten Spalte dieser Matrix mit a_j wird deutlich, dass A aus k Vektoren a_1 bis a_k besteht, was wir bezeichnen können als

$$A = \begin{bmatrix} a_1 & a_2 & \ldots & a_k \end{bmatrix}.$$

Das Symbol $'$ bezeichnet die **Transponierte** einer Matrix oder eines Vektors, erhalten durch

$$A' = \begin{pmatrix} a_{11} & a_{21} & \cdots & a_{n1} \\ a_{12} & a_{22} & & a_{n2} \\ & & \ddots & \vdots \\ a_{1k} & & \cdots & a_{nk} \end{pmatrix}.$$

Die Spalten von A sind die Zeilen von A' und umgekehrt. Eine Matrix ist **quadratisch**, wenn $n = k$. Eine quadratische Matrix A ist **symmetrisch**, wenn $A = A'$. Eine quadratische Matrix A wird als **Diagonalmatrix** bezeichnet, wenn $a_{ij} = 0$ für alle $i \neq j$. Beachten Sie, dass eine Diagonalmatrix konstruktionsbedingt symmetrisch ist. Die **Identitätsmatrix** I ist eine Diagonalmatrix, bei der alle diagonalen Elemente gleich null sind.

A.2 Matrixbehandlungen

Wenn zwei Matrizen oder Vektoren dieselben Dimensionen haben, können sie **addiert** oder **subtrahiert** werden. Lassen wir A und B zwei Matrizen der Dimension $n \times k$ mit den typischen Elementen a_{ij} beziehungsweise b_{ij} sein. Dann hat $A + B$ ein typisches Element $a_{ij} + b_{ij}$, während $A - B$ ein typisches Element $a_{ij} - b_{ij}$ hat. Daraus folgt unmittelbar, dass $A + B = B + A$ und $(A + B)' = A' + B'$.

Eine Matrix A der Dimension $n \times k$ und eine Matrix B der Dimension $k \times m$ können **multipliziert** werden, um eine Matrix der Dimension $n \times m$ hervorzubringen. Lassen Sie uns zuerst den Sonderfall von $k = 1$ betrachten. Dann ist $A = a'$ ein Zeilenvektor und $B = b$ ein Spaltenvektor. Dann definieren wir

$$AB = a'b = (a_1, a_2, \ldots, a_n) \begin{pmatrix} b_1 \\ b_2 \\ \vdots \\ b_n \end{pmatrix} = a_1 b_1 + a_2 b_2 + \cdots + a_n b_n.$$

Wir bezeichnen $a'b$ als das **Skalarprodukt** der Vektoren a und b. Beachten Sie, dass $a'b = b'a$. Zwei Vektoren gelten als **orthogonal**, wenn $a'b = 0$. Für jeden Vektor a, außer dem Nullvektor, haben wir $a'a > 0$. Das **Kreuzprodukt** des Vektors a ist aa' mit der Dimension $n \times n$.

Ein anderer Sonderfall entsteht für $m = 1$. In dem Fall ist A eine $n \times k$-Matrix und $B = b$ ist ein Vektor der Dimension k. Dann ist $c = Ab$ ebenfalls ein Vektor, aber von der Dimension n, mit den typischen Elementen

$$c_i = a_{i1} b_1 + a_{i2} b_2 + \cdots + a_{ik} b_k,$$

welches das Skalarprodukt aus dem aus der i-ten Zeile von A erhaltenen Vektor und dem Vektor b ist.

Wenn $m > 1$, ist B eine Matrix und $C = AB$ eine Matrix der Dimension $n \times m$ mit den typischen Elementen

$$c_{ij} = a_{i1}b_{1j} + a_{i2}b_{2j} + \cdots + a_{ik}b_{kj},$$

welche die Skalarprodukte aus den Vektoren, erhalten aus der i-ten Zeile von A und der j-ten Spalte von B, sind. Beachten Sie, dass das nur Sinn ergeben kann, wenn die Anzahl der Spalten in A gleich der Zeilen in B ist.

Als Beispiel betrachten wir

$$A = \begin{pmatrix} 1 & 2 & 3 \\ 4 & 5 & 0 \end{pmatrix}, \quad B = \begin{pmatrix} 1 & 2 \\ 3 & 4 \\ 0 & 5 \end{pmatrix}$$

und

$$AB = \begin{pmatrix} 7 & 25 \\ 19 & 28 \end{pmatrix}.$$

Es ist wichtig, zu beachten, dass $AB \neq BA$. Selbst wenn AB existiert, ist BA möglicherweise nicht definiert, weil die Dimensionen von B und A nicht zusammenpassen. Wenn A die Dimension $n \times k$ und B die Dimension $k \times n$ aufweist, dann existiert AB und hat die Dimension $n \times n$, während BA existiert und die Dimension $k \times k$ aufweist. Im oberen Beispiel haben wir

$$BA = \begin{pmatrix} 9 & 12 & 3 \\ 19 & 26 & 9 \\ 20 & 25 & 0 \end{pmatrix}.$$

Für die Transponierte eines Produktes von zwei Matrizen gilt, dass

$$(AB)' = B'A'.$$

Daraus (und aus $(A')' = A$) folgt, dass sowohl $A'A$ als auch AA' existieren und symmetrisch sind. Und schließlich ist das Multiplizieren eines Skalars und einer Matrix dasselbe wie das Multiplizieren jedes Elements in der Matrix mit diesem Skalar. Das heißt, für ein Skalar c, cA hat in der Regel Element ca_{ij}.

A.3   Eigenschaften von Matrizen und Vektoren

Wenn wir eine Reihe von Vektoren a_1 bis a_k betrachten, können wir eine **Linearkombination** dieser Vektoren nehmen. Mit Skalargewichtungen $c_1, \dots, c_k$ ergibt das den Vektor $c_1 a_1 + c_2 a_2 + \cdots + c_k a_k$, was wir kurz als Ac schreiben können, wobei wie zuvor $A = [a_1 \cdots a_k]$ und $c = (c_1, \dots, c_k)'$.

Ein Set von Vektoren ist **linear abhängig**, wenn jeder der Vektoren als Linearkombination der anderen geschrieben werden kann. Das heißt, wenn es Werte für $c_1, \dots, c_k$ gibt, die nicht alle null sind, so dass $c_1 a_1 + c_2 a_2 + \cdots + c_k a_k = 0$ (der Nullvektor). Entsprechend ist ein Set von Vektoren **linear unabhängig**, wenn die einzige Lösung zu

$$c_1 a_1 + c_2 a_2 + \cdots + c_k a_k = 0$$

ist

$$c_1 = c_2 = \cdots = c_k = 0.$$

Das heißt, wenn die einzige Lösung zu $Ac = 0$ ist $c = 0$.

Wenn wir alle möglichen Vektoren betrachten, die als Linearkombinationen der Vektoren $a_1, \ldots, a_k$ erhalten werden können, dann bilden diese Vektoren einen **Vektorraum**. Wenn die Vektoren $a_1, \ldots, a_k$ linear abhängig sind, können wir die Zahl der Vektoren reduzieren, ohne den Vektorraum zu verändern. Die kleinste Zahl benötigter Vektoren, um einen Vektorraum zu erzeugen, wird die **Dimension** dieses Raums genannt. Auf diese Weise können wir den **Spaltenraum** einer Matrix als den Raum definieren, der durch seine Spalten gebildet wird, und den **Spaltenrang** einer Matrix als die Dimension ihres Spaltenraums. Natürlich kann der Spaltenrang nie die Zahl der Spalten übersteigen. Eine Matrix hat einen **vollen Spaltenrang**, wenn der Spaltenrang gleich der Anzahl der Spalten ist. Der **Zeilenrang** einer Matrix ist die Dimension des Raums, den die Zeilen der Matrix bilden. Im Allgemeinen gilt, dass der Zeilenrang und der Spaltenrang einer Matrix gleich sind, sodass wir den **Rang einer Matrix** eindeutig definieren können. Beachten Sie, dass dies nicht impliziert, dass eine Matrix mit vollem Spaltenrang automatisch eine mit vollem Zeilenrang ist (das gilt nur, wenn die Matrix quadratisch ist).

Eine nützliches Ergebnis in der Regressionsanalyse ist, dass für jedes A

$$Rang(A) = Rang(A'A) = Rang(AA').$$

A.4   Inverse Matrizen

Eine Matrix B, wenn es sie denn gibt, ist die **Inverse** einer Matrix A, wenn $AB = I$ und $BA = I$. Eine erforderliche Voraussetzung dafür ist, dass A eine *Quadrat*matrix mit *vollem Rang* ist, in welchem Fall A auch als **umkehrbar** oder **nicht singulär** bezeichnet wird. In dem Fall können wir $B = A^{-1}$ definieren und

$$AA^{-1} = I \quad \text{und} \quad A^{-1}A = I.$$

Beachten Sie, dass die Definition impliziert, dass $A = B^{-1}$. Folglich haben wir $(A^{-1})^{-1} = A$. Wenn A^{-1} nicht vorhanden ist, sagen wir, dass A **singulär** ist. Analytisch sind die Inverse einer Diagonalmatrix und die Inverse einer 2×2-Matrix leicht zu erhalten. Zum Beispiel

$$\begin{pmatrix} a_{11} & 0 & 0 \\ 0 & a_{22} & 0 \\ 0 & 0 & a_{33} \end{pmatrix}^{-1} = \begin{pmatrix} a_{11}^{-1} & 0 & 0 \\ 0 & a_{22}^{-1} & 0 \\ 0 & 0 & a_{33}^{-1} \end{pmatrix}$$

und

$$\begin{pmatrix} a_{11} & a_{12} \\ a_{21} & a_{22} \end{pmatrix}^{-1} = \frac{1}{a_{11}a_{22} - a_{12}a_{21}} \begin{pmatrix} a_{22} & -a_{12} \\ -a_{21} & a_{11} \end{pmatrix}.$$

Wenn $a_{11}a_{22} - a_{12}a_{21} = 0$, dann ist die 2×2-Matrix A singulär: Ihre Spalten sind linear abhängig ebenso wie ihre Zeilen. Wir bezeichnen $a_{11}a_{22} - a_{12}a_{21}$ als die Determinante dieser 2×2-Matrix (siehe unten).

Angenommen, wir sollen $Ac = d$ für gegebene A und d lösen, wobei A die Dimension $n \times n$ aufweist und sowohl c als auch d n-dimensionale Vektoren sind. Dies ist ein System von n linearen Gleichungen mit n Unbekannten. Wenn A^{-1} existiert, können wir schreiben

$$A^{-1}Ac = c = A^{-1}d,$$

um die Lösung zu erhalten. Wenn A nicht umkehrbar ist, hat das System linearer Gleichungen lineare Abhängigkeiten. Es gibt zwei Möglichkeiten. Entweder erfüllt mehr als ein Vektor c $Ac = d$, sodass keine eindeutige Lösung existiert, oder die Gleichungen sind inkonsistent, sodass es keine Lösung für das System gibt. Wenn d der Nullvektor ist, bleibt nur die erste Möglichkeit.

Es ist unkompliziert abzuleiten, dass

$$(A^{-1})' = (A')^{-1}$$

und

$$(AB)^{-1} = B^{-1}A^{-1}$$

(angenommen, dass beide inverse Matrizen existieren).

A.5 Idempotente Matrizen

Ein Sonderfall bei Matrizen sind symmetrische und idempotente Matrizen. Eine Matrix P ist symmetrisch, wenn $P' = P$, und **idempotent**, wenn $PP = P$. Eine symmetrische idempotente Matrix P hat die Interpretation einer **Projektionsmatrix**. Das bedeutet, dass der Projektionsvektor Px in dem Spaltenraum von P ist, während der Residualvektor $x - Px$ orthogonal zu jedem Vektor im Spaltenraum von P ist.

Eine Projektionsmatrix, die auf den Spaltenraum einer Matrix A projiziert, kann erstellt werden durch $P = A(A'A)^{-1}A'$. Diese Matrix ist natürlich symmetrisch und idempotent. Zweimal auf den denselben Raum zu projizieren sollte das Ergebnis nicht beeinflussen, also sollten wir haben: $PPx = Px$, was unmittelbar daraus folgt. Das Residuum aus der Projektion ist $x - Px = (I - A(A'A)^{-1}A')x$, sodass $M = I - A(A'A)^{-1}A'$ ebenfalls eine Projektionsmatrix ist mit $MP = PM = 0$ und $MM = M = M'$. Folglich sind die Vektoren Mx und Px orthogonal.

Eine interessante Projektionsmatrix (verwendet in Kapitel 10) ist $Q = I - (1/n)u'$, wobei t ein n-dimensionaler Vektor von Einsen ist (sodass u' eine Matrix von Einsen ist). Die diagonalen Elemente in dieser Matrix sind $1 - 1/n$ und alle außerdiagonalen Elemente sind $-1/n$. Nun ist Qx ein Vektor, der x in Abweichung von seinem Mittelwert enthält. Ein Vektor von Mittelwerten entsteht durch die Transformationsmatrix $P = (1/n)\iota\iota'$. Beachten Sie, dass $PP = P$ und $QP = 0$.

Die einzige nicht singuläre Projektionsmatrix ist die Identitätsmatrix. Alle anderen Projektionsmatrizen sind singulär, bei jeder ist der Rang gleich der Dimension des Raums, auf den sie projizieren.

A.6   Eigenwerte und Eigenvektoren

Lassen wir A eine symmetrische $n \times n$-Matrix sein. Betrachten Sie das folgende Problem des Findens von Kombinationen eines Vektors c (neben dem Nullvektor) und eines Skalars λ, das

$$Ac = \lambda c$$

erfüllt. Im Allgemeinen gibt es n Lösungen $\lambda_1, \dots, \lambda_n$, genannt die **Eigenwerte** (charakteristische Wurzeln) von A, entsprechend den n Vektoren $c_1, \dots, c_n$, genannt die **Eigenvektoren** (charakteristische Vektoren). Wenn c_1 eine Lösung ist, dann ist sie kc_1 für jede Konstante k, also sind die Eigenvektoren definiert bis auf eine Konstante. Die Eigenvektoren einer symmetrischen Matrix sind orthogonal, also $c_i'c_j = 0$ für alle $i \neq j$.

Wenn ein Eigenwert null ist, erfüllt der entsprechende Vektor c $Ac = 0$, was impliziert, dass A kein voller Rang und von daher singulär ist. Folglich hat eine singuläre Matrix mindestens einen Null-Eigenwert. Im Allgemeinen entspricht der Rang der symmetrischen Matrix der Anzahl von Eigenwerten ungleich null.

Eine symmetrische Matrix wird als **positiv definit** bezeichnet, wenn alle ihre Eigenwerte positiv sind. Sie gilt als **positiv semidefinit**, wenn all ihre Eigenwerte nichtnegativ sind. Eine positiv definite Matrix ist umkehrbar. Wenn A positiv definit ist, dann gilt für jeden Vektor x (nicht den Nullvektor), dass

$$x'Ax > 0.$$

Der Grund ist, dass jeder Vektor x als Linearkombination der Eigenvektoren durch $x = d_1c_1 + \dots + d_nc_n$ für Skalare $d_1, \dots, d_n$ geschrieben werden kann, und wir können schreiben

$$x'Ax = (d_1c_1 + \dots + d_nc_n)'A(d_1c_1 + \dots + d_nc_n)$$
$$= \lambda_1 d_1^2 c_1'c_1 + \dots + \lambda_n d_n^2 c_n'c_n > 0.$$

Ähnlich haben wir für eine positiv semidefinite Matrix A für jeden Vektor x

$$x'Ax \geq 0.$$

Die **Determinante** einer symmetrischen Matrix gleicht dem Produkt ihrer n Eigenwerte. Die Determinante einer positiv definiten Matrix ist positiv. Eine symmetrische Matrix ist singulär, wenn die Determinante null ist (das heißt, wenn einer der Eigenwerte null ist).

A.7 Differentiation

Lassen wir x einen n-dimensionalen Spaltenvektor sein. Wenn c auch ein n-dimensionaler Spaltenvektor ist, dann ist $c'x$ ein Skalar. Lassen Sie uns $c'x$ als eine Funktion des Vektors x betrachten. Dann können wir den Vektor der Ableitungen von $c'x$ im Hinblick auf jedes Element in x betrachten, das ist

$$\frac{\partial c'x}{\partial x} = c.$$

Dies ist ein Spaltenvektor von n Ableitungen mit dem typischen Element c_i. Allgemeiner ausgedrückt haben wir für eine vektorielle Funktion Ax (wobei A eine Matrix ist)

$$\frac{\partial Ax}{\partial x} = A'.$$

Das Element in Spalte i, Zeile j dieser Matrix ist die Ableitung des j-ten Elements in der Funktion Ax im Hinblick auf x_i.

Darüber hinaus gilt

$$\frac{\partial x'Ax}{\partial x} = 2Ax$$

für eine symmetrische Matrix A. Wenn A nicht symmetrisch ist, haben wir

$$\frac{\partial x'Ax}{\partial x} = (A + A')x.$$

All diese Ergebnisse folgen aus dem Sammeln der Ergebnisse aus einer Element-für-Element-Differentiation.

A.8 Einige Kleinste-Quadrate-Behandlungen

Lassen wir $x_i = (x_{i1}, x_{i2}, \ldots, x_{iK})'$ mit $x_{i1} \equiv 1$ und $\beta = (\beta_1, \beta_2, \ldots, \beta_K)'$. Dann

$$x_i'\beta = \beta_1 + \beta_2 x_{i2} + \cdots + \beta_K x_{iK}.$$

Die Matrix

$$\sum_{i=1}^{N} x_i x_i' = \sum_{i=1}^{N} \begin{pmatrix} x_{i1} \\ x_{i2} \\ \vdots \\ x_{iK} \end{pmatrix} (x_{i1}, x_{i2}, \ldots, x_{iK})$$

$$= \begin{pmatrix} \sum_{i=1}^{N} x_{i1}^2 & \sum_{i=1}^{N} x_{i2}x_{i1} & \cdots & \sum_{i=1}^{N} x_{iK}x_{i1} \\ \vdots & \sum_{i=1}^{N} x_{i2}^2 & & \\ \vdots & & \ddots & \vdots \\ \sum_{i=1}^{N} x_{i1}x_{iK} & & \cdots & \sum_{i=1}^{N} x_{iK}^2 \end{pmatrix}$$

ist eine $K \times K$-symmetrische Matrix, die Quadratsummen und Kreuzprodukte enthält. Der Vektor

$$\sum_{i=1}^{N} x_i y_i = \begin{pmatrix} \sum_{i=1}^{N} x_{i1} y_i \\ \sum_{i=1}^{N} x_{i2} y_i \\ \vdots \\ \sum_{i=1}^{N} x_{iK} y_i \end{pmatrix}$$

hat die Länge K, sodass das System

$$\left(\sum_{i=1}^{N} x_i x_i' \right) b = \sum_{i=1}^{N} x_i y_i$$

ein System von K Gleichungen mit K Unbekannten (in b) ist. Wenn $\sum_{i=1}^{N} x_i x_i'$ umkehrbar ist, existiert eine eindeutige Lösung. Umkehrbarkeit erfordert, dass $\sum_{i=1}^{N} x_i x_i'$ von vollem Rang ist. Ist das nicht der Fall, dann existiert ein K-dimensionaler Vektor ungleich null derart, dass $x_i' c = 0$ für jedes i, und eine lineare Abhängigkeit ist zwischen den Spalten/Zeilen der Matrix $\sum_{i=1}^{N} x_i x_i'$ vorhanden.

Mit Matrixbezeichnung ist die $N \times K$-Matrix X definiert als

$$X = \begin{pmatrix} x_{11} & x_{12} & \cdots & x_{1K} \\ \vdots & \vdots & \ddots & \vdots \\ x_{N1} & x_{N2} & \cdots & x_{NK} \end{pmatrix}$$

und $y = (y_1, y_2, \ldots, y_N)'$. Von diesem aus lässt sich leicht verifizierten, dass

$$X'X = \sum_{i=1}^{N} x_i x_i'$$

und

$$X'y = \sum_{i=1}^{N} x_i y_i.$$

Die Matrix $X'X$ ist nicht umkehrbar, wenn die Matrix X nicht von vollem Rang ist. Das heißt, wenn eine lineare Abhängigkeit zwischen den Spalten von X (»Regressoren« vorliegt).

Statistische und Verteilungstheorie

Dieser Anhang wiederholt kurz Aspekte der Statistik und der Verteilungstheorie, die in diesem Buch verwendet werden. Weitere Details finden sich zum Beispiel in Davidson und MacKinnon (1993, Anhang B) oder Greene (2012, Anhang B).

B.1 Diskrete Zufallsvariablen

Eine **Zufallsvariable** ist eine Variable, die abhängig von dem »Naturzustand« unterschiedliche Ergebnisse haben kann. Zum Beispiel ist das Ergebnis eines Wurfes mit dem Würfel zufällig, mit den möglichen Ergebnissen 1, 2, 3, 4, 5 und 6. Lassen Sie uns eine beliebige Zufallsvariable mit Y bezeichnen. Wenn Y das Ergebnis des Würfelexperiments bezeichnet (und der Würfel fair und zufällig geworfen wird), dann ist die **Wahrscheinlichkeit** jedes Ergebnisses 1/6. Das können wir schreiben als

$$P\{Y = y\} = 1/6 \quad \text{für } y = 1, 2, \ldots, 6.$$

Die Funktion, die mögliche Ergebnisse (in diesem Fall $y = 1, 2, \ldots, 6$) mit den entsprechenden Wahrscheinlichkeiten verbindet, ist die **Wahrscheinlichkeitsfunktion** oder, allgemeiner ausgedrückt, die Wahrscheinlichkeitsverteilungsfunktion. Wir können diese bezeichnen mit

$$f(y) = P\{Y = y\}.$$

Beachten Sie, dass $f(y)$ keine Funktion der Zufallsvariable Y ist, aber von jeder ihrer möglichen Ergebnisse.

Die Funktion $f(y)$ hat die Eigenschaft, dass das Resultat eins ist, wenn wir sie über alle möglichen Ergebnisse addieren. Das heißt,

$$\sum_j f(y_j) = 1.$$

Der **erwartete Wert** einer diskreten Zufallsvariablen ist ein gewichteter Durchschnitt aller möglichen Ergebnisse, wobei die Gewichtungen der Wahrscheinlichkeit des bestimmten Ergebnisses entsprechen.

Wir schreiben

$$E\{Y\} = \sum_j y_j f(y_j).$$

Beachten Sie, dass $E\{Y\}$ nicht zwangsläufig einem der möglichen Ergebnisse entspricht. Zum Beispiel ist in dem Würfelexperiment der erwartete Wert 3,5.

Eine Verteilung ist **ausgeartet**, wenn sie sich ausschließlich auf einen Punkt konzentriert, das heißt, wenn $P\{Y = y\} = 1$ für einen bestimmten Wert von y und null für alle anderen Werte.

B.2   Kontinuierliche Zufallsvariablen

Eine **kontinuierliche Zufallsvariable** kann eine unendliche Zahl verschiedener Ergebnisse annehmen, zum Beispiel jeden Wert in dem Intervall $[0, 1]$. In diesem Fall hat jedes individuelle Ergebnis eine Wahrscheinlichkeit von null. Statt einer Wahrscheinlichkeitsfunktion definieren wir die **Wahrscheinlichkeitsdichtefunktion** $f(y) \geq 0$ als

$$P\{a \leq Y \leq b\} = \int_a^b f(y)\, dy.$$

In einer grafischen Darstellung ist $P\{a \leq Y \leq b\}$ der Bereich unter der Funktion $f(y)$ zwischen den Punkten a und b. Nehmen wir das Integral von $f(y)$ über alle möglichen Ergebnisse, so ergibt das

$$\int_{-\infty}^{\infty} f(y)\, dy = 1.$$

Wenn Y nur Werte innerhalb eines bestimmten Bereiches annimmt, so wird implizit angenommen, dass überall außerhalb dieses Bereiches $f(y) = 0$.

Wir können auch die **kumulierte Dichtefunktion** (cdf) definieren als

$$F(y) = P\{Y \leq y\} = \int_{-\infty}^{y} f(t)\, dt,$$

derart, dass $f(y) = F'(y)$ (die Ableitung). Die kumulierte Dichtefunktion hat die Eigenschaft, dass $0 \leq F(y) \leq 1$, und sie ist monoton wachsend, das heißt

$$F(y) \geq F(x) \quad \text{falls } y > x.$$

Daraus folgt unschwer, dass $P\{a \leq Y \leq b\} = F(b) - F(a)$.

Der **Erwartungswert** oder **Mittelwert** einer kontinuierlichen Zufallsvariablen, häufig bezeichnet als μ, ist definiert als

$$\mu = E\{Y\} = \int_{-\infty}^{\infty} y f(y)\, dy.$$

Ein anderes Maß für die Lage ist der **Median**, welcher der Wert m ist, für den wir haben:

$$P\{Y \leq m\} \geq 1/2 \quad \text{und} \quad P\{Y \geq m\} \leq 1/2.$$

50 Prozent der Beobachtungen sind also unterhalb des Medians und 50 Prozent sind oberhalb. Der **Modalwert** ist einfach der Wert, für den $f(y)$ das Maximum annimmt. Er wird bei ökonometrischen Anwendungen nicht häufig genutzt.

Eine Verteilung ist **symmetrisch** um ihren Mittelwert, wenn $f(\mu - y) = f(\mu + y)$. In diesem Fall sind der Mittelwert und der Median der Verteilung identisch.

B.3   Erwartungen und Momente

Wenn Y und X Zufallsvariablen und a und c Konstante sind, dann gilt, dass

$$E\{aY + bX\} = aE\{Y\} + bE\{X\},$$

was zeigt, dass die Erwartung ein linearer Operator ist. Ähnliche Ergebnisse müssen nicht zwangsläufig gelten, wenn wir eine nichtlineare Transformation einer Zufallsvariablen betrachten. Für eine nichtlineare Funktion g gilt *nicht* im Allgemeinen, dass $E\{g(Y)\} = g(E\{Y\})$. Wenn g konkav ist ($g''(Y) < 0$), dann besagt die **Jensen'sche Ungleichung**, dass

$$E\{g(Y)\} \leq g(E\{Y\}).$$

Zum Beispiel $E\{\log Y\} \leq \log E\{Y\}$. Das hat zur Folge, dass wir den Erwartungswert einer Funktion von Y nur aus dem Erwartungswert von Y bestimmen können. Natürlich gilt per Definition, dass

$$E\{g(Y)\} = \int_{-\infty}^{\infty} g(y)f(y)\, dy.$$

Die **Varianz** einer Zufallsvariablen, häufig bezeichnet mit σ^2, ist ein Maß der Streuung der Verteilung. Sie ist definiert als

$$\sigma^2 = V\{Y\} = E\{(Y - \mu)^2\}$$

und gleicht der erwarteten Abweichung zum Quadrat vom Mittelwert. Sie wird manchmal auch als **zweiter zentraler Moment** bezeichnet. Ein nützliches Ergebnis ist, dass

$$E\{(Y - \mu)^2\} = E\{Y^2\} - 2E\{Y\}\mu + \mu^2 = E\{Y^2\} - \mu^2,$$

wobei $E\{Y^2\}$ das zweite Moment ist. Wenn Y eine diskrete Verteilung aufweist, ist seine Varianz bestimmt als

$$V\{Y\} = \sum_j (y_j - \mu)^2 f(y_j),$$

wobei j die verschiedenen Ergebnisse indiziert. Für eine kontinuierliche Verteilung haben wir

$$V\{Y\} = \int_{-\infty}^{\infty} (y - \mu)^2 f(y) \, dy.$$

Durch Verwenden dieser Definitionen lässt sich leicht verifizieren, dass

$$V\{aY + b\} = a^2 V\{Y\},$$

wobei a und b beliebige Konstanten sind. Oft werden wir auch die **Standardabweichung** einer Zufallsvariablen verwenden, bezeichnet mit σ, definiert als die Quadratwurzel der Varianz. Die Standardabweichung wird in denselben Einheiten ausgedrückt wie Y.

In den meisten Fällen ist die Verteilung einer Zufallsvariablen durch ihren Mittelwert und ihre Varianz nicht vollständig beschrieben und wir können das **k-te zentrale Moment** definieren als

$$E\{(Y - \mu)^k\} \text{ für } k = 1, 2, 3, \ldots$$

Insbesondere das dritte zentrale Moment ist ein Maß für die Asymmetrie der Verteilung um ihren Mittelwert, während das vierte zentrale Moment die Spitzigkeit der Verteilung misst. In der Regel ist **Schiefe** definiert als $S \equiv E\{(Y - \mu)^3\}/\sigma^3$, während **Kurtosis** definiert ist als $K = E\{(Y - \mu)^4\}/\sigma^4$. Kurtosis einer Normalverteilung ist 3, sodass $K - 3$ als **Überschuss-Kurtosis** bezeichnet wird. Eine Verteilung mit positiver Überschuss-Kurtosis wird als leptokurtisch bezeichnet.

B.4 Multivariate Verteilungen

Die **gemeinsame Dichtefunktion** zweier Zufallsvariablen Y und X, bezeichnet mit $f(y, x)$, ist definiert als

$$P\{a_1 < Y < b_1, a_2 < X < b_2\} = \int_{a_1}^{b_1} \int_{a_2}^{b_2} f(y, x) \, dy \, dx.$$

Wenn Y und X **unabhängig** sind, so gilt, dass $f(y, x) = f(y)f(x)$ derart, dass

$$P\{a_1 < Y < b_1, a_2 < X < b_2\} = P\{a_1 < Y < b_1\}P\{a_2 < X < b_2\}.$$

Im Allgemeinen ist die **Randverteilung** von Y charakterisiert durch die Dichtefunktion

$$f(y) = \int_{-\infty}^{\infty} f(y, x) \, dx.$$

Das impliziert, dass der Erwartungswert von Y gegeben ist durch

$$E\{Y\} = \int_{-\infty}^{\infty} y f(y) \, dy = \int_{-\infty}^{\infty} \int_{-\infty}^{\infty} y f(y, x) \, dx \, dy.$$

Die **Kovarianz** zwischen Y und X ist ein Maß der *linearen* Abhängigkeit zwischen den beiden Variablen. Sie ist definiert als

$$\sigma_{xy} = \text{cov}\{Y, X\} = E\{(Y - \mu_y)(X - \mu_x)\},$$

wobei $\mu_y = E\{Y\}$ und $\mu_x = E\{X\}$. Der **Korrelationskoeffizient** ist gegeben durch die Kovarianz, standardisiert durch die beiden Standardabweichungen, das heißt

$$\rho_{yx} = \frac{\text{cov}\{Y, X\}}{\sqrt{V\{Y\}V\{X\}}} = \frac{\sigma_{xy}}{\sigma_x \sigma_y}.$$

Der Korrelationskoeffizient liegt immer zwischen -1 und 1 und wird nicht beeinflusst von der Skalierung der Variablen. Der quadrierte Korrelationskoeffizient liegt zwischen 0 und 1 und beschreibt den Anteil der gemeinsamen Varianz zwischen Y und X. Er kann mit 100 multipliziert und als Prozentsatz ausgedrückt werden. Wenn $\text{cov}\{Y, X\} = 0$, dann gelten Y und X als **nicht korreliert**. Wenn a, b, c, d Konstante sind, gilt, dass

$$\text{cov}\{aY + b, cX + d\} = ac \, \text{cov}\{Y, X\}.$$

Darüber hinaus

$$\text{cov}\{aY + bX, X\} = a \, \text{cov}\{Y, X\} + b \, \text{cov}\{X, X\} = a \, \text{cov}\{Y, X\} + bV\{X\}.$$

Daraus folgt auch, dass zwei Variablen Y und X perfekt korreliert sind ($\rho_{yx} = 1$), wenn $Y = aX$ für einige Werte von a ungleich null. Wenn Y und X korreliert sind, dann hängt die Varianz einer Linearfunktion von Y und X von deren Kovarianz ab. Insbesondere

$$V\{aY + bX\} = a^2 V\{Y\} + b^2 V\{X\} + 2ab \, \text{cov}\{Y, X\}.$$

Wenn wir einen K-dimensionalen Vektor von Zufallsvariablen betrachten, $\vec{Y} = (Y_1, \dots, Y_K)'$, können wir seinen Erwartungsvektor definieren als

$$E\{\vec{Y}\} = \begin{pmatrix} E\{Y_1\} \\ \vdots \\ E\{Y_K\} \end{pmatrix}$$

und seine Varianz-Kovarianzmatrix (oder einfach **Kovarianzmatrix**) als

$$V\{\vec{Y}\} = \begin{pmatrix} V\{Y_1\} & \cdots & \text{cov}\{Y_1, Y_K\} \\ \vdots & \ddots & \vdots \\ \text{cov}\{Y_K, Y_1\} & \cdots & V\{Y_K\} \end{pmatrix}.$$

Beachten Sie, dass diese Matrix symmetrisch ist. Wenn wir eine oder mehr lineare Kombinationen der Elemente in $\vec{Y}$, etwa $R\vec{Y}$, betrachten, wobei R die Dimension $J \times K$ aufweist, dann gilt, dass

$$V\{R\vec{Y}\} = RV\{\vec{Y}\}R'.$$

B.5   Bedingte Verteilungen

Eine bedingte Verteilung beschreibt die Verteilung einer Variablen, etwa Y, angesichts des Ergebnisses einer anderen Variablen X. Wenn wir zum Beispiel zwei Würfel werfen, könnte X das Ergebnis des ersten Würfels und Y das Gesamtergebnis beider Würfel bezeichnen. Dann könnten wir uns für die Verteilung von Y abhängig vom Ergebnis des ersten Würfels interessieren. Wie groß ist zum Beispiel die Wahrscheinlichkeit, insgesamt auf sieben Augen zu kommen, wenn der erste Würfel die Augenzahl drei hat? Oder ein Ergebnis von drei oder weniger? Die bedingte Verteilung wird durch die gemeinsame Verteilung der beiden Variablen impliziert. Wir definieren

$$f(y|X = x) = f(y|x) = \frac{f(y, x)}{f(x)}.$$

Wenn Y und X unabhängig sind, so folgt daraus unmittelbar, dass $f(y|x) = f(y)$. Aus obiger Definition folgt, dass

$$f(y, x) = f(y|x)f(x),$$

was besagt, dass die gemeinsame Verteilung von zwei Variablen zerlegt werden kann in das Produkt einer bedingten Verteilung und einer Randverteilung. Auf ähnliche Weise können wir schreiben

$$f(y, x) = f(x|y)f(y).$$

Die **bedingte Erwartung** von Y bei gegebenem $X = x$ ist der Erwartungswert von Y aus der bedingten Verteilung. Das heißt,

$$E\{Y|X = x\} = E\{Y|x\} = \int yf(y|x)\, dy.$$

Die bedingte Erwartung ist eine Funktion von x, es sei denn, Y und X sind unabhängig.

Auf ähnliche Weise können wir die bedingte Varianz definieren als

$$V\{Y|x\} = \int (y - E\{Y|x\})^2 f(y|x)\, dy,$$

was geschrieben werden kann als

$$V\{Y|x\} = E\{Y^2|x\} - (E\{Y|x\})^2.$$

Es gilt, dass

$$V\{Y\} = E_x\{V\{Y|X\}\} + V_x\{E\{Y|X\}\},$$

wobei E_x und V_x den Erwartungswert beziehungsweise die Varianz bezeichnen, basierend auf der Randverteilung von X. Die Terme $V\{Y|X\}$ und $E\{Y|X\}$ sind Funktionen der Zufallsvariablen X und deshalb ebenfalls Zufallsvariablen.

Lassen Sie uns die Beziehung zwischen zwei Zufallsvariablen Y und X betrachten, wobei $E\{Y\} = 0$. Dann folgt, dass Y und X **nicht korreliert** sind, wenn

$$E\{YX\} = \operatorname{cov}\{Y, X\} = 0.$$

Wenn Y von **mittlerer bedingter Unabhängigkeit** von X ist, bedeutet das, dass

$$E\{Y|X\} = E\{Y\} = 0.$$

Dies ist stärker als eine Korrelation von null, weil $E\{Y|X\} = 0$ impliziert, dass $E\{Yg(X)\} = 0$ für jede Funktion g ist. Wenn Y und X **unabhängig** sind, ist das wiederum stärker und impliziert, dass

$$E\{g_1(Y)g_2(X)\} = E\{g_1(Y)\}E\{g_2(X)\}$$

für beliebige Funktionen g_1 und g_2. Es lässt sich leicht verifizieren, dass dies mittlere bedingte Unabhängigkeit und eine Korrelation von null impliziert. Beachten Sie, dass $E\{Y|X\} = 0$ nicht zwangsläufig impliziert, dass $E\{X|Y\} = 0$.

B.6   Die Normalverteilung

In der Ökonometrie spielt die **Normalverteilung** eine zentrale Rolle. Die Dichtefunktion für eine Normalverteilung mit Mittelwert μ und Varianz σ^2 ist gegeben durch

$$f(y) = \frac{1}{\sqrt{2\pi\sigma^2}} \exp\left\{ -\frac{1}{2}\frac{(y-\mu)^2}{\sigma^2} \right\},$$

was wir schreiben können als $Y \sim \mathcal{N}(\mu, \sigma^2)$. Es ist leicht verifiziert, dass die Normalverteilung symmetrisch ist. Eine Standardnormalverteilung erhalten wir für $\mu = 0$ und $\sigma = 1$. Beachten Sie, dass die standardisierte Variable $(Y - \mu)/\sigma \, \mathcal{N}(0, 1)$ ist, wenn $Y \sim \mathcal{N}(\mu, \sigma^2)$. Die Dichte einer Standardnormalverteilung, in der Regel bezeichnet mit ϕ, ist gegeben durch

$$\phi(y) = \frac{1}{\sqrt{2\pi}} \exp\left\{ -\frac{1}{2}y^2 \right\}.$$

Eine nützliche Eigenschaft einer Normalverteilung besteht darin, dass eine lineare Funktion einer normalverteilten Variablen ebenfalls normalverteilt ist. Das heißt, wenn $Y \sim \mathcal{N}(\mu, \sigma^2)$, dann

$$aY + b \sim \mathcal{N}(a\mu + b, a^2\sigma^2).$$

Die kumulierte Dichtefunktion der Normalverteilung hat keinen analytisch geschlossenen Ausdruck. Wir haben

$$P\{Y \le y\} = P\left\{ \frac{Y - \mu}{\sigma} \le \frac{y - \mu}{\sigma} \right\} = \Phi\left(\frac{y - \mu}{\sigma} \right) = \int_{-\infty}^{(y-\mu)/\sigma} \phi(t)\,dt,$$

wobei Φ das cdf der Standardnormalverteilung bezeichnet. Beachten Sie, dass $\Phi(y) = 1 - \Phi(-y)$ durch die Symmetrie bedingt ist.

Die Symmetrie impliziert auch, dass das dritte zentrale Moment einer Normalverteilung null ist. Es kann gezeigt werden, dass das vierte zentrale Moment einer Normalverteilung gegeben ist durch

$$E\{(Y - \mu)^4\} = 3\sigma^4.$$

In der Regel werden diese Eigenschaften eines dritten und vierten zentralen Moments in Tests gegen Nichtnormalverteilung angewandt.

Wenn (Y, X) eine **bivariate Normalverteilung** mit Mittelwertvektor $\mu = (\mu_y, \mu_x)'$ hat und die Kovarianzmatrix

$$\Sigma = \begin{pmatrix} \sigma_y^2 & \sigma_{yx} \\ \sigma_{yx} & \sigma_x^2 \end{pmatrix},$$

bezeichnet mit $(Y, X)' \sim \mathcal{N}(\mu, \Sigma)$, dann ist die gemeinsame Dichtefunktion gegeben durch

$$f(y, x) = f(y|x)f(x),$$

wobei sowohl die **bedingte Dichte** von Y bei gegebenem X als auch die **Randdichte** von X normalverteilt sind. Die bedingte Dichtefunktion ist gegeben durch

$$f(y|x) = \frac{1}{\sqrt{2\pi\sigma_{y|x}^2}} \exp\left\{ -\frac{1}{2} \frac{(y - \mu_{y|x})^2}{\sigma_{y|x}^2} \right\},$$

wobei $\mu_{y|x}$ die **bedingte Erwartung** von Y bei gegebenem X ist, gegeben durch

$$\mu_{y|x} = \mu_y + (\sigma_{yx}/\sigma_x^2)(x - \mu_x),$$

und $\sigma_{y|x}^2$ die bedingte Varianz von Y angesichts von X ist,

$$\sigma_{y|x}^2 = \sigma_y^2 - \sigma_{yx}^2/\sigma_x^2 = \sigma_y^2(1 - \rho_{yx}^2),$$

mit ρ_{yx} als Bezeichnung des Korrelationskoeffizienten zwischen Y und X. Diese Ergebnisse haben einige wichtige Implikationen. Erstens: Wenn zwei (oder mehr) Variablen eine gemeinsame Normalverteilung haben, sind alle Rand- und bedingten Verteilungen ebenfalls normal. Zweitens: Die bedingte Erwartung einer Variablen angesichts der anderen (eine oder mehrere) ist eine lineare Funktion (mit einem Achsenabschnittsterm). Drittens: Wenn $\rho_{yx} = 0$, dann folgt daraus, dass $f(y|x) = f(y)$, sodass

$$f(y, x) = f(y)f(x),$$

und Y und X unabhängig sind. Wenn also Y und X eine gemeinsame Normalverteilung mit einer Korrelation von null haben, sind sie automatisch unabhängig. Denken Sie daran, dass Unabhängigkeit im Allgemeinen eine stärkere Bedingung ist als Unkorreliertheit.

Ein weiteres wichtiges Ergebnis besteht darin, dass eine lineare Funktion normalverteilter Variablen ebenfalls normal ist, das heißt, wenn $(Y, X)' \sim \mathcal{N}(\mu, \Sigma)$, dann

$$aY + bX \sim \mathcal{N}(a\mu_y + b\mu_x, a^2\sigma_y^2 + b^2\sigma_x^2 + 2ab\sigma_{yx}).$$

Diese Ergebnisse können verallgemeinert werden zu einer allgemeinen K-variaten Normalverteilung. Wenn der K-dimensionale Vektor Y eine Normalverteilung mit Mittelwertvektor μ und eine Kovarianzmatrix Σ aufweist, also

$$\vec{Y} \sim \mathcal{N}(\mu, \Sigma),$$

dann gilt, dass die Verteilung von $R\vec{Y}$, wobei R eine $J \times K$-Matrix ist, eine J-variate Normalverteilung ist, gegeben durch

$$R\vec{Y} \sim \mathcal{N}(R\mu, R\Sigma R').$$

In Modellen mit begrenzt abhängigen Variablen begegnen wir häufig Formen von **Abschneiden**. Wenn Y die Dichte f(y) aufweist, dann ist die Verteilung von Y von unten beschnitten an einem gegebenen Punkt c ($Y \geq c$), gegeben durch

$$f(y|Y \geq c) = \frac{f(y)}{P\{Y \geq c\}} \quad \text{wenn } y \geq c \quad \text{und 0 andernfalls.}$$

Wenn Y eine standardnormalverteilte Variable ist, dann hat die abgeschnittene Verteilung von $Y \geq c$ den Mittelwert

$$E\{Y|Y \geq c\} = \lambda_1(c),$$

wobei

$$\lambda_1(c) = \frac{\phi(c)}{1 - \Phi(c)}$$

und die Varianz

$$V\{Y|Y \geq c\} = 1 - \lambda_1(c)[\lambda_1(c) - c]$$

Wenn die Verteilung von oben beschnitten ist ($Y \leq c$), dann gilt, dass

$$E\{Y|Y \leq c\} = \lambda_2(c)$$

mit

$$\lambda_2(c) = \frac{-\phi(c)}{\Phi(c)}.$$

Wenn Y eine normale Dichte mit Mittelwert μ und Varianz σ^2 aufweist, dann hat die beschnittene Verteilung $Y \geq c$ den Mittelwert

$$E\{Y|Y \geq c\} = \mu + \sigma\lambda_1(c^*) \geq \mu,$$

wobei $c^* = (c - \mu)/\sigma$, und, vergleichbar,

$$E\{Y|Y \leq c\} = \mu + \sigma\lambda_2(c^*) \leq \mu.$$

Wenn (Y, X) wie oben eine bivariate Normalverteilung aufweisen, dann erhalten wir

$$E\{Y|X \geq c\} = \mu_y + (\sigma_{yx}/\sigma_x^2)[E\{X|X \geq c\} - \mu_x]$$

$$= \mu_y + (\sigma_{yx}/\sigma_x)\lambda_1(c^*).$$

Weitere Details finden sich in Maddala (1983, Anhang).

B.7 Verwandte Verteilungen

Neben der Normalverteilung sind etliche andere Verteilungen wichtig. Als Erstes definieren wir die **Chi-Quadrat-Verteilung** wie folgt. Wenn $Y_1, \ldots, Y_J$ ein Set unabhängiger standardnormalverteilter Variablen ist, dann gilt, dass

$$\xi = \sum_{j=1}^{J} Y_j^2$$

eine Chi-Quadrat-Verteilung mit J Freiheitsgraden hat. Wir bezeichnen sie $\xi \sim \chi_J^2$. Allgemeiner ausgedrückt: Wenn $Y_1, \ldots, Y_J$ ein Set unabhängiger normalverteilter Variablen mit Mittelwert μ und Varianz σ^2 ist, dann folgt daraus, dass

$$\xi = \sum_{j=1}^{J} \frac{(Y_j - \mu)^2}{\sigma^2}$$

ein Chi-Quadrat mit J Freiheitsgraden ist. Noch allgemeiner ausgedrückt: Wenn $\vec{Y} = (Y_1, \ldots, Y_J)'$ ein Vektor von Zufallsvariablen ist, der eine gemeinsame Normalverteilung mit dem Mittelwertvektor μ und (nichtsingulärer) Kovarianzmatrix Σ aufweist, dann folgt daraus, dass

$$\xi = (\vec{Y} - \mu)'\Sigma^{-1}(\vec{Y} - \mu) \sim \chi_J^2.$$

Wenn ξ eine Chi-Quadrat-Verteilung mit J Freiheitsgraden aufweist, dann gilt, dass $E\{\xi\} = J$ und $V\{\xi\} = 2J$.

Als Nächstes betrachten wir die **Student-t-Verteilung** (oder Student'sche Verteilung). Wenn X eine Standardnormalverteilung aufweist, $X \sim \mathcal{N}(0, 1)$ und $\xi \sim \chi_J^2$, und wenn X und ξ unabhängig sind, hat das Verhältnis

$$t = \frac{X}{\sqrt{\xi/J}}$$

eine t-Verteilung mit J Freiheitsgraden. Wie die Standardnormalverteilung ist auch die t-Verteilung symmetrisch um null herum, hat jedoch ausgeprägtere Ausläufer, insbesondere bei kleinen J. Wenn sich J unendlich annähert, dann nähert sich die t-Verteilung der Normalverteilung an.

Wenn $\xi_1 \sim \chi_{J_1}^2$ und $\xi_2 \sim \chi_{J_2}^2$ und wenn ξ_1 und ξ_2 unabhängig sind, dann folgt, dass das Verhältnis

$$f = \frac{\xi_1/J_1}{\xi_2/J_2}$$

eine **F-Verteilung** mit J_1 und J_2 Freiheitsgraden im Zähler beziehungsweise Nenner hat. Daraus folgt direkt, dass das umgekehrte Verhältnis

$$\frac{\xi_2/J_2}{\xi_1/J_1}$$

ebenfalls eine F-Verteilung hat, aber mit J_2 beziehungsweise J_1 Freiheitsgraden. Die F-Verteilung ist folglich die Verteilung des Verhältnisses zweier unabhängiger Chi-Quadrat-verteilter Variablen, geteilt durch deren entsprechende Freiheitsgrade. Wenn $J_1 = 1$, ist ξ_1 eine normalverteilte Variable zum Quadrat, etwa $\xi_1 = X^2$, und daraus folgt, dass

$$t^2 = \left(\frac{X}{\sqrt{\xi_2/J_2}} \right)^2 = \frac{\xi_1}{\xi_2/J_2} = f \sim F_{J_2}^1.$$

Mit einem Freiheitsgrad im Zähler ist die F-Verteilung folglich nur das Quadrat einer t-Verteilung. Wenn J_2 groß ist, dann ist die Verteilung von

$$J_1 f = \frac{\xi_1}{\xi_2/J_2}$$

gut approximiert durch eine Chi-Quadrat-Verteilung mit J_1 Freiheitsgraden. Für große J_2 kann der Nenner also vernachlässigt werden.

Abschließend betrachten wir die **Lognormalverteilung**. Wenn Logarithmus Y eine Normalverteilung mit Mittelwert μ und Varianz σ^2 aufweist, dann hat $Y > 0$ eine sogenannte logarithmische Verteilung. Die lognormale Dichte wird häufig verwendet zur Beschreibung der Verteilung der Grundgesamtheit von (Arbeits-)Einkommen oder der Verteilung von Kapitalrenditen (siehe Campbell, Lo und MacKinlay, 1997). Während $E\{\log Y\} = \mu$, gilt, dass

$$E\{Y\} = \exp\left\{ \mu + \frac{1}{2}\sigma^2 \right\}$$

(vergleiche Jensen'sche Ungleichheit oben).

Anmerkungen

Kapitel 2

1 Zwei Vektoren x und y werden als orthogonal bezeichnet, wenn $x'y = 0$, das heißt, wenn $\sum_i x_i y_i = 0$ (siehe Anhang A).

2 In diesem Unterkapitel wird x_i verwendet, um den einzelnen Regressor zu bezeichnen, sodass er die Konstante nicht beinhaltet.

3 Die Daten für dieses Beispiel sind erhältlich als WAGES1.

4 Siehe Anhang A für eigene Regeln für das Differenzieren von Matrizenausdrücken im Hinblick auf Vektoren.

5 Später werden wir noch sehen, dass das für die approximative Inferenz in großen Stichproben nicht nötig ist.

6 Die in diesem Text verwendeten Verteilungen werden in Anhang B erklärt.

7 Dieser Beweis geht über den Rahmen dieses Buches hinaus. Die grundlegende Idee besteht darin, dass eine Quadratsumme der Normalverteilungen eine Chi-Quadrat-Verteilung aufweist.

8 Siehe Anhang B für Details zu den Verteilungen in diesem Kapitel.

9 Beispielsweise entsprechen in einer Cobb-Douglas-Produktionsfunktion, geschrieben als ein lineares Regressionsmodell in Logarithmen, konstante Skalenerträge der Summe aller Steigungsparameter (den Koeffizienten für alle logarithmischen Eingaben) gleich eins.

10 Die Statistik ist dieselbe, wenn r ein K-dimensionaler Vektor von Nullen mit einer 1 auf der k-ten Position ist.

11 Diese Reparametrisierung ist nicht eindeutig.

12 Diese Terminologie ist irreführend, da in keinster Weise getestet wird, ob die durch das Modell auferlegten Restriktionen korrekt sind. Getestet wird lediglich, ob alle Koeffizienten, einschließlich des Achsenabschnitts, gleich null sind, in welchem Fall man ein einfaches Modell mit einem R^2 von null hätte. Wie in (2.6.1) gezeigt, ist die dem Modelltest zugeordnete Teststatistik lediglich eine Funktion des R^2.

13 Verwenden wir die Definition des OLS-Schätzers, so bestätigt sich rasch, dass der Achsenabschnittsterm in einem Modell ohne Regressoren als Stichprobendurchschnitt $\bar{y}$ geschätzt wird. Jede andere Entscheidung würde zu einem größeren S-Wert führen.

14 Voller Zeilenrang bedeutet, dass die Restriktionen keine linearen Abhängigkeiten aufweisen.

15 Das approximative Ergebnis erhalten wir aus der asymptotischen Verteilung und das gilt auch, wenn keine Normalität der Fehlerterme vorgegeben ist (siehe unten). Diese Approximation ist genauer, wenn der Stichprobenumfang groß ist.

16 Die Nichtsingularität von Σ_{xx} erfordert, dass, asymptotisch, keine Multikollinearität vorliegt. Die Bedingung, dass die Grenze endlich ist, ist eine »reguläre« Bedingung, die bei den meisten empirischen Anwendungen erfüllt wird. Eine hinreichende Bedingung besteht darin, dass die x-Variablen unabhängige Ziehungen aus derselben Verteilung mit einer endlichen Varianz sind. Verstöße tauchen in der Regel in Zeitreihenkontexten auf, wo eine oder mehr x-Variablen von einem Trend geprägt sein können. Wir werden in Kapitel 8 und 9 zu diesem Thema zurückkehren.

17 Wenn nicht anders angezeigt, verweisen lim und plim (auch Wahrscheinlichkeitslimes genannt) auf die (Wahrscheinlichkeits-)Grenze für die gegen unendlich strebende Stichprobengröße N ($N \to \infty$).

18 Das Ergebnis, das Stichprobendurchschnitte gegen den Gesamtpopulationsmittelwert konvergieren, wird in verschiedenen Versionen des Gesetzes großer Zahlen (siehe

Davidson und MacKinnon, 2004, Kapitel 4.5, oder Greene, 2012, Anhang D) geliefert.

19 Genaugenommen impliziert $E\{\varepsilon_i|x_i\} = 0$, dass $E\{\varepsilon_i g(x_i)\} = 0$ für jede Funktion g ist (siehe Anhang B).

20 N wird als gerade Zahl verstanden.

21 Weil die Daten mit verschiedenen Zeitphasen korrespondieren, indizieren wir die Beobachtungen mit t statt mit $t = 1, 2, \ldots, T$.

22 Die Daten für diese Abbildung sind als CAPM verfügbar.

23 Siehe Markopolos (2010) für einen Bericht, wie Markopolos Madoffs Betrug bereits Jahre, bevor er aufflog, aufdeckte.

24 Einige Softwarepakete geben diese »Toleranz« definiert als $1/VIF(b_k)$ an.

25 In dieser Annahme werden sowohl $\hat{y}_0$ als auch y_0 als Zufallsvariablen behandelt.

26 Sämtliche Daten für diese Übung sind der Website von Kenneth French entnommen, siehe http://mba.tuck.dartmouth.edu/pages/faculty/ken.french/

Kapitel 3

1 Wir abstrahieren von trivialen Ausnahmen wie $x_i = -z_i$ und $\beta = -\gamma$.

2 Vergleichen Sie die Herleitungen der Eigenschaften des OLS-Schätzers in Kapitel 2.6.

3 Das Adjektiv LSE ist abgeleitet von der Tatsache, dass es eine starke Tradition von Zeitreihen-Ökonometrikern an der London School of Economics (LSE) gibt, beginnend in den 1960ern. Derzeit sind die Anwender der LSE-Ökonometrie in Instituten auf der ganzen Welt verstreut.

4 Es sollte erwähnt werden, dass es mit ausreichend allgemeinen funktionalen Formen möglich ist, Modelle für y_i und $\log y_i$ zu erhalten, und dass beide in dem Sinne korrekt sind, dass sie $E\{y_i|x_i\}$ beziehungsweise $E\{\log y_i|x_i\}$ repräsentieren. Es ist jedoch nicht möglich, dass beide Spezifikationen einen homoskedastischen Fehlerterm aufweisen (siehe das Beispiel in Kapitel 3.6).

5 Obige Version des Chow-Tests nimmt homoskedastische Fehlerterme unter der Nullhypothese an. Das heißt, es wird angenommen, dass die Varianz von ε_i konstant ist und nicht innerhalb der Unterstichproben oder mit x_i

variiert. Eine Version, die uns Heteroskedastizität erlaubt, erhalten wir durch die Anwendung des Wald-Tests bei (3.32), kombiniert mit einer Heteroskedastizität-robusten Kovarianzmatrix; siehe Kapitel 4.3.2 und 4.3.4.

6 Die Daten sind erhältlich als HOUSING.

7 Der Stichprobenkorrelationskoeffizient zwischen Log-Grundstücksgröße und dem Zufahrtsdummy beträgt 0,33.

8 Die Daten für diese Abbildung sind erhältlich als PREDICTSP.

9 Die Daten dieser Übersicht sind erhältlich als BWAGES.

Kapitel 4

1 Alternative Transformationsmatrizen P können derart gefunden werden, dass der Vektor P keine Autokorrelation oder Heteroskedastizität zeigt. Die Voraussetzung, dass P nichtsingulär ist, garantiert, dass durch die Transformation keine Information verloren geht.

2 Bei Vorhandensein von »Gruppeneffekten« bei dem Nichtbeobachtbaren korrelieren die individuellen Fehlerterme innerhalb der Gruppen, und gewichtete Gruppendurchschnitte durch die Quadratwurzel von n produzieren nicht zwangsläufig homoskedastische Fehlerterme.

3 Genaugenommen gleicht die Wahrscheinlichkeitsgrenze von $S - \Sigma$ einer Nullmatrix.

4 Dieser Kovarianzmatrixschätzwert wird auch Eicker (1967) zugeschrieben, sodass manche Autoren die entsprechenden Standardfehler als Eicker-White-Standardfehler bezeichnen.

5 Die Daten sind erhältlich in LABOUR2.

6 Eine ausgezeichnete Übersicht über Produktionsfunktionen mit Kostenminimierung in einem angewandten ökonometrischen Kontext bietet Wallis (1979).

7 Die Daten in dieser Abbildung sind aus Hildreth und Lu (1969) entnommen und können in ICECREAM bezogen werden, siehe auch Kapitel 4.8.

8 Rein technisch gesehen ist die hier verwendete Transformationsmatrix P keine Quadratmatrix und von daher nicht umkehrbar.

9 Daten erhältlich in ICECREAM.

10 Es ist nicht notwendig, eine Konstante einzufügen, weil das durchschnittliche OLS-Residuum null beträgt.

11 Durch *Konsum* werden die Ausgaben für Eiscreme gemessen und nicht der tatsächliche Konsum.

12 Die in dieser Abbildung verwendeten Daten sind erhältlich in FORWARD2.

13 Im Folgenden verwenden wir die effektive Zahl an Beobachtungen in den Hilfsregressionen, um T in TR^2 zu bestimmen.

14 Es stellt kein grundlegendes Problem dar, wenn die Risikoprämie negativ ist. Obwohl das bedeutet, dass die erwartete Rendite niedriger ist als die einer risikolosen Investition, kann die tatsächliche Rendite in Situationen, die für den Investor besonders interessant sind, immer noch die risikolose Rendite übersteigen. So hat zum Beispiel eine Feuerversicherung für Ihr Haus in der Regel eine negative erwartete Rendite, aber eine große positive Rendite in dem Fall, dass Ihr Haus abbrennt.

15 Mehr Details zu Zufallsbewegungsprozessen liefert Kapitel 8.

Kapitel 5

1 Rufen Sie sich in Erinnerung, dass Unabhängigkeit stärker ist als Unkorreliertheit (siehe Anhang B).

2 Wir werden an dieser Stelle keine Herleitungen oder Beweise anführen. Der interessierte Leser sei auf vertiefende Fachbücher wie Hamilton (1994, Kapitel 8) verwiesen. Die wichtigste »Regelbedingung« ist, dass Σ_{xx} endlich und umkehrbar ist (vergleiche Annahme (A6) aus Kapitel 2.6).

3 ARCH steht für AutoRegressive Conditional Heteroskedasticity und GARCH ist eine generalisierte Form davon. Wir werden das in Kapitel 8 noch eingehender betrachten.

4 Beachten Sie, dass $E\{x_t z_t\} = \text{cov}\{x_t, z_t\}$, wenn entweder x_t oder z_t den Mittelwert null haben (siehe Anhang B).

5 Das Ergebnis kann nützlich sein, da es impliziert, dass wir das Problem des Messfehlers ignorieren können, wenn wir die Koeffizienten im Hinblick auf die Auswirkungen der berichteten Variablen statt der wahren zugrunde liegenden Werte interpretieren. Ökonomisch macht das oft keinen Sinn, aber statistisch gesehen gibt es kein Problem.

6 Die Nummerierung der Variablen wurde so gewählt, dass sie zur allgemeineren Bezeichnung im Folgenden passt.

7 Die Annahme, dass das Instrument mit x_{2i} korreliert ist, wird für die Identifizierung benötigt. Liegt keine Korrelation vor, so liefert das zusätzliche Moment keine (identifizierenden) Informationen zu β_2.

8 Obwohl die Schätzwerte für β_1 und β_2 mit den IV-Schätzwerten identisch sein werden, werden die Standardfehler ungeeignet sein; siehe Wooldridge (2010, Kapitel 6.2).

9 Beachten Sie, dass z_{2i} aus der Lohngleichung ausgeschlossen ist, sodass die Elemente in β, die z_{2i} entsprechen, auf null gesetzt sind.

10 Erhältlich unter SCHOOLING.

11 Weil die abhängige Variable in Logarithmen ist, entspricht ein Koeffizient von 0,074 einer relativen Differenz von etwa 7,4%; siehe Kapitel 3.

12 Obwohl die Formulierung etwas anderes nahelegt, entsprechen Instrumente nicht eins zu eins den endogenen Regressoren. Implizit werden alle Instrumente gemeinsam für alle Variablen genutzt.

13 Die R^2s für die reduzierte Formen von Erfahrung und Erfahrung im Quadrat (nicht dargestellt) sind beide größer als 0,60.

14 Beachten Sie, dass die vorhergesagten Werte von den Instrumenten statt die Instrumente selbst in die für uns interessante Gleichung aufgenommen werden sollten, um die endogenen Regressoren zu ersetzen.

15 Beachten Sie, dass sich sämtliche Terme, die N beinhalten, aufheben.

16 Angenommen, ein Pub bietet Ihnen an, drei Biere zu trinken, aber nur für zwei zu bezahlen. Können Sie sagen, welches der drei das kostenlose ist?

17 Wir verwenden das allgemeine Ergebnis, dass $E\{x_1|x_2\} = 0$ impliziert, dass $E\{x_1 g(x_2)\} = 0$ für jede Funktion g (siehe Anhang B).

18 Sollte in $f(w_t, z_t, \theta)$ Autokorrelation bis hinauf zu einer begrenzten Ordnung vorliegen, kann die optimale Gewichtungsmatrix unter Verwendung einer Variante des Newey-West-Schätzers, den wir in Kapitel 5.1 vorgestellt haben, geschätzt werden; siehe Greene (2012, Kapitel 13.6).

19 Das bedeutet, dass wir unsere Aufmerksamkeit auf Momente beschränken, die nur das Instrument $z_t = 1$ verwenden.

20 Möglicherweise möchten Sie zum Beispiel ein bestimmtes Asset belohnen, wenn es eine hohe Rendite in einer Situation liefert, in der Sie arbeitslos werden.

21 Die Daten sind erhältlich unter PRICING.

22 Für den einstufigen GMM-Schätzer werden die Standardfehler und die überidentifizierenden Restriktionstests auf nicht standardmäßige Weise berechnet. Die im Text genannten Formeln entfallen, da die optimale Gewichtungsmatrix nicht verwendet wird. Siehe Cochrane (2005, Kapitel 11) für die geeigneten Ausdrücke.

Kapitel 6

1 Wir nehmen an, dass die als Stichprobe entnommenen Bälle ersetzt werden. Alternativ können wir annehmen, dass die Anzahl von Bällen unendlich groß sei, sodass vorhergehende Ziehungen nicht die Wahrscheinlichkeit beeinflussen, einen roten Ball zu ziehen.

2 Wir sollten σ^2 als unbekannten Parameter betrachten, sodass wir eine Ableitung bezüglich σ^2 durchführen statt bezüglich σ. Der sich ergebende Schätzer ist invariant für diese Wahl.

3 Wir verwenden $f(.)$ als allgemeine Bezeichnung für eine (multivariate) Dichte- oder Wahrscheinlichkeitsfunktion.

4 Dieses Ergebnis ist allgemein wahr und folgt der Verwendung untergliederter Kehrwerte (siehe Davidson und MacKinnon, 1993, Anhang A; oder Greene, 2012, Anhang A).

5 Sollte Ihre Software keine unzentrierten R^2s ausgeben, so können Sie dasselbe Ergebnis auch durch Berechnen von $N-RSS$ erhalten, wobei RSS die Quadratsumme der Residuen bezeichnet.

6 Diese beiden Ausdrücke entsprechen den Bedingungen erster Ordnung des beschränkten Modells und definieren $\hat{\beta}$ und $\hat{\sigma}^2$.

7 Rufen Sie sich in Erinnerung, dass unter Normalverteilung die Nullkorrelation Unabhängigkeit bedeutet (siehe Anhang B).

8 Die Kovarianzmatrix unterstützt die Annahme, dass Beobachtungen voneinander unabhängig sind.

Kapitel 7

1 Der Fehlerterm ε_i darf nicht verwechselt werden mit dem aus dem linearen Modell (7.1).

2 Die Daten für dieses Beispiel sind verfügbar als BENEFITS.

3 Siehe Kapitel 3.1 für die Berechnung von Marginaleffekten im linearen Modell.

4 Siehe die Erörterungen zu diesem Thema in Kapitel 2.5.7.

5 Wir können diese Bedingung ein wenig lockern und sagen, dass die Bedingungen erster Ordnung des Maximum-Likelihood-Problems stichhaltig sein sollten (in der Grundgesamtheit). Ist das der Fall, können wir konsistente Schätzer erhalten, selbst mit einer nicht korrekten Likelihood-Funktion. Dies wird als Quasi-Maximum-Likelihood-Schätzung bezeichnet (siehe Kapitel 6.4).

6 Da das Modell die Wahrscheinlichkeit von $y_i = 1$ für ein gegebenes Set von x_i-Variablen beschreibt, sollten die Variablen, die die Varianz von ε_i bestimmen, ebenfalls in diesem Bedingungsset sein. Das bedeutet, dass z_i eine Teilmenge von (Funktionen von) x_i ist. Beachten Sie, dass es möglich ist, dass a priori Restriktionen zu β auferlegt sind, um einige x_i-Variablen aus der »Mittelwert«-Funktion $x_i'\beta$ auszuschließen.

7 Das in diesem Kapitel verwendete Datenset ist erhältlich als CREDIT.

8 Die Schätzergebnisse in Tabelle 7.5 sind erhältlich unter Eviews 7. Andere Programme erlegen möglicherweise eine andere Normalisierungsbeschränkung auf (zum Beispiel $\gamma_1 = 0$).

9 Eine nicht technische Besprechung der kontingenten Bewertung bieten Portney (1994), Hanemann (1994) sowie Diamond und Hausman (1994).

10 Ich danke Paulo Nunes für das Zurverfügungstellen der Daten, die in diesem Kapitel genutzt werden. Das hier verwendete Datenset ist erhältlich als WTP.

11 Die ursprünglichen Beträge waren in Escudos angegeben. Ein Euro entspricht etwa 200 Escudos.

12 Da B_i^* kontinuierlich verteilt ist, beträgt die Wahrscheinlichkeit für jedes Ergebnis null. Das impliziert, dass die Stellen der Gleichheitszeichen in den Ungleichungen irrelevant sind.

13 Beachten Sie, dass $P\{B_i^* < 0\} = \Phi(-\mu/\sigma)$, wenn B_i^* normalverteilt ist mit dem Mittelwert μ und der Standardabweichung σ. Das

Ersetzen der geschätzten Werte ergibt eine Wahrscheinlichkeit von 0,31.

14 Diese Interpretation gleicht der in Tobit-Modellen verwendeten. Siehe weiter unten.

15 Wenn $y \sim \mathcal{N}(\mu, \sigma^2)$, dann haben wir, dass $E\{y|y > c\} = \mu + \sigma\lambda([c - \mu]/\sigma)$, wobei $\lambda(t) = \phi(-t)/\Phi(-t) \geq 0$. Siehe Anhang B für weitere Details.

16 Dieses Beispiel ist natürlich zu sehr vereinfacht. Bei Marketinganwendungen wird die Eigenschaft der Unabhängigkeit von irrelevanten Alternativen häufig nicht zufriedenstellend betrachtet. Darüber hinaus berücksichtigt das Modell keine beobachtete und unbeobachtete Heterogenität bei den Konsumenten. Siehe Louviere, 1988, oder Caroll und Green (1995) für weiterführende Erörterungen.

17 Die Daten für diese Darstellung sind erhältlich als PATENTS.

18 Eine Spezifikation einschließlich F&E-Ausgaben aus dem vorhergehenden Jahr (1990) bringt nahezu identische Ergebnisse hervor.

19 Für ε sind auch alternative Interpretationen möglich. Diese können Optimierungsfehler des Haushalts oder Messfehler beinhalten.

20 Verwende $E\{y\} = E\{y|y > 0\}P\{y > 0\} + 0$.

21 Dies erhalten wir durch Differenzieren im Hinblick auf x_{ik}, unter Verwendung der Kettenregel und der funktionalen Form von ϕ. Verschiedene Terme heben sich auf (vergleiche Greene, 2012, Kapitel 19.3).

22 Rufen Sie sich in Erinnerung, dass $f(y|y > c) = f(y)/P\{y > c\}$ für $y > c$ und andernfalls 0 (siehe Anhang B).

23 Ich danke dem NIS für die Erlaubnis, diese Daten zu verwenden: erhältlich als TOBACCO.

24 Alter wird gemessen in Zehnjahresintervallen von 0 (jünger als 30) bis 4 (60 oder älter).

25 Wir nehmen zuerst den Durchschnitt und berechnen dann das Verhältnis.

26 Diese Klassifikation von Tobit-Modellen geht zurück auf Amemiya (1984). Das Standard-Tobit-Modell aus Kapitel 7.4 wird dann als Tobit I bezeichnet.

27 Bei den meisten Anwendungen ist das Modell in Form von log(*Löhne*) formuliert.

28 Einige Autoren bezeichnen diese Güter als »Bads« im Sinne von »Negativa«.

29 Die weggelassene Kategorie (Referenzgruppe) enthält nicht Berufstätige und Selbstständige.

30 Um das zu erkennen, beachten Sie bitte, dass die funktionale Form von λ bestimmt ist durch die Verteilungsannahmen des Fehlerterms. Siehe dazu die Erörterung in Kapitel 7.6.

31 Für eine standardnormalverteilte Variable y gilt, dass $P\{y > 1,28\} = 0,10$ und $E\{y|y > 1,28\} = \phi(1,28)/0,10 = 1,75$ (siehe Anhang B).

32 Rufen Sie sich in Erinnerung, dass der Median einer Zufallsvariable y definiert ist als der Wert m, für den $P\{y \leq m\} = 0,5$ (siehe Anhang B). Wenn 10% der Beobachtungen fehlen, wissen wir, dass m zwischen den (theoretischen) 40%- und 60%-Quantilen der beobachteten Verteilung liegt. Das heißt, $m_1 \leq m \leq m_2$, mit $P\{y \leq m_1|r = 1\} = 0,4$ und $P\{y \leq m_2|r = 1\} = 0,6$.

33 Im Folgenden verwenden wir die Formulierungen »an einem Programm teilnehmen« sowie »eine Behandlung erhalten« als äquivalent.

34 Weil sich die Erwartung auf die für uns interessante Grundgesamtheit bezieht, wäre es angebrachter, diese Quantität als den erwarteten Treatmenteffekt zu bezeichnen. Die aktuelle Terminologie folgt den Konventionen in der Literatur.

35 Ein dritter für uns interessanter Parameter ist der örtliche durchschnittliche Treatmenteffekt, definiert von Imbens und Angrist (1994). Dieses ziemlich komplizierte Konzept betrachtet den Effekt des Treatments auf Personen am Rand des Behandeltwerdens; wir werden es hier nicht weiter besprechen.

36 Obwohl die unbeobachtbaren Komponenten nicht vom Forscher beobachtet werden, können sie dem Individuum (teilweise) bekannt sein.

37 Heckman, Tobias und Vytlacil (2003) erweitern das oben genannte latente Variablenmodell auf Fälle, in denen die Fehlerterme nicht gemeinsam normalverteilt sind.

38 Andere Autoren verwenden vielleicht andere (jedoch äquivalente) Normalisierungen und Bezeichnungen.

39 Diese Vorgehensweise ähnelt dem Verwenden einer Random-Effects-Spezifikation in

Paneldaten-Modellen mit begrenzt abhängigen Variablen, siehe Kapitel 10.7.

Kapitel 8

1 Es ist möglich, dass ϕ_1, ϕ_2 ein Paar komplexer Zahlen ist, zum Beispiel wenn $\theta_1 = 0$ und $\theta_2 < 0$. Im Text ignorieren wir diese Möglichkeit.

2 Die einflussreichste Studie ist die von Nelson und Plosser (1982), welche die Meinung vertritt, dass viele ökonomische Zeitreihen durch Einheitswurzeln besser charakterisiert sind als durch deterministische Trends.

3 Wenn bekannt ist, dass der Mittelwert der Reihe null beträgt, kann der Achsenabschnittsterm aus der Regression weggelassen werden, was zu einer dritten Variante des Dickey-Fuller-Tests führt. Dieser Test findet in der Praxis selten Verwendung.

4 Alternative konsistente Schätzer sind möglich, die leicht andere Korrekturen von Freiheitsgraden haben.

5 Wir erlegen *rationale* Erwartungen auf, was bedeutet, dass Wirtschaftssubjekte Erwartungen haben, die mathematischen Erwartungen entsprechen, abhängig von einem Informationsset.

6 Die in diesem Kapitel verwendeten Daten stammen aus dem Datenset von McCulloch und Kwon (siehe McCulloch und Kwon, 1993). Sie sind erhältlich in den Dateien IRATES.

7 Aus Tabelle 8.1 ist der geeignete kritische Wert – 2,88.

8 Die nachfolgende Gleichung gilt nur, wenn ε_t keine Autokorrelation zeigt.

9 Um Verwirrung mit den GARCH-Parametern zu verhindern, werden die Regressionskoeffizienten mit θ bezeichnet.

10 Daten sind erhältlich in USD.

Kapitel 9

1 Wie im vorigen Kapitel verwenden wir Großbuchstaben, um die ursprünglichen Reihen zu bezeichnen, und kleine Buchstaben für Abweichungen vom Mittelwert.

2 Das Modell in (9.8) kann mittels nichtlinearer kleinster Quadrate oder mittels OLS nach Reparametrisierung und Auflösen nach den ursprünglichen Parametern aus den sich ergebenden Schätzwerten geschätzt werden. Die Ergebnisse sind dieselben.

3 Um eine durchgängige Bezeichnung innerhalb dieses Kapitels zu gewährleisten, wird der konstante Term als α bezeichnet und der Steigungskoeffizient als β. Aus dem Folgenden wird deutlich werden, dass sich die Rolle der Konstanten häufig grundlegend von den Steigungskoeffizienten unterscheidet, wenn Variablen nicht stationär sind.

4 Diese simulierten Reihen sind erhältlich unter SPURIOUS.

5 Vom Weißes-Rauschen-Term ε_t wird angenommen, dass er sowohl von $Y_{t-1}, Y_{t-2}, \ldots$ wie auch von $X_{t-1}, X_{t-2}, \ldots$ unabhängig ist.

6 Trotz der Tatsache, dass die Verwendung von Pfeilen zur Bezeichnung von Vektoren eher unüblich ist, werden wir in diesem und im nächsten Kapitel so verfahren, um Verwirrung mit den skalaren Zufallsvariablen zu verhindern.

7 Rufen Sie sich aus Kapitel 8 in Erinnerung, dass im AR(p)-Fall Stationarität erfordert, dass $\theta(1) \neq 0$, sodass $\theta(1)^{-1}$ existiert.

8 Weil die erklärenden Variablen für jede Gleichung dieselben sind, liefert ein Systemschätzer wie SUR (siehe Greene, 2012, Kapitel 10.2) dieselben Schätzwerte wie OLS, auf jede Gleichung einzeln angewandt. Sind den Gleichungen unterschiedliche Restriktionen auferlegt, dann ist die SUR-Schätzung effizienter als OLS, obwohl OLS konsistent bleibt.

9 Angenommen, dass die Beobachtungen aus $t = 1, \ldots, T$ zur Verfügung stehen, dann beträgt die Anzahl nützlicher Beobachtungen $T - p$. Beachten Sie, dass eine Korrektur der Freiheitsgrade vorgenommen werden kann wie im linearen Regressionsmodell (siehe Kapitel 2).

10 Das Vorhandensein von k kointegrierenden Beziehungen zwischen den k-Elementen in $\vec{Y}_t$ würde implizieren, dass es k unabhängige lineare Kombinationen gibt, die zwangsläufig alle $I(0)$ sind, sodass alle individuellen Elemente in $\vec{Y}_t$ $I(0)$ sein müssen. Das steht eindeutig in Konflikt mit der Definition von Kointegration als Eigenschaft von $I(1)$-Variablen und daraus folgt, dass $r \leq k - 1$.

11 Wir folgen der Konvention in der Kointegrationsliteratur, die kointegrierende *Matrix* durch ein griechisches β zu bezeichnen.

12 Siehe Anhang A bezüglich der Definition des Rangs einer Matrix.

13 Es ist möglich, das VAR-Modell so umzuschreiben, dass jede Verzögerung auf Niveaus auf der rechten Seite erscheint, mit denselben Koeffizienten in der »langfristigen Matrix« Π. Zum Vergleich mit dem univariaten Fall bevorzugen wir das Einfügen der ersten Verzögerung; siehe Juselius (2006, Kapitel 4.2) für weitere Erörterungen und Beispiele.

14 Im univariaten Fall werden die langfristigen Eigenschaften bestimmt durch $\theta(1)$, wobei $\theta(L)$ das AR-Polynom ist (siehe Kapitel 8).

15 Das bedeutet, dass die r-Spalten in γ linear unabhängig und die r-Reihen in β' unabhängig sind (siehe Anhang A).

16 Die Daten sind erhältlich unter MONEY.

17 Der wahre Zinssatz wird definiert als der nominale Zinssatz minus der *erwarteten* Inflationsrate.

18 Diese Tests hier sind tatsächlich überidentifizierende Restriktionentests (siehe Kapitel 5). Wir interpretieren sie als normale Hypothesentests und nehmen die in Tabelle 9.15 aufgeführten A-priori-Restriktionen als gegeben.

Kapitel 10

1 Obwohl wir die Querschnittseinheiten als Individuen bezeichnen, können damit auch andere Einheiten wie Unternehmen, Länder, Branchen, Haushalte oder Assets gemeint sein.

2 Die Elemente in β sind indexiert als β_1 bis β_K, wobei das erste Element, im Unterschied zu vorhergehenden Kapiteln, nicht auf den Achsenabschnitt verweist.

3 Konstante Skalenerträge implizieren, dass $\beta_{K+1} = 1 - (\beta_1 + \cdots + \beta_K)$.

4 Wenn nicht anders vermerkt, betrachten wir in diesem Kapitel Konsistenz für die Anzahl von Individuen N gegen unendlich strebend. Das entspricht der üblichen Situation, dass wir Panels mit großen N und kleinen T haben.

5 Dieses Modell wird manchmal als ein (einfaches) Fehlerkomponentenmodell bezeichnet.

6 Es kann aufschlussreich sein, die allgemeine Einführung zur GLS-Schätzung in Kapitel 4.2 noch einmal zu lesen.

7 Diese Definitionen entsprechen den R^2-Maßen, wie in STATA berechnet.

8 Für eine allgemeine Erörterung der Instrumentalvariablenschätzung kann es aufschlussreich sein, das Kapitel 5.3 noch einmal zu lesen.

9 Der Einfachheit der Bezeichnung halber nehmen wir an, dass die Konstante in x_{it} enthalten ist (wenn dies relevant ist).

10 In einem Paneldatenkontext steht der Begriff Breusch-Pagan-Test in der Regel in Verbindung mit dem Lagrange-Multiplikator-Test im Random-Effects-Modell für die Nullhypothese, dass es keine individualspezifischen Effekte gibt ($\sigma_\alpha^2 = 0$); siehe Baltagi (2008, Kapitel 4.2) oder Wooldridge (2010, Kapitel 10.4.4). Dieser Test verwirft in Anwendungen nahezu immer die Nullhypothese.

11 Die verwendeten Daten in diesem Kapitel sind erhältlich unter MALES.

12 Die Schätzergebnisse in diesem Kapitel stammen von STATA 11.2.

13 Siehe Kapitel 5.3 für eine allgemeine Einführung in die Instrumentalvariablenschätzung.

14 Der Zusatz N spiegelt, dass W_N von der Stichprobengröße N abhängen kann und nicht die Dimension der Matrix spiegelt.

15 Wir opfern potenzielle Effizienzgewinne, wenn einige x_{it}-Variablen helfen, die gelagten endogenen Variablen zu »erklären«.

16 Wenn zum Beispiel Gleichung (10.43) mit $T = 15$ geschätzt wird, resultiert (10.55) in 105 Momentenbedingungen, was in der optimalen Gewichtungsmatrix (10.61) 5565 eindeutige Elemente ergibt.

17 In den meisten Ländern sind Zinszahlungen steuerabzugsfähig.

18 Die Daten für dieses Beispiel sind erhältlich als DEBRATIO.

19 In Kapitel 2.9.3 haben wir gesagt, dass diese Vorgehensweise zu verzerrten Schätzergebnissen führen kann. An dieser Stelle ignorieren wir dieses Problem.

20 Alle Ergebnisse der Erste-Differenzen-Schätzung in diesem Abschnitt basieren auf einer Spezifikation ausschließlich einem Achsenabschnitt.

21 Eine alternative Interpretation dieses Problems bietet Arellano (1989), der zeigt, dass mit einer autoregressiven exogenen Variablen der Anderson-Hsiao-Schätzer, der First-Differenced-Instrumente verwendet, einen Singularitätspunkt und sehr große Varianzen über eine große Bandbreite von Parameterwerten aufweist. Der Schätzer, der Instrumente in Levels verwendet, leidet nicht unter diesem Problem.

22 Wir benötigen ein großes T, damit die Kleine-Stichproben-Verzerrung nicht ins Gewicht fällt. N muss groß sein, damit wir sicherstellen, dass die Durchschnittsbildung bei den Ländern sich dem Mittelwert der Grundgesamtheit annähert.

23 Die typische Formulierung besteht darin, dass der Teil des individuellen Prozesses, der stationär ist, ungleich null ist und gegen einen fixen Wert p, $0 < p \leq 1$ strebt, da $N \to \infty$.

24 Eine revidierte Version der Arbeit von Levin und Lin (1992) ist erhältlich in Levin, Lin und Chu (2002).

25 Eine erste Version dieser Arbeit datiert zurück ins Jahr 1995.

26 Um die Schreibweise zu vereinfachen, werden wir annehmen, dass x_{it} eine Konstante enthält, wann immer es zweckmäßig erscheint.

27 Siehe (7.6) in Kapitel 7 für die logistische Verteilungsfunktion.

28 Das ist es, was Stata als ein Random-Effects-Logit-Modell bezeichnet.

29 Der einfacheren Bezeichnung halber ist der Zeitindex derart definiert, dass die erste Beobachtung (y_{i1}, x'_{i1}) ist.

30 Wir nehmen an, dass $\sum_{t=1}^{T} r_{it} \geq 1$, das heißt, jedes Individuum ist mindestens einmal beobachtet.

31 Der hier vorgeschlagene Test ist kein echter Hausman-Test, weil unter der alternativen Hypothese keiner der Schätzer konsistent ist. Das entkräftet den Test nicht als solchen, kann jedoch zu begrenzter Stärke in bestimmten Richtungen führen.

32 Weil in jeder Periode verschiedene Individuen beobachtet werden, bedeutet das, dass i nicht für jedes t von 1 bis N läuft.

33 Beachten Sie, dass der Wohnsitz in bestimmten Anwendungen endogen sein kann.

34 Denken Sie daran, dass, asymptotisch, die Zahl der Kohorten fix ist und die Zahl der Individuen gegen unendlich strebt.

Literaturverzeichnis

Abadie, A., und Imbens, G. W. (2011), *Matching on the Estimated Propensity Score*, Arbeitspapier, Harvard University.

Abrevaya, J., und Donald, S. G. (2011), *A GMM Approach for Dealing with Missing Data on Regressors and Instruments*, Arbeitspapier, University of Texas.

Ahn, S. K., und Reinsel, C. G. (1990), Estimation for Partially Nonstationary Multivariate Autoregressive Models, *Journal of the American Statistical Association*, 85, S. 813–823.

Akaike, H. (1973), Information Theory and an Extension of the Maximum Likelihood Principle. In: B. N. Petrov und F. Cszaki, Hrsg., *Second International Symposium on Information Theory*, Akademiai Kiado, Budapest, S. 267–281.

Altman, E. I., und Rijken, H. A. (2004), How Rating Agencies Achieve Rating Stability, *Journal of Banking and Finance*, 28, S. 2679–2714.

Alvarez, J., und Arellano, M. (2003), The Time Series and Cross-Section Asymptotics of Dynamic Panel Data Estimators, *Econometrica*, 71, S. 1121–1159.

Amemiya, T. (1981), Qualitative Response Models: A Survey, *Journal of Economic Literature*, 19, S. 1483–1536.

Amemiya, T. (1984), Tobit Models: A Survey, *Journal of Econometrics*, 24, S. 3–61.

Amemiya, T., und MaCurdy, T. (1986), Instrumental-Variable Estimation of an Error-Components Model, *Econometrica*, 54, S. 869–881.

Andersen, E. B. (1970), Asymptotic Properties of Conditional Maximum Likelihood Estimation, *Journal of the Royal Statistical Society, Series B*, 32, S. 283–301.

Andersen, T. G., Bollerslev, T. Christoffersen, P., und Diebold, F. X. (2006), Volatility and Correlation Forecasting. In: C. W. J. Granger, G. Elliott und A. Timmermann, Hrsg., *Handbook of Economic Forecasting*, North-Holland, Elsevier, Amsterdam, The Netherlands, S. 777–878.

Anderson, T. W., und Hsiao, C. (1981), Estimation of Dynamic Models with Error Components, *Journal of the American Statistical Association*, 76, S. 598–606.

Andrews, D. W. K. (1991), Heteroskedasticity and Autocorrelation Consistent Covariance Matrix Estimation, *Econometrica*, 59, S. 817–858.

Andrews, D. W. K., und Chen, H.-Y. (1994), Approximate Median Unbiased Estimation of Autoregressive Models, *Journal of Business and Economic Statistics*, 12, S. 187–204.

Andrews, D. W. K., und Schafgans, M. A. (1998), Semiparametric Estimation of the Intercept of a Sample Selection Model, *Review of Economic Studies*, 63, S. 497–517.

Anglin, P. M., und Gençay, R. (1996), Semiparametric Estimation of a Hedonic Price Function, *Journal of Applied Econometrics*, 11, S. 633–648.

Angrist, J. D., und Imbens, G. W. (1995), Two-Stage Least Squares Estimation of Average Causal Effects in Models with Variable Treatment Intensity, *Journal of the American Statistical Association*, 90, S. 431–442.

Angrist, J. D., und Krueger, A. B. (1991), Does Compulsory School Attendance Affect Schooling and Earnings?, *Quarterly Journal of Economics*, 106, S. 979–1014.

Angrist, J. D., Imbens, G. W., und Rubin, D. B. (1996), Identification and Causal Effects Using Instrumental Variables, *Journal of the American Statistical Association*, 91, S. 444–455.

Angrist, J. D., und Pischke, J.-S. (2009), *Mostly Harmless Econometrics: An Empiricist's Companion*, Princeton University Press, Princeton, New Jersey.

Arellano, M. (1987), Computing Robust Standard Errors for Within-Groups Estimators, *Oxford Bulletin of Economics and Statistics*, 49, S. 431–434.

Arellano, M. (1989), A Note on the Anderson–Hsiao estimator for Panel Data, *Economics Letters*, 31, S. 337–341.

Arellano, M. (2003), *Panel Data Econometrics*, Oxford University Press, Oxford, UK.

Arellano, M., und Bond, S. (1991), Some Tests of Specification for Panel Data: Monte Carlo Evidence and an Application to Employment Equations, *Review of Economic Studies*, 58, S. 277–294.

Arellano, M., und Bover, O. (1995), Another Look at the Instrumental Variable Estimation of Error-Components Models, *Journal of Econometrics*, 68, S. 29–51.

Ashbaugh-Skaife, H., Collins, D. W., und LaFond, R. (2006), The Effects of Corporate Governance on Firms' Credit Ratings, *Journal of Accounting and Economics*, 42, S. 203–243.

Atkinson, A. B., Gomulka, J., und Stern, N. H. (1990), Spending on Alcohol: Evidence from the Family Expenditure Survey 1970–1983, *Economic Journal*, 100, S. 808–827.

Bai, J., und Ng, S. (2004), A PANIC Attack on Unit Roots and Cointegration, *Econometrica*, 72, S. 1127–1177.

Baltagi, B. H. (2008), *Econometric Analysis of Panel Data*, 4. Auflage, John Wiley and Sons, Chichester, UK.

Baltagi, B. H., und Griffin, J. M. (1997), Pooled Estimators vs. their Heterogeneous Counterparts in the Context of Dynamic Demand for Gasoline, *Journal of Econometrics*, 77, S. 303–327.

Baltagi, B. H., und Song, S. H. (2006), Unbalanced Panel Data: A Survey, *Statistical Papers*, 47, S. 493–523.

Baltagi, B. H., Bresson, G., und Pirotte, A. (2007), Panel Unit Root Tests and Spatial Dependence, *Journal of Applied Econometrics*, 22, S. 339–360.

Banerjee, A. (1999), Panel Data Unit Roots and Cointegration: An Overview, *Oxford Bulletin of Economics and Statistics*, 61, S. 607–629.

Banerjee, A., Marcellino, M., und Osbat, C. (2005), *Testing for PPP: Should We Use Panel Methods? Empirical Economics*, 30, S. 77–91.

Banerjee, A., und Wagner, M. (2009), Panel Methods to Test for Unit Roots and Cointegration. In: T. C. Mills und K. Patterson, Hrsg., *Palgrave Handbook of Econometrics, Volume 2: Applied Econometrics*, Palgrave MacMillan, S. 632–728.

Banerjee, A., Dolado, J., Galbraith, J. W., und Hendry, D. F. (1993), *Co-Integration, Error- Correction, and the Econometric Analysis of Non-Stationary Data*, Oxford University Press, Oxford, UK.

Banks, J., Blundell, R., und Lewbel, A. (1997), Quadratic Engel Curves and Consumer Demand, *Review of Economics and Statistics*, 74, S. 527–539.

Banz, R. (1981), The Relation between Returns and Market Value of Common Stocks, *Journal of Financial Economics*, 9, S. 3–18.

Baquero, G., ter Horst, J. R., und Verbeek, M. (2005), Survival, Look-Ahead Bias and Persistence in Hedge Fund Performance, *Journal of Financial and Quantitative Analysis*, 40, S. 493–518.

Bauwens, L., Laurent, S., und Rombouts, J. V. K. (2006), Multivariate GARCH Models: A Survey, *Journal of Applied Econometrics*, 21, S. 79–109.

Belsley, D., Kuh, E., und Welsh, R. E. (1980), *Regression Diagnostics: Identifying Influential Data and Sources of Collinearity*, John Wiley and Sons, New York.

Bera, A. K., und Higgins, M. L. (1993), ARCH Models: Properties, Estimation and Testing, *Journal of Economic Surveys*, 7, S. 305–366.

Bera, A. K., Jarque, C. M., und Lee, L. F. (1984), Testing the Normality Assumption in Limited Dependent Variable Models, *International Economic Review*, 25, S. 563–578.

Berndt, E. R. (1991), *The Practice of Econometrics, Classic and Contemporary*, Addison-Wesley, Reading, Massachusetts.

Berndt, E. R., Hall, B. H., Hall, R. E., und Hausman, J. A. (1974), Estimation and Inference in Nonlinear Structural Models, *Annals of Economic and Social Measurement*, 3, S. 653–665.

Bertrand, M., Duflo, E., und Mullainathan, S. (2004), How Much Should We Trust Differences in Differences Estimates?, *Quarterly Journal of Economics*, 119, S. 249–275.

Bhargava, A., Franzini, L., und Narendranathan, W. (1983), Serial Correlation and the Fixed Effects Model, *Review of Economic Studies*, 49, S. 533–549.

Binder, M., Hsiao, C., und Pesaran, M. H. (2005), Estimation and Inference in Short Panel Vector Autoregressions with Unit Roots and Cointegration, *Econometric Theory*, 21, S. 795–837.

Blundell, R., und Bond, S. (1998), Initial Conditions and Moment Restrictions in Dynamic Panel Data Models, *Journal of Econometrics*, 87, S. 115–143.

Blundell, R. W., Bond, S. R., und Windmeijer, F. G. (2000), Estimation in Dynamic Panel Data Models: Improving on the Performance of the Standard GMM Estimator. In: B. H. Baltagi, Hrsg., *Advances in Econometrics, Vol. 15, Nonstationary Panels, Panel Cointegration, and Dynamic Panels*, JAI Elsevier, Amsterdam, Niederlande, S. 53–92.

Bollen, N. P. B., und V. Pool (2010), Predicting Hedge Fund Fraud with Performance Flags, Arbeitspapier, Vanderbilt University.

Bollerslev, T. (1986), Generalized Autoregressive Conditional Heteroskedasticity, *Journal of Econometrics*, 31, S. 307–327.

Bollerslev, T. (1988), On the Correlation Structure for the Generalized Autoregressive Conditional Heteroskedastic Process, *Journal of Time Series Analysis*, 9, S. 121–131.

Bollerslev, T. (2010), Glossary to ARCH (GARCH). In: T. Bollerslev, J. R. Russell und M. Watson, Hrsg., *Volatility and Time Series Econometrics: Essays in Honour of Robert F. Engle*, Oxford University Press, Oxford, UK.

Bollerslev, T., Chou, R. Y., und Kroner, K. F. (1992), ARCH Modeling in Finance. A Review of the Theory and Empirical Evidence, *Journal of Econometrics*, 52, S. 5–59.

Bollerslev, T., Engle, R. F., und Nelson, D. B. (1994), ARCH Models. In: R. F. Engle und D. L. McFadden, Hrsg., *Handbook of Econometrics, Volume IV*, North-Holland, Elsevier, Amsterdam, Niederlande, S. 2961–3038.

Bond, S. (2002), Dynamic Panel Data Models: A Guide to Micro Data Methods and Practice, *Portuguese Economic Journal*, 1, S. 141–162.

Boswijk, H. P. (1999), *Asymptotic Theory for Integrated Processes*, Oxford University Press, Oxford, UK.

Bouman, S., und Jacobsen, B. (2002), The Halloween Indicator, Sell in May and Go Away: Another Puzzle, *American Economic Review*, 92, S. 1618–1635.

Bound, J., Jaeger, D. A., und Baker, R. M. (1995), Problems with Instrumental Variables Estimation when the Correlation between the Instrument and the Endogenous Variable is Weak, *Journal of the American Statistical Association*, 90, S. 443–450.

Bowsher, C. G. (2002), On Testing Overidentifying Restrictions in Dynamic Panel Data Models, *Economics Letters*, 77, S. 211–220.

Box, G. E. P., und Jenkins, G. M. (1976), *Time Series Analysis: Forecasting and Control*, überarbeitete Auflage, Holden-Day, San Francisco, Kalifornien.

Breitung, J. (2005), A Parametric Approach to the Estimation of Cointegration Vectors in Panel Data, *Econometric Reviews*, 24, S. 151–171.

Breitung, J., und Pesaran, M. H. (2008), Unit Roots and Cointegration in Panels. In: L. Mátyás und P. Sevestre, Hrsg., *The Econometrics of Panel Data: Fundamentals and Recent Developments in Theory and Practice*, Springer-Verlag, New York, New York, S. 279–322.

Breusch, T. (1978), Testing for Autocorrelation in Dynamic Linear Models, *Australian Economic Papers*, 17, S. 334–355.

Breusch, T., und Pagan, A. (1980), A Simple Test for Heteroskedasticity and Random Coefficient Variation, *Econometrica*, 47, S. 1287–1294.

Breusch, T., Mizon, G., und Schmidt, P. (1989), Efficient Estimation Using Panel Data, *Econometrica*, 57, S. 695–700.

Browning, M., Deaton, A., und Irish, M. (1985), A Profitable Approach to Labor Supply and Commodity Demands over the Life Cycle, *Econometrica*, 53, S. 503–543.

Butler, J. S., und Moffitt, R. (1982), A Computationally Efficient Quadrature Procedure for the One-Factor Multinomial Probit Model, *Econometrica*, 50, S. 761–764.

Cameron, A. C., und Trivedi, P. K. (1986), Econometric Models Based on Count Data: Comparisons and Applications of Some Estimators and Tests, *Journal of Applied Econometrics*, 1, S. 29–53.

Cameron, A. C., und Trivedi, P. K. (1998), *Regression Analysis of Count Data*, Cambridge University Press, Cambridge, UK.

Cameron, A. C., und Trivedi, P. K. (2005), *Microeconometrics. Methods and Applications*, Cambridge University Press, Cambridge, UK.

Cameron, A. C., und Windmeijer, F. A. G. (1996), R-squared Measures for Count Data Regression Models with Applications to Health Care Utilization, *Journal of Business and Economic Statistics*, 14, S. 209–220.

Cameron, A. C., und Windmeijer, F. A. G. (1997), An R-squared Measure of Goodness of Fit for Some Common Nonlinear Regression Models, *Journal of Econometrics*, 77, S. 329–342.

Campbell, J. Y., und Perron, P. (1991), Pitfalls and Opportunities: What Macroeconomists Should Know about Unit Roots. In: O. Blanchard und S. Fisher, Hrsg., *NBER Macroeconomics Annual*, 6, S. 141–201, MIT Press, Cambridge.

Campbell, J. Y., und Shiller, R. J. (1991), Yield Spreads and Interest Rate Movements: A Bird's Eye View, *Review of Economic Studies*, 58, S. 495–514.

Campbell, J. Y., und Shiller, R. J. (1998), Valuation Ratios and the Long-Run Stock Market Outlook, *Journal of Portfolio Management*, 24, S. 11–26.

Campbell, J. Y., und Thompson, S. B. (2008), Predicting Excess Stock Returns Out of Sample: Can Anything Beat the Historical Average?, *Review of Financial Studies*, 21, S. 1509–1531.

Campbell, J. Y., Lo, A. W., und MacKinlay, A. C. (1997), *The Econometrics of Financial Markets*, Princeton University Press, Princeton, New Jersey.

Canova, F. (1995), The Economics of VAR Models. In: K. D. Hoover, Hrsg., *Macroeconometrics: Developments, Tensions and Prospects*, Kluwer Academic Publishers, Boston, Massachusetts, S. 57–97.

Canova, F. (2007), *Methods for Applied Macroeconomic Research*, Princeton University Press, Princeton, New Jersey.

Card, D. (1995), Using Geographical Variation in College Proximity to Estimate the Return to Schooling. In: L. N. Christofides, E. K. Grant und R. Swidinsky, Hrsg., *Aspects of Labour Market Behaviour: Essays in Honour of John Vanderkamp*, University of Toronto Press, Toronto, Kanada, S. 201–222.

Card, D. (1999), The Causal Effect of Education on Earnings. In: O. Ashenfelter und D. Card, Hrsg., *Handbook of Labor Economics, Volume III, Part A*, North-Holland, Elsevier, Amsterdam, Niederlande, S. 1801–1863.

Carneiro, P., und Heckman, J. J. (2002), The Evidence on Credit Constraints in Post-Secondary Schooling, *Economic Journal*, 112, S. 705–734.

Carroll, J. D., und Green, P. E. (1995), Psychometric Methods in Marketing Research: Part 1 Conjoint Analysis, *Journal of Marketing Research*, 32, S. 385–391.

Chamberlain, G. (1980), Analysis of Covariance with Qualitative Data, *Review of Economic Studies*, 47, S. 225–238.

Charemza, W. W., und Deadman, D. F. (1999), *New Directions in Econometric Practice. General to Specific Modelling, Cointegration and Vector Autoregression*, 2. Auflage, Edward Elgar, Aldershot, UK.

Cheung, Y.-W., und Lai, K. S. (1993), Finite Sample Sizes of Johansen's Likelihood Ratio Tests for Cointegration, *Oxford Bulletin of Economics and Statistics*, 55, S. 313–332.

Choe, H., Kho, B., und Stulz, R. M. (2005), Do Domestic Investors Have an Edge? The Trading Experience of Foreign Investors in Korea, *Review of Financial Studies*, 18, S. 795–829.

Choi, I. (2001), Unit Root Tests for Panel Data, *Journal of International Money and Finance*, 20, S. 249–272.

Chow, G. (1960), Tests of Equality Between Sets of Coefficients in Two Linear Regressions, *Econometrica*, 28, S. 591–605.

Chowdhury, G., und Nickell, S. (1985), Hourly Earnings in the United States: Another Look at Unionization, Schooling, Sickness and Unemployment using PSID Data, *Journal of Labor Economics*, 3, S. 38–69.

Cincera, M. (1997), Patents, R&D, and Technological Spillovers at the Firm Level: Some Evidence from Econometric Count Models for Panel Data, *Journal of Applied Econometrics*, 12, S. 265–280.

Cochrane, J. H. (1996), A Cross-Sectional Test of an Investment-Based Asset Pricing Model, *Journal of Political Economy*, 104, S. 572–621.

Cochrane, J. H. (2005), *Asset Pricing*, überarbeitete Auflage, Princeton University Press, Princeton, New Jersey.

Cochrane, D., und Orcutt, G. (1949), Application of Least Squares Regression to Relationships Containing Autocorrelated Error Terms, *Journal of the American Statistical Association*, 44, S. 32–61.

Corbae, D., und Ouliaris, S. (1988), Cointegration and Tests of Purchasing Power Parity, *Review of Economics and Statistics*, 70, S. 508–511.

Cuthbertson, K., Hall, S. G., und Taylor, M. P. (1992), *Applied Econometric Techniques*, Philip Allan, Hemel Hempstead, UK.

Dardanoni, V., Modica, S., und Peracchi, F. (2011), Regression with Imputed Covariates: A Generalized Missing-Indicator Approach, *Journal of Econometrics*, 162, S. 362–368.

Das, M. (2004), Simple Estimators for Nonparametric Panel Data Models with Sample Attrition, *Journal of Econometrics*, 120, S. 159–180.

Davidson, J. (2000), *Econometric Theory*, Blackwell Publishers, Oxford, UK.

Davidson, R., und MacKinnon, J. G. (1981), Several Tests for Model Specification in the Presence of Alternative Hypotheses, *Econometrica*, 49, S. 781–793.

Davidson, R., und MacKinnon, J. G. (1993), *Estimation and Inference in Econometrics*, Oxford University Press, Oxford, UK.

Davidson, R., und MacKinnon, J. G. (2001), Artificial Regressions. In: B. H. Baltagi, Hrsg., *A Companion to Econometric Theory*, Blackwell Publishers, Oxford, UK, S. 16–37.

Davidson, R., und MacKinnon, J. G. (2004), *Econometric Theory and Methods*, Oxford University Press, New York, New York.

Deaton, A. (1985), Panel Data from Time Series of Cross Sections, *Journal of Econometrics*, 30, S. 109–126.

Deaton, A., und Muellbauer, J. (1980), *Economics and Consumer Behavior*, Cambridge University Press, Cambridge, UK.

Deheija, R. H., und Wahba, S. (2002), Propensity Score-Matching Methods for Nonexperimental Causal Studies, *Review of Economics and Statistics*, 84, S. 151–161

Devereux, P. J. (2007), Small Sample Bias in Synthetic Cohort Models of Labor Supply, *Journal of Applied Econometrics*, 22, S. 839–848.

Diamond, P. A., und Hausman, J. A. (1994), Contingent Valuation: Is Some Number Better than No Number?, *Journal of Economics Perspectives*, 8, S. 45–64.

Dickey, D. A., und Fuller, W. A. (1979), Distribution of the Estimators for Autoregressive Time Series with a Unit Root, *Journal of the American Statistical Association*, 74, S. 427–431.

Diebold, F. X. (1998), *Forecasting*, South-Western College Publishing, Cincinnati, Ohio.

Diebold, F. X., und Mariano, R. (1995), Comparing Predictive Accuracy, *Journal of Business and Economic Statistics*, 13, S. 253–265.

Donald, S. G., und Newey, W. K. (2001), Choosing the Number of Instruments, *Econometrica*, 69, S. 1161–1191.

Doornik, J. A. (2008), Encompassing and Automatic Model Selection, *Oxford Bulletin of Economics and Statistics*, 70, S. 915–925.

Doornik, J. A. (2009), Autometrics. In: J. L. Castle und N. Shephard, Hrsg., *The Methodology and Practice of Econometrics*, Oxford University Press, Oxford, UK.

Durbin, J., und Watson, G. (1950), Testing for Serial Correlation in Least Squares Regression – I, *Biometrika*, 37, S. 409–428.

Dustmann, C., und Rochina-Barrachina, M. E. (2007), Selection Correction in Panel Data Models: An Application to the Estimation of Females' Wage Equations, *Econometrics Journal*, 10, S. 263–293.

Eicker, F. (1967), Limit Theorems for Regressions with Unequal and Dependent Errors. In: L. LeCam und J. Neyman, Hrsg., *Proceedings of the Fifth Berkeley Symposium on Mathematical Statistics and Probability*, University of California Press, Berkeley, Kalifornien, S. 59–82.

Elton, E. J., Gruber, M. J., Brown, S. J., und Goetzmann, W. N. (2010), *Modern Portfolio Theory and Investment Analysis*, 8. Auflage, John Wiley and Sons, New York, New York.

Enders, W. (2010), *Applied Econometric Time Series*, 3. Auflage, John Wiley and Sons, New York, New York.

Engle, R. F. (1982), Autoregressive Conditional Heteroskedasticity with Estimates of the Variance of United Kingdom Inflation, *Econometrica*, 50, S. 987–1007.

Engle, R. F. (1984), Wald, Likelihood Ratio and Lagrange Multiplier Tests in Econometrics. In: Z. Griliches und M. D. Intriligator, Hrsg., *Handbook of Econometrics, Volume II*, North-Holland, Elsevier, Amsterdam, Niederlande, S. 775–826.

Engle, R. F., und Bollerslev, T. (1986), Modelling the Persistence of Conditional Variances, *Econometric Reviews*, 5, S. 1–50.

Engle, R. F., und Granger, C. W. J. (1987), Cointegration and Error Correction: Representation, Estimation and Testing, *Econometrica*, 55, S. 251–276.

Engle, R. F., und Ng, V. K. (1993), Measuring and Testing the Impact of News on Volatility, *Journal of Finance*, 48, S. 1749–1778.

Engle, R. F., und Yoo, B. S. (1987), Forecasting and Testing in Co-Integrated Systems, *Journal of Econometrics*, 35, S. 143–159.

Engle, R. F., Hendry, D. F., und Richard, J.-F. (1983), Exogeneity, *Econometrica*, 51, 277–304.

Engle, R. F., Lilien, D. M., und Robins, R. P. (1987), Estimating Time Varying Risk Premia in the Term Structure: The ARCH-M Model, *Econometrica*, 55, S. 591–407.

Fama, E. F. (1991), Efficient Capital Markets II, *Journal of Finance*, 46, S. 1575–1617.

Fama, E. F., und French, K. R. (1988), Permanent and Temporary Components of Stock Prices, *Journal of Political Economy*, 81, S. 246–273.

Fama, E. F., und French, K. R. (1992), The Cross-Section of Expected Returns, *Journal of Finance*, 47, S. 427–465.

Fama, E. F., und MacBeth, J. (1973), Risk, Return and Equilibrium: Empirical Tests, *Journal of Political Economy*, 81, S. 607–636.

Ferrer-i-Carbonell, A., und Frijters, P. (2004), How Important is Methodology for the Estimates of the Determinants of Happiness? *Economic Journal*, 114, S. 641–659.

Fitzgerald, F. Gottschalk, P., und Moffitt, R. (1998), An Analysis of Sample Attrition in Panel Data: The Michigan Panel Study of Income Dynamics, *Journal of Human Resources*, 33, S. 251–299.

Flannery, M. J., und Rangan, K. P. (2006), Partial Adjustment toward Target Capital Structures, *Journal of Financial Economics*, 79, S. 469–506.

Frank, M. Z., und Goyal, V. K. (2008), Trade-off and Pecking Order Theories of Debt. In: B. E. Eckbo, Hrsg., *Handbook of Corporate Finance, Volume 2*, North-Holland, Elsevier, Amsterdam, The Netherlands, S. 135–202.

Franses, P. H. B. F., und Paap, R. (2001), *Quantitative Models in Marketing Research*, Cambridge University Press, Cambridge, UK.

Franses, P. H. B. F., und van Dijk, D. J. C. (2000), *Nonlinear Time Series Models in Empirical Finance*, Cambridge University Press, Cambridge, UK.

Froot, K. A., und Rogoff, K. (1995), Perspectives on PPP and Long-run Exchange Rates. In: S. Grossman und K. Rogoff, Hrsg., *Handbook of International Economics, Volume III,* North-Holland, Elsevier, Amsterdam, Niederlande, S. 1647–1688.

Fuhrer, J., und Moore, G. (1995), Inflation Persistence, *Quarterly Journal of Economics*, 110, S. 127–159.

Fuller, W. A. (1976), *Introduction to Statistical Time-Series*, John Wiley and Sons, New York, New York.

Gengenbach, C., Palm, F. C., und Urbain, J.-P. (2010), Panel Unit Root Tests in the Presence of Cross-Sectional Dependencies: Comparison and Implications for Modelling, *Econometric Reviews*, 29, S. 111–145.

Glewwe, P. (1997), A Test of the Normality Assumption in the Ordered Probit Model, *Econometric Reviews*, 16, S. 1–19.

Glosten, L. R., Jagannathan, R., und Runkle, R. E. (1993), On the Relation between the Expected Value and the Volatility of the Nominal Excess Return on Stocks, *Journal of Finance*, 48, S. 1779–1801.

Godfrey, L. (1978), Testing against General Autoregressive and Moving Average Error Models when the Regressors Include Lagged Dependent Variables, *Econometrica*, 46, S. 1293–1302.

Godfrey, L. (1988), *Misspecification Tests in Econometrics. The Lagrange Multiplier Principle and Other Approaches*, Cambridge University Press, Cambridge, UK.

Gouriéroux, C., und Jasiak, J. (2001), *Financial Econometrics*, Princeton University Press, Princeton, New Jersey.

Gouriéroux, C., und Robert, C. Y. (2006), Stochastic Unit Root Models, *Econometric Theory*, 22, S. 1052–1090.

Gouriéroux, C., Monfort, A., und Trognon, A. (1984), Pseudo-maximum Likelihood Methods: Theory, *Econometrica*, 42, S. 681–700.

Gouriéroux, C., Monfort, A., Renault, E., und Trognon, A. (1987), Generalized Residuals, *Journal of Econometrics*, 34, S. 5–32.

Granger, C. W. J. (1969), Investigating Causal Relations by Econometric Models and Cross-Spectral Methods, *Econometrica*, 37, S. 424–438.

Granger, C. W. J. (1983), Co-Integrated Variables and Error-Correcting Models, *Unpublished Discussion Paper 83-13,* University of California, San Diego, Kalifornien.

Granger, C. W. J., und Newbold, P. (1974), Spurious Regressions in Econometrics, *Journal of Econometrics*, 35, S. 143–159.

Granger, C. W. J., und Pesaran, M. H. (2000), Economic and Statistical Measures of Forecast Accuracy, *Journal of Forecasting*, S. 537–560.

Granger, C. W. J., und Swanson, N. R. (1997), An Introduction to Stochastic Unit-Root Processes, *Journal of Econometrics*, 80, S. 35–62.

Greene, W. H. (2012), *Econometric Analysis*, 7. Auflage, Prentice Hall, Upper Saddle River, New Jersey.

Gregory, A. W., und Veall, M. R. (1985), On Formulating Wald Tests of Nonlinear Restrictions, *Econometrica*, 53, S. 1465–1468.

Griliches, Z. (1977), Estimating the Returns to Schooling: Some Econometric Problems, *Econometrica*, 45, S. 1–22.

Gronau, R. (1974), Wage Comparisons: A Selectivity Bias, *Journal of Political Economy*, 82, S. 1119–1143.

Guggenberger, P. (2010), The Impact of a Hausman Pretest on the Size of a Hypothesis Test: The Panel Data Case, *Journal of Econometrics*, 156, S. 337–343.

Hadri, K. (2000), Testing for Stationarity in Heterogeneous Panel Data, *Econometrics Journal*, 3, S. 148–161.

Hadri, K., und Larsson, R. (2005), Testing for Stationarity in Heterogeneous Panel Data Where the Time Dimension is Fixed, *Econometrics Journal*, 8, S. 55–69.

Hahn, J., Ham, J. C., und Moon, H. R. (2011), The Hausman test and weak instruments, *Journal of Econometrics*, 160, S. 289–299.

Hajivassiliou, V. A., und McFadden, D. F. (1998), The Method of Simulated Scores for the Estimation of LDV Models, *Econometrica*, 66, S. 863–896.

Hall, A. R. (1993), Some Aspects of Generalized Method of Moments Estimation. In: G. S. Maddala, C. R. Rao und H. D. Vinod, Hrsg., *Handbook of Statistics, Volume XI*, North-Holland, Elsevier, Amsterdam, The Netherlands, S. 393–417.

Hall, A. R. (1994), Testing for a Unit Root in Time Series with Pretest Data-Based Model Selection, *Journal of Business and Economic Statistics*, 12, S. 461–470.

Hall, A. R. (2005), *Generalized Method of Moments*, Oxford University Press, Oxford, UK.

Hahn, J., und Hausman, J. A. (2003), Weak Instruments: Diagnosis and Cures in Empirical Econometrics, *American Economic Review, Papers and Proceedings*, 93, S. 118–125.

Hamilton, J. D. (1994), *Time Series Analysis*, Princeton University Press, Princeton, New Jersey.

Hanemann, W. M. (1994), Valuing the Environment through Contingent Valuation, *Journal of Economic Perspectives*, 8, S. 19–44.

Hannan, E. J. (1980), The Estimation of the Order of an ARMA Process, *Annals of Statistics*, 8, S. 1071–1081.

Hansen, L. P. (1982), Large Sample Properties of Generalized Method of Moments Estimators, *Econometrica*, 50, S. 1029–1054.

Hansen, L. P., und Singleton, K. (1982), Generalized Instrumental Variables Estimation of Nonlinear Rational Expectations Models, *Econometrica*, 50, S. 1269–1286.

Hansen, L. P., Heaton, J., und Yaron, A. (1996), Finite Sample Properties of Some Alternative GMM Estimators, *Journal of Business and Economic Statistics*, 14, S. 262–280.

Hargreaves, C. P. (1994), A Review of Methods of Estimating Cointegrating Relationships. In: C. P. Hargreaves, Hrsg., *Nonstationary Time Series Analysis and Cointegration*, Oxford University Press, Oxford, UK, S. 87–131.

Harris, R. D. F., und Tzavalis, E. (1999), Inference for Unit Roots in Dynamic Panels Where the Time Dimension is Fixed, *Journal of Econometrics*, 91, S. 201–226.

Harris, R. I. D. (1995), *Using Cointegration Analysis in Econometric Modelling*, Prentice Hall–Harvester Wheatsheaf, London, UK.

Hasza, D. P., und Fuller, W. A. (1979), Estimation for Autoregressive Processes with Unit Roots, *Annals of Statistics*, 7, S. 1106–1120.

Hausman, J. A. (1978), Specification Tests in Econometrics, *Econometrica*, 46, S. 1251–1271.

Hausman, J. A., und McFadden, D. F. (1984), Specification Tests for the Multinomial Logit Model, *Econometrica*, 52, S. 1219–1240.

Hausman, J. A., und Taylor, W. E. (1981), Panel Data and Unobservable Individual Effects, *Econometrica*, 49, S. 1377–1398.

Hausman, J. A., und Wise, D. A. (1979), Attrition Bias in Experimental and Panel Data: The Gary Income Maintenance Experiment, *Econometrica*, 47, S. 455–473.

Hausman, J. A., Hall, B. H., und Griliches, Z. (1984), Econometric Models Based on Count Data with an Application to the Patents–R&D Relationship, *Econometrica*, 52, S. 909–938.

Hayashi, F. (2000), *Econometrics*, Princeton University Press, Princeton, New Jersey.

Heckman, J. J. (1978a), Simple Statistical Models for Discrete Panel Data Developed and Applied to Test the Hypothesis of True State Dependence against the Hypothesis of Spurious State Dependence, *Annales de l'INSEE*, 30/31, S. 227–269.

Heckman, J. J. (1978b), Dummy Endogenous Variables in a Simultaneous Equations System, *Econometrica*, 46, S. 931–960.

Heckman, J. J. (1979), Sample Selection Bias as a Specification Error, *Econometrica*, 47, S. 153–161.

Heckman, J. J. (1981), The Incidental Parameters Problem and the Problem of Initial Conditions in Estimating a Discrete Time–Discrete Data Stochastic Process. In: C. F. Manski und D. F. McFadden, Hrsg., *Structural Analysis of Discrete Data with Econometric Applications*, MIT Press, Cambridge, Massachusetts, S. 179–195.

Heckman, J. J. (1990), Varieties of Selection Bias, *American Economic Review*, 80, S. 313–318.

Heckman, J. J. (1997), Instrumental Variables: A Study of Implicit Behavioral Assumptions Used in Making Program Evaluations, *Journal of Human Resources*, 32, S. 441–462.

Heckman, J. J., und Vytlacil, E. (2005), Structural Equations, Treatment Effects and Econometric Policy Evaluation, *Econometrica*, 73, S. 669–738.

Heckman, J. J., Tobias, J. L., und Vytlacil, E. (2003), Simple Estimators for Treatment Parameters in a Latent-Variable Framework, *Review of Economics and Statistics*, 85, S. 748–755.

Hendry, D. F. (2009), The Methodology of Empirical Econometric Modeling: Applied Econometrics Through the Looking Glass. In: T. C. Mills und K. Patterson, Hrsg., *Palgrave Handbook of Econometrics, Volume 2: Applied Econometrics*, Palgrave MacMillan, S. 3–67.

Hendry, D. F., und Richard, J. F. (1983), The Econometric Analysis of Economic Time Series, *International Statistical Review*, 51, S. 111–148.

Henriksson, R. D., und Merton, R. C. (1981), On Market Timing and Investment Performance. II. Statistical Procedures for Evaluating Forecasting Skills, *Journal of Business*, 54, S. 513–533.

Hildreth, C., und Lu, J. (1960), *Demand Relations with Autocorrelated Disturbances*, Technical Bulletin No. 276, Michigan State University, East Lansing, Michigan.

Hlouskova, J., und Wagner, (2006), The Performance of Panel Unit Root and Stationarity Tests: Results from a Large Scale Simulation Study, *Econometric Reviews*, 25, S. 85–116.

Hirano K., Imbens, G. W., und Ridder, G. (2003), Efficient Estimation of Average Treatment Effects Using the Estimated Propensity Score, *Econometrica*, 71, S. 1161–1189.

Hirano, K., Imbens, G. W., Ridder, G., und Rubin, D. B. (2001), Combining Panel Data Sets with Attrition and Refreshment Samples, *Econometrica*, 69, S. 1645–1659.

Hoffman, D. L., und Rasche, R. H. (1996), Assessing Forecast Performance in a Cointegrated System, *Journal of Applied Econometrics*, 11, S. 495–517.

Honoré, B. E. (1992), Trimmed LAD and Least Squares Estimation of Truncated and Censored Regression Models with Fixed Effects, *Econometrica*, 60, S. 533–565.

Honoré, B. E. (1993), Orthogonality Conditions for Tobit Models with Fixed Effects and Lagged Dependent Variables, *Journal of Econometrics*, 59, S. 35–61.

Honoré, B. E., und Kyriazidou, E. (2000), Panel Data Discrete Choice Models with Lagged Dependent Variables, *Econometrica*, 68, S. 839–874.

Hoover, K. D., und Perez, S. J. (1999), Data Mining Reconsidered: Encompassing and the General-to-Specific Approach to Specification Search, *Econometrics Journal*, 2, S. 167–191.

Horowitz, J. L. (1992), A Smoothed Maximum Score Estimator for the Binary Response Model, *Econometrica*, 60, S. 505–531.

Horowitz, J. L. (1998), *Semiparametric Methods in Econometrics*, Springer-Verlag, New York, New York.

Hsiao, C. (1985), Benefits and Limitations of Panel Data, *Econometric Reviews*, 4, S. 121–174.

Hsiao, C. (2003), *Analysis of Panel Data*, 2. Auflage, Cambridge University Press, Cambridge, UK.

Hsiao, C., und Pesaran, M. H. (2008), Random Coefficient Panel Data Models. In: L. Mátyás und P. Sevestre, Hrsg., *The Econometrics of Panel Data: Fundamentals and Recent Developments in Theory and Practice*, Springer-Verlag, New York, New York, S. 185–213.

Huber, M., Lechner, M., und Wunsch, C. (2011), Does Leaving Welfare Improve Health? Evidence for Germany, *Health Economics*, 20, S. 484–504.

Hylleberg, S., Engle, R. F., Granger, C. W. J., und Yoo, B. (1993), Seasonal Integration and Cointegration, *Journal of Econometrics* 44, S. 215–238.

Hyslop, D. R. (1999), State Dependence, Serial Correlation and Heterogeneity in Intertemporal Labor Force Participation of Married Women, *Econometrica*, 67, S. 1255–1294.

Im, K., Pesaran, M. H., und Shin, Y. (2003), Testing for Unit Roots in Heterogeneous Panels, *Journal of Econometrics*, 115, S. 29–52.

Imbens, G. W., und Angrist, J. D. (1994), Identification and Estimation of Local Average Treatment Effects, *Econometrica*, 62, S. 467–476.

Imbens, G. W., und Wooldridge, J. M. (2009), Recent Developments in the Econometrics of Program Evaluation, *Journal of Economic Literature*, 47, S. 5–86.

Jagannathan, R., und Wang, Y. (2007), Lazy Investors, Discretionary Consumption, and the Cross-Section of Stock Returns, *Journal of Finance*, 62, S. 1623–1661.

Jarque, C. M., und Bera, A. K. (1980), Efficient Tests for Normality, Homoskedasticity and Serial Independence of Regression Residuals, *Economics Letters*, 6, S. 255–259.

Jenkins, S. P. (2005), *Survival Analysis*, unpublished manuscript, ISER, University of Essex, Colchester. Downloadable from https://www.iser.essex.ac.uk/files/teaching/stephenj/ec968/pdfs/ec968lnotes v6.pdf.

Johansen, S. (1988), Statistical Analysis of Cointegration Vectors, *Journal of Economic Dynamics and Control*, 12, S. 231–254.

Johansen, S. (1991), Estimation and Hypothesis Testing of Cointegrating Vectors in Gaussian Vector Autoregressive Models, *Econometrica*, 59, S. 1551–1580.

Johansen, S. (1995), *Likelihood-Based Inference in Cointegrated Vector Autoregressive Models*, Oxford University Press, Oxford, UK.

Johansen, S. (2002), A Small Sample Correction for the Test of Cointegrating Rank in the Vector Autoregressive Model, *Econometrica*, 70, S. 1929–1961.

Johansen, S., und Juselius, K. (1990), Maximum Likelihood Estimation and Inference on Cointegration – with Applications to the Demand for Money, *Oxford Bulletin of Economics and Statistics*, 52, S. 169–210.

Johnston, J., und Dinardo, J. (1997), *Econometric Methods*, 4. Auflage, McGraw-Hill, New York, New York.

Jones, M. P. (1996), Indicator and Stratification Methods for Missing Explanatory variables in Multiple Linear Regression, *Journal of the American Statistical Association*, 91, S. 222–230.

Jones, S., und Hensher, D. A. (2007), Evaluating the Behavioural Performance of Alternative Logit Models: An Application to Corporate Takeovers Research, *Journal of Business Finance and Accounting*, 34, S. 1193–1220.

Juselius, K. (2006), *The Cointegrated VAR Model: Methodology and Applications*, Oxford University Press, Oxford, UK.

Kao, C. (1999), Spurious Regression and Residual-Based Tests for Cointegration in Panel Data, *Journal of Econometrics*, 90, S. 1–44.

Keane, M. P. (1993), Simulation Estimation for Panel Data Models with Limited Dependent Variables. In: G. S. Maddala, C. R. Rao und H. D. Vinod, Hrsg., *Handbook of Statistics, Volume XI*, North-Holland, Elsevier, Amsterdam, The Netherlands, S. 545–571.

Keane, M. P., Moffitt, R., und Runkle, D. (1988), Real Wages over the Business Cycle: Estimating the Impact of Heterogeneity with Micro Data, *Journal of Political Economy*, 96, S. 1232–1266.

Kennedy, P. E. (2003), *A Guide to Econometrics*, 5. Auflage, Blackwell Publishing, Oxford, UK.

Kiefer, N. (1980), Estimation of Fixed Effects Models for Time Series of Cross-Sections with Arbitrary Intertemporal Covariance, *Journal of Econometrics*, 14, S. 195–202.

Kiefer, N. (1988), Economic Duration Data and Hazard Functions, *Journal of Economic Literature*, 26, S. 646–679.

Kmenta, J. (1986), *Elements of Econometrics*, MacMillan, New York, New York.

Koenker, R. (2005), *Quantile Regression*, Cambridge University Press, Cambridge.

Krolzig, H.-M., und Hendry, D. F. (2001), Computer Automation of General-to-Specific Model Selection Procedures, *Journal of Economic Dynamics and Control*, 25, S. 831–866.

Kwiatkowski, D., Phillips, P. C. B., Schmidt, P., und Shin, Y. (1992), Testing the Null Hypothesis of Stationarity Against the Alternative of a Unit Root: How Sure Are We That Economic Time Series Have a Unit Root? *Journal of Econometrics*, 54, S. 159–178.

Lafontaine, F., und White, K. J. (1986), Obtaining Any Wald Statistic You Want, *Economics Letters*, 21, S. 35–40.

Lancaster, T. (1990), *The Econometric Analysis of Transition Data*, Cambridge University Press, New York.

Lancaster, T. (2000), The Incidental Parameter Problem Since 1948, *Journal of Econometrics*, 95, S. 391–413.

Laporte, A., und Windmeijer, F. (2005), Estimation of Panel Data Models with Binary Indicators when Treatment Effects are Not Constant over Time, *Economics Letters*, 88, S. 389–396.

Layard, R. und Nickell, S. J. (1986), Unemployment in Britain, *Economica* (Supplement: Unemployment), 53, S. S121–S169.

Leamer, E. (1978), *Specification Searches*, John Wiley and Sons, New York, New York.

Lee, M.-J. (1996), *Methods of Moments and Semiparametric Econometrics for Limited Dependent Variable Models*, Springer-Verlag, New York, New York.

Lee, M.-J. (1999), A Root-N Consistent Semiparametric Estimator for Related Effects Binary Response Panel Data, *Econometrica*, 67, S. 427–433.

Lee, M.-J. (2005), *Micro-Econometrics for Policy, Program, and Treatment Effects*, Oxford University Press, Oxford, UK.

Lee, L. F., und Maddala, G. S. (1985), The Common Structure of Tests for Selectivity Bias, Serial Correlation, Heteroskedasticity and Non-Normality in the Tobit Model, *International Economic Review*, 26, S. 1–20.

LeSage, J., und Pace, R. K. (2009), *Introduction to Spatial Econometrics*, Chapman & Hall/CRC, Boca Raton, Florida.

Leung, S. F., und Yu, S. (1996), On the Choice Between Sample Selection and Two-Part Models, *Journal of Econometrics*, 72, S. 197–229.

Levin, A., und Lin, C.-F. (1993), Unit Root Tests in Panel Data: New Results, Discussion Paper, Department of Economics, University of California, San Diego, Kalifornien.

Levin, A., Lin, C.-F., und Chu, S.-S. J. (2002), Unit Root Tests in Panel Data: Asymptotic and Finite-Sample Properties, *Journal of Econometrics*, 108, S. 1–24.

Li, W. K., Ling, S., und McAleer, M. (2002), Recent Theoretical Results for Time Series Models with GARCH Errors, *Journal of Economic Surveys*, 16, S. 245–269.

Liesenfeld, R., und Richard, J.-F. (2010), Efficient Estimation of Probit Models with Correlated Errors, *Journal of Econometrics*, 156, S. 367–376.

Lin, J.-L., und Tsay, R. S. (1996), Co-Integration Constraint and Forecasting: An Empirical Examination, *Journal of Applied Econometrics*, 11, S. 519–538.

Little, R. J. A., und Rubin, D. B. (1987), *Statistical Analysis with Missing Data*, John Wiley and Sons, New York, New York.

Little, R. J. A., und Rubin, D. B. (2002), *Statistical Analysis with Missing Data*, 2. Auflage, John Wiley and Sons, Hoboken, New Jersey.

Ljung, G. M., und Box, G. E. P. (1978), On a Measure of Lack of Fit in Time Series Models, *Biometrika*, 65, S. 297–303.

Lo, A., und MacKinlay, C. (1990), Data-Snooping Biases in Tests of Financial Asset Pricing Models, *Review of Financial Studies*, 3, S. 431–468.

Louviere, J. J. (1988), Conjoint Analysis Modeling of Stated Preferences. A Review of Theory, Methods, Recent Developments and External Validity, *Journal of Transport Economics and Policy*, 22, S. 93–119.

Lovell, M. C. (1983), Data Mining, *Review of Economics and Statistics*, 65, S. 1–12.

Lütkepohl, H. (2005), *New Introduction to Multiple Time Series Analysis*, Springer-Verlag, Berlin.

MacKinnon, J. G. (1991), Critical Values for Cointegration Tests. In: R. F. Engle and C. W. J. Granger, Hrsg., *Long-Run Economic Relationships: Readings in Cointegration*, Oxford University Press, Oxford, UK, S. 267–276.

MacKinnon, J. G., und White, H. (1985), Some Heteroskedasticity Consistent Covariance Matrix Estimators with Improved Finite Sample Properties, *Journal of Econometrics*, 29, S. 305–325.

MacKinnon, J. G., White, H., und Davidson, R. (1983), Test for Model Specification in the Presence of Alternative Hypotheses: Some Further Results, *Journal of Econometrics*, 21, S. 53–70.

Maddala, G. S. (1983), *Limited-Dependent and Qualitative Variables in Econometrics*, Cambridge University Press, Cambridge, UK.

Maddala, G. S. (1987), Limited Dependent Variable Models Using Panel Data, *The Journal of Human Resources*, 22, S. 307–338.

Maddala, G. S. (2001), *Introduction to Econometrics*, 3. Auflage, John Wiley and Sons, Chichester, UK.

Maddala, G. S., und Kim, I.-M. (1998), *Unit Roots, Cointegration and Structural Change*, Cambridge University Press, New York, New York.

Maddala, G. S., und Wu, S. (1999), A Comparative Study of Unit Root Tests with Panel Data and a New Simple Test, *Oxford Bulletin of Economics and Statistics*, 61, S. 631–652.

Maddala, G. S., Wu, S., und Liu, P. C. (2000), Do Panel Data Rescue Purchasing Power Parity (PPP) Theory? In: J. Krishnakumar und E. Ronchetti, Hrsg., *Panel Data Econometrics: Future Directions*, North Holland, Amsterdam, Niederlande, S. 35–51.

Malkiel, B. G. (1995), Returns from Investing in Equity Mutual Funds 1971–1991, *Journal of Finance*, 50, S. 549–572.

Manski, C. F. (1975), Maximum Score Estimation of the Stochastic Utility Model of Choice, *Journal of Econometrics*, 3, S. 205–228.

Manski, C. F. (1985), Semiparametric Analysis of Discrete Response, *Journal of Econometrics*, 27, S. 313–333.

Manski, C. F. (1987), Semiparametric Analysis of Random Effects Linear Models from Binary Panel Data, *Econometrica*, 55, S. 357–362.

Manski, C. F. (1989), Anatomy of the Selection Problem, *The Journal of Human Resources*, 24, S. 243–260.

Manski, C. F. (1994), The Selection Problem. In: C. A. Sims, Hrsg., *Advances in Econometrics, Sixth World Congress, Volume I*, Cambridge University Press, Cambridge, UK, S. 143–170.

Manski, C. F. (2007), *Identification for Prediction and Decision*, Harvard University Press, Cambridge, Massachusetts.

Markopolos, H. (2010), *No One Would Listen: A True Financial Thriller*, John Wiley and Sons, Hoboken, New Jersey.

Martins, M. (2001), Parametric and Semiparametric Estimation of Sample Selection Models: An Empirical Application to the Female Labour Force in Portugal, *Journal of Applied Econometrics*, 16, S. 23–40.

Marquering, W., und Verbeek, M. (2004), The Economic Value of Predicting Stock Index Returns and Volatility, *Journal of Financial and Quantitative Analysis*, 39, S. 407–429.

McCall, B. P. (1995), The Impact of Unemployment Insurance Benefit Levels on Recipiency, *Journal of Business and Economic Statistics*, 13, S. 189–198.

McCulloch, J. H., und Kwon, H. C. (1993), *U.S. Term Structure Data*, 1947–1991, Ohio State Arbeitspapier 93–6, Ohio State University, Columbus, Ohio.

McFadden, D. F. (1974), Conditional Logit Analysis of Qualitative Choice Behavior. In: P. Zaremba, Hrsg., *Frontiers in Econometrics*, Academic Press, New York, New York, S. 105–142.

McKenzie, D. J. (2004), Asymptotic Theory for Heterogeneous Dynamic Pseudo-Panels, *Journal of Econometrics*, 120, S. 235–262.

Meese, R. A., und Rogoff, K. (1983), Empirical Exchange Rate Models of the Seventies: Do They Fit Out-Of-Sample?, *Journal of International Economics*, 14, S. 3–24.

Mehra, R., und Prescott, E. (1985), The Equity Premium: A Puzzle, *Journal of Monetary Economics*, 15, S. 145–161.

Mills, T. C., und Markellos, R. N. (2008), *The Econometric Modelling of Financial Time Series*, 3. Auflage, Cambridge University Press, Cambridge.

Mizon, G. E. (1984), The Encompassing Approach in Econometrics. In: K. F. Wallis und D. F. Hendry, Hrsg., *Quantitative Economics and Econometric Analysis*, Basil Blackwell, Oxford, UK, S. 135–172.

Mizon, G. E., und Richard, J. F. (1986), The Encompassing Principle and its Application to Testing Non-Nested Hypotheses, *Econometrica*, 54, S. 657–678.

Modigliani, F., und Miller, M. (1958), The Cost of Capital, Corporation Finance, and the Theory of Investment, *American Economic Review*, 48, S. 655–669.

Moffitt, R. (1993), Identification and Estimation of Dynamic Models with a Time Series of Repeated Cross-Sections, *Journal of Econometrics*, 59, S. 99–123.

Mundlak, Y. (1961), Empirical Production Function Free of Management Bias, *Journal of Farm Economics*, 43, S. 44–56.

Nelson, C. R., und Plosser, C. I. (1982), Trends and Random Walks in Macro-economic Time Series: Some Evidence and Implications, *Journal of Monetary Economics*, 10, S. 139–162.

Nelson, D. (1991), Conditional Heteroskedasticity in Asset Returns: A New Approach, *Econometrica*, 59, S. 347–370.

Newey, W. K. (1985), Maximum Likelihood Specification Testing and Conditional Moment Tests, *Econometrica*, 53, S. 1047–1070.

Newey, W. K. (2009), Two-Step Series Estimation of Sample Selection Models, *Econometrics Journal*, 12, S. S217–S229.

Newey, W. K., und West, K. (1987), A Simple Positive Semi-Definite, Heteroskedasticity and Autocorrelation Consistent Covariance Matrix, *Econometrica*, 55, S. 703–708.

Newey, W. K., Powell, J. L., und Walker, J. R. (1990), Semiparametric Estimation of Selection Models: Some Empirical Results, *American Economic Review*, 80, S. 324–328. Ng, S. und Perron, P. (2001), Lag Selection and the Construction of Unit Root Tests with Good Size and Power, *Econometrica*, 69, S. 1519–1554.

Nickell, S. (1981), Biases in Dynamic Models with Fixed Effects, *Econometrica*, 49, S. 1417–1426.

Nijman, Th. E., und Verbeek, M. (1990), Estimation of Time Dependent Parameters in Linear Models Using Cross Sections, Panels or Both, *Journal of Econometrics*, 46, S. 333–346.

Nijman, Th. E., und Verbeek, M. (1992), Nonresponse in Panel Data: The Impact on Estimates of a Life Cycle Consumption Function, *Journal of Applied Econometrics*, 7, S. 243–257.

O'Connell, P. G. J. (1998), The Overvaluation of Purchasing Power Parity, *Journal of International Economics*, 44, S. 1–19.

Ongena, S., und Smith, D. C. (2001), The Duration of Bank Relationships, *Journal of Financial Economics*, 61, S. 449–475.

Owen, P. D. (2003), General-to-Specific Modelling Using PcGets, *Journal of Economic Surveys*, 17, S. 609–628.

Pagan, A., und Ullah, A. (1999), *Nonparametric Econometrics*, Cambridge University Press, Cambridge, UK.

Pagan, A., und Vella, F. (1989), Diagnostic Tests for Models Based on Individual Data: A Survey, *Journal of Applied Econometrics*, 4, S. S29–S59.

Pagan, A., Hall, A. D., und Martin, V. (1996), Modeling the Term Structure. In: G. S. Maddala und C. R. Rao, Hrsg., *Handbook of Statistics, Volume XIV*, North-Holland, Elsevier, Amsterdam, Niederlande, S. 91–118.

Parker, J. A., und Julliard, C. (2005), Consumption Risk and the Cross-Section of Expected Returns, *Journal of Political Economy*, 113, S. 185–222.

Patterson, K. D. (2000), *An Introduction to Applied Econometrics: A Time Series Approach*, MacMillan Press, London, UK.

Pedroni, P. (1999), Critical Values for Cointegration Tests in Heterogeneous Panels with Multiple Regressors, *Oxford Bulletin of Economics and Statistics*, 61, S. 653–678.

Pedroni, P. (2004), Panel Cointegration: Asymptotic and Finite Sample Properties of Pooled Time Series Tests With an Application to the PPP Hypothesis, *Econometric Theory*, 20, S. 597–625.

Pesaran, M. H. (2007), A Simple Panel Unit Root Test in the Presence of Cross-Section Dependence, *Journal of Applied Econometrics*, 22, S. 265–312.

Pesaran, M. H., und Smith, R. P. (1995), Estimation of Long-run Relationships from Dynamic Heterogeneous Panels, *Journal of Econometrics*, 68, S. 79–113.

Pesaran, M. H., und Timmermann, A. (1995), The Robustness and Economic Significance of Predictability of Stock Returns, *Journal of Finance*, 50, S. 1201–1228.

Pesaran, M. H., Shin, Y., und Smith, R. J. (2000), Structural Analysis of Vector Error Correction Models with Exogenous $I(1)$ Variables, *Journal of Econometrics*, 97, S. 293–343.

Petersen, M. A. (2009), Estimating Standard Errors in Finance Panel Data Sets: Comparing Approaches, *Review of Financial Studies*, 22, S. 435–480.

Phillips, P. C. B. (1986), Understanding Spurious Regressions in Econometrics, *Journal of Econometrics*, 33, S. 311–340.

Phillips, P. C. B., und Hansen, B. E. (1990), Statistical Inference in Instrumental Variables Regression with $I(1)$ Processes, *Review of Economic Studies*, 57, S. 99–125.

Phillips, P. C. B., und Moon, H. R. (1999), Linear Regression Limit Theory for Nonstationary Panel Data, *Econometrica*, 67, S. 1057–1111.

Phillips, P. C. B., und Ouliaris, S. (1990), Asymptotic Properties of Residual Based Tests for Cointegration, *Econometrica*, 58, S. 165–194.

Phillips, P. C. B., und Park, J. Y. (1988), On the Formulation of Wald Tests of Nonlinear Restrictions, *Econometrica*, 56, S. 1065–1083.

Phillips, P. C. B., und Perron, P. (1988), Testing for a Unit Root in Time Series Regression, *Biometrika*, 75, S. 335–346.

Pivetta, F., und Reis, R. (2007), The Persistence of Inflation in the United States, *Journal of Economic Dynamics and Control*, 31, S. 1326–1358.

Poon, S.-H., und Granger, C. W. J. (2003), Forecasting Volatility in Financial Markets: A Review, *Journal of Economic Literature*, 41, S. 478–539.

Portney, P. R. (1994), The Contingent Valuation Debate: Why Should Economists Care?, *Journal of Economic Perspectives*, 8, S. 3–18.

Powers, E. A. (2005), Interpreting Logit Regressions with Interaction Terms: An Application to the Management Turnover Literature, *Journal of Corporate Finance*, 11, S. 504–522.

Prais, S., und Winsten, C. (1954), Trend Estimation and Serial Correlation, Cowles Commission Discussion Paper 383, Chicago, Illinois.

Ramsey, J. B. (1969), Tests for Specification Errors in Classical Linear Least Squares Regression Analysis, *Journal of the Royal Statistical Society B*, 32, S. 350–371.

Reimers, H.-E. (1992), Comparison of Tests for Multivariate Cointegration, *Statistical Papers*, 33, S. 335–359.

Ridder, G., und Moffitt, R. (2007), The Econometrics of Data Combination. In: J. J. Heckman und E. E. Leamer, Hrsg., *Handbook of Econometrics, Volume VI, Part B*, North-Holland, Elsevier, Amsterdam, Niederlande, S. 5469–5547.

Roberts, M. R., und Whited, T. M. (2011), Endogeneity in Empirical Corporate Finance, Arbeitspapier, http://ssrn.com/abstract=1748604.

Robertson, D., und Symons, J. (1992), Some Strange Properties of Panel Data Estimators, *Journal of Applied Econometrics*, 7, S. 175–189.

Robinson, P. M. (1982), On the Asymptotic Properties of Estimators of Models Containing Limited Dependent Variables, *Econometrica*, 50, S. 27–41.

Rogoff, K. (1996), The Purchasing Power Parity Puzzle, *Journal of Economic Literature*, 34, S. 647–668.

Roodman, D. (2009), A Note on the Theme of Too Many Instruments, *Oxford Bulletin of Economics and Statistics*, 71, S. 135–158.

Rosen, S. (1974), Hedonic Prices and Implicit Markets: Product Differentiation in Perfect Competition, *Journal of Political Economy*, 82, S. 34–55.

Rosenbaum, P. R., und Rubin, D. B. (1983), The Central Role of the Propensity Score in Observational Studies for Causal Effects, *Biometrika*, 70, S. 41–55.

Rossi, B. (2005), Confidence Intervals for Half-Life Deviations from Purchasing Power Parity, *Journal of Business and Economic Statistics*, 23, S. 432–442.

Rousseeuw, P. J., und Leroy, A. M. (2003), *Robust Regression and Outlier Detection*, John Wiley and Sons, Hoboken, New Jersey.

Rubin, D. B. (1976), Inference and Missing Data, *Biometrika*, 63, S. 581–592.

Ruud, P. A. (1984), Test of Specification in Econometrics, *Econometric Reviews*, 3, S. 211–242.

Said, S. E., und Dickey, D. A. (1984), Testing for Unit Roots in Autoregressive Moving Average Models of Unknown Order, *Biometrika*, 71, S. 599–607.

Sargan, J. D., und Bhargava, A. S. (1983), Testing Residuals from Least Squares Regression for Being Generated by the Gaussian Random Walk, *Econometrica*, 51, S. 213–248.

Savin, N. E., und White, K. J. (1977), The Durbin–Watson Test for Serial Correlation with Extreme Sample Sizes or Many Regressors, *Econometrica*, 45, S. 1989–1996.

Savov, A. (2011), Asset Pricing with Garbage, *Journal of Finance*, 66, S. 177–201.

Schwarz, G. (1978), Estimating the Dimension of a Model, *Annals of Statistics*, 6, S. 461–464.

Semykina, A., und Wooldridge, J. M. (2010), Estimating Panel Data Models in the Presence of Endogeneity and Selection, *Journal of Econometrics*, 157, S. 375–380.

Shaman, P., und Stine, R. A. (1988), The Bias of Autoregressive Coefficient Estimators, *Journal of the American Statistical Association*, 83, S. 842–848.

Shanken, J. (1992), On the Estimation of Beta Pricing models, *Review of Financial Studies*, 5, S. 1–34.

Shanken, J., und Zhou, G. (2007), Estimating and Testing Beta Pricing Models: Alternative Methods and Their Performance in Simulations, *Journal of Financial Economics*, 84, S. 40–86.

Sims, C. A. (1980), Macroeconomics and Reality, *Econometrica*, 48, S. 1–48.

Smith, R. P., und Fuertes, A.-M. (2010), *Panel Time Series*, Arbeitspapier, Dept of Economics, Birkbeck College, London, UK.

Staiger, D., und Stock, J. H. (1997), Instrumental Variables Regression with Weak Instruments, *Econometrica*, 65, S. 557–586.

Stewart, J., und Gill, L. (1998), *Econometrics*, 2. Auflage, Prentice Hall, London, UK.

Stock, J. H., und Watson, M. W. (1993), A Simple Estimator of Cointegrating Vectors in Higher Order Integrated Systems, *Econometrica*, 61, S. 783–820.

Stock, J. H., und Watson, M. W. (2001), Vector Autoregressions, *Journal of Economic Perspectives*, 15, S. 101–115.

Stock, J. H., und Watson, M. W. (2007), *Introduction to Econometrics*, 2. internationale Auflage, Addison-Wesley (Pearson International Edition), Boston, Massachusetts.

Stock, J. H., und Watson, M. W. (2008), Heteroskedasticity-Robust Standard Errors for Fixed Effects Panel Data Regression, *Econometrica*, 76, S. 155–174.

Stock, J. H., und Wright, J. H. (2000), GMM with Weak Identification, *Econometrica*, 68, S. 1055–1096.

Stock, J. H., Wright, J. H., und Yogo, M. (2002), A Survey of Weak Instruments and Weak Identification in Generalized Method of Moments, *Journal of Business and Economic Statistics*, 20, S. 518–529.

Sullivan, R., Timmermann, A., und White, H. (2001), Dangers of Data-Driven Inference: The Case of Calender Effects in Stock Returns, *Journal of Econometrics*, 105, S. 249–286.

Swamy, P. A. V. B. (1970), Efficient Inference in a Random Coefficient Regression Model, *Econometrica*, S. 311–323.

Tauchen, G. E. (1985), Diagnostic Testing and Evaluation of Maximum Likelihood Models, *Journal of Econometrics*, 30, S. 415–443.

Taylor, A. M., und Taylor, M. P. (2004), The Purchasing Power Parity Debate, *Journal of Economic Perspectives*, 18, S. 135–158.

Taylor, M. P. (1995), The Economics of Exchange Rates, *Journal of Economic Literature*, 33, S. 12–47.

Tobin, J. (1958), Estimation of Relationships for Limited Dependent Variables, *Econometrica*, 26, S. 24–36.

Vella, F. (1998), Estimating Models with Sample Selection Bias: A Survey, *Journal of Human Resources*, 33, S. 127–169.

Vella, F., und Verbeek, M. (1998), Whose Wages Do Unions Raise? A Dynamic Model of Unionism and Wage Rate Determination for Young Men, *Journal of Applied Econometrics*, 13, S. 163–183.

Vella, F., und Verbeek, M. (1999a), Two-Step Estimation of Panel Data Models with Censored Endogenous Variables and Selection Bias, *Journal of Econometrics*, 90, S. 239–263.

Vella, F., und Verbeek, M. (1999b), Estimating and Interpreting Models with Endogenous Treatment Effects, *Journal of Business and Economic Statistics*, 17, S. 473–478.

Verbeek, M. (1995), Alternative Transformations to Eliminate Fixed Effects, *Econometric Reviews*, 14, S. 205–211.

Verbeek, M. (2008), Pseudo Panels and Repeated Cross-Sections. In: L. Mátyás und P. Sevestre, Hrsg., *The Econometrics of Panel Data: Fundamentals and Recent Developments in Theory and Practice*, Springer-Verlag, New York, New York, S. 369–385.

Verbeek, M., und Nijman, Th. E. (1992a), Testing for Selectivity Bias in Panel Data Models, *International Economic Review*, 33, S. 681–703.

Verbeek, M., und Nijman, Th. E. (1992b), Can Cohort Data Be Treated As Genuine Panel Data?, *Empirical Economics*, 17, S. 9–23.

Verbeek, M., und Nijman, Th. E. (1996), Incomplete Panels and Selection Bias. In: L. Mátyás und P. Sevestre, Hrsg., *The Econometrics of Panel Data. A Handbook of the Theory with Applications*, 2. überarbeitete Auflage, Kluwer Academic Publishers, Dordrecht, The Netherlands, S. 449–490.

Verbeek, M., und Vella, F. (2005), Estimating Dynamic Models from Repeated Cross-Sections, *Journal of Econometrics*, 127, S. 83–102.

Wagner, M., und Hlouskova, J. (2010), The Performance of Panel Cointegration Methods: Results from a Large Scale Simulation Study, *Econometric Reviews*, 29, S. 182–223.

Wallis, K. F. (1979), *Topics in Applied Econometrics*, 2. Auflage, Basil Blackwell, Oxford, UK.

Weeks, M. (1995), Circumventing the Curse of Dimensionality in Applied Work Using Computer Intensive Methods, *Economic Journal*, 105, S. 520–530.

Welch, I., und Goyal, A. (2008), A Comprehensive Look at the Empirical Performance of Equity Premium Prediction, *Review of Financial Studies*, 21, 1455–1508.

Westerlund, J. (2007), Estimating Cointegrated Panels with Common Factors and the Forward Rate Unbiasedness Hypothesis, *Journal of Financial Econometrics*, 3, S. 491–522.

White, H. (1980), A Heteroskedasticity-Consistent Covariance Matrix Estimator and a Direct Test for Heteroskedasticity, *Econometrica*, 48, S. 817–838.

White, H. (1982), Maximum Likelihood Estimation of Misspecified Models, *Econometrica*, 50, S. 1–25.

White, H. (1990), A Consistent Model Selection Procedure Based on m-Testing. In: C. W. J. Granger, Hrsg., *Modelling Economic Series: Readings in Econometric Methodology*, Clarendon Press, Oxford, UK, S. 369–383.

Windmeijer, F. (2005), A Finite Sample Correction for the Variance of Linear Efficient Two-Step GMM, *Journal of Econometrics*, 126, S. 25–51.

Winkelmann, R. (2003), *Econometric Analysis of Count Data*, 4. Auflage, Springer-Verlag, Heidelberg.

Wooldridge, J. M. (1995), Selection Corrections for Panel Data Models under Conditional Mean Independence Assumptions, *Journal of Econometrics*, 68, S. 115–132.

Wooldridge, J. M. (2003), Cluster-Sample Methods in Applied Econometrics, *American Economic Review*, 93, S. 133–138.

Wooldridge, J. M. (2009), *Introductory Econometrics: A Modern Approach*, 4. Auflage, Thomson South-Western, Mason, Ohio.

Wooldridge, J. M. (2010), *Econometric Analysis of Cross-Section and Panel Data*, 2. Auflage, MIT Press, Cambridge, Massachusetts.

Wu, Y. (2004), The Choice of Equity-Selling Mechanisms, *Journal of Financial Economics*, 74, S. 93–119.

Zivot, E. (2009), Practical Issues in the Analysis of Univariate GARCH Models. In: T. G. Andersen, R. A. Davies, J.-P. Kreiß, Th. Mikosch (Hg.), *Handbook of Financial Time Series*, Springer Verlag, Berlin.

Stichwortverzeichnis

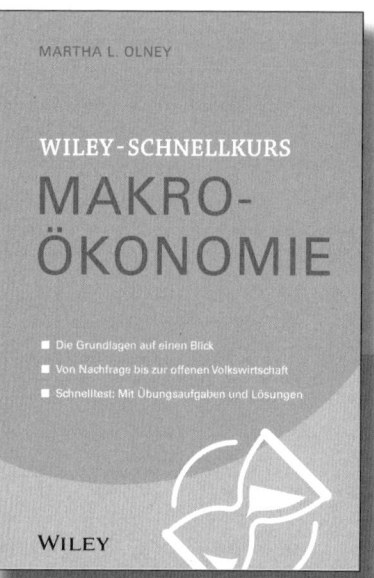